W0386532

Fausto Coppi

20 Jahre internationaler Radsport

Fausto Coppi

20 Jahre internationaler Radsport

Der Lebensweg
des italienischen Radrennfahrers

von Walter Lemke

FUCHS-VERLAG · MIESBACH

CIP-Titelaufnahme
der Deutschen Bibliothek

Fausto Coppi
Internationaler Radsport von 1939 bis 1960
Walter Lemke

Fuchs Verlag, Miesbach
1999
(Fausto Coppi)
ISBN 3-00-004687-9
NE: Lemke, Walter

© Fuchs-Druck
D-83714 Miesbach/Obb.
Riezlerstraße 12

Alle Rechte Vorbehalten.
Wiedergabe, auch auszugsweise,
nur mit ausdrücklicher
Genehmigung des Verlags.

Gesamtherstellung: Fuchs-Druck
Umschlaggestaltung & Layout: Richard Krabichler Grafik Design
Printet in Germany
ISBN 3-00-004687-9

Lieber Fausto,

ich werde nie vergessen, welch ein grosser Champion Du warst. Du warst eine der hervorragendsten Persönlichkeiten aller Zeiten im Radsport. Als Mensch bist Du einfach super gewesen.
Du wirst mir auf Lebzeiten in bester Erinnerung bleiben.

Straßenweltmeisterschaft 1951	*1.*
Straßenweltmeisterschaft 1949	*2.*
Straßenweltmeisterschaft 1950	*3.*
Tour de France 1950	*1.*
Tour de France 1954	*2.*
Tour de Suisse 1942, 1948, 1952	*1.*
Tour de Romandie 1948, 1951	*1.*
Fléche Wallonne 1951, 1952	*1.*
Liége–Bastogne–Liége 1951, 1952	*1.*
Bordeaux–Paris 1953	*1.*
Roma–Napoli–Roma 1951	*1.*

Super-Prestige (Weltcup) 1950, 1952, 1954
9-facher Schweizer Profimeister
...und noch über 400 Siege bei weiteren 2000 Rennen!

1953
mit Coppi am Start zur WM in Lugano

Inhaltsverzeichnis

Vorwort

Am 9. Juli 1939 stand ich als siebenjähriger Knirps mit meinem Vater unter den Zuschauern am Straßenrand. Eine bunte Fahrerschlange rauschte vorbei: die Teilnehmer der Amateur- Radfernfahrt *Mailand-München*. Die kräftigen, braungebrannten Männer auf ihren chromblitzenden Rennrädern, die farbigen Trikots, die im Staub der Landstraße verschwindenden Begleitautos, die Begeisterung des Publikums...

Ich weiß nicht mehr, was mich am meisten beeindruckte. Eines stand jedenfalls fest, ich wollte auch Radrennfahrer werden. Als Jugend- und Amateurfahrer entwickelte ich später ein außerordentliches Talent, Rennen *nicht* zu gewinnen. Aber dem Radsport blieb ich treu.

1939 gewann der Münchner Ludwig Hörmann die Schlußetappe. In der Prinzregentenstraße machte er im Endspurt mit seinen 22 Gegnern kurzen Prozeß. Der junge Aldo Ronconi aus Bologna wurde nach 18:46:34 Stunden Gesamtsieger der 3-Etappenfahrt über 603 Kilometer. Aber ein anderer Italiener sollte mein großes Vorbild werden: Fausto Angelo Coppi.

Coppi kam am 15. September 1919 in Castellania zur Welt. Ich wurde 1932 geboren. 13 Jahre Unterschied sind wenig oder viel. Vielleicht zu viel, um über einen Menschen zu schreiben, dem ich nur einmal flüchtig begegnet bin. Aber wenig, wenn ich das aus vollem Herzen mache. Wenn ich versuche, meinen Freunden, meinen Radlerkollegen, der folgenden Generation im Radsport ein Bild zu zeichnen von dem Mann, dessen Leben mich in den Bann gezogen hat; von dem ich alles in Erfahrung zu bringen versuche; auf dessen Spuren ich Italien bereiste; leidig italienisch, französisch und flämisch lernte, um mich mit unzähligen Leuten über ihn zu unterhalten; ein Zimmer voller Radsportbücher und Velozeitschriften horte; oft an seinem Grab in Castellania Blumen niederlege. Wenn ich versuche, sein Leben zu beschreiben, das geprägt war vom Glanz einer ungewöhnlichen Radsportkarriere, aber auch von den hohen Anforderungen dieser oft grausamen Sportart. Wenn ich über die langanhaltenden Anstrengungen der „Helden der Landstraße“ berichte, die oft an der Grenze des menschlichen Leistungsvermögens eine Gratwanderung vollziehen. Wenn ich den Versuch wage, die Radsportzeit von 1939 bis 1960 ins Gedächtnis des Lesers zurückzuholen, die großen Meister vorbeiziehen lasse: Jacques Anquetil, Federico Bahamontes, Ercole Baldini, Gino Bartali, Louison Bobet, André Darrigade, Charly Gaul, Hugo Koblet, Ferdy Kübler, Fiorenzo Magni, Heinz Müller, Stan Ockers, Jean Robic, Briek Schotte, Rik Van Looy, Rik Van Steenbergen - ihre Kämpfe, ihren Aufstieg und manchmal ihr Ende.

Ich glaube, Fausto Coppi würde es mir erlauben.

München, Herbst 1999

1919 – 1939
Im Radsport taucht ein neuer Name auf

Am 1. Juli 1937 findet in der Hügellandschaft von Tortona, auf dem Rundkurs *Castellania-Carezzano-Tortona-Villalvérnia-Castellania*, ein Radrennen für Hobbyfahrer statt. Unter den Teilnehmern ist ein hagerer Junge. Er stammt aus Castellania und wird im September achtzehn Jahre alt. Sofort nach dem Start greift er an. Er fährt einen Stil, eine Technik, die später weltberühmt werden soll. Ein Reifenschaden zwingt ihn zur Aufgabe, zerstört seine Hoffnungen; besiegt durch einen Defekt! Materialschäden und Stürze werden seine weitere Laufbahn ständig begleiten. Sie werden ihn aber nicht hindern, daß er einer der größten im Radrennsport wird. Er wird der Fahrer, den der französische Sportjournalist Pierre Chany von *L'Equipe* beschrieb als den Mann, der geboren wurde, um zu pedalieren: Fausto Coppi - *il Campionissimo.*

Fausto Angelo Coppi wurde am 15. September 1919 um 17 Uhr in Castellania, einem unbedeutenden Dorf in der Provinz Alessandria, geboren. Er wog bei der Geburt ganze zwei Kilo. Seine Eltern, Domenico und Angiolina, bewohnten ein bescheidenes Haus in der Via Umberto; einer schmalen Gasse, die das kleine Nest zwischen Novi Ligure und Tortona etwa in zwei gleiche Teile trennt. Viel gab es nicht zu teilen. Nur 35 Familien lebten abgeschieden auf dem steilen Hügel, 400 Meter über dem Meer. Zum pulsierenden Leben waren es 16 Kilometer. Dort verläuft die Staatsstraße No. 35 Mailand-Genua.

Domenico Coppi war um diese Zeit 27 Jahre alt. Er stammte aus einer Familie mit sechs Kindern, die sich etwa um 1700 in Castellania angesiedelt hatte. 1914 heiratete er Angiolina Boveri, die Nichte des Ortspfarrers. Zwei Monate später kam das erste Kind zur Welt: ein Mädchen, das auf den Namen Maria getauft wurde. 1916 folgte ein Sohn, Livio, und 1918 eine weiter Tochter, Claudina, von den Eltern und Geschwistern jedoch immer nur Dina genannt. Fausto war das vierte Kind der Familie; vier Jahre später, 1923, wird das Nesthäkchen Serse folgen.

Dem Vater fiel es schwer, sich und seine Familie zu ernähren. Die kleine Landwirtschaft und die bescheidene Weinhandlung brachten gerade das Nötigste ein. Eben so viel, wie 13 ha bzw. 200 *pertiche* karger Boden hergaben (ein pertiche, das alte Landmaß der Tortonesen, entspricht 654 Quadratmeter). Was in Castellania [gesprochen *Castellania* mit Betonung auf der vorletzten Silbe] daher ständig fehlte, war Geld. Hier wohnten keine reichen Leute. Zu den etwas besser gestellten Personen gehörten Faustos Onkel Giuseppe, damals Bürgermeister des Ortes, und dessen Frau Albina, die Lehrerin an der kleinen Schule. Bei ihr lernte er das ABC und das Beten. Zumindest das Zweite für das Heranwachsen auf dem Lande unentbehrlich.

Fausto war ein guter, ruhiger Schüler; unauffällig. Am 17. Oktober 1927, einem Montag, fehlte er in der Klasse. Die Tante stellte ihn am Tag darauf zur Rede. Der 8-jährige: „Ich bin den ganzen Vormittag mit dem Rad gefahren."

Der Lehrerin verschlug es die Stimme. Es ist anzunehmen, dieses Datum steht dafür, daß Fausto sein erstes Rad besaß.

So sehr sich Coppi später an jede Straße, jeden Berg erinnern konnte - praktisch an jeden Ort, den er mit dem Rad erreicht hatte - so schwer fiel es ihm, sich zu erinnern, wie er zu seinem ersten Fahrrad kam. Er glaubte, es verlassen in irgendeiner Ecke gefunden zu haben, von niemand vermißt, dafür um so mehr verrottet und verkommen. Fausto brachte es in Ordnung, so gut er konnte. Mit allem, was er zur Hand hatte. Das war nicht viel, fehlte ihm doch praktisch das Geld, um eine neue Kette zu kaufen. An was er sich noch genau erinnern konnte, war der Rahmen. Der war viel zu hoch, auch dann, wenn er den Sattel, oder besser gesagt das abgewetzte Stück Leder, das vorgab, einer zu sein, so weit wie möglich nach unten schraubte. Selbst als er den Sitz direkt am Rahmenrohr befestigte, konnte er die Pedale kaum erreichen. Er half sich damit, daß er - besonders bergauf - im Wiegetritt fuhr, bis ein Wadenkrampf den wilden Ritt beendete.

Die Zeit verlief in Castellania monoton. Man war mit der harten Feldarbeit beschäftigt, tagein, tagaus. Wir schreiben inzwischen 1932. Fausto ist nun dreizehn Jahre alt, hochaufgeschossen, mager, blaß. Offensichtlich hat er Rachitis. Die Englische Krankheit, hervorgerufen durch Störungen im Kalk- und Phosphorstoffwechsel, verändert sein Knochensystem. Auf langen, schmalen Beinen ruht ein kurzer, gedrungener Oberkörper mit einem mächtigen Brustkasten. Später, in Coppis Glanzzeit, schlägt darin ein Herz mit vierzig Schlägen in der Minute, seine Lunge nimmt bei jedem Atemzug sieben Liter Sauerstoff auf. Aber er hat, wie sich zeigen wird, Knochen aus Glas.

Auch Anzeichen für die Basedowsche Krankheit, die Folgen einer Schilddrüsenüberfunktion, sind zu erkennen: seine Augäpfel treten hervor. Die Ursache hierfür könnte man bei seinem Vater suchen. Domenico Coppi kam als Versehrter aus dem I. Weltkrieg zurück. Bei den Kämpfen an der Piave hatte er einen Schuß in das Bein bekommen. Seitdem hinkte er. Immer öfters griff er, wie man es ihm an der Front gelernt hatte, zu Anisbranntwein und Kognak. Als Sonderrationen ausgegeben, hatte man damit einer ganzen Generation das Morden erleichtert. Domenico zerstörte nicht nur seine Leber; mit großer Wahrscheinlichkeit hatte dies auch Auswirkungen auf die Morphologie seiner beiden nach dem Krieg geborenen Söhne. Fausto konnte sich mit dieser These sein Leben lang nicht anfreunden...

Um so mehr mit Fahrrädern. Er hatte auch schon eines im Auge: das seines Vaters. Der besuchte die Märkte in Novi Ligure und Tortona entweder mit dem Pferdefuhrwerk oder mit dem Rad. Fuhr er mit dem Fahrrad - übrigens als Erster in seinem Dorf - nahm er das Vehikel seines Schwagers zu leihen. Der Mann seiner Schwester, ein Schuster, nannte ein AQUILA-Rad sein eigen und überließ es ihm gerne. Das Rad hatte einen Rennlenker und erweckte damit natürlich Faustos Aufmerksamkeit. Stand es unbeaufsichtigt herum, gehörte es ihm. Um damit fahren zu können, mußte er - einmal aufgestiegen - das rechte Bein durch den Rahmen stecken, um das gegenüberliegende Pedal zu erreichen. Dann wurde der Rücken gekrümmt, die Ellbogen angewinkelt, eine möglichst lange Strecke mit Steigungen und Abfahrten ausgewählt und ab ging die Post! Nun war er Alfredo Binda, der dreimalige Weltmeister; eines der Radsport-Idole in Italien. Nicht selten lief dem jungen Champion ein Huhn ins Rad und er traf blutend im Ziel ein: zu Hause. Nie mit Tränen in den Augen. Seine Mutter hätte ihm sonst noch eins draufgegeben.

Die Zeit blieb auch in Castellania nicht stehen. Bald kam der Punkt, an dem für Fausto der Ernst des Lebens begann. Sein älterer Bruder Livio fühlte sich für die Landwirtschaft geboren. Er wollte unbedingt in die Fußstapfen seines Vaters treten und wehrte sich mit Händen und Füßen gegen den Vorschlag eines anderen Onkels, einem Priester, in ein Seminar einzutreten. Als der geweihte Mann sein Auge auf Fausto warf, war es die Großmutter, die dem Ansinnen resolut entgegentrat:

< *Non ha la vocazione!* > (Er hat nicht die Berufung!)

Die hatte er bestimmt auch nicht dafür, was in nächster Zeit auf ihn zukam. Aber die Umstände trugen dazu bei, seinen Lebensweg in die Bahn zu lenken, die für ihn bestimmt war.

Am 15. September 1932, seinem 13. Geburtstag, beschloß die Familie, den Jungen in die Obhut eines Metzgers nach Novi Ligure zu geben. Seine neue Aufgabe bestand nun darin, für Signor Domenico Merlani mit dem Fahrrad Fleisch, Schinken, Würste und Ravioli auszufahren und Treppen zu steigen. In einer Sportzeitschrift hatte Fausto gelesen, daß der Franzose Armand Blanchonnet, 1924 Olympiasieger im Straßenrennen und Spezialist bei Verfolgungsrennen auf der Bahn, seine Beinmuskulatur durch tägliches Treppen auf- und absteigen zu stählen pflegte. Also kam ihm das Treppauf-Treppab gelegen, denn er hatte in seinem Innersten beschlossen, Radrennfahrer zu werden.

Die Muskeln trainieren! Fausto ging seinen eigenen Weg. Merlani hatte ihm angeboten, ihn die Woche über bei sich in Kost und Logis zu nehmen; am Sonntag könne er dann jeweils die 20 Kilometer nach Hause fahren. Aber Fausto lehnte dankend ab. Er wollte jeden Abend bei seiner Familie sein, vor allem aber trainieren! So kam es, daß ihn seine Mutter jeden Tag um sechs Uhr aus den Federn jagte, Fausto beschwingt auf dem alten Drahtesel seines Bruders Livio nach Novi radelte, dort seine Fleischwaren ausfuhr, hunderte Treppen bezwang und abends die beschwerliche Rückfahrt antrat. Das war sie allemal, denn am Ende der Fahrt ging es acht Kilometer hinauf nach Castellania; eine Steigung, die es in sich hatte. Fausto fuhr sie immer lockerer, immer leichter, immer schneller hoch. Im Frühling, Sommer, Herbst und Winter.

1934 wurde er Fünfzehn. Obwohl man es dem hageren Bürschchen nicht ansah, Fausto war zäh und stark. Livio behauptete einmal, sein Bruder hätte schon als Elfjähriger ohne Mühe Zentnersäcke getragen. Öfters hängte sich Fausto nun bei seinen Fahrten nach Novi oder zurück nach Castellania an Gruppen von Amateurfahrern, die auf ihren leichten, chromglitzernden Rennmaschinen ihr Trainingspensum absolvierten. Wie bewunderte er die Rennlenker, die Schaltungen, die Rennhaken.

Coppi später: „Um wirklich ein Fahrrad zu lieben, ist es notwendig, über viele Jahre hinweg selbst keines zu besitzen, aber einen Freund zu beneiden, der eines hat." Beides traf für ihn zu. Er wollte ein Rad, das ihm paßte. Aber wie sollte er dazu kommen? Woher das Geld nehmen für das glänzende Wunder im Auslagefenster des Fahrradhändlers von Novi Ligure?

Ein Glücksfall für die Geschichte des Radsports: Es gab noch einen Onkel, den jüngeren Bruder von Faustos Vater; sein Name ebenfalls Fausto. Er war Kapitän bei der Handelsmarine, um genau zu sein, bei der Tankerflotte, wohnhaft in Genua, sehr beschäftigt und daher seltener Gast in Castellania. Eines Tages traf für seinen Bruder ein Brief aus Ceylon ein, unter anderem mit der Anweisung: „Los, wirf das alte Rad von Fausto auf den Mist. Kauf ihm ein neues." Zur Bekräftigung waren 400 Lire beigelegt und der Wunsch hinzugefügt, den Rest draufzulegen. Der Vater Coppis, zwar arm, aber wie fast jeder Italiener ein Fußball- und Radsportanhänger, kramte weitere 170 Lire hervor, und damit war das Glück für seinen Sohn vollkommen, denn für 570 Lire - umgerechnet etwa 120 Mark (den Wert einer Milchkuh!) - war ein Sportrad zu bekommen.

Nun hatte er ein einigermaßen vernünftiges Fahrrad; eine perlgraue MAINO-Maschine. Aber Fausto hatte darüber seine eigene Meinung. Er wollte ein Rennrad, einen Rahmen, genau nach seinen Vorstellungen. Schon zu diesem Zeitpunkt zeigte sich eine wesentliche Charaktereigenschaft Coppis: das Streben nach Vollkommenheit, der Drang nach fast wissenschaftlichem Studium aller Komponenten des Radsports, dessen Ergebnis er später auf seine gesamte Lebensweise übertrug: essen, schlafen, trainieren, Rennen fahren...

Coppis Sternzeichen ist „Jungfrau". Man sollte das nicht überbewerten. Aber man sagt von diesen Menschen folgendes: Sie machen nicht viel Lärm um sich, sie sind nicht gerade geschwätzig und werden eher als Einzelgänger auffallen. Ihr Geist läuft wie ein Uhrwerk ab und sie bemerken jede Kleinigkeit. Bei einem typischen Jungfrau-Mensch wird man oft den Eindruck haben, daß er sich mit einem ernsten Problem herumschlägt oder sich im geheimen um etwas sorgt. Es fällt ihm nicht leicht, sich dem sorglosen Treiben des Gesellschaftslebens zu überlassen, denn im Grunde fühlt er sich unter vielen Menschen unbehaglich. Er hat meist viel mehr Kraft, als seine zerbrechliche Erscheinung vermuten läßt. Er lädt sich mehr Arbeit auf, als er ohne Schwierigkeiten bewältigen kann. Dann quält er sich bis zum Zusammenbruch, um seine Verpflichtungen zu erfüllen. Er hat sehr klar umrissene Vorstellungen über Ernährung und Gesundheit, wenig Verständnis für Faulheit. Wenn er sich über Gemeinheit, Dummheit oder Unordnung ärgert, wird er plötzlich launisch, gereizt, zänkisch oder nervös. In seiner Hausapotheke befinden sich Medikamente gegen jede nur denkbare Krankheit, aber er wird nie etwas einnehmen, von dem er nicht genau weiß, was es enthält und wie es wirkt. Sein ordnungsliebender Verstand, der Verzögerungen, Ungenauigkeiten und Verwirrungen nicht erträgt, drängt ihn dazu, das Kommando zu übernehmen. Aber er ist schnell bei der Hand, eigene Schwächen abzuleugnen. Er erträgt es nicht, sich verallgemeinern zu lassen. Der Jungfrau-Mensch ist sich seines Wertes durchaus bewußt. Er möchte voll und ganz für seine Anstrengungen bezahlt werden, denn Geld ist ihm wichtig. Sollte er Ihr Chef sein, dann unterstützen und respektieren sie ihn, denn es ist schwierig, wenn nicht unmöglich, ihn zum Narren zu halten. Wie gesagt, betrachten sie das alles nicht zu kritisch: aber sie haben genau den späteren Fausto Coppi vor sich!

Vorerst verdiente der Junge bei Merlani zwanzig Lire in der Wochen. Er legte den Teil seines bescheidenen Einkommens, den er nicht zur Unterstützung der Familie abgeben mußte, auf die hohe Kante; eisern, zwei Jahre lang. Dann fuhr er mit der Bahn nach Asti, um sich dort bei einem Radmechaniker einen Rahmen nach Maß anfertigen zu lassen. Der Handwerker war einer dieser Menschen, die es überall auf der Welt gibt. Er nahm zwar das Geld des ahnungslosen Jungen, aber jedesmal wenn der nach Asti kam, war die Antwort auf die Frage, ob sein Rahmen fertig sei, dieselbe: „Zu viel Arbeit, noch nicht fertig, komm in ein paar Tagen wieder."

Fausto fuhr sieben Mal nach Asti. Oft hatte er auf der Heimfahrt Tränen in den Augen. Niemand konnte ahnen, daß sie einem Fahrradrahmen galten. So auch bei seiner letzten Fahrt dorthin. Er war einem Schuft aufgesessen und mußte wohl oder übel aus dessen Beständen einen Rahmen nehmen, der alles andere als den Maßen von Fausto entsprach.

Der Rahmen wurde mit den Teilen des Sportrades komplettiert. Auf dieser Maschine bestritt der junge Coppi das Anfangs erwähnte erste Rennen.

Kein spektakulärer Beginn, kein märchenhafter Anfang, kein Schritt ins grelle Rampenlicht der Öffentlichkeit. Trotzdem der Prolog zu einer außergewöhnlichen Laufbahn.

Während der Zeit, in der Fausto bei Merlani arbeitete, erschien oft ein Kunde: groß gewachsen, die Augen hinter einer dunklen Sonnenbrille verborgen, immer eine Baskenmütze auf dem Kopf. Es war Biagio Cavanna, ein Ex-Boxer mittlerer Qualität, nun jedoch ein berühmter Masseur und persönlicher Betreuer von Costante Girardengo - Radrennfahrer und erster Campionissimo, d.h. Meister aller Meister; einer, wenn nicht sogar *der* um diese Zeit berühmtesten Sportsleute Italiens!

Cavanna war im ganzen Land bekannt als der Wundermacher und Muskelzauberer. Man nannte ihn auch den Mann mit den sehenden Händen, denn er war zu diesem Zeitpunkt bereits fast blind.

Wann immer *Cieco* - der Blinde - bei Merlani auftauchte, nahm er auf irgendeiner Sitzgelegenheit Platz und im Handumdrehen füllte sich der Laden mit Radsportfans; Jung und Alt hingen erwartungsvoll an seinen Lippen. Sie wurden nie enttäuscht. Wortreich und in schillernden Farben erzählte Cavanna Geschichten und Histörchen über die „Giganten der Landstraße". Er kannte sie alle. Durch und durch; ihre Stärken und ihre Schwächen.

Der junge Fausto nahm jedes Wort in sich auf. Er wollte auch einer dieser Großen werden, ja er mußte einfach einer von ihnen werden. Nichts würde ihn daran hindern können. Oft dachte er daran, mit Cavanna darüber zu sprechen, befürchtete jedoch, der Meister könnte ihn auslachen

Aber sie lernten sich kennen. Cavanna hatte in Pozzolo Formigaro, einem kleinen Ort in der Nähe von Novi Ligure, in einem Gebäude im Hinterhof sein kleines Nest. Hier instruierte er diejenigen jungen Fahrer, von denen er glaubte, sie würden den Durchbruch schaffen. Er stand ihnen mit Rat zur Seite, seine Frau mit Taten. Ständig baumelten frisch gewaschene Renntrikots auf der Leine im Hof. Einer der hoffnungsvollen Sprößlinge war Isidor Bergaglio, der oft Einkäufe für Cavanna erledigte, und der, als dieser nicht mehr von den exzellenten Fleischwaren Merlanis loskam, immer öfters im Laden des Metzgers auftauchte. Dort lernte er zwangsläufig Coppi kennen.

Bergaglio, der ältere der beiden, nahm Fausto nun regelmäßig mit auf seine Trainingsfahrten, und wie es eben bei allen jungen Rennfahrern so üblich ist, spurteten sie gegen Gott und die Welt: Ortsschilder, Wegweiser, Reklametafeln, Verkehrszeichen. Jede Gelegenheit war ihnen recht als imaginäres Ziel. Dort als Erster anzukommen, galt als höchstes Glück.

Meistens wurde Fausto von dem erfahrenen Partner geschlagen. Aber das war kein Verlust, denn er wurde immer stärker und schneller. So kam der Tag, an dem Bergaglio verschwitzt und von der Anstrengung gezeichnet zu Cavanna heimkam.

„Was ist los mit dir?"

„Nichts. Nur daß Coppi von Tag zu Tag besser wird. Heute konnte ich seinem Tempo nicht folgen!"

„Coppi, der Kleine von Merlani?"

„Genau der."

Cavanna kannte den Kleinen von Merlani bereits. Fausto war nach einer Trainingsfahrt mit einem seiner Freunde, Domenico Semenza, einem vorzüglichen Amateurfahrer, auf den Wert und die Bedeutung einer regelmäßigen Massage gekommen. Semenza ließ durchblicken, daß er anschließend in dieser Angelegenheit einen Termin bei Cavanna hätte.

„Warum kommst du nicht mit?", fragte er Fausto, „Biagio hat schon öfters von dir gesprochen."

Faustos Herz blieb vermutlich einen Moment stehen. Cavanna kannte ihn? Natürlich war er bereit, sofort mitzukommen. Das Treffen kam aber nicht zustande, Cavanna war krank und wollte niemand sehen.

Einige Wochen später bekam Fausto einen Zettel mit der Nachricht, Cavanna möchte mit ihm sprechen. Cavanna! Der Abgott der Radsportjugend in und um Novi Ligure herum. Fausto war hocherfreut, aber ein wenig mischte sich auch Unbehagen in das Gefühl. Er hatte Angst vor dem berühmten Mann, seinem bärbeißigen Wesen, seiner plötzlich und unerwarteten Heftigkeit, seinem Aufbrausen. Aber er machte sich Sorgen um Nichts. *Cieco* begrüßte den Jungen auf echt italienische Art: Er nahm ihn in die Arme und drückte ihn an sein Herz.

„Die erste persönliche Bekanntschaft mit Cavanna war der Himmel für mich", erzählte Coppi später. „Biagio erklärte mir, niemand brauchte auf ein Rennrad zu steigen - vorausgesetzt, er möchte Berufsfahrer werden - der nicht den nötigen Ernst, die Gewissenhaftigkeit, Rechtschaffenheit und Ehrlichkeit für diesen harten Beruf mitbringt. Er schilderte mir das entbehrungsreiche Leben der Athleten, die versuchen, an die Spitze zu kommen. Dann gab er mir noch Tips für die Körperpflege und vor allem Ratschläge für Zeiten, in denen nicht alles nach Wunsch verlaufen wird."

Cavanna veranlaßte Fausto, sich auf die Massagebank zu legen. „Meine Hände können besser sehen als alle Augen, und meine Ohren hören Geräusche, die einem normalen Menschen verborgen bleiben. Meine Hände und Ohren irren nie. Der Pulsschlag teilt mir die Qualität des Herzens mit, und die Stimme verrät mir den Charakter eines jeden Menschens. Die Rückenmuskeln und die Beschaffenheit der Beine sagen mir alles über die Stärke eines Fahrers." Nach einer Weile fügte er hinzu: „Du wirst es schaffen!"

So die Worte Cavannas. Bald wußte der Blinde mehr. In seinen Händen lag ein Juwel, ein Brillant, der nur noch auf den Schliff wartete. Ein neuer Campionissimo!

1937 ging der 18-jährige Fausto neben dem eingangs erwähnten Rennen noch einige Male an den Start. Ein 13. Platz und ein 5. Rang - Fausto kam als Dritter mit der Spitzengruppe an, wurde von der Jury jedoch aus unbekannten Gründen zurückgestuft - waren die bescheidene Ausbeute.

„Du wirst nie gewinnen", meinte seine Mutter. Wenige Tage später überreichte er ihr stolz einen Wecker. Er hatte ihn beim letzten Rennen der Saison in *Boffalora* als 1. Preis gewonnen. Wir notieren Coppis ersten Erfolg (mit Vorsprung, wie er das später noch oft in seiner Laufbahn praktizieren wird). Statistiker messen diesem Sieg keine besondere Bedeutung bei. Es war ja schließlich nur ein Rennen für Hobbyfahrer...

1938 trat der 19-jährige Coppi dem Veloclub *Dopolavoro-Tortona* bei und löste eine Lizenz als Amateurfahrer. (Die Organisation *Dopolavoro* - etwa mit „nach der Arbeit" oder „Feierabend" zu übersetzen - war eine faschistische

Einrichtung, 1925 mit der Absicht gegründet, die breite Masse für Kultur und Sport zu begeistern. Fausto waren die bei Diktatoren dabei vorhandenen Hintergedanken egal; er wollte Radrennen fahren.)

Für den jungen Rennfahrer begann nun eine harte, entbehrungsreiche Zeit. Meist verließ er im Morgengrauen Castellania mit einigen Käsebrötchen im Trikot und fuhr mit dem Rad bis zu 200 Kilometer, um an Rennen teilzunehmen, die oft nur über 40 bis 50 Kilometer gingen. Nicht selten kam er spät in der Nacht zurück, da das Geld für eine Übernachtung in einem Gasthaus fehlte, und in jener Epoche nur wenige Autos unterwegs waren, die eine Mitfahrgelegenheit geboten hätten. Er gewann ein Rennen in *Castelletto d'Orba*, ein zweites in *Alessandria*. Cavannas Instruktionen trugen Früchte: Fausto fuhr stark und vor allem intelligent. Aber zwei Siege waren für *Cieco* zu wenig. Die Saison 1939 konnte daher nur besser werden. Cavanna redete auf Fausto ein: „Du wirst nun zwanzig, bist gut entwickelt, es ist an der Zeit, die Kategorie zu wechseln. Du hast enorme Möglichkeiten im Radrennsport, es wäre einfach Zeitverschwendung, ein weiteres Jahr bei den Amateuren zu bleiben."

Fausto hörte auch dieses Mal auf den Rat des erfahrenen Cavanna und löste eine Lizenz für die sogenannten Unabhängigen, eine Kategorie, die es leider nur noch in wenigen Radsportländern gibt, die aber zur damaligen Zeit gang und gäbe war. Ein Unabhängiger, in Italien *indipendente* genannt, zu sein, ermöglichte talentierten Amateurfahrern bei Profirennen zu starten und Geld zu verdienen. Sie wurden von Firmen gesponsert, die wiederum bei entsprechenden Erfolgen ihrer Schützlinge bereit waren, diese später in ihre Fabrik-Rennställe als echte Berufsfahrer zu übernehmen. Für junge Leute war das eine gute Sache. Und obendrein eine ehrliche. Hier gingen keine scheinheiligen Amateure an den Start, die unter der Hand enorme Bezüge einstrichen, sondern Burschen, die kein Hehl daraus machten, daß sie mit Radfahren ihr Geld verdienen wollten. Ein schwieriges Unterfangen, trafen sie doch auf gut eingespielte Fabrikmannschaften, die in der Regel das Ende unter sich ausmachten. Doch Coppi zum echten Profi zu machen, erschien Cavanna zu früh: „Alles zu seiner Zeit. Du mußt noch warten und die Augen offenhalten."

Nun war es so, daß der berühmte Cavanna schon zu diesem Zeitpunkt als ein ehrlicher Freund seines Schützlings galt, aber nicht alle waren mit seinen Methoden einverstanden. Die Kritiker meldeten sich zu Wort. Das Trainingsprogramm sei für den jungen Coppi zu schwer. Es wäre Unsinn, den mageren Jungen täglich zu dieser Tortur zu zwingen. Aber Biagio wischte alle Zweifel beiseite und blieb unbeirrbar: „Hör nicht hin! Jetzt ist die Zeit der größten Opfer. Halte dich fest an mein Programm. Du wirst sehen, es kommt der Tag, wo du für alle deine Mühen belohnt wirst. Vergiß die Leute von der Straße, laß dich nicht von ihnen beeinflussen."

Fausto mühte sich in der Tat: Wecksignal 5 Uhr; erstes Frühstück um

6 Uhr; um 7.30 Uhr nach Tortona oder Novi Ligure (nur etwa 20 Kilometer, aber auf Umwegen oft auch mehr). Das Problem lag jedoch in der Heimfahrt. Vergessen sie nicht, Castellania liegt in 400 Meter Höhe, Tortona in der Ebene (122 m). Novi bringt es auf 197 Meter, aber die Rückfahrt nach Castellania führt erst über das Flußbett der Scrivia (120 m). Dann etwa 12 Kilometer Anstieg, die letzten acht davon ziemlich grimmig. Ein beachtlicher Morgensport. Um 9 Uhr zurück in Castellania (Ausnahme Mittwoch und Freitag, wo Ausfahrten zwischen 180 und 220 Kilometer anstanden). Anschließend baden in einer Bütte - eine Wanne war zu dieser Zeit noch Wunschgedanke - in lauwarmem Wasser. Als Badezusatz nur normales Kochsalz. Nach schweren Trainingsfahrten kamen einige Liter Essig hinzu. Mittags standen meistens als Vorspeise roher Schinken, Thunfisch oder Sardellen auf dem Tisch; dann eine Gemüse- oder Fleischsuppe; ein Filet mit Salat oder gekochtem Gemüse; zum Nachtisch Trauben oder eingemachtes Obst. Nie Wein, und wenn, dann nur seiner Mutter zuliebe ein Gläschen aus dem eigenen Anbau. Manchmal ein Glas Bier; aber zu jeder Mahlzeit Mineralwasser. Von 14 Uhr bis 16 Uhr Bettruhe. Dann Tee und einige Kekse. Anschließend erneut nach Tortona oder Novi. Ein verzweigtes Straßennetz bot genügend Abwechslung. Um 19 Uhr Abendbrot: eine Suppe mit viel Gemüse; ein halbes Huhn mit Salat oder gekochtem Gemüse; gekochtes Obst. Spätestens um 22 Uhr ins Bett. Schlafen bei geschlossenen Fensterläden, aber geöffnetem Fenster. Selbst hier hatte Cavanna noch eine spezielle Empfehlung: Fausto sollte sich auf die Seite legen und eine ähnliche Haltung wie auf dem Rad einnehmen - den Rücken gekrümmt, die Beine in der Position des Tretens...

Es dauerte nicht allzulange und Cavanna bekam Recht. Genau am 7. Mai 1939, einem Sonntag. An diesem Tag fand der erste Lauf zur Meisterschaft der Unabhängigen Italiens statt. Beim ***Giro del Pénice***, auf einem Rundkurs bei Varzi, ergriff Fausto am giftigen Anstieg zum Monte Pénice (1460 m) die Initiative, ließ das Feld stehen und begann eine spektakuläre Solofahrt mit dem Ergebnis, daß der Zweite erst volle sieben Minuten nach ihm ins Ziel kam! Fausto Coppi war eindrucksvoll auf der Bühne des italienischen Radsports erschienen.

Die Sportreporter von *La Gazzetta dello Sport,* der täglich in rosa erscheinenden Sportzeitung Italiens, bekamen vom Vizepräsidenten des Italienischen Radsportverbandes, Signor Cattanéo, der das Rennen als Kommissär begleitet hatte, nur die knappen, aber enthusiastisch gesprochenen Worte zu hören: „Kein Kommentar zu diesem Coppi. Diesem Jungen gehört die Zukunft!“

Man mußte auf die Bestätigung nicht lange warten. Bereits drei Wochen später, am 28. Mai, kam ein Rennen in Pavia. Cavanna ließ an den Organisator des Rennens, Signor Giovanni Rossignoli, einen Brief schreiben: „Lieber Freund, ich schicke Dir zwei Fahrer. Der eine, Fausto Coppi, ist ein echter

Champion, ein Gigant, der mit der Unbekümmertheit eines Kindes Rennen fährt und auf seine Art gewinnt. Der andere, Bergaglio, ist mit seiner Unbeständigkeit leider ein echtes Problem für mich."

Rossignoli, früher selbst Rennfahrer - u.a. gewann er 1903 eine 600 km lange Nonstop-Fahrt, den *Gran Fondo*, mit vier Stunden Vorsprung - sagte am Start der ***Coppa Cittá di Pavia*** zu Fausto: „Wenn du nicht ausreißt, gewinnst du nicht."

Fausto hörte auf den Rat. Und wie! Zwanzig Kilometer vor dem Ziel ließ er wieder alle stehen. Auf der relativ kurzen Strecke nahm er seinen Konkurrenten sechs Minuten ab! Es hagelte Proteste der Geschlagenen im Feld. Bei den Zuschauern kam Mißtrauen auf: Wie konnte ein Fahrer den übrigen so viel Zeit abnehmen? Auf zwanzig Kilometer? Sollte das turbulente Subjekt Coppi gar den Weg abgeschnitten haben? Da konnte etwas nicht stimmen! Aber wie man auch die Sache hin- und herdrehte, x-mal prüfte, es kam immer das Gleiche heraus: der magere Bursche aus dem Dorf hinter den sieben Bergen hatte seine Gegner geradezu deklassiert! Die Rennkommisäre wischten die Proteste vom Tisch. Drei Offizielle hatten sich mit ihren Begleitfahrzeugen an die Fersen von Coppi geheftet und alle waren sich einig, noch nie zuvor hatte ein Radrennfahrer den Anstieg hinauf nach Canetto (233 m), etwa 25 km vor dem Ziel, so schnell bewältigt. Einfach phantastisch, dieser junge Mann. Diesen Augenzeugen mußte man glauben.

Fausto hielt sich auch anschließend in Genua bei der ***Coppa Canepa*** als Sieger schadlos und traf wenige Tage später beim ***Giro del Cosentino*** in Arezzo im Stadion *Mancini* ebenfalls als Erster ein.

Nun war für Cavanna der Zeitpunkt gekommen, mit seinem Schützling alles zu wagen. Am 4. Juni stand der Klassiker durch Piemont, der ***Giro del Piemonte*** über 269 Kilometer, auf dem Programm. Er meldete Coppi für das Rennen.

Den Rest der Woche bis zum Start in Turin verbrachte Fausto bei seinen Eltern in Castellania. Dort bekam er Besuch von keinem Geringeren als Costante Girardengo, dem neunfachen italienischen Straßenmeister! Dieser Besuch hatte keinen anderen Grund, als Coppi zu überreden, Berufsradrennfahrer zu werden und dem Rennstall von MAINO beizutreten. Der Altmeister hatte an diesem Schritt Faustos erhebliches Interesse. Zum einen investierte er viel Geld in dieses Unternehmen, zum anderen hatte auch er längst das Talent von Fausto erkannt. Aber der war inzwischen über ein Gespräch informiert, das zwischen Cavanna und Eberardo Pavesi - früher ebenfalls ein hervorragender Rennfahrer - stattgefunden hatte. Mit dem Resultat, daß Pavesi, inzwischen Rennleiter bei LEGNANO, den jungen Coppi in seine Mannschaft aufnehmen würde, vorausgesetzt er schneidet bei der Piemont-Rundfahrt gut ab. Nicht umsonst nannte man Pavesi den *Advokat...*

Das war die Situation, in der sich Fausto befand. So blieb dem 20-jährigen nichts anderes übrig, als das Angebot von Girardengo abzulehnen. So die eine Version des Gesprächs in Castellania. Die andere: Fausto hätte sehr wohl unterschrieben und Cavanna, als er davon erfuhr, alle seine Überredungskünste spielen lassen, um Girardengo zum Rücktritt zu bewegen. Wie dem auch sei, Fausto ging als freier Mann, als Unabhängiger an den Start seiner ersten Rundfahrt.

Fausto trug beim ***Giro del Piemonte*** die Startnummer 98. Der erste Teil des Rennens war für ihn ausgesprochen unangenehm. Er konnte kaum im Sattel sitzen, denn ein Wehwehchen plagte ihn. Ein Abszeß, eben genau an der Stelle, wo nicht nur Radrennfahrer sitzen. Der Rennverlauf gab ihm jedoch wenig Gelegenheit, über seine Schmerzen nachzudenken. Seine Gedanken kreisten um die Zukunft, die Riesenchance, das Angebot Pavesis: LEGNANO.

LEGNANO! Die weltberühmte Fahrradfirma. Immerhin der Rennstall von Gino Bartali aus Ponte a Ema bei Florenz, dem Abgott des italienischen Radsports, der zu diesem Zeitpunkt bereits zwei Meistertitel besaß (1935 und 1937), zwei Mal den Giro gewann (1936 und 1937), Sieger der Tour de France 1938 war, und die Rundfahrt, um die es am Wochenende ging, 1937 schon einmal gewonnen hatte. Dieser Bartali, von dem hier nur die bedeutendsten Erfolge aus dieser Zeit skizziert wurden, hatte ebenfalls von dem aufgehenden Stern Coppi Wind bekommen. Er war bei einem Bahnrennen für Amateure in Arezzo Gast gewesen und der Veranstalter hatte zu Gino gesagt: „Schau, dort fährt ein Junge aus der Toskana wie du, Primo Volpi, der könnte einmal den Giro gewinnen. Geh' zu ihm und begrüße ihn. Ein interessanter Bursche."

Gino beobachtete den aus seiner Sicht interessantesten Burschen genau. Am Schluß des Rennens ging er in den Innenraum und dort auf einen großen, hageren Fahrer zu: „Du bist hervorragend gefahren. Man hat mir von dir erzählt. Bravo Volpi!"

„Ich bin nicht Volpi. Ich heiße Fausto Coppi und komme aus Castellania. Volpi hatte Defekt und wurde abgehängt."

Bartali konnte sich nicht erinnern, daß ihm der Junge schon am 9. April beim ***Giro della Toscana*** über den Weg gelaufen war. Aber damals mußte der Fahrer mit der Startnummer 65, Fausto Coppi, nach 140 Kilometer im Anstieg nach Brunetta (958 m) mit einem gebrochenen Hinterrad aufgeben. Dieses Aus brachte für Gino unbewußt das Ende der Gefahr, vor seiner eigenen Haustür eine unangenehme Überraschung zu erleben. Denn für eine solche war der junge Coppi allemal gut. Bartali konnte auch nicht ahnen, daß er soeben seinem in Zukunft schärfsten Rivalen Komplimente gemacht hatte.

...Der befand sich nun beim ***Giro del Piemonte*** nach etwa 200 Kilometer plötzlich in einer Spitzengruppe, die sich aus so bekannten Berufsfahrern wie Vicini, Bizzi (dem amtierenden italienischen Meister) sowie Valetti und Bartali zusammensetzte! Und Fausto ging noch einen Schritt weiter. In den engen Straßen von Castelnuovo Don Bosco griff er beherzt an, genau am Anstieg nach Moriondo Torinese (328 m), der schwierigsten Erhebung des

Rennens. Ohne sich umzusehen, stürmte Fausto bergan und erst nach etwa der Hälfte des Anstiegs gönnte er sich einen Blick zurück: er war alleine auf weiter Flur! Er, der unscheinbare Metzgerlieferant aus dem kleinen Novi Ligure vor allen Größen des italienischen Berufsradrennsports! Die Fans, in Italien *tifosi* genannt, die lauthals den Namen Bartalis schrien, sahen zu ihrer Verblüffung einen hageren Jungen vorbeihasten, in einem Trikot, das einmal sauber war und nun die deutlichen Spuren von 200 Kilometern Staub und Schweiß trug. Fausto selbst hatte nur Augen für die Straße unter ihm, sein Herz schlug bis zum Hals.

Dann war der Traum plötzlich zu Ende. Beim Schalten in einen anderen Gang sprang die Kette ab und verhedderte sich zwischen Zahnkranz und Rahmen. Es gab für Fausto keine andere Möglichkeit, als anzuhalten, abzusteigen und den Schaden von Hand zu beseitigen. In seiner Hast legte er die Kette auf das falsche Blatt - 50 x 16 -; unmöglich, diese „Mühle" bergauf zu treten. Schon tauchte aus einer Staubwolke der erste Verfolger auf: Bartali! Dann Del Cancia, Leoni und Bizzi, die einzigen, die Gino folgen konnten. Bartali sah sich im Vorbeifahren den jungen „Amokläufer" an und quälte sich im Wiegetritt den Berg hoch. Später hatte er eine andere Erklärung parat: „Vor dem Start kam Girardengo zu mir und sagte, er hätte da einen guten Fahrer. Gut in den Bergen, auf den Pässen unüberwindbar. Ich sollte ihn bis zum letzten Anstieg mitnehmen und könnte ja dann das Rennen ohne Probleme gewinnen. Ich sagte zu ihm: 'Hoffentlich ist das so, wie du sagst. Wehe du schmierst mich aus.' Viel hätte nicht gefehlt!"

So weit, so gut. Jedenfalls kam nach dem Anstieg hinauf nach Moriondo noch der nach Rezza. Im Grunde genommen eine Schaufel Sand, aber nach rund 230 harten Kilometern eine unangenehme, selektive Kletterei und hier zeigte Bartali seine Meisterschaft. Fausto konnte nichts mehr zusetzen; er war einfach noch nicht gut genug. Gino machte sich auf und davon. Als Sieger erreichte er Turin. Kurze Zeit später erkannte er in der Menge Fausto. Gino zu den Umstehenden:

„Wievielter wurde Coppi?"

„Dritter."

„Im Spurt?"

„Nein, allein."

„Allein? Oh Gott, woher nimmt der Bursche die Kraft, sich zweiunddreißig Kilometer gegen die Angriffe der Berufsfahrer-Elite zu wehren?"

„Er fuhr einfach großartig."

Coppi hatte das Rennen nicht gewonnen. Er fuhr die Piemont-Rundfahrt, gewissermaßen seine Hausstrecke, im Lauf seiner Karriere noch weitere zwölf Mal (!), ohne sie jemals gewinnen zu können. Sie brachte ihm nur Niederlagen und einmal sogar bitteres Leid. Doch davon später.

Vorerst war er unsagbar glücklich. Pavesi hatte ja vor dem Rennen die Aufnahme Coppis in seinen Rennstall davon abhängig gemacht, wie sich der junge Fahrer aus der Affäre ziehen würde. Nun lag natürlich klar auf der Hand, daß das Ergebnis besser ausgefallen war, als sich der mittlerweile 56 Jahre alte Rennleiter des LEGNANO-Teams, dessen Markenzeichen die nie erkaltende Tabakpfeife war, das vorgestellt hatte. Nichts mehr stand einem Vertrag mit Fausto Coppi im Weg. Aber als Cavanna und Fausto am Abend nach dem Rennen in dem Hotel, wo Pavesi sein Hauptquartier aufgeschlagen hatte, erschienen, überbrachte ihnen De Benedetti, ein Fahrer der Mannschaft, die überraschende Nachricht, Pavesi müßte sich die Sache noch einmal überlegen, respektive sie mit dem Kapitän der Squadra - Bartali - besprechen. Man sollte am anderen Abend noch einmal vorbeischauen. Das Vorbeischauen verlief sehr schnell. Pavesi erklärte kurz und bündig, erst am Ende der Saison mit Coppi einen Vertrag abzuschließen. Trotzdem war Fausto glücklich. Vor allem aber stolz. Hatten sich doch mit Girardengo und Pavesi gleich zwei Große des italienischen Radsports um ihn bemüht.

In der Tat ein gewaltiges Vertrauen in Coppi! Der zeigte sich dessen würdig. Bei ***Genova - La Spezia*** belegte er hinter Carlo Ronca den zweiten Platz und am 16. Juli erreichte er beim ***Circuito dell'Appennino*** hinter dem Sieger Lorenzo Mazzarello und einem weiteren Fahrer zwar nur Rang drei, aber beim dritten und letzten Lauf zur Meisterschaft der Unabhängigen am 14. August in Varese konnte er sich gründlich revanchieren. (Französische Autoren berichten zuvor von einem Sieg Coppis am 6. August bei der *Coppa Cortessa Carnevali*, der in italienischen Quellen nicht erwähnt wird.)

Das Rennen ***Tre Valli Varesine*** durch die drei Täler von Varese gehört zu den schwersten in Italien. Der 181 Kilometer lange Kurs ist sehr selektiv und verlangt von den Fahrern alles. Nur die wirklich Besten setzen sich auf der Strecke *Varese-Sant 'Ambrogio-Rasa-Brinzio-Bedero-Ganna-Induno Olano-Varese* mit ihren widerlichen Steigungen und gefährlichen Abfahrten durch.

Am 14. August 1939 war Fausto Coppi der Beste. Er fuhr das Rennen mit einer gehörigen Portion Wut im Bauch. Die Organisatoren hatten Anstoß an seiner Bekleidung genommen. Faustos Club schwamm nicht gerade in Geld und obendrein machte sowieso jeder was er wollte. Kein Wunder, daß sich niemand um das äußere Erscheinungsbild des Fahres kümmerte, der im Grunde genommen bloß „Haut und Knochen" war. Fausto hatte nur das ziemlich ausgewaschene Trikot seines Clubs *Dopolavoro-Tortona* zur Verfügung und war darin keine allzu elegante Erscheinung. Mehr noch: für eine nationale Meisterschaft wäre er geradezu ein Schandfleck! So die Meinung der Organisatoren. Erst das Machtwort des Präsidenten des italienischen Radsportverbandes, Antonelli, ermöglichte den Start Faustos: „Sein Aufzug hat nichts zu sagen!" Aber Coppis Stolz war verletzt. Er wird es ihnen zeigen!

Vier Fahrer hatten von Anfang an das Rennen bestimmt: Amadori, Gentile, Montobbio und Scappini. Coppi, in der Verfolgergruppe, in der sich so starke Leute wie Boffo, Bolis, Mazzarello, Piotto, Sartori, Silvestri und Torchio befanden, ließ sich nicht irritieren und hielt still. In der sechsten Runde verabschiedete er sich aus dieser Gruppe, erreichte die vier Ausreißer und zog an ihnen vorbei. Mit einem Vorsprung von 6:42 Minuten kam er alleine ins Ziel! Faustos Freude war riesig. Auch die von Präsident Antonelli, der den Start von Fausto, dem Mann im ausgewaschenen Trikot, erst ermöglicht hatte.

Die kleine Siegesfeier in einem Vareser Gasthof wurde allerdings von einem Ereignis überschattet: der zweite Weltkrieg stand unmittelbar bevor!

Siebzehn Tage später, am 1. September, nahm das Unheil seinen Lauf. Bei Sonnenaufgang rollten deutsche Panzer über die polnische Grenze. Die Würfel waren gefallen. Hitler hatte sie geworfen, ohne die Antwort abzuwarten, ob England und Frankreich ihrem Bündnispartner beistehen würden. Sie taten es. Am 3. September erklärten sie Deutschland den Krieg.

Ein Großer des internationalen Radsports mußte das nicht mehr erleben. Nach langer, schwerer Krankheit war Henri Desgrange am 16. August in Beauvallon gestorben. Hierzu ein kurzer Rückblick: Der am 31.1.1865 geborene Franzose gab sehr bald seinen ursprünglichen Beruf als Advokat auf, wurde Radsportjournalist, Verleger und vor allem ein echter Radsportpionier: französischer Straßenmeister und erster Stundenweltrekordler (1893 mit 35,325 km/std). Über die Grenzen seines Landes bekannt wurde Desgrange als Organisator der ersten Tour de France. 1903 griff er als Generaldirektor und Chefredakteur der Sportzeitschrift *L'Auto-Vélo* die Idee seines Mitarbeiters Geo Lefévre auf und veranstaltete die erste Frankreichrundfahrt (2428 km in 6 Etappen). Bis 1936 war er Chef der *Grand Boucle*, der *Großen Schleife* durch Frankreich, dann gab der *Vater der Tour* das Zepter aus der Hand. Sein Nachfolger Jacques Goddet übernahm das nicht immer leichte Erbe.

Zurück in das Jahr 1939. Der Radsportweltverband, die UCI, hatte im August die Weltmeisterschaften an Italien vergeben. Am 2. und 3. September sollten die Meisterschaften auf der Straße in Varese stattfinden. Für die Amateure waren auf dem 36,5 Kilometer langen Rundkurs fünf Runden vorgesehen, die Berufsfahrer hätten sechs absolvieren müssen. Alfredo Binda hatte bei den Amateuren Bevilacqua, Covolo, Fondi, Magni, Nardini, Pedroni und Ronconi gemeldet; bei den Profis setzte er auf Bartali, Bizzi, Cinelli, Cottur, Leoni, Simonini, Valetti und Vicini. Insgesamt hatten bei den Berufsfahrern 158 Teilnehmer aus zwanzig Nationen gemeldet.

Aber nur auf dem Papier, denn die politischen Ereignisse forderten ihren Tribut: Am 28 September trafen die Franzosen in Mailand ein, wurden aber bereits am Bahnhof wieder nach Hause beordert; die Spanier kamen gar nicht erst von Barcelona weg; die Luxemburger warteten auf die Entscheidung ihres Verbandes. Nur die Belgier waren über Chiasso eingereist und logierten in Como.

Am Montag, den 29. September, waren die Italiener im Valganna unterwegs, um am Laghetto di Ghirla das Terrain für ihre Angriffe am kommenden Samstag und Sonntag zu studieren. Verbandspräsident Rodoni erklärte seiner Truppe gerade, daß die Titel nicht außer Landes gehen dürften und forderte Bartali & Co. auf: „...eine geeignete Stelle für einen Ausreißversuch zu suchen", als ein Motorradfahrer angebraust kam und aufgeregt die Hiobsbotschaft überbrachte: „Die Weltmeisterschaften finden zum angegebenen Zeitpunkt nicht statt. Die UCI befürchtet, daß nur Italiener an den Start gehen. Die Rennen werden Ende September ausgetragen." Der gute Mann vergaß nur zu sagen, in welchem Jahr...

Die Bahnfahrer wollten in Mailand ihre Meister küren. Die Vorläufe der Steher wurden ausgefahren und der Deutsche Walter Lohmann qualifizierte sich als haushoher Favorit für den Endlauf. Bei den Amateursprintern siegte im Finale der Holländer Derksen vor dem Italiener Astolfi und dem Deutschen Gerhard Purann. Bei den Profisprintern hatte sich der Deutsche Albert Richter bereits den dritten Platz erkämpft und im Finale hätten sich der Belgier Jef Scherens und der Holländer Arie van Vliet, der Aristokrat unter den schnellen Männern mit dem Beinamen Radfahrender Professor, gegenüber stehen sollen. Scherens, ob seines „Tigersprungs" im Endspurt bekannt, sprang diesmal nicht über das Ziel, sondern dem Holländer ins Rad und brachte sich und seinen Gegner zu Fall. Der Lauf hätte wiederholt werden müssen. Doch dazu kam es nicht mehr. Mit Windeseile verbreitete sich im Velodrom die Nachricht vom Ausbruch des 2. Weltkriegs. Überstürzt kehrten die Teilnehmer in ihre Heimatländer zurück. Das furchtbare Völkermorden hatte seinen Anfang genommen. Toni Merkens, Gerhard Purann, Albert Richter, der junge Wengler - um nur einige deutsche Fahrer zu nennen - sollten nicht überleben.

Coppi war unter den Zuschauern in Mailand. Noch am selben Abend fuhr er zurück nach Castellania. An einem der nächsten Tage wurde sein älterer Bruder Livio eingezogen.

Für Fausto ging das Leben vorläufig normal weiter. In ähnlicher Manier wie in Varese gewann er am 17. September, zwei Tage nach seinem 20. Geburtstag, den ***Circuito di Susa***. Auch dieser Rundkurs, etwa 60 km westlich von Turin, war mit einer Gesamtlänge von 120 Kilometer sehr anspruchsvoll. Die Strecke *Susa-Mattie-Bussoleno-Susa* mußte sechsmal durchfahren werden, und besonders der Anstieg hinauf nach Mattie (730 m) eignete sich besonders für einen Angriff. Fausto wartete diesmal nicht lange. Bereits in der dritten Runde fuhr er auf und davon. Keiner konnte folgen. Sein Vorsprung auf die Verfolger wurde immer größer. Im Ziel lag Covolo 4:02 min zurück; zwei weitere Fahrer, Zuccotti und Scappini, trafen erst nach fünf Minuten ein.

Als Unabhängiger hätte Fausto für seine Starts immer Startgeld bekommen - 50 Lire. Damals waren das etwa sechs Mark. Aber er holte das Geld nie vor dem Rennen ab. Er sagte, es würde ihm nur die Lust auf die Teilnahme und das Siegen nehmen.

Die Saison war noch nicht zu Ende. Am 8. Oktober traf sich die Elite der Berufsfahrer Italiens zur ***Coppa Bernocchi***. Fausto ging zusammen mit den besten Profis an den Start und mußte sich erst einmal ärgern. Man hatte ihn mit der Startnummer 42 als Fausto Coppi aus Castellammare eingetragen und das war nun einmal nicht sein Heimatort! Am Ende belegte er hinter Adolfo Leoni einen sensationellen zweiten Platz, der Ärger war verraucht. Den hatte nun Bartali. Zum ersten Mal mußte er die bittere Pille „Coppi" schlucken: Gino landete auf dem 10. Rang.

Einige Tage später, am 21. Oktober, fand in Turin der ***G.P. Stampa FIAT*** statt. Ein sehr populäres Rennen, das in seiner Konzeption für gute Unterhaltung sorgte: erstens ein Zweier-Mannschaftszeitfahren über 100 Kilometer auf den Straßen der Stadt, zweitens ein Einer-Verfolgungsrennen auf der Bahn und drittens ein Rundenzeitfahren. Fausto erhielt den Berufsfahrer Severino Rigoni als Partner, einen Sprinter von hoher Qualität. Man gab ihnen nur geringe Chancen. Welch ein Irrtum! Der Junge aus Castellania unterstützte den Routinier aus Pavia hervorragend und die beiden belegten im Gesamtergebnis den 3. Platz.

Der junge Coppi fuhr an diesem Tag sein erstes Einer-Verfolgungsrennen. Er hatte kein eigenes Bahnrad, aber sein Freund, ein Amateur aus Turin, lieh ihm seine Maschine. Fausto hatte keinerlei Erfahrung in dieser Disziplin. Unbekümmert ging er gegen Fiorenzo Magni, damals noch Amateur, an den Start über die Distanz von 12 Runden (3973 Meter). Nach 5:22,2 Minuten (44,391 km/std) hatte er das Rennen mit 130 Meter Vorsprung für sich entschieden. Aber es gab noch einen Finallauf. Hier traf er auf den Spezialisten Olimpio Bizzi. Der *Morino di Livorno,* so genannt wegen seiner pechschwarzen Haare, war der Italienische Meister in diesem Jahr und seit drei Jahren Profi. Um so größer sein Erstaunen, als er Fausto nur mit acht Meter Vorsprung schlagen konnte und dazu ein Stundenmittel von 45,860 km fahren mußte. Bizzi war gerade noch einmal mit einem blauen Auge davongekommen, aber er schwor sich, damit den Jungen aus Castellania im Visier zu behalten.

Am Tag darauf fand ebenfalls um den ***G.P. Stampa FIAT*** in Savona ein Rundstreckenrennen statt, das Fausto auf dem sechsten Platz sah.

Auf Grund seiner guten Resultate erhielt Fausto eine Einladung zum Herbstklassiker, den ***Giro di Lombardia.*** Die Lombardei-Rundfahrt, die Rundfahrt der „fallenden Blätter", ging über 231 Kilometer mit Start und Ziel in Mailand. Verschiedene Zwischenfälle, unter anderem zwei Reifenschäden, zwangen Fausto zur Aufgabe. Wieder hatte er seine große Klasse bewiesen, aber das blieb den meisten Zuschauern verborgen. Strahlender Held war Gino Bartali, der das Rennen nach 1936 zum zweiten Mal gewann.

Am 28. Oktober wurde das letzte Rennen der Saison ausgetragen. Es war eine genaue Kopie des G.P. Stampa Fiat in Turin, nur diesmal in Mailand. Eine Kopie insofern, daß der Modus der selbe war: ein 100-km-Straßenrennen (diesmal auf der Strecke *Milano-Lodi-Codogno-San Angelo-Rogoredo-Milano*), dann die Bahnrennen auf der Vigorelli-Bahn. Fausto bekam erneut die Chance an der Seite Rigonis. Auch was das Ergebnis betrifft, war es eine Kopie: Coppi-Rigoni belegten hinter den Siegern Bartali-Favalli und den Zweitplazierten Valetti-Cinelli wieder den dritten Platz.

Damit war die Saison 1939 zu Ende. Cavanna konnte die Bilanz ziehen: sein Schützling Fausto Coppi hatte sechs Siege erzielt, zwei zweite und vier dritte Plätze erreicht. Nun war es wirklich an der Zeit, daß der Junge Berufsfahrer wird.

Pavesi war der selben Meinung. Schnell war ein Kontrakt unterschrieben: Coppi wird ab 1940 *gregario* bei LEGNANO, zweiter Mann im Profiteam der Fahrradfirma, für die Gino Bartali seit 1936 fuhr. In Wirklichkeit wird er Domestik von Bartali werden und im Monat ein Salär von 700 Lire erhalten. Man höre und staune: ganze 92 Mark.

1940
Kriegsausbruch – Coppi wird Soldat und Giro-Sieger

Fausto Coppi verbrachte die Januartage mit seinem Freund Salvatore Crippa beim Training an der Riviera. Hier herrschte noch eine trügerische Ruhe, denn inzwischen tobte in weiten Teilen Europas der Krieg. Polen wurde mit dem hohen Blutzoll von 10 572 gefallenen deutschen Soldaten überrollt, Norwegen besetzt, und am 1. Januar erklärte Hitler, daß Großbritannien vernichtend geschlagen und Europa neugestaltet werden soll. Er traf sich am 18. März mit Mussolini am Brenner. Mit Ergebenheit und Sympathie *(sic)* hörte der Duce dem Führer zu und bestätigte sein Versprechen, gemeinsam mit Deutschland zu marschieren. Noch konnte er den Zeitpunkt für den Kriegseintritt offenhalten, doch die deutsche Führung wußte, daß sie bei dem bevorstehenden Angriff im Westen nicht alleine stehen wird. Keine gute Zeit.

In Mailand trafen sich weitaus friedlichere Menschen. Bartali und sein technischer Direktor Eberardo Pavesi besprachen am 7. Januar, ob Coppi mit LEGNANO den Giro d'Italia fahren soll. Gino trug mit rauher Stimme sein Anliegen vor: „Ich gewann 1938 die Tour de France und werde auch weiterhin Italien würdig vertreten. Dazu brauche ich bis Mai eine gute Mannschaft. Ich muß mich auf solide 'gregari' verlassen können." Pavesi erwiederte: „Ich habe verstanden, klar, ich habe kapiert." Vorerst war er froh, das er das hoffnungsvolle Küken *Fausto* überhaupt im Nest von Bartali untergebracht hatte.

Der Junge aus Castellania schlug sich gut im olivgrünen Trikot der LEGNANO-Mannschaft: Am 19. März Achter bei ***Milano-Sanremo***, dem 1. Lauf zur Italienischen Straßenmeisterschaft (ex aequo mit seinem Meister Bartali, der das Rennen nach seinem Sieg im Vorjahr zum zweiten Mal gewonnen hatte); am 14. April Einundzwanzigster beim 2. Lauf, dem ***Giro della Toscana***, der Toskana-Rundfahrt, (Sieger ebenfalls wie im Vorjahr Bartali) und Zwölfter beim 3. Lauf, dem ***Giro del Piemonte***, der Piemont-Rundfahrt, (Sieger diesmal Cino Cinelli. Bartali kam nur auf Platz dreiundzwanzig und hatte obendrein 5:26 min Rückstand auf Coppi). Donnerwetter! Pavesi konnte mit dem jungen Piemonteser den Giro wagen.

Aber nicht nur LEGNANO interessierte sich für Coppi. Auch Vater Staat warf ein Auge auf den 20-jährigen. Fausto wurde zum 38. Infanterieregiment *(reggimento di fanteria)* der Division *Ravenna* unter der Matrikel-Nr. 7375 eingezogen. Man verlegte ihn nach Limone Piemonte, etwa sechs Kilometer von der französischen Grenze am Col de Tende entfernt. Nach der Grundausbildung kehrte er in die Kaserne *Passalacqua* nach Tortona zurück und wurde zum Korporal ernannt. Seine Vorgesetzten ermöglichten ihm weiterhin ein regelmäßiges Training und die Teilnahme an Rennen. Eines seiner

Privilegien bestand darin, daß er am Abend nach Dienstschluß die Kaserne bis zum anderen Morgen verlassen konnte.

Für dreißig Tage bewilligt man dem Soldaten Coppi sogar Sonderurlaub. Während dieser Zeit sollte er die unansehnliche Uniform mit seinem Renntrikot vertauschen, denn genau vom 17. Mai bis zum 2. Juni ist eine Teilnahme am Giro d'Italia erwünscht. Man gibt ihm den Urlaub schließlich nicht umsonst!

Bartali war zwar noch immer der Meinung, daß der junge, zerbrechlich wirkende Fausto einfach zu unerfahren sei, die Italienrundfahrt in Angriff zu nehmen. Aber Pavesi, zugegeben ein äußerst intelligenter Mann (um nicht zu sagen, ein schlauer Fuchs) hatte seine eigenen Pläne und Vorstellungen. Neben Fiorenzo Magni, Pierino Favalli, Mario Ricci, Aldo Ronconi und Succi stellte er Coppi an die Seite von Bartali.

Aber auch Pavesi hatte erkannt, daß er mit dem außergewöhnlichen Talent Coppi vorsichtig umgehen mußte. Sein Plan war: Alles fährt für Bartali, mit Ausnahme von Magni und Favalli, die ihr Augenmerk auf den Gewinn von Etappen richten sollten und daher eine gewisse Freiheit für sich in Anspruch nehmen konnten.

Fausto wußte also vom ersten Tag an, welche Rolle er im Team übernehmen mußte. Nicht mehr und nicht weniger, als seinen Kapitän Bartali zu beschützen und ihm zu helfen. Im Klartext hieß das: Ausreißer einfangen, Führungsdienste leisten, Defekte für seinen Boß beheben, ihm bei Bedarf das eigene Rad zur Verfügung stellen und auf den Materialwagen warten, Trinkbares besorgen, an steilen Anstiegen ab und zu mit einem Schubs zur Stelle sein, am Ende der Etappe die „Gasse" öffnen und dem Chef den Endspurt vorbereiten, den Weg zum Sieg ebnen. Unter uns gesagt kein Honigschlecken...

Die Zusammenarbeit zwischen Bartali und Coppi dauerte nicht viel länger als eine Woche, dann konnte über weite Strecken von Harmonie beim besten Willen keine Rede mehr sein. Die Geschichte ist schnell erzählt:

Am Freitag, den 17. Mai, einem kalten, wolkenverhangenen Vormittag, versammelten sich die Teilnehmer am ***Giro d'Italia*** im Mailänder Vigorelli-Stadion.

„Um ehrlich zu sein, ich habe Angst", flüsterte Fausto seinem Mannschaftskameraden Succi zu. Sie war berechtigt, denn einige stolze Recken waren nicht zu übersehen. Zum Beispiel Giordano Cottur von der LYGIE-Mannschaft. Ein Mann aus Triest, bärenstark, mit einem prächtigen Pferdegebiß. Dann Severino Canavesi von GLORIA, ein Veteran des Giro: bei den letzten vier Teilnahmen war er immer unter den ersten gewesen. Von OLYMPIA war besonders der Turiner Enrico Mollo zu beachten, ein ausgezeichneter Kletterer im Hochgebirge. Furchterregend auch das Aufgebot der *biancocelesti* - der BIANCHI-Fahrer - eine Vereinigung echter Meister: An der Spitze Giovanni Valetti, ein schlauer Patron, der die letzten beiden

Rundfahrten gewonnen hatte. Dann Mario Vicini, ein Mann aus der Romagna, genannt *Gaibera* und nichts weniger als amtierender italienischer Straßenmeister. Mit von der Partie war auch Olimpio Bizzi, *il Morino* aus Livorno; im letzten Jahr trug er sieben Tage das Rosa Trikot. Dann waren zu nennen: Adolfo Leoni, der neue Stern bei BIANCHI; der Toskaner Aldo Bini, ein zuverlässiger *gregario* und letztendlich Vasco Bergamaschi, der Sieger von 1935. Da konnte einem Gironeuling fürwahr das Herz in die Hose rutschen.

Fausto hatte nicht lange Zeit zum Grübeln. Der Präsident des italienischen Radsportverbandes, seine Exzellenz Rino Parenti, war erschienen. Nach einer bei Hierarchen scheinbar unumgänglichen Kunstpause brüllte er in die eingetretene Stille:

< *Saluto al Duce!* >

< *A noi!* > (Für uns!). Aus tausenden von Kehlen klang der faschistische Gruß zurück.

Faustos rechter Arm erhob sich fast automatisch zum Gruß. Dann formierte sich die Girokarawane und es ging langsam, neutralisiert - d.h. das Rennen war noch nicht freigegeben - hinaus zur Piazzale Velasques. Um 12.40 Uhr erfolgte der offizielle Start zur Italienrundfahrt.

Neu war bei diesem ***38. Giro d'Italia*** (erste Austragung 1909, Sieger Luigi Ganna), daß die einzelnen Fabrikmannschaften ihre eigenen Begleitautos einsetzen durften, und daß die Zeitgutschriften der Erstplazierten bei Etappenankünften entfielen.

Es gab auch, für damalige Verhältnisse, viel zu gewinnen: Für einen Etappensieg (je nach Schwierigkeit des Tagesabschnitts) 500 bis 1400 Lire (damals etwa 65 bis 185 Mark) und 500 Lire je Tag für den Träger des *maglia rosa* [1931 eingeführt; 1. Träger Learco Guerra nach seinem Sieg bei der 1. Etappe Milano-Mantua]. Für den Gesamtsieger gab es eine Spezialprämie des Duce: *10 000 Lire* (1300 Mark), eine Sonderprämie des italienischen Olympiakomitees (130 Mark) sowie den Preis der Organisatoren (1965 Mark).

Auf der 1. Etappe *Milano-Torino* (180 km) begleitete Regen die Fahrer und es war empfindlich kalt. Den ersten Ausreißversuch wagten Romanetti, Introzzi und Veggetti. Nach zehn Kilometern waren sie wieder eingeholt. In Novara (40 km) bekam Bartali Probleme mit seinem Rad und löste damit eine Jagd bei BIANCHI aus. LEGNANO hielt dagegen und in Vercelli war wieder alles vereint. Bis Moriondo. Dort machten sich acht Fahrer selbständig. Unter ihnen Bizzi, wie schon erwähnt, ein gefährlicher Mann. Er wurde seinem Ruf gerecht, schüttelte alle ab und hatte achtzig Kilometer vor Turin drei Minuten Vorsprung. Im Ziel waren es noch zwei. Coppi war in der von Bartali nach 2:01 min Rückstand ins Motodrom geführten Verfolgergruppe vertreten und belegte einen hervorragenden siebten Platz. Aber das LEGNANO-Schiff hatte bereits ein erhebliches Leck: Magni hatte 22 Minuten Rückstand, Succi und Ricci sogar 23 Minuten!

Auf der 2. Etappe *Torino-Genova* (226 km) lag Coppis Heimatgegend im glänzenden Sonnenschein. Nach etwa fünfzig Kilometern, zwischen Castello di Annone und Quattórdio, eröffneten neun Fahrer die Feindseligkeiten und suchten das Weite. In Alessandria hatten die Flüchtlinge mehr als eineinhalb Minuten Vorsprung und waren drauf und dran, ihre Position noch weiter auszubauen. In Novi Ligure, praktisch vor Faustos Haustüre, wurde dem Jungen aus Castellania der Abstand zu dumm, denn neben der Straße standen seine Brüder Serse und Livio, sein Lehrherr Merlani und Girardengo, der seinen Neffe Osvaldo Bailo beobachtete. Ein Grund, die Gangart zu verändern und anzugreifen. Bald hatte er die Spitze eingeholt, aus der sich eine neue Gruppe absetzen konnte. Diesmal mit Fausto. Langsam aber sicher vergrößerte sich ihr Vorsprung.

Im zurückliegenden Feld stürzte Bartali bei der Abfahrt vom Passo della Scoffera (674 m), etwa 25 km vor dem Ziel. Ein herrenloser Hund hatte die Straße überquert und war Gino genau ins Vorderrad gelaufen. Der schlug einen gewaltigen Purzelbaum und blieb bewußtlos auf dem Asphalt liegen. Nach einiger Zeit konnte er das Rennen zwar fortsetzen, hatte jedoch arge Schmerzen im rechten Bein. Er kam an 24. Stelle mit einem Rückstand von 5:15 min ins Ziel und erfuhr eine gute und eine schlechte Nachricht. Die gute: Sein Mannschaftskollege Favalli hatte die Etappe gewonnen. Die (aus seiner Sicht) schlechte: der Neuling Fausto Coppi hatte den zweiten Platz belegt und lag nun im Gesamtklassement zeitgleich mit dem Träger des Rosa Trikots, Osvaldo Bailo, an dritter Stelle! Eine weitere Hiobsbotschaft wurde ihm am Abend im Quartier mitgeteilt: Er hatte eine schwere Oberschenkelzerrung und der Arzt wollte ihm die Weiterfahrt verbieten und zwanzig Tage Bettruhe verordnen. Da kam er bei Gino an den Richtigen! Der sprang wie von der Tarantel gestochen auf und gab lauthals bekannt, er denke gar nicht daran, den Giro nach zwei Tagen aufzugeben.

„Mal schauen, was sich machen läßt", murmelte Pavesi zwischen zwei heftigen Zügen aus seiner Pfeife und gab dem Arzt die Anweisung, Bartali zu massieren. Das geschah die halbe Nacht. Der Erfolg war gleich Null.

Immerhin ging Bartali am nächsten Morgen an den Start zur 3. Etappe *Genova-Pisa* (188 km) und quälte sich recht und schlecht über die Strecke. Mit dem Ausgang des Tagesabschnitts hatte er nichts zu tun. Der Sieg fiel an den relativ unbekannten Diego Marabelli. Bartali kam nach 1:05 min als Zehnter mit einer größeren Gruppe, in der sich auch Fausto befand, ins Ziel. Der war auf der nassen Straße in Bracco, etwa nach 50 Kilometer, auf einer Öllache ausgerutscht und hatte Ronconi und De Benedetti in seinen Sturz verwickelt. Glücklicherweise konnten alle drei die Fahrt fortsetzen.

Der nächste Tag zeigte sich grau in grau. Auch was die Stimmung im Fahrerlager betraf: Bartali fühlte sich übel, stechende Schmerzen im Bein quälten ihn; Cinelli fehlte am Start, Valetti hatte schon am Vorabend aufgegeben; Bailo steckte in einer schwere Krise. Voller Mißmut setzte sich der

Giro Troß in Bewegung. Bald verzogen sich die Wolken und ein heißer Tag begann.

Coppi hatte sich bisher strikt an die Anweisungen von Pavesi gehalten, aber nun gab er bei der 4. Etappe *Pisa-Grosseto* (154 km) eine kleine Probe seines wahren Könnens. Vom Start weg heftete er sich an die Fersen von Bizzi, der sofort attackiert hatte. Aber *Morino* wollte lediglich bei der Durchfahrt von Livorno seine Frau und seine Kinder grüßen und gab anschließend seinen Ausreißversuch wieder auf.

Die Sonne brannte nun gnadenlos vom Himmel, der Asphalt begann zu flimmern und bei den Fahrern setzte der große Durst ein. Besonders bei Bartali. Das galt in jener Zeit, in der trinken bei Radrennen ausgesprochen verpönt war, als ein sicheres Zeichen für Schwäche. Die halbe Mannschaft von LEGNANO war damit beschäftigt, die Brunnen am Straßenrand anzuzapfen und Gino mit Wasser zu versorgen. In dieser Phase machten sich mehrere Gruppen auf und davon. Fausto hatte noch immer die Worte von Pavesi im Ohr: „Alles fährt für Bartali!" und wollte zumindest vorerst kein Risiko eingehen. Aber die Meldung, daß man inzwischen über drei Minuten zurück lag, gab ihm doch zu denken. Da kam ihm ein Ausreißversuch des GLORIA-Fahrers Generati wie gelegen. Sofort fuhr er hinterher und gemeinsam hatte man nach etwa zehn Kilometern zuerst Succi und Ricci am Wickel, wenig später die Spitzengruppe mit Rimoldi, Mollo, Didier und Diggelmann von OLYMPIA, und fast die ganze Mannschaft von GLORIA: Servadei, Introzzi, Cecchi, Romanetti und Rogora. Das war ein Fischzug! Fast alle Favoriten waren im Netz. Kurz danach traf auch Favalli in der Spitzengruppe ein und brachte die letzte Zeitmessung mit: „Sieben Minuten Rückstand für die Gruppe um Bartali!"

Bei den nunmehr zweiundzwanzig Fahrern an der Spitze kam nicht nur wegen dieser Meldung Freude auf. Vielmehr ging es hinunter zum Meer, ins Ziel nach Grosseto. Ein Massensprint bahnte sich an. Coppi war stark an diesem Tag. Und er war schnell. Aber ein Etappensieg, der durchaus im Bereich des Möglichen lag, wurde von der „Defekthexe" zunichte gemacht. 300 Meter vor dem Ziel flog er über einen Steinbrocken und stürzte zusammen mit vier weiteren Fahrern: Succi, Gosi, Disanti und Toccaceli. Ein Gewirr von Körper und Räder. Fausto konnte sich - an der Schulter, dem Bein und den Händen aufgeschürft - zwar schnell aufrappeln, aber mehr als der 25. Platz war nicht drin. Adolfo Leoni hatte die Etappe vor Servadei und Rimoldi gewonnen.

Als am Abend das Ergebnis vorlag: Neuer Träger des Rosa Trikots Piero Favalli/LEGNANO; zweiter Fausto Coppi/LEGNANO mit 1:05 min Rückstand, war die Freude in Bartalis Team groß. Noch mehr aber das Staunen. Besonders bei Bartali, der mit 15:31 min Rückstand auf dem zwanzigsten Platz lag und bei Fragen über seinen jungen Domestiken nur mit der Schulter zucken konnte.

Bereits 48 Stunden später machte Fausto wieder von sich Reden. Er stoppte während der 5. Etappe *Grosseto-Roma* (224 km) einen gefährlichen Ausreißversuch von Mario Vicini, einem rotblonden Römer, der in seiner Heimatstadt unbedingt gewinnen wollte. Das tat an seiner Stelle der BIANCHI-Fahrer Adolfo Leoni.

Den ganzen Tagesablauf hatte Bartali in einer ziemlich lustlosen Verfassung verbracht. Nun platzte Pavesi der Kragen. Beim gemeinsamen Abendessen gab er einen Satz von sich, der alle Reporter zu den Telefonen jagen ließ: „Von jetzt an sind auch Magni und Favalli 'gregari', Domestiken, und Coppi hält für Keinen mehr an!"

Worte, die keinen Widerspruch zuließen. Natürlich war Bartali weiterhin der Boß, aber Coppi hatte freien Lauf! Freien Lauf Richtung Süden. Nach einem Ruhetag in der Ewigen Stadt ging es auf die 6. Etappe *Roma-Napoli* (238 km), den längsten Tagesabschnitt dieser Italienrundfahrt. Die Etappe wurde eine Beute von Servadei.

Am nächsten Morgen wurde nicht nur die Girokarawane, sondern ganz Italien von einer Nachricht des Duce aufgeschreckt: Alle gesunden Männer im Alter von 14 (!) bis 70 Jahren (!!) haben sich zur Erringung des Sieges bereitzustellen. Ein Sieg setzt einen Kampf, einen Krieg voraus. Der stand nun unmittelbar bevor.

Verständlich, daß sich die Fahrerschlange und der Begleittroß in gedrückter Stimmung auf den Weg zur 7. Etappe *Napoli-Fiuggi* (178 km) machten. Den ersten Platz holte sich diesmal Walter Generati; Bartali landete zusammen mit Coppi im Hauptfeld. Der konnte seinen 2. Platz im Gesamtklassement mit 1:04 min Rückstand auf Favalli behaupten.

Ab Fiuggi zog die Girokarawane wieder nach Norden. LEGNANO hatte mit den beiden Spitzenreitern das Steuer fest in der Hand und konnte beruhigt dem Lauf der Dinge entgegensehen. Aber bei einer Sportveranstaltung wie der Rundfahrt durch Italien (3525 Kilometer, aufgeteilt in 20 Tagesabschnitte) blieben böse Überraschungen nicht aus...

Vorerst war man bei LEGNANO auf der 8. Etappe *Fiuggi-Terni* (183 km) guter Dinge. Fausto fühlte sich nach seinem Sturz in Grosseto zum ersten Mal wieder fit. Bartali hatte verkündet, daß seine Beine seit zwei Tagen wieder ihren Dienst wie gewohnt verrichten. Obendrein schien wie am Anfang des Giro wieder die Sonne. Es konnte also losgehen. Allerdings nicht für Bailo, den Kapitän von GERBI, der das Rennen aufgeben mußte.

Nach 40 Kilometern hatte der Träger des Rosa Trikot, Pierino Favalli, Defekt. Sofort blieben Ricci, Succi und Magni bei ihm. Gemeinsam konnte man wieder aufschließen, aber Favalli zeigte erste Schwächen. Wohl auch wegen der Hitze, die allmählich allen Fahrern zusetzte. Die Jagd auf Trinkbares begann. In Moricone machte man kurz Halt an einem Brunnen. Auch Coppi füllte seine Trinkflasche und schwang sich wieder auf sein Rad. In diesem Moment raste das Begleitauto von GLORIA um die Ecke. Der Mann am

Steuer übersah Fausto und fuhr dessen Rad zu Schrott. Ricci gab Coppi sofort sein Rad und mußte nun auf den Wagen von LEGNANO warten.

Fausto hatte einige Mühe, das Feld wieder zu erreichen, in dem Favalli immer mehr Schwierigkeiten bekam. Als Coppi nochmals absteigen mußte, um die Sattelhöhe nachzustellen, kam für die Mannschaft von OLYMPIA der Punkt, energisch anzugreifen. Zusammen mit den BIANCHI-Fahrern Vicini und Bizzi attackierten sie den Spitzenreiter und seine Helfer.

Nun erwischte es Favalli gewaltig. Ein Schwächeanfall bescherte ihm sieben Minuten Rückstand auf den Etappensieger Olympio Bizzi. Damit war er das Rosa Trikot los. In das begehrte Leibchen schlüpfte Enrico Mollo. Auf den zweiten Rang im Gesamtklassement schob sich dessen luxemburgischer Teamgefährte Christophe Didier und auf dem 3. Rang lag ebenfalls ein Fahrer aus seiner Mannschaft, Severino Canavesi. Nun hatte OLYMPIA das Steuer übernommen. Coppi traf an 26. Stelle ein und rutscht im Gesamtklassement auf den 4. Platz zurück (3:07 min Rückstand)

Trotzdem war bei LEGNANO am Start zur 9. Etappe *Terni-Arezzo* (183 km) kein Grund zur besonderen Unruhe. Auch nicht im Ziel, das Primo Volpi, ein Fahrer aus Siena, als erster vor Bizzi und Servadei erreichte. Sie machte sich erst am Abend im Hotel breit. Mario Ricci gab das Rennen auf. Ein Furunkel hätte ihm die Weiterfahrt zur Hölle gemacht. Bartali verlor damit einen wichtigen Helfer.

Mehr Aufregung herrschte bei der 10. Etappe *Arezzo-Firenze* (91 km). Und das schon am Morgen. Gegen 9 Uhr klopfte Pavesi an die Zimmertür von Favalli. Als keine Antwort kam, trat er ein. *Pierino* war nicht da. Aber am Tisch lag ein Zettel mit einer Nachricht an alle: er war klammheimlich abgereist. Der bisher so gut gefahrene Favalli hatte sein Rad gegen einen Sitzplatz in der Eisenbahn getauscht und das Rennen aufgegeben. Bartali hatte einen weiteren Helfer verloren.

Er trug es mit grimmigem Humor. Es ging in seine Heimatstadt und Gino wollte natürlich unbedingt gewinnen. Aber Bizzi, offensichtlich der schnellste Sprinter in jenen Tagen, hatte etwas dagegen und besiegte Bartali im Spurt. Coppi traf als Vierter ein und lag nun im Gesamtergebnis mit 2:42 min Rückstand auf Mollo wieder auf dem 3. Platz. Im Zielraum gerieten Bartali und Vicini aneinander. Zum Gaudium der Zuschauer, die beide lautstark unterstützten, trugen sie verbal noch einmal den Zweikampf aus, der auf der Zielgeraden zu Ungunsten von Bartali ausgefallen war. Dabei fielen scheinbar unsittliche Worte, denn beiden wurde von der Rennleitung eine 100-Lire Geldstrafe aufgebrummt. Etwa 13 Mark, aber das entsprach zum Beispiel immerhin einem Fünftel von Coppis Monatslohn bei LEGNANO!

Nach einem weiteren Ruhetag in Florenz ging es in die Berge. Auf der 11. Etappe *Firenze-Modena* (148 km) standen den Fahrern der Passo di Oppio (821 m), der Passo di Abetone (1388 m) und der Anstieg hinauf nach Barigazzo (1217 m) im Weg.

Hinter Fausto lag eine unruhige Nacht. Er hatte Magenkrämpfe bekommen. Aber der Junge hatte einfach nur Hunger. Um Mitternacht verschlang er eine große Tasse *caffelátte* und eine Menge Brot. Damit war zwar das Schmerzgefühl vorbei, von einem erholsamen Schlaf konnte jedoch keine Rede sein.

Der Morgen zeigte sich düster. Der Himmel war bedeckt. Um 11.40 Uhr erfolgte der offizielle Start in Pistoia; bis dorthin war man neutralisiert gefahren, d.h. im geschlossenen Pulk, denn die Rennleitung hatte das Rennen noch nicht freigegeben.

Es regnete und die Straßen waren schmierig. Nach etwa 25 Kilometern suchten Generati und Cecchi im Anstieg hinauf nach Prunetta (958 m) ihr Heil in der Flucht. Hinter den beiden bildete sich eine siebenköpfige Verfolgergruppe mit Bartali, Coppi, Mollo, De Stefanis, Marabelli, Bizzi und Vicini. Generati wurde die Fahrt bald zu schnell und er fiel zurück.

Anders Ezio Cecchi, der Fahrer aus dem GLORIA-Team. Für ihn war der Giro nichts Unbekanntes. Fünf Mal hatte er bereits daran teilgenommen (1935/8. Platz; 1936/15.; 1937/20.; 1938/2. und 1939/32.). Er stammte aus der Gegend, war ein starker Kletterer und hatte nur bei den Abfahrten so seine Schwierigkeiten. Auf jeden Fall war er ein Champion. Warum das alles so ausführlich? Weil Cecchi nach etwa fünfundvierzig zurückgelegten Kilometern auf dem Passo di Oppio (821 m) bereits zwei Minuten Vorsprung auf seine Verfolger hatte. Hier bekam Bartali Schwierigkeiten. Nach dem offiziellen Start in Pistoia waren 35 Kilometer Sandstraße, gespickt mit Schlaglöchern, Wasserrinnen und Steinen gekommen. Im Anstieg zum Oppio lockerte sich auch prompt die rechte Tretlagerschale an Ginos Rad und er mußte auf den LEGNANO-Mechaniker Ugo Bianchi warten. Der behob zwar mit Hammer und Meißel (!) den Schaden, aber über vier Minuten waren im Eimer.

Wie gesagt, Cecchi hatte zwei Minuten Vorsprung. Ein Grund für den zweimaligen Girosieger Giovanni Valetti (1938 und 1939) und seinen Markengefährten von BIANCHI, Mario Vicini, sich beim zweiten Paß, in den Kehren des Abetone, auf die Verfolgung zu machen. Kein anderer als Fausto Coppi jagte ihnen nach. Er erreichte die beiden und beließ es nicht nur dabei, anzudeuten daß er nun da sei, sondern er setzte die Fahrt mit unveränderter Geschwindigkeit fort. Dadurch brachte er die zwei schnell auf den Boden der Wirklichkeit zurück. Er ließ sie einfach stehen. Und weil es so gut lief, fuhr er einfach weiter. Nun galt das ganze Interesse der begleitenden Journalisten dem Jungen aus Castellania und sie wurden Zeugen, wie Coppi den Grundstein zu seinem ersten bedeutenden Erfolg als Berufsfahrer legte.

Über den Passo di Abetone (1388 m) rettete sich Cecchi noch mit zehn Sekunden Vorsprung. Dann kam die 15 Kilometer lange Abfahrt mit ihren vielen Kurven hinunter nach Pievepélago. Es regnete noch immer in Strömen, der eisige Wind schien die Muskulatur in den Armen und Beinen zu unterkühlen. Aber Coppis Körper glühte vor Eifer, sein Herz schlug bis zum Hals. Nach wenigen Kilometern war es um Cecchi geschehen. Fausto überholte ihn und zog unwiderstehlich davon. In seinem Sog die Autos und Motorräder mit den Journalisten und Fotografen, die sich das einmalige Schauspiel nicht entgehen lassen wollten: Coppi hatte das Kommando übernommen!

Noch lagen etwa 100 Kilometer vor ihm. Auf halber Höhe des Barigazzo (1217 m), hatte Coppi bereits 1:10 min Vorsprung auf Cecchi und über drei Minuten auf die anderen Verfolger. Vier Minuten lag er hier vor Bartali, der seine Mannschaft um sich versammelt hatte und nun seinerseits eine wilde Jagd auf Fausto - seinen eigenen Mann! - inszenierte. Vergebens. Der flüssig und elegant wirkende Coppi erreichte die Paßhöhe mit 2:30 min Vorsprung auf Cecchi, zu dem inzwischen Bartali und Didier aufgeschlossen hatten.

Es hatte aufgehört zu regnen. Fausto raste die zwanzig Kilometer hinunter nach Pavullo nel Frignano, wo ihm der neue Abstand zu Bartali gemeldet wurde: 3:10 Minuten! Noch 54 Kilometer bis Modena. Die wilde Jagd ging weiter. Durch Serramazzoni, Maranello, vorbei an Formigine und Casinalbo. Bei den Verfolgern spielte Bartali nun eine wichtige Rolle. Zugegeben, er war nicht gerade begeistert vom Tatendrang seines *gregario,* aber seine angeborene Großzügigkeit kam nun zum Vorschein. Er wollte auf jeden Fall Faustos Vorsprung retten und ihm dadurch einen Sieg ermöglichen. Zumindest war davon in nächster Zeit die Rede.

Fausto erreichte das Schild: *MODENA 5 KM.* Dort verließen ihn die Begleitfahrzeuge, um die Kunde vom 100 km langen Husarenritt Coppis ins Ziel zu bringen. Nach wenigen Minuten kam dieser im *Stadio Marzari* an und überquerte unter dem Jubel der Zuschauer den Zielstrich. Dann wischte er sich den Schmutz aus dem Gesicht und zeigte ein schüchternes Lächeln. Nach 3:45 min trafen die Jäger ein, die Coppi den ganzen Tag gehetzt hatten: Bizzi, der Bartali und Crippa im Spurt besiegte. Dann, lange Zeit danach, das Hauptfeld. An dessen Ende der geschlagene Spitzenreiter Mollo; müde, abgekämpft, aller Illusionen beraubt. Denn Fausto hatte nicht nur die Etappe gewonnen, sondern er schlüpfte auch ins Rosa Trikot! Was dabei noch besonders wichtig war: der Zweite im Gesamtklassement, Mollo, hatte nun einen Rückstand von 1:03 min, der Dritte, Canavesi 3:46 min und Bartali als Neunter bereits 15:04 Minuten!

Enthusiastisch schrieben die damals besten Journalisten: „Italien erlebt die Geburt eines neuen 'Campionissimo'. Wir sehen keine Möglichkeit, wie er diesen Giro noch verlieren könnte. Und wir sehen niemand, der ihn an diesem Sieg hindern könnte."

Spätestens jetzt mußte Bartali einsehen, daß er sich mit diesem Jungen aus Castellania einen großen Konkurrenten eingehandelt hatte. Aber auch Geld, das Coppi in die Mannschaftskasse brachte: 1500 Lire für die langen Soloflucht; 870 Lire für den Etappensieg und 500 Lire für das *maglia rosa.* Dazu kamen 200 Lire für den zweiten Platz bei der Bergankunft am Abetone. Das waren immerhin 3070 Lire (etwas über 400 Mark). Immer wieder muß bei solchen Zahlen an das Monatseinkommen von Coppi erinnert werden: ganze 92 Mark!

Aber der Giro war noch lange. Man hatte gerade einmal die Hälfte der Strecke absolviert. In den folgenden Tagen mußte Fausto für seinen Husarenritt zwar büßen, aber nun war es Bartali, der seine Autorität und vor allem sein Können in die Waagschale warf, um seinem LEGNANO-Partner das Rosa Trikot zu erhalten.

Er tat es zwar mit knirschenden Zähnen, aber nun mußte auch er sich an die Stallorder von Mannschaftsleiter Pavesi halten, dem ein Girosieg aus begreiflichen Gründen sehr am Herzen lag. Egal wer ihn erringen wird. Besonders der Zweite im Gesamtklassement, Enrico Mollo, setzte alles daran, diesem Wunsch in die Quere zu kommen. Mit Konterattacken setzte er dem geschwächten Coppi arg zu und fand dabei im Feld genügend Unterstützung. In Kürze der weitere Verlauf des Rennens:

12. Etappe *Modena-Ferrara* (199 km): Sehr zur Freude der Fahrer aus der Emilia und der Romagna - Generati, Vignoli, Fellini, Ronconi, Succi und Servadei - handelte es sich um eine flache Strecke.

Gleich nach dem Start gab es ein arges Gedränge, Fausto stürzte in einer Kurve und verbog dabei seinen Lenker. Zwei Minuten dauerte die Reparatur, aber nach fünfzehn Kilometern war Coppi wieder in der Spitzengruppe! Adolfo Leoni verließ etwas später in Civitavecchia seine Kollegen und strebte alleine dem Ziel zu. Auf den Plätzen landete eine Neunergruppe, angeführt von Landi und Torchio. Coppi traf nach 2:36 min mit dem Hauptfeld ein und wurde auf Rang 14 gesetzt (Bartali 15.). Das Gesamtklassement blieb unverändert.

Auch am nächsten Tag. Die 13. Etappe *Ferrara-Treviso* (125 km) wurde im Sprint entschieden. Hierzu erst eine Anmerkung: In jenen Tagen gab es in Italien einen *Totalizzatóre*, d.h. die Möglichkeit auf den Sieger und die Plazierten zu wetten. An diesem Tag wurden besonders zwei Namen gehandelt, Bizzi und Leoni. Die beiden Supersprinter von BIANCHI, die bisher schon jeweils drei Etappensiege verbuchen konnten. Der Gewinn für die Wetter war bescheiden, denn der Einlauf am Ziel lautete: Bizzi vor Leoni. Wieder trafen Coppi und Bartali mit einer größeren Gruppe ein und wurden gemeinsam auf Platz 17 gesetzt.

Die 14. Etappe *Treviso-Abbazia,* ins heutige Opatija, (215 km) lag bereits im Schatten der Dolomiten. Die Gangart war daher nicht allzu schnell, um nicht zu sagen gemütlich. Unterwegs hatte man zwischen Ponte di Piave und Bocca Collalta auf der Brücke über die Piave angehalten. Coppi, De Stefanis und der Luxemburger Didier übergaben dem „heiligen Fluß“ Italiens zum Gedenken an die Toten des I. Weltkrieges jeweils einen Blumenstrauß. In Abbazia war es mit der Solidarität vorbei. Diesmal war Glauco Servadei vor seinem Markengefährten Generati und Leoni erfolgreich, Coppi und Bartali landeten *ex aequo* auf Platz zehn.

Auf der 15. Etappe *Abbazia-Trieste* (179 km) - Sieger Vicini vor Bizzi und Cottur (2:04 min zurück), Coppi zeitgleich auf Platz fünf - änderte sich im Gesamtklassement zumindest auf den ersten Plätzen nichts. Aber einige Fahrer hatte es gründlich erwischt...

Vom Start weg unterhielt man sich erst einmal über das Fußballspiel Ambrosiana gegen Bologna (1:0), das die Rekordeinnahme von 471 000 Lire brachte, mehr als der Gesamtetat für den Giro, der nur 345 000 Lire betrug. Vielleicht aus Schreck über diese Ungerechtigkeit kam in Fiume, schon nach 14 Kilometern, Succi in eine Straßenbahnschiene, stürzte und verletzte sich an der Schulter.

Pavesi zeigte wenig Herz und ließ den armen Succi alleine zurück. Mit Tränen in den Augen quälte sich der Junge aus Forli weiter. In der nächsten Verfolgergruppe befand sich sein Mannschaftskamerad Servadei. „Glauco, ich habe Schmerzen in der Schulter. Warte auf mich!“ Servadei tat ihm den Gefallen. Die beiden kamen 42 Minuten nach dem Sieger ins Ziel, aber noch vor weiteren neun Fahrern. Im Krankenhaus von Triest wurde Succi geröntgt. Er hatte sich die Schulter gebrochen und war mit dieser Verletzung noch 165 Kilometer weit gefahren!

Auch der Chef, Bartali, zählte zu den Unglücksraben. Erst einmal saß Gino auf der Felge und mußte seinen Reifen wechseln. Damals eigenhändig und damit zeitraubend. Anschließend machte er sich wieder auf die Verfolgung des Feldes und erreichte es gerade zur rechten Zeit, um die Bergwertung zu gewinnen. Das war schwierig gewesen, denn ein Unwetter hatte eingesetzt und die Straßen in ein Schlamm- und Schneegemisch verwandelt. Viele Fahrer mußten absteigen und den Anstieg zu Fuß bewältigen.

Die Freude über den Erfolg beim Bergsprint war bei Bartali schnell dahin. Didier griff hastig nach einer Bierflasche, die ihm ein Zuschauer reichen wollte, und fuhr dabei Gino, volkstümlich ausgedrückt, über den Haufen. Bartali lag auf der Straße. Etwa eine Viertelstunde. Genau auf dem verletzten Bein, das ihn seit der zweiten Etappe schmerzte. Viele Fahrer kamen vorbei, keiner half. Hinzu kam ein weiterer Reifendefekt, den Bartali halb im Unterbewußtsein mit Hilfe eines Motorradfahrers behob. Ein Wunder, daß Gino überhaupt noch ins Ziel kam.

Auch Coppi stürzte und verletzte sich leicht. Aber seine unmittelbaren Gegner - Bizzi, Vicini und Cecchi - konnten kein Kapital aus der Situation schlagen. Sie waren zu sehr mit sich selbst beschäftigt. Nach 75 Kilometern, in Pisino, lag das Terzett zwar an der Spitze, Fausto aber nur noch 45 Sekunden dahinter. Nun erschien Pavesi im Begleitauto und gab Coppi die Order, nicht zu attackieren, sondern auf Mollo, Cottur und Benente zu warten, die hinter ihm lagen. Der Grund dafür war, daß Bartali schon einen Rückstand von über sieben Minuten hatte. Fausto befolgte die Anweisung und ließ die Genannten herankommen. In Noghera, 22 Kilometer vor dem Ziel - im 12 Kilometer langen Anstieg nach Dazio di Basovizza - betrug sein Rückstand dadurch vier Minuten; der von Bartali war inzwischen auf dreizehn angewachsen. Am Ziel fertigte Bizzi seine Begleiter im Spurt ab. Die Gruppe um Coppi folgte nach zwei Minuten. Bartali kam erst nach 29:45 min als 31. Fahrer an, hatte auf Coppi 27:41 min verloren und war im Gesamtergebnis auf Platz 15 mit 44:49 min Rückstand abgerutscht!

Nicht nur deshalb herrschte eine triste Stimmung. Im Radio war immer öfter zu hören, daß Italiens Eintritt in den Krieg nur noch eine Frage von Tagen sei. Da mutete die Nachricht, Succi habe mit seiner gebrochenen Schulter die Heimreise angetreten, sehr nebensächlich an. Aber in der Welt des Sports, wo sich noch immer friedliche junge Männer im fairen Wettkampf gegenüberstanden, war das eben eine beachtenswerte Nachricht. LEGNANO hatte einen weiteren wichtigen Mann verloren.

Da kam der dritte Ruhetag wie gerufen. Bartali war fröhlich, unterschrieb laufend Autogrammkarten und unterhielt sich mit den *tifosi,* den Radsportanhängern. Der Sturz vom Vortag war längst vergessen.

Für Coppi verrannen die Stunden langsam, zu langsam. Der Ruhetag machte ihn nervös. Ständig mußte er an die Berge denken, die er nur vom Hörensagen kannte: die Dolomiten. Schon früh zog er sich in sein Hotelzimmer zurück, um die Straßenkarte für den nächsten Tag zu studieren. Es wird keine allzu schwere Etappe werden: 202 Kilometer; immer flach bis Tolmezzo; dann der Anstieg zum Sella Corso (848 m) und die steile Abfahrt durch die Galleria des Passo della Morte hinunter auf 776 Meter; dann hinauf zum Passo Mauria (1298 m), zirka 20 Kilometer Anstieg; weitere 20 Kilometer Abfahrt und Ankunft in Pieve di Cadore. Durchaus machbar.

Fausto schlief in der folgenden Nacht schlecht. Aber beim Frühstück schlug er gehörig zu. Er dachte an die Worte Cavannas: „Wer ein guter Rennfahrer werden will, ein Mann mit viel Geld auf dem Konto, sollte sich alles leisten, was ihm gefällt. Vor allem beim Essen!“ Als die Truppe das Hotel verließ, um zum Start zu fahren, schärfte Pavesi den vier noch im Rennen liegenden Fahrern ein: „Bleibt immer zusammen. Wir sind das am meisten gebeutelte Team. Aber erinnert euch, wir sind die Grünen von LEGNANO!“ Coppi mußte lächeln. Es war das letzte Mal an diesem Tag.

Um 9.40 Uhr machte man sich auf die Reise zur 16. Etappe *Trieste - Pieve di Cadore* (202 km). Auch sie nahm für Bartali ein unglückliches Ende: er traf an 16. Stelle ein, und verlor auf Coppi - der hinter dem Sieger Mario Vicini, Bizzi und Mollo mit 3:01 min Rückstand den 7. Platz belegte - weitere 3:14 Minuten. Nun lag er im Gesamtklassement 48:03 min hinter dem unangefochtenen Spitzenreiter Coppi zurück.

Aber diesmal traf Bartali keine Schuld. Bis Tolmezzo, etwa 90 Kilometer, war das Feld geschlossen. Die Fahrer hatten dazu fast drei Stunden gebraucht. Sie scherzten untereinander und trieben allerlei Faxen. Im Mittelpunkt stand die rote Truppe von GERBI, dem *Diavolo rosso* vergangener Tage, einem exzellenten Rennfahrer, Radsportpionier und nunmehr Fahrradfabrikant. Der zu diesem Zeitpunkt 55-jährige Giovanni Gerbi hatte in seinem Mannschaftswagen eine silberne Dose mit etwa 500 Zahnstochern. Sein Konsum betrug im Durchschnitt 50 Stück pro Tag und er hatte versprochen, den Unsinn noch zu steigern.

Vorerst schien die Sonne, aber es wurde merklich kühler. In Tolmezzo war Verpflegung. Fausto hatte sich bisher auffallend still verhalten und nicht am Herumalbern teilgenommen. Er hatte trotz seines ausgiebigen Frühstücks schon wieder mächtig Hunger. Beim *rifornimento,* der kurzen Zone, in der den Fahrern Essen und Trinken gereicht werden darf, schnappte er sich von seinem Mechaniker Ugo Bianchi den Verpflegungsbeutel, durchwühlte ihn, und schlang alles in sich hinein. Auch als die ersten Steigungen begannen, kaute er noch immer an seinen Brötchen, Hühnerkeulen und Kuchenstückchen. Die Straße war einigermaßen gut befahrbar, obwohl noch viele Schlaglöcher und Geröllreste an den letzten Winter erinnerten.

An der Spitze des Rennens lagen Cecchi, Servadei und Bizzi, die bemüht waren, das von Valetti angeschlagene Tempo zu halten. Etwa hundert Meter zurück kämpften Cottur, Simonini, Generati, Montini, Vicini, Mara und Marabelli um den Anschluß. Als Fausto den letzten Bissen hinuntergewürgt hatte, machte er sich mit Ronconi, Crippa, Del Cancia, Scappini, Leoni, Patti, Landi, Albani, Facchin und Vegetti auf die Verfolgung.

In Villa Santina (363 m), 65 Kilometer vor dem Ziel, begannen die eigentlichen Schwierigkeiten. Vorerst in Gestalt einer Sandstraße, über und über mit grobem Kies bedeckt, die eine steile Rampe hinaufführte. Das geeignete Terrain für die Truppe von BIANCHI, anzugreifen. Der exzellente Kletterer Vicini ergriff die Initiative, wechselte die Übersetzung, trat energisch in die Pedale und schon war die schönste Jagd im Gange. Die Fahrer reihten sich wie die Perlen an einer Kette ein und versuchten den Anschluß nicht zu verlieren. Am Ende der langen Reihe Coppi. Er fühlte sich ungewöhnlich. Seine Beine gehorchten nicht so recht und er wußte nicht warum. Fausto kämpfte gegen eine schwere Krise. Der Schweiß brannte in seinen Augen, er war blaß, ein Bündel Elend.

Als ihn sogar Bizzi überholte - ein Bahnspezialist! - bekam er Angst. Höllenangst, abgehängt zu werden, denn seine Mannschaftskameraden waren in alle Winde zerstreut: Magni lag hinter ihm; Ronconi quälte sich einige Serpentinen weiter unten den Berg hoch; Bartali lag noch weiter zurück. Auch Pavesi war nicht zur Stelle. Der mußte wohl oder übel hinter Gino bleiben.

Coppi wurde in der Folge auch von Cottur und Mollo überholt; De Stefanis und Canavesi zogen vorbei; Leoni und der Schweizer Diggelmann ließen ihn zurück. Fausto fühlte sich hundeelend. Seine Energie war verbraucht, sein Kopf wurde schwer, die Augen schmerzten. In dieser miesen Verfassung passierte er Ampezzo (560 m), plagte sich hinauf zum Sella Corso (848 m) und fuhr durch die Galleria des Passo della Morte hinunter nach Forni di Sotto (776 m). Nun kam noch der Anstieg zum Passo Mauria (1298 m)!

Fausto begann an sich, Gott, und der Welt zu zweifeln. Als ein Bild des Jammers quälte er sich die Straße empor. Das Gesicht dreckverkrustet, die halbverschlossenen, von Tränen verschmierten Augen starr auf den Kiesbelag gerichtet, keinen Blick für die Tannen, Kiefern und Laubbäume, die gnädig die Sicht auf die unendlich erscheinenden Serpentinen hinauf zur Paßhöhe verstellten. Er hörte nicht die aufmunternden Schreie der Journalisten, Fotografen und Betreuer anderer Fahrer, die ihn mit ihren Kraftfahrzeugen auf dem Weg zur Spitze überholten. Er bemerkte die Alpinisoldaten nicht, die am Straßenrand standen und ihn anfeuerten. Die Lage war trostlos.

Zum Glück erschien Bartali, von hinten kommend, zusammen mit Volpi und Ronconi an der Seite seines *gregario.* Verkehrte Welt! Nun spannte sich der Kapitän vor seinen Domestiken, nahm ihm den Wind, pflügte durch das Geröll und munterte ihn unentwegt auf: < *Dai Fausto, dai...!* > Ein Blick hatte genügt, die Situation zu erfassen. Fausto war totenbleich, stampfte nur noch im Unterbewußtsein in die Pedale und wollte das Rennen aufgeben. Nun erschien auch Pavesi: < *Forza Fausto, forza, dai che passa! Non sei piu solo, guarda lassú, guarda in alto...!* >

Was wie der Text einer italienische Opernarie klingen mag, war der letzte, verzweifelte Versuch, Coppi flott zu bekommen: „Los, auf und davon! Du bist nicht allein! Schau nicht zurück, schau nach vorn!"

Coppi sah nach vorne. Da war die Sandstraße, die sich - je höher es ging - allmählich mit Schneematsch zu einem dreckigen Brei vermischte; da war der Mannschaftswagen von LEGNANO mit einem wild um sich fuchtelnden Pavesi. Aber er sah auch das Hinterrad von Bartali, der ununterbrochen brüllte:

< *Alé Fausto, dai dai!* >

Fausto legte einen kleineren Gang ein, um Gino leichter folgen zu können, aber der teuflische Mauria-Paß war noch lange. Der Junge aus Castellania begann zu frieren, seine Hände, blau vor Kälte, umklammerten den Lenker. Jeder Meter war eine Tortur. In einer der nächsten Kurven stieg Fausto schwankend vom Rad:

< *No!* >

Er wollte nicht mehr, er konnte nicht mehr.

< *Basta, finito!* >

Fausto wollte nicht sterben. Nun war es sein Mechaniker Ugo Bianchi, der einen Wortschwall losließ, alle Heiligen anrief, drohte, flehte, sich heiser brüllte. Und Coppi stieg wieder aufs Rad.

Hinter der nächsten Kurve stand Bartali. Er hatte sich einen Schneeball geformt und kaute an ihm wie an einem Apfel. Er begrüßte Fausto: „Du bist herrlich. Erst nimmst du mir das Rosa Trikot und dann verschenkst du es an die anderen! Heilige Madonna, du bist und bleibst ein Kind!"

War es der Schnee, der Coppi wieder eine Gänsehaut bekommen ließ, waren es die Worte Bartalis - plötzlich erschien ihm die weiße Pracht angenehm, die Bäume mit ihrem satten Grün wunderschön, der blaue Himmel herrlich.

Nun kam auch Pavesi dazu: „Nimm ein paar Stück Zucker, und dann nichts wie los!“ Er gab damit das Signal zum Aufbruch. Bartali und Coppi bestiegen ihre Räder und setzten die Fahrt fort. Aber nun wieder mit einem runden Tritt, gleichmäßig, mit der gewohnten Normalität. < *Grazie Gino...* >

Bartali übernahm nun voll die Rolle des Komparsen. An einem Brunnen stieg er erneut ab und besorgte Wasser. Coppi fing sich wieder, zündete die „Zweite Stufe“. Gino gab ihm einen Schubs: „Fahr weiter, los...fahr zu. Ich bin am Ende. Du schaffst es!“

Fausto stampfte los. Und wie: Genau um 17 Uhr überquerte er 2:55 min hinter Vicini und nur 50 Sekunden nach Bizzi, Mollo, Cottur und De Stefanis den Passo Mauria. 3:30 min nach ihm kamen Canavesi, Cecchi, und Simonini über den Scheitelpunkt; nach 4:00 min Vignoli, Montini, und Generati; zehn Sekunden später Bartali, Del Cancia und Volpi. Und dann, weit weit zurück, die anderen.

Nach einer dreizehn Kilometer langen Abfahrt hinunter in das Tal der Piave folgten noch sieben kleinere Erhebungen, mit der schönen italienischen Bezeichnung *falsopiano,* annähernd mit „falscher Ebene“ übersetzt. Aber jeder, der schon einmal Rad gefahren ist, weiß, was sich dahinter für „Wadlbeißer“ verbergen können; besonders nach 190 Kilometern. Hinter Vicini hatte sich mittlerweile eine zehnköpfige Verfolgergruppe gebildet, in der auch Coppi kräftig mitmischte, in der Bestrebung, den Spitzenreiter noch einzufangen. Schließlich ließ er es sein; er hatte an diesem Tag genug getan. In Pieve di Cadore veranstalteten die Verfolger 3:01 min nach dem Sieger Vicini einen harten, langen Endspurt, den Mollo vor Bizzi, Leoni, Crippa und Cottur für sich entschied. Bartali traf erschöpft als Sechzehnter mit einem Rückstand von 6:15 min ein, aber das Rosa Trikot war gerettet. Auch wenn es nicht auf seinen Schultern ruhte.

Coppi fuhr gelassen in sein Hotel. Er hatte im Sprint den siebten Platz belegt, und nach diesem dramatischen Tag nur 3:01 min auf den Tagessieger Vicini verloren. Der lag nun im Gesamtergebnis an vierter Stelle, hatte aber 10:33 Minuten Rückstand.

Coppi dachte an diesem Abend lange über seine Demütigung am Passo Mauria nach. War sie die Folge der bisherigen Anstrengungen? Ein Zusammenbruch der Nerven? Die Angst vor den ersten echten Bergriesen? Oder begannen die Komplikationen einfach am Beginn der Steigung? Fausto fand keine Antwort darauf. Er hatte die Prüfung überstanden, die Notlage gemeistert. Eine Krise überwunden, wie sie bisher noch alle Großen im Radsport befallen hat oder noch auf sie zukommen wird.

Der unverwüstliche Gino gab auch in den folgenden Tagen noch kräftige Lebenszeichen von sich. Erst einmal auf der 17. Etappe *Pieve di Cadore -*

Ortisei (110 km), die er vor Fausto für sich entschied. Das war ein hartes Stück Arbeit. Es begann an einem wunderschönen Tag um 12.25 Uhr. Das Feld der Fahrer fuhr erst einmal langsam durch den Geburtsort von Tizian (eigentlich Tiziano Vecellio) und bestaunte die vielen schönen Holzhäuser. Der Hausberg von Cadore, der Antelao, lag im grellen Sonnenlicht. Auf seinem Gipfel das ewige Eis. Ein wunderschöner Anblick.

Weniger schön für die Fahrer. Auch auf dem Falzarego (2105 m), dem Pordoi (2239 m) und dem Sellapaß (2240 m), über die man fahren mußte, lag Schnee, der die Sandstraßen über die Pässe in einen zähen Brei verwandelt hatte.

Anfangs gerieten sich besonders BIANCHI mit Bizzi und Vicini sowie LEGNANO mit Coppi und Bartali in die Haare, aber am Falzarego übernahm Gino das Kommando. Sofort hängte sich Fausto an sein Hinterrad. An diesem Tag kannte er zumindest keine Angst. Vor nichts und vor niemand. Auf der Paßhöhe hatten die beiden etwa eine Minute Vorsprung auf die Verfolger.

Aber Coppi war nicht in bester Verfassung und hatte sich mit einer Übersetzung von 50 x 22 die Serpentinen hochgequält. Mehrmals mußte Bartali eigenhändig für ihn Trinkwasser besorgen, denn offizielle Verpflegungsstellen gab es nur bei Tagesabschnitten ab 300 Kilometer (!) und dann wieder zu ihm aufschließen. Auch bei der Abfahrt hatte Coppi Schwierigkeiten und obendrein Defekt. Sofort war Cecchi zur Stelle und wollte die Situation nutzen. Er hatte aber kein Glück: auch sein Reifen hauchte die Luft aus und der kleine Toskaner fiel zurück.

Auf der Paßhöhe des Pordoi gab es wieder das selbe Bild: Bartali vor Coppi; die unmittelbaren Verfolger Mollo und Cottur diesmal 2:20 min zurück. In der Abfahrt vom Pordoi zeigten die Zuschauer Bartali die Abzweigung nach rechts zum Sella-Joch nicht an und Gino rauschte vorbei, talwärts!

Fausto nahm den richtigen Weg und fuhr weiter bergan. Gino hatte inzwischen auf Biegen und Brechen abgebremst, gewendet und kam nun wutschnaubend zurück an die Abzweigung. Dort beschimpfte er erst einmal die verdutzten Zuschauer und anschließend Fausto, den er kurz darauf einholte: „Oh Coppi, du mußt natürlich wieder abhauen. Sag' ja nicht, du hättest nichts gemerkt. Willst du auch noch die Etappe gewinnen, he?“

Fausto war mehr als verblüfft. Er keuchte: „Ich kann nicht alleine fahren. Ich brauche Deine Hilfe!“ und hängte sich wieder an das Hinterrad von Bartali. Der schluckte die Entschuldigung nur halbherzig und trat wie wild in die Pedale. Angestachelt durch das Gebrüll der Zuschauer, die zu Tausenden am Straßenrand standen und ihren Abgott anfeuerten. Fausto wußte, an diesem Tag war nur Bartali für ihn gefährlich. Er ließ sich nicht abhängen.

Die beiden trafen gemeinsam auf der Paßhöhe des Sella-Jochs ein. Wieder überquerte Gino als Erster den Scheitelpunkt und sammelte damit wertvolle Punkte für den Bergpreis. Diesmal wurde auf den Stoppuhren für die Verfolger Mollo und Cottur ein Rückstand von 2:52 min gemessen. Zeit genug, um einen kleinen Zwischenfall zu meistern: Coppi hatte Reifenschaden und mußte vom Rad. Pavesi brüllte Bartali vom Begleitwagen aus zu: „Das Ziel ist nicht mehr weit. Das Rosa Trikot nicht in Gefahr. Hau ab!“ Bartali alleine im Ziel. Bartali, der die Etappe dominiert hatte, mit Abstand Erster. Bartali...

Pavesi hatte den Gedanken noch nicht zu Ende gesponnen, da knallte es bei Gino. Auch er hatte Reifenschaden! Ein Wettlauf um Sekunden. Coppi war mit dem Reifenwechsel eher fertig, passierte Bartali, wartete jedoch auch diesmal auf seinen Meister. Dann ging es vorbei an Val Gardena, durch Santa Christina und Ortisei. Gemeinsam trafen sie auch im Ziel ein: Bartali, der Bergkönig, und Coppi, der neue Champion im Rosa Trikot. Natürlich Gino als Sieger, Fausto mit gebührendem Abstand als guter Zweiter. Er hatte dazugelernt.

Dann folgten Mollo und Cottur (2:13 min zurück), Canavesi (3:19 min) und Diggelmann (4:59 min). Die anderen hatten sich über sechs Minuten eingehandelt. Coppis erster Girosieg zeichnete sich nun immer mehr ab. Aber noch waren es über 500 Kilometer bis Mailand. Vorsicht war geboten.

Nach einem Ruhetag in dem kleinen Dolomitendorf war die 18. Etappe *Ortisei-Trento* (173 km) hierzu ein weiterer Schritt. Der Tagesabschnitt war nicht allzu schwer, aber etwa nach der Hälfte der Strecke galt es den Passo delle Pallade (das Gampen-Joch, 1512 m) und den Passo Mendola (den Mendelpaß, 1363 m) zu bezwingen. Beide Übergänge zählten für die Bergwertung. Coppi führte auch hier mit 20 Punkten vor Bartali mit 15, machte aber nicht den Fehler, seinem Meister auch diesen Preis zu entführen. Er achtete genau darauf, mit einigem Abstand die Ziellinien auf den beiden Pässen zu überqueren, nur darauf bedacht, daß sich kein ungebetener Spielverderber in dieses stille Übereinkommen einmischte.

In Trient gaben sich die beiden dann auch damit zufrieden, den Endspurt aus der zweiten Reihe zu verfolgen. Hier siegte Servadei vor Leoni und Mara. Der Ehrenplatz für den schönen Adolfo war ein kleines Trostpflaster für BIANCHI, denn Bergamaschi war mit Fieber heimgereist und Bizzi steckte nach einem Sturz in einer schweren Krise. Im Gesamtergebnis änderte sich nichts; Coppi kam als Achter ins Ziel und blieb Spitzenreiter.

Bartali holte sich einen Tag später den Sieg bei der 19. Etappe *Trento-Verona* (149 km). Auf dem Pian delle Fugazze (1162 m) griff er beherzt an, gewann die letzte Bergwertung dieser Italienrundfahrt und sicherte sich damit endgültig den *G.P. Montagna* - den sogenannten „Großen Bergpreis“ - der Firma MARTINI & ROSSI. Dann überraschte er im leichten Anstieg nach Torreselle, etwa 60 km vor dem Ziel, alle mit einem trockenen Antritt und wurde bis Verona nicht mehr gesehen. Dort zog er als Sieger mit ganzen sieben Sekunden Vorsprung auf Diggelmann und Cottur ein. Das reichte natürlich nicht, um sich damit im Gesamtklassement zu verbessern. Coppi wurde Zehnter, lag noch immer an erster Stelle und konnte beruhigt an den Start zur letzten Etappe gehen.

Noch 47 Fahrer nahmen diese 20. Etappe *Verona-Milano* (180 km) in Angriff. Bei den Ortsdurchfahrten von Palazzolo, Bergamo, San Pietro, Osnago, Usmate usw. standen Tausende am Straßenrand (die ganze Lombardei schien sich versammelt zu haben), um Fausto Coppi, den neuen Stern am italienischen Radsporthimmel, zu begrüßen. Halb Mailand war auf den Beinen, die letzten Kurven vor der Vigorelli Bahn dicht belagert, das Stadion selbst bis auf den letzten Platz besetzt. Unter den 22 000 Zuschauern Faustos Vater Domenico, sein Onkel Giuseppe, sein Bruder Livio und seine beiden Schwestern Dina und Maria.

Das Feld hatte inzwischen den Stadtrand geschlossen erreicht. Coppi mittendrin, an der Seite Bartalis. Da sprang seine Kette ab. Der Schaden war zu beheben, aber die Konkurrenz auf und davon. Eine halbe Minute verging, dann setzte Fausto seine Fahrt fort. Er mußte sich ins Velodrom schlängeln, denn alles ging drunter und drüber: In einem packenden Endspurt hatte Adolfo Leoni seinen großen Rivalen Bartali besiegt. Coppi traf erst als 46. Fahrer und damit an vorletzter Stelle ein. Aber er hatte als 20-jähriger Neuling die Italienrundfahrt auf Anhieb gewonnen! Um genau zu sein: Fausto Coppi war 20 Jahre, 8 Monate und 25 Tage alt. Damit ist er (und bleibt vermutlich) der jüngste Girosieger aller Zeiten!

Schlußklassement des ***28. Giro d'Italia:***

1. Fausto Coppi	LEGNANO		
	3574 km in 107:31:10 std	(33,241 km/std)	
2. Enrico Mollo	OLYMPIA	2:40	min zur.
3. Giordano Cottur	LYGIE	11:45	"
4. Mario Vicini	BIANCHI	16:27	"
5. Severino Canavesi	GLORIA	16:50	"
6. Ezio Cecchi	GLORIA		
7. Walter Generati	GLORIA		
8. Giovanni De Stefanis	DOPOLAVORO BEMBERG		
9. Gino Bartali	LEGNANO	45:41	"
10. Settimo Simonini	(Indipendente)		

Den *G.P. della Montagna* (Bergpreis) gewann Gino Bartali vor Fausto Coppi und Mollo, die *Mannschaftswertung* ging an GLORIA. Von 91 gestarteten Fahrern erreichten 47 das Ziel.

Die Voraussagen der Journalisten hatten sich bestätigt. Italien hatte einen neuen *Campionissimo*, einen neuen „Meister aller Meister". Da konnten auch die Machthaber in Italien nicht zurückstehen: „Der Faschismus hat einen neuen Heroen bekommen. Einen Sohn des Volkes, ausdauernd und stark." Was nicht gesagt wurde: Der 20-jährige Fausto und sein Rosa Trikot waren das Symbol für die italienische Jugend, gesund und stark; präpariert für den Eintritt in den Krieg. Der war eine Frage von Tagen.

Der Girosieg von Coppi war auch ein Sieg für die Mannschaft. Er hatte sich finanziell gelohnt. Redlich wurde geteilt und unterm Strich erhielt jeder Fahrer, auch die vorzeitig ausgeschiedenen, *6000 Lire* (786 Mark). Für Fausto eine fast unvorstellbare Summe. Noch nie in seinem Leben hatte er so viel Geld besessen. Er konnte es nicht ausgeben. Zwei Tage nach seinem Sieg mußte er zurück in die Kaserne. Dringend! Denn am 10. Juni hatte der Lehrer aus Predappio, Benito Mussolini, Frankreich und England den Krieg erklärt. Hierzu war die Anwesenheit eines frischgebackenen Italienrundfahrt-Siegers scheinbar unbedingt erforderlich...

Wieder ließ man ihm bei seiner Einheit Zeit für das Training, denn ein weiteres spektakuläres Ereignis stand für Fausto auf dem Programm: die ***Italienische Meisterschaft*** in der Einer-Verfolgung.

Frühzeitig hatten Cavanna, Pavesi, aber auch Coppi selbst, seine besondere Eignung für diese harte Bahndisziplin festgestellt. Ende Juni setzte sich Fausto in den Vorläufen auf der Mailänder Vigorelli-Bahn erst gegen Interozzi mit 150 Metern Vorsprung und gegen Leoni mit 160 Metern durch und erreichte das Finale. Beidemal fuhr er über 47 km/std. Damals eine sensationelle Leistung.

Am 30. Juni bekam er es im Endlauf mit Bizzi zu tun. Wieder mußten 4771 Meter zurückgelegt werden; zwölf Runden auf den Holzlatten der *pista magica.* Coppi schlug Bizzi in 6:01,2 min mit 30 Meter Vorsprung und erhielt dafür sein erstes italienisches Meistertrikot!

Bleiben wir noch einen Augenblick bei dieser Disziplin. Auch die Revanche am 8. September in Mailand - aber diesmal über 10 Runden (3976 Meter) - ging an Coppi. Nach 5:03,0 min überquerte er mit 25 Meter Vorsprung vor Bizzi die Ziellinie.

Am 29. September versuchte der Deutsche Heinz Wengler in Mailand sein Glück. In 5:14,0 Minuten war alles vorbei. Coppi hatte ihn nach 4146 Meter eingeholt. Bizzi muckte noch einmal in Turin auf. Er wollte es einfach nicht glauben, daß der Junge nicht zu bezwingen war. Diesmal mußte er sich nach 6:17,8 Minuten mit 53 Meter Rückstand geschlagen geben. Auch Wengler versuchte es noch einmal. Am 17. November wurde er von Coppi in Berlin nach 2670 Meter eingeholt. Fausto benötigte dazu ganze 3:19,0 Minuten.

Auch in der benachbarten Schweiz wurde man nun hellhörig. Dort wuchs ein ähnliches Talent wie Coppi heran: Ferdy Kübler. Er war drei Monate älter als Fausto, nach Erfolgen bei den Amateuren vor kurzem ins Profilager übergetreten und hatte in Zürich bei der Einer-Verfolgungsmeisterschaft sensationell den Meisterfahrer Karl Litschi bezwungen. Am Sonntag, dem 8. Dezember, hatte der Direktor des Zürcher Hallenstadions, Keller, ein sogenanntes Omnium - einen Mehrkampf - zwischen Coppi und Kübler arrangiert. Als der hochgerühmte italienische Star auf der Bahn erschien, waren die Zuschauer von dem „halben Hühnchen“ mit den dünnen Beinen wenig beeindruckt. Fausto verlor auch prompt das Punktefahren, fuhr aber dann im 500-Meter-Zeitfahren genauso schnell wie der Schweizer. Im abschließenden Einer-Verfolgungsrennen über die obligatorische Strecke von 5000 Metern demütigte er Kübler. Nach 3750 Meter hatte er ihn in 4:27,0 Minuten (50,562 km/std) eingeholt. Wäre Fausto weitergefahren, hätte er den Bahnrekord pulverisiert...

Zurück auf die Straße. Bei den drei fehlenden Läufen zur Italienischen Straßenmeisterschaft belegte Coppi folgende Plätze: Vierter bei der ***Coppa Moschini*** in Mantua; am 28. Juli Neunter beim ***Giro della Campania*** (mit 3:48 min Rückstand hinter dem Sieger Gino Bartali); am 18. August Dritter beim ***Giro del Lazio*** (G.P.Roma), den Bartali ebenfalls mit 4:04 min Vorsprung gewann. Eigentlich war damit die ***Italienische Straßenmeisterschaft*** praktisch entschieden.

Aber auch beim letzten Lauf, am 27. Oktober beim ***Giro di Lombardia***, zeigte Bartali noch einmal sein Können. Im Anstieg zur Madonna di Ghisallo lag er zusammen mit Coppi und Primo Volpi an der Spitze. Drei Kilometer vor der Paßhöhe hatte Bartali Defekt und mußte einen Reifen wechseln. Als er wieder nach vorne kam, traf er nur auf Volpi.

„Wo ist Coppi?“

„Wo wird er schon sein. Voraus.“

Bartali war nicht gewillt, das Rennen aus der Hand zu geben. Entschlossen stiefelte er Coppi nach und erreichte ihn kurz vor dem Gipfel. Fausto war nicht in bester Verfassung. Kaum war die berühmte Kapelle der Madonna di Ghisallo, Schutzpatronin der Radfahrer, passiert, mußte er sich, warum auch immer, in die Büsche schlagen. Bartali nahm die Abfahrt hinunter nach Erba nicht allzu schnell in Angriff, aber Fausto kehrte nicht zurück in die Spitze. Ein Motorradfahrer brachte Gino die Kunde, Coppi habe aufgegeben. Am Ziel in Mailand - Bartali hatte nach 225 km das Rennen vor Bailo und Cinelli gewonnen - gab Gino eine erste Erklärung über seinen *gregario* ab: „Er ist noch kein Meister. Er hat noch nicht die Muskulatur eines Langstreckenfahrers, die Körperkraft, alle Übersetzungen zu treten. Diese Rennen sind einfach noch zu schwer für ihn.“ Zur Überraschung Bartalis traf Coppi jedoch als Sechzehnter ein.

Damit war die ***Italienische Straßenmeisterschaft*** endgültig entschieden. Gino Bartali hatte sie nach 1935 und 1937 zum dritten Mal gewonnen. Fausto Coppi hatte einen sensationellen sechsten Platz erreicht.

Auch die weiteren Plazierungen in seinem ersten Profijahr konnten sich sehen lassen: ein zweiter Platz zusammen mit Bartali und Magni bei der ***Trofeo Industria***; ein 3. Platz bei den ***Tre Valli Varesine***; Fünfter beim ***Corsa a Coppie***, einem Mannschaftsrennen auf den Straßen um Mailand, das er zusammen mit Mario Ricci bestritt; jeweils 7. Platz bei den *Circuiti* von Lucca und Novi Ligure; Neunter beim ***Giro dell'Emilia***, einer Rundstrecke bei Bologna sowie jeweils ein 13. Platz beim ***Circuito di Firenze*** und der ***Coppa Bernocchi***.

Nun war die Rennsaison beendet, aber das normale Leben ging weiter. Für Bartali erst einmal damit, daß man ihn einzog. Genau zu dem Zeitpunkt, als er sich ernsthaft damit beschäftigte, eine Familie zu gründen. Seine Auserwählte war eine Schönheit aus Florenz: Adriana Bani. Der verdammte Krieg hatte sie bereits schwer getroffen. Am 28. Juni, wenige Tage nach Eintritt Italiens in das Völkermorden, wurde ihr Bruder als Matrose auf der *Paganini* getötet. Mit dem 28-jährigen Giorgio fanden weitere 300 junge Leute aus Florenz den Tod im Meer. Und nun wollte ein weiterer Soldat in ihr Leben treten. Aber Bartali, ein echter Toskaner und daher um Worte nicht verlegen, konnte ihr Herz gewinnen. Am 14. November fand in der Capella Arcivescovile die Trauung durch Cardinale Elia Dalla Costa statt. Nur die Eltern der beiden und ein Trauzeuge, der Conte Marte Losego, waren anwesend.

In Coppis Leben trat ein brünettes Mädchen aus Sestri Ponente: Bruna Ciampolini. Ihr Vater besaß einen kleinen Textilladen. Nach einem Feuerüberfall französischer Kriegsschiffe auf den Vorort von Genua hatte er seine Frau und Tochter nach Villavernia zu Verwandten gebracht. Den Ort, der am Fuße des Anstiegs nach Castellania liegt. Fausto lernte Bruna dort am 29. August während einer Trainingsfahrt kennen. Die Kleine aus Genua kannte sich im Radsport gut aus. Sie konnte sich noch gut daran erinnern, wie sie als Kind in La Spezia den nach einem Sturz blut- und staubverschmierten Learco Guerra vorbeifahren sah. Ja sie liebte den Radsport geradezu. Da kam ein junger Girosieger nicht ungelegen.

1941
Beginn der Rivalität zwischen Bartali und Coppi

In Norditalien herrschte ein harter, grimmiger Winter. Fausto war um diese Zeit in Tortona beim Bataillon *Olimpionico* stationiert. Jeden Tag fuhr er nach Castellania. Zusammen mit seinem Bruder Serse half er zu Hause bei der Landarbeit. Die Truppeneinheit hatte ihren Hauptsitz in Farnesina bei Rom und Coppi nutzte jede Gelegenheit, Dienstfahrten in die Hauptstadt mit dem Rad zu erledigen.

In der Heimat von Fausto Coppi war das Hauptaugenmerk der Bevölkerung natürlich auf die Kriegsereignisse gerichtet: Die italienisch-griechischen Kämpfe dauerten an; in Afrika erschien Rommel und versucht den Briten Paroli zu bieten; hinter vorgehaltener Hand sprach man vom bevorstehenden deutschen Angriff auf die Sowjetunion. Gut, daß es für die Menschen noch andere Dinge gab. Bleiben wir beim Radsport. Hier bahnte sich für die kommende Saison das Duell Bartali-Coppi an. Der 27-jährige Toskaner gegen den 21-jährigen Jungen aus Piemont. Der Krieg machte sich jedoch auch in diesem Bereich bemerkbar. Der Giro d´Italia wurde aus dem Kalender gestrichen, die meisten Klassiker des Landes glücklicherweise nicht.

Bartali ließ sich verleiten, am 1. Februar im *Zürcher Hallenstadion* gegen Coppi zu einem Verfolgungsmatch über 5000 Meter anzutreten. Auf diese Schweizer Franken hätte er besser verzichten sollen, denn es kam, wie es kommen mußte. Nach 2500 Meter hatte ihn Fausto in 3:08,0 Minuten eingeholt. Bartali hatte nicht nur das Rennen verloren, sondern auch ein Stück von seinem Renommee eingebüßt.

Als Coppi anschließend bei der Vorbesprechung zum Frühjahresklassiker Mailand-San Remo vorsichtig bei Pavesi anfragte, wie die Rangordnung für die kommende Saison bei LEGNANO aussehen wird, erhielt er jedoch kurz und bündig die Antwort: < *1. Bartali, 2. Favalli. Chiaro?* >. *Chiaro* bedeutet „*klar*". Fausto wußte also Bescheid.

Für ***Milano-Sanremo*** galt das Team von BIANCHI als die Mannschaft der Favoriten. Die Mannen der Turiner Fahrradfabrik übernahmen auch sofort nach dem Start im flachen Teil der Strecke die Führung und brachten Bartali und Coppi zur allgemeinen Überraschung in Schwierigkeiten. Sie gaben aber ihr Unternehmen auf, als Favalli die Spitze übernahm und für etwas Ruhe sorgte. Nach Überquerung des Turchino (532 m), entlang der Küstenstraße, kamen bei Bartali die ersten Gedanken an einen Sieg auf. Zu diesem Zeitpunkt, etwa 112 km vor dem Ziel, kämpfte Coppi in der Gegend von Albisola verzweifelt um den Anschluß an die Spitzengruppe. Nach einer langen kräfteraubenden Verfolgungsfahrt erreichte er sie fast. Aus momentan unerklärlichen Gründen hörte er etwa fünfzig Meter zuvor das Treten auf und brach die Jagd ab. (Er tat dies jedoch gezwungenermaßen, denn sein Markengefährte Pierino Favalli hatte in diesem Augenblick am Capo Berta eine Attacke gestartet und brachte damit alle außer Atem. Besonders Fausto.)

Favalli blieb auch weiterhin die treibende Kraft, hatte aber in San Remo auf der Zielgerade sein Pulver verschossen. Die beiden BIANCHI-Fahrer Leoni und Bevilacqua zogen im Spurt an ihm vorbei. Coppi traf als Zehnter, Bartali als Zwölfter ein. Trotz der guten Plazierung von Favalli war man bei LEGNANO bitter enttäuscht. Beim gemeinsamen Abendessen kaute jeder vor sich hin, wortlos, ohne Blick für die Nachbarn. Lediglich Pavesi trug mit finsterer Miene dem Arbeitgeber, Firmenchef Mariolino Della Torre, den unerfreulichen Rennbericht vor und faselte von einer Überprüfung der Kontrakte.

Aber schon am 6. April hatte Fausto Gelegenheit, einmal mehr seine Klasse zu beweisen, und dabei ein wenig an Bartalis Thron zu rütteln, der um nichts in der Welt bereit war, sein Zepter aus der Hand zu geben. Das Terrain war für beide Vorhaben geeignet, fand der ***Giro della Toscana*** doch genau in Ginos Heimat statt.

Der hatte natürlich auch so seine Vorstellungen. Er wollte seinen Spazierritt vom letzten Jahr wiederholen. Dabei hatte er scheinbar wenig zu befürchten. Erstens war man sich im Fahrerlager einig: In dieser Region war Bartali der Chef und besonders seine engeren Landsleute Cinelli (Florenz), Bini und Magni (Prato) sowie Del Cancia (Pisa) hatten schon vor dem Start gewissermaßen aus Ehrfurcht die Hosen voll. Zweitens stand das Publikum wie ein Mann hinter Gino. So selbstverständlich wie man in der Toskana ein Anhänger des Papstes ist, so unwiderleglich war Bartali sein Prophet. Dieser Halbgott der Massen war mit sich selbst, was Coppi betraf, im Reinen: er war der „Adler", Fausto sein „Küken". Als generöser Kapitän wird er Fausto gut über die erhabenen Gipfel der Bergriesen bringen. Aber damit hat sich die Sache. Das war für alle logisch.

Zur Sicherheit schüchterte er seine *gregari* noch gründlich ein. Pavesi hatte mit ihm eine simple Taktik zurecht gebastelt, an die sich Fausto später nur mit einem leichten Schauer über den Rücken erinnern konnte: „Sofort die Milchgesichter stehen lassen. Bartali Beistand leisten, ihm bei Bedarf das eigene Rad geben. Die Konkurrenz gehörig rupfen. Am Ende aus dem Staub machen!"

Zumindest das „aus dem Staub machen" funktionierte nicht, denn am Start regnete es. Schon nach wenigen Kilometern suchte der LYGIE-Fahrer Cottur das Weite, gab den Versuch aber bald auf. Im Anstieg zum Passo del Sugame (532 m) einigten sich Coppi und Ricci auf einen Vorstoß. Die schärfsten Gegner für LEGNANO, die BIANCHI-Fahrer, hatten nur ein Augenmerk auf Bartali und so gelang die Flucht relativ leicht. Fausto kletterte beschwingt und vergaß dabei vollkommen, daß das Rennen erst begonnen hatte. Noch war ein weiter Weg bis ins Ziel. Er glaubte zu träumen, aber wieder einmal mußte ihn die Konkurrenz ziehen lassen. Nun begann Fausto Coppi, fast schon gewohnheitsmäßig, echt anzugreifen. Vorerst konnte sich zumindest noch *Mariolino*

Ricci an seinem Hinterrad halten. Der 27-jährige *Mariolino*, in Padua zu Hause, war die Liebenswürdigkeit in Person. Er hatte eine schöne, nette Art an sich; es wäre eine Freude gewesen, mit ihm zusammen zu bleiben. Aber der gute Ricci, ein treuer Helfer und Wasserträger von Gino bekam Skrupel:

„Bartali wird kommen. Wir müssen auf ihn warten."

Eine edle Absicht. Langsam fuhren die beiden weiter den Berg hoch. An einer Bar machten sie Rast.

Die Bar ist in Italien ein Ort für den Tag. Man kann dort unter einer Unmenge von warmen und kalten Getränken wählen und trinkt gewöhnlich im Stehen und auch möglichst schnell, um für neue Kunden Platz zu machen. Schnell waren die beiden allemal, denn sie blieben im Sattel. Wer nicht kam war Bartali.

Nun wurde Coppi nachdenklich. In seinem Dickkopf begann es zu rumoren. Nicht lange, dann setzte er sich in Bewegung und rief Ricci zum Abschied zu:

„Grüß mir Bartali!"

Fassungslos, wie vor den Kopf geschlagen, starrte *Mariolino* Coppi an. Hatte der den Verstand verloren? Der fuhr einfach weg, ohne auf den *padrone* zu warten?

Genau das tat Fausto. Der weitere Anstieg war ein Hindernis aus Schlamm und Schmutz. Die aufgeweichte Naturstraße war mit Geröll übersät. Fausto mußte, um im Sattel bleiben zu können, auf Wiesenstreifen ausweichen. Allmählich schien er zu verzweifeln. Aber dann dachte er an seine Heimat, an die Steigung von Carezzano hinauf nach Castellania. Die hatte er auch bei jedem Wetter geschafft. Also was soll's!

Irgendwie kam Fausto oben an. Dort verwirrten ihn die Zuschauer mit ihrem Geschrei: „Wo ist Gino? Wo ist Bartali??"

Das wußte er beim besten Willen nicht. Vorerst war Gino jedenfalls nicht zu sehen. Fausto stürzte sich bergab in die Kehren und trat eine lange Solofahrt an. Sollte Bartali auftauchen, war es auch kein Beinbruch.

Aber der hatte etwa 30 Kilometer vor dem Ziel, am Fuß der Anhöhe nach Saltino (970 m), einen Rückstand von 3:15 Minuten, wenig später waren es schon 5:15!

Der Grund dafür war, daß der Anstieg von Saltino für die Fahrer noch eine besondere Überraschung in petto hatte. Ein Gebirgsbach war über die Ufer getreten und hatte die Straße überflutet, sie mit Schlamm und Geröll bedeckt. Auf gut Glück raste Coppi in die Moräne, pflügte mit seinem Rad durch den Kies; vom Regen gepeitscht, bis auf die Haut durchnäßt. Hinter ihm mußten viele Fahrer absteigen, Bartali eingerechnet.

Nach der Abfahrt kam wieder Asphalt zum Vorschein. Fausto konnte jetzt während der Fahrt etwas essen und trinken, ohne Gefahr zu laufen, dabei zu stürzen. Die kleine Brotzeit wurde jedoch jäh unterbrochen. Von weiten hörte er schon Pavesi brüllen: „Gino ist hier um zu gewinnen. Warte gefälligst!"

Der Rennleiter von LEGNANO konnte sich nur mühsam mit einer Hand an der Windschutzscheibe seines Wagens festklammern. Die andere Hand brauchte er als Sprachrohr, um gegen den Fahrtwind anzukämpfen, denn Coppi hatte die Verpflegung eingestellt und fuhr nun ein Höllentempo. Immer wieder schrie Pavesi den selben Satz, immer lauter, immer hektischer. Dann ließ er seinen Chauffeur wenden und fuhr zurück zu Bartali.

Das war sein größter Fehler. Denn kaum war der *Advokat* außer Sichtweite, legte Coppi noch ein paar Kohlen nach...

Pavesi kam zwei Minuten nach Coppi ins Ziel. Außer sich! Er führte sich wie ein Raubtier auf, das in den nächsten Minuten den dünnen, mageren Jungen verschlingen wird, der auf sein Rad gestützt im Innenraum der Radrennbahn als Sieger stand.

Bartali hatte inzwischen das Rennen - seine Rundfahrt! - noch nicht aufgegeben. Bei der Abfahrt hinunter nach Pontassieve rückte er Fausto sogar noch zwei Minuten näher, aber die Wetterbedingungen und ein an diesem Tag unwiderstehlicher Coppi sorgten dafür, daß er am Ziel in Florenz noch immer einen Rückstand von 3:01 Minuten hatte. Dann trafen die Überlebenden ein. Fondi, als Dritter, hatte bereits 11:30 Minuten eingebüßt; Mollo (4.) 25 Minuten, und Ricci (5.) 26 Minuten. Von 70 gestarteten Fahrern hatten nur 14 das Ziel erreicht.

Fausto Coppi hatte sein erstes „klassisches" Rennen gewonnen, in imposanter Weise sein Meisterstück geliefert. Nach seinem (für viele sehr überraschenden) Girosieg war der 21-jährige nun endgültig in den Kreis der Großen aufgerückt.

Allen war jedoch klar, daß der aufstrebende Jüngling für seinen Affront gegen Bartali büßen wird. Gino war brüskiert, beleidigt, gekränkt. Die Rivalität, die sich von nun an über ein Jahrzehnt erstrecken sollte, nahm in diesem Frühjahr ihren Anfang.

Fausto, das Glückskind, segelte davon unbeeindruckt weiter vor dem Wind. Schauplatz war am 20. April der ***Giro del Veneto***. Wieder konnte er sich von den anderen Fahrern absetzen, diesmal mit Cinelli im Schlepptau. Cino Cinelli, später ein erfolgreicher Fahrradhersteller und langjähriger Vorsitzender der italienischen Berufsfahrerorganisation *Associazione Corridori Ciclisti Professionisti Italiani (A.C.C.P.I.),* war damals fünfundzwanzig Jahre alt, seit fünf Jahren Profi und ein gefürchteter Sprinter bei Zielankünften. Also mußte ihn Coppi zuvor abhängen. Drei Kilometer vor dem Ziel tat Fausto dies vehement. Er trat urplötzlich an und hatte schnell etwa hundert Meter Vorsprung. Das reichte für den Sieg, sein zweiter bei einem Klassiker! Nach 4:25 min traf Bartali als Vierzehnter ein. Verdrossen wäre etwas zu Milde ausgedrückt. Gino war stinksauer!

Der Ärger ging im Sommer für den Kapitän von LEGNANO weiter. Am 10. August entwischte ihm Coppi beim ***Giro dell'Emilia***. Etwa nach der Hälfte des Rennens, im Anstieg nach Pavullo nel Frignano (682 m), riß Fausto aus. Diesmal konnte ihm nur Enrico Mollo folgen. Die beiden kannten sich ja bestens vom Giro 1940 her, den Mollo bekanntlich als zweiter hinter dem Sieger Coppi beendete. Würde er den Spieß diesmal am Ziel in Bologna umdrehen können?

Das Kampfgericht im *Velodromo Bolognese* hatte wenig Mühe, festzustellen, daß dem nicht so war. Coppi traf mit etwa hundert Meter Vorsprung auf der Radrennbahn ein. Bartali kam als Dritter auf die Piste. Das war ein schöner Erfolg. Aber Gino war noch verbitterter als vier Monate zuvor. Er hatte sich über zehn Minuten Rückstand auf seinen *gregario* eingehandelt. Ein netter Helfer...

Bartalis bittere Erfahrungen waren noch nicht zu Ende. Am 31. August, nach der Rundfahrt ***Tre Valli Varesine***, war er nahe daran, die Wände hochzugehen. Diesmal hatte er attackiert und war mit einer kleinen Gruppe davongezogen. Aber im Anstieg nach Viggiú (482 m) kam Coppi angebraust, ließ seinen Herrn und Meister aus allen Wolken fallen und beendete das Rennen als Sieger. Himmeldonnerwetter! Diese Nervensäge Coppi hatte ihm wieder 3:07 Minuten Rückstand beschert. Der Junge lag ihm schwer im Magen.

Nun wäre es unfair, nur immer den Finger in Bartalis Wunden zu legen. Auch er hatte Erfolge in dieser Saison. Aber außer einem Sieg bei einem unbedeutenden Rundstreckenrennen in Benevento reichte es nur zu einem ersten Platz bei der ***Coppa Marin*** in Pavia. Dort machten sich Bartali und Coppi in der Steigung nach Montalto Pavese (380 m) selbständig und ließen den Rest der italienischen Radsportelite allein auf weiter Flur. Im Endspurt konnte Bartali über seinen Rivalen triumphieren. Das tat er ausgiebig. Viele Möglichkeiten hatte es bisher dazu nicht gegeben.

Beide gingen allerdings bei der Italienischen Straßenmeisterschaft, die 1941 in einem Lauf auf einem Rundkurs bei Rom ausgetragen wurde, leer aus. Bartali nahm anschließend die Schuld an der mißglückten Expedition auf sich. Er hatte Ricci (sie können sich an den braven *Mariolino* erinnern?) damit beauftragt, ihn vorerst zu unterstützen und später die Fahrer von BIANCHI im Auge zu behalten und sie bei Bedarf, wo und wann auch immer, zu bekämpfen. Er selbst würde sich ausschließlich um den Häuptling der Erzfeinde aus Turin, Leoni, kümmern. Der Plan ging gründlich daneben. *Mariolino* hatte bald einen in den Socken und die BIANCHI-Leute konnten nach Herzenslust schalten und walten. Am Ziel hatten sie ihren Anführer Aldolfo Leoni dort, wo ihn Bartali am wenigsten sehen wollte: auf dem Siegertreppchen. Nach ihm plazierten sich Aldo Bini (2.) und Cino Cinelli (3.). Bartali kam als Fünfter an, Coppi landete auf dem achten Rang.

Wer den Schaden hat, braucht bekanntlich für den Spott nicht zu sorgen. Noch im Zielraum konnte sich Leoni die Bemerkung an Gino nicht verkneifen: „Du möchtest gerne alles gewinnen?“ Wider alles Erwarten blieb der sonst so gesprächige Gino die Antwort schuldig

Sprachlos war Bartali auch am Ziel der ***Coppa Bernocchi*** in Legnano.

Erstens hatte Severino Canavesi, mit 31 Jahren schon fast ein Oldtimer, nach 242 Kilometern die Nase vorne; zweitens war Coppi Zehnter und er nur Zwanzigster geworden, und drittens hatte ihm dieser „Klepper“ aus Castellania mit seinen Hühnerwaden schon wieder drei Minuten und zehn Sekunden abgenommen. Das ging dem guten Gino doch mächtig auf den Geist.

Dieser Coppi war auch beim 217 Kilometer langen ***Giro di Lombardia*** vor seinem Meister im Ziel. Diesmal hatte Ricci das Glück des Tüchtigen. Vor Cino Cinelli und Aldo Bini kam er in Mailand an das Ziel. Fausto belegte den sechsten Platz, Gino den neunten.

Zusammen mit Ricci startete Coppi am 10. November in Mailand bei einem Paarzeitfahren auf der Straße und beendete damit die Straßensaison mit einem weiteren Sieg.

Hier noch die restlichen erwähnenswerten Erfolge des Italieners: 2. Platz beim ***Circuito di Roma*** und bei der ***Coppa Marin*** in Pavia; 6. Platz beim ***Circuito di Firenze***; 7. Platz beim ***Circuito di Perugia***; jeweils einen 11. Platz beim ***Circuito di Bologna***, bei ***Gorizia-Lubiana-Gorizia*** und beim ***Gran Fondo***, den *Seicento* über 600 Kilometer nonstop!

Aber auch die Bahnsaison hatte Fausto schöne Erfolge gebracht. Bei der italienischen Meisterschaft im Verfolgungsfahren auf der Mailänder Vigorelli-Bahn besiegte er in den Vorläufen am 14. Juni zuerst Magni mit 135 Meter Vorsprung, dann Bizzi mit 30 Meter. Im Endlauf konnte sich Fausto gegen Saponetti in 6:14,2 Minuten für die 5000 Meter durchsetzen und seinem Rivalen 190 Meter Vorsprung abknöpfen. Damit verteidigte er seinen Meistertitel aus dem Vorjahr erfolgreich. Bizzi war hartnäckig und wollte eine Revanche. Die bekam er zuerst am 3. August und später am 5. Oktober jeweils in Mailand. Und obendrein jedesmal eine saftige Niederlage. Eine solche holte sich auch der Berliner Herbert Wesemberg am 12. Oktober in Mailand ab. Er wurde beim „Tag der Achse“ (denken sie dabei nicht an ein Radteil, sondern an den unseligen Dreierbund Berlin-Rom-Tokio) von Coppi nach 3240 Meter in 4:20,0 min eingeholt.

Fausto mußte zwischen den Rennen immer wieder in die Kaserne zurückkehren und nach Abschluß der Saison ganztägig den Dienst aufnehmen. Am 29. Dezember wurde ihm ein Telegramm überreicht. Es war eine Hiobsbotschaft. Sein Vater war im Alter von fünfzig Jahren verstorben.

Die Nachricht kam überraschend. Einige Tage zuvor hatte Domenico Coppi bei seiner täglichen Landarbeit einen Unfall. Beim Versuch, das gelockerte Joch seiner beiden Zugochsen zu richten, erhielt er einen Hornstoß in die Schulter und erlitt dabei einen heftigen Nervenschock. Am Tag danach fühlte er sich wieder besser, hörte nicht auf den Rat des Arztes und ging seiner Arbeit nach. Aber innere Verletzungen führten zu seinem Tod.

Fausto kam völlig aus dem seelischen Gleichgewicht. Er stellte sein Rad in die Ecke und ließ wochenlang den Kopf hängen. Keine gute Voraussetzung für 1942.

1942
Stundenweltrekord nach einer Bombennacht

Der Krieg dauerte nun schon länger, als Hitler und Mussolini vorausgesehen hatten. Der gesamte Sport kam mehr oder weniger zum Erliegen. Besonders betroffen war der Straßenradrennsport, dem der Boden für die großen Rundfahrten entzogen war. Unter den Rennfahrern, die das Privileg genossen, nicht an der Front stehen zu müssen, war auch der 23-jährige Coppi. Als Soldat noch immer in Tortona stationiert, also seiner unmittelbaren Heimat, fand er in seinem Kommandeur einen Freund, der ihm jede Gelegenheit zum Training und zum Start bei Rennen gab. So konnte Fausto bei sieben von ursprünglich acht vorgesehenen italienischen Klassikern, die insgesamt den ***Giro di Guerra*** ergaben, folgende Plazierungen erreichen: ***Milano-Sanremo*** (21. Platz, ex aequo mit dem Sieger Adolfo Leoni); ***Giro del Lazio*** (4. Platz hinter Osvaldo Bailo, Bizzi und Chiappini); ***Giro della Toscana*** (5. Platz, Sieger Vito Ortelli vor Bartali und Servadei); ***Giro dell'Emilia*** (5. Platz, Sieger erneut Adolfo Leoni vor Bini und Cinelli); ***Giro del Piemonte*** (26. Platz; Sieger Fiorenzo Magni vor Bartali und Favalli); ***Giro della Campania*** (10. Platz, Sieger Pierino Favalli vor Bevilacqua und Bergamaschi) sowie im ***Giro di Lombardia*** einen 7. Platz, ex aequo mit dem Sieger Aldo Bini.

Den Gesamtsieg in dieser Kriegs-Italienrundfahrt holte sich Gino Bartali mit 25 Punkten vor Favalli (23) und Leoni (18). Bartali hatte auch noch einen anderen Grund zur Freude: sein Sohn Andrea kam zur Welt.

Coppi erreichte mit 11 Punkten einen beachtlichen 10. Platz. Damit gab er sich jedoch nicht zufrieden. Die Italienische Straßenmeisterschaft stand noch an und Coppi bereitete sich gründlich darauf vor. Beinahe umsonst. Am 23. Juni hätte der Endlauf zur italienischen Meisterschaft im Einer-Verfolgungsfahren stattfinden sollen. Coppi hatte das Finale erreicht und galt gegen Cinelli als klarer Favorit. Das war berechtigt, denn er hatte am 26. April in Mailand auf der Vigorelli-Bahn den Schweizer Ferdy Kübler nach 3033 Metern eingeholt und dabei einen Schnitt von 48,313 km/std erzielt. Dann brachte er am 24. Mai in Elberfeld den Deutschen Wesemberg nach 4675 Meter zur Strecke (mit dem für eine offene Zementbahn hervorragenden Durchschnitt von 45,486 km/std) und war nun auf der Vigorelli-Bahn am 28. Juni über Bevilacqua mit 125 Meter Vorsprung und Bizzi mit 75 Meter ins Finale vorgestoßen.

Am nächsten Tag passierte es beim *warm up*. Coppi stürzte und brach sich das rechte Schlüsselbein. Cinelli zeigte sich als fairer Sportsmann und verzichtete auf den Titel, der ihm kampflos zugefallen wäre. Er schlug vor, den Endlauf nach der Genesung Coppis auszutragen. Das geschah am 4. Oktober mit dem erwarteten Ergebnis: Fausto holte den braven Cinelli nach 4160 Meter ein (48,310 km/std).

Zurück zur ***Italienischen Straßenmeisterschaft***. Coppi überstand die Folgen seines Sturzes in kurzer Zeit und konnte am 21. Juli in Rom seine erste Meisterschaft bei den Berufsfahrern im Spurt vor seinem Mannschaftsgefährten Ricci gewinnen. Bartali kam mit einem Rückstand von 6:34 Minuten auf den dritten Platz. Spätestens jetzt mußte Gino erkennen, welch gefährlicher Konkurrent ihm da auf die Pelle rückte, welcher Stern am italienischen Radsporthimmel erschien: 1940 hatte ihm Coppi den Giro weggeschnappt; 1941 vier bedeutende Rennen gewonnen und den Titel eines Italienischen Verfolgungsmeisters errungen, und nun diese ekelhaften sechseinhalb Minuten. Es sollte für Bartali noch schlimmer kommen.

Radsport hin, Radsport her. Eine unumstößliche Tatsache war, daß die Kriegsgeschehnisse immer mehr in den Vordergrund rückten. Italien hatte gewissermaßen den Schauplatz Afrika vor der Haustüre und man verfolgte mit Besorgnis die dortige Entwicklung.

Im Herbst trat der Afrikakrieg in eine entscheidende Phase. Die Ernennung Bernard Montgomerys zum Oberkommandierenden der 8. Armee ließ für den deutschen General Rommel und sein erschöpftes Afrikakorps nichts Gutes ahnen. In der Tat plante der keinesfalls überall freudig begrüßte Montgomery, ein eingeschworener Feind von Alkohol und Tabak, den man als kühl und schroff kannte, eine Großoffensive bei El Alamein. Am 7. November konnte er seinem Premierminister Sir Winston Churchill telegrafisch mitteilen, daß die Achsenmächte 25 000 Tote und Verwundete verloren hätten und sich 30 000 Gefangene, davon 10 724 Deutsche, in seiner Gewalt befänden. An einem Sieg war nicht zu zweifeln. Zur selben Zeit bombardierten die *Lancaster* des Generals Harris die Industriestädte Norditaliens: Genua, Turin, Mailand.

Der bereits erwähnte sportbegeisterte militärische Vorgesetzte ließ Coppi unterdessen nach Belieben schalten und walten. Er setzte lediglich voraus, daß sich der junge Mann zum Zapfenstreich wieder in der Kaserne sehen ließ. Fausto nutzte deshalb jede Gelegenheit zum Training. Und dies nicht nur auf der für ihn gewohnten Landstraße, sondern der Weg führte ihn auch immer mehr auf die legendäre Vigorelli-Bahn, damals die schnellste Holzbahn der Welt.

Sie war es ohne Zweifel. Blättern wir ein wenig in den Annalen: 1933 sollte auf Anordnung von Mussolini in Mailand ein Stadion errichtet werden mit dem Hintergrund, dort, neben politischen Veranstaltungen, auch Radsport zu betreiben und vor allem den bedeutsamen Stundenweltrekord wieder nach Italien zurückzuholen, der sich zu dieser Zeit in Händen von Maurice Richard befand. Der Franzose hatte am 29. August 1933 auf der kleinen Rennbahn im belgischen Sint-Truiden den Rekord des Schweizers Oscar Egg (44,247 km/std) auf 44,777 km/std verbessert. Zuvor hatte zwar 1932 der Franzose Maurice Archambaud den Rekord in Algier auf 44,564 km geschraubt, aber die neue Bestleistung wurde nicht anerkannt, weil keine Zeitnehmer des französischen Radsportverbandes anwesend waren.

Dem Wunsch des Duce wurde entsprochen. Ein Jahr zuvor, 1932, hatte der deutsche Rennbahnarchitekt Clemens Schürmann (früher selbst ein bekannter Sprinter, u.a. 1908 deutscher Meister) für die Bahnweltmeisterschaften in Rom im *Stadio del Partito Nazionale Fascista* aus libanesischem Ahornholz eine schmucke 400-Meter-Bahn erbaut. Sie war zwar nur 397,46 m lang (später, anläßlich des Rekordes von Jacques Anquetil 1956, neu vermessen sogar nur noch 397,37 Meter), dafür exakt 7,50 Meter breit, und sie hatte eine Kurvenüberhöhung von 42,8 Prozent.

Und sie war enorm schnell. 1932 legte der Franzose Paillard zum Beispiel im Steherendlauf die 100-km-Distanz in 1:20:11,2 std zurück. Auch die deutschen Fahrer hatten auf dem Holzoval ihr Erfolgserlebnis. Albert Richter siegte bei den Amateursprintern vor dem Italiener Mozzo und dem Wiener Franz Dusika und wurde damit Weltmeister.

Das schnelle Holzparkett wurde 1934 nach Mailand gebracht und an Stelle des maroden *Velodromo Sempione* aufgestellt. Der italienische Architekt Mario Bonfiglio baute um sie herum das entsprechende Stadion und 1935 begann die *pista magica* ihre ruhmreiche Laufbahn (Signore Bonfiglio konnte sich später nicht mehr genau erinnern, ob er zwei oder drei Radrennen in seinem Leben gesehen hatte...)

Die überdachten Tribünen (etwa 20 000 Besucherplätze, davon über 6 000 Sitzplätze) gaben einen guten Windschutz. Gaben, denn im Januar 1985 brachte eine gewaltige Schneelast das Dach zum Einsturz und seitdem stehen die Zuschauer im ehrwürdigen *Vigo* bei gelegentlichen American Footballspielen oder Hunderennen im Regen (Radrennen finden dann ohnehin nicht statt...). Besonders günstig wirkt sich der Standort der Bahn aus (120 Meter ü.d.M.) und das milde Klima der Lombardei im Frühling und Herbst bietet die für den Bahnrennsport idealen Temperaturen ab 22 Grad Celsius.

Das Holzoval entpuppte sich als die schnellste Bahn der Welt. Als erster Fahrer von internationaler Bedeutung griff am 31. Oktober 1935 der Italiener Olmo den Stundenweltrekord des Franzosen Maurice Richard an (44,777 km) und verbesserte ihn auf 45,090 km.

Kehren wir zurück zu Coppi in das Jahr 1942. Unter den Fahrern, die noch in der Heimat weilten und auf der *pista magica* zuweilen ihre Runden drehten, war auch Faustos Freund De Benedetti. Oft ergab sich Gelegenheit für ein kleines Schwätzchen, und nach dem < *ciáo* > hin und dem < *ciáo* > her, den Fragen nach Familie und Gesundheit, kam De Benedetti eines Tages auf den Kern der Sache zu sprechen: „Ich bin hier, um für den Stundenweltrekord zu trainieren. Aber es reicht hinten und vorne nicht. Ich bin nicht stark genug. Wie wär's mit dir, Fausto?"

Fausto Coppi, wortkarg wie immer, gab keinen Kommentar. Aber irgendwie mußte der Gedanke in ihm aufgekommen sein, diese Möglichkeit ins Auge zu fassen. Denn inzwischen war er mit dem Holzoval vertraut, hatte in

Verfolgungsrennen so starke Fahrer wie Bizzi, Introzzi, Kübler, Leoni und die Deutschen Wengler und Wesemberg besiegt, dort seine Italienrundfahrt siegreich beendet und - was besonders für ihn sprach - er war bereits 1940 und 1941 italienischer Verfolgungsmeister geworden, d.h. Meister in der schwersten Bahndisziplin. Hier war kein Kraut gegen ihn gewachsen. Warum also nicht?

Bestärkt in seinem Vorhaben wurde er wenige Tage später. Wieder lief ihm De Benedetti über den Weg. Diesmal in Tortona. Er kam vom Training und war etwas außer Atem: „Ich bin die 'sechziger Runde' gefahren. Die Uhr zeigt eine Stunde und dreißig Minuten."

Diese „sechziger Runde" war die Strecke *Tortona-Spinetta Marengo-Pozzolo Formigaro-Serravalle-Villalvernia.* Akkurat 60 Kilometer lang. Coppi stieg sofort auf sein Rad und fuhr den Rundkurs ab: in einer Stunde und achtundzwanzig Minuten! Einige Tage später traf sich Coppi mit seinen engsten Vertrauten - Rennleiter Pavesi und Masseur Cavanna - in Sestri Ponente, wo beide, so gut es eben ging, mit der Organisation von Radrennen beschäftigt waren. Coppi sprach lange mit den beiden Spezialisten über die Möglichkeit, den Stundenweltrekord des Franzosen Maurice Archambaud zu verbessern. Pavesi und Cavanna wußten, daß der Anwärter auf den Rekord die vier Grundqualitäten eines Champions besitzen muß:

- erstens die *souplesse* (vage umschrieben mit Geschmeidigkeit, Gewandtheit; schlecht übersetzbar, man muß sie einfach haben);
- zweitens die Widerstandsfähigkeit;
- drittens die Möglichkeit, sich zuentspannen, sich zu erholen und
- viertens das Wissen um das Handwerk.

Auf Coppi traf alles zu. Also: < *Chi non risica, non rosica!* > war die einhellige Meinung der beiden alten Füchse, was so viel bedeutet wie: Wer nicht wagt, der nicht gewinnt!

Gewagt war das Unternehmen allemal. Archambaud, der *Zwerg aus Paris*, war zwar klein von Gestalt, aber ein unheimliches Kraftpaket. Er hatte am 3.11.1937 auf der Vigorelli-Bahn seinen Vorgänger, den Niederländer Frans Slaats, um 282 Meter geschlagen und den Stundenrekord auf 45,840 km geschraubt. Für die damalige Zeit eine beachtenswerte Marke.

Man wählte für den Rekordversuch den 7. November, einen Samstag, und begann mit den Vorbereitungen. Beim zuständigen Ministerium wurde ermittelt, daß in der Zeit zwischen 14 und 16 Uhr rein statistisch am wenigsten die Gefahr bestand, daß die alliierten Kampfflugzeuge etwas gegen den Rekord haben könnten. Fisimatenten machten dagegen die Behörden. Sie hatten die Kellerräume der Vigorelli-Bahn in ein Depot umfunktioniert und benutzten den Innenraum zur Ausbildung von Rekruten. Coppi hin oder her. Man war nicht bereit, für ihn eine Extrawurst zu braten und „Tage der offenen Tür" einzuführen. Nur gut, daß man beim *38. Fanteria Reggimento* ein Herz für

Fausto hatte und ihm, den man dort respektvoll *l'espresso-razzo, (*die Express-Rakete) nannte, weitere Freizeit einräumte. Coppi nutzte sie und trainierte auf einer flachen Betonstraße in der Nähe von Novi Ligure mit seinem Bahnrad. Er hatte mit technischen Experten diskutiert, besonders mit dem erfahrenen LEGNANO-Mechaniker Ugo Bianchi, der schon Alfredo Binda bei seinen Rekordversuchen zur Seite stand, und sich mit ihnen auf eine Übersetzung von 52 x 15 = 7,38 m/Umdrehung (gegenüber 24 x 7 = 7,31 m/Umdr. bei Archambaud) und Kurbeln mit einer Länge von 170 mm (bei Bahnmaschinen normalerweise 165 mm Länge) geeinigt. Das Gesamtgewicht des Rades betrug 7,5 Kilogramm.

In der Nacht vor der geplanten Rekordfahrt hatte Mailand schwer unter einem Luftangriff zu leiden. Viele Gebäude waren zerstört, lagen in Schutt und Asche oder drohten einzustürzen. Ein Teil des Daches der Vigorelli-Bahn war einfach weggeblasen, die Holzpiste selbst hatte jedoch nicht gelitten. Einige Helfer mit Besen waren schnell zur Hand und bald war zumindest das Oval für die Rekordfahrt bereit.

Sie sollte um 14 Uhr beginnen. Coppi hatte wie die meisten Mailänder kaum ein Auge zugetan. Trotzdem stand er früh auf, fuhr einige Kilometer mit dem Rad, ließ sich anschließend von einem Masseur namens Imboldi massieren. Dann folgte ein leichtes Frühstück und ein Verdauungsspaziergang von sage und schreibe 200 Meter (!)

Etwa um die Mittagszeit - der Nebel, der über der Stadt lag, hatte sich gelichtet und die Sonne kam hervor - trafen die Herren Rodoni, Gelpi, Cattaneo und Severgnini von der *Unione Velocipedistica Italiana (U.V.I.),* dem Dachverband des italienischen Radsports sowie Emilio Colombo, der Direktor der *Gazzetta dello Sport* als Repräsentant des italienischen Olympischen Komitees *(C.O.N.I.)* ein. Zu ihnen gesellten sich Faustos Bruder Serse, der Sechstagefahrer Rigoni und der Sprinter Astolfi. Auch Faustos Kollegen von der Straße, Cinelli und Magni, waren gekommen. Von der alten Garde ließen sich der italienische Ex-Straßenmeister (1906, 1907 und 1908) Giovanni Cuniolo, ein Pionier des Radsports aus Tortona, sehen sowie Faustos Mannschaftsleiter Eberardo Pavesi, der selbst auf der alten Mailänder Sempione-Bahn 1914 einen italienischen Stundenrekord mit 40,856 km aufgestellt hatte. An einem herbeigeschleppten Tisch machte sich der ehemalige Sechstagefahrer Anteo Carapezzi bereit, das Protokoll zu führen. Damit ist zumindest die Prominenz genannt, die sich eingefunden hatte.

Auch andere Zuschauer kamen. Zum großen Teil Arbeiter aus dem nahegelegenen Alfa Romeo-Werk, direkt von der Nachtschicht. Unter ihnen auch die Zeitnehmer, ängstlich darauf bedacht, ihre Stoppuhren nicht aus den Augen zu lassen.

Dann erschien Coppi. Er wollte den Rekordversuch unter allen Umständen starten, hatte aber im Falle des Mißlingen bereits eine Entschuldigung parat: „Es bleibt, wie auch immer die Sache endet, ein Versuch", so Coppi, „ich werde alles daransetzen, möglichst nahe an die Leistung Archambauds heranzukommen. Sollte der Rückstand am Ende nicht allzu groß sein, werde ich zu einem späteren Zeitpunkt mit einem neuen Anlauf versuchen, den Rekord zu brechen. Schließlich waren die drei Wochen Training auf der Straße nicht gerade die ideale Vorbereitung für die Jagd auf den Rekord..." Damit hatte er völlig recht. Die wenigen anwesenden Journalisten nahmen es zur Kenntnis.

Coppi blieben zwei Stunden Zeit, sich vorzubereiten. Man hatte sich geeinigt, das Stadion bis spätestens 15.30 Uhr wieder zu verlassen, denn die Gefahr eines neuen Luftangriffs war einfach zu groß. Hauptthema auf den Tribünen und im Innenraum war natürlich die Erinnerung an den 3. November 1937. An diesem Tag hatte Archambaud den Niederländer Frans Slaats entthront, und gerne hörte man immer wieder die Anekdoten, die sich um den Holländer rankten: Der hieß in Wirklichkeit Laurentius-Johannes und kam am 28.9.1937 auf der Suche nach einer Renntätigkeit nach Mailand. Er war kein unbeschriebenes Blatt, u.a. hatte er 1936 in Amsterdam mit seinem Partner Charlier das Sechstagerennen gewonnen, und 1937 mit Pijnenburg die Six-days in Antwerpen siegreich beendet. Aber in Mailand war, was den Radrennsport betraf, Sauregurkenzeit. Der hochgewachsene blonde 24-jährige Junge aus dem Norden Brabants langweilte sich schrecklich. Eines Tages ging Slaats auf einen Sprung ins Vigorelli-Stadion. Plötzlich hatte er so eine Idee. Er trommelte einige Leute zusammen, zog sich aus, schlüpfte in seine Rennmontur und stieg auf das Bahnrad, das er vor Kurzem bei einem Rennen gewonnen hatte. Es wog über 13 Kilo! Eine Stunde später hatte er 45,558 km zurückgelegt und den Rekord des Franzosen Maurice Richard (aufgestellt am 14.10.1936 in Mailand) um 160 Meter verbessert. Slaats emigrierte 1939 nach Südamerika und blieb dort bis zum Ende des Krieges. Während dieser Zeit hatte die Gestapo seine vier Brüder getötet.

Um 14 Uhr betrat Coppi an der Seite von Cavanna die Piste. Er hatte die übliche schwarze Rennhose und ein olivgrünes LEGNANO-Trikot aus Wolle an, die obligatorische Ledersturzkappe auf dem Kopf, und wirkte alles andere als glücklich, aber dafür äußerst konzentriert. Im Grunde genommen hatte der Junge mehr Angst vor einem weiteren Bombardement, als vor der Sache, die nun auf ihn zukam.

Er saß auf, zog seine Pedalriemen fest und ließ sich vom Starter, Kommissar Cattaneo, an die Startlinie schieben. Schnell noch ein Foto, dann gab der Oberzeitnehmer Feruccio Massara das Zeichen für die letzten Sekunden: < cinque, quattro, tre, due, uno - via! > Die Stadionuhr zeigte 14.12 Uhr.

Carapezzi hatte an einem Holzgalgen eine Glocke befestigt und angeboten, einen Rückstand auf seine Marschtabelle akustisch bekanntzugeben.

Coppi legte die erste Runde in 33 Sekunden zurück (Archambaud 34), nach 62 Sekunden passierte er die zweite Runde (Archambaud 64). Der Italiener war prächtig in Form, alles schien gut zu laufen. Die Zuschauer waren zufrieden. Aber schon ab der 11. Runden war der Vorsprung dahin. Carapezzi bimmelte vorsichtshalber. Nach 48 Runden hatte Coppi sogar einen Rückstand von sechs Sekunden. Nun schlug Carapezzi Alarm wie bei einem Großbrand!

Nach einer halben Stunde hatte Coppi 22,946 km zurückgelegt (Archambaud 23,007 km). Dem Italiener fehlten schon 61 Meter zum Ausgleich. Diesen Rückstand konnte er bis zur 70. Runde bis auf zwei Sekunden verringern, in der 84. Runde sogar zwei Sekunden Vorsprung buchen, die jedoch nach wenigen Bahnlängen wieder verspielt waren. Angepeilt waren etwa 115 Runden in der Stunde. Die Sache wurde knifflig...

Nun war der Zeitpunkt gekommen, wo Cavanna sich entschloß, den Enthusiasmus des Publikums zu entfachen. *Cièco*, „der Blinde", postierte sich (wie am Schatten auf Fotos zu erkennen ist) Eingangs der Zielkurve am Bahninnenrand. Mit einem Sprachrohr forderte er die Zuschauer auf, seinen Schützling durch Anfeuerungsrufe zu unterstützen. Die Menge reagierte und sofort übertrug sich der Funke der Begeisterung auf Coppi. Er konnte einen Vorsprung von einigen Sekunden herausfahren.

Doch wie gewonnen, so zerronnen. Nach wenigen Runden war der Vorsprung wieder dahin, die Partie erneut unentschieden. Die Waage pendelte hin und her. Unmöglich, eine Voraussage zu machen.

Coppi schien sogar nachzulassen. Doch nur für einen kurzen Moment. Dann ging nochmals ein Ruck durch den gequälten Körper des Athleten und wenig später lag er wieder knapp in Front. Die Entscheidung rückte näher. Sie lag auf des Messers Schneide.

Im Stadion war es still geworden. Nur wenige aufmunternde Zurufe. Es war einfach die Anspannung. Die Euphorie war der stillen Bewunderung, aber auch der Bestürzung und der Angst gewichen. Der Angst um den Sieg Coppis. Das Publikum spürte die unerhörte, übermenschliche Anstrengung, die ihr Idol vollbrachte. Aber es spürte auch die unendliche Einsamkeit, in der sich Fausto im Kampf gegen die Uhr, den imaginären Gegner, befand. Er war allein, entsetzlich allein in der bedeutendsten Arena seines Lebens: der Vigorelli-Bahn. (Coppi sagte später, er hätte nichts mehr wahrgenommen. Nur noch das Geräusch, das seine 120 Gramm schweren Reifen auf der Holzbahn verursachten, und das entsetzliche Läuten der Glocke, das ständige Gebimmel von Signor Carapezzi.)

Fausto überquerte zum 115. Mal die Ziellinie. 120 Meter weiter hatte er Archambauds Rekord eingestellt, zwei Sekunden später ertönte ein Pistolenschuß. Die Stunde war zu Ende. Coppi hatte 31 Meter mehr zurückgelegt als der Franzose: 45,871 Kilometer!

Der Knall der Pistole brachte Fausto zurück in die Wirklichkeit. Das einzige, das er registrierte, war: das Rennen ist zu Ende. Kein ausgelassenes Gefuchtel mit den Armen, kein übermütiges Winken und Grüßen der jubelnden Zuschauer, keine flotten Sprüche auf die Fragen der neugierigen Journalisten. Coppi befand sich in einer Art Koma. Er fühlte nichts. Freunde mußten ihn stützen. Sie mußten ihn, einen der größten Rennfahrer aller Zeiten, davor bewahren, zu stürzen.

Fausto Coppi hatte einen Stundenweltrekord aufgestellt, über den mancher heute nur lächeln kann. 1989 hat ihn die Französin Jeannie Longo um 481 Meter überboten. Eine Frau! Aber denken wir zurück: Coppi mußte essen, was auf den Tisch kam. Er trug ein Wolltrikot, in dem sich der Wind fing; eine Wollhose und normale, geschnürte Rennschuhe aus Leder; seine Sturzkappe war mit Filz ausgestopft. Die Felgen des Rades waren aus Holz und liefen nicht gerade rund. Er fuhr Seidenreifen, aber auch sie waren unförmig, breit und nicht wie bei späteren Rekordversuchen mit Helium aufgepumpt. Die Piste befand sich seit Monaten in einem schlechten Zustand und es herrschte Krieg. Es bleibt die Frage, was wäre Coppi z.B. in der Höhenlage von Mexiko mit der Spezialmaschine eines Francesco Moser und dem Betreuerstab des Trentiners gefahren? Hätte er dessen Leistung vom 23.1.1984 mit 51,151 km erreicht? Hätte er, in der heutigen Zeit lebend, die 53,040 km von Miguel Indurain geschafft? Toni Romingers Traumleistung von 55,291 km überboten? Den Superrekord des Engländers Chris Boardman von 56,375 km schlagen können? Auf diese Fragen gibt es keine Antwort. Jede Größe im Sport, jeder Champion, ist im Umfeld seiner Epoche zu bewerten: Fausto Coppi in seiner Zeit und in der goldenen Ära der *pista magica*, der Vigorelli-Bahn. Damals war er der Beste! Sein Rekord hielt 14 Jahre.

Die Rekordfahrt hatte auch einen finanziellen Aspekt. LEGNANO war das Unternehmen 25 000 Lire wert (damals etwa 330 Mark). Ein Sportsfreund namens Novaresi hatte über Coppis Leistung eine andere Meinung. Er überreichte Fausto den Gegenwert eines Mittelklassewagens.

Der Rekord des Italieners wurde erst am 9. Februar 1947 nach einer nicht enden wollenden Diskussion in der *Union Cycliste Internationale (UCI)*, dem Radsportweltverband, homologiert, d.h. offiziell bestätigt. Und dies, obwohl die Frist von sechs Monaten längst abgelaufen war. Hauptbremser war der französische Colonel Beaupuis, zur damaligen Zeit Vorsitzender der *Fédération Française de Cyclisme*. Er überraschte, obwohl der Rekord offiziell anerkannt worden war, im Frühjahr 1948 anläßlich eines UCI-Kongresses die anwesenden Herrschaften nochmals mit einer großen schwarzen Tafel. Auf ihr war dargestellt, daß Coppi nur 45,798 Kilometer in der Stunde zurückgelegt hatte, gegenüber den früher ermittelten 45,871 Kilometern. Allerdings hatte er auch (und das ehrt ihn) für Coppis Vorgänger Archambaud nur 45,767 km anstelle von 45,840 km ermittelt.

Die Berechnungen stützten sich auf Fotos und Messungen an der Bahn. Dazu einige Erläuterungen: Die Pisten von Radrennbahnen werden von innen nach außen durch schwarze, rote und blaue Linien untergliedert, die Behinderungen des Gegners und das Überholen regeln sollen. Betrachten wir das aus der Nähe: Die innere Begrenzung einer Bahnfahrfläche wird durch einen Anfahrstreifen von mindestens 60 cm Breite erreicht. Dieser meistens in

Blau gehaltene „Teppich“, auch *Côte d´Azur* genannte Teil der Bahn, gehört nicht zur eigentlichen Fahrbahn. Das Befahren ist bei Wettbewerben verboten (mit Ausnahme beim Abbremsen und Anfahren nach Defekten) und wird bei Zeitfahren durch Auslegen mit Schaumgummistreifen (früher Sandsäckchen) verhindert. In 20 Zentimeter Abstand vom „Teppich“ verläuft die *schwarze* Linie. Diese Linie darf bei Rennen nicht nach unten überquert werden. Entlang dieser Linie wird die Bahn vermessen. 70 Zentimeter weiter nach außen verläuft die *rote* Linie. Fahrer die oberhalb dieser „Sprinterlinie“ fahren, dürfen links überholt werden (Innendurchbruch), Fahrer die auf oder unterhalb dieser Linie fahren, müßen rechts (d.h. außen) überholt werden. Die *blaue* Linie gilt für Steherrennen. Sie verläuft in einem Abstand von mindestens 2,50 Meter vom Innenrand der Fahrbahn aus gemessen und darf bei Rennen hinter Motoren nicht unterfahren werden.

Auf jeden Fall war für den Colonel wichtig, daß der „Teppich“ auf der Mailänder Bahn zwar ordnungsgemäß mit Hindernissen abgegrenzt worden war, Coppi aber offensichtlich unter der schwarzen Linie gefahren ist. (Archambaud, bestimmt auch nicht von gestern, hatte vermutlich ebenso das Holzoval umkreist, und die 20 cm Spielraum genutzt). Der französische Radsportdetektiv hatte nun richtigerweise die Bahn entlang der äußersten Begrenzung des „Teppichs“ vermessen und war auf die neuen Werte gekommen. Die Delegierten nahmen die Demonstration des Monsieur Beaupuis staunend zur Kenntnis, einigten sich auf die neuen Maße und bestätigten Coppis neuen Stundenrekord mit 45,798 Kilometer. Und siehe da, die Differenz zwischen Coppi und Archambaud betrug (logischerweise) wieder 31 Meter...

Zurück in den Herbst 1942. Erst am anderen Morgen, nach einem Schlaf von über 12 Stunden, wurde sich Coppi bewußt, was er vollbracht hatte. Erst dann, beim Durchblättern der Zeitungen, die überschäumend von seinem Triumph berichteten, war ihm klar, durch welche Hölle er gegangen war und sein Respekt vor Archambaud war grenzenlos. Fausto hatte sein Leben lang betont, wieviel Talent, Wille und Können notwendig ist, diesen Rekord zu erzielen, der nur Spezialisten unter außergewöhnlichen Bedingungen möglich ist.

Bartali gehörte nicht zu dieser Kategorie. Seine Stärke lag in den großen Etappenrennen, in den Alpen und Pyrenäen. Seit 1935 gab es bei den großen Radrundfahrten keinen Paß, den Gino nicht vor (oder mit) der Spitzengruppe erstürmt hätte. Erstürmt ist das richtige Wort, denn er hatte sich eine eigene, von allen gefürchtete Taktik angeeignet: In den ersten Kehren des Anstiegs legte Gino den großen Gang ein und galoppierte im Wiegetritt auf und davon. Verließen ihn die Kräfte, legte er - meist schon alleine auf weiter Flur - eine Verschnaufpause ein, schickte ein Stoßgebet an die Madonna, um dann das Spiel zu wiederholen. So sprengte er jedes Feld. Aber einen Stundenrekord auf der Bahn fahren? Für Gino unmöglich, < *impossibile...* >

Und nun kam da dieser magere Kater, dieses 23-jährige Bürschchen aus Castellania, und legte seinem Kapitän ein solches Ei. < *I toscani hanno il cielo negli occhi e l'inferno in bocca.* > (Die Toskaner haben den Himmel in den Augen und die Hölle im Mund), sagt ein Sprichwort. Bartali war Toskaner. Seine Umgebung bekam allerhand zu hören.

Coppi hatte andere Sorgen. Die Führung des 38. Regiments hatte gewechselt, die Zeiten des unbeschwerten Trainings waren vorbei. Der neue Vorgesetzte hatte kein Verständnis für den Radsport, ihm war ein Meistertrikot oder der Titel eines Weltrekordlers eher suspekt. Auch ein 2. Platz zusammen mit De Benedetti im ***Corsa a Coppie***, einem Paarzeitfahren in Mailand, und ein 4. Rang im ***Circuito degli Assi***, ebenfalls in Mailand, beeindruckten den Abteilungskommandeur wenig. Von nun an war Fausto wieder ein ordinärer Soldat. Mit trüben Aussichten. Cavanna, mit allen Wassern gewaschen, versuchte seinen Zögling zu überreden, ein Hausmittel aus der Zeit zwischen 1914 und 1918 auszuprobieren, das viele an der Front ins Lazarett brachte und ihnen somit das Leben rettete (eine gute Zigarre aus der Toskana einweichen und unter die Achselhöhle stecken). Aber Coppi lehnte ab, er fürchtete um seine Gesundheit. Scheinbar waren für ihn Granaten, Bomben, Minen, Infanteriegeschosse usw. weitaus harmloser, obwohl sie in gefährliche Nähe rückten. Denn sein Einsatz in Afrika stand unmittelbar bevor.

1943 – 1945
Coppi Soldat in Afrika; Kriegsende und Rückkehr

Das Jahr 1943 brachte Rußland einen strengen Winter. Zum Schutz gegen Schneestürme und Kältegrade bis zu minus 30 Grad hatten die Soldaten oft nur das Segeltuch ihrer Zelte. Am 2. Februar kapitulierte Generalfeldmarschall Paulus in Stalingrad, der Rückzug der Deutschen begann.

Auf dem Kriegsschauplatz in Nordafrika übernahmen die Engländer die Initiative und besetzten am 23. Januar Tripolis.

Am 7. April trafen sich Hitler und Mussolini in Salzburg. Der Führer, schon zu dieser Zeit von den militärischen Rückschlägen gezeichnet, sah sich einem von Magenschmerzen gepeinigten Duce gegenüber, der sich nur noch von gesüßter Milch ernährte. Die beiden, durch ihre Niederlagen krank gewordenen Männer, kamen zu keinem anderen Ergebnis, als dem, Tunis - und damit Nordafrika - um jeden Preis zu halten.

Aber dort war die Lage verzweifelt. Bereits am 19. Februar hatte die Großoffensive der Alliierten begonnen. Das 11. US-Korps, die 5., die 9. und die 19. französische Division sowie die 1. britische Armee mit ihren drei Armeekorps lagen zwischen Medjez-El-Bab und El-Fahs, im Anschluß daran hielt das 2. US Korps die Stellung bis zum Meer. Im Süden von Tunesien nahte die 8. britische Armee unter Befehl von Feldmarschall Montgomery. Das deutsche Afrikakorps und die verbündeten italienischen Einheiten wurden in schwere Kämpfe verwickelt. Mit Rommel und Montgomery standen sich dabei zwei der populärsten Generäle des 2. Weltkrieges gegenüber.

Im März wurde das italienische 38. Infanterieregiment von Neapel nach Sizilien verlegt und von Castelvetrano aus mit Flugzeugen nach Tunis gebracht. Vom Flughafen Tunis aus ging es an die Front. Unter den jungen Männern aus dem Piemont, auf die nun an der sogenannten *Mareth-Linie* Hitze, Sand und letztendlich der Tod wartete, befand sich der Junge, über den der Direktor der *Gazzetta dello Sport*, Emilio Colombo, in *Guerin Sportivo* schrieb: „Er ist mit Sicherheit das neue Phänomen im italienischen Radrennsport!“ - Fausto Coppi.

In letzter Minute hatte Giovanni Cuniolo versucht, Fausto vor dem Einsatz an der Front zu retten. Cuniolo, von seinen Freunden *Manina* genannt, war kein Unbekannter. 1884 in Tortona geboren, wurde er, obwohl von Gestalt eher zart und schwach, bald Radrennfahrer und brachte es hier zu erstaunlichen Erfolgen. Er gewann die 1906 zum ersten Mal ausgetragene Italienische Straßenmeisterschaft und verteidigte den Titel 1907 und 1908. *Manina* fuhr 1906 mit 39,650 km auch den ersten italienischen Stundenrekord. Dieser Radsportpionier hatte noch eine andere, scheinbar unschätzbar wichtige Eigenschaft: Er war der persönliche Freund von Marschall Pietro Badoglio und Benito Mussolini.

Aber das neue Phänomen im italienischen Radsport interessierte einen größenwahnsinnigen Duce und seine Schwarzhemden wenig. Noch ein halbes Jahr zuvor hatten sie am 21. Juni 1942 in Rom ihren Landsmann nach seinem Sieg in der Italienischen Meisterschaft begeistert gefeiert. Nun war Angelo Fausto Coppi nichts anderes als *caporale del 38. Reggimento di fanteria della Divisione Ravenna.* Er konnte sich das Telegramm von Benito Mussolinis: „Die Jugend, die sich im Sport behauptet, ist die Jugend aus Stahl.“, das ihm der ehemalige Volksschullehrer aus Predappio damals in seiner Euphorie zugesandt hatte, glatt an die Mütze stecken. Aber vermutlich trug er es nicht bei sich.

Vielmehr schleppte er ein Gewehr (Modell 1891!) und einen Rucksack mit sich herum, wurde mit der Herstellung und Handhabung von *Molotow-Cocktails* vertraut gemacht, und versuchte nun mit einigen tausend italienischen Landsleuten aus der bescheidenen *Maginotlinie der Wüste* eine einigermaßen vernünftige Verteidigungsstellung zu machen. Er nahm auch an einem Gefecht teil, das die Mannen vom 38. Regiment zum < *Uno dei piu eroici reggimenti della guerra* > machte - zu einem der heldenhaftesten Regimenter des Krieges: Erfolgreich wehrten sie einen Panzerangriff ab und fügten dem Feind schwere Verluste zu. Bedauerlicherweise kam der Feind aus den eigenen Reihen. Es war eine versprengte deutsche Einheit!

Die nächsten Panzer, mit denen die unter der Hitze und den Moskitoschwärmen fast mehr als unter den Tieffliegern und Geschützsalven leidenden Italiener Bekanntschaft machten, waren echte *Tommys.* Es war die 8. britische Armee mit ihrem einzigartigen Gefolge: Australier, Engländer, Franzosen, Griechen, Gurkhas, Inder, Kanadier, Kanaken, Malaien, Maoris, Neuseeländer, Schotten, Senegalesen, Somalis...

Das bunte Gemisch aus den verschiedensten Nationen und Rassen brachte erst einmal die Front ins Wanken, denn am 20. März begann Feldmarschall Montgomery seine lange vorbereitete Offensive gegen die *Mareth-Linie.* Man trieb die italienischen Gegner Richtung Norden vor sich her, und brachte letztendlich, wenn auch indirekt, Verständnis für den Überlebenswillen der flüchtenden Italiener auf: man nahm die ganze Gesellschaft, darunter Coppi, am 13. April im Tal der Medjerda gefangen und brachte sie nach Medjez-El-Bab in ein Gefangenenlager.

Einen Monat später sprach sich im Gefangenenlager die neue Situation schnell herum: Der italienische Oberbefehlshaber, General Messe, hatte am 12. Mai abends von Mussolini die Erlaubnis zur Feuereinstellung erhalten. Gleichzeitig wurde er zum Marschall von Italien ernannt. Auch eine Art, Karriere zu machen.

Hitler dagegen erließ Aufrufe, bis zum Ende weiterzukämpfen und sich auf Cap Bon zu verschanzen. Aber das deutsche Afrikakorps hatte da seine eigene Meinung. Am 17. Mai kapitulierte es. Nun saßen die alten Afrikakämpfer wie Touristen auf den Terrassen der Cafés und sahen gelassen ihrer Gefangennahme entgegen. Niemand ließ sich dazu bewegen, sich abschlachten zu lassen.

Zurück zum Radsport. In Italien fand indessen ähnlich wie 1942 ein weiterer ***Giro d'Italia di Guerra***, eine Mini-Italienrundfahrt, statt, bei der in acht Rennen um das Rosa Trikot gekämpft hätte werden sollen. Die Kriegswirren verkürzten das Programm auf lediglich vier Veranstaltungen: ***Milano-Sanremo*** (1. Cino Cinelli); ***Trofeo Maschini*** (1. Olimpio Bizzi); ***Giro della Toscana*** (1. Olimpio Bizzi) und ***Gran Premio Roma*** (1. Glauco Servadei). Im Gesamtklassement lag am Ende der Veranstaltung Glauco Servadei mit 21 Punkten an erster Stelle. Auf den Plätzen folgten 2. Bizzi (13 Pkt.), 3. Bartali (10 Pkt.), 4. Ricci (9 Pkt.), 5. Magni (9 Pkt.), 6. Cinelli (8 Pkt.), 7. Crippa (8 Pkt.), 8. Toccaceli (8 Pkt.), 9. Marabelli (6 Pkt.) und 10. Bresci (4 Punkte).

Im Juni kam wie im Vorjahr in Rom die ***Italienische Straßenmeisterschaft*** zur Austragung, die Mario Ricci vor Fiorenzo Magni und Servadei gewann. Bartali war nicht gestartet.

Coppi vernahm die Nachricht hinter Stacheldraht aus dem Radio. Und er hörte weit dramatischere Nachrichten: Die Alliierten hatten während des Afrika-Feldzugs 10 290 Gefallene, 38 688 Verwundete und 21 863 Vermißte. Aber sie hatten ein feindliches Heer von 350 000 Mann geschlagen, die Herrschaft über das Mittelmeer wiedergewonnen und Italien an den Rand der Aufgabe gebracht.

Nun überstürzten sich die politischen Ereignisse. Am 10. Juli landeten die Amerikaner in Sizilien. Fünfzehn Tage später, in der Nacht vom 24. auf den 25. Juli, ließ der italienische König Viktor Emanuel III. den Duce verhaften und übergab die Macht von Mussolini an Badoglio. Der Marschall, sehr geehrt, verkündete sogleich lauthals die Weiterführung des Krieges. Am 8. September machte der König einen weiteren „Zug“: er floh nach Brindisi. Einen Tag später, am 9. September, hatte Badoglio seine Meinung gründlich geändert. Er schloß kurzerhand mit den Alliierten einen Waffenstillstand. Die deutsche Wehrmacht begann sofort mit der Entwaffnung der italienischen Truppen.

In Rom bildete sich das *Comitato di Liberazione Nazionale*. Die Deutschen konnten „*Liberazione*“ unschwer in „Befreiung“ übersetzen und wußten natürlich, von wem sich die Herren verabschieden wollten. Die „Achse“ Berlin-Rom-Tokio begann zu brechen. Wohlbegründet wurde Rom von der Wehrmacht besetzt.

In der Nacht vom 8. auf den 9. September landete die 5. US-Armee bei Salerno und leitete damit die Entscheidung in Italien ein.

Man hatte Mussolini nach seiner Verhaftung auf die Insel Ponza im Golf von Gaeta gebracht, dann am 8. August auf die Insel Maddalena an der Nordküste Sardiniens verlegt. Badoglio ahnte, daß die Deutschen den Ex-Duce in ihre Hand bekommen wollten, und brachte den Gefangenen an einen vermeintlich sicheren Haftort: in das Gran Sasso d'Italia-Massiv, den höchsten

Bergstock des Apennin. Im 2130 Meter hoch gelegenen Wintersporthotel *Campo Imperatore* quartierte man den gestürzten Duce ein. 250 Polizisten bewachten ihn.

Diese trauten ihren Augen nicht, als am 12. September um 14 Uhr deutsche Flugzeuge auftauchten und zwölf sogenannte Lastensegler ausklinkten, von denen acht auf dem Rasen vor dem Hotel landeten. Die Bewacher rührten keinen Finger und sahen tatenlos zu, wie der Anführer der Befreier, SS-Sturmbannführer Skorzeny, Mussolini in einen Fieseler Storch verfrachtete. Dann quetschte sich der Offizier neben den unrasierten, in einen viel zu weiten Mantel gehüllten Duce auf den einzigen Passagiersitz, und die kleine Maschine nahm Kurs Richtung Rom. Den deutschen Stützpunkt Patrica di Mare, etwa 20 Kilometer südlich der italienischen Hauptstadt, erreichten die beiden Männer gerade noch rechtzeitig, um in eine nach Wien fliegende Heinkel He 111 umsteigen zu können. Um Mitternacht kam Mussolini in Wien an, am nächsten Tag flog er nach München, wo ihn seine Frau und die beiden jüngsten Kinder, Romano und Anna-Maria, erwarteten. Wenige Tage später kehrte Benito Mussolini wieder in seine Heimat zurück und rief am 18. September in Saló die *Republica Sociale Italiana (*Sozialfaschistische Republik Italiens) aus. Das kümmerte den eigentlichen Herrscher in Italien, Badoglio, wenig; einen Monat später, am 13. Oktober 1943, erklärte er Deutschland den Krieg.

Italien war nun in zwei Lager gespaltet: Zum einen in den von den Alliierten besetzten Landesteil, in dem Badoglio, der einstige Handlanger des Duce, der Äthiopien erobert und Griechenland überfallen hatte, ein Schattendasein führte; zum anderen in das Italien Mussolinis, in dem die Marionette *Duce* an den Schnüren der deutschen Besatzungsmacht zappelte.

Im Januar 1944 landeten die Amerikaner bei Anzio; die Schlacht um Cassino und das Stammkloster aller Benediktinerabteien, das hoch auf dem Monte Cassino gelegene Kloster gleichen Namens, begann. Die Alliierten bombardierten Paris, besetzten am 4. Juni Rom und landeten am 6. Juni in der Normandie.

In immer mehr Ländern wurde der Radsport drastisch eingeschränkt oder kam völlig zum Erliegen. Die belgische Straßenmeisterschaft wurde abgesagt, die französische dagegen ausgetragen (Sieger Urbain Caffi vor Lucien Teisseire und Emile Idée). Aber das Straßenrennen ***Critérium de la Haute Vienne*** wurde von offensichtlich sportfeindlichen Partisanen überfallen. *Paris Soir* berichtete: „Die Résistance-Kämpfer nahmen den Rennfahrern ihre Räder und Brillen weg, bemächtigten sich der Motorräder und Wagen der Begleiter und ließen dem ganzen Verein nur zwei kleine Lastwagen, um wieder nach Limoges zurückzukommen..."

Relativ normal verlief dagegen der Radsport in der neutralen Schweiz. Zwar konnte die Tour de Suisse nicht mehr stattfinden (letzte Austragung 1942, Sieger Ferdy Kübler), aber die Straßenmeisterschaften fanden lückenlos statt:

1939 Karl Litschi; 1940 Edgard Buchwalder; 1941 Karl Litschi; 1942 Edgard Buchwalder; 1943 Hans Knecht; 1944 Ernst Naef und 1945 Ernst Wuthrich. Neue Namen tauchten in Berichten über Amateurradrennen auf. Hier dominierten die Gebrüder Weilenmann, oft trug sich der Berner Oscar Plattner in die Siegerlisten ein. Am 13. August 1944 distanzierte beim Kriterium von Mendrisio ein 19-jähriger Zürcher die Elite der schweizer Amateurfahrer um fast eine Minute. Es handelte sich um einen gewissen Hugo Koblet; wir werden noch von ihm hören.

Am 10. Juni 1945 ereignete sich auf der Zürcher Oerlikon-Bahn ein schwerer Unfall. André Hardegger, einer der talentiertesten jungen Schweizer Fahrer, wehrte sich bei einem Steherrennen hinter seinem Schrittmacher Heiri Suter gegen die Überrundung durch den neuen Star Jacques Besson. Hardegger kam schräg gegen die Schutzrolle am Motorrad und stürzte. Er schlug immer wieder mit dem Kopf auf den harten Zement; die Riemchen an den Pedalen hatten sich nicht gelöst. Der 23-jährige wurde sofort in ein Hospital gebracht, konnte aber nicht mehr gerettet werden. André Hardegger war vielleicht der populärste Fahrer, der zur Kriegszeit den Weg an die schweizerische Spitze schaffte. Er hatte Stil und Charme, und sah ungewöhnlich gut aus. Die Frauen bewunderten ihn, seine Kameraden hatten Hochachtung vor ihm. Er war ein enger, persönlicher Freund von Kübler, der später seinen Sohn nach ihm benannte.

In Italien rätselte man um das Schicksal Fausto Coppis, der als verschollen galt. Fausto schrieb zwar über das Rote Kreuz jede Woche eine Postkarte an seine Mutter, aber die Post kam nie an. Mamma Angiolina hätte sonst erfahren, daß ihr Sohn inzwischen nach Algerien in ein Lager bei Blida verlegt worden war. Dort machte Fausto Pläne über seine Zukunft. Immer wieder kreisten dabei seine Gedanken um Bruna, das Mädchen aus Sestri Ponente. Er hatte bis zu seinem Abtransport nach Tunis 36 000 Lire gespart, etwa 4400 Mark. Damals eine beträchtliche Summe, die zur Heirat und dem Kauf eines Hauses gereicht hätte. Was Coppi zu diesem Zeitpunkt nicht wissen konnte, war folgendes: Das Geld war dahin! Seine Familie hatte gutgläubig auf die Propaganda der Faschisten gehört und die gesamte Summe in Kriegsanleihen investiert. Nach der Kapitulation Italiens löste sich das Ersparte in Rauch auf.

Gut, daß Fausto nichts davon wußte. Der Junge war relativ glücklich. Zusammen mit einem bunt gemischten Haufen anderer junger Männer, die im Grunde genommen nur die Heimkehr auf ihre Bauernhöfe, Felder und in die Fabriken - vor allem aber zu ihren Familien - im Sinne hatten, saß er mitten in der Wüste. Umgeben von Sand, Sand und nichts als Sand. Er hatte nur ein Problem: immer öfter bekam er Malaria-Anfälle. [Man sollte sich diese Textstelle genau merken. Sie wird eine fatale Rolle in Coppis Leben spielen...]

Bisher war meist die Rede von Coppi. Und was war mit Bartali? Den hatte man im Juni 1940, bei Kriegsausbruch, eingezogen. Aber während der

Musterung stellten die Herren Mediziner bei Gino eine Abnormalität fest: Das Herz des Champion schlug nur 35 Mal in der Minute! Dieses Herz war eines der Geheimnisse der sportlichen Erfolge Bartalis, aber scheinbar ungeeignet, erfolgreich in der Brust eines Soldaten für das Vaterland zu schlagen. Gino konnte es nur recht sein. Zumindest entging er dem Dienst an der Front. Als er sich nämlich am 9. Oktober 1940 beim *60. Battaglione di fanteria* melden mußte, ließ man ihn zwar in die graugrüne Uniform schlüpfen, aber er wurde nur als Telefonist und für Botengänge eingesetzt. Besser gesagt für Fahrten, denn sein Vorgesetzter, ein gewisser Major Selmi, erlaubte ihm, die Post mit dem Fahrrad im Raum Florenz-Siena-Livorno-Arezzano zu befördern. Obendrein ließ man ihm die Möglichkeit, Radrennen zu bestreiten. Bartali war eben eine Persönlichkeit. Nicht nur in Italien. Auch den Deutschen war er nicht unbekannt. Vor dem Krieg hatte er in Berlin, München, Hannover und Bremen erfolgreich an Rennen teilgenommen, zweimal den Giro d'Italia gewonnen und die Tour de France siegreich beendet. Faschisten und deutsche Besatzungstruppen hatten daher nichts dagegen, daß sich Gino auf den Straßen zwischen Rom, Florenz und Assisi tummelte, und noch 1943 in den bereits erwähnten Rennen Milano-Sanremo einen 5. Platz, bei der Trofeo Maschini einen 3. Platz und beim Giro della Toscana ebenfalls einen 3. Platz erreichen konnte.

Nach der Entmachtung Mussolinis am 25. Juli 1943 überließ Bartalis Vorgesetzter seinen Mannen die Entscheidung, ob sie weiterhin die Uniform oder doch lieber schlichtes Zivil tragen möchten. Gino und viele andere entschlossen sich für die zweite Möglichkeit: sie türmten.

Bartali setzte sich, inkognito, vorerst nach Nuvole Bosco, nordwestlich von Assisi, ab. Dorthin war seine Frau Adriana mit dem kleinen Andrea vor den Bombenangriffen der Alliierten geflohen. Bei einem seiner Kirchenbesuche entschloß er sich zur Beichte. Zu seiner großen Überraschung flüsterte ihm der Geistliche ins Ohr: „Aber du bist doch Gino Bartali?" Meine Güte! Wenn ihn schon der Pfarrer an der Stimme erkannte...

Ein Grund für Bartali, bei Nacht und Nebel nach Lerchi zu verschwinden. Dann machte er sich am 2. November im Morgengrauen auf einen der Wege, die bekanntlich alle nach Rom führen. Er wählte die Route Cittá di Castello - Sinalunga - Siena, um so die Heilige Stadt zu erreichen. Dort wollte er im Vatikan untertauchen. Bis Cittá di Castello fuhr er als Anhalter auf einem Ochsenkarren. Dort stieg er in den Zug um, und kurz vor Sinalunga wieder aus. Ein heftiges Bombardement verhinderte vorerst die Weiterfahrt. In Siena traf er dann auf Freunde. Don Bruno Franci, der Pfarrer von Santa Petronilla, versteckte ihn in seiner Kirche, und reichte ihn eine Woche später weiter an seinen Freund Agostino Bandini in San Casciano. Bartali war zwar geschützt, aber nicht sicher.

Nach dem 4. Juni 1944, dem Tag der Befreiung Roms durch die Alliierten, wurde es für Bartali ausgesprochen brenzlig. Er hätte sich bei seiner Einheit melden müssen. Aber Gino hatte sich inzwischen für einen anderen gefährlichen Weg entschieden. Er tauchte in einem Geheimbund unter, der vom Vatikan unterstützt wurde. Sein Schlupfwinkel befand sich nun im Kloster von Assisi. Auf seinen Trainingsfahrten beförderte er, in den Rohren seines Fahrradrahmens gut versteckt, geheime Papiere, Kommandosachen und Nachrichten, die in der damaligen Zeit manches Menschenleben retteten und vielen Juden zur Flucht verhalfen. So kamen auch 49 englische Kriegsgefangene in Freiheit, die Bartali zu den Linien der Partisanen brachte.

Wie gesagt, eine gefährliche Sache. Zum Beispiel blieben der *banda caritá*, einer faschistischen Organisation, die ständig mit der Überprüfung suspekter Personen beschäftigt war, die Ausflüge Bartalis nicht verborgen. Zudem wurden Mario Caritá, dem Häuptling der *banda*, Briefe zugespielt, in dem sich der Vatikan bei Bartali bedankte. Keine Hinweise auf irgendeine verbotene Aktivität, aber Grund genug für Caritá, Gino das ungebührliche Verhalten auszutreiben.

Fünfzehn Tage vor der Einnahme von Florenz durch die Alliierten wurde Bartali bei einer Dienstfahrt verhaftet und in die *Villa Triste,* das Hauptquartier der Faschisten, gebracht, um dort die Ruchlosigkeit Ginos aufzudecken. Ein langes Verhör verlief ohne Erfolg; Bartali hatte zum Glück an diesem Tag nichts Kompromittierendes bei sich. Auch den Vorwurf, er hätte Waffen an den Vatikan geliefert, bestritt er energisch. Es waren Lebensmittel für die Armen: Mehl, Kaffee, Zucker. Selbst als er noch Soldat war, so Bartali, trug er seine Pistole immer ungeladen mit sich herum. Das Tribunal war ungläubig. So lange, bis ein anwesender Offizier auf den Tisch schlug: „Wenn Bartali sagt, es war Mehl, Kaffee und Zucker, dann war es so. Bartali lügt nie! Ende des Verhörs." Caritá verabschiedete sich mit den Worten: „Sei vorsichtig. Das nächste Mal..."

Bartali dachte dabei bestimmt an den armen Bottecchia, den zweimaligen italienischen Toursieger, Sozialist und Volksheld, der mit großer Wahrscheinlichkeit 1927 von den Faschisten ermordet wurde. Verweilen wir einen Moment in dieser Zeit: Am 14. Juni 1927 wird Ottavio Bottecchia tot neben seinem Rennrad auf der Landstraße gefunden. Blut rinnt aus einer Wunde am Kopf. Die Polizei leitet eine Untersuchung ein und kommt zu dem Ergebnis, Bottecchia sei bei einer Trainingsfahrt gestürzt und so ums Leben gekommen. Erst 1947, zwanzig Jahre später, beichtet ein alter Bauer auf seinem Sterbebett: 1927 hätte ein Radrennfahrer seinen Weinberg betreten und Trauben gepflückt, worauf er ihn mit Steinen beworfen und ihn am Kopf getroffen hätte. Erschrocken sei er nach Hause gerannt, hätte sich einen Rausch angetrunken und die Sache vergessen.

So die fast unausrottbare Legende. Bottecchia verschied jedoch im Hospital von Gemona an den Folgen eines Schädelbasisbruchs; zwölf Tage nach seinem Sturz zwischen Peonis und Trasagis während einer Trainingsfahrt. Er starb am 15. Juni. Um diese Zeit sind selbst im sonnigen Friaul die Trauben noch nicht reif.

Wahrscheinlich kam der Champion durch einen Sonnenstich zu Fall. Aber das Gerücht, die Faschisten hätten den unbequemen Zeitgenossen liquidiert, hält sich hartnäckig und hatte bestimmt damals auch Bartali zum Nachdenken veranlaßt. Im Hochsommer 1944 näherte sich der Rückzug der Deutschen und damit die Front Florenz. Das hatte auch für Bartalis Familie schreckliche Folgen. Ginos Frau Adriana war hochschwanger, die Wehen setzten ein. Gino versuchte nachts von seinem Wohnort Ponte a Ema aus, zu Fuß die etwa zehn Kilometer nach Florenz zu kommen, um den Hausarzt oder eine Hebamme zu holen. Unmöglich. Überall wurde geschossen, der Häuserkampf tobte. Die Brücken über den Arno waren entweder gesprengt oder von den deutschen Kolonnen verstopft. Überall schlugen Granaten und Bomben ein. Gino fand einen Arzt und kehrte mit ihm zurück. Aber es war zu spät. Das Kind, ein Junge, war tot zur Welt gekommen. Adriana lag im Koma.

Der Doktor konnte wenigstens die Frau retten. Am anderen Morgen bettete Gino seinen totgeborenen Sohn in eine Schachtel und fuhr mit dem Fahrrad mitten durch das Kampfgebiet auf den Friedhof von Ponte a Ema. Er beerdigte den winzigen Körper im Grab seines Bruders Giulio, der am 16. Juni 1936 an den Folgen eines Sturzes, die er sich bei einem Radrennen zugezogen hatte, verstorben war. Auf ein kleines Schild schrieb er GIORGIO. Bartali gab seinem Sohn den Namen des Mannes, der in den ersten Kriegstagen sein Leben ließ: Giorgio Bani, der Bruder seiner Frau.

Zurück zu Coppi. Am 1. Februar 1945 wurden Fausto und seine Mithäftlinge in Tunis auf das Dampfschiff *Cittá di Orano* gebracht. Die Überfahrt dauerte achtundvierzig Stunden. Dann betrat er in Neapel nach zwei Jahren Afrika-Aufenthalt wieder italienischen Boden! Die Gefangenen wurden auf Lastkraftwagen verfrachtet und nach Caserta in das Konzentrationslager der *Royal Air Force (RAF)* gebracht.

Der von Natur aus hagere Junge aus Castellania war abgemagert. Kartoffeln und Brot waren in letzter Zeit seine einzige Nahrung gewesen. Die bereits erwähnten Malaria-Anfälle hatten ihn zudem sehr mitgenommen. Im Gefangenenlager wurde ein englischer Offizier, sein Name ist Towell, auf Coppi aufmerksam. Der Radsportkenner konnte nicht verstehen, daß ein Talent wie Coppi so vor die Hunde gehen sollte. Er wollte Fausto helfen, aber im Lager gab es nur Militärräder, schwer, mit Vollgummireifen bestückt.

Coppi traf im Lager auch einen Bekannten, den Fußballspieler Busani aus Neapel. Der wiederum kannte einen gewissen Gino Palumbo.

Bei einem seiner Ausgänge meldete sich Coppi in der Redaktion von *La Voce*, einer Zeitschrift in Neapel. Der Sportchef empfing den ausgemergelten Jungen in der schlechtsitzenden khakifarbenen Uniform und konnte seinen Namen nur schlecht verstehen: Coppa, Coppo, Coppola...Nervös fingerte der Besucher an seiner Militärkappe herum und stellte erst einmal seinen Namen richtig: < *Sono Coppi, con la o, come i coppi del tetto.* > (Ich bin Coppi, mit o, wie die coppi auf dem Dach.) [Anmerkung d.A.: *´coppi´* heißen im Dialekt die Schindeln auf den Dächern.]

Dann erzählte er mit leiser Stimme seine Geschichte: Soldat in Afrika, nun Kriegsgefangener in einem englischen Lager. Der Kommandant sei ihm behilflich, zum Radrennsport zurückzufinden. Aber auf den alten Rädern sei jedes Training, täglich Kilometer um Kilometer, umsonst. Die Muskeln schmerzen und werden hart. Könnte man nicht den Versuch machen, für ihn ein Rennrad zu bekommen?

Der junge Journalist, Gino Palumbo, versuchte sich krampfhaft zu erinnern: Ist das nicht der Coppi, *gregario* von Bartali, der 1940 überraschend den Giro vor seinem Kapitän gewann und dann in den Krieg zog? Genau; er war es.

Palumbo gab einen kleinen Artikel in die Setzerei: < *Chi vuole regalare una bicicletta a Fausto Coppi?* > (Wer will Coppi ein Rad schenken?) Drei oder vier Anrufe waren das magere Ergebnis. Nicht viele hielten sich damals eine Zeitung; Geld wurde für andere, lebensnotwendige Dinge gebraucht.

Gino Palumbo hatte in den wirren Zeiten wenig Hoffnung auf Erfolg. Um so größer war seine Überraschung, als sich eines Tages in der Galleria Umberto, dem Sitz der Redaktion von *La Voce*, ein Schreiner vorstellte: Giuseppe D´Avino aus Somma Vesuviana, ehemaliger Amateurfahrer, der an Malaria erkrankt war und seine Laufbahn aufgegeben hatte. Ein echter *tifoso.* Er hatte ein Fahrrad mitgebracht und zeigte es Palumbo. Fausto später: „Ein Unikum, über das ich heute nur lächeln könnte. Aber damals: ein LEGNANO-Rad!"

Am nächsten Tag war in *La Voce* eine Schlagzeile zu lesen: *Fausto, puoi venire a ritirare la bicicletta!* - (Fausto komm und hol´ dein Rad!). Sofort war Coppi zur Stelle. Auch Signor D´Avino. Der sah den Glanz in Faustos Augen. „Behalte es", murmelte er leise. Fausto konnte es kaum fassen. Ergriffen reichten sich die beiden Männer die Hände. Dann mußte sich D´Avino auffällig schneuzen. Hinter dem Taschentuch verbarg er seine Rührung.

Coppi vergaß die noble Geste nie. Zeitlebens fühlte sich der Piemonteser mit dem Süden des Landes verbunden. 1954 und 1955 gewann er in bestechendem Stil den *Giro della Campania,* die Kampania-Rundfahrt. Seine Art des Dankes an die *tifosi.*

Mit der freundlichen Unterstützung durch den englischen Offizier begann Fausto wieder verbissen mit dem Training. Das sprach sich sehr schnell herum. In Neapel erhielt Osvaldo Ferrari entsprechende Hinweise. Er war Korrespondent des in Rom erscheinenden *Corrieri dello Sport,* zuständig für Fußball, aber auch Radsportkenner. Ferrari veröffentlichte eine kleine Notiz: Fausto Coppi trainiert in Neapel wie ein Verrückter. Diese Nachricht rief Edmondo Nulli, einen Fahrradkonstrukteur und Radsportenthusiasten aus Rom, auf den Plan. Er kam nach Caserta und schlug Fausto vor, in Zukunft für *NULLI* zu fahren. Viel Überredungskunst bedurfte es nicht; *12 000 Lire*

(660 Mark) auf die Hand taten das ihre. Coppi unterschrieb und war nach eigenen Worten: < *L'uomo piú felice del mondo* > (der glücklichste Mensch auf Erden!)

Fausto erhielt Ausgang und damit die Gelegenheit, seine Renntätigkeit wieder aufzunehmen. Vorerst beim ***G.P. Apertura*** in Neapel. Am Start traf er auf Bartali, Leoni und Ricci, die mit einem abenteuerlich anmutenden Lieferwagen unterwegs waren, um bei Rundstreckenrennen ihren Lebensunterhalt zu verdienen. Das größte Problem war dabei das Essen. Überall herrschte dank der Anstrengung der kriegsführenden Mächte (die keine Gelegenheit ausgelassen hatten, das Land wo immer es ging, zu zerstören) eine große Hungersnot. Geldpreise konnten die Veranstalter von Radrennen selten bieten; sie waren auf Sachspenden angewiesen. Man kann sich aber vorstellen, daß in jener Zeit die Freude der Zuschauer am Applaudieren größer war, als die Freude am Geben.

Wie gesagt, Coppi traf am Start Bartali. Das Wiedersehen war nicht gerade ergreifend: < *Tu, non eri morto? E vai* sempre forte? > Fausto antwortete auf die Frage, ob er nicht gestorben sei und sich stark fühle, auf seine Art kurz und bündig mit dem Superlativ: < *Fortissimo.* > Zur Bekräftigung spuckte er rein zufällig in Richtung Bartali.

Ganz so *fortissimo* war Fausto nicht. Immerhin reichte es hinter Leoni, Bertocchi und L. Maggini zum vierten Platz.

Bei einem Abstecher nach Rom konnte Coppi an einem Rennen im *Motovelodromo Appio* und an der ***Coppa Salvioni*** teilnehmen. Dieses Rennen war der erste wirkliche Test für Fausto: ein Straßenrennen mit Bergankunft. An der vorletzten Rampe war man noch zu fünft. Coppi griff an, und Maggini, Leoni sowie Ricci fielen zurück. Auch Bartali mußte seinen Konkurrenten ziehen lassen. Aber nicht lange. Bald hörte Fausto hinter sich das aufgeregte Geschrei der Zuschauer. Gino kam zurück: hinter einem Motorrad. Die Straße war eng und ein Vorbeikommen schlecht möglich. Bartali schrie zwar wie verrückt, aber Coppi gab keinen Fußbreit Platz, hielt sich seinerseits am Motorrad fest und wehrte sich verzweifelt gegen das Überholen. Schließlich gaben beide nach und man besann sich darauf, das Rennen regulär fortzusetzen. Eine mehr als knappe Zielankunft: Fausto Coppi wurde Erster. Ein Riesendurcheinander; die beiden Kontrahenten eingekeilt in der Menge. Bartali brüllte ständig, schließlich sei er der Adler vom Pordoi. Gut, aber hier war man in der Campagna di Roma...

Coppi kehrte mit 6000 Lire zurück ins Lager und schrieb am 9. April einem Freund: „Ich habe das Radfahren wieder aufgenommen. Aber ich kann nur schwer aus dem Schatten der Sieger heraustreten. Es ist zu befürchten, daß das auch in naher Zukunft nicht der Fall sein wird. Natürlich werde ich es versuchen, das ist klar. Nun kann ich es fast nicht mehr erwarten, bis ich nach Hause darf. Aber ich warte geduldig auf die Zeit, wo mir das Rad wieder weiterhelfen wird."

Fausto mußte nicht lange warten. Die Front in Italien brach zusammen. Am 21. April fiel Bologna, am nächsten Tag Ferrara. Schon am 23. April wurde der Po bei Guastalla vom IV. US-Korps überschritten; kurz darauf Parma, Verona und Cremona erobert. Am 25. April standen die Amerikaner 60 Kilometer vor Mailand. Die Deutschen hatten nur noch ein Ziel, möglichst schnell, und vor allem heil, in die Heimat zurückzukehren.

Am 25. April, dem Tag, der offiziell als die Befreiung Italiens gilt, war Bartali in Pescara. Auch er bestieg sein Rad und fuhr nach Mailand, um sich noch schnell Reifen zu besorgen. Gino hatte kurz nach der Befreiung von Florenz (23. August 1944) in der Innenstadt einen kleinen Fahrradladen eröffnet und hielt sich und seine Familie mit Reparaturen und der Teilnahme an Rennen (Siegerprämie z.B. 6000 Lire) gerade so über Wasser. Gino radelte also nach Mailand, zwei Nächte und einen Tag lang. Und dann am 29. April dort schnurstracks ins Gefängnis, weil er das Ausgehverbot überschritten, besser gesagt überfahren, hatte.

Der Tag davor, der 28. April, war ein strahlend schöner Frühlingstag. Gegen 17 Uhr wurden Mussolini und seine Geliebte Clara Petacci in Dongo am Gardasee erschossen. Der Mörder war ein Buchhalter namens Walter Audisio, in der Widerstandsbewegung als Oberst Valerio bekannt. Die Toten wurden nach Mailand gebracht und auf der Piazzale Loreto auf einen Leichenhaufen geworfen. Die bestialische Menge verprügelte den toten Diktator, verunstaltete ihn und durchbohrte ihn mit Kugeln. Dann hängte ihn das Volk, das ihm zugejubelt hatte, an den Füßen auf.

Am Nachmittag des 30. April waren die Russen in Berlin keine 100 Meter vom Bunker der Reichskanzlei entfernt. Um 15.30 Uhr fiel in den unterirdischen Gängen ein Schuß. Hitler hatte sich das Leben genommen. Er hatte Benito Mussolini nur um zwei Tage überlebt.

Am 1. Mai wurden Turin, Susa und Triest von den Alliierten eingenommen. Auf den Straßen zum Brenner forderten die Angriffe der Alliierten Jagdbomber ihren Blutzoll.

Am 4. Mai kapitulierten sämtliche deutschen Truppen in Dänemark, Holland, und Nordwestdeutschland. Am 7. Mai war mit der Gesamtkapitulation der deutschen Wehrmacht in Reims der 2. Weltkrieg zumindest in Europa beendet.

In Caserta ließ Lagerkommandant Towell Fausto Coppi zu sich rufen. Die Verabschiedung erfolgte kurz und schmerzlos: < *Go home, Champion!* >

Fausto tat wie geheißen. Vorerst hatte er nur die Erlaubnis, sich fünf Tage in Rom aufzuhalten. Das war immerhin Richtung Heimat. Sein Plan war längst gereift: nichts wie nach Hause. Da kam ihm das Angebot, auf einem Militärlastkraftwagen mitzufahren, der nordwärts fuhr, gerade gelegen. Er nahm hinter der Fahrerkabine auf einer Kiste Platz und machte es sich so gut wie möglich bequem. Mit ihm war ein Abbild des damaligen Italiens unterwegs: alte Menschen mit ihren wenigen Habseligkeiten; Schwarzhändler, die aus schiefen Augen ihre Begleiter musterten; ein Pater; Kinder, denen der Hunger im Gesicht geschrieben stand.

Der Lkw-Fahrer, ein junges Bürschen, war ein Sportbegeisteter, in Italien *tifoso* genannt. Einer derjenigen, die es nicht nur jenseits der Alpen gibt. Er hatte Coppi erkannt und wollte nun sein Können zeigen. In der Art von Nuvolari, dem zu diesem Zeitpunkt berühmtesten Autorennfahrer, trat er aufs Gaspedal. Ein Major, der neben ihm saß und ihn beaufsichtigen hätte sollen, kam nicht dazu; er wurde zunehmend von zwei ausgesprochen hübschen Beifahrerinnen abgelenkt. Die weiblichen Fahrgäste auf der Ladefläche heulten dagegen in jeder Kurve auf, die männlichen waren gespannt, wie die Fahrt enden würde. Der Fahrer selbst hielt sich für einen Großen der Zunft. Aber das war ein Irrtum.

In Velletri, etwa 40 Kilometer vor Rom, krachte es. Gewaltig! Nuvolari jun. hatte bergab ausgekuppelt und raste um eine Kurve. Vor ihm tauchte ein Pferdegespann auf, das ihm hartnäckig den Weg versperrte. Ein Reifen überstand die anschließende Vollbremsung nicht, der Lkw schleuderte und kam zum Stehen. An einem Olivenbaum.

Manche Autoren sprechen von einem Blutbad: „Niemand, außer Coppi, hätte dank göttlicher Vorsehung die Katastrophe überstanden." Ganz so schlimm war es nicht. Zwar wurde die gesamte Besatzung arg durcheinander gerüttelt, der Major aus seinen süßen Träumen gerissen, und die weiblichen Fahrgäste heulten nun berechtigt. Einige waren immerhin verletzt. Aber nach einer Weile konnte man das Fahrzeug mit vereinten Kräften wieder in Bewegung setzen. Diesmal fuhr Nuvolari jun. vorsichtiger: eine Hand hatte er am Steuer, mit der anderen hielt er das Armaturenbrett fest, das sich etwas gelockert hatte...

In Rom wurde der Wagen so gut wie möglich repariert. Dann ging es auf der Via Aurelia weiter in Richtung Grosseto. Nach etwa 50 Kilometern, in Santa Marinella, ergab sich für Fausto die Gelegenheit, das Fahrzeug zu wechseln und sich vom Fahrer mit den Worten zu verabschieden: „Ich bin nicht so verrückt, mein Leben ein zweites Mal zu riskieren." Vom Major unterblieb der Abschied. Der war nach wie vor mit seinen beiden Begleiterinnen beschäftigt.

Fausto saß wieder auf der Ladefläche. Unter dem Hemd trug er in einem Brustbeutel seine Papiere. Das war alles. Bei jedem Schwächeanfall holte er ein Keks hervor (made in Australia) und knabberte daran. Er wollte nicht mehr anhalten. Er wollte nach Hause.

Die Fahrt ging über Grosseto, Livorno, nach Tortona. Überall das gleiche Elend. Vorbei an zerstörten Dörfern, ausgebrannten Häusern und Kirchen, über notdürftig hergestellte Brücken. In Villavernia konnte Fausto nicht widerstehen; er bat den Fahrer, zum Hof von Bruna umzulenken.

Man kann sich unschwer vorstellen, wie sich zwei junge Liebende begrüßen, die drei Jahre voneinander getrennt waren. Als auch noch zufällig

Coppis jüngerer Bruder Serse hinzukam, kannte die Freude keine Grenzen mehr. Gemeinsam fuhr man hinauf nach Castellania. Nun gab es keinen Halt mehr. In Windeseile waren Faustos Schwestern, Vettern und Basen, Tanten und Onkel - letztendlich das ganze Dorf - auf dem Anwesen der Coppis versammelt und das Umarmen und Küssen nahm kein Ende. Die Tränen der Freude flossen ungehemmt. Inmitten der Menge Faustos Mutter Angiolina: „Laßt ihn zu mir. Ich sterbe vor Glück. Ich dachte, er ist tot. Nun kam er von Neapel. In zwei Tagen durch halb Italien..." Ihr ungehemmter Redefluß ging im allgemeinen Trubel unter.

Fausto ließ Bruna nicht aus den Augen. Sie war in den drei Jahren der Trennung vom Mädchen zur Frau herangewachsen. Zu einer schönen obendrein. Ihr Vater hatte ein Geschäft. Alles paßte. Fausto war sich klar darüber, wie es weitergehen würde.

Vorerst brauchte er Geld. Mit unterschiedlichen Erfolgen nahm er an Rundstreckenrennen, den *Circuiti,* teil und erzielte folgende Plazierungen: ***Pistoia*** (12.), ***Bologna*** (6.), ***Trento*** (3.), ***Genua*** (3.), ***Savona*** (2.), ***Prato*** (9.), ***Chiavari*** (9.) und ***Alassio*** (6.). Immer noch im Trikot von *NULLI*, einem ausgewaschenen Wollpullover mit verblichener Aufschrift. Oft wurde der Junge mit den langen Beinen zum Gespött der Menge. Er gehört anNULLIert ließen einige Pedal-Chronisten ironisch verlauten. Aber als Coppi am 29. Juni die ***Coppa Candelotti*** gewann, wurde man bei BIANCHI hellhörig...

BIANCHI, zumindest in Italien, ein Unternehmen mit magischer Ausstrahlung. Leisten wir uns den Abstecher und gehen der Sache auf den Grund: 1885 eröffnete der geniale Erfinder, Konstrukteur und Mechaniker Edoardo Bianchi (geboren am 17. Juli 1865) in Mailand in der Via Nirone ein Geschäft für chirurgische Instrumente, Fahrstühle für Behinderte, vor allem aber Fahrräder. 1890 experimentierte er mit Motoren und ließ ein Motordreirad vom Stapel. Der italienische König Umberto I. ernannte ihn daraufhin zum Hoflieferanten. Richtig ins (Fahrrad-)Rampenlicht rückte die Firma, als der Italiener Gian Fernando Tomaselli, einer der schnellsten Fahrer jener Zeit, am 25. Juni 1899 in Frankreich auf einem BIANCHI-Rad den *Grand Prix de Paris* gewann, die inoffizielle Weltmeisterschaft der Sprinter! Dieser Tomaselli übernahm als Prokurist die 1905 gegründete *Fabbrica automobile e velocopedi BIANCHI*, Kapital 800 000 Lire. Der mittlerweile über vierzig Jahre alte Firmeninhaber Bianchi war nun nicht mehr zu bremsen. 1907 kaufte er in Mailand ein 70 000 Quadratmeter großes Grundstück und ließ eine neue Fabrik bauen. 1912 stellten dort 2500 Beschäftigte 45 000 Fahrräder her, 1500 Motorräder und 1000 Autos verließen die sich allmählich breitmachenden Fließbänder. Am 31. Oktober 1935 fuhr Giuseppe Olmo auf BIANCHI mit 45,090 km einen neuen Stundenweltrekord. Während des Krieges wurden große Teile der Fabrikationsstätten durch alliierte Luftangriffe zerstört, aber das Unternehmen kam wieder voll in Schwung. Der Siegeszug der Fahrräder mit der wunderschönen grünen Farbe, in Italien *celeste genannt,* setzte sich fort.

Daran hatte Aldo Zambrini, bei BIANCHI zuständig für Radrennsport, einen großen Anteil. Er war 1945 gerade damit beschäftigt, mit Vito Ortelli, einem der Großen im italienischen Radrennsport, einen Vertrag abzuschließen. Ortelli zierte sich mit der Unterschrift und Zambrini ließ ihn fallen. Er war auf Coppi aufmerksam geworden. Als dieser nun am 8. Juli beim ***Circuito degli Assi*** in Mailand vor 50 000 begeisterten Zuschauern einen grandiosen Sieg erzielte, und dabei, nach langer Gefangenschaft und immer wieder von Malaria-Anfällen heimgesucht, einen Durchschnitt von 42,500 km/std fuhr und Bartali mit einem Rückstand von 1:45 min auf den sechsten Rang verwies, war die Sache für Zambrini klar: der Junge mußte zu BIANCHI! Zambrini konnte seinen Chef Edoardo Bianchi, genannt *scior Peppino,* schnell überzeugen.

Auch bei Coppi brauchte es nicht allzuviel Überredungskunst (man spricht davon, daß eine kleine Aufmerksamkeit in Form von zwei Lieferautos, eines offiziell, das andere als Geschenk so unter der Hand, dazu beigetragen hätten, Fausto zu überzeugen). Auf jeden Fall trafen sich Bartali und Coppi bei der ersten ***Italienischen Straßenmeisterschaft*** nach dem Krieg am Start in Mailand: Gino im olivgrünen LEGNANO-Trikot, Fausto im *biancoceleste* von BIANCHI.

Beide hatten mit dem Ausgang des Rennens nichts zu tun. Auf dem Rundkurs, der stark mit der Lombardei-Rundfahrt Verwandtschaft hatte, beobachteten sich Bartali und Coppi argwöhnisch; Ortelli hatte beide im Auge. So übersah man Severino Canavesi, einen 34-jährigen Fahrer aus Varese, der einen nicht alltäglichen Rekord verbuchen konnte: Er hatte 14 Mal am ***Giro di Lombardia*** teilgenommen (beste Plazierung 1941 als Vierter). War es nun die Unaufmerksamkeit von Bartali & Co. oder die heimische Gegend, der gute Canavesi krönte auf jeden Fall nach 237 Kilometer mit 1:30 min Vorsprung auf Servadei, Maggini, Ricci und Coppi seine Laufbahn: er wurde Italienischer Straßenmeister!

Bei BIANCHI rümpfte man die Nase. Noch mehr Grund dazu gab es am 23. September. An diesem Tag fand die italienische Meisterschaft im Einer-Verfolgungsfahren statt. Auf der Vigorelli-Bahn in Mailand besiegte Coppi zwar in den Vorläufen Oreste Conte (er holte ihn nach 4073 Meter ein) und Canavesi (mit 45 Meter Vorsprung), aber der Titel fiel an Vito Ortelli. Der schlug Coppi über die obligatorische 5000-Meter-Distanz in 6:27,4 min mit 5 Meter Vorsprung (46,464 km/std). Nun grollte auch *scior Peppino.* Hatte man Coppi zu früh eingekauft? Je heftiger der Ärger bei BIANCHI, desto größer war natürlich die Freude bei LEGNANO. Das sollte in den nächsten Jahren so bleiben. Auch umgekehrt.

Fausto war nicht besonders erfolgreich: Beim ***Giro del Lazio*** mußte er hinter dem völlig unbekannten Zoarino Guidi mit dem 2. Platz vorlieb nehmen, das ***Criterium degli Assi*** in Legnano stand er nicht durch, ***Milano-Torino*** sah ihn auf dem 5. Platz.

Aber es gab ja noch einen Coppi: Serse. Zu diesem Zeitpunkt *indipendente,* Unabhängiger, also alles andere als ein Profi. Der jüngere Bruder fuhr ziemlich gut, obwohl er auf dem Rad das reine Gegenteil von Fausto darstellte. Sein Stil war fürchterlich anzusehen: die Beinmuskulatur mit Krampfadern überzogen, das Gesicht ständig von der Anstrengung, die ihm das Treten zu bereiten schien, gezeichnet, wurstelte er sich, von weitem erkennbar, durch die Gegend. Aber im Spurt kannte er keine Freunde. Hier konnte ihm Fausto das Wasser nicht reichen. Der wiederum liebte den Kleinen abgöttisch und zeigte das auch bei Gelegenheit. So bei ***Milano-Varzi***. Das Rennen glich einem Ränkespiel bestimmter Personen. Sechzig Kilometer vor dem Ziel machte sich Serse auf die Verfolgung einer Gruppe, die schon lange vor dem Feld herfuhr. Niemand hinderte ihn daran, denn alles konzentrierte sich auf Fausto. Was wird er machen? Er tat nicht viel, brachte aber den ganzen Haufen mit ständigem Antreten und Abbremsen so durcheinander, daß man Serse vollkommen vergaß. Der holte die Ausreißer ein und ließ sie im Anstieg zum Monte Penice (1460 m) einfach stehen. Am Ziel traf Serse als Erster ein. Sieben Minuten später belegte Fausto den zweiten Platz. Serse überreichte ihm seinen Siegerstrauß. Eine rührende Szene, jedoch mit einem realen Hintergrund: Fausto hatte seinem jüngeren Bruder den Sieg ermöglicht und konnte ihn nun mit Erfolg bei Zambrini ins Gespräch und damit ins Geschäft bringen. Auch Serse wurde in den Profirennstall von BIANCHI übernommen!

Am 30. September holte sich Fausto in der Schweiz den Sieg beim ***G.P. Lugano***, einem Einzelzeitfahren über 14 Runden, jeweils von 70 Meter ü.M. auf eine Höhe von 1145 Meter! Nach 91,6 Kilometer war das Debakel für die Konkurrenz perfekt. Coppi beendete das Rennen als Sieger und hatte die letzte Runde mit einem Durchschnitt von 43,9 km/std absolviert!

Anschließend traf er Vorbereitungen für ein besonderes Ereignis: seine Hochzeit mit Bruna Ciampolini.

Vier Tage zuvor, am 18. November, ging er an den Start zum ***Circuito di Ospedaletti***. Vor dem Rennen kam Bartali auf ihn zu: „Was wünscht du dir als Hochzeitsgeschenk?“ Coppi nach kurzem Zögern: „Wenn du gewinnst, dann schenke mir bitte die Blumen für meine Frau.“ Es kam jedoch anders. Coppi fuhr als Erster durchs Ziel. Wütend kam er zu Bartali: „Ich will die Blumen nicht. Du hast mich gewinnen lassen! Das hätten wir zuvor besprechen müssen!“ Bartali brauchte viel Geduld, Coppi davon zu überzeugen, daß er - Fausto - an diesem Tag wirklich der Bessere war.

Am 22. November fand in Setri Ponente die Hochzeit statt. Die beiden jungen Leute verbrachten die Flitterwochen in Varazze und zogen dann nach Sestri Ponente in die Via Sestri Nr. 26, 3. Etage. Ein bescheidenes Zimmer in der Wohnung seiner Schwiegereltern war nun Faustos neues Heim. Er war jetzt 26 Jahre alt. Man hatte ihm fast fünf Jahre seiner wertvollen Jugend gestohlen. Und das mit Folgen: Coppi hatte oft Malaria-Anfälle, die ihn lange Zeit ans Bett fesselten; ständig wurde er mit Chinin behandelt.

Für Bartali galt ähnliches wie für Coppi. Dem mittlerweile 31-jährigen, im Leistungssport quasi ein Pensionär, hatte man ebenfalls fünf seiner besten Jahre genommen. Alles was er sich zwischen 1935 und 1940 aufgebaut hatte, war in Schutt und Asche gefallen. Ein Grund mehr dafür, daß er unmittelbar, nachdem die Front nordwärts gezogen war, zusammen mit Ricci und Volpi verbissen das Training wieder aufgenommen hatte. Seine Zukunft war ungewiß, beängstigend. Für ihn gab es nur eine Devise: Radrennen und siegen.

Es war zu erwarten, daß dem Siegen besonders Fausto Coppi im Weg stehen würde. Das neue Jahr, die kommende Saison, wird überstrahlt oder überschattet werden (es kommt auf den Blickwinkel an) vom Zweikampf LEGNANO-BIANCHI, vom Duell Bartali-Coppi. Wir werden sehen.

1946
Die alte Rivalität Bartali – Coppi flammt wieder auf

Italien begann sich langsam von den Schäden des Krieges zu erholen und mit den zunehmend besseren Lebensbedingungen kam auch das Interesse am Sport wieder zutage. Bei den Radsportanhängern, den *tifosi*, standen zwei Fahrer im Rampenlicht: der 26-jährige Fausto Coppi und sein fünf Jahre älterer Rivale Gino Bartali.

Bartali war in der Radsportwelt ein Halbgott. Er war noch immer das Maß aller Dinge. Ab 1935 gab es bei den großen Rundfahrten kaum einen Gipfel in den Alpen oder Pyrenäen, den Bartali nicht vor (oder mit) der Spitzengruppe erstürmt hätte. Erstürmt, denn der mittlerweile 31-jährige hatte sich eine von allen gefürchtete Taktik angeeignet: In den ersten Kehren eines Anstiegs legte Gino den großen Gang ein und galoppierte im Wiegetritt auf und davon. Verließen ihn momentan die Kräfte, gönnte er sich, meist schon alleine auf weiter Flur, eine Verschnaufpause, um dann das Spiel zu wiederholen. Damit sprengte Bartali jedes Feld. Wenn er dann als Solist an der Spitze herzog, konnte es passieren, daß es ihm langweilig wurde. Des öfteren mußten ihn die Begleiter in den Autos weiterscheuchen, wenn er zum Beispiel ob der Schönheit der Schweizer Alpen ins Schwärmen geriet: < *Guarda, che belle montagne!* > und vollkommen vergaß, daß die Meute hinter ihm her war.

Diesem Bartali drohte nun Gefahr. Von keinem kraftstrotzenden Hünen wie etwa dem Belgier Hendrik Constantin Maria Van Steenbergen, kurz genannt *Rik,* der als 10-jähriger in seiner flämischen Heimat in einem kleinen Unternehmen Zigarren mit der Hand rollen mußte, nun aber mit seinen 1,86 Meter Körpergröße und 83 Kilogramm schon etwas darstellte, seit 1943 Profi war und sich nun aufmachte, der Konkurrenz das Fürchten zu lernen. Gefahr drohte auch nicht von dessen Landsleuten Alberic *Briek* Schotte, dem „letzten der Flandriens“, den Fahrern, die aus der harten Schule Flanderns kamen; und auch nicht von Constant *Stan* Ockers, Profi seit 1941. Aus der Schweiz war zwar ein scharfer Wind zu erwarten, hervorgerufen durch den *Adler von Adliswil,* Ferdy Kübler, und dessen Landsmann, dem Neoprofi Hugo Koblet aus Zürich. Aber Gefahr? Die drohte auch nicht aus Frankreich, wo der sture Kampfhahn aus der Bretagne Jean Robic (1,61 Meter/60 Kg) sein Unwesen trieb. Nicht zu Unrecht nannte man ihn *Téte de cuir* - „Lederkopf“ -, denn er versuchte seinen von Stürzen arg heimgesuchten Schädel durch einen Ledersturzhelm zu schützen; meist vergebens. Nein, Gefahr kam aus dem eigenen Land: durch Fausto Coppi.

Duelle dieser Art waren nicht nur in Italien seit eh und je an der Tagesordnung, aber dort wurden sie besonders leidenschaftlich ausgetragen und vom Publikum entsprechend verfolgt: Im Autorennsport zwischen Nuvolari und Varzi, zwischen ALFA ROMEO und FERRARI; im Fußball die ewigen Auseinandersetzungen zwischen JUVENTUS und TORINO oder INTER gegen MILAN. Andere Zweikämpfe : LAMBRETTA gegen VESPA, Sophia Loren (eine Anhängerin Coppis) gegen Gina Lollobrigida (sie schwärmte für Bartali), aber auch Maria Callas gegen Renata Tebaldi. Die Liste ließe sich beliebig fortsetzen. Denken wir nur noch kurz an Don Camillo und Peppone. Sie verkörpern das Nachkriegsitalien, sie sind das Spiegelbild der italienischen Bevölkerung und ihrer Denkweise nach 1945, der Spaltung in zwei große Parteien, - *Democrazia Cristiani* (1946 von 35,2% der Wahlberechtigten gewählt) und der *Partito Comunista* (18,9%) -, und schon sind wir wieder bei Bartali (dem „radelnden Mönch“) und Coppi (der allerdings kein Kommunist war, aber bei vielen als solcher galt!)

Der hatte, obwohl frisch vermählt, nur seinen Beruf im Kopf. Angetrieben durch Cavanna, der die richtige Meinung vertrat, man siegt am besten, wenn man 45 km/std vorlegt, präparierte er sich für Mailand - San Remo. Er preschte durch die Ebene, raste über die Hügel, strampelte durch das bergige Hinterland an der Riviera di Ponente. Cavannas Devise: explodiere zum Champion oder <*crepa*>. Wer crepa mit „krepieren“ übersetzt, kommt der Sache ziemlich nahe.

Dabei hatte Coppi wirklich ein Problem: mit dem Essen und der Verdauung. Er glaubte, an Magenkrebs zu leiden, natürliche Folgen der langen Gefangenschaft. Peinlich achtete er auf größtmögliche Hygiene und penible Zubereitung der Speisen (übrigens behielt er diese Angewohnheit sein ganzes Leben lang bei). Aber es ist klar, Fausto mußte sich entsetzlich quälen. Im Januar fuhr er täglich etwa 50 Kilometer mit „starrer Nabe“, also ohne Schaltung. Später verdoppelte er die Distanz, um schließlich Anfang März täglich bis zu 200 Kilometer zurückzulegen.

Fausto hatte die Originalstrecke vor der Haustüre. Und an manchen Tagen eine gehörige Wut im Bauch. In Frankreich versuchte man gerade seinen Stundenweltrekord madig zu machen (Sie erinnern sich? Die leidigen Sandsäcke am Bahnrand...) und dem entthronten Archambaud soll dabei sogar einmal das Wort *maccheroni* entschlüpft sein. Ein Prädikat, das man in Italien noch nie gerne hörte.

Am 19. März hatte Coppi auf jeden Fall so an die 7000 (!) Trainingskilometer in den Beinen. Das hatte zuvor noch keiner geschafft. An diesem Tag wurde die Straßenrennsaison mit dem Klassiker ***Milano-Sanremo*** eröffnet. Alles was Rang und Namen hatte war erschienen. Auch eine starke französische Vertretung. Trotzdem drehte sich am Start alles um Bartali, Coppi und die anderen Italiener. Gino Bartali hatte in seinem **LEGNANO**-Team Bini, Brignole, Ricci und die Gebrüder Renzo und Valeriano Zanazzi um sich versammelt. Coppi, im neuen BIANCHI-Trikot, brachte seinen Bruder Serse sowie Severino Canavesi, Giovani De Stefanis, Secondo Barisone und Glauco Servadei mit. Bizzi war Kapitän von **VISCONTEA** und konnte sich auf Bertocchi, Chiappini, Corrieri, Fazio und Vicini verlassen. Bresci und Logli gaben das Kommando bei **LANDI**; Erfolge für **WELTER** erhoffte man sich durch Fondi, Martini und Del Cancia. Sergio Maggini ging für **BENOTTO** an den Start; ihm standen Ortelli, Conte, Ronconi und Mollo zur Seite. **OLMO** war mit Camellini, De Benedetti, Rossello und Toccaceli vertreten, **WILIER-TRIESTINA** mit Cottur, Bevilacqua, Feruglio und Menon.

Dazu gesellten sich gut zwei Dutzend Neoprofis und Unabhängige, wie zum Beispiel die Toskaner Biagioni, Cecchi, Coppini, Nardini, Pasquini und Volpi. Eine prächtige Versammlung, die man später auch beim Giro d'Italia anzutreffen hoffte.

Vor dem offiziellen Start wagte Ruggero Radice, einer der bekanntesten Radsportjournalisten Italiens, eine mutige Voraussage: „Wenn es Coppi schafft, hundert Meter vom Feld wegzukommen, gewinnt er das Rennen mit zehn Minuten Vorsprung." Im Kreis der Kollegen war man sich einig. *Raro* hatte nicht mehr alle Tassen im Schrank.

Gleich nach Beginn der „Fahrt in den Frühling" machte sich der Franzose Teisseire auf und davon. Vier Fahrer konnten sich an sein Hinterrad heften: Tarchini, Bardelli, Mutti und Barisone. Man wollte sich die alte Regel aus den Anfängen der Fernfahrt zu Nutze machen: Wer als Erster den Turchino-Paß überquert, kommt auch als Erster in San Remo an. (Eine Redensart, genau so unbelegt wie die ominöse siebte Runde im Boxen. Sie vergeht und in den meisten Fällen passiert eben nichts.)

Aber dieses Mal passierte eben doch etwas. Im Anstieg zum Turchino (532 m) startete Coppi eine Konterattacke. Sein Vorhaben war verrückt. In den Augen der anderen. Nicht in seinen und in denen von Cavanna. Fausto war jung verheiratet, er wollte ein Kind, er brauchte Geld. Er mußte und er wollte das Rennen gewinnen!

Coppi schloß zur Spitzengruppe auf und sprengte sie. Nur Lucien Teisseire konnte ihm folgen. Der 27-jährige Franzose, ein blonder Hüne, ausgesprochen streitlustig, kletterstark und schnell im Endspurt, war ein ernstzunehmender Gegner. Er hatte 1945 den *G.P. Cannes* und den *G.P. Paris* gewonnen und hinter seinem Landmann Paul Maye bei *Paris-Roubaix* den zweiten Platz belegt. Er stammte aus Saint-Laurent-du-Var, kannte daher die Mittelmeerküste wie seine Trikottasche und strotzte vor Selbstvertrauen. Am Ziel in San Remo war er allerdings sehr überrascht...

Es begann damit, daß ihn Coppi kurz vor der Turchino-Paßhöhe stehen ließ und vor ihm im dunklen Schlund des Tunnels verschwand, das die Lombardei von Ligurien optisch und geographisch trennt. Der französische Journalist Claude Tillet geriet später in *L'Equipe* ins Schwärmen: „Coppi erschien am Turchino, schnell, fast zu schnell für die Fotografen. Seine langen, schlanken Beine, sein gedrungener Oberkörper mit dem mächtigen Brustkasten, der Kopf zwischen den Achseln vergraben, die hervortretenden Augen, der leicht geöffnete, nach Atem ringende Mund, die Adlernase. Alles ergab paradoxerweise eine vollkommene Harmonie."

Bergab machte sich Coppi im wahrsten Sinn des Wortes aus dem Staub, denn zu diesem Zeitpunkt war die Paßstraße noch nicht asphaltiert. Hinter ihm begann für Teisseire eine echte Leidensfahrt. Während Fausto sich entschlossen in die gefährliche Abfahrt stürzte und sich alles was nur motorisiert war auf seine Verfolgung machte, - Motorräder und vollgestopfte Begleitwagen mit Offiziellen, Journalisten, Rundfunkreportern, Mechanikern und Betreuer, inmitten der strahlende BIANCHI-Chef Aldo Zambrini -, wurde der Franzose in eine Wolke von Staub, Steinsplittern und Auspuffgasen gehüllt. Die wilde Jagd hinter dem enteilten Coppi brachte auch mehrere Rennfahrer zu Fall und das Chaos kam erst zur Ruhe, als man in Voltri auf die Küstenstraße am Mittelmeer einbog.

Dort sickerte schnell die sensationelle Nachricht durch: Coppi hatte Teisseire auf der 10 Kilometer langen Abfahrt 8 (acht!) Minuten abgenommen. Der Franzose wiederum hatte einen gehörigen Vorsprung auf das Verfolgerduo Gino Bartali und Fermo Camellini.

Es wurde noch ein erbitterter Kampf auf den verbleibenden 120 Kilometern mit den giftigen Steigungen am Capo Mele, Capo Cervo und Capo Berta. Aber hier war Coppi auf seiner Hausstrecke, in seinem Element. Automatisch wirbelten seine Beine.

Teisseire und die restliche Konkurrenz waren beklagenswert. Der Abstand zu Coppi wuchs von Kilometer zu Kilometer. Am Ziel betrug der Rückstand des Franzosen 14 Minuten! Immerhin konnte er damit den zweiten Platz retten. Dann trafen Ricci (3.) und Gino Bartali (4.) ein. Sie hörten aus dem Lautsprecher die vernichtende Nachricht: fünfundvierzig Minuten Rückstand! Coppi hatte das 292 Kilometer lange Rennen nach 150 km Alleinfahrt mit einem Stundenmittel von 35,940 km/std gewonnen und den Grundstein zu seinen Erfolgen der Nachkriegszeit gelegt.

In der Via Roma herrschte das absolute Chaos. Nicht zum ersten Mal gerieten sich vor Begeisterung fast verrückte „Coppisten“ und „Bartalisten“ in die Haare. Alle versuchten in den Zielraum zu gelangen. Dort stand Coppi. Er hatte noch nicht die später öfters auftretenden Allüren. Unter seiner verschmutzten blauweißen Mütze, hinter der damals beliebten „Schweißerbrille“ versteckt, war sein Gesicht zu erkennen. Hager, von den Anstren-gungen gezeichnet. Aber glücklich.

In der Menge eingekeilt auch Gino Bartali. Weniger glücklich. Unzufrieden mit sich selbst, gedemütigt durch die eklatante Niederlage, unangenehm berührt von den Huldigungen der Menge an seinen jungen Rivalen. Vorerst suchte Gino nach einer Ausrede. Er und seine Mannschaft hätten Coppi nicht ernsthaft verfolgt, da der Präsident des italienischen Radsportverbandes das so gewünscht hätte. Der hieß zufällig Aldo Zambrini und war Coppis Sportlicher Leiter bei BIANCHI! Gino sann auf Revanche.

Die bot sich am 5. Mai, bei der ***Meisterschaft von Zürich***, neben der Tour de Suisse das bedeutendste Radrennen in der Schweiz. Am Start schlossen Gino, inzwischen stolzer Vater eines zweiten Sohnes (Luigi, geb. am 7. April), und Fausto so eine Art Pakt. Zumindest wollten sie solange gemeinsame Sache machen, bis man sich von den Übrigen getrennt hatte (dann wollte es Bartali dem jungen Hüpfer zeigen).

Der erste Teil des Plans gelang überzeugend. Alleine an der Spitze näherte sich das Duo Zürich. Als jedoch das Zielband in Sicht kam und Coppi seine Pedalriemen enger zog, kam bei Bartali ein ungutes Gefühl auf. Das war etwas später schnell verflogen; er hatte das Rennen mit einer Nasenlänge vor Coppi gewonnen. Damit demonstrierte Gino Bartali den anderen gegenüber, er wünsche noch nicht, abgelöst zu werden, und für Fausto Coppi speziell, daß der ihm auch in Zukunft nur brav folgen darf. Damit war natürlich die Fehde zwischen den beiden Kontrahenten endgültig eröffnet.

Am 12. Mai beendete Coppi die nächste Auseinandersetzung, den ***Giro di Romagna***, siegreich. Mit zwanzig Meter Vorsprung bezwang er auf der Bahn von Lugo seinen Landsmann Vito Ortelli. Der Sieg war für Fausto zweitrangig. Entscheidend war, daß Bartali unterwegs die Waffen gestreckt hatte!

Das sollte sich aber bei der ersten Italienrundfahrt nach dem Krieg ändern. Zu diesem ***29. Giro d'Italia***, dem sogenannten *Giro della Rinascita,* veranstaltet von den risikofreudigen Organisatoren der *Gazzetta dello Sport*, hatten 79 Fahrer gemeldet. Unter ihnen so starke Ausländer wie die Belgier Sylvère Maes und Rik Van Steenbergen. Vom 15. Juni bis zum 7. Juli mußten 3417 Kilometer, eingeteilt in 20 Etappen, absolviert werden. Die Jagd auf dreieinhalb Millionen Lire (31 000 Mark) Siegesprämien konnte beginnen.

Am Start selbstverständlich Bartali (mit Startnummer 1) und Coppi (der trug die Nummer 9). Fausto litt Anfangs unter seinen bereits erwähnten Magenschmerzen, die er jedoch zu verheimlichen wußte. So konnte er nur bedingt in das Geschehen eingreifen: Bei der 1. Etappe *Milano-Torino* (180 km) behielt Cottur im Motodrom von Turin die Oberhand über Bevilacqua und schlüpfte ins Rosa Trikot. Coppi belegte den 32. Rang. 2. Etappe *Torino-Genova* (190 km): Diesmal siegte Bevilacqua vor Baito. Coppi belegte den 12. Platz und rückte im Gesamtergebnis auf Rang 18 vor. 3. Etappe *Genova-Montecatini* (221 km): Der schnelle Leoni setzte sich gegen Bizzi und Bartalis Teamgefährten Renzo Zanazzi durch. Coppi lag als Zwölfter in der Gesamtwertung auf dem 14. Platz. Auf der 4. Etappe *Montecatini-Prato* (40 km), eigentlich eine Halbetappe, denn Nachmittags ging es weiter nach Bologna, holte sich Bevilacqua seinen zweiten Etappensieg vor Conte. Wieder konnte ein LEGNANO-Mann, diesmal Mario Ricci, den dritten Platz erkämpfen. Coppi kam als Elfter ins Ziel und damit im Gesamtklassement auf Rang 14. Während der 5. Etappe *Prato-Bologna* (114 km) stürzte Coppi nach etwa 30 Kilometer bei der Abfahrt vom Passo della Porretta (932 m), konnte sich aber wieder aufrappeln, die Spitze einholen und vor Bartali und Rossello den Etappensieg erringen! Er rückte dadurch im Gesamtklassement auf Platz 10 vor.

Am Abend wurde Coppi vom Rundfahrt-Arzt Doktor Campi gründlich untersucht. Fausto hatte sich einen Schulterriß zugezogen. Momentan kein Problem, aber am nächsten Tag auf dem Rad? Abwarten.

Coppi war am nächsten Tag pünktlich am Start. Diese 6. Etappe *Bologna-Cesena* (86 km), wieder eine Halbetappe, wurde eine Beute von Olimpio Bizzi. Coppi hatte, wie zu erwarten, starke Schmerzen in der Schulter, traf aber als Achter ein und konnte seinen 10. Platz im Gesamtklassement behaupten. Der zweite Tagesabschnitt, die 7. Etappe *Cesena-Ancona* (125 km), ging an Bini und damit an LEGNANO. Coppi wurde Neunter und rückte im Gesamtergebnis auf Platz 6 vor. Die 8. Etappe *Ancona-Chieti* (169 km) führte weiter an der Adria entlang und sah am Ziel Ortelli vor Bartali und Cottur in Front. Coppi belegte den 5. Platz, fiel aber im Gesamtergebnis auf den achten Platz zurück. Schuld daran war in erster Linie seine lädierte Schulter, die ihn arg schmerzte. Wieder wurde Doktor Campi gerufen. Seine Empfehlung: das Rennen aufgeben! Fausto vernahm die Botschaft, aber wir werden sehen, er hielt sich nicht daran.

Nach einer Woche Rundfahrt lagen Bartali und Coppi gemeinsam mit 3:01 Minuten Rückstand hinter dem Träger des Rosa Trikots, Fermo Camellini, zurück. Nun hielt Gino die Zeit für gekommen.

Coppi und Bartali waren keine Feinde im Ursprung des Wortes. Privat verstanden sie sich sogar ganz gut. Aber während eines Rennens sah die Sache etwas anders aus. Besonders bei Bartali. Er hatte seinen jungen Rivalen ständig im Auge, beobachtete ihn argwöhnisch, studierte seine Lebensgewohnheiten. Fausto war dafür bekannt, daß er immer darauf bedacht war, alle Erkenntnisse, die seinen Sport betrafen, auf den neuesten Stand zu bringen: die Technik der Vorbereitung, das Angebot an Pillen und Salben, die verschiedenen Diätkuren, die Substanzen, die geeignet waren, seine körperliche Verfassung zu verbessern. Ein Stab von Leuten arbeitete für ihn. Beim Training ging er geradezu wissenschaftlich vor, bei Gesprächen über Sportmedizin erwies er sich als Experte. Bei Tisch sprach er nie mit vollem Mund, er kaute jeden Bissen oft. Man konnte direkt neidisch werden.

Besonders Gino Bartali. Den ärgerte hochgradig die Geheimnistuerei Coppis: Abseits der anderen verrührte Fausto immer einige Teelöffel Weizenkeime und Bierhefe in seiner Suppe. Aus geheimnisvollen Säckchen gab er die eine oder andere Prise hinzu.

Alle waren hinter diesen Dingen her, aber selbst Faustos *gregari* blieben ausgeschlossen. Daher trieb der Argwohn bei Bartali exotische Blüten. Beim Giro arrangierte er es immer so, daß sein Hotelzimmer in der Nähe von Coppi lag. War Fausto nicht im Zimmer, durchsuchte Gino Schubladen und Papierkörbe, Schränke und Abfalleimer. Es gab eine Menge zu finden: Tuben, Fläschchen, Döschen, kleine Schachteln, Ampullen, Zäpfchen.

Bartali nahm davon nie etwas zu sich. Dafür hatte er seinen Domestiken Primo Volpi. Der alte Haudegen schluckte bedenkenlos jedes Präparat. Meist mit dem Erfolg, daß sich seine Muskeln lockerten. Nur einmal kamen ihm Bedenken. Er hatte eine Pille über und warf sie zum Spaß in das kleine Becken vor dem Eingang eines Hotels. Am anderen Tag waren alle Goldfische verendet...

Die Sage von der kräftespendenden Wunderdroge geisterte schon damals durch das Radsportmilieu. Wenn nicht Coppi, wer sollte sie dann haben. Während der dritten Etappe von Genua nach Montecatini hatte Bartali beobachtet, wie sich Coppi zurückfallen ließ, aus einer Glasflasche trank und sie anschließend wegwarf. Gino merkte sich die Stelle genau: Kurz nach Bracco, auf der Höhe einer leichten Steigung, an einem charakteristischen Telegrafenmast. Am Abend kehrte Bartali mit dem Auto an die Stelle zurück. Er fand die Flasche und gab sie zur Analyse weiter an seinen Leibarzt. Es handelte sich um ein französisches Erzeugnis, das man in jedem Laden kaufen konnte: ein harmloses Cola-Getränk. Trotzdem bestellte Bartali über einen Mittelsmann in Frankreich etliche Flaschen. So tief saß bei ihm der Glaube an ein Geheimnis hinter Coppis Leistungen.

Ein anderes Mal schien Bartali mehr Glück zu haben. Wieder durchsuchte er das Hotelzimmer Coppis und wurde fündig: schön in Zellophan verpackt ein Zäpfchen! Sherlock Holmes, alias Gino Bartali, notierte den Fall. Sein Herz, - sie erinnern sich, 35 Schläge in der Minute -, hüpfte vor Freude. Es schlug vermutlich 36 mal.

Nach umfangreichen Recherchen drang er zur Quelle des ominösen Suppositoriums vor. Ein Apotheker in Genua stellte das Mysterium her. Exklusiv für einen gewissen Signor Coppi. Ah! dieser Bastard. Gino tarnte sich hinter einem falschen Namen und konnte sich so das Medikament verschaffen. Aber wie schon einmal gesagt, Bartali war Toskaner, flink von Verstand, gewitzt. Er wollte das Experiment, besonders seine Folgen, auf keinen Fall an sich selbst ausprobieren. Wozu hatte er Freunde. Der ergebenste war wieder einmal Volpi. Gino schwärmte ihm vor: „Ein exzellentes Produkt. ´Treibstoff´ von höchster Qualität!“ Volpi wurde kein neuer Coppi. Aber er hatte an diesem Tag des öfteren ein ungutes Rumoren im Bauch und das dringende Verlangen, sich in die Büsche zu schlagen...

Fausto Coppi war bestimmt nicht der erste Radrennfahrer, der es mit Hilfe von „Wundertätern“ schaffte, ein Champion zu werden. Aber er bediente sich der offiziellen Medizin, benutzte legale Medikamente, hörte auf ärztlichen Rat. Er sagte einmal: „Wenn mir mein Arzt zu einem Medikament rät, das meine Leistung verbessert, würde ich es ohne Bedenken nehmen.“ Aber eine Sache wird eben ruchbar, wenn Sportler daraus ein Geheimnis machen.

Nach dieser kleinen Abschweifung zurück zum aktuellen Geschehen. Coppi hielt sich natürlich nicht an die Anweisungen des Rundfahrt-Arztes, das Rennen auf Grund seiner Schulterverletzung aufzugeben, obwohl es bei der längsten, der 9. Etappe *Chieti-Napoli* (255 km), quer durch den „Stiefel“ ging. Sommerliche Hitze machte an diesem 24. Juni den Fahrern schwer zu schaffen, die Jagd auf Getränke stand oftmals im Vordergrund. In den Rampen des Macerone (787 m) zeigte Bartali erstmals bei dieser Rundfahrt seine Kletterfähigkeiten. Keiner konnte ihm folgen. Am wenigsten Coppi, der wieder einmal eine dieser Krisen hatte, die alles durcheinander brachten.

Auf der Paßhöhe lag er 4:05 Minuten hinter Bartali. Fausto hatte Magenschmerzen, seine Beine wollten ihm nicht mehr gehorchen, die von Schweiß und Staub geröteten Augen konnten kaum die Straße erkennen. Er hatte nur noch einen Gedanken: das Rennen aufgeben. Zum Glück erschien Adolfo Leoni. Der zwei Jahre ältere Teamgefährte von Coppi, 1937 Weltmeister der Amateure im Straßenfahren, fand trotz der anstrengenden Kletterei die richtigen Worte, Fausto aufzumuntern, und er konnte ihn überzeugen, das Rennen fortzusetzen.

In Neapel zeigte sich, daß Mario Ricci den Tag am besten überstanden hatte: er siegte vor Ortelli und Ronconi, und holte damit einen weiteren Etappensieg für LEGNANO. Coppi traf als Sechster mit 4:03 min Rückstand auf Bartali am Ziel ein, rückte aber trotzdem im Gesamtergebnis auf Rang fünf vor.

Er hatte an diesem Tag wieder einmal seine Anhänger begeistert, seine Gegner verblüfft. Eigenhändig hatte er diverse Materialschäden mit der Flachzange behoben; eine Verfolgungsjagd auf den führenden Bartali angezettelt, aber er hatte sich auch nach etwa der Hälfte der Strecke auf dem Gipfel des Macerone einen Rückstand von über vier Minuten eingehandelt. Den ließ er allerdings auf der über hundert Kilometer langen Reststrecke nicht mehr weiter anwachsen.

Nun lag er in seinem Zimmer, blaß, vom Fieber geschüttelt, aber wild entschlossen, das Rennen fortzusetzen. Wieder wurde Doktor Campi konsultiert. Auch diesmal lautete seine Diagnose: aufgeben. Coppis Antwort: < *No* >

Am Start zur 10. Etappe *Napoli-Roma* (235 km) war er pünktlich zur Stelle. Die Strecke führte mitten durch die Wunden des II. Weltkriegs. Durch zerstörte Städte, über Behelfsbrücken, auf notdürftig ausgebesserten Straßen vorbei an Ruinen und von Bombentrichtern übersäten Feldern. Aber Tausende von begeisterten Zuschauern säumten die Strecke, zeigten ihre Freude und ihren Lebensmut, und vergaßen für eine kurze Zeit ihre Alltagssorgen. In der Hauptstadt traf Elio Bertocchi als Erster ein. Auf den Plätzen landeten Generati und Spinazzi. Coppi belegte Platz sechzehn und behielt seinen 5. Rang im Gesamtklassement. Auch nach der 11. Etappe *Roma-Perugia* (191), die er hinter dem Tagessieger Baito auf Platz 14 beendete.

Bartali wollte natürlich unbedingt die 12. Etappe *Perugia-Firenze* (165 km) gewinnen, in seiner Heimatstadt als Sieger einziehen. Diesmal hatte Renzo Zanazzi, ein Fahrer aus seinem Team!, die Nase vorne. Gino trugs mit Fassung. Was blieb ihm auch als Neunten der Etappe anderes übrig. Fausto traf *ex aequo* mit ihm ein und behielt seinen 5. Rang in der Gesamtwertung. Bei der 13. Etappe *Firenze-Rovigo* (246 km) gingen beide wieder gemeinsam durch das Ziel. Diesmal hinter dem Sieger Conte an 14. Stelle. Coppi konnte sich damit im Gesamtklassement auf den 4. Platz vorschieben.

Die 14. Etappe *Rovigo-Trieste* hätte über 239 km führen sollen. In Pieris, etwa 35 Kilometer vor dem Ziel, war Ende der Vorstellung. Jugoslawische Nationalisten, in deren Köpfen vermutlich noch 11 Isonzoschlachten aus den Jahren 1914/1918, der ungewollte Anschluß 1919 an Italien sowie die Heimführung von Triest in das Reich Titos spukten, brachten den Girotroß zum stehen. Mit Gewalt. Steine und Knüppel flogen. Egidio Marangoni, ein Teamgefährte von Bartali, wurde am Kopf getroffen. Aufgeregte Schreie der Rennfahrer: „Sie wollen uns töten! Flüchtet in die Autos!“ Gesagt, getan. Alles verschwand in den Begleitfahrzeugen.

In der Aufregung hatte man bei Freund und Feind den CAMPARI AQUILANI-Fahrer Salvatore Crippa übersehen, der es in seiner bisherigen Laufbahn auf zwei bescheidene Siege gebracht hatte. Auf Umwegen strampelte er nach Triest, Richtung Ziel.

Inzwischen hatte sich die Lage in Pieris beruhigt. Nach der großen Angst begann das Räderwerk der Giro-Organisation wieder zu laufen. Rennleiter Cougnet beschloß, die unfreiwillige Pause in der kleinen Ortschaft zu vergessen und mit den Autos nach Triest zu fahren. Lediglich Giordano Cottur drängte auf eine Weiterfahrt per Rad. Er war aus Triest und wußte, daß sich der örtliche Fahrradclub eine Menge Arbeit gemacht hatte, um den Giro würdig zu empfangen. Ein Argument, dem sich viele Fahrer anschlossen. Der Konvoi setzte sich in Bewegung: die *gregari* auf ihren Rädern, die *Asse* in den Autos.

In Triest wurde ein symbolischer Endspurt ausgetragen. Den Sieg errang der Initiator der 2. Halbetappe, Cottur, vor Bevilacqua und Menon, alles Fahrer der heimischen Firma WILIER TRIESTINA. Mitten in der Siegesfeier tauchte plötzlich Crippa auf und verkündete, er habe die Etappe gewonnen! Nur mit Mühe konnte man den guten Salvatore, einen Dickschädel aus Monza, davon überzeugen, daß die Etappe annulliert und alle Fahrer auf den gleichen Rang gesetzt wurden.

Trotz des herzlichen Empfangs in Triest verließ der Giro-Troß die gefährliche Gegend. Die Rennleitung zog es vor, den nächsten Tagesabschnitt von der Provinzhauptstadt Udine aus zu starten. Diese 15. Etappe *Udine-Auronzo* (225 km) stand ganz im Zeichen zweier Fahrer: Zum einen war da Gino Bartali, zum anderen ein Junge, von dem man das zu diesem Zeitpunkt am wenigsten erwarte hätte: Fausto Coppi!

Beim Start war Vito Ortelli noch Träger des Rosa Trikots, abends war Bartali der stolze Träger. Der Toskaner hatte mit seinem Rivalen aus dem Piemont ein grandioses Schauspiel inszeniert. Als nach etwa der Hälfte der Strecke die Berge und damit die Schwierigkeiten begannen, fuhr Coppi an die Spitze des Feldes, das sofort in einzelne Gruppen zerfiel. Lediglich Bartali konnte Fausto folgen. Das Duo meisterte leicht, geradezu beschwingt, elegant und flüssig die Steigungen des Passo della Morte (723 m) und anschließend den Passo Mauria (1298 m). Je näher das Ziel kam, um so mehr wuchs die Zahl der Zuschauer, die am Straßenrand das Geschehen verfolgten. Was sie nicht wissen konnten, war die Tatsache, daß Bartali mit seinem Begleiter so eine Art Pakt geschlossen hatte. Coppi, im Gesamtergebnis mit rund sechs Minuten Rückstand auf dem 4. Rang, ohne echte Chance auf den Endsieg, sollte Bartali unterstützen und dafür den Etappensieg einheimsen. Schließlich konnte man sich doch Ruhm und Geld einigermaßen vernünftig teilen. Oder? Coppi besaß soviel gesunden Menschenverstand, daß er die hervorragende körperliche Verfassung Bartalis erkannte und damit alle Gegenargumente vergessen konnte.

Gelegenheit zur Partnerschaft gab es bald. Als Bartali nach einem Reifenschaden plötzlich auf der Felge saß und vom Mannschaftswagen weit und breit nichts zu sehen war, stoppte auch Coppi und wartete, bis Gino den Defekt behoben hatte.

Am Ziel in Auronzo gab es einen spannenden End-spurt! Wir können uns das Ergebnis denken: Coppi vor Bartali. Fausto verbarg sein Lächeln über den Ausgang der Etappe, indem er seine Rennmütze zurechtrückte, Bartali mimte geschickt den Pechvogel: gekonnt hatte er sich auf den letzten Metern verschaltet. Mürrisch wie selten zuvor ließ er sich von den *tifosi* die Hand schütteln, auf die Schulter klopfen und huldi-gen. Immerhin war er doch der neue Träger des Rosa Trikot!

Gino war nicht nur ein geschickter Schauspieler, nein, er war auch ehrlich sauer. Und zwar auf den italienischen Radsportverband, die *Unione Velocipedistica Italiana,* und hier insbesondere auf den neugewählten Vorsitzenden Adriano Rodoni. Dieser Funktionär, selbstherrlich wie manch anderer, hatte als erste Amtshandlung alle Verträge italienischer Rennfahrer im Ausland annulliert, Gino verboten, in der benachbarten Schweiz an den Start zu gehen. Nun sah Bartali, wie sich seine bereits vor Beginn des Giro ausgehandelten Verträge und damit gute Schweizer Franken in Rauch aufzulösen schienen.

Aber Bartali war eben Bartali. Er verpackte sein Rosa Trikot fein säuberlich, legte ein kleines Kärtchen dazu und ließ es bei Rodoni, der in einem Hotel in Auronzo sein Quartier bezogen hatte, abliefern. Erstaunt laß der mächtige Herrscher über Italiens Radsport: „Ohne die Genehmigung zum Start in der Schweiz geht das Rosa Trikot morgen nicht an den Start."

Bartali, vom Erfolg seiner „Erpressung" wenig überzeugt, genoß den Abend auf seine Weise. Da er noch nie zu den Verächtern kulinarischer Genüsse zählte, wußte er Speise und Trank wohl zu schätzen. Auf gut deutsch: Er schlug sich den Bauch voll und rauchte anschließend seine geliebten amerikanischen Zigaretten. Bis spät in die Nacht hinein plauderte er mit seinen Mechanikern und Betreuern. Irgendwann landete er doch noch im Bett.

Zu seiner großen Überraschung lag am anderen Morgen die Genehmigung zum Start in der Schweiz auf dem Tisch. Gino hatte alle Mühe, einen klaren

Kopf zu bekommen, sein Spitzenreitertrikot wieder zu finden und an den Start zur 16. Etappe *Auronzo-Bassano* (203 km) zu eilen. Mit einer halben Stunde Verspätung setzte sich der Girotroß schließlich in Bewegung. Man hatte großzügig auf Bartali gewartet.

Gino bekam bald die Folgen der letzten Nacht zu spüren. Undeutlich konnte er sich auch daran erinnern, daß Coppi nur noch etwa vier Minuten hinter ihm im Gesamtklassement zurücklag. Es galt, erneut mit dem Jungen aus Castellania ein Abkommen zu treffen.

Schon nach den ersten Steigungen war man wieder unter sich. Aber nach etwa 60 Kilometern, nach der Durchfahrt von Cortina d'Ampezzo, begannen im Anstieg zum Pocol (1453 m) die Schwierigkeiten für Bartali. Nun kam es zu unglaublichen Szenen. Coppi, stark wie selten zuvor, kletterte leicht und mühelos, aber er wartete auf Gino. Er reichte ihm seine Trinkflasche und ermunterte den Toskaner, in dessen Kopf es gewaltig rumorte. Fausto stieg sogar vom Rad und erfrischte Gino beim Vorbeifahren mit einem Eimer kühlem Wasser.

Das hatte man zuvor von Coppi noch nie gesehen. Vor allem nicht beim Giro 1940, wo er doch als Bartalis Helfer geradezu verpflichtet war, seinen Chef zu unterstützen. Damals war der junge Fausto am Passo Mauria in eine schwere Krise geraten und Bartali hatte sich väterlich um ihn gekümmert, ihm mit Schnee die Lebensgeister wieder geweckt. Das hatte Coppi nie vergessen. Nun konnte er sich für damals bedanken.

Das Drama um Bartali und die Aktionen von Coppi wurden Meter um Meter von Pavesi, dem Sportlichen Leiter von LEGNANO, und Tragella, dem Chef von BIANCHI, beobachtet. Pavesi konnte seinem Mann nur den Rat geben, auf Aldo Bini, einen weiteren LEGNANO-Fahrer zu warten, der sich von hinten kommend, langsam heranarbeitete.

Nun hatte Fausto grünes Licht. Er setzte zu einer 153 Kilometer langen großartigen Alleinfahrt an: über die gewaltigen Bergriesen Falzarego (2105 m), Pordoi (2239 m) und Sella (2240 m). Der Junge in den legendären BIANCHI-Farben *biancoceleste* war der unumstrittene Dominator. In Bassano kam er mit 1:12 min Vorsprung an. Dann folgte eine Gruppe, die von Bini im Spurt bezwungen wurde. Bartali rettete sich als Dritter ins Ziel und konnte das Rosa Trikot behalten. Allerdings waren es nun nur noch weniger als drei Minuten gegen Coppi, der auf den dritten Rang vorgerückt war.

Schafft es Fausto Coppi ein weiteres Mal, den Giro zu gewinnen? Das war die Frage, die ganz Italien in diesem heißen Juli bewegte. Gelegenheit dazu bot sich noch einmal am Freitag, den 5. Juli, bei der 17. Etappe *Bassano-Trento* (189 km).

Bartali hatte unterwegs wieder eine Reifenpanne und Coppi griff sofort an. Zusammen mit Aldo Ronconi erreichte er Trient, mußte sich aber dem schnellen BENOTTO-Fahrer im Spurt beugen. Gino organisierte eine rasante Verfolgungsjagd, kam als Dritter ins Ziel und konnte mit 47 Sekunden

Vorsprung sein Rosa Trikot gegenüber Coppi verteidigen, der auf den zweiten Platz vorgestoßen war. Aber eben nur auf den zweiten.

Damit war die Italienrundfahrt praktisch entschieden, obwohl noch drei Etappen zu absolvieren waren. Der Hergang ist schnell erzählt: Die 18. Etappe *Trento-Verona* ((91 km) gewann erneut ein BENOTTO-Fahrer, Oreste Conte, vor den Gebrüdern Renzo und Valeriano Zanazzi, Mannschaftsgefährten von Gino Bartali. Elio Bertocchi entschied die 19. Etappe *Verona-Mantova* (75 km) zu seinen Gunsten und holte damit für sich und sein VISCONTEA-Team den zweiten Etappensieg bei diesem Giro. Fausto Coppi krönte seine Leistung mit einem vierten Tagessieg. Er behielt am Schlußtag bei der 20. Etappe *Mantova-Milano* (168 km) auf der Vigorelli-Bahn in Mailand die Oberhand über so schnelle Sprinter wie Oreste Conte und Aldo Bini.

Am Ende hatte Bartali im Alter von 32 Jahren seine dritte Italienrundfahrt gewonnen und dabei den aufgehenden Stern am Radsporthimmel, Fausto Coppi, mit 47 Sekunden Vorsprung bezwungen. Aber der Junge aus Castellania hatte gezeigt, was in ihm steckte und was man in Zukunft noch von ihm erwarten konnte.

Das Duell der beiden hatte auf jeden Fall bewirkt, daß der Radsport in Italien wieder das Ansehen genoß, wie zu Zeiten von Alfredo Binda und Costante Girardengo: Er rangierte in der Gunst der Menge an erster Stelle!

Schlußklassement des ***29. Giro d'Italia***:

1. Gino Bartali	LEGNANO		
3039,5 km in 95:32:20 std	(31,814 km/std)		
2. Fausto Coppi	BIANCHI	0:47	min zur.
3. Vito Ortelli	BENOTTO	15:28	"
4. Salvatore Crippa	CAMPARI-AQUILANI	15:31	"
5. Aldo Ronconi	BENOTTO	24:31	"
6. Giulio Bresci	WELTER		
7. Ezio Cecchi	RICCI-C.S.I.		
8. Giordano Cottur	WILIER TRIESTINA		
9. Alfredo Martini	WELTER		
10. Primo Volpi	BUSTESE-RICCI		
.			
.			
24. Serse Coppi	BIANCHI		

Den *G.P. della Montagna* gewann Gino Bartali vor Coppi und Ortelli, die *Mannschaftswertung* ging an BENOTTO. Von 79 gestarteten Fahrern erreichten 40 das Ziel.

[Anmerkung: Wegen der Vorkommnisse bei der 14. Etappe, die ursprünglich mit einer Länge von 239 Kilometer angesetzt war, jedoch etwa 35 Km vor dem Ziel abgebrochen wurde, ist die Gesamtkilometerzahl dieser Rundfahrt nicht exakt bestimmbar.]

Bartali ging anschließend in die Schweiz und fuhr wie vereinbart die ***Tour de Suisse*** auf seine Art. Er gewann die Rundfahrt, die in acht Etappen 1844,9 km durch die Schweizer Bergwelt führte. Dabei beschränkte er sich nicht nur auf den Gesamtsieg und den Bergpreis, sonder er sicherte sich die 1. Etappe *Zürich-Basel* (250 km), die 5. Etappe *Zug-Lugano* (214,8 km), die 6. Etappe *Lugano-Arosa* (189 km) sowie die Schlußetappe *St. Gallen - Zürich* (227,7 km). Der Zweitplazierte Schweizer Josef Wagner lag am Ende 16:30 min zurück. Der Dritte im Gesamtergebnis, Ginos Landsmann Aldo Ronconi, hatte auf seinen Chef 16:38 min eingebüßt.

Bei dieser Rundfahrt hatte neben Fausto Coppi ein weiterer Großer im Radsport gefehlt: der Schweizer Ferdy Kübler. Der junge Mann war ganze zwei Monate älter als Fausto und hatte die *Tour de Suisse* 1942 gewonnen. Aber die Saison '46 lief nicht gut für ihn. Anfang Juni stürzte er bei einem Kriterium in Moutier schwer und quetschte sich die Wirbelsäule. Zwei Wochen später geriet er im Spurt bei ***Zürich-Lausanne*** an seinen Landsmann Hans Martin und kam erneut zu Fall. Diesmal hatte er sich das Schlüsselbein und ein Schulterblatt gebrochen sowie einen doppelten Schädelbruch davongetragen. Nun lag er in Verbände gewickelt schwach und traurig zu Hause.

Am 1. September war es nach vielen schweren Jahren wieder so weit, die 1939 so jäh unterbrochenen Straßenweltmeisterschaften fortzusetzen. Austragungsort war Zürich, das mit einem 13,5 km langen Rundkurs, der zwanzig Mal zu durchfahren war, aufwartete. Haupthindernis der nicht allzu schwierigen Strecke war der Anstieg von Neubühl, aber erschwerend kam hinzu, daß es vom Anfang an ständig regnete.

Der Start zur ***13. Straßenweltmeisterschaft*** erfolgte um 11 Uhr. Dreißig Rennfahrer machten sich auf die 270 km lange Reise: 4 Italiener (Bartali, Coppi, Leoni, Ricci); 4 Belgier (Kint, Masson, Schotte, Van Steenbergen); 4 Niederländer (Middelkamp, Schellingerhoudt, Schulte, Vooren); 4 Franzosen (Caput, Lapébie, Piot, Teisseire); 4 Luxemburger (Bintner, Clemens, Kirchen, Majerus); 4 Schweizer (Kern, Knecht, Tarchini, Wagner); 4 Spanier (Berrendero, Olmos, Orbeiceta, Trueba) sowie zwei Engländer (Earnshaw und Summers).

Die beiden Gentlemen wurden prompt in der *1. Runde* Opfer einer Karambolage, in die auch der Franzose Louis Caput, einer der Favoriten, verwickelt wurde. Der konnte nach einer anstrengenden Verfolgungsjagd wieder aufschließen, die Briten, - Walter *Wally* Summers und *Shake* Earnshaw -, blieben auf der Strecke. In der *2. Runde*, etwa nach 20 Kilometern, bildete sich eine interessante Spitzengruppe aus sechs Fahrern, zu denen auch Van Steenbergen und Mario Ricci gehörten. Wenige Zeit später schlossen nach einer kurzen Jagd auch Caput und Coppi zur Kopfgruppe auf und nun sah sich Bartali gezwungen, zusammen mit Leoni alle Angriffe auf die Spitze, in der sich ja zwei seiner Landsleute befanden, abzuwehren.

So sind nun einmal die Regeln im Berufsradrennsport. Da kam dem guten Gino ein ernstgemeinter Vorstoß der beiden starken Belgier Marcel Kint (Weltmeister 1938) und *Briek* Schotte, einem Spezialisten für Eintagerennen, ausgesprochen gelegen. Zusammen mit Leoni stieg er in die Gruppe ein, in der sich noch drei weitere Fahrer befanden, und störte die Gesellschaft nach Herzenslust so lange, bis Kint & Co. die Lust verloren und das Vorhaben, zur Spitze zu gelangen, aufgaben.

Allerdings übersah er wenig später einen erneuten Angriff von Kint, dem sich Theo Middelkamp, Mathias Clemens und Gerrit Schulte anschlossen. Die vier Fahrer erreichten die Gruppe um Coppi, zu der sich noch Kirchen und der Schweizer Wagner gesellten. Diese, nun vierzehn Mann starke Vorausabteilung, hatte nach etwa 105 Kilometer so um die zwei Minuten Vorsprung auf die Verfolger.

Nach 125 Kilometern fing sich Schulte einen „Platten" ein und mußte im strömenden Regen zusehen, wie sich Gruppe um Gruppe an ihm vorbeimogelte. Wenig später erwischte es den Holländer Arie Vooren. Seine Kette riß und er mußte das Rennen aufgeben. Dann kam das Aus für Coppi.

Bis zur *15. Runde* lief bei Fausto alles bestens. Er war in einer hervorragenden Form, optimal vorbereitet, und zu diesem Zeitpunkt in der Spitzengruppe. Da begann sein Reifen zu „wandern"; der Klebstoff, der Schlauchreifen und Felge normalerweise fest verbindet, hatte sich im Regen aufgelöst. Coppi dachte sofort an Sabotage (sein späterer Mechaniker, Freund und Vertrauter Pinella De Grandi, der wurde auch *Pinza d'oro,* die „goldene Zange", genannt, bei dem ihm der Gedanke nie in den Sinn gekommen wäre, war um diese Zeit noch nicht bei BIANCHI) und steuerte das nächste Materialdepot an. An der Box griff sich Coppi ein Laufrad und wollte wechseln. Ein gewissenhafter (übereifriger?) Rennkommissär wußte das mit der Begründung: „...Coppi müsse den Reifen wechseln, das Rad sei ja in Ordnung!" zu verhindern. Bei dem Disput um Sinn und Unsinn einer solchen Regel, - das Laufrad durfte nur bei Defekt an der Nabe, dem Zahnkranz, den Speichen oder der Felge gewechselt werden, neue Reifen mußten durch den Fahrer persönlich aufgezogen werden -, verlor Coppi jegliche Lust auf das Rennen und damit vermutlich auch seine erste Weltmeisterschaft. Denn am Ende des Rennens waren sich die Journalisten einig: Ohne den Zwischenfall hätte Coppi triumphiert.

Das tat nach 7:24:28 std an seiner Stelle der Schweizer Hans Knecht. Er bezwang im Endspurt Marcel Kint mit zehn Sekunden Vorsprung. Der Belgier beklagte sich im Ziel bitter über das Verhalten der Schweizer Zuschauer, die ihn beim letzten Anstieg am Sattel festgehalten hätten. Den dritten Platz erreichte Rik Van Steenbergen.

Mario Ricci kam mit einem Rückstand von 1:46 min ins Ziel. Dann trudeln Schulte und Kirchen (2:42 min), Bintner und Leoni (4:47 min), Lapébie und Clemens (6:55 min) ein. Bartali belegt den 12. Rang (9:53 min) und hat damit zumindest die Genugtuung, im Gegensatz zu Coppi das Rennen beendet zu haben.

Unter den durchnäßten Zuschauern auf der Zieltribüne saß auch Ferdy Kübler. Anstatt mitten im Geschehen dabeizusein, mußte er tatenlos zusehen. Obendrein quälten ihn böse Erinnerungen: Im Februar war sein Bruder Max bei Ausbesserungsarbeiten auf regennassen Dachziegeln ausgerutscht und zu Tode gestürzt. Am 6. August wollte seine Mutter, eine über 100 Kilo schwere Frau, mit dem Fahrrad zum Friedhof in Andelfingen fahren. Sie hatte einen Blumenstrauß dabei, den sie auf das Grab ihres Sohnes legen wollte. Ein Mann, angeblich schwerhörig, möglicherweise auch betrunken, lief ihr ins Rad und brachte sie zu Fall. Küblers Mutter schlug mit dem Kopf auf, erlitt einen Schädelbruch und starb an den Folgen. Zu allem Übel ließ ihn seine Firma CILO im Stich, so daß Ferdy 3000 Franken bei einer Bank aufnehmen mußte, um seine Spitalkosten bezahlen zu können.

Welch ein Unterschied zu Bartali und Coppi. Nach dem Giroduell und der trotz allem guten Vorstellung der beiden bei der Weltmeisterschaft standen die Veranstalter Schlange, um das Erfolgsduo unter Vertrag zu bekommen.

Auch aus Frankreich strömten die Promoter herbei. Längst war vergessen, daß sich Franzosen und Italiener während des Krieges in den Haaren lagen, aber unauslöschlich war die Erinnerung an die Toursiege von Bottecchia (1924 und 1925) und von Bartali (1938) geblieben. Zu gerne hätte man Gino und Fausto an den Start zur ***Petit Tour de France*** gebracht, dem schüchternen Versuch der Sportzeitschrift *L'Equipe,* auf der Strecke Monaco-Paris an die großen Zeiten der echten Tour de France anzuknüpfen. Die beiden italienischen Stars lehnten dankend ab, machten sich aber anderweitig in Frankreich bemerkbar.

Bartali problemlos; er genoß im Nachbarland ob seiner bisherigen Erfolge enormes Ansehen. Anders stand die Sache bei Coppi. Der kam mit der Bahn als Neuling am 11. September um 8.40 Uhr auf dem Gare de Lyon in Paris an und sorgte für alles andere als Aufregung bei der Ankunft. In seiner abgetragenen Hose, die um die hageren Beine flatterte, einen kleinen Kartonkoffer in der Hand, schüchtern, fast linkisch in seinen Bewegungen, gab er den Vertretern von Rundfunk und Presse Anlaß zu Bemerkungen wie dieser: „Das soll der Nachfolger von Binda und Girardengo sein?" Umsomehr war man überrascht, als das „halbe Hühnchen" bei seinem ersten Interview erklärte: < *É la prima volta che vengo in Francia ma sono venuto per vincere.* >

Schnell hatte man die Übersetzung parat und war erstaunt: „Es ist das erste Mal, daß ich nach Frankreich komme, aber ich bin hier, um zu gewinnen."

Das tat Coppi umgehend am 12. September beim ***Circuit du Trocadéro***, einem Rennen über 100 Kilometer, das sich etwas großspurig ***Mondial-Trophée*** nannte und als Vorbereitungsrennen für den *Grand Prix des Nations* galt. In der sechsten Runde, jede führte über zehn Kilometer, machte sich Coppi selbständig und fuhr mit etwa 30 Metern vor einer elfköpfigen Verfolgergruppe her, in der kein Geringerer als Bartali Jagd auf den Ausreißer machte. Vergebens. Ihm blieb am Ende nur der zweite Platz, den er mit kleinem Vorsprung vor dem Franzosen Henry Aubry retten konnte, der seinerseits Thiétard, Weltmeister Knecht, Piot und Wagner im Spurt abfertigen konnte. Bereits zu diesem Zeitpunkt entzündete Fausto Coppi beim französischen Publikum die Begeisterung, die nur drei Jahre später dazu führte, daß man ihn in Frankreich wie einen Gott auf Rädern feierte.

Vorerst schlug ihm eine Welle der Sympathie und Hochachtung beim ***Grand Prix des Nations*** entgegen, einem 140 Kilometer langen Einzelzeitfahren durch das Vallée de Chevreuse bei Paris, das als inoffizielle Weltmeisterschaft im Zeitfahren galt. Zumindest bei den Radsportfans. Die hatten allen Grund, Coppi zu feiern, denn mit einem Stundenmittel von 37,877 km raste der Italiener ins Ziel und verwies Émile Idée auf den zweiten Platz (1:50 min zurück) und Andrè Mahé auf den dritten Rang (7:21 min). Das war immerhin die Elite der französischen Zeitfahrer. Émile Idée, *le roi de la vallee de Chevreuse* hatte das schwere Rennen zum Beispiel fünf Mal gewonnen. Aber das kümmerte die Zuschauer wenig. Für sie war Coppi bereits einer der ihren.

[Für technisch interessierte Leser noch ein Hinweis: Der Italiener benutzte eine 8-Gang-Schaltung. Die beiden vorderen Kettenblätter hatten 51 bzw. 48 Zähne; der hinterer Zahnkranz war mit 15-16-17-18 Zähnen bestückt].

Weltmeister Hans Knecht setzte sich in Paris gehörig in die Nesseln. Er verlangte eine Gage von 50 000 Francs und ließ dabei durchblicken: „...er wolle sich bei diesem schweren Rennen nicht überanstrengen und übernehme keine Garantie, bis zum Ende durchzufahren.“ Die Veranstalter schickten ihn daraufhin nach Hause. Auch Bartali blieb dem Rennen fern. Er hatte andere Gründe. Er wollte sein Renommee nicht mit einer schwachen Leistung aufs Spiel setzen. Die war gegen Coppi in dessen sich immer mehr abzeichnenden Spezialdisziplin mit Sicherheit zu erwarten. Lieber wollte er es am 6. Oktober beim ***Circuito di Lugano*** versuchen, endete aber hinter Coppi auf dem dritten Platz.

Noch eine Gelegenheit bot sich für Bartali, seinen jungen Konkurrenten in die Schranken zu weisen: Am 27. Oktober stand als Abschluß der Straßenrennen der ***Giro di Lombardia*** über 231 Kilometer auf dem Programm. Aber im Anstieg zur Madonna di Ghisallo (754 m) nahm Coppi Reißaus und machte alles klar. Als Dominator des Rennens traf er alleine mit Vorsprung in Mailand ein. Bartali hatte entnervt aufgegeben.

Die Straßensaison war damit beendet. Die hervorragenden Erfolge, neben den genannten hatte er bei den *Circuiti* in ***Longchamp*** den 2. Platz erreicht, war in ***Genova*** auf Platz drei gelandet, hatte in ***Asti*** den fünften Platz belegt, in ***Bologna*** Platz 6, in ***Castellfranco*** Rang 8 und war bei ***Milano-Mantova*** im Feld auf dem 13. Platz angekommen, hatten Coppi nun endgültig über die Alpen hinaus in Europa bekanntgemacht. Man wollte ihn überall sehen. Besonders in Frankreich, im Vel d'Hiv, der berühmten Winterbahn in Paris. Die 333,33 Meter lange Holzbahn wurde 1903 in der Galerie des Machines auf dem Camp de Mars in nur 15 Tagen erbaut. Das Eröffnungsrennen fand am 20. Dezember statt. Das Vel d'Hiv - *(Vélodrome d'Hiver de Paris)* - galt bis 1959 als das Mekka der Winterbahnfahrer. Am 17. April fand das letzte Rennen statt, am 13. Mai 1959 begann der Abriß.

Wie gesagt, man wollte Coppi überall sehen. Der Italiener unterschrieb auch alles. Er ließ keine Gelegenheit aus, den Aufschwung in seiner sportlichen Karriere zu beschleunigen.

1947
Bartali oder Coppi? Italien in zwei Lager gespalten

1947 betrug die Tagesration für einen Deutschen in der amerikanischen Besatzungszone: 18 g Zucker, 9 g Kaffee-Ersatz, 18 g Nudeln, 27 g Grieß, 35 ccm Magermilch, 375 g Brot, 5 g Butter, 2 g Käse, 14 g Fischmarinade, 30 g Fleisch. Das ergab keine 1500 Kalorien am Tag. Überall herrschte Hungersnot. Trotzdem begann der Radsport wieder zu leben.

Italien war in der gleichen Lage. Auch hier versuchte man gegen alle Widerstände, den Radrennsport wieder in Gang zu bringen.

Mit Beginn der Rennsaison verschärfte sich die Rivalität zwischen Bartali und Coppi. Das Publikum war nun endgültig in zwei große Lager gespalten. Auf der einen Seite die „Bartalisten", auf der anderen die „Coppisten", die jede Äußerung der beiden in der Presse, die natürlich die Polemik schürte, verfolgten. So erklärte Coppi: „Ich lasse Gino ruhig Siege sammeln. Ich kenne seinen Tick, er hält sich für unbesiegbar. Ich halte mich übrigens auch für einen Champion, aber man soll das Spiel mitmachen; der Bessere möge gewinnen. Für mich persönlich ist und bleibt immer der letzte Tritt in einem Rennen der wichtigste."

In der Tat war das Verhalten der beiden, - von Taktik kann man da schwer sprechen -, sowohl für sie selbst, als auch für die anderen Fahrer fatal. Galt doch die Devise: „Wenn ich schon nicht gewinne, dann auf keinen Fall der andere!" Aber die Fans der beiden waren frohen Mutes. Ihre Idole stellten die restlichen italienischen Fahrer absolut in den Schatten und das trieb seltsame Blüten. Nicht nur, daß ein riesiges Polizeiaufgebot nötig war, die beiden Lager bei Bahn- und Straßenrennen im Zaum zu halten, der Enthusiasmus der Massen setzte sich von der Ziellinie aus weiter fort, bis zum Hotel, zum nächsten Start, wo immer sich Bartali und Coppi sehen ließen. Und auch hier trug die Presse das ihre dazu bei. Nach einem beliebigen Rennen lautete die Schlagzeile: COPPI SCHLUG BARTALI! Auch wenn er 32. und Bartali 34. wurde (der Name des wirklichen Siegers war an den Rand verbannt und erschien in kleiner Schrift).

Die Presse wußte aber auch zu berichten, daß die Millionenerbin Barbara Hutton in Chur/Schweiz den russischen Fürsten Igor Trouvetzkoy als vierten Ehemann heiratete, der als Student vor dem 2. Weltkrieg Radrennen und sogar einige Steherrennen hinter Motoren bestritten hatte.

Kaum waren in diesem Frühjahr die ersten Trainingskilometer absolviert, ließ der fünf Jahre ältere Bartali von sich hören: „Ich habe mich noch nie vor Coppi gebeugt und ich werde mir das Recht vorbehalten, dies nie zu tun. Egal in welchem Bereich auch immer." Gut gebrüllt, alter Löwe (Bartali hatte inzwischen 33 Jahre auf dem Rücken und man nannte ihn bereits *il vecchio* - „den Alten")

Gino hatte auch so eine Art Geheimdienst organisiert. Er wollte über jeden Schritt Coppis, seine Form, seine Gewohnheiten, informiert sein und er hetzte seine Leute hinter Fausto her. Der durchschaute die Manöver und tat das seine, Bartali zu beunruhigen. Auf die Frage eines Journalisten: „Neigen Sie dazu, Bartali aus dem Wege zu gehen, wenn sich ihre Wege kreuzen?" antwortete Coppi gelassen: „Ich werde solange Zickzack gehen, bis ich ihn aus den Augen verloren habe."

Bartali nahm´s mit finsterer Miene entgegen. Und wollte es Coppi wirklich einmal etwas lockerer angehen, machte dies Bartali um so nervöser.

Aber Fausto Coppi lernte auch von Bartali. Mit Argusaugen beobachtete er seinen älteren Kollegen: Wie macht er was? Was ißt er, was trinkt er? Er sah, daß Gino große Portionen Spaghetti verschlang, daß er beim Fleisch das Fett abschnitt, daß er viel frisches Obst verdrückte.

Gino war anders als alle anderen. Er hatte wenig Schwächen, fast keine Krisen. Im Gegensatz zum eher verschlossenen, introvertierten Fausto, war Gino ein geselliger Mensch, der bei Rundfahrten seine Zimmergenossen nervte, weil er die halbe Nacht schwatzte. Gino trank gerne Kaffee, einige Gläschen Wein, ab und zu einen Kognak, und er paffte am Etappenziel gerne eine Zigarette.

Aber er wollte nichts von Doping, von Spritzen und Pillen wissen. Ein Vorfall hätte Ginos Masseur Colombo um ein Haar den Job gekostet. Bartali wollte während einer Italienrundfahrt, die in Florenz Station machte, unbedingt in seinem eigenen Haus übernachten. Der Generaldirektor von LEGNANO vernahm mit Schrecken die Nachricht, daß Gino die Nacht im Ehebett verbringen will und versuchte dies zu verhindern. Vergeblich. Am nächsten Tag wollte Colombo das, was möglicherweise in der Nacht geschehen war, mit einem „Spezialgetränk" wieder gut machen. Er gab ein Aufputschmittel in Bartalis Trinkflasche. Gino roch den Braten, in diesem Fall die auch zu jener Zeit beliebten Amphetamine. Ein Donnerwetter brach über Colombo los, das in der Drohung gipfelte, er würde zum Teufel gejagt werden (eine Strafe, die der „radelnde Mönch" Gino nur im äußersten Notfall auszusprechen wagte). Die „schnelle Pulle" landete im Ausguß, Bartali auch ohne Doping unter den ersten.

Fausto Coppi erfüllte erst einmal seine Bahnverträge im Ausland. Hier wollte man besonders die Verfolger-Qualitäten des Italieners sehen. Fausto tat dem Publikum den Gefallen. Am 5. Januar besiegte er in Paris Ferdy Kübler mit 80 Meter Vorsprung. Zwei Wochen später mußte er sich am 19. Januar in St. Etienne erst gegen den Franzosen Adolphe Prat mit 30 Meter Rückstand geschlagen geben, fegte aber dann André Blanchet, immerhin französischer Verfolgungsmeister 1944 und 1945, von der Bahn. Nach 3200 Metern hatte er den Spezialisten für solche Rennen eingeholt.

Wieder eine Woche später, am 26. Januar revanchierte er sich an Prat und schlug ihn mit 40 Meter Vorsprung. Erst einmal in Fahrt, setzte er sich auch gegen Van Steenbergen durch und bezwang den Belgier ebenfalls mit 40 Metern.

Der nahm am 9. Februar in Brüssel Revanche und besiegte Coppi mit 30 Metern. Fausto war an diesem Tag nicht in bester Verfassung und mußte sich auch gefallen lassen, daß ihn der Holländer Gerrit Schulte nach 3700 Metern einholte.

Dann war mit dem Spektakel auf den Winterbahnen Schluß. Zugegebenermaßen sorgte Coppi mit seinen Starts immer für volle Häuser, er war einfach sein Geld wert, aber das lag für ihn nun buchstäblich auf den Landstraßen Europas.

Mit ***Milano-Sanremo*** wurde die Saison in Italien offiziell eröffnet. Coppi war gesundheitlich nicht ganz auf dem Posten. Eine Augenentzündung machte ihm zu schaffen. Das hatte sich bereits herumgesprochen und so konnte Bartali den Vorabend bei einer *spaghettata,* einer ausgiebigen Nudelschlemmerei, und einigen Gläsern Rotwein genießen. Dann ging er ins Kino und schaute sich einen Film mit Tyrone Power und Rita Hayworth an. Auf dem Heimweg traf er Faustos Bruder Serse. Gino hustete öfters (in der Tat hatte er eine leichte Bronchitis) und hinterließ bei Serse den Eindruck, daß es auch um ihn nicht besonders gut bestellt sei. Als es nun gar am nächsten Tag, den 19. März, schon am Start gehörig regnete, nahm Fausto Coppi den ersten Raddefekt zum Anlaß, das Rennen aufzugeben (dieser Bartali würde seiner Meinung nach nie gewinnen, und das war die Hauptsache). Aber Gino Bartali, der sich schon in Hochform befand, diktierte die 285 Kilometer lange Fahrt in den Frühling. Er setzte sich an die Spitze und passierte nach einer Fahrzeit von 8:33:00 std als Erster mit über vier Minuten Vorsprung vor seinen Landsleuten Cecchi und Maggini das Ziel!

Wenige Tage später eröffnete die Schweiz mit ***Zürich-Lausanne*** über 243 Kilometer ihre Saison. Bartali, als großer Favorit gestartet, konnte mit einem Rückstand von zwölf Minuten nur Elfter werden, hatte jedoch die Genugtuung, daß sein Landsmann Renzo Zanazzi nach einer Fahrzeit von 7:01:02 std die Eidgenossen in die Schranken wies.

Bei strömendem Regen wurde ***Paris-Roubaix*** ausgetragen. In Abwesenheit der beiden Großen des italienischen Radsports, Bartali und Coppi, machten sich 250 Fahrer aus Frankreich, Italien, Belgien, Holland und Luxemburg auf die beschwerlichen 246 Kilometer.

Bald nach dem Start verursachten einige junge Draufgänger einen Massensturz, in den rund 40 Fahrer verwickelt wurden. Van Steenbergen, Albert Sercu (der Vater des späteren „Sechstage-Kaisers“ Patrick Sercu), Aubry, Desmet, Vergili (mit einem Armbruch) und Grysolle (mit ausgerenkter Schulter), um nur einige zu nennen, mußten die Weiterfahrt einstellen. Nach 140 Kilometern unternahmen die Italiener Bizzi und Fazio sowie einige Außenseiter den ersten Vorstoß. Bei Kilometer 200 lag Bizzi alleine an der Spitze und hatte nach 224 km einen Vorsprung von über zwei Minuten auf eine aus 20 Fahrern bestehenden Gruppe. Das Wetter verschlechterte sich, soweit es überhaupt noch möglich war. Es goß in Strömen, und auf dem gefürchteten Kopfsteinpflaster im Norden Frankreichs vollzog sich Bizzis Schicksal. Viele Hunde sind bekanntlich des Hasen Tod und am Ortseingang von Roubaix wurde er eingeholt. Ein Sturz kurz vor dem Ziel warf ihn ganz aus den vorderen Rängen. Damit war der Weg für den belgischen Vorjahressieger Georges Claes frei. Er siegte im Spurt nach 6:10:34 std (39,831 km/std!) vor seinem Landsmann Verschueren und dem Franzosen Thiétard. Der unglückliche Bizzi landete auf Platz sechs.

Keine Spur von Regen in Genua. Bei herrlichem Frühlingswetter lieferten sich Italien und Spanien auf der dortigen Radrennbahn einen Länderkampf und Fausto Coppi war der überragende Mann. Er gewann seine Fliegerläufe, das Einzelfahren gegen seine Landsleute Bartali und Zanazzi sowie mit beiden zusammen auch das Verfolgungsrennen gegen die Spanier Sanchos, Fombellida und Olmos.

Nicht ganz so gut lief es für Fausto bei der Straßenfahrt ***Reggio nell´Emilia*** über 104 Kilometer. Luciano Maggini gewann nach 2:39:00 std im Spurt. Coppi landete auf Rang sieben.

Das Nachsehen hatte Coppi auch auf der Vigorelli-Bahn in Mailand. Dort kamen die Belgier Bruneel-Naeye zu einem Doppelerfolg über Coppi-Conte. Zunächst gewannen sie ein Omnium, dann erwiesen sie sich auch im 60-km-Mannschaftsrennen als die schnellsten Fahrer. Nach einer Fahrzeit von 1:18:01 std belegten sie mit 41 Punkten den ersten Platz vor Coppi-Conte (29), Serivanti-Musocchi (26) und Magni-Ortelli (21).

Eine Bemerkung zu Achiel Bruneel. Für den am 19.10.1918 geborenen Belgier „...war es einfach zu schade, seine Zeit auf der Straße zu vertun.“ Es muß schon eine Freude gewesen sein, ihn mit seinen Partnern, vor allem mit Van Steenbergen, Lucien Acou (dem späteren Schwiegervater von Eddy Merckx), Guy Lapébie oder Oskar Plattner in Mannschaftsrennen oder bei seinen Siegen in 12 Sechstagerennen gesehen zu haben. Coppi konnte sich also damit trösten, einem echten Meister auf der Bahn unterlegen zu sein.

Coppi und Bartali konnten sich auch beim zur Italienischen Straßenmeisterschaft zählenden ***Giro del Lazio*** nicht plazieren und endeten mit einem Rückstand von achteinhalb Minuten weit im Hintertreffen. Sieger wurde Michele Motta in 7:03:04 std (34,5 km/std) vor Bresci, Cottur, Zanazzi, Rossello und Baito; Bartali kam auf Platz 26, Coppi belegte den 33. Rang.

Etwas besser ging es Fausto bei dem ebenfalls zur Italienischen Straßenmeisterschaft zählenden ***Giro del Piemonte***. Der Italiener Vito Ortelli beendete das Rennen über 286 Kilometer in 8:43:00 std mit einem Spurtsieg vor seinen Landsleuten Aldo Ronconi und Mario Vicini. Coppi rangierte immerhin auf Rang sechzehn, drei Plätze hinter Bartali. In der Gesamtwertung führte nun Cottur mit zwölf Punkten vor Ortelli und Fonta mit jeweils elf Punkten. Coppi mußte sich allmählich etwas einfallen lassen.

Schwer am Grübeln war man auch in Frankreich. Nachdem der Pariser Polizeipräfekt den Veranstaltern der in diesem Jahr an Frankreich vergebenen Straßenweltmeisterschaft eine Absage für den Bois de Boulogne erteilt hatte, ist nochmals eine Besichtigung des Autodroms von Linas-Montlhéry vorgenommen worden. Allerdings ohne Erfolg. Daraufhin beschloß das Organisationskomitee, das Rennen auf einem Rundkurs in Reims durchzuführen, der früher als Autorennstrecke internationalen Ruf erreicht hatte.

Coppi holte sich inzwischen in Mailand auf der Vigorelli-Bahn zusammen mit seinem Partner Leoni den Sieg in einem heftig umkämpften Mannschaftsrennen über 100 Kilometer (2:09:25 std) vor den Franzosen Guimbretiere - Le Nizhery.

Richtig freuen konnte sich Fausto aber erst am 11. Mai im Ziel des ***Giro di Romagna***. Die ebenfalls zur Italienischen Straßenmeisterschaft zählende Fernfahrt über 278 Kilometer in der Gegend von Rom war genau nach Faustos Geschmack.

Coppi konnte zusammen mit dem Vorjahressieger Bartali sowie Ortelli und Ronconi dem Feld enteilen und seine Fluchtgefährten nach 8:20:15 std im Endspurt abfertigen. Bartali, der als überzeugter Katholik allzugerne seinen Siegerstrauß Papst Pius XII. überreicht hätte, mußte sich mit dem zweiten Platz begnügen. Natürlich sann er auf Revanche.

Eine Möglichkeit hätte die ***Meisterschaft von Zürich*** geboten. (Das Rennen entstand 1914, hatte in den ersten Jahren darunter zu leiden, daß die großen Radsportnachbarn Italien, Frankreich und auch Deutschland der Fernfahrt nicht die Ehre erwiesen, die ihr ohne Zweifel gebührt, und daher wundert es nicht, daß der Rekordsieger ein Schweizer ist: Heiri Suter, der die Fahrt 1919, 1920, 1922, 1924, 1928 und 1929 gewann. Darüber freuten sich besonders seine fünf Brüder - Franz, Fritz, Gottfried, Max und Paul - die allesamt Radrennfahrer waren.)

Die Gelegenheit war also da, aber die Eidgenossen machten das Rennen ohne die beiden italienischen Stars aus. Auf der langen Zielgeraden kanterte der aus Lausanne stammende Charles Guyot den Italiener Zanazzi und seinen eigenen Landsmann Ferdy Kübler nieder. Aus dem in alle Winde zerstreuten Feld wurde die Aufgabe Bartalis (wegen eines leichten Sturzes) und die mangelnde Kampflust der beiden Coppi-Brüder gemeldet. Fausto wurde immerhin noch achtzehnter. Ein weiterer Grund für Gino, ein besonderes Auge auf seinen jüngeren Konkurrenten zu werfen.

Bartali gefiel es indessen in der Schweiz so gut, daß er auch die ***Tour de Romandie*** bestritt. Die mit sehr guter Beteiligung aus Belgien, Italien, Frankreich und der Schweiz durchgeführte Rundfahrt durch die französische Schweiz führte über eine bergige Strecke und sah Montreux, Morges, Lausanne, Siders und Fribourg als Etappenorte. An und für sich ein gutes Terrain für Bartali, aber offensichtlich fehlte ihm die Motivation „Coppi" und so gab er sich hinter dem Sieger Keteleer/BEL, Depredomme/BEL, und Kübler mit dem vierten Platz zufrieden. Aber die Messer waren gewetzt. Die Italienrundfahrt stand vor der Tür!

Der ***Giro d'Italia*** begann am 24. Mai, Pfingstsamstag, in Mailand. 84 der besten Berufsstraßenfahrer aus Frankreich, Belgien, Holland, Luxemburg, Italien und der Schweiz nahmen die 20 Etappen in Angriff. Bartalis Mannschaftsgefährte, der Heißsporn Renzo Zanazzi, hatte diesen Zeitpunkt scheinbar kaum erwarten können. Auf der 1. Etappe *Milano-Torino* (180 km), riß er nach der Hälfte des Rennens aus und traf nach 6:12:15 std allein am Ziel ein. Die Hauptgruppe mit Bartali und Coppi kam acht Minuten später. Aber man war solche Husarenritte von Außenseitern ja gewohnt und die beiden Favoriten sagten sich < *piano, piano* >.

Bartali nur einen Tag. Denn schon bei der 2. Etappe *Torino-Genova* (226 km) ging der Gaul mit ihm durch. Zusammen mit Vito Ortelli konnte er sich vom Feld lösen. Nach 6:46:36 std gab Gino dann seinem Fluchtgefährten im Spurt das Nachsehen. Knapp drei Minuten später traf Coppi mit den Verfolgern ein und konnte beruhigt feststellen, daß sich der Schaden in Grenzen hielt.

Die 3. Etappe *Genova - Reggio nell´Emilia* (221 km) wurde nach einem packenden Endspurt eine Beute von L. Maggini.

Coppi verhielt sich bisher eher ruhig, doch auf der 4. Etappe *Reggio nell ´Emilia - Prato* (195 km) fühlte er seinen Kollegen einmal auf den Zahn. Bis Modena war das 80 Köpfe zählende Feld beisammen. Auf der langen Steigung zum 1388 m hohen Abetonepass lockerte es sich jedoch erheblich auf. Nachdem Bartali die Bergwertung vor Coppi, Ronconi und Ortelli gewonnen hatte, zeigte Fausto auf den restlichen 65 Kilometern, was in ihm steckt. Bei der Paßabfahrt mußte er zwar wegen einem Reifenschaden Bartali & Co. ziehen lassen, aber nach einer wilden Verfolgungsjagd tauchte er wieder bei seinen verblüfften Gegnern auf. In Pistoia, nur 15 Kilometer vor dem Ziel, mußte er abermals einen Reifen wechseln. Dennoch vermochte er die verbliebene Spitze Bartali und Ronconi nicht nur einzuholen, sondern die beiden auch im Endspurt zu schlagen. Bartali war gewarnt!

Er überwachte Fausto Coppi auf der 5. Etappe *Prato - Bagni di Casciana* (82 km) aufmerksam. So aufmerksam, daß er dabei Luciano Maggini übersah, der sich den Etappensieg sichern konnte.

Am nächsten Tag hatte Bartali allen Grund, sich die Haare zu raufen. Was war geschehen? Die 6. Etappe *Casciana-Firenze* (162 km), führte in die Stadt am Arno, und das ist nun einmal Bartalis Geburtsstadt (um genau zu sein ist es Ponte a Ema, aber das liegt in unmittelbarer Nähe) und Gino hatte schon große Ambitionen, die Ziellinie als Erster zu überqueren. Aber ausgerechnet Renzo Zanazzi, ein Mann aus seiner Mannschaft, muckste gegen ihn auf, - übrigens genau wie im Vorjahr -, und gewann vor Cottur und Bresci! < *Maledétto!* > (Ein Wort, das dem tief religiösen Bartali nie über die Lippen gekommen wäre, aber vielleicht hat er es sich gedacht.) Renzo Zanazzi, er hatte noch zwei Brüder, die ebenfalls Radrennfahrer waren, konnte auf jeden Fall nach der Rundfahrt bei Bartali seine Papiere holen. Der unumstrittene Alleinherrscher bei LEGNANO - damit aber auch der verantwortliche für Erfolge - legte nach seinen trüben Erfahrungen mit Coppi keinen Wert mehr auf *gregari,* die gegen ihn fuhren.

Die 7. Etappe *Firenze-Perugia* (162 km) verlief ruhig, Cottur gewann im Spurt vor Fazio und Cecchi.

Aber Unterwegs brachte sie für Coppi eine böse Überraschung. Diesmal für den jüngeren, für Serse. Der hatte sich bisher an der Seite seines Bruders im BIANCHI-Team gut gehalten, übersah jedoch an diesem Tag ein Motorrad, das am Straßenrand abgestellt war und stürzte. Dabei brach er sich das rechte Bein und mußte aufgeben. Fausto, tief betroffen, wollte die Rundfahrt sofort beenden. Aber Serse beschwor ihn am Telefon, das Rennen unter allen Umständen fortzusetzen. Fausto ließ sich überreden. Glücklicherweise, wie wir noch sehen werden.

Zur 8. Etappe *Perugia-Roma* (246 km) traten nur noch 67 der ursprünglich 84 Starter an und Bartali hätte wieder einmal Gelegenheit gehabt, dem Papst einen Siegerstrauß zu überreichen. Aber diesmal gewann Adolfo Leoni die Massenankunft. Ginos Ärger hielt sich jedoch in Grenzen. Immerhin führte er in der Gesamtwertung und war im Besitz des Rosa Trikots.

Allerdings herrschte am nächsten Tag Großalarm bei LEGNANO, denn Coppi fuhr in der 9. Etappe *Roma-Napoli* (235 km) voll auf Angriff und Bartali konnte mit seinem 3. Platz gerade noch einmal das Schlimmste verhindern.

Dann schien man sich vorerst einmal zu vertragen, denn die 10. Etappe *Napoli-Bari* (282 km), Sieger Bertocchi; die 11. Etappe *Bari-Foggia* (127 km), Sieger Ricci; die 12. Etappe *Foggia-Pescara* (211 km), Sieger Conte; die 13. Etappe *Pescara-Cesenatico* (265 km), Sieger Corrieri, ein Domestik, auf den sich Bartali verlassen konnte; die 14. Etappe *Cesenatico-Padova* (166 km), Sieger Bevilaqua und die 15. Etappe *Padova - Vittorio Veneto* (130 km), Sieger Leoni, verliefen so eintönig wie dieser Teil der Berichterstattung.

Und dennoch machte sich eine Unruhe im Feld bemerkbar. Die Dolomiten, und damit die Entscheidung dieser Italienrundfahrt, rückten immer näher.

Während der 16. Etappe *Vittorio Veneto - Pieve di Cadore* (210 km) war es soweit. Zumindest für Bartali, denn er schlug am Passo d. Maurio (1298 m) gewaltig zu und gewann nach 210 Kilometern. Allerdings war Coppi aufmerksam gewesen und belegte den 2. Platz vor Leoni.

Bartali hatte nun im Gesamtklassement drei Minuten Vorsprung auf Coppi. Das war nicht allzuviel, aber in diesem Gelände, in den Bergen, in Bartalis ureigenem Revier, da war das schon eine Menge Holz. Gino war zuversichtlich, aber es sollte anders kommen. Denn Coppi gewann diesen Giro in den Dolomiten, wo er bereits 1946 versuchte, den Widerstand Bartalis zu brechen.

Die Szene war die gleiche wie im Vorjahr: der Falzaregopaß. An diesem Berg, auf halben Weg zwischen Start und Ziel, vollzog sich die Geschichte der 17. Etappe *Pieve di Cadore -Trento* (205 km). Eine Gruppe von 6 Fahrern übernahm im Aufstieg zur Paßhöhe (2105 m) das Kommando. Bartali, Cecchi, Coppi, der Belgier Maes, Ortelli und Ronconi (die beiden letzteren hatten ihr Pulver bald verschossen und fielen zurück). Bartali hatte, wie gesagt, quasi drei Minuten Vorsprung auf Coppi, aber die Vorkommnisse 1946 zwangen ihn zur größten Wachsamkeit. Trotzdem, einige hundert Meter vor dem Gipfel, - Bartali wollte schalten -, verhedderte sich die Kette, das Rad blockierte, Gino rutschte aus und ging zu Boden. Coppi griff sofort an und passierte als erster die Ziellinie der Bergwertung. Doch schon nach wenigen Metern der Abfahrt ereilte ihn das gleiche Mißgeschick. Auch er hatte Schaltungsdefekt und mußte vom Rad. Bartali kam herangebraust, hatte noch etwa 200 Meter, dann hätte er Coppi eingeholt. Hätte, aber Coppi war wieder im Sattel, setzte seine Flucht fort, und als es anschließend die Serpentinen zum Pordoipaß hinaufging, war Fausto nicht mehr zu halten. Auf der Paßhöhe (2239 m) betrug sein Vorsprung bereits vier Minuten und er vergrößerte sich zusehends. Daran änderte sich auch nichts, als Magni und Martini, - sie hatten inzwischen zu den Verfolgern aufgeschlossen -, zusammen mit Bartali, Bresci, Maes und Cecchi eine verzweifelte Aufholjagd inszenierten. Vergebens.

Coppi demonstrierte, nachdem er bereits zwei schwere Pässe in den Beinen hatte, in seinem unnachahmlichen Stil ein perfektes Einzelzeitfahren. Am Ziel in Trient hatte er noch immer 4:24 min Vorsprung und damit das Rosa Trikot des Spitzenreiters!

Für Bartali war die Italienrundfahrt damit gelaufen. Eberardo Pavesi, der sportliche Leiter von LEGNANO, - früher selbst ein bekannter Radrennfahrer (er gewann den Giro 1912 und wußte, von was er redete) -, übte herbe Kritik an der Taktik seiner Mannen und kam zu der Erkenntnis, Schuld an der Misere sei die mangelnde Unterstützung für Gino gewesen. Man hätte ihn alleine gelassen, ihm wenig geholfen. Kunststück, wer hätte ihm gegen den entfesselten Coppi helfen können? So blieb Bartali nur die Erkenntnis: „Er war mein größter Rivale und wird es noch lange bleiben."

Die restlichen Etappen standen ganz im Zeichen Coppis und seiner BIANCI-Mannschaft, die das Rennen fest in der Hand behielten.

Die 18. Etappe *Trento-Brescia* (116 km) gewann Leoni, die 19. Etappe *Brescia-Lugano* (164 km) wurde eine Beute von Bresci (Bartali wurde Zweiter), und die letzte, die 20. Etappe *Lugano-Milano* (280 km) sicherte sich erneut Leoni, der es damit auf drei Etappensiege brachte. Coppi traf als Zweiter im Ziel ein, aber er hatte nach 1940 den Giro d'Italia zum zweitenmal gewonnen. Das brachte ihm neben der Ehre auch Preise im Wert von über einer Million Lire ein (nach dem damaligen Verrechnungskurs etwa 6000 Mark).

Schlußklassement des ***30. Giro d'Italia:***

1. Fausto Coppi	BIANCHI		
3843 km in 115:55:07 std (33,153 km/std)			
. Gino Bartali	LEGNANO	1:43	min zur.
3. Giulio Bresci	WELTER	5:54	"
4. Ezio Cecchi	WELTER	15:01	"
5. Sylvère Maes	BELGIEN	16:35	"
6. Alfredo Martini	WELTER		
7. Mario Vicini	BIANCHI		
8. Salvatore Crippa	LYGIE		
9. Fiorenzo Magni	VISCONTEA		
10. Angelo Menon	LYGIE		

Gino Bartali gewann den *G.P. della Montagna* vor Coppi und Bresci, die *Mannschaftswertung* ging an WELTER. Von 84 gestarteten Fahrern erreichten 50 das Ziel.

Acht Tage nach seinem Sieg im Giro holte sich Coppi am 22. Juni in Mailand die italienische Meisterschaft in der Einer-Verfolgung. Im Endlauf besiegt er Vito Ortelli über 5000 Meter in 6:16,2 min mit 35 Meter Vorsprung. Zuvor hatte er im Vorlauf Luciano Maggini mit 80 Meter Vorsprung und im Halbfinale Toni Bevilacqua mit drei Meter zur Strecke gebracht.

Der Sommer 1947 brach an und das nächste Radsportgroßereignis stand auf dem Programm. Am Morgen des 25. Juni machten sich 100 Rennfahrer, alle auf einheitlichen, von der Organisation gestellten gelben Rennrädern, und etwa 600 Funktionäre (!) auf den Weg zur ***34. Tour de France***, an deren Ende für den Gesamtsieger *500 000 ffrs* winkten (etwa 12.000 Mark). Jeder Etappensieg brachte *15 000 ffrs* in die Mannschaftskasse und die zehn Ersten der Bergwertung konnten *200 000 ffrs* unter sich aufteilen.

Drei Nationalmannschaften zu je zehn Mann aus Frankreich, Belgien und Italien gingen an den Start. Dazu kamen sechs Holländer, die mit vier in Frankreich lebenden Ausländern zusammengestellt wurden, und ebenso sechs Schweizer und vier Luxemburger als gemischtes Team. Hinzu gesellten sich fünf französische Regionalmannschaften mit je zehn Fahrern. Deutschland war noch unerwünscht.

Italien verzichtete auf seine beiden Stars: Bartali und Coppi. Bartali hatte von seiner Firma LEGNANO keine Starterlaubnis erhalten; er sollte sich für die Tour de Suisse schonen. Coppi hatte nach seinem Sieg in der Italienrundfahrt erst einmal eine Ruhepause nötig.

Das Fernbleiben der beiden Asse hatte zur Folge, daß auch das Management der italienischen Mannschaft nicht so ganz stimmte. Guido Giardini, ohne Zweifel ein guter Sportjournalist, übernahm das schwere Amt des Teamleiters und stellte seine Truppe wie folgt zusammen: Elio Bertocchi, Olimpio Bizzi, Pierre Brambilla, Giovanni Corrieri, Giordano Cottur, Egidio Feruglio, Aldo Ronconi, Vincenzo Rossello, Giuseppe Tacca und Primo Volpi. Dazu gesellte sich ein weiterer Italiener. Der in Frankreich lebende 32-jährige Fermo Camellini wurde kurzerhand in die gemischte holländisch/italienische Mannschaft gesteckt.

Die *Squadra azzurra* fuhr zwar prächtig, aber auch -vorsichtig ausgedrückt - dumm. Brambilla, der beste von allen (seine Eltern waren Italiener, sein Geburtsland die Schweiz und er lebte mit einem italienischen Paß in Frankreich), tat sich mit Tacca zusammen und kümmerte sich wenig um die anderen. Ronconi hörte mehr auf seinen Bruder, der ihn begleitete. Dieser war Priester, vergaß die christliche Nächstenliebe besonders auf der letzten Etappe jedoch gänzlich und trug so mit dazu bei, daß am Schluß jeder gegen jeden fuhr.

Die Geschichte dieser Tour de France ist schnell erzählt. Das französische Boxidol Marcel Cerdan (1949 bei einem Flugzeugabsturz ums Leben gekommen) schickte vom Place du Palais-Royal aus das Feld auf die *grande boucle,* die große Schleife durch Frankreich. Den Fahrern standen gehörige Strapazen bevor: 4640 Kilometer, aufgeteilt in 21 Etappen; Kletterpartien über die Alpen- und Pyrenäenpäße Granier (1164 m), Croix-de-Fer (2068 m), Télégraphe (1590 m), Galibier (2556 m), Izoard (2361 m), Vars (2111 m), Allos (2250 m), Peyresourde (1569 m), Aspin (1489 m), Tourmalet (2114 m) und den Aubisque (1709 m), um nur die Berge der *premiére catégorie* zu nennen. Dazu eine lange Zeitfahretappe, *Vannes - Saint-Brieuc* (139 km), zwei Tage vor der Zielankunft in Paris. Etwas erleichtert wurde die Sache durch 5 Ruhetage (Besançon, Briançon, Nice, Luchon und Vannes.)

Aber weder der 33-jährige Franzose *Roi René* Vietto, der 15 Etappen lang Träger des Gelben Trikots war, noch Pierre Brambilla, der auf der drittletzten Etappe dem Franzosen die Gesamtführung buchstäblich abjagte, haben das schwerste Radrennen der Welt gewonnen. Denn die Tour wurde diesmal auf der letzten Etappe entschieden. Und zwar zugunsten von Jean Robic, der das heißbegehrte Trikot zwar auf dem ganzen 4640 Kilometer langen Weg kein einziges Mal getragen hatte, dafür aber auf der Pariser Prinzenparkbahn, von Beifallstürmen umbraust, die Ehrenrunde in Gelb fahren durfte.

Diese letzte 21. Etappe, *Caen-Paris* (267 km), hatte es in sich! Aber blenden wir zuvor nochmals etwas zurück. Obwohl nach Bewältigung der Pyrenäen der schwierigste Teil geschafft war, bedeutete der 1437 km lange restliche Weg von Pau nach Paris noch ein gewaltiges Pensum. Die Gluthitze - es war der Jahrhundertsommer und wer ihn erlebt hat, wird ihn nie vergessen - machte den Fahrern schwer zu schaffen. So auch auf der 16. Etappe *Pau-Bordeaux* (195 km). Bei der Einfahrt auf der von 50 000 Zuschauern besuchten Radrennbahn rüsteten sich zehn Fahrer zum Endspurt. Und ausgerechnet die „Rote Laterne“ des Gesamtfeldes, der letzte im Gesamtklassement, der Schweizer Tarchini, ging als Erster über den Zielstrich. Er sollte sich seines Sieges nicht lange erfreuen. Er mußte wegen Behinderung des Belgiers Mathieu, den er in der Hitze des Gefechtes zu Fall brachte, disqualifiziert werden. So kam der Italiener Giuseppe Tacca zu einem billigen Etappensieg (nach Aldo Ronconi (3. Etappe *Bruxelles-Luxembourg* und Fermo Camellini (8. Etappe *Grenoble-Briançon* und 10. Etappe *Digne-Nice*) war dies der vierte Erfolg für die Italiener). Auf der 17. Etappe *Bordeaux - Les Sables* (272 km) hemmte ein schweres Gewitter den Tatendrang. Erst 60 Kilometer vor dem Ziel entwischte der Franzose Tassin und holte sich den Etappensieg.

Die 19. Etappe *Vannes - Saint-Brieuc* (139 km), die nach dem letzten Ruhetag in Angriff genommen wurde, brachte den erwarteten Großkampf in der Bretagne, denn sie wurde als ein Zeitfahren gegen die Uhr ausgetragen.

Der Start war eine ziemlich zeitraubende Angelegenheit, denn es wurde in Vier-Minuten-Abständen gestartet. Nach über vier Stunden war auch der letzte Fahrer (in diesem Fall der Spitzenreiter Vietto, denn es wurde in umgekehrter Reihenfolge des Gesamtklassements gestartet) auf der Strecke.

Schon vor dem Start hatte *Roi René* die Organisatoren, die ihm dieses Zeitfahren in den Weg gelegt hatten, verflucht. Denn als ausgesprochener Bergspezialist hatte er hier nur geringe Chancen.

Bei seinem Kampf gegen die Uhr (und die Italiener) half dann auch dem guten *René* weder das Kokain, das ihm wie an den Tagen zuvor in sein bereits dreimal operiertes Knie gespritzt wurde, noch das (regelwidrige) gelbe Seidentrikot, das er sich extra aus Lyon hatte kommen lassen.

Trotzdem kam es zum erwarteten großen Duell zwischen Vietto und Brambilla. Nach etwa 70 Kilometern waren die Chancen für die beiden Ersten noch ziemlich gleich, aber dann fiel die Entscheidung zu Gunsten von Brambilla, der gleichmäßig stark fuhr, während Vietto einen Schwächeanfall erlitt und alleine auf den letzten 15 Kilometern mehr als zwei Minuten auf den Italiener verlor. Vietto kam 9:30 min nach Brambilla ins Ziel und bekam dort noch zusätzlich zehn Sekunden Strafzeit aufgebrummt, denn die Rennkommissäre konnten sehr wohl Seide von Wolle unterscheiden.

Etappensieger wurde der Belgier Raimond Impamis vor Robic, Ronconi, Cottur, Brambilla und Camellini, aber Brambilla war in Gelb. Das war zumindest für ihn das Wichtigste. Der Italiener schien die Tour de France damit bereits gewonnen zu haben (angesichts der starken italienischen Mannschaft und der Tatsache, daß René Vietto durch die Gegend tobte und seine ganze Wut über das verlorene Zeitfahren an den Verantwortlichen der Tour de France ausließ, keine allzu gewagte Prognose). Denn Brambilla und seine Kameraden wurden Zeugen, wie *Roi René* alles andere als majestätisch lauthals ins Mikrophon von Radio Diffussione-Française brüllte und Jacques Goddet und seine Helfer eine Räuberbande nannte, die ihm das Gelbe Trikot gestohlen hätte: „Ihr könnt es haben; ich schmeiß es euch vor die Füße!“ Im

Hotel *Duguesclin*, dem Quartier der *Equipe de France* angekommen, packte er sofort seinen Koffer und wollte zum Bahnhof. Der Zug ging aber erst am nächsten Morgen. Zum Glück, denn dadurch blieb seinen Mannschaftskameraden, seinem Technischen Direktor Léo Véron sowie den Sportjournalisten und Radioreportern Georges Briquet, Jean Quittard und Albert Baker d'Isy genügend Zeit, den Aufgebrachten zu beruhigen, ihn umzustimmen, die Rundfahrt fortzusetzen. Der Zug fuhr ohne ihn ab.

Am nächsten Morgen war der mittlerweilen alles andere als königliche *Roi René* wie alle anderen am Start.

Und damit zurück zur letzten Etappe *Caen-Paris*. Diese 21. Etappe über 263 Kilometer wurde Brambilla zum Verhängnis. Er war den unaufhörlichen Vorstößen nicht mehr gewachsen, seine Mannschaft ließ ihn im Stich, und nach 140 km, an der Steigung der Côte de Bonsecours, war es um ihn geschehen. Hier machte sich Robic mit seinem Landsmann Edouard Fachleitner aus dem Staub und erreichte zusammen mit einer Gruppe hinter dem belgischen Tagessieger Albéric Schotte Paris. Der Jubel der Massen kannte keine Grenzen, als der Gesamtsieger Robic ausgerufen wurde und der Franzose zur Ehrenrunde auf die Bahn im *Parc des Princes* ging. (Das Stadion *Parc des Princes* mit seiner 666,66 Meter lange Zementbahn im Pariser Vorort Saint-Cloud, wurde 1897 erbaut. Auf dem rosaroten Belag wurden mehrmals Weltmeisterschaften ausgetragen und die Ankunft der Tour de France in diesem Stadion war bis 1967 (Etappensieger Raimond Poulidor) obligatorisch. Beim Umbau des Stadions 1968 war für die Piste kein Platz mehr; sie wurde abgerissen. Ein weiteres Stück Radsportlegende verschwand.

Schlußklassement der ***34. Tour de France:***

1. Jean Robic	FRANCE/OUEST		
4640 km in 148:11:25 std	(31,311 km/std)		
2. Edouard Fachleitner	FRANCE	3:58	min zur.
3. Pierre Brambilla	ITALIEN	10:07	"
4. Aldo Ronconi	ITALIEN	11:00	"
5. René Vietto	FRANCE	15:23	"
6. Raimond Impamis	BELGIEN	18:14	"
7. Fermo Camellini	ITALIEN	24:08	"
8. Giordano Cottur	ITALIEN	1:06:00 std	"
9. Jean-Marie Goasmat	FRANCE/OUEST	1:10:00	"
10. *Apô* Lazaridès	FRANCE/SUD-EST	1:18:44	"

Den *G.P. Montagne* (Bergpreis) gewann Pierre Brambilla vor Apôtre *Apô* Lazaridès und Jean Robic. Das bereits 1930 eingeführte *Mannschaftsklassement* ging an Italien. Von 100 gestarteten Fahrern erreichten 53 das Ziel.

Leider hat die Sache einen etwas bitteren Nachgeschmack. Man munkelt, daß Fachleitner die Tour an Robic verkauft hatte. In der Tat war das Verhalten von *Fach,* wie ihn die Franzosen nannten, schon etwas merkwürdig. Fachleitner lag beim Start zur letzten Etappe von Caen nach Paris an dritter Stelle im Gesamtklassement und gehörte zur französischen Nationalmannschaft, Robic dagegen fuhr für die Regionalmannschaft OUEST. Schon kurz nach dem Start machten sich sieben Fahrer auf und davon, darunter der Belgier *Briek* Schotte und Lucien Teisseire vom französischen Nationalteam. Als das Hauptfeld die Steigung der Côte de Bonsecours erreichte, startete Robic einen vehementen Angriff, Fachleitner reagierte sofort und auch Brambilla, der Träger des Gelben Trikots, konnte vorerst folgen. Aber nicht lange, dann fiel er erschöpft zurück ins Hauptfeld. Die Kilometer vergingen und der Vorsprung des „Tandems" Fachleitner-Robic hatte sich inzwischen auf drei Minuten gegenüber dem Hauptfeld erweitert. Da reifte bei Monsieur Léo Véron, dem Leiter der französischen Nationalmannschaft und zugleich Direktor der Fahradfirma DILECTA ein verwegener Plan. Er befahl Teisseire, der sich ja noch immer in der Kopfgruppe befand, auf Fachleitner zu warten. Hundert Kilometer vor Paris erreichte Fachleitner Teisseire und konnte damit wieder Hoffnung auf den Gesamtsieg schöpfen. Er lauerte auf eine Möglichkeit, Robic abschütteln zu können und mit Hilfe Teisseires die Tour zu gewinnen. Aber geschickt konterte Robic jede Attacke. Für Teisseire war die Rundfahrt bereits gelaufen. Robic wußte, der kam nicht mehr für den Gesamtsieg in Frage. Aber da war ja noch *Fach...*

Edouard Fachleitner, der *Berger de Manosque* - „der Schäfer von Manosque" - war eigentlich Jugoslave (am 24.2.1921 als Sohn eines österreichischen Vaters und einer jugoslavischen Mutter in Santa Domenica auf Istrien geboren.) 1938 ließ sich *Fach* in Frankreich naturalisieren und bestritt ab 1943 Profi-Radrennen. 1946 konnte er sich von seinen Einkünften als Drittplazierter der ***Ronde de France*** - dem schüchternen Versuch, die Tour de France nach Kriegsende wieder ins Leben zurückzurufen - ein kleines Häuschen bauen. Dort lebte er alles andere als in Überfluß. Da kam ihm der *Coup de Bonsecours* gerade gelegen!

Nach Jahren sickerte folgendes durch: Robic hatte in der Schlußphase des Rennens eine im Profiradsport nicht unübliche Variante auf Lager. Er fuhr neben Fachleitner und rief ihm sinngemäß zu: „Du hast wenig Chancen, die Tour zu gewinnen. Ich laß dich nicht weg. Drehen wir den Spieß um, du hilfst mir und bekommst 100 000 Francs." Fachleitner nickte wortlos. Zur Sicherheit griff Robic in der Steigung zur Côte Coeur-Volant, wenige Kilometer vor dem Ziel, noch einmal an, aber Fachleitner verhielt sich ruhig. Er hielt nicht nur seinen Platz am Hinterrad Robics, sondern auch die Abmachung mit ihm.

Noch eine kleine Anekdote zu dieser Tour. Nach der 2. Etappe *Lille-Bruxelles* mußte ein Fahrer von der französischen Regionalmannschaft

FRANCE-SUD-OUEST die Rundfahrt verlassen. Gehen wir der Sache auf den Grund. In Linas-Montlhêry hatte ein gewisser Paul Neri aus Aix-les-Bains die französische Straßenmeisterschaft gewonnen. Bald darauf wurden Stimmen laut, daß Neri gar kein Franzose sei und unberechtigt am Rennen teilgenommen hatte. Dem war so. Die Ermittlungen der Polizei in Nizza ergaben, daß Neri zwar im Besitz einer Ausländer-Indentitätskarte war, aber in Wirklichkeit Paolo Faldutto hieß, in Reggio di Calabria geboren und damit Italiener war. Ausländer! Und mit denen hatte man nach Küblers Sieg in der ersten Etappe schon genug Ärger. Also mußte Neri, alias Faldutto, heimreisen. Auch die Meisterschaft wurde annulliert, neu ausgetragen, und diesmal von Emile Idée gewonnen.

Kaum eine Woche nach Beendigung der Tour de France stand Paris erneut im Mittelpunkt des Radsports. Diesmal waren es die ***43. Bahn-Radweltmeisterschaften***, die mit einigen hundert Bewerbern aus 20 Ländern einen neuen Höhepunkt erreichten.

Aus italienischer Sicht war das Einer-Verfolgungsrennen der absolute Hit, denn mit Arnaldo Benfenati bei den Amateuren und Fausto Coppi bei den Berufsfahrern setzten sich die einwandfrei Besten durch.

Fausto eliminierte in seinem Vorlauf den Schweizer Robert Lang mit 110 Meter Vorsprung. Dann beendete er das Viertelfinale gegen den Franzosen Rioland mit 100 Meter Vorsprung zu seinen Gunsten. Bevilacqua hatte sich mit dem Dänen Jacobsen herumgeschlagen und ihn mit 185 m Vorsprung besiegt. Im Halbfinale hatte Bevilacqua dann mit Koblet einige Mühe, da der Schweizer mächtig loszog. *Toni* war jedoch zäher und am Schluß um vier Sekunden besser. Coppi beendete seinen Lauf nach anfänglicher Führung von Schulte in ungemein schneller Fahrt (6:19,6 min) und besiegte den „radelnden Narr“ mit 65 Meter Vorsprung. Nun stand der rein italienische Endlauf ins Haus. Coppi holte gegen Bevilaqua Meter um Meter auf, um schließlich mit 105 m in der für damalige Verhältnisse phantastischen Zeit von 6:16,2 min (47,847 km/std) Weltmeister zu werden.

Das Geschehen verlagerte sich anschließend von Paris nach Reims. Dort fand zum Abschluß der Weltmeisterschaften die ***14. Straßenwelt-meisterschaft*** der Profis statt. Über raschungssieger auf der 7,829 km langen Rundstrecke, die 35 Mal zurückgelegt werden mußte (274 km), wurde der nicht mehr zu den jüngsten zählende Holländer Theo Middelkamp, dessen größter Erfolg bisher sein dritter Platz bei der WM 1936 im Brehmgarten bei Bern war. Middelkamp lief seinen 30 Mitbewerbern aus zehn Ländern den Rang ab und besiegte im Endspurt nach 7:28:17 std (36,673 km/std) Albert Sercu/BEL, Janssen/HOL und Fiorenzo Magni/ITA. Fachleitner kam 44 Sekunden später ins Ziel und wurde Fünfter, dann folgten Diederich/LUX (7:20 min zurück) und der Amerikaner Joseph Magnani (10:40).

Auch dieses Rennen hatte seinen Skandal. Middelkamp hatte nach einem Defekt sein Rad in einen Graben geworfen und die Fahrt auf einer fremden

Maschine fortgesetzt. Es hagelte Proteste, aber am Ergebnis änderte sich nichts.

Unter den Ausgeschiedenen - nur sieben Fahrer beendeten die Sonnenschlacht! - befand sich auch der stark favorisierte Fausto Coppi, der zunächst eine gute Rolle spielte, bis zur 15. Runde in der Spitzengruppe lag, dann aber im Hintertreffen verschwand und später ganz aufgab.

Hier ist natürlich die Frage erlaubt: und wo war Bartali? Der hatte im Vorfeld der WM in Belgien, neben der Schweiz sein bevorzugtes Jagdrevier, die Straßen für einheimische Rennfahrerkollegen unsicher gemacht und bei den beliebten „Kermessrennen“ kräftig mitgemischt. Dort hätte ihn ein Telegramm erreichen sollen, mit dem Inhalt, sich bei einem Qualifikationsrennen in Italien einzufinden. Aber der *cittandino del Belgio* - der belgische (Ehren)Bürger - war unauffindbar. So fand das Rennen zur Ermittlung der *Squadra azzurra* ohne ihn statt und Fausto Coppi, Adolfo Leoni, Fiorenzo Magni und Mario Ricci fuhren nach Frankreich. Das Resultat ist bekannt.

Übrigens hätte man die italienische Teilnehmer an der WM auch auswürfeln können. Denn wie Coppi, der bei dem Qualifikationsrennen in Monza nur den 18. Platz - allerdings *ex aequo* mit dem Sieger erreichte - im Aufgebot landen konnte, bleibt ein Rätsel.

Die WM war schnell Schnee von gestern und die Aufmerksamkeit galt nun der letzten großen Länderrundfahrt des Jahres. Am 16. August wurde nämlich die ***11. Tour de Suisse*** über 1567 Kilometer in sieben Etappen gestartet. 62 Fahrern aus neun Ländern, d.h. sieben Franzosen (ohne Robic, Fachleitner und Teisseire), je sechs Belgier (mit Sylvère Maes), Luxemburger und Italiener (mit Bartali und Coppi), drei Holländer und je ein Vertreter aus Österreich (Max Bulla) und den USA (Joseph Magnani, der bekanntlich als Siebter der WM von sich Reden machte), stellten sich 31 Eidgenossen (mit Kübler, Koblet und Knecht) zum Kampf. Die harten Schweizer Franken hatten es also geschafft, daß auch die beiden großen Rennfahrer ihrer Zeit, Bartali und Coppi, die Berge des Nachbarlandes zum Schauplatz ihrer Rivalität machten.

Rivalität ja, aber man respektierte sich (obwohl sich jeder für den größeren Fahrer hielt). Dazu eine Episode: Am 27. Juni fand in Tortana, der kleinen Stadt unweit von Coppis Heimatdorf Castellania, die Siegesfeier für den gewonnenen Giro statt. Jedes Haus war mit einer Fahne geschmückt, der Bischofssitz war reich beflaggt, eine Musikkapelle spielte und riesige Lichtreklamen verkündeten < *Evviva Coppi* >, < *Evviva il Giro* >, < *Evviva BIANCHI* >. Am Ehrentisch saß die Sportprominenz, der Bischof ergriff das Wort zu einer Rede.

Da teilte sich die Menge. Ein Auto näherte sich. Jubel brandete auf: < *Bartali! Viva Bartali! Viva Gino!* > Sichtlich gerührt sprang Coppi von seinem Platz auf. Gino ging auf ihn zu und umarmte ihn. In Faustos Augen standen Tränen. Frau Bartali tat das gleiche mit Frau Coppi und interessierte sich für den Gesundheitszustand von Bruna, die in anderen Umständen war. Der Bischof nahm die Gelegenheit wahr, alle zu segnen und Coppi bot Gino einen Stuhl neben sich an. Damit war wieder einmal zumindest die private Freundschaft besiegelt.

Nach dem Dessert hielt Bartali eine kurze Ansprache, in der er Coppis Erfolg beim Giro würdigte. Er verzichtete dabei höflich, seinen Kettendefekt am Pordoi-Paß zu erwähnen: „Letztes Jahr habe ich gesiegt, heuer hat Coppi ebenso verdient gewonnen."

Nun war die Menge nicht mehr zu halten. Sie stürmte den Festsaal, bemächtigte sich der beiden Helden und schleppten sie auf den Schultern durch Tortona. Bartali hatte seinem Rivalen eine höfliche Aufwartung gemacht.

Aber auf den Landstraßen der Schweiz hatte Gino anderes im Sinn.

War schon die Anforderung an die Begleiter hart: „Offenes Auto (Cabriolet), bei Regen leicht schließbar; muß Paßauffahrten auch langsam nehmen können, ohne zu kochen. Fahrer muß sportlich eingestellt sein, gewandt, nicht empfindlich, muß sich dem Kolonnenfahren und den speziellen Bedürfnissen der Kommissäre und Berichterstatter anpassen können. Soll sich bei Defektfällen zu helfen wissen, und so weiter...") so war die Rundfahrt für die Rennfahrer alles andere als eine Spazierfahrt.

Gleich die erste Teilstrecke *Zürich-Davos* (242 km) brachte mit ihrer Dreiteilung (man wollte jeden Sponsor mit der Reklame am Start und Ziel einmal ins rechte Licht rücken und Leben in die Bude bringen) eine gewisse Hektik. Im ersten Abschnitt *Zürich-Siebnen* (84 km) konnten die Schweizer Koblet, Schär und Kübler zusammen mit Coppi einen Vorsprung von mehr als einer Minute auf das Feld herausfahren. Zehn Kilometer vor dem Ziel trat Koblet an und kam weg. Begünstigt durch den Gegenverkehr, den es damals während des Rennens noch gab, traf der glänzend fahrende Hugo mit gut einer Minute Vorsprung in Siebnen ein. Dann ging es weiter nach *Vaduz*; dort schlug nach 74 Kilometern der Schweizer Diggelmann seine sechs Fluchtgefährten im Spurt. Das schwierigste Stück war indes der Weg *Vaduz-Davos* über 83 km, wobei der Wolfgangpaß (1631 m) zu überqueren war. Seine Durchlaucht, der Fürst von Liechtenstein, senkte gegen 16.20 Uhr die Startflagge und die Post ging ab. Der alte Fuchs Bartali hatte seine Kräfte bisher gut eingeteilt. Nun setzte er zu einem energischen Vorstoß an. Der brachte ihm nicht nur den Bergpreis ein (Coppi täuschte hier angeblich einen Defekt vor und stieg ab; er wollte, so behaupten böse Zungen, nicht eingestehen, daß er Bartali nicht folgen konnte), sondern auch den Etappensieg vor Kübler (drei Minuten zurück) und Coppi (vier Minuten). Bartali schlüpfte damit in das Goldtrikot, das Zeichen des Gesamtführenden in dieser Rundfahrt. Im Gesamtklassement führte der Florentiner nun mit sechs Minuten Vorsprung auf Kübler, und 13 Minuten auf Coppi, der auf Rang fünf zurückgefallen war.

Doch es hing an einem seidenen Faden, ob Bartali nach Beendigung der 2. Etappe *Davos-Bellinzona* (178 km) noch weiterfahren durfte. Gino, der auf halber Höhe des Bernadinopasses (2065 m) den Ausreißer Koblet eingeholt hatte, sich den Bergpreis sicherte und seine Mitbewerber im Ziel um mehr als drei Minuten distanzierte, war unterwegs dabei ertappt worden, daß er sein Rad gewechselt hatte. Das war jedoch nur bei effektiven Radschäden erlaubt, nicht aber bei Reifendefekten. Bei der nachträglichen Überprüfung stellte sich jedoch heraus, daß tatsächlich die Felge kaputt war, eine starke Sturzgefahr für den Fahrer bestand und somit der Radwechsel angebracht war. Unter diesen Umständen ließen die Kommmissäre den Italiener im Rennen.

Bartali sorgte auch am Start zur 3. Etappe für Aufregung. Kurz vor dem Start um 12 Uhr fand Gino seine Rennhose nicht. Offenbar hatte ein „Fan" das Beinkleid seines Idols geklaut. Heftiges Suchen, denn Bartali wollte *seine* Hose, kein Ersatzhöschen. Im letzten Moment erschien Masseur Colombo mit einer Ersatzhose und Gino fuhr zur Startlinie. Die Startzeit war schon um fünf Minuten überschritten und verärgert schrie Rennleiter Senn Bartalis Teamchef Mariani an: „Nächstes Mal fahren wir pünktlich ohne sie ab. Sie können dann hinterherfahren." Mariani gab trocken zurück: „Vor einer Bergetappe wie heute könnt ihr auch eine Viertelstunde vorher abfahren. Wir gewinnen trotzdem." Er dachte dabei an die Pässe Gotthard und Furka, vergaß aber dabei Ferdy Kübler.

Ferdy national war der Held dieser 3. Etappe *Bellinzona-Sitten* (213 km). Er war gut in Form, aber seine Mannschaft CILO, die ihn wieder in Gnaden aufgenommen hatte, war ein Katastrophenteam. Nach zwei Renntagen waren noch keine 100 Franken in der Kasse. Auf der Strecke über den Gotthard und den Furka winkten viele Prämien. Ferdy wußte das natürlich. Gleich nach dem Start enteilte er dem Feld, hatte nach 42 km in Faido bereits vier Minuten Vorsprung und machte sich an den Anstieg hinauf zum Hospiz auf dem Gotthard-Paß (2094 m).

Bartali war inzwischen zweimal in leichte Stürze verwickelt, und sein Teamleiter Mariani vermutet argwöhnisch, Schweizer Fahrer hätten Gino absichtlich umgefahren, um *Ferdy national* zu helfen. Aber Gino nahm seine Kollegen in Schutz: „Sie haben sich selbst dabei weh getan."

Auf der Paßhöhe hatte Kübler schon mehr als drei Minuten Vorsprung auf Coppi und den Belgier Depredomme. Der Mann im Goldtrikot, Bartali, lag 5:51 Minuten zurück. Ferdy sauste zu Tal und vergrößerte trotz schärfster Verfolgung bis Hospental seinen Vorsprung zu Gino auf neun Minuten. Dann begann der Anstieg hinauf zum Furkapaß. Nach wenigen Kilometern, in Realp, saß Ferdy auf der Felge. Sein Hinterrad war platt. Er wechselte, war dabei aber so aufgeregt, daß ihm der Reifen erst einmal die Böschung hinuterfiel.

Noch nervöser wurde er, als man ihm zurief: „...daß Bartali großartig und mühelos hinter ihm herstiefelt, Coppi bereits erreicht hat, und nun mit

Fausto, der ebenfalls stark fährt, gemeinsam die langen Kehren hinaufklettert."

Besonders Coppi überraschte. Er wollte am Vorabend in Bellinzona aufgeben, aber BIANCHI-Chef Tragella und Teamleiter Mariani konnten ihn dann doch zum weiterfahren überreden.

Auf der Paßhöhe des Furka (2434 m) lag Ferdy noch 2:40 Minuten vor den beiden Verfolgern. In der Abfahrt profitierte er von je zwei Reifendefekten der Italiener, aber er fuhr auch so rasant bergab, „...daß die Zuschauer vor Schreck zur Seite gewichen seien und sich ans Bord hinauf geflüchtet hätten." So zu lesen im Zürcher *SPORT*.

Nach einer Alleinfahrt von rund 200 Kilometern erreichte *Ferdy national* das Etappenziel in 6:47:38 std vor Coppi (3:22 min zurück) und Bartali (dichtauf).

Im Ziel gab Ferdy ein Rundfunkinterwiev. Da man ihm unterwegs mehrmals aus dem Begleitwagen Trinkflaschen mit einem zumindest bei der älteren Generation beliebten Kraftspender und Durstlöscher - eiskaltes Bier mit einem Schuß Absinth - gereicht hatte, machte das Gespräch Radiogeschichte...

Der Arbeitstag des Schweizers war jedoch noch nicht zu Ende. Nach der Siegerehrung duschte er. Als der Sportjournalist Ingold im Hotel zufällig an Küblers Etage vorbeikam, sah er Ferdy auf der Treppe sitzen, halbnackt, vor Kälte schlotternd und weinend. Er konnte nicht in sein Zimmer, weil sein Teamleiter aus Freude einen Kneipenbummel angetreten hatte und den Zimmerschlüssel in der Hosentasche trug. Ferdy kam irgendwie in ein Bett, aber für seine Nerven war das doch etwas viel.

In der 4. Etappe *Sitten-Biel* (233,4 km) drehte Bartali den Spieß um. Von einer erholsamen Fahrt nach den Strapazen des Vortags konnte keine Rede sein. Es wurde nicht nur gebolzt, was das Zeug hielt, sondern obendrein blies noch, wie sich einer der müden Helden volkstümlich ausdrückte, ein Sauföhn.

Beim Aufstieg zum Col du Pillon (1555 m) konnten Bartali nur Kübler, Bresci, Ockers und Schär folgen. Ferdy war allerdings körperlich am Ende und wollte daher eine alte Rennfahrerlist praktizieren. Er täuschte überschüssige Kraft vor und rief Bartali zu, er solle doch schneller fahren. Das tat Gino prompt. Das war der Anfang vom Ende aller Hoffnung auf einen Sieg über Bartali.

Ferdy fiel zurück, trocknete im Föhnsturm aus, weil sein Begleitwagen Probleme hatte. Er bekam sein Bier zu spät und wurde 120 Kilometer vor dem Ziel vom Feld eingeholt.

Vorne kurbelte das verbliebene Quartett und passierte Bern mit einem Vorsprung von rund sieben Minuten. Bei der Ortsdurchfahrt wurde Schär von einem Auto angefahren und mußte aufgeben. Ein Vorstoß von Bresci brachte diesem einen größeren Vorsprung und damit auch nach 6:53:55 std den Etappensieg vor Ockers und Bartali.

Für Kübler wurden in Biel 25 Minuten Rückstand gestoppt. Auch Coppi hatte den Gotthard und den Furka schlecht verdaut. Er verlor sogar 35 Minuten auf Bartali. Der führte nun mit 20 Minuten Vorsprung im Gesamtklassement und konnte beruhigt vorausschauen.

Die in zwei Hälften zerlegte 5. Etappe *Biel-Genf* (218,8 km) sah zuerst auf der Strecke Biel-Lausanne (158,2 km) den Halbetappensieg des Schweizers Aeschlimann gegen seinen Landsmann Schütz, und dann im darauffolgenden Zeitfahren *Lausanne-Genf* (60,6 km) den wahren Coppi. Es wurde mit Dreiminutenabständen gestartet, und Fausto legte ein Tempo vor, dem nicht einer seiner Mitbewerber auch nur annähernd folgen konnte. Mehr als sechs Minuten Vorsprung holte der Italiener mit seiner Zeit von 1:17:10 std (47,119 km/std) heraus, vermochte aber dennoch Bartali (dem er gut neun Minuten abgenommen hatte!) die Gesamtführung nicht zu entreißen.

Die beiden Schlußetappen, die 6. Etappe *Genf-Basel* (271,6 km) und die 7. Etappe *Basel-Zürich* (253,1 km), konnte jeweils der Belgier Desirée Keteleer für sich entscheiden. Die Etappensiege wurden ihm um so leichter gemacht, als Bartali und die anderen Favoriten scheinbar kein Risiko mehr eingehen wollten. So stand am Ende Bartali als Sieger fest. Es folgten auf den Plätzen: 2. Bresci, 3. Ockers, 4. Kübler und 5. Fausto Coppi.

Weil man schon einmal in der Schweiz war, beteiligte sich Coppi an verschiedene Rundstreckenrennen. So zum Beispiel am ***Genfer Nachtkriterium*** über 80 Kilometer. Nach den zu absolvierenden 150 Runden waren sich die beiden Eidgenossen Tarchini und Leo Weilenmann sowie Fausto Coppi fast gleichwertig. Sie belegten in dieser Reihenfolge die ersten drei Plätze.

Auch die Alleen des Montbenon-Parkes in Lausanne waren Schauplatz eines nächtlichen Rundstreckenrennens. Diesmal siegte nach 70 Kilometern (80 Runden) Leo Weilenmann vor Coppi. Leos Bruder, Gottfried Weilenmann, endete auf Platz drei.

Beim 50-km-Einzelfahren auf der Bahn von Lausanne erwies sich Coppi als der Stärkste. Bei den Wertungen war er jedesmal dabei und siegte mit 41 Punkten vor L. Weilenmann, Koblet und Lang, während Tarchini, Bartali, Guyot und S. Maes, die in dieser Reihenfolge eintrafen, überrundet wurden.

Coppi schien es in der Schweiz zu gefallen (oder waren es die guten Fränkli?). Auf jeden Fall bestritt er in Genf ein weiteres 50-km-Einzelrennen. Doch hier war der relativ unbekannte 34-jährige Italiener Augusto Introzzi außer Rand und Band. Er überrundete seine Gegner ein- und mehrmals, wobei sich die Schweizer Diggelmann, Tarchini und Fröhlich, die er nur einmal umkreiste, noch am besten hielten. Der gute Fausto landete mit zwei Runden Rückstand nur auf Platz fünf.

Das wurmte ihn gewaltig, und da kam ihm sein Rivale im Verfolgungsfahren, Hugo Koblet, gerade recht. Auf der Bahn von Zürich-Oerlikon zogen beide in unerhörtem Tempo ihre Kreise und gaben sich auf den ersten drei

Kilometern nichts nach. Erst dann setzte sich das größere Stehvermögen von Coppi durch. Er bezwang den Schweizer nach fünf Kilometer in 6:23,4 min mit 70 Meter Vorsprung.

Beim 80-km-Mannschaftsfahren in Mailand auf der Vigorelli-Bahn gaben dann allerdings die Schweizer Koblet-Diggelmann den Ton an, obwohl zuvor Coppi-Leoni das Omnium gegen die beiden gewonnen hatten.

Auf der Straße hatte Coppi weitere große Pläne. Er wollte nach seinem Sieg in der Italienrundfahrt auch unbedingt Italienischer Meister werden. Gelegenheit dazu hatte er am 31. August beim 4. Lauf zur Italienischen Straßenmeisterschaft, beim ***Giro del Veneto***. Und er nutzte sie. Auf dem 280 Kilometer langen Weg fuhr er seine Gegner in Grund und Boden. Am Ziel in Venedig war Coppi nach 8:31:00 Stunden (32,877 km/std) alleine auf weiter Flur. Die zahlreichen begeisterten Zuschauer mußten lange warten, ehe die Nächsten eintrafen. Endlich, nach mehr als acht Minuten, wurde eine elfköpfige Verfolgergruppe sichtbar, aus der Magni den zweiten Platz gegen Menon, Bevilacqua, Bizzi, Cottur, De Zan, Martini, Bresci, Crippa, Pasquini und Ronconi erspurtete. Nach diesem vierten Lauf stand Coppi bereits als neuer Italienischer Straßenmeister fest. Er konnte also der letzten Prüfung gelassen entgegensehen.

Vorerst ging er am 21. September nach Frankreich. Zum Pariser Straßenrennen ***Grand Prix des Nations*** (einem Einzelzeitfahren, das die beiden französischen Sportjournalisten Gaston Benac und Albert Baker d'Isy von *Paris Soir* 1932 aus der Taufe gehoben hatten, und das seitdem mit unterschiedlicher Streckenlänge im Vallée de Chevreuse bei Paris stattfindet), traf sich am 21. September ein ausgewähltes Feld erstklassiger Rennfahrer aus Frankreich, Italien, Belgien, Holland, Luxemburg und der Schweiz. Wie im Vorjahr, 1946, gab es einen Zweikampf zwischen Coppi und dem französischen Meister Idée, den Fausto dank seiner größeren Endgeschwindigkeit nach 140 Kilometer in 3:38:19,2 std für sich entscheiden konnte.

Coppi hätte es, wie gesagt, nicht mehr notwendig gehabt, an der letzten Prüfung zur Italienischen Straßenmeisterschaft, der ***Coppa Bernocchi***, teilzunehmen. Daher ist seine Plazierung (er wurde 15.) unerheblich.

Trotzdem soll der Sieger dieser Rundfahrt nicht unterschlagen werden. Nach schweren 256 Kilometer setzte Ricci zu einem langen Endspurt an, der ihm den Sieg vor Maggini und damit den fünften Platz in der Meisterschaft einbrachte, deren Endergebnis wie folgt lautet: 1. Fausto Coppi (22 Punkte), 2. Vito Ortelli, Giordano Cottur und Diego Ronconi (je 17 Pkt.), 5. Magni und Ricci (je 16 Pkt.)

Fausto Coppi zog es anschließend wieder in die Schweiz. Diesmal trat er beim ***Grand Prix La Chaux-de-Fonds***, einem Bergrennen über 4,5 km, an. Mit Erfolg, denn auf dem Weg vom Start bis zum Ziel, der einen Höhenunterschied von 265 m aufwies, erreichte er mit 11:28,1 min die schnellste Zeit und siegte vor Camellini und dem Schweizer Fritz Schär.

Beim ***Giro dell'Emilia***, am 4. Oktober mit Start und Ziel in Bologna, lieferte Coppi einen weiteren Beweis seiner überragenden Leistungsfähigkeit. Er gewann das Rennen mit mehr als zehneinhalb Minuten Vorsprung gegen Bartali! Die sehr bergige Strecke, die u.a. über die Apenninpässe Oppio (821 m), Abetone (1388 m) und Barigazzo (1217 m) führte, wurde von 78 Fahrern in Angriff genommen. Bis Pontepetri (76 km) blieb alles ziemlich geschlossen beisammen. Dann hatte Bartali Reifendefekt, und wie es im Radrennsport nun einmal so ist, sofort attackierte Coppi, mit Ronconi am Hinterrad, und fuhr auf und davon. Ronconi war bald in Nöten und mußte Coppi ziehen lassen. Die Journalisten in den Begleitfahrzeugen schüttelten, wie schon so oft bei ähnlichen Gelegenheiten, die Köpfe: „Ein aussichtsloses Unternehmen. Coppi ist verrückt." Das war er nicht. Er versuchte es zumindest und am Abetonepaß hatte Coppi bereits 4:10 min Vorsprung auf Bartali und Martini, seine beiden unmittelbaren Verfolger. Am Barigazzopaß waren es dann gar 7:20 min und Coppi war nicht mehr zu halten. Die selben Journalisten von zuvor berichteten nun enthusiastisch: „Coppi triumphierte beim Giro dell'Emilia!" Aber das klingt zu einfach. Man mußte es einfach miterlebt haben, wie Fausto gewann!

Anschließend „erholte" sich Fausto erst einmal bei einem Bahnrennen in Bologna, denn das 44-km-Mannschaftsrennen wurde nach 1:08:50 std eine leichte Beute für Coppi-Leoni vor Bartali-Kübler.

Dann kam am 21. September die 41. Auflage der Lombardei-Rundfahrt. Der ***Giro di Lombardia***, die Fahrt „der fallenden Blätter", bildet alljährlich den Abschluß der italienischen Straßensaison und führte über 222 Kilometer. Das Rennen stand unter ungünstigsten äußeren Bedingungen, denn es war empfindlich kalt und es regnete fast ununterbrochen. Trotzdem wurde es ein Kampf auf Biegen und Brechen, weil die Rivalität zwischen Bartali und Coppi der ganzen Fahrt ihren Stempel aufdrückte. Gleich nach dem Start ging es in einem Höllentempo los, doch wurden die ersten Ausreißversuche, auch der einer starken Neunergruppe, 25 km hinter Mailand zunichte gemacht. Nach der Verpflegungskontrolle in Asso (138 Km) suchten Magni und Bizzi ihr Heil in der Flucht. Das glückte vorerst. Aber nicht lange, denn schon wenige Kilometer später ließ Coppi das von ihm angeführte Verfolgerfeld einfach stehen, überholte bald den zurückgefallenen Bizzi und hatte noch vor Belaggio den guten Magni am Wickel. Der wehrte sich mit dem Mut der Verzweiflung und versuchte Coppis Hinterrad zu halten. Doch vergeblich. Schon nach hundert Metern mußte er klein beigeben und Fausto ziehen lassen. In phantastischer Manier kletterte nun Coppi die schlammbedeckten Kehren der Ghisallo-Steigung hinauf. Peng! Auf halber Höhe ereilte ihn ein Reifendefekt! Aber auch hier konnte man sehen, was ein Meisterfahrer ist. Schon nach 40 Sekunden war ein neuer Reifen aufgezogen, von den Verfolgern noch keine Spur. Am Scheitelpunkt, bei der Kapelle zur Madonna di Ghisallo (754 m), hatte er bereits 2:15 min Vorsprung auf Bartali und den überraschend gut fahrenden De Zan. Magni passierte die Höhe als Vierter, konnte aber bei der Abfahrt nicht verhindern, daß ihn Thiétard und der junge Toskaner Pagliazzi ein- und überholten. Vorne drückte Coppi inzwischen immer weiter aufs Tempo und erreichte nach 6:16:42 std (35,360 km/std), von Beifallstürmen umbraust, das Ziel in Mailand mit einem Vorsprung von 5:25 min auf die Verfolger Bartali und De Zan, die in dieser Reihenfolge eintrafen.

Magni ließ später durchblicken, Coppi hätte ihm, sollte er gewinnen, eine Geldsumme geboten. Nun, Coppi hatte gewonnen und gab ihm angeblich das „Geschenk". Aber Magni kann sich an die Summe nicht mehr erinnern. Toskaner - Fiorenzo Magni war einer - reden viel...

Leichtes Spiel hatte die internationale Jury der *UCI,* die in Paris tagte, und dort über die Vergabe der *Trophée Edmond Gentil* beratschlagte, denn kein anderer kam in Frage, als Fausto Coppi, der mit seinen sensationellen Erfolgen der Würdigste von allen war. Der Pokal, verbunden mit einem nicht unerheblichen Geldbetrag, wurde 1946 zum Andenken an den Franzosen Edmond Gentil, den Begründer der berühmten französischen Fahrradfabrik ALCYON gestiftet. Die von dem Bildhauer Carlo Sarabezolles geschaffene Trophäe stellt einen Athleten auf dem Rad dar, der das Zielband überquert.

Da mochte auch der Papst nicht zurückstehen. In einer Privataudienz empfing Pius XII. Bartali, Coppi, Benfenati, Magni, Ronconi und Leoni. Bartali, den der Papst als „leuchtendes Beispiel unter den modernen Gladiatoren" bezeichnete, erhielt bei dieser Gelegenheit die Insignien als „Ritter des Ordens vom Heiligen Sylvester".

Die fallenden Blätter, sprich der Herbst, hatten auch zur Folge, daß sich die Freiluft-Bahnsaison dem Ende näherte. Schweizer und Franzosen beteiligten sich an den Abschlußrennen auf der Vigorelli-Bahn in Mailand. Gegen die italienische Übermacht konnten sie jedoch nichts ausrichten. Im Omnium der Rundfahrtsieger behielt nach drei Wettbewerben Bartali die Oberhand über Coppi und Robic. Die italienische Provinzbahn in Fiorenzuola d´Arda beschloß die Saison mit einem Mehrkampf Italien-Ausland. Den einzigen Erfolg für die *azzurri* sicherte Fausto mit seinem Sieg im 1000-m-Zeitfahren in 1:10,1 min vor Koblet (1:11,2 min) und Middelkamp (1:11,5 min). Und noch ein Sieg wurde gemeldet. Diesmal aus La Spezia. Dort siegten Coppi-Bizzi in einem Mannschafts-Verfolgungsrennen gegen Garzioli-Maggini.

In Antwerpen und Brüssel erwartete man inzwischen sehnlichst die groß angekündigten Mehrkämpfe zwischen Coppi und „dem Rest der Welt". Fausto konnte zwar keinen davon gewinnen, aber in seiner Spezialdisziplin vermochte ihm weder Van Steenbergen (der Gesamtsieger am 29. November in Antwerpen) noch Peters (der Sieger am 30. November in Brüssel) standhalten. Van Steenbergen wurde von Coppi in der Einerverfolgung über 5000 Metern nach 2370 Meter eingeholt. Peters erging es nicht recht viel anders: Coppi schnappte ihn nach 2820 Metern. Bei der selben Veranstaltung mußte auch Raimond Impamis die bittere Pille „Niederlage" schlucken. Coppi besiegte den Belgier mit 80 Meter Vorsprung. Seine besonderen Fähigkeiten stellte Coppi auch seiner Mannschaft, bestehend aus ihm, Leoni, Bresci und Toccaceli, zur Verfügung, als es galt, bei der Eröffnung des Velodroms in Rom die gegnerische Mannschaft Bartali-Bini-Ricci-Magni im Mannschafts-Verfolgungsfahren zu schlagen. Man schlug sie.

So ein Spektakel wollte sich auch das Publikum in Paris nicht entgehen lassen, und man wurde Zeuge, wie Coppi-Leoni die Schweizer Kübler-Plattner in einem Mannschafts-Verfolgungsrennen nach 4485 m zur Strecke brachten.

Rik Van Steenbergen hatte inzwischen Lust auf Revanche. Gelegenheit wurde ihm am 14. Dezember in Gent gegeben. Aber schneller als er sich das dachte, holte ihn Coppi ein: nach 2930 m war das Rennen für den Belgier zu Ende.

In Brüssel unternahm man den nächsten Versuch, Coppi ein Schnippchen zu schlagen. Im *Europakriterium*, einem Mehrkampf, belegten zwar die Franzosen Carrara - Le Niherzy den ersten Platz, aber im Australischen Verfolgungsrennen über 5 km herrschte Weltuntergangsstimmung: Schulte-Boeyen wurden nach 1250 m, Kint - Van Steenbergen nach 1510 m und Carrara -Le Nizhery nach 3700 m von Coppi-Conte eingeholt!

Da machte Paris einen letzten Versuch, Coppi in diesem Jahr doch noch zur Strecke zu bringen. Und zwar am 19. Dezember durch Blanchet, der es auf der außergewöhnlichen Distanz von 10 km probieren wollte. Trotz sorgfältigster Vorbereitung konnte er nur zwei Kilometer standhalten, dann hatte ihn Coppi im Visier und holte ihn nach 3955 Meter ein.

Beachtenswert sind dabei die von Coppi gefahrenen Geschwindigkeiten, die zur damaligen Zeit einfach sensationell waren: 49,522 km/std gegen Peters, 47,343 km/std gegen Van Steenbergen, 47,334 km/std gegen Blanchet.

Weihnachten stand vor der Tür, das Jahr ging zu Ende. Coppi war glücklich. 1947 war sein bisher erfolgreichstes Jahr. Er war *Straßen-und Verfolgungsmeister* seines Landes; er hatte u.a. den *Giro d'Italia* gewonnen; war im *Giro di Lombardia*, im *Giro di Romagna*, im *Giro del Veneto* und im *Giro dell'Emilia* erfolgreich gewesen; er hatte den *Grand Prix des Nations* gewonnen und *Quer durch Lausanne*. Er hatte neben diesen im Text erwähnten Rennen den *Circuito Pordenone* siegreich beendet, war im *G.P. Cittá di Ragusa* auf Platz zwei gelandet, belegte in *Vigevano* den 4. Rang, in *Novara* den 6. und mußte sich nur in *Aix-en-Provence* mit dem 16. Platz zufrieden geben. Er war *Verfolgungsweltmeister*, hatte 17 Rennen dieser Art gewonnen und war in dieser schwersten Bahndisziplin fast unschlagbar. Er hatte die internationale Auszeichnung für den besten Radsportler des Jahres gewonnen (die *Trophée Edmond Gentil)* und war in Italien zum *„Sportler des Jahres"* gewählt worden.

Und er hatte eine Tochter. Am 1. November brachte seine Frau Bruna ein Mädchen zur Welt. Sie nannten es Marina.

1948
Als Landesverräter gebrandmarkt

Im Frühjahr 1948 warf die kommende Saison in Italien ihre Schatten voraus. Die großen Fahrradfabriken waren dabei, ihre Rennställe zu organisieren, und naturgemäß war das allgemeine Interesse auf die gerichtet, denen die beiden Asse Bartali und Coppi angehörten. **BIANCHI** wartete mit einer besonders starken Mannschaft auf: Fausto und Serse Coppi, Aldo Ronconi, Augusto Introzzi, Oreste Conte und Bruno Pasquini gehörten vorerst dazu. Bei **LEGNANO** konnte Gino Bartali auf die Hilfe so starker Fahrer wie Aldo Leoni, die Brüder Vincenzo und Vittorio Rossello, Mario Ricci, Giovanni Corrieri, Virgilio Salimbeni und Leo Castellucci zählen.

Die Konkurrenz im eigenen Land war groß. Der Industrielle Giacinto Benotto hatte in seinem eigenen Rennstall **BENOTTO** Antonio Covolo, Alfredo Pasotti, Giancarlo Astrua, Angelo Menon, Umberto Drei, Giorgio Cargioli sowie Aldo Bini unter der Haube, und **WILIER-TRIESTINA** ging mit so starken Fahrern wie Fiorenzo Magni, Antonio Bevilacqua, Giordano Cottur, Guido De Santi, Giulio Bresci, Alfredo Martini, Egidio Ferulio und den Gebrüdern Luciano und Sergio Maggini ins Rennen. **ATALA** verpflichtete Vito Ortelli, Italo De Zan, Annibale Brasola, Michele Motta, Sivocci, Sergio Pagliazzi, Armando Peverelli, Bortolo Bof und den Profineuling Angelo Fumagalli. Der frühere Meisterfahrer Giuseppe Olmo hatte sich einen ausländischen Rennstall zugelegt, in dem unter anderen der amtierende Straßenweltmeister Theo Middelkamp fuhr. Alfredo Binda, der ebenfalls unter die Konstrukteure gegangen war, brachte natürlich seine Fahrräder unter der Marke **BINDA** auf den Markt, aber sie wurden als Nebenprodukt von Legnano vertrieben. Marco Cimatti, früher einer der besten italienischen Straßenfahrer, verpflichtete die drei Brüder Mario, Renzo und Valeriano Zanazzi, Ezio Cecchi und die Nachwuchsfahrer Luigi Casola, Gildo Monari und Loris Zanotti. Natürlich nannte sich der Rennstall **CIMATTI**. Auch Gaetano Belloni, der ehemalige Meisterfahrer, mischte kräftig mit; er war sportlicher Leiter der Marke **VISCONTEA** und konnte auf Olimpio Bizzi, Elio Bertocchi, Nino Ronco, Mario Fazio, Giovanni De Stefanis und Aldo Baito zurückgreifen. Die neuen Marken der früheren Asse **GIRARDENGO** und **GUERRA** wollten sich ebenso wie **FREJUS**, **GLORIA** und **GANNA** in diesem Jahr vorerst nicht an Rennen beteiligen.

Das soll nur ein kleiner Überblick über die damalige Situation sein, der insofern keinen Anspruch auf Vollständigkeit haben kann, als der Italienische Radsportverband wesentlich genauere Angaben machte. Man wußte nämlich zu berichten: „Nach letzten Erhebungen sind in der abgelaufenen Saison, (d.h.1947), in Italien 27 offene Bahnen in Betrieb gewesen. Von diesen gehören jedoch lediglich die Anlagen von Bassano, Castell San Giovanni,

Como, Fiorenzuola d´Arda, Florenz, Genua, Mantua, Mailand, Padua, Pordenone, Turin, Rom, Bologna, Varese, Pesaro und L´Aquila dem Verband an. Die Bahnen in Bollate, Broni, Casalmaggiore, Crema, La Spezia, San Colombano al Lambro, Pistoia, Dalmine, Portogruaro, Terni und Arezzo sind organisatorisch noch nicht erfaßt. Zur Zeit (Anfang 1948) gibt es 3700 Radfahrerclubs und 35 Radrennbahnen. 7 974 Junioren, 13 772 Amateure, 658 Unabhängige, 176 Berufsfahrer und 354 Altersfahrer sind lizensiert."

Dieses Heer von aktiven Radsportlern hatte entweder Winterpause oder trieb Ausgleichssport (z.B. Eisschnellauf), beteiligte sich an Querfeldeinrennen oder auf den Winterbahnen. Das war besonders der Tummelplatz für die Profis, denn auf den Hallenbahnen herrschte noch reger Betrieb.

Hier machten Coppi-Leoni negative Schlagzeilen, denn beim ***Zürcher Sechsstundenrennen*** (Sieger Kint - Van Steenbergen mit 259 km) spulten sie lediglich ihr Pensum herunter und endeten mit elf Runden Rückstand auf Rang neun.

Vielleicht ging Coppi dabei der Schadenersatzprozeß im Kopf um, in den er verwickelt war. Er mußte sich nämlich kurze Zeit später vor einem italienischen Gericht wegen angeblich fahrlässiger Tötung verantworten. Coppi hatte am 13.(!) Mai des Vorjahres, kurz vor Beginn der Italienrundfahrt, mit seinem Auto einen Mann überfahren, der sich dabei tödliche Verletzungen zuzog. Ein außergerichtlicher Vergleich wurde von der Familie des Verstorbenen nicht angenommen, da der von Coppi angebotene Geldbetrag in Höhe von zwei Millionen Lire als zu nieder abgelehnt worden ist. Man verlangte 4,5 Millionen. Coppi wurde im Februar in Genua wegen Mangel an Beweisen freigesprochen, zahlte aber trotzdem der Witwe des Überfahrenen 1 650 000 Lire (etwa 9000 Mark).

Um so verbissener ging er in Frankreich an den Start. Coppi konnte zwar am 4. Januar in Paris das „Winterkriterium" nicht gewinnen, aber in seiner Spezialdisziplin lernte er seinen alten Kontrahenten erneut das Gruseln: Den Holländer Peters holte er schon nach 1720 m ein (2:10 min) und anschließend war für Rik Van Steenbergen ebenfalls nach 2:56 min der Ofen aus. Coppi hatte ihn nach genau 2330 m eingeholt.

In Gent war am 11. Januar Bevilacqua das nächste Opfer von Fausto. Der gute Antonio wehrte sich zwar verzweifelt, mußte sich aber nach 6:27,2 Minuten mit 70 Meter Rückstand geschlagen geben. Die beiden Italiener hatten bei diesem Match jedoch ihr Pulver verschossen, und so reichte die Kraft nicht aus, Thyssen-Depauw im anschließenden 80-km-Mannschaftsrennen Paroli zu bieten. Zusammen mit den anderen Teams wurden sie von den entfesselten Belgiern in Grund und Boden gefahren und fanden sich am Ende mit drei Runden Rückstand auf Rang vier.

Aber in seiner Spezialdisziplin war Coppi eine Klasse für sich. Auch in Brüssel. Dort waren am 17. Januar der starke Franzose Blanchet und der

Holländer Middelkamp an der Reihe. Coppi hatte Blanchet nach 3760 m eingeholt (49,510 km/std) und in einem Aufwasch kam anschließend der Straßenweltmeister an die Reihe; er mußte schon nach 1525 m die Waffen strecken. In beiden Läufen bestach wieder einmal die gleichmäßige und doch so unerhört schnelle Fahrt des Italieners. Zur Vollständigkeit sei noch erwähnt, daß er bei dieser Veranstaltung zusammen mit Jef Scherens auch den Mehrkampf über Van Vliet - Middelkamp gewann.

Einen Tag später, am 18. Januar, mußte in Nizza der starke Franzose Roger Piel erfahren, daß Coppi um diese Zeit unschlagbar war; auch er verlor mit 70 Meter Rückstand.

Diese Verfolgungsrennen über 5000 m sind damals schnell in Mode gekommen und es verging keine Woche, ja fast kein Renntag auf den Bahnen in Belgien und Frankreich, ohne eine derartige Prüfung, und das Zugpferd Coppi sorgte, wenn es dem Veranstalter gelang, ihn zu verpflichten, stets für ein volles Haus. So auch am 24. Januar in Antwerpen. Hier kam Coppi zu einem weiteren Omniumsieg, wobei er in gewohnter Manier zuerst den Belgier Kaers nach 3860 m einholte, um im nächsten Lauf Blanchet (der es einfach nicht glauben wollte, daß er gegen Fausto nicht gewinnen konnte) mit 100 m zu schlagen.

Der hartnäckige Franzose kreuzte einen Tag später, am 25. Januar, auch in Gent auf, und sah im Sportpalast zuerst genüßlich zu, wie Coppi die Belgier Spelte und De Backer zur Strecke brachte. Anschließend wollte er den nicht mehr so frisch wirkenden Italiener als leichte Beute kassieren. Doch zu seinem Entsetzen hatte ihn Coppi wieder, und zwar diesmal nach 3385 m, eingeholt. Wahrscheinlich rutschte Blanchet mehrmals das Wörtchen *merde* aus; in der Umkleidekabine, auf dem Nachhauseweg, vor dem Einschlafen. Verständnis hätte man dafür schon haben können. Es war wie verhext.

Noch einmal wollte er es probieren: am 1. Februar in Brüssel. Aber auch diesmal hatte Coppi zwar erst nach der vollen Distanz über 5000 m, dafür aber in der großartigen Zeit von 6:12,2 min und immerhin mit 70 Meter Vorsprung seine Nase vorne. Und Blanchet die seine ein für allemal voll! Aus, Schluß, fini. Von nun an ging er Coppi tunlichst aus dem Weg.

Nach reichlicher Überlegung trat Coppi vom Start zum Sechstagerennen in Antwerpen zurück (er sollte es ursprünglich mit Bruneel bestreiten). Ihm schien die Beteiligung an dieser 144-std-Fahrt doch nicht die geeignete Vorbereitung auf die neue Straßensaison zu sein, und er plante dafür lieber einen Trainingsaufenthalt in Marokko, um anschließend am 14. März in Flandern an den Start zu gehen, was er als ausgezeichnete Probe für die klassische Frühjahrsfahrt Mailand - San Remo bezeichnete.

Aus Marokko, wo Coppi vier Startverpflichtungen eingegangen war, wurde insofern nichts, als ihn sein Firmenchef Peppino Bianchi eindringlich bat, seine ganze Aufmerksamkeit auf die Vorbereitung der kommenden Straßensaison zu konzentrieren. Coppi kehrte also unverrichteter Dinge wieder nach

Europa zurück, und löste durch sein Erscheinen in Aix-en-Provence beim traditionellen Saisonauftakt ***Ronde du Carnaval***, einem Rundstreckenrennen über 76,8 km, zumindest eine riesigen Publikumserfolg aus. Das war aber auch alles, denn im Rennen selbst glänzte Fausto wenig. Er landete überrundet hinter dem französischen Sieger Paul Neri auf dem sechsten Platz, nicht ohne zuvor zumindest sein Können im Schlußspurt demonstriert zu haben.

In Paris hatte, wie bereits berichtet, der Radsport-Weltverband, die *UCI*, getagt, um unter Leitung ihres Präsidenten Achille Joinard die *Trophée Edmond Gentil* für die beste radsportliche Leistung des Vorjahres zu vergeben. Wie nicht anders zu erwarten, war die Wahl mit 21:6 Stimmen auf Fausto Coppi gefallen! Der Kongreß hatte auch noch andere Dinge zu regeln. Italien, ebenso wie Deutschland während des Krieges ausgeschlossen, wurde mit 66:11 Stimmen wieder als vollwertiges Mitglied aufgenommen. Der mit Spannung erwartete Austausch deutscher Dauerfahrer mit solchen aus Frankreich und der Schweiz - und damit wieder eine teilweise Anerkennung Deutschlands - blieb jedoch mangels Fehlens einer deutschen Gesamtorganisation ergebnislos; (Vergessen wir nicht, Deutschland war in vier Zonen aufgeteilt, Berlin isoliert, der Bund Deutscher Radfahrer seit 1933 aufgelöst. Wir müssen noch bis 1950 warten).

Die Straßenrennräder waren längst aus dem Keller geholt, aber dazwischen war in Paris schnell noch am 8. Februar der ***Grand Prix*** der UCI abzuhaken. Für Coppi eine herrliche Nebensache, die er aber mit Erfolg zu Ende brachte, denn der Italiener bestätigte seine Ausnahmestellung mit einem Gesamterfolg bei diesem Omnium. Von den einzelnen Prüfungen des Wettbewerbes hatte der Franzose Blanchet das 5-km-Punktefahren knapp mit 33 Punkten vor Coppi (31) beendet. Das Kilometer-Zeitfahren sah Coppi und Blanchet mit je 1:07,2 min am schnellsten, während Koblet 1:10,2 min benötigte. Im Verfolgungsrennen behielt Coppi wieder einmal über Koblet und den Dänen Pedersen die Oberhand. Besonders im Rennen gegen Koblet machte Coppi mit einem 47er Durchschnitt alles klar. Er holte den Schweizer in 4:22,2 min nach 3460 Metern ein. Der Pariser Lokalmatador Blanchet kam nur durch einen mühevollen Sieg mit 5 Meter Vorsprung gegen den Dänen Pedersen auf Platz drei.

Während man in Mailand fieberhaft damit beschäftigt war, die erheblichen Frostschäden an der Vigorelli-Bahn auszubessern, u.a. mußte eine Fläche von ungefähr 70 Quadratmeter der Fahrbahn vollkommen erneuert werden, eröffnete die Nafta-Bahn in Genua die neue Freiluftsaison in Italien mit einem erstklassigen Programm, dessen Reinerlös dem Fond für Arbeitslose zufloß. Italiens Spitzenklasse war ausnahmslos am Start und besondere Beachtung fand das Mannschafts-Omnium mit der Bombenbesetzung Coppi-Conte, Ortelli-Ricci, Bresci-Magni und Bartali-Leoni. Fausto Coppi, nach seinen unvergleichlichen Winterbahnerfolgen noch in bester Fahrt, hatte keine

Mühe, im Australischen Verfolgungsrennen (einem Wettbewerb, bei dem im Abstand von 20 Meter gestartet wird und die eingeholten Fahrer ausscheiden, bis der letzte als Sieger übrig bleibt) Ortelli, Bartali und Bresci zu schlagen. Im Punktefahren waren es dann Conte und Leoni, die sich den Sieg teilten und damit waren Coppi-Conte (Coppi gewann auch noch das Zeitfahren) Gesamtsieger vor Bartali-Leoni. Im Anschluß daran holten sich die beiden auch noch das 25-km-Mannschaftsfahren.

Zu Bartalis Entschuldigung sei noch erwähnt, daß man ihm einige Tage zuvor, als er in einem Genueser Restaurant speiste, seinen Koffer mit der gesamten Rennfahrergarderobe und wichtige Teile seiner Rennmaschine gestohlen hatte. Gino hätte auf einen Start verzichten müssen, wenn ihm nicht Fausto in kameradschaftlicher Weise ausgeholfen hätte.

Die Teilnahme von Coppi brachte auch dem Rundstreckenrennen in Verona über 100 km einen großen Publikumserfolg, doch streckte Fausto in der vorletzten Runde, in aussichtsloser Position liegend, vorzeitig die Waffen und überließ Luciano Maggini nach 2:35:45 std den Sieg.

Als Aufgalopp für das bald anstehende Mailand - San Remo bestritt Coppi am 14. März das 210 km lange Rennen ***Het Volk*** mit Start und Ziel in Gent. Mit dieser Fernfahrt wurde die belgische Straßensaison eingeleitet. Der Italiener war der überragende Mann und wurde im Ziel stark gefeiert. Aber das Renngericht hatte festgestellt, daß Coppi unterwegs bei einem Defekt sein Rad unerlaubt gewechselt hatte, und so wurde er disqualifiziert. Dadurch kam der Belgier Sylvain Grysolle nach 6:40:02 std zu einem nachträglichen Sieg vor Hendrickx und Rosseel. Dieses Ergebnis wurde später revidiert, und man muß die faire Haltung des belgischen Radsportverbandes anerkennen; Sieger blieb zwar Grysolle, aber Coppi wurde auf den zweiten Platz vor Hendrickx (immerhin einem Belgier) gesetzt.

In diesem Zusammenhang sei auch erwähnt, daß Coppi bereits 1946 ein für ihn und seine sportliche Laufbahn bedeutendes Zusammentreffen mit einem Mann hatte, der drei der ganz Großen im Radsport als Manager unter seine Fittiche nahm: Fausto Coppi, Rik Van Looy und Eddy Merckx. Sein Name ist Guillaume Driessens.

Adolfo Leoni, Coppis älterer Markengefährte bei BIANCHI, gab ihm den Tip: „Geh nach Brüssel zu ´Lomme´ Driessens. Er wird dir ein Dach über dem Kopf besorgen und mit dir trainieren. Mit ihm gehst du durch die beste Radrennschule der Welt - die Rennen in Belgien und Frankreich!“

Driessens bekam von Leoni eine entsprechende Nachricht und wartete auf Coppi. Lassen wir *Lomme* am besten selbst sprechen:

„Also gut, ich sollte den Italiener am ´Gare de Lyon´ vom Zug abholen. Wir waren übereingekommen, daß Fausto, den ich nicht persönlich kannte, eine *La Gazzetta dello Sport* in der Hand halten sollte. Ich war sehr überrascht, als ein hagerer Bursche aus der 3. Wagenklasse ausstieg, in der einen Hand die rosa Gazzetta, in der anderen ein armseliges Köfferchen. Das sollte der Mann sein, von dem Leoni schrieb, daß er noch besser werden wird als Constante Girardengo und Alfredo Binda. Ich sprach ihn vorsichtig an. Er war es. Die Manier, in der er später das Rennen im Vel d´Hiv gewann, ließen bei mir und dem Veranstalter André Mouton schnell alle Zweifel verfliegen. Ich nahm den Jungen mit nach Brüssel und begann mit ihm zu arbeiten. Als Trainingspartner? Das wäre ein bißchen zu viel gesagt. Zwar stieg ich noch manchmal aufs Rad, aber ein altes Knieleiden machte es mir unmöglich, mit einem Mann wie Coppi in der Gegend herumzusausen. Aber ich konnte ihm anders behilflich sein. Er lebte das einfachste Leben, das man sich vorstellen kann. Nie kam auch nur die geringste Klage über seine Lippen. Langsam gewöhnte er sich an unsere belgische Kost, zum Beispiel zum Frühstück Toast mit Marmelade und er aß alles, was meine Mutter auf den Tisch brachte. Wir waren noch nie Freunde von Mehlspeisen und so mußte Coppi auf seine geliebten Spaghetti verzichten. Dafür lernte er Kartoffeln kennen und machte die Erfahrung, daß ein Stück Speck das beste Mittel gegen die Kälte war. Ob es ihm geschmeckt hat, weiß ich nicht. Jedenfalls hat er sich für alles höflich bedankt. Ich sagte sein Leben war einfach. Er war wie ein Metronom. Pünktlich um Sieben auf, nach dem Frühstück zum Training. Mittags Bad, Massage, Essen, Ruhe. Am Abend pünktlich um Neun im Bett. Er ging nie abends aus. Manchmal versuchte ich ihn zu überreden, mit mir ins Kino zu gehen. Er nahm das Angebot an, aber jedesmal in der Tram zum Zentrum fand er eine Ausrede, vorzeitig auszusteigen. Er lud mich auf eine Tasse Tee oder eine andere Kleinigkeit ein, dann gingen wir wieder heim. Mir wurde schnell klar, dieser junge Mann lebt nur für den Radsport, für seinen Beruf als Radrennfahrer. Ich hatte ihn etwa einen Monat im Haus. Er wich keinen Zoll von seinem selbstgestrickten Programm ab. Er war ein echter Profi. Und wie professionell er die Sache anging. Sie hätten ihn sehen sollen bei seinen Vorbereitungen zum ´Het Volk´, diesem harten Rennen, selektiv, auf schlechten Straßen, teilweise Kopfsteinpflaster und einer Zielankunft im Stadion von Gent. Es war sein erstes Straßenrennen in Belgien. Sie werden es nicht glauben, so an die zwanzig Mal fuhr er den letzten Teil der Strecke ab, besonders die Einfahrt ins Stadion hatte es ihm angetan. Am Schluß fand er den Weg mit geschlossenen Augen. Für mich war es selbstverständlich, daß Coppi das Rennen gewinnt.“

Wir haben gesehen, er wurde disqualifiziert und auf Platz zwei gesetzt. Aber er war der moralische Sieger!

Blauer Himmel wölbte sich am 19. März über der Hauptstadt der Lombardei, als sich 172 Fahrer aus sieben Nationen an den Startplatz in der Via Sforza begaben, um die 281,5 km lange „Fahrt in den Frühling“, die 39. Auflage von ***Milano-Sanremo***, in Angriff zu nehmen. *1,1 Millionen Lire* (rund 6000 Mark) wurden von der für die Durchführung verantwortlichen *La Gazzetta dello Sport* und der *Unione Sportiva Sanremese* als Preise für das Tagesklassement aufgebracht. Das lockte, noch dazu wo es um den ersten

Wettbewerb für die neu geschaffene Trophäe *Challenge Desgrange-Colombo* ging, die Elite im europäischen Straßenrennsport an den Start: Fausto und Serse Coppi, Bartali, Bresci, Leoni, Bizzi, Ortelli, Ronconi; die Franzosen Fachleitner, Robic, Vietto; die starken Belgier Van Steenbergen, Impamis, Schotte, Keteleer, Masson, S. Maes und Exweltmeister Kint (er bekam die Startnummer 1) sowie die Schweizer Kübler, Koblet und Stettler. Für alle - bis auf einen - sollte das Rennen ein Desaster werden.

Der eine war Fausto Coppi. Frohen Mutes radelte man in den herrlichen Frühlingstag, aber schon nach wenigen Kilometern machte sich ein starker Bodennebel unangenehm bemerkbar. In seinem Schutz versuchten Magni, Bizzi und Bevilacqua auszureißen, aber man ließ ihnen nur etwa 300 Meter Vorsprung (soweit war gerade noch die Sicht) und am Fuße des Turchino-Paß war alles wieder beisammen. Im Aufstieg gab es serienweise Defekte, von denen u.a. Bartali, Van Steenbergen und Koblet betroffen wurden. Auf der Paßhöhe (532 m) lagen Cottur, Sciardis und Fausto Coppi an der Spitze einer größeren Gruppe, die nun einige Zeit beisammen blieb. In Varazze (nach 174 km) versuchte Coppi, zusammen mit Rossello, wegzukommen. Vorerst vergebens; sie wurden wieder eingeholt. Aber am Capo Mele (73 m), einem der drei berüchtigten Hügel bei Mailand - San Remo holte Coppi zum entscheidenden Schlag aus. 40 km vor dem Ziel, machte er ernst. Mit unwiderstehlichem Antritt ließ Coppi seine Gegner förmlich stehen. Im Verfolgertrio wurde Baito von einem Auto angefahren und mußte ausscheiden.

Dann folgten die anderen beiden Erhebungen, das Capo Berta (130 m) und das Capo Cervo (77 m), an denen sich damals, vor Einbezug des Poggio (162 m) und noch später der Cipressa (240 m), die Entscheidungen anbahnten. Nun sind Hügel mit einer Höhe von etwa 100 m nicht gerade Hindernisse, bei denen es Profiradrennfahrer die Schuhe auszieht. Aber die drei < *Capi* >, mit ihren giftigen, steilen Anstiegen, nach rund 240 harten Rennkilometern, hatten schon immer ihre eigenen Gesetze und sorgten in der Geschichte von Mailand - San Remo oft für frühzeitige Entscheidungen.

So auch diesmal. Das Ziel in San Remo glich bei der Ankunft Coppis einem Hexenkessel. Mit über fünf Minuten Vorsprung gewann Fausto das Rennen, und dies, obwohl er erst 40 km vor dem Ziel alleine davonfuhr! Der von Coppi gefahrene Durchschnitt (37,340 km/std) ist in Anbetracht des Nebels, der lange Zeit herrschte, hervorragend, und die Tatsache, daß nur 70 von 172 Gestarteten das Rennen beendeten, unterstreicht die Härte der Prüfung. Unter den ersten zehn, mit Fausto Coppi an der Spitze, befand sich nur ein Ausländer. Solch ein Ergebnis hatten selbst die größten Optimisten nicht erwartet. Hier das Endresultat: 1. Coppi, 7:32:20 std; 2. Rossello, 5:17 min zurück; 3. Camellini, 1 Lg.; 4. Bizzi, 9:55 min; 5. De Zan; 6. Sergio Maggini; 7. Cottur - alles Italiener; dann als 8. Gauthier/FRA sowie 9. Bellini und 10. Vicini - ebenfalls Italiener.

Mit dem ***Giro della Campania*** stand anschließend der 1. Lauf zur Italienischen Straßenmeisterschaft auf dem Programm. Alles was in Italien Rang und Namen hatte war daher am 29. März in Neapel am Start versammelt, um die 225 km auf dem Rundweg über *Portici-Pompeji-Salerno-Montoro-Pratola-Benevento-Caserta-Capu* und zurück nach Neapel in Angriff zu nehmen.

Besondere Aufmerksamkeit galt natürlich den beiden Assen Bartali und Coppi, die unterwegs stürmisch gefeiert wurden. Für die *tifosi*, die sich voller Erwartung im *Vomero-Stadio* in Neapel eingefunden hatten, gab es jedoch eine herbe Enttäuschung, als nach 6:20:11 std Luciano Maggini als Erster auftauchte und den Endspurt gegen Vito Ortelli und Severino Canavesi gewann. Wo waren Bartali und Coppi geblieben? Nun, die beiden hatten sich unterwegs allzu heftig bewacht und dabei den Anschluß gründlich versäumt. Sie trafen mit nicht weniger als 13:30 min Rückstand mit einer größeren Gruppe ein und Coppi fand sich auf Platz zweiunddreißig wieder.

Gut, daß es noch Faustos Spezialdisziplin gab. Beim Eröffnungsrennen auf der Vigorelli-Bahn in Mailand konnte er zwar Van Steenbergen den Sieg im 100-Runden-Einzelfahren nicht verwehren, dafür sah sich der blonde *Rik* zusammen mit seinem Partner Kint im Mannschaftsverfolgungsrennen über 4000 m (wieder einmal) um 30 m geschlagen.

Im 2. Lauf zur Italienischen Straßenmeisterschaft konnte Bartali in heimischer Gegend beim ***Giro della Toscana*** endlich wieder einen viel umjubelten Sieg nicht nur über Coppi, sondern die ganzen übrigen Genossen feiern, denn nach 285 km hatte er alle im Sack: L. Maggini (2.), Magni (3.), Martini (4.) und Coppi (5.) bildeten die geschlagene Prominenz.

So hatte sich Coppi das nicht vorgestellt. Ein Blick in die Sportgazetten machte ihm auch klar, daß sich sein eigener Landsmann Fermo Camellini vor dem Belgier Albéric *Briek* Schotte inzwischen in der *Challenge Desgrange-Colombo* einen respektablen Vorsprung gesichert hatte.

Die zum Gedenken an die beiden Radsportpioniere Henri Desgrange (geb. 1865, gest. 1940, Journalist, erster Stundenweltrekod-Inhaber mit 35,325 km, „Vater der Tour de France" und später deren Direktor), und Emilio Colombo (ehemaliger Direktor von *La Gazzetta dello Sport* und des Giro d´Italia, gest. 1947) geschaffene Trophäe, sollte den besten Straßenfahrer der Welt ermitteln. Dazu wurden von der *UCI* folgende Wettbewerbe auserkoren: 19. März *Milano-Sanremo*; 4. April *Paris-Roubaix*; 11. April *Paris-Bruxelles*, 18. April *Ronde van Vlaanderen*; 21. April *Fléche Wallonne*; 25. April *Paris-Tours*; 15. Mai bis 6. Juni *Giro d´Italia*; 30. Juni bis 25. Juli *Tour de France*; 26. Okt. *Giro di Lombardia*. Ein bombastisches Programm, aber am Ende lagen für den Gesamtsieger immerhin 300 000 ffrs bereit (rund 4000 Mark).

Coppi konnte also in den Gazetten lesen: ***Milano-Sanremo*** (281,5 km, Sieger er selbst); ***Paris-Roubaix*** (246 km, Van Steenbergen/BEL); ***Paris-***

Bruxelles (326 km, Poels/BEL); ***Ronde van Vlaanderen*** (255 km, Schotte/BEL); **Fléche Wallonne** (234 km, Camellini/ITA). Das sah wirklich nicht besonders gut für ihn aus.

An dieser trüben Stimmung konnte auch ein Abstecher nach Marseille zu einem Länder-Omnium gegen Frankreich nichts ändern. Zum ersten, weil das Verfolgungsrennen in der Besetzung Fausto und Serse Coppi, Conte und Ricci gegen die Franzosen Piel, Prat, Landrieux und Blanchet verlorenging, zum zweiten, weil das anschließende 40-km-Mannschaftsrennen nach 15 km wegen Regen abgebrochen werden mußte.

Da hatte sein großer Gegenspieler Bartali mehr Grund zur Freude. Er fuhr bei der ***Meisterschaft von Zürich*** in der mit mehr als 100 Fahrern besetzten Profiklasse (insgesamt über 1000 Teilnehmer) aus einer zehnköpfigen Spitzengruppe einen Spurtsieg heraus.

Coppi trieb sich um diese Zeit lieber auf den Radrennbahnen herum. So zum Beispiel zusammen mit seinem Bruder Serse in Antwerpen, wo er in einem Australischen Verfolgungsrennen über 5000 Meter nach 3950 m sämtliche Fahrer in der Reihenfolge Idée, Bruneel und Bruylandt einholte, allerdings in der Gesamtwertung dann doch nur auf Platz zwei endete. Den zweiten Platz konnte er auch auf der Bahn von Lüttich zusammen mit Tacca bei einem 60-km-Mannschaftsrennen erreichen, das die Belgier Van Steenbergen - Kint als Sieger beendeten.

Zuvor war Coppi am 2. Mai beim berühmten belgischen Frühjahrsklassiker, der Fernfahrt ***Liége-Bastogne-Liége,*** klammheimlich ausgestiegen. Sehr zur Freude des Belgiers Mollin, der dadurch einen Gegner weniger hatte und das Rennen vor seinem Landsmann Raimond Impamis und dem Franzosen Louis Caput gewinnen konnte.

In Ostende fand ein internationales Omnium statt, bei dem sich Coppi mit dem dritten Platz hinter Van Steenbergen und Albert Sercu begnügen mußte. Aber man war sich nicht so ganz im Klaren, war das der richtige Coppi, oder war der Italiener in Gedanken schon bei der Italienrundfahrt?

Die 31. Auflage des Giro d´Italia soll nämlich am 15. Mai in Mailand beginnen (In 19 Tagesetappen, unterbrochen von vier Ruhetagen, müssen 70 ausgesuchte Fahrer aus Italien, Frankreich, Belgien, Luxemburg, Spanien und der Schweiz 4164 km zurücklegen, um am 6. Juni, so Gott will, wieder wohlbehalten in Mailand einzutreffen. Auf Beistand „von oben“ hofft insbesondere der „radelnde Mönch“, Gino Bartali, der mittlerweile fast 34 Jahre zählt und nach menschlichem Ermessen nicht mehr allzuviele Gelegenheiten hat, die Rundfahrt seines Landes zu gewinnen).

Der 15. Mai war schneller da als man dachte und Norditaliens Industriemetropole Mailand hatte anläßlich des Starts des ***Giro d´Italia*** wieder ihren großen Tag. Tausende von begeisterten Zuschauern konnten erst die vorauseilende Reklamekarawane, dann die Rennfahrer selbst und letztendlich den abenteuerlich anmutenden Troß der Begleitfahrzeuge bewundern, denn so ziemlich alles, was in dieser schweren Nachkriegszeit noch einigermaßen bereift war, kam zum Einsatz.

Auf ebenen Straßen entwickelte sich während der 1. Etappe *Milano-Torino* (190 km) ein munteres Rennen in dem die Italiener den Ton angaben. Eine aus Monari, Covolo, Martini und Cottur bestehende Vierergruppe enteilte dem Feld. Aus dem Quartett löste sich später Giordani Cottur, dessen Ausreißversuch von Erfolg gekrönt war und ihm am Ziel einen Zeitgewinn von mehr als eineinhalb Minuten und das Rosa Trikot einbrachte. Bartali und Coppi landeten zusammen mit den belgischen und französischen Spitzenfahrern im Hauptfeld.

Auch auf der 2. Etappe, *Torino-Genova* (226 km), mußten sich die beiden italienischen Favoriten mit (aus ihrer Sicht) undankbaren Plätzen begnügen. Hinter dem in 6:36:00 std siegenden Ricci konnte Coppi seinen Rivalen Bartali auf den dritten Platz verweisen. Ricci, für LEGNANO fahrend, hatte seinem Kapitän den Spurt angezogen, aber der aufmerksame Coppi konnte zumindest den Sieg Bartalis verhindern. Das war auf jeden Fall für Fausto das Wichtigste!

Die 3. Etappe *Genova-Parma* (243 km) gewann Luciano Maggini in 7:46:00 std im Endspurt gegen Magni, Bartali und Logli. In der Gesamtwertung führte weiterhin Cottur.

Auf der 4. Etappe *Parma-Viareggio* (266 km) war auch nichts besonderes los; Casola holte sich den Sieg vor Magni und Logli.

Nach einem Ruhetag in Viareggio wurde die 5. Etappe *Viareggio-Siena* (165 km) in Angriff genommen, die Leoni vor Conte und Logli für sich entscheiden konnte.

Am Ende der 6. Etappe *Siena-Roma* (256 km) wurde die „Ewige Stadt" erreicht und Casola erspurtete sich den Sieg gegen Magni und Conte. Cottur war weiterhin im Rosa Trikot. Die Ausländer traten bisher nicht in Erscheinung, und Bartali lag zusammen mit Coppi etwa fünf Minuten zurück. So ging es vom Tyrrhenischen zum Adriatischen Meer.

In dieser 7. Etappe *Roma-Pescara* (230 km) machten sich die ersten Steigungen bemerkbar, denn der Apennin mußte überquert werden. Der Monte Bove (1210 m) und die Forca Caruso (1107 m) gaben schon einen Vorgeschmack auf die noch bevorstehenden Dolomitensteigungen. Aber auch hier hielten sich die Favoriten Bartali und Coppi noch zurück, und Toni Bevilacqua konnte in Pescara mit einem Spurtsieg Pugnaloni niederkämpfen.

Die folgende 8. Etappe *Pescara-Bari* (347 km) war zwar meist eben, dafür aber die längste der ganzen Rundfahrt und obendrein von heftigen Regengüssen begleitet. Unter diesen widrigen Umständen wollte keine Stimmung aufkommen. Das Tempo blieb mäßig (26 km/std) und aus einem großen Hauptfeld erreichte Adolfo Leoni als erster das Ziel. Der erfolgreichste Fahrer des Tages war jedoch Giovanni Corrieri. Er schnappte sich eine Zwischenprämie in Gestalt eines Fasses mit 1200 Liter Wein. < *Salute!* >

Weniger Grund zum Feiern hatten die beiden rein ausländischen Mannschaften PEUGEOT (Frankreich) und LYGIE (Belgien). Die Tatsache der zahlenmäßigen Überlegenheit der italienischen Fabrikmannschaften, die sich im Rennen durch geschlossene Zusammenarbeit auswirkte, veranlaßte die beiden Sportleiter, ihre aussichtslosen Schützlinge aus dem Wettbewerb zu nehmen. Verständlich, aber vom sportlichen Gesichtspunkt aus betrachtet mehr als bedauerlich. Vor allem auch wegen der von Belgien, Frankreich und Italien groß propagierten *Challenge Desgrange-Colombo*, deren 7. Prüfung, eben die Italienrundfahrt, nun den Italienern kampflos überlassen wurde (dem in der Gesamtwertung des Pokals führenden *Briek* Schotte wars Wurscht. Er fuhr gerade in der eigenen Landesrundfahrt, der *Tour de Belgique,* und hätte sowieso keine Punkte bekommen).

Nachdem die bisherigen Etappen fast ausnahmslos vom Gesamtfeld im Endspurt entschieden worden sind, erfolgte auf der 9. Etappe *Bari-Napoli* (306 km) eine erhebliche Kräfteverschiebung. Diese schon im voraus als Etappe der Überraschungen apostrophierte Fahrt wirbelte das Feld kräftig durcheinander. Die vielen starken Steigungen, u.a. in Ariano (778 m), La Serra (585 m) und Monteforte (519 m) hatten nach dem Tagessieg des Außenseiters Logli in 8:46:10 std (34,894 km/std) zur Folge, daß der seit Anfang führende Cottur das Rosa Trikot an Vito Ortelli abgeben mußte.

Daran änderte sich auch nichts bei der 10. Etappe *Napoli-Fiuggi* (184 km), Tagessieger Italo De Zan, und während der 11. Etappe *Fiuggi-Perugia* (265 km). Immerhin machte sich an diesem Tag eine größere Aktivität der von Bartali und Coppi angeführten Rennställe bemerkbar, und mit dem für BIANCHI fahrenden Tagessieger in Perugia, dem Belgier Desirée Keteleer, rückte Coppis Mannschaft stark in den Vordergrund.

Noch führte Ortelli vor Magni und Volpi, und nach einem wohlverdienten Ruhetag zog die Girokarawane weiter nach Norden.

Auf der 12. Etappe *Perugia-Firenze* (169 km) gab Oreste Conte eine feine Vorstellung, denn er gewann nicht nur die Etappe, sondern ausgerechnet er vom BIANCHI-Team vereitelte wieder einmal einen heiß ersehnten Sieg Bartalis in dessen Heimatstadt Florenz.

Auch auf der 13. Etappe *Firenze-Bologna* (194 km) änderte sich an der Gesamtführung Ortellis nichts. Zwar hatte Bruno Pasquini einen Ausreißversuch durchgehalten, aber sein Vorsprung von einer Minute auf Pasotti, Leoni und Bartali brachte nicht viel ein, zudem das Hauptfeld dichtauf folgte.

Doch nun trat die Rundfahrt in ihre entscheidende Phase. Von Bologna über Udine ging es nach Auronzo, wo nach einem Ruhetag das 90-km-Einzelzeitfahren nach Cortina d´Ampezzo in Angriff genommen werden mußte. Tags darauf war die schwere Dolomiten-Bergfahrt mit dem Falzaregopaß und dem Pordoi, beide über 2000 m, an der Reihe, ehe über Trient und Brescia das Ziel in Mailand erreicht wurde. Lassen wir uns überraschen, wie die Sache ausging.

Schon die 14. Etappe *Bologna-Udine* (278 km) über Ferrara, Treviso, Pordenone zur Adria-Stadt, stand im Zeichen heftiger Auseinandersetzungen. Nach 7:45:00 std fiel die Spurtentscheidung so knapp aus, daß die Jury erst nach stundenlanger Beratung Adolfo Leoni den ersten Platz gegen Conti zusprach, dicht dahinter Bartali und Coppi, während Ortelli, durch einen Reifenschaden allzu lange aufgehalten, das Rosa Trikot und damit die Gesamtführung an Fiorenzo Magni verlor.

Dieser wurde bereits auf der 15. Etappe *Udine-Auronzo* (125 km) von Cecchi abgelöst, der auf dieser Fahrt zwar nur hinter dem Tagessieger Vincenzo Rossello auf Rang drei kam, aber Magni erschien erst mit der dritten Verfolgergruppe und war damit sein Rosa Trikot los.

Nach dem Ruhetag in Auronzo hatte die Stunde für Fausto Coppi geschlagen! Lange hatte er sich ruhig verhalten, doch nun, beim schweren Einzelzeitfahren, fuhr der Verfolgungsweltmeister auf der 16. Etappe *Auronzo - Cortina d´Ampezzo* (90 km), seinen Gegner wieder einmal auf und davon.

Er beendete die höchste Anforderungen stellende Fahrt in 2:20:53 std mit dem großartigen Durchschnitt von 38,330 km/std als überlegener Sieger. Mehr als drei Minuten dahinter folgten Bartali, Pasotti, Cottur, Cecchi, Brignole und Magni. Coppi hatte sich in der Gesamtwertung vom 12. auf den 9. Platz verbessert und holte am darauffolgenden Tag zu einem erneuten - von den Zuschauern erhofften, den Gegenern befürchteten - Schlag aus.

Diesmal, auf der 17. Etappe *Cortina d´Ampezzo - Trento* (160 km) über den Falzaregopaß (2105 m) und das Pordoijoch (2239 m), war Coppi nach 4:38:00 std erneut Sieger mit 2:55 min Vorsprung auf Ortelli und Pasotti. Magni schlüpfte wieder ins Rosa Trikot, aber Fausto war auf den 3. Rang vorgestoßen und nahe daran, den Giro zu gewinnen.

Doch am Abend platzte eine Bombe! Auf Anordnung ihres sportlichen Leiters mußte die gesamte BIANCHI-Mannschaft und mit ihr der große Favorit und Vorjahressieger Coppi nach einer großartigen Dolomitenfahrt aussteigen. Lähmendes Entsetzen bei allen Beteiligten, ratlose Journalisten, betroffene Funktionäre. Was war vorgefallen?

Ursache war der neue Spitzenreiter Fiorenzo Magni und ein nicht ganz einwandfrei arbeitendes Renngericht. Auf der Fahrt von Cortina d'Ampezzo nach Trient war von mehreren Augenzeugen festgestellt worden, daß Magni, der für die Marke WILIER-TRIESTINA fuhr, „...sich in wiederholten Fällen der verbotenen Unterstützung von Stallangehörigen erfreute.“ Allgemeinverständlich: Man hatte ihn die Berge hochgeschoben! Der unausbleibliche Protest gegen diesen groben Regelverstoß wurde vom Renngericht zwar geahndet, aber nur mit zwei Minuten Zeitbuße. Das war dem Leiter von BIANCHI einfach zu wenig. Bleibt noch die Frage offen, ob man Coppi mit diesem bestimmt werbeträchtigen Skandal wirklich einen Gefallen getan hat. Fausto hätte die Sache bestimmt lieber auf der Landstraße ausgetragen.

Wie dem auch sei, auf der 18. Etappe *Trento-Brescia* (239 km), gewann Bertocchi, und auch auf der letzten, der 19. Etappe *Brescia-Milano* (231 km) über Como und Varese zurück zum Startort, änderte sich nichts mehr an der Gesamtwertung.

Magni zog sogar auf der vollbesetzten Vigorelli-Bahn als Spurtsieger vor Logli und Toccaceli ein und war damit Gesamtsieger dieser Rundfahrt. Aber die Menge war über die unsportliche Haltung während der drittletzten Etappe so empört, daß er seine Ehrenrunde unter ohrenbetäubenden Pfiffen abbrechen mußte. Dagegen wurde Cecchi, der mit dreizehn Sekunden Rückstand auf dem zweiten Platz rangierte, mit Beifall überschüttet.

Schlußklassement des ***31. Giro d´Italia:***

1. Fiorenzo Magni WILIER TRIESTINA
4164 km in 124:51:52 std (33,348 km/std)

2. Ezio Cecchi	CIMATTI	0:13	min zur.
3. Giordano Cottur	WILIER TRIESTINA	2:37	"
3. Vito Ortelli	ATALA	2:37	"
5. Primo Volpi	ARBOS	8:24	"
6. Giulio Bresci	WILIER TRIESTINA		
7. Angelo Brignole	ARBOS		
8. Gino Bartali	LEGNANO		
9. Serafino Biagioni	VIANI CRAL IMPERIA		
10. Alfredo Martini	WILIER TRIESTINA		

Coppi hatte sich bereits vor seinem Ausscheiden den *G.P. della Montagna* vor Cecchi und Bartali gesichert, die *Mannschaftswertung* ging an WILIER TRIESTINA. Nur 41 von 77 gestarteten Fahrern erreichten das Ziel. Alles Italiener, da mit dem Ausscheiden des BIANCHI-Teams auch die beiden einzigen Ausländer, die Belgier Keteleer und Depredomme, zum Aussteigen gezwungen wurden.

Die Italienrundfahrt war für Fausto passé, aber es gab ja noch die Rundfahrt durch Frankreich. Doch zur allgemeinen Überraschung beantwortete Coppi die Frage, ob er an der Tour de France teilnehmen wolle, mit einem klarem Nein: „Ich bin noch nicht so stark, um an einer so schweren Aufgabe teilzunehmen. Als ich Bartali heuer im Giro manövrieren sah, kam ich zu der Überzeugung, daß ich zuvor noch sehr viel lernen muß." Wir werden sehen, wie recht er hatte.

Vorerst verteidigte er auf der Mailänder Vigorelli-Bahn am 16. Juni seinen Titel als Italienischer Verfolgungsmeister mit Erfolg. Im Endlauf besiegte er seinen alten Widersacher Bevilacqua in 6:53,0 min mit 95 Meter Vorsprung.

Bevilacqua revanchierte sich auf der selben Bahn bei einem 60-km-Mannschaftsrennen, indem er zusammen mit seinem Partner Ortelli das Feld einmal überrundete und Coppi-Magni auf Rang vier verwies. Doch als es galt, eine ausländische Equipe in der Zusammensetzung Lapébie, A. Seres, Spelte, De Backer und Plattner in einem italienischen Verfolgungsrennen zu schlagen, war man sich sofort einig: Bertoli, Bevilacqua, Coppi, Magni und Ricci gewannen schlicht und einfach mit 55 Meter Vorsprung.

Inzwischen begab sich Gino Bartali zusammen mit seinen Kollegen von der italienischen Nationalmannschaft nach Paris und am 30. Juni nahmen Bartali, Bevilacqua, Biagioni, Corrieri, Cottur, De Santi, Feruglio, Pasquini, Rossello und Volpi die 4902 Kilometer der ***Tour de France*** in Angriff.

Diese 35. Auflage der Frankreichrundfahrt wurde zum Rennen eines Fahrers: Gino Bartali! Nachdem er die 1. Etappe *Paris-Trouville* (237 km) gewonnen hatte, landete er vorerst in der Versenkung. Ziemlich tief sogar, denn am Abend der sechsten Etappe sah er sich im Gesamtklassement auf dem 24. Platz mit 21:21 min Rückstand auf den Spitzenreiter, den jungen Franzosen Louison Bobet. Da mußte etwas geschehen! Waren es die Pyrenäenpässe, an erster Stelle der 1709 m hohe Aubisque, war es das Wunderwasser von Lourdes, das am Ende der 7. Etappe auf Bartali wartete, egal, Gino fuhr was das Zeug hielt und gewann die 219 km lange Teilstrecke *Biarritz-Lourdes* vor Robic und...Bobet. Donnerwetter, der Junge hielt sich prächtig. Da mußte Gino noch eins draufsetzen. Gelegenheit gab es am folgenden Tag, denn auf der 261 km langen Strecke *Lourdes-Toulouse* galt es den Tourmalet (2115 m), den Aspin (1489 m) und den Peyresourde (1569 m) zu bezwingen. Bartali gewann auch diese 8. Etappe und rutschte auf Rang acht vor. Na also, nun sah die Sache schon etwas besser aus (auch wenn ihn noch rund zwölf Minuten vom Gelben Trikot trennten.)

Coppi vernahm es mit Respekt und sah sich in seiner Entscheidung, das Tourabenteuer zu vertagen, bestätigt.

Bartali hatte vermutlich weniger Zeit, die Erfolge seines jüngeren Rivalen zu verfolgen, der inzwischen die Rennbahnen unsicher machte. So in Mailand, wo er hinter Van Steenbergen in einem Omnium den zweiten Platz belegte; in Rom, wo er mit Bergomi in einem Mannschaftsrennen auf Rang drei landete, und in Padua, wo er in einem 100-Runden-Einzelfahren De Zan und Bevilacqua besiegte.

Zurück nach Frankreich. Dort ging es in die Alpen, und man würde in der bisherigen Geschichte der Tour vergeblich suchen, wollte man ein Gegenstück zu dem suchen, was Bartali in der Folge Europas Straßenfahrerelite vorführte!

Auf der 13. Etappe *Cannes-Briançon* (274 km) schienen dem „radelnden Mönch“ Flügel zu wachsen. So sah es jedenfalls aus. Über den Allos (2250 m), den Vars (2111 m) und den Izoard (2361 m) ging die verwegene Fahrt, bergauf, bergab, und Leidtragender war Bobet. Am Abend war Bartali durch seinen Etappensieg bis auf 51 Sekunden an ihn herangekommen.

Der in der Form seines Lebens fahrende Italiener war auch bei der 14. Etappe *Briançon - Aix-les-Bains* (263 km) nicht zu bremsen. Trotz eines Schneesturms auf dem Galibier (2556 m) und trotz der anderen bösen Steigungen, wie z.B. dem Croix de Fer (2068 m), dem Col de Porte (1326 m), dem Col du Cucheron (1190 m) und dem Col du Granier (1164 m), errang Bartali seinen fünften Etappensieg und schlüpfte ins Gelbe Trikot! Doch Gino gab sich damit nicht zufrieden. Er wollte den lupenreinen Hat-Trick.

So geschehen bei der 15. Etappe auf dem Weg *Aix-les-Bains -Lausanne.* Weg ist gut gesagt, führte doch die Strecke über 236 km, hinauf zum Col de la Forclaz (1157 m) sowie über vier weitere Paßhöhen, und trotzdem traf Bartali mit dem hervorragenden Stundenmittel von 30,1 km nach 8:29:55 Stunden in Lausanne ein (da mutet eine sogenannte „englische Woche" im Profifußball doch eher wie ein gutbezahlter Ferienjob an...)

Der Rest ist schnell erzählt. Die letzten sechs Etappen bis zum Endziel in Paris waren größtenteils flach, und Bartali ließ sich die Butter nicht mehr vom Brot nehmen. Im Gegenteil: Die 19. Etappe *Metz-Liége* (249 km) sah ihn noch einmal als Tagessieger und am 25. Juli traf Gino als vielbejubelter Gesamtsieger auf der Pariser Prinzenparkbahn ein.

4922 Kilometer; sieben Etappensiege; 147:10:36 Stunden im Sattel; 33,443 km/std; im Abstand von 10 Jahren zum zweiten Mal Gewinner der Tour de France - und das mit 34 Jahren! Coppi konnte nicht anders, er mußte Gino bewundern.

Schlußklassement der ***35. Tour de France:***

1. Gino Bartali	ITALIEN		
4922 km in 147:10:36 std	(33,443 km/std)		
2. *Briek* Schotte	BELGIEN	26:16 min	zur.
3. Guy Lapébie	CENTRE-SUD-OUEST	28:48	"
4. Louison Bobet	FRANCE	32:59	"
5. Jean Kirchen	HOLLAND/LUXEMBOURG	37:53	"
6. Lucien Teisseire	FRANCE	40:47	"
7. Roger Lambrecht	INTERNATIONAUX	49:56	"
8. Fermo Camellini	INTERNATIONAUX	51:36	"
9. Louis Thiétard	PARIS	55:23	"
10. Raymond Impamis	BELGIEN	1:00:03 std	"

Bartali gewann auch den *G.P. Montagne* vor Lazaridès und Robic. Belgien siegte im *Mannschaftsklassement*. Von 120 gestarteten Fahrern erreichten 44 das Ziel.

Fausto dominierte inzwischen bei den Bahnrennen in Busto Arsizio und gewann das Mannschaftsomnium mit Casola als Partner. Bei einem Kriterium in Florenz hatte er im richtigen Moment einen Reifenschaden, der ihn zur Aufgabe zwang. Denn im selben Moment begann ein unvorstellbarer Wolkenbruch, und erst als die Fahrer vor Nässe trieften und die Sicht gleich Null war, erfolgte der Abbruch des Rennens. Coppi saß da längst im Trocknen.

Im Trocknen hatte er auch seine Schäfchen in Cavezzo. Dort wurde er in einem Mannschafts-Omnium mit Borsari zweiter, ebenso im Mannschaftsfahren mit Zanazzi. In Forli gewann er ein Omnium mit Conte als Partner, und in Genua fuhr er als Sieger im 50-Runden-Einzelfahren durchs Ziel.

Ancona sah die Mannschaft Coppi-Conte als Omniumsieger; bei der gleichen Veranstaltung wurde Coppi im 60-Runden-Punktefahren Zweiter. Nur zu einem dritten Platz reichte es bei einem Omnium in Bologna, und im 60-Runden-Mannschaftsrennen mußte sich Coppi mit seinem Partner Loatti nur den Gebrüdern Maggini beugen. In Livorno startete Coppi wieder einmal in seiner Spezialdisziplin und gab dabei L. Maggini mit 40 Meter das Nachsehen. Im 50-Runden-Einzelfahren siegte Martini, und Serse als Vierter im Familienduell gegen seinen Bruder Fausto, der Siebter wurde.

Coppi hatte zwar seine Liebe für Bahnrennen (und relativ leicht verdientes Geld) entdeckt, aber nach wie vor war er Straßenfahrer. Das bewies er am 8. August in Varese bei den ***Tre Valli Varesine***. Nach einer Fahrzeit von 7:16:57 std für die 263 Kilometer siegte er im Endspurt mit einer halben Radlänge vor Toursieger Bartali.

Schließlich stand noch ein 60-Runden-Mannschaftsfahren in Coppis Terminkalender, das er mit Conte in Pesaro gewann. Dann war Schluß mit dem Tingeltangel, denn in Amsterdam (Bahn) und Valkenburg (Straße) ging es um die ***Radweltmeisterschaften!***

Vor der Abreise nach Holland besuchte Fausto Achille d´Angelo, einen Handleser in Neapel. Entweder war der Wahrsager schlecht bestrahlt oder Coppi hörte nicht aufmerksam zu. Die Fahrt nach Valkenburg hätte er sich auf jeden Fall sparen können...

Beim Straßenrennen war an diesem 22. August für Coppi von Anfang an der Wurm drin. Die Berufsfahrer mußten 26 Runden (266,8 Kilometer) bei Regenwetter absolvieren. Die Hauptschwierigkeit lag dabei in der Bezwingung des Caubergs mit seinem mehrere hundert Meter langen Anstieg und der bei dieser Witterung gefährlichen Abfahrt, die unter den 37 gestarteten Fahrern aus acht Nationen so aufräumte, daß nur zehn von ihnen das Ziel erreichten!

Eine eigenartige Taktik hatte sich Coppi ausgedacht. Er ließ Bartali nicht aus den Augen und klebte förmlich an dessen Hinterrad. Keiner mag das, am wenigsten Bartali. So beobachtete auch er ständig Coppi, und allmählich fuhren beide nebeneinander her, als befänden sie sich auf einer Trainingsfahrt. Es kam, wie es kommen mußte. Der Belgier Schotte zog mit den beiden Franzosen Teisseire und Lazeridès auf und davon und gewann einen immer größer werdenden Vorsprung. Bartali und Coppi trödelten einsam hinter dem entschwundenen Feld her, von den Zuschauern mit Schmährufen überschüttet, von den italienischen Offiziellen beschimpft und bedroht, von den eigenen Landsleuten, die sich wie die Irren benahmen, angefleht, beschworen, doch endlich etwas zu unternehmen. Mittlerweile betrug der Rückstand elf Minuten und sie unternahmen wirklich etwas.

Sie sprachen miteinander. Denkbar wäre folgender Dialog gewesen:

„Fausto, wir müssen unsere Ehre retten!“

Der antwortet mürrisch:

„Hau alleine ab, Gino, ich geh jetzt schlafen.“

„Gut, wenn du aufhörst, dann gebe ich auch auf.“

So oder ähnlich. Beide stiegen jedenfalls ab und beendeten das Rennen, das schließlich von Schotte gewonnen wurde. Das sollte ein Nachspiel haben!

Aber vorerst standen noch die Bahnmeisterschaften auf dem Programm. Hier begann eigentlich alles nach Fahrplan. Coppi war für die Einerverfolgung gemeldet und galt als der absolute Favorit. Hatte er doch in der laufenden Saison 23 (d.h. alle) Begegnungen mehr oder weniger eindrucksvoll gewonnen. Warum dann nicht auch das Regenbogentrikot? Im Vorlauf fertigte er den Belgier Adriaenssens erwartungsgemäß ab, allerdings nur mit 90 Meter Vorsprung (das gab zu denken.) Im Viertelfinale besiegte er Gillen mit 85 Meter Vorsprung (Immerhin, das war ein ernst zu nehmender Kunde). Dann kam es im Halbfinale - Coppi gegen Bevilacqua - zum Skandal.

Nachdem der Holländer Schulte die erste Vorentscheidung nur mit Müh und Not und einer halben Radlänge gegen Koblet gewonnen hatte, legte es Bevilacqua im Interesse seines Landsmannes Coppi darauf an, diesem einen mühelosen Sieg zu überlassen. Er gab nach der dritten Runde einfach auf. Das Publikum roch den Braten und verlangte stürmisch die Verlegung der Entscheidung um 24 Stunden, da der ausgepumpte Schulte im anschließenden Finale erheblich benachteiligt worden wäre. Die Bahn wurde mit Sitzkissen beworfen, und die aufgebrachte Volksseele war erst beruhigt, als das Kampfgericht bekannt gab, daß Bevilacqua eine Geldstrafe von 2500 Schweizer Franken bekam (die vermutlich Coppi bezahlte) und der Endlauf um einen Tag verschoben wird.

Im Finale fuhr sich Schulte dann die ganze Wut gegen Coppi und dessen Paladin aus dem Bauch und bezwang ihn nach 6:28,2 min mit zwei Meter (!) Vorsprung.

Nun zum Nachspiel der Straßenweltmeisterschaft. In Italien löste das Verhalten von Bartali und Coppi einen Pressesturm und einen gewaltigen Skandal in der Öffentlichkeit aus. Vergessen waren über Nacht alle bisherigen Erfolge und landauf-landab erscholl es aus den Bars und Gasthäusern: < *traditori della patria!* > - Vaterlandsverräter!

Die Sache kam vor den Disziplinarausschuß des italienischen Radsportverbandes *(U.V.I.)*, dessen Urteil lautete: Bartali und Coppi bekommen zwei Monate Sperre!

Das war ein Schlag ins Kontor. Für die Betroffenen bedeutete der Ausschluß aus jeglichem Rennbetrieb für die Dauer von neun Wochen einen ungeheuren materiellen Verlust, denn bei drei bis vier Starts pro Woche ging das auf einen Einnahmeausfall von mehreren Millionen Lire hinaus. Bartali und Coppi erfuhren ihre Disqualifikation in Belgien und traten sofort die Heimreise an, um sich mit den Direktoren ihrer Fahrradmarken zu besprechen. Auch diese waren mit der Aussperrung ihrer Asse auf so lange Zeit nicht einverstanden, obwohl sie den Sündern durchaus einen Denkzettel vergönnt hätten. Aber nicht nur die betreffenden Fahrradfabriken, mehr noch der Verband der italienischen Berufsfahrer *A.C.C.P.I.)*, war mit dem harten Urteil nicht einverstanden und auf einer Protestversammlung in Mailand wurde sogar mit einem Generalstreik der Profis gedroht, wenn die Strafe nicht gemildert wird.

Aber der Verband blieb hart. Auch das Ersuchen, Bartali und Coppi wenigstens an den beiden letzten Rennen zur Italienischen Straßenmeister-schaft teilnehmen zu lassen, wurde abgelehnt, und so mußte fürs erste ***Milano-Modena*** ohne die beiden Asse ausgetragen werden. Es siegte der Außenseiter Alberto Ghirardi.

Die Bestrafung von Bartali und Coppi hatte aber auch im italienischen Radsportverband eine Menge Staub aufgewirbelt, denn aus der Resolution der Berufsfahrer ging hervor, daß die damaligen Verbandsbestimmungen keinem Fahrer die Möglichkeit gaben, gegen eine Entscheidung Einspruch zu erheben. Und weil noch weitere Lücken im Reglement gefunden wurden, stand eine gründliche Überholung und Neufassung ins Haus. Die Herren Funktionäre begannen zu brüten.

Da kam ihnen die Aktivität des italienischen Olympischen Komitees gerade wie gerufen. Das bereitete gerade auf Grund der großen olympischen Erfolge der italienischen Sportler eine Generalamnestie vor (Das liest sich eigenartig. Es muß unter den Athleten nur so von „Verbrechern" gewimmelt haben) und auf der Liste standen auch Bartali und Coppi!

In Rom nahm der italienische Radsportverband den zugespielten Ball freudig entgegen (man war sich ja selbst nicht wohl in der eigenen Haut) und hob mit sofortiger Wirkung die Suspendierung von Gino Bartali und Fausto Coppi auf.

Für Fausto gerade rechtzeitig, um am 4. Oktober in Bologna an den Start zum letzten Lauf der Italienischen Straßenmeisterschaft, dem ***1. Gran Premio Ursus***, zu kommen, der auf dem Kurs der klassische Emilia-Rundfahrt ausgetragen wurde.

Die Fahrt begann sofort sehr schnell, denn asphaltierte Straßen (damals nicht unbedingt vorauszusetzen) auf dem ersten Drittel der 300,2 km langen Strecke erleichterten die Arbeit der Akteure erheblich. Nach etwa 80 km hatte eine vierköpfige Spitzengruppe, bestehend aus Casola, Toccaceli, Mazzola und Malabrocca, einen Vorsprung von sechs Minuten. Eine Menge Zeit, aber von nun an wurde die Sache erheblich schwieriger. Es ging in die Berge. Ein 60 km langer ständiger Anstieg zum Oppia-Paß (821 m) folgte, und auf der Anhöhe ergab sich dieses Bild: Logli hatte aufgeschlossen, überquerte den Paß als Erster, stürzte sich in die fünf Kilometer lange Abfahrt und begann anschließend den 20 km langen Aufstieg zur höchsten Erhebung der Strecke, den 1388 m hohen Abetone-Paß. Im Nacken spürte er den heißen Atem der Verfolger, denn nun hielten die Asse ihre Stunde für gekommen.

Als nach 165 gefahrenen Kilometern die Paßhöhe erreicht war, führte Coppi vor Rossello, Ortelli, Simonini und Pasotti mit 1:55 min Vorsprung auf ein zersplittertes Hauptfeld. Ortelli hatte anschließend Defekt am Vorderrad, schloß aber in einer halsbrecherischen Abfahrt wieder zur Spitze auf. Seine Pechsträhne war jedoch noch nicht abgeschlossen. Beim Aufstieg nach Barigazzo (1217 m) ließ das Hinterrad Luft, und eine schlechte Endplazierung hätte für ihn den Verlust der Italienischen Meisterschaft bedeutet, denn er lag ja nach Punkten in Führung! Vorerst aber mit 2:20 min Rückstand hinter Coppi.

Die nächsten 60 km bis Modena ging es nun bergab, dann folgten 40 km in der Ebene bis zum Ziel in Bologna.

Fausto war nun nicht mehr zu halten. Unter seiner Führung hatte das Quartett Coppi, Rossello, Simonini und Pasotti in Modena 5:25 min Vorsprung. Dann machte sich Coppi allein auf und davon. Als er ins *Velodromo Bolognese* einfuhr, hatte er Rossello um 40 Sekunden abgehängt, Simonini um eine Minute, und Pasotti um eine Minute und zehn Sekunden. Geraume Zeit verging, bis nach 7:19 min das Hauptfeld eintraf, das Ortelli im Spurt besiegte, um mit diesem 5. Platz um Haaresbreite (mit einem Punkt Vorsprung) den Meistertitel vor Coppi zu retten. Faustos Siegesfahrt in 8:29:20 std (35,364 km/std), war auf jeden Fall wieder die Demonstration eines Ausnahmefahrers, denn von den 85 Gestarteten erreichten nur 33 das Ziel.

Auch dieses Rennen hatte ein Nachspiel. Coppi und der frischgebackene italienische Straßenmeister Ortelli wurden der Bestechung bezichtigt. Ortelli soll andere Fahrer bestochen haben, ihn als Fünften ankommen zu lassen, damit er so die Meisterschaft gewinnen kann (was ja auch geschah) und gleichzeitig Fausto zu behindern. Coppi soll jedoch den betreffenden Fahrern noch mehr Geld geboten haben, dies nicht zu tun. Coppi bestritt die gegen ihn erhobenen Anschuldigungen seitens eines Teils der italienischen Presse heftig, und drohte sogar damit, sein Rad an den berühmten Nagel zu hängen.

Fausto hatte einfach die Nase voll von dem Getue um seine Person. Gut, die Wogen der Begeisterung schlugen für ihn jetzt turmhoch. Er hatte in der ***Italienischen Straßenmeisterschaft*** - obwohl er an einem Rennen nicht teilnehmen durfte - den zweiten Platz vor Luciano Maggini erreicht, neben den im Text erwähnten Rennen die *Circuiti* in ***Padova***, ***Albenga*** und ***Busto Arsizio*** gewonnen, den Circuito di Traviso als Achter beendet und sich bei einem Rennen in Charleroi mit dem 9. Platz begnügt. Sein Name stand schlechthin für Erfolg, die Jugend hatte ein neues Idol. Aber Fausto blieb

Realist. Keinen Augenblick geriet er in Gefahr, den Boden unter den Füßen zu verlieren. Der Radsport war für ihn die selbstverständlichste Sache der Welt, eine männliche Angelegenheit, etwas, das jeder mit sich selbst auszumachen hatte. Und es war sein Beruf. Er fuhr, weil es ihm Spaß machte, immer wieder aufs neue alles aus sich herauszuholen, sich neuen Prüfungen zu unterwerfen. Er hatte nichts von der Art Bartalis an sich, der immer den Eindruck erwecken wollte, er erfülle eine göttliche Sendung. Auch gestand er freimütig, niemals für die Ehre Italiens zu fahren, denn seiner Meinung nach sei der Mensch der Natur, der Gesellschaft und vor allem seinem eigenen Schicksal allein verantwortlich. Coppi machte sich auch nichts aus Empfängen und anderen Geselligkeiten. Lieber las er Bücher über Physiologie, die Wissenschaft über Lebensvorgänge im menschlichen Körper; studierte anatomische Handbücher, um seine eigene Konstitution immer besser kennenzulernen, und befaßte sich besonders mit einer vernünftigen, gesunden Ernährungstheorie. Er suchte sich seine Kost selbst aus, und stellte allmählich seine ganze Lebensweise auf moderne Methoden ein. Sein Arzt, sein blinder Masseur Cavanna und sein Mechaniker waren ständig bei ihm. Mit ihnen besprach er seine Erkenntnisse und setzte sie in die Tat um.

An Coppi hatte sich auch sonst manches verändert. Wurde er 1946 nach seiner Ankunft in Paris zu einem Rennen noch von einem französischer Journalist als „Bauer im Sonntagsstaat" bezeichnet, weil Fausto in einem billigen Anzug, einem alten Mantel und einem Pappköfferchen erschien, so konnte man an ihm nun nichts mehr aussetzen. Modisch gekleidet, zwar immer noch schüchtern, hätte er dem gleichen Journalisten in perfektem Französisch nicht nur dessen Fragen beantwortet, sondern ihm auch vermutlich den „Bauern" ausgetrieben.

Die Amnestie kam für Coppi auch gerade noch zur rechten Zeit, um am 24. Oktober an den Start zum ***Giro di Lombardia*** zu gehen, mit der die europäische Straßenradrennzeit zu Ende ging. Dem Rennen kam in diesem Jahr auch insofern eine besondere Bedeutung zu, weil es die letzte Prüfung für die *Challenge Desgrange-Colombo* war. Aus diesem Grunde hatte das klassische Rennen eine starke internationale Besetzung. Die namhaftesten Fahrer aus Frankreich, Holland, Belgien, der Schweiz und Italien hatten sich eingefunden, um die 222 km lange Strecke in Angriff zu nehmen. Aber die Lombardei-Rundfahrt war nur das Rennen eines Fahrers und der hieß wieder einmal Fausto Coppi!

In der glänzenden Zeit von 5:51:55 std (Rekorddurchschnitt von 37,850 km/std) fuhr er der gesamten Gegnerschaft auf und davon. Aus dem Verfolgerfeld konnten sich zwar Leoni und der Schweizer Fritz Schär absondern, die sich bis zum Schluß einen erbitterten Kampf lieferten und bemüht waren, Coppi doch noch einzuholen. Doch vergebens: die Stoppuhren zeigten einen Rückstand von 5:45 Minuten.

Coppi konnte mit diesem Sieg - ähnlich wie Alfredo Binda (1925, 1926 und

1927) - den Herbstklassiker dreimal hintereinander gewinnen (1946, 1947 und 1948). Zwei weitere Siege werden noch folgen.

Dem Belgier *Briek* Schotte genügte ein 18. Platz, um die *Challenge Desgrange-Colombo* für den besten europäischen Straßenfahrer zu gewinnen. War er es wirklich?

Jedenfalls lautet die Endwertung: 1. *Briek* Schotte/BEL, 2. Fermo Camellini/ITA, 3. Gino Bartali/ITA, 4. Magni/ITA, 5. Cottur/ITA, 6. Ortelli/ITA, 7. Leoni/ITA und Ryckaert/BEL, 9. Ramon/BEL, 10. Bobet/FRA und 11. Fausto Coppi/ITA.

Briek Schotte konnte also 600 000 ffrs mit nach Hause nehmen und Coppi blieb der Trost, daß ihm seine Firma BIANCHI auf Grund der großartigen Erfolge für die kommende Saison einen Jahresvertrag von zehn Millionen Lire anbot, damals etwa 55 000 Mark! Fausto war einverstanden.

Etwa um diese Zeit kam aus Bergamo die Kunde, daß beim stark umkämpften Straßenrennen um die ***Trophäe Baracchi*** über 252,3 km (damals noch als Einzelrennen ausgetragen) der Unabhängige Giorgio Cargioli im Endspurt gegen so starke Berufsfahrer wie Egidio Marangoni und Serse Coppi gewonnen hatte.

Da schau her: Den kleinen Coppi gab es auch noch! Nach seinen spärlichen Siegen in der *Coppa Marin* (1941), im *Circuito Valle Scrivia*, der *Coppa Boero* und *Milano-Varzi* (1945) sowie einem 6. Platz beim *Giro dell'Emilia* zumindest ein kräftiges Lebenszeichen.

Die Freiluftsaison war nunmehr beendet, die Winterbahnen öffneten ihre Tore, und Zürich hatte einen großartigen Renntag. Hier traf sich die Elite aus Belgien, Holland, Frankreich, Italien und der Schweiz zum 1. Lauf der *Europameisterschaft im Mannschaftsfahren* in Gestalt eines Dreistundenrennens. 9000 Zuschauer brauchten ihr Kommen nicht zu bereuen, denn was die Holländer Schulte-Boeyen boten, war vom Feinsten. Nach drei Stunden waren 139,950 km zurückgelegt, was dem großartigen Stundenmittel von 46,650 km entsprach. Die unermüdlich jagenden Holländer hatten im letzten Teil der Prüfung zwei Bahnlängen zwischen sich und die Nächstfolgenden Lapébie-Sérés/FRA gelegt und das übrige Feld arg zerzaust. Coppi-Conte fanden sich mit neun Runden zurück auf dem 9. Platz (und das Ganze gar nicht so lustig).

Anders in Carbonia. Dort hatte Coppi Grund zur Freude, denn zum einen gewann er mit Loatti das Omnium gegen Bartali-Astolfi, zum andern siegte sein kleiner Bruder Serse, der immer im Schatten von Fausto stand, im 50-Runden-Einzelfahren, was sich Coppi aus sicherer Distanz (Platz 4) genüßlich betrachten konnte. In Domodossola war es ähnlich. Hier siegte Fausto mit Borsari im Omnium, und der „Kleine" kam im 40-Runden-Einzelfahren wieder vor seinem Bruder ins Ziel, diesmal als Zweiter hinter F. Magni; Fausto wurde Dritter.

Dann lockte Genf mit begehrten Schweizer Franken. Coppi konnte in diesem Omnium zwar mit seinem Partner Conte nicht den Rahm abschöpfen, - sie wurden nur zweite - , aber etwas mehr als die reinen Spesen hat er bestimmt mit nach Hause gebracht.

Im Gegensatz zu den (leider auch heute noch) verräucherten Hallenbahnen konnte Coppi bei einem Kriterium in *Voghera* nochmals frische Herbstluft schnappen und dabei feststellen, daß sich sein Bruder in blendender Form befand. Serse konnte zwar den Sieg von Leoni nicht verhindern, landete aber vor Fausto auf Rang zwei, der sich mit dem dritten Platz begnügte.

Fausto hatte ehrgeizigere Pläne. In Paris wartete der französische Meister im Verfolgungsfahren, Roger Rioland, auf ihn, und Coppi, der seit seiner Niederlage gegen Schulte bei der Weltmeisterschaft kein solches Rennen mehr bestritten hatte, brannte darauf, die Scharte einigermaßen auszuwetzen. Rioland führte bis 2700 m, vermochte dann aber das Tempo nicht mehr zu halten, und Coppi siegte in der hervorragenden Zeit von 6:19,8 min (Stundenmittel 47,393 km/std) mit 70 m Vorsprung.

Zum Jahresende stand in Brüssel noch ein Länder-Omnium auf dem Programm, bei dem die Belgier Scherens-De Backer-Adriaenssens-Bruylandt auf das Auslandsquartett Coppi/ITA, Van Vliet/Ned, Rioland/FRA und Blanchet/FRA trafen (Blanchet hatte sich ja geschworen, „nie mehr gegen Coppi zu fahren“, aber mit ihm, da war er sofort zu haben). Um es kurz zu machen: die Ausländer mischten die Einheimischen gewaltig auf. Am bittersten war die Niederlage im Mannschafts-Verfolgungsrennen, als der „internationale D-Zug“ die belgische „Bummelbahn“ schon nach 2380 m eingeholt hatte. Ganze 2:30 Minuten hatte das Spektakel gedauert.

Dann kam auch für Coppi die stille Zeit, einige Tage Erholung, Weihnachten. Als am Heiligen Abend Giuseppe Cavanna, der zielbewußte Masseur, Betreuer und väterliche Freund, mit Fausto und Bruna in Coppis kleiner Wohnung in Sestri Ponente zusammensaß, klopfte der blinde Mann mit den magischen Händen Coppi auf die Schulter und sagte: „Nächstes Jahr wirst du über Gino triumphieren, Fausto, ich weiß es. Du mußt nur daran glauben, dann kann nichts schiefgehen.“

Hätte Coppi die Mentalität Bartalis gehabt, würde er geantwortet haben: „Dein Wort in Gottes Ohr.“

1949

Radsport-Novum: Giro- und Toursieg im gleichen Jahr!

Französische Kritiker warfen Coppi vor, seinen Neujahrsschmaus nicht richtig verdaut zu haben, als er am 1. Januar auf der Pariser Winterbahn zusammen mit Rik Van Steenbergen in einem Omnium gegen ihre Landsleute Rioland und Cararra antrat. Faustos Zustand war auch nicht gerade der beste, trotzdem absolvierte er das 1000-m-Zeitfahren in 1:07,4 min und belegte anschließend mit seinem belgischen Partner im Punktefahren den zweiten Platz. Aber dann hatten sich die Spaghetti und anderen leckeren Dinge soweit verflüchtigt, daß den beiden Franzosen (und den Nörglern) das Hören und Sehen verging. Denn im anschließenden Mannschaftsverfolgungsrennen gingen Coppi - Van Steenbergen sofort in Führung und holten fortgesetzt gegen Rioland-Cararra auf. Dabei hielt sich Rioland noch einigermaßen gut. Er vollbrachte die meiste Führungsarbeit, aber Cararra mußte einsehen, daß er sich doch nicht so richtig auf dieses wichtige Match vorbereitet hatte. Seine Gewissenhaftigkeit war nämlich weit weniger stark entwickelt, als sein Verlangen, möglichst schnell ein rundes Sümmchen beiseite zu legen. Und so war er am Vorabend noch in Lausanne bei einem Sechs-Stunden-Rennen gestartet, nach dem Rennen, um fünf Uhr morgens, bei Glatteis, mit dem Auto losgefahren und nach neun Stunden in Paris angekommen; gerade noch rechtzeitig, um sich etwas massieren zu lassen. Und nun kam Coppi auf ihn zu. Und dies im wahrsten Sinne des Wortes. Denn in der 16. Runde des über 5000 m angesetzten Rennens ließ er seinen Partner Van Steenbergen, der ihn bis dahin hervorragend unterstützt hatte, förmlich stehen, und jagte alleine hinter den beiden Franzosen her. Er holte zuerst Cararra ein, und in der 18. Runde auch den sich verzweifelt wehrenden Rioland und beendete damit nach 4405 Meter in 5:28,1 min das Rennen. Ein gutes neues Jahr, Fausto!

Zu dieser Zeit war es eine unumstößliche Tatsache, daß zumindest in Frankreich die Omnium-Rennen, also die Mehrkämpfe auf der Bahn, und hier insbesondere die Einer-Verfolgungsrennen, höher in der Gunst des Publikums standen, als die reinen Sprinter- und Steherrennen. Ein Verfolgungsrennen Coppi gegen Schulte lockte 20 000 Zuschauer ins Pariser Velodrom und brachte z.B. Coppi eine Gage von stolzen 200 000 ffrs ein (etwa 2400 Mark!). So auch am 12. Januar, als die französische Winterbahn, das *Vel d'Hiv*, zum Bersten voll war. Und das, obwohl bekannt war, daß Schulte wenig trainiert hatte (er wog vier Kilo zu viel, d.h. er trug anstatt seiner gewohnten 88 kg etwas mehr als 92 mit sich herum) und Coppi war ja in erster Linie Straßenfahrer und wollte um diese Zeit noch gar nicht in Hochform sein. Aber das kümmerte die Fans wenig. Sie wollten das Duell Coppi-Schulte.

Der Holländer trat an, als wollte er einen Rundenrekord mit stehendem Start aufstellen. Allerdings hatte er mit 24 x 7 einen zu hohen Gang aufgelegt [damals fuhr man auf der Bahn die sogenannte Blockkette, d.h. jeder zweite Zahn fehlte und die Übersetzung würde heute der von 48 x 14 Zähnen entsprechen]. Trotzdem war Coppi schneller und gab die Führung bis zum Ende des Rennens nicht mehr ab. Er siegte in 6:22,8 min mit 95 Meter Vorsprung und erzielte dabei ein Stundenmittel von 47,022 km. Es dürfte noch interessieren, daß Coppi den ersten Kilometer in 1:14,6 min, den letzten in 1:17,4 min fuhr.

Bartali nutzte die Zeit auf seine Art. Er hatte seinen guten Namen an eine Fahrradfabrik verkauft. Zehn Millionen Lire bekam er sofort ausbezahlt, mit einem Fixum war er an jedem verkauften Rad beteiligt. Als Gegenleistung brachte der Fabrikant knallgelbe Räder (zur Erinnerung an Ginos Toursiege) auf den Markt, die an erster Stelle kursiv den Namen *BARTALI*, an zweiter Stelle GARDIOL, den Namen des Sponsors für Bartalis neuen Rennstall trugen. Gino brachte die drei ersten Räder - wie konnte es auch anders sein - persönlich nach Rom, um sie dort im Vatikan dem Heiligen Vater zu überreichen. Anschließend fuhr er schleunigst an die Riviera, um sich in Chiavari mit seiner Mannschaft auf die kommende Straßensaison vorzubereiten.

Auch Ferdy Kübler traf an der Riviera ein. Er hatte sich mit Bartali dahingehend geeinigt, daß er bei Rennen in Italien für die Marke *BARTALI* fährt, Gino dafür bei Rennen in der Schweiz im Trikot von TEBAG (der Firma, bei der Kübler unter Vertrag war) an den Start geht.

Der ungewöhnlich milde Winter hatte den meisten Fahrern gestattet, die erste Phase des Trainings in heimischer Umgebung zu absolvieren. Aber nun rollten die Räder der *corridori* vom frühen Morgen bis zum späten Nachmittag auf den Uferstraßen. Vor allem auf der herrlichen Via Aurelia. Coppi, noch immer in Sestri Ponente wohnhaft, hatte das ideale Trainingsgelände vor der Haustür und bereitete sich intensiv auf Mailand-Turin vor, mit dem am 13. Februar der offizielle Auftakt der italienischen Straßensaison bevorstand.

Die erste Märzwoche war für den internationalen Radrennsport vor allem durch den UCI-Kongreß in Paris von Bedeutung. Die Delegierten aus 17 Länder (Deutschland war noch immer ausgeschlossen) hatten dabei die Gelegenheit zu verschiedenen Konferenzen. Eine bedeutsame Entscheidung hatte das Komitee für die *Trophée Edmond Gentil* zu fällen, den Preis für die markantesten Leistungen des Vorjahres. Nach zwei Wahlgängen fiel die Entscheidung (die sportlich war bereits gefallen) zu Gunsten des belgischen Weltmeisters Alberic *Briek* Schotte, der Gino Bartali knapp hinter sich ließ. Da er auch, wie bereits berichtet, den erste Preis in der *Challenge Desgrange-Colombo* erhalten hatte, muß man annehmen, daß er zu diesem Zeitpunkt wirklich der beste Straßenfahrer war. Stellen wir ihn deshalb etwas genauer vor: Der am 7. September 1919 (also genau acht Tage vor Coppi) in Kanegem als Sohn eines Bauern geborene Alberic begann als vierzehnjähriger mit dem Radsport. Er hatte dabei als jüngstes von sechs Geschwistern keine Unterstützung, denn die Eltern, die den kleinen Bauernhof führten, hatten für seine

Leidenschaft keinerlei Verständnis. 1939 wechselte er von den Amateuren zu den Unabhängigen, gewann in dieser Kategorie die Meisterschaften von Westflandern und Limburg und bekam bereits ein Jahr später einen Profivertrag bei der französischen Firma MERCIER. Alberic, kurz *Briek* genannt (andere Autoren nennen ihn beharrlich „Brik", aber das bedeutet im Flämischen Zieglstein oder Backstein und das hört Schotte auch heute noch nicht gerne) wurde berühmt durch seinen Mut, sein Durchsetzungsvermögen und seine Willenskraft. In seiner Heimat wird er noch immer der *laaste der Flandriens* genannt, der letzte Vertreter der Generation belgischer Radrennfahrer, die weder Wind noch Wetter scheuten und mit ihrer puren Kraft über Jahrzehnte hinweg die großen Radrennen beherrschten: Odile Defraye (Tour 1912), Philippe Thijs (Tour 1913, 1914 und 1920), Firmin Lambot (Tour 1922), Van Hauwaert, die Gebrüder Marcel und Lucien Buysse (Tour 1926), die Familie Debaets mit ihren vier mehr oder weniger berühmten Vertretern César, Michael, Gérard und Gaston. Weitere Flamen kamen und siegten: Maurice Dewaele (Tour 1929), Romain Maes (Tour 1935) und sein Namensvetter Sylvère Maes (Tour 1936 und 1939). Nach dieser Verbeugung vor den *Flandriens* zurück zu Schotte. Wir werden noch öfters von ihm hören!

Die Öffentlichkeit, sprich 40 000 Zuschauer, hatte Anfang März zum ersten Mal Gelegenheit Italiens Straßenfahrer in Aktion zu sehen. Beim ***Circuito di Ostia*** war mit Ausnahme von Bartali und seinem Edeldomestiken Corrieri, die an einer Bahnveranstaltung in Monaco teilnahmen, alles am Start, was Rang und Namen hatte: Fausto Coppi, Magni, Ortelli, Leoni, um nur einige zu nennen. Aber auf der 2400 Meter langen Rundstrecke, die fünfundzwanzigmal zu durchfahren war, hatten die genannten „Großen Vier" keinen allzugroßen Ehrgeiz. Schon in der dritte Runde glückte der Ausreißversuch einer größeren Gruppe, zu der u.a. Ricci, Maggini und Faustos Bruder Serse gehörten. Nach 15 Runden betrug der Vorsprung bereits eine Minute und erst jetzt zettelten Magni und Ortelli eine Verfolgungsjagd an, um den Schaden in Grenzen zu halten. Zwar schmolz der Vorsprung, aber zum Einholen war es zu spät. Im Endspurt wurde Maggini in 1:33:30 std klarer Sieger vor Casola und Serse Coppi. Fausto mußte sich abgeschlagen mit dem 14. Rang begnügen.

Gelegenheit zur Revanche gab es eine Woche später beim ***Circuito di Bordighera***. Prächtiges Frühlingswetter und zahlreiche Zuschauer bildeten die Kulisse des 2400 Meter langen Kurses, der über die Uferpromenade und die Hauptstraße Bordigheras führte und 30mal zurückzulegen war. Der Sieg fiel an keinen Italiener, sondern an den Franzosen Guégan! Dieses schlaue Kerlchen lauerte auf seine Chance. 600 Meter vor dem Ziel war sie gekommen. Zwar sah es zunächst so aus, als sollte einer der Gebrüder Coppi das Rennen machen, doch Fausto wurde plötzlich langsamer und auch Serse mußte trotz tapferer Gegenwehr den

Franzosen ziehen lassen. Mit einer halben Radlänge Vorsprung ging Guégan nach 1:55:26 std durchs Ziel und verwies Serse Coppi, Magni, Bartali und den Franzosen Forlini auf die Plätze. Fausto wurde zusammen mit einem Rudel von zehn Fahrern an die 7. Stelle gesetzt.

Alles war für ***Milano-Torino*** gerüstet. Aber das Rennen stand unter keinem guten Stern, denn ein Kälteeinbruch hatte die Fahrer gezwungen, ihr Training zu unterbrechen, und so hatten die großen Stars keine Lust, allzuviel zu riskieren. Sie kamen einfach nicht an den Start. (So auch Coppi und Bartali, die es vorzogen, sich in Verona bei einem Rundstreckenrennen von Luciano Maggini besiegen zu lassen; Fausto wurde Neunter). Trotzdem wagten 100 Starter das Abenteuer. Nach 205 Kilometern gewann Luigi Casola in 5:41:00 Stunden. Er verwies im Endspurt Bini und De Zan auf die Plätze. Magni mußte im Ziel erst einmal verpflastert werden. Ein ungeschicktes Begleitauto hatte ihn, Martini und Lazzerini wenige Kilometer vor dem Ziel zu Sturz und eine Reihe weiterer Fahrer um ihre aussichtsreichen Positionen gebracht.

Auf Sturm standen die Zeichen am 19. März bei ***Milano- Sanremo*** (290,5 km). Hier war der Urheber Fausto Coppi! Es wurde in jeder Beziehung ein denkwürdiges Rennen. Die Organisation klappte so vorbildlich, daß bereits vor der festgesetzten Zeit gestartet werden konnte. Diese Eile übertrug sich auf die gesamte Fahrt. Gleich nach dem Start übernahmen der Neuling Ferdinando Terruzzi und der alte Haudegen Adolfo Leoni die Führung. Das Tempo schwankte um die 50 km/std und in Pavia, nach 28 Kilometer betrug ihr Vorsprung etwa eine halbe Minute. Aber nach 35 km ging ihnen die Luft aus und sie verschwanden wieder im Feld. Im zügigen 43er-Tempo näherte man sich dem Turchino-Paß (532 m), der höchsten Erhebung der ganzen Strecke. Hier hatten sich De Santi und der Belgier Claes selbständig gemacht und sie erreichten kurz hintereinander den Gipfel vor ihren Verfolgern. In der Abfahrt zog sich das Feld stark auseinander und Coppi, Bartali, Schotte, Bobet und Magni gewannen ständig an Boden. Kurz hinter Pian d´Invrea, nach 170 km, war es um De Santi und Claes geschehen; Coppi & Co. waren herangekommen. Am Capo Mele setzte der Franzose Fachleitner zu einem überraschenden Vorstoß an, während Coppi zunächst in einer merkwürdigen Apathie verharrte. Man hatte den Eindruck, er wolle nicht so recht an den Ernst der Sache glauben. 30 km vor dem Ziel holte Fausto jedoch zum entscheidenden Schlag aus. In den Serpentinen des Capo Berta schnappte er sich Fachleitner, ließ ihn stehen und brauste unwiderstehlich auf und davon. Stürmisch umjubelt passierte er als überlegener Sieger das Ziel. Erst 4:17 Minuten später trafen die nächsten ein. Hier sicherte sich Ortelli im Spurt den zweiten Platz vor Magni, De Zan, Rossello und Fachleitner. Bartali wurde Fünfzehnter, und Weltmeister *Briek* Schotte landete gar auf dem 18. Rang. Fausto Coppi erzielte damit seinen dritten Sieg in der *Classicissima* (1946, 1948, 1949) und brachte auch noch Olmos famosen Streckenrekord aus dem Jahre 1938 zu Fall, denn er benötigte für die 290,5 km lange Strecke 7:22:25 std, was einem Stundenmittel von 39,329 km entspricht. (Olmos Rekord stand auf 38,517 km/std).

Seine hervorragende Frühjahrsform konnte Coppi am 3. April erneut unter Beweis stellen. Allerdings mußte er sich beim ***Giro del Piemonte*** seinem Landsmann Leoni beugen und nach 305 km mit dem zweiten Platz vorliebnehmen. Die Rundfahrt war der 1. Lauf zur Italienischen Straßenmeisterschaft, weitere vier Rennen sollten noch folgen. Für Coppi war noch nichts angebrannt.

Er ließ auch in *Mailand* vor 20 000 Zuschauern nichts anbrennen. Dort erwartete ihn am 10. April der amtierende Verfolgungsweltmeister aus Holland, Gerrit Schulte, zu einem Revanchetreffen. Wie schon im Januar in Paris siegte Coppi auch auf der Vigorelli-Bahn, diesmal allerdings nur mit acht Meter Vorsprung in der Zeit von 6:20,0 min, was einer Durchschnittsgeschwindigkeit von 47,368 km/std entspricht.

Nicht ganz nach Plan verlief für Fausto am 13. April der belgische Frühjahrsklassiker ***Fléche Wallonne***, der Pfeil von Wallonien. Die Fernfahrt von Charleroi nach Lüttich über 231 km sah die Weltspitzenklasse am Start: Fausto Coppi (der wieder einmal kurz vor Beginn des Rennens nach einer langen Bahnfahrt alles andere als optimal vorbereitet in Lüttich eintraf), die Belgier Marcel Kint, *Briek* Schotte und Van Steenbergen, die Schweizer Kübler und Plattner, die Franzosen Louison Bobet, Idée und Caput - um nur einige zu nennen. Nach großartigem Rennen siegte nicht ganz erwartet Rik Van Steenbergen im Spurt vor seinem Landsmann Ward Peeters und Fausto Coppi. Allerdings muß betont werden, daß Coppi unterwegs einen Reifenschaden hatte, nach einer kräftezehrenden Verfolgungsjagd wieder aufschloß, aber dann doch nicht mehr über die Reserven verfügte, um einen so schnellen Mann wie Van Steenbergen schlagen zu können. Fausto blieb immerhin der Trost, weiter in der Wertung für den besten Straßenfahrer - dem *Challenge Desgrange-Colombo* - mit 56 Punkten vor seinem Landsmann Magni (53 Punkte) zu führen.

Coppi blieb wenig Zeit, über seine Niederlage nachzudenken, denn bereits vier Tage später, am 17. April, stand mit Paris-Roubaix ein weiterer Klassiker auf dem Programm.

Die Veranstalter hatten sich alle Mühe gegeben, die letzten 25 Kilometer zu entschärfen, d.h. das gefürchtete Kopfsteinpflaster der „Hölle des Nordens" - so genannt wegen der furchtbaren Kämpfe im I. Weltkrieg - war ausgebessert, zum Teil geteert und abgewaschen worden; die größten Brocken im Pflaster waren ausgetauscht. Auch der Himmel hatte sein Einsehen. Während früher allzuoft Sturm, Regen und Kälte, ja oftmals Schneegestöber die Fahrer quälte und auch für sie die Fahrt zur Hölle machten, herrschte diesmal laues Frühlingswetter und fast völlige Windstille. Also alle Bedingungen waren erfüllt, um die 47. Austragung von ***Paris-Roubaix*** [1896 eingeführt; erster

Sieger der Münchner Josef Fischer] zu einem großen Erfolg zu verhelfen. Aber das Gegenteil sollte eintreffen.

In flotter Fahrt wurden die ersten 120 km absolviert. Das Feld blieb beisammen, keine schwachen Fahrer wurden abgehängt. Dafür räumten Defekte und Stürze, die u.a. Camellini, Kübler und Rossi ereilten, unter den Teilnehmern etwas auf. Auch die als „Scharfrichter" gefürchtete Höhe von Doullens blieb ohne Wirkung, und so hoffte man (zumindest im italienischen Lager) auf einen Schlußangriff von Fausto Coppi.

Doch der verhielt sich brav in der großen Spitzengruppe. Zum einen, weil er allzusehr überwacht wurde, zum andern, weil ihm noch der schwere Wallonnische Pfeil in den Beinen steckte. Obendrein beeindruckten ihn die Begleitumstände des Rennens doch sehr: Ein Massensturz hatte Van Steenbergen aus dem Rennen geworfen; Marcel Kint war das Vorderrad gebrochen; die Franzosen Rioland, Guégan und Robic hatten erschöpft aufgegeben; usw. usw. Alle, auch Coppi, waren darauf bedacht, möglichst heil nach Hause zu kommen.

Doch kommen wir zum ungewöhnlichen Finale. In Seclin, nach 218 km, trat der Franzose Moujica kraftvoll an. Nur der Belgier Mathieu konnte ihm folgen. Aus dem Verfolgerfeld lösten sich später noch Mahé und Leenen und nach einer wilden Jagd konnten sie die beiden Ausreißer in Forest (236 km) einholen. Zwei Kilometer später stürzte Mathieu. Aus für ihn! Die restlichen drei fuhren was das Zeug hielt und vergrößerten ihren Vorsprung von Meter zu Meter. Kein Zweifel, die Besten waren unter sich. André Mahé wußte, daß er im Spurt gegen Jacques Moujica, genannt *Jesus*, nicht den Hauch einer Chance hatte, und so versuchte er ihn und den jungen Belgier Leenen abzuschütteln. Ohne Erfolg; die beiden wehrten sich verzweifelt und so raste man auf den Eingang der Radrennbahn von Roubaix zu.

Da ereignete sich 600 Meter vor dem Ziel etwas Unvorhergesehenes: Polizisten, die nur die Aufgabe hatten, die offiziellen Begleitfahrzeuge anzuhalten, versperrten die richtige Straße und wiesen die drei Spitzenfahrer (und den alleine folgenden Mathieu) auf einen falschen Umweg, der zur Tribüne und den Rennfahrerquartieren leitete. Auf dem schmalen Weg stürzte Moujica. Mit einem abgebrochenen Pedal fuhr er zwar weiter, aber um den eventuellen Sieg hatte man ihn damit geprellt.

Zur allgemeinen Überraschung der Zuschauer drangen die Drei über eine Treppe ins Stadion ein. Leenen, der hier an der Spitze lag, sprang zu allem Überfluß noch die Kette ab, und so rettete sich Mahé vor ihm als Sieger über das Zielband, Moujica humpelte als Dritter hinterher.

Daß Mahé der verdienter Sieger war, stand außer Zweifel, hatten die Opfer der Polizei doch immerhin 220 Meter mehr zurückgelegt, als das Hauptfeld, das wenig später auf dem richtigen Weg in die Rennbahn einbog. Hier siegte zur weiteren Überraschung der unscheinbare Serse Coppi, Faustos Bruder, vor Declerck und Mathieu, der sich nach seinem Sturz wieder aufgerappelt und den Verfolgern angeschlossen hatte. Die Reihenfolge war also: 1. Mahé, 2. Leenen, 3. Moujica, 4. Serse Coppi.

So recht, so gut. Aber da riet Fausto (der übrigens *ex aequo* mit dem Hauptfeld auf Platz zehn einkam) seinem jüngeren Bruder, Protest gegen das Ergebnis einzulegen, da die ersten drei nicht auf dem offiziellen Weg zum Ziel gelangt seien. Dem Protest mußte nach Artikel 156 des Reglements stattgegeben werden, der da lautete: „Die offiziell festgelegte Route muß genau befolgt werden." und genau das war natürlich nicht der Fall gewesen. So wurde Serse Coppi als Sieger proklamiert; Mahé, Leenen und Moujica aus der Wertung gestrichen. Ihnen blieb vorerst der schwache Trost, daß die Zeitung *Le Equipe* den zuerst Angekommenen Trostprämien in Höhe der drei ersten Preise ausbezahlte.

Vorerst, denn die Sache war noch nicht ausgestanden. Der französische Radsportverband *(FFC)* revidierte kurzerhand die Entscheidung und plötzlich sah sich Serse wieder auf Platz fünf! Das erhitzte die Gemüter, besonders in Italien, wo man bei einer Bahnveranstaltung in Mailand den Gebrüdern Coppi wahre Ovationen entgegenbrachte.

Das alles war wenige Tage später ohne Bedeutung. Stand doch ganz Italien, ja die gesamte Sportwelt, fassungslos dem Flugzeugunglück von Turin gegenüber. Am 4. Mai streifte auf dem Rückflug von Barcelona um 17.05 Uhr die dreimotorige *Fiat G 212* der *Aviolinee Italiane* bei dichtem Nebel die Kirche auf dem Hügel von Superga und stürzte ab. Dabei kam die Fußballmannschaft vom TORINO F.C. - und damit fast die gesamte italienische Nationalmannschaft - ums Leben. Achtzehn Spieler, sechs Begleiter, drei Journalisten sowie vier weitere Personen zählten zu den Opfern. Niemand überlebte die Katastrophe.

Eine gute Nachricht traf dagegen bei der Familie Coppi ein. Die Vernunft hatte im „Fall Paris-Roubaix" gesiegt: Serse Coppi und André Mahé wurden gemeinsam auf Platz eins gesetzt! Ein Verfahren, das man, wie die Geschichte des Radsports zeigt, des öfteren zuvor und danach hätte anwenden sollen.

Noch mehr Grund zur Freude war am 8. Mai vorhanden. Fausto wurde im Ziel des ***Giro di Romagna*** stürmisch gefeiert. Hatte er doch den 2. Lauf zur Italienischen Straßenmeisterschaft über 296 km nicht nur in 7:46:52 std gewonnen, sondern mit 38,041 km/std auch den bestehenden Streckenrekord gebrochen. Und was noch besonders ins Gewicht fiel - er hatte seinen schärfsten Rivalen um die Meisterschaft, Fiorenzo Magni, auf dem Rundkurs *Lugo-Ravenna-Cervia-Bellaria-Rimini-Forli-Castrocaro-Dovadola-Modigliana-Lugo* durch seine Soloankunft mit 3:50 Minuten Rückstand auf den zweiten Platz verwiesen!

[Die Streckenngabe ist für die vielen Radtouristen gedacht, die jedes Jahr im Frühling die Gegend um Cesenatico bevölkern und hier auf Coppis Spuren radeln könnten.]

Die Entscheidung fiel, wie so oft bei dieser Rundfahrt, im Anstieg zum Monte Trebbio (527 m). Am Fuße des Berges, der letzten Erhebung des Rennens, enteilten Pasotti, Ronconi und Magni. Coppi fuhr den Ausreißern nach und mit unwahrscheinlicher Leichtigkeit kletterte er die Serpentinen hoch. Bald war es um Pasotti, dann Magni und letztendlich um Ronconi geschehen. Am Gipfel hatte er schon 1:35 min Vorsprung, d.h. fünf Kilometer hatten Coppi genügt, dem Rennen die entscheidende Wende zu geben. Unwiderstehlich brauste er zu Tal und ins Ziel (die Verfolger versuchten ihn einzuholen und nahmen dabei die Hilfe ihrer Begleitfahrzeuge in Anspruch). Aber Tragella, Coppis Sportlicher Direktor von BIANCHI, ließ sich zurückfallen und machte dem Unfug ein Ende. Erfolgreich, denn als Magni nach 3:50 min als Zweiter in Lugo eintraf, hatte Coppi bereits sein Rundfunkinterview hinter sich!

Mit einer Gedenkminute vor dem Start hatte man die Toten des Flugzeugabsturzes geehrt, die Fahrer der Turiner Mannschaften BENOTTO, FREJUS und EDELWEISS trugen einen Trauerflor. Die Presse wußte zu berichten, daß Coppi das Rennen mit einem Trikot fuhr, das mit dem Vereinsabzeichen von TORINO geschmückt war. Eine schöne Geschichte, aber leider nicht wahr. Tatsache ist, daß Coppi, wie sich ein italienischer Journalist ausdrückte: „...mit dem Wappen im Herzen an den Start ging." Er war ebenso wie Bartali, dessen Sohn Andrea bereits kickte, ein Fußballanhänger und Verehrer von Meazza und Valentino Mazzola (der ebenfalls beim Absturz ums Leben kam). Bartali und Coppis Verbundenheit zum Fußballsport zeigte sich auch dadurch, daß sie des öfteren mit ihren Mannschaften Benefiz-Spiele austrugen. Und noch eine kleine Begebenheit soll hier nicht ganz unerwähnt bleiben. Bei einem seiner ersten Rennen fuhr Fausto Coppi im schwarzen Leibchen von DERTHONA, der Fußballmannschaft von Tortona. Arm wie eine Kirchenmaus hatte er einfach nichts anderes.

Schwamm darüber. Auf jeden Fall war Fausto mit seiner BIANCHI-Mannschaft für die Italienrundfahrt bestens gerüstet.

Unter der sportlichen Leitung von Giovanni Tragella gingen Fausto Coppi (Startnummer 36), Oreste Conte (37), Serse Coppi (38), Bruno Pasquini (39), Andrea Carrea (40), Ettore Milano (41) und Fiorenzo Crippa (42) am 21. Mai in Palermo an den Start zum ***Giro d´Italia***.

Leider ließ die Beteiligung aus dem Ausland stark zu wünschen übrig. Frankreich glänzte durch Abwesenheit, und so drohte nur Gefahr durch die starken Schweizer Kübler und Schär sowie die Belgier - hier insbesondere durch Buysse, Dubuisson und Cerami. Da waren die eigenen Landsleute Leoni, Pedroni, Cecchi, Ronconi, Logli, Bizzi, Casola und Fazio schon schwierigere Kunden, auf die es für Fausto aufzupassen galt. Ganz zu schweigen von Altmeister Bartali, der seine eigene Marke *BARTALI* fuhr und Kübler zur Seite hatte. Anders stand es um Fiorenzo Magni. Der fing sich wenige Tage vor dem Start eine Angina ein und sollte auf ärztliches Anraten das Bett hüten. Fiorenzo tat alles Erdenkliche, seinem Schicksal zu entgehen (hinter dem Rücken seines Hausarztes ließ er sich Penicellin-Injektionen verabreichen). Aber es war alles umsonst. Er konnte sein Rosa Trikot aus dem Vorjahr nicht verteidigen.

Zurück an den Start in Palermo. Per Schiff, Eisenbahn und Flugzeug trafen die 102 Teilnehmer sowie die Journalisten, Rundfunkreporter, Fotografen, Betreuer, Ärzte, Mechaniker, Jurymitglieder - kurz und gut der gesamte Troß - aus dem In- und Ausland ein. Aus Mailand kam ein 400 m langer Sonderzug an, beladen mit den Begleitfahrzeugen und dem gesamten Ersatzmaterial. Es konnte also losgehen.

Auf diesen Augenblick wartete übrigens auch ein Filmteam, das mit dem um diese Zeit sehr populären Komiker Totó einen Streifen mit dem Titel < *Totó al Giro d'Italia* > drehte, in dem Fausto und Gino ausnahmsweise einmal die zweite Geige spielten.

Die 1. Etappe *Palermo-Catania* (261 km) gewann nach 7:47:55 std Mario Fazio. Er verwies im Spurt Coppis Edeldomestiken Carrea auf den zweiten Platz. Dritter wurde Cottur. Dann kam schon Coppi, der sich im Spurt gegen Bartalis Helfer Nummer eins, Corrieri, durchsetzte. Gino selbst sah aus unmittelbarer Nähe zu, er wurde Sechster.

Und er hatte furchtbare Leibschmerzen. Unterwegs hatten tausende von Zuschauern gestanden und den Fahrern Getränke -Wasser und Limonaden - gereicht. Bartali hatte sich eine der Flaschen geschnappt, ausgetrunken, und Minuten später drehte sich sein Magen um. Am selben Abend zeigte ihm sein Masseur Virgilio Colombo einen Brief, aufgegeben in Sestri Ponente (dem Wohnort Coppis!), in dem fanatische Anhänger Faustos einen Anschlag auf Gino voraussagten.

Die 2. Etappe *Catania-Messina* (163 km) wurde eine Beute von Maggini, der die Strecke in 4:47:46 std zurücklegte; Coppi und Bartali belegten gemeinsam den 15. Rang. Damit war Sizilien abgehakt, der Giro begab sich aufs Festland.

Hier erwischte es einen Tag später Gino Bartali wieder. Im Ziel der 3. Etappe *Villa San Giovanni - Cosenza* (214 km) brachten ihn undisziplinierte Zuschauer zu Fall. Er trug Verletzungen davon, die seine weitere Teilnahme am Giro jedoch nicht in Frage stellten. Sieger wurde hier nach einer Fahrzeit von 7:03:31 std Guido De Santi; Coppi landete zeitgleich mit dem Sieger auf Rang dreizehn.

Die 4. Etappe *Cosenza-Salerno* (292 km) war die zweitlängste der ganzen Rundfahrt. Sie stellte außerordentliche Anforderungen an Fahrer und Material, denn es war unerträglich heiß und es gab Reifenschäden am laufenden Band. Auf dem letzten Teil der Strecke riß das Trio Bevilacqua-Cargioli-Leoni aus, aber Coppi führte das Feld persönlich wieder heran und besaß noch die Kraft, nach 9:59:21 std den hartnäckigen Leoni sowie seinen Erzrivalen Bartali im Spurt zu schlagen.

Nach diesen Strapazen hatten sich die Fahrer erst einmal einen Ruhetag in Salerno verdient. Fausto konnte in Ruhe Zeitung lesen. Im allgemeinen Teil amüsierte er sich bestimmt über die Werbung, die er mit der Bekleidungsfirma TIS machte, und deren Produkte er für unvergleichbar anpries. Auch Bartalis Werbung sprang ihm ohne Zweifel ins Auge: Gino war der Meinung, daß Fußbälle der Marke MAGO von selbst ins Tor rollen. Auf jeden Fall rollte für beide der Rubel. In der *Gazzetta dello Sport* konnte Fausto feststellen, daß er 2:58 min hinter dem Spitzenreiter lag, und Bartali mit 3:58 min Rückstand den dreizehnten Platz einnahm.

Il vecchio - Gino Bartali - hatte noch immer Magenschmerzen und wollte aufgeben. Emilio De Martino, Herausgeber der *Gazzetta* und Veranstalter der Rundfahrt, besuchte Gino in seinem Zimmer, und machte ihm klar, daß der Giro vom Duell Coppi-Bartali lebt. So nebenbei erwähnte er eine Extraprämie von einer Million Lire, wenn Gino, auch unter den gegebenen Umständen, das Rennen beendet. Da traf er Gino aber ins Herz. Er werde die Rundfahrt fortsetzen. Nicht wegen des schnöden Mammons, sondern um seine Anhänger nicht zu enttäuschen. Als er am Ende des Giro De Martino an sein Versprechen erinnerte, erklärte der Herr Direktor süffisant, er hätte den „schnöden Mammon" inzwischen anderweitig ausgegeben...

Zurück zum Rennen: Die 5. Etappe *Salerno-Napoli* (161 km) und die 6. Etappe *Napoli-Roma* (233 km) verliefen ohne besondere Ereignisse. Biagioni hatte nach 4:36:24 std in Neapel gewonnen (Coppi wurde Vierter); Ricci legte die Strecke nach Rom in 7:07:50 std zurück, Coppi landete hier auf Platz sechzehn. Cottur konnte seinen kranken Mannschaftskapitän Magni zu Hause damit trösten, daß er seit dem zweiten Tag im Rosa Trikot fuhr, und Coppi lauerte als Siebter (2:58 Minuten zurück) auf seine Chance.

Magni hatte die frohe Kunde noch nicht richtig verdaut, da war es um seinen Freund geschehen. Auf der 7. Etappe *Roma-Pesaro*, (mit 298 km die längste der Rundfahrt), überwarfen sich die Ereignisse. Nach hartem Kampf, der sich über acht Stunden hinzog, eroberte Mario Fazio, der Sieger der ersten Etappe, das Rosa Trikot zurück und hatte nun 1:01 min Vorsprung. Magni dafür mehr Fieber.

Für die 8. Etappe *Pesaro-Venezia* (273 km) benötigte der Sieger Luigi Casola 8:19:07 std (Coppi kam auf Platz sechs); die 9. Etappe *Venezia-Udine* (249 km) wurde nach 7:01:30 std eine Beute von Adolfo Leoni, der damit zugleich ins Rosa Trikot schlüpfte. Fausto Coppi kam an diesem Tag mit einem Rückstand von 2:53 Minuten als 21. ins Ziel und belegte im Gesamtklassement Rang zehn (9:41 Minuten zurück).

Leoni behielt das Leader-Trikot auch auf der 10. Etappe *Udine-Bassano* (154 km), die Bartalis „Leutnant" Corrieri nach 3:45:41 Stunden gewann (Coppi Zwölfter mit 2:05 min Rückstand). Fast alle Fahrer gingen an diesem Abend mit gemischten Gefühlen ins Bett, denn tagsdarauf stand die 11. Etappe mit dem Ritt durch die kahle Bergwelt der Dolomiten auf dem Programm.

(Übrigens hatten nicht alle Fahrer Einschlafstörungen. Coppi zum Beispiel war sich seiner Sache gewiß. Er hatte auf den Träger des Rosa Trikots, Adolfo Leoni, 9:41 Minuten Rückstand, und der wird sich wundern...)

Es konnte gar nicht anders kommen. Die 11. Etappe, die schwere Dolomitenfahrt *Bassano-Bolzano* (237 km), brachte den erwarteten Umschwung im Gesamtergebnis. Zwar griff zur allgemeinen Überraschung Bartali als erster an, aber Coppi reagierte sofort und ging in den Bergen aufs Ganze. Er holte sich überlegen den Etappensieg, stieß vom 10. Platz auf den zweiten vor, war nur noch durch 28 Sekunden vom Träger des Rosa Trikots, Leoni, getrennt. Den Abstand zu Bartali hatte er auf fast 10 Minuten vergrößert.

Das war ein Schlag ins Kontor von Bartali & Co.! Es gab auf den Höhen der Dolomitenpässe nur einen Sieger: Fausto Coppi. Der legte die Strecke, die u.a. über den Passo Rolle (1970 m), Passo Pordoi (2239 m) und den Passo Gardena (2121 m) führte, in 8:13:35 std zurück und hinterließ ein Häufchen Elend: 2. Leoni (6:58 min zur.), 3. Bartali (6:58), 4. Astrua (6:58), 5. Vittorio Rossello (13:20), 6. Cottur (13:20), 7. Carrea (15:16), 8. Martini (15:16), 9. Jomaux/BEL (15:31) und 10. Logli (16:08). Ganz zu schweigen von Buysse/BEL, Schenk/LUX, Van der Helst/BEL, Monari, Cargioli und Casola, denen Coppis „Soloritt“ so in den Gliedern saß, daß sie das Rennen aufgaben.

Coppi ließ es auf der 12. Etappe *Bolzano-Modena* (253 km) ruhig angehen. Erstens war die Strecke größtenteils eben, also nicht sein Terrain, zweitens hatten alle noch den Vortag in den Knochen und keine allzugroße Lust, das Tempo zu forcieren. Coppi setzte jedoch geschickt seine Helfer ein, mit dem Erfolg, daß Conte nach 7:21:00 std vor Bevilacqua die Etappe gewann.

Auch die nächsten Etappen verliefen verhältnismäßig ruhig. Die 13. Etappe *Modena-Montecatini* (160 km) sah Leoni nach 5:04:00 std als Sieger, Coppi wurde Zweiter; die 14. Etappe *Montecatini-Genova* (226 km) gewann Vincenzo Rossello nach einer Fahrzeit von 6:35:40 std; die 15. Etappe *Genova - San Remo* (136 km) wurde nach 3:50:14 std die Beute von Luciano Maggini; die 16. Etappe *San Remo - Cuneo* (172 km) gewann Orcheste Conte, der dazu 5:45:53 std benötigte.

Die Radsportwelt schien in Ordnung zu sein, zumindest für Leoni. Er hatte seit der neunten Etappe das Rosa Trikot im Besitz und eine Menge Lire verdient. Aber er hatte nur 43 Sekunden Vorsprung auf Coppi, dafür 10:11 min auf Bartali. Der haderte mit seiner Plazierung, sann auf Rache und gab an die Presse mürrisch seine Botschaft weiter: „Der da...“ - er sprach von seinem Rivalen Coppi vor Journalisten immer öfter in dieser abwertenden Form - „...soll sich morgen in Acht nehmen, ich werde es ihm zeigen!“

Die Kunde kam Coppi zu Ohren, und der antwortete, entgegen seiner sonstigen Anrede für Bartali: „Morgen wird sich ´der da´ wundern. Er soll sich am Start mein Hinterrad gut anschauen, später sieht er es nicht mehr.“

Was dann am nächsten Tag geschah, war bis dahin einmalig in der Geschichte des Radsports. Mit einer Souveränität, die jeden Zweifel ausschloß, gewann Fausto Coppi die 17. Etappe *Cuneo-Pinerolo* (254 km) und entschied damit praktisch die Italienrundfahrt zu seinen Gunsten. Nach 62 Kilometer, auf der ständig ansteigenden Straße zum Colle della Maddalena (1997 m) - oder wenn wir schon dort in Frankreich sind, nennen wir ihn auch richtig: Col de Larche - machte Fausto seine Voraussage wahr: Er stiefelte einfach auf und davon. Schieres Entsetzen bei seinem Teamleiter Tragella, der lauthals brüllte: „Ist Coppi verrückt geworden? Noch liegen 192 Kilometer und fünf Pässe vor ihm!"

Auf der Paßhöhe des Larche lag Coppi bereits zwei Minuten vor Bartali, der zwar den Ernst der Lage erkannte, aber dem Tempo Coppis machtlos gegenüberstand. Dann ging es in Frankreich weiter: über den Col de Vars (2111 m), den Col d´Izoard (2361 m), den Col de Montgenévre (1850 m) - dort hatte Coppi bereits 6:46 min Vorsprung -, dann zurück nach Italien und noch den Aufstieg nach Sestriére (2033 m) hinauf; eine letzte gewaltige Kraftanstrengung.

Die sich anschließende 55 Kilometer lange halsbrecherische Abfahrt ins Valle del Chisone brachte Coppi gut hinter sich, dann hatte er nach 9:19:55 std den Etappensieg geschafft! Über sieben Stunden Alleinfahrt; 192 Kilometer gegen ein geschlossenes Verfolgerfeld gekämpft, das sich verzweifelt gewehrt hatte; dabei fünf Alpenpässe überquert und sich nicht durch fünf Reifenschäden (!) entmutigen lassen. Das war der echte Fausto Coppi!

Die Folgen für die Konkurrenz waren verheerend: Bartali, auf dem zweiten Platz, hatte einen Rückstand von 11:52 Minuten; Martini als Dritter bereits 19:14 Minuten. Der bisherige Träger des Rosa Trikots, Leoni, kam als Achter mit über 20 Minuten Verspätung ins Ziel. Er hatte nicht nur das *maglia rosa* an Coppi verloren, sondern sich obendrein 26:54 min Rückstand auf Fausto eingehandelt.

Der bekannte italienische Journalist Mario Ferretti, damals Rundfunkreporter, begann seine tägliche Übertragung um 16 Uhr mit dem inzwischen legendären Satz:

> *Un uomo solo é al comando, la sua maglia é biancoceleste, il suo nome é Fausto Coppi!* <

(Nur ein Mann hat das Kommando, sein Trikot ist weißblau, sein Name ist Fausto Coppi!)

Viele konnten nicht verstehen, wieso Coppi auf einer Etappe, die über fünf Pässe führte, am ersten Berg angegriffen und mit über zehn Minuten Vorsprung gewonnen hatte. Es hätte genügt, am letzten Col anzugreifen und dann mit fünf Minuten zu gewinnen. Aber für Fausto kam es nicht auf die Quantität, sondern auf die Qualität der Siege an. Nicht „wie oft", sondern „wie"! Seine Art zu siegen war es, die die Massen in ganz Europa faszinierte. In Frankreich sprach man davon, Coppi habe die <*panache*>. Ein Wort, schwer zu übersetzen: ein stolzes, forsches, schneidiges, effektvolles Auftreten. So laut Lexikon. Aber man meinte damit die „Klasse", die Würde eines Champions, vor allem aber den Heißhunger nach Erfolg. In Italien war man der selben Meinung. Und man war sich landauf-landab darüber einig: Ein neuer *Campionissimo* - ein neuer „Meister aller Meister" - war in die Fußstapfen von Costante Girardengo, Alfredo Binda, Learco Guerra und Gino Bartali getreten! Wir sollten uns langsam an diesen Ehrentitel gewöhnen.

Die vorletzte, 18. Etappe, *Pinerolo-Torino*, (ein 65-km-Einzelzeitfahren), normalerweise eine Domäne Coppis, ging nach 1:32:03 std an Bevilacqua; Fausto begnügte sich mit dem vierten Rang (2:08 min Rückstand).

Die letzte, die 19. Etappe *Torino-Milano* (267 km), wurde zum Triumphzug für Coppi. Niemand mehr konnte (oder wollte) auf dem letzten Teilstück am Lack von Faustos Erfolg kratzen. Nach ziemlich ruhigem Verlauf hielten die noch im Rennen verbliebenen 65 Fahrer am 12. Juni geschlossen Einzug ins Autodrom von Monza, wo sich das Ziel befand. Coppi unternahm zwar einen schüchternen Versuch, den letzten Etappensieg zu erringen, mußte sich jedoch nach 8:51:29 std Fahrzeit im Spurt Corrieri und Ricci beugen.

Schlußklassement des ***32. Giro d´Italia:***

1. Fausto Coppi BIANCHI
4088 km in 125:25:50 std (32,592 km/std)

2. Gino Bartali	BARTALI	23:47	min zur.
3. Giordano Cottur	WILIER TRIESTINA	38:27	"
4. Adolfo Leoni	LEGNANO	39:01	"
5. Giancarlo Astrua	BENOTTO	39:50	"
6. Alfredo Martini	WILIER TRIESTINA	48:48	"
7. Giulio Bresci	WILIER TRIESTINA	49:04	"
8. Serafino Biagioni	VISCONTEA	53:10	"
9. Nedo Logli	ARBOS	56:59	"
10. Silvio Pedroni	FREJUS	1:02:10 std	"

Den *G.P. della Montagna* gewann Coppi vor Bartali und Pasotti; die *Mannschaftswertung* ging wie im Vorjahr an WILIER TRIESTINA. Von 102 gestarteten Fahrern erreichten 65 das Ziel.

Nach dem Giro d´Italia stand in Italien die Nominierung der Fahrer für die Tour de France im Vordergrund des Interesses. Seit Ende Februar bemühte sich Spunta Cinelli, der Präsident der *Associazione Corridori*, um eine Allianz Bartali-Coppi, aber erst am 16. Juni, fünf Minuten vor zwölf, gelang es ihm, im Albergo *Andreola* in Mailand den einige Zeit zuvor in Chiavari geschlossenen „Frieden", den < *pace di Chiavari* >, zu realisieren. Cinelli, Binda, Bartali und Coppi verhandelten über zwei Stunden hinter verschlossenen Türen, dann hatte man sich geeinigt: Bartali und Coppi fahren gemeinsam die Tour. Nun konnte Teamleiter Alfredo Binda die italienische Nationalmannschaft wie folgt aufstellen: Bartali, Biagioni, Brignole, Fausto Coppi, Corrieri, De Santi, Milano, Pasquini, Pezzi, Ricci, Rossello und Sciardis. Das B-Team, die sogenannten *cadetti* setzte sich unter Leitung von Palmiro Mori aus folgenden Fahrern zusammen: Ausenda, Cerami, Magni, Martini, Pedroni und Peverelli. Steffano begleitete das Team als Masseur, Tasatto fungierte als Mechaniker.

Analysiert man die Nominierung, so kommt man auf folgende interessante Blockbildungen, die sich auf Grund der Firmenzugehörigkeiten ergaben: Bartali **(BARTALI)** hatte seinen Freund Corrieri und Brignole zur Seite; Coppi **(BIANCHI)** konnte sich auf den treuen Milano, auf Pasquini und Pezzi verlassen; Magni **(WILIER-TRIESTINA)** wurde von Ausenda und Martini unterstützt; **VISCONTEA** war durch Biagione und Ricci vertreten; **ATALA** durch De Santi und Peverelli, und nur Cerami **(GANNA)**, Rossello **(LEGNANO)** und Pedroni **(FREJUS)** waren Einzelkämpfer. Aber wer im Profiradrennsport ein wenig Bescheid weiß und obendrein die italienische Mentalität kennt, ist nicht überrascht, daß im Ernstfall die Devise nur lauten konnte: „Alles für Italia!"

Der schlaue Binda wußte genau, daß er nie und nimmer die Macht besaß, Feuer und Wasser zu vereinigen. Er war vorerst der Sündenbock, der unter allen Umständen versuchen mußte, daß einer seiner beiden „Großen" das Rennen gewinnt. Aber er wußte auch, daß er dann ebenso mit einem Verlierer nach Italien zurückkehren würde. Er hatte auf jeden Fall - wie im Vorjahr - die Weichen auf Sieg gestellt. Wir werden sehen.

Vorerst galt es noch den 3. Lauf zur Italienischen Straßenmeisterschaft zu absolvieren. Der ***Giro del Lazio*** fand allerdings ohne Bartali und Coppi statt. Das hatte zwei Gründe: Erstens wollten sich beide gründlich auf die Tour vorbereiten, der relativ langen Tagesstrecke von 261 km aus dem Wege gehen und das Risiko von Stürzen vermeiden. Zweitens hätte eine eventuell schlechte Plazierung oder das berühmte Spielchen der beiden, sich gegenseitig zu bewachen und alles andere zu vergessen, wieder Öl ins Feuer der öffentlichen Diskussion gegossen, die sich am Thema erhitzte: Ist es richtig, Coppi und Bartali gemeinsam in einer Mannschaft bei der Tour fahren zu lassen? So schickten beide nur ihre *gregari*, ihre Domestiken, ins Gefecht, die jedoch weder den Tagessieg des BOTTECCHIA-Fahrers Annibale Brasola (261 km in 7:55:00 std) noch die vorläufige Führung von Luciano Maggini aus dem WILIER-TRIESTINA-Stall (19 Pkt.) vor Coppi (18 Pkt.) im Gesamtergebnis der Meisterschaft verhindern konnten.

Am 30. Juni, einem Donnerstag, war dann ganz Paris auf den Beinen. Die ***Tour de France*** nahm ihren Anfang. Doch zuvor noch einige Anmerkungen. Die 4813 km waren in 21 Etappen aufgeteilt. 120 Fahrer stellten sich dem Starter. Unter ihnen, neben Coppi und Bartali, eine Reihe hochkarätiger Favoriten: Die Franzosen Louison Bobet, Caput, Jean Robic, die Gebrüder *Apô* und Lucien Lazaridès, Lucien Teisseire, *Roi René* Vietto, Guy Lapébie, André

Mahé, Raphael Géminiani und Fachleitner; die starken Belgier Impamis, Ockers, Schotte, Marcel Hendrickx, Roger Lambrecht und vor allem Rik Van Steenbergen; die Schweizer Kübler, Weilenmann und Schär sowie die Luxemburger Jean Goldschmidt, Kirchen und Diederich. Aber auch im Verborgenen keimte noch manches Pflänzchen.

Die Fahrer durften nicht ihre eigenen Räder benutzen. Diese wurden von der veranstaltenden Zeitung *L'Equipe* gestellt. Die Rennfahrer brachten nur ihre eigenen Sättel, Lenker, Ketten und sonstiges Zubehör mit. Fabrikate, die sie bei andereren Rennen auch fuhren. Schon Anfangs Mai hatte der damalige Hauptorganisationsleiter Paul Delay begonnen, im Pariser Wintervelodrom mit den besten Mechanikern die Räder fertigzustellen. Zusätzlich wurden als Reserve 12 komplette Rennräder in den Rahmenhöhen 52 bis 60 cm mitge--nommen, die nur auf Anordnung des Sportlichen Leiters eingesetzt werden durften. Dazu 100 Laufräder mit Alu-Felgen, 100 Laufräder mit den damals besonders in den Bergen und dem Kopfsteinpflaster Nordfrankreichs noch sehr beliebten Holzfelgen, 2000 Schlauchreifen, 100 Freilaufkränze, 100 Paar Pedale, 50 Paar Felgenbremsen, 20 eingefahrene Sättel, 4000 Speichen und Nippel, 150 Rennpumpen und 200 Steuersätze. Ein Begleitwagen hatte für alle Fälle ein Schweißgerät dabei!

Umfangreich war auch das Gepäck der Rennfahrer: 3 Paar Rennschuhe, 12 kurze Rennhosen, 1 lange Rennhose aus Wolle, 12 Paar Socken, 12 Unterhemden, 2 Wolltrikots, 1 bis 2 dicke Pullover (von Ferdy Kübler wurde berichtet, daß er sogar 21 Rennhosen und ebensoviel Paar Rennsocken im Gepäck hatte). Dazu für den Aufenthalt im Hotel und an den Ruhetagen Trainingsanzüge, Hemden, kurze und lange Hosen, Pantoffel und jede Menge aus der Drogerie. Natürlich ist hier die Rede von Rasiercreme und dergleichen, denn Ehrendamen küssen nicht gerne unrasierte Sieger...

Die italienische Mannschaft war am 27. Juni um 16 Uhr mit dem Orient-Express aus Mailand abgereist. Zur grenzenlosen Enttäuschung der vielen Fans, die sich am Bahnsteig eingefunden hatten, fehlten Bartali und Coppi. Die beiden hatten noch an einem Bahnmeeting in Genua und einem Rundstreckenrennen in Nizza teilgenommen und einen anderen Anreisetermin gewählt.

Binda traf mit seinen Schützlingen am anderen Tag um 6.30 Uhr in Paris ein. Die Nationalmannschaft wurde ins Hotel *Louvre* geleitet, die *cadetti* ins *Palais d'Orsay* dirigiert.

Coppi und Bartali kamen mit ihren Edeldomestiken Milano und Corrieri am Vormittag des 29. Juni in Paris an. Sofort war es mit der Ruhe im *Louvre* aus, denn eine gewaltige Menge forderte immer wieder lauthals, daß sich die beiden an den Fenstern ihres Hotels zeigen sollen. Nachmittags war im Verlagsgebäude der *L'Equipe*, in der Rue Faubourg, die übliche Vorstellung der Fahrer und die Nummernausgabe. Bartali war nicht zu bewegen, dort zu erscheinen. So konnte Binda nur den Rest der Mannschaft präsentieren. Mit

Ausnahme seines anderen „Stars“ - Fausto Coppi. Der zog es vor, sich als Tourist mit dem Fahrrad die Seine-Metropole anzusehen, landete dabei im Pressehaus des *Parisien Liberé* und mußte ein zehnminütiges Rundfunkinterview abliefern. Dabei kamen ihm seine französischen Sprachkenntnisse zugute. Er sei zum lernen nach Frankreich gekommen und Bartali sei doch der große Favorit...

Am nächsten Morgen, dem 30. Juni, fanden sich die 120 gemeldeten Fahrer am Platz vor dem Palais Royal in Paris ein. In der Reihenfolge Italien, Belgien, Frankreich, Schweiz, Luxemburg und Spanien, - gefolgt von den Nachwuchsmannschaften aus Italien und Belgien und den französischen Regionalmannschaften sowie dem gesamten Troß -, setzte sich der Riesenwurm in Bewegung und rollte, vorerst neutralisiert, vorbei an Tausenden von Menschen in Richtung Vorort Livry-Gargan. Dort sollte um 11.30 Uhr der offizielle Start zur ***36. Tour de France*** erfolgen. Aber ein Fahrer fehlte: Fausto Coppi! Bei der italienischen Mannschaftsleitung brach Panik aus, die sich aber bald wieder legte, als bekannt wurde, daß Coppi einige Speichen gerissen waren, und Pinella De Grandi - der Chefmechaniker von BIANCHI - den Schaden in Kürze behebt. Coppi traf rechtzeitig ein und pünktlich konnte gestartet werden. Die Jagd auf den Toursieg, aber auch auf *1.000.000 ffrs* begann (zum Vergleich: 1 Kg Brot kostete damals etwa *35 ffrs*/kg).

Auf der 1. Etappe *Paris-Reims* (182 km) streckten als erste die Belgier ihre Fühler aus, aber die Italiener ließen sie nicht weg. Es folgten weitere Versuche, doch richtig ernst wurde es erst, als eine Gruppe mit Coppi vorstieß. Ohne ihn hätte man im Hauptfeld vielleicht nicht reagiert, aber man wußte, Coppi ist gefährlich! Alles setzte nach und bald war man wieder zusammen. Bis kurz vor Reims. Dort machten sich die Franzosen Fachleitner, Gauthier und Goasmat plötzlich auf und davon. Dussault, ein weiterer Franzose, setzte sofort nach, erreichte die drei, gab sich damit aber nicht zufrieden und fuhr alleine weiter. Mit einer Minute Vorsprung erreichte er Reims, gewann nach 5:13:59 std die Etappe und schlüpfte ins Gelbe Trikot. Fausto Coppi hatte sein Tour-Debüt gut überstanden. Gemeinsam mit Bartali kam er 5:41 min zurück auf den 13. Platz.

Die 2. Etappe *Reims-Bruxelles* (273 km) war eine einzige Jagd. Erstens wollte sich jeder ein Stück vom „Prämienkuchen“ - immerhin 100 000 belgische Francs - abschneiden, zweitens wußte man, daß die Belgier auf heimischem Kopfsteinpflaster zuschlagen würden. Und genau so kam es. Am stärksten fuhr ein Mann aus Flandern, Roger Lambrecht. 40 000 Zuschauer im Heysel-Stadion gerieten ins Delirium, als ihr Landsmann sich nach 8:37:58 std den Tagessieg vor Marinelli holte und das Gelbe Trikot übernahm.

Daß man auf die Belgier achten mußte, zeigte sich auch einen Tag später, denn die 3. Etappe *Bruxelles-Boulogne* (211 km), erlebte wieder einen belgischen Tagessieg. Der glückliche war diesmal nach einer Fahrzeit von 6:05:50 std Stan Callens, der auch von seinem Landsmann Lambrecht das

Spitzenreitertrikot übernahm. Coppi sah sich inzwischen auf dem 21. Gesamtrang (mit 7:21 min Rückstand), was seiner guten Laune aber keinen Abbruch tat. Geduldig gab er Interviews und Autogramme (die heute ein Vermögen kosten).

Auf der 4. Etappe *Boulogne-Rouen* (185 km) holte Frankreichs Aufgebot zum Gegenschlag aus. Das mit den Belgiern in „Gelb" paßte dem Technischen Direktor der Franzosen, George Cuvelier, gar nicht ins Konzept. Er hatte vor, mit seinem belgischen Kollegen Van de Velden ein Hühnchen zu rupfen. Teisseire, Diot und Marinelli rückten aus, aber vorerst war Lambrecht auf dem Posten und schloß sich an. Schnell hatten die vier einen gehörigen Vorsprung und noch 45 km vor dem Ziel war Lambrecht voll dabei. Dann platzte ihm ein Reifen und verdarb ihm alles. Sowohl den möglichen Etappensieg als auch seinen 2. Platz im Gesamtergebnis. Tagessieger wurde nach 5:10:04 std Lucien Teisseire vor Marinelli, den man ins Gelbe Trikot steckte.

Aber das war gar nicht so einfach. Jacques Marinelli, genannt *la Perruche* - „der Sittich" - aus dem französischen Regionalteam ILE-DE-FRANCE, war nämlich wirklich ein halbes Hühnchen (1,50 m/50 kg). Hatte man schon mit der Beschaffung einer Rennmaschine Schwierigkeiten gehabt, so sah sich jetzt die Organisation vor dem Problem, dem Franzosen ein passendes Gelbes Trikot zu überreichen. Mit Sicherheitsnadeln wurde das teure Stück soweit gerafft, daß der kleine Jacques zumindest nicht über seine eigenen Beine fiel. Auf jeden Fall war er nun kein kleiner Sittich mehr, sondern eher ein gelber Kanarienvogel und obendrein ein ernstzunehmender Konkurrent.

So auch auf der 5. Etappe *Rouen - St-Malo* (293 km). Hier wollten Bartali und Coppi zum ersten Mal eine Offensive starten - sie waren am Vortag böse eingebrochen und hatten gemeinsam 17:52 Minuten verloren - aber es war ein Schuß in den Ofen. Warum? Schön der Reihe nach: Brambilla, Camellini und Tacca setzten schon nach 15 km zu einem Vorstoß an. Der belgische „Schnellzug" Van Steenbergen, Impamis und Ockers, gefolgt vom „Anhänger" Robic, wollten nachfahren, was aber nicht gelang. Das veranlaßte Coppi, von sich aus die Initiative zu ergreifen. Kübler, Spitzenreiter Marinelli, die Franzosen Dussault und Gauthier sowie der Belgier Dupont machten mit, und nach einer tollen Jagd erreichte die Sechsergruppe die drei Ausreißer. In Caen hatte diese neue Spitzengruppe bereits sieben Minuten Vorsprung auf die Gruppe um Bartali; das Feld lag noch weiter zurück.

Dann kam man nach 132 Kilometer durch Mouen, ein kleines Dorf, das man vergeblich auf der Landkarte sucht. Hier wollte ein Zuschauer Marinelli eine Flasche Bier reichen, verfehlte sein Ziel und brachte ihn zu Sturz. Coppi, der unmittelbar hinter dem Franzosen fuhr, stürzte ebenfalls. Der „Sittich" machte seinem Namen alle Ehre. Er flog so geschickt, daß er mit dem Schrecken davonkam und, nachdem man umständlich die beiden Räder entwirrt hatte, sofort wieder im Sattel saß. Marinelli war in Ordnung. Aber für Coppi waren die Folgen katastrophal: Gabelbruch, Rahmen gestaucht, Reifenschaden, die Kette in der Schaltung verheddert.

Tragella war mit seinem kleinen *RENAULT* schnell zur Stelle. Aber unerklärlicherweise hatte der BIANCHI-Chef keine Ersatzmaschine für Coppi dabei. Lediglich das Zweitrad von Ricci, eine VISCONTEA-Maschine, die sich aber in den Abmessungen und der Sattel- und Pedalstellung erheblich von Faustos Rad unterschied. Fausto weigerte sich zuerst: „Ich will mein Rad oder ich gebe auf!“, versuchte dann aber doch die Weiterfahrt.

Binda war mit dem Mannschaftswagen in Caen geblieben und hatte dort an die Fahrer die Verpflegung ausgegeben. Der Technische Direktor übernahm diese heikle Aufgabe - die Rennfahrer kommen angebraust und schnappen sich in voller Fahrt die Verpflegungsbeutel; Stürze sind dabei an der Tagesordnung - gerne selbst. Nun war er bei Bartali und Magni, das heißt weit zurück. So vergingen 7 Minuten (!), dann erst traf der von Pierino Bertolazzo gesteuerte Wagen Bindas ein. Erneuter Stop. Zum großen Erstaunen des Teamchefs blieb Coppi ruhig und gelassen. Der große Alfredo sollte auch erfahren warum: „Du brauchst dich nicht mehr zu beeilen. Für mich ist die Tour gelaufen. Es ist aus.“

Binda flehte Coppi an. Ein Wortschwall ging auf Fausto nieder; vorerst vergeblich. Minute um Minute verrann. Irgendwie schaffte es Binda, daß Coppi wieder aufs Rad stieg, aber von rennen war keine Rede.

Obwohl sich inzwischen die halbe italienische *squadra* um Fausto versammelt hatte (Bartali, Martini, Ricci und Magni), verlor er jegliche Lust. Aphatisch fuhr er neben dem Wagen des Teamleiters her, der unentwegt auf ihn einredete und ihn beschwor: „Aufgeben? Und die Ehre von Italien? Die Familie? Deine Anhänger?“ Krampfhaft suchte Binda nach Worten und Argumenten.

Aber bei Coppi zeigten sich wieder einmal die Symptome eines zerbrechlichen Jungen. Er hatte Schmerzen und wollte aufgeben. Das ganze Hundeleben als Radrennfahrer stand ihm bis zum Hals. Zu Hause hatte er seine Bequemlichkeit, niemand konnte ihn herumkommandieren. Es waren die Gedanken eines Geschlagenen. Bartali versuchte inzwischen Tempo zu machen und spannte sich vor die Gruppe. Aber vergeblich versuchte er Coppi zum mitarbeiten zu bringen.

Obwohl hier die Campagne eben wie ein Brett ist, ging der Zeiger des Tachometers in Bindas Wagen nur langsam nach oben. Seine Beschwörung zeigte Wirkung bei Fausto. Der Teamchef gab Ricci ein Zeichen, die Verfolgung nun energisch anzukurbeln.

Das war aber nicht dazu angetan, Coppi aus seiner erneut aufkommenden Lethargie zu reißen. Gino konnte sich schnell von der Gleichgültigkeit Coppis überzeugen und machte sich auf den Weg nach vorne.

Coppi bummelte lustlos weiter. In Gedanken befaßte er sich damit, das Rennen in St-Malo aufzugeben. Inzwischen waren weitere Italiener zu Coppi gestoßen und Binda gab die Order aus, Fausto um jeden Preis ins Ziel zu bringen.

Ein eigenartiges Schauspiel für die vielen Zuschauer am Rande der Straße, die ständig fragten:

< *Qu´est qui l´y a Coppi?* > (Was ist mit Coppi los?)

Dann zog der Trauerzug vorbei: Fausto kreideweiß im Gesicht, die Augen stur auf den flimmerden Asphalt gerichtet, vor und neben ihm die getreuen Helfer - Milano, Pasquini, Pezzi, Salimbeni, Franchi und Biagioni (dem Tränen der Enttäuschung über die Wangen kullerten). Dahinter De Grandi in seinem Auto, ständig auf Coppi einredend: < *Non ritirati, vuoi da bere, cosa vuoi, cosa possiamo fare?* > (Gib nicht auf; willst du trinken? Was brauchst du? Was sol-len wir machen?) Fausto konnte nur immer wieder antworten:

< *Datemi acqua - datemi acqua e state lontani.* >

(Gebt mir Wasser und macht langsam.)

Coppis Einstellung hatte den Erfolg, daß die ganze Armada mit einem Rückstand von 18:40 Minuten auf Ferdy Kübler eintraf, der die Etappe nach 8:27:13 std im Spurt vor dem Franzosen Gauthier und dem Italiener Tacca gewonnen hatte. Fausto lag nun auf Rang 25, sein Rückstand auf Marinelli betrug 36:35 Minuten!

Im Ziel bestürmte ihn sofort eine Horde Journalisten. Während er mit einer großen Flasche Mineralwasser seinen Durst stillte, gab er der sprechenden und schreibenden Zunft nichtssagende Antworten. Dann machte er sich auf den Weg nach Paramé, einem kleinen Fischerdorf außerhalb von St-Malo und verschwand im Hotel *Alexandra et Colibri*, dem Quartier der italienischen Mannschaft. Dort verzog er sich sofort auf sein Zimmer und ließ vorerst niemand zu sich. Er kam nicht zum gemeinsamen Abendessen. Nur Jacques Goddet, der *patron* der Tour, konnte zu Coppi vordringen. Der Inhalt des langen Gesprächs blieb geheim.

Später schaffte es dann Ettore Milano, Coppis Edeldomestik und bester Freund dann doch, bei Coppi einzudringen. Er sprach klare Worte. Faustos Trotz, gepaart mit falschem Stolz, sei nicht gerade geeignet, seinen Geldbeutel zu füllen (Milano hatte vor kurzem Cavannas Tochter geheiratet und brauchte dringend Geld). Schließlich sei man nicht zum Spaß nach Frankreich gereist und fahre nicht aus purer Freude Radrennen. So ähnlich mag es geklungen haben, denn man war sich natürlich bewußt, wenn Coppi aufgab, fielen die Chancen, gutes Geld zu verdienen, auf ein Minimum. Zu wenig für die Tortur, die sich Frankreichrundfahrt nennt.

Telegramme aus ganz Europa trafen ein, das Telefon stand nicht still. Nur einmal griff Fausto zum Hörer. Am anderen Ende der Leitung war Biagio Cavanna: „Ein ´campione´ beißt die Zähne zusammen!“ Der Blinde aus Novi Ligure beschwor Fausto weiterzumachen. Unter allen Umständen

Aber alles bitten, flehen, schimpfen, fluchen und weinen - vermutlich in dieser Reihenfolge - half nichts, Coppi wollte einfach nicht mehr weiterfahren.

Als Milano aus dem Zimmer schlich, erschien sofort Alfredo Binda. Mit hochrotem Kopf, außer sich vor Wut. Sein Ohr war noch taub von den vielen Telefongesprächen, die zwischen Italien und Frankreich die Leitungen zum glühen brachten. Binda brüllte Coppi an und warf ihm Eifersucht und Neid auf Bartali vor, die Gelegenheit zu nutzen, um auszukneifen. Binda unüberhörbar: „Menschenskind, raff dich auf, gewinne eine Etappe, um dich zu rehabilitieren. Dann kannst du machen was du willst.“ Von den Wänden dröhnte das Echo.

Fausto blickte Binda unendlich traurig an: „Ich will nach Hause. Es ist nicht der Sturz. Alle fahren gegen mich. Ich bin müde, laß mich schlafen.“

Jacques Goddet hämmerte inzwischen einen gesalzenen Leitartikel für seine *L'Equipe* auf die Tasten seiner Schreibmaschine: „Herr Coppi ist kein Mann für die Tour, wenn er nach fünf Etappen aufgibt. Wenn er nicht weiterfährt, soll er machen, daß er nach Hause kommt!“

Aber Goddet übersah, daß sich Coppi besonders die Worte seines besten Freundes und Helfers Milano zu Herzen nahm. Das war, wie sich herausstellen wird, sein Glück.

Am anderen Morgen, bei Tagesanbruch, begann das Wortgefecht aufs Neue. Diesmal erschien Binda mit der gesamten Mannschaft. Nach drei Stunden hatte dieser letzte Versuch den gewünschten Erfolg. Man hatte Fausto soweit, daß er zumindest wieder aufs Rad stieg.

Zu dieser 6. Etappe *St-Malo - Les Sables* (304 km) traten noch 92 Fahrer an, die sich eigentlich mehr auf den kommenden Ruhetag freuten, als Lust zu haben an wilden Jagden. Besonders bei Stan Ockers kam der Wunsch nach einem weichen Bett auf, hatte er sich doch unterwegs bei einem Sturz den kleinen Finger der linken Hand gebrochen. Als sich das große Hauptfeld bereits mit dem Gedanken an eine Spurtentscheidung befaßte, trat der Regionalfranzose Deledda plötzlich an, hatte im Handumdrehen einen ausreichenden Vorsprung und ließ sich nicht mehr fangen. Nach 8:39:07 std fuhr er als Erster ins Ziel. Das Energiebündel Ockers kam mit blutverschmiertem Gesicht und abgespreiztem, verbundenem Finger als Zweiter an. Marinelli behielt sein Gelbes Trikot, Coppi seine schlechte Laune.

Nach dem verdienten Ruhetag in Les Sables d´Olonne stand mit der 7. Etappe *Les Sables - La Rochelle* (92 km) das erste Zeitfahren auf dem Programm. Coppis Moral war wieder gefestigt. Er besann sich auf seine Qualitäten als Tempobolzer und zog seine „one-man-show“ ab: Mit einer Zeit von 2:18:10 std (39,952 km/std) gewann er die Etappe und rückte vom 24. auf den 14. Platz vor (sein Rückstand im Gesamtklassement war auf 28:33 Minuten geschmolzen). Hier die weiteren Tagesplazierungen: 2. Kübler (1:32 min zur.) und 3. Van Steenbergen (2:47 min). Marinelli behielt weiter das Gelbe Trikot.

Die 8. Etappe *La Rochelle - Bordeaux* (262 km) war der Tag des Franzosen Guy Lapébie. Obwohl er kurz hinter Rochefort bei einem engen Brückenübergang umgefahren wurde, dabei sein Rad zerbrach und lange auf eine Ersatzmaschine warten mußte, hatte er das Glück, daß vorne nicht auf Biegen und Brechen gefahren wurde. So konnte er in seiner Heimatstadt nach 7:27:22 std einen vielumjubelten Etappensieg feiern (wobei Van Steenbergen bestimmt beide Augen zudrückte, denn er hatte auf der Radrennbahn in Bordeaux bis kurz vor dem Zielstrich geführt, dann aber aus unerfindlichen Gründen einen Schwenker nach außen gemacht und Lapébie innen durchstoßen lassen). Nachträglich stellte sich heraus, daß sich Lapébie bei seinem Sturz Verletzungen zugezogen hatte, die seine weitere Teilnahme in Frage stellte.

Zur Freude seiner Landsleute ging er am nächsten Morgen an den Start der 9. Etappe *Bordeaux - San Sebastian* (228 km). Nur noch 85 Fahrer machten sich an diesem Samstag auf den Weg, und besondere Enttäuschung herrschte in Spanien, als man erfuhr, daß bereits alle spanischen Teilnehmer durch Stürze oder durch Erschöpfung ausgefallen waren. In Biarritz und auch noch an der Grenze lag das Feld der Rennfahrer geschlossen zusammen. Anders die Begleitfahrzeuge. Denn als die Radler unter den geöffneten Schlagbäume hindurchrasten, blieben die Vertreter der französischen Linkspresse zurück und veranstalteten eine Protestaktion, bei der die mitgeführten alkoholischen Getränke den Unterhaltungswert sehr steigerten. Das trug dazu bei, daß sich die franco-spanischen Grenzer nicht allzusehr aufregten (zudem sie solche Demonstrationen gegen ihren faschistischen Staat ohnehin gewohnt waren).

Den Fahrern wars egal. Sie spurteten ohne Rücksicht auf politische Anschauungen um den Tagessieg, den der Franzose Louis Caput nach 6:30:49 std für sich entschied; Ockers landete trotz Gipsfinger wieder auf dem zweiten Platz. Marinelli konnte noch einmal sein Gelbes Trikot zum Trocknen vor das Hotelzimmerfenster hängen, aber ganz wohl war ihm nicht mehr dabei. Er ahnte, daß es bald mit der Herrlichkeit vorüber sein würde.

Die dumpfe Ahnung trügte nicht. Bereits auf der 10. Etappe *San Sebastian - Pau* (196 km) bekamen die Fahrer einen Vorgeschmack von dem, was sie bei den reinen Bergetappen noch alles erwartete. Ganz verging Lapébie der Appetit. Er mußte aufgeben, und auch Bobet begrub seine Hoffnungen; er mußte wegen einer Drüsenschwellung ausscheiden. Marinelli kam noch einmal mit einem blauen Auge davon, allerdings auch mit 18 Minuten Rückstand. Die fing er sich durch Magni ein, der zusammen mit Impamis, Biagioni und Fachleitner einen Husarenritt gewagt hatte und nach 5:43:04 std die Etappe gewann. Als Marinelli ankam und die schlechte Kunde vernahm, zog er sein Gelbes Trikot aus (der kleine Kerl wog inzwischen nur noch knapp 100 Pfund und es wurde ihm sowieso von Tag zu Tag weiter) und übergab es Magni. Aus der Traum vom Toursieg.

Vorerst stand in Pau noch ein Ruhetag an, aber die Fahrer konnten sich zumindest auf der Landkarte schon einmal mit den Bergriesen Aubisque (1709 m), Tourmalet (2115 m), Aspin (1489 m) und Peyresourde (1569 m) beschäftigen. Dies galt nicht für Bartali. Er nutzte den Ruhetag auf seine Weise und trainierte! Gino war schon sein Geld wert. Er behauptete, während einer Rundfahrt an Gewicht zuzunehmen, weil ihm das normale Leben, im Gegensatz zum ständigen hin und her während der übrigen Saison, gut bekommt. Zudem genehmigte er sich am Abend nach jeder Etappe ein Zigarettchen und hatte auch nichts gegen ein Glas Rotwein einzuwenden. Ein neugieriger Reporter wollte hinter vorgehaltener Hand von Coppi wissen: „Was halten sie von Bartali?“, und er neigte sich erwartungsvoll vor, um jede Silbe aus dem Munde Coppis für seine erhoffte Schlagzeile zu verstehen. Coppi legte die Stirn in Falten, dachte lange nach und flüsterte ihm schließlich ins Ohr: „Er ist sehr fromm!“

Der Belgier Raimond Impamis vertrieb sich die Zeit mit Postkartenschreiben. Eine ging an seine drei Söhne: „Ich freue mich, bald wieder zu Hause zu sein“, (es ging schneller, als er dachte. Nach der 11. Etappe gab er auf).

Coppi fühlte sich inzwischen wieder blendend. Mit 74 Kg hatte er sein Idealgewicht. Pinella De Grandi montierte ihm 300 Gramm schwere Reifen (gegenüber den damals üblichen 380 Gramm) und wählte eine optimale Übersetzung. Fausto konnte im Hotel *Commerce* beruhigt zu Bett gehen.

Diese 11. Etappe *Pau-Luchon* (193 km) hatte es in sich. Coppi kam nach 52 km als Erster auf dem Aubisque an, überquerte nach 118 km auch als Erster den Tourmalet, stürzte dann aber bei der Abfahrt. Er holte wieder auf, kam als Zweiter mit *Apô* Lazaridès auf den Aspin, hatte dann einen Reifendefekt und war von da an gegen den mächtig aufdrehenden Robic ohne Chance. Der überquerte den Peyresourde als Erster; Coppi lag hier 1:05 min zurück und konnte in den letzten 15 km bis zum Ziel nur noch acht Sekunden aufholen. Dadurch wurde Robic nach einer Fahrzeit von 7:06:22 std Tagessieger; Magni behielt das Gelbe Trikot.

Fausto war mit einem Rückstand von 14:46 Minuten auf Rang 9 vorgerutscht. Ausgerutscht waren auch zwei italienische Journalisten mit ihrem VW. Sie hatten sich überschlagen, aber überlebt. *Apô* Lazaridés, der ein großes Rennen fuhr, wurde noch kurz vor Schluß von einem Auto angefahren und büßte über sechs Minuten ein. Weinend gratulierte er Robic zum Sieg.

Schlechte Stimmung herrschte im Quartier der Italiener. Coppi und Bartali gerieten sich wieder einmal in die Haare und warfen sich gegenseitig ungeschicktes Verhalten während des Rennens vor. Nach zwei Stunden erregter Diskussion schlossen die beiden Streithähne wieder Frieden, nicht zuletzt Dank einer Gruppe von Landsleuten, die sich heftig am Streit beteiligten und auf eine Einigung drängten.

Die Hitze machte unterwegs alle etwas verrückt. Besonders Kübler. Er hatte Halluzinationen und wollte mehrmals aufgeben. Vietto prallte in einem Tunnel gegen die Mauer, und Bartali wurde am Peyresourde (zwar gut gemeint) von Zuschauern so mit Wasser bespritzt, daß er stürzte; beide konnten weiterfahren, verloren aber viel Zeit. Ward Van Dijck hatte aufgegeben; Callens, Mathieu und Ghysselink waren nach Kontrollschluß eingetroffen und wurden aus dem Rennen genommen; Caput, eine der französischen Hoffnungen, schied infolge einer Halsentzündung aus.

Kein Wunder, daß auf der 12. Etappe *Luchon-Toulouse* (140 km) eine Art Waffenstillstand herrschte und nicht allzuschnell gefahren wurde. Das kam dem Belgier Rik Van Steenbergen gerade recht, der seinen Landsmann Marcel Kint nach 3:32:11 std im Spurt schlug.

Am 14. Juli, dem französischen Nationalfeiertag, erwartete man eine besondere Aktivität der einheimischen Fahrer. Aber zum einen lähmte die tropische Hitze das Feld, zum anderen paßten die Italiener auf wie die Schießhunde. Erst in Montpellier konnte Idée zusammen mit Lazaridès ausreißen. Der hatte wieder im entscheidenden Moment Reifenschaden und so konnte Idée die 13. Etappe *Toulouse-Nimes* (289 km) nach 8:29:04 std für sich entscheiden.

Auch auf der 14. Etappe *Nimes-Marseille* (199 km) herrschte einigermaßen Ruhe. Nur so ist es zu erklären, daß sich der relativ unbekannte Luxemburger Jean Goldschmidt nach 6:17:08 std in die Liste der Etappensieger eintragen konnte.

Die 15. Etappe *Marseille-Cannes* (215 km) unterschied sich von den Vortagen dadurch, daß es einen erfolgreichen Ausreißversuch gab, den zwar der Franzose Idée entfesselte, aber der Belgier Keteleer als Etappensieger nach einer Fahrzeit von 6:02:29 std erfolgreich abschloß. Unterwegs hatte der Franzose Giguet eine Prämie von *50 000 ffrs* kassiert, die zum Gedächtnis des „Vaters der Tour de France", Henri Desgrange, vor dessen Wohnhaus ausgetragen wurde.

In Cannes konnten die Fahrer noch einmal Kraft schöpfen. Der letzte Ruhetag war angesetzt. Diesmal wurden auf der Landkarte die Alpenriesen Col d´Allos (2250 m), Col de Vars (2111 m) und der Col d´Izoard (2361 m) studiert (Coppi hatte es nicht notwendig, denn vor einem Monat hatte er die Berge ja beim Giro bezwungen) und das Streckenprofil sorgte bei den meisten Fahrern wieder für Schlafstörungen. Die endlosen Serpentinen erschienen im Traum, und wie sagte Corrieri zu seinem Chef Bartali: „Lieber säße ich im Zuchthaus. Diese entsetzliche Schinderei! Wenn ich noch weiterfahre, dann nur für Dich, Gino, um Dir nützlich zu sein."

Gedanken machten sich auch Hunderte von Italienern darüber, ob sie das Angebot eines Mailänder Reiseunternehmers annehmen sollen: Bahnfahrt nach Paris zur Schlußetappe der Tour, drei Tage Stadtbesichtigung, Hotel, Eintritt ins Prinzenpark-Stadion, Ankunft der Fahrer, feiern des italienischen Triumphs! - alles für nur 22 900 Lire. Da mußte man einfach zuschlagen!

Diese Meinung vertrat auch Alfredo Binda. Aber er bezog das zuschlagen auf seine Mannen: „Morgen wird der ´Kapitän´ ermittelt. Die ´Helfer´ bringen Bartali und Coppi bis zum Beginn der Kletterei in eine günstige Position.

Dann geht es über die Berge und die Tour ist gewonnen. Klar?“ Der Teamleiter beliebte zu scherzen. Aber der nächste Tag, der 18. Juli, war kein Tag zum scherzen, auch nicht, wenn man als Begleiter im Auto saß.

Inzwischen war auch Dr. Campi, Coppis persönlicher Arzt, zum Tour-Tross gestoßen. Er konnte Fausto nur zu einer exzellenten Form gratulieren, aber einige Patienten mußte er verarzten: Corrieri litt unter Furunkel, Pezzi hatte einen eitrigen Zahn und Brignole hatte Schwielen an der Fußsohle.

Für die Giganten der Landstraße begann der 18. Juli, ein Montag, „mitten in der Nacht“: Frühstück war um 4 Uhr morgens. Coppi kam als einer der letzten. Zu diesem Zeitpunkt hatte De Grandi schon ganze Arbeit geleistet: auf die Holzfelgen neue Reifen aufgezogen, für Coppi eine Übersetzung von 50-47 x 15-17-20-23-24 und für Bartali 49-46 x 15-17-20-22-24 montiert. Der wiederum hatte schon seine Morgenandacht hinter sich. Ein radsportbegeisteter Pfarrer, der in Arvieux am Fuße des Col d´Izoard eine kleine Kirche betreute, gab Gino Zuversicht und spendete ihm seinen Segen. Fausto vertraute da mehr auf seine Beine.

Es kam, wie alle erwartet hatten. Auf dieser 16. Etappe *Cannes-Briançon* (274 km) holten Bartali und Coppi zum großen Schlag aus. Der Erfolg wurde ihnen alles andere als leicht gemacht. Vorerst durch einen Schweizer. Was später als eine Art von Selbstmord beschrieben wurde, leistete sich Ferdy Kübler. Er begann schon am Allos mit solcher Kraft loszustürmen, daß die Sportzeitungen am nächsten Tag von einer tollen Flucht Küblers berichteten. Am Fuße des Col de Vars hatte er vor Coppi, Bartali und Magni einen großen Vorsprung und noch immer kletterte *Ferdy national* wie eine Gemse. Selbst strömender Regen und ein Reifenschaden konnten den Mann aus Adliswil kaum bremsen. Aber ein zweiter Reifendefekt, kein Ersatzreifen, langes Warten auf den Materialwagen - das brach dem Schweizer das Genick. Hätte er nur seine Kräfte besser eingeteilt, hätte er nur darauf geachtet, lediglich seine schärfsten Konkurrenten zu bewachen, hätte er sich nur an Coppi gehalten. Dann hätte er bestimmt auch diesen erneuten Defekt weggesteckt. Ja hätte! So kam er als Elfter mit knapp sechzehn Minuten Rückstand auf den Sieger in Briançon an. Und der hieß nach 10:25:35 std Bartali. Was war geschehen?

In den Kehren des Vars und Izoard fiel die Entscheidung zu Gunsten von Bartali und Coppi, obwohl es vorerst nicht danach aussah. Gino, mit der Verfolgung Küblers beschäftigt, hatte in der Verpflegungszone Bindas Wagen übersehen und war nun ohne Proviant. Hunger machte sich bemerkbar. Binda riskierte eine Bestrafung - die Annahme von Verpflegung war nur in den vorgeschriebenen Bereichen erlaubt - und steckte Gino drei Bananen zu. Aber Bartalis Magen knurrte weiter. Im Anstieg zum Izoard wartete Gino auf Fausto und klagte ihm sein Leid. Drei belegte Brötchen wechselten den Besitzer und verschwanden im Nu in Bartalis Mund. Dann fuhr man Schulter an Schulter die Kehren des Izoard hoch.

Nach über zehn Stunden Quälerei, traf das Spitzenduett in Briançon ein, 4:14 min vor den beiden französischen Verfolgern Robic und Lazaridès. Coppi hatte am Ziel noch eine Überraschung für seinen angeblichen Erzfeind Bartali. Fausto, der eindeutig bessere, ließ Bartali den Vortritt und rief ihm zu: < *Buon compleanno, Gino!* > Alles Gute zum Geburtstag! Bartali war an diesem Tag fünfunddreißig geworden.

Das schönste Geschenk aber war für Gino Bartali das Gelbe Trikot. Bei Magni wollte da keine so rechte Freude aufkommen. Immerhin hatte er es seit der 10. Etappe angehabt und sich allmählich richtig daran gewöhnt. Nun aber sah das Gesamtklassement folgendermaßen aus: 1. Bartali, 2. Coppi (1:22 min zurück), 3. Marinelli (1:24 min) und 4. Magni (1:28 min).

Leider kam es bei der 17. Etappe *Briançon-Aosta* (257 km) zu Publikumsausschreitungen. Die Tour machte auf dieser Teilstrecke einen Abstecher nach Italien. Die drei ersten schweren Pässe - gleich nach dem Start der Col de Montgené- vre (1850 m) -, dann der Col du Mont Cenis (2081 m) und der Col d´Iseran (2764 m) lagen in Frankreich. Aber der letzte Berg, der Kleine St. Bernhard (2188 m), war die Grenze und von da ab war man in Italien.

Während des Aufstiegs zum Iseran war Bartali der erste, der auf einen Vorstoß des Franzosen Tacca reagierte. Ginos Vorstoß alarmierte die gesamte Kopfgruppe, in der sich alle guten Kletterer befanden, und löste eine Reihe Gegenangriffe aus, in die vor allem Robic verwickelt war. Aber auch Lazaridès, Marinelli und natürlich Coppi selbst griffen in das Renngeschehen ein. Nach der Abfahrt, im Val d´Isere, griff Tacca erneut an, und nahm mit Bartali und Coppi im Gefolge den Anstieg zum Kleinen St. Bernhard vehement in Angriff. Diesmal konnten wieder nur Robic, Lazaridés, Marinelli und der Belgier Dupont folgen, aber als gar Lazaridés und Marinelli selbst zum Angriff übergingen, hatte Fausto die Sache satt. Er trat so gewaltig an, daß ihm nur noch Bartali folgen konnte. Zusammen überquerten sie die Paßhöhe und stürzten sich in die Abfahrt.

Hervorgerufen durch die (Falsch)meldung, daß im bisherigen Verlauf alle Teilnehmer gegen die *azzurri* gefahren wären, drehten die Zuschauer auf italienischem Boden durch! Während die unüberschaubare Menge am Straßenrand mit ihrem < *Cop-pi! Cop-pi!* > die Luft zum Zittern brachte, mischten sich immer mehr wütende Zurufe an die Adresse der französischen Fahrer dazwischen. Es blieb nicht bei Worten. Bald wurden Rennfahrer, Journalisten und Offizielle mit Dreck, Steinen und anderen Wurfgeschossen bombardiert. Am Ziel in Aosta vergriffen sich die hysterischen Zuschauer an allem, was irgendwie nach Frankreich aussah. Selbst an ehemaligen französischen Tourteilnehmern, die sich im Ziel als Zuschauer eingefunden hatten, machte der Fanatismus nicht halt. Nur einer blieb verschont: Marinelli. Er hatte so einen schönen italienischen Namen und außerdem war er ja so klein...

Der Ursprung des Massenwahns war nicht nur unbedingt im Tourgeschehen selbst zu suchen. Seit Jahr und Tag versuchten italienische Extremisten alles mögliche, Teile vom Südosten Frankreichs - so die Gegend von Nizza und die Provinz Savoien - nach Italien zurückzuholen. Sie betrachteten die Ankunft der Tour de France als willkommene Bühne. Die Menge beruhigte sich erst, als Coppi in Aosta als triumphaler Sieger einzog. Nach einer Fahrzeit von 9:08:48 std hatte er das Ziel erreicht und Bartali, der mit einem Rückstand von 4:55 Minuten ankam, auf Platz zwei verwiesen. Gino hatte sich auf den letzten 40 km wie ein Löwe gewehrt, aber ein Defekt und ein Sturz brachten ihn um alle Chancen. Nun war er sein Gelbes Trikot los. Er mußte es an seinen jüngeren Landsmann abgeben. Für den Tour-Neuling Fausto Coppi war ein Traum zur Wirklichkeit geworden!

In Aosta stand der letzte Ruhetag auf dem Programm. Coppi feierte den Sieg zusammen mit seiner Frau Bruna und seinen beiden Brüdern Livio und Serse im Hotel *Billia*. Bartali wurde im Zimmer daneben von seiner Frau Adriana getröstet. Binda sorgte dafür, daß beide nicht ins Kreuzfeuer der Kritik gerieten...

Natürlich loderten die Flammen der Rivalität zwischen den Anhängern Bartalis und Coppis sofort wieder auf. Wie konnte sich Fausto unterstehen, seinem Landsmann Bartali das Gelbe Trikot abzunehmen? Die Presse, ebenfalls in zwei Lager gespalten, zog über den Technischen Direktor her. Das war halt wieder einmal Alfredo Binda und der sollte alles ausbaden. Zum Glück war er ein Mann, der sich von Journalisten nicht so leicht aus der Ruhe bringen ließ. Geduldig erklärte er, daß am Start in Briançon vier Mann, lediglich durch eineinhalb Minuten getrennt, an der Spitze des Rennens lagen und Coppi zum Zeitpunkt von Bartalis Mißgeschick alleine in Führung lag und damit Italiens Interesse vertreten mußte. Bei der Tour gibt es eben keine zwei Sieger.

Vor dem Start zur 18. Etappe *Aosta-Lausanne* (263 km) ließ es sich Coppi nicht nehmen, über den Lautsprecher an die Zuschauer zu appellieren: „Ich hoffe“, so meinte Coppi, „ihr denkt nicht so wie die Idioten, die gestern am Werk waren. Was soll bloß die Welt von Italien halten?“ Die klaren Worte und das Engagement Faustos machten ihn nicht nur in Frankreich, sondern auch in der übrigen Radsportwelt noch populärer, als das ohnehin schon der Fall war.

Die 17. Etappe hatte wieder ihre Opfer gefordert. Fachleitner und Massal hatten aufgegeben, Peverelli aus der Mannschaft der *cadetti* war schwer gestürzt und ins Hospital gebracht worden. Die „Überlebenden“ der schweren Alpenetappen machten sich also auf den Weg in die Schweiz. Dabei galt es, den Großen St. Bernhard (2469 m) und den Col des Mosses (1445 m) zu überwinden.

Am Abend zuvor hatte nochmals ein Gespräch zwischen Binda und Bartali stattgefunden. Gino erklärte, er fühle sich in der Lage, die Tour zum dritten Mal zu gewinnen. Aber Binda verwies auf die Tatsache, daß Bartali 1948 gewonnen hatte und nun Coppi an der Reihe sei, der obendrein das Kunststück fertigbringen könnte, zum ersten Mal in der Geschichte des Radsports Giro und Tour im selben Jahr zu gewinnen. Bartali wollte sich die Sache überlegen.

Und Gino hielt sich zurück. Zwar stiefelte er als Erster über die Pässe, aber das hatte seinen Grund darin, er wollte zumindest das Bergklassement für sich entscheiden. Coppi wehrte sich verzweifelt. Auch er spürte, daß Gino die Kraft besaß, das Blatt zu wenden. Ein unbedachter Augenblick, ein Defekt, ein Sturz und der Toursieg wäre dahin.

Bartali hielt sich auch später zurück. Angeblich fühlte er sich nicht wohl. Auch Fausto bekam seine Krise und so blieb man einträchtig beisammen. Eine andere Lesart lautet, Coppi hätte sich im Feld bei dem Schweizer Aeschlimann erkundigt, wer eigentlich an der Spitze liegt und die Antwort bekommen: „Rossello, Pasquini und Weilenmann." Weilenmann ist Schweizer und Coppi hatte seine Antwort sofort parat: „Wir sind in der Schweiz, es soll der Tag der Schweizer werden." Er verständigte Binda, der nach vorne fuhr und den beiden *gregari* Ausgang gab: „Ihr könnt weiterfahren, Fausto ist einverstanden."

Aber die beiden Italiener hielten nichts vom Tag der Eidgenossen. In den Weinbergen entlang des Genfersees zermürbten sie den Schweizer und machten den Endspurt unter sich aus. Der erschöpfte Weilenmann kam als Dritter ins Ziel und bekam gerade noch mit, wie Pasquini seinem Landsmann Rossello das Siegerbukett um die Ohren haute. Scheinbar war das „Ding" doch nicht ganz ohne Probleme abgelaufen.

Ferdy Kübler hatte unterwegs mehr mit Brechen und Durchfall zu kämpfen, als mit seinen Gegnern. Entnervt gab der *Adler von Adliswil* noch vor dem St. Bernhard auf. Sofort war die Presse zur Stelle und statt „Hurra!" hieß es nun „kreuzigt ihn!" Am schlimmsten ließ Rennleiter Goddet Ferdy über die Klinge springen. In seiner *L'Equipe* spekulierte er offen darüber, daß Kübler wenig empfehlenswerte Hilfsmittel in viel zu starken Dosen zu sich nehme. Besser verständlich: der Schweizer dopt sich. 1949 war das keine Anschuldigung wie heute. Zum einen war Doping nicht verboten, zum anderen gab es kaum einen Fahrer, der nicht ab und zu ein kleines Kügelchen schluckte.

Rennfahrer erzählen über andere Rennfahrer oft haarsträubende Geschichten. Zu Zeiten Fausto Coppis geisterte die Sage von einer kräftespendenden Wunderdroge durch das Radsportmillieu. Ob dazu, wie behauptet wurde, die Eier von mit Arsen gefütterten Hühnern gehörten, die in belgischen Rennfahrerschulen auf dem Speiseplan standen, um die Fahrer auf spätere Arsenbehandlungen vorzubereiten? Lassen wir es dahingestellt. Hans Martin, Sportdirektor der Schweizer Tourmannschaft, Italo Villa, der italienische Pfleger der Eidgenossen und Dr. Mettler, Küblers Vertrauensarzt, bestritten auf jeden Fall energisch Goddets Verdacht. Und Ferdy selbst betonte, er habe immer eine Abneigung gegen Pillen und Spritzen gehabt. Also hatte sich der große Goddet geirrt. Oder?

Küblers Zusammenbruch in den Alpen ist am einfachsten als psychisches Versagen zu erklären. Ähnlich wie bei Coppi lagen Küblers Schwächen in diesem Bereich. Beide Männer waren sehr sensibel und verfügten über Nerven, die ihnen oft böse Streiche spielten. An diesen Symptomen hatte Raphael Géminiani nicht zu leiden, denn die 19. Etappe *Lausanne-Colmar* (283 km) wurde nach 8:59:57 std eine Beute des Franzosen. Die Presse behandelte Géminiani als Außenseiter. In Wirklichkeit war er aber ein cleveres Kerlchen, wurde später ein guter Freund Coppis, und war bis zum Tod des Italieners eng mit dessen Schicksal verbunden.

Bei der 20. Etappe *Colmar-Nancy,* (einem Zeitfahren über 137 km), war Coppi noch einmal so richtig in seinem Element. Als Träger des Gelben Trikots ging er als Letzter ins Rennen. Tief über seinen Lenker gebeugt überholte er Fahrer um Fahrer. Das Endergebnis war für seine Mitkonkurrenten wieder einmal niederschmetternd: Bartali hatte als Zweitplazierter schon 7:02 min Rückstand, Goldschmidt 8:40 min, Marinelli 11:15 min (bei ihm gilt die Entschuldigung, daß er Unterwegs einen Gabelbruch hatte) und Lauredi 11:53 Minuten. Coppis Husarenritt wurde auch fünf weiteren Fahrern zum Verhängnis. Sie fielen der 15%-Klausel zum Opfer, die da sagt, wer die Zeit des Siegers um fünfzehn Prozent überschreitet wird aus dem Rennen genommen. Leider war Coppis bester Freund Ettore Milano darunter, der sich nun die letzte Etappe vom Auto aus betrachten konnte.

Coppi hatte 10:55 min Vorsprung auf den zweiten im Gesamtklassement, Gino Bartali, und nur noch ein Unfall konnte ihn vom Sieg in Paris abhalten!

Diese 21. Etappe *Nancy-Paris,* (mit 340 km die längste der ganzen Rundfahrt) wurde ähnlich wie beim Giro zum Triumphzug für Coppi. Alle erkannten seine Überlegenheit an. Dazu kam eine fast unerträgliche Hitze, die jede Aktion unterdrückte. So schleppte man sich bis Versailles. Erst dort kam Leben in die Bude, denn von da an standen die begeisterten Zuschauer im dichten Spalier auf Tribünen, Tischen, Stühlen, hatten alle Fenster besetzt und klebten in dichten Trauben auf den Bäumen. 45 Fahrer kamen geschlossen durch den Tunnel auf die Prinzenparkbahn. Donnernder Applaus schlug ihnen entgegen und unüberhörbar waren die Rufe der objektiven Franzosen: < *Fo-stó! Fo-stó!* > Aus dem Feld spritze Van Steenbergen nach vorne und gewann nach 10:49:36 std den Endspurt gegen Stan Ockers, Giovanni Corrieri und den ersten Franzosen, Jean Robic.

Schlußklassement der **36.** ***Tour de France:***

1. Fausto Coppi	ITALIEN	
4813 km in 149:40:49 std	(32,122 km/std)	
2. Gino Bartali	ITALIEN	10:55 min zur.
3. Jacques Marinelli	ILE-DE-FRANCE	25:13 “

4. Jean Robic	NORD-OUEST	34:28	“
5. Marcel Dupont	AIGLONS-BELGES	38:59	“
6. Fiorenzo Magni	CADETTI D´ITALIA	42:10	“
7. Stan Ockers	BELGIEN	44:38	“
8. Jean Goldschmidt	LUXEMBURG	47:24	“
9. *Apô* Lazaridès	FRANCE	52:28	“
10. Pierre Cogan	NORD-OUEST	1:08:55 std	“

Den *G.P. Montagne* gewann Coppi vor Bartali und Robic; das *Mannschaftsklassement* ging an die italienische Nationalmannschaft, die alle zwölf Fahrer wieder nach Paris brachte. Von 120 gestarteten Fahrern erreichten 55 das Ziel.

Fausto Coppi ist mit diesem Sieg der erste Fahrer in der Geschichte des Radsports, der die beiden großen Rundfahrten ***Giro d´Italia*** *und* ***Tour de France*** *im gleichen Jahr gewann!*

Binda, Bartali und die restliche Mannschaft nahmen in einem Nobelrestaurant an der Abschlußfeier teil, die von der Zeitschrift *Parisien Liberé* organisiert wurde. Vergeblich forderten die Leute auf der Straße Coppi auf den Balkon des Lokals. Fausto hatte pünktlich um 21 Uhr auf dem *Gare de Lyon* den Zug bestiegen und die Heimreise angetreten.

Jacques Goddet, der Coppi nach dessen Mißgeschick zwischen Rouen und Saint-Malo alles andere als einen Helden genannt hatte, sah den Italiener nun in einem anderen Licht und die Schlagzeile für seinen Leitartikel lautete kurz und bündig: < *Merci Fostó!* >

Bei dieser Gelegenheit soll auch einmal an die stillen Helfer gedacht werden, ohne die ein solcher Erfolg undenkbar gewesen wäre: BIANCHI-Chef Giovanni Tragella und Virgilio Colombo (Zuständig für die tausend Kleinigkeiten); Pierino Bertolazzo (Chauffeur); die Mechaniker Pinella De Grandi und Umberto Marnati sowie die beiden Masseure Enzo Pelizza und Giannetto Cimurri.

Am Rande noch eine kleine Episode: Wenige Tage nach Beendigung der Tour starteten Coppi und Bartali in Vigevano. Coppi gewann eine Prämie von 500 000 Lire, die er mit Bartali teilte. Ein Dank für Bartalis Verhalten während der 18. Etappe auf dem Weg nach Lausanne?

Coppi fehlte nun nur noch der Weltmeistertitel. Der ***Circuito delle Cascine***, ein Straßenrennen über 25 Runden auf einem Kurs bei Florenz, sollte Aufschluß über die Zusammenstellung der italienischen Mannschaft bringen. Fausto hatte die Nominierung bereits in der Tasche. Kein Wunder, daß er hinter dem Sieger Luciano Maggini im geschlagenen Feld landete. Binda hatte nicht allzuviel zu sehen bekommen und war, was das Team der *azzurri* betraf, so schlau wie zuvor.

Daran änderte sich auch nichts, als Guido De Santi nach 175 km ***Milano-Modena*** für sich entschied. Das Triumvirat Bartali, Coppi und Magni war erst gar nicht an den Start gegangen.

Aus der Schweiz kamen auch nicht gerade berauschende Meldungen. Dort hatten sich bei der ***Tour de Suisse*** Barozzi (5.), Sforacchi (6.) und Rossello (8.) hinter dem Sieger Weilenmann zwar achtbar geschlagen, aber damit hatte es sich.

Also griff Alfredo Binda wieder in seinen Zylinder und zauberte sechs Hasen ans Tageslicht: Coppi, Luciano Maggini, Magni, Ricci, Pezzi und Martini. Wollte er mit dieser Mannschaft aus Kopenhagen „Coppihagen" machen?

Die ***16. Weltmeisterschaft*** der Berufsstraßenfahrer wurde am 21. August auf einem 8,8 Kilometer langen Rundkurs in Kopenhagen ausgetragen und litt sehr unter der Ungunst der Witterung. Ein böiger Wind pfiff vom Kattegat her über die Strecke. Er ließ bei den etwa 30 000 Zuschauern keine rechte Stimmung aufkommen und hemmte die Rennfahrer doch sehr in ihrem Tatendrang. Trotzdem wurde es eine spannende Angelegenheit.

35 Fahrer aus 17 Nationen nahmen den Kampf um das begehrte Trikot mit den Regenbogenfarben auf, darunter alle damaligen Asse. Auch Coppi, der erst nachts mit dem Flugzeug aus Belgien eingetroffen war. Von Anfang an wurde trotz des schlechten Wetters ein hohes Tempo vorgelegt. Aber erst in der *15. Runde* (von 33 zu fahrenden) vollzog sich die Bildung einer Spitzengruppe, die aus dem Belgier Van Steenbergen, den beiden Schweizern Kübler und Stettler, dem Holländer Schulte und Fausto Coppi bestand. Eine illustre Gesellschaft, in der normalerweise auch der Sieger stecken mußte. Nach *20 Runden* hatten die fünf einen Vorsprung von 45 Sekunden gegenüber dem Hauptfeld, das noch aus 21 Mann bestand, und in dem sich besonders *Briek* Schotte bemühte, eine Verfolgung zu organisieren. Niemand wollte jedoch so recht mitziehen und da versuchte er es alleine. In verwegener Fahrt jagte er ab der 28. Runde hinter den Ausreißern her, konnte die zurückgefallenen Schulte und Stettler auch noch ein- und überholen, aber zu mehr reichte es nicht.

Vorne kurbelte das Trio Coppi-Kübler-Van Steenbergen was das Zeug hielt. Wird es *Fausto* schaffen? Wird *Rik* der große Wurf gelingen? Wird *Ferdy*, nach Hans Knecht, einen weiteren Titel für die Schweiz holen? Diese Fragen beschäftigten alle, als die 33. und damit *letzte Runde* in Angriff genommen wurde.

Besonders in Küblers Kopf kreisten wirre Gedanken. Ferdy hatte im Frühjahr einige Wochen in Belgien verbracht und zusammen mit Van Steenbergen und Schotte trainiert. Dabei bekam er Kontakt zu Jean Buggenhout, einem ehemaligen Sechstagefahrer und nunmehr Direktor des *Palais des Sports* in Brüssel. Dieser geschäftstüchtige Monsieur machte sämtliche Verträge für Kriterien und Bahnrennen in Belgien und den Niederlanden, hatte

Van Steenbergen an der Angel und vertrat nun auch die Interessen von Kübler. Buggenhout hatte sich mit André Mouton, dem Direktor des *Vel d'Hiv* in Paris, wegen finanzieller Unstimmigkeiten zerstritten, und der war wiederum Coppis persönlicher Manager. Würde Fausto nach Giro und Tour auch noch die Weltmeisterschaft gewinnen, dann konnte sich Mouton leisten, die Freunde von Buggenhout zu ignorieren.

Ferdy überlegte: „Werde ich Weltmeister, bekomme ich überall Verträge. Scheitert der Versuch und Van Steenbergen wird dabei abgehängt, dann gewinnt Coppi, und Buggenhout läßt mich wie eine heiße Kartoffel fallen."

Während Kübler kombinierte, fuhr Van Steenbergen neben ihn und fragte an, ob er ihm beim Endspurt behilflich sei. Küblers Kalkulation stand fest und er sagte zu. Coppi verstand das Gemisch aus Deutsch und Flämisch nicht, aber so schlau war er, daß er merkte, daß da ein „Ding" gedreht wurde. Er versuchte verzweifelt wegzukommen, aber *Rik* und Ferdy machten alle Versuche zunichte.

Der spurtstarke Rik Van Steenbergen beantwortete die Frage nach dem neuen Weltmeister zu seinen Gunsten. Bis 500 Meter vor dem Ziel wartete der nervenstarke Belgier. Dann trat er an. Ferdy ließ wie verabredet „abreißen", und *Rik* war in Sicherheit. Coppi spurtete zwar an Kübler vorbei, konnte aber am Sieg des Belgiers nichts mehr ändern. Enttäuscht gab er auf und ließ Kübler an sich vorbei. Nach 290,4 km fuhr Van Steenbergen als neuer Weltmeister über den Zielstreifen. Er hatte dazu 7:35:44 Stunden gebraucht. Freudestrahlend zog er sich das Regenbogentrikot über.

Kübler war über seinen zweiten Platz sehr glücklich. Er bekam die versprochenen Verträge in Belgien und eine finanzielle Belohnung von Van Steenbergen. Nicht zum Lachen war Coppi (und seinen siegessicheren Landsleuten). Sein Rennstall BIANCHI hatte ihm für den Weltmeistertitel einen Lirebetrag in Höhe von umgerechnet etwa 130 000 Mark in Aussicht gestellt. Den konnte Coppi in den Schornstein schreiben. Aber Fausto hatte noch eine Chance (es standen ja noch die Bahnmeisterschaften auf dem Programm).

Drei Tage später hatte Coppi doch sein Regenbogentrikot. Im Endlauf der Einer-Verfolgung ließ er dem Luxemburger Lucien Gillen keine Chance, siegte nach 5000 Meter mit 160 m Vorsprung und weinte der Tatsache, daß er mit 6:30,0 min (46,154 km/std) nicht allzu schnell war, keine Träne nach. Er hatte den Titel, den er im Vorjahr an Schulte abgab, wieder in seinem Besitz. Das war das Wichtigste. Er packte sofort seinen Koffer und flog mit dem nächsten Flugzeug zurück in seine italienische Heimat.

Ohne Beteiligung von Bartali und Coppi fand dort der ***Giro della Toscana*** statt, den Magni vor Barozzi gewann. Coppi startete lieber beim ***Critérium des As*** in Paris. Auf der klassischen Strecke von Longchamps im Bois de Boulogne gab es für Fausto nach 100 km hinter Derny-Motoren allerdings eine unangenehme Überraschung. Denn nicht er, sondern der Außenseiter

Louison Bobet hatte nach 1:54:20 std die Nase vorne. Doch wer Coppi, der als Zweiter eintraf, 41 Sekunden abnimmt, kann schon etwas. Dazu hatte Bobet später noch genügend Zeit, das gründlich zu beweisen.

Am 11. September, einem Sonntag, wurde die Italienische Straßenmeisterschaft mit dem vierten Lauf, dem ***Giro del Veneto***, fortgesetzt. Mit 93 Meldungen war das Rennen stark besetzt. Nur einer hatte schon aufgesteckt. Das war Gino Bartali. Für ihn stand fest, daß es für die Meisterschaft nicht mehr reicht. So ließ er Coppi den Vortritt, an dessen Erfolg niemand mehr zweifelte und widmete sich der Eröffnung seines neuen Radsportgeschäfts in Florenz.

Auf den 295 Kilometern entwickelte sich trotz hochsommerlicher Temperaturen ein Kampf auf Biegen und Brechen, denn besonders für die Mannschaft von WILIER-TRIESTINA stand noch einiges auf dem Spiel. Hatten doch Magni, Maggini, Bresci und Martini noch reelle Chancen auf die Meisterschaft.

Doch dagegen hatte wiederum Coppi etwas. Er kam erst kurz vor dem Start in Padova an. In Prato hatte er an einem Rundstreckenrennen teilgenommen (4. Platz), in Arezzo war er auf der Bahn gestartet. Fausto wirkte übermüdet. Giro, Tour, die Weltmeisterschaft auf Straße und Bahn, dann Kriterien, Rennen hinter Motoren, Verfolgungsrennen und so weiter. Schon ein wenig viel, was sich der *Campionissimo* zumutete. Aber Coppi war eben Coppi.

Die Strecke des ***Giro del Veneto*** führte über *Padova- Bassano d. Grappa-Primolano - Levico* (Verpflegung) *Trento - Roveretto - Vicenza* zurück nach *Padova.* Fausto sorgte wie immer in den Bergen für Betrieb und bei der dritten großen Steigung, dem Pian delle Fugazze (1162 m) war es um die Widerstandskraft der Konkurrenz geschehen. Einer nach dem anderen blieb in den Serpentinen hängen. Nun trat Coppi eine Solofahrt über 120 Kilometer an und traf nach 9:22:54 Stunden mit 4:20 min Vorsprung auf seinen Verfolger Bresci am Ziel in Padova ein. Die Meisterschaft war ihm kaum noch zu nehmen.

In Italien hatte man sich mit der Vormachtstellung Coppis einigermaßen abgefunden, aber in Frankreich lag man auf der Lauer, Coppi eins auszuwischen.

Gelegenheit bot sich in Paris beim ***G.P. des Nations***, einem 141 km langen Einzelzeitfahren. Normalerweise Coppis Domäne. Aber erstens kommt es anders, und zweitens als man denkt! Seine vielen Starts hatten an der Substanz gezehrt, und bis er sich versah, fand er sich auf Rang elf mit 4:55 min Rückstand wieder. Und das gegen den relativ unbekannten Franzosen Charles Coste, der bisher nur (als Amateur) ein Rennen gegen die Uhr gefahren war und auch gewonnen hatte!

Coppis Stimmung wurde um kein Haar besser, als er in Dijon bei einem Bahnrennen an den Start ging. Deprimiert und ohne Form landete er zusammen mit seinem Partner Marinelli im Mannschafts-Omnium auf dem dritten

Rang und im 40-km-Punktefahren mit zwei Runden Rückstand ebenfalls auf Platz drei.

Das gewohnte schüchterne Lächeln zeigte er erst wieder am 9. Oktober im Ziel der ***Coppa Bernocchi***, dem letzten Lauf zur Italienischen Straßenmeisterschaft, den Ricci vor Logli gewann. Dazu hatte er allen Grund, denn obwohl er nach 251,6 km zusammen mit einer 40 Mann starken Gruppe nur als sechzehnter angekommen war, wurde er zum dritten Mal ***Italienischer Straßenmeister*** mit 28 Punkten vor Maggini (20) und Magni (19).

Keinen Grund zur Freude hatte Coppi in Mailand bei den nationalen Meisterschaften im Einer-Verfolgungsfahren. Zwar besiegte er im Vorlauf Biagioni mit 160 m Vorsprung und im Zwischenlauf Benfenati mit 80 Meter, aber im Endlauf gab ihm Bevilacqua mit 100 m Vorsprung das Nachsehen.

Der Herbst zog ins Land, die Freiluftsaison ging allmählich zu Ende. Am 21. Oktober, zwei Tage vor dem Start zur Lombardei-Rundfahrt besuchte Coppi in Begleitung des Präsidenten des Italienischen Radfahrerverbandes, Rodoni sowie einiger Kameraden die Kirche der Madonna di Ghisallo, und legte dort bei der Schutzheiligen der Radfahrer sein in diesem Jahr gewonnenes Gelbes Trikot der Tour de France nieder.

Der Priester und Hausherrn Don Ermelindo bekam gleichzeitig drei Rennmaschinen für eine Lotterie zugunsten des „Haus des Radsports“, das neben der Kirche errichtet werden sollte (aus dem Haus wurde nichts, aber die Madonna wußte das Geschenk offenbar zu schätzen. Wie? Das werden wir am Ziel in Mailand sehen.)

Am Start zum ***Giro di Lombardia***, dieser letzten großen Prüfung im internationalen Straßenrennsport, erschien auch der Präsident der *UCI*, der Franzose Achille Joinard. Als er Fausto Coppi unter den Teilnehmern erblickte, sagte er nur: „Aha, Fausto fährt mit. Mal sehen, wer Zweiter wird.“ Er traf damit den Nagel auf den Kopf. Denn es kam wie erwartet: Coppi gewann das 222 km lange Rennen vor Kübler und Logli.

Ganz so einfach war die Sache jedoch für Fausto nicht. 192 Fahrer, darunter die prominenten Ausländer Kübler, Koblet und Croci-Torti (Schweiz); Jomaux, Dupont, Ollivier und Blomme (Belgien); Kemp (Luxemburg); Teisseire, Diot, Géminiani, Molineris, Rolland und Barbotin (Frankreich) sowie Italiens gesamte Straßenelite, mit Ausnahme Bartalis, nahmen von der Piazza della Republica in Mailand aus das Rennen in Angriff.

Der Morgen war nebelverhangen, es war kühl und später begann es sogar zu regnen. Die nassen, schlüpfrigen Straßen wurden manchem zum Verhängnis, vor allem Teisseire, Ortelli, Koblet und Dupont. Bis Varese (45 km) geschah nicht viel. Géminiani lag alleine an der Spitze, aber mit so geringem Vorsprung, daß man ihn selbst durch den Nebel noch erkennen konnte. Später schlossen Maggini und Fornara noch zu ihm auf, und die drei erreichten als erste den Scheitel des Brinzio. Dann führten Coppi und Kübler das Feld heran.

Schon hier war zu erkennen, daß Coppi nicht gewillt war, das Heft aus der Hand zu geben. Nach einem kurzen Intermezzo - Barducci und Martini führten vorübergehend mit 55 Sekunden Vorsprung - unternahm Fornara den letzten Versuch, noch vor dem Ghisallo zu entwischen. Von niemandem unterstützt, riß der 22-jährige Junge von LEGNANO aus, um seine Chance (vielmehr den Hauch einer Chance), wahrzunehmen. Salimbeni versuchte zwar, seinem Teamgefährten zu Hilfe zu kommen, entfesselte damit aber nur eine wilde Jagd, die für den tapferen Pasquale Fornara das Ende bedeutete.

Gleichzeitig war jedoch etwas Bedeutsames vorgefallen. Coppi hatte Reifenschaden gehabt und dabei fast eine Minute verloren. Natürlich ein willkommener Grund für das Feld, eine flotte Fahrt anzugehen. Doch jetzt deckte Coppi zum ersten Mal seine Karten auf. Im 48-km-Tempo jagte er hinter den anderen her, schüttelte einige Nachzügler, die sich anhängen wollten, wie lästige Fliegen ab und hatte seine Gegner schon nach wenigen Kilometern wieder eingeholt!

Diese hatten keine Zeit sich zu wundern, denn es ging bereits die Rampen zur Madonna di Ghisallo hoch und Coppi übernahm sofort die Spitze. Bis über den Ghisallo-Berg, dem traditionellen Dreh- und Angelpunkt der ganzen Rundfahrt, hatte Coppi jedoch hart zu kämpfen. Zum einen mit seiner eigenen Fahrradkette, die ihn schier zur Verzweiflung brachte, zum anderen mit dem überaus hartnäckigen Franzosen Pierre Molinéris, der sich einfach nicht abschütteln ließ.

Ja, in den Rampen des Ghisallo geschah sogar etwas ganz und gar Ungewöhnliches: Coppi wurde auf seinem Hausberg, nachdem er Molineris bereits abgeschüttelt hatte, von dem blonden Franzosen (der übrigens italienischer Abstammung war) wieder eingeholt. Und es bedurfte sogar eines unvorhergesehenen Ereignisses, um Coppi endgültig von diesem Anhängsel zu befreien. Molinéris kam ganz einfach in einer der engen Haarnadelkurven zu Fall, verlor im Nu 200 Meter und war abgehängt.

Fausto überquerte den Scheitelpunkt (754 m) in der Rekordzeit von 25:15 min für den 8,800 Meter langen Anstieg und begann seine triumphale Solofahrt. Er war zu diesem Zeitpunkt noch nicht aus dem Schneider, denn hinten machten Kübler, Magni, Bresci, Logli sowie die Garde der Jungen - Fornara, Astrua und der großartig debütierende Ex-Amateur Giorgio Albani - mächtig Dampf, um Coppi noch zu stellen. Binda war später der Meinung: „Der Vorsprung nach dem Ghisallo-Paß in Erba von 1:30 min auf die Verfolgergruppe um Kübler war absolut ungenügend, um den Sieg Coppis zu garantieren. Mit regelmäßigen 200-Meter-Ablösungen hätte man ihn nach kurzer Zeit zur Strecke bringen können.“ Aber man war sich nicht einig, jeder wollte zumindest Zweiter werden.

Eine Ansicht, die sich mit der von Kübler durchaus deckte, der sich am Ziel über mangelnde Zusammenarbeit beschwerte. Aber eines übersah der gute Ferdy dabei: Coppi war allein. Mit wem hätte *er* zusammenarbeiten sollen?

Coppi brauchte niemand. Nach 5:50:30 std (38,003 km/std) und neuem Streckenrekord erreichte er die Vigorelli-Bahn und ging als verdienter Sieger auf die Ehrenrunde. Mit einem Rückstand von 2:52 min traf Ferdy Kübler ein, der im Spurt Logli, Magni und Covolo abfertigte.

Mit der Lombardei-Rundfahrt wurde auch der Wettbewerb um den *Challenge Desgrange-Colombo* abgeschlossen. Es ergab sich folgendes Endergebnis: 1. Fausto Coppi (203 Punkte), 2. Fiorenzo Magni (115), 3. Nedo Logli (68), 4. Maurice Mollin/BEL (62), 5. Goldschmidt/LUX (56), 6. Ramon/BEL (55).

Die Fahrer Bartali (115), Leoni (67), Bresci (59) und Astrua (58) konnten nicht gewertet werden, da sie kein Rennen in Frankreich oder Belgien bestritten hatten, was aber laut Reglement nötig gewesen wäre.

Coppi fuhr noch schnell in Rovigo zusammen mit seinem Bruder Serse ein Mannschaftsrennen (2. Platz hinter Leoni-Casola), dann begab er sich nach Portugal und Spanien, um zusammen mit Serse, Bartali, Corrieri und anderen europäischen Fahrern an mehreren Rennen teilzunehmen.

So tauchte er u.a. mit einem knallroten Sportwagen, beladen mit einem halben Dutzend nagelneuer Rennräder sowie einem weiteren Wagen, in dem sich sein Hofstaat - Bruna, Bruder Serse, sein Repräsentant und sein sportlicher Betreuer - befand, in Barcelona auf. Begeisterte Zuschauer, Rundfunk und Presse mußten jedoch bald feststellen, daß Coppi, obwohl er mit dem Belgier Adriaenssens einen der besten Mannschaftsfahrer der Welt als Partner erhielt, eben kein ausgesprochener Bahnfahrer war. Als Coppi-Adriaenssen dann auf der Holzbahn, die in der Stierkampfarena aufgebaut war, gegen die einheimischen Fahrer gar eine Runde verloren, und hinter Saura-Gual, Claros-Boher und Vidal-Montana auf einem mäßigen 4. Platz eintrudelten, schlug die Stimmung ins Gegenteil um und Coppi wurde gnadenlos ausgepfiffen. Auf die Frage eines Journalisten: „Was halten sie vom Publikum in Barcelona?" antwortete Coppi: „Ich denke, daß die Leute gepfiffen haben, weil mich die spanischen Fahrer zu sehr angegriffen haben." Dies mit einem Augenzwinkern und gewinnendem Lächeln, das bewies, daß Coppi nicht nur ein großer Radrennfahrer, sondern auch ein ebenso großer Diplomat war.

Die Straßensaison ging nun wirklich zur Neige und nur noch spärlich sickerten Nachrichten über den Verbleib von Fausto durch. Aus Algerien kam die Kunde, daß die Gebrüder Coppi ein Mannschafts-Omnium vor den Franzosen Piel-Coste gewannen, denen sie sich allerdings im 50-km-Mannschaftsrennen beugen mußten. In Tunis brachten die Coppis bei einem Omnium alle Rennen an sich (fast alle, nur in den Fliegerrennen besiegte Piel Serse, und Coste behielt über Fausto die Oberhand). Coppis letzter Start in Nordafrika endete remis. Von Tunesien nach Marokko zurückgekehrt, bestritt er ein Bahnrennen in Casablanca und verlor sowohl das Zeitfahren (5.) als auch das 50-km-Mannschaftsfahren (2.); dagegen gewann er mit seinem Bruder gegen Piel-Coste das Punktefahren sowie das Mannschaftsverfolgungsrennen.

Dann ging das Jahr 1949 zu Ende. Nennen wir noch schnell die im Text nicht erwähnten Plazierungen: Siege in den *Circuiti* von ***Genova*** (26.6.), ***Padova*** (29.7.) und ***La Louviére***/BEL (2.9.); ein zweiter Platz in *Treviglio*; dritte Plätze in *Vimercate* und *Asti*; ein siebter Platz im belgischen *Brasschaat*; 10. Rang in *Alessandria* und ein 15. Platz in *Firenze*. Nun müßten wir uns einig sein:

„Es war das bisher erfolgreichste Jahr für Fausto Coppi."

1950
Ein fataler Sturz in Primolano

Wie in jedem Frühjahr galt das Interesse der Radsportöffentlichkeit in Italien vorerst den Fabrikmannschaften: Wie setzen sie sich zusammen, wer fährt für wen, und vor allem, wer sind die *gregari*, die stillen Helfer von Bartali und Coppi?

Die Listen ließen auch nicht lange auf sich warten. Italiens Fahrradindustrie, die letzten beiden Jahre noch in einer Wirtschaftskrise, ging die Saison ´50 mit großer Begeisterung an; nicht weniger als 18 Firmen nahmen 125 Berufsradrennfahrer unter Vertrag. Hier die wichtigsten: Gino Bartali verpflichtete für seinen eigenen Fabrikstall **BARTALI** Mario Baroni, Angelo Brignole, Bruno Gianelli, Giovanni Corrieri, Attilo Lambertini und den Belgier Léon Jomaux; bei **BIANCHI** konnte sich Coppi auf seinen Bruder Serse, Andrea Carrea, Oreste Conte, Fiorenzo Crippa, Ettore Milano und Bruno Pasquini verlassen; **LEGNANO** verfügte über so starke Fahrer wie Giorgio Albani, Pasquale Fornara, Luciano Frosini, Adolfo Leoni, Giuseppe Minardi, Loretto Petrucci, Virgilio Salimbeni und Renzo Soldani; bei **VISCONTEA** setzte der sportliche Leiter Belloni auf den Franzosen Jean Robic und umgab ihn gleich mit drei Riccis, nämlich Mario Ricci, dessen jüngeren Bruder Leopoldo Ricci und deren Namensvetter Claudio Ricci. Coppis große Gegenspieler, Toni Bevilacqua und Fiorenzo Magni, waren weiterhin bei **WILIER TRIESTINA** unter Vertrag. Die restlichen Profis waren bei **ARBOS**, **ATALA, BENOTTO**, **BOTTECCHIA**, **CIMATTI**, **FIORELLI**, **FREJUS** , **GANNA**, **GIRARDENGO**, **GUERRA**, **LYGIE**, **STUCCHI** und **TAUREA** beschäftigt. Als sportliche Leiter konnten sich dabei die alten Haudegen Girardengo, Guerra, Pavesi und Belloni austoben, und den ehemaligen Gegnern manches Schnippchen schlagen, sich für die eine oder andere Niederlage im Stillen revanchieren. Der deutsche Radsportfan vernahm es mit Staunen. Jenseits des Brenners lag offenbar das Schlaraffenland für Berufsradrennfahrer.

Coppi konnte sich inzwischen darüber informieren, was so alles auf dem Terminkalender stand. Dafür hatte er genügend Quellen (Aufzählungen sind zwar langweilig, aber sie werfen ein Licht auf die Beliebtheit des Sports in Italien und des Radsports im Besonderen und sollten uns wenigstens einmal interessieren). Da wären also gewesen: täglich(!) *La Gazzetta dello Sport*, *Corrieri dello Sport* und *Stadio* ; dreimal wöchentlich *Tuttosport*; zweimal wöchentlich *Gazzetta del Ciclismo* und *Ciclismo*; wöchentlich *Guerin Sportivo*, *Ogni Sport*, *Lo Sport Illustrato*, *La Gazzetta dello Sport* (Ausgabe Ost), *Il Tifone*, *Paese Sportivo*, *Cine Sport*, *Lo Sport*, *Il Giornale Sportivo*, *Corriere Sportivo*, *Ul Tivan*, *Eco Sport* und *Ciclismo Italiano*. Na, dann viel Spaß beim Lesen!

Fausto machte dicke rote Striche hinter folgende Veranstaltungen (denn sie zählten zum Challenge Desgrange-Colombo): *Milano-Sanremo* (18.3.),

Ronde van Vlaanderen (2.4.), *Paris-Roubaix* (9.4.), *Paris-Bruxelles* (16.4.), *Fléche Wallonne* (30.4.), *Paris-Tours* (7.5.), *Giro d'Italia* (24.5. bis 13.6.), *Tour de Suisse* (25.6. bis 1.7.), *Tour de France* (13.7. bis 6.8.) und den *Giro di Lombardia* (22.10.)

Daneben galt sein Interesse natürlich der Weltmeisterschaft die im belgischen Moorslede zur Austragung kommen soll (20.8.), der Italienischen Meisterschaft - diesmal nur in einem Lauf in Varese (14.5.) - und den anderen klassischen Rennen in Italien und dem Ausland. Coppi mußte vermutlich seinen Rotstift öfters nachspitzen, so zahlreich waren seine Starts, die er vorhatte. Wir werden sehen.

Die Saison begann für Bartali und Coppi ungewöhnlich. Nämlich mit einem Fußballspiel. Beide stellten sich mit ihrer Mannschaft, verstärkt durch Fahrer aus anderen Teams, für eine Wohltätigkeitsveranstaltung zu Gunsten des Winterhilfsfonds für Flüchtlinge zur Verfügung, die einen Reinerlös von 1 577 018 Lire erbrachte. Coppis Elf setzte sich aus Magni, Bergomi, Ausenda, Serse Coppi, Casola, Conte, Tosi, Seghezzi, Scrivanti und Ricci zusammen. Bartali hatte Martini, Corrieri, Bresci, Innocenti, Biagioni, Maggini, Logli, Furini, Bini und Bizzi um sich versammelt. Schiedsrichter war kein Geringerer als der Nationalspieler und das Idol der Fußballfans, Meazza. 30 000 Zuschauer hatten ihren Spaß. Nicht so Bartali, denn mit der Wohltätigkeit Coppis für Bartali war es schnell aus. Mit 6:0 mußte das Team Bartalis geschlagen den Platz verlassen. Gino sann auf Revanche. Aber diesmal auf der Landstraße...

Vorerst hatte Bartali keine Gelegenheit, sich mit Coppi auseinanderzusetzen, denn der fuhr inzwischen mit seinem Bruder Serse kreuz und quer in Nordafrika herum und bestritt verschiedene Bahnrennen.

So auch in Algerien, wo er in Bone ein Omnium gegen Piel-Coste gewann. Dann setzte Fausto nach Gibraltar über, und erreichte mit dem Wagen gerade noch rechtzeitig Paris, um sich im *Vel d'Hiv*, übermüdet wie er war, bei einem Omnium hinter Schulte und Van Steenbergen mit dem dritten Platz zu begnügen.

Bartali traf mit Coppi auch nicht in jenem Geldinstitut zusammen, in dem Fausto 3 893 469 Lire für seinen Toursieg 1949 abholte (die er allerdings auf Heller und Pfennig - oder besser gesagt, auf Lire und Centesimo - an seine Mannschaftskameraden weitergab). Und weil er gerade auf der Bank war, holte er sich auch die erste Rate seines Jahresgehalts bei BIANCHI ab, das stolze 12 Millionen Lire betrug; rund 66 000 Mark. Coppi hatte eben seinen Preis.

Bartali holte sich dagegen in Berlin eine Nierenquetschung. Beim ***Kriterium der Asse*** in der Halle am Funkturm stürzte Gino nach 15 Kilometer, als Gerhard Schulz infolge eines Reifenschadens zu Fall kam und Bartali über ihn hinwegsegelte. Zuvor hatte Bartali das Verfolgungsrennen gegen Heiner Schwarzer gewonnen. Bei diesem Lauf machte der Berliner mit den Holzlatten unangenehme Bekanntschaft, denn eine Runde vor Schluß, deutlich in Führung, knallte auch ihm ein Reifen weg und er landete auf dem Parkett.

Coppi trainierte inzwischen an der Riviera und nahm am 19. Februar in Aix-en-Provence an der traditionellen ***Ronde du Carnaval*** teil, bei der er den 6. Platz belegte. Sein Bruder Serse kam auf Rang sieben. Fausto verschaffte auch den Veranstaltern in Toulon ein volles Haus. Hier ging er zum ersten Mal in dieser Saison auf einer französischen Radrennbahn bei einem Omnium an den Start, enttäuschte allerdings die Zuschauer etwas, da er nur das Kilometer-Zeitfahren in 1:12,2 min gegen Milo Carrara gewinnen konnte, den gesamten Mehrkampf dagegen verlor, da seine Partner -Bruder Serse und Mario Ricci - im Punktefahren vorzeitig ausschieden.

Dann bestritt Coppi am 5. März das Kriterium in Bordighera, das er auf Platz drei hinter Casola und Van Steenbergen beendete, und in Verona landete er bei einem Kriterium über 81 km hinter Baroni, Corrieri und Bizzi auf Rang vier. In beiden Fällen glänzte Coppi bei Zwischenspurts und Ausreißversuchen. Aber er glänzte auch im Gesicht, denn der Schweiß floß in Strömen. Sein sportlicher Direktor, Tragella, sah es mit Freuden (denn Coppi lag noch mit etwa zwei Kilo über seinem Idealgewicht von 76,5 kg) und gab an die gespannt lauschenden Journalisten die Botschaft weiter: „Coppi schwitzt auch für den Sieg bei Milano-Sanremo."

Sieg? Dagegen hatte Gino Bartali etwas. Es war ja nicht unbedingt das 6:0 von Mailand, das ihn wurmte, aber Coppi sollte auf jeden Fall merken, daß es ihn, den mittlerweile 36-jährigen, noch immer gab.

200 der besten Berufsstraßenfahrer nahmen am 18. März in den frühen Morgenstunden das ***41. Milano-Sanremo*** in Angriff. Vorbei an unüberschaubaren Zuschauermassen gings von der *Piazza della Republica* aus neutralisiert über den Domplatz bis vor die Tore der Stadt. Dort wurde das Rennen freigegeben.

Der übliche Blitzstart blieb auch in diesem Jahr nicht aus, denn vor allem die jungen Fahrer führten das Feld im 50-km-Tempo an. Severino Canavesi und Valeriano Zanazzi unternahmen den ersten Vorstoß und hatten in Pavia (29 km) fast eine Minute Vorsprung. Auf der großen Brücke über den Ticino, mit ihrer herrlichen Aussicht auf die Altstadt, ließen sich vermutlich einige ablenken, denn es ereignete sich ein Massensturz von ungefähr 30 Fahrern, der aber ohne größere Folgen blieb.

Den nächsten Alarm gab es in der Kolonne, als bei Silvano d´Orbea der Belgier Van Steenbergen Defekt hatte. Nach raschem Radwechsel nahm er die Verfolgung auf, hatte aber kurz darauf erneut Reifenschaden, und da gerade hier die Steigung zum Turchino-Paß begann, war es für ihn sehr schwer, den Anschluß wieder herzustellen. Er schaffte es zusammen mit seinem Landsmann Schotte und nach 25 km war der Rückstand von drei Minuten, den er sich bei den unfreiwilligen Stops eingehandelt hatte, wieder aufgeholt.

Canavesi und Zanazzi waren inzwischen ins Hauptfeld zurückgefallen, das Logli als erster über die Paßhöhe (532 m) führte. In der Abfahrt konnte sich Maggini etwas absetzen und erreichte die Küstenstraße mit etwa 40 Sekunden Vorsprung auf eine achtköpfige Verfolgergruppe. Aber die sofort eingeleitete Jagd auf die Ausreißer sowie eine geschlossene Bahnschranke an der Spitze brachten bis zur Verpflegungskontrolle in Savona (185 km) den Zusammenschluß.

Nun versuchten der Belgier Gielen und der Italiener Isotti ihr Heil in der Flucht und erkämpften sich bis Alassio (240 km) einen Vorsprung von fast drei Minuten.

Dann kamen die drei Küstensteigungen Capo Mele, Capo Cervo und Capo Berta, und eine Attacke von Coppi wurde erwartet. Aber Fausto hatte am letzten Cap Defekt; Gielen und Isotti wurden von etwa 50 Mann eingeholt, und auf den restlichen 30 km blieb allen weiteren Fluchtversuchen der Erfolg verwehrt.

Es kam zum Endspurt in der *Via Roma*. Der Favorit für solche Ankünfte, Rik Van Steenbergen, hatte sich zwar eine günstige Ausgangsposition geschaffen, aber ebenso wie Coppi zuviel Kraft in den Aufholjagden verbraucht. So trat das ein, was niemand erwarten konnte: 100 Meter vor dem Ziel schob sich Bartali in Front und hielt die spurtstarken Logli (2.) und Conte (3.) sicher im Schach.

Der alte Fuchs hatte rechtzeitig erkannt, daß der rechts von ihm fahrende Conte keine optimale Übersetzung für den Spurt aufgelegt hatte und Casola, ebenfalls ein heißer Anwärter für den Sieg, scheinbar nicht die nötige Konzentration aufwies. So hielt er sich an Logli, den wiederum Van Steenbergen als gefährlichsten Rivalen im Visier hatte, und dabei den vorbeirasenden Gino vollkommen übersah. Coppi landete zeitgleich an neunter Stelle. Außer Atem konnte er nur stammeln: „Dieser Gino hat tausend Teufel im Leib!" Schon hatte Bartali einen neuen Appelativ am Hals: < *il vecchietto diabolico* > - der teuflische Alte!

Zahlreiche Konkurrenten von Mailand - San Remo beteiligten sich am Tag darauf an einem internationalen Kriterium hinter Derny-Motoren. Coppi verschaffte sich durch einen in 1:17:57 Stunden (50,032 km/std) für die 65 Kilometer erzielten Sieg eine gewisse Genugtuung für die Niederlage bei der *Classicissima*.

Fausto hatte am 2. April bei der Rundfahrt um die Provinzen von Calabrien eine echte Gelegenheit, sich zu revanchieren. Dieser ***Giro Reggio Calabria*** war mit seinem fast durchweg hügeligen Verlauf Coppi so richtig auf den Leib geschneidert und es sollte, wie die italienische Presse später richtig erkannte, ein „Duell der Titanen" werden. Ein Duell zwischen Bartali und Coppi!

Von Reggio ging der Kurs zunächst nach Süden, drehte dann, immer an der Küste entlang, nach Osten, um nach 55 km nördlich abzubiegen, wo bei Kilometer 108 die erste richtige Bergfahrt quer durch die Halbinsel nach

Westen folgte. Nach 184 km ging es wieder nach Süden, dem Ausgangspunkt Reggio entgegen.

Die ersten 85 km wurden im 42er Tempo zurückgelegt; eine siebenköpfige Gruppe mit Martini, Vittorio Rossello, Zanazzi, Cecilia, Chiti, Carrea und Conte hatte zu diesem Zeitpunkt einen kleinen Vorsprung vor dem Gros des Feldes, aus dem sich eine ebenso starke Gruppe unter Führung von Bartali und Ortelli an die Verfolgung machte. Am Fuß der Limina-Höhe, bis zu deren Plateau innerhalb von 20 Kilometern 800 Höhenmeter zu bewältigen waren, hatte Bartali seinen ersten Reifenschaden (Fausto hatte den seinen schon hinter sich und begann aufzurücken) und nach 171 km, in Taurianova, lag das Trio Bartali-Coppi-Soldani alleine an der Spitze. Auf der Abfahrt nach Gioia machte sich Coppi auf und davon. Bartali wurde durch einen weiteren Reifenschaden aufgehalten, Soldani von Astrua und Ortelli überholt. Gemeinsam machte man Jagd auf Coppi, aber der dehnte seinen Vorsprung auf mehr als vier Minuten aus und hatte sich im Ziel nach 7:16:22 std und einer Solofahrt von 48 km wahrlich für die Niederlage bei Mailand - San Remo revanchiert. Nach 4:40 min traf Bartali als Zweiter ein, Ortelli hatte schon 6:07 min, Astrua 6:15 min und der Schweizer Croci-Torti als Fünfter gar 13:38 Minuten Rückstand.

Damit nicht genug. Eine Woche später, Ostern, genau am 9. April, legte Coppi anläßlich der Fernfahrt ***Paris-Roubaix*** seinen Konkurrenten ein besonderes Ei ins Nest: Nach 6:18:48 std (39,124 km/std) hatte er auch diesen Klassiker gewonnen! Der Rennverlauf ist schnell erzählt. Um 10.30 Uhr nahmen 231 der besten Berufsradrennfahrer - nur Bartali war abwesend - in Saint-Denis, einem Vorort von Paris, bei trübem Wetter und regennassen Straßen die Fernfahrt in Angriff.

Der Franzose Fachleitner wagte den ersten Ausreißversuch. Scheinbar in weiser Voraussicht, denn hinter ihm gab es bereits bei Kilometer 13 (!) einen Massensturz, in den 20 Fahrer verwickelt wurden. Der Belgier Schotte, die Franzosen *Apô* Lazaridès, Moineau und Thiétard mußten aufgeben, Schulte setzte die Fahrt arg lädiert fort. In der Steigung von St-Just-en-Chausee (69 km) verloren die beiden hocheingeschätzten Franzosen Rioland und Marinelli den Kontakt und gaben auf.

Starker Seitenwind machte den Fahrern schwer zu schaffen. Coppi wurde in dieser Phase des Rennens gut von seinen Mannschaftskameraden Carrea, Conte und Crippa unterstützt, die ihn gegen den Wind schützten. Ab und zu erhielt er einen Schubs von seinem Bruder Serse. Das war zwar gegen das Reglement, aber die Rennkommissäre waren auf dem schlechten Kopfsteinpflaster - dem *pavé* aus der Zeit Louis XV., das der „Hölle des Nordens“ zusammen mit den Ereignissen 1914/18 ihren Namen gibt - hauptsächlich damit beschäftigt, ihre Fahrzeuge heil über die Strecke zu bringen.

Der grauenvolle Straßenbelag trug auch das Seine dazu, daß den Radrennfahrern nichts erspart blieb. Fachleitner, Dupont und Neri machten mit der Defekthexe Bekanntschaft, Kübler und Barbotin stürzten, kamen aber bald wieder nach vorne. Ein zweiter Massensturz eliminierte Marcellak und Charpentier; Roger Piel kam bei Tempo 60 zu Fall und wurde ins Krankenhaus von Amiens gebracht.

In der Folge löste eine Jagd die andere ab und in Arras (184 km) sah die Sache so aus: Spitze mit 35 Sekunden Vorsprung Diot und Sciardis, dahinter etwa 20 Fahrer mit den Franzosen Moujica, Mahé und Géminiani, den Belgiern Rik Van Steenbergen und Gobaert - und Fausto Coppi!

Der leitete nun unverzüglich den Schlußkampf ein. Alleine davonziehend holte er im 45-km-Tempo Sciardis und Diot ein. Nur Diot konnte Coppi folgen, dabei aber nur mit Mühe Faustos Hinterrad halten und er war außerstande, irgendwelche Führungsarbeit zu leisten. In Henin-Lietard (205 km) hatte Coppi genug von seinem Begleiter. Er verschärfte das Tempo, hängte den Franzosen ab und eilte dem Sieg entgegen. Hinter Diot entwickelte sich noch ein hartes Ausscheidungsrennen, in dessen Verlauf Van Steenbergen zurückfiel. Dafür kamen Magni und Coste auf und blieben bis ins Ziel zusammen. Nach 247 km sah das Ergebnis folgendermaßen aus: 1. Fausto Coppi, 2. Diot (2:31 min zur.), 3. Magni (5:24 min).

Maurice Diot rannte nach der Ankunft im Stadion von Roubaix im Innenraum hin und her und verkündete stolz, er habe das Rennen gewonnen: <*J´ai gagné!*>. Als man ihm entgegenhielt, Coppi sei doch vor ihm im Ziel gewesen, antwortete er: <*Coppi était hors concours!*> - „Coppi ist unschlagbar. Er fuhr außer Konkurrenz!“

Der Franzose kam doch noch zu einem Erfolgserlebnis, denn als man Coppi fragte, ob er seine Ehrenrunde zusammen mit Maurice fahren wolle, antwortete er: <*Con piacere*> - was ja immerhin heißt: „Mit Freuden.“ Als die beiden anschließend die Bahn umkreisten, wollte der Jubel kein Ende nehmen. Die Zuschauer riefen immer wieder einen Namen: <*Fo-stó, Fo-stó!*>. Die italienischen Radsportfans schäumten vor Begeisterung schier über, die Chefs der Fahrradfabriken waren sauer. Der Grund war in beiden Fällen der selbe: Die fast ununterbrochene Siegesserie von Bartali und Coppi, die ihre Marken ***BARTALI*** und ***BIANCHI*** zu absoluten Marktführern machten und die anderen Firmen in die Pleite trieben. Da mußte man sich wehren, und eine Möglichkeit war, starke Ausländer zu verpflichten (***GIRARDENGO*** holte sich Van Steenbergen und Kint; ***VISCONTEA*** hatte bereits Robic unter Vertrag und holte nun noch dessen Landsmann Brulé zu Hilfe; der kleine Spatz aus Frankreich, Jacques Marinelli, - der Held der Tour de France 1949 -, wurde von ***GUERRA*** eingefangen.) Eine andere, bestimmt billigere Möglichkeit aus den roten Zahlen zu kommen, war die, noch mehr die Besten aus dem Amateurlager zu Profis zu machen und in die bestehenden Mannschaften einzubauen.

Über die erste Art der Verstärkung waren verständlicherweise die französischen Radsportfirmen nicht sonderlich begeistert, aber andererseits hätten sie es nicht ungern gesehen, wenn man mit dieser neuen Streitmacht Bartali und Coppi Bescheidenheit hätte lehren können.

Coppi kümmerte das wenig. Er gewann auf der Bahn in Como zusammen mit Conte ein Omnium, und Bartali kümmerte sich um den Vertrieb seiner neuen Rasierklingen, die er unter dem Namen *LAMA BARTALI* auf den Markt brachte.

Aber Bartali ließ auch auf der Landstraße erneut von sich hören. Beim ***Giro della Toscana*** - diesmal war Coppi nicht mit dabei - hätte nach Zweidrittel des Weges niemand mehr auch nur eine Lira auf Gino gesetzt, denn etwa 84 km vor dem Ziel lag er mit elf Minuten (!) im Rückstand.

Die Ursache waren zahlreiche Defekte. Schon nach fünf Kilometern hatte er den ersten Reifenschaden, drei Kilometer später den nächsten. Obendrein regnete es in Strömen, und als Montevarchi (Rennkilometer 48 km) erreicht war, kam der dritte „Plattfuß".

Aber Bartali gab sich auf seiner Hausstrecke nicht so schnell geschlagen. Bei der Abfahrt hinter Castellina (90 km) hatte er seinen Zeitrückstand schon bis auf 20 Sekunden aufgeholt.

Die Zwischenfälle waren jedoch noch nicht vorbei. Nach der Verpflegungskontrolle in Castelfiorentina (118 km) war Bartali zusammen mit Robic und Kübler hinter die Führenden De Santi und Pasotti um 3:30 min zurückgefallen, in Pisa (171 km) betrug der Rückstand schon 5:30 min und er vergrößerte sich bis zum Anstieg von Popiglio (226 km) auf die besagten 11 Minuten!

Doch dann war Gino in seinem Element. In der typischen Toskana, mit ihren Hügeln und Bergen (jeder Radtourist weiß, wenn man mehr als einen Kilometer in der Ebene fährt, hat man sich verirrt und ist nicht mehr in dieser Provinz...) konnte niemand mehr mit Bartali Schritt halten. 40 km vor Florenz hatte er die Spitze eingeholt und mit Volpi am Hinterrad gings dem Ziel entgegen, das er mit mehr als drei Minuten Vorsprung auf das Hauptfeld nach 9:29:00 std (31,263 km/std) erreichte.

Bartali, inzwischen von seinen Anhängern liebevoll, aber auch mit Respekt: < *il vecchio* > - der Alte - genannt, hatte auf den letzten 78 km nicht weniger als 14 Minuten herausgeholt! Coppi vernahm es mit Staunen. Er hatte in Casciano an einem Kriterium über 38,8 Kilometer teilgenommen, und dabei hinter Maggini und seinem Bruder Serse den dritten Platz belegt. Gut gelaunt fuhr man anschließend nach Rom.

Dort stand vom 20. bis 22. April die klassische Fernfahrt ***Roma-Napoli-Roma*** auf dem Programm. Sie wurde in vier Halbetappen durchgeführt und sah ein internationales Klassefeld am Start.

Bei der ersten Halbetappe *Roma-Frosinone* (78,1 km) erreichte der Franzose Jean Robic hinter Kleinmotorrädern nicht nur einen Schnitt von 52,416 km/std sondern auch als Erster das Ziel. Fausto endete auf Rang zwei, Bartali fast zehn Minuten zurück auf Platz acht. Nachmittags ging es dann als normales Straßenrennen mit *Frosinone-Napoli* (153 km) weiter und hier sorgte der „kleine" Coppi - Serse - für eine dicke Überraschung. Nach

4:19:27 std gewann er den Spurt einer fünfköpfigen Ausreißergruppe vor Maggini, Salimbeni, Martini und dem Franzosen Bobet. Fausto wurde 12., Bartali landete auf Rang sechzehn. Serse nahm überglücklich den Handschlag und einen Pokal vom italienischen Radsportpräsidenten Rodoni entgegen. Damit war für ihn die Sache gelaufen, denn nach einem Ruhetag (Bartali, Coppi und weitere 30 Teilnehmer wurden an diesem Tag vom Papst in der St.Peter-Basilika in Privataudienz empfangen) stand *Napoli-Latina* an. Und das im Zeichen von Bruder Fausto. Der nämlich bezwang nach 171,7 km seinen Landsmann Logli (11 Sekunden zur.) und Robic (47 Sekunden).

Bartali hatte unterwegs einen schweren Sturz gehabt, fuhr noch eine verbissene Verfolgungsjagd, mußte jedoch dann das Rennen vorzeitig beenden.

Auch Fausto hatte nur kurze Freude an seinem Sieg und dem gelb-rosa Trikot des Spitzenreiters, denn am selben Nachmittag drehte der kleine Robic im Windschatten seines Schrittmachers noch einmal gewaltig auf. Diese letzte Teiletappe führte wieder hinter Kleinmotorräder über *Latina-Roma* (77,4 km) zurück zum Ausgangspunkt der Fernfahrt. Am Ziel auf dem Motodrom von Appio hatte Robic neun Sekunden Vorsprung auf Fausto und damit den Gesamtsieg in der Tasche.

Fausto fand die Niederlage gar nicht lustig und dazu hatte er allen Grund. War ihm doch auf dem Schlußteil der letzten Etappe seine Lambretta-Führungsmaschine sauer geworden, so daß er einen Teil der Strecke ohne Windschatten fahren mußte. Und dann diese läppischen neun Sekunden!

Seine Stimmung wurde auch im Ziel von ***Milano-Vienza*** nicht besser, als er sich nach 235 km auf Rang acht wiederfand. Dieses Straßenrennen hob der *Veloce-Club Vienza* am italienischen Nationalfeiertag (25. April) zusammen mit dem ehemaligen Rennfahrer und nun Konstrukteur Tulio Campagnolo aus der Taufe, und man konnte für diesen ***Gran Premio Campagnolo*** die besten Fahrer aus Belgien, Frankreich, Italien und der Schweiz an den Start bringen.

Eine der großen Attraktionen dieses Rennens war die Geld-Prämie von 100 000 Lire in Brescia, die sich die Ausreißer Pinarello, Conte und Fazio teilten. Dicht dahinter folgten Rik Van Steenbergen, Coppi, Keteleer und Kübler.

Einem Quartett, bestehend aus Conte, Martini, Sacola und Vittorio Rossello gelang dann nach der Hälfte des Rennens ein Vorstoß, aber Bevilacqua und Luciano Maggini konnten aufschließen und ihre Gegner sogar 10 Kilometer vor dem Ziel abhängen. Was niemand vermutete trat ein: Bevilacqua, eher ein Bahnfahrer, ein Mann der „*six days*" und erfolgreicher Verfolgungsfahrer, schlug nach 5:40:10 std die damals besten Straßenfahrer der Welt.

Coppis Gesicht zeigte erst wieder am 30. April in Lüttich ein schüchternes Lächeln, als er zwar dreckverschmiert, aber glücklich, den Reportern Rede und Antwort stand. Hatte er doch soeben wieder einen der unglaublichen Erfolge seiner Radsportlaufbahn erzielt.

An diesem Sonntag erschien der Italiener in Belgien am Start zum ***Fléche Wallonne***, dem Pfeil von Wallonien. Die 14. Auflage des bekannten Straßenrennens von Charleroi nach Lüttich über 235 Kilometer hatte als fünfter Wettbewerb zum *Challenge Desgrange-Colombo* eine besondere Bedeutung. Hinzu kam, daß sich Coppi vorgenommen hatte, für die Niederlage im Vorjahr gründlich Revanche zu nehmen.

Am Vorabend hatte er noch gesagt: „Es ist mir bis jetzt nicht gelungen, in Belgien ein klassisches Straßenrennen zu gewinnen. Ich werde nun alles versuchen, um auch dieses Ziel zu erreichen."

Coppi brauchte gar nicht, wie er sagte, alles versuchen, er gewann auch so wie er wollte (das Rennen, und nebenbei auch belgische Francs, die um diese Zeit gesuchte Münzen waren.)

Zu Beginn fuhr Coppi vorsichtig. Er und seine Helfer von BIANCHI waren nur darauf bedacht, daß Jan Breuer, der sich nach 20 Kilometern aus dem Staub machte, und die zwei Franzosen Forlini und Chateau sowie Cerami und der Schweizer Metzger, die dem Belgier etwas später folgten, nie außer Sicht fuhren.

Etwa bei der Hälfte des Rennens übernahm Coppi von seinem Betreuer Pinella De Grandi die Verpflegung und spurtete den anderen Fahrern hinterher. Am Col de Malchamps, einem nicht allzu hohen, aber sehr giftigen Anstieg - praktisch dem entscheidenden Punkt des Klassikers - holte er die zu diesem Zeitpunkt an der Spitze liegenden Franzosen Chateau und Forlini ein, die sich mit letzter Energie die Rampe hochquälten. Der Italiener fuhr an ihnen vorbei, eine Hand am Lenker, mit der anderen hielt er seine Trinkflasche mit kaltem Wasser an den Nacken, um sich abzukühlen. Dann schälte er eine Orange und aß sie mit Genuß.

Das alles, während die beiden anderen ein Martyrium durchmachten. Coppi versuchte sie sinngemäß aufzumuntern: „Von jetzt ab aber etwas schneller, meine Herren, damit uns die Verfolger nicht einholen!" Das gab Chateau und Forlini den Rest. Sie stiegen ab und quälten sich zu Fuß den Berg hoch, ernüchtert, enttäuscht und demoralisiert von der Leichtigkeit, mit der Coppi das Rennen bestritt. Das geschah etwa 100 Kilometer vor dem Ziel in Lüttich.

Als Coppi in den Rampen des Hautregard „ein Brikett nachlegte", kam er ohne Schwierigkeiten weg, und damit war es um den Rest der Meute geschehen. Nach 172 km hatte er drei Minuten Vorsprung, nach 199 km waren es vier, nach 210 km war sein Guthaben auf 4:40 Minuten angewachsen; vor neun Verfolgern, die es einfach nicht glauben wollten, was Coppi da mit ihnen trieb. 15 Kilometer vor dem Ziel in Lüttich jubelte Fausto am Straßenrand ein besonderer Fan zu: sein Bruder Serse, der das Rennen aufgegeben hatte und auf einem Abschneider an die Strecke geeilt war.

Nach 235 km hatte Coppi sein Wort gehalten. In 6:24:44 std (36,649 km/std) war er der echte Pfeil von Wallonien. Mit einem Rückstand von 6:05 min blieb dem Belgier Impamis das einzig Mögliche: Er verwies seine acht Begleiter im Spurt auf die Plätze.

Coppi gab den begeisterten Presseleuten am Ziel bereitwillig Auskunft: „Im letzten Jahr machten ich mich mit Rik Van Steenbergen und Peeters rechtzeitig auf und davon und wir erreichten nach einer langen Solofahrt das Ziel. Ich mußte mich mit dem dritten Platz begnügen. Ich wollte auf eine ähnliche Art gewinnen, aber bevor die Wühler im Feld mich aushöhlen konnten."

Nun, der Hauptwühler war nicht am Start erschienen. Rik Van Steenbergen hatte es vorgezogen, dem Italiener aus dem Weg zu gehen. Er nahm lieber in Liedekerke bei einem Bahnrennen teil. Er hatte wohl so seine Ahnung...

Coppi ging bereits am nächsten Tag, dem 1. Mai, zusammen mit Serse in Luxemburg an den Start eines 80-km-Rundstreckenrennens. Als Serse mit dem Einheimischen Marcel Ernzer auf dem 800-m-Kurs in Petingen ausriß, zeigte sich Fausto für den Beifall seines Bruders beim „Pfeil" insofern dankbar, als er das übrige Feld gekonnt bremste und so den beiden in der 89. Runde die Überrundung ermöglichte. Serse und Ernzer, der wirklich gut fuhr, bewachten sich nun argwöhnisch, und alles deutete auf einen Endspurt zwischen den beiden hin. Doch zwei Runden vor Schluß hatte der Luxemburger einen Reifenschaden. Serse gewann dadurch unangefochten. Ernzer wurde der zweite Platz zuerkannt, Fausto wurde sechster. Diesmal war Fausto an der Reihe, seinem Bruder zu applaudieren.

Fausto ließ sich auch in Italien wieder sehen und siegte in Mailand auf der Vigorelli-Bahn in einem Omnium zusammen mit Bevilacqua vor den Franzosen Godeau-Bouvard und der belgischen Mannschaft Bruylandt-Buysse.

Dann kam am 14. Mai wieder so ein rabenschwarzer Tag für Coppi. Schauplatz: die drei Täler von Varese. Erinnern wir uns an Valkenburg 1948. Damals hatten sich Coppi und Bartali nicht aus den Augen gelassen, einander beschattet, unempfindlich für alles, was ringsum vor sich ging. Mit dem Erfolg, daß beide abgeschlagen endeten, aber so vom Rad stiegen, als hätten sie den größten Erfolg ihrer Laufbahn erzielt. Daß ein anderer den Weltmeistertitel errang, war vollkommen egal. Hauptsache, Gino war nicht gegen Fausto und Fausto nicht gegen Gino unterlegen.

Ähnlich umnebelt waren die Köpfe der beiden Erzrivalen, als es bei den ***Tre Valli Varesine*** immerhin um den Sieg in der ***Italienischen Straßenmeisterschaft*** ging. Die besten 38 Fahrer Italiens gingen an den Start, und normalerweise hätte der Meister Coppi oder Bartali heißen müssen. Aber mit der selben Sturheit, wie damals in Holland, gingen die beiden ans Werk: Gino gegen Fausto, Fausto gegen Gino. Mit dem Erfolg, daß nicht nur ein anderer gewann, nämlich Bevilacqua, sondern auch die Pfiffe der unzähligen Zuschauer nicht mehr abreißen wollten (am lautesten tobten natürlich die Anhänger von Coppi und Bartali!)

Um gerecht zu sein: der Schuldige war diesmal Bartali. Als zwei Runden vor Schluß noch durchaus eine Wende möglich gewesen wäre, setzte Coppi (natürlich mit Bartali am Hinterrad) zu einer Verfolgungsjagd an. Doch Gino blieb passiv, leistete keinerlei Führungsarbeit und so steckte auch Coppi wieder auf. Fausto war stinksauer und da kam ihm der Endspurt - wohlgemerkt achteinhalb Minuten zurück um den 18. Platz - gerade recht. Bis aufs Blut gereizt behinderte er nicht nur Bartali, sonder ging auch noch dessen Mannschaftsgefährten Leoni an die Wäsche, in diesem Fall ans verschwitzte *BARTALI*-Trikot. Gino legte lauthals Protest ein (das einzige, was er an diesem Tag mit Nachdruck tat) und die Jury setzte Coppi zurück auf Platz siebenundzwanzig.

Coppi hatte eine Erklärung für sein Versagen in petto. Am Abend zuvor hätte er in Sestri, genauer gesagt bei sich zu Hause, Tomaten gegessen, die ihm nicht bekommen wären. Er hätte schlecht geschlafen, sein Magen hätte rebelliert, später im Rennen seine Beine versagt. Ähnliches sei ihm 1939 im *Giro del Piemonte*, bei seinem ersten Profirennen passiert. Auch damals hätten ihm die Beine versagt, und im Mund hätte er den faden Geschmack des etwas giftigen Solanin gehabt, das in unreifen Tomaten enthalten ist. Das Ganze elf Jahre her. Armer Fausto! Man riet ihm, in Zukunft Tomaten zu meiden...

Noch einige Sätze zum Sieger Bevilacqua. In der achten (von elf) Runden war *Toni* zusammen mit Martini losgezogen. Zweimal konnte er seinen Begleiter abschütteln, aber der zähe Martini kam immer wieder an sein Hinterrad. Erst kurz vor Schluß konnte er sich endgültig vom anhänglichen Alfredo befreien und nach 8:00:59 std die Ziellinie als neuer italienischer Meister überqueren. Großen Anteil an seinem Erfolg hatte der Ex-Champion Giordano Cottur, sportlicher Leiter von Bevilacquas Rennstall TRIESTINA, der zwar nicht auf einem Rennrad WILIER, dafür aber ausgerüstet mit einem Paar solider Straßenschuhe, den gesamten Rundkurs (26 Kilometer!) ablief, und seine 25 Streckenposten inspizierte, die mit Trinkflaschen und Verpflegungsbeuteln am Straßenrand standen. Und das alles für seinen *Toni*. Es hatte sich gelohnt.

Schnell war bei allen Beteiligten der Zorn verraucht, denn in Eintracht belegten Coppi-Bartali Mitte Mai bei einem Omnium in Mantua hinter den siegreichen Franzosen Godeau-Bouvard den zweiten Platz, wobei sie sich zum Beispiel im Mannschaftszeitfahren gegen die französischen Bahnspezialisten (1:04,7 min) mit 1:05,0 min ausgezeichnet schlugen. Auch mit Bevilacqua war das Kriegsbeil (vorerst) begraben. Coppi konnte mit ihm am 19. Mai in Mailand die starken Holländer Schulte-Peters in einem Omnium mit 13:9 Punkten bezwingen.

Die Meisterschaft war für Coppi im Eimer. Aber nun kam ja der Giro! Am Vorabend gab sich die italienische Spitzenklasse noch ein Stelldichein auf der Bahn von Mede Lomellina, wobei Fausto im Omnium Dritter wurde, und im 60-Runden-Mannschaftsfahren zusammen mit Bini den zweiten Rang erzielte.

Dann ging es am 24. Mai nach Mailand zur Austragung des ***33. Giro d'Italia***. Diese Italienrundfahrt führte in 21 Tagen über 3981 km

(18 Etappen) von der Po-Metropole nach Rom, das aus Anlaß des Heiligen Jahres zum Endpunkt gewählt wurde.

105 der besten europäischen Straßenfahrer nahmen die 1. Etappe *Milano-Salsomaggiore* (225 km) in Angriff, die eine Beute des Italieners Conte aus der BIANCHI-Mannschaft von Coppi wurde.

Die 2. Etappe *Salsomaggiore-Firenze* (245 km) brachte Martini den Sieg und ausgerechnet Bartali durch einen Sturz teure Verlustminuten ein. „Am Ende wird abgerechnet", meinte der arg gebeutelte Gino, als er abgeschlagen in seiner Heimatstadt ankam - es wollte und wollte mit einem Etappensieg nicht klappen - und im Gesamtergebnis las, daß Coppi immerhin auf Rang sechs lag. Zur allgemeinen Überraschung schlüpfte der Schweizer Fritz Schär nicht nur ins Grüne Trikot für den besten Ausländer, sondern auch in das begehrte Rosa Trikot für den Spitzenreiter.

Daran änderte auch die 3. Etappe *Firenze-Livorno* (148 km) nichts, die Olimpio Bizzi für sich entschied. Coppi hielt sich wieder einmal an Bartali und erreichte gemeinsam mit ihm an 13. Stelle das Ziel. Mit dem neunten Rang im Gesamtklassement war er durchaus zufrieden.

Am Ziel der 4. Etappe *Livorno-Genova* (212 km) kam Meister Bevilacqua zu einem Spurtsieg über Koblet und Serse Coppi; Schär mußte sich weiterhin mit beiden Trikots abquälen. (Keine Angst, daß der Schweizer bei der sommerlichen Wärme zu dick angezogen war. Das Reglement besagt nämlich, daß das zweitrangige Trikot an den in dieser Wertung nächstplazierten weitergereicht wird.)

Auch die 5. Etappe *Genova-Torino* (245 km) änderte daran nichts, obwohl alles auf den kleinen Eidgenossen Jagd machte. Etappensieger wurde der TAUREA-Fahrer Franco Franchi, mit 1,67 Meter Körpergröße auch nicht gerade ein Hüne. Coppi lag inzwischen mit 3:25 min Rückstand auf Rang 11 und war noch immer zufrieden. Seine Zeit würde in den Alpen und Dolomiten kommen.

Am zweiten Pfingstfeiertag wurde die 6. Etappe *Torino-Locarno* (220 km) gefahren, die der Schweizer Hugo Koblet für sich entschied.

Dann war erst einmal Pause, der erste Ruhetag ließ neue Kräfte für die bevorstehenden Dolomitenetappen schöpfen.

Am nächsten Tag, auf der 7. Etappe *Locarno-Brescia* (293 km), ließ Coppi zum ersten Mal die Katze aus dem Sack. Den 1176 m hohen Passo dell´Aprica bewältigte er als Erster, dicht gefolgt von Robic und dem Träger des Rosa Trikots, Fritz Schär. Bei der Abfahrt wurden die drei Ausreißer wieder vom Feld eingeholt, und in Brescia brauste Luciano Maggini als erster über den Zielstrich. Alfredo Martini erreichte als vierter Brescia und seine Freude war übergroß. Noch mehr die Überraschung, als er für diese Leistung das Rosa Trikot übergestreift bekam.

Seine Freude währte nur einen Tag, denn die 8. Etappe *Brescia-Vicenza* (214 km) brachte nicht nur den Tagessieg für Koblet, sondern auch das

Spitzenreitertrikot für den „schönen Hugo". Coppi erreichte als fünfter das Ziel und war nun bereits auf Rang vier im Gesamtklassement vorgerückt.

Die 9. Etappe *Vicenza-Bolzano* (272 km), zugleich die härteste der ganzen Rundfahrt, die über den Rolle-Paß (1970 m), den Pordoi-Paß (2239 m) und das Grödnerjoch (2121 m) führte, sollte den großen Kampf zwischen Coppi und Bartali bringen. Man war sich einig, der Bessere würde auch in Rom als Gesamtsieger vom Rad steigen.

Auf einer Abfahrt, etwa 60 Kilometer nach Vicenza, war bei der Ortsdurchfahrt in *Primolano* für Fausto alles zu Ende: Der Italiener Peverelli wurde in einer Kurve von einem Begleitwagen behindert, kam zu Fall und Coppi stürzte über ihn. So schwer, daß er sofort in das Krankenhaus von Trient transportiert werden mußte. Dort stellte man neben anderen Verletzungen einen Beckenbruch fest, im Originaltext: < *Frattura branca ileopubica con modico spostamento, ed infrazione branca ischiopubica destra.* > Ein fürchterlicher Satz und genau so war auch die Verletzung. Mindestens zwei Monate Pause. Adieu Tour de France, adieu Weltmeisterschaft.

Als die Nachricht von Coppis Mißgeschick durchkam, blieb halb Italien einen Augenblick das Herz stehen. Wußte man doch nichts Genaues über Art und Tragweite der Verletzungen. Im Hospital von Trient stand das Telefon nicht still, Berge von Telegrammen häuften sich. Erst als das optimistische Urteil der Ärzte vorlag, der Unfall würde keine bleibenden Folgen für Coppi haben, atmete man auf, und eine Flut von Genesungswünschen ergoß sich Richtung Trient.

Italiens Hoffnung blieb nun Bartali, der trotz starker Schmerzen im Arm weiterfuhr, und auch diese ominöse 9. Etappe vor den beiden Schweizern Koblet und Kübler gewann. Noch am selben Abend eilte er nach Trient, um seinen „Erzfeind" Coppi am Krankenbett zu besuchen (also doch nur Rivalen und im Grunde genommen Freunde).

Am Ruhetag in Bozen konnte folgende Zwischenbilanz gezogen werden: Hugo Koblet war Träger des Rosa Trikots; Bartali lag mit 5:42 min Rückstand auf Platz zwei. Noch warteten neun Etappen auf die Fahrer, fünf schwere Bergpässe galt es noch zu bewältigen. Bartali konnte also durchaus noch ein Wörtchen mitsprechen.

Vorerst ging die 10. Etappe *Bolzano-Milano* (291 km) im Spurt an Mario Fazio. Dann wurde bei glühender Hitze die 11. Etappe *Milano-Ferrara* (251 km) ausgetragen, die einen glänzenden Erfolg für die italienischen Fahrer brachte, die die ersten neun Plätze belegen konnten. Den Etappensieg holte sich der schnelle LEGNANO-Mann Adolfo Leoni.

Am nächsten Tag ging die 12. Etappe *Ferrara-Rimini* (144 km) an Toni Bevilacqua. Tagesheld war aber unbestritten der kleine Franzose Robic. Nach einem Zusammenstoß mit Bizzi stürzte Robic und blieb fünf Minuten bewußtlos am Boden liegen. Kaum war er wieder zu sich gekommen, stieg er wieder auf sein Rad und jagte hinter dem Feld her, das er auf den Straßen von

Rimini tatsächlich noch einholen konnte. Im Ziel wurde er begeistert von den Zuschauern gefeiert, mußte jedoch am Tag darauf auf ärztliches Anraten das Rennen aufgeben.

Noch 89 Fahrer begaben sich auf die 13. Etappe *Rimini-Arezzo* (244 km), die quer durch den Appenin führte. Bartali startete den erwarteten Angriff auf den Spitzenreiter Koblet, aber der Schweizer hielt stand und ließ sich nicht abschütteln. Obendrein stürzte Gino noch kurz hinter Forli in einer Kurve. Obwohl er in der Abfahrt vom Passo di Muraglione (907 m) wieder aufschließen konnte, mußte er sich im Endspurt von Maggini und Magni geschlagen geben.

Nun setzte Bartali seine Hoffnung auf die 14. Etappe *Arezzo-Perugia* (185 km), aber diesmal machte ihm Fritz Schär einen Strich durch die Rechnung und holte sich den Tagessieg.

Nach einem weiteren Ruhetag begab sich das Feld auf die 15. Etappe *Perugia-L´Aquila* (185 km), die im Zeichen von Astrua stand, der im Endspurt seinen Landsmann Maggini und den Belgier Keteleer abfertigte. Erst acht Minuten später traf das Hauptfeld ein, und Bartali hatte wieder das Nachsehen. Immer noch trennten ihn 5:12 min vom Spitzenreiter Hugo Koblet. Nun wurden auch die Fachleute auf den jungen Schweizer aufmerksam. Die Damenwelt hatte schon lange ein Auge auf den „schönen Hugo“ geworfen...

Nur noch 80 Fahrer waren am Start zur 16. Etappe *L´Aquila-Campobasso* (203 km) - inzwischen hatten so prominente Fahrer wie Barozzi, Dupont, Teisseire, Bini, Biagioni und Leoni aufgegeben - und diesmal war Magni der Glückliche, der vor Bresci als erster im Ziel eintraf. 36 Sekunden später kamen Koblet und Kübler sowie Bartali, der wieder nichts aufholen konnte. Da in dieser Etappe der letzte Paß für die Bergwertung überquert wurde, stand das Ergebnis für diesen Wettbewerb fest. Der Spitzenreiter Koblet hatte gewonnen und war drauf und dran, auch den Gesamtsieg zu erringen.

Noch hatte Bartali Gelegenheit, das zu verhindern. Das wäre durchaus möglich gewesen, wenn sich alle Italiener in den Dienst von Gino gestellt hätten (wie es zum Beispiel die Schweizer Kübler, Schär, und die Gebrüder Leo und Gottfried Weilenmann für Koblet praktizierten). Aber alle guten Ratschläge der italienischen Sportpresse nützten nichts. Auch auf der 17. Etappe *Campobasso-Napoli* (167 km) kochte jede Mannschaft ihr eigenes Süppchen. Mit dem Erfolg, daß Koblet trotz viermaligen Reifenschadens (!) immer wieder zu Bartali aufschließen konnte. Etappensieger am Fuße des Vesuvs wurde Brasola vor Guido De Santi.

Auf der letzten, der 18. Etappe *Napoli-Roma* (239 km), konnte kein Fahrer entwischen, und so kam es erst in den Straßen Roms zum Endspurt, den Conte vor weiteren fünf Italiener gewann. Koblet und Bartali trafen gemeinsam mit dem Hauptfeld ein, und damit hatte mit dem Schweizer Hugo Koblet zum ersten Mal in der 33-jährigen Geschichte des Giro ein Ausländer gewonnen!

Schlußklassement des ***33. Giro d'Italia:***

1. Hugo Koblet	SCHWEIZ		
3981 km in 117:28:03 std	(33,890 km/std)		
2. Gino Bartali	BARTALI	5:12	min zur.
3. Alfredo Martini	TAUREA	8:41	"
4. Ferdy Kübler	SCHWEIZ	8:45	"
5. Luciano Maggini	TAUREA	10:49	"
6. Fiorenzo Magni	WILIER TRIESTINA	12:14	"
7. Silvio Pedroni	FREJUS	13:07	"
8. Luciano Pezzi	ATALA	14:34	"
9. Giulio Bresci	BOTTECCHIA PIRELLI	18:06	"
10. Pietro Giudici	CIMATTI	20:05	"

Den *G.P. della Montagna* gewann Koblet vor Bartali und Vittorio Rossello, die *Mannschaftswertung* ging an FREJUS. Von 105 gestarteten Fahrern erreichten 75 das Ziel.

Coppi vernahm die Kunde mit gemischten Gefühlen. Einesteils hatte er seinem Rivalen Bartali den Sieg durchaus gegönnt, andererseits war er natürlich daran interessiert, in Italien die absolute Nummer eins zu werden. Vorläufig galt seine ganze Aufmerksamkeit dem dritten Röntgenbefund, der die Prognosen vom Anfang bestätigte: mindestens zwei Monate Pause für den *Campionissimo*.

Das Leben ging weiter. Im Radsport mit der Frankreichrundfahrt. Coppi gab auch eine Prognose ab: „Bartali wird die Tour de France gewinnen!" Doch wieder einmal kam es anders.

Halb Paris stand am 23. Juli Spalier, als nach dem üblichen Zeremoniell die Tour-Karawane über die Boulevards bummelte, bevor in Nogent-sur-Marne der Filmschauspieler Orson Welles als Starter die Fahrer auf die 4776 km lange „Schleife um Frankreich", die ***37. Tour de France***, schickte. Er nahm anschließend auch im Wagen von Tourdirektor Jacques Goddet Platz, um die 1. Etappe *Paris-Metz* (305 km) zu begleiten. Doch schon nach 180 km hatte der wohlbeleibte Amerikaner genug, und gab das Rennen auf. Nicht so der Luxemburger Jean Goldschmidt, der nach 9:23:08 std Metz als Etappensieger erreichte. Als Lohn für die Schinderei bei sengender Hitze und Staub erhielt er das Gelbe Trikot (und *100 000 ffrs*); Bartali traf auf Rang 13 ein.

Am folgenden Tag führte die 2. Etappe *Metz-Liége* über 242 Kilometer. Der Held des Tages war Géminiani, obwohl er den Sieg nicht errang. Der Franzose riß kurz hinter Metz bei der ersten Steigung aus, und fuhr 215 km vor dem Feld dahin; durchquerte Luxemburg mit nahezu acht Minuten Vorsprung und lag noch auf belgischem Boden etwa vier Minuten vor seinen Verfolgern. Bei strömendem Regen machte dann vor allem Robic Jagd auf seinen Landsmann und 15 km vor dem Ziel war es um Géminiani geschehen. Lachender Dritter war Adolfo Leoni, der den Endspurt in Lüttich vor Magni und Bobet gewann. Bartali kam im Feld an und belegte den 9. Platz.

Die 3. Etappe *Liége-Lille* (232 km) hatte zwei grundverschiedene Abschnitte. Bis Charleroi rollte man auf ausgezeichneten Straßen, dann jedoch auf dem reifenmordenden *pavé*, dem berüchtigten Kopfsteinpflaster. Acht Fahrer machten sich kurz nach dem Start auf die Socken und hielten bis zum Ziel durch, obwohl ihr Vorsprung von maximal 13:20 Minuten bis auf etwas mehr als drei Minuten zusammenschrumpfte. Im Ziel siegte Alfredo Pasotti vor dem Belgier Blomme. Held dieser 3. Etappe war der Franzose Bernard Gauthier. 30 km vor Lille zwang ein Reifendefekt den Mann aus Grenoble zum Abstieg, aber nach einer tollen Verfolgungsjagd fand Gauthier wieder Anschluß, und konnte im Spurt den 6. Platz belegen. Das brachte ihm mit fünf Sekunden Vorsprung das Gelbe Trikot. Das Publikum in Lille war aus dem Häuschen. Ihr Landsmann in Gelb! Der größte Pechvogel dagegen war unbestritten der Italiener Guido De Santi, der eine Reihe von Pannen hatte, nach Kontrollschluß eintraf, und von der unerbittlichen Jury disqualifiziert wurde.

Das „Flaggschiff" der Italiener, die vom Technischen Direktor Alfredo Binda geführte *Squadra nazionale* hatte ihr erstes Leck. Aber noch waren Angelo Brignole, Giovanni Corrieri und Attilo Lambertini **(BARTALI)**, Serafino Biagioni **(BOTTECCHIA)**, Fiorenzo Magni **(WILIER-TRIESTINA)**, Luciano Pezzi **(ATALA)**, Silvio Pedroni **(FREJUS)** und Virgilio Salimbeni **(LEGNANO)** um ihren Mannschaftskapitän Gino Bartali **(BARTALI)** versammelt, und mit den *cadetti italiani* unter Palmiro Mori lag ja noch eine zweite italienische Mannschaft im Rennen, die sich folgendermaßen zusammensetzte: Adolfo Leoni und Remo Sabatini **(LEGNANO)**, Valerio Bonini und Alberto Ghirardi **(BENOTTO)** sowie Giulio Bresci und Alfredo Pasotti **(BOTTECCHIA)**. Es fällt dabei auf, daß kein einziger **BIANCHI**-Fahrer im Aufgebot war. Hätte Coppi an der Tour teilgenommen, wäre die Sache vermutlich anders gelaufen.

Die 4. Etappe *Lille-Rouen* (231 km) verlief dafür ohne besondere Aufregung. Erst fünf Kilometer vor dem Ziel konnte der Belgier Schotte ausreißen und den Tagessieg erringen. Gauthier war wachsam, ließ nichts anbrennen und blieb weiterhin im Gelben Trikot; Bartali auf Platz neun.

Noch ein paar Sätze zu Gauthier. Der zu dieser Zeit 26-jährige Bernard aus einem kleinen Dorf im Departement Drôme, also aus den französischen Alpen, war der geborene Draufgänger. Im Grunde genommen stand er am Anfang seiner Karriere, denn erst mit seinen Erfolgen bei der legendären Nonstop-Fernfahrt *Bordeaux-Paris* über rund 600 Kilometer (davon der letzte Teil hinter Schrittmachern, deren Art seit der ersten Austragung 1891 ständig wechselte) gelang ihm der große Durchbruch. Seine Siege 1951, 54, 56 und 57 brachten ihm den Beinamen *Monsieur Bordeaux-Paris* ein. Diese Art, Sportler mit „Spitznamen“, die auf Herkunft, ehemaligen Beruf oder besondere sportliche Erfolge schließen lassen, ist besonders in Frankreich sehr beliebt. Übernehmen wir ruhig bei der einen oder anderen Gelegenheit diese nette Marotte.

Zurück zur Tour. Am Ziel der 5. Etappe *Rouen-Dinard* (316 km) winkte nicht nur der Etappensieg, sondern auch ein Ruhetag. Mit dem Kopf war man scheinbar schon im Liegestuhl, denn diese längste Etappe der ganzen Rundfahrt verlief ausgesprochen lustlos. Es wurde, wie stets auf Marathon-Strecken, gebummelt, und man mußte sich fragen, ob so lange Etappen überhaupt einen Sinn haben. Erst nach der zweiten Verpflegungskontrolle in Avranches (58 km vor dem Ziel), brachte der Franzose Desbats Leben in das Feld: Er trollte sich davon. Die Rolle des „Polizisten“ übernahm diesmal Bartalis Busenfreund Corrieri, der Desbats nicht von der Seite wich. Auch im Endspurt nicht, so daß erst der Zielfilm die Entscheidung bringen konnte: Corrieri vor Desbats. Das bedeutete den dritten italienischen Etappensieg und den fünften Ausländersieg überhaupt. Armes Frankreich. Die Volksseele begann zu gären...

Die 6. Etappe *Dinard - St-Brieuc* (78 km) wurde als Einzelzeitfahren ausgetragen. Ferdy Kübler galt hier als Favorit, und er wurde seiner Rolle gerecht. In 1:57:22 Stunden radelte er die Strecke ab und hatte im Ziel 17 Sekunden Vorsprung auf den zweitplazierten Magni. Der *Adler von Adliswil* hatte zugeschlagen. Aber die Sache hatte einen Haken. Kübler hatte sich eigens aus Zürich ein Seidentrikot kommen lassen, zwar elegant und vor allem windschlüpfrig, aber halt regelwidrig. > *Quel malheur!* > (Die Sache wäre vermutlich nie aufgekommen, hätten nicht einige übereifrige Eidgenossen die Sache hinausposaunt.) So brachten sie die Italiener auf die Spur, und die durch ihren Juryvertreter De Giovannangelo einen formellen Protest ein. Dem Schiedsgericht blieb nichts anderes übrig, als Kübler zu 100 Schweizer Franken Geldstrafe zu verdonnern und ihm 15 Strafsekunden aufzubrummen. Die Entscheidung war jedoch so salomonisch, daß Ferdy mit ganzen zwei Sekunden Vorsprung doch noch Etappensieger wurde. Mit einem guten dritten Platz eroberte Goldschmidt das Gelbe Trikot zurück, und Bartali machte sich als Elfter allmählich Gedanken darüber, wie er Coppis Voraussage realisieren könnte. Noch war seine Zeit nicht gekommen, noch war man in der Ebene.

Auch auf der 7. Etappe *St-Brieuc - Angers* (249 km). Hier glückte Gauthier der erste richtige Coup der Rundfahrt: Er nahm seinen ärgsten Rivalen über 11 Minuten ab und schlüpfte wieder ins Gelbe Trikot. Auch sonst war es ein französischer Feiertag, denn Lauredi errang den Etappensieg. Allerdings fiel auch ein bitterer Tropfen in den Freudenbecher. Marinelli, von rund 30 Furunkeln geplagt, hatte sich in den letzten Tagen unter kaum erträglichen Schmerzen weitergeplagt. Nun streikte sein Sitzfleisch energisch und der

Franzose gab auf. Auch Pezzi mußte <*arrivederci*> sagen; er traf nach Kontrollschluß ein.

Auf der 8. Etappe *Angers-Niort* (161 km) war man diesmal wachsam. Fast geschlossen erreichten die Fahrer das Ziel, wo sich Magni im Spurt durchsetzen konnte. Schon wieder diese Italiener! Die Volksseele erhitzte sich weiter um einige Grade...

So auch am darauffolgenden Tag. Denn die 9. Etappe *Niort-Bordeaux* (209 km) brachte einen weiteren Sieg für die *azzurri*. Diesmal hatte Pasotti aus der zweiten italienischen Mannschaft die besten Kraftreserven für den Endspurt. Sechs Mann, darunter drei Italiener, waren dem Feld enteilt, und holten drei Minuten Vorsprung heraus. Die Hauptarbeit am Führungspensum leisteten die Nichtitaliener, während sich Bindas und Moris Mannen darauf beschränkten, an den Hinterrädern ihrer Gegner zu bleiben. Das gab Stunk. Als dann gar noch Pasotti mit unverbrauchter Kraft losstürmte und den fünften Etappensieg für Italien holte, war die Volksseele nahe am Sieden. Teils aus Enttäuschung, weil der aus Bordeaux stammende Desbats nur Vierter wurde, teils aus Entrüstung über das defensive Verhalten der Italiener, wurde gepfiffen, daß im Velodrom von Bordeaux der Kalk von den Wänden rieselte. Und als der kleine Pasotti mit Unschuldsmine auf die (aus seiner Sicht wohlverdiente) Ehrenrunde ging, erreichte der Trubel seinen Höhepunkt. Mittendrin Géminiani, der sich am meisten abgeplagt hatte, und im Spurt dann nur Sechster wurde. Er weinte vor Wut und Enttäuschung.

Auf jeden Fall wollte man eine Untersuchung einleiten, ob zwischen Binda und Mori, d.h. zwischen dem „Nationalteam" und den „Kadetten" eine unzulässige Zusammenarbeit besteht. Dies im Profigeschäft. Ja waren diese Leute noch zu retten?

Natürlich verlief die Untersuchung im Sand. Da hatte der junge Franzose Marcel Dussault von der Regionalmannschaft Südwest eine bessere Idee. Bei der 10. Etappe *Bordeaux-Pau* (202 km) entwischte er gleich nach dem Start zusammen mit Canavesi, blieb aber schon nach vier Kilometer alleine auf weiter Flur, als er seinem Fluchtgefährten erklärte, er möchte sich wirklich vom Feld verabschieden. Denn das Herz von Canavesi rutschte daraufhin in die Rennhose, er bekam Angst vor der eigenen Courage. Nicht so Dussault. Über 200 km setzte er sein Unternehmen fort und brachte es am Fuße der Pyrenäen zu einem glücklichen Abschluß. Mit 8:45 min Vorsprung erreichte er nach 5:28:59 std Pau, und damit auch die Stadt, in der ein weiterer Ruhetag auf die Fahrer wartete.

Bartali, im Gesamtklassement auf Platz 19, nutzte den Ruhetag auf seine Weise. Zusammen mit Magni, Corrieri und Salimbeni fuhr er ins benachbarte Lourdes. In der Kirche versank er andachtsvoll im Gebet, trank aus der berühmten Quelle, (Magni kühlte damit seine Wange, denn während der 10. Etappe hatte die allgemeine Nervosität wegen der italienischen „Renntaktik" auch auf das Fahrerfeld übergegriffen und der Belgier Blomme hatte

Fiorenzo unterwegs eine saftige Ohrfeige verabreicht), schlenderte durch den Ort. Immer von einer Traube Menschen umringt: Journalisten, Fotografen, Autogrammjäger, Bewunderer und Verehrerinnen. Alle sahen in Gino den Mann der kommenden Tage, den Protagonisten in der wilden Szenerie des Aubisque, des Tourmalet und Aspin. Diesmal sollten sie recht behalten.

11. Etappe *Pau - St-Gaudens* (230,5 km): Auf dem Aubisque (1709 m) war von Bartali noch nicht viel zu sehen (3:11 min zur.), aber in den Kehren des Tourmalet (2115 m) hetzte er die führenden Franzosen Piot und Robic bereits so, daß Piot nur noch 2:46 Minuten Vorsprung hatte, Robic gerade noch 14 Sekunden. Dann kam der Aspin (1489 m) und mit ihm die dunkelste Stunde der gesamten Rundfahrt.

Kurz vor dem Scheitelpunkt blockierte ein Fotoreporter, der den Gipfelspurt aufnehmen wollte, die Straße. Die Massen drängten nach, nur eine enge Gasse blieb offen. Plötzlich war das Chaos da: Rowdies griffen brutal nach Bartali, zerrten ihn vom Rad, brachten ihn zu Fall. Von einem dichten Menschenknäuel umringt, wehrte sich Gino so gut es ging. Jacques Goddet mischte heftig mit; er versetzte dem Unglücksfotografen einige bildsaubere Haken, Gino kämpfte mit Fausthieben um sein Rad. Inzwischen traf Robic ein, der prompt in die allgemeine Schlägerei geriet und ebenfalls stürzte. Gino konnte sich befreien, saß auf und machte sich zusammen mit Robic - begleitet von wilden Drohungen und Verwünschungen der Zuschauer - auf und davon. Auch der später eintreffende Magni bekam seine Hiebe, obwohl ihn der Franzose Brulé zu schützen versuchte.

Vielleicht hätte Bartali trotz alldem die Sache auf dem Aspin vergessen, wenn man ihn nicht in St-Gaudens, wo er die Etappe zu seinen Gunsten entschied, gnadenlos ausgepfiffen hätte. Das gab Gino den Rest. Er wollte nichts mehr hören und sehen. In seinem Quartier, 10 km von St-Gaudens entfernt, weinte er vor sich hin und konnte einfach nicht verstehen, daß man ihn so behandelt hatte.

Zwei Wochen voller gegenseitiger Ressentiments und Gereiztheit hatten dazu beigetragen, daß nun die giftigen Früchte gereift waren. Von Anfang an hatte ein Großteil der französischen Presse die italienische „Hinterrad-Taktik“ scharf verurteilt und damit die Volksseele zum kochen gebracht. Am Aspin lief der Topf über. Hätten die zahlreichen Blätter und vor allem Georges Briquet vom französischen Rundfunk statt zu polemisieren, den klaren strategischen Plan von Alfredo Binda erläutert, der da lautete: „In den Flachstrecken Angriffe auffangen, bzw. gar nicht erst zur Entfaltung kommen lassen und in den Bergen die Entscheidung suchen“, dann hätte das bisher immer faire französische Publikum bestimmt eine andere Haltung eingenommen.

Jetzt hatte man die Bescherung. Die Italiener packten samt und sonders ihre Koffer und reisten ab. Besonders Magnis Koffer hatte einen tragischen Inhalt: das Gelbe Trikot! Denn Fiorenzo hatte nach dieser ersten Pyrenäenetappe die Führung im Gesamtklassement übernommen. (Wie richtig man im italienischen Lager Bernard Gauthier eingeschätzt hatte, bewies die Kletterpartie über die drei Pässe. Der Franzose wurde einfach hinweggefegt. Schon auf dem Aubisque lag Bernard 11 Minuten zurück, am Turmalet 17, und am Etappenziel traf der entthronte Träger des Gelben Trikots mit 21:18 Minuten Rückstand hinter Bartali ein: als 53. im Etappenergebnis und nunmehr 12. in der Gesamtwertung).

Ohne die beiden italienischen Mannschaften erfolgte der Start zur 12. Etappe *St-Gaudens - Perpignan* (235 km). Nach dem Ausscheiden von Magni hätte Kübler das Gelbe Trikot übernehmen dürfen, doch Ferdy lehnte ab. Der faire Schweizer meinte, er könne sich nicht mit etwas schmücken, das er nicht selbst im Wettkampf errungen habe. So machten sich die 73 noch im Rennen verbliebenen Fahrer ohne das *maillot jaune* auf den Weg nach Perpignan. Dort streifte es Kübler als neuer Spitzenreiter über und gab es bis Paris nicht mehr ab.

Erster Toursieg eines Schweizers!

Schlußklassement der ***37. Tour de France:***

1. Ferdy Kübler	SCHWEIZ		
	4776 km in 145:36:56 std	(32,799 km/std)	
2. Constant Ockers	BELGIEN	9:30	min zur.
3. Louison Bobet	FRANCE	22:19	"
4. Raphael Géminiani	FRANCE	31:14	"
5. Jean Kirchen	LUXEMBURG	34:21	"
6. Kléber Piot	FRANCE-NORD-EST	41:35	"
7. Pierre Cogan	CENTRE-SUD-OUEST	52:22	"
8. Raimond Impamis	BELGIEN	53:34	"
9. Georges Meunier	CENTRE-SUD-OUEST	54:29	"
10. Jean Goldschmidt	LUXEMBURG	55:21	"

Den *G.P. Montagne* gewann Louison Bobet vor Constant Stan Ockers und Jean Robic; die *Mannschaftswertung* ging an Belgien vor Frankreich. Von 116 gestarteten Fahrern erreichten 51 das Ziel.

In Italien, besonders in Monza, dem Wohnort von Magni, geistert noch heute die Ansicht herum, Bartali hätte nur allzugerne die Koffer gepackt, um einen durchaus möglichen Sieg von Fiorenzo zu verhindern, der ja bei den zweitklassigen *cadetti* fuhr und drauf und dran war, sein Gelbes Trikot bis Paris zu verteidigen.

An dieser Stelle noch zwei Tour-Anekdoten. Auf der 13. Etappe *Perpignan-Nimes* bummelte das Feld bei sengender Hitze über die Weinhügel des Languedoc. Die „Rote Laterne“, das heißt der im Gesamtergebnis an letzter Stelle liegende Algerier Marcel Molines hatte mit seinem Mannschaftsgefährten von AFRIQUE-DU-NORD, Abd El Kader Zaaf, die Gunst der Stunde genutzt, und beide hatten sich davongemacht. Sie konnten ihre Kollegen nicht aufschrecken und so betrug ihr Vorsprung zeitweise bis zu 16 Minuten. Wohlmeinende Zuschauer versorgten die Ausreißer mit Getränken - wie in dieser Gegend üblich herrlich gekühlter Weißwein - was zur Folge hatte, daß sich Zaaf zu einem kurzen Nickerchen unter dem Schatten eines Baumes niederließ. Aus der kleinen Rast wurde ein seliger Schlaf. Bei schrägstehender Nachmittagssonne machte sich der Algerier wieder auf den Weg. Allerdings in die verkehrte Richtung. So endete an diesem Tag Etappe und Tour für ihn.

Am Tag darauf, bei der 14. Etappe *Nimes-Toulon* kletterte das Thermometer wieder auf 40 Grad im Schatten. Aber wo war schon Schatten? Zuschauer brachten Wasserschüsseln an den Straßenrand oder bespritzten die Fahrer mit Gartenschläuchen. Brunnen und sonstige Wasserquellen waren ständig umlagert, aber Kühlung brachten sie nur wenig.

In Sainte-Maxime, an den Gestaden des Mittelmeers, hatte der Regionalfranzose José Beyaert vom Team PARIS die Idee: „Gehen wir doch noch baden!“ Sechzig der zweiundsechzig noch im Rennen verbliebenen Fahrer waren von der Idee begeistert und ließen zum Entsetzen von Rennleiter Jacques Goddet ihre Räder am Straßenrand liegen und stürzten sich in voller Rennmontur ins Wasser. Einer der beiden Vorsichtigen, die kein Bad nahmen, war Spitzenreiter Jean Robic. So verrückt war der *Farfadet breton* - „der bretonische Irrwisch“ - auch wieder nicht, daß er sein Gelbes Trikot in Salzwasser tauchte.

Coppi hatte inzwischen die ersten Gehversuche unternommen, immer in Begleitung seiner Frau, die ihn vor zudringlichen Fans schützte, und war nun soweit, täglich etwa 20 Kilometer auf dem Rad zu absolvieren. Natürlich war er auch dabei, als in Mailand auf der Vigorelli-Bahn den Heimkehrern von der Tour de France ein begeisterter Empfang bereitet wurde. Stürmisch wurde auch eine Ehrenrunde von Coppi gefordert, die er - < *piano, piano* > - in normaler Straßenkleidung hinter sich brachte.

Ohne Fausto Coppi fand im belgischen Moorslede die ***17. Straßenweltmeisterschaft*** statt. Rik Van Steenbergens Traum, seinen Titel aus dem Vorjahr auf heimischen Straßen und vor eigenem Publikum erfolgreich zu verteidigen, ging nicht in Erfüllung. Dafür stand ein anderer Belgier auf dem Treppchen: der 31-jährige Weltmeister des Jahres 1948, Albéric *Briek* Schotte, der jeden Zentimeter der 284 Kilometer langen Strecke und fast jeden Stein des Pflasters kannte. Alleine kam er nach 7:49:54 std ans Ziel, gefolgt von Theo Middelkamp (1:01 min zur.) und Ferdy Kübler (1:48 min). Von 40 gestarteten Fahrern erreichten nur 12 das Ziel. Das Abschneiden der *azzurri* - Bartali, Bevilacqua, Conte, Leoni, Martini und Salimbeni - war mehr als enttäuschend; kein Italiener erreichte das Ziel.

Coppi ging es dafür immer besser. Zusammen mit seinem Bruder Serse und seinem Mannschaftskameraden Renzo Zanazzi bezog er ein Trainingsquartier in Varazze und trainierte täglich auf der Via Aurelia; vorzugsweise an den berüchtigten Steigungen am Mittelmeer: dem Capo Berta, dem Capo Cervo und dem Capo Mele, am Poggio und an der Cipressa. Er bereitete sich vor, als gälte es Mailand - San Remo zu bestreiten. Aber Fausto hatte andere Rennen im Visier: die Herbstklassiker, die Rundfahrten durch das Piemont und die Lombardei.

Vorerst hatte er auf der Heimfahrt von Caldirola einen Autounfall, erlitt jedoch nur leichte Verletzungen.

Dann erschien Fausto Coppi zum ersten Mal nach seinem Sturz in Primolano wieder am Start. Auf der *Pista Campo Sportivo Moretti* in Udine nahm er an einem Ausscheidungsfahren (3. hinter Leoni und De Santi), einem Einzel-Punktefahren (6., Sieger Ortelli) und einem Mannschaftsverfolgungsrennen (mit Leoni, Ronconi und Conte auf Platz zwei) teil. Man merkte ihm die lange Pause an. Man sah, daß etliche Pfunde verschwinden müssen, aber sonst hinterließ Fausto einen guten Eindruck. Das Publikum war über das Wiedererscheinen des *Campionissimo* hocherfreut und feierte Fausto wie eh und je.

Zu seinen Plänen sagte Coppi, er habe sich ganz auf die Lombardei-Rundfahrt eingestellt, werde jedoch zuvor am 15. Oktober mit seiner kompletten BIANCHI-Mannschaft die Piemont-Rundfahrt bestreiten. Das hörte man gerne.

Fausto ließ sich auch wieder in Paris sehen. Beim ***Großen Preis des Roten Kreuzes***, einem 100-km-Rundstreckenrennen um den Bois de Vincennes, kam er zusammen mit 19 anderen Fahrern auf den 14. Rang. Louison Bobet gewann das Rennen mit einem Stundenmittel von 43,889 km, was den Schluß zuließ, daß es auch bei Coppi wieder richtig rollte.

Nicht so gut lief es in Mailand. Dort konnte das Publikum Coppi auf der Vigorelli-Bahn begrüßen, mußte aber feststellen, daß er zwar die alte stilvolle Gelöstheit hatte, aber Kraft und Ausdauer fehlten. Dabei hatte er in Bevilacqua einen idealen Partner, der ihn kräftig unterstützte und bemüht war, Coppis zwangsweise Zurückhaltung durch vermehrten Einsatz auszugleichen. Doch gegen die starken Leoni-Magni kämpfte auch ein *Toni* in Hochform vergebens.

Noch mehr Zurückhaltung demonstrierte Coppi in Wien. Heribert Meisel berichtete für die Münchner *Abendzeitung*: „Wir erinnern uns nicht, in den letzten Jahren eine solche finanzielle Pleite bei einer Wiener Sportveranstaltung erlebt zu haben, wie beim Rathausmeeting der Radprofis mit Fausto Coppi und Hugo Koblet. Trotz dieser klangvollen Namen kamen nur 3000 Zuschauer, so daß der Veranstalter Franz Dusika *[Anmerkung: früher selbst ein bekannter Radrennfahrer, u.a. 3. Platz bei der Amateurweltmeisterschaft der Sprinter 1932. Heute trägt die Sporthalle in Wien seinen Namen]* seine Initiative mit einem Defizit von 40 000 Schillingen bezahlen mußte."

Das Rennen wurde von dem Schweizer Kriteriumsspezialisten Jean Brun vor den Österreichern Schiebel und Wachold gewonnen, Fausto Coppi als Fünfter gehörig ausgepfiffen. Koblet kam zwar auch über einen vierten Platz nicht hinaus, deutete aber zumindest etwas von seiner Klasse an, als er nach einem Defekt eine Runde verlor, diese aber - getreu seiner großen Qualität als Zeitfahrer - nach neun Runden wieder aufgeholt hatte. Trotzdem war auch seine Fahrweise mehr auf die österreichische Gemütlichkeit zugeschnitten...

Im Tessin hatten einige Radsportfanatiker ein weiteres Zeitfahren aus der Taufe gehoben. Eine Rundstrecke von 15 km Länge um den San Salvatore, den Aussichtsberg bei Lugano, mußte fünfmal abgefahren werden. Man hatte zu diesem ***Gran Premio Vannini*** nur 10 Fahrer verpflichtet, aber die besten Zeitfahrer waren am Start: Kübler, Coppi, Koblet, Magni, Schär, Idée, Croci-Torci, Brun, Peters und Schulte. Zwischen ihnen entwickelte sich auf der schwierigen Strecke ein erbitterter Kampf, den Kübler zu seinen Gunsten entscheiden konnte. Die angenehme, große Überraschung war diesmal aber Coppi. Lange war sein zweiter Platz in Gefahr, aber auf den letzten beiden Runden gab Fausto alles, und kam mit einer besseren Zeit (3:13 min zur.) als Koblet (3:54 min) und Magni ins Ziel.

Ein echter Leistungstest hätte dagegen am 15. Oktober der ***Giro del Piemonte***, die Piemont-Rundfahrt mit Start und Ziel in Turin, für Coppi werden können. Hätte - aber Fausto beließ es während der 235 Kilometer beim Prüfen, Erkunden und Erproben. Das wurde besonders deutlich, als Bobet einmal die Initiative ergriff, und lediglich Coppi das Hinterrad von Louison halten konnte. Hätte Fausto hier wirklich mit dem Franzosen zusammengearbeitet, wer weiß, ob die Rundfahrt dann nicht zwischen diesen beiden entschieden worden wäre. Coppi ließ aber die Füße hängen und so verlor auch Bobet bald die Lust an der Alleinfahrt. Das machte sich Martini zu Nutzen, der etwa 25 km vor dem Ziel zusammen mit Pagliazzi das Weite suchte, und im Motovelodrom von Turin seinen Fluchtgefährten auch glatt mit fünf Radlängen im Spurt besiegte. 47 Sekunden später bog Loretto Petrucci auf das Oval ein und fertigte Ferrari (4.), Coppi (5.), Magni (11.) und Bobet (12.) ebenso klar ab.

Aber es gab ja noch am 22. Oktober den ***Giro di Lombardia***, die Lombardei-Rundfahrt, mit Spannung erwartet, und von der italienischen Sportpresse als „Coppi gegen den Rest der Welt" dargestellt. Von diesem „Rest" kamen besonders Kübler, Bevilacqua, Bobet, Bartali, Magni, Leoni und Koblet in Frage, aber keiner dachte dabei auch nur einen Augenblick an Renzo Soldani.

Der „Kehraus" der Saison nahm in Mailand seinen Anfang und bis zum Ghisallo-Anstieg gab es zahlreiche Vorstöße, die jedoch alle scheiterten. Allerdings mit dem Ergebnis, daß Koblet mit Beinkrämpfen ausscheiden mußte, Leoni schwer stürzte und aufgab und Bartali sich so recht und schlecht im Feld abquälte; sein Tag war es nicht. In den Kehren des Ghisallo stieß Pasotti vor, aber Coppi, begleitet von Bobet (mit dem er tags zuvor an diesem Berg trainiert hatte), Minardi und Soldani folgten ihm sofort.

Minardi und Bobet fielen im Lauf des Anstiegs zurück (Bobet waren kurz zuvor zwei Hunde über den Weg gelaufen und er begann den Anstieg zum Ghisallo unvernünftigerweise mit einem arg demolierten Rad), zuletzt mußte auch der von Beinkrämpfen geplagte Soldani Coppi ziehen lassen. Als man bereits glaubte, Fausto könnte an seinem Hausberg alles klar machen, tauchte plötzlich Soldani wieder am Hinterrad des *Campionissimo* auf und überquerte kurz nach ihm den Scheitelpunkt des Passes (754 m). Coppi hatte zwar die 200 000 Lire für die Bergprämie geschnappt, aber vielleicht kam ihm schon hier die Befürchtung, daß Soldani ein ernst zu nehmender Konkurrent war. Die Massen am Straßenrand witterten auf jeden Fall eine Sensation.

Coppis Eindruck verstärkte sich, als er auch auf der rasenden Abfahrt Soldani nicht abschütteln konnte und der junge LEGNANO-Fahrer obendrein jede Führungsarbeit verweigerte. Zu allem Überdruß kamen auf dem Weg nach Mailand noch 4 (vier!) geschlossenen Bahnschranken hinzu, die zwar jedesmal mit Hilfe der Zuschauer artistisch überwunden wurden, aber nicht dazu beitrugen, den Vorsprung der beiden über 1:30 min ansteigen zu lassen. Im Gegenteil, denn kurz vor Mailand waren die Verfolger zur Stelle und auf der Mailänder Vigorelli-Bahn verspielte der durch die lange Führungsarbeit ausgelaugte Coppi seine letzte Chance, als er zu früh den Spurt anzog und mit ansehen mußte, wie ihm der clevere Renzo Soldani das Nachsehen gab.

< *Destino* > - Schicksal murmelte Coppi am Ziel, „Vier geschlossene Bahnschranken! Wäre das nicht passiert, hätte man mich nie mehr gesehen." Sprachs, löffelte einen Becher mit Yoghurt aus und verschwand zusammen mit seinem Bruder Serse in den Katakomben des Vigorelli-Stadions zum duschen.

Ein dritter Platz bei der Lombardei-Rundfahrt wäre ja an und für sich eine schöne Sache. Aber nicht für Coppi. Immerhin blieb ihm die Genugtuung, daß der neue Streckenrekord für die 222 km (38,088 km/std) auf ihn zurückzuführen war (auch wenn er Soldani, der nichts dazu beitrug, zugeschrieben wurde). Zufrieden mit dem Ergebnis konnte auch Ferdy Kübler sein. Zwar nicht mit dem Rennen selbst, denn er hatte ausgerechnet in der Nähe der Schweizer Grenze, also vor den Augen seiner zahlreich erschienen Landsleute, zwei Reifenpannen, aber der zähe Eidgenosse fand den Anschluß wieder und kam auf dem 5. Rang ins Ziel. Das genügte, um die Gesamtwertung des *Challenge Desgrange-Colombo* vor Magni und Coppi zu gewinnen. Kübler war damit der beste Straßenfahrer 1950!

Deutete schon die Lombardei-Rundfahrt, die „Rundfahrt der fallenden Blätter", den kommenden Herbst an, so unterstrich das die ***Tropheo Baracchi*** besonders: die Straßensaison ging endgültig zu Ende. Noch einmal waren am 29. Oktober die Besten in Italien zum Paarzeitfahren mit Start und Ziel in Bergamo versammelt. (Das Rennen wurde 1941 vom Elektrogroßhändler Mino Baracchi geschaffen, der damit seinem verstorbenen Bruder Angelo, einem begeisterten Radsportfan, ein Denkmal setzen wollte.)

Neben sämtlichen italienischen Assen waren auch die Franzosen Berton-Rolland, die Schweizer Koblet-Brun sowie Kübler, gepaart mit seinem italienischen Markengefährten Conte, am Start.

Das Rennen selbst war ein Leckerbissen. Trotz organisatorischer Mängel: Bartali-Corrieri mußten sich zum Beispiel, am Start von der Menge umringt, erst schrittweise einen Weg bahnen und verloren dabei fast zwei Minuten. Gino wurde aber der Held des Tages, denn als er Corrieri nach einem Defekt verlor, setzte er das Rennen alleine fort und erreichte, nach 60 km Solofahrt, immerhin noch den 6. Platz. Auf dem Papier, denn nur Mannschaften konnten laut Reglement gewertet werden. Wie erwartet, ließen sich Bevilacqua-Magni den Sieg nicht entreißen, obwohl zwei Pannen von *Toni* den Ausgang des Rennens lange in Frage stellten. Bis über den Wendepunkt der insgesamt 93,4 km langen Strecke lagen nämlich Berton-Rolland auf gleicher Höhe. Dann setzte starker Gegenwind ein und das wahre Kräfteverhältnis zeigte sich. Besonders Fausto Coppi, seinen Bruder Serse im Schlepptau, arbeitete sich nach vorne und erreichte den zweiten Platz. Man war sich einig: Der gute Serse tat sein Möglichstes, aber mit einem anderen Partner hätte Fausto das Rennen gewonnen. Wie hatte der *Campionissimo* so schön am Ziel der Lombardei-Rundfahrt gesagt? < *Destino* > - Schicksal.

Gemäß der Ausschreibung mußten die vier ersten Paare noch eine Bahnrunde gegen die Uhr drehen, und ein Australisches Verfolgungsrennen bestreiten, was aber keinen Einfluß mehr auf das Ergebnis hatte. Die Brüder Coppi hielten sich gut; im Zeitfahren belegten sie Platz zwei, das Verfolgungsrennen beendeten sie als Sieger.

Damit war die Straßensaison offiziell beendet. Für uns ein Grund, noch schnell die im Text nicht erwähnten Plazierungen Coppis aufzuzählen: Neben einem Sieg am 19. März beim ***Circuito di Genova*** (hinter Derny Führung) beendete der *Campionissimo* auch am 4. Oktober den ***Circuito di Trieste*** als Erster; in Frankreich stand beim Critérium in *Aix-en-Provence* am Ende ein fünfter Platz zu Buche und beim *Critérium* von Daumesnil mußte er sich im Endspurt mit Platz 12 begnügen.

Nun begann die Hallensaison, die Winterbahnen öffneten ihre Pforten. So auch Paris. Dort unterlagen bei einem Länder-Omnium Frankreich gegen Italien Fausto und Serse Coppi sowie Leoni und Magni den Einheimischen Bobet, Barbotin, Queugnet und Mattéoli. An Fausto lag es nicht, er beendete zwei der drei Rennen als Erster.

Ein weiteres französisch-italienisches Omnium im südfranzösischen Cavaillon war indirekt die Todesursache für die beiden bekannten Franzosen Jean Rey und Jacques *Jesus* Moujica. Dort sollten sie gegen die Brüder Coppi und Leoni starten. Auf der nächtlichen Fahrt von St-Etienne nach Cavaillon prallte ihr Wagen in der Gegend von Montélimar auf einen abgestellten, unbeleuchteten Lkw. Während der Fahrer des Wagens, der Manager Gallet, nur leicht verletzt wurde, konnten Rey und Moujica nur mit schweren Kopfverletzungen aus dem Wagen geborgen werden. Beide verstarben bald nach ihrer Ankunft im Krankenhaus von Montélimar.

Einige Tage später war Paris Schauplatz eines besonderen Spektakels. Nach 22 Jahren wurde der ***Bol d´Or***, zu deutsch der Goldpokal, wieder ans Tageslicht gebracht. Dieses klassische 24-Stunden-Rennen hinter Tandemführung galt als das härteste Bahnrennen der Welt. 1950 hatte man den Austragungsmodus revidiert: 16 Stunden ohne Schrittmacher, 8 Stunden hinter Derny-Motoren.

Die fünfzehn Starter, unter ihnen die Italiener Magni, Bevilacqua und Rossi sowie der Österreicher Valenta, hatten keine Ahnung, was auf sie zukommen würde. Es kam faustdick.

Um 23 Uhr gab Altmeister Constant Huret (er gewann das Rennen 1894, 95, 98 und 1902) den Startschuß und sofort legte Cararra los, als handle es sich um ein kurzes Rennen. Beyaert trieb es noch toller, überrundete das Feld und legte in der ersten Stunde 41,5 km zurück. In der zweiten Stunde schlossen Carrara, Lapébie, und Middelkamp zu ihm auf (81,2 km). Beyaert und der Österreicher Valenta stürzten und verloren an Boden. Nun machte sich Giorgetti bemerkbar, ging mit Le Strat davon und gewann zwei Runden; nach drei Stunden waren 119 km zurückgelegt.

Die Jagd ging munter weiter: nach 4 Stunden lag Magni an der Spitze (157 km), nach 6 Stunden Carrara und Goussot (226 km). Die Rückstände wurden schon zweistellig, z.B. Valenta 10 Runden, Middelkamp und Diggelmann 11 Runden, Impamis 32 Runden.

Um 7 Uhr morgens gewann Cararra eine Prämie in Höhe von 50 000 ffrs. Danach wurde es etwas ruhiger, aber immerhin waren nach neun Stunden 306 km zurückgelegt. Nun gab der Franzose Lapébie auf; es war ihm zu kalt in der Halle. Beyaert und Magni versuchten vergebens, an die Spitze heranzukommen. Nach 11 Stunden waren 362 km zurückgelegt, nach 12 Stunden 392 km.

Die beiden Franzosen Emile Cararra und Raymond Goussot lagen immer noch an der Spitze; Impamis in seiner Koje - er hatte aufgegeben.

Kurz bevor die „Dernys“ in Aktion traten, stieg auch noch der Belgier Depredomme wegen Knieschmerzen aus.

Nach 16 Stunden (515,7 km) traten die Schrittmacher in Aktion, und zum Tabakrauch kam nun noch der Benzingestank hinzu. Sofort ging es drunter und drüber. In der ersten Stunde wurden 45,858 km gefahren. Grund genug für Middelkamp und Giorgetti, die Segel zu streichen. In der zweiten Stunde wurden 44,6 km, in der dritten 42,8 km gefahren. Nun reichte es auch Carrara; er gab auf.

Ab jetzt dominierten Magni und der Österreicher Rudi Valenta. Stand nach 19 Stunden: 1. Magni, 2. Valenta (7 Rd. zur.), 3. Lesueur (14), 4. Le Strat (21), 5. Goussot (37), 6. Beyaert (42), 7. Bevilacqua (44), 8. Diggelmann (73) und 9. Rossi (95).

Um 18.25 Uhr schnappte sich Goussot noch schnell eine Prämie in Höhe von 100 000 ffrs, dann gab auch er auf. Ebenso der völlig erschöpfte Rossi.

Das Rennen wurde immer schneller und überstieg regelmäßig 44 km in der Stunde. Das war Lesueur zu schnell, er stieg aus.

Nur noch sechs Fahrer waren im Rennen, das sich zu einem Zweikampf Magni-Valenta zuspitzte. Die anderen verloren Runde um Runde. Magni kurvte wie ein Irrwisch um die Bahn, fuhr in der letzten Stunde 47,228 km und überrundete den tapferen Valenta 5 Minuten vor Schluß noch einmal. Dann war das grausame Rennen zu Ende.

Nach 24 Stunden lautete das Schlußergebnis: 1. Magni/ITA, (867,609 km; Stundenmittel 36,150 km); 2. Rudi Valenta/AUT, 9 Runden zurück; 3. Le Strat/FRA, 59 Runden zurück; 4. Beyaert/FRA, 92 Runden zurück, 5. Bevilacqua, 132 Runden zurück und 6. Diggelmann/SUI, 230 Runden zurück.

Coppi sah sich das Rennen von der Tribüne aus an. Er hatte zusammen mit Schulte und Gillen gegen die einheimischen Bobet, Queugnet und Mattéoli ein Omnium bestritten, und sich mehr als gewundert. Vor allem über einen Fahrer und der hieß Mattéoli. Der Grund war der: Im Mannschaftsverfolgungsrennen schienen Coppi, Schulte und Gillen bereits gewonnenes Spiel zu haben, da trat der junge Franzose dreieinhalb Runden vor Schluß, obwohl das Tempo schon unerhört schnell war, nochmals an und holte allein gegen die sich ablösenden Ausländer Meter um Meter auf. So etwas hatte man noch nicht gesehen. Wie ein Mann erhob sich das Publikum und brüllte wie verrückt. Mattéoli fegte um die Bahn, zog mit den Gegnern gleich, um schließlich mit 15 Meter Vorsprung zu siegen!

Das Jahr 1950 ging zu Ende. Es war nicht gerade glücklich für Fausto verlaufen, aber er hatte den schweren Sturz in Primolano überstanden und war auf dem besten Weg, wieder zu seiner gewohnten Form zu finden und für BIANCHI weiterhin von Sieg zu Sieg zu eilen. In den Chefetagen der anderen Firmen zerbrach man sich bereits jetzt schon die Köpfe, wie man 1951 eine schlagkräftige „Anti-Coppi-Front“ aufbauen könnte...

1951

Koblet gewinnt die Tour, Kübler wird Weltmeister

Ferdy Kübler hatte 1950 die Punktwertung zur Ermittlung des besten Straßenfahrers gewonnen: den *Challenge Desgrange-Colombo.* Wahrscheinlich war er tatsächlich der damals stärkste Fahrer. Allerdings muß man dabei berücksichtigen, daß Coppi wegen seines Sturzes beim Giro d´Italia bei allen drei großen Rundfahrten *(Giro, Tour de France* und *Tour de Suisse)* sowie der *Weltmeisterschaft* ausgefallen war. Der mittlerweile 32-jährige Italiener war daher wild entschlossen, das Blatt wieder zu seinen Gunsten zu wenden.

Die internationale Straßensaison begann in Frankreich mit der ***Ronde du Carnaval*** in Aix-en-Provence. Auf dem Programm stand ein 100-km-Kriterium, das der Franzose Antonin Canavese mit 20 Punkten vor seinem Landsmann Pernac (14 Pkt.) und Fausto Coppi (11 Pkt.) gewann.

Einen Hauch von Frühlingsluft ließen sich die Straßenfahrer (ohne Coppi) auch bei der Fünfetappenfahrt ***Paris-Nice*** um die Nasen wehen. Besonders auf der letzten Etappe *Aix-en-Provence - Nice.* Der Franzose Lucien Teisseire setzte hier alles auf eine Karte und riß aus. Aber die Sache hatte zwei Haken: Erstens befanden sich in seiner Begleitung sieben Belgier, die ihm das Leben schwer machten, zweitens konnte er zwar einen Vorsprung von über einer Viertelstunde auf das Hauptfeld herausfahren, verpaßte aber den Gesamtsieg um 12 Sekunden! Der ging an den Belgier Roger Decock.

Auch auf den Hallenbahnen herrschte noch reger Betrieb und hier wurden im Pariser *Vel d´Hiv* in einem Dreistundenrennen die Belgier Bruylandt-Adriaenssens überlegene Sieger (139,910 km). Eine Runde zurück landeten die beiden Holländer Van Est - Peters auf dem zweiten Platz, wobei Peters ganz offensichtlich sein Standardpartner Schulte fehlte, der an seiner Sturzverletzung von Antwerpen laborierte. Sieben Runden zurück endeten Coppi-Bevilacqua. Aber war jemals einer der beiden Italiener ein guter *Américaine*-Fahrer gewesen? Für ihren Ruhm hatten sie es wahrhaftig nicht nötig, aber die hochdotierten Zweier-Mannschaftsrennen auf der Bahn, ursprünglich *Madison* nach dem Madison Square Garden in New York genannt, brachten eben Geld in die Kasse.

Da traf Fausto die Niederlage beim Rundstreckenrennen in Bordighera schon etwas schmerzlicher. War das Rennen doch gewissermaßen ein Test, den Rennfahrerpuls zum ersten Mal vor eigenem Publikum im Freien zu messen. Dies tat besonders GANNA-Kapitän Fierenzo Magni und er war mit dem Ergebnis bestimmt zufrieden, gewann er doch das 104 Kilometer lange Rennen in 2:46:33 std vor seinem Landsmann Moresco. Faustos Bruder Serse landete mit 2:35 min Rückstand auf dem fünften Platz und Fausto selbst, zusammen mit Kübler, gar im geschlagenen Feld. Kein gutes Omen für Mailand - San Remo.

Aber zuvor stand ja noch das klassische Rennen ***Milano-Torino*** auf dem Programm und Fausto hatte sich viel vorgenommen. Seit den frühen Morgenstunden regnete es ununterbrochen und bei ausgesprochenem Hundewetter machten sich die 146 Fahrer auf den 205 Kilometer langen Weg. Bald zerfiel das Feld in zwei Ausreißergruppen sowie die Hauptmacht, in der sich auch Fausto befand, streng bewacht von Magni. Doch schon die erste wirkliche Steigung genügte dem *Campionissimo*. Plötzlich trat er an, verlor Magni vom Hinterrad und brachte mit Soldani, der ihm als einziger folgen konnte, die Ausgerissenen zur Strecke. Auf der langen, unkomplizierten Abfahrt kamen Magni und seine Begleiter zwar wieder heran, aber der nächste Anstieg, die verhältnismäßig bescheidene Rampe von Candia genügte, um Coppi und Soldani, der ein bewundernswertes Rennen fuhr, erneut alleine in Front zu sehen. Erst auf dem langen flachen Schlußteil der Strecke gelang es Martini, Albani und dem wie ein Berserker schuftenden Magni nochmals, den Anschluß an Coppi zu finden. So fuhr man in das Motovelodrom von Turin; auf regennassem Zement sollte der Schlußspurt entscheiden. Magni schoß in der vorletzten Kurve davon, Coppi reagierte sofort, kam jedoch auf der schlüpfrigen Piste ins schlittern, rammte Martinis Hinterrad und fiel auf die Schulter zu Boden. Über ihn stürzte Soldani, der sich sofort wieder erheben konnte und das Rennen zu Ende fuhr. Nicht so Coppi. Er klagte über starke Schmerzen: < *Ho la clavicola rotta* > (Ich habe mir das Schlüsselbein gebrochen). Fausto konnte die Schlußrunde nicht zu Ende fahren und gab auf. Den Spurt hatte unterdessen Magni gewonnen.

Was viele befürchtet hatten, wurde am Tag darauf bestätigt. Coppi hatte sich einen dreifachen Schlüsselbeinbruch und einen Bruch des linken Oberarms zugezogen. Professor Dogliotti, einer der damals besten italienischen Chirurgen, hatte ihn sofort in Turin, im städtischen Krankenhaus *Sanatrix*, operiert und einige Knochensplitter entfernt.

Nun stellte sich natürlich die Frage: War es von den Organisatoren richtig, bei diesen Witterungsverhältnissen das Ziel auf der Rennbahn zu belassen? Pavesi, der Direktor von LEGNANO, bestritt das sehr heftig: „Wäre ich Coppi", so Pavesi, „würde ich Schadenersatz fordern. Das Reglement sagt ganz klar und eindeutig, daß bei Regen die Zielankunft auf der Straße ist. Warum wurde dieser schwerwiegende Fehler gemacht?"

Wenn auch die Folgen des neuerlichen Unfalls nicht annähernd mit denen zu vergleichen waren, die Coppi nach seinem Sturz beim *Giro d'Italia* im Vorjahr zu tragen hatte, so bedeuteten sie doch ein neues, schweres Handicap nicht nur für ihn, sondern auch den gesamten italienischen Radsport. Denn nach vorsichtigen Schätzungen der Ärzte mußte Coppi fünf bis sechs Wochen pausieren. Dies bedeutete zunächst einmal keine Teilnahme bei Mailand - San Remo, die vergebliche Mühe der bisherigen Trainingsarbeit, Schwierigkeiten in Hinblick auf die Italienrundfahrt usw. Die Aussichten waren trübe. Sollte es wieder kein gutes Jahr für Fausto werden?

Milano-Sanremo endete mit dem Sieg des französischen Straßenmeisters und Dritten der Tour de France 1950, Louison Bobet, der seinen Freund und Landsmann Pierre Barbotin im Spurt besiegte. Bobet benötigte für die 282 Kilometer 7:30:23 std und es war seit 1912, also nach fast 40 Jahren, wieder einmal ein Erfolg für Frankreich bei der „Fahrt in den Frühling". Italien blieb der schwache Trost, daß die beiden Franzosen für die BOTTECCHIA-Mannschaft, also eine italienische Firma fuhren, und Coppi, daß er Recht behielt, als er von seinem Krankenlager aus orakelte: „Wenn es Schlechtwetter gibt, dann achtet mir auf Bobet!" Nun, es herrschte zumindest starker Gegenwind.

Das Rennen begann, wie gewohnt, äußerst flott, und trotz heftigen Gegenwindes zeigten die Tachometer der Begleitfahrzeuge ständig 43 Stundenkilometer und mehr. Nach einigen Kraftproben der „Tenöre" - Bartali, Koblet, Kübler, Magni, Schotte, Van Steenbergen usw. - ging die junge Garde zum Angriff über. Zuerst am Turchino-Paß, dessen Kuppe wie üblich eine graue Nebelkappe trug. Hier war es Claudio Ricci, der als erster aus dem Tunnel auftauchte und sich in die Abfahrt stürzte. Er, Forlini, Sforacchi, Lauredi, Petrucci und Ciolli - um nur einige zu nennen - prägten dann bis an die Schwelle der Sanremeser Hügel das Rennen, auch wenn ihnen mehr und mehr die Puste ausging. Das Capo Mele, eine dieser (zumindest nach 243 mehr als harten Rennkilometern) giftigen Steigungen rückte heran und plötzlich legte der Franzose Louison Bobet los. Mit ihm sein Landsmann Barbotin und der Belgier Impamis. Zumindest Bartali, der ja soeben mit Bobet von *Paris-Nizza* kam (Gino hatte mit dem 12. Platz vorlieb genommen), hätte die Gefährlichkeit dieser Kunden erkennen müssen. Aber kenne sich einer aus in der Taktik der Asse! Auf jeden Fall lagen auf dem Scheitel des Capo Mele noch 45 Sekunden zwischen den Ausreißern und der Gruppe Bobet, auf dem Capo Cervo (fünf Kilometer später) waren die beiden Gruppen bereits verschmolzen, und im Anstieg zum Capo Berta begann sich die Spreu vom Weizen zu trennen. Das Duo Bobet-Barbotin machte ihre Gegner so richtig fix und fertig. Menon, Impamis, und Petrucci konnten die Hinterräder der beiden Franzosen nicht mehr halten und rackerten sich einzeln ab. So kam es, wie es kommen mußte. Mit über drei Minuten Vorsprung siegte Bobet vor seinem Freund Barbotin; Petrucci landete auf Platz drei. Wie hatte Coppi gesagt? „Achtet mir auf Bobet!"

Wer war eigentlich dieser Bobet? Der am 12.3.1925 geborene Louison entstammte einer bretonischen Bäckerfamilie. Als 18-jähriger begann er relativ spät mit dem Radsport, gewann aber bereits zwei Jahre später, 1946, die Amateurstraßenmeisterschaft von Frankreich. < *Le Boulanger de St-Méen* > - „der Bäcker von St. Méen" - wechselte 1947 zu den Berufsfahrern, ohne dort besonders aufzufallen. Ein vierter Platz bei seinem zweiten Tour-Start 1948 und sein Sieg bei der Französischen Straßenmeisterschaft 1950 waren vorerst die bescheidene Ausbeute. Seine Zeit kommt erst noch. Wir werden noch viel von ihm hören.

Ende März konnte der *Campionissimo* bereits die Klinik verlassen und zu seiner Familie nach Sestri Ponente zurückkehren. Eine Röntgenaufnahme zeigte, daß die Heilung der Brüche ohne Komplikationen verlief. Fausto konnte damit beginnen, auf dem Hometrainer seine Beine zu beschäftigen. Anfang April wagte er sich wieder auf die Straße, und radelte - vorerst noch einarmig, den anderen Arm hatte er in der Schlinge - mit hochgestelltem Lenker die ersten Kilometer ab. Leichtfüßig, ohne Anstrengung. Die Muskulatur sollte sich wieder anpassen, Fettpölsterchen verschwinden. Bestimmt mehr Schweiß und Fett verlor dabei sein damaliger Masseur, der ihn ein ums andere Mal mit dem Rad begleiten mußte...

Die italienischen Fans hatten den „Mailand - San Remo-Schock" größtenteils überwunden (Petrucci mit seinem guten dritten Platz trug bestimmt dazu bei) und voller Hoffnung waren alle Augen auf die 25. Austragung des ***Giro della Toscana*** gerichtet, Bartalis Hausstrecke. Aber der 37-jährige „Alte" konnte sich nie in Szene setzen. Besonders der LEGNANO-Fahrer Renzo Soldani nahm ihn aufs Korn und war sein gefährlichster Gegner bis zum Passo di Consuma (1060 m), der schon so oft vorentscheidend war. So auch diesmal, denn Bartali stürzte bei der Talfahrt. Das hätte nicht genügt, den alten Haudegen aus dem Rennen zu werfen, als aber 18 Kilometer vor dem Ziel eine Reifenpanne hinzukam, hatte Gino die Nase voll (allerdings hatte er zuvor nach seinem Sturz die mehr als vier Minuten Rückstand in einer tollen Verfolgungsjagd wieder aufgeholt). Kurz danach machte auch Soldani mit dem nassen Asphalt unangenehme Bekanntschaft. Sein Sturz sah noch wesentlich übler aus als der von Bartali und der junge Renzo mußte aufgeben. Nun war der Weg frei für Petrucci. Mit einem fulminanten Spurt krönte er seinen Triumph. Bartali hatte die Genugtuung, daß ein Toskaner gewonnen hatte (Petrucci stammte aus Pistoia) und Coppi frohlockte, daß ein Mann aus seinem BIANCHI-Stall die Siegesprämie kassieren konnte.

Fiorenzo Magni triumphierte inzwischen in Belgien bei der ***Ronde van Vlaanderen*** schon zum dritten Mal hintereinander. Durch den anhaltenden Regen bedingt, wurde dieses klassische Rennen zu einer ausgesprochenen Strapaze. Besonders für den hitzegewohnten Italiener, der zudem gerade eine schwere Krankheit überwunden hatte. Aber Magnis eiserner Wille triumphierte. 75 Kilometer vor dem Ziel in Gent fiel die Entscheidung. Magni griff an; so nachhaltig, daß von den 196 Gestarteten nur drei sein Hinterrad halten konnten: Petrucci, der Belgier Decock und der Franzose Redolfi. Genau die drei wurden kurz danach am Kruisberg in einen bösen Sturz verwickelt und Magni mußte sich zu einer anstrengenden Alleinfahrt entschließen. Sturm, Regen und Kälte. Fiorenzo biß sich durch. Nach 7:43:33 Stunden für die 270 km erreichte er mit über fünf Minuten Vorsprung auf Gauthier und Redolfi das Ziel. Magni hatte einen lupenreinen *Hat-Trick* erzielt (vor ihm hatte nur der Belgier Achiel Buysse das Rennen dreimal gewonnen - 1940, 1941 und 1943) und seit 1923 (Heiri Suter/SUI) hatte kein Ausländer mehr gewinnen können. Nun hatte Magni seinen Ehrentitel auf Lebzeiten: „*Der Löwe von Flandern*“!

Antonio Bevilacqua wurde Erster bei ***Paris-Roubaix***. Das war um so überraschender, als der gebürtige Venezianer zwar Verfolgungsweltmeister (1950 und 1951) und Straßenmeister seines Landes war (1950), aber zu den Favoriten der klassischen Frühjahrsfahrt gehörte er bestimmt nicht. Dazu mußte man eher die Belgier Impamis und Van Brabant zählen, die auch in den ersten Stunden der 247 km langen Fahrt das Renngeschehen bestimmten. In der Steigung von Doullens schickten sich dann so namhafte Fahrer wie Magni, Van Steenbergen, Kübler, Bobet, Redolfi, Declerck und Guéguen an, Jagd auf die beiden Ausreißer zu machen. In ihrem Kielwasser Bevilacqua. Doch zum einem sorgte das Hundewetter, ähnlich wie eine Woche vorher in Flandern, dafür, daß einige davon vorzeitig auf der Strecke blieben, zum anderen gaben Reifen- und Kettenschäden die Garantie dafür, daß bei dem scharfen Tempo die Spitze nie mehr gesehen wurde. So mußten die Genannten nacheinander zusehen, wie Antonio Bevilacqua unaufhaltsam, von nicht gerade freundlichen Wünschen begleitet, davonzog.

Man hätte zur damaligen Zeit seinen eigenen Vorrat an Schimpfwörtern und Flüchen gewaltig erweitern können, wenn man Augen- und Ohrenzeuge gewesen wäre, wie ein abgehetzter Radrennfahrer in Regen und Kälte bei einem Reifenschaden zuerst mit klammen Fingern, dann mit den Zähnen, versuchte, den dreckverschmierten Reifen von der Felge zu bekommen! *Toni* blieb solches erspart, und nach 6:07:14 Stunden für die 247 Kilometer traf er auf der Radrennbahn von Roubaix als Sieger ein. Er hatte trotz Regen und zeitweisen Hagelschauern einen beachtlichen 40-km-Schnitt erreicht.

Vor dem Rennen hatte man sich in Paris erzählt, daß Bevilacqua die Anreise von Brüssel nach Paris mit dem Rad zurücklegen mußte, da ihm das Geld für die Eisenbahnfahrt fehlte. Nun hatte er einige Francs in der Tasche.

Zu den Fahrern, die im Winter 1950/51 ihre Kräfte nicht in verräucherten Hallen auf halsbrecherischen Winterbahnen verbrauchten, gehörte auch der Schweizer Ferdy Kübler. Aus armen Verhältnissen durch Fleiß, Ausdauer und unglaublicher Härte gegenüber sich selbst zu einem der größten Rennfahrer seiner Zeit aufgestiegen, neigte er von Natur aus eher dazu, „monetäres“ in jeder Währung anzunehmen. Um so erstaunlicher, daß er Offerten von bis zu 20 000 Franken für die Teilnahme an Sechstagerennen ausschlug. Aber Ferdy wußte warum.

Am 23. April erschien Küblers Porträt auf dem Titelblatt der französischen Sportillustrierten *Miroir Sprint* und die Bildunterschrift erhob ihn zu einem der Superchampions des Radsports. Ebenbürtig mit Fausto Coppi! Was war geschehen?

Kübler hatte am 15. April bei ***Roma-Napoli-Roma*** triumphiert. Ein Rennen mit alter Tradition (das erste Rennen im Jahre 1902 wurde sogar von dem in Rom lebenden Deutschen Grammel gewonnen). Bis 1934 (Sieger

Learco Guerra) gehörte die Fernfahrt gewissermaßen zum Inventar des italienischen Radsportkalenders. Dann schlief sie plötzlich ein. So fest, daß man befürchten mußte, für immer. Aber die Redaktion der römischen Zeitung *Il Tempo* hatte da eine andere Vorstellung und hob das Rennen 1950 erneut aus der Taufe. Das Publikum war begeistert und so stand einer weiteren Auflage nichts im Wege. Die einzigen Stolpersteine waren im Rennmodus selbst zu suchen. Denn ein Straßenrennen mit einer solch komplizierten Formel (teilweise hinter leichten Schrittmachermaschinen; Aufteilung der Etappen in einzelne, selbständige Teiletappen; starke Beanspruchung der Fahrer und damit verbundene Gefahren für alle Beteiligten) machten die Kritiker mobil. Besonders das heillos überlastete Programm am zweiten Tag mit den Teilstrecken *Caserta-Salerno* und *Salerno-Napoli* sowie einem 5-km-Verfolgungsrennen hinter Schrittmachern auf der Arenaccia-Bahn in Neapel brachte die Gemüter in Wallung. Waren doch die Ersten im Gesamtklassement zuletzt an der Reihe und Ferdy Kübler mußte beispielsweise zwei Stunden warten, bis er zum Zuge kam. Aber dann rauschte der Schweizer los und fuhr Tagesbestzeit. So bewährte „Steher" wie Bertocchi, Logli und Verfolgungsspezialist Bevilacqua hatten das Nachsehen. Überhaupt war Ferdy hinter seinem Schrittmacher der absolute Schlager des Rennens. Unvergeßlich sein Schnitt von 80 km auf regennassen Straßen, seine Aufholjagd am letzten Tag nach einem Defekt, und seine Überlegenheit bei den 15 Runden (zu je 2,5 km) bei den Thermen des Caracalla in Rom (Bobet war mit 1:15 Minuten Vorsprung in Rom eingetroffen, aber schon nach der ersten „Thermen-Runde" hatte er nur noch 40 Sekunden Vorsprung, sah sich in der nächsten Runde eingeholt und am Ende mit fast fünf Minuten von Kübler geschlagen). Dieses war der erste Streich des Schweizers.

Am 21. April folgte der zweite. Gegen stärkste internationale Konkurrenz gewann Kübler die 15. Austragung des ***Fléche-Wallone***, den Pfeil von Wallonien, über 220 Kilometer. Bei diesem schweren Rennen mit seinen zahlreichen Steigungen (laut Van Steenbergen die reinste Achterbahn!), war die gesamte Straßenelite (natürlich immer noch ohne Coppi) am Start: Bartali, Magni, Bobet, Robic, Barbotin, Gauthier, Géminiani, Koblet sowie die besten Belgier mit Van Steenbergen, Impamis, Keteleer und Cerami. Fünfzig Kilometer vor dem Ziel in Lüttich startete Robic, gefolgt von Barbotin und Buchonnet, die entscheidende Flucht. Bartali, Bobet, Kübler und Rik Van Steenbergen setzten sofort nach. Das anschließende „Ausscheidungsfahren" überstanden nur vier Fahrer: Bartali, Robic, Bobet und Kübler. Den Spurt gewann - diesmal schon fast erwartet - erneut der Schweizer mit drei Längen Vorsprung.

Nach dem Rennen waren sich Bartali und Géminiani ziemlich einig und meinten: „Ferdy Kübler erschlägt seine Gegner buchstäblich. In jeder Steigung tritt er an und nützt diejenigen ab, die versuchen, ihm zu widerstehen. Wir kennen gegenwärtig niemanden, der imstande ist, ihm die Stirn zu bieten." Sie hatten recht. Der Einzige, der es gekonnt hätte, trug noch immer den Arm in der Schlinge.

Dann folgte der dritte Streich. 24 Stunden nach seinem großen Erfolg im Pfeil von Wallonien gewann Kübler auch die Fernfahrt ***Liége-Bastogne-Liége!*** Nach einer mißglückten belgischen Großoffensive am Anfang des Rennens bildete sich eine Spitzengruppe, in der sich fast alle Anwärter auf den Sieg befanden. 14 Kilometer vor Lüttich setzten Barbotin und der Belgier Derycke alles auf eine Karte. Der Coup schien zu glücken, denn bei der 5000-Meter-Marke lagen die Ausreißer noch in Führung. Am Ziel traf man Anstalten für den Empfang der beiden und legte die Hymnen und Fahnen Frankreichs und Belgiens zurecht. Doch zur allgemeinen Verblüffung tauchte Kübler mit dem Belgier Sterckx am Hinterrad auf. In einer grandiosen Verfolgungsfahrt hatte er alles in Grund und Boden gefahren: Bartali, Bobet und Robic stehengelassen, Barbotin zur Strecke gebracht, und Sterckx so zermürbt, daß er im Endspurt chancenlos war. Nach 5:41:01 std für die 211 km hatte er nicht nur *Lüttich-Bastogne-Lüttich* gewonnen, sondern auch den Gesamtsieg im ***Ardennen-Wochenende*** erzielt.

Kübler hatte sich in die Herzen der Flamen gefahren. Die internationale Sportpresse überschlug sich mit Lobpreisungen. *Bélgique Sports* schrieb von einem außer Kontrolle geratenem Kometen, der im roten Trikot mit 90 Stundenkilometern die Abfahrten hinuntersaust. *La Gazzetta dello Sport* sprach von Kübler als großen Champion, dessen Ausnahmeform ihn zur Zeit unschlagbar macht. René Jacobs, Belgiens Radsport-Papst und bis vor kurzem Herausgeber der unschätzbaren „Jahrbücher des Radsports“ *(VELO)* traf mit seiner Feststellung den Nagel auf den Kopf: „Nach dem, was Kübler in Belgien zeigte, nähert er sich entschieden diesem anderen Champion der größten Höhen, der da Fausto Coppi heißt. Er hat übrigens nicht wenig von dessen dämonischer Silhouette und von dessen Art zu fahren und zu siegen.“

Man sieht, es ging auch ohne Coppi. Der trainierte um so verbissener, hatte die erste Ausfahrt - noch immer einen Arm in der Schlinge - bereits hinter sich, und ließ verlauten, daß er am 13. Mai bei der Romagna-Rundfahrt wieder auftauchen würde. Die Coppi-Fans konnten aufatmen und sogar frohlocken, als die Meldung durchdrang, daß Bartalis langjähriger Freund und Vertrauter, der Masseur Colombo, von Coppi verpflichtet worden ist. Zunächst für drei Monate. Als offizielle Begründung wurde angeführt, daß Coppis damaliger „Leibmasseur“ Pelizza sich für den Giro d´Italia nicht freimachen könne und deshalb ersetzt werden müsse. In der Gerüchteküche gärte es daraufhin gewaltig...

Faustos Zustand verbesserte sich wirklich von Tag zu Tag. Mit 2000 Trainingskilometern nach seinem Unfall wollte er das Wagnis riskieren, bereits am 29. April bei der Latium-Rundfahrt an den Start zu gehen. Allerdings hing viel davon ab, ob Coppi seine französischen Bahnverpflichtungen rückgängig machen könnte.

Er konnte. So wurde der ***Giro del Lazio***, das erste Rennen zur Italienischen Straßenmeisterschaft (die in diesem Jahr wieder in vier Läufen ausgetragen wurde), der Gradmesser für Coppis Form. Vom Ergebnis her landete er weit im Hintertreffen; um genau zu sein auf dem 27. Platz. Aber Coppi war in guter Gesellschaft: Bartali, Bevilacqua und die anderen namhaften Fahrer handelten sich ebenso wie er fast 14 Minuten Rückstand auf den Sieger Magni ein. Doch muß zu Ehren des *Campionissimo* gesagt werden, daß dieser Rückstand nur zu einem geringen Teil auf sein Konto ging. Er war der einzige, der Magnis ehrgeizige Pläne frühzeitig erkannte und alles daransetzte, sie zu durchkreuzen. Als er jedoch erkennen mußte, daß sich kein Bein zur Mitarbeit regte und Bartali in passiver Resistenz verharrte, steckte er das Rennen auf. Die Hauptsache war, er kam mit Gino gemeinsam ins Ziel.

Coppi hatte schließlich Milderungsgründe. Es war das erste Rennen nach wochenlanger Pause und eher ein „Warmlaufen" als ein Kampf auf Biegen und Brechen. Als man ihm aus dem Begleitwagen den ständig ansteigenden Vorsprung Magnis meldete, meinte Fausto achselzuckend: „Was soll´s? Ich fahre heute wieder zum ersten Mal. Das ist für mich das Wichtigste!"

Also alles scheinbar eine Frage der Zeit. Doch die drängte. Denn am 19. Mai soll die Italienrundfahrt beginnen. Gewissermaßen als Generalprobe wurde am Pfingstsonntag der ***Giro di Romagna*** ausgetragen. Hier sah die Sache schon etwas anders aus. Zwar siegte wieder der zu dieser Zeit ähnlich wie Kübler fast unbezwingbare Fiorenzo Magni (260 km in 6:52:00 std), aber nur im Endspurt gegen zwei andere Konkurrenten: Coppi (2.) und Bevilacqua (3.)! Aha, die Messer waren gewetzt.

Vorerst blieben sie noch versteckt. So auch beim ***G.P. Massaua-Fossati***, einem Straßenrennen über 235 km mit Ziel in Grosseto, bei dem die gesamte Elite vertreten war. Die Startliste wurde von Albani, Bartali, Coppi, Magni usw. angeführt, die Siegerliste allerdings von Loretto Petrucci. Er hatte die richtige Nase, als er 40 Kilometer vor dem Ziel zusammen mit Ersilio Dordoni und Giorgio Albani auf und davon ging. Die Verfolger, allen voran Coppi und Magni, setzten zwar alle Hebel in Bewegung, den Ausreißer noch zu fangen, aber zu spät und vergebens. Trotzdem war Coppis 10. Rang Tagesgespräch. Die Art und Weise, wie er die Verfolgung organisierte, seine Kampflust und seine Ausdauer beschäftigte die am Radsport interessierte italienische Bevölkerung - also ganz Italien.

Nun richtete sich das allgemeine Interesse auf den *35. Giro d´Italia*. 20 Etappen mit nahezu 4200 km sind diesmal zurückzulegen. Dazwischen gibt es vier Ruhetage in Perugia, Pescara, Triest und Bozen. Die schwierigen Alpenetappen entfallen, dafür sind einige Kletterprobleme in den Dolomiten zu lösen. Auf der zwar kurzen aber äußerst schwierigen Etappe von Cortina d´Ampezzo nach Bozen (115 km) mit dem Falzarego-Paß (2105 m), Sella-Paß (2240 m) und dem berühmten Passo Pordoi (2239 m) dürfte vermutlich die Entscheidung fallen. Um das Rennen dramatischer zu gestalten wird der bisher erlaubte Radwechsel bei Reifenpannen verboten und ist nur noch bei Totalschaden (Rahmenbruch usw.) erlaubt. Damit ist dem Zufall oder Schicksal natürlich Tür und Tor geöffnet. Favorit Nr.1 ist auch in italienischen Augen Ferdy Kübler. Zu Recht, denn nach seinen aufsehenerregenden Erfolgen bei Rom-Neapel-Rom und dem Ardennen-Wochenende fehlt ihm eigentlich nur noch der Sieg beim Giro. Trotzdem, bei allem Respekt vor *Ferdy national,* darf man auch einen anderen, Fausto Coppi, nicht übersehen. Schade, daß der Pechvogel durch seinen Turiner Unfall so viele kostbare Wochen verloren hat. Und da ist auch noch Hugo Koblet. Gut, wir werden sehen.

Zu sehen gab es schon in Mailand genügend. Dort traf man sich am 19. Mai zum Start und natürlich waren alle italienischen Asse, aber auch Bobet, Ferdy Kübler (er hatte schnell noch die *Tour de Romandie* gewonnen), Hugo Koblet (mit einem unübersehbaren Formanstieg) sowie die Belgier Impamis, Van Steenbergen, Kint und Schotte mit von der Partie. Das war schon eine mächtige Konkurrenz.

Neben den 98 Berufsradrennfahrern waren aber auch 180 Autos und Motorräder am Start. Hier stellte ein italienischer Journalist in *Lo Sport Illustrato* eine abenteuerliche Rechnung auf. Seiner Meinung nach verbrauchen sie in den nächsten vier Wochen rund 3 730 600 Liter Benzin. Gute Fahrt! (Mit der Arithmetik besser Vertraute kamen auf rund 45 000 Liter - immerhin auch eine schöne Menge). In und auf diesen Fahrzeugen das Heer der Reporter, Journalisten, Kampfrichter, Zeitnehmer, Mechaniker, Ärzte, Betreuer, Masseure, Polizisten und so weiter. Es war schon fast eine kleine Stadt, die sich da auf dem Domplatz versammelt hatte und sich dann in Bewegung setzte. Denn endlich war es soweit: der ***Giro d´Italia*** rollte.

Er rollte alles andere als gemütlich. Auf der 1. Etappe *Milano-Torino* (202 km) gab es kein Zögern und Abwarten wie in den Vorjahren. Ganz im Gegenteil; in voller Fahrt ging´s von der zweitgrößten Stadt Italiens in die FIAT- und LANCIA-Hochburg am Po; von der Lombardei in das Piemont. Sieger wurde nach 5:16:12 std der starke Belgier Rik Van Steenbergen; Coppi landete im Feld mit 3:24 min Rückstand. Erwischt hatte es den alten Gino, er mußte 12 Minuten in Kauf nehmen. Das Aus für Bartali, für *il vecchio*? Der stieg seelenruhig vom Rad, lehnte es an eine Hausmauer und fuhr mit einem Auto ins Hotel. Als sein Mannschaftsgefährte Attilo Lambertini eintraf, müde, hundemüde, und das Rad seines Meisters entdeckte, blieb dem Armen nichts anderes übrig, als wieder in den Sattel zu steigen und sich einen Weg durch die Menschenmenge zu bahnen. Mit einer Hand am Lenker. Mit der anderen schob er Bartalis Rad. Das traurige Los eines Domestiken...

Schneller als erwartet verlor Rik Van Steenbergen sein Rosa Trikot. Er hatte bei der 2. Etappe *Torino-Alassio* (202 km) auf den Sieger *Toni* Bevilacqua 3:30 min Rückstand und fiel auf den 6. Platz zurück. Neuer Spitzenreiter war Magni.

Die 3. Etappe *Alassio-Genova* (252 km) stand im Zeichen der „Kleinen" und um ein Haar hätte es eine Überraschung gegeben, denn Pezzi fehlten nur

30 Sekunden, um ins Rosa Trikot zu schlüpfen. Das behielt vorerst Magni. Kübler war achter mit 1:15 min Rückstand; Coppi lag zusammen mit Bobet, Koblet, Fachleitner, Schär und Schotte 2:46 min zurück. Kein Grund zur Panik. Lambertini hatte wieder sein „Erfolgserlebnis": Jedesmal wenn er an der Spitze des Feldes lag, verwechselte ihn die Menge am Straßenrand mit Gino und brüllte begeistert: < *Bar-ta-li! Bar-ta-li!* >. Es war zum Haarausreißen. Dafür durfte er am Abend wieder Ginos Rad ins Hotel schaffen.

Die 4. Etappe *Genova-Firenze* (265 km) brachte auf dem Bracco-Paß (613 m) das erste Kletterduell, bei dem besonders Koblet durch seinen Stil auffiel - leicht und locker konnte er Coppi um den zweiten Platz im *Großen Bergpreis* schlagen. Erster wurde hier der Außenseiter Pasotti, der mit einem rasanten Antritt die Asse überraschte. Koblet versuchte bei der Abfahrt einen Ausreißversuch, wurde aber ebenso wie Bobet, der es wenig später versuchte, wieder eingefangen. Daraufhin begruben die „Großen" das Kriegsbeil und ließen wieder die „Kleinen" gewähren. Guido De Santi und Rossi konnte man als solche bezeichnen. Sie nutzten die Situation aus und holten sich am Ziel Platz eins und zwei. In der Gesamtwertung blieb alles beim alten.

Das änderte sich am Abend der 5. Etappe *Firenze-Perugia* (192 km). Die Fahrt wurde nämlich vom Knall einer Reihe „prominenter" Reifen begleitet und zum ersten Mal zeigte sich die Tragweite der neuen Bestimmung (kein Radwechsel): Als erster montierte Soldani. Er galt als gefährlich und das Feld brauste davon. Dann erwischte es Bartali, aber er lag ja weit zurück und niemand sah sich veranlaßt, besonders auf das Tempo zu drücken. Anders bei Koblet. Als er auf der Felge saß, flog die frohe Kunde in Windeseile die Girokarawane entlang und die Tempobolzer traten sofort in Aktion. Als es mitten im Angriff auf Koblet auch noch bei Coppi knallte, war keiner mehr zu halten. Großangriff! Alles machte sich aus dem Staub, den sich Pietro Giudici am Ziel in Perugia als erster aus dem Trikot klopfen durfte. Er hatte die Etappe gewonnen. Noch besser wurde der Schweizer Fritz Schär bedient. Er konnte in ein frisches Rosa Trikot schlüpfen, denn er führte nun in der Gesamtwertung.

Coppi sann am Ruhetag in Perugia zwar nicht auf Rache, aber es mußte ihm etwas einfallen. Da kamen ihm die 81 km am nächsten Tag wie gerufen, denn die 6. Etappe *Perugia-Terni* war ein Einzelzeitfahren gegen die Uhr. Schon die hübsche kleine Steigung gleich nach dem Start hinauf zur Madonna del Piano war nicht Jedermanns Geschmack. Das Rennen lief auf einen Dreikampf Bobet-Coppi-Koblet hinaus, denn so sehr sich Kübler auch abrackerte, mit dem Ausgang hatte er nichts zu tun. Coppi raste schließlich mit der Bestzeit durchs Ziel (39,114 km/std) und überließ das Gerangel um die weiteren Plätze Louison Bobet (1:07 min zur.) und Hugo Koblet (1:24 min). Der tapfer gefahrene Fritz Schär behielt sein Rosa Trikot.

Doch nur noch den nächsten Tag. Sonnenglut, Staub und zum Teil ein Straßenbelag, der jeder Beschreibung spottete, machten diese 7. Etappe *Terni-*

Roma (290 km) zu einer harten Belastungsprobe für die Giganten. Die Rennleitung hatte schon mit etwas ähnlichem gerechnet und ausnahmsweise bei Reifenpannen Radwechsel erlaubt. Glücklicherweise. Der Tag hätte sonst bestimmt ein sportlich fragwürdiges Ende genommen. So ging der Sieg des Außenseiters Menon in Ordnung. Rik Van Steenbergen - er hatte fünf Reifenpannen (!) - war neuer Spitzenreiter und damit wieder Träger des Rosa Trikots. Coppi lag mit 2:17 min Rückstand auf dem 4. Platz.

Die 8. Etappe *Roma-Napoli* (243 km) sah den Italiener Casola im Spurt vor Bevilacqua und Pasotti erfolgreich. Im Gesamtklassement gab es einen kleinen Rutsch: Magni war wieder in „Rosa" und Kübler konnte Coppi überholen. Was war mit Fausto geschehen?

Etwa nach 130 km hatten sich verschiedene Fahrer auf die Socken gemacht. Coppi reagierte nicht in der gewohnten Art und der schlaue Fuchs Magni witterte, daß da etwas faul war. Dies zu erkennen und mit einem 50er-Schnitt abhauen war eins! Kübler und Bobet setzten sofort nach, dazu gesellte sich noch Bevilacqua, und zwischen dem „Schnellzug der Alliierten" und Coppi tat sich ein Abgrund auf. Fausto hätte ihn gerne überbrückt, doch es ging nicht. Beim besten Willen, es ging nicht! „Ich habe mich geschunden wie noch nie", meinte Coppi hinterher, „mit dem Erfolg, daß Magni, Kübler und Bobet immer weiter davonzogen. Vor zwei Jahren wäre mir diese Demütigung, als solche habe ich es empfunden, zweifellos erspart geblieben. Heute muß ich sie hinnehmen. Man sieht, ich bin noch nicht ganz der alte." So der faire Sportsmann Coppi. Er hätte sich leicht darauf hinausreden können, daß er schon vor dem Start starke Magenschmerzen hatte, und während des Rennens mit Petrucci in einen Sturz verwickelt wurde. Erwischt hatte es auch Hugo Koblet. Der Schweizer fand nach dem Zeitfahren in Terni kein warmes Bad vor und hatte sich erkältet. Man behandelte ihn daraufhin mit Penizillin, konnte aber nicht verhindern, daß er nun bereits sechs Minuten hinter Magni lag.

Die 9. Etappe *Napoli-Foggia* (181 km) brachte den erwarteten Gegenangriff von Gino Bartali. Bei der erstbesten Gelegenheit entwischten De Santi und Bartalis Helfer Corrieri. Lange waren sie einsam an der Spitze. Ihr Vorsprung wuchs bis auf 14 Minuten, aber Corrieri sollte nur der vorgeschobene „Stützpunkt" für Bartali sein.

Das zeigte sich nach der Verpflegungskontrolle in Grotta Minarca. Bartali löste sich zusammen mit Menon von den übrigen, veranstaltete ein großartiges Mannschafts-Verfolgungsrennen und erreichte 12 Kilometer vor dem Ziel De Santi und Corrieri, der alles darangesetzt hatte, vorne das Tempo zu drosseln. De Santi und Menon waren nun zu ausgepumpt, um in die Spurtentscheidung eingreifen zu können und so kam Corrieri zu einem, wie viele sagten, versehentlichen Spurtsieg über seinen Kapitän Bartali. Wer weiß, vielleicht zeigte sich Gino erkenntlich. Er wurde auf jeden Fall mit Sprechchören gefeiert und man erkannte, wie beliebt der „Alte" noch immer war.

In die 10. Etappe *Foggia-Pescara* (311 km) hatte man große Hoffnungen gesetzt. War sie doch die längste der Rundfahrt und brachte mit den Anstiegen zum Macerone (787 m), Rionero (1051 m) und der Rocca Cinquemiglia hinauf nach Roccaraso (1236 m) echte Bergprobleme. Die hochgespannten Erwartungen konnten nicht in Erfüllung gehen. Erstens saß den 82 verbliebenen Fahrern (16 hatten die Segeln schon gestrichen) das Schreckgespenst einer Mammut-Etappe auf hundsgemeinen Straßen, brütender Sonnenglut und Staub im Nacken, und zweitens befand sich die letzte schwierige Steigung rund 90 Kilometer vor dem Ziel. Welcher Narr hätte hier eine Attacke geritten und wäre dann den Verfolgern zum Opfer gefallen? Keiner. Und so kam es, daß die Etappe im Spurt entschieden wurde: Giuseppe Minardi war der glückliche Sieger.

Auch in der 11. Etappe *Pescara-Rimini* (246 km) beschränkten sich die Asse auf das Warten. Nur einmal kam Leben in die Kolonne, als Koblet stürzte und nur mit Hilfe seiner gesamten GUERRA-Mannschaft und einiger Nachzügler wieder Anschluß an das Feld fand. In Rimini spurtete Biagioni als erster über die Ziellinie, Magni behielt das Rosa Trikot und Coppi konnte als Siebter mit einem Rückstand von 4:18 min durchaus zufrieden sein.

Die 12. Etappe, ein Einzelzeitfahren über 24 km hinauf nach *San Marino*, brachte eine handfeste Sensation. Einem 23-jährigen Piemonteser sagte die gegen Schluß ziemlich steil ansteigende Strecke besonders zu, und Giancarlo Astrua (so hieß der hoffnungsvolle Jüngling) verwies Coppi, Bobet und die anderen nicht nur auf die Plätze, sondern raubte auch Magni das Rosa Trikot!

Ein toller Bursche war auch Van Steenbergen. Das muß man schon sagen. Auf sich alleine gestellt - von sechs GIRARDENGO-Fahrern war nur noch er im Rennen - vollbrachte der lange *Rik* eine Bravourtat nach der anderen. So auch bei der 13. Etappe *San Marino - Bologna* (249 km). In einer Ausreißergruppe erreichte er mit 8:20 min Vorsprung die Radrennbahn von Bologna und nur einem Irrtum - Van Steenbergen meinte, es wäre nur eine Stadionrunde zu fahren, es waren jedoch zwei vorgesehen - hatte es Maggini zu verdanken, daß er Etappensieger wurde. Doch der Belgier konnte sich wieder einmal mit dem Rosa Trikot trösten, das er von Astrua übernahm.

Die 14. Etappe *Bologna-Brescia* (220 km) brachte keine Veränderung im Gesamtklassement. Im ersten Massenspurt dieser Italienrundfahrt gewann Adolfo Leoni vor Conte und Brasola. Besonders Conte tat der frische Wind, der ihm beim Spurt um dic Ohren pfiff, vermutlich sehr gut. Wäre er doch vor einigen Tagen zusammen mit seinem Zimmergenossen Milano beinahe Opfer eines tragischen Unfalls geworden. Das ausströmende Gas eines Badeofens betäubte die beiden und wäre Serse Coppi - Faustos Bruder - nicht zufällig in das Zimmer gekommen, hätte die Sache ein böses Ende genommen. Dank sofortiger ärztlicher Hilfe wurden die Bewußtlosen gerettet (Conte an Ort und Stelle, Milano im Krankenhaus).

Auf der 15. Etappe *Brescia-Venezia* (188 km) zeigte sich, wie populär der Belgier Rik Van Steenbergen in Italien geworden war! Er wurde am Ziel der

Fahrt wie ein Landsmann gefeiert, obwohl er Bevilacqua und Leoni schlug. Doch wie der hochgewachsene *Rik* (mit 1,89 m war er zumindest von der Figur her der größte der damaligen Giroteilnehmer) seine Gegner im Endspurt abfertigte, wie das inzwischen „Einmannteam“ unterwegs kämpfte, das war schon bewundernswert. Auch wenn das Feld in Gedanken schon in den Dolomiten war und wenig Unternehmungsgeist zeigte.

Dieser Dolomitenkomplex beherrschte auch die 16. Etappe *Venezia-Trieste* (182 km). Die vorläufig letzte Flachstrecke hatte keinen bewegten Verlauf, endete aber turbulent! Bei der Abfahrt von Opicina stürzte Koblet, andere über ihn hinweg und so schlitterten Fahrer und Räder die Straße entlang. Im allgemeinen Durcheinander glaubte Bobet einen (verbotenen) Radwechsel mit Bresci riskieren zu können. Die Quittung dafür sollte er am Abend bekommen.

Vorerst machte er sich auf die Verfolgung des enteilten Feldes. Das hatte sich inzwischen schon wieder geteilt: Bevilacqua, Pasotti und Frosini waren ausgerissen und schickten sich an, den entscheidenden Spurt zu bestreiten. Dabei kam Bevilacqua zu Fall, riß Pasotti mit zu Boden und Frosini kam, hart bedrängt vom inzwischen heransausenden Ferdy Kübler und anderen Verfolgern, zu seinem ersten Etappensieg.

Um weitere Zwischenfälle zu vermeiden und das Hauptfeld nicht zu gefährden, stoppte man die Girokarawane am Stadioneingang mit dem Erfolg, daß die Zuschauer von Bartali, Coppi, Van Steenbergen, Bobet und Koblet nicht eine Spur zu sehen bekamen. Klar, daß die *tifosi* in sämtlichen Tonarten pfiffen, gehörig randalierten und protestierten.

Zumindest protestiert hat auch Louison Bobet, als er davon in Kenntnis gesetzt wurde, daß er fünf Strafminuten für seinen unerlaubten Radwechsel erhalten hatte. Der Protest war vergebens und Bobet damit auf dem 8. Platz gelandet (10:35 min zurück).

In Triest war der letzte Ruhetag. Das Sitzfleisch, die Wunden - auch Coppi war am Vortag in den Sturz verwickelt gewesen - wurden gepflegt und im Geist beschäftigte man sich mit den Serpentinen der Dolomitenpässe, die es am nächsten und übernächsten Tag zu bezwingen galt.

Am Start der 17. Etappe *Trieste - Cortina d´Ampezzo* (255 km) erschien zur Freude der Zuschauer und zur Erleichterung der Veranstalter auch Louison Bobet (er hatte ja im Anschluß an seine Bestrafung mit Aufgabe-Absichten gedroht). Demonstrativ hatte er sein französisches Meistertrikot angezogen und ließ auf diese Weise erkennen, daß er wild entschlossen war, ein grausames Spiel zu inszenieren. Alle würde er gehörig beuteln. Alle bis auf Coppi. Mit ihm verband ihn eine Freundschaft, die nicht nur auf der gegenseitigen Hochachtung vor ihren Erfolgen beruhte, sondern besonders in diesem Gegner sah Bobet auch den Menschen, den Partner im Beruf, den Leidensgenossen.

Auf schlechten, staubigen Straßen ging es dem Mauria-Paß (1298 m) entgegen. In den ersten Kehren machte Bobet sein Vorhaben wahr. Mit einem gewaltigen Antritt fuhr er auf und davon. An seinem Hinterrad...Coppi! Der gewann auch den Spurt um die Bergwertung mit einer Radlänge Vorsprung; es folgten Giovanni Roma (10 Sekunden zurück) und Magni (20). Auch am Misurina-Paß (1756 m) und am Passo Tre Croci (1805 m) dominierten Coppi und Bobet, nur war hier die Reihenfolge umgekehrt, Bobet vor Coppi. Damit war eine Vorentscheidung gefallen, denn das Tandem Coppi-Bobet ließ sich den Vorsprung nicht mehr nehmen und raste via Cortina. Im Spurt triumphierte Bobet. Er hatte sein Vorhaben wahrgemacht! Erster Gratulant war Fausto, größter Nutznießer Magni, denn mit nur 35 Sekunden Rückstand hatte er wertvollen Boden gegen Van Steenbergen aufgeholt und lag nun im Gesamtklassement auf dem 2. Platz (1:30 min zur.)

Und Fiorenzo Magni hatte Glück. Die 18. Etappe *Cortina d´Ampezzo - Bolzano* (242 km), mit den „Scharfrichtern" Falzarego, Sella und Pordoi kam dem nicht gerade kletterstarken Magni insofern entgegen, als sich die genannten Pässe als schneebedeckt und unpassierbar erwiesen. Als noch bekannt wurde, daß auch das letzte Hindernis, der Tre Croci-Paß, inzwischen nicht mehr zu befahren sei, war klar, daß Magni vom Schicksal die Chance zugespielt bekam. Denn auf der amputierten Dolomitenetappe war anzunehmen, daß sich Fiorenzo auf den restlichen Steigungen auch gegen Coppi, Bobet, Kübler, und vor allem Van Steenbergen, durchsetzen würde.

So kam es auch. Fiorenzo biß die Zähne zusammen, ließ sich nicht abhängen und rollte im Windschatten der Kletterspezialisten, die bestimmt den entgangenen Möglichkeiten nachtrauerten, hinein nach Bozen. Ein Blick zurück genügte: Van Steenbergen war weit und breit nicht zu sehen; der „Löwe von Flandern" hatte das Rosa Trikot sicher. Da störte es ihn momentan wenig, daß Coppi die Etappe gewann und ihm weitere sechs Fahrer das Nachsehen gaben. In Gedanken war Magni schon einen Tag weiter, bei der vorletzten Etappe.

Hier war bei ihm Nervosität berechtigt. Er hatte nur 1:46 min Vorsprung auf Van Steenbergen, 2:36 min auf Kübler, 3:14 min auf die Neuentdeckung Astrua und 4:04 min auf Coppi.

Wie zu erwarten war, drückte Coppis BIANCHI-Mannschaft bei der 19. Etappe *Bolzano - St. Moritz* (165 km) von Anfang an scharf aufs Tempo. Man versuchte, das Blatt noch einmal zu wenden. Über schlechte Straßen rollte das Feld auf die Schweizer Grenze zu, passierte sie und sofort bezogen die Kletterer Bobet, Coppi, Koblet und Kübler ihre Positionen. Der schwierige Aufstieg zum Ofenpaß (2149 m), dem letzten großen Bergproblem des Giro, rief zur Entscheidung! Sechs Kilometer unterhalb des Gipfels setzte Coppi zum Angriff an. Keiner konnte ihm folgen und ein paar Kilometer wirkte Fausto wie eine Gazelle, wie der ganz große Coppi früherer Zeiten. Aber er war noch nicht der Coppi von einst. Bis zur Paßhöhe hatte er auf Bobet, Koblet und Kübler nur 30 Sekunden Vorsprung. Bartali und Magni folgten 1:15 min zurück. Bei der Abfahrt setzten die Verfolger alles auf eine Karte und machten Jagd auf Fausto. Mit Erfolg; Bobet und Kübler holten ihn ein. Koblet hatte

Reifenschaden erlitten und war zurückgefallen. Hätten nun die drei wirklich zusammengearbeitet, wäre von den Verfolgern keiner mehr herangekommen und Kübler hätte möglicherweise Magni das Rosa Trikot abgenommen und den Giro gewonnen.

Doch dann kam der Clou des Tages: Rennleiter Ambrosini (der selbst an einer italienischen Felgenfirma beteiligt war und nur zu gerne einen italienischen Gesamtsieg wollte), tauchte mit seinem Wagen bei dem Spitzentrio auf und wechselte einige Worte mit Coppi und Bobet. Plötzlich wollten die beiden nicht mehr so richtig führen und Kübler ist heute davon überzeugt, „daß da etwas lief". Er alleine konnte die Hauptlast des Ausreißversuches nicht tragen und so kam es zum Zusammenschluß. Zehn Kilometer vor St. Moritz entwischte Hugo Koblet und nahm seinen Konkurrenten Minute auf Minute ab. Im Ziel hatte er 4:40 min Vorsprung und die Freude des Schweizer Publikums war riesig, als auch noch Ferdy Kübler als zweiter über die Ziellinie brauste. Ein Doppelsieg der Eidgenossen! Allerdings ohne Folgen für Magni. Der kam mit der Verfolgergruppe ins Ziel und saß sicherer denn je im Sattel.

Beruhigt konnte er an den Start der 20. Etappe *St. Moritz -Milano* (172 km) gehen. Sie wurde zur Triumphfahrt für ihn, und nach 5:11:34 std klang die Rundfahrt auf der Vigorelli-Bahn aus. Der Mann mit der Startnummer 1 am Rad war auch am Ende die Nummer Eins.

Schlußklassement des ***34. Giro d'Italia:***

1. Fiorenzo Magni GANNA
4153 km in 121:11:37 std (34,267 km/std)

2.	Rik Van Steenbergen	GIRARDENGO	1:46 min zur.
3.	Ferdy Kübler	FREJUS	2:36 "
4.	Fausto Coppi	BIANCHI	4:04 "
5.	Giancarlo Astrua	TAUREA	4:07 "
6.	Hugo Koblet	GUERRA	6:05 "
7.	Louison Bobet	BOTTECCHIA	9:05 "
8.	Arrigo Padovan	ATALA	14:41 "
9.	Vincenzo Rossello	TAUREA	14:49 "
10.	Gino Bartali	BARTALI	21:12 "
10.	Pasquale Fornara	LEGNANO *(ex aequo)*	21:12 "

Gewinner des *G.P. della Montagna* wurde Louison Bobet mit 32 1/2 Punkten vor Coppi (27) und Alfredo Pasotti (19). Die *Mannschaftswertung* fiel an TAUREA vor FREJUS und ATALA. Von 98 gestarteten Fahrern erreichten 75 das Ziel.

Neben Magni und Coppi erhielt der tapfere Van Steenbergen den größten Beifall. Auch Bartali wurde stürmisch gefeiert. Doch der allgemeine Jubel kannte keine Grenzen mehr, als bekannt wurde, Fausto Coppi und Magni starten bei der *Tour de France* und *il vecchio*, Gino Bartali, unterstützt sie als...Domestik! Italien war damit für die Frankreichrundfahrt bestens gerüstet.

Zwei Wochen nach Beendigung der Italienrundfahrt, am 29. Juni, galt es noch den ***Giro del Piemonte*** zu bestreiten, der als 2. Lauf zur Italienischen Straßenmeisterschaft gewertet wurde. Das war auch eine willkommene Gelegenheit für Teamchef Alfredo Binda, die Form seiner italienischen Fahrer zu überprüfen und die Mannschaft für die fünf Tage später beginnende *Tour de France* zu formieren. Und hier hatte das Jahr 1951 für Coppi einen weiteren schweren Schicksalsschlag parat...

Fausto Coppi hatte seinen Platz in der *Squadra azzurra* natürlich sicher und so fuhr er diese Piemont-Rundfahrt in erster Linie ganz für seinen Bruder Serse, um ihn durch eine gute Plazierung in die Mannschaft zu bringen und ihm damit die Teilnahme an der Tour zu ermöglichen. Fast 270 Kilometer ging die Sache gut. Dann begann die wilde Jagd, dem Ziel in Turin entgegen. Das Feld war geschlossen, nervös, die Vorbereitungen für den Endspurt hatten begonnen und die Fahrer versuchten aufgeregt, ihre jeweilige Strategie durchzusetzen.

Da passierte es: Serse Coppi geriet bei der Durchfahrt in *Pino Torinese*, einem Vorort von Turin, mit dem Vorderrad in die Schiene der Straßenbahn, stürzte, rutschte über den Asphalt und schlug mit dem Kopf gegen den Randstein des Gehsteiges. Fausto bemerkte den Unfall, stoppte sofort und half seinem Bruder auf die Beine, der im Nu die Weiterfahrt fortsetzen konnte. Zusammen mit einigen anderen Fahrern, die ebenfalls in den Sturz verwickelt waren, kam er wenig später ins Ziel. Fausto wurde noch siebzehnter, Bartali hatte das Rennen gewonnen.

Serse drückte Gino anerkennend die Hand und lächelte ihm zu. Er hatte starke Kopfschmerzen. Trotzdem fuhr er mit dem Rad in das Hotel seiner BIANCHI-Mannschaft, ging in sein Zimmer und ließ sich sofort aufs Bett fallen. Sein Kopfweh wurde unerträglich. Er krümmte sich vor Schmerzen und rief ständig nach seiner Mutter und nach Fausto.

Die Tragödie vollzog sich in Kürze. Fausto brachte seinen Bruder mit der Ambulanz in die Klinik *Sanatrix*. Serse hatte das Bewußtsein verloren. Trotz aller Anstrengung der Ärzte verstarb der Unglückliche an einem doppelten Schädelbruch.

In Windeseile wurde die Hiobsbotschaft verbreitet. Mandran, Reporter des französischen Rundfunks und Augenzeuge, gab seinen Bericht mit erstickter Stimme ins Mikrophon: „Ich sah Coppi weinen. Schrecklich, schrecklich."

Faustos erste Reaktion war, nie mehr Rennen zu fahren. Schluß damit, wie ein Tier zu leben, all die Qualen und Entbehrungen zu erleiden, die ständige Gefahr bei Stürzen, den Tod als Begleiter: < *basta!* >

Bartali hatte über den Rundfunk vom Tode Serses gehört. Sofort rief er Fausto an und sprach ihm sein tiefstes Mitleid aus. Gino konnte sich mehr als alle anderen in die Lage Faustos versetzen: 15 Jahre zuvor hatte er das gleiche erlebt. 1936 starb sein Bruder Giulio, ebenfalls Radrennfahrer, nachdem er bei einem Rennen am 14.6.1936 frontal in ein entgegenkommendes Auto gerast war; (Es handelte sich um die Meisterschaft der *Giovani Fascisti Toscani*, ein Amateurrennen der Region Toscana. Giulio war zusammen mit seinem Freund Bruno Corsini und Simoni dem Feld enteilt. In der Abfahrt bei San Donato kam ihnen auf regennasser Straße ein Pkw entgegen, mißachtete die Stop-Hinweise und fuhr in die Gruppe. Giulio brach sich das linke Schlüsselbein und wurde sofort in das Krankenhaus *Santa Maria Nuova* gebracht. Dort verstarb er zwei Tage später. Die Verletzungen waren offensichtlich schwerer als ursprünglich angenommen.)

Serses Tod erschütterte Fausto stärker als alles, was ihm bisher im Leben widerfahren war. Er hatte sehr an seinem Bruder gehangen, war mit ihm den größten Teil in jedem Jahr zusammen gewesen. Serse hatte ihm auf den vielen Reisen zu Starts im In- und Ausland Heimat und Elternhaus ersetzt und mit Fausto auch alle seine eigenen Sorgen und Freuden geteilt. Nun gab es Serse nicht mehr. Unter diesem Eindruck erklärte Fausto, daß er auf eine Teilnahme an der in einer Woche beginnenden *Tour de France*, für die er als Teamkapitän nominiert war, verzichtet, und sich wahrscheinlich völlig vom Radrennsport zurückziehen wird.

Coppi hatte nicht mit der Öffentlichkeit gerechnet. Unbarmherzig forderten ihn die italienischen Radsportanhänger und ein Teil der Presse auf, wenigstens noch einmal an der Tour teilzunehmen.

Natürlich setzten auch die Offiziellen alle Hebel in Bewegung, Coppi umzustimmen. Ein Argument war schließlich entscheidend, daß Coppi doch noch an den Start ging: „Serse würde bestimmt sagen, daß du fahren sollst!“

Die ***38. Tour de France*** begann am Mittwoch, den 4. Juli 1951, um 12.22 Uhr. Vorausgegangen war eine feierliche Eröffnungszeremonie auf dem Place de la République in Metz. Denn zum zweiten Mal in der langen Geschichte der Tour (erste Austragung 1903) war nach Evian (1926) der Start nicht in Paris. Coppi, der zunächst, um seinen Gemütszustand zu verbergen, meist eine dunkle Sonnenbrille trug und obendrein mit einem damals auf der Straße durchaus ungewöhnlichem Kopfschutz auftrat, ging die 1. Etappe *Metz-Reims* (185 km) in Gesellschaft seiner Mannschaftskameraden Gino Bartali **(BARTALI)**, Serafino Biagioni **(GANNA)**, Andrea Carrea **(BIANCHI)**, Franco Franchi **(GANNA)**, Attilo Lambertini **(BARTALI)**, Fiorenzo Magni **(GANNA)**, Ettore Milano **(BIANCHI)**, Silvio Pedroni **(FREJUS)**, Luciano Pezzi **(ATALA)**, Virgilio Salimbeni **(LEGNANO)** und Renzo Zanazzi **(ARBOS)** ziemlich ruhig an.

Es war auch kein Grund zur Aufregung vorhanden, sieht man davon ab, daß sich kurz vor der Verpflegungskontrolle in Verdun eine sechs Mann starke Gruppe verabschiedete und bald mehrere Minuten Vorsprung hatte. Auch als Koblet diesen Ausreißern alleine nachfuhr, sah man dieser Aktion nicht nur gelassen zu, sondern gab sich gar keine Mühe, ihn einzuholen. Der Grund war im starken Gegenwind zu suchen. Man ließ den Schweizer 60 Kilometer im Glauben, sein Unternehmen hätte Sinn, und holte ihn dann kurz vor dem Ziel mit vereinten Kräften wieder ein. Immerhin hatte Koblets Attacke den Nutzen, daß der Vorsprung der Ausreißer auf knapp eine Minute schmolz. Der Franzose *Apô* Lazaridés kam als erster auf die Rennbahn von Reims, aber der schnelle Schweizer Rossi ließ ihm im Spurt keine Chance und gewann nach 5:23:10 std vor Redolfi und Bauvin.

So friedlich die erste Etappe verlaufen war, so kampfbetont verlief die 2. Etappe *Reims-Gent* (228 km). Auf schlechten Straßen, zum Teil auf dem berüchtigten flandrischen Kopfsteinpflaster, gab es eine Reihe von Vorstößen, die aber jedesmal von den aufmerksamen Italienern und Belgiern gestoppt wurden. Besonders die letztgenannten hatten natürlich etwas besonderes vor und je näher man den Grenzpfählen kam, desto unternehmungslustiger wurden die belgischen Fahrer. Doch an der schwierigen *Mauer von Grammont*, einem kurzen aber sehr steilen Anstieg (13 %), der selbst von Kraftwagen so gemieden wird, daß das Gras munter zwischen den Pflastersteinen wächst, hatten die Männer um Stan Ockers ihre Kräfte aufgezehrt. Diesen Schwächemoment nutzte der Luxemburger Diederich, angespornt durch eine Reihe von Prämien, so geschickt aus, daß er nicht nur als erster die Höhe erreichte, sondern zu einer Triumphfahrt nach Gent loszog. Unangefochten erreichte er das Ziel. Das Feld wurde mit 3:50 min Rückstand auf Platz zehn gesetzt. Coppi fand sich an 11. Stelle im Gesamtergebnis wieder und war mit Bartali, Magni, Bobet und Koblet in bester Gesellschaft. Diederich schlüpfte ins Gelbe Trikot; sein Landsmann Polfer, die Franzosen Renaud und Castelin, der Spanier Rodriguez und der Holländer Harry Schoenmakers aber - soweit es ihre Sturzverletzungen zuließen - wieder in die normale Straßenkleidung, denn für sie war bereits Schluß bei der Tour.

Die 3. Etappe *Gent - Le Tréport* (219 km) führte das Feld am Meer entlang, und der von der See her blasende Wind machte den Fahrern schwer zu schaffen. So schwer, daß die Marschtabelle um mehr als eine Stunde überboten wurde. Abgekämpft traf als erster der Franzose Meunier im Ziel ein; in der Gesamtwertung blieb alles beim alten.

Für einen besonderen Gag sorgte unterwegs wieder einmal der Nordafrikaner Zaaf. Er machte sich schon nach 16 Kilometern alleine auf den Weg und hatte bald vier Minuten Vorsprung. Das war zumindest Wagtmans und Rosseel zu viel. Sie setzten nach und erreichten Abdelkader, so der schöne Vorname des Algeriers, bei Kilometer neunundvierzig. Wagtmans hatte daran keine lange Freude, kurz danach saß er auf der Felge und mußte die beiden ziehen lassen. Bei Kilometer 85 hatte auch Rosseel genug und Zaaf fuhr solo weiter. Bis zur Verpflegung in Saint-Pol-sur-Ternoise (131 km).

Normalerweise hat jeder Betreuer an solch einer Stelle Handschweiß, Angst, daß die vorbeihuschenden Fahrer die zugereichten Verpflegungstaschen nicht erwischen und anschließend irgendwann einen „Hungerast“ bekommen, denn nur in dieser, etwa 5000 Meter langen Zone darf Verpflegung überreicht werden. Diese wohlbegründete Angst brauchte Zaafs Mannschaftsleiter René Bernard nicht haben. Zaaf stieg vom Rad, verstaute seine Fressalien im Trikot, füllte seine Flaschen nach und wartete, immerhin vier Minuten, auf seine Kollegen. Dann reihte er sich wieder im Feld ein und war mit sich und der Welt zufrieden. Nur das mit den Getränken stimmte scheinbar nicht ganz. Denn kurz vor dem Ziel hielt er an einer Molkerei, trank in einem Zug einen Liter Milch aus und erreichte gerade noch vor Kontrollschluß als 114. das Ziel. Wie gut, daß es auch solche Gaudiburschen beim härtesten Radrennen der Welt gibt.

Die 4. Etappe *Le Tréport - Paris* (188 km) kehrte in die Stadt ein, in der die Rundfahrt am 29. Juli ihr Ende nehmen wird, und der Träger des Gelben Trikots, Diederich, hätte wer weiß was darum gegeben, wenn dieser Tag schon dagewesen wäre. So aber blieb ihm nichts anderes übrig, als sein Gelbes Trikot draußen in Longchamps, wo das Ziel war, zum Trocknen vor das Hotelfenster zu hängen und im Tagesergebnis nachzulesen, daß der Franzose Lévéque die Etappe gewonnen hatte.

Diederich hatte am anderen Morgen zum letzten Mal Gelegenheit, das kostbare Kleidungsstück überzustreifen. Denn auf der 5. Etappe *Paris-Caen* (215 km) riß Coppis Mannschaftsgefährte Biagioni zusammen mit dem Franzosen Colinelli bei etwa 22 km gemeinsam aus, hängte den Fluchtgefährten später ab und erreichte mit 10 Minuten (!) Vorsprung das Ziel. Diederich übergab ihm ohne zu murren sein „Gelbes“.

Doch wie gewonnen - so zerronnen. Schon am Tag darauf, bei der 6. Etappe *Caen-Rennes* (182 km), landete der bisher an zweiter Stelle liegende Franzose Lévéque seinen erfolgreichen Coup, der ihm das Gelbe Trikot einbringen sollte. Bei Kilometer 40 startete er eine Attacke. Muller, Carrea, Van Est und Bauvin stiegen in das Unternehmen mit ein, und beendeten es nach 140 km Alleinfahrt in der Reihenfolge Muller (Etappensieger), Bauvin (2.), Van Est (3.), Carrea (4.) und Lévéque, der sich zum Dank für die geleistete Unterstützung im Spurt vornehm zurückhielt.

Der 31-jährige Roger Lévéque von der französischen Regionalmannschaft OUEST-SUD-OUEST konnte sehr zur Freude seiner Landsleute das begehrte Trikot eine Woche lang behalten. Eine Woche, die sehr turbulent verlief.

Da war zuerst die 7. Etappe *Rennes-Angers* (mit einem 85 km Zeitfahren), das Koblet vor Bobet und Coppi gewann. Sie verlief nicht ohne Probleme, da der Zeitnehmer, Monsieur Adam, große Mühe hatte, die ersten zwei des Rennens, Koblet und Bobet, auseinanderzuhalten. Erst verkündete er, Bobet hätte mit einer Sekunde Vorsprung gewonnen. Da verschlug es Alex Burtin, dem Mannschaftsleiter der Schweizer, aber den Atem! Bobet hätte also seinen Rückstand von etwa vierzig Sekunden nach 60 Kilometer nicht nur aufgeholt, sondern Koblet noch eine Minute abgenommen? Seinem Hugo Koblet, der als

Spezialist für Zeitfahren galt und sich in hervorragender Form befand. Ja hat denn Adam noch alle Tassen im Schrank?

Burtin dachte dabei an die Pressemeldung, daß Adam so ein kleiner Weltmeister im Blutspenden war. Der 54-jährige hatte - seinen eigenen, präzisen Unterlagen zufolge - bei 223 Eingriffen 83 Liter Blut gespendet; einmal 1100 Gramm in einem Zug, und kurz vor seiner Nominierung zur Tour de France nochmals 2 Liter und 55 Gramm in nur 23 Tagen abgezapft bekommen. Sollte er im Kopf gar eine Blutleere haben...?

Burtin eilte zu Tourdirektor Jacques Goddet und brachte seine Bedenken vor. Der trommelte seine Kommissare zusammen: Henri Boudard, den Präsidenten; Fernand Paul, den unauffälligen Belgier; Fernand Jayet, den Gutmütigen, dessen Interesse ganz auf Schweizer Schokolade ausgerichtet war, und De Giovannangelo, den diskreten, aber aufmerksamen Italiener. Die nahmen sich Monsieur Adam zur Brust. Zuerst verteidigte er seine Unterlagen wie ein Löwe, dann begann er zu rechnen und schließlich gab er kleinlaut bekannt: 1. Hugo Koblet, 2:05:49 Stunden, 2. Louison Bobet, 2:06:39 Stunden. Danach ging man zu Bett.

Bobet war bereits im Pyjama, als man ihm das revidierte Ergebnis ins Hotelzimmer brachte. Louison, fast belustigt: „Es kam mir schon auch komisch vor, daß ich Hugo auf den letzten fünf Kilometern 40 Sekunden abgenommen haben soll. Schade, daß es nicht so war.“ < *Mais c´est le sport.* >

Für Koblet war die Welt in Ordnung und beruhigt legte er sich ins Bett und schlief. Allerdings nur bis zwei Uhr morgens. Dann wachte er mit einem mächtigen Kohldampf auf. Die Küche des Hotels war geschlossen und so blieb Alex Burtin nichts weiteres übrig, als in der Stadt in einem Restaurant, wo wegen der Tour gefeiert wurde, ein Hühnchen zu kaufen. Hugo verspeiste es genüßlich.

Verdauen konnte er während der 8. Etappe *Angers-Limoges* (241 km), die wieder von einem starken Gegenwind, Stürzen und ununterbrochenen Scharmützeln geprägt war und eine Beute des Belgiers Rosseel wurde.

Am darauf folgenden Ruhetag in Limoges wurden erst einmal die Wunden gepflegt, die Räder noch gründlicher, als dies jeden Tag geschah, überholt, die Fanpost erledigt, und der eine oder andere Damenbesuch empfangen. So auch der Besuch von Bruna bei Fausto. Der war bisher wenig in Erscheinung getreten, ging jedem Gespräch aus dem Weg und war noch verschlossener als bisher. Fausto strampelte jeden Tag sein Pensum herunter, dann zog er sich zurück. Er benahm sich eben wie ein Mann, der seinen Lieblingsbruder verloren hatte. Der aber auf seinen Beruf, seine Leidenschaft, nicht verzichten konnte und wollte.

Natürlich wurde auch das Gesamtklassement studiert (Coppi befand sich auf Rang zehn mit einem Rückstand von 8:48 Minuten). Und debattiert wurde auch, man war ja unter Sportsleuten, die sensationelle Niederlage des zu dieser Zeit für unschlagbar gehaltenen farbigen Boxers Ray *Sugar* Robinson gegen den ebenfalls farbigen Randolph *Randy* Turpin aus London. Wie hatte Bobet so schön gesagt: < *C'est le sport.* >

Die 9. Etappe *Limoges - Clermont-Ferrand* (236 km), brachte für die 98 noch im Rennen liegenden Fahrer wieder den gewohnten Alltag und für Raphaél Géminiani den Etappensieg.

Auf den Franzosen hätte man schon achten müssen, denn erstens war er aus Clermont-Ferrand, und zweitens hatte er eine schwerkranke Tante, der er eine besondere Freude machen wollte. Diese Gedanken kreisten im Kopf von *Gém* und nahmen zum ersten Mal Gestalt an, als er sich bei etwa 167 km alleine mit seinem jungen Landsmann Mirando von der Regionalmannschaft EST-SUD-EST an der Spitze sah. Im Anstieg zum Col de la Moreno (1062 m) zog Géminiani das Tempo an und Mirando mußte kapitulieren. Am Gipfel (nach 195 km) hatte *Gém* 1:30 min Vorsprung , der sich aber nach der Abfahrt und dem anschließenden Aufstieg zum Col de Ceyssat (1076 m) auf 45 Sekunden verringerte, und um ein Haar wäre Géminiani um die Früchte seiner Anstrengungen gekommen...

Weil er die Strecke nach Clermont-Ferrand, die Abfahrt vom Col de Ceyssat (1078 m), Zentimeter für Zentimeter kannte, riskierte er alles. Aber in einer Kurve hatte er einige Sandkörner übersehen und prompt kam er zu Fall. Doch fast genau so schnell wie er „abgestiegen" war, saß er wieder im Sattel. Zum Glück (für ihn) krachte und schepperte es bei den Verfolgern unentwegt: Koblet hatte zwei „Platte", Robic und Lazaridès mußten je einmal Reifen wechseln, Marinelli verfluchte sein Hinterrad. So konnte Géminiani überglücklich mit 52 Sekunden Vorsprung das Ziel erreichen und seiner Tante die Blumen ans Krankenlager bringen.

Auch die 10. Etappe *Clermont-Ferrand - Brive* (216 km) änderte nichts am Gesamtklassement. Hier ging es durch die wunderschöne Gegend der Auvergne, für die die Fahrer jedoch kein Auge hatten. Der Spanier Bernardo Ruiz, dem das Prädikat eines Bergspezialisten anhaftete, wollte seinem Ruf als Kletterer gerecht werden und machte sich bereits nach drei Kilometern auf und davon, denn nach 46 km hatten die Organisatoren bereits das erste Hindernis in Form des Col de Diane (1401 m) eingebaut. Mit 50 Sekunden Vorsprung erreichte er auch programmgemäß den Gipfel, vor seinen Landsleuten Langarica und Serra (die sich hinten als Bremser betätigten), dem Franzosen Gauthier und den Belgiern Verschueren und Baeyens. Nach 66 km, am zweiten „Col", dem de la Roche Vendeix (1149 m) war Ruiz noch immer alleine, diesmal 25 Sekunden vor den Verfolgern. Die konnten ihn zwar sehen, aber nicht erreichen. Auch nicht nach 107 km, am Puy de Bort (840 m), wo er Gauthier mit 22 Sekunden das Nachsehen gab. Der Rückstand des Feldes wuchs und wuchs, und nach 155 km, in Egleton, waren es bereits über fünfzehn Minuten. Ruiz hatte zu diesem Zeitpunkt praktisch das Gelbe Trikot im Besitz. Aber Gauthier, Verschueren, Baeyens und Langarica (der hatte inzwischen Defekt gehabt, war aber bravourös wieder aufgeschlossen; gerade rechtzeitig um sich einen weiteren Reifenschaden einzuhandeln), ließen nicht locker und holten Ruiz schließlich ein. 30 Kilometer vor dem Ziel, in Tulle, hatte es der Spanier endgültig satt, daß man sich ständig um ihn kümmerte. Er trat noch einmal kräftig an, und hatte seine Verfolger wieder los. Diesmal für immer. Nach 6:35:15 std erreichte er im Alleingang das Ziel in Brive. Allerdings war der Traum vom Gelben Trikot geplatzt, Lévéque hatte es erfolgreich verteidigt.

Coppi verhielt sich auch in diesen Tagen ruhig. Für Mannschaftsleiter Alfredo Binda fast zu ruhig: „Coppi ist in den Bergen gewaltig, fährt wie entfesselt, aber bergab ist er der große Bremser. Er fährt jede Kurve mit fünfzehn Kilometer in der Stunde." Coppi nahm es zur Kenntnis. Hinter seiner dunklen Sonnenbrille verbarg er die Blicke, die Bände hätten sprechen können.

Das amerikanische Boxphänomen Ray *Sugar* Robinson, in Frankreich auf der Suche nach neuen Opfern, verabschiedete das Feld auf die Reise zur 11. Etappe *Brive-Agen* (177 km). Besonders hatte es ihm dabei der „schöne Hugo" angetan. Lange unterhielt er sich mit dem < *pédaleur de charme* >, posierte mit ihm vor den Fotoreportern und gab Koblet vermutlich einige Tips, wie man seine Gegner vernichtet. Denn genau das tat der Schweizer in der Folge.

Nach 34 Kilometern, nach Passage der Ortschaft Souillac und der Überschreitung der langen, rauhen Côte de Lanzac, begann Koblet sein Unternehmen. Zuerst mit Rosseel im Gefolge, der scheinbar jeden Vorstoß mitmachte, aber ab Kilometer 37 alleine, da den Belgier doch der Mut verließ. Davon hatte Hugo genügend. Locker, in seinem unnachahmlichen Stil, rollte er durch die Gegend, mit dem Erfolg, daß er nach 94 Kilometern 2:30 Minuten Vorsprung auf einen einzelnen Verfolger - Jean Dotto - hatte, die erste große Gruppe bereits 3:15 min Rückstand aufwies und das Feld 9:10 min zurücklag. Die Situation verschärfte sich noch, als nach 119 km die Nachricht von der Spitze kam: 3:55 min Vorsprung auf die erste Gruppe, 11:30 min auf die zweite! Da wachten Bartali, Coppi und Magni endlich auf. Mit einem 50er Tempo legten sich die *azzurri* so ins Zeug, daß sich der Schaden am Ziel in Agen in Grenzen hielt. Koblet gewann zwar die Etappe mit 2:35 min Vorsprung auf das Feld, das der Franzose Marcel Michel im Spurt abgefertigt hatte, aber er konnte Lévéque, der sich tapfer gehalten hatte, vorerst noch nicht von der Spitze verdrängen.

Hugo Koblet war mit seinem Husarenritt über 140 km alleine an der Spitze gewesen und lag nun mit 3:27 min Rückstand auf Platz drei und damit unumstritten gefährlich auf der Lauer. Am Ziel blickte Rennleiter Goddet dem „schönen Hugo" tief in die Augen. Die damals übliche - alles andere als wissenschaftliche - Art der Dopingkontrolle. An starren, vergrößerten Pupillen wollte man erkennen, ob ein Fahrer „geladen" hatte. Wenn ja, dann allerdings ohne Konsequenz für den Ertappten. Doping war nicht verboten, höchstens verpönt. Hugo hatte anscheinend nichts geschluckt.

Erst viel später wurden die Hintergründe dieser ungewöhnlichen Tour-Etappe bekannt. Koblet litt unter Hämorrhoiden. Sein Mannschaftsleiter Alex Burtin ließ einen Arzt rufen und schleuste ihn in Koblets Zimmer. Es war nicht der offizielle Tour-Arzt, denn Burtin hatte, um die Gegner nicht zu alarmieren, das Gerücht in die Luft gesetzt, er selber benötige ärztliche Hilfe. Die Diagnose des jungen Doktors war geradezu niederschmetternd: „Sofort operieren!" Ausgeschlossen, das würde alle Hoffnungen auf einen Toursieg vernichten. Burtin und Koblet waren sich einig, ein zweiter Medizinmann mußte her. Gleicher Befund, aber Verständnis für die Situation und eine etwas andere Behandlung: Zäpfchen.

Hugo startete in Brive. Er hatte zwar keine Schmerzen mehr, mußte sich aber einiges verkneifen...

Der Rest ist bekannt. Koblet löste sich vom Feld, fuhr 140 km alleine, gab seinem Betreuer auf dessen Frage, was er da treibe, die Antwort, er wisse es selber nicht. Und als dieser nachhakte, wohin er zu fahren gedenke, antwortete der schöne Hugo mit einem Lächeln: „Ins Ziel natürlich!" Goddet war vielleicht doch auf der richtigen Spur.

Tourdirektor Goddet, seinem Kollege Ambrosini, Direktor der *Gazzetta dello Sport*, und den anderen Beobachtern war aber auch aufgefallen, mit welcher Leichtigkeit Koblet sein Unterfangen durchgeführt hatte und damit seine Anwartschaft auf den Toursieg anmeldete. Die Frage, die sich nun alle stellten, war die, ob der schöne Hugo für seinen Soloritt würde büßen müssen. Zitieren wir Coppi: „Nur wenn er morgen einbricht..."

Koblet brach nicht ein. Aber um die Geschehnisse der 12. Etappe *Agen-Dax* (185 km) richtig bewerten zu können, sei ein kleiner Rückblick gestattet. Er betrifft die Niederländer.

Was hatten die Fahrer aus dem Land der Tulpen, Windmühlen und vor allem Radfahrer in der Nachkriegszeit bei der *Tour de France* erreicht? Nun, nicht allzuviel. 1947 kam nur Janssen als zweiunddreißigster ins Ziel nach Paris. Er stand auch 1948 wieder am Start und beendete diesmal als sechsunddreißigster zusammen mit De Ruiter (42.) die Rundfahrt durch Frankreich. „Wir fuhren für ein Butterbrot und Ei. Als Belohnung für 4922 Kilometer, für einen Monat Leiden und Entbehrung, bekamen wir ganze 850 Gulden, das waren umgerechnet etwa 30 Gulden pro Tag." (Auch wenn man die Umrechnungstabelle nicht immer im Kopf hat - so klingt das doch recht besch...eiden).

1949 war bereits nach den Pyrenäen kein Niederländer mehr im Rennen und 1950 erreichte wieder nur Wim De Ruiter als siebenundzwanzigster Paris. Das sollte 1951 anders werden.

Und zwar unter der Leitung von Kees Pellenaars, dem Ex-Straßenweltmeister der Amateure 1934, der 1950 seine Laufbahn als Straßenprofi beenden mußte, als er während der 8. Etappe der *Deutschlandrundfahrt* gegen ein abgestelltes Auto prallte und schwerverletzt ins Krankenhaus gebracht werden mußte. Dieser Mann wußte also im Guten und im Schlechten um was es geht. Er stellte eine Mannschaft zusammen, die sich sehen lassen konnte.

Regelmäßig waren nun Niederländer bei Etappenankünften mit von der Partie: In *Le-Tréport* (3. Et.) spurtete Gerard Peters, jahrelang der Mannschaftspartner von Schulte, auf den 5. Platz; der bullige Wim Van Est wurde in *Rennes* (6. Et.) Dritter; Woutje Wagtmans belegte beim Zeitfahren *Rennes-Angers* (7. Et.) den 11. Rang; Gerrit Voorting kam in *Limoges* (8. Et.) auf den vierten Platz und Peters machte nochmals in *Brive* (10. Et.) als Siebter und in *Agen* (11. Et.) als Dritter von sich reden. Pellenaars war mehr als zufrieden, aber im Stillen rechnete er doch mit einem Etappensieg.

Zurück zur 12. Etappe. Wim Van Est und Voorting mischten in einer Spitzengruppe mit, die aus den Franzosen Caput, Marinelli, Müller, Meunier und Labeylie, dem Schweizer Sommer und dem Belgier De Mulder bestand. Das Feld, in dem sich Koblet, Bartali, Bobet und der „Mann in Gelb", Lévéque, befanden, reagierte anfangs überhaupt nicht. Van Est war von den neun Ausreißern als sechzehnter im Gesamtklassement der Bestplazierte, aber wer war schon Van Est? Ein unbekannter Neuling, der erst mit 24 Jahren zum Radsport kam, alles andere als ein Stilist. Mehr eine Bulldogge als ein Windhund. Ein Holländer. Und von denen war ja noch nicht allzuviel zu sehen.

Aber diese Ausreißergruppe rollte mit immer größer werdendem Vorsprung nach Dax: bei 85 km 5:10 Minuten Vorsprung, bei 98 km 9:55 Minuten, bei 128 km 12:00 Minuten!

Kees Pellenaars raste mit seinem Jeep, damals die offiziellen Materialwagen, zur Spitze (immer darauf bedacht, daß ihm nicht ein zweites Mal ein anderer Wagen in die Quere kam) und brüllte Van Est zu:

< *Wimme, gij hebt de gele trui!* >

Auch ohne flämische Sprachkenntnisse kann man erraten, was *De Pel* seinem Schützling da ganz aufgeregt zurief. In der Tat, man hatte das Gelbe Trikot fast wie sicher.

Van Est und Voorting übernahmen sofort die Führung. „Kette rechts", im Rennfahrerjargon heißt das soviel wie den größten Gang auflegen, und dann wurde gefahren, daß die Fetzen flogen! So ging es zum Ziel auf die Rennbahn von Dax. Jeder wußte, daß Van Est alles andere als ein Sprinter war, doch an diesem 15. Juli wuchsen ihm Flügel. Wim stampfte um die Bahn, die anderen an seinem Hinterrad. Aber es war nichts zu machen, der Holländer gewann mit einer Radlänge Vorsprung vor Caput und Marinelli (man erzählte sich später, Caputs Mannschaftsleiter, Jean Marechal, hätte kurz vor dem Ziel seinem Schützling vom Auto aus Instruktionen gegeben, wie er den Spurt auszuführen hätte. Natürlich auf französisch. Aber soviel konnte Wim verstehen, daß er daraus die nötigen Folgerungen zog).

Dann liefen die Uhren. Es ist ja bekannt, daß das Feld auf den letzten Kilometern immer mächtig anzieht, um wertvolle Minuten gutzumachen, aber als nach 12 Minuten von den Verfolgern immer noch nichts zu sehen war, verkündete der Stadionsprecher: „Wim Van Est ist als erster Niederländer Träger des Gelben Trikots!"

Pellenaars und Van Est lagen sich weinend in den Armen und bekamen nicht mit, wie nach 18:16 Minuten das Hauptfeld eintraf. Coppi war einer der ersten, die Van Est zum Sieg gratulierten. Aber der mußte erst einmal die Sache verdauen: Erster in der Gesamtwertung mit 38 Sekunden Vorsprung auf den Zweiten, Louis Caput!

Abends ließ Pellenaars im Hotel die Champagnerkorken knallen. Aus der Heimat trafen Telegramme ein. Niederländische Pilger schleppten aus dem benachbarten Lourdes Blumen an. Es war ein rauschendes Fest. In seiner Sportzeitung *L'Equipe* schrieb Jacques Goddet: < *Les Hollandais étaient aux anges.* > (Die Niederländer waren in den Wolken). Dem wäre nichts hinzuzufügen, bis auf die Tatsache, daß Van Est am folgenden Tag ein „Höhenflug" bevorstand, den er nie erwartet hatte...

Um 10.35 Uhr machten sich die 92 noch im Rennen verbliebenen Fahrer auf den Weg zur 13. Etappe *Dax-Tarbes* (201 km), der ersten wirklichen Kletter-Etappe der Tour. An der Spitze der neue Mann in Gelb, Wim Van Est.

Inzwischen hatte man auch mehr über ihn in Erfahrung bringen können. So zum Beispiel, daß der 27-jährige aus einer Familie mit 16 Kindern kommt, die Schule früh verlassen mußte, um Geld als Rübenschneider zu verdienen. Und das er aus Fijnaart, also dem Nord-Brabant, stammte.

Anfangs war die Fahrt nicht allzu schnell. Das änderte sich schlagartig, als nach 22 Kilometer Coppi zum Angriff blies. Koblet, Barbotin, Muller, Huber, Milano, Pezzi, Caput und Dotto hängten sich sofort mit an, und spätestens hier zeigte sich, daß es im italienischen Lager mit der Taktik nicht so ganz stimmte.

Binda hatte für diese Etappe eine „elastische Defensive" angeordnet. Was auch immer er darunter verstand, Tatsache war, Ausreißversuche sollten unterbunden werden. Denn der Tagesabschnitt hatte einen Haken: die Hauptschwierigkeit, der gefürchtete Col de l'Aubisque (1709 m) mit seinen 1500 Metern Höhenunterschied auf 19 km, lag nur 60 km vor dem Etappenziel und bot damit den kletterschwachen Fahrern Aufholmöglichkeiten. Und nun rollten Coppi & Co. voraus. Eine komische Defensive.

Gottseidank war der Ausflug nach 37 km zu Ende. Aber Binda hatte sich kaum beruhigt, da machte sich der weitaus gefährlichere Géminiani zusammen mit elf weiteren Fahrern aus dem Staub, und diesmal war außer Biagioni kein Italiener dabei!

Bei Kilometer 119, am Fuße des Aubisque, hatten die Ausreißer 8:50 min Vorsprung. So ging es in die ersten Kehren hinein, und schon bald fielen die ersten Opfer zurück. Übrig blieb eine fünfköpfige Spitzengruppe, zu denen neben den guten Bergfahrern Géminiani und Lauredi aus der französischen Nationalmannschaft noch der Belgier Van Ende, der Regionalfranzose Bauvin von der Equipe EST-SUD-EST und - zur allgemeinen Überraschung - auch der

Italiener Serafino Biagioni gehörte. Nach 137 km überquerten sie den Scheitel des Passes, und gespannt warteten Zuschauer, Reporter und Offizielle auf das übrige Feld.

Sie mußten lange warten. Denn selten verlief der Anstieg zum Aubisque so monoton, so lust- und ereignislos wie in diesem Jahr. Erst wenige hundert Meter vor der höchsten Stelle sorgte zumindest Bartali für etwas Betrieb. Coppi, Koblet und Ruiz zogen mit, und nun geschah eine kleine Sensation: Bobet, Frankreichs Spitzenfahrer, kam einfach nicht mit und wurde eindeutig abgehängt (also auch Jean Bidot, der französische Mannschaftsleiter, früher selbst Profi und 1929 französischer Meister, hatte seine Sorgen).

Es war ein erschütterndes Schauspiel für die vielen französischen Zuschauer, die nicht zuletzt deshalb gekommen waren, um Louison anzufeuern, und nun zusehen mußten, wie sich ihr Champion mühselig, kraftlos und völlig ermattet die Serpentinen hochquälte. Coppi und seine Genossen, die das „Golgatha“ mitbekamen, drückten erbarmungslos aufs Tempo und um Bobet war es geschehen.

Louison hatte noch eine Chance, denn plötzlich tauchten Magni und Van Est auf, wie Wilde um Anschluß ringend. In ihrem Windschatten könnte er bei der Abfahrt vielleicht noch einmal Anschluß finden. Aber schon nach wenigen Kehren hatten sie ihn los und brausten zu Tal. Bobet war verloren.

Nun schlug die Schicksalsstunde für Van Est. Er versuchte bei der Abfahrt Magnis Tempo zu halten. Das konnte nicht gutgehen. Denn Fiorenzo war ein Spezialist, ja vielleicht der beste Abfahrer seiner Zeit, und hatte eine besondere (gefährliche) Technik: Er bremste kaum und kam daher immer auf Haaresbreite an den Rand der Kurven und die unbefestigte Straßenbegrenzung heran, behielt aber dadurch sein hohes Tempo bei.

Das versuchte *Wim* auch. Seine Gedanken kreisten nur um das Gelbe Trikot, das er, der arme Bauernsohn, besaß, und das er unter allen Umständen verteidigen wollte.

Wim nahm die nächste Kurve, prallte gegen den Randstein, verlor die Kontrolle über sein Rad und stürzte kopfüber in den Abgrund. Man sah, wie er nach dreißig Meter aufschlug, weiterschlitterte, sich wieder überschlug und endlich, nach von Grauen erfüllten Sekunden in einer Schlucht, eingerahmt von Felswänden, regungslos liegen blieb.

Autos hielten mit kreischenden Bremsen, Fahrer sprangen von ihren Rädern. „Er ist tot“ schrie der Spanier Massip, der aus der Ferne den Unfall gesehen hatte.

Als einer der ersten war der französische Fotograf Roger Piron bei *Wim*: „Ich blickte über den Rand der Straße und sah, sicher 50 bis 80 Meter tiefer, Van Est liegen. Er lag zwischen zwei Felswänden auf einer Geröllhalde und bewegte sich nicht. Vorsichtig begann ich abzusteigen und erreichte ihn. Ich nahm seinen Kopf in die Arme und Wim schlug die Augen auf. ´Ich hab beim Sturz meine Trinkflasche verloren, kannst du schauen, wo sie ist?´ waren seine ersten Worte!“ Eine andere Version lautet: „Aber meine xxx-Uhr läuft noch!“ Der Hersteller des Chronometers soll sich über den ungewollten Reklamegag sehr gefreut und auch erkenntlich gezeigt haben...

Inzwischen hatten sich immer mehr Personen am Unglücksort eingefunden. Kees Pellenaars weinte, Wim´s Mechaniker und Freund mußte sich vor Schreck übergeben.

Plötzlich erhob sich Van Est, blickte benommen um sich und riskierte einige zaghafte Schritte. Droben, am Rande der Schlucht, brach ein Freudensturm aus: „Er lebt, er lebt!“ Das war vorerst das Wichtigste. Mit zusammengeknoteten Schlauchreifen zog man Van Est behutsam hoch. Endlich war der Niederländer in Sicherheit, und während man ihn im Ambulanzwagen ärztlich versorgte, galt seine Sorge dem Rad:

< *Wie maakt snel mijn fiets in orde?* > (Wer bringt schnell meine Maschine in Ordnung?)

„Niemand, es ist aus.“ gab ihm Pellenaars zur Antwort.

< *En mijn gele Trui dan?* > (Und mein Gelbes Trikot?)

würgte der „Eiserne Willem“ unter Tränen hervor.

„Vergiß es, du mußt ins Spital.“

Eingedenk des Falles Serse Coppi wurde Van Est ins Krankenhaus gebracht und dort eine gründliche Untersuchung vorgenommen, die das „Wunder vom Col de l´Aubisque“ bestätigte: der Niederländer hatte den Sturz gut überstanden!

Zurück zum Rennen. Mittlerweile war die auf vier Mann zusammengeschrumpfte Spitzengruppe in Tarbes eingetroffen. Biagioni zog den Spurt an und ging mit drei Radlängen in Führung. Ein sicherer Sieg? Nein, denn auf den letzten Metern brauste Géminiani vorbei und holte sich den Etappensieg. So glaubte er zumindest. Aber Biagioni legte Protest ein, da Lauredi angeblich seinen Kapitän Géminiani angeschoben hätte. Monsieur Goddet, der „Vater der Tour“, war Augenzeuge und konnte nicht anders: Biagioni wurde auf Rang Eins gesetzt.

Coppi war als 14. mit einem Rückstand von fast zehn Minuten eingetroffen und hatte im Gesamtklassement als Zehnter immerhin schon 18:35 min Rückstand auf den neuen Träger des Gelben Trikots, den Franzosen Gilbert Bauvin. Trotzdem war er neben Koblet für viele Journalisten immer noch der große Favorit.

Die 14. Etappe *Tarbes-Luchon* (142 km) brachte endlich den lange erwarteten Kampf der Großen. Bei dieser zweiten Pyrenäen-Etappe zogen Coppi und Koblet alle Register ihres Könnens und zeigten sich dem gesamten Feld klar überlegen. Um 11.58 Uhr, unverständlicher Weise genau in der Mittagshitze, machten sich die 88 noch im Rennen befindlichen Fahrer auf den Weg. Die Niederländer hatten unter dem Schock vom Vortage das Rennen quittiert.

Der Luxemburger Diederich sorgte mit seinem Einzelvorstoß gleich für die richtige Stimmung, denn nach 10 km hatte er 25 Sekunden Vorsprung, nach

35 km 5:35 min, nach 49 km 9:40 Minuten! Doch da türmte sich der Tourmalet (2115 m) vor ihm auf, und in den Kehren wehte ein anderer Wind. Diederich ging gewissermaßen die Puste aus, und er spürte den Atem der Verfolger im Nacken (besonders von Coppi, der einen Defekt von Koblet nutzte, um alleine vorzustoßen). Diederich hatte zwar auf der Paßhöhe noch 3:30 min Vorsprung auf Coppi, der im Kampf um die Bergwertung 500 m vor dem Zielstrich plötzlich abstoppte, und seinem französischen Freund Géminiani die 20 Sekunden Zeitgutschrift überließ. Eine italienisch-französische Koalition gegen den Schweizer Koblet? Auf der Talfahrt war es jedenfalls um Diederichs Spitzenreiterherrlichkeit geschehen, Coppi holte ihn mühelos ein und rollte dem zweiten Gipfel des Tages, dem Col de l´Aspin (1489 m), entgegen.

Hinter ihm Koblet, der den *Campionissimo* vor sich wußte. Zäh und verbissen kämpfte er sich heran und am Fuße des Passes war Hugo zur Stelle. Gemeinsam kletterten sie die Serpentinen hoch. Kurz vor dem Scheitelpunkt erhöhte Coppi das Tempo und gewann mit drei Radlängen Vorsprung die Bergwertung (und damit 20 Sekunden Zeitgutschrift).

Auch den dritten Gipfel, den Col de Peyresourde (1569 m) fuhren die beiden Rad an Rad hoch. Koblet verzichtete auf einen Spurt um die Klettergutschrift und sparte seine Kräfte für den Endkampf in Luchon. Der Schweizer Sportjournalist Walter Jacob sah die Sache etwas anders. Er hatte das Gefühl, Koblet sei im Aufstieg zurückhaltend gefahren: „Die Punchkraft war diesmal sichtlich auf der Seite des Schweizers, aber er machte von ihr gar nicht vollen Gebrauch, sondern teilte friedlich mit Coppi die Führung. Wir konnten beim Zusehen das nur so erklären, daß Hugo dem großen Fausto, der blutenden Herzens in die Tour de France gegangen war, nicht weh tun wollte.“ Bestimmt hatte Jacob recht.

Im nachhinein gesehen handelte Koblet so oder so richtig, denn er gewann den Sprint und damit den Etappensieg. Bartali kam nach 2:04 min ins Ziel, und machte sich mit diesem brillanten Erfolg an seinem 37. Geburtstag selbst das schönste Geschenk. Belohnt wurde auch Hugo Koblet. Er durfte als neuer Spitzenreiter ins Gelbe Trikot schlüpfen; Coppi war auf den 4. Platz vorgestoßen. Sein Rückstand auf Koblet betrug 5:09 min und war durchaus aufholbar.

Trotz Gewinn dreier Etappen war Koblet aber bisher nicht der große Verdiener bei dieser Tour. Lévéque (8250 Mark) und Diederich (7200 Mark) lagen da an der Spitze, weil es ihnen gelungen war, längere Zeit das Gelbe Trikot zu verteidigen. Koblet brachte es auf 3400 Mark, dann folgten Biagioni (3300 Mark), Ruiz (2750 Mark) und Rossi (2700 Mark). Van Est war mit 2600 Mark nach Hause gefahren und Géminiani hatte den Gegenwert von etwa 1650 Mark in der Tasche. Nur 720 Mark konnte Coppi bisher kassieren und Bartali mußte sich gar mit 275 Mark begnügen.

Einen Tag nach der kräftezermürbenden Pyrenäenetappe ging es bei der 15. Etappe *Luchon-Carcassonne* (213 km) mitten hinein in den südfranzösischen Backofen. Begreiflicherweise zeigten die Favoriten wenig Unternehmungsgeist. Um so mehr die „Wasserträger“, die alle Hände, Flaschenhalter und Trikottaschen nötig hatten, um das begehrte Naß heranzuschaffen. Sie machten dabei nicht nur Halt an Dorfbrunnen, Wasserhähnen jeder Art und Hydranten, sondern sie plünderten auch ungeniert Bars und Straßenkaffees und schnappten sich von manch einem Picknicktisch am Rande der Straße die Flaschen. Meist sahen die Geschädigten dem Treiben amüsiert zu. Nicht so der Wirt, der am Gipfel eines der Berge seinen Stand aufgebaut hatte, in Erwartung, daß das Publikum seinen Getränken gehörig zusprechen würde. Die Zuschauer hatten aber keinen Durst. Plötzlich kam das geschlossene Feld daher und wie eine Sendung des Himmels waren hier die köstlichen Getränke aufgebaut. Im Nu sprangen die Fahrer von ihren Rädern und ehe sich´s der Wirt versah, war er seine Durstlöscher los! Allerdings ohne einen Franc in seiner Kasse.

In dieser Bruthitze ging es auch den Col de Portet d´Aspet (1069 m) hoch, einen Gipfel der dritten Kategorie. Hier erwachte zumindest Bartali aus seiner Lethargie und zettelte einen Kletterspurt an, den er vor Lucien Lazaridès und Jean Dotto gewann; Coppi folgte als Dritter. Nach diesem Intermezzo fiel das ermattete Feld wieder in sein Touristentempo zurück.

Es wurde kurz aufgeschreckt, als 60 Kilometer vor dem Ziel eine 16 Mann starke Gruppe entwischte. Aber schnell hatte sich herumgesprochen, daß kein gefährlicher Mann mit eingestiegen war, und so sah sich das Feld nicht veranlaßt, einzuschreiten. Man bummelte weiter. So gemächlich, daß die Ausreißer mit 5:08 min Vorsprung auf die Rennbahn von Carcassonne einbiegen konnten. Dort besiegte der Belgier Rosseel seine Mitstreiter ohne Probleme. Er hatte sich schlicht und einfach am Stadtrand von der Truppe entfernt und war 12 Sekunden vor ihnen eingetroffen. Im Gesamtergebnis änderte sich nichts.

Das mit dem Gesamtklassement war auch so eine Sache. Die letzten, die ihren Platz in dieser Liste erfuhren, waren, so unwahrscheinlich dies klingen mag, die Fahrer selbst (was übrigens auch heute noch gilt). Das hat seinen Grund darin, daß die Akteure oft in Quartieren logieren , die bis zu 60 Kilometer vom Etappenort entfernt liegen, das Ergebnis aber meist in unmittelbarer Nähe des Ziels erstellt und verteilt wird. Redolfi, ein gewitztes Kerlchen aus der französischen Regionalmannschaft ILE-DE-FRANCE, hatte da einen guten Einfall. Der blondgelockte Champion setzte sich einfach an das Telefon. Er rief zu Hause seine Frau an, und ließ sich sagen, an welcher Stelle er und seine Mannschaftskameraden lagen. Denn in Paris war das Klassement schneller bekannt, als bei den Tourfahrern selbst. Leider versiegte die Informationsquelle für seine Mannschaftskameraden, denn Redolfi hatte nach der 8. Etappe aufgegeben.

Die brütende Hitze, die schon am Start zur 16. Etappe *Carcassonne-Montpellier* (192 km) auf der gesamten Tour-Karawane lastete, ließ nicht vermuten, daß gerade dieser Tagesabschnitt zum dramatischsten der ganzen Rundfahrt werden würde. So deckten sich Fahrer und Begleitpersonen erst einmal mit allen verfügbaren Getränken ein und dann machte man sich auf den Weg.

Und wirklich fing alles harmlos an. Der Algerier Zaaf, dem diese Hitze zusagte, obwohl er über sie lästerte: „Wenn es weiter so heiß ist, fahre ich zurück nach Afrika. Dort ist es kühler...“, gab wieder einmal den Auftakt zu einem Geplänkel, dem vorerst niemand Beachtung schenkte. Die Domestiken waren gerade damit beschäftigt, ihren Chefs kühlendes Wasser über den Nacken zu leeren, als von vorne der Ruf durch das Feld eilte: „Sie sind weg!“

Wer waren „sie“? Schnell hatte man erkannt, um welch gefährliche Burchen es sich da handelte: Géminiani (3. im Gesamtklassement), Lazaridès (5.), die starken Barbotin und Gauthier - alles Nationalfranzosen!

Da durfte Hugo Koblet nicht fehlen. Zusammen mit seinem Landsmann Leo Weilenmann und den beiden Franzosen Marinelli und Labeylie von der Regionalmannschaft ILE-DE-FRANCE geigte der schöne Hugo was das Zeug hielt und im Nu war der schönste Tanz im Gange.

< *Ammazzalo!* > - Verflixt! Nun schlugen auch die Italiener Alarm. Fausto Coppi, immerhin 4. im Gesamtklassement, nahm sich persönlich der Sache an und drückte aufs Tempo.

Aber nun ereignete sich die große, ja die größte Sensation der ganzen bisherigen Rundfahrt: Coppi geriet in eine Krise! Im Hitze-Inferno dieser Etappe erwies sich, daß Fausto, besonders auf den Pyrenäen-Pässen, über seine derzeitigen Verhältnisse gelebt hatte. Er konnte einfach nicht mehr, dem Italiener gingen die Kräfte aus. Magenbeschwerden traten hinzu. Die Lage verschlechterte sich von Minute zu Minute. Im Lager der *azzurri* brach Panik aus. Bartali (als 6. im Gesamtklassement) war bei Coppi geblieben und hatte nun schon vier Minuten Rückstand auf die Spitze.

Jetzt reagierte Mannschaftsleiter Alfredo Binda. Er beorderte alle italienischen Domestiken zu Coppi. Sie nahmen Fausto in ihre Mitte, sprachen ihm Mut zu, verpaßten ihm den einen oder anderen Schubs und versuchten alles Menschenmögliche, um den psychisch und körperlich schwer gezeichneten Coppi wieder auf die Beine zu bringen, das italienische Flaggschiff wieder flott zu bekommen.

Aber alle Mühe war vergebens. Am Ziel in Carcassonne besiegte Koblet im Spurt Marinelli, Géminiani, Lucien Lazaridès und Barbotin. Nach 4:14 min traf Gino Bartali ein, der nach Coppis Zusammenbruch alleine eine grandiose, aber vergebliche Jagd auf die Gruppe um Koblet gemacht hatte. Zeitgleich mit Bartali erreichten auch Labeylie und Bobet das Ziel, nach 5:34 min trudelten Ockers und Verschueren ein.

Auf Coppi mußte man lange warten: dreiunddreißig Minuten. Mit Mühe und Not erreichte er, begleitet von seinen Getreuen, das Ziel. Trotzdem hatte er Glück im Unglück. Ein etwas eigenartig anmutender Paragraph des Regelwerkes der Tour besagte nämlich, „...daß Spitzenfahrer nicht wegen Zeitüberschreitung der Disqualifikation verfielen.“

Da muß man wohl oder übel an das Jahr 1947 denken. Der Schweizer Ferdy Kübler hatte die 1. Etappe *Paris-Lille* gewonnen und war dadurch auch Träger des Gelben Trikots geworden. Ein Spitzenfahrer? Man könnte es meinen. Auch wenn er Tags darauf auf den damaligen Tourfavoriten René Vietto (Bartali und Coppi fehlten) 14 Minuten verlor und das Spitzenreitertrikot wieder ausziehen mußte. Aber während der 4. Etappe *Luxembourg-Strasbourg* gab Kübler wieder seine Visitenkarte ab. Der zweite Etappensieg schien fällig zu sein. Robic, Diot und Kübler legten ein solches Tempo vor, daß ihnen niemand folgen konnte. In den Vororten von Strasbourg schnappte sich Diot von einem Zuschauer eine Flasche Bier und wollte damit seine Trinkflasche nachfüllen. Plötzlich war er alleine. Die beiden anderen waren ihm davongefahren. Aber mitten in der Stadt hatte Kübler Hinterraddefekt und stürzte. Ohne Ersatzreifen mußte der Schweizer die letzten zwei Kilometer auf plattem Hinterrad fahren. Doch er konnte den zweiten Platz erkämpfen. Ein Spitzenfahrer? Wieder könnte man es meinen. Noch mehr am nächsten Tag. Kübler erreichte zusammen mit vier weiteren Fahrern das Ziel in Besançon und konnte Rossello und Bonnaventure im Spurt schlagen! Auf den beiden nächsten Etappen schonte sich Kübler. „Schonen und essen“ war die Devise (Das Frühstück in den Hotels war nicht besonders reichhaltig, noch war ja alles rationiert und Ersatzkaffee und Maisbrot stand auf dem Speisezettel). Leider schonte sich Ferdy auf dem Weg nach Grenoble zu sehr. Als dann noch seine Schaltung den Dienst versagte, mußte er auf den Abfahrten zu kleine Gänge fahren und so verlor er mit seinem treuen Freund und Begleiter Leo Amberg viel Zeit. Auf der Abfahrt nach Grenoble waren sie mutterseelenallein. Die Straßen waren bereits wieder für den Verkehr freigegeben und Radfahrer, Autos und Motorräder verstopften sie hoffnungslos. Amberg und Kübler verpaßten den Kontrollschluß um 2:40 Minuten. Rennleiter Goddet ließ sich nicht erweichen. Amberg und Kübler wurden ausgeschlossen. Also war Ferdy doch kein Spitzenfahrer? Georges Speicher, Toursieger 1933, schrieb in *France Soir:* „Der arme Kübler! Wir bedauern sein Ausscheiden außerordentlich.“

Coppi war ein Spitzenfahrer. Er durfte das Rennen fortsetzen. Auch er hatte einen Fürsprecher. Ausgerechnet Hugo Koblet schrieb später über dieses Trauerspiel um den großen *Campionissimo:* „Ich war unglücklich, so sehr ich jetzt wußte, daß mir einer weniger den Sieg streitig machen würde. Die Fotografen bekamen am Ziel sozusagen einen Leichnam vor ihre Linsen. Ich empfand fast Abscheu für sie, aber ich wußte, daß sie nur ihre Pflicht taten. Ich ging zurück ins Hotel. Ich wollte Coppi nicht leiden sehen. Abends machte ich mir meine Gedanken. Was nun, wenn es mir ähnlich ergeht? Heute lacht mir die Welt zu , aber morgen schon ist sie bereit, mich zu vergessen.“ Koblet sollte recht behalten.

Für Coppi kam der folgende Ruhetag in Montpellier wie gerufen. Er war zwar auf den 17. Platz zurückgefallen, aber der Schaden hielt sich in Grenzen und noch war Polen - in diesem Fall Italien - nicht verloren.

Einigermaßen erholt ging Fausto an den Start zur 17. Etappe *Montpellier-Avignon* (224 km). Hauptschwierigkeit dieses Tagesabschnittes war der Mont Ventoux mit seinen 1912 Metern. Als Berg der 1. Kategorie lockte er mit seiner Klettergutschrift die Asse aus ihrer Reserve. Der kleine Lucien Lazaridès, ein exzellenter Bergfahrer, fuhr leicht und locker und kassierte die 40 Sekunden Gutschrift vor Bartali (20 Sekunden) und Géminiani. Koblet konnte wegen eines fast durchgerissenen Seils der Gangschaltung nicht mehr schalten und verlor auf Lazaridés fast eine Minute.

Bei der Talfahrt bildete sich dann eine Ausreißergruppe von sechs Fahrern, die vom Hauptfeld nicht mehr eingeholt werden konnte. Auf den letzten Kilometern entwischte Louison Bobet und erreichte als erster das Ziel. Auf dem zweiten Platz endete wieder einmal sein Freund und Helfer, der gute Barbotin (50 Sekunden zurück), vor Bartali (56 Sekunden zur.), der im Spurt Géminiani, Koblet und Lucien Lazaridés auf die Plätze verwies. Das Feld traf mit rund fünf Minuten Rückstand in Avignon ein und ein Blick auf den Gesamtstand zeigte Koblet unangefochten auf Rang eins, gefolgt von Géminiani und Lucien Lazaridés. Coppi lag auf Platz 16 mit unübersehbaren 44:32 Minuten Rückstand.

Die 18. Etappe *Avignon-Marseille* (173 km) stand bereits deutlich im Schatten der Alpen. Die ersten im Gesamtklassement legten eine betonte Zurückhaltung an den Tag und ließen den Kleinen (und einigen bereits abgeschlagenen Großen) freie Bahn. Der Franzose Buchonnet machte davon als erster Gebrauch, gefolgt von Bauvin, Fiorenzo Magni und Barbotin (es war schon erstaunlich, wie sich Bobets „Leutnant" immer wieder in Szene setzte. Wenn der Bretone nicht die Domestikenrolle spielen hätte müssen, wäre er bestimmt noch mehr in den Vordergrund getreten). Nach und nach gesellten sich noch weitere sechs Fahrer dazu und gemeinsam diktierte man den Etappenverlauf mit dem Erfolg, daß zeitweilig bis zu fünf Minuten zwischen den Ausreißern und dem Feld lagen. Erst auf den letzten Kilometern erwachten die Verfolger, konnten aber nur geringfügig aufholen. Etappensieger wurde im Spurt der alte Fuchs Magni, der in der Reihenfolge (womit wir auch die Namen aller Ausreißer hätten), Ockers, Sciardis, Buchonnet, Meunier, Bauvin, Couvreur, Barbotin, Morvan und Biagioni bezwang. Den 11. Platz belegte der Franzose Muller, der mit 4:34 min Rückstand das Feld im Spurt abfertigte. Koblet blieb weiterhin im Gelben Trikot und konnte gelassen der nächsten Etappe entgegensehen.

Diese 19. Etappe *von Marseille* nach *Gap* (208 km) war der Auftakt zu den dramatischen Alpenabschnitten. Mit dem Col de Sagnes (1182 m) und dem kurz vor dem Ziel gelegenen Col de la Sentinelle (981 m) gab sie den Kletterspezialisten Gelegenheit, ihre Form zu testen. Bartali und Géminiani taten dies, jedoch unter aufmerksamer Begleitung von Koblet, und da sie ihre Karten nicht unbedingt aufdecken wollten, ließen sie sich wieder ins Hauptfeld zurückfallen.

Das war das Signal für die Franzosen Caput, Muller und Deledda, den Schweizer Leo Weilenmann und den Belgier Baeyens, ihrerseits einen Ausreißversuch zu unternehmen. Als dieser scheiterte, versuchte es der hartnäckige Baeyens alleine. Da er im Gesamtergebnis fast zwei Stunden zurücklag, ließ man ihn gewähren, erst einmal froh darüber, daß wieder Ruhe ins Feld eingekehrt war.

Das änderte sich schlagartig, als auch Bartali und Géminiani sich empfahlen und 30 Sekunden Vorsprung herausfuhren. Nun war Koblets „gelbes Leibchen" in Gefahr und der Schweizer reagierte prompt und wie nicht anders zu erwarten war: kraftvoll, flüssig und elegant führte er das nur widerwillig folgende Feld wieder an die Ausreißer heran. Widerwillig, denn Belgier, Italiener und Franzosen hatten je einen Mann unter den Ausreißern und daher kein Interesse, das Tempo zu forcieren.

Koblet ließ sich von den Bremsern aber wenig irritieren und gab erst Ruhe, als Bartali und Géminiani wieder eingeholt waren. Baeyens war ihm aus oben genannten Gründen völlig egal. So konnte der Belgier mit 1:33 min Vorsprung seinen Etappensieg nach Hause fahren. Auf den zweiten Platz kam Gino Bartali im Spurt vor Magni, Robic und Ockers. Coppi hatte sich vom Feld aus alles mitangesehen, für ihn war diese Tour gelaufen. Aber er wäre nicht der *Campionissimo* gewesen, wenn er nicht noch einmal auf der Bühne erschienen wäre.

Reichlich Gelegenheit dazu hatte er während der 20. Etappe *Gap-Briançon* (165 km). Als sich der Vorhang zu dieser mit Spannung erwarteten Alpenetappe öffnete, erhob sich der schneebedeckte Gipfel des Col de Vars (2111 m) vor den Giganten der Landstraße und Coppi sagte dem Feld schon nach 50 Kilometern < *adieu* > (oder besser gesagt < *arrivederci* <)

Zugegeben, Coppis Ausreißversuch war dadurch begünstigt, daß er im Gesamtklassement eine Dreiviertelstunde Rückstand hatte. Er nutzte diese sich ergebende Freiheit auf jeden Fall energisch aus. Lediglich Buchonnet konnte ihm folgen und gemeinsam rollten die beiden dem Col de Vars entgegen. In den ersten Kehren kletterte Coppi seinem Begleiter davon und erreichte 40 Sekunden vor ihm den Gipfel. Das Feld hatte sich inzwischen zersplittert und 8:40 Minuten nach Coppi erreichten Géminiani, Bartali, Goasmat und Koblet die Paßhöhe. Géminiani gewann den Spurt um den dritten Platz in der Bergwertung, griff zu seiner Trinkflasche - und Koblet (der zuvor schon seinen großen Gang aufgelegt hatte) brauste an ihm vorbei und stürzte sich in die Abfahrt. Keiner konnte ihm folgen, bald war er außer Sicht.

Bis ins Tal hatte er etwas über eine Minute auf Coppi gutgemacht. Als ihm dies signalisiert wurde, griff er noch energischer an. Am Fuße des Col de l´Izoard, mit seinen 2361 Metern das Dach der Tour, war er nach einer tollen

Jagd bis auf 2:30 min an Fausto herangekommen, das heißt, er hatte zwischen Vars und Izoard annähernd fünf Minuten auf einen phantastischen Coppi, aber eben nicht auf den Coppi von 1949, aufgeholt.

Die Kehren des Izoard hinauf näherte sich Koblet Coppi immer mehr. Faustos Aussicht auf einen Etappensieg schwand dahin. Doch zum einen bekam der *Campionissimo* seine "zweite Luft", zum anderen entwich selbige aus Hugos Reifen. Zum Glück! So war der Schweizer ein echtes Problem los, denn am Ziel in Briançon erklärte Hugo, der vier Minuten hinter Coppi, aber drei vor Bartali, fünf vor Lazaridès und sieben vor Géminiani eintraf, dem Schweizer Sportjournalisten Walter Grimm: „Selbst wenn ich mit Coppi angekommen wäre, hätte ich ihn nicht ein zweites Mal schlagen können. Ich hätte das nicht übers Herz gebracht, nach all dem, was Fausto in der letzten Zeit so hart getroffen hat. Coppi hat diesen Sieg für seine Moral nötig, und wir brauchen Coppi im Radsport." Diese Worte ehrten Koblet und bestätigen seinen Ruf als echten Gentleman.

So erreichte Fausto Coppi mit klarem Vorsprung das Ziel (165 km in 5:34:04 Stunden). 3:43 min zurück belegte der tapfere Buchonnet den zweiten Platz vor Koblet (4:09 min zur.), Bartali (7:36 min) und Stan Ockers.

Zu den Pechvögeln dieser Etappe gehörte Marinelli. Er hatte einen bösen Sturz getan und rollte, bandagiert wie eine Mumie, ins Ziel. Ein anderer Unglücksrabe war Géminiani. Er hatte zuerst unterwegs mit der Defekthexe Bekanntschaft gemacht, dann raste ein belgisches Begleitauto, dessen Bremsen versagten, von hinten auf den bergauffahrenden Franzosen zu. Vor lauter Schreck vergaß Géminiani abzuspringen und wurde von dem Wagen, der glücklicherweise an einer Felswand unsanft zum Stehen kam, gestreift und zur Seite geschleudert. Das war für *Gém,* der am Izoard sowieso schon seine Probleme hatte, zu viel. Ausgesprochen lustlos beendete er diese Etappe.

Am Etappenziel gab es endlich wieder begeisterten Beifall für Fausto. Die italienischen Zuschauer waren weitaus in der Überzahl, denn seit dem frühen Morgen hatte eine Völkerwanderung von jenseits der nahen Grenze eingesetzt und mit Autos, Bussen, Rädern oder zu Fuß waren die *tifosi* über Stock und Stein angereist. Ein Stein fiel auch Alfredo Binda, dem Mannschaftsleiter, vom Herzen. Interessanterweise hatte er sich den ganzen Tag von einer Art Leibwache (zwei Polizisten auf Motorrädern) begleiten lassen, denn Schreiber von Drohbriefen hatten versprochen, mit ihm ein Hühnchen zu rupfen! Nach ihrer Meinung hatte Binda zu lange Coppi auf Kosten von Bartali begünstigt. Deshalb war Faustos Etappensieg auch eine gewisse Rehabilitierung für den in letzter Zeit oft kritisierten Mannschaftsleiter.

So großartig der Erfolg von Coppi war, der eigentliche Sieger des Tages hieß Koblet. Er hatte sich in die Herzen der Franzosen gefahren (Coppi hatten sie schon aufgenommen) und so wundert es nicht, daß alle möglichen und unmöglichen Veranstalter sich darum balgten, Koblet in ihr Rennprogramm aufzunehmen. So auch ein „Geschäftsmann", der Koblet anbot, ihm den Sieg in der Tour de France zu verkaufen. Wenn er die vorgelegten Verträge für sogenannte Revancherennen nach der Tour unterzeichnen würde, könne er mit Protektion rechnen. Wenn nicht, könne es leicht sein, daß Koblet die Rundfahrt verliert. Koblet meldete den Vorfall sofort Goddet, der dem „Impresario“ das Geschäft gründlich vermasselte.

Doch irgendwie waren bei dieser *Tour de France* die Würfel gefallen. Daran änderte auch die Tatsache nichts, daß mit der 21. Etappe *Briançon - Aix-les-Bains* (201 km) eine weitere schwere Alpenetappe über fünf Pässe (!) und weitere zwei nicht unerhebliche Berge auf dem Programm standen. Aber die „Großen“ hatten ganz offensichtlich einen Waffenstillstand geschlossen. Den meisten steckte der Izoard vom Vortag noch in den Beinen, und im Geheimen dachte man wohl auch schon an die schwere Zeitfahretappe am nächsten Tag. So konnte der Sieg des Spaniers Bernardo Ruiz nur bedingt Freude aufkommen lassen. Er meisterte den Col du Lautaret (2057 m), den Col de Vence (781 m), den Col de Porte (1326 m), den Col du Cucheron (1139 m) und den Col du Granier (1164 m) am besten und gewann nach 6:45:24 Stunden härtester Arbeit die Etappe vor Robic und Cogan.

Unterwegs gab es lediglich an einer eher bescheidenen Steigung bei Laffrey ein ernsthaftes Scharmützel, als Bartali ausriß und sich die Berggutschrift von 20 Sekunden holte. Hinterher machten sich Bernard Gauthier, der Italiener Pezzi, Dotto, Ruiz, Cogan und Jean Robic auf und davon.

Besonders Robic, der die „Chartreuse-Etappe“ durch die wunderbare Gebirgsgegend nördlich von Grenoble seit jeher als seine ureigenste Domäne betrachtete (obwohl er aus den Ardennen stammte) versuchte alles Mögliche, eine Entscheidung zu seinen Gunsten herbeizuführen. Aber Ruiz, mit seinen mehr aufs Mittelgebirge zugeschnittenen Kletterqualitäten, wies ihn in die Schranken und siegte nach 6:45:24 std mit 1:46 Minuten Vorsprung vor Robic und den anderen Verfolgern.

Das Hauptfeld traf rund sechseinhalb Minuten später ein und auf den ersten Plätzen im Gesamtergebnis hatte sich somit nichts geändert. Coppi lag mit 30:23 Minuten Rückstand an zehnter Stelle und Koblet behielt das Gelbe Trikot. Er konnte beruhigt dem nächsten Tag entgegensehen, denn das Zeitfahren war sowieso seine Stärke.

An diesem Freitag gab Koblet beim Kampf gegen die Uhr während der 22. Etappe *Aix-les-Bains - Genf* (97 km) kein Pardon. Auf der ziemlich welligen, mit einigen beachtlichen Rampen durchsetzten Strecke, siegte er mit dem vorzüglichen Stundenmittel von 36,439 km! Er war damit um fast fünf Minuten schneller als der Überaschungszweite, der Belgier Decock.

Koblets Überlegenheit wird erst richtig deutlich, wenn man die Abstände der anderen Asse unter die Lupe nimmt: Fiorenzo Magni 5:43 min zurück, Ockers 6:25 min, Coppi 7:28 min (!), Bartali 8:05 Minuten. Die Ergebnisliste mutet wie die Bankrotterklärung der 65 noch hinter Koblet im Rennen liegenden Fahrer an. Für sie war es ein „schwarzer Freitag“!

Nicht für Koblet. Ihm bereiteten die begeisterten Eidgenossen auf heimischem Boden einen Empfang, wie er triumphaler nicht hätte ausfallen können. Für den eingezäunten Teil der Strecke auf Schweizer Boden wurden 80 000 Eintrittskarten verkauft und im Tour-Troß war man sich einig, so schön und schwungvoll wie diese Etappenankunft in Genf war noch keine der bisherigen verlaufen.

Coppi gab loyalerweise zu, daß er nicht etwa verhalten gefahren sei, sondern sein Bestes gegeben haben. Aber dieses Beste war eben nicht genug, ihn unter die ersten Drei zu bringen, geschweige einen Koblet in dieser Form zu bezwingen. Offensichtlich hatten ihn die Pyrenäen und Alpen zu viel Kraft gekostet. Einem Coppi in Best- oder zumindest Normalform hätte dieser Kräfteverschleiß nichts ausgemacht. Für den *Campionissimo* des Jahres 1951 war dies aber ein echtes Problem.

Noch eine kleine Anmerkung. Während des Rennens hatte Koblet den vor ihm gestarteten Ruiz überholt. Ihm schenkte er eine volle Trinkflasche, da er noch genug Trinkbares bei sich hatte. Am Abend erschien der Spanier Serra und wollte sich bedanken. Erstaunt fragte Koblet warum, denn ihm hatte er ja gar nichts gegeben. Da meinte Serra: „Bei der Überreichung der Trinkflasche an Ruiz hast Du bestimmt einige Sekunden verloren. Dadurch bin ich dem drohenden Ausschluß wegen Zeitüberschreitung entgangen!"

Die vorletzte 23. Etappe *Genf-Dijon* (197 km) verlief relativ gemütlich. Vorne war man sich einig: Koblets Vorsprung war so groß, daß Angriffe auf ihn aussichtslos waren. Von Géminiani (zweiter mit 22:00 min Rückstand) und Lucien Lazaridès (dritter mit 24:16 min Rückstand) durfte man keine Rivalität erwarten. Bartali schien sich mit seinem 4. Platz abgefunden zu haben, auch wenn er im Anfangsstadium der Etappe aus seiner Reserve heraustrat und den Kletterspurt auf dem Col de la Faucille (1323 m) vor Ruiz und dem Belgier Couvreur gewann.

Dann gingen die Chefs jedoch endgültig auf Tauchstation und ließen die Kleinen gewähren. Grünes Licht für die Domestiken! Da kam Freude auf. Besonders bei dem Regionalfranzosen Mirando, der als erster die Nase aus dem Fenster steckte. Acht weitere Fahrer folgten und diese Neunergruppe rollte durch die Gegend. Bald mit beachtlichem Vorsprung. Erst in Zielnähe drohte das Ausreißergrüppchen auseinanderzubrechen, als die beiden Belgier Derycke und Rosseel, zwei unruhige Burschen, wiederholt versuchten, den anderen zu entwischen. Zweimal war es Rosseel ja gelungen (erster in Limoges und Carcassonne), diesmal gelang der Coup nicht. Geschlossen bog man auf die schwer zu befahrende Bahn von Dijon ein und Lucien Teisseire sah bereits wie der sichere Sieger aus. Aber Derycke zog an ihm vorbei und errang für Belgien den dritten Etappensieg. Das komplette Feld erschien 5:52 Minuten später, in der Gesamtwertung gab es so gut wie keine Veränderung.

Auch nicht auf der letzten, der 24. Etappe *Dijon-Paris* (322 km). Die Fahrt war ein Triumphzug für die im Rennen Verbliebenen, aber besonders für

Koblet, den die französischen Zuschauer am Straßenrand begeistert feierten. Kurz vor dem Ziel waren Magni und der Franzose Deledda ausgerissen. Der in Italien geborene Deledda konnte seinen „Landsmann" im Spurt bezwingen und sich auf der Bahn im Parc des Princes den letzten Etappensieg holen. Alle übrigen Fahrer trafen mit einem Rückstand von 1:40 min ein. Fast alle; lediglich Colinelli verspätete sich. Die Defekthexe hatte auf dem letzten Kilometer noch ein Auge auf ihn geworfen.

Koblet hatte diese Tour de France gewonnen. Ein strahlender Sieger. Tourdirektor Goddet, zugleich Direktor der französischen Sportzeitung *L'Equipe* schrieb angesichts der Popularität des schönen Hugos bei Frauen vom „Don Juan des Fahrrades". Ganz Paris lag dem 26-jährigen < *Pédaleur de charme* > zu Füßen (den Beinamen hatte ihm übrigens der Chansonsänger Jacques Grello verliehen, der über das elegante Auftreten und den prächtigen Fahrstil Hugos ins Schwärmen geraten war).

Dann kam noch Zürich! Seine Heimatstadt feierte ihn begeistert. Im offenen Wagen wurden die sechs Schweizer Tour de France-Fahrer durch die Innenstadt gefahren und Zehntausende bereiteten Koblet und seinen Helfern Aeschlimann, Huber, Sommer und den Gebrüdern Weilenmann einen unvergeßlichen Empfang.

Ähnliches hatte Coppi auch schon erlebt. Aber er und Italien waren ohne Zweifel die großen Verlierer dieser Frankreichrundfahrt: Der beste Italiener, Bartali, hinter Géminiani und Lazaridès erst an vierter Stelle; Italien in der Mannschaftswertung Dritter; nur vier Etappensiege (*5. Etappe* Biagioni, *13. Etappe* Biagioni, *18. Etappe* Magni und *20. Etappe* Coppi) sowie die Niederlage im Bergpreis (Géminiani vor Gino Bartali). Eine so magere Bilanz hat es für Teamchef Alfredo Binda schon lange nicht mehr gegeben.

Dafür gab es Gründe. Zum ersten war es ein Kardinalfehler, Bartali, Coppi und Magni in eine Mannschaft zu stecken. Denn jeder der „großen Drei" besaß unter den Domestiken seine eigenen Freunde, so daß dem eigentlichen Chef und Verantwortlichen, nämlich Alfredo Binda, langsam aber sicher die Zügel entglitten. Fahrer, die dem Können nach unbedingt in die Mannschaft gehört hätten, mußten daheim bleiben, andererseits kamen Leute zum Zug, die lediglich die Qualifikation besaßen, einem der drei Genannten hörig zu sein. So erwies sich allmählich klar, daß Italien nicht eine Mannschaft besaß, sondern im höchsten Fall drei Mannschaftsfragmente, die sich um Bartali, Coppi und Magni gruppierten. Je länger das Rennen dauerte, desto deutlicher traten die alten Rivalitäten hervor. Coppi warf Bartali und Magni zu Recht vor, daß sie zu wenig taten, feindliche Angriffe abzuwehren. Bartali hielt Coppi vor, daß er auf der Alpenetappe einen persönlichen Triumph und eine persönliche Rehabilitierung gesucht hatte (Coppi hat sie gefunden!), die vom mannschaftlichen Standpunkt aber nicht nur sinnlos, sondern sogar schädlich gewesen sei. Denn nach Coppis Zusammenbruch in der Sonnenglut des Südens, sei er, Bartali, alleiniger Spitzenreiter der *Squadra azzurra* gewesen, und „der da“ - Coppi - habe mit seinem Vorstoß auf dem Vars und dem Izoard nur Koblet genützt. Damit hatte wiederum der alte Gino recht!

Auch Binda bekam sein Fett weg. Aber für ihn und alle Einsichtigen lag der Grund, warum Italien die Tour verloren hatte, klar auf der Hand: Die Frankreichrundfahrt wurde verloren, weil niemand Koblet gewachsen war!

Das gab auch Coppi neidlos zu. Inzwischen hatte Fausto sicher gemerkt, daß seine Tourteilnahme ein Mißgriff war, den er bestimmt tausendmal bereut hat. Durch die beiden verhängnisvollen Stürze in seiner Vorbereitung schwer beeinträchtigt, durch den tragischen Tod seines Bruders seelisch erschüttert, war er sozusagen als geschlagener Mann ins Rennen gegangen und diesem Koblet von Haus aus unterlegen gewesen.

Schlußklassement der **38. Tour de France**:

1. Hugo Koblet	SCHWEIZ		
	4474 km in 142:20:14 std	(31,432 km/std)	
2. Raphaél Géminiani	FRANCE		22:00 min zur.
3. Lucien Lazaridès	FRANCE		24:16 “
4. Gino Bartali	ITALIA		29:09 “
5. Stan Ockers	BELGIEN		32:53 “
6. Pierre Barbotin	FRANCE		36:40 “
7. Fiorenzo Magni	ITALIA		39:14 “
8. Gilbert Bauvin	EST-SUD-EST		45:53 “
9. Bernado Ruiz	SPANIEN		45:55 “
10. Fausto Coppi	ITALIA		46:51 “

Den *G.P. Montagne* gewann Géminiani vor Bartali und Coppi; das *Mannschaftsklassement* ging an die französische Nationalmannschaft vor Belgien und Italien. Von 123 gestarteten Fahrern erreichten 66 das Ziel.

In der Schweiz war man sich einig. Wer die Tour de France in diesem Stil gewinnt, ist der wirkliche Straßenweltmeister! Im Grunde genommen hatten sie recht, die Eidgenossen, aber es gab da eben noch die eigentliche Weltmeisterschaft. Schauplätze waren die „magische Piste“ in Mailand, dort trugen auf der Vigorelli-Bahn die Bahnfahrer ihre Wettbewerbe aus, und die Straßenfahrer ermittelten ihren Meister auf dem Rundkurs durch die Drei Täler von Varese. Bekanntlich war 1939 Varese schon einmal als Austragungsort für die WM vorgesehen, aber der 2. Weltkrieg brach aus und das Rennen fand nicht statt. Damals hätte der Schweizer Paul Egli gewinnen können, diesmal war Hugo Koblet Favorit.

Aber es gab da ja noch das zweite Schweizer „K“, Ferdy Kübler. Der wog nach seinen spektakulären Erfolgen in den Frühjahrsklassikern, der

Tour de Romandie, dem *Giro* und der *Tour de Suisse* nur noch 69 kg. Nach Ansicht seines Arztes um vier Kilogramm zu wenig, und er gab daher dem damals 32-jährigen den guten Rat, sich gründlich zu erholen. Kübler tat das auf seine Weise. Er blieb der *Tour de France* fern, fuhr einige Kriterien, und nahm an den oft recht lukrativen Revancherennen der Tour nicht teil. Er verzichtete auf viel Geld. Aber er hatte einen Plan. Sechs Wochen lang trainierte er eisern, jeden zweiten Tag fuhr er von Adliswil über Altdorf auf den Klausenpaß und über Glarus wieder zurück. Das war Küblers Auffassung von Erholung...

Am 19. August konnte er seine Form prüfen. Bei der *Schweizer Meisterschaft* blieb er immer an der Seite des blendend aufgelegten Koblet. Als sich kurz vor Schluß in der elf Mann starken Spitzengruppe ein Sturz ereignete, in den auch Koblet verwickelt war, stand der Sieger fest: Kübler. Der konnte sich über seinen Sieg nicht so richtig freuen, aber er wußte, sein Plan könnte klappen. Nun, wir werden sehen.

In Italien schlief man auch nicht. Galt es doch, die Schmach der Tour-Niederlage zu tilgen. Zur Vorbereitung auf die Weltmeisterschaft traf sich daher ein Großteil der Straßeneliete beim ***G.P. San Rocco*** in Maggiora, den Pasotti nach flottem Verlauf für sich entschied. Das weitaus wichtigere Rennen war jedoch am 14. August die Generalprobe für die Weltmeisterschaft in Varese. Dieses als Selektion gedachte ***Tre Valli Varesine*** sah Italiens gesamte Spitzenklasse am Start, ferner einige Ausländer - darunter Kübler. 48 Stunden vor dem Start hatte Coppi aus Paris angerufen, daß er wegen Sturzverletzungen nicht nach Varese kommen könnte. Die Antwort des italienischen Verbandspräsidenten Rodoni war kurz und bündig: „Wenn Coppi nicht kommt, kann er auf keinen Fall an der WM teilnehmen." Coppi kam.

Nach 7:32:48 Stunden fuhr Guido De Santi als Erster über die Ziellinie, gefolgt von Pasotti, Fornara, Carrea, Minardi, Bartali, Bevilacqua, Magni, Maggini, Brasola, Pettinati und Coppi. Für *il Germanico* - De Santi hatte kurz zuvor die *Deutschlandrundfahrt* in blendendem Stil vor Schär und Impamis gewonnen - kam der Erfolg gerade zur richtigen Zeit, denn anschließend an das Rennen gab Alfredo Binda die Aufstellung für die Weltmeisterschaft bekannt: Bartali, Coppi, De Santi, Magni, Minardi, Pasotti sowie Barducci als Ersatzmann.

Coppi fuhr noch schnell in Luxemburg-Niederkorn ein Bahnrennen, bei dem er das Ausscheidungsfahren vor dem Münchner Ludwig Hörmann gewann; im Fünfer-Mannschaftsfahren zusammen mit Hans Hörmann, Balthasaryi/BEL, Bogaerts/BEL und Kemp/LUX der Mannschaft Ludwig Hörmann, Boeyen/NED, Buchonnet/FRA, Derycke/BEL und Kirchen/LUX unterlag und im abschließenden 100-km-Mannschaftsfahren zusammen mit Boeyen hochfavoritisiert gegen die Belgier Broecke-Derycke den Kürzeren zog.

Dann hätte Coppi in das kleine italienische Dörfchen Velate kommen sollen. Aber er bekam Fieber und starke Halsschmerzen. Er mußte im Bett bleiben. Damit war für ihn der Traum aus, im eigenen Land, vor eigenem Publikum, den begehrten Weltmeistertitel zu erringen. Denn in der *Villa Sorriso* hielt Alfredo Binda am Vorabend der Weltmeisterschaft Kriegsrat. Alfredos Plan war klar. Er selbst hatte vor 19 Jahren als letzter Italiener den Titel in Rom gewonnen. Nun mußte einer der sechs selektionierten *azzurri* das Regenbogentrikot gewinnen. Mit leiser aber bestimmter Stimme trug er seine Gedanken vor: „Die Mannschaft muß zusammenhalten. Kommt ein Italiener weg, darf unter keinen Umständen nachgefahren werden. Die vom Verband und den Fabriken ausgesetzten Prämien werden gleichmäßig verteilt. Und zwar unter den Fünf, die nicht gewinnen. Der Sieger erhält nichts." Eine harte Entscheidung, denn zur damaligen Zeit hatten die Fahrer nicht die hochdotierten Firmenverträge und waren daher auf Startgelder und Siegesprämien angewiesen, um ihren Lebensunterhalt, aber auch ihre Spesen wie Reisekosten, Hotels, Verpflegung, Mechaniker und Masseur bezahlen zu können. Binda konnte glaubhaft versichern, daß ein Weltmeistertitel diese Probleme gewaltig verringert.

Bartali, Bevilacqua, De Santi, Magni, Minardi und Pasotti glaubten ihm und waren einverstanden. Keiner erhob Einspruch, nicht einmal der alte Gino, der gewohnt war, daß man sich ihm unterordnet. Wenn „der da" dabeigewesen wäre, hätte er diese Vereinbarung nicht akzeptiert, verriet Gino am Ende der Sitzung an die Presse (Bartali hatte sich inzwischen angewöhnt, auch in der Öffentlichkeit Coppi nicht mehr beim Namen zu nennen, sondern nannte ihn beharrlich nur noch „der da"). „der da" - Coppi - lag mit 40 Grad Fieber im Bett und weinte. Das wußte zumindest *La Gazzetta dello Sport* in ihrer Schlagzeile zu berichten.

Dann kam die Nacht vor dem Rennen. Die Strecke war bereits abgesperrt, in allen Dörfern entlang des Rundkurses brannten die Lichter, auf allen Plätzen, in allen Bars und Gasthöfen wurde diskutiert. Auf der 24,2 Kilometer langen kurvenreichen Rennstrecke, die ein wenig an unsere Eifellandschaft erinnert, waren Radtouristen aus ganz Europa unterwegs, um sich gute Plätze zu sichern. Darunter auch ich als 19-jähriger. Auf der Rückfahrt von einem Italienurlaub mit dem Rennrad war ich mit meinem Vetter nachts in Varese angekommen. Nun waren wir im Valganna auf der Suche nach einem guten Platz an der Strecke. Es begann zu regnen und mitleidige Italiener boten uns Unterschlupf in ihrem Zelt an. Dann wurde „palavert" und eine Welt brach für mich zusammen: Der Hauptgrund für meine beschwerliche Tour kam nicht an den Start: Coppi! Wie hatte ich mich auf den *Campionissimo* gefreut, war er doch das Leitbild in meiner Zeit als Amateurrennfahrer. Ich glaube, ich habe aus Enttäuschung nicht geheult. Aber ich kann mich da im Nachhinein irren.

Es sollte für mich trotzdem ein schöner Renntag werden. Dafür sorgte Ferdy Kübler. Sofort war der drahtige, braungebrannte Schweizer, der nur aus

Sehnen und Muskeln zu bestehen schien, der auserwählte Favorit für mich. Doch nun schön der Reihe nach.

Etwa eine halbe Million Zuschauer - Magni sprach gar von zwei Millionen (was eher stimmt) -, umsäumten die Rennstrecke seit den frühen Morgenstunden, und besonders am Startplatz beim Hippodrom herrschte unerträgliche Spannung. Als die ersten Fahrer eintrafen, wurden sie stürmisch begrüßt, aber ein wahrer Begeisterungssturm brach los, als die sechs *azzurri* erschienen. Komischerweise tauchte auch der „todkranke" Coppi auf (in kurzer Hose und leichtem Sporthemd) und gab Bartali seine guten Wünsche mit auf den Weg. Ja was war denn da schon wieder los? Sollte Coppi gar auf die Teilnahme verzichtet haben, angesichts seines relativ schlechten Abschneidens bei der Tour und der bestechenden Form von Koblet? Wollte er sich vor heimischen Publikum nicht blamieren? Lassen wir es bei der offiziellen Begründung: Coppi war krank.

Aber nun zur ***18. Straßenweltmeisterschaft***. Achille Joinard, der Präsident der *UCI*, schickte um 10.02 Uhr die 46 Berufsfahrer aus zehn Ländern auf die 297,7 Kilometer lange Fahrt durch die drei Täler von Varese. 12 Runden waren zu absolvieren, und schon jetzt brannte die Sonne erbarmungslos von einem strahlend blauen Himmel.

In der *1. Runde* wurden De Santi, Koblet, aber auch der deutsche Schwarzer, verschiedentlich in Führung gemeldet. Nach 41:13 min (Stundenmittel 36,114 km) überquerte der Luxemburger *Bim* Diederich als erster die Ziellinie vor der Haupttribüne. Ihm folgte in 50 Meter Abstand der Münchner Ludwig Hörmann und nach weiteren 12 Sekunden das geschlossene Feld. Lediglich der Österreicher Konsulec hatte so seine Schwierigkeiten und kam mit 1:30 min Rückstand als Nachzügler. Stolz verkündete der Mann am Lautsprecher, daß sich zu dieser Zeit etwa 400 000 Zuschauer an der Strecke befanden.

In der *2. Runde* hatte man Diederich bald eingefangen. Dann wurden Van Kerckhove, die Deutschen Schwarzenberg und Schwarzer (schon wieder!), De Santi, Voorting und Kemp mit 6 Sekunden vor dem Feld gemeldet, in dem Koblet und Géminiani die Hauptarbeit in der Führung verrichteten, und das bald darauf die Ausreißer wieder stellte. Beim 18. Kilometer versuchte es Schwarzenberg erneut, diesmal mit Bobet. Vergebens, auch sie wurden wieder eingeholt. Dann probierten es nach 22 km Schwarzenberg, Van Steenbergen, Bartali, Bobet und Heinz Müller. Die Zuschauer wurden unruhig. Immer diese *tedesci*. Das Feld hingegen kannte seine Pappenheimer: das waren nun einmal Bobet, Van Steenbergen, Bartali - gefährliche Kunden, denen man das Handwerk legen mußte. Also war am Ziel alles wieder beisammen. Gesamtfahrzeit 1:20:55 std (36,482 km/std)

Die *3. Runde* brachte eine Vorentscheidung. Zuerst riß Minardi aus. Dem Italiener folgten De Feyter und der Berliner Heiner Schwarzer. Dann stießen Redolfi sowie Minardi und De Santi nach. Noch einmal konnte das Feld aufschließen, aber es herrschte Konfusion, echter Wirrwarr. Das nutzten an der giftigen Steigung in Ganna die drei Niederländer Faanhof, Voorting und Wagtmans, die Italiener Bevilacqua und Minardi, der Belgier De Feyter, der Franzose Redolfi, der Deutsche Schwarzer und - Ferdy Kübler. Eine neunköpfige Spitzengruppe hatte sich gebildet, die noch in dieser Runde einen Vorsprung von zwei Minuten auf das Hauptfeld herausfuhr. Gesamtzeit 2:02:52 std (36,039 km/std).

In der *4. Runde* vergrößerte diese Gruppe ihren Vorsprung, obwohl sich hinten einige Fahrer aus dem Hauptfeld lösen konnten. Aber zum großen Ärger von Géminiani, Bintz/LUX und Van Kerckhoven/BEL führten die beiden Schweizer Schär und Rossi keinen Meter und im verbliebenen Feld blockten Koblet und Weilenmann alle weiteren Ausreißversuche ab (die Mannschaftsdisziplin bei den Eidgenossen war total). Bei der Zielpassage hatte die Gruppe um Kübler 2:30 min Vorsprung auf die Verfolger um Géminiani; das Feld lag schon 4:15 min zurück und der tapfere Österreicher Konsulec geisterte mit 6:15 min Rückstand durch die Gegend. Gesamtzeit 2:41:51 std, (36,478 km/std).

Die Sonne hatte inzwischen ihren Höchststand erreicht, das Thermometer kletterte auf über 37 Grad im Schatten (aber den hatten nur wenige Zuschauer!) und bei dieser Affenhitze nahmen die Fahrer die *5. Runde* in Angriff. Hörmann hatte sich aus dem Hauptfeld gelöst und fuhr, seinen berühmten Katzenbuckel gekrümmt, wie ein Wilder hinter der Verfolgergruppe her. Bei der Zieldurchfahrt wurden folgende Zeiten gemessen: Spitze Gesamtzeit 3:22:43 std, (36,405 km/std); die Verfolger 3:59 min Rückstand; Ludwig Hörmann 4:39 min, und das geschlossene Hauptfeld 5:41 min zurück.

Der energisch fahrende Hörmann erreichte in der *6. Runde* die Verfolger, konnte sich aber nicht lange über seinen mühsam herausgefahrenen Erfolg freuen, denn das Feld brauste heran und schluckte ihn sowie Géminiani und dessen Begleiter. Das momentane Durcheinander nutzte Fiorenzo Magni und machte sich aus dem Staub. Lediglich Küblers „Adjudant“ Croci-Torci (er lebt heute als Kunstmaler in Mendrisio) konnte das Hinterrad von Fiorenzo halten; er wollte im Schlepptau von Magni zu Kübler aufschließen und seinen Boß im Endkampf unterstützen. Bei der Zielpassage ergab sich folgendes Bild: Die neunköpfige Spitzengruppe kam nach 4:05:41 Stunden Fahrzeit an der Tribüne vorbei (36,046 km/std), 4:49 min zurück folgte Magni mit Croci-Torci im Schlepptau, 5:19 min zurück das Feld. Der Österreicher Schiebel und der Deutsche Matthias Pfannenmüller hatten das Rennen aufgegeben.

In den beiden nächsten Runden vollbrachte Magni eine der großen Leistungen in der Geschichte des Radsports. Während der *7. Runde* verringerte er seinen Rückstand auf Kübler (der vorne die Hauptarbeit verrichten mußte und fast ständig führte) auf 1:55 Minuten. Die Spitzengruppe hatte die Tribüne nach 4:48:40 std passiert (35,776 km/std), dann folgte Magni mit seinem Schweizer „Schatten“, dann der Belgier Derycke 30 Sekunden vor dem

Feld, das nach 4:45 min vorbeifuhr. *Wiggerl* Hörmann war nicht mehr dabei. Ein Defekt am Rad hatte dem tapferen Bayern „as Gnack´ brocha". Auf deutsch: „das Genick gebrochen".

Magnis Schußfahrt ging dagegen unvermindert weiter. In der *8. Runde* ließ er in der Steigung von Fogliaro seinen Begleiter Croci-Torci einfach stehen, fuhr an den aus der Spitzengruppe herausgefallenen Redolfi und Faanhof vorbei und erreichte unter dem unbeschreiblichen Jubel seiner Landsleute die Kübler-Gruppe! Phantastisch - Magni hatte alleine in ungefähr 45 Kilometer über fünf Minuten (!) auf eine Gruppe gutgemacht, in der sich nun mit Sicherheit der kommende Weltmeister befand! Vielleicht sogar er selbst?

Noch war das Rennen nicht zu Ende, aber die Karten neu gemischt. Bei der Zielpassage wurden Magni, Minardi und Bevilacqua, die sich ostentativ an die Spitze des Feldes gesetzt hatten, von Beifall überschüttet. Drei Italiener in der Spitzengruppe. >*Mamma mia!*>. Und das nach einer Fahrzeit von 5:32:07 std, (35,553 km/std). Fast vergaß man auf die Uhren zu blicken: Das auf 26 Mann zusammengeschrumpfte Feld hatte 5:14 min Rückstand; Géminiani, durch Reifenschaden zurückgefallen, 7:31 Minuten.

Die *9. Runde* begann mit einer Hiobsbotschaft für die deutschen Zuschauer: Heinz Müller hatte aufgegeben. Aber ehrlich, er hatte mit dem Ausgang des Rennens nichts mehr zu tun. Er konnte nur noch seinem Landsmann Schwarzer die Daumen drücken. In der Tat, der Berliner fuhr enorm stark, und ab und zu warfen die Asse schon einmal einen besorgten Blick auf den Deutschen. Was sollte man von ihm halten? Auf jeden Fall war er ein ernst zu nehmender Konkurrent. Er beteiligte sich auch lebhaft an der Führungsarbeit, mit dem Erfolg, daß der Rückstand des Hauptfeldes auf sieben Minuten anwuchs. Dort versuchten Varnajo/FRA, Kemp/LUX, Derycke und vor allem Bartali erfolglose Aufholversuche.

So ging es nach 6:15:32 std, (35,374 km/std) für die Spitzengruppe in die *10. Runde*. Varnajo rackerte unentwegt weiter. Zeitweise lag er nur 3:05 min hinter der Spitzengruppe. Dann folgte Kemp, dann das von Bartali angeführte Feld mit 6:35 min Rückstand auf die Spitzenreiter, die nach 7:00:02 std die Zieltribüne passiert hatten (35,140 km/std). Bartali wußte, daß es „fünf vor zwölf" war. Der 37-jährige spürte, wenn er diesmal nicht Weltmeister wird, dann nie mehr.

In der *11. Runde*, bei der vorletzten Zielpassage nach 272,8 km, nach 7:44:12 Stunden im Sattel (34,976 km/std), gingen Gino wirre Gedanken durch den Kopf: „Man hat mir 4:01 Minuten Rückstand signalisiert; es gibt aber keinen robusteren Fahrer als mich; je länger das Rennen, desto besser; noch 25 Kilometer, na und?"

Gino, „der radelnde Mönch", fuhr wie der Teufel (pardon, aber etwas diabolisches hatte die Fahrt von Bartali schon an sich). Auf einer Welle der Begeisterung wurde *il vecchio* an die Spitzengruppe herangetragen. Koblet konnte ihm anfangs noch folgen, gab dann aber nach einem Reifenschaden entmutigt auf. Bartali war alleine, wie zuvor Magni, und er holte wie dieser unentwegt auf: zwei Minuten Rückstand, dann 1:50 Minuten, dann - ja dann...

Bartali sah die Spitzengruppe vor sich, aber etwa 10 Kilometer vor dem Ziel spielte sich das in Italien gewohnte Chaos ab: Die begeisterte Menschenmenge, die soeben noch den acht Spitzenfahrern eine schmale Durchfahrt gelassen hatte, versperrte die Straße, führte einen Veitstanz auf (immerhin waren ja noch drei Italiener in Front) und übersah dabei vollkommen Gino Bartali. Sie hörten ihn einfach nicht kommen und versperrten ihm fast den Weg!

Vorne ging es inzwischen ums Ganze. Die drei *azzurri* versuchten ihre Konkurrenten zu zermürben: Magni spurtete weg, keiner fuhr mit. Kübler mußte ihn alleine holen, die anderen hängten sich an sein Hinterrad. Dann ging Minardi weg, das selbe Spiel. Dann haute Bevilacqua ab - Kübler hinterher! Es war zum Haareausreißen. Aber dazu hatte Ferdy keine Zeit, denn auch Bartali konnte ja noch aufschließen und die Probleme vergrößern. Wieder fuhr Magni ab und Kübler mußte ihn holen...

Das alles spielte sich unter ohrenbetäubendem Lärm in einem schmalen Durchschlupf durch Menschenmassen ab, der eher an ein Gäßchen in Neapel erinnerte, als an eine Weltmeisterschaftsstrecke:

< *Magni! - Bevilacqua! - Magni! - Italia!!* >

Endlich wurde die Zielgerade erreicht. Eigens für die Weltmeisterschaft hatte man diese Straße gebaut. Sie ist etwa 12 Meter breit und war eingezäunt. Nun konnten sich die Fahrer entfalten. Zum Endspurt.

Kübler beobachtete aufmerksam die drei *azzurri*, von ihnen drohte die meiste Gefahr. Er fing Gesprächsfetzen auf, und weil Ferdy Italienisch verstand, konnte er sich ein Bild davon machen, was ihm bevorstand. Minardi und Bevilacqua werden für Magni den Spurt anziehen!

Genau so kam es. Kübler blieb an Magnis Hinterrad und wartete auf seine Chance. 300 Meter vor dem Ziel war sie da. Minardi gab ausgepumpt die Führung an Bevilacqua ab, der führte Magni Richtung Ziel, dann kam Fiorenzo selbst an die Reihe. Aber der Italiener konnte dem Schlußangriff von Kübler nichts entgegensetzen. Der Schweizer gewann mit etwa zwei Längen Vorsprung und war nach 8:28:28 Stunden (35,129 km/std) Weltmeister!

Auf den Plätzen endeten Magni (2.), Bevilacqua (3.), De Feyter (4.), Voorting (5.) und Schwarzer (6.). Für Kübler war er eine der Sensationen dieser Weltmeisterschaft: „Hätte das Rennen 50 Kilometer weniger betragen, wer weiß, ob nicht Schwarzer, der offenbar in der Form seines Lebens war, uns alle geschlagen hätte. Das Rennen war für ihn vielleicht zu lange, seine Kraft reichte nicht mehr für den letzten, entscheidenden Antritt, um uns allesamt aus dem Felde zu schlagen.“ Dann folgten Wagtmans (7.) und Minardi (8.). Bartali kam mit einem Rückstand von 1:05 min als Neunter ins Ziel. Fast hätte ihn die Jury übersehen.

Für Italien war diese erneute Niederlage, noch dazu auf heimischem Boden, schlichtweg eine Katastrophe. Nach der verlorenen *Tour de France* hatte man schon einen Sündenbock gesucht und im Technischen Direktor Alfredo Binda auch gefunden (er saß, ähnlich wie in der heutigen Zeit die Fußballtrainer, auf einem sehr luftigen Schleudersitz, der zur berechtigten Annahme führte, daß der Inhaber nicht lange in Ruhe darauf sitzen werde). Binda erhielt Drohbriefe, böse Kritiken und nun, als er ausgerechnet in seiner Geburtsstadt Varese von Kübler vorgeführt worden war, lief das Faß über (Wie wenn *er* den Spurt gegen Kübler verloren hätte!)

Apropos Faß: Mit Abschluß der Weltmeisterschaft war über Varese nicht nur ein Verkehrschaos von noch nie dagewesenem Ausmaß hereingebrochen - auf der Autobahn Varese-Milano lief eine geschlagene Stunde überhaupt nichts mehr, Privatautos und Busse hatten alles restlos verstopft - sondern für die Geschäftsleute auch ein warmer Regen. Die Lire klimperten lustig in die Kassen. Besonders der Umsatz an Getränken florierte: Fünftausend Hektoliter Wein verschwanden in den durstigen Kehlen der Zuschauer. Natürlich auf das Wohl der Rennfahrer!

Sofort nach Beendigung des Rennens machte ich mich mit meinem Vetter auf den Heimweg nach München. Beim Grenzübergang in Stabio wurde der neue Weltmeister von seinen Schweizer Landsleuten ungeduldig erwartet. Aber die Woge der Begeisterung brach auch über uns herein. An diesem Abend wurde einfach jeder gefeiert, der sich mit einem „Rennvelo“ blicken ließ! Hanspeter Born beschreibt die Stimmung trefflich in seinem herrlichen Buch: „Das waren noch Zeiten“. Und ich vermute, daß sich meine Träume im duftenden Heu - ein freundlicher Tessiner Bauer genehmigte uns das einfache Lager - nur um den neuen Weltmeister gedreht haben: um Ferdy Kübler!

Anders bei Binda. Dem war gar nicht wohl in seiner Haut. Der schlaue Fuchs besann sich aber auf die alte Regel, daß Angriff die beste Verteidigung sei, und bot seinen Rücktritt an. Er begründete sein Ersuchen damit, daß man, entgegen seines ursprünglichen Beschlusses, Bevilacqua für die Straßenweltmeisterschaft nominiert hatte. Er - immerhin der Teamchef - war ganz entschieden gegen eine Aufstellung des Verfolgungsweltmeisters aus dem Vorjahr, mit der Begründung, daß eine erfolgversprechende Teilnahme an zwei so unterschiedlichen Disziplinen fast unmöglich sei (dachte er wehmütig an 1949, als Coppi sich zwar den Titel im Verfolgungsfahren holte, auf der Straße aber nur Dritter wurde?)

Bevilacqua war damit überhaupt nicht einverstanden gewesen. Er brachte Himmel und Hölle in Bewegung, um sich zu behaupten. Er schrieb sogar „offene“ Briefe und setzte damit Binda unter Druck, denn die öffentliche Meinung ergriff Partei für *Toni.* Besonders nach seinem spektakulären Weltmeisterschaftssieg im Verfolgungsfahren gegen Koblet bei den Bahnmeisterschaften, die einige Tage vorher stattgefunden hatten, gellten die Rufe: < *Varese - Varese* > über die Vigorelli-Bahn, und wo sich Bevilacqua anschließend zeigte, war er Mittelpunkt begeisterter Ovationen.

Solch öffentlich bekundeter Sympathie für den populären *Toni* konnte sich der italienische Radsportverband nicht verschließen. Binda tat daher was er zwar nicht wollte, nun aber nicht mehr unterlassen konnte. Er nominierte Bevilacqua für die Weltmeisterschaft auf der Straße. Alles andere ist bekannt. *Toni* fuhr ein beherztes Rennen, auch wenn er nach Bindas Meinung Magni noch besser unterstützen hätte können. Jedenfalls nahm Binda den Fall Bevilacqua zum Anlaß, seinen Rücktritt einzureichen. Erfolglos, denn der italienische Verbandspräsident Rodoni war auch nicht von Gestern. Er lehnte das Gesuch einfach ab. Damit traf er zwei Fliegen mit einem Schlag: Einerseits erhielt er dem Verband eine so wichtige Fachkraft wie Binda, andererseits ermöglichte er seinem Freund Alfredo das Gesicht zu wahren.

Alle Einsichtigen nahmen es mit Freude zur Kenntnis: Binda bleibt! Fräulein Lina Ambrosetti, die Nichte von Bindas Vereinspräsidenten, sah die Sache etwas anders. Sie hatte sich mit Binda vor Kurzem verlobt und hätte ihren Alfredo lieber daheim als wieder ständig unterwegs gesehen.

Die *Squadra azzurra* machte dem Chef Alfredo Binda jedoch keine besondere Freude. Auf ihrer Straßenweltmeisterschafts-Revanche-Tournee durch die Lande holten sie sich eine Abfuhr nach der anderen. So auch am 6. September in Zürich, also im Nest des Adlers. Doch der *Adler von Adliswil*, Kübler, war leicht erkältet und mußte sich im ***Omnium der Straßenfahrer*** Rik Van Steenbergen beugen. Ferdy erreichte den 4. Platz. Immerhin noch vor Coppi (5.) und Magni (6.)

Das war alles weiter nicht so schlimm. Denn es gab ja noch den ***Grand Prix des Nations.*** Die, wenn auch nur inoffizielle, Weltmeisterschaft im Zeitfahren auf einem Rundkurs in Paris. Und hier zumindest wollte Binda mit seinem Paradepferd Coppi für klare Verhältnisse sorgen.

Aber es gab auch immer noch Koblet. Um ihn war es nach seinem grandiosen Sieg bei der *Tour de France* sehr still geworden und es zeigte sich, daß - ähnlich wie in Italien mit Bartali und Coppi - im eigenen Land eigentlich nur Platz für einen Champion war. Zumindest in den Gazetten. Nach der Weltmeisterschaft findet man kaum eine Zeile über Koblet, den man zwei Monate zuvor in den Himmel gehoben hatte. Nun sollte wieder einmal seine Stunde kommen.

Schade, mit Varnajo und besonders Kübler fehlten zwei der Protagonisten von Varese, aber Coppi und Koblet waren Garanten dafür, daß sich etwas tun würde. Und es tat sich etwas auf dem 140 km langen, welligen Kurs im *Vallée de Chevreuse* bei Paris. 23 Fahrer wurden im Abstand von vier Minuten auf die Reise geschickt und trotz starkem Gegenwind lag Koblet bereits nach 20 km rund 40 Sekunden vor dem Franzosen Berton, der das Rennen 1948 gewonnen hatte, und Fausto Coppi, dem Sieger von 1946 und 1947. Nach 100 km führte Koblet mit 2:33 min vor Berton und 2:35 min vor Coppi. Ein Kettenschaden und zwei Reifenpannen zwangen den Schweizer zu drei (!) ungewollten Radwechseln mit entsprechenden Zeitverlusten. Dies und ein ausgezeichneter Endspurt von Fausto Coppi in den Steigungen von St-Remy, Chevreuse, Chateufort Buc und Piccardie ließen den Vorsprung von Hugo Koblet dahinschmelzen. Als der *Campionissimo* im blauweißen Trikot aus dem Dunkel des Zufahrtstunnel heraus auf der Piste des Prinzenparks auftauchte, brach ein Sturm der Begeisterung los: <*Allez Fo-stó*> - Bravo Coppi! Der Italiener beendete seine letzte Runde und setzte sich an den Rand der Bahn, um auf seinen einzigen Rivalen zu warten. In diesem Moment war er zumindest der Sieger, denn er hatte auf dem letzten Teil der Strecke die weitaus beste Zeit herausgefahren.

Aber dann schoß, viel früher als erwartet und vor allem zu früh für Coppi, Hugo Koblet im rot-weißen Schweizer Trikot aus dem Tunnel. Koblets Vorsprung blieb noch so groß, um ihm einen weiteren großen Erfolg zu sichern. Mit 3:31:50 std für die 141 km (39,937 km/std) stellte der Schweizer zugleich einen neuen Streckenrekord auf. Coppi landete mit 1:42 min Rückstand auf Rang zwei. Es folgten als 3. Berton (2:07 min), als 4. der von Coppi eingeholte Wim Van Est (7:02 min) und als 5. der Vorjahressieger Blomme aus Belgien. Coppi, der in diesem Jahr das Verlieren gelernt hatte, lächelte ein wenig: „Ich bin mit meiner Leistung zufrieden und glaube, bewiesen zu haben, daß man noch mit mir rechnen muß.“

Fausto fuhr anschließend über Luxemburg (dort war er Hauptzugnummer bei einer Bahnveranstaltung) nach Belgien, und machte dort bei dem zum 25. Mal ausgefahrenen ***Grand* Prix de Brasschaat** in einem Vorort von Antwerpen besonders mit der belgischen Hauptmacht kurzen Prozeß. Das Rennen brachte nur wenig Höhepunkte, dafür eine mörderische Schlußrunde. Coppi trat 500 Meter vor dem Ziel gewaltig an und ging klar in Führung. Einen Augenblick schien es so, als sollte der Holländer Peters noch Anschluß finden, aber Coppi hatte auf den letzten Kilometern bereits ein so hohes Tempo gefahren und damit die Sprinter weichgeklopft. Eine Rechnung, die hundertprozentig aufging. Unter den Geschlagenen befanden sich so bekannte Leute wie Stan Ockers (7.) und Van Est (11.). Den 14. Platz teilten sich 21 Fahrer, darunter Bobet, Schotte, Impamis und die beiden Deutschen Ludwig Hörmann und Heiner Schwarzer.

Coppi nutzte den Aufenthalt in Belgien und hielt sich kurz in Namur auf. Er benutzte die Gelegenheit zum Einkauf von Medikamenten für seine erkrankte Frau. Bartali erfuhr die Sache und grübelte darüber nach, was sich „der da“ wohl wieder in Belgien besorgt hatte. Belgien galt als das Eldorado für Fahrer, die gerne mit kleinen Kügelchen versuchten, ihre Form zu verbessern. Am liebsten hätte er eine Hausdurchsuchung bei Coppi vorgenommen.

Für Coppi war dieser Sieg in Belgien sehr wichtig, denn in seiner Heimat stand mit dem ***Giro del Veneto*** über 292 km der dritte und letzte Lauf zur ***Italienischen Straßenmeisterschaft*** an. Er konnte hier zwar nichts mehr erreichen, Magni und Bartali lagen nach Punkten an der Spitze, aber Astrua konnte noch ein Wörtchen mitreden. Und genau um ihn ging es Coppi. Denn ein Sieg dieses ATALA-Fahrers hätte genau in das wirtschaftliche Konzept Coppis gepaßt. Seine Firma BIANCHI legte begreiflicherweise wenig Wert auf einen Erfolg der großen Konkurrenzunternehmen GANNA (mit Magni) und BARTALI (mit Gino selbst als Hauptakteur) und hätte - wenn schon -lieber die eher unbedeutende Marke ATALA in Front gesehen.

Eine Erkältung hielt jedoch Astruas Aktivität in Grenzen und Bevilacqua kümmerte sich wenig um taktische Spielchen. Er gewann schlicht und einfach vor Massini, Barozzi, Grosso, und Vitali. Lauter unbekannte Namen? Genau, aber an neunter Stelle trudelte Magni als Sieger des Hauptfeldes ein (10:20 min zurück), erhielt dafür noch 7 Punkte und war damit *Italienischer Straßenmeister* 1951 vor Bartali und Vorjahresmeister Bevilacqua. Coppi hatte im letzten Teil des Rennens noch einen Sturz gebaut, kam mit dem Hauptfeld ins Ziel und plazierte sich in der Meisterschaft an 15. Stelle.

In Spanien lief um diese Zeit die *Katalonien-Rundfahrt*. Der Bischof von Barcelona gab den 86 Fahrern seinen Segen mit auf die 10-Tage-Fahrt. Für einen kam er vergebens. In der Etappe, die in die benachbarte Miniaturrepublik Andorra führte, fielen der Spanier Marti und Dino Rossi aus Italien wegen Reifenschäden zurück. Gemeinsam versuchten sie, das Hauptfeld wieder zu erreichen. In einer unübersichtlichen Kurve prallten sie gegen einen entgegenkommenden Lastwagen. Rossi kam mit einem Beinbruch und anderen Verletzungen davon, Marti war auf der Stelle tot.

Lag das Verschulden bei der Organisation? Waren die Absperrmaßnahmen zu gering? Ging der Fahrer ein zu hohes Risiko ein? Warum fuhr er ohne Kopfschutz? Fragen, die immer im Raum stehen, wenn Radprofis ihren schweren Beruf ausüben.

Den übte Coppi vorerst in Frankreich aus. Am 30. September gewann er in Bordeaux ein Straßenkriterium um den ***Großen Handels- und Industriepreis*** mit einer halben Radlänge vor Louison Bobet, und am 5. Oktober mußte er sich in Metz bei einem Rennen über 80 km hinter dem Franzosen Anzile mit dem zweiten Platz begnügen. Dem ***Giro dell´Emilia*** über 240 km ging er aus dem Weg. Das Rennen wurde eine Beute von Luciano Maggini, der im Spurt Albani, Pagliazzi, Soldani und Doni abfertigte.

Koblet, der inzwischen in Frankreich von Kriterium zu Kriterium flog, genoß dabei - ähnlich wie Coppi - bei den radsportbegeisterten Franzosen eine ungeheure Popularität. Er glich Fausto in der Geringschätzung gängiger Moralvorstellungen, im weltmännischen Auftreten, in der Gabe, sich in mehreren Sprachen auszudrücken. Aber im Gegensatz zu Fausto war er von sonniger Unbekümmertheit, liebte schöne Frauen, schnelle Autos, gutes Essen, feine Kleider und guten Jazz. Dinge die zwar bei Coppi auch eine Rolle spielten, die aber bei seinem eher verschlossenen Wesen nicht so sehr im Scheinwerferlicht gezeigt wurden.

Dieser Koblet ließ in der Schweiz wieder von sich hören. Er gewann am 30. September in Zürich den ***Grand Prix Suisse***, ein von starken Steigungen durchsetztes Einzelzeitfahren über 100 km. In neuer Rekordzeit und mit einem Stundenmittel von 40,218 km besiegte er Kübler, der noch an den Schulterverletzungen laborierte, die er sich bei einem Bahnrennen in Mailand eingehandelt hatte (beim Warmfahren auf der Vigorelli-Bahn platzte ausgerechnet seinem Freund und Helfer Croci-Torci ein Reifen und Kübler, der an seinem Hinterrad fuhr, kam zu Sturz).

Aber Ferdy war mit seinem 2. Platz und 2:22 min Rückstand zufrieden und gratulierte Koblet kollegial. Der „schöne Hugo" glaubt, daß das so weitergeht. Dagegen hatte Fausto Coppi etwas. Beim ***G. P. Vannini***, einem Einzelzeitfahren, diesmal in Lugano und über 75,5 km, nahm er für die Niederlage im *Grand Prix des Nations* gehörig Revanche!

Das kam so: Freitags saß Fausto zusammen mit seinen Edeldomnestiken Andrea Carrea und Etore Milano im Café *Firenze* in Mailand und besprach mit ihnen den Plan, am *G.P. Vannini* teilzunehmen. < Caro mio >, deutete Carrea vorsichtig an, „das wird wieder ein Fressen für Koblet." Coppi antwortete: „Einen Moment. Am Sonntag ist es Hugo, der hinter mir herfährt. Diesmal führe ich das Kommando. Ich spüre es in meinen Beinen!" Dann bezahlte er die Aperitifs für seine Kumpel (er hatte das obligatorische Mineralwasser getrunken) und verließ das Lokal.

Coppi hatte schwere Zeiten hinter sich und wollte eigentlich gar nicht starten. Aber nun tauchte er am Samstag bei den Veranstaltern auf und besichtigte die Strecke. Dann gab er seine Meldung für den ***G.P. Vannini*** ab. Er wußte schon warum.

Am Sonntag standen rund 20 000 Zuschauer entlang der 15,1 km langen Strecke, die fünfmal zurückzulegen war und eine starke Steigung als Hauptschwierigkeit aufwies. Alle zwei Minuten startete ein Fahrer, Coppi unmittelbar hinter Koblet. Vom Start weg fuhr er voll, wie die Rennfahrer zu sagen pflegen. Er hatte nichts zu verlieren, konnte aber alles gewinnen. Letzteres tat er gründlich. Ende der vierten Runde hatte er Koblet eingeholt: < *Sono qua, eh!!* > (So, da bin ich!). Das klang bedrohlich. Aber Coppi war ein Gentleman. Er erinnerte sich daran, daß ihn Koblet nie gedemütigt, nie erniedrigt hatte. Er fuhr bis auf drei, vier Meter an seinen Gegner heran und beließ es dabei. Koblet am linken Straßenrand, Coppi am rechten, so fuhr man die letzte Runde zu Ende. Beide wechselten kein Wort, aber ihre Blicke trafen sich. Koblet wußte Bescheid.

Fausto legte die Strecke in der neuen Rekordzeit von 1:51:44 std (40,543 km/std) zurück und verbesserte damit Küblers Rekord (38,015 km/std) ganz erheblich. An 2. Stelle landete Hugo Koblet (2:00 min zurück) vor Ferdy Kübler (3:07 min) und Berton (4:32 min). Die weitere Reihenfolge lautete: Gino Bartali, Barbotin, Rik Van Steenbergen, Croci-Torci und De Santi. Magni war gestürzt und hatte aufgegeben. Coppi: „Das war die Demonstration, daß ich nicht am Ende bin, wie man nach der Tour de France behauptete, die ich körperlich und moralisch sehr unglücklich beendete." Sie war es in der Tat.

Der Schweizer Industrielle Renato Fabbri, Initiator des *G.P. Vannini*, hatte - im nachhinein gesehen - mit seinem Rennen eine gute Idee, denn Coppi war offiziell um 2000 Schweizer Franken reicher (in Wirklichkeit um mindestens 2700, und dazu kamen noch 1000 für die schnellste Runde und weitere 1000 für den Sieg).

Fausto Coppi war 40,543 Kilometer in der Stunde gefahren. Etwas schneller, allerdings nur über einen Kilometer, fuhr der Franzose José Meiffret. Auf der Strecke *St-Felix - Noe* in der Nähe von Toulouse stellte er einen neuen Weltrekord mit fliegendem Start auf. Hinter einem 4,5-Liter-*Talbot*-Rennwagen, der von Yves Giraud-Cabantous gesteuert wurde, erreichte er einen Durchschnitt von 175,271 km/std. Phantastisch. Aber vor einigen Jahren fuhr der Holländer Fred Rompelberg so schnell wie ein Porsche: auf einem ausgetrockneten Salzsee in den USA über eine Meile 268 km/std!

Hatte Coppi nun endlich seine Krise überwunden? Eine Antwort auf diese Frage konnte am 21. Oktober der ***Giro di Lombardia*** bringen, denn mit ihm wurde der Schlußpunkt hinter eine ereignisreiche internationale Straßensaison gesetzt und gleichzeitig der Wettbewerb um den *Challenge Desgrange-Colombo* beendet. Also ein Grund, daß alle, die im Berufsradrennsport etwas zu melden hatten, am Start erschienen.

Der Herbstklassiker brachte von Anfang an eine ununterbrochene Reihe von Vorstößen. Nachdem zunächst Innocenti und Pinarello Ausreißversuche unternommen hatten, machten sich Coppi und acht weitere Fahrer im Aufstieg zum Brinzio (516 m) selbständig. Kübler und Bobet reagierten sofort, stellten die Ausreißer und Kübler überquerte sogar als Erster den Scheitelpunkt (er kannte die Gegend um Varese von der Weltmeisterschaft her ja zur Genüge!). Zwischen Brinzio und Como schloß das Feld auf und rollte im großen und ganzen geschlossen dahin. Hauptschwierigkeiten waren hier rücksichtslose Auto- und Motorradfahrer, die nicht nur die Luft verpesteten, sondern auch die Fahrer oft am Vorbeikommen hinderten. Nach der Verpflegung in Como entwischte Seghezzi, verfolgt von Astrua, Bresci, Ciolli, Fondelli, Roma, Cerati und dem Belgier Schils. In Valbrona hatte man den Ausreißer gefaßt und mit 1:25 min Vorsprung vor ihrer Verfolgergruppe, der u.a. Bartali, Bobet, Coppi und Kübler angehörten, nahmen sie zuerst die kurze Abfahrt zum Lago di Lecco und dann die Steigung zum Ghisallo in Angriff.

Die Leute wollten Coppi. Sie wollten Bartali, Kübler und Koblet. Doch wer als erster kam, war der junge kletterstarke Astrua. Er passierte um 13.58 Uhr nach 155 km Fahrt den höchsten Punkt, die Ortschaft Magréglio (744 m), mit einer Minute Vorsprung vor Volpi und 1:20 min vor Coppi und Bobet. Magni hatte einen Rückstand von 2:40 min, und Kübler, drei Kilometer unterhalb des Gipfels von einem Defekt heimgesucht, lag auf dem Gipfel rund drei Minuten zurück. Dann folgten einzeln die großen Verlierer des Tages: Van Steenbergen, Petrucci, Barbotin und Robic, der gestenreich darauf aufmerksam machte, daß er zwei Platte gefahren hatte.

Nun sagt eine alte Weisheit (die Lombardei-Rundfahrt wird seit 1905 ausgetragen und oft traf sie zu): „Wer als erster an der Kapelle der Madonna di Ghisallo vorbeikommt, gewinnt das Rennen."

Aber auch alte Weisheiten stimmen nicht immer. Acht Fahrer schlossen sich auf der Abfahrt zusammen und erreichten nach 5:51:03 Stunden das Vigorelli-Stadion in Mailand. Auf der Piste zog Vorjahressieger Soldani den Spurt an, aber Minardi und Coppi flitzten an ihm vorbei. Auf den letzten 50 Metern schob sich dann Louison Bobet mit mächtigem Antritt nach vorne und konnte zum Entsetzen der 20 000 Zuschauer Minardi mit neuem Streckenrekord (38,626 km/std) um Reifenstärke bezwingen. Coppi endete auf dem 3. Platz. Dicht dahinter Soldani (4.), Fornara (5.), Conterno (6.), Astrua (7.) und Volpi (8.); 2:26 min zurück trafen Albani und Padovan ein, 2:35 min zurück der unverwüstliche Bartali, der sich den Luxus leistete, Kübler, Magni, Schils und Martini im Spurt zu schlagen.

Ferdy Kübler trug´s mit Fassung: Er hatte mit den Punkten, die er für seinen 12. Platz bekam, zum zweiten Mal in Folge die Jahreswertung für den besten Straßenfahrer, den *Challenge Desgrange-Colombo*, gewonnen. Diesmal zu recht.

Allerdings schwebte noch ein Fragezeichen über Küblers Triumph. Die Firma BOTTECCHIA, die Marke für die Louison Bobet fuhr, hatte gegen den Schweizer Protest eingelegt, weil er mit dem Fahrer Ciolli auf dem Ghisallo angeblich einen unerlaubten Radwechsel vorgenommen haben soll. Der italienische Radsportverband ging der Sache nach und prompt wurde Kübler disqualifiziert.

In der Schweiz war man über den vermeintlichen italienischen Racheakt empört, selbst wenn es um den Franzosen Bobet ging. BOTTECCHIA war ja schließlich eine italienische Firma und der Schweizer Radsport-Verband wollte Protest einlegen. Aber Kübler, vom Schweizer Verbandsvorsitzenden Carl Senn hinter verschlossener Tür befragt, gab den Regelverstoß kleinlaut zu, und so endete eines der schönsten Jahre im Schweizer Radsport mit einem Mißton. Bobet war der lachende Dritte: nun wurde ihm die Trophäe zugesprochen. Aber mit Bobet gewann bestimmt auch ein würdiger Fahrer den Preis.

Mit Louison Bobet als Sieger des ersten und letzten Wettbewerbs schloß sich gewissermaßen auch der Reigen der großen internationalen Straßenrennen. Aber am Allerheiligentag fand bei Regen und empfindlicher Kälte in Bergamo noch das Rennen um die ***Trofeo Baracchi*** statt. Neben dem eigentlichen Mannschafts-Zeitfahren über 108 km standen, auch wie in den Jahren zuvor, zwei Bahnwettbewerbe auf dem Programm, deren Ergebnis in die Gesamtwertung mit einbezogen wurde. Aus dem qualitativ starken Feld gingen Magni-Minardi (42 Punkte) als Sieger vor Bartali-Kübler (37) hervor.

Kübler fuhr dieses Rennen berechtigterweise als Weltmeister im Regenbogentrikot und der Veranstalter bestand darauf, Bartali ebenso einzukleiden.

Gino sträubte sich mit Händen und Füßen. Er wollte sich nicht mit fremden Federn schmücken. Es blieb ihm jedoch nichts anderes übrig und so fuhr Bartali wenige Stunden in dem Trikot, das ihm leider in seiner ganzen Karriere versagt blieb.

Den dritten Platz belegten Martini-Petrucci (32) vor Coppi, der den etwas enttäuschenden Wim Van Est zum Partner hatte (29). Auf den weiteren Plätzen folgten Albani-Conte und Padovan - De Santi. Astrua-Soldani, Fornara-Maggini und die Schweizer Croci-Torci - Kamber hatten aufgegeben. Hier das Ergebnis im Detail: *Mannschaftszeitfahren,* 1. Magni-Minardi in 2:37:21 std, (41,182 km/std), 2. Bartali-Kübler (1:40 min zurück), 3. Martini-Petrucci (2:02 min) und Coppi - Van Est (2:33 min). Auf der Bahn gewann Bartali (!) das *Rundenzeitfahren mit fliegendem Start* in 39,6 Sekunden vor Magni und Petrucci (beide 40,2) und Coppi (41,4); das *Australische Verfolgungsrennen* wurde eine Beute der Mannschaft Coppi -Van Est vor Magni-Minardi.

Die Straßensaison war damit endgültig beendet. Bartali und Coppi trafen jedoch noch einmal aufeinander: Ende November vertauschten sie die Landstraße mit dem Rasen des Mailänder Stadions und den gewohnten Renndreß mit Fußballjerseys. Vor 20 000 (!) Zuschauern stieg das „Spiel des Jahres" zwischen dem Coppi-Team und der Bartali-Mannschaft; der Reinerlös kam den Opfern einer Überschwemmungskatastrophe zugute. Dementsprechend reichlich flossen die Spenden der Zuschauer und der Schweiß der Akteure.

Coppi und Bartali hätten ursprünglich die Tore hüten sollen, rückten jedoch schon bald in den Angriff vor und begeisterten das Publikum mit ihrer ausgefeilten Technik: Bartali gelang es, fünf Meter frei vor dem Tor stehend, mit einem Gewaltschuß die Eckfahne umzunieten; Coppi brachte es fertig, auf der gegnerischen Torlinie mit dem linken Fuß einen Schuß zu stoppen, den er mit dem rechten abgefeuert hatte. Star des Tages war ohne Zweifel Toni Bevilacqua, der den entscheidenden Treffer zum 2:1 Sieg der Mannschaft um Coppi beisteuerte: ein Prachtschuß aus einem Meter Entfernung ins leere Tor! *Toni* soll daraufhin Angebote von Juventus und Inter-Mailand erhalten haben...

Dann gingen die Stars ihre eigenen Wege. Über die Weihnachtszeit wurde ein Teil von ihnen nach Argentinien eingeladen. Kübler, Bartali, Magni, Bevilacqua, Soldani, Casola, Petrucci und Ruiz sowie der Sprinter Sacchi, Präsident Rodoni und Dr. Agnelli machten sich am 30. November auf die Reise, die sie nach Buenos Aires, Rosario di Santa Fé, Mar del Plata und Sao Paolo führen sollte. Rundstreckenrennen und Bahnveranstaltungen (u.a. im neuerbauten *Velodrom Péron* mit einem Fassungsvermögen von 35 000 Zuschauern) standen auf dem Programm.

Coppi blieb zu Hause. Auf die Frage von Journalisten, warum er nicht mit auf die Tournee nach Südamerika gehe, antwortete Coppi: „Warum soll ich erst tausende von Kilometern über das Wasser gondeln, wenn ich siegen will.

Paris liegt da viel näher." Er spielte damit unter anderem auf die Veranstaltung in der Seine-Stadt an, die noch kurz vor der Abreise von Magni & Co. stattfinden sollte. Denn in Paris gab es kaum eine Bahnveranstaltung, die es an Popularität mit dem Omnium Italien gegen Frankreich aufnehmen konnte. Wenn die Namen *COPPI-MAGNI-BOBET* in großen Buchstaben auf den Plakaten standen, gab es für den Pariser Radsportfan keinen Halt mehr.

Auch diesmal war es in Paris nicht anders. Sämtliche Zuschauerrekorde wurden gebrochen, das *Vel d'Hiv* war gerammelt voll. Man schätzte gut und gerne 22 000 Zuschauer, die irgendwie Platz in der Halle fanden, ganz zu schweigen von denen, die ohne Karte unverrichteter Dinge wieder nach Hause mußten.

Diese Radsportfans hatten fürwahr etwas versäumt! Sie hatten versäumt, wie Italien das 1000-m-Zeitfahren in 1:02,4 Minuten gewann; wie Coppi im Punktefahren allein dreiviertel aller notwendigen Punkte holte, um Italiens Sieg sicherzustellen. Der *Campionissimo* war auch der Held des 5000-m-Mannschaftsverfolgungsfahrens, auch wenn dieser Wettbewerb in die Hosen ging. Wieso ist schnell erzählt. Italien lag nach der Hälfte des Rennens mit über 80 m vorne, als kurz hintereinander zwei Reifen knallten: Casola und Magni saßen auf der Felge. Zu zweit versuchten Coppi und Petrucci die Franzosen einzuholen, da erwischte es auch noch Petrucci! Coppi alleine gegen vier Franzosen. Das konnte nicht gutgehen, zumal noch fast 2000 Meter zu fahren waren. Fausto versuchte das Unmögliche. Die Zuschauer waren aufgesprungen, standen auf den Sitzen und feuerten den Italiener an:

< *Fo-stó! Fo-stó!!* >

Fostó - alias Fausto Coppi - hielt bis 5 Runden vor Schluß mit. Dann verlor er an Boden und im Ziel trennten ihn 40 Meter von der französischen Übermacht. Eine Leistung, die im ganzen *Vel d'Hiv* die gebührende Anerkennung fand.

Coppi war auch vierzehn Tage später der Held in Paris. Diesmal beim 1. Lauf zum ***Europa-Kriterium,*** einem 100-km-Mannschaftsrennen. Leider war sein Partner Hugo Koblet nicht in bester Verfassung, so daß die Hauptlast der Arbeit auf Coppis Schultern bzw. in seinen Beinen lag. Aber es war schon ein Vergnügen mit anzusehen, wie die reinen Straßenasse den Bahnspezialisten auf den Zahn fühlten. Allerdings versäumten sie es, im entscheidenden Moment zusammen mit Godeau-Goussot auf Rundengewinn zu gehen, so daß die Franzosen alleine das Feld überrunden konnten und Gesamtsieger wurden. Coppi-Koblet konnten sich immerhin mit einem hervorragenden 2. Platz für den Rest des Jahres verabschieden.

„Denn von nun an wird Coppi faulenzen." So Faustos Botschaft an die Journalisten. „Zwischendurch werde ich meiner Jagdleidenschaft frönen, aber nur zwischendurch. Drei Wochen möchte ich mich gründlich ausschlafen, zehn Stunden pro Nacht, morgens um acht aufstehen, Punkt 12 Uhr Mittagessen, um 16.30 Uhr auf italienische Art einen ´five o´clock tea´

einnehmen und pünktlich um 22 Uhr das Licht löschen. Spät im Frühjahr werde ich das Training aufnehmen und selbst die ersten Rennen noch als Trainingsfahrten bestreiten, ohne Ehrgeiz. Sollte dabei der eine oder andere Sieg herausspringen, nun abstoppen möchte ich nicht gerade. Ich wäre ja dann nicht mehr der Coppi, den alle Welt als einen der besten Radrennfahrer kennt und achtet. Sechstagerennen? Vielleicht einmal in Paris, Brüssel oder Berlin, mal sehen. Wie lange ich noch fahre? Ich bin zweiunddreißig. Wenn BIANCHI meinen Vertrag verlängert, bin ich mit von der Partie. Noch Fragen? Nein.“

< *Arrivederci. Ciáo.* >

Auch wir wollen uns vom Rennjahr 1951 und von Fausto Coppi verabschieden, aber noch kurz die Plazierungen erwähnen, die im Text unberücksichtigt blieben. Da wären das ***Critérium les Sables-d´Olonne***, der ***G.P. Besançon*** und der ***Circuito di Torino*** zu nennen, Rennen die Coppi jeweils als Erster beendete; ein zweiter Platz sprang beim *Critérium d´Oran*, ein vierter beim *Critérium des As* heraus; beim *Circuito di Macerata* war es ein sechster, beim *G.P. Plertuit* ein siebter und in Brüssel ein achter Rang; beim *Circuito di Firenze* und dem Critérium in *Nantes* waren es 10. Plätze; beim Kriterium in Basel reichte es nur zu einem 17. Rang. Es war wieder kein allzu gutes Jahr für ihn. Und was wünschte sich Fausto für 1952?

< *Un po´piu di fortuna. Non chiedo di piu.* >

Ein wenig mehr Glück. Sonst nichts.

1952
Zum zweitenmal Giro- und Toursieg im gleichen Jahr

1952 war das mittlere Einkommen der italienischen Bürger bemerkenswert. Das zeigte sich deutlich am Steueraufkommen, das stolze 309 Milliarden Lire betrug - etwa 200 Milliarden mehr als 1949. Zu den *nuovi ricchi*, den sogenannten Neureichen, gehörten auch Coppi und Bartali, die beachtliche Summen einstreichen konnten.

Fausto, immer elegant gekleidet, hatte längst das Image des Bauernjungen aus Castellania abgelegt. Er sprach inzwischen fließend französisch, verfolgte aufmerksam die Geschehnisse in Politik und Wirtschaft, und galt als geistreicher Gesprächspartner. Er hielt sich oft in seinem Heimatdorf bei seiner Mutter Angiolina auf, für die er immer noch < *Faustino* > war: < *Per tutti era il Campionissimo, per me era soltanto mio figlio.* > (Für alle ist er der Campionissimo, für mich ist er nur mein Sohn). Coppis neue Residenz war in Novi Ligure geplant. Der 32-jährige hatte vor, sich ein komfortables Haus mit einem schönen Garten in der Via de la Rimembranza zu kaufen.

Bartali, mittlerweile 37 Jahre alt, stand Coppi auch hier nicht nach. Er hatte einem gewissen Herrn Professor Chiurco, Präfekt von Siena, dessen Villa abgekauft und bauliche Veränderungen vornehmen lassen, d.h. die 27 Zimmer auf 18 reduziert! Das kostete eine Menge, und Gino, auf der Suche nach neuen Geldquellen, schiffte sich zu Jahresbeginn zusammen mit Fiorenzo Magni auf der *Biancomano* ein, um in Argentinien einen Arbeitsurlaub zu verbringen. Bahnrennen in Buenos Aires wechselten sich ab mit Verkaufsgesprächen. Argentinien war ein guter Markt für Fahrräder Marke *BARTALI*.

In Europa herrschte zum Jahresanfang auf den Winterbahnen Hochbetrieb. Die Spezialisten, von denen oft den ganzen Sommer über nichts zu sehen war, brachten ihre Ernte ein: bei Mannschaftsrennen, Bahnmehrkämpfen und vor allem in den Sechstagerennen. Die Elite der Straßenfahrer ging solchen Veranstaltungen meist aus dem Weg, aber manchmal waren die gebotenen Gagen einfach zu verlockend.

Schauen wir uns zuerst die Spezialisten an. Da wären einmal die reinen Sprinter zu nennen, die mit ihren „Fliegerrennen" nach wie vor die Massen begeisterten. An erster Stelle in der Gunst der Menge lag hier der bebrillte *radelnde Professor* und Automobilhändler Arie Van Vliet, der braungebrannt und elegant immer wie sein eigener Direktor daherkam. Der Niederländer belegte mit sieben Siegen den ersten Rang in der inoffiziellen Wertung auf Winterbahnen im Rennjahr 1951/1952 vor dem Engländer Reginald Harris, dem Franzosen Bellenger, dem Belgier Gosselin und dem unverwüstlichen Jan Derksen aus Holland. Dann folgten der Schweizer Oskar Plattner, Sid Patterson aus Australien und der Franzose Iacoponelli. Der Deutsche Georg Voggenreiter aus Nürnberg spielte da zwar eine untergeordnete Rolle, lag aber in der Reihenfolge immer noch vor Oldtimer Georges Senfftleben aus Frankreich und dem Frauenliebling Lucien *Lull* Gillen aus Luxemburg.

Dann gab es die Mannschaftsfahrer. Hier kreisten vor allem die Holländer Schulte-Peters auf den Pisten um ihre Gegner, daß diesen oft das Hören und Sehen verging. Da wären zu nennen: die Franzosen Seres - Le Nizerhy, Godeau-Goussot, Carrara-Lapébie, dann die Schweizer Roth-Plattner, Schär-Kamber, Bucher - von Büren, die starken Belgier Bruneel - De Beuckelaer, die Italiener Rigoni-Terruzzi sowie die Deutschen Saager-Schwarzer und die Gebrüder Hörmann. Auch die Australier Strom-Arnold waren für jede Überraschung gut.

Und dann gab es noch die eigentlichen Wirkungsstätten, die Winterbahnen. An erster Stelle das ehrwürdige *Vel d'Hiv* in Paris, dann den Mailänder Sportpalast, die Bahnen in Brüssel, Antwerpen und Gent, und das Zürcher Hallenstadion. Aber auch auf Deutschlands Bahnen war immer etwas los. Im Berliner Sportpalast, in der Münchner Ausstellungshalle und in der Dortmunder Westfalenhalle.

Also für Spektakel war gesorgt. Besonders wenn es die Steher richtig krachen ließen. Und auch hier sollen einige Namen genannt werden. Mit zum Feinsten gehörten hier die Deutschen Lohmann und Schorn, dann die Franzosen Lesueur, Lamboley und Lemoine, die Belgier Verschueren und Leliaert, der Holländer Pronk, der Schweizer Besson und der Italiener Martino.

Doch nun wieder zurück zum eigentlichen Renngeschehen. In Paris siegten am 20. Januar beim *Europa-Kriterium*, einem 3-std-Mannschaftsrennen, überraschend die Einheimischen Reynes - Le Nizerhy mit einem neuen Bahnrekord von 141,250 km (den alten Rekord hielten seit 1937 die Belgier Buysse-Billiet mit 139,910 km). Trotzdem hat man selten so ein verblüfftes Publikum rund um die Piste im *Vel d'Hiv* gesehen, als bekannt wurde, daß die zweitplazierten (und überrundeten) Australier Strom-Arnold den Titel zugesprochen bekamen, weil sich die Franzosen angeblich nicht ordnungsgemäß für das Finale qualifiziert hatten. Der Berliner Harry Saager und Ludwig Hörmann aus München belegten übrigens mit vier Runden Rückstand einen guten 11. Platz, denn hinter ihnen befand sich noch einige Prominenz.

Apropos Prominenz: Hier einige Meldungen am Rande des damaligen Sportgeschehens: Alfredo Binda erschien in Cittiglio am Start eines besonderen „Etappenrennens". Er ging genau um 11.54 Uhr die Ehe mit Lina Ambrosetti ein; Stan Ockers kurierte einen Beinbruch in Adelboden, und Fausto Coppi machte zusammen mit seiner Frau Bruna und Tochter Marina Ferien in Cervinia am Matterhorn. Er genoß die Sonne, die frische Gebirgsluft, und ging Bahnveranstaltungen vorerst konsequent aus dem Weg.

Nächstes Großereignis war das Dortmunder Sechstagerennen vom 15. bis 21. Februar, das Carrara-Lapébie nach 3372,6 km vor den rundengleichen

Italienern Rigoni-Terruzzi gewannen. Einen hervorragenden 3. Platz belegten mit einer Runde Rückstand die Deutschen Erich Bautz - Hans Preiskeit.

Auch Coppi war nach seinem Kurzurlaub nicht ganz untätig. Er wagte sich dick vermummt - meist in Begleitung von Ettore Milano - zum Training auf die Straße. Prompt fing er sich eine fiebrige Erkältung und eine lästige Nesselsucht ein, die ihn über eine Woche ans Bett fesselte. Dann packte er seine Koffer und fuhr an die Riviera. Ende März war Fausto soweit in Form, daß er beruhigt nach Frankreich reisen konnte.

Dort stieg am 2. März vor 15 000 Zuschauern im *Vel d'Hiv* das mit großer Spannung erwartete ***Super-Omnium der Asse***. Ein Blick auf die Starterliste zeigte, daß Direktor Mouton das Beste vom Besten aufgeboten hatte: Fausto Coppi, Gerrit Schulte, die beiden Schweizer Kübler und Koblet, Frankreichs Publikumsliebling Louison Bobet und den Belgier Van Steenbergen. Besonders der war sein Geld wert. Denn schon im ersten Rennen, einem Ausscheidungsfahren, zeigte er seinen Gegnern Bobet (2.), Schulte (3.), Koblet (4.), Coppi (5.) und Kübler sein Hinterrad. Das konnte Coppi nicht auf sich sitzen lassen. Im 1000-m-Zeitfahren mit fliegendem Start kurvte er so verwegen um die Bahn, daß die Uhren für ihn die Bestzeit von 1:08,0 min zeigten. Gerrit Schulte brauchte nur den Unterschied eines Wimpernschlags (1:08,4 min) länger, Van Steenbergen 1:08,6 min und Bobet 1:09,2 Minuten. Einen großen Kampf brachte das 5-km-Punktefahren. Diesmal triumphierte wieder der blonde *Rik*, obwohl er an einer Wertung wegen eines Raddefektes nicht teilnehmen konnte. Den Höhepunkt und Abschluß bildete ein Derny-Rennen über 15 Kilometer. Rik Van Steenbergen nutzte geschickt die Rivalität zwischen Gerrit Schulte und Louison Bobet aus - die ja schließlich auch einmal gewinnen wollten - und beendete 20 Meter vor Louison Bobet das Rennen. Unterm Strich kam Van Steenbergen damit zu einem sehr souveränen Gesamtsieg vor Bobet, Schulte und Coppi. Die zwei Eidgenossen spielten keine Rolle. Aber es muß erwähnt werden, daß beide krank waren. Koblet schleppte eine Erkältung mit sich herum, Kübler eine Muskelzerrung im Oberschenkel. Es spricht für den Sportsgeist der Schweizer, daß sie trotzdem an den Start gingen, obwohl sie wußten, wie gering ihre Chancen waren.

Rennbahndirektor André Mouton konnte sich die Hände reiben, die Kasse stimmte. Er war ja schließlich auch nicht „von gestern". Selbst ehemaliger Radrennfahrer, 1927 mit Georges Peyrode Sieger im Sechstagerennen von Saint-Etienne und 1928 Zweiter im 24-Stunden-Rennen um den *Bol d'or*, hängte er 1935 das Rad an den Nagel und begann seine Karriere als Manager. 1950 folgte er dem Ruf als Rennbahndirektor und leitete lange mit Erfolg in Paris die Prinzenpark-Bahn im Parc des Princes und das berühmte *Vel d'Hiv*.

Strom-Arnold gewannen das Sechstagerennen von Antwerpen und mußten sich hierbei besonders mit Van Steenbergen - Bruneel und Schulte-Peters herumschlagen, die in dieser Reihenfolge auf den Plätzen landeten.

Aber auch im Freien war schon allerhand los. Der wind- und wetterfeste Franzose Roger Rondeaux holte sich nach 1951 den zweiten Weltmeistertitel im Querfeldein-Fahren in der Schweiz ab. Die eidgenössischen Sportsfreunde hatten im Raum Genf einen schweren Parcours ausgesucht, auf dem sich die Spitzenklasse dieser Radsportdisziplin einen harten Kampf lieferte. Die Schinderei dauerte 1:19:56 std, dann konnte sich der ehemalige Leichtathlet das Regenbogentrikot überziehen. Auf dem „Treppchen" standen auch sein Landsmann André Duffraise (2.) und Albert Meier aus der Schweiz (3.). Duffraise hörte die Marseillaise aus solchem Anlaß nicht zum ersten Mal. Schon 1951 hatte er diesen undankbaren Platz inne. Aber 1954, 55, 56, 57 und 1958 wurde er dann jeweils Weltmeister.

Coppi fuhr übrigens nie Querfeldeinrennen. Er begründete dies in der Antwort auf einen Leserbrief so: „Diese Art von Radrennen hat in Italien keine große Tradition. Ich habe nie an solchen Rennen teilgenommen, denn ich möchte die wenigen Wochen Ruhepause im Winter ganz ohne Fahrrad verbringen." Was Coppi zu diesem Zeitpunkt nicht wissen konnte: Sein Landsmann Renato Longo gewann die seit 1950 ausgetragenen Weltmeisterschaften im *Cyclo Cross* fünf Mal - 1959, 1962, 1964, 1965 und 1967. Daniele Pontoni holte sich 30 Jahre später, 1997, in München die Goldmedaille.

Zurück in das Jahr 1952. Auch die „reinen" Straßenfahrer hatten längst ihre Rennmaschinen aus dem Keller geholt und fleißig trainiert. Am besten vermutlich Bartalis Edeldomestik Giovanni Corrieri, der seinem Chef zeigen wollte, wo ihn dieser auf der Gehaltsliste einstufen kann. Denn Corrieri riß sich Ende Februar kühn ***Sassari-Cagliari*** unter den Nagel. Er profitierte dabei von zwei Dingen. Erstens hatte Bartali einen gewissen Trainingsrückstand, und zweitens war Corrieri bereits sehr früh zusammen mit seinem Teamkameraden Bresci sowie Rossello, Baronti und dem Schweizer Spühler entwischt. Da blieb Bartali gar nichts anderes übrig, als still zu halten. Nach 6:15:00 Stunden rauschte Corrieri vor Baroni über das Zielband in der sardinischen Hauptstadt und gab längst Interviews, als nach sechs Minuten das Hauptfeld und sein Chef Bartali an siebter Stelle eintrafen.

Die Bahnsaison war noch nicht zu Ende. Die Pariser *six jours* waren im Gange, und Coppi, der sein erstes Sechstagerennen überhaupt bestritt, ließ erkennen, daß er mit seinem Partner Terruzzi geneigt war, ernst zu machen. Schulte-Peters, Strom-Arnold, Carrara-Lapébie sowie Bruneel-Van Steenbergen hatten ähnliche Ambitionen und dazu von Haus aus etwas gegen den Sieg reiner Straßenfahrer (sie galten halt nun einmal als Eindringlinge in die geweihte Domäne der Bahnspezialisten, obwohl Coppi als Verfolgungsweltmeister und Stundenrekordinhaber da schon einen Bonus hätte haben müssen). Aber der Sieg wurde im engsten Kreis unter drei Mannschaften geklärt. Lange sah es nach einem Erfolg der „fliegenden Holländer" Schulte-Peters aus, dann nach einem Sieg der „Känguruhs" Strom-Arnold. Aber die

Belgier Bruneel-Van Steenbergen hatten sich die meisten Punkte erspurtet und behielten die Oberhand. Für Achiel Bruneel, bestimmt einer der besten Mannschaftsfahrer aller Zeiten, war es ein besonderer Triumph: konnte er doch nach 1947 (mit Robert Naeye) und 1949 (mit Lapébie) seinen dritten Sechstagesieg in Paris verbuchen. Diesmal schmetterte die Kapelle im *Vel d'Hiv* die belgische Hymne (nicht schön, aber laut - denn es mußten 15 000 begeisterte Zuschauer übertönt werden):

< *A-prés des sié-cles-d´e-scla-va-ge...* >

„Nach Jahrhunderten der Knechtschaft..."

Schlechte Erinnerungen an Paris hat der Münchner Ludwig Hörmann. Er schlug sich zwar tapfer, aber er krachte auch leider auf die Holzlatten. Seine Verletzungen machten ihm arg zu schaffen und zwangen ihn schließlich am Schlußabend zur Aufgabe. Doch das Pariser Publikum würdigte die Leistung des Deutschen und der *Wiggerl* durfte jederzeit wiederkommen.

Coppi überstand die ersten *six jours* seiner Karriere vorzüglich. Wenn man bedenkt, daß der *Campionissimo* nie zuvor das Rundenkarusell mitgedreht hatte, dann war seine Leistung und der 4. Rang höchst bewundernswert. Auf jeden Fall hatte der Veranstalter mit Faustos Verpflichtung auch finanziell einen guten Griff getan, denn zuweilen schien es, als ob die gesamte italienische Kolonie von Paris ins *Vel d´Hiv* eingerückt wäre, um ihren berühmten Landsmann anzufeuern. Mehr oder weniger angetan von Coppis Leistung waren auch die übrigen Zuschauer sowie 72 Mechaniker und Masseure, 50 Kommisäre des französischen Radsportverbandes, 18 Kampfrichter, 300 Journalisten, 3 Sprecher, 12 Ärzte und Sanitäter, 30 Köche und Kellner. Dazu kamen 2500 Polizisten, 650 Kontrolleure, 192 Feuerwehrleute, 150 Bedienungen im Restaurant und in der Bar, 140 Kassierer, 80 Handwerker, 50 Pförtner und eine 45 Mann starke Musikkapelle. Weitere beeindruckende Zahlen: Die 36 Rennfahrer verzehrten 90 Kilo Beefsteak, 180 Kilo Hammelfleisch, 600 Kilo Kalbfleisch, 60 Kilo Fisch, 200 Kilo Gemüse, 60 Kilo Käse, 300 Kilo Zucker, 120 Kilo Nudeln, 30 Kilo Marmelade, und so weiter, und so weiter.

Beim 36. Berliner Sechstagerennen herrschte eine ähnliche Stimmung. Nach 145 Stunden siegten Carrara-Lapébie mit 444 Punkten und einer Runde Vorsprung. Sie hatten 3280,3 km zurückgelegt und die Schweizer Roth - von Büren sowie die Deutschen Zoll-Knoke auf die Plätze verwiesen.

Die Hafenstadt Kiel wollte da nicht zurückstehen. Nach frostigem Beginn in der eiskalten Halle, vor weniger als 2000 Zuschauern, die zudem fast alle das gerade wütende Allerweltsübel Grippe im Hals hatten, taute das Interesse des Publikums dann doch merklich auf. Dafür sorgte der Franzose *Milo* Carrara, der feststellen konnte, daß man seine sprichwörtlich schönen Beine nach der Melodie von „Was machen nur die schönen Beine von Dolores..." besang. Carrara bedankte sich höflich, und fetzte anschließend so um die Bahn, daß nicht nur seinen Gegnern, sondern auch seinem Mannschaftspartner

Otto Ziege schwarz vor den Augen wurde. Aber die beiden waren Spitzenreiter. Nicht lange. In der zweiten Nacht machten sich Rigoni-Terruzzi an der Spitze breit. Sie wurden am dritten Abend durch Roth - von Büren verdrängt, die diesen Platz in der folgenden Nacht an Saager-Preiskeit verloren. Das Rundenkarusell drehte sich weiter und Rigoni-Terruzzi waren wieder vorne. Es drehte sich so gleichmäßig, daß Roth - von Büren wieder an der Spitze erschienen. Im richtigen Augenblick, denn das Rennen war zu Ende. Und damit auch die Winterbahnsaison in Deutschland.

Die traditionelle Generalprobe für die Fernfahrt *Mailand-San Remo,* mit der die internationale Straßensaison eröffnet wurde, endete am 9. März mit dem Spurtsieg des 37-jährigen Italieners Aldo Bini. Er legte ***Milano-Torino*** (225 km) in 5:55:00 Stunden zurück und verwies Conte und Ferrari auf die Plätze.

127 Fahrer, darunter viele Ausländer, benutzten die Gelegenheit, sich den letzten Schliff für die *Classicissima* zu holen. Zunächst dämpfte allerdings ein kalter Wind alle Ausreißgelüste. Später war es Petrucci, der wie ein Schäferhund das Feld umkreiste und alle Vorstöße unterband. Bis kurz vor dem Ziel sah er wie der sichere Sieger aus, doch dann flog der unverwüstliche Bini im weißblauen Dress der BIANCHI-Mannschaft (jener Coppis) heran und überquerte als Sieger die Ziellinie.

Fausto Coppi selbst war nicht am Start. Aber zum Gedenken an seinen vor Jahresfrist bei diesem Rennen tödlich verunglückten Bruder Serse hatte er seinem Heimatort Castellania ein neues Schulhaus gestiftet.

Coppi zog es vor, bei einem Rundstreckenrennen in Seregno seine Form zu überprüfen, mußte sich aber dabei dem jungen Giorgio Albani beugen und gab vorzeitig auf.

Loretto Petrucci aus Coppis Mannschaft hatte bei *Mailand-Turin* seine Visitenkarte abgegeben. Der 1,80 m große Lieblingsschüler von Fausto war im Vorjahr bei *Mailand - San Remo* nach einem vergeblichen Kampf dem französischen Duo Bobet-Barbotin unterlegen, hatte dabei aber seine Lektion gründlich gelernt. Das sollte sich am 19. März zeigen. Dieser Mittwoch wurde zu einem großen Tag für den italienischen Radsport, denn auf den Straßen der Lombardei und der Riviera dei Fiori fand die 43. Austragung der traditionellen Fernfahrt ***Milano-Sanremo*** statt.

Die Sonne strahlte von einem wolkenlosen Himmel, eine milde Brise sorgte für Abkühlung, und der blonde Rik Van Steenbergen für Unruhe, als er am Start erklärte: „Es herrschen geradezu ideale Bedingungen für alle, deren Stärke nicht in den Unwetterfahrten liegen. So ein herrliches Rivierawetter kommt mir entgegen. Ich rechne mir gute Chancen aus.“ Er befand sich augenscheinlich in blendender Laune (und Kondition), ein Grund dafür, daß sich die Angst vor dem Spurt-Phänomen Van Steenbergen lähmend auf die anderen Asse legte. Man wollte nicht als Schrittmacher dienen und dem Belgier den Weg zum Sieg ebnen.

So brachten die ersten 100 km zwar bemerkenswerte Vorstöße, aber Entscheidendes bahnte sich nicht an. Coppi hatte über 4000 Trainings- und Rennkilometer in den Beinen und fühlte sich berufen, einmal persönlich „die Nase aus dem Fenster" zu strecken, um die allgemeine Kampfstimmung zu erkunden (sein Mechaniker hatte ihm 300 Gramm schwere Reifen aufgezogen und eine Übersetzung von 48-50 x 15-17-19-21-22 aufgelegt). Als jedoch Magni und Bobet allergisch reagierten, ließ der *Campionissimo* von seinem wahrscheinlich ohnehin nicht ernst gemeinten Vorhaben wieder ab.

Im Aufstieg zum Turchino-Paß schien sich eine Vorentscheidung anzubahnen, denn fünf Fahrer - Ciolli, Lambertini, Géminiani (neu für BIANCHI verpflichtet), Blomme und der überraschend gut fahrende Niederländer Van Breenen - suchten das Weite und passierten in dieser Reihenfolge mit einem Vorsprung von 2:45 min die Paßhöhe, die „Pforte zur Riviera".

Wer nun glaubte, daß sich in der Abfahrt und im Anrollen auf die drei traditionellen Kaps - Capo Mele, Capo Cervo und Capo Berta - bei den Großen etwas tun würde, sah sich gründlich getäuscht. Das hatte seinen Grund in der anfangs erwähnten Angst vor Van Steenbergen, war aber auch in der perfekten Mannschaftsarbeit von BIANCHI zu suchen. Bei jedem Scharmützel hatten sie die Hand mit im Spiel. Hauptzweck war dabei nicht ein Sieg Coppis, sondern ein Sieg für BIANCHI.

Unterstützt wurde das Unternehmen dabei vom Pech einiger anderer. Kübler erwischte es schon 12 Kilometer nach dem Start. Er stürzte, aber der Zuspruch der Zuschauer und ein kräftiger Schluck Kognac taten das ihre; Ferdy setzte sich wieder in den Sattel und fuhr weiter. Bartali hatte nach 93 km Defekt, mußte auf seinen Materialwagen warten, schaffte aber nach einer langen Aufholjagd mit seinen Helfern wieder den Anschluß. Bobet widerfuhr ähnliches nach 119 km in Ovada. Zumindest was den Defekt betraf. Ansonsten war Louison auf sich alleine angewiesen, kam aber nach 15 km Aufholjagd (mit der ihm eigenen Energie und einer Übersetzung von 50 x 15) ebenfalls wieder an das Feld heran.

Gut, bei den „Großen" tat sich nichts, aber der junge Minardi hatte offenbar von dieser Untätigkeit die Nase voll. Entschlossen machte er sich auf die Verfolgung der inzwischen auf zwölf Mann angewachsenen Spitzengruppe. Lediglich Petrucci konnte ihm folgen. Wo ein „künftiger Bartali" rollt (Minardi war Ginos Schützling), durfte ein „künftiger Coppi" nicht fehlen! Es war ein hartes Stück Arbeit, aber nach 15 km hatte das junge Tandem den Anschluß geschafft. Nun versuchte Minardi vergebens, am Capo Mele (nach 243 km), am Capo Cervo (248 km) und am Capo Berta (255 km) diese Spitzengruppe zu sprengen, aber die BIANCHI-Streitmacht Géminiani, Petrucci und Piazza war auf Draht und gegen diese Phalanx war für den braven Giuseppe auch in San Remo nichts mehr zu holen. Petrucci fing den Rivalen ab und fuhr als sicherer Sieger über die Ziellinie. Auf den Plätzen folgten Minardi (2.), Serge Blusson/FRA (3.), Raphael Géminiani (4.), Falzoni (5.), Seghezzi (6.), Schär/SUI (7.), Robic/FRA (8.), Pettinati (9.) und Moresco (10.). Coppi und Bartali landeten *ex aequo,* aber in guter Gesellschaft mit den Belgiern Schils, Sorgeloos, Schotte, Cerami und Van Steenbergen, auf dem 37. Rang. Kein guter Tag für Fausto, aber die Rechnung für BIANCHI war aufgegangen.

Petrucci übernahm mit seinem Sieg auch die Führung im *Challenge Desgrange-Colombo* (20 Pkt.) vor Minardi (17) und Blusson (15).

Vom Weltmeister Ferdy Kübler war wenig zu sehen, aber auf heimischem Boden vollbrachte er wieder Leistungen, die aufhorchen ließen.

Da war zum einen am 22. März die 60. Auflage der ***Genfer See-Rundfahrt***, (erster Sieger 1879 Ernest Metral/SUI) die diesmal auch ins Unterwallis führte und dadurch auf 235 km verlängert worden war. Bei kühlem Wetter und Regen mußten erst einmal die Helfer von Kübler, Koblet, Géminiani und Bartali arbeiten und dafür sorgen, daß sich keine Fluchtgruppen bilden konnten. Lediglich die beiden „namenlosen" Westschweizer Gatabin und Chevalley ließ man ziehen und sie 135 km mit bis zu 6 Minuten Vorsprung vorausfahren. Dann pfiff man sie zurück, ihre Mission war beendet. Im Spurt bei strömendem Regen führte bis zu den letzten Metern *il vecchio* - Bartali - dann flog Kübler vorbei und siegte nach 6:16:05 std vor Bartali, Corrieri und Géminiani.

Nun kommt der eigentliche „Gag" dieses Wochenendes. Knapp zwei Stunden nach der Ankunft saß Kübler mit einigen Kameraden in der Eisenbahn und ratterte durch die Nacht. Nach acht Stunden, weit über Mitternacht hinaus, erreichte man Lugano, wo am Sonntagmorgen Punkt 8 Uhr die Tessiner-Rundfahrt, der ***Giro del Ticino*** gestartet wurde.

Nicht nur Kübler stand unausgeschlafen an diesem herrlich warmen Frühlingstag am Start, aber er fuhr als einziger der „Doppelstarter" das Rennen zu Ende. Für die meisten, die am Tage zuvor noch vor Kälte geschlottert hatten, war es zu warm und die vielen Steigungen taten das ihre. Es wurde das reinste Ausscheidungsfahren.

Der Italiener Molinari versuchte sich 100 Kilometer als Solist, aber am Ceneri-Paß (557 m), 18 km vor dem Ziel, übernahm „Orchesterchef" Kübler das Kommando und fuhr nicht nur als Erster auf die Aschenbahn des neuerbauten Luganer Stadions, sondern auch als Sieger über den Zielstrich.

An seinem Hinterrad acht Fahrer mit den wohlklingenden Namen Giancarlo Astrua (2.), Arrigo Padovan (3.), Pietro Giudici (4.), Donato Zampini (5.), Franco Giacchero (6.), Cesare Zuretti (7.), Danilo Barozzi (8.) und Pasquale Fornara (9.). Es handelt sich dabei nicht, wie man leicht vermuten könnte, um das Starensemble der Mailänder Scala, sondern die achtköpfige italienische Übermacht, die den entfesselten *Ferdy national* nicht bremsen konnte. Der hatte in zwei Tagen wieder einmal fast 500 Renn-kilometer „abgespult" und dabei zwei Siege verbucht.

Coppi ging solchen Gewaltanstrengungen lieber aus dem Weg. Er fuhr zur selben Zeit in Mailand ein Omnium auf der Vigorelli-Bahn, das er allerdings gegen Casola verlor.

Ernst wurde es am 30. März beim 1. Lauf zur Italienischen Straßenmeisterschaft. Aber dieser ***Giro della Toscana*** verlief nicht nach dem Geschmack von Bartali und Coppi (und den meisten italienischen Radsportfans). Das hatte verschiedene Gründe. Nennen wir zuerst die unterschiedliche Einstellung der Großen - Bartali, Coppi, Magni und Bevilacqua - zu diesem Rennen. Ginos Motive waren sentimentaler Art. Er wollte auf seiner Hausstrecke seinen Toskanern beweisen, daß er seinem traditionellen Rivalen Coppi noch immer ebenbürtig war. Der wollte sich die 296 km möglichst gut einteilen und zur gegebenen Zeit eine entscheidende Attacke reiten. In den Köpfen von Magni und Bevilacqua kreisten ähnliche Gedanken, aber im Gegensatz zu Coppi, der als Terrain für seine Pläne mehr an die Berge dachte, wollten die beiden sich da eher ruhig verhalten und ihr Heil lieber in den Abfahrten suchen. Soweit die Pläne der Asse. Aber dummerweise gab es da auch noch ein Heer weiterer Profis und vor allem sogenannte *indipendenti* - unabhängige Fahrer - die noch ohne Verträge mit Firmenmannschaften und daher besonders hungrig auf Erfolge waren.

Die Renngeschichte dieser Toskana-Rundfahrt schrieben auf jeden Fall wieder einmal Soldani und Petrucci. Die beiden Toskaner fühlten sich in heimischer Umgebung wohl und machten sich in Piastre auf und davon. Im Feld, das zeitweise bis zu zwei Minuten zurücklag, bremsten Bartali und Coppi eigenhändig für ihre Schützlinge alle Verfolger ab. Aber die beiden jungen Ausreißer hatten so ziemlich alle Defekte, die Radrennfahrer heimsuchen können, und nach rund Zweidrittel der Strecke war an der „Mauer" von San Casciano der Ofen aus. Das Hauptfeld war wieder da und gemeinsam rollte man nach Florenz.

Nun schlug die große Stunde der „Unabhängigen". In einem furiosen Spurt kanterte Giacchero seinen Landsmann Moresco nieder, der wiederum Conterno, Logli und Sartini im Schach hielt. Fünf *indipendenti*, fünf „Namenlose" in Front! Bartali und Coppi blieb der Anblick des für sie unrühmlichen Schauspiels erspart. Sie trafen erst 3:02 Minuten später ein (Bartali schlug als Zwölfter Coppi um 3 Zentimeter!).

Franco Giacchero konnte sich an seinem Sieg nicht lange erfreuen. Moresco fühlte sich im Spurt bedrängt und hatte Protest eingelegt. Dem wurde stattgegeben und Giacchero landete auf Platz zwei. Unsanft landeten auch Bini und Corrieri. Beide stürzten im Auslauf der Zielankunft schwer.

Loretto Petrucci war auf jeden Fall der „kommende Mann". Bei der Toskana-Rundfahrt hatte er zwar nur den 15. Platz belegt, aber am 6. April, bei der ***Ronde van Vlaanderen***, einer Unwetterfahrt über 258 km, ließ er erneut aufhorchen. Regen, Kälte, Gegenwind, Kopfsteinpflaster und vor allem die berüchtigten „Mauern", besonders die von Grammont - Van Est, Van

Steenbergen und viele andere marschierten sie zu Fuß hoch - machten den Fahrern sehr zu schaffen.

Hauptakteur des Rennens war ohne Zweifel Louison Bobet. Er hatte sich seine Hochform beim Etappenrennen *Paris-Nice* geholt, das er vor dem Italiener Zampini als Sieger beendete, und der Franzose versuchte auch diesmal, die Entscheidung zu seinen Gunsten herbeizuführen. Er fuhr auf und davon. Dagegen hatte allerdings besagter Petrucci etwas und als dieser nachstiefelte, hängten sich die Belgier Schotte, Decock und der Niederländer Van Est an sein Hinterrad.

Die Hauptarbeit bei der Führung verrichtete Petrucci, und ihm war es zu verdanken, daß Bobet nach 35 km wieder gestellt und kurz darauf sogar abgehängt wurde.

In Gent hatte jedoch Decock die meisten Reserven und er konnte den Endspurt vor Petrucci und Schotte für sich entscheiden. Dann folgten Van Est (15 sec zurück), Redolfi (25 sec) und Bobet (1:20 min). Petrucci hatte den Trost, daß er im *Challenge Desgrange-Colombo* weiterhin mit 37 Punkten vor Decock (20) und Minardi (15) führte.

Man war für ***Paris-Roubaix*** gerüstet. Am Ostersonntag, dem 13. April, feierte Frankreichs berühmte *Classique* ihr 50-jähriges Jubiläum. Diesmal war Petruccis Meister, der große Fausto Coppi, selbst der Hauptakteur. Nach der Verpflegungskontrolle in Arras setzte er dem Ausreißerpaar Baldassari-Dupont energisch nach. So energisch, daß er sogar seinen einzigen Begleiter, immerhin Ferdy Kübler, vom Hinterrad verlor.

In diesem Streckenabschnitt kannte Coppi jeden Meter der Chaussee. Hier hatte er das Rennen 1950 im Alleingang für sich entschieden. Doch in dieser dramatischen Phase des Rennens, 60 km vor dem Ziel, setzte Van Steenbergen zu einer Verfolgungsjagd an, die noch lange danach Gesprächsstoff war.

Coppi hatte die beiden jungen Franzosen Baldassari und Dupont eingeholt und stehengelassen und sah bereits wie der sichere Sieger aus. Aber auf dem gefürchteten Kopfsteinpflaster, der sogenannten „Hölle des Nordens“, hetzte Van Steenbergen hinter Coppi her, und was man kaum für möglich gehalten hatte, wurde für Fausto zur bitteren Tatsache. Der blonde *Rik* holte den Italiener ein.

In diesem Augenblick bestand kein Zweifel mehr über den Ausgang des Rennens, denn gegen Van Steenbergen hatte Coppi im Spurt keine Chance. Fausto traf zwar als Erster auf der Radrennbahn in Roubaix ein, aber wie erwartet triumphierte der Belgier (245 km in 6:50:31 std) überlegen mit drei Radlängen Vorsprung. Zwölf Sekunden danach kam der Franzose André Mahé, der 1949 nach einem turbulenten Finale gemeinsam mit Serse Coppi den 1. Platz belegt hatte; mit 57 Sekunden Rückstand wurde Ferdy Kübler Vierter vor Dupont. Als Sechster traf der Belgier Keteleer ein (1:04 min), der 7. Platz ging an Louison Bobet (1:32), der über seinen Landsmann Varnajo, Petrucci und zwölf weitere Fahrer die Oberhand behielt.

Petrucci konnte Dank seiner guten Plazierung seinen Vorsprung im Wettbewerb um den *Challenge Desgrange-Colombo* vergrößern und führte nun mit 44 Punkten vor Decock (21) und Rik Van Steenbergen (20). Coppi lag hier mit 17 Punkten auf Platz sieben.

Viel wichtiger für Fausto war die Erkenntnis, daß er wieder präsent war. Gegen einen Van Steenbergen auf dessen ureigenstem Terrain, einer Zementbahn, im Spurt zu verlieren, war alles andere als eine Katastrophe. Es werden noch genug Gelegenheiten kommen, dem Belgier zu zeigen, wo dessen Grenzen liegen. Bestimmt in den großen Rundfahrten des Jahres. Wir werden sehen.

Coppi wurde auf jeden Fall in der Heimat bei einer großen Bahnveranstaltung im Mailänder Vigorelli-Velodrom von 14 000 Zuschauern stürmisch gefeiert. Fausto bedankte sich mit feinen Leistungen beim Omnium und im Mannschaftsfahren. Beide Male belegte er zusammen mit Terruzzi den ersten Platz, wobei im Omnium noch Magni und Severino Rigoni in seiner Mannschaft waren.

Ohne Coppi fand vom 18. bis 20. April die Vier-Etappen-Fahrt ***Roma-Napoli-Roma*** statt. Das Spektakel, halb Straßenrennen, halb Steherrennen, war nicht so recht nach Coppis Geschmack. Wie das Folgende zeigt, hatten aber die meisten anderen Asse durchaus ihren Spaß daran. Da war zum Beispiel Luciano Maggini. Er gewann die 1. Halbetappe *Roma-Frosinone* (92 km) im Spurt vor Conte und Van Steenbergen (!). Diese Bummelfahrt am Vormittag (2:35:23 std) hätte Fausto bestimmt auch gut überstanden, was am Nachmittag bei der 2. Halbetappe *Frosinone-Caserta* (123 km) nicht mehr so sicher gewesen wäre. Denn die letzten 40 km wurden hinter *GILERA*-Motorrädern gefahren und der kleine Franzose Robic war hier so richtig in seinem Element. Er fuhr den Favoriten Kübler und Van Steenbergen in bestechendem Stil davon und beendete die Etappe als Sieger.

Die 2. Etappe *Caserta-Salerno* (235 km) nahm ein kurioses Ende. Verfolgungsweltmeister *Toni* Bevilacqua, von Anfang an in der Spitzengruppe, löste sich kurz vor dem Ziel von seinen Gegnern und erreichte als Erster die Rennbahn von Salerno. Hier drehte er nur eine Runde, anstatt der vorgeschriebenen zwei und brachte sich damit um den verdienten Sieg, denn dem Schiedsgericht blieb nichts anderes übrig, als *Toni* vom ersten auf den neunten Platz zurückzusetzen. Der Italiener war in dieser Beziehung schon ein besonderer Pechvogel, denn Ähnliches war ihm schon öfters unterlaufen. So wurde Gino Bartali der Sieg zugesprochen, der Ockers, Baroni, Astrua und das übrige Feld im Spurt abgefertigt hatte.

Die 3. Etappe *Salerno-Napoli* endete mit dem Spurtsieg von Rik Van Steenbergen vor Ferrari, Conte und Bevilacqua. Beim anschließenden 6-km-Rennen gegen die Uhr auf der Arenaccia-Bahn in Neapel siegte wieder der Spezialist Jean Robic, der mit seinen 161 cm Körpergröße am Besten hinter den Schrittmachern Schutz vor dem Wind fand, und in 6:05 Minuten vor

Magni (8 Sekunden zurück), Kübler (14) und Ockers (15) den Wettbewerb gewann. In der Gesamtwertung baute Robic seinen Vorsprung aus und ging am Sonntag gelassen an den Start zur 4. Etappe, die wieder in zwei Halbetappen aufgeteilt war: 1. Halbetappe *Napoli-Latina* (Sieger der Belgier Ockers), 2. Halbetappe *Latina-Roma,* die wiederum hinter Motorrädern ausgetragen wurde. Diesmal siegte nach hartem Kampf Magni vor Ockers, Robic und Bartali. So lautete auch das Gesamtergebnis. Damit war im dritten Anlauf (1950 Robic, 1951 Kübler) endlich ein Sieg für Italien zu verzeichnen.

Als nächstes stand für Fausto Coppi am 20. April die **Tour de Romandie** auf dem Programm. Doch die „Westschweizer Rundfahrt" hatte nicht den sportlichen Erfolg, den man sich nach der Verpflichtung von Coppi, Koblet und weiteren namhaften Ausländern versprach. Zum einen betrachteten die „Asse" diese kleine Rundfahrt als Vorbereitung für die großen Brocken Giro und Tour, zum anderen fehlte verschiedenen Fahrern die Form, um dem Rennen ihren Stempel aufzudrücken. Soweit die Anmerkungen und nun Vorhang auf:

Payerne, die kleine Garnisonsstadt im Kanton Fribourg, schien geschlossen auf den Beinen zu sein, um den Start der 17 Schweizer, 11 Italiener, 5 Belgier, 4 Deutschen, 2 Niederländer und des einen Luxemburgers zu erleben. Nun, sie erlebten ihn hautnah, und später auch an den Rundfunkempfängern, wie harmlos die 1. Etappe *Payerne-Martigny* (182 km) verlief. Wohl versuchten einige Fahrer ihr Heil in der Flucht, aber die Mannschaften von Coppi und Koblet ließen niemanden entweichen. Vorerst. Erst nach etwa 100 km, das Feld bummelte genüßlich an den Gestaden des Genfer Sees entlang, verabschiedete sich der Niederländer Wout Wagtmans bei der Ortsdurchfahrt in Villeneuve von seinen Kollegen. Coppis Mannen reagierten nicht, denn die 15 km lange Steigung hinauf nach Villars mit 800 m Höhendifferenz stand ja kurz bevor. Wagtmans, der am Fuße des Aufstiegs einen Vorsprung von rund 4 Minuten hatte, konnte jedoch dem Angriff von Coppi, Zampini, Fornara, Schär, Clerici und Impamis, die mächtig aufs Tempo drückten, widerstehen, und glückstrahlend als Erster die Ziellinie überqueren. Coppi brauste 1:56 Minuten später heran und schlug die schnellen Schär, Keteleer und Impamis in dieser Reihenfolge. Koblet war im Aufstieg nach Villars auf der Strecke geblieben und hatte mit dem Ausgang dieses Tagesabschnitts nichts zu tun.

Radrennfahrern wird oft übel mitgespielt. Auf der 2. Etappe *Martigny-Genf* (201 km) mußte das Heiner Schwarzer spüren. Sie erinnern sich noch? Ja, genau „der von Varese". Dieser allgemein beliebte Berliner (er verstarb im November 1992), machte sich bald nach dem Start auf die Socken und enteilte dem Feld. Er konnte aber nicht verhindern, daß sich Coppis „Leutnant" Carrea an sein Hinterrad hängte. An und für sich kein Problem, wenn man sich einig ist. Aber der gute Andrea dachte nicht daran, auch nur einen Meter zu führen. Der junge Schwarzer ließ sich dadurch nicht verdrießen und strampelte hurtig weiter, mit dem Erfolg, daß der Vorsprung nach rund 50 km auf 1:25 min angewachsen war. Er schmolz zwar etwas, als der Schweizer Rossi versuchte, ebenfalls auszureißen. Aber als man ihm zu verstehen gab, daß das nicht gerne gesehen wird, gab der Eidgenosse sein Vorhaben auf. Die Fahrt des Hauptfeldes verlangsamte sich so, daß Schwarzer, immer noch Cararra im Schlepptau, nach rund 100 km 7:15 min Vorsprung hatte.

Da erschien der Firmenwagen von BIANCHI. Coppi hatte sich entschieden, seinem *gregario* Carrea „Grünes Licht" zu gewähren und der sportliche Leiter überbrachte Andrea die frohe Kunde. Der hatte nichts anderes im Sinn, als sofort zu attackieren. Er war natürlich wesentlich frischer als Schwarzer und als das Haupthindernis des Tages, eine lange Paßstrecke, in Angriff genommen wurde, hängte er den Deutschen kurz und schmerzlos ab.

Noch war die Situation recht aussichtsreich für Schwarzer. Aber dann folgten Schlag auf Schlag zwei Reifenschäden und um den „langen Heiner" war´s geschehen. Carrea rettete sich alleine ins Ziel und gewann die Etappe mit 1:51 min Vorsprung vor Zuretti und dem übrigen Feld mit Coppi und Koblet.

Schwarzer erhielt für seinen mutigen Vorstoß den sogenannten „Belebungspreis" und durfte tags darauf in einem besonderen Roten Trikot starten; Wagtmans in dem des Führenden. Die 3. Etappe, aufgeteilt in die Halbetappen *Genf-Yverdon* (121 km), Sieger Schils (BEL) vor Albani, Kamber (SUI) und Coppi sowie nach einer Ruhepause von drei Stunden *Yverdon-Bern* (95 km), Sieger Barducci vor Albani und Coppi, brachte fast die sportliche Pleite der Rundfahrt. Wieder blockierten Faustos Helfer alle Fluchtversuche (besonders die des kleinen Schweizers Fritz Schär, der Schwung in die Veranstaltung bringen wollte) ohne selbst einen Angriff auf den immer noch führenden Wagtmans zu veranstalten.

Dem Niederländer konnte es recht sein, auch wenn sich auf der 4. und letzten Etappe *Bern-Payerne* (223 km) nicht nur die Witterung sondern auch seine Aussichten auf den Gesamtsieg rapid verschlechterten. War die *Tour de Romandie* bisher von schlechtem Wetter verschont geblieben, so gingen nun auf den Höhen des Jura zahlreiche Gewitter mit Blitz, Donner und Hagelschlag nieder, und insbesondere im schweizerischen „Novosibirsk", dem kleinen Ort La Brevien, herrschte sibirische Kälte. Zu den Frostbeulen kamen auf teilweise sehr schlechten Straßen eine Unmenge Reifenschäden, so daß die Rennfahrer wie ein Häufchen Verdammter durch die Gegend irrten. Koblet suchte nun die Entscheidung. Er diktierte in den Steigungen ein derartig hohes Tempo, daß das Feld in Gruppen und Grüppchen auseinander fiel. Selbst Coppi mußte alle Kräfte aufbieten, um dem entfesselten Hugo zu folgen. Aber Fausto wurde später ebenso wie Schär und viele anderen Fahrer ein Opfer der „Defekthexe" und verlor damit am letzten Tag den 2. Rang im Gesamtergebnis.

Übrig blieben nur noch die beiden Belgier Impamis und Schils sowie der Träger des Spitzenreitertrikots, Wagtmans. Sie konnten Koblet folgen und überließen ihm am Endziel in Payerne großzügig den Etappensieg. Ihnen genügte der unerwartete Gesamtsieg von Wagtmans, den sich der Niederländer ohne Zweifel sauer verdient hatte. Coppi beendete die Etappe an 8. Stelle und kam im Schlußklassement hinter Koblet (2.) und Impamis (3.) auf den 4. Rang. Von den 40 gestarteten Fahrern erreichten ganze 28 das Ziel. Heiner Schwarzer war nicht mehr unter ihnen. Er gab in Fleurier, mitten im ärgsten Gewitter, nach einem Hinterradbruch das Rennen auf.

Ein Teil der Asse begab sich erst einmal in eine wärmere Gegend: zum ***Giro della Campania*** mit Start und Ziel in Neapel. Nach 180 km und einer Fahrzeit von 4:39:15 Stunden siegte der immer mehr ins Rampenlicht rückende Giuseppe Minardi im Spurt vor Nino Defilippis und dem 3:03 min später folgenden Luciano Frosini. Coppi hatte nicht an diesem Rennen teilgenommen, er war schon auf dem Weg nach Frankreich; Stan Ockers auf dem Weg in die Klinik. Er hatte wieder einmal einen bösen Sturz getan.

Der Grund für Coppis Reise war die Fernfahrt ***Paris- Bruxelles***, ein Klassiker über 295 km, der am Sonntag, den 27. April, in der französischen Hauptstadt seinen Anfang nahm. Zunächst relativ harmlos, denn den vier Ausreißern - Lauredi, Desbats und Chapatte aus Frankreich sowie dem Belgier Derycke - wurde zu Recht nur wenig Beachtung geschenkt; in Charleroi hatte man sie wieder eingeholt.

Doch dann begann die entscheidende Phase. Nach der Passage von Charleroi machte sich Loretto Petrucci auf und davon. Scheinbar endgültig, denn mit einem 45er Schnitt, im Stil eines Bahnfahrers, donnerte er über den Asphalt. Dicht auf seinen Fersen die übrige Meute. Fausto Coppi bemühte sich persönlich, seinem jungen Landsmann und Stallgefährten die Verfolger vom Leib zu halten. Bis 15 km vor dem Ziel mit Erfolg. Doch dann wurde Petrucci zur Strecke gebracht. Nun folgte Vorstoß auf Vorstoß. Alle scheiterten. Erst zwei Kilometer vor dem Ziel konnte sich eine 10 Mann starke Gruppe absetzen, aus der heraus sich *Briek* Schotte mit 10 Sekunden Vorsprung als Sieger ins Ziel retten konnte. Die Ehre Frankreichs rettete Dussault, der Decorte, De Baere, Derycke, Impamis, De Mulder, Devos, Bonnaventure und Sterckx auf die Plätze verweisen konnte. 35 Sekunden später traf das Feld mit Coppi (20. Platz), Kübler, Ockers und Petrucci ein, um nur einige der geschlagenen Favoriten zu nennen.

Petrucci hatte einen schwachen Trost. Er führte weiterhin im *Challenge Desgrange-Colombo* mit 44 Punkten vor Schotte (36) und Keteleer (22). Coppi hatte 17 Punkte auf seinem Konto und lag an 8. Stelle in diesem Wettbewerb.

< *BARTALISSIMO* > - so lauteten die Schlagzeilen in Italiens Sportgazetten. Der 37-jährige Gino hatte das antike Duell Bartali-Coppi wieder einmal zu seinen Gunsten entscheiden können. Schauplatz waren die Landstraßen rund um Bologna, wo anfangs Mai der ***Giro dell´Emilia*** über 299 km stattfand. Dieser 2. Lauf zur Italienischen Straßenmeisterschaft verlief

äußerst dramatisch. Die Rundfahrt durch die Provinz Emilia galt neben der Toskana-Rundfahrt als Bartalis Domäne, als sein Jagdgrund. Hier kannte er fast jede Straße, und was für ihn noch Neuland war, studierte er sorgsam.

Auch der Straßenzustand interessierte ihn lebhaft. Besonders hatte es ihm der Abetone-Paß (1388 m) angetan, denn dort wollte er Coppi angreifen. Zusammen mit seinen *gregari* Baroni, Bresci, Corrieri, Martini und Pasquini machte er sich auf, die Strecke zu erkunden. Unterwegs überholte der Schifahrer Zenò Colo (Weltmeister von 1950 in der Abfahrt und im Riesenslalom sowie Olympiasieger 1952) die Truppe in seinem Jeep und lud sie spontan zu einem heißen Tee und einem warmen Bad in sein Hotel auf der Paßhöhe ein. Gino genehmigte das wärmende Getränk: „...aber gebadet wird zu Hause“.

Die Abfahrt war kein Vergnügen, der kalte Wind pfiff durch die verschwitzten Trikots, aber ohne Murren folgten ihm seine Getreuen, überzeugt daß der Chef schon das Richtige machen würde und daß er genug gesehen hatte.

Er hatte. Signore Luigi Chierici von *Stadio*, der Zeitung, die die Rundfahrt ausrichtete, hatte auch etwas getan: nämlich das Rennen auf den 1. Mai gelegt. Damit war auf jeden Fall der Zuschauererfolg garantiert. Vor diesem Publikum, vorbei an den dichtgedrängten Menschenmassen, sorgte Coppi auch sofort für Betrieb. Vorerst noch halbherzig. Erst nach etwa 150 km - Bologna wurde zum ersten Mal passiert und es ging in die zweite Schleife - machten Coppi mit seinem BIANCHI-Team in der Gegend von Ponte Venturina ernst und rückte aus. Bartali inszenierte mit Minardi eine Verfolgungsjagd und erreichte nach etwa 17 km bei Campo Tizoro die Spitze. Kaum dort angelangt ereilte Gino ein Schaltungsdefekt. Er hatte die Beine noch nicht richtig auf dem Boden, schon brauste „der da“ davon. Während Bartali sein Hinterrad auswechselte, rumorte vermutlich ein einziger Gedanke in seinem Kopf: Coppi wieder einholen und selbst angreifen!

Es muß so gewesen sein, denn im Aufstieg zum Abetone fuhr Bartali wie entfesselt, hatte nach 13 km Coppi am Schlafittchen und setzte nun, 4 Kilometer vor der Paßhöhe, den zweiten Teil seines Vorhabens in die Tat um. Er fuhr Coppi auf und davon, erreichte die Paßhöhe und sauste wie entfesselt bergab. Die „Besichtigungstour“ hatte sich gelohnt, er kannte jede Kurve, jede Kehre.

Das konnte man beim besten Willen von den Soldaten, die auf Motorrädern als Streckensicherung vorausfuhren, nicht behaupten. Zumindest nicht von den beiden, die vor Bartali hergeisterten. In einer Kurve kam der erste ins Schleudern und stürzte über die Böschung. Sein Kamerad war von dieser Vorstellung so beeindruckt, daß er ihm sofort auf dem selben Weg folgte. Gino war nun genau genommen auf der weiteren Solofahrt wesentlich mehr von diesen „Tieffliegern“ gefährdet, als von seinen Verfolgern. Die brauchten nämlich rund 75 km, bis sie Bartali in Formigine wieder eingeholt hatten. Sie, das waren Minardi und Coppi! Der 24-jährige Giuseppe, für LEGNANO unterwegs, versuchte auch sofort einige Vorstöße, aber Gino war auf der Hut.

Kurz hinter Modena, etwa 40 km vor dem Ziel, machte er sich an Bartali heran und klopfte vorsichtig an: <*Perché non mi lasci andar via?*> (Warum läßt du mich nicht wegfahren? Eine unter Profirennfahrern durchaus gängige Frage). Bartali antwortete: „Warum sollte ich. Läßt Coppi dich wegfahren? Willst du damit sagen, du hast ihn herangeführt und nun zeigt er sich erkenntlich?“ Kleinlaut antwortete Minardi, es sei gerade umgekehrt gewesen: „Ich habe keinen Meter geführt.“ Darauf Gino: „Gut, wenn das stimmt, läßt dich ´der da´ auf keinen Fall weg. Los probier´s!“ Minardi trat an, aber Coppi reagierte sofort. Der alte Rennfuchs Bartali wußte Bescheid. Er hatte es mit zwei getrennt operierenden Gegnern zu tun.

Inzwischen war man in Castelfranco, 18 km vor dem Ziel. Die Vorbereitungen auf den Endspurt begannen. Wer ist der Stärkste? Der unverbrauchte Minardi? Der *Campionissimo*? Oder gar der „Alte“? Ginos Aktien standen nach seiner Solofahrt schlecht. Aber in der Viale Silvani wuchs er über sich hinaus. In einem fulminanten Spurt schlug er Minardi um eine halbe Radlänge, Coppi um eine ganze. Der Rundfunkkommentator Mario Ferretti, ein Coppi-Anhänger mit Leib und Seele, gab bekannt: „Coppi dritter, Minardi zweiter, Bartali erster“; (letzteres nicht gerade mit freudiger Stimme).

Warum das alles so ausführlich? Erstens war es einer der letzten großen Erfolge in Bartalis langer Laufbahn, zweitens der Grundstein zu seinem vierten und letzten Meistertitel. Doch davon später. Vorerst führte er in der Meisterschaft mit 6 Punkten vor Moresco (ebenfalls 6 Punkten), Coppi, Minardi und Giacchero (4) und weiteren 19 Fahrern, die sich mit drei, zwei und einem Punkt zufrieden geben mußten.

Noch hatte man gut 14 Tage Zeit bis zum Beginn der Italienrundfahrt und jeder nutzte sie auf seine Weise. Weltmeister Ferdy Kübler, um den es in letzter Zeit etwas ruhig geworden war, wollte seinen Ruf als Doppelsieger etwas aufpolieren (1950 hatte er innerhalb von 40 Stunden den ***Giro del Ticino*** und den ***G.P. di Prato*** gewonnen. 1951 benötigte er etwa die selbe Zeit, um sich mit dem ***Flèche Wallonne***, dem *Pfeil von Wallonien* und ***Liège-Bastogne-Liège***, der seit 1894 ausgetragenen Fernfahrt, die von Lüttich nach Bastogne und wieder zurück nach Lüttich führt und mit ihren 229 km von je her zu den Frühjahres-Klassikern zählt, das sogenannte ***Week-End Ardennais***, das *Ardennen-Weekend*, zu sichern). Und genau um dieses Wochenende ging es.

Zuerst schlug Kübler im Hotel *Latetia* in Charleroi sein Quartier auf. Dort hatte er auch im Vorjahr gewohnt und es hatte ihm Glück gebracht. Dann zog Ferdy sein Regenbogentrikot an und ging am 10. Mai an den Start zum ***Flèche Wallonne***, der auf der Strecke Charleroi-Lüttich über 220 Kilometer ausgetragen wurde. Nach 5:59:59 Stunden war die Sache für ihn erledigt. Er hatte im Spurt vor den Einheimischen Ockers und Impamis, dem Franzose Quentin und vier weiteren Fahrern gesiegt. Tags darauf holte er sich den Sieg bei ***Liège-Bastogne-Liège*** in 6:28:06 std - diesmal vor dem Belgier Van Kerckhove und Jean Robic. Damit hatte er auch den Gesamtsieg im

Week-End Ardennais unter Dach und Fach und führte nun mit 55 Punkten vor Petrucci (44), Decock (40) und Schotte (36) im *Challenge Desgrange-Colombo.* Es war übrigens Küblers zweites „Doppel" in diesem Jahr. Erinnern wir uns an den 22. Mai!

Kübler, bestimmt einer der Favoriten für den Giro, war gerüstet. Und wie sah es im Lager der Italiener aus? Man traf sich am 8. Mai zum ***G.P. Massaua*** in Grosseto. Aber vom Start weg spielten Gino Bartali, Fausto Coppi und Fiorenzo Magni mit verdeckten Karten, legten ihre ganze Energie in die gegenseitige Überwachung und ließen die Kleinen gewähren. Das machte sich Giacomo Zampieri zu Nutzen, der Cesare Olmo und Attilo Lambertini auf die Plätze verwies. Nach 6 Minuten traf das Feld ein, das der schnelle Casola im Spurt abfertigte. Darunter auch die unbelehrbaren, ewigen Rivalen Bartali (13. Platz) und Coppi (16.). Außer Spesen nichts gewesen. Die Medien, und damit auch die breite Masse, waren, was Voraussagen für den Verlauf der Italienrundfahrt betraf, genau so schlau wie zuvor.

Auch ein Omnium auf der Vigorelli-Bahn in Mailand brachte natürlich kein Licht ins Dunkel. Nur einen Sieg von Coppi-Terruzzi über Magni-Bevilacqua, Koblet-Leoni, Bartali-Rigoni und Ockers - Van Steenbergen. Im anschließenden 40-km-Mannschaftsrennen siegten Magni-Bevilacqua. Coppi-Terruzzi belegten eine Runde zurück den 5. Platz.

Also mußten andere Informationen her. Die Favoriten wurden gewogen und gemessen: Astrua 24 Jahre *(1,70 m/69 kg);* Bartali 37 *(1,72/68);* Bevilacqua 33 *(1,76/79);* Coppi 32 *(1,77/75);* Impamis 26 *(1,65/67);* Koblet 27 *(1,82/78);* Kübler 32 *(1,81/77);* Magni 31 *(1,83/76);* Minardi 24 *(1,79/72);* Ockers 32 *(1,60/66)* ; Petrucci 22 *(1,79/73)* und Van Steenbergen 27 *(1,86/84).*

Und man befragte die Bürgermeister der Etappenstädte nach dem voraussichtlichen Sieger: acht entschieden sich für Coppi, zwei für Petrucci bzw. Bartali, jeweils einer für Magni und Minardi; der Rest hatte keine eigene Meinung.

Dann wurden die letzten Interviews gemacht. Coppi hielt Koblet für den schärfsten Gegner, Koblet entschied sich für Coppi, Kübler für alle beide, und Bartali hatte keinen; er war ja schließlich Bartali.

Am 17. Mai begann für 112 Fahrer der ***35. Giro d'Italia***. Der Auftakt war stürmisch. Stürmischer jedenfalls als man erwartet hatte, denn die 1. Etappe *Milano-Bologna* (217 km) war von einer Reihe Ausreißversuche geprägt. Den ersten zettelte Donato Piazza bereits nach 4,4 km an, allerdings erfolglos. Carrea und Volpi versuchten es in Lodi (28 km), Corrieri, Frosini und Gervasoni schlossen auf, und in Secugnano (39,5 km) kam noch De Santi hinzu.

Diese sechs Fahrer blieben 140 km beisammen. Sie überquerten den Po, passierten Parma und Reggio und übersahen dabei vollkommen, daß man sich von hinten rapide näherte.

Man - das waren Coppi, Magni, Minardi, Kübler und Koblet. In Modena (177 km) war es mit der Herrlichkeit der Ausreißer zu Ende. Eine neue 17 Mann starke Gruppe bestimmte nun das Geschehen. Sie wurde 10 km vor dem Ziel nochmals gesprengt, als Koblet einen Reifenschaden hatte und seine Gegner sofort attackierten. Hugos Materialwagen war nicht zur Stelle und so mußte er selbst den Ersatzreifen aufziehen (konnte also nicht von der Änderung im Reglement profitieren, das im Gegensatz zum Vorjahr einen Radwechsel erlaubte). Eine geschlossene Bahnschranke kostete Hugo weitere Zeit. Aber in eindrucksvoller Verfolgungsjagd machte er wieder einigen Boden gut und kam mit nur 20 Sekunden Rückstand ins Ziel.

Dort hatte man nach 5:56:47 std um den Etappensieg und die weitere Plazierung gekämpft. Mit Albani stand zwar der Sieger fest, aber Magni und Kübler waren sich in die Wolle gekommen. Im wahrsten Sinne des Wortes: Kübler hatte Magni im Kampf um den zweiten Platz, ausgangs der letzten Kurve im Stadion von Bologna, an der Hose gehalten. „Würdest du das bitte bleiben lassen, lieber Ferdinand" hat Magni bestimmt nicht geflüstert. Im Gegenteil. Er brüllte wie am Spieß und riß sich los. Im Ziel fuchtelte er wild umher und ging nun seinerseits dem Weltmeister an die Wäsche. Carabinieri mußten die beiden Streithansel gewaltsam trennen. Die Jury zog die Konsequenz: Ferdy wurde auf Rang 17 zurückgesetzt, Magni erhielt eine „saftige" Geldstrafe von 500 Lire (Volpi hatte z.B. unterwegs in Codogno eine Prämie von 20 000 gewonnen!)

Nun, die Gemüter beruhigten sich wieder und in Eintracht ging man zur 2. Etappe *Bologna-Montecatini* (197 km) an den Start. Der entscheidende Vorstoß fand diesmal nach 129 km in Barigazzo beim Anstieg zum Abetone-Paß statt. Conterno, Defilippis, Géminiani, Zampini, Close/BEL, Zampieri, Astrua und Marcel Huber/LUX waren die Initiatoren, die auch in dieser Reihenfolge am Ziel ankamen. Nach 1:42 Minuten traf eine Fünfergruppe ein: Conterno, Coppi, Bartali, Kübler und Albani. Conterno schlüpfte ins Rosa Trikot, Coppi sah mit 1:26 min Rückstand der Zeremonie gelassen zu. Sein Mannschaftskamerad Petrucci hatte andere Sorgen. Er war während der Abfahrt bei Barigazzo in dichtem Nebel schwer gestürzt und die bombastische Diagnose des Rennarztes Dr. Frattini lautete: < *Ferita sopraorbitaria sinistra con lieve perdita di tessuti cutanei superficiali per circa tre centimetri, spalla sinistra dolorante per distorsione* > *!* Mein Gott, war der gute Loretto überhaupt noch am Leben? Er war; aber ziemlich verpflastert und er hatte den Kopf in einem dicken Verband.

Sorgen hatte auch Koblet. Er war offensichtlich nicht in der Form des Vorjahres. Hugo hatte schon im Frühjahr Anlaufschwierigkeiten. Einmal war er erkältet, dann hatte er plötzlich Luftmangel. Waren das eventuell Nachwirkungen des süßen Lebens im Winter? Ehrengast bei der *Mexiko-Rundfahrt*, Wasserskifahren in Acapulco, Aprés-Ski in Davos, schöne Frauen...

Der *pédaleur de charme* hatte sich auf jeden Fall über fünf Minuten Rückstand eingehandelt und es sah gar nicht gut für ihn aus.

Zur großen Freude der Zuschauer erschien Loretto Petrucci am Start zur 3. Etappe *Montecatini-Siena* (205 km). Er hatte am linken Jochbein einen Verband, ein herrliches Veilchen unter dem Auge und sah alles andere als glücklich aus. Aber er wirkte fit.

Nach der strapaziösen Apenninen-Kletterei am Vortag begann die Fahrt relativ ruhig. Eine größere Ausreißergruppe, in der sich auch Coppi und Bartali befanden, diktierte anfangs das Tempo. Ihr Unternehmen hatte in San Romano (85 km) ein Ende und nun machten sich Pasotti, De Santi, der Schweizer Aeschlimann und Baronti selbständig. Zu ihnen schloß bei Empoli (102 km) noch Brasola auf. Der Schweizer und Baronti fielen wieder zurück, aber von hinten rückten Bevilacqua, Ockers, Dordoni und der in der Schweiz lebende junge Italiener Clerici auf. Diese sieben machten das Ende unter sich aus: Bevilacqua siegte nach 5:26:21 std vor Ockers, De Santi, Brasola, Pasotti, Dordoni und Clerici. Defilippis traf als Zehnter ein und übernahm das Rosa Trikot. Petrucci litt unter heftigen Kopf- und Schulterschmerzen, aber er kapitulierte nicht.

Gefährlich lebten auch schon damals - ähnlich wie heute -die Fotoreporter und ihre Motorradfahrer. Fatal verlief die Etappe für die beiden italienischen Fotografen Mariani und Breveglieri sowie ihre Fahrer. Sie stürzten und mußten ins Krankenhaus gebracht werden.

Die 4. Etappe *Siena-Roma* (250 km) sah vom Start weg den Italiener Grosso im Angriff. Vorerst kümmerte man sich nicht um ihn. Als er aber nach rund 80 km im 896 Meter hoch gelegenen Radicofani bei der 2. Bergwertung des Tages 15:05 min Vorsprung hatte, schlug man im Feld Alarm. Entschlossen stiegen Coppi und die anderen Großen in die Pedale, mit dem Erfolg, daß Grossos Vorsprung dahinschmolz wie Schnee an der Sonne. Über Montefiascone (552 m), durch die Weinberge des berühmten < *Est!Est!!Est!!!* > - an dem sich mindestens ein kirchliche Würdenträger zu Tode getrunken hat - durch Viterbo und Vetralla ging die wilde Jagd, bei der sich besonders Martini, der Spanier Ruiz, Zampini, Rossello und Clerici verdient machten. In Capranica (172 km) hatten die Spielverderber den erschöpften Grosso eingeholt.

Sofort ging die Hetzerei weiter. 50 km vor dem Ziel bildete sich ein Führungsrudel von 18 Fahrern, das sich 25 km vor Rom einem Ausreißversuch von Bevilacqua widersetzen konnte. Aber am Stadtrand übersahen sie den Antritt von Keteleer und Pasotti. Der Belgier konnte den Spurt nach 7:26:40 std mit einer halben Radlänge für sich entscheiden. Das Feld, von Ferdy Kübler angeführt, traf 1:08 min später ein, Coppi belegte den 15. Platz.

Beim Girostart in Mailand hatte sich Orfeo Ponsin, ein 24-jähriger Italiener aus San Giorgio in Bosco (Padua) fest vorgenommen, die Rundfahrt zu Ende zu fahren. Er wollte bis Rom vorsichtig sein, dann aktiver werden und versuchen, eine Etappe zu gewinnen. Ponsin ging mit seiner Mannschaft FREJUS ins Rennen, sein Rad und sein Trikot trug die Startnummer 56. Nach der 3. Etappe lag er an 48. Stelle im Gesamtklassement. Während der 4. Etappe, unweit der Ortschaft Madonna di Bracciano, ganze 20 km vor Rom, war gerade die Jagd auf den ausgerissenen Bevilacqua im Gange. Ponsin war mit dabei. Plötzlich brach sein Sattel und er wurde frontal gegen einen Baum geschleudert. Man brachte den Jungen sofort ins Krankenhaus *Santo Spirito,* später in sein Hotelzimmer. Dort verlor er den Wettlauf mit dem Tod. < *Orfeo Ponsin, operaio della bicicletta, gregario infaticato, é morto su lavoro.* > Nachruf für einen Berufsfahrer, einen unermüdlichen Helfer, der Opfer seines Berufs wurde.

Der erste Ruhetag der Italienrundfahrt in Rom war natürlich von diesem tragischen Unfall überschattet. Dementsprechend stand auch der Empfang der Girofahrer und ihrer Begleitung bei Papst Pius XII. im Zeichen dieses Vorfalls.

Aber *„the show must go on".* Die Rundfahrt ging mit der 5. Etappe *Roma - Rocca di Papa* (Einzelzeitfahren über 35 km) gnadenlos weiter. Die Strecke, mit mehreren Steigungen durchsetzt, war so richtig nach dem Geschmack der Kletterspezialisten. Wie im Vorjahr auf einer ähnlichen Etappe, dem Zeitfahren nach San Marino, kam es auch diesmal zu einem Duell zwischen Coppi und dem jungen kletterstarken Giancarlo Astrua. Astrua hatte Coppi damals überraschend mit 20 Sekunden das Nachsehen gegeben. Diesmal revanchierte sich Fausto, aber der zähe Bursche aus der nicht gerade bergigen Po-Ebene erwies sich wieder als der schärfste Gegner. Nach Überquerung der Rocca Priora (768 m) und der 9,5 km langen Abfahrt nach Squarciarelli begann der letzte Anstieg zum Ziel in Rocca di Papa (681 m). Noch lagen beide zeitgleich im Rennen, aber auf diesen letzten sechs Kilometern holte Coppi die siegbringenden 32 Sekunden Vorsprung heraus.

Mit einer Zeit von 1:01:26 std (34,183 km/std) errang Fausto seinen ersten Etappensieg bei diesem Giro und rückte auf Rang zwei im Gesamtklassement vor (54 Sekunden zurück). Hier führte auf Grund seiner feinen Leistung Astrua, der den bisherigen Träger des Rosa Trikots, Defilippis, ablöste. Auf dem 3. Platz folgte Géminiani (2:34 min), Kübler und Zampini (je 2:53) und De Filippis (3:00). Schwer ins Hintertreffen war Hugo Koblet geraten. Der Schweizer lag nach dieser Etappe bereits rund acht Minuten hinter Coppi.

Am Start zur 6. Etappe *Roma-Napoli* (238 km) nahm die Giro-Karawane in der majestätischen Szenerie der Piazza di San Pedro Aufstellung und Abschied von der „Ewigen Stadt", aber auch endgültig von ihrem tödlich verunglückten Kameraden Ponsin, zu dessen Gedenken sie sich in das aufgelegte Ehrenbuch eingetragen hatten. Der sportbegeisterte Papst stand an einem Fenster des Vatikans und winkte den Fahrern zu.

Dann ging es in den Süden, nach Neapel. Lange tat sich nichts von Bedeutung. Erst nach 170 km griff Emilio Ciolli an, gefolgt von seinen Landsleuten Benedetti, Vincenzo Rossello, Marcello und Rik VanSteenbergen.

Gewöhnlich hätte die Tatsache, daß der Belgier einer Ausreißergruppe angehörte, sofort Alarm ausgelöst. Diesmal ließ man ihn ziehen, denn er lag in der Gesamtwertung rund eine halbe Stunde zurück.

Die Zielankunft auf der Arenaccia-Bahn in Neapel brachte natürlich keine Überraschung. Van Steenbergen nutzte die Gelegenheit und siegte nach 6:14:48 std vor Rossello und Benedetti. Das Feld mit allen Assen hatte 2:15 min Rückstand. Dadurch hatte sich im Gesamtergebnis nichts verändert, Astrua führte weiter mit 54 Sekunden Vorsprung vor Coppi.

Bei brütender Hitze wurde die 7. Etappe *Napoli-Roccaraso* (140 km) gefahren. Auf teilweise schlechten staubigen Naturstraßen inszenierte Hugo Koblet seinen ersten überzeugenden Angriff. Der Girosieger von 1950 überrumpelte nach etwa 110 km zwischen dem Passo Macerone (787 m) und dem Passo di Rionero Sannitico (1052 m) die anderen Asse und zog mit einer Gruppe davon, die Jagd auf die schon kurz nach dem Start ausgerissenen Schär, De Santi und Piazza machte, die zu diesem Zeitpunkt bedrohliche 7:50 min Vorsprung hatten. Auf der Paßhöhe des Sannitico, die der Schweizer Huber als erster mit einem Vorsprung von 13 Sekunden überquerte, war man innerhalb von 20 km (!) bereits bis auf 1:53 min an das Trio herangekommen.

Dann ging es ins das Tal des Sangro hinunter. Dort wurden die drei Ausreißer eingefangen (Fausto Coppi, der mit Bartali, Kübler, Magni und den anderen Großen im Hauptfeld nun ebenfalls für Tempo sorgte, handelte sich hier einen Reifenschaden ein, konnte aber den Anschluß wieder herstellen). Von dort führte die Strecke weiter über Castel di Sangro (800 m) ins Ziel nach Roccaraso (1052 m). Im Schlußanstieg konnte sich Albani aus der Gruppe lösen und nach 4:49:30 std mit einem kleinen Vorsprung den Etappensieg für sich buchen. Auf den Plätzen folgten Géminiani, Roma, Lambertini, Fornara und Koblet. Mit 44 Sekunden Rückstand traf Pasotti ein. Martini als Spurtsieger einer weiteren Gruppe hatte 52 Sekunden Rückstand, während das Feld mit Coppi im Ziel 1:32 min zurücklag. Im Gesamtergebnis blieb weiterhin alles beim alten. Die 8. Etappe hatte man verkürzt. Sie führte nicht von Roccaraso, sondern erst 30 km später von *Sulmona* aus nach *Ancona* (224 km). Bei Kilometer 61 konnten Zanazzi und Massocco dem Feld entwischen und vorerst die Abfahrt nach Pescara ungestört genießen.

Nun war man an der Adria. Das Duo hatte hier 5:15 min Vorsprung und in San Benedetto del Tronto, nach 160 km gar 8:10 Minuten. Alles schien gelaufen zu sein, aber wieder einmal hatte man die Rechnung ohne die Gegner gemacht. Die waren sich plötzlich in der Verfolgung einig und nach Rund 200 km war es mit der Herrlichkeit aus; man hatte die beiden eingeholt. Anschließend bildete sich eine 25 Mann starke Gruppe, die bis Ancona zusammenblieb.

Fast, denn zwei Kilometer vor dem Ziel konnte Rino Benedetti davonstürmen und nach 5:40:55 std die Etappe für sich entscheiden. 30 Sekunden später trafen die Verfolger ein, deren Spurt Conte gewann. Dann trudelte das

Feld ein, für das ein Rückstand von 2:30 min gemessen wurde. Im Gesamtklassement ergab sich keine bemerkenswerte Veränderung. Nach wie vor führte der junge Astrua mit 54 Sekunden Vorsprung vor Coppi.

Stellvertretend für alle Giroetappen soll an dieser Stelle einmal das Augenmerk auf die Prämien gerichtet werden, die von sportbegeisterten Zuschauern für die Fahrer gestiftet wurden. Beginnen wir am Start in Sulmona: *Petrucci gewann dort als Symphatieprämie für sein Durchhalten einen Wecker;* Scafa: *Zanazzi holte sich 15 000 Lire, Massocco 7 000;* Roseto: *Massocco schnappt sich dort 7 000 Lire, Zanazzi 3 000;* Giulianovo: *Zanazzi buchte dort weitere 12 000 Lire auf sein Konto, Massocco 7 000, Franchi 4 000*; Tortoreto: *Massocco heimste 6 000 Lire ein;* Grottamare: *Zanazzi erspurtete 5 000 Lire und 1 Woche Ferienaufenthalt, Massocco einen Fotoapparat;* Pedaso: *Massocco kassierte weitere 5 000 Lire;* Porto San Giorgio: *Zanazzi holte sich nochmals eine Woche Ferienaufenthalt, Massocco 8 000 Lire, Soldani 4 000;* Porto Sant´Elpidio - hier war scheinbar Markt: *für Zanazzi 20 Paar Schuhe (!), für Massocco 10 Paar, für Grosso 5 Paar;* Civitanova: *Piazza erspurtete 8 500 Lire, Seghezzi 5 500 und Kirchen 3 000.*

Man sieht, bei einem erfolgreichen Ausreißversuch kam da schon etwas zusammen. Zum Beispiel bei Zanazzi - er heimste 35 000 Lire ein. Eine Menge Geld, wenn man bedenkt, daß das durchschnittliche Monatseinkommen einer italienischen Familie zu dieser Zeit etwa 50 000 Lire betrug. Allerdings kam der Prämiensegen meist in die Teamkasse und dann sah die Sache, auch wenn sich die Mannschaftskapitäne wie z.B. Coppi daraus nicht bedienten, schon etwas anders aus. Immerhin waren diese Einnahmen neben den fixen Firmenverträgen, den Startgeldern und den Siegprämien ein Zubrot für die *gregari.* Damit war aber auch sichergestellt, daß an den von der Prämienkommission gekennzeichneten Stellen zur Freude der Zuschauer immer auf Teufel komm raus gespurtet wurde.

Die Rennleitung hatte die 8. Etappe gekürzt, also wurde die 9. Etappe entsprechend verlängert. Sie führte von *Ancona* nach *Riccione* (250 km). Die anspruchsvolle Strecke mit ihren Steigungen und Abfahrten durch den Umbrischen Apennin ließ allerhand Scharmützel erwarten, nicht jedoch den Erfolg des alles andere als kletterstark verrufenen Rik Van Steenbergen. Aber der Belgier war rechtzeitig nach 87 km am Colle di Fossato (733 m) in die entscheidende Flucht des Tages eingestiegen. Seine 15 Weggefährten warteten nun ständig, daß dem Flamen die Puste ausging, doch wer nicht schlappmachte war *Rik*! Sein Rennleiter Constante Girardengo - neunfacher italienischer Straßenmeister und damit einer der berühmtesten Rennfahrer Italiens - in jener Zeit Besitzer und Manager seiner eigenen Mannschaft GIRARDENGO-CLEMENT, strahlte über das ganze Gesicht.

Der „alte Fuchs" hatte Van Steenbergen den letzten Anstieg etwa 30 Kilometer vor dem Ziel verschwiegen; so nach dem Motto: „Er wird es schon noch rechtzeitig merken". Der Belgier, alles andere als ein Freund der Berge, schimpfte nicht schlecht, quälte sich über den Monte Cerignone (569 m), ließ aber nicht abreißen, und von da ab stand sein Etappensieg gewissermaßen fest.

Im Spurt kam es dann wie es kommen mußte. Der Belgier siegte nach 6:38:09 std vor dem Schweizer Brun und weiteren elf Fahrern (Massocco, Gervasoni und der Schweizer Kamber hatten unterwegs die Segel gestrichen). Nun wartete man auf das Feld.

Das war insofern spannend, als Brasola, der mit der Spitzengruppe eingetroffen war, sich Hoffnungen auf das Rosa Trikot machen konnte. Das wußte auch Astrua. Er und seine Mannschaftskameraden von ATALA handelten dementsprechend. Mit großer Kraftanstrengung gelang es ihnen, den Rückstand auf 6:36 min einzuschränken und damit das *maglia rosa* zu retten. Nutznießer war Coppi, der im Schlepptau der Verfolger ins Ziel kam, den 27. Platz belegte und weiterhin mit 54 Sekunden Rückstand im Gesamtklassement auf Platz zwei lag.

Die 10. Etappe *Riccione-Venezia* (285 km) war brettleben. Was sollte da schon groß passieren? „Etappe der Langeweile" hatten voreilige Journalisten sie genannt. Dieser Meinung konnte man sich anschließen, denn im Hintergrund lauerten bereits die Dolomiten mit ihren gefürchteten Pässen, die nicht einmal durch den dazwischenliegenden Ruhetag in Venedig ihren Schrecken verloren. Aber meistens kommt es anders als man denkt! 192 Kilometer wurden im Touristentempo abgespult, Scherzworte flogen hin und her, die Jagd auf Getränke stand im Vordergrund, man hatte seinen Spaß. Plötzlich krachte und schepperte es. Massensturz! Elf Fahrer hatte es erwischt. Darunter auch Astrua, das Rosa Trikot!

< *Fottuto!* > - Verflucht! (steht in keinem anständigen Wörterbuch, ist aber hier angebracht und Astrua stammelte es bestimmt mehrmals), denn Coppi überlegte nur Sekunden, dann war für ihn alles klar. Der *Campionissimo* hatte als zweiter im Gesamtergebnis eine gute Chance, Astrua das Rosa Trikot abzunehmen und sich für den Dolomitenansturm eine glänzende Ausgangsposition zu schaffen. Außerdem konnte eine flotte Attacke am Vorabend großer Bergfahrten nicht schaden, - so man sich gut genug fühlt -, denn die anderen müssen wohl oder übel mitziehen und das kann ihnen tags darauf gewaltig in den Beinen stecken.

Als Fausto mächtig in die Pedale trat, herrschte sofort Großalarm. Bartali, Koblet, Kübler, Magni, Ockers, - alles Namen, die man bisher vergeblich suchte -, setzten augenblicklich nach, und auf der Strecke Rovigo-Venedig waren von nun an zwei Züge unterwegs: vorne der < *rapido* >, der Schnellzug, mit Coppi als Lokomotive, hinten der < *treno viaggiatori* >, der Personenzug, mit der lädierten Zugmaschine Astrua an der Spitze. Das Duell war ungleich, das Ergebnis vorhersehbar.

Der Etappensieger war mit Van Steenbergen, der sich wieder einmal im Spitzenrudel befand, von selbst gegeben. Nach 8:48:25 std spurtete der Belgier allen davon und errang seinen dritten Etappensieg. Kübler wurde Zweiter vor Bartali und Stan Ockers. Coppi sah sich das Gerangel aus der zweiten Linie an. Er landete auf dem 14. Platz, hatte aber das Rosa Trikot! Denn erst nach 5:32 min traf Astrua mit seinen Mannen ein und fand sich im Gesamtergebnis mit 4:45 min Rückstand auf Platz acht wieder. < *Fottuto!* >

Der Ruhetag in Venedig war für Rennarzt Dr. Giuseppe Frattini alles andere als geruhsam. Bewaffnet mit seinem Stethoskop, seinem Blutdruckmeßapparat, seinem Inhalationsgerät, seinen sonstigen ärztlichen Instrumenten und seinem Medizinkoffer machte er in den Hotelzimmern die Runde. Jeder der Fahrer hatte inzwischen irgendein Wehwehchen und bis in den Abend hinein war der *Dottore* am verarzten. Dann war er vermutlich sein eigener Patient.

Der nächste Tag war grau in grau. Am Start zur 11. Etappe *Venezia-Bolzano* (276 km) war der Himmel wolkenverhangen und die Stimmung der Fahrer entsprechend gedrückt. Von den Dolomiten sah man vorerst nichts. Das ermutigte Martini und eine Reihe anderer, darunter Géminiani, Schär, Petrucci, Minardi und De Santi zu einem Probegalopp. Mit 2:16 Minuten Vorsprung passierte die Gruppe Cortina d´Ampezzo.

Dann trat das von vielen Vorhergesehene, aber dennoch Sensationelle ein: Fausto Coppi ließ seine Gegner im Feld der Reihe nach einfach stehen! Koblet, Magni, Ockers, Kübler und auch Bartali mußten klein beigeben. Locker und leicht kletterte Coppi die Kehren des Falzarego hinauf. Sein Pedaltritt war rund und harmonisch, seine Haltung im Sattel stilistisch einwandfrei (noch heute sind Fotos und Film- bzw. Videoaufzeichnungen von Coppi aus dieser Zeit eine Augenweide. Man merkt ihm nicht die geringste Kraftanstrengung an). So auch damals. Wer diesen Coppi dem Felde enteilen sah, der wußte, was die Glocke geschlagen hatte! Auf der Paßhöhe (2105 m) war Coppi bereits in der Ausreißergruppe. Knapp hinter Géminiani passierte er den höchsten Punkt, von seinen Anhängern begeistert gefeiert.

Dann begann der Vorstoß des unvergleichlichen Könners. Bereits in der Abfahrt nach Cernadoi holte Fausto mehr als zwei Minuten Vorsprung heraus, auf dem Pordoi (2239 m) lag er rund 2:30 min vor dem jungen Belgier Close, der ein phantastisches Rennen fuhr und mit den Großen kräftig mitmischte. Hinter diesen beiden besann sich Bartali auf alte Zeiten und mit dem ihm eigenen Mut der Verzweiflung überholte der fast 38-jährige Gegner um Gegner. Zuletzt Ferdy Kübler, Astrua, Schär und Géminiani.

3:17 min nach Coppi kam *il vecchio* auf den Pordoi. Ginos Anhänger hatten allen Grund zum Jubeln! Aber an ein Einholen von Fausto war nicht zu denken. Im Gegenteil, der Abstand vergrößerte sich von Kilometer zu Kilometer. Bei der Passage des Sella-Passes (2240 m) war Coppis Vorsprung gegenüber seinem Erzrivalen, der inzwischen Close überholt hatte, auf 4:29 min angewachsen.

Die Abfahrt nach Bozen war ein einziger Triumphzug für Fausto. Mit einem Durchschnitt von stellenweise 80 bis 90 kmh raste der *Campionissimo* ins Tal, begleitet von den Zurufen einer unübersehbaren Menschenmenge am Rande der Straße. In Bozen, wo Coppi nach 8:49:00 std als Sieger auf der Aschenbahn im Stadion eintraf, waren die Zuschauer aus dem Häuschen. < *Cop-pi! Cop-pi!* > Die Ovationen wollten kein Ende nehmen. Fausto hatte bereits zwei Rundfunkinterviews hinter sich, als nach 5:20 min Bartali eintraf und Magni im Spurt schlug. Mit einem Rückstand von 6:39 min kam Ferdy Kübler ins Ziel, der wiederum Ockers, Rossello, Padovan, Géminiani, Zampini und Schär auf die Plätze verwies. Koblet traf erst nach 15:17 min ein und mußte sich allmählich eine Stelle suchen, wo er seine Hoffnungen auf einen Girosieg begraben konnte. Von Brambilla erzählt man sich, daß er nach der verpfuschten Schlußetappe, die ihn 1947 um den Toursieg brachte, sein Rad vergraben hätte...

Ganz so weit war Koblet noch nicht. Aber Coppis unvergleichlicher Gipfelsturm, seine Rückkehr zur großen Form des Jahres 1949, bildeten nicht nur das Tagesgespräch in ganz Italien. Sie brachten auch den ob der Erfolge von Koblet und Kübler übermütig gewordenen Schweizer Radsport-Fans Enttäuschung und Ernüchterung.

Fausto Coppi hatte den Girosieg quasi in der Tasche. Magni lag mit 8:19 min Rückstand an 2. Stelle; dann folgten als 3. Bartali (8:21 min), 4. Zampini (8:38 min) und 5. Kübler (8:38 min).

Aber Coppi war vorsichtig. Auf die Frage eines Journalisten, ob er das Rosa Trikot noch einmal abgeben werde, antwortete er diplomatisch: „Die Rundfahrt ist noch nicht zu Ende. Wenn nichts passiert, werde ich es nach Mailand bringen."

Mehr konnte er dazu nicht sagen, denn sein blinder Masseur Cavanna zog ihn aus dem Verkehr. Und obwohl Fausto versicherte, er sei keineswegs müde, steckte ihn Biagio, „der Zauberer", im Hotel in das obligatorische Wannenbad (warmes Wasser und wie in alten Zeiten einige Flaschen Weinessig als Badezusatz).

Man sprach aber auch über profanere Dinge, z.B. die große Anzahl von Reifenschäden. 59 mal hatte es mehr oder weniger laut geknallt und die kostbare Luft ist entwichen. Bei Géminiani, Van Ende und Koblet dreimal, bei De Santi und Ciolli gar viermal. Aber auch Bartali (einmal), Coppi (zweimal) und Kübler (zweimal) blieb das unangenehme Absteigen nicht erspart. Ein Glück, daß man den Radwechsel erlaubt hatte. Die Etappe wäre zum „Gummi-Lotto" geworden.

Nach der schweren Dolomitenfahrt nahm die 12. Etappe *Bolzano-Bergamo* (226 km) erwartungsgemäß einen ziemlich ruhigen Verlauf. Die brütende Hitze tat das ihre und so blieb es vorerst bei kleineren Vorstößen, die alle im Sand verliefen. Erst nach 173 km, am Ortsausgang von Brescia, gelang sechs Fahrern die entscheidende Flucht. Nach 6:53:03 std erreichten sie in der Reihenfolge Conte, Padovan, Renzo Zanazzi, Isotti, Scudellaro und Barducci das Ziel in Bergamo. Loretto Petrucci gab ein kräftiges Lebenszeichen von sich: er fertigte im Spurt eine Verfolgergruppe ab. Das Hauptfeld traf mit 5:09 min Rückstand ein. In der Gesamtwertung blieb alles wie gehabt.

Auch die 13. Etappe *Bergamo-Como* (143 km) verlief ähnlich. Man befand sich ja nun in einer ausgesprochenen Ferienregion und die Stimmung bei den Fahrern war entsprechend. Auf der schönen Straße entlang dem Gardasee gab es zwar verschiedene Jagden, aber sie galten in erster Linie Orangen und Zitronen.

Mit „Zitronen" mußte diesmal Van Steenbergen handeln. Nach der anfänglichen Bummelei entwickelte sich doch noch ein flottes Rennen und das Hauptfeld spaltete sich in mehrere Gruppen. In der ersten, die aus 31 Fahrern bestand, tummelten sich auch Kübler, Koblet, Magni und Van Steenbergen. Im Spurt gab es insofern eine Überraschung, als der kleine Pasotti mit einem frühzeitig angezogenen Sprint den großen Meister überraschte.

Eine böse Überraschung gab es auch für das Hauptfeld, das in Como noch in einen Massensturz verwickelt wurde. 40 Fahrer, darunter Bartali, Coppi, Lambertini und Astrua waren beteiligt, zum Glück ohne weitere Folgen. Die Hautabschürfungen und den Rückstand von 44 Sekunden konnte Coppi verschmerzen; er führte weiterhin mit 7:35 Minuten Vorsprung vor Magni.

Die 14. Etappe *Erba-Como* (65 km) - die zweite Zeitfahr-Etappe bei dieser Rundfahrt - bestätigte die ausgezeichnete Verfassung von Fausto Coppi. Auf der welligen Strecke entlang dem Lago di Lecco lieferte er sich mit Hugo Koblet, der an diesem Sonntag endlich einmal aufdrehte und dem *Campionissimo* ein ebenbürtiger Gegner war, ein Kopf-an-Kopf-Rennen. Beim Kontrollpunkt in Bellagio, nach 35 km, führte Coppi mit zwei Sekunden! Dann ging es an den Ufern des Comersees entlang zurück nach Como. Dort traf Koblet nach 1:32:40 std (42,086 km/std) auf der Zementpiste im *Stadio Sinigaglia* ein und hielt lange die Bestzeit.

So lange, bis der als letzter gestartete Coppi (wie bei Zeitfahren üblich, ging der im Gesamtergebnis am besten Plazierte am Schluß ins Rennen) im Ziel eintraf: 1:32:25 std (42,200 km/std) Fausto hatte Hugo um 15 Sekunden geschlagen! Den 3. Platz belegte Astrua (1:19 min zur.), 4. Kübler (1:30 min), 5. Magni (1:43 min) und 6. der erstaunliche Bartali (2:12 min). Coppi führte nun im Gesamtergebnis mit 9:18 Minuten Vorsprung vor Magni.

Die 15. Etappe *Como-Genova* (247 km) führte die Girokarawane auch durch Mailand, die lombardische Metropole, die in sieben Tagen Endziel der Rundfahrt sein wird. Ein dichtes Zuschauerspalier säumte die Straßen und in der Via Comasina konnten die begeisterten *tifosi* den Spurt zwischen Koblet und Coppi um eine Prämie bewundern - pro forma, denn jeder bekam sowieso nur einen Karton Nudeln!

Dann ging es in Coppis engere Heimat, aber der *Campionissimo* machte nicht auf Schau und achtete mehr auf die Straße als auf die Bewunderer am Rand. Grund dafür war ein Massensturz etwa sieben Kilometer nach Casteggio, in den er zwar nicht verwickelt war, der aber zeigte, an welch seidenem

Faden ein Rundfahrtsieg hängt. Zu oft hatte er sich bei ähnlichen Gelegenheiten (und er ließ fast keine aus) die Knochen gebrochen.

So versäumte er auch die Flucht von Minardi, Pasotti, Soldani, Drei, Roma und den Gebrüdern Rossello, die sich nach 127 km in Tortona auf und davon machten. Die Sieben überquerten gemeinsam den Passo della Scoffera (674 m), die letzte Hauptschwierigkeit vor Genua, und bekamen signalisiert, daß sich eine Dreiergruppe mit Petrucci, Fornara und Moresco von hinten näherte. In Genua nahm die Begeisterung des Publikums unvorstellbare Ausmaße an, so daß die Fahrer mitunter Mühe hatten, sich einen Weg durch die Menschenmenge zu bahnen.

Am Eingang zur Zementbahn im *Stadio S. Martino* waren die Verfolger da. Allerdings ohne Petrucci; dem war die Aufholjagd dann doch zu schnell. Die neun Fahrer machten nun die Sache unter sich aus und der Etappensieg blieb in der Familie, denn Giuseppe Minardi und Renzo Soldani (beide aus der Mannschaft LEGNANO-PIRELLI) belegten nach 7:11:08 std die ersten beiden Plätze. Das Feld traf eine Minute später ein, Coppi belegte den 18. Platz und führte weiterhin unangefochten mit 9:18 Minuten Vorsprung.

Die 16. Etappe *Genova - San Remo* (141 km), fast allen Fahrern von *Mailand - San Remo* her bestens bekannt, brachte keine große Aufregung. Außer für Petrucci. Der stieß kurz vor dem Ziel mit einer Frau zusammen, die mit ihrem Kinderwagen noch schnell die Straße überqueren wollte. Zum Glück keine Folgen für die drei Beteiligten.

Alle anderen gaben sich mit dem Spurtsieg von Brasola zufrieden, der nach 3:26:27 std Casola das Nachsehen gab. Coppi belegte Rang 24 und die Gazetten konnten melden: „Im Süden nichts Neues".

Nach einem wohlverdienten Ruhetag im Badeort an der Riviera führte die 17. Etappe *San Remo - Cuneo* (190 km) nach Piemonte. Gleich am Anfang standen zwei Kletterpartien auf dem Fahrplan: der Colle San Bartolomeo (620 m) und der Colle di Nava (934 m). Aber die Hügel des Ligurischen Apennin beeindruckten die Fahrer wenig. Erstens ging der Aufstieg auf bestem Asphalt vor sich, zweitens lagen die beiden Pässe mit 120 bzw. 100 km Entfernung einfach zu weit vom Etappenziel weg. Also kein Terrain, Ausreißer aus der Reserve zu locken. Zudem brachte Coppi, wie schon an den Tagen zuvor, mit seiner disziplinierten BIANCHI-Mannschaft Ordnung ins Rennen.

Erst nach Überquerung des Colle di Nava, den Astrua mit geringem Vorsprung vor Géminiani als Erster passierte, machte sich nicht nur eine kühle Brise, sondern auch Unternehmungslust im Feld bemerkbar. Bartali hatte andere Sorgen. Er war in der Abfahrt gestürzt und damit beschäftigt, seinen Rückstand wieder wettzumachen. Er schaffte es auch und kam gerade rechtzeitig ins Feld zurück, um mitzubekommen, daß es noch 45 Kilometer bis zum Ziel waren und Defilippis, Biagioni, Clerici sowie Schär das Weite gesucht hatten.

Zwar versuchten verschiedene Gruppen zum Spitzenquartett aufzuschließen, hatten damit aber keinen Erfolg. Im Gegenteil, der Vorsprung wuchs und erwies sich bald als fast uneinholbar. Immerhin machte eine weitere Truppe einen letzten, verzweifelten Versuch. Ihr gehörte auch Rik Van Steenbergen an. Die Kunde, daß „Rik der Schnelle" im Anmarsch sei, veranlaßte die vier Ausreißer, das Äußerste herzugeben. Erfolgreich, denn mit 50 Sekunden Vorsprung retteten sie sich ins Ziel, wo nach 5:13:27 std der 20-jährige Defilippis im Spurt die Oberhand behielt.

Dann rauschten die ersten Verfolger heran. Hier hatte Brasola die Nase vorne. Nach 1:11 min kam die nächste Gruppe mit Van Steenbergen. Den hatte man unterwegs „weichgeklopft" und *Rik* hatte jede Lust auf eine gute Plazierung verloren. Das Feld erschien nach 2:09 Minuten. Coppi landete *ex aequo* an 35. Stelle und konnte beruhigt den verbleibenden Tagesabschnitten entgegensehen.

Da war erst einmal die 18. Etappe *Cuneo - St. Vincent* (190 km) zu absolvieren. Am Vortag der Alpenüberquerung hätten die guten *rouleurs*, die Spezialisten im Flachland, die letzte Chance gehabt, auf der fast ebenen Strecke den Kletterspezialisten eins auszuwischen. Aber sie hatten wahrscheinlich Angst vor der eigenen Courage, und so blieb es bei ziemlich zaghaften Vorstößen.

Nur einmal, als sich Koblet einer Gruppe anschließen wollte, war Feuer am Dach und der ausgelöste Alarm führte dazu, daß das Zwischenspiel bald zu Ende war. Es war schon erstaunlich, wie das Feld auf Koblet reagierte. Der Schweizer lag doch mit über 14 Minuten Rückstand auf dem 8. Platz. Aber keiner traute dem Eidgenossen über den Weg. Zu tief saß der Schock von 1950.

So kam es, daß erst wenige Kilometer vor dem Ziel Fornara und Grosso das Feld überraschten und 150 Meter Vorsprung retten konnten. Der äußerst leidenschaftlich ausgetragene Spurt sah nach 5:07:40 std Fornara mit Reifenstärke in Front. Dritter wurde Bartalis Edeldomestik Giovanni Corrieri. Schon nach 18 Sekunden war das übrige Feld zur Stelle, Coppi als Vierzehnter mitten drin, und damit blieb auch weiterhin im Gesamtklassement alles unverändert.

Die mit Spannung erwartete 19. Etappe *St. Vincent - Verbánia* (298 km) hatte wieder so ihre Tücken. Sei es, daß sich Coppis souveräner Vorsprung im Gesamtklassement lähmend auf die Konkurrenz legte, sei es daß die Mammut-Distanz von fast 300 km (!) die Wagemutigen abschreckte. Jedenfalls ereignete sich im Verlauf der mehr als zehn Stunden langen Fahrt nichts Außergewöhnliches.

Gemeinsam fuhr man die von Schnee eingesäumten Kehren des Großen St. Bernhard (2469 m) hinauf, und erst 1000 m vor dem Hospiz erinnerten sich Bartali und Coppi, daß es ja schließlich die Römer waren, die den Paß als erste überquerten. Sie traten etwas heftiger in die Pedale, mit dem Erfolg, daß sie mit geringem Vorsprung in die Schweiz kamen (fehlte nur noch, daß sie

Kübler, Koblet und Schär eine lange Nase zeigten). Auf Sandstraßen ging es dann zur Drehscheibe des Unterwallis, nach Martigny, und von dort weiter zur zweiten Steigung des Tages, dem Simplonpaß (2005 m).

Hier hatte sich vielleicht Géminiani erinnert, daß Napoleon I. die Straße erbaute. Auf jeden Fall rettete er Frankreichs Ehre und überquerte diesmal als Erster den Paß.

Nun fehlen noch die Schweizer. Hier sprang Fritz Schär in die Bresche bzw. als Erster über den Zielstrich in Verbánia. Eine kleine Retourkutsche, denn mittlerweile war man wieder in Italien. Auf den Plätzen folgten Martini, Barducci, Pezzi und Vittorio Rossello. Zwölf Sekunden später war das Feld mit allen Assen zur Stelle. Coppi war mit seinem 16. Platz zufrieden, die Schlußetappe konnte kommen.

Diese 20. Etappe *Verbánia-Milano* (147 km) wurde zum Triumphzug für Coppi. Im Touristentempo rollte die Girokarawane durch die Lombardei, überall von begeisterten Zuschauern begrüßt. Auf der Vigorelli-Bahn in Mailand erspurtete Verfolgungsweltmeister Bevilacqua den letzten Etap-pensieg. Anschließend wurde Fausto Coppi von den 30 000 Zuschauern immer wieder stürmisch gefeiert. Auch die anderen Großen mußten Ehrenrunden fahren, aber es bestand kein Zweifel - Coppi hatte sich wieder in die Herzen (fast) aller Italiener hineingefahren. Nur noch hartgesottene < *bartaliani* >, die sich mit *CHIANTI BARTALI* den Kummer von der Seele spülten und die Stoppeln in ihren gramzerfurchten Gesichtern mit Rasierklingen *LAMA BARTALI* abhobelten, konnten daran zweifeln, daß Fausto wieder der Größte im Radrennsport war...

Schlußklassement des ***35. Giro d´Italia:***

1. Fausto Coppi BIANCHI
3964 km in 114:36:43 std (34,586 km/std, neuer Rekord)

2. Fiorenzo Magni	GANNA	9:18	min zur.
3. Ferdy Kübler	FIORELLI	9:24	"
4. Donato Zampini	BENOTTO	10:29	"
5. Gino Bartali	BARTALI	10:33	"
6. Stan Ockers	GIRARDENGO	10:58	"
7. Giancarlo Astrua	ATALA	14:30	"
8. Hugo Koblet	GUERRA	14:38	"
9. Raphaél Géminiani	BIANCHI	16:44	"
10. Giorgio Albani	LEGNANO	18:14	"

Der *G.P. della Montagna* ging an Raphaél Géminiani vor Coppi und Bartali, die *Mannschaftswertung* gewann BIANCHI. Von 112 gestarteten Fahrern erreichten 91 das Ziel.

Coppi hatte die Italienrundfahrt gewonnen. Die Strecke betrug fast 4000 Kilometer. Aber im Grunde genommen genügten dem *Campionissimo* 289 km, um den Sieg sicherzustellen: die 35 km beim Zeitfahren in Rocca di Papa, die 100 km bei seiner Solofahrt vom Falzarego-Paß nach Bozen, die 65 km beim Einzelzeitfahren in Como und die 80 km zwischen Rovigo und Venedig. So einfach war das. Zumindest sah es so aus. Nicht ganz einfach war dagegen die Aufgabe für Alfredo Binda, eine schlagkräftige Truppe für die am 25. Juni beginnende *Tour de France* aufzustellen. Die „Troika" Bartali-Coppi-Magni stand außer Zweifel, aber dann begannen sie, die Probleme: Wie setzt sich der Rest der Mannschaft zusammen? Wer erhält wen als Helfer? Wie können die Interessen der Fahrradhersteller optimal verwirklicht werden? Jedes Jahr die selbe Leier.

Obendrein wehte aus Mailand ein scharfer Wind. Genauer gesagt aus der Via Macchi, Sitz der *Associazione Nazionale Costruttori Cicli Motocicli e Accessori,* wo Adriano Rodoni, seines Zeichens *Präsidente* der *Federazione Ciclistica Italiana* aus seinem Sessel folgende Worte verkündete: „Wenn es uns nicht gelingt, eine starke, perfekt funktionierende Italienische Mannschaft für die Tour de France 1952 aufzustellen, bleibt der Italienische Radsportverband der Frankreich-Rundfahrt offiziell fern." Und damit die Radfahrer zu Hause.

Nun hatte der Technische Leiter der *Squadra azzurra* wieder einmal die undankbare Aufgabe, die Wünsche der genannten Herrschaften - Bartali, Coppi, Magni - unter einen Hut zu bringen. Dies hatte er schon während der Italienrundfahrt, genauer gesagt am Abend der 16. Etappe in San Remo versucht. Damals ohne Erfolg, denn die drei, um die es ging, waren dazu nicht bereit. Am 10. Juni schleppte er sie nun erst einmal nach Mailand und präsentierte sie Rodoni und einigen Herren aus der Chefetage. Binda leger: „Dies ist nach meiner Vorstellung die offizielle Italienische Mannschaft 1952: Coppi, Bartali, Magni, Carrea, Milano..."

Binda wollte fortfahren, aber plötzlich unterbrach ihn Coppi und verlangte den Austausch eines ihm zugeteilten Helfer mit Crippa, sonst sei nicht nur die Sitzung, sondern auch seine - Coppis - Teilnahme an der Tour geplatzt. Er würde die schlechten Erfahrungen der Jahre 1949 und 1951 nicht noch einmal machen wollen, (böse Zungen behaupten, Coppi suchte in der Tat nur einen Vorwand, um eine Teilnahme Bartalis zu verhindern).

Wie von der Tarantel gestochen fuhr der enttäuschte und verärgerte Rodoni auf und erklärte spontan die Forderungen Coppis für nicht akzeptabel. Er würde nur die stärkste Mannschaft nach Frankreich entsenden oder keine. < *Basta!* > Verärgert ging man auseinander. Ohne Resultat.

Eine dumme Geschichte, die schnell in den italienischen Gazetten die Runde machte, aber auch dem Organisator der Tour de France, Goddet, zu Ohren kam. Der wollte natürlich nicht auf das Paradepferd Fausto verzichten und setzte sofort seinerseits alle Hebel in Bewegung, eine Einigung zu erzielen. Er ging dabei soweit, eine *Equipe italienne* unter seinem Patronat in Erwägung zu ziehen und ließ durch seinen Gesandten, den Journalisten Van Laethem, die Lage sondieren. „Ich sagte folgendes“ verkündete Coppi, „für mich ist eine Mannschaft mit drei ´Kapitänen´ weniger schlagkräftig als eine mit zwei oder gar einem. Logisch? Ich mache daraus keine Prestigefrage, aber wenn Goddet und seine *L´Equipe* mit mir verhandeln wollen, bin ich dazu bereit.“

Bartali meldete sich aus Florenz zu Wort: „Ein Blitz aus heiterem Himmel. Es war ja ganz schön, mit Coppi und Magni die Frage der ´gregari´ zu besprechen. Sie sehen, was dabei herauskam. Ich habe da meine eigene Meinung. Coppi (nur mit Mühe unterdrückte er „der da“) will mich nicht in der Nationalmannschaft. Aber es gibt ja noch andere Teams. Wenn mich Goddet sprechen will, meine Tür steht ihm immer offen.“

Blieb noch Fiorenzo Magni: „Die ganze Streiterei wegen der ´gregari hat wenig Sinn. Natürlich möchte ich die Tour fahren. Auch in einer Regionalmannschaft. Sollte sich *L´Equipe* melden, werde ich die Sache prüfen.“

Auch das ging in Windeseile durch die Sportpresse und der erstaunte Rodoni hatte plötzlich den „Schwarzen Peter“ in der Hand: Bartali, Coppi und Magni in Regionalmannschaften? Und mit wem sollte die Nationalmannschaft die Tour de France gewinnen? Mit wem, wenn nicht mit Coppi? Rodoni saß auf einer Mine, einer Zeitbombe, denn der Start der Frankreichrundfahrt rückte immer näher.

Rodoni nützte die verbleibende Zeit. In der Mailänder Osteria *Emiliana* traf er sich mit Binda und Commendatore Zambrini, dem Direktor der Firma BIANCHI. Bei einigen Flaschen *Lambrusco* (damals 140 Lire der Liter) wurde man sich einig, die drei - Bartali, Coppi und Magni - unter allen Umständen in der italienischen Nationalmannschaft an den Start zu bringen. Koste es was es wolle! Coppis Forderungen müssen erfüllt werden, d.h. er ist die Nummer 1 und er erhält drei Helfer: Carrea, Milano und...Crippa!

Binda gelang es schließlich, ein Treffen mit Coppi, Bartali und Magni in Bordighera zu arrangieren, wo Einigkeit über die Zusammensetzung der Mannschaft erreicht wurde. Nun konnte man endlich die offizielle Mannschaft bekanntgeben.

Da passierte noch etwas unvorhergesehenes, aus der Sicht Alfredo Bindas geradezu entsetzliches: Der 27-jährige Pasquale Fornara aus Borgomanero bei Novara hatte überlegen die *Tour de Suisse* gewonnen und dabei Weltmeister Ferdy Kübler mit 4:57 Minuten Rückstand auf Platz zwei verwiesen. Obendrein war er zweimal Etappensieger (5. und 7. Etappe) und belegte im Bergpreis den 3. Platz. *Pasqualino* - wie ihn seine Anhänger nannten - war also ein weiterer, nicht eingeplanter Aspirant auf einen Platz in der italienischen Mannschaft!

Aber Fornara war mit einem Handicap belastet. Er hatte in diesem Jahr schon zweimal den Rennstall gewechselt. Erst von LEGNANO zu BIANCHI und nun fuhr er für BOTTECCHIA. Somit stand er ohne große Lobby da. Italiens Volksseele mochte kochen, die Tour fand ohne ihn statt.

Dafür - in alphabetischer Reihenfolge - mit Vasco Baroni **(WELTER)**, Gino Bartali **(BARTALI)**, Giulio Bresci **(BARTALI)**, Andrea Carrea **(BIANCHI)**, Fausto Coppi **(BIANCHI)**, Giovanni Corrieri **(BARTALI)**, Fiorenzo Crippa **(BIANCHI)**, Franco Franchi **(GANNA)**, Fiorenzo Magni **(GANNA)**, Alfredo Martini **(WELTER)**, Ettore Milano **(BIANCHI)** und Luciano Pezzi **(ATALA)**. Die Rollen waren verteilt: Der Favorit war Fausto Coppi. Nicht nur für Binda, auch die Fachwelt war sich mit wenigen Ausnahmen einig. Werfen wir an dieser Stelle ruhig einmal einen Blick auf die damaligen Koryphäen der Sportberichterstattung und testen wir nach Beendigung der Tour ihren Sachverstand. (Zugegeben, das wird ein etwas trockener Abschnitt zum Lesen. Aber vielleicht interessiert den einen oder anderen Radsportfan der damalige Blätterwald. Gehören Sie nicht dazu, überspringen Sie diese Stelle. Aber bitte nur diese...)

Da gab es in Italien Luigi Chierici (*Tuttosport*): **1. Coppi**; Nino Nutrizio (*Corrieri Lombardo*): **1. Coppi**; Bruno Roghi (*Corrieri dello Sport*): **1. Coppi**; Orio Vergani (Corriera della *Sera*): **1. Coppi** sowie Signor Carlin (*Tuttosport*): **1. Coppi**. Hier war man sich einig. Wie sah es in Frankreich aus, das immerhin einen Louison Bobet, einen Raphael Géminiani und weitere starke Fahrer im Aufgebot hatte? Die Umfrage, übrigens von *Lo Sport Illustrato* initiiert, zeigte hier folgendes Ergebnis: Felix Lévitan (*Parisien Liberé*) war der Meinung: **1. Coppi**; Albert Van Laethem (*L´Equipe*): **1. Coppi**; Louis Coste (*France Soir*): **1. Coppi**; Louis Lapeyre (*L´Equipe*): **1. Coppi** sowie Pierre Bourillon (*L´Equipe*): **1. Coppi**. Donnerwetter! Da lohnt es sich auch einen Blick in die Schweiz zu werfen. Elvezio Andreoli (*Eco dello Sport*) gab als Antwort: **1. Coppi**; Piero Beretta (*Corriere del Ticino*): 1. Koblet (aha, Hugo gab es ja auch noch!); Alberto Barberis (*Radio Svizzera Italiana*): 1. Dotto (das war allerdings eine kühne Prognose) und Umberto Bonistalli (*Semaine Sportive*): 1. Koblet. Der unvergessene Walter Lutz (*SPORT*) tippte ebenfalls: 1. Koblet. Bleiben noch die Belgier. Ihr ausgeprägter Radsportverstand konnte einfach nicht anders: Augusto Van Schoore (*Les Sports*): **1. Coppi**; Theo Mathy (Les Sports): **1. Coppi**; Van der Wallen (*La Derniére Heures*): **1. Coppi**; De Somer (*La Nation Belge*): **1. Coppi**. Nur ein gewisser Louis Clicteur (*Het Laaste Nieuws*) fiel aus der Rolle: 1. Koblet. Unter dem Strich ein gewaltiges Vertrauen in Coppi.

Diesem Coppi standen Carrea, Crippa und Milano zur Seite. Bartali konnte sich auf Corrieri und Bresci verlassen, Magni hatte zur Unterstützung Baroni und Franchi. Martini war für alle da und Pezzi, von dem Binda sagte: < *Un uomo d´oro* > - ein Goldjunge - stand ebenfalls für Sonderaufgaben bereit. Gegen diese Armada aus Italien zogen 12 Belgier, 12 Nationalfranzosen,

48 weitere, auf Regionalmannschaften verteilte, Franzosen, 8 Nordafrikaner, 8 Niederländer, 5 Luxemburger und ein Australier in einer gemeinsamen Mannschaft, 8 Schweizer und 8 Spanier, - nach Adam Riese 110 Gegner -, in den sportlichen Kampf.

Daß alles einigermaßen gut über Frankreichs Straßen ablief, waren rund 50 000 Personen im Einsatz: Gendarmen, Soldaten, Feuerwehrleute und Mitglieder von Sportvereinen. Sie sorgten für die einwandfreie Absperrung der Rennstrecke. 350 Begleitfahrzeuge in Frankreich - zu denen sich nach Überschreitung der Grenze (5. Etappe) in Belgien weitere 120 gesellten - transportierten die Rennleitung, Kampfrichter, Journalisten, Rundfunk- und Filmreporter, Fotografen, Mechaniker, Ärzte, Sanitäter, Techniker, den Reklame-Troß sowie 25 Masseure, die wiederum 1800 Mullbinden (ca. 10 Kilometer), 20 kg Watte, 60 Liter Äther, 60 Liter Massageöl, 120 Liter reinen Alkohol und zwei Kilometer Heftpflaster im Gepäck hatten.

Im Begleittroß war auch Monsieur Pierre Sabbagh. Ihm gebührt die Ehre, das Fernsehen bei der *Tour de France* eingeführt zu haben. Henri Persin stand ihm als Kameramann zur Seite, Georges de Caunes kommentierte das Geschehen. [So wird die Sache ziemlich glaubhaft 1997 in einem Dossier der *Service Communication Presse de la Société du Tour de France* dargestellt. Andere Quellen sprechen davon: „...daß es in einem Zeitalter, wo weltweit etwa eine Milliarde Zuschauer das Spektakel Tour de France an ihren Fernsehgeräten verfolgen, doch ein wenig die Tatsache überrascht, daß erst 1949 eine TV-Kamera die Zielankunft der 36. Frankreichrundfahrt im *Parc des Princes* aufnahm." Ein Jahr später, 1950, soll dies bereits am Ziel aller Etappenstädte erfolgt sein. 1951 hätten sich Techniker und Kameraleute in die unwirtlichen Pyrenäen gewagt und auf der 14. Etappe „fixe" Kameras auf dem Tourmalet installiert. Damit hätten sie den Kampf der *rois de la montagne* - der „Bergkönige" - eingefangen, die sehr unterschiedliche Motivationen hatten: Hugo Koblet wollte seine Schlappe beim Giro d´Italia wettmachen, Fausto Coppi die Rundfahrt trotz seiner Trauer um Serse mit Anstand beenden, und Gino Bartali strotzte vor Ehrgeiz, der Jugend zu beweisen, daß er noch nicht zum alten Eisen gehörte. Am besten schnitt - wie bereits gesagt - der „schöne Hugo" ab; er gewann die Etappe.]

Ab 1960 turnten dann die tollkühnen Kameramänner auf Begleitmotorrädern herum. Das ist nicht ironisch gemeint, vielmehr ist es eine echte Anerkennung an die Leute, die Kopf und Kragen riskieren, um uns die wunderschönen Aufnahmen ins Wohnzimmer zu liefern: < *merci beaucoup!* >

Zurück zur Tour 1952. Auch für die Verpflegung der Rennfahrer war gesorgt (gegen ein Entgelt von *900 ffrs* (*1000 ffrs* nach dem damaligen Umrechnungskurs 12 Mark) wurde jedem täglich ein Tragbeutel mit einer Hühnerkeule, drei Brötchen - belegt mit Wurst, Käse oder Marmelade - zwei Stück Reiskuchen, zwei Stück Obstkuchen, Orangen, Bananen, Würfel- oder Traubenzucker, Bonbons, und vier Aluminium-Trinkflaschen mit

Getränken nach Wahl ausgehändigt). Hierzu hatte sich der Profiantmeister mit 450 kg Pflaumen, 10 000 Orangen, 8000 Bananen, 12 000 Brötchen, 750 kg Zucker, 150 kg Käse usw. eingedeckt.

Der Zuständige für die Bekleidung der Rennfahrer hatte andere Sorgen; er schleppte rund 2000 Trikots (etwa 150 für jede Mannschaft) mit sich herum. Jedes zum Preis von etwa *1500 ffrs*, was dem stolzen Betrag von etwa *3 Millionen ffrs* entsprach (wie alles bisher genannte zu Lasten der Veranstalter).

Dazu kamen rund *140 Millionen ffrs* für die 1200 vorübergehend angestellten Mitarbeiter und weitere *300 Millionen ffrs* für die gesamte Organisation. Henry Desgrange, der „Vater der Tour" hatte da Jacques Goddet ein kostspieliges Erbe hinterlassen...

Andererseits hatten findige Staatsbeamten herausgefunden, daß zum Beispiel 1951, während der Triumphfahrt von Hugo Koblet, rund 15 Millionen Franzosen auf den Beinen waren, die Strecke säumten und dabei durchschnittlich *600 ffrs* ausgaben. Immerhin die stolze Summe von *siebeneinhalb Milliarden ffrs!*

Vom Gewinn der Veranstalter (eingebracht durch die enormen Verkaufsziffern von *L'Equipe* und dem Verkauf von Etappenstädten an die Regionen) wollen wir hier nicht sprechen. Goddet wird schon gewußt haben, warum er jedes Jahr erneut das Abenteuer „Tour" in Angriff nahm.

Kehren wir zurück zum eigentlichen Renngeschehen. Am Mittwoch, dem 25. Juni 1952, begann die ***39. Tour de France*** in der alten, vom 2. Weltkrieg noch arg zerschundenen bretonischen Hafenstadt Brest. Seit dem frühen Morgen war die ganze Stadt auf den Beinen, die malerischen Trachten des alten Fischervölkchens belebten das Straßenbild, dazu die Gäste aus ganz Frankreich und dem Ausland. Musikkapellen zogen durch die Gassen. Man wollte, ja man mußte einfach dabei sein.

Am Start schlug den nach und nach eintreffenden Mannschaften herzlicher Beifall entgegen, besonders dem Schweizer Mannschaftstorso. Torso, denn Ferdy Kübler hatte es vorgezogen, daheim zu bleiben und den staunenden Journalisten erklärt, er konzentriere sich auf die Verteidigung seines Weltmeistertitels; Hugo Koblet, der Protagonist der Tour 1951 gab gesundheitliche Gründe für sein Fernbleiben an.

Obendrein fehlte der neue Stern am französischen Radsporthimmel, Louison Bobet. Auch er fühlte sich nicht wohl in seiner Haut. Ja was war denn da los? Hatten sich die Voraussagen der Journalisten, Coppi sei wieder einmal unbesiegbar, herumgesprochen und auf die Gemüter geschlagen? Und dies, obwohl mit *27 775 000 ffrs (1 Million ffrs* für den Gesamtsieger, *100 000 ffrs* für einen Etappensieg, *100 000 ffrs* täglich für den „angriffsfreudigsten Fahrer", *7 750 000 ffrs* für das Mannschaftsklassement und den Bergpreis) doch eine Menge Geld ins Haus, sprich in die Teamkasse, stand.

Andererseits war eine Blamage für Stars wie die beiden Schweizer Koblet und Kübler sowie *Louison national* mit Geld nicht zu bezahlen.

Das Publikum ließ sich dadurch den Spaß nicht nehmen, und Coppi war´s egal. Es galt noch eine Menge gefährlicher Burschen zu schlagen.

Kurz vor 10 Uhr schickte der Bürgermeister von Brest das Feld auf die 1. Etappe *Brest-Rennes* (246 km), und es schien, als wollte man Tour-Direktor Goddet über die Enttäuschungen der letzten Tage hinwegtrösten, denn es wurde gekurbelt, was das Zeug hielt. Besonders Frankreichs *Equipe national* war aktiv und scheuchte die italienischen Bewacher aus der Reserve. Das vertraute Bild der letzten Jahre: Muller, Géminiani, Quentin, Rolland, Robic - wer auch immer es versuchte - Coppi & Co. hielten dagegen. So ging es munter immer weiter in die Bretagne hinein. Nach 57 km, in Morlaix, knallte Fiorenzo Magni ein Reifen weg. Nun war der französische Aufstand perfekt. Augenblicklich rauschten die Trikolore-Franzosen davon und alles, was auch nur im entferntesten einen gallischen Namen hatte, beteiligte sich an diesem Vorstoß!

Am Straßenrand arbeiteten die Italiener fieberhaft an der Behebung von Magnis Defekt. Martini, Franchi und Baroni (man hielt sich also an die Abmachung) blieben bei ihrem Kapitän, Coppi raste hinter den Ausreißern her und Bartali verschwand im restlichen Feld. Die italienische Abwehrformation war gesprengt. Doch die *azzurri* gaben sich nicht geschlagen. Magni kurbelte verzweifelt hinterher, seine Begleiter rieben sich förmlich auf, um ihren *capitano* wieder heranzuführen. Endlich hatte man es geschafft, Fiorenzo war wieder da. Sofort ließ die Angriffslust der Franzosen nach.

In Saint-Brieuc, nach 143 km, schlug die Stunde für die Belgier. Und wer wäre besser für einen Handstreich geeignet gewesen als der spurtschnelle Rik Van Steenbergen? Er hatte auf seine Chance gelauert. Nun war sie gekommen. Zusammen mit seinem Landsmann Blomme und Pardoen von der französischen Regionalmannschaft NORD-EST-CENTRE fuhr er voll weg, leistete den Löwenanteil an der Führung und hatte in Rennes keine Mühe, seine beiden Begleiter nach 6:27:31 std im Spurt zu schlagen. Den belgischen Erfolg komplettierte Vanderstockt der mit einem Rückstand von 2:54 min an vierter Stelle eintraf. Wenige Sekunden später überquerte eine neun Mann starke Verfolgergruppe das Ziel, in der sich Nello Lauredi befand. Damit war wenigstens ein Nationalfranzose den Italienern entwischt. Das Feld mit Coppi traf nach 6:12 Minuten ein. Rik Van Steenbergen, der schnellste Sprinter des Feldes, hatte das erste Gelbe Trikot der 39. Tour de France, *100 000 Francs* und eine Minute Zeitgutschrift für den Etappensieg in seinem Besitz.

Der belgische Teamleiter Sylvère Maes, dieser alte Fuchs und zweimalige Tour-Gewinner, wußte genau, wie er seine Leute dirigieren mußte. Er hatte mehrere Trumpfkarten in der Hand. So auch den jungen Alex Close. Aber dieser tüchtige Bursche war schon beim *Giro d'Italia* Fausto Coppi aufgefallen, als er auf der schwierigen Dolomiten-Etappe vor Bartali, Kübler und den anderen Großen den Pordoi-Paß überquerte. Nur Coppi lag vor ihm. Seit jenem Tag hatte Fausto Achtung vor dem jungen Mann und ein wachsames Auge auf ihn. Als Close auf der 2. Etappe *Rennes - Le Mans* (181 km) gemeinsam mit dem erstaunlich agilen, bisher fast unbekannten Pardoen davonfuhr, machte sich Coppi persönlich zur Verfolgung auf. Das war der Anlaß zur entscheidenden Jagd des Tages, denn wo Coppi war, durften Géminiani, Robic und die anderen nicht fehlen.

Nach der halben Strecke war es um die Ausreißer geschehen, eine 15 Mann starke Gruppe hatte sich formiert und fuhr mit etwa zwei Minuten Vorsprung vor dem Feld her. Dort beobachtete man mit Interesse, wie sich Bartali mit seiner Lage - vorne rollte ja Coppi - abfinden würde. Aber der „Alte" blieb ein fairer Mannschaftskamerad. Er begnügte sich mit der Beschattung des Gelben Trikots, und als Van Steenbergen dann selbst auf die Ausreißer Jagd machte, fuhr Bartali selbstverständlich mit, führte keinen Meter und ließ sich an das Spitzenrudel heranführen. Aus diesem lösten sich später fünf Fahrer: die zwei Belgier Close (!) und Rosseel, die Franzosen Canavese und Molineris von der Mannschaft SUD-EST und der Spanier Bernardo Ruiz. Diese fünf behaupteten ihren knappen Vorsprung bis ins Ziel, wo der schnellste Sprinter, Rosseel, nach 4:52:02 std erwartungsgemäß im Spurt triumphierte. Die Gruppe mit Coppi (Spurtsieger Van Steenbergen) traf mit 1:10 min Rückstand ein. Träger des Gelben Trikots blieb Van Steenbergen, der tapfere Pardeon behielt den 2. Platz und Coppi lag mit 7:21 Rückstand auf Rang sechzehn.

Die 3. Etappe *Le Mans - Rouen* (189 km) begann ziemlich harmlos. Buchonnet von NORD-EST-CENTRE riß nach 20 km als erster aus, verfolgt von einem unvermeidlichen Italiener, in diesem Fall von Bartalis Adjudant Corrieri. Van Steenbergen zuckte mit keiner Wimper und so verhielten sich auch die anderen Großen still. Plötzlich vermißte man Bernard Gauthier, immerhin ein Nationalfranzose, im Feld. Der schlaue Grenobler hatte sich dünn gemacht. Als nächste empfahlen sich Lauredi (der zweite aus der französischen Nationalmannschaft!), Fachleitner, Louis Caput und der Niederländer Voorting. Dazu gesellte sich der Coppi-Domestik Milano, der aber später wieder zurückfiel. Vorne war man nun zu siebt und die Abwesenheit von Gauthier und Lauredi im Feld hätte den Herren Favoriten doch zu denken geben sollen.

Nichts dergleichen. Eher fuhr man noch langsamer, wobei sich der Rest der *Equipe trikolore* begreiflicherweise als Bremser betätigte. Unverständlich blieb die Taktik von Sylvére Maes. Ihm hätte doch daran liegen müssen, den Vorsprung der sieben in Grenzen zu halten. Aber kein Belgier bemühte sich. Vertraute Van Steenbergen auf seine am Vortag bewiesene Aufholfähigkeit, oder saß ihm die Anstrengung dieser 20-km-Jagd noch in den Beinen? Tatsache ist, daß die Mannen um den blonden *Rik* einen rabenschwarzen Tag erwischten. Rosseel hatte Defekt, Zeitverlust mehr als zwei Minuten. Neyt, Van Ende und Blomme blieben zurück, um den Nachzügler wieder heranzuführen. Das kostete Kräfte. Dann hatte Vanderstockt eine Panne; das selbe Spiel. Um das Pech zu vollenden, stieg Germain Derycke vom Rad und in den Begleitwagen. Atembeschwerden, Fieber, Schüttelfrost und Halsweh zwangen ihn zur Aufgabe.

Vorne wuchs der Vorsprung bedrohlich an. Bei der Kontrolle in Gacé, nach 92 km, lagen die „Gloreichen Sieben" rund zehn Minuten vor dem Feld; Fachleitner war praktisch im Gelben Trikot. In Rouen rüstete man bereits zum Empfang des Septetts und des neuen Träger des *maillot jaune,* da geschah das Malheur: Caput stürzte! Fachleitner, Voorting und Corrieri segelten über ihn hinweg. Buchonnet sah sich den Schaden aus der Weite an. Er war zuvor schon zurückgefallen.

Lauredi und Gauthier wurden am wenigsten in Mitleidenschaft gezogen. Schnell hatten sie sich aus dem Wirrwarr von Rädern und Leibern gelöst, und wurden bis Rouen nicht mehr gesehen. Dort überließ Bernard Gauthier nach 5:12:31 std seinem Mannschaftskameraden kampflos den Etappensieg (wegen der Gutschrift von einer Minute) und Lauredi war damit neuer Träger des Gelben Trikots! Das Feld mit Coppi traf 10:31 min später ein, Fausto lag im Gesamtklassement mit 11:25 Minuten Rückstand auf Rang einundzwanzig.

Die belgische und die italienische Mannschaft war in einem Hotel in Dieppe untergebracht. Dort fuhrwerkte Sylvère Maes durch die Gänge und schrie aus vollem Hals (durch Zeugen beglaubigt): „Ihr Saubande! Ich gebe jedem einen Tritt in den Arsch! Auch dem sehr verehrten Mister Steenbergen, dem angeblichen großen Rik! Himmelhergottsakrament!" Der abgrundtiefe Sturz der belgischen Mannschaft, 24 Stunden vor dem Wechsel der Tour nach Belgien, hatte Maes zur Furie gemacht. Auch Binda nahm sich seine Kameraden zur Brust. Aber Binda war nicht Maes. Er brüllte nicht durch die Gegend, sondern analysierte den Tag während des Abendessens. Coppi kaute an seiner Portion Reis, seinen zwei Steaks, seinem Gemüse und mußte sich in etwa folgendes anhören: „Gut, es war ein Tag an dem nichts lief. Aber warum kommt ein Fahrer wie Lauredi weg? Warum habt ihr nicht energisch reagiert, die gefährliche Situation erkannt? Die 'Masche' der Franzosen ist doch immer die gleiche. Sie schicken ein oder zwei Fahrer weg und warten was passiert. Verstanden? Fausto und Gino, ihr kommt dann noch auf mein Zimmer." Der große Alfredo kannte einen der Grundsätze der Menschenführung: loben vor versammelter Mannschaft, tadeln hinter verschlossener Türe. Das tat er vermutlich ausgiebig.

Am Morgen des 28. Juni fand man sich am Start zur 4. Etappe *Rouen-Roubaix* (232 km) auf dem *Place du Général De Gaulle* ein. Coppi gab bereitwillig Autogramme (er reagierte nur sauer auf Autogrammjäger, denen er die kommerzielle Nutzung seiner Unterschrift anmerkte), Bartali nörgelte an den seiner Ansicht nach zu leichten Reifen herum und Magni sah sich schon inmitten der „Hölle des Nordens", denn das berüchtigte Kopfsteinpflaster wartete auf die Fahrer.

100 Kilometer lang schien es so, als gäben die Franzosen Ruhe. Aber in Abbeville ging die „Bombe" los. Den Anstoß zur Flucht des Tages gab der Nordafrikaner Zelasco, zu dem sich bald Lucien Lazaridès, Quentin und Dotto gesellten; alle aus der französischen Nationalmannschaft. Lediglich der Italiener Martini war in dieser Spitzengruppe zu finden, die so zügig rollte, daß sogar Lauredis Gelbes Trikot in Gefahr war. Marcel Bidot befahl daher eine gewisse Mäßigung, wodurch der Vorsprung von neun Minuten auf vier zurückging. Coppi, Bartali und Magni reagierten wieder nicht und fuhren gemeinsam mit Robic und Géminiani Rad an Rad. In der Steigung von Doullens, nach 137 km, war Verpflegungsannahme, und hier betrug der Rückstand von Coppi & Co. etwa sechs Minuten.

Mittlerweile forderte das berüchtigte Kopfsteinpflaster seine Opfer. Im Spitzenrudel machten vier Mann schlapp und von den fünf noch verbleibenden hatten nur noch Molinéris und Quentin genügend Kraft, um einen entscheidenden Vorstoß zu wagen. Wenige Kilometer vor Roubaix hatte Quentin Defekt und so traf Mollineris alleine nach 6:23:19 std auf der Rennbahn von Roubaix ein. 2:34 Minuten später folgte Dotto, Dritter wurde Rolland (3:21 zurück). Das Hauptfeld mit Coppi kam nach 7:11 ins Ziel. Im Gesamtergebnis führte weiterhin Lauredi; Bartali, Coppi und der Belgier Ockers lagen mit 10:57 Rückstand auf Rang zwanzig.

Die 5. Etappe *Roubaix-Namur* (197 km) hatte es in sich. Bei sengender Hitze rissen sofort nach dem Start die beiden Luxemburger Jean Diederich und Willy Kemp sowie der Franzose Jacques Vivier von der Regionalmannschaft OUEST-SUD-OUEST aus. Die Sonnenglut lähmte die ganze Tour-Karawane und das Feld reagierte daher auf den Vorstoß überhaupt nicht. Zu sehr war man hinter Getränken her, ließ sich von Zuschauern mit Wasser besprühen und war darauf bedacht, keinen Tritt zuviel zu machen. Anders die Hitzköpfe an der Spitze. Sie kurbelten, man war inzwischen in Belgien, munter drauf los. Mit dem Erfolg, daß der Vorsprung teilweise mehr als 15 Minuten betrug. Im Feld witterte unterdessen der streitlustige Flame Robert Vanderstockt Heimatluft und eine Chance. Zusammen mit dem SUD-EST Franzosen René Rotta machte er sich auf die Verfolgung des Ausreißer-Trios. Die Bullenhitze hatte den guten Rotta scheinbar verwirrt, denn im Feld rollte Molinéris, sein Teamchef und Zweiter im Gesammtklassement, und dessen ärgster Rivale war eben Vanderstockt! Immer Ärger mit dem Personal...

Als der Vorsprung der Ausreißer die Viertelstundengrenze überschritten hatte und auch das Duo Rotta-Vanderstockt etwa sieben Minuten vor dem Feld lagen, blieb Lauredi und Genossen nichts anderes mehr übrig, als ebenfalls zu handeln. Genauer gesagt waren es nur drei, die das entschlossen taten: Lauredi, Rémy und Géminiani. Ununterbrochen führend und rackernd schleppten die drei Nationalfranzosen das Feld etwas näher an die Ausreißergruppe heran, die sich langsam aber sicher auflöste: Diederich fuhr einsam an der Spitze, Bintz und Vivier hatten ihn in Stich gelassen und wehrten sich ihrerseits verzweifelt gegen die unmittelbaren Verfolger Rotta und Vanderstockt.

So kam man bis auf 20 Kilometer an das Etappenziel heran. Und dort geschah das Überraschende: Fausto Coppi griff persönlich an! Ein kurzer Anstieg genügte dem *Campionissimo,* um alle Rivalen abzuhängen. Es half auch nichts, daß Bartali und Magni - im Grunde genommen gegen die Abmachungen - vorübergehend eine Allianz mit Ockers und dem Luxemburger Goldschmidt eingingen. Coppi nahm ihnen auf 20 Kilometer mehr als zwei Minuten ab. Das war deutlich genug!

Nach und nach hatte er alle die vor ihm lagen eingeholt, im Anstieg zur Zitadelle von Namur den hartnäckigen Vanderstockt zur Strecke gebracht und traf als stürmisch bejubelter Zweiter im Ziel ein.

Als Zweiter, denn Diederich hatte seinen couragierten Vorstoß nach 5:54:28 std erfolgreich zu Ende geführt und den großen Coppi um eine Minute geschlagen. In der Gesamtwertung konnte Lauredi sein Gelbes Trikot mit einer einzigen Sekunde Vorsprung vor Vanderstockt behaupten, 3. Close (2:44 min zur.), 4. Diederich (3:39 min) und 5. Fausto Coppi (6:06 min). Mit der Demonstration seiner Klasse hatte Coppi alle Zweifel, wem die Führung im italienischen Team gebührt, endgültig zerstreut, und gleichzeitig bewiesen, daß er mit Recht als Favorit der Tour galt. Auch Goddet war dieser Meinung: < *Coppi? Coppi enfant royal. Coppi a gagné, ce soir, le Tour!* > Er wollte damit nur sagen, daß Coppi die Tour aller Voraussicht nach gewinnen wird.

Jacques Goddet hatte dabei wohl noch die wenigen Kilometer in Erinnerung, auf denen Coppi die Entscheidung beim Giro herbeiführte. Er ging soweit, daß er dem Königskind Coppi unterstellte, an diesem [*Tag*] die Tour für sich entschieden zu haben.

Das hohe Tempo der ersten Etappen, die tropische Hitze und ein schlechtes Haushalten mit den Kraftreserven rissen immer größere Lücken in das Fahrerfeld. Auf der 6. Etappe *Namur-Metz* (228 km) gaben wieder fünf Fahrer auf: die drei Franzosen Berton, Dupont und Dolhats sowie die beiden Belgier Blomme und Rik Van Steenbergen! Der flämische Spurtkönig war schon tags zuvor fällig gewesen. Die brütende Hitze hatte ihm schwer zugesetzt und wahllos nahm er Getränke an, die ihm aus dem Zuschauerspalier gereicht wurden. Im trinkfreudigen Belgien meistens Bier! Die Folge waren niederschmetternd: Der angesäuselte *Rik* traf nach Kontrollschluß ein.

Hierzu eine Anmerkung: Um diese Zeit galt Alkohol bei Radrennfahrern nicht als leistungshemmend. Beliebt war eiskaltes Bier mit einem Schuß Absinth. Während der Fahrt hatte der Alkohol keine nachteiligen Folgen. Aber wehe wenn man vom Rad stieg. Rundfunkinterviews machten Radiogeschichte, wenn völlig erschöpfte, vom Sieg und besagtem Getränk berauschte Fahrer unkontrollierte Worte heraussprudelten...

Um auf Van Steenbergen zurückzukommen: Da die Zahl der Ausgeschiedenen und jener, die aufgegeben hatten, an diesem Tag die Quote von

10% überschritt, drückte die Rennleitung beide Augen zu und amnestierte alle Nachzügler. Auch *Rik* durfte zur 6. Etappe wieder starten. Doch der mißhandelte Magen des Belgiers rebellierte ein zweites Mal und so blieb dem völlig fertigen Flamen nichts anderes übrig, als zu kapitulieren.

Und dies, obwohl man bei dieser 6. Etappe bis etwa 70 km vor Metz ein ausgesprochenes Bummeltempo vorgelegt hatte, denn die Strapazen vom Vortag und die Erwartung noch größerer Anstrengungen am folgenden Tag, mit dem Einzelzeitfahren auf dem Programm, hielten die Unternehmungslust in Grenzen. Im 30-km-Tempo rollte man dahin. Da machte sich aus heiterem Himmel Fiorenzo Magni aus dem Staub. Mit ihm der dunkelhäutige Nordafrikaner Kebaili. Im Nu lagen 200 Meter zwischen den beiden und dem erstaunten Feld. Magni drückte weiter auf das Tempo und auch ohne die Panne, die Kebaili bei Kilometer 174 ereilte, wäre der Afrikaner kaum noch am Hinterrad von Magni geblieben. Denn der entfesselte Italiener raste nun solo Richtung Metz was das Zeug hielt. Der schlaue Fuchs konnte rechnen und wußte ganz genau, daß seine 7:22 Minuten Rückstand auf Lauredi nicht die Welt bedeuteten.

Andere machten sich ebenfalls auf und davon: der Luxemburger Bintz, die Franzosen Lajoie und Sabaddini, später die Schweizer Gottfried *Göpf* Weilenmann und Spühler. Auch die Mannen Marcel Bidots versuchten auf den letzten Kilometern noch zu retten, was zu retten war, denn bei ihnen ergab sich die Frage: „Würde Lauredi das Gelbe Trikot, das er tags zuvor mit einer winzigen Sekunde gerettet hatte, verteidigen können?“

Aber nicht immer ist Fortuna den Säumigen so hold wie auf der Zitadelle von Namur. Die Franzosen, und mit ihnen der enttäuschte *Nello* Lauredi, kamen diesmal um 12 Sekunden zu spät! Magni hatte nach mehr als 60 Kilometern Flucht, die er trotz sengender Hitze mit einem Durchschnittstempo von mehr als 44 km/std zurücklegte, mit 5:35 Minuten Vorsprung auf Sabbadini, Weilenmann und Spühler nach 7:07:56 std die Etappe gewonnen und war damit neuer Träger des Gelben Trikots! Coppi traf als Zehnter mit 7:38 min Rückstand im Ziel ein und konnte in seinem Quartier beruhigt das Gesamtergebnis betrachten: 1. Magni, 2. Lauredi (12 Sekunden zurück), 3. Vanderstockt (13 sec), 4. Close (2:56 min), 5. Coppi (6:18 min), 6. Carrea (6:29 min) und 9. Bartali (9:03 min).

Auf der 7. Etappe *Metz-Nancy* (60 km) ging es gegen die Uhr. Brütende Hitze machte auch diesen Tagesabschnitt über die Hügel und Buckel Lothringens zu einer Tortur. Wie erwartet, setzte sich der Zeitfahrspezialist Fausto Coppi in 1:32:59 std durch, aber sein Sieg fiel nicht so aus, wie man es von ihm gewohnt war. Bereits 34 Sekunden hinter Coppi landete der junge Belgier Roger Decock auf einem hervorragenden zweiten Platz. Das kam nicht so ganz unerwartet, denn der temperamentvolle Flame hatte sich bereits im Vorjahr auf der zweiten Zeitfahretappe der Tour ausgezeichnet (2. Platz hinter Koblet). Doch dann begann die Serie der Überraschungen, die sich zu

Sensationen steigerten. Dritter wurde der 22-jährige, in weiten Radsportkreisen vollkommen unbekannte Franzose Papazian (1:19 min zurück). Auch der Vierte, Bartalis Helfer Bresci, hatte bisher nichts geleistet, was eine solche Plazierung gerechtfertigt hätte. Da war doch etwas faul!

Die Erklärung ist einfach. Es wurde, wie üblich, in umgekehrter Reihenfolge des Gesamtklassements gestartet, d.h. die Letzten waren diesmal die Ersten am Start, und all die kleinen und mittleren Tenöre begaben sich auf die Reise, als die Sonne ihr Zerstörungswerk am Asphaltbelag der Landstraßen noch nicht begonnen hatte. Papazian beispielsweise fand eine nahezu intakte Straße vor. Das soll die Leistung des Schützlings von Antonin Magne nicht herabmindern. Der Franzose hätte bestimmt auch unter regulären Bedingungen gut abgeschnitten, aber eben nicht mit einem 3. Rang. Denn von regulären Bedingungen konnte in der Folge keine Rede sein. Besonders die ganz zuletzt gestarteten Asse erwischte es gewaltig.

Etwa um die Mittagszeit (!), als sie an den Start gingen, hatte sich der Asphalt in einen zähen Brei verwandelt, der den Kräfteverbrauch enorm steigerte. Coppi, von dem man wußte, daß er Zeitfahren etwas verhalten anzugehen pflegt, um sich dann allmählich zu steigern, traute seinen Ohren nicht, als man ihm nach halber Strecke zurief, daß er an 21. Stelle liege! Allerdings hatte eine Reifenpanne einiges dazu beigetragen. Die Nervosität Alfredo Bindas, der Coppi im Auto begleitete, übertrug sich auf den Mechaniker Marnati, der mit einem Vorderrad herbeieilte, obwohl Fausto hinten auf der Felge saß. < *Ti ammazzo!* > - „Ich erschlag´ dich!" keuchte Coppi, der dadurch über 40 Sekunden verlor. Aber es blieb bei der Drohung und der *Campionissimo* legte nun noch einen Zahn zu. Knapp vor dem Ziel brachte ihn ein erneuter Defekt um kostbare Zeit. Aber diesmal hantierte Marnati geschickter, so daß nur 20 Sekunden verloren gingen.

Eine hervorragende Leistung vollbrachte der als Vorletzter gestartete Lauredi. *Nello* fand die gleichen miesen Voraussetzungen wie Coppi vor, blieb aber nur um 1:23 min hinter dem Italiener. Das reichte für den 5. Rang. Damit eroberte er das Gelbe Trikot zurück, da er Magni überraschenderweise um 22 Sekunden abhängen konnte. Fiorenzo mußte sich mit dem 9. Platz begnügen, Bartali landete mit 3:10 min Rückstand an 21. Stelle, - hinter den Domestiken Franchi, Pezzi und Carrea -, woran man in etwa die ganze Irregularität des Rennens ermessen kann. Robic und Géminiani hatten noch größere Rückstände, so daß es im Gesamtklassement zu einigen interessanten Verschiebungen kam: 1. Lauredi, 2. Magni (10 Sekunden zurück.), 3. Fausto Coppi (3:43 min), 4. Close (4:54 min), 5. Vanderstockt (5:56 min), 6. Carrea (6:50 min) und 8. Bartali (10:38 min).

Die 8. Etappe *Nancy-Mulhouse* (252 km) brachte die ersten Kletterpartien, jedoch ließ sich diese Bergfahrt durch die Vogesen nicht mit den später folgenden Etappen durch die Alpen und Pyrenäen vergleichen. Immerhin standen mit dem Col de Grosse Pierre (955 m), dem Col d´Oderen (884 m), dem Col de Bussang (731 m), dem Ballon d´Alsace (1170 m), dem Col du Hundsrück (748 m) und dem Col Amic (825 m) sechs nicht zu unterschätzende Berge im Weg.

Besonders der Ballon d´Alsace verdient eine besondere Erwähnung, ist er doch der erste Berg in der Geschichte der Tour de France! 1905 nahm ihn Henry Desgrange in den Streckenplan der Frankreichrundfahrt auf und der Franzose René Pottier bezwang ihn damals als Erster. Tags darauf gab er auf, kam aber 1906 wieder. Hier dominierte er in den Vogesen noch nachdrücklicher und konnte die Tour vor seinen Landsleuten Passerieu und dem Vorjahrssieger Trousselier gewinnen. Der sentimentale Pottier, der erste *roi des grimpeurs*, verfiel bald darauf in Schwermut und nahm sich im darauffolgenden Winter am 25. Januar 1907 das Leben. Er erhängte sich in der Garage seines Arbeitgebers, der Fahrradfabrik PEUGEOT, deren Räder er so oft zum Sieg geführt hatte. 1908 wurde auf dem Ballon d´Alsace zur Erinnerung an Pottier ein Denkmal errichtet.

Zurück ins Jahr 1952. Eine solche Etappe war wie geschaffen für Raphaël Géminiani, dem Spezialisten für mittlere Steigungen. Zudem lag der von seinen Freunden *gran fusil*, der „lange Karabiner“, genannte Mann aus Clermont-Ferrand im Gesamtergebnis über 22 Minuten zurück, so daß er mit einer gewissen Nachsicht von Seiten der anderen Großen rechnen konnte. Diese Ausgangssituation enthielt in den Grundzügen den taktischen Ablauf dieser Etappe.

Der Spanier Perez eröffnete die wilde Jagd. Géminiani nahm frohen Mutes daran Teil, und für den Rest des Rennens diktierte der französische Nationalfahrer das Geschehen. Am Col d´Oderen ließ er Perez einfach stehen und bezwang in der Folge sämtliche Hügel und Berge als Erster. Zeitweise stieg sein Vorsprung dabei auf über zwölf Minuten an.

Das wurde einigen Herrschaften zu viel und gegen Schluß der Etappe drückte eine Verfolgergruppe stark auf das Tempo, so daß der Vorsprung Géminianis dahinschwand. Aber *Gém* konnte sich nach 8:17:25 std mit mehr als fünf Minuten Vorsprung ins Ziel retten. Der Spurt um den zweiten Platz wurde eine dramatische Angelegenheit, denn von seinem Ausgang hing der Besitz des Gelben Trikots ab, und damit die Tagesprämie von *100 000 Francs.* Magni lag nämlich im Gesamtklassement so knapp hinter dem führenden Lauredi, daß die 30-Sekunden-Gutschrift für den zweiten Platz genügt hätte, das begehrte Trikot erneut überzustreifen. Alle Italiener fuhren daher für Fiorenzo Magni und der Coup glückte: Bartali, der unterwegs bei der Abfahrt vom Hundsrück gestürzt war, aber wieder aufschließen konnte, zog den Spurt an. In seinem Windschatten Coppi. 200 Meter vor dem Ziel scherte Fausto aus und der Weg war frei für Magni: zweiter Platz! Damit holte sich Fiorenzo das *maillot jaune* zurück.

Eitel Freude bei den Italienern, Niedergeschlagenheit dagegen im Team der französischen Regionalmannschaft NORD-EST-CENTRE, denn Dussault hatte einen Zusammenstoß mit einem Begleitfahrzeug und wurde mit einem Schädelbruch ins Krankenhaus transportiert.

Alfredo Binda konnte mit dem bisherigen Ergebnis mehr als zufrieden sein. Genüßlich studierte er bei einem Glas Weißwein das Gesamtklassement: 1. Magni, 3. Fausto Coppi (4:03 min zurück), 5. Carrea (10:10 min), 6. Gino Bartali (10:59 min). Damit konnte man leben. Was *Don Alfredo* besonders gefiel, war die Tatsache, daß aus dem anfänglichen Problemteam eine echte Mannschaft geworden war. Und am nächsten Tag soll es in die Schweiz gehen. Ohne die beiden „K“: Kübler und Koblet. Rigassi, der Nestor der Schweizer Journalisten, konnte da nur müde abwinken: „Jammerschade“. (Vico Rigassi, Sportreporter mit vier Sprachen! Seine Gestalt, seine „Dächlikappe“ und seine Lebensfreude bleibt unvergessen).

Die 9. Etappe *Mulhouse-Lausanne* (238 km) wurde zur Triumphfahrt eines Domestiken, eines Wasserträgers, eines Knechts. Der Traum des häßlichen Entleins ging in Erfüllung. Schuld daran war in erster Linie Diggelmann. Der 37-jährige Schweizer Stehermeister inszenierte zusammen mit Marinelli und dem Nordafrikaner Kebaili die richtige Flucht. Mit von der Partie waren Rémy, der Niederländer Roks und Andrea Carrea. Später tauchten noch der Belgier De Hertog auf, der gemeinsam mit dem Italiener Crippa zur Verfolgung angesetzt hatte, d.h. nur De Hertog verfolgte, Crippa befolgte die Stallorder und begnügte sich mit der üblichen Hinterrad-Taktik. Das fand der Belgier gar nicht lustig und beim nächsten Anstieg schüttelte er den Bewacher ab und kämpfte sich alleine zur Spitze vor.

Auch der Niederländer Jan Nolten kam an die Ausreißer heran. Er hatte sich zusammen mit dem Italiener Martini (schon wieder war ein Bremser dabei!) und dem Nordafrikaner Zaaf (man beachte die Unternehmungslust der Burschen aus dem anderen Erdteil) von der Truppe entfernt, aber Martini fiel durch einen Defekt zurück, Zaaf wurde sein eigenes Opfer, er erlitt einen Schwächeanfall. So blieb dem blonden Jungen aus Limburg nicht anderes übrig, als die gemeinsam begonnene Verfolgungsjagd alleine zu vollenden. Etwa 70 km vor dem Ziel, im Aufstieg zum Col de Mollendruz (1185 m), hatte er den Anschluß geschafft.

Die acht Mann bestritten anschließend den Gipfelspurt und auf der flachen Kuppe war ein Mann wie Rémy nicht zu schlagen. Die anschließende Talfahrt auf einer Straße mit schlechtem Belag hatte ihre Tücken. Roks bekam Reifendefekt, aber Nolten, der bereits die schwere Verfolgungsjagd in den Beinen hatte, blieb bei seinem Kameraden zurück und gemeinsam konnten sie wieder zur Spitze aufschließen.

Der „Achter“ kam in Lausanne auf die Aschenbahn des *Pontaise-Stadions* und der ortskundige Schweizer Walter Diggelmann sicherte sich die wichtige Spitzenposition. Er behielt sie bis ins Ziel.

Nach 7:23:16 Stunden Fahrzeit Schweizer Etappensieg! Großer Beifall für den „Alten Mann“ aus Zürich. Auf den Plätzen endeten Marinelli, Nolten,

Roks, De Hertog, Rémy, Carrea und Kebaili. Alle fuhren mehr oder weniger zufrieden in ihre Hotels und verschwanden in den Bädern.

Dort schreckte man den guten Carrea aus der Wanne: Er war neuer Träger des Gelben Trikots! Andrea war wie vom Blitz getroffen. Er, der Domestik, Spitzenreiter? Tränen rannen ihm über das hagere, von der Sonne, vom Wind und Staub gegerbte Gesicht mit der unübersehbaren Hakennase. Er, der *gregari* von Fausto Coppi im *maglia gialla*! Immer wieder beteuerte er: „Das wollte ich nicht...nein, das wollte ich wirklich nicht!“

Der blinde Cavanna tastete sich zu ihm vor und beteuerte: „Kompliment von Magni und Coppi. Sie gratulieren dir!“ Auch Binda drängte sich in das enge Badezimmer und wiederholte die Botschaft, aber erst als Fausto und Fiorenzo persönlich erschienen, war der brave Andrea zu beruhigen: „Sandrino“, so nannte Coppi seinen Freund und Helfer seit langen, „du brauchst nicht weinen. Du hast das Gelbe Trikot verdient. Es gehört Dir.“ So Faustos verbürgte Worte.

Die italienische und die französische Mannschaft logierte im selben Hotel. Während des Abendessens an der langen Tafel erklang eine Stimme: „Armer Andrea Carrea. Du machst dir zu Unrecht Sorgen. Morgen bringt Fausto die Chose auf den Punkt!“

Der Sprecher war Raphaél Géminiani. Vor und nach der Tour Mannschaftsgefährte von Carrea und Coppi bei BIANCHI, und er wußte worüber er sprach.

Auf der 10. Etappe *Lausanne - Alpe d´Huez* (266 km) wehte ein anderer Wind. Der Wind der Alpen. Die Alp d´Huez war keiner der Hügel, auf denen sich ab und zu die Domestiken austoben durften. Dieser brutale Anstieg von 13 km war den Großen vorbehalten. Und hier besonders einem: Fausto Coppi!

Alfredo Binda hatte an seine Mannschaft die Order ausgegeben, alle Ausreißversuche der Gegner zu unterbinden, das Feld zu kontrollieren, und Bartali, Coppi sowie Magni heil bis nach le Bourg-d´Oisans zu bringen. Dort begann der Aufstieg und dann wolle man sehen. Gesagt, getan; relativ ruhig ging die Fahrt von Lausanne den Lac Léman entlang nach Genf und von dort zurück auf die eigentliche Bühne der Tour, nach Frankreich. Alby, Aix-les-Bains und Chambery wurden passiert, die Isére überquert, Grenoble gestreift, Uriage durchfahren: < *tutto in gruppo* > - Binda vernahm´s mit Genugtuung. Die anderen hielten still! Bis auf Kebaili. Aber man ließ den Nordafrikaner vor dem Feld herumgondeln, immer darauf bedacht, daß er sich nicht zu weit entfernte.

Auch im Tal der Romanche herrschte Ruhe, aber es war die Ruhe vor dem Sturm. Der begann erwartungsgemäß in le Bourg-d´Oisans. Jean Robic attackierte als Erster. Sofort sprang Géminiani an sein Hinterrad und beide nahmen die ersten giftigen Kehren in Angriff. Noch verhielt sich Fausto ruhig, aber kurze Zeit später, in einer Haarnadelkurve, trat er voll an, ließ das übrige Feld, das sich langsam aber sicher aufzulösen begann, stehen und machte sich auf die Verfolgung der beiden Franzosen. Géminiani wurde erreicht, überholt und zurückgelassen. Robic - der inzwischen etwa hundert Meter Vorsprung hatte - drohte das Gleiche, aber der kleine Bretone konnte zumindest das Hinterrad von Coppi halten. Gemeinsam kletterten nun Fausto und *Biquet* die Serpentinen hoch. Gemeinsam; bis etwa fünf Kilometer vor dem Ziel. Dann war es auch um den tapferen Robic geschehen. Coppi legte einen Zahn zu und erreichte nach 8:51:40 std mit 1:20 Minuten Vorsprung den Gipfel und damit das Ziel. Robic traf als Zweiter ein, Ockers als Dritter (3:22 min), der spanische Kletterspezialist Gelabert als Vierter (ebenfalls 3:22 min) und als Fünfter der Franzose Jean Dotto (3:27 min). Carrea war ein hervorragendes Rennen gefahren, aber im Ziel fehlten ihm ganze fünf Sekunden, um das Gelbe Trikot weiter zu behalten. Das ging nun an seinen Kapitän Fausto Coppi. Wie hatte Géminiani am Vorabend orakelt?

Fausto bedauerte den braven Carrea ehrlich: „Schade daß Andrea das Gelbe Trikot nicht einige Tage länger behalten durfte und daß gerade ich es war, der es ihm nahm.“

Coppi war wieder in Gelb. Weit und breit war niemand zu sehen, der ihn in der Folge entthronen konnte. Die *Squadra italiana* stand voll hinter Fausto. Carrea lag an zweiter Stelle, er hatte die Attacken Jean Dottos brillant abgewehrt. Magni und Bartali befanden sich in Lauerstellung.

Apropos Bartali: er wurde vom Begleitjeep der Spanier gestreift, blieb mit dem Trikot hängen und stürzte. Gino konnte weitermachen, mußte sich allerdings mit dem zwölften Etappenplatz begnügen. Einen Tag hatte er Gelegenheit, seine Wunden zu pflegen, denn nach 2089 Kilometern wartete der erste Ruhetag auf die Fahrer.

Das Hotel der Italiener lag etwas abseits an einem Bergabhang. Gut abgeschirmt gegen die begreifliche Begeisterung der französischen Sportfans, die Coppi ja schon immer für einen der ihren hielten. Eine milde Brise strich um das Haus, würzige Gebirgsluft. Binda und die Mechaniker waren längst auf den Beinen und repräsentierten die *Equipe nazionale*. Und Coppi? Der hatte sein Gelbes Trikot über den Stuhl gehängt und schlief. Vermutlich träumte Coppi vom nächsten Tag, der großen Alpenetappe. Bei ihm war es bestimmt kein böser Traum. Er war in der Form seines Lebens

Die Geschichte der 11. Etappe *le Bourg-d´Oisans - Sestriere* (182 km) war in ihren Grundzügen die Geschichte eines Fahrers: Fausto Coppi. Bereits am Start in Brest hatte er Binda erklärt, sein erklärtes Ziel sei, in der Heimat als Sieger einzuziehen.

Nun wiederholte er sein Ansinnen beim Frühstück (ein halbes Hühnchen, nicht allzu stark gebraten; gekochtes Obst; etwa 100 Gramm weißer Käse). Dabei ging man die Route durch: Am Anfang drei gewaltige Brocken: Col du Glandon (1924 m), Col de la Croix de Fer (2068 m), Col du Télégraphe (1590 m); dann folgen der legendenumwobene Col du Galibier (2556 m), der Col du Lautaret (2057 m) und der Col de Montgenévre (1850 m), Zielankunft in 2033 Meter Höhe! Jedem anderen wäre bei diesem Programm der weiße Käse im Halse steckengeblieben...

Nicht so Fausto. Gutgelaunt ging er an den Start, kletterte bereits in der kargen Landschaft am Col du Gladon allen nach Belieben davon, heimste auf dem Croix de Fer die 40 Sekunden Gipfelgutschrift ein, holte seine Windjacke und die Sturzkappe aus dem Trikot, legte beides an und nahm die Abfahrt in Angriff. Nicht allzu schnell.

Im Tal war der Franzose Lazaridès und der Rest der Gesellschaft wieder zur Stelle. Gottseidank auch Magni, der gerade rechtzeitig kam, um mit Coppi, der Defekt hatte, ein Laufrad zu tauschen.

Hinauf zum Télégraphe machte sich der Nordafrikaner Zelasco auf die Socken, gefolgt von Le Guilly, der ihn auf dem Scheitelpunkt einholen konnte.

In der Verfolgergruppe, in der sich auch noch Coppi und Bartali befanden, ereignete sich eine Episode, die noch Jahre später die Gemüter erhitzte, die Anhänger Coppis und Bartalis in Rededuelle verwickelte. Ein Foto geisterte durch die Sportpresse, das zeigte, wie sich Fausto und Gino eine Flasche zureichen. An und für sich kein außergewöhnliches Ereignis unter Pedalrittern. Aber hier handelte es sich um zwei Radsport-Halbgötter der damaligen Zeit und die Kardinalsfrage war: *WER* gab *WEM* die Flasche? Ein schwer zu lüftendes Geheimnis, denn der eine wollte nicht und der andere konnte nicht wahrheitsgetreu antworten. Jeder druckste herum und wollte die gute Tat für sich buchen. Erst in den achtziger Jahren brachte die Turiner Firma *LOGOS* ein Videoband auf den Markt, welches das Intermezzo deutlich zeigt: Umringt von Motoradfahrern quält sich die Gruppe auf schlechter Naturstraße den Télégraphe hoch; Coppi und Bartali an der Spitze. In einer Kurve nimmt Bartali einen Schluck aus einer Mineralwasserflasche und reicht sie Coppi! Der nimmt einen kräftigen Zug und schleudert sie weg. Na also, so war die Sache. Warum das alles so ausführlich?

Erstens wirft sie ein Licht auf die Radsportszene in diesen Jahren, in denen das Schauspiel Radsport - und hier im Besonderen das Drama, die Tragödie und oft das Trauerspiel *Tour de France* - die Sportwelt begeisterte, faszinierte, in ihren Bann schlug. Als Millionen das Geschehen hautnah an den Landstraßen verfolgten, als Tausende auf die Gipfel der Alpen- und Pyrenäenpässe marschierten, um die Fahrer zu empfangen. Als die Öffentlichkeit, die Fans, wie Seismographen auf jede Kleinigkeit reagierten, die die Inszenierung, Besetzung, Darstellung und vor allem die Darsteller dieses Sportspektakels selbst betrafen - Helden, Paladine, Tragöden, oft auch Komödianten und Clowns. Ein Sportspektakel, das heute in Deutschland im Schatten von Fußball und Tennis steht, Dank Einsicht einiger Fernsehregisseure und hervorragender Leistungen der *TELECOM*-Mannschaft - vor allem durch Jan Ullrichs Toursieg - aber wieder in der Berichterstattung an Boden gewinnt.

Zweitens handelt es sich bei diesem Foto um die wohl berühmteste Aufnahme von Coppi und Bartali, unzählige Male reproduziert, bis zur

Unkenntlichkeit kopiert. Der gute Gino verteilt ein Riesenposter mit der Abbildung und seinem Autogramm an seine Freunde. Schön, daß ich es besitze.

Doch zurück auf die Landstraße (die in diesem Fall die Welt bedeutete). Nach der Abfahrt, im Anstieg zum Galibier, begann die eigentliche Kletterschlacht. Le Guilly riß erneut aus und sicherte sich einen kleinen Vorsprung. Aber fünf Kilometer unterhalb des Gipfels griff Coppi unwiderstehlich an. Nach weniger als zwei Kilometern war der Franzose eingeholt und die Gutschrift auf dem Galibier wurde eine sichere Beute des *Campionissimo*. Über die Höhen des Lautaret und des Montgenévre vergrößerte Coppi seinen Abstand zu den Verfolgern - Bartali, Ockers, Ruiz und Le Guilly - ständig.

Der Schlußanstieg hinauf nach Sestriere war schwer, für Coppi jedoch kein Problem. Mit 7:09 Minuten Vorsprung erreichte er nach 6:36:59 std das Ziel, wo ihn seine Landsleute begeistert feierten. Auf dem zweiten Platz landete der überraschend starke Spanier Bernardo Ruiz. Dritter wurde der Belgier Ockers (9:42 zurück) und an vierter Stelle plazierte sich der 20-jährige Bretone Le Guilly.

Größter Pechvogel dieser Etappe war Jean Robic. *Biquet*, wie ihn seine Freunde nannten, hatte insgesamt 6 (sechs!) Reifenschäden, davon zwei in aussichtsreichen Situationen. Unentwegt kämpfte sich der kleine Bretone mit den großen Ohren (tut mir leid, aber er hatte sie wirklich) wieder nach vorne und lag fünf Kilometer vor dem Ziel erneut an zweiter Stelle, als ihm der letzte, entscheidende Reifen wegknallte. So konnte er statt des verdienten zweiten Platzes nur Rang sieben belegen.

Die Hauptschuld daran hatte Marcel Bidot. Der Leiter des französischen Nationalteams hielt es für richtiger, sich um den völlig versagenden Nello Lauredi zu kümmern, statt Robic zu unterstützen. Der arme Jean mußte sich daher so gut es ging selbst helfen

Das Gesamtklassement hatte nun folgendes Aussehen: 1. Coppi; 2. Close (19:57 min zurück), 3. Carrea (20:26 min), 4. Magni (25:18 min), 5. Ruiz (25:24 min), 6. Ockers (25:38 min), 7. Bartali (26:46 min), 8. Lauredi (31:21 min), 9. Robic (32:21 min) und 10. De Hertog (34:41 min).

„Coppi hat die Tour in Sestriere gewonnen“, verkündete Alfredo Binda. Niemand wollte ihm diesmal widersprechen.

Die 12. Etappe *Sestriere-Monaco* (251 km) führte nach rund 150 Kilometern wieder zurück nach Frankreich. Für die Franzosen war die Tour bisher nicht besonders erfolgreich verlaufen. Schon gar nicht für den ehrgeizigen jungen Südfranzosen Jean Dotto, dessen besondere Stärke das erklettern der Berge war. Nicht einmal auf den Bergetappen nach Alpe d´Huez und Sestriere konnte er die ersehnten Lorbeeren einheimsen. Das wurmte den kleinen Jean gewaltig. Aber nun ging es hinein in die Berge und Hügel zwischen der italienischen Grenze und Monaco, in sein eigenes Jagdgebiet, die Seealpen, die er traumwandlerisch sicher kannte: den Colle di Tenda (1871 m), den Col de Brouis (879 m), den Col de Castillon (707 m), die schroffen Kehren der Turbie (555 m). Hier würde endlich die große Stunde des Jean Dotto schlagen.

So dachte Dotto wohl selbst, und so dachten seine Landsleute. Eine Reihe von Prämien, darunter die des monegassischen Rundfunks und des Fürsten von Monaco, Rainier III. stachelten Dottos Unternehmungslust weiter an. Auf dem Tenda waren noch alle Kletterasse vereint gewesen. Robic hatte sich hier vor Coppi die 20 Sekunden Gipfelgutschrift geholt. Anschließend ging es weiter zum Col de Brouis, und hier begann das „Unternehmen Dotto".

Energisch löste sich Jean vom Feld. Die Italiener zeigten sich nicht beunruhigt, denn Dotto bedeutete für das Gesamtklassement keine Gefahr. Nur sein Landsmann Bertaina und der Niederländer Jan Nolten verfolgten ihn. Jean Dotto fuhr kraftvoll und sicher, er kannte hier jeden Zentimeter genau, jede Kurve, jedes Loch im Asphalt. Bald war er Bertaina um 45 Sekunden, Nolten um eineinhalb Minuten voraus.

Die Kletterpartie auf den Col de Castillon brachte keine Veränderung; Dotto lag nach wie vor an der Spitze, und im *Stadion Louis II.* in Monaco rüstete man bereits für den triumphalen Empfang des siegreichen Landsmannes.

Inzwischen rollte Dotto über den Scheitelpunkt des Castillon und stürzte sich in die Abfahrt. Stürzen - so wie etwa Magni das tat - war etwas zuviel gesagt. Der kleine Bauernjunge aus Saint-Nazaire mit dem Beinamen „Der Weinbauer aus Cabasse" konnte zwar klettern, aber Abfahren war nicht gerade seine Stärke. Keine Sorge, noch lag ja die Turbie, sein Hausberg, vor ihm. Hier würde er den letzten, entscheidenden Schlag führen!

Mittlerweile war der junge Jan Nolten mächtig nach vorne gekommen. Der blonde Niederländer erkannte seine Chancen. Er ließ sich den Abfahrtswind um die Ohren sausen und holte unwiderstehlich auf. Dotto bekam obendrein einen Schwächeanfall und im Anstieg zur Turbie, seiner Turbie, mußte er Nolten vorbeiziehen lassen! 10 Sekunden, 20 Sekunden, eine halbe Minute, über eine Minute Rückstand.

Grausam. Noch einmal bäumte sich der Franzose auf. Mit zusammengebissenen Zähnen kämpfte sich Jean heran. Nur noch 100 Meter lagen zwischen den beiden und Dottos Begleiter - Reporter, Fotografen und Betreuer - gerieten schier aus dem Häuschen.

100 Meter sind wenig, sie können aber auch viel sein; im Radrennsport manchmal unüberbrückbar. Für den armen, verausgabten, enttäuschten Dotto waren sie es. Nolten zog erneut davon, erreichte mit 1:20 min Vorsprung den Scheitel der Turbie und die Entscheidung war gefallen. Er ließ bei der neun Kilometer langen Abfahrt nichts mehr anbrennen, und so kam es, daß ein junger Niederländer namens Nolten nach 8:13:19 Stunden Fahrzeit triumphalen Einzug in Monaco hielt und die saftigen Prämien einheimste. Mit 1:27 min Rückstand traf Dotto ein, trotz aller Enttäuschung stürmisch bejubelt, als ob er der Sieger des Tages gewesen wäre. Als Dritter kam Molineris ins Ziel

(3:44 min zurück). Dann folgten Bertaina, De Hertog, Ockers, Robic, Bartali, Coppi und Lucien Lazaridès.

Coppi baute seinen Vorsprung in der Gesamtwertung auf mehr als 24 Minuten aus, da der Belgier Close unterwegs einen Schwächeanfall hatte und mehrere Minuten verlor. Fausto wurde übrigens in der Abfahrt vom Col de Brouis von einem Reifenschaden ereilt; Magni war sofort zur Stelle und gab ihm sein Hinterrad. In der Abfahrt vom Costillon knallte es erneut bei Coppi und die Sensation für die Tourbegleiter war perfekt: kein Geringerer als Gino Bartali überließ diesmal dem großen Rivalen sein Hinterrad. Bartali in der Rolle des Domestiken! Fürwahr ein ungewöhnlicher Anblick.

Was sich Monsieur Goddet bei der Streckenplanung der 13. Etappe *Monaco - Aix-en-Provence* (214 km) gedacht hatte, war etwas unklar. Geländeschwierigkeiten gab es so gut wie keine. In steter Gleichförmigkeit zog sich die Strecke hin. Vielleicht wollte Jacques Goddet den Teilnehmern an seiner Tour nur die Schönheit der Riviera zeigen. Diese waren vom zauberhaft schönen Mittelmeergestade und der erfrischenden Brise, die vom Meer her wehte, so beeindruckt, daß sie beinahe das Fahren vergaßen. In Cannes hatte das Feld bereits einen Rückstand von rund einer Dreiviertelstunde auf die Marschtabelle, als plötzlich Alarm herrschte. Hunderte Badegäste hatten sich am Straßenrand postiert und die Fahrbahn mit ihren nassen Latschen und tropfenden Badeanzügen regelrecht überschwemmt. Coppi war auf dem nassen Asphalt gestürzt und hatte sich leicht an der rechten Hand verletzt. Ettore Milano war sofort zur Stelle und konnte mit ihm wieder zum Hauptfeld aufschließen.

In St-Raphael bog die Tourkarawane ins Landesinnere ein, und je weiter man sich von der Riviera entfernte, desto drückender wurde die Hitze. Fahrer und Begleiter schwitzten und stöhnten gleichermaßen und von der Bruthitze ausgelaugt, traf man nach etwa 143 km in Le Luc ein, wo es eine von allen freudig begrüßte „Neutralisation“ gab. Eine Viertelstunde lang gossen sich Freund und Feind Eimer voll Wasser über die Köpfe, Gartenschläuche wurden eingesetzt, ein munterer Baderummel trieb die lähmende Mattigkeit aus den Gliedern.

Erfrischt und voller Tatendrang begab man sich auf die Weiterfahrt. Der Angriff ließ nicht lange auf sich warten. Jacques Vivier von der Regionalmannschaft OUEST-SUD-OUEST suchte das Weite. In seiner Begleitung die Nationalfranzosen Raoul Rémy, Maurice Quentin und Jean Dotto. Einen Augenblick schien das Vorhaben zu mißglücken, denn kein Geringerer als Coppi selbst schickte sich zur Verfolgung an. Als Fausto jedoch bemerkte, daß sich auch Jean Robic in der Verfolgergruppe befand, gab er die Jagd auf und begnügte sich zusammen mit seinen Helfern damit, den Zeitabstand zur Spitze in Grenzen zu halten.

Diese Spitze näherte sich allmählich dem Etappenziel und die Vorbereitungen auf den Spurt war ein verzwicktes taktisches Problem. Einerseits war

Dotto der im Gesamtergebnis am besten plazierte Franzose und die Gutschrift von einer Minute hätte ihm bestimmt genutzt. Andererseits verdiente der brave Rémy, einer der aufopferungsvollsten Domestiken des Nationalteams, für seine selbstlosen Dienste eine Anerkennung. Und was wäre schöner für ihn gewesen, als dieser Etappensieg: mitten im Süden, vor seinen Landsleuten, die aus seiner Heimatstadt Marseille in Scharen herübergekommen waren, um ihren Raoul triumphieren zu sehen (zumal er ohne Zweifel einer der schnellsten Sprinter dieser Tour war!).

Marcel Bidot zeigte Verständnis. Er gab Rémy „Grünes Licht" und so konnte der brave Junge aus Marseille nach 7:06:39 std seinen stürmisch bejubelten Etappensieg erringen. Dotto wurde Zweiter, erhielt noch 30 Sekunden Gutschrift, und mußte sich schon fragen, ob ihm die verlorene andere halbe Minute bei der Endabrechnung in Paris nicht fehlen würde. Immerhin war er durch seinen Ausflug vom elften auf den siebten Rang im Gesamtergebnis vorgerutscht.

Coppi traf nach 7:24 Minuten zusammen mit dem Hauptfeld und allen Favoriten ein und konnte mit seinem Vorsprung von 24:02 min auf den Zweiten, den Belgier Close, beruhigt ins Hotel abziehen.

Im Gegensatz zu den meisten anderen Fahrern konnte Fausto Coppi auch ruhig schlafen. Ihn konnte die 14. Etappe *Aix-en-Provence - Avignon* (178 km) nicht in die gespannte und bange Erwartung versetzen, die seit Tagen im übrigen Fahrerfeld herrschte. Schuld daran war das Schreckgespenst Mont Ventoux. Dieser baum- und strauchlose Karstberg, diese wasserlose Kalksteinwüste mit einer Steigung von rund 1600 m auf knapp 21 Kilometer hinauf zum Gipfel in 1909 m Höhe (stellenweise 14%!). Der Ventoux würde ein Tour-Leckerbissen für die Zuschauer werden, das wußte man. Den Fahrern gingen andere Gedanken durch die Köpfe.

Gleich nach dem Start versuchten, wie stets, wenn eine Kletterpartie von Format bevorstand, mäßige Kletterer in der Ebene einen Vorsprung herauszufahren, von dem sie später zehren konnten. Diesmal war es Bauvin, der auf der Strecke von Cavaillon nach Carpentras rund sieben Minuten hamstern konnte, bevor in Bédoin der eigentliche Anstieg begann. Mit diesem Zeitpolster nahm er die ersten Kehren in Angriff. Als die Verfolger eintrafen, machte sich an dieser Stelle auch Géminiani aus dem Staub. Ihm folgten etwas später Fausto Coppi und Jean Robic, die unumstritten stärksten Kletterer des Feldes. Auch der Spanier Gelabert stieß vor; die Schlachtordnung für die große Auseinandersetzung am Berg war gegeben.

Da gab es einen lauten Knall: Coppis Reifen war geplatzt! Robic trat sofort mächtig an und verschwand hinter der nächsten Kurve. Nun überstürzten sich die Ereignisse. Eine Gruppe mit Ockers, Dotto und Bartali keuchte heran. Gino sah Fausto am Straßenrand und bot ihm sofort sein Rad an. Coppi winkte ab und schrie: < *Va via, Gino!* > (Hau ab, Gino! Carrea muß gleich kommen, ich nehme sein Rad!)

Die noble Geste gegenüber Bartali hatte auch einen realen Hintergrund. Carrea hatte etwa die selbe Körpergröße wie Coppi und sein Rad war praktisch eine Kopie von Faustos Maschine. Also her damit. Aber der gute Andrea ließ auf sich warten. Als der Radwechsel vollzogen war, hatte Coppi etwa 3:15 min Rückstand auf Robic. Die Sache wurde ungemütlich, aber keineswegs bedrohlich. Trotzdem zeigte der *Campionissimo* nun, was in ihm steckt. In einem langgezogenen Spurt, der trotz allen Einsatzes spielend leicht aussah, überholte er nach und nach etwa 20 Fahrer, darunter auch Bartali. Zügig weiterkletternd erreichte er schließlich die Gruppe um Géminiani: Ockers, Dotto, den Niederländer Wagtmans und Gelabert. Dann zögerte er, überlegte einige Sekunden. Sollte er Robic nachsetzen, der immerhin mehr als eine halbe Stunde im Gesamtklassement hinter ihm lag, oder sollte er Bartalis verschiedentlich bewiesene Kameradschaft honorieren und den „Alten" wieder aufschließen lassen?

Fausto entschied sich richtig; für letzteres. Er verschleppte das Tempo und ermöglichte mit dieser Verzögerungstaktik tatsächlich dem alten Haudegen Bartali den Anschluß. Das Ergebnis dieser für viele Tour-Experten verblüffenden Solidarität der beiden für unversöhnlich geltenden Rivalen sollte sich später am Ziel im Gesamtergebnis zeigen. Doch soweit war es noch nicht.

In einem ähnlichen, wenn auch etwas anders gelagerten Gewissenskonflikt befand sich *Stan* Ockers. In seiner Gruppe fehlten zwei Mann, die im Gesamtergebnis vor ihm lagen: sein Landsmann Close (2.) und der Spanier Ruiz (3.). Wenn er nun aufs Tempo drückte, traf er Freund und Feind gleichermaßen, konnte aber seine Position erheblich verbessern. Ockers entschied sich: für Ockers, und rackerte unentwegt. Mit dem Erfolg, daß außer Bartali keiner mehr aufschließen konnte.

Vorne kämpfte Robic gegen den Anstieg und den heftigen Wind (bereits von Beginn an der Etappe blies ein formidabler Mistral dem Feld entgegen) und war zehn Kilometer vor dem Gipfel bis auf 4:30 min an dem einsam kämpfenden Bauvin heran. Vier Kilometer weiter hatte er ihn eingeholt und stehengelassen. Fünf Kilometer vor der Paßhöhe betrug der Vorsprung des kleinen Bretonen auf Coppi & Co. eine Minute, auf dem Scheitel des Mont Ventoux hatte er sich auf 2:15 min vergrößert!

Waghalsig stürzte sich Robic in die Abfahrt nach Carpentras und raste dann in der Ebene wie von der Tarantel gestochen ins Ziel nach Avignon. Die gewaltige Kraftanstrengung beim Aufstieg zum Ventoux machte sich zwar bemerkbar und der Franzose verlor gegenüber seinen Verfolgern, bei denen wie gesagt Ockers das Zepter schwang, ständig an Boden. Aber mit 1:36 min Vorsprung konnte sich *Biquet* nach einer Fahrzeit von 6:16:49 Stunden ins Ziel retten. Bravo!

Der Spurt um den zweiten Platz wurde eine Beute von Gino Bartali, der Géminiani, Ockers, Wagtmans, Gelabert, Coppi und Dotto in dieser Reihenfolge auf die Plätze verwies. Und nun kam Coppis Taktik am Ventoux voll zum tragen: Bartali war mit seinem zweiten Platz (und den 30 Sekunden Gutschrift) auf den 3. Rang im Gesamtklassement vorgestoßen!

Die 15. Etappe *Avignon-Perpignan* (255 km) über Nimes, Montpellier, Agde und Narbonne wurde vom Hauptfeld in reichlich gemäßigtem Tempo zurückgelegt. Unfreiwilliger Held des Tages wurde Giovanni Corrieri, Bartalis Edeldomestik. Zusammen mit dem Franzosen Georges Decaux, einem braven, harmlosen Fahrer aus der Regionalmannschaft PARIS, überraschte er seine Kollegen schon nach drei Kilometern mit einer Attacke, die sich zur längsten Flucht bei dieser Tour erweisen sollte. Gründe dafür gab es mehrere. Erstens die lange Distanz, die sich von jeher lähmend auf den Unternehmungsgeist auswirkte. Zweitens der unbeliebte Mistral, der auch an diesem Tag heftig durch die Gegend pfiff. Drittens, und das war der entscheidende Grund, lagen die beiden Ausreißer weit im Gesamtklassement zurück und das Feld reagierte überhaupt nicht. Ihr Vorsprung wuchs auf über 31 Minuten, aber damit auch der Abstand zu ihren Materialwagen, denn sowohl Alfredo Binda, als auch der Mannschaftsleiter der *Equipe Paris* hielten es für besser, zum einen bei Bartali, Coppi und Magni, zum anderen bei Marinelli zu bleiben. Pinella De Grandi, der exzellente Mechaniker und gute Geist der Italiener, hatte Corrieri zwar am Anfang seiner Flucht noch überreden wollen, an Stelle der üblichen Handpumpe eine kleine Preßluftflasche mitzunehmen, um bei einem möglichen Reifenschaden schneller handeln zu können, aber der brave Giovanni lehnte das „neumodische Zeugs“ ab und vertraute auf seine alte Pumpe.

Die brauchte der kleine Sizilianer etwa 25 Kilometer vor dem Ziel dringend. Beim ersten Mal ging alles noch gut. Corrieri konnte seinen Defekt beheben und wieder zu Decaux aufschließen. Als weitaus besserer Sprinter hatte er den Etappensieg so gut wie sicher in der Tasche. Da knallte es kurz darauf wieder und Giovanni saß erneut auf der Felge. Diesmal gab auch die Pumpe ihren Geist auf. Der italienische Mannschaftswagen wurde zwar verständigt, aber der Jeep konnte eben nur 70 bis 75 km/std fahren und so verging viel Zeit. Decaux setzte seinen Vorstoß alleine fort und er holte sich nach 7:07:16 Stunden mit 8:53 Minuten Vorsprung überraschend vor Corrieri den Etappensieg. Mehr tot als lebendig hob man den tapferen Decaux aus dem Sattel; er hatte sich total verausgabt. Mit mehr als 18 Minuten Rückstand landete der Afrikaner Kebaili als Dritter im Ziel, das Feld mit sämtlichen Größen traf mehr als 24 Minuten später ein. In der Gesamtwertung gab es keine Änderung von Belang. Fausto Coppi blieb mit 25:27 min Vorsprung vor Ockers Träger des Gelben Trikots.

In der Menschenmenge am Ziel von Perpignan saß ein Häufchen Elend. Tränen rannen über das braungebrannte, von den Strapazen zerfurchte Gesicht des untröstlichen Giovannino Corrieri. Die Journalisten hatten ihre Story, die Fotografen ihr Motiv, die Kritiker ihren Schuldigen: Binda. Man warf ihm fehlendes Fingerspitzengefühl vor, den armen Corrieri so ganz ohne

Hilfe gelassen zu haben. Doch für den großen Alfredo war das Polemik. „Es ist klar, manche Herrschaften wollen einen Mechanismus, der die Mannschaft perfekt versorgt. Für mich ist die Sache Corrieri eine Episode, Schwamm darüber. Die Tour geht nun in die Pyrenäen und ich habe andere Sorgen."

Die brauchte er sich allerdings auf der 16. Etappe *Perpignan-Toulouse* (200 km) nicht machen, denn auch dieser Teilabschnitt wurde vom Feld im Touristentempo absolviert. In den ersten drei Stunden brachte man es auf 75 Kilometer (Stundenmittel 25 km). Die Bummelei brachte die Marschtabelle in Unordnung und Tourdirektor Goddet in Rage.

Also kein Wunder, daß sich auf der ersten Hälfte der Strecke nichts von Bedeutung ereignete. Zwar gaben auf der Strecke, die über *Maury-Quillan-Lavelanet-Mirepoix-Pamiers* führte, die Pässe Col Camperie (534 m), Col du Portel (601 m), Col de la Babourade (655 m) und der 575 Meter hoch gelegene Ort Col du Teil einen kleinen Vorgeschmack auf die Pyrenäen; aber eben nur einen kleinen. So konzentrierte sich das Interesse der Fotografen und Filmleute mehr auf die in der Umgebung wütenden Waldbrände und erst später, nach der Verpflegungskontrolle, auf Wim Van Est und einen unvermeidlichen italienischen Begleiter, in diesem Fall Baroni, zu denen sich nach und nach zehn weitere Fahrer gesellten.

Aus diesem Zwölferrudel gewann nach 6:53:52 std der Belgier Andre Rosseel vor dem Franzosen Vivier und Baroni die Etappe. Eine Minute später traf das Feld mit allen Favoriten ein. In der Gesamtwertung führte weiterhin Coppi. Faustos Vorsprung hatte eine gewisse Ähnlichkeit mit seiner Startnummer 25: exakt 25:27 Minuten.

Der zweite Ruhetag dieser Tour in Toulouse kam vielen sehr gelegen, obwohl solche Tage nach Auffassung Bindas gefährlich waren. Gefährlich insofern, als manche Fahrer den Tag einfach verbummelten, nicht aus den Federn krochen und damit ihre Form nicht gerade verbesserten. Er legte daher Wert darauf, ein gewisses Programm durchzuziehen und gab beim gemeinsamen Frühstück bekannt: „Vernünftig essen, Massagen, ruhen, und am Nachmittag eine kleine Ausfahrt nicht unter 50 Kilometer und ein bißchen mit Tempo, wenn ich bitten darf." Coppi, die langen hageren Beine unter den Tisch gestreckt, lauschte amüsiert den Worten des Meisters. *< D´accord! >*, „Das gilt für die gregari. Aber doch nicht für mich, Bartali und Magni." Natürlich hatte er Binda richtig verstanden.

Der kümmerte sich vorerst um Gino, den es am Vortag wieder einmal aus dem Sattel gehoben hatte. Dottore Coda, Coppis persönlicher Arzt, hatte zwar Bartalis Armverletzung und Schulterquetschung untersucht, aber Binda bestand darauf, einen Spezialisten in Toulouse zu konsultieren. Bartali wurde verpflastert und konnte weitermachen. Am Abend zogen sich Binda, Coppi und Magni in einen Landgasthof außerhalb Toulouse zurück, um dem Lärm der Großstadt zu entfliehen, denn nun war Ruhe angesagt. Am Tag darauf stand die erste schwere Pyrenäenetappe auf dem Programm. Übrigens kam in den abendlichen Sportnachrichten eine kurze Meldung: *In Carcasonne hat ein junger Mann mit 36 Sekunden Vorsprung die französische Meisterschaft der Amateur-Straßenfahrer gewonnen.* Sein Name - Jacques Anquetil.

Toulouse - Bagnéres-de-Bigorre? Kein Problem, wenn man mit dem Auto fährt und die direkte Route wählt. Wenn aber Monsieur Goddet seine 17. Etappe (204 km) über den Umweg *St-Martory - Aspet - Bagnéres-de-Luchon - Arreau* wählt, der obendrein mit den Pässen Col des Ares (797 m), Col de Peyresourde (1569 m) und dem Col d´Aspin (1489 m) gespickt ist, dann hört die Gemütlichkeit auf!

So geschehen am 13. Juli 1952, als sich die bunte Schlange der Tourfahrer um 10.15 Uhr auf den Weg in die Pyrenäen machte. Relativ gemütlich ging man die ersten 100 Kilometern an, abgesehen von einem Massensturz, der sich nach etwa 50 Kilometer - genau gesagt in St-Elix-le-Château - ereignete: Der Belgier Decock hatte einen Reifendefekt, stürzte und verwickelte den halben Tourtroß in ein Chaos. Auch Magni und die beiden Niederländer Van Est und Roks waren betroffen, kamen jedoch mit Hautabschürfungen davon.

Im Anrollen auf den ersten wirklichen Brocken des Tages, den Col de Peyresourde, rissen Bauvin und der unvermeidliche italienische Wachhund, diesmal Martini, aus. Géminiani, der Spanier Gelabert und der Belgier Alois De Hertog folgten. Der Vorstoß scheiterte jedoch an der Aufmerksamkeit einer von Fausto Coppi angeführten Gruppe.

In den Kehren des Peyresourde griff dann Dotto an, aber wieder war es Coppi, der zusammen mit Robic, Gelabert und Ockers den Anschluß an den Franzosen noch vor der Paßhöhe herstellte. Den Gipfelspurt und 20 Sekunden Gutschrift sicherte sich Gelabert. Hinter dem Spitzenquintett folgte mit 54 Sekunden Rückstand Géminiani. Der setzte bei der Abfahrt alles auf eine Karte, rauschte an Coppi & Co. vorbei, und hatte nach rund 20 Kilometer, noch vor dem Anstieg zum Col d´Aspin, etwa eine Minute Vorsprung.

Den ließ er sich auch bis zum Gipfel nicht mehr nehmen. Im Gegenteil, bei der 25 Kilometer langen Abfahrt nach Bagnéres konnte er ihn sogar noch etwas vergrößern. Nach 6:43:16 std traf *Gém* als umjubelter Etappensieger im Thermalbadeort am Adour ein. Beim Spurt um den 2. Platz tat Antonin Rolland seinen Mannschaftsgefährten Dotto und Robic den Gefallen, Ockers und Bartali die begehrten 30 Sekunden Gutschrift wegzuschnappen. Coppi sah sich den Endkampf wieder einmal aus der zweiten Reihe an; er war mit seinem 5. Rang durchaus zufrieden und führte weiterhin im Gesamtergebnis mit 25:27 min vor Ockers.

Beim Abendessen drehte sich noch immer das Gespräch um die halsbrecherische Abfahrt Géminianis vom Peyresourde. Aber inzwischen hatte sich das Geheimnis gelüftet: Raphaél hatte neue, bisher geheimgehaltene Mittelzugbremsen von der Firma *MAFAC* montiert, die wesentlich besser - allerdings auch härter - bremsten und den Husarenritt ermöglichten.

Auch die 18. Etappe *Bagnéres-de-Bigorre - Pau* (149 km) hatte ihre unübersehbaren Hindernisse: den Col du Tourmalet (2114 m), den hochalpinen Col du Soulor (1474 m) und den Col d´Aubisque (1709 m). Der „Tour-Veteran" Tourmalet wurde zusammen mit dem Aspin, Aubisque und Peyresourde 1910 als erster wirkliche Paß in das Tourprogramm aufgenommen und damals von dem Franzosen Octave Lapize, der auch diese Tour de France gewann, als erstem bezwungen. Lapize fiel 1917 als Pilot bei einem Luftgefecht über Frankreich.

Schon am Tag zuvor hatte sich der Himmel stark bewölkt und der in den letzten Tagen fast unerträglichen Hitze ein Ende bereitet. Im Anmarsch zum Tourmalet war das Wetter noch einigermaßen in Ordnung: heiter bis wolkig. Dann in den unteren Kehren Nebel. Und Coppi in einer bestechenden Form. Er wehrte den Vorstoß von Ockers und Robic ab, stieg spielend, in vollendetem Rhythmus die Serpentinen empor, tauchte aus den Nebelschwaden und rollte 30 Sekunden vor Ockers über den weißen Strich, der die Bergwertung anzeigte. Fünf Sekunden später war sein Edeldomestik Carrea zur Stelle, mit 45 Sekunden Rückstand folgte Gelabert, nach 50 Sekunden meldete sich Robic zur Stelle und dann vergingen gut zwei Minuten, bevor als nächster der spanische Kletterer Ruiz den Scheitel des Tourmalet passierte.

Bei der Abfahrt riskierte Coppi nichts. Er nahm einen Schluck aus der Flasche, setzte die Sturzkappe auf und fuhr mit betonter Vorsicht durch das sich lichtende Nebelmeer zu Tal. Dort kam es wieder zum Zusammenschluß einer größeren Gruppe, die außer Coppi noch Robic, Ockers, Carrea, Gelabert, Ruiz und Bauvin umfaßte. So ging es über den Col du Soulor und dann hinauf zum Col d´Aubisque. Drei Kilometer unterhalb der Paßhöhe genügte Coppi eine Verschärfung des Tempos und er hatte sich aller Rivalen entledigt. Einzig Robic versuchte das Hinterrad von Coppi zu halten. 200 Meter, dann war der ungleiche Kampf zu Ende. Der kleine Bretone geriet ins Schwimmen und richtete sich aus seiner verkrampften Haltung auf, streckte die Waffen. Er hatte eingesehen, daß gegen den *Campionissimo* kein Kraut gewachsen war.

Coppi fuhr 30 Sekunden vor Robic über die Höhe des Aubisque. In kurzen Abständen folgten Ockers, Ruiz und Bauvin. Bartali, Magni und die anderen Großen wurden klar distanziert.

Bei der 40 Kilometer langen Abfahrt hinunter in die alte Tourstadt Pau war klar, daß Coppi auch diesmal nichts riskieren würde. So konnten in Gan, etwa neun Kilometer vor dem Ziel, vier Verfolger aufschließen: Robic, Ockers, Ruiz und Bauvin. Ihre Freude über das unverhoffte Wiedersehen mit Coppi währte jedoch nicht lange. Eine kurze, ziemlich steile Rampe knapp vor dem Ziel reichte Fausto, um seine Beschatter erneut, diesmal endgültig, abzuschütteln. Mit 100 Meter Vorsprung überquerte er nach 4:42:04 Stunden das Ziel in Pau. Dann trafen Ockers (2.), Robic (3.), Ruiz (4.) und der angenehm überraschende Bauvin (5.) ein. Erst 4:13 Minuten später kam die Verfolgergruppe an, in der sich Bartali, Magni und der Belgier Close befanden. Eine feine

Leistung vollbrachte Carrea. Lange in der Spitzengruppe vertreten, gab er Magni nach dessen Defekt sein eigenes Rad und mußte nach Behebung des Schadens mit großem Rückstand die Verfolgung aufnehmen. Dennoch behauptete er im Gesamtklassement seinen ausgezeichneten neunten Platz. In dieser Gesamtwertung lag Coppi nun mit 27:01 Minuten in Front und Goddet brachte in seiner *L´Equipe* die Überschrift: „Wo auch immer - auf dem Aubisque, dem Tourmalet, in Pau - ein einziger Schrei: Fostó!" Gemeint waren damit die Tausende von französischen Zuschauern, die am Straßenrand neidlos die Überlegenheit Coppis anerkannten, ihn längst in ihr Herz geschlossen hatten und ihn lauthals unterstützten: < *Fo-stó! Fo-stó!* >

Fostó nahm gut gelaunt am nächsten Morgen die 19. Etappe *Pau-Bordeaux* (195 km) in Angriff. Zwar hatten die beiden Pyrenäen-Abschnitte auch an seinen Kräften genagt, aber das Profil der Strecke zeigte keine Hindernisse. Flach, wie auf einem Billardtisch, ging es über *Aire-sur-l´Adour - Villeneuve-de-Marsan - Captieux - Langon* in das Département Gironde, in die Weinlandschaft des Bordelais. Programmgemäß hätte es eine ruhige Fahrt werden sollen. Einerseits hatte man soeben den Tourmalet und Aubisque bezwungen, andererseits drohten zwei Tage später der Puy de Dôme (1415 m) und dann das Zeitfahren nach Vichy.

Aber wieder einmal kam es anders. Es wurde nicht gebummelt, sondern so gebolzt, daß die Marschtabelle (vorgesehenes Stundenmittel 33 km) erheblich unterboten wurde. Der Wink der Tourleitung mit dem Zaunpfahl, bei einer Bummelfahrt unter 30 km/std alle Prämien zu streichen, hatte offensichtlich gewirkt. Bei dem sofort angeschlagenen hohen Tempo hatten es die Invaliden schwer, den Kontakt nicht zu verlieren. Dotto - er war am Vortag auf dem Aubisque gestürzt - hatte besonders zu kämpfen. Sein verletzter Arm war so gut wie überhaupt nicht zu gebrauchen. Auch Magni, über und über mit Pflaster beklebt, quälte sich durch die Gegend. Bartali laborierte an seinen Wehwehchen und da fast alle anderen großen Mannschaften den einen oder anderen Maroden zu umhegen hatten, war von dieser Seite keine Initiative zu erwarten.

Der große Schlag kam aus einer anderen Richtung. Kees Pellenaers, der Teamleiter der Niederländer, sammelte seine Mannen zum Sturm. Nach einigem Geplänkel griffen Dekkers und Voorting beherzt an, gefolgt von dem Franzosen Pardoen, um den es seit seinem dritten Platz auf der ersten Etappe ziemlich ruhig geworden war und der sich zur Zeit auf dem 51. Platz im Gesamtklassement herumtrieb.

Im Feld bezogen Faanhof und Wagtmans Stellung, um auf jeden Fall dabeizusein, wenn dort die Post abging. Sie ging auch ab, aber nicht mit Nachdruck, so daß das zügig rollende Ausreißertrio ungefährdet blieb.

Für den jungen Regionalfranzosen Pierre Pardoen standen die Chancen für einen Erfolg allerdings schlecht. Genau so wie ihn auf der ersten Etappe Rik Van Steenbergen und Blomme überspurtet hatten, ging es ihm diesmal.

Die beiden Niederländer unterstützten sich mustergültig: Voorting ließ abreißen und so kam Dekkers nach 5:15:16 std zu seinem ersten Etappensieg. Neun Sekunden später überquerten Voorting und Pardoen den Zielstrich. Dabei sorgte der Niederländer mit seinem zweiten Platz für einen Doppelerfolg des holländischen Teams.

Die erste Verfolgergruppe rollte nach 1:45 min ins Ziel, weitere Fahrer folgten, und nach 7:05 traf das Rudel der Asse ein, u.a. mit Coppi (35.) und Bartali (38.). Im Gesamtergebnis blieb alles wie gehabt.

Die 20. Etappe *Bordeaux-Limoges* (228 km) stand schon ganz im Schatten des Puy de Dôme. Einen Tag vor der gefürchteten Kletterpartie zeigte begreiflicherweise keiner der Großen Lust für Ausflüge. Lediglich Magni versuchte sich in ein Ausreißerrudel ungefährlicher Leute zu mischen, wurde aber sofort entdeckt und verfolgt. Den vereinten Kräften der belgischen und französischen Fahrer war Magni nicht gewachsen, zumal ihn die Fluchtgruppe als lästiges Anhängsel betrachtete, der ihnen nur die Verfolger auf den Hals hetzte. Sie taten daher alles, um ihm den Anschluß zu vermasseln. Nach wenigen Kilometern war der Spuk vorbei, Magni wieder zurück im Hauptfeld. Fiorenzo erklärte später, er hätte nur seinen ramponierten Schenkel ausprobieren wollen...

Der Kelch „Magni“ und die Gefahr, eingeholt zu werden, war an der Ausreißergruppe vorübergegangen und sofort ging es munter zur Sache. Diesmal gab Vivier, ein Sohn der Gegend, den Ton an. Schon mehrfach hatte der junge Franzose von der Regionalmannschaft OUEST-SUD-OUEST sein Glück bei dieser Tour versucht, aber immer ging die Sache schief. Diesmal, in seiner engeren Heimat, wollte er es wissen! Seine Landsleute feuerten ihn an, als wäre er Coppi persönlich.

Gemeinsam mit Jacques Vivier rollten Decaux (der Überraschungssieger von Perpignan), Renaud, sein Mannschaftsgefährte und Van Est; samt und sonders Leute, die im Gesamtklassement nichts mehr zu melden hatten. Daher das völlige Desinteresse der Großen, das jedoch nie soweit ging, die Lage außer Kontrolle geraten zu lassen. Nach Entwicklung der Dinge war nicht anzunehmen, daß dies eintraf, und so ließ man die Vier gewähren.

Im Kopf von Vivier kreisten die Gedanken: „Lasse ich mich auf einen Spurt ein, machen mich Decaux und Renaud fertig. Also bei nächster Gelegenheit nichts wie abhauen.“

Die ergab sich in Form eines Hügels am Stadtrand von Limoges. Vivier ging aus dem Sattel, im Nu war er auf und davon! Als erster schwenkte er auf die Aschenbahn ein. Damit war das Rennen praktisch gewonnen, denn ein Überholen auf dem gefährlichen Belag war so gut wie unmöglich. Nach 6:32:48 std flitzte der 22-jährige Franzose mit acht Sekunden Vorsprung über die Ziellinie seiner Heimatstadt. Die Menge war aus dem Häuschen und bekam die Plazierung der weiteren Fahrer gar nicht so mit: 2. Rang für Wim Van Est vor Decaux und Renaud. Es folgte der Afrikaner Kebaili

(2:53 min zurück), dann nach 3:01 min das Hauptfeld, das Ockers im Spurt besiegte. Im Gesamtergebnis gab es keine Veränderung. Nur der Puy de Dôme und das Zeitfahren konnten noch Überraschungen bringen

Der 17. Juli brach an (17 war auch die Startnummer von Bartali) und die 21. Etappe *Limoges - Clermont-Ferrand* (245 km) stand auf dem Programm. Sie war die Etappe des Puy de Dôme. Freundlicherweise hatte Monsieur Goddet auf dem Weg von der alten Bischofsstadt Limoges mit ihren mittelalterlichen Bauwerken über *Meymac - Ussel - La Bourboule* zum 1264 m hohen Vulkankegel Puy de Dôme noch zwei Niedlichkeiten in Form des Col de la Roche Vendeix (1149 m) und des Col de la Diane (1401 m) eingebaut, in der eitlen Hoffnung, hier bereits eine Selektion herbeizuführen. Das Feld der Pedalritter ließ sich in seinem Respekt vor dem „Puy" jedoch nicht im geringsten beirren und fuhr die beiden Berge in schönster Eintracht hoch. Erst unmittelbar vor den Paßhöhen kam es zu kurzen Sprints um die Bergpunkte, und so schmolz die großartig geplante Etappe praktisch auf ein Überbleibsel zusammen: auf den 12 Kilometer langen Anstieg zum Puy de Dôme.

Der hatte es allerdings in sich! Wie nicht anders erwartet, sorgte Raphaél Géminiani - der ja, wie inzwischen bekannt ist, aus Clermont-Ferrand stammt - an seinem Hausberg für Aufregung: Mit enormen Tempo kletterte er die ersten Kehren empor. Marinelli und Bauvin hefteten sich sofort an seine Fersen und etwas später machten sich auch Bartali und Nolten auf den Weg, um mit einem Etappensieg zusätzliches Geld zu verdienen. Besonders der junge Holländer dachte dabei bestimmt an seine fünf Geschwister, die er mit seinen bescheidenen Rennfahrereinkünften über Wasser halten mußte. Dieser Nolten war nicht mehr zu übersehen. Er war der Held auch dieser Etappe und sein dramatischer Abwehrkampf gegen Fausto Coppi, in dem er letztlich mit fliegenden Fahnen unterging, gehörten unstreitig zu den Höhepunkten dieser an großen Leistungen fürwahr nicht armen Tour.

Géminiani, Bartali und Nolten hängten zuerst die lästigen Regionalfranzosen Marinelli und Bauvin ab. Dann tat Nolten das gleiche mit Bartali und Géminiani! Ja war der Bursche von Sinnen? Alleine stiefelte er den Puy de Dôme hoch, Géminianis ureigenste Domäne. Erstaunlicherweise vom Jubel und von den Anfeuerungsrufen des Publikums begleitet, das brennend gerne den Triumph des hoffnungsvollen Sprößlings über die Großen gesehen hätte.

Hätte, können, Wenn und Aber - es zählt nur der Erfolg. Und dafür kam ein anderer in Frage: Fausto Coppi.

Als sich der *Campionissimo* aufmachte, seinen Rückstand wettzumachen, schien es, als hätte er, um die Sache spannender zu machen, Nolten eine Vorgabe gewährt. Nicht nur Nolten, denn eine ganze Reihe Fahrer lag noch vor ihm. Nach und nach zog er an ihnen vorbei: an Ockers, Wagtmans, Robic, Géminiani und Bartali. Nur noch Nolten kletterte vor ihm, und das wie nie zuvor! Doch unwiderstehlich schob sich Coppi heran.

Die Zuschauer umsäumten zu Tausenden die Strecke. Scharen von Schlachtenbummlern waren auf den Gipfel des Puy de Dôme gepilgert. Sie erlebten ein gewaltiges Schauspiel: noch 500 Meter bis zum Ziel, noch 400 Meter, dann die letzte 14 %prozentige Steigung. < *Via Fausto! Che vinci anche al Puy!* > brüllte Binda in sein kleines Megaphon - da holte Coppi den Holländer ein! Sofort zog er an ihm vorbei und damit war einer der dramatischten Klettersprints in der langen Geschichte der *Tour de France* zu Ende. Filmaufnahmen zeigen, daß sich Coppi, obwohl er bereits genügend Vorsprung auf den mausetoten Nolten hatte, noch mehrmals umblickte, um ja gegen jede Überraschung gefeit zu sein...

Zehn Sekunden nach Coppi erreichte Nolten das Ziel. Als Dritter traf Bartali ein (31 Sekunden zurück), gefolgt von Géminiani (46 sec), dann - man höre und staune - streckte Carrea (51 sec) seine unübersehbare Nase vor Robic (1:13 min) über das Ziel. Ockers (2:33 min) und der Spanier Ruiz (3:28 min) folgten auf den weiteren Plätzen.

Eine Anmerkung zu Carrea: Was hätte dieser „irrtümlich" unter die Domestiken gemischte Bursche aus Gavi Ligure erreichen können, wenn er wirklich sein eigenes Rennen fahren hätte dürfen. Wenn er nicht, wie so oft bei dieser Tour, Coppi und Magni mit seinem Rad hätte aushelfen müssen, was ihn jedesmal wertvolle Minuten kostete. In jeder anderen Mannschaft wäre man froh gewesen, ein solches „As" zu haben, wie es im italienischen Lager zu einer untergeordneten Rolle verurteilt war.

Im Hotel - Coppi wurde gerade in seinem Zimmer von Masseur Cavanna durchgeknetet - fragten italienische Journalisten, was für ihn schwerer gewesen wäre: der Puy de Dôme oder der Saltino? (Der Saltino, eine Rampe von 15 Kilometer Länge, stellte sich dem jungen Coppi 1941 bei der Toscana-Rundfahrt etwa 60 Kilometer vor dem Ziel in Florenz in den Weg.)

„Es war Krieg" erzählte Coppi, „die ganze Nacht hatte es geregnet. Regen auch am Start, der später in Hagel überging. Der Saltino ein einziger Sturzbach, Eis auf der lehmverschmierten Sandstraße. Bei dem Hundewetter kein Zuschauer weit und breit. Mit Tränen in den Augen kämpfte ich gegen Wind und Wetter. Ich erreichte das Ziel zwei Minuten vor dem großen Bartali. Dieser Tag ist mir unvergeßlich. Hier begann die eigentliche Rivalität mit Gino. Aber das war nicht meine Absicht. Ach so, der Puy de Dôme? Kein Problem."

Einen Tag nach der Kletterpartie auf den „Puy" mit Coppis triumphalen Schlußspurt folgte die 22. Etappe *Clermont-Ferrand - Vichy* (63 km). Das Einzelzeitfahren bot noch einmal, wahrscheinlich zum letzten Mal, die Gelegenheit, Korrekturen im Gesamtklassement zu erzwingen. Diese Rennen gegen die Uhr waren, wie der Leser inzwischen weiß, Faustos spezielles Monopol. Doch diesmal hielt sich der *Campionissimo* abseits vom großen Kampfgeschehen und verpachtete seine Domäne an Magni. Das hatte seinen guten Grund: Er wollte seinem Mannschaftsgefährten die wichtige 1-Minuten-

Gutschrift für den Etappensieg zuschanzen, und Fiorenzo damit helfen, seine Position in der Gesamtwertung zu verbessern. Die Rechnung der Italiener ging auf. Magni gewann die Etappe und schob sich nach 1:33:11 std im Gesamtklassement auf den sechsten Platz hinter Bartali und Robic. Coppi begnügte sich mit dem 14. Rang

Die 23. Etappe *Vichy-Paris* (345 km) brachte den traditionellen Waffenstillstand der Favoriten. Damit wurde der längste Teilabschnitt dieser Tour zu einer reinen Promenade des stark zusammengeschmolzenen Feldes. Erst nach der letzten Verpflegungskontrolle - auf den abschließenden 80 Kilometern - gab es Geplänkel, jedoch ausschließlich zwischen Fahrern, die im Gesamtklassement weit zurücklagen. Mit wohlwollender Duldung von seiten der Asse schwenkte der 14 Mann starke Domestikentroß mit nahezu vier Minuten Vorsprung in den Pariser Prinzenpark ein. Unter ohrenbetäubendem Jubel ging es im Spurt hart auf hart, denn der Sieg in der Schlußetappe war schon immer sehr begehrt. Antonin Rolland konnte als Erster sein Vorderrad über die Ziellinie bringen und nach 11:28:55 std einen französischen Sieg erringen. Ende gut, alles gut.

Nach 3:44 Minuten traf das Feld ein. Mit ihm Fausto Coppi. Hierauf begann die endlose Serie der Ehrenrunden. Coppi fuhr die letzten Meter dieser Tour de France auf der rosa Zementpiste im *Parc des Princes* wie ein Souverän. Braungebrannt, hager, durch und durch ein Champion. Die Menge von Paris, dieser einzigartigen Radsportmetropole, lag ihm zu Füßen. Nicht zum ersten Mal. Und auch nicht zum letzten Mal. Das französische Publikum feierte ihn wie einen der ihren:

< *Fo-stó! Fo-stó!!* >

Coppi war in ihren Augen der französischte Fahrer unter den Italienern: < *le plus Français des Italiens* >.

Gino Bartali rauchte inzwischen eine starke amerikanische Zigarette. Er war mit sich durchaus zufrieden. 24 Stunden nach seinem Geburtstag - er war nun 38 Jahre - hatte er den vierten Platz erreicht und konnte ohne Groll verkünden: < *Ha vinto Coppi, sta bene.* > (Coppi hat gewonnen, das ist in Ordnung.)

Schlußklassement der ***39. Tour de France:***

1. Fausto Coppi ITALIEN
4807 km in 151:57:20 std (31,634 km/std)

2. Stan Ockers	BELGIEN	8:27	min zur.
3. Bernardo Ruiz	SPANIEN	34:38	"
4. Gino Bartali	ITALIEN	35:25	"
5. Jean Robic	FRANCE	35:36	"
6. Fiorenzo Magni	ITALIEN	38:25	"

7. Alexandre Close	BELGIEN	38:32	"
8. Jean Dotto	FRANCE	48:01	"
9. Andrea Carrea	ITALIEN	50:28	"
10. Antonio Gelabert	SPANIEN	58:16	"

Den *G.P. Montagne* gewann Coppi vor Gelabert und Robic; das *Mannschaftsklassement* ging an die italienische National-Mannschaft vor Frankreich und Belgien. Von 122 gestarteten Fahrern erreichten 78 das Ziel.

[An dieser Stelle eine Anmerkung zur exakten Wiedergabe der Gesamtlängen von Straßenrennen und hier besonders von Etappenrennen. Die Beschaffung von Originalunterlagen aus dieser Zeit ist äußerst schwierig. Bleibt nur die Möglichkeit, auf die Veröffentlichungen anderer Autoren zurückzugreifen. Leider liegen sie nach dem Motto: „Hier irrt Hr. X gewaltig" im edlen Wettstreit. So gibt die schon einmal erwähnte *Société du Tour de France* in ihrem Dossier *„L'histoire les archives"* 1997 für die *Tour deFrance* 1952 eine Gesamtlänge von *4898 km* an. Die beiden Holländer Reina van der Wal und Rob Groen berichten in ihrem hervorragenden Werk *„tour de France - Van A tot Z"* von *4798 km*. In beiden Fällen stand mein belgischer Freund René Jacobs Pate. Er gibt jedoch in seinen unübertroffenen Jahrbüchern *„VELO" 4807 km* an und unterliegt damit seinem italienischen Kollegen Rino Negri - der den langen Weg Fausto Coppis durch Frankreich bestimmt aufmerksam verfolgt hat und in *„Ciclismo nel mondo" 4812 km* angibt - nur um 5 Kilometer.

Vollkommen unglaubwürdig wird die Sache, wenn z.B. von einem Autor die Gesamtlänge der *Tour de France 1959* mit *4357,8 km* angegeben wird. Denn selbst wenn man die von dem bekannten französischen Journalisten Pierre Chany in seinem außergewöhnlichen Werk über die Tour de France: *„La fabuleuse histoire du Tour de France"* - angegebenen Einzelzeitfahren (*6. Et. 45,330 km, 15. Et. 12,500 km* und *21. Et. 69,170 km*) auf den Meter genau angibt, kommt man eben auf *4358* Kilometer - die übrigens wieder keine der anderen erwähnten Quellen auf der Rechnung stehen hat. Die *Société* nennt z.B. *4391 km* - immerhin *33 Kilometer* mehr. Trau, schau, wem!]

Sollten Sie nach Lektüre dieser Zeilen etwas verwirrt sein, so nähern Sie sich meiner Gemütsverfassung, die mich manchmal beim recherchieren befällt. Ich habe mich auf jeden Fall, soweit möglich, für *„VELO"* entschieden.

Zurück zum damaligen Geschehen, zurück in den Sommer 1952. Coppis Vorsprung im Schlußergebnis hätte ohne Zweifel wesentlich höher ausfallen können, wenn Fausto diesen Ehrgeiz gehabt hätte. Der *Campionissimo* ging bei der zweiten Pyrenäen-Etappe nicht voll aus sich heraus, er legte beim zweiten Zeitfahren strenge Neutralität an den Tag, um Magni nicht die Gutschrift für den Etappensieg wegzuschnappen, und er schlug am Puy de Dôme erst zu, als klar war, daß Bartali es nicht schaffen würde. Diese drei „verschenkten" Etappen hätten den Abstand zu seinen Verfolgern bestimmt weit über die Halbstundengrenze geschraubt. Fausto hatten die 30 letzten Kilometer der 5. Etappe genügt, den Grundstein für seinen Gesamtsieg zu legen. Was verkündete Jacques Goddet an jenem denkwürdigen Abend? < *Coppi a gagne, ce soir, le Tour!* > Der Direktor der Tour de France lag mit seiner Voraussage richtig.

Fausto Coppi hatte zum zweiten Mal in der Geschichte des Radsports Giro und Tour im selben Jahr gewonnen. Er war in der Form seines Lebens. Und ähnlich wie man sich in der Schweiz im Jahr zuvor, 1951, nach dem grandiosen Sieg Koblets in der Tour de France die Frage gestellt hatte, ob der „schöne Hugo" nicht auch der wirkliche Straßenweltmeister sei, so dröhnte es diesmal aus Italien. Insbesondere nach Luxemburg, den Schauplatz der Weltmeisterschaft 1952.

Vorerst stand in Italien am 3. August noch der *Circuiuto dell´Appennino*, zu deutsch die Appennin-Rundfahrt, als der 3. Lauf zur Italienischen Straßenmeisterschaft auf dem Programm. Die italienischen Teilnehmer an der *Tour de France* hätten den Termin gerne auf den 7. September verschoben, um bei den anstehenden Rundstreckenrennen und Bahnrennen in Frankreich die Früchte ihrer Touranstrengungen einheimsen zu können. Der italienische Radsportverband lehnte dieses Ansinnen ab, tat sich aber damit keinen Gefallen: die Asse streikten. Bartali und Magni trudelten mit dem Feld über die Strecke und hatten im Ziel einen Rückstand von nahezu 12 Minuten. Coppi war obendrein einige Tage zuvor, am 23. Juli, auf der Bahn von Lyon mit dem Spanier Bermudez zusammengestoßen, gestürzt und hatte sich leicht am linken Arm verletzt. Offensichtlich hatte er keine Lust an diesem Rennen. Er begnügte sich hinter Bartali mit dem 31. Platz. Der Sieg fiel an den jungen Giorgio Albani vor Minardi und Moresco. Coppis Interesse galt der Weltmeisterschaft.

Aber eine Hiobsbotschaft versetzte ganz Radsport-Italien in Angst und Schrecken: Coppi kollidierte am 6. August bei einem Bahnrennen in Perpignan mit seinem Partner, dem Spanier Ruiz, und stürzte schwer. Die Meldungen sprachen sogar davon, daß der *Campionissimo* ein für allemal mit dem Rennfahren Schluß machen würde!

Nach dem ersten Schreck, der den *tifosi* in die Glieder gefahren war, folgten zum Glück etwas bessere Nachrichten. Coppi hatte sich das rechte Schulterblatt angerissen und das Schlüsselbein gebrochen. Aber die Röntgenuntersuchung ergab, daß es sich um eine verhältnismäßig einfache Fraktur handelte, die keinen operativen Eingriff erforderte. Dafür einen formidablen Gipsverband. An eine Teilnahme bei der Weltmeisterschaft war nicht zu denken. < *Maledetta* > *!*

Alfredo Binda stand wieder einmal ohne sein Paradepferd da, machte aus der Not eine Tugend und rief zu einer Generalprobe auf. Schauplatz waren die drei Täler von Varese, die *Tre Valli Varesine.* Aber dem stattlichen Buch mit dem Titel „Mangelnder Kampfgeist der Großen“ wurde ein weiteres unerfreuliches Kapitel hinzugefügt. Magni, Kübler und Louison Bobet trottete unter Begleitung eines Pfeifkonzerts der enttäuschten Zuschauer mit nahezu neun Minuten Rückstand im Ziel ein; Rik Van Steenbergen hatte es vorgezogen, unterwegs in den Schlußwagen zu steigen und Bartali war erst gar nicht am Start erschienen. < *Ferragosto* > - Ferien im August. Auf Kosten des Veranstalters. Zum Glück retteten andere Fahrer den Tag.

Nach wiederholten Scharmützeln formierte sich eine Fünfergruppe, die nach 232 km den Sieg unter sich ausmachten. Im Spurt triumphierte Giuseppe Minardi vor Martini und Padovan. Trotzdem ein schwarzer Tag für Italiens Radsport.

Da waren die letzten Nachrichten aus dem Hause Coppi wesentlich erfreulicher. Spezialisten der *Clinica Rizzoli* in Bologna hatten für Fausto einen Spezialverband entwickelt, um ihm das Training zu ermöglichen. Vorerst auf dem Hometrainer, später auf seinem eigenen Rad. Dazwischen konnte sich Coppi von der Qualität seines neuen *Alfa Romeo 1900* überzeugen (Kennzeichen 33405-AL), den er sich - sehr zum Ärger von FIAT-Boß Agnelli - nach seinem Sieg bei der Tour de France angeschafft hatte.

Mit großer Befriedigung wurde in Italien auch vermerkt, daß u.a. Bartali den *Campionissimo* in seiner neuen Villa in Novi Ligure besucht hatte (und dies, obwohl Coppi in der französischen Sportzeitung *But et Club - Le miroir des sports* heftig über Gino und seine mangelnde Unterstützung für ihn während der Tour hergezogen hatte).

Bartali nahm solche Nachrichten nicht allzu ernst. Auch er wußte, daß oft von den Journalisten aus einer Mücke nicht gerade ein Elefant, aber oft eine „Ente“ gemacht wurde. Er hatte anderes im Sinn. Zusammen mit Albani, Bevilacqua, Magni, Minardi, Petrucci und Alfredo Binda machte er sich auf den Weg nach Luxemburg zur ***19. Straßenweltmeisterschaft***. Er erlebte ebenso wie die gesamte Radsportwelt - mit Ausnahme der Deutschen - eine böse Überraschung, denn nach 280 km schob der international fast unbekannte Heinz Müller aus Schwenningen vor dem ebenfalls nicht sonderlich berühmten Schweizer Gottfried Weilenmann und dem Münchner Ludwig Hörmann sein Vorderrad über die Ziellinie. Ein Deutscher Straßenweltmeister der Berufsfahrer. Ein starkes Stück!

Sofort ging in Italien das Lamento los: Magni war im Endspurt der Sattel gebrochen, Albani bei der Verpflegungsannahme gestürzt, Bartali nach seinem Ausreißversuch in der 12. Runde von den „Spielverderbern“ wieder eingeholt worden. Man warf Müller vor, noch nie ein großes internationales Rennen gewonnen zu haben (stimmt); auf dem flachen Kurs als Sprinter Vorteile gehabt zu haben (die anderen doch wohl auch!) und man orakelte, daß der Deutsche eine Eintagsfliege bleiben würde (stimmt, so leid es mir tut, auch). Aber an diesem 24. August war er nach 7:05:51 std der Beste!

Da galt es doch eher den Austragungsmodus und die Streckenführung zu überdenken, denn auch bei den Amateuren wurde der Sieger nach einem Massenspurt ermittelt (Luciano Giancarlo aus Italien).

Die enttäuschten Stars machten sich auf die Heimreise. Mit folgenden Plazierungen im Gepäck: Magni (4.), Bobet (8.), Rik Van Steenbergen (9.), Bevilacqua (10.), Titelverteidiger Ferdy Kübler (11.), Loretto Petrucci (14.), Minardi (15.), Ockers (23.), Robic (26.), Bartali (29.), Schotte (35.) - um nur die bekanntesten Fahrer zu nennen. Da hatte Heinz Müller doch allerhand Prominenz zur Strecke gebracht!

Fausto Coppi kehrte am 4. September auf die Rennbahn zurück. Vorerst zu einer Ehrenrunde anläßlich einer Abendveranstaltung auf der Vigorelli-Bahn. Das Mailänder Publikum feierte ihn frenetisch.

Der mit Spannung erwartete erste Start Coppis nach seinem Sturz ging auf der Bahn von *Portocivitano* vor sich. Coppi bestritt mit Albani ein Omnium gegen Bartali-Corrieri, mußte sich aber im Sprint und Zeitfahren geschlagen geben. Lediglich im Mannschaftsverfolgungsrennen behielt er mit seinem Partner die Oberhand. Aber es ging aufwärts. So gut, daß er am 6. September, also exakt einen Monat nach seinem Malheur in Perpignan , zusammen mit Bartali ein Omnium gegen Albani-Minardi gewinnen konnte.

Coppis erster Start auf der Straße war beim *G.P. dell´Industria*, einem Rennen über 221 km in Prato geplant. Neben den Ausländern Heinz Müller, Ludwig Hörmann, Kübler, Bobet und Géminiani war die gesamte italienische Spitzenklasse am Start. Außer Coppi. Der war zwar zur Stelle, fuhr aber nicht mit. Der Grund lag darin, daß Fausto im Fall eines Starts gezwungen gewesen wäre, den 4. Lauf zur Italienischen Meisterschaft am 21. September zu bestreiten, anstatt seinen Bahnverpflichtungen in Frankreich nachzukommen. Der *Campionissimo* war sehr erbost; man hatte ihm die Sachlage erst in letzter Minute dargelegt. Als er zudem noch mit einem örtlichen Funktionär Ärger bekam, platzte Coppi der Kragen. Er drehte sein Rad um und fuhr zurück ins Hotel. Sieger wurde übrigens nach 5:35:35 std Luciano Maggini vor seinem Stallgefährten Servadei.

Für echte Schlagzeilen sorgte hingegen Gino Bartali, < *Il campione che non tramonta* > (Der Meister, für den es keinen Untergang gibt). Denn er gewann in Kalabrien diesen 4. Lauf zur Italienischen Straßenmeisterschaft und führte nun mit 11 Punkten gemeinsam mit Minardi in der Gesamtwertung!

Wie ein Lauffeuer verbreitete sich die Kunde in ganz Italien: Der 38-jährige Bartali hatte diesen ***Giro della Provincia di Reggio Calabria*** nicht nur gewonnen, sondern nach 240 km gegen so starke Gegner wie Magni und Minardi geradezu triumphiert. Kein Wunder, daß die Zuschauer in Reggio Calabria glatt in eine Art Delirium verfielen. Fast eine Stunde lang stand Bartali nach seinem siegreichen Spurt eingekeilt in der Masse. Kein Bitten, kein Flehen, keine massive Drohung der Polizei half. Die Menge wich und wankte nicht. Schließlich gelang es, Bartali zu befreien. Seine Schultern waren vom anerkennenden klopfen der *tifosi* blau angelaufen, sein Trikot zerrissen.

Vor 21 Jahren hatte Bartali seine ersten Rennen bestritten, nun erlebte der ewig junge Florentiner offenbar seinen zweiten (oder gar dritten?) Frühling!

Fausto Coppi vernahm die Kunde in Strasbourg. Er hatte dort eine Bahnverpflichtung zu erfüllen und blieb daher dem Start in Süditalien fern. Außerdem war er nach den Vorfällen in Prato noch immer sauer auf die Offiziellen. Aber neugierig war er schon, ob es Gino am 5. Oktober gelingt, beim letzten Meisterschaftslauf das Husarenstück zu vollbringen und den Titel zurückzuerobern.

Er selbst fühlte sich in Frankreich wohl. Auf der Bahn in Montlucon belegte er mit seinem Partner Milano in einem Omnium den dritten Platz hinter Van Steenbergen - Ockers und den Franzosen Senfftleben-Deledda. Der *Campionissimo* gewann dabei das Punktefahren, gab aber im anschließenden Mannschaftsrennen wegen Schulterschmerzen auf. In Oloron mußte er sich bei einem Kriterium zeitgleich mit dem Sieger Deledda mit dem sechsten Platz begnügen und sich in Paris auf der Prinzenpark-Bahn beim ***Omnium der Asse*** dem Australier Sid Patterson beugen. Aber hinter dieser nüchternen Meldung verbirgt sich mehr. Coppi machte zwar das feuchtkalte Wetter und der starke Wind besonders zu schaffen, und er mußte sich beim Zeitfahren über einen Kilometer mit mäßigen 1:10,0 min begnügen, aber er holte sich das Punktefahren und feierte im Verfolgungsfahren einen großen Triumph: Er holte den Schweizer Plattner ein, schlug den Luxemburger Gillen klar und nahm Verfolgungsweltmeister Patterson einige Meter ab! Fausto war wieder im Kommen.

Pfiffe mußte er sich dagegen in Spanien auf der berühmten Montjuich-Rennstrecke bei Barcelona anhören. 80 000 (!) Zuschauer hatten ihn zuvor mit Jubel und Vorschußlorbeeren überhäuft, dann, als er und die anderen Asse die Erwartungen nicht erfüllten, gnadenlos ausgebuht.

Bei einem großen Galanachmittag auf der Vigorelli-Bahn in Mailand war das Omnium der „Großen Drei" - Bartali, Coppi, Magni - der Hauptanziehungspunkt. Fiorenzo präsentierte sich in hervorragender Verfassung und gewann drei der vier Konkurrenzen (Sprint, Punktefahren und Zeitfahren) und gab sich lediglich im Verfolgungsrennen gegen Coppi geschlagen. Im abschließenden 50-km-Mannschaftsrennen belegte Coppi mit seinem Partner Patterson den 4. Platz

Seltsamerweise blieb Coppi dem Herbstklassiker ***Paris-Tours*** fern. Das Rennen über 253 km gewann nach 6:11:30 std der Franzose Raymond Guégan im Spurt gegen nahezu 60 andere Fahrer. Das wäre weiter nicht schlimm gewesen, aber Ferdy Kübler kam auf den 12. Rang und konnte damit seine führende Position im *Challenge Desgrange-Colombo* mit 107 Punkte vor Coppi (97) ausbauen.

In Florenz war man unterdessen dabei, Girlanden zu winden, Transparente zu spannen, und die Stadtväter bürsteten heftig ihre Fräcke. In Bartalis Heimat bereitete man einen Empfang vor, wie er Gino noch niemals zuteil geworden war. Der Grund: Der „Alte" hatte zum vierten Mal die ***Italienische Straßenmeisterschaft*** gewonnen - 12 Jahre nach seinem dritten Titelgewinn! Vorerst schlug Gino allen ein Schnippchen. Er war am frühen Morgen klammheimlich in Florenz angekommen und brachte erst einmal sein Meistertrikot nach alter Tradition als Votivgabe in die Kirche *Santa Petronilla* in Siena, vor das Bild der Heiligen Theresa, wo auch sein Gelbes Trikot vom Toursieg 1948 verwahrt wird. Dann konnte sein Abschneiden bei der ***Coppa Bernocchi*** gefeiert werden. Abschneiden, nicht einmal besonders gut, ist fast schon zuviel gesagt: Bartali traf als 65. mit 31 Minuten Rückstand auf den Sieger Primo Volpi ein (Coppi belegte den 75. Platz). Aber mit Bartali landeten alle anderen Titelaspiranten im Hintertreffen und so konnte er überglücklich von Italiens Verbandspräsidenten Adriano Rodoni das begehrte Trikot entgegennehmen.

Hinter den Kulissen hatte sich während des Rennens eine bemerkenswerte Sache abgespielt: Fausto Coppis Dank an Bartali für die Unterstützung während der 12. Etappe der Tour de France (Sie erinnern sich? Gino gab Fausto nach einem Reifenschaden sofort sein Hinterrad). Nun konnte Coppi seine Loyalität beweisen. Er tat es auf seine Art.

Vor dem Start hatte Bartali seinen Mannschaftskollegen Bini zu Coppi geschickt, mit der Bitte, ihm keine Schwierigkeiten zu bereiten. Coppi lag in der Meisterschaft aussichtslos zurück, Bartali zusammen mit Minardi an der Spitze und er konnte sich noch Hoffnungen auf den Titelgewinn machen. Coppi hörte sich den Vorschlag an. Dann flüsterte er Bartalis Helfer zu: „Sag Gino, er soll sein Rennen fahren wie er will. Ich bleibe neutral." Im Verlauf der Fernfahrt brachte Coppi Bartalis unmittelbare Gegner Minardi, Magni und Albani so in Verwirrung, daß das bekannte Ergebnis zustande kam.

Der *Campionissimo* landete im Gesamtergebnis der Italienischen Meisterschaft auf Rang zehn und mußte sich etwas einfallen lassen, um die Gunst der Massen wieder auf seine Seite zu bringen. Er hatte den Eindruck, daß Bartali zur Zeit besser wegkam, als er selbst.

Die Gelegenheit bot sich in Lugano beim ***Gran Premio Panettone Vannini***, einem Zeitfahren über 75,5 Kilometer. Coppi nahm sie wahr und deklassierte seine Gegner, wie es selbst seine größten Anhänger nie erwartet hätten. Er holte den zwei Minuten vor ihm gestarteten Ferdy Kübler ein, Bobet - vier Minuten vor Coppi gestartet - rettete das Zielband vor der Einholung. Das erreichte Fausto zwei Meter hinter ihm nach 1:51:51,4 std (Stundenmittel 40,498 km). Italiens neuer Meister, Bartali, war neun Minuten langsamer!

Das war der erste Streich. Der zweite war für den ***Giro di Lombardia***, die Lombardei-Rundfahrt, geplant. Alle standen unter dem Eindruck von Lugano und Bobet erklärte: „Coppi wird siegen. Am Ghisallo wird er davonklettern und niemand wird ihn einholen."

Aber nicht Coppi zog davon, sondern Ferdy Kübler! Seine sprichwörtliche

Spürnase hatte in Erfahrung gebracht, daß sich Fausto nicht wohlfühlte. Als Kübler dann mit einer Ausreißergruppe davonfuhr, eilte Bobet an die Seite des *Campionissimo* und versuchte ihn aufzumuntern. Aber Fausto winkte resigniert ab. Daß Kübler trotzdem noch kurz vor dem Ziel eingeholt wurde, war hauptsächlich das Verdienst Bobets und der Begleitautos. In ihrem Windschatten kamen die Verfolger heran. Gerade rechtzeitig, um drei Kilometer vor dem Ziel in einen Massensturz zu geraten, den ein außer Rand und Band geratener Zuschauer verursachte. Er geriet vor die Räder des Spitzenrudels, genau gesagt unter das Vorderrad von Molineris, der zu Fall kam. Dann ging es holterdipolter. Aus dem Knäuel von Leibern und Fahrrädern formierte sich eine achtköpfige Gruppe, die sich geistesgegenwärtig aus dem Wirrwarr befreite. Minardi triumphierte über diese Gruppe. Moralischer Sieger war jedoch Ferdy Kübler. Er gewann dann auch zu Recht den *Challenge Desgrange-Colombo* vor Coppi und Ockers. Coppi kam übrigens knapp eine Minute später als 36. ins Ziel, Bartali einen Platz nach ihm.

Anfangs November traf sich die Weltelite im Zeitfahren wieder in Legnano. Die ***Trofeo Baracchi*** über 125 km hatte seit 1949 nichts von ihrer Anziehungskraft eingebüßt, und diesmal eine besondere Attraktion: Coppi bestand darauf, das Mannschaftszeitfahren zusammen mit dem jungen Michele Gismondi zu fahren. Den Veranstaltern wäre diese Kombination nicht im Traum eingefallen. Sie dachten mehr an Carrea oder Milano, aber der *Campionissimo* bestand darauf und Coppis Wunsch war nicht nur in diesem Fall Befehl.

Hinter der ganzen Sache steckte Coppis blinder Masseur Biagio Cavanna (er hatte ja einst Fausto selbst entdeckt, später seine treuen Helfer Carrea und Milano. Hatte er nun ein neues As im Ärmel?

Die Premiere verlief relativ gut. Ein dritter Platz mit 51 Sekunden Rückstand hinter Astrua-Defilippis (3:02:24 std, Stundenmittel 41,118 km) und Minardi-Petrucci (8 Sekunden zurück) konnte sich sehen lassen. Allerdings war der Erfolg zum überwiegenden Teil auf das Können und die Kameradschaft Coppis zurückzuführen. Michele zitterte schon am Start vor Lampenfieber. Die Aufregung war so groß, daß er nichts essen konnte und später, während des Rennens, hatte er fürchterlich Hunger. Das rächte sich und Gismondi wird das Martyrium dieser 125 Kilometer sein Leben lang nicht vergessen.

Normalerweise war die Straßensaison nun beendet. Aber im sonnigen Süden gab es die Möglichkeit, dieses Ende hinauszuzögern. Die rührigen Herren von Italiens führender Sportzeitung *La Gazzetta dello Sport* taten dies mit der Ausrichtung des ***Gran Premio del Mediterraneo***, der Mittelmeer-Rundfahrt, die über zehn Etappen von Neapel nach Palermo führte und eine Gesamtlänge von 1759 Kilometer hatte.

Am Start versammelten sich elf Mannschaften. Coppi hatte in seine Squadra Carrea, Milano, Giacchero und Gismondi aufgenommen, Weltmeister Heinz Müller trat mit Pfannenmüller, Schwarzenberg und Sauerborn an.

Ludwig Hörmann hatte wegen Erkrankung in letzter Minute absagen müssen. Ihm blieb das Debakel erspart, in das die meisten Fahrer bereits bei der 1. Etappe *Napoli-Foggia* (183 km) schlitterten. Denn Fausto Coppi war wild entschlossen, diese Rundfahrt zu gewinnen.

Von der legendären milden Herbstsonne war nichts zu sehen. Es goß aus Kübeln, was Fausto nicht hinderte, ein unglaubliches Tempo anzuschlagen, dem nur wenige folgen konnten. Der ganze Troß strebte mehr oder weniger angeschlagen dem ersten Hindernis des Tages zu. Auf der steilen Rampe von Ariano Irpino (778 m) fiel die Entscheidung: Coppi, Bobet, Fornara, Minardi, Volpi und Magni rissen aus. Hinter ihnen brach das Chaos aus: Bartali hatte Reifenschaden, Kübler und Croci-Torti schieden aus, Nolten ging wie eine Primel ein. Alle wurden abgehängt. Der in blendender Form fahrende Coppi siegte nach 5:04:28 std im Spurt vor Magni und seinen übrigen Fluchtgefährten. Erst nach 6:50 min folgte eine größere Verfolgergruppe, in der sich auch Bartali befand. Dann dauerte es lange: erst 27 Minuten nach Coppi traf Weltmeister Müller ein und belegte den 43. Platz.

Nach dem Unwetter vom Samstag folgte am Sonntag ein makelloser blauer Himmel. Gute Voraussetzungen für die 2. Etappe *Foggia-Bari*, ein Mannschafts-Zeitfahren über 126 km, das erwartungsgemäß Coppi mit seiner BIANCHI-Mannschaft in 2:56:18 std gewann.

Auf der 3. Etappe *Bari-Taranto* (182 km), Sieger Arrigo Padovan in 4:48:53 std, und der 4. Etappe *Taranto-Cosenza* (207 km), Sieger der Franzose Raymond Guégan in 6:43:59 std, begnügte sich Coppi mit der Verteidigung seines Vorsprungs und diese Defensivtaktik drückte dem Rennen den Stempel auf. Immer wenn ein Fahrer im Feld Ausreißgelüste zeigte, war sofort ein Mann Coppis zur Stelle, gewissermaßen als „Carabinieri vom Dienst", und fing den Flüchtling ein.

War das Streckenprofil bisher eher harmlos, so galt es bei der 5. Etappe *Cosenza - Reggio di Calabria* (232 km) das Sila-Massiv zu ersteigen. Der zäheste Brocken war der Passo di Acquavona (1050 m), aber auch die Steigungen von Viba Valentia (500 m) und Grimoldo (563 m) waren nicht von Pappe. Obendrein bereitete der strömende Regen den Fahrern Kopfschmerzen. Heinz Müller so arg, das er das Rennen nach 40 km aufgab. Der Tagessieg ging nach 7:53:54 std an Bartolozzi; Coppi führte weiterhin mit zwei Minuten Vorsprung vor Minardi.

Einen Tag später empfing Sizilien die Teilnehmer der Mittelmeer-Rundfahrt zur 6. Etappe *Messina-Catania* (100 km). Unerfreulicherweise mit Regen. Unerfreulich war für die Veranstalter auch die Nachricht, daß Weltmeister Heinz Müller von Reggio Calabria aus sofort die Reise nach Paris angetreten hatte, um von dort den Flug nach Argentinien anzutreten. Diese Eile schien manchen Leuten verdächtig, und rückte den Deutschen in ein merkwürdiges Licht. Glanz fiel dagegen auf Primo Volpi (einen ähnlichen Oldtimer wie Bartali), der nach 2:54:22 std als Erster die Ziellinie überquerte.

Nach einstündiger Pause begann die 7. Etappe *Catania-Siracusa*, ein Einzelzeitfahren über 65 km. Die bergige Strecke verlangte den Fahrern alles ab, und es gab nur einen Favoriten: Fausto Coppi. Der wurde seinem Ruf gerecht und fuhr einen klaren Sieg nach Hause. In 1:38:48 std bewältigte er die Distanz, was einer Durchschnittsgeschwindigkeit von 39,474 km/std entsprach. Sehr gut hielten sich Louison Bobet (2., 1:58 min zur.), Magni (3., 4:10 min) und Bartali (4., 4:55 min). Besonders Gino hatte man nicht zugetraut, daß er einen so erfahrenen Zeitspezialisten wie Astrua um mehr als zwei Minuten abhängen würde.

Der revanchierte sich bei der 8. Etappe *Siracusa-Enna* (242 km). Dieser Tagesabschnitt hätte programmgemäß die entscheidende Etappe der Rundfahrt werden sollen. Auf dem Anstieg zum über 1000 Meter hoch gelegenen Enna sollte die Entscheidung fallen. Aber die Strategen von *La Gazzetta dello Sport* übersahen zweierlei: Die Entscheidung war durch Coppis indiskutabler Überlegenheit bereits gefallen (das konnte man freilich nicht vorhersehen) und zweitens hatten die Fahrer vom Vortag her schwere Beine. Das hätte man sich nach der Doppeletappe schon eher denken können. So kam es bis kurz vor Ende zu einer Bummelfahrt und die Entscheidung wurde auf die letzten vier Kilometer vor dem Ziel verschoben. Hier begann der Zweikampf Coppi-Astrua, den die anderen nur von hinten aus verfolgen konnten.

Zur allgemeinen Verblüffung gelang es Astrua, Coppi um etwa 20 Meter abzuhängen und Tagessieger zu werden. In der Gesamtwertung führte Fausto weiterhin unangefochten.

Auch die 9. Etappe *Enna-Sciacca* (181 km) brachte hier keine Verschiebung. Erst auf den letzten Kilometern konnte sich eine Sechsergruppe absetzen und den Sieger unter sich ausmachen. Der Glückliche nach 5:26:18 std war Giulio Bresci aus Bartalis Mannschaft. Das Feld traf 1:04 min später ein, und hier errang Gino einen viel bejubelten Spurtsieg gegen Fausto.

Die 10. Etappe *Sciacca-Palermo* (241 km) entschied Corrieri für sich. Am Gesamtsieg für Coppi gab es nichts mehr zu rütteln. Fausto hatte dem Rennen, dessen sportliches Ziel es war, die europäische Straßensaison um eine wichtige Großveranstaltung zu bereichern und den Assen eine Weltmeisterschaftsrevanche zu geben, wie ein französischer Kenner trefflich sagte, „den Garaus gemacht“. Entgegen seiner sonstigen Gewohnheit hatte Coppi sofort beim Auftakt losgelegt, das Rosa Trikot erobert, und die übrigen Fahrer in der Folge zu Statisten degradiert. Die Faszination, die von seiner Person ausging, hatte seine Gegner wieder einmal gelähmt.

Aus deutscher Sicht war das Abschneiden von Hubert Schwarzenberg am erfreulichsten. Heinz Müller, dem Träger des Regenbogentrikots, wurde nach seiner mißglückten Vorstellung auf italienischem Boden nicht nur vom amtlichen deutschen Fachblatt *Radsport* der dringende Rat gegeben, die Scharte so bald wie möglich auszuwetzen.

Coppi begab sich zusammen mit Magni, Minardi und Petrucci nach Paris. Dort prangte sein Name auf dem Programm zu einem Omnium Italien-Frankreich. Das lockte am 30. November 24 000 Zuschauer ins *Vel d'Hiv*, die einen eindrucksvollen Sieg ihrer Landsleute erlebten. Die Franzosen hatten allerdings in ihrer Mannschaft, die aus Bobet, Robic, Deledda und Darrigade bestand, einen fünften, weiteren Verbündeten: die „Defekthexe". Sie spielte den Italienern einen Streich nach dem anderen. Einen besonders üblen im Mannschafts-Verfolgungsfahren, wo sie Magni zweimal vom Rad holte und Coppi, dadurch alleine gelassen, einen verzweifelten Kampf gegen Frankreichs Übermacht ausfechten ließ, (in dem er nur um knapp drei Sekunden unterlag).

Wenige Tage später war Coppi wieder auf der Winterbahn in Paris. Diesmal mit Gerrit Schulte als Partner im ersten Lauf zum ***Europa-Kriterium der Mannschaftsfahrer*** über 100 Kilometer. Von der französischen Presse als „Atom-Mannschaft" angekündigt, wurden Coppi-Schulte diesem Ruf gerecht und siegten nach 2:06:25 std mit 13 Punkten vor den Holländern Peters-Derksen.

Am 13. Dezember war in Antwerpen dieser Gerrit Schulte Coppis Gegner in einem Omnium, das neben den beiden noch den Belgier Buysse und den neuen spanischen Star Miguel Poblet am Start sah. Das Ergebnis zeigte dieselbe Reihenfolge. Höhepunkt war das Verfolgungsrennen, das Schulte als Erster beendete. Grund für die Sportpresse, dieses - über Jahre hinweg - interessante Spektakel „Coppi kontra Schulte" mit 4:3 für den Niederländer zu werten.

Das kann man so nicht stehen lassen, denn die Statistik zeigte bisher folgendes Bild:

09. 02. 47 in Brüssel	Sieger: Schulte	(1:0)
30. 07. 47 in Paris	Sieger: *Coppi*	(1:1)
25. 08. 48 in Amsterdam	Sieger: Schulte	(2:1)
12. 01. 49 in Paris	Sieger: *Coppi*	(2:2)
10. 04. 49 in Mailand	Sieger: *Coppi*	(2:3)
30. 08. 49 in Amsterdam	Sieger: Schulte	(3:3)

Die Begegnung in Antwerpen war jedoch ein Australisches-Verfolgungsrennen (bei dem sich alle Konkurrenten zugleich auf der Bahn befinden. Jeder versucht den vor ihm liegenden Fahrer einzuholen. Die eingeholten Fahrer scheiden aus, bis der letzte als Sieger übrig bleibt) und war daher kein unmittelbarer Vergleich ausschließlich zwischen Schulte und Coppi. Der steht demzufolge immer noch drei zu drei.

Für Fausto war die Saison nun endgültig zu Ende. Ergänzen wir noch kurz seine im Text nicht angeführten Plazierungen: 1. Platz am 22. Juni beim Kriterium in ***Vallorbe***/Schweiz; 1. Platz am 6. August beim ***Critérium de Tarascon/FRA***; 1. Platz am 8. September beim ***Critérium Montlucon/FRA*** und 1. Platz am 19. September beim ***Critérium d'Auch/FRA***, so kommen wir zu dem Ergebnis, es war ein erfolgreiches Jahr, vielleicht sein bisher bestes.

1953

Endlich Weltmeister! Die „Dame in Weiß" taucht auf

Fausto Coppi verbrachte die Weihnachtszeit und den Jahresanfang in Novi Ligure. Nicht mehr in Sestri Ponente wie vor einem Jahr im dritten Stockwerk eines Mietshauses im Arbeiterviertel, sondern in den zwölf Zimmern seiner *Villa Coppi*. Er mußte nicht mehr wie früher Journalisten und Fotografen zwischen Tür und Angel empfangen, in der Küche Rede und Antwort stehen. Die Zeiten waren vorbei. Nun konnte er im Salon seines Hauses in der Via de la Rimembranza 40 gemütlich den neugierigen Reportern seine Pläne für die kommende Saison unterbreiten. Sie sollten einen Höhepunkt haben: die Erringung der Straßenweltmeisterschaft in Lugano!

Coppis Wunsch, das Regenbogentrikot zu besitzen, war in einer langen Tradition verwurzelt. Die Weltmeisterschaft hatte seit ihrer ersten Austragung im Jahre 1927 den höchsten Stellenwert im Radsport. Ein Sieg beim *Championnat du monde* galt mehr als der Gewinn der Tour de France. Das *Maillot arc-en-ciel* war der Wunschtraum aller Radrennfahrer! Um so bedauerlicher, daß das Interesse in der Gegenwart sehr nachließ. Tour- und Girosieger bleiben dem Rennen fern, verschanzen sich hinter Ausreden (die in puncto Austragunstermin - spät in der Saison! - sogar berechtigt sind). Trotzdem ist es schade, daß diese Veranstaltung so an Bedeutung verloren hat. Aber kehren wir wieder in das Jahr 1953 zurück und hier zu Fausto Coppi. Für ihn war der Gewinn der Straßenweltmeisterschaft das Wunschziel!

Coppi konnte sich am Jahresanfang auch seinen Hobbys widmen. Hier stand an erster Stelle das Studium der Ernährungswissenschaft. Fausto war 1952 im Salon des Hotels *Duomo* in Mailand auf den amerikanischen Professor Gaylord Houser gestoßen und von dessen Diätplänen begeistert. Er machte sich Housers Erfahrungen zu eigen und wollte in seiner Euphorie sogar seine Nachbarn in Castellania von der besseren Lebensweise überzeugen. Die lehnten jedoch dankend ab und blieben bei ihren Spaghettis, Oliven und ihrem Ziegenkäse.

Die amerikanische Methode hatte ihre Vorzüge. Aber sie war auf Coppis Lebensweise - Training, Erholung, Wettkampf - nur bedingt anwendbar. Weitere Spezialisten, wie Benedict, Chauveau, Kintaro-Oshima, Magueers-Levy und Weiss wurden von Coppi studiert und ihre Erkenntnisse übernommen: Zum Frühstück Tee und Yoghurt; Mittags gegrilltes Fleisch, Gemüse, rohes Obst und natürlich Salat; am Abend Weizenkeime, Tee oder Mineralwasser. Einmal in der Woche standen nur Weizenkeime und rohe Leber auf dem Speiseplan.

Während eines Etappenrennens gab es am Morgen nach dem Aufwachen Tee, Zuckerrüben- und Orangensaft. Zum *petit dejéuner* war die obligatorische Schale mit Milchkaffee auf dem Tisch, dazu Gemüsesuppe, Kartoffelbrei, ein

Steak (medium) und Zitronen. Stand eine Bergetappe auf dem Plan, wurde von Kaffee auf Tee und vom Steak auf Hühnchen gewechselt. Während dem Rennen erhielt Coppi Sandwiches, belegt mit Schinken; Honigbrötchen, Reiskuchen, Fruchtschnitten; dazu Orangen, Tee (3 bis 4 Liter), Mineralwasser, Fruchtsäfte. Unmittelbar am Ziel gab es das obligatorische Mineralwasser (In Frankreich seit Jahren *Perrier*. Kein Zielphoto in den 50er Jahren, auf dem nicht der strahlende Sieger an der Flasche nuckelt!), und eine Stunde später einen Liter Milch, die ja bekanntlich „entgiftet". Aber auch hier sollte man nicht immer sofort an Böses denken.

Sein zweites Hobby und große Leidenschaft war, wie schon mehrmals angesprochen, die Jagd. Aber welcher Italiener, zumindest auf dem Land, ballert nicht gerne in der Gegend herum? In Ölzeug und Gummistiefeln streifte er mit seinen Freunden durch Wälder und Wiesen und machte sie für Rebhühner, Hasen und Wildenten ausgesprochen unsicher.

Und noch eine Passion Coppis sollte nicht unerwähnt bleiben: das Rad. Natürlich seine Rennmaschinen, die er bis ins kleinste Detail kannte, die er zusammen mit seinem Mechaniker Pinella De Grandi montierte, pflegte und ausprobierte: Ein neuer Sattel, ein neuer Lenker, eine fast unbedeutende Positionsveränderung und Coppi saß sechs bis acht Stunden auf dem Rad, um die Brauchbarkeit zu testen.

Apropos Training. Davon konnten seine Edeldomestiken Carrea, Milano und zu Lebzeiten sein Bruder Serse ein Lied singen. Ausfahrten zwischen 150 und 200 Kilometer, bei denen Coppi den Rhythmus an das Tempo bei Rennen anpaßte (ca. 40 km/std) waren an der Tagesordnung. Zwischendurch Spurts und bis zu fünf Kilometer lange Ausreißversuche. Das war kein Zuckerschlecken. Obendrein fuhr Coppi zweimal die Woche hinter einem Derny-Motorrad, um seine Schnelligkeit und Widerstandskraft zu verbessern. Diese Trainingseinheiten waren bei Ettore Milano schon etwas beliebter; er durfte nämlich das Derny fahren.

Eine kurze Anmerkung zu diesem Vehikel: Das „Derny", benannt nach dem französischen Motorradkonstrukteur J. Derny (1890-1974), ist ein Leichtmotorrad von maximal 100 ccm mit zusätzlichem Pedalantrieb zur Geschwindigkeitsregulierung. Der Radrennfahrer fährt nicht wie bei Steherrennen hinter schweren Motoren (500 bis 1200 ccm) an einer Schutzrolle, sondern lediglich im Windschatten des Schrittmachers. 1938 führte Henri Desgrange diese Art der Motorführung bei ***Bordeaux-Paris*** ein. Im zweiten Teil der Fernfahrt kamen ab Sainte-Maure Dernys zu Einsatz. Auf der Bahn fand die Premiere der Derny Rennen 1954 beim Brüssler Sechstage-rennen statt.

Coppi blieb auch Zeit, die neuesten Nachrichten aus Frankreich zu studieren. Hier hatte Jacques Goddet den Schleier gelüftet, der über der *Tour de France* 1953 lag. Und schon eine oberflächliche Betrachtung zeigte, daß die Veranstalter danach getrachtet hatten, Maßnahmen gegen die offenbar als unabänderlich hingenommene Überlegenheit Coppis zu schaffen. Da wären zu nennen: Nur noch ein Zeitfahren; alle Klettergutschriften werden abgeschafft; die Bergetappen werden so weit wie möglich vereinfacht, und - als letzten Schlag ins italienische Kontor - die Beschränkung der Mannschaften auf zehn (bisher zwölf) Fahrer. Man wollte offensichtlich den Zeitfahrspezialisten und exzellenten Bergfahrer Coppi im Rahmen des Möglichen neutralisieren und im italienischen Lager, das ja immer das Problem der drei „Kapitäne“ Bartali, Coppi und Magni hatte, durch die geringere Zahl von Domestiken für zusätzliche Unruhe sorgen. Eine ausgesprochene „Anti-Coppi-Tour“. Was sagte Fausto, als man ihn nach seiner Meinung fragte: „Es gibt günstige und ungünstige Tour-Formeln. Aber aus jeder Formel läßt sich etwas machen.“

Vorerst machte sich Coppi mit seinen Mannschaftskameraden auf den Weg an die Riviera, nach Varazze, wo BIANCHI seit 1926 das Trainingslager im Frühjahr aufschlug.

In unmittelbarer Nähe siedelte sich die Konkurrenz an: LEGNANO in Alassio, GANNA mit Fiorenzo Magni in Bordighera. Täglich begegnete man sich zwischen Genua und Ventimiglia und grüßte sich freundlich.

Bartali geisterte inzwischen dick vermummt in heimischer Umgebung herum. Ihm war nicht nach südlicher Sonne zumute und schon gar nicht nach einer Begegnung mit Coppi. Denn ‘der da’ hatte wieder einmal eine Rede geschwungen, die dem alten Gino überhaupt nicht schmeckte. Fausto Coppi hatte nämlich klipp und klar zum Ausdruck gebracht, daß die Reduzierung der einzelnen Mannschaften bei der *Tour de France* von zwölf auf zehn Fahrer dazu zwinge, daß es nur einen *capitano* geben darf. Sollte er seine Vorjahresform wieder erreichen und Mannschaftskapitän werden, so stehe er nicht an, schon jetzt zu erklären, daß er Bartali nicht in seiner Mannschaft haben will.

Der unmittelbar betroffene Gino hüllte sich in Schweigen. Sein einziger Kommentar: „Cppis Worte sind keine Erwiderung wert.“ Und dann noch, wesentlich grimmiger: „Gewisse Leute halten den alten Bartali für abgewirtschaftet. Sie mögen sich vorsehen. Es könnte sein, daß sie noch ihr blaues Wunder erleben!“

Hauptleidtragender war wieder einmal Alfredo Binda. Aber schon zu oft hatten ihm die beiden Kopfweh bereitet und außerdem war ja noch eine Weile hin. Kommt Zeit, kommt Rad... Coppi wollte eigentlich die Saison „pro forma“ in Cannes beginnen und am ***Grand Prix Gentleman*** teilnehmen, aber eine Grippe vermasselte ihm die Tour. Auf ärztliches Anraten verzichtete er auch auf die Teilnahme an den Sechstagerennen in Paris und Antwerpen (mit denen er ohnehin nur halbherzig geliebäugelt hatte). Und Fausto, den das Schicksal stets hart angefaßt hatte, traf unerwartet ein neuer, schwerer Schlag. Seine 35-jährige Schwester Diana verstarb nach kurzem Leiden.

1487 Todesopfer forderte eine Flutkatastrophe am 1. Februar in Holland. Über den Rundfunk rief Coppi seine Landsleute zur Unterstützung der Opfer auf und erinnerte Italien an die Hilfe der Holländer anläßlich einer ähnlichen Überschwemmung der Po-Ebene am 20. November 1951.

Ohne Beteiligung von Coppi fiel der Startschuß in Monaco zur neuen Straßensaison. Von dem berühmten Rivierafrühling war allerdings nichts zu bemerken. Ein eiskalter Wind peitschte die südliche Flora, etwa 50 Berufsfahrer und ebenso viele Amateure. Der Sturm wehte den Franzosen Adolphe Pezulli als klaren Sieger über den Zielstreifen. Im geschlagenen Feld endeten unter anderem Lauredi, Astrua, Pezzi und ein Großteil der restlichen Prominenz.

Coppi war auch nicht dabei, als Mitte Februar die italienische Straßensaison mit einem Rundstreckenrennen in Sassari in aller Form eröffnet wurde. Bartali, Magni und Corrieri waren die Hauptpersonen im Programm. Während des Rennens traten jedoch nur die beiden letzt genannten in Erscheinung, Gino hatte offensichtlich noch manche Trainingslücke. Magni hingegen war bei jeder Spurtwertung zugegen. Er und Bartalis „Adjudant" machten einander das Leben schwer, mit dem Erfolg, daß Serafino Biagioni der lachende Dritte war und das Rennen nachhause fuhr. Aber auch er gehörte zur BARTALI-Mannschaft, und so blieb der Sieg in der Familie.

Schon drei Tage später ging es bei der Fernfahrt ***Sassari-Cagliari*** echt zur Sache. Von Anfang an wurde auf der 225 Kilometer langen Strecke mächtig gebolzt, so daß das Stundenmittel nahe an 40 km herankam. Am Stadtrand von Cagliari entwischte Magni; einzig Minardi konnte ihm folgen (Bartali und Soldani stießen zusammen und stürzten. Für sie war der Traum aus).

Im Stadion von Cagliari war noch ein Fußballspiel im Gange, da niemand mit einer so frühen Ankunft der Radfahrer gerechnet hatte. Magni und Minardi mußten ihren Endspurt unter Ausschluß der Öffentlichkeit hinter der Zuschauertribüne austragen. Fiorenzo machte das Beste daraus und siegte nach 5:39:00 std vor seinem Landsmann.

Anläßlich des Pariser Sechstagerennens (Sieger Schulte-Peters) tagte die *UCI* unter Vorsitz ihres Präsidenten Achille Joinard. Der Hauptgrund war die Vergabe der begehrten *Trophée Edmond Gentil*. Die Wahljury bestand aus dem Verwaltungskomitee der Stiftung, den Spitzen der *UCI*, den Präsidenten der aktivsten Radsportverbänden Europas, den Veranstaltern der großen Rundfahrten, französischen Sportreportern (Rundfunk und Presse), ausländischen Sportjournalisten und Ehrengästen. Die Interessenvertreter der Radsportländer stellten die Kandidaturen. Dann wurde abgestimmt.

Coppi ließ auch am „Grünen Tisch" seine Gegner zurück und bekam mit 16 Stimmen vor Kübler, Mockridge und Patterson nach 1947 zum zweitenmal den Preis zugesprochen.

Moralisch also gestärkt, ging Fausto am 8. März zum ersten Mal in diesem Jahr an den Start. Genau gesagt in Savona, bei einem Mehrkampf auf der Straße, den er in hervorragender Verfassung auch prompt zusammen mit De Rossi vor den Gebrüdern Rossello gewann.

Dann trainierte er wieder verbissen an der Riviera, denn am 19. März stand ja *Mailand - San Remo* an.

Dieses Training wurde eines Tages unterbrochen. Coppi war mit seinem Rennrad unterwegs, natürlich ohne Lampe, Klingel und Rücklicht. Die muß eben jeder ordentliche Radfahrer an seiner Maschine haben. Nicht nur in Italien. Und so kam es, daß der Welt „außerordentlichster" Rennfahrer, der *Campionissimo*, in die Fänge eines Polizeibeamten geriet, der ihn, ohne mit den Wimpern zu zucken, aufschrieb. Ein Anhänger Bartalis? Coppi mußte die fällige Buße bezahlen, der Amtsschimmel wieherte, die Gerechtigkeit hatte gesiegt (und der eifrige Beamte hatte ein Autogramm: die Unterschrift Coppis auf der Quittung). Auch eine Möglichkeit, an den begehrten Schriftzug zu kommen!

Auch Luciano Maggini bekam etwas: Blumen. Er war bei ***Milano-Torino*** nach 226 km der Schnellste und verwies Petrucci und Zampini auf die Plätze. Bartali und Coppi waren nicht am Start. Gino paßte das Rennen durch Piemont nicht ins Programm, Fausto hatte einfach keine Lust.

Aber am 19. März war alles am Start zur 44. Austragung von ***Milano-Sanremo*** (282 km). Sofort wurde von den 215 Fahrern ein so hohes Tempo gefahren, daß Ausreißversuche bereits im Keim erstickten. Den ersten wirklichen Angriff verzeichnete man in Pavia, nach rund 30 Kilometern. Hier konnte sich der Schweizer Fritz Schär absetzen und mit sieben Mann im Kielwasser davonkurbeln. Unter den Ausreißern befand sich auch kein Geringerer als Hugo Koblet. Das war die Anfangssensation des Rennens, denn man wußte ja, daß dem blonden Hugo immer noch der erste Sieg in einem Klassiker fehlte.

Bartali, Coppi, Géminiani, Bobet und ihre Helfer organisierten die Verfolgung und im flotten Tempo ging es dem Turchino-Paß entgegen.

Nach Ovada (119 km) vereinigten sich Jäger und Gejagte. Damit bot sich den Tausenden von Zuschauern ein ungewohntes Bild: statt eines gesprengten Feldes kletterte die Karawane der *Classicissima* ziemlich geschlossen den Turchino hinauf. Kurz vor dem Tunnel auf dem Scheitelpunkt des Passes konnten sich De Santi und Buratti absetzen und den Bergsprint in dieser Reihenfolge unter sich ausmachen. Beide trafen sich später im Ambulanzwagen wieder: De Santi war das Pedal gebrochen und er stürzte schwer, Buratti passierte wenig später dasselbe Mißgeschick.

Die steile Abfahrt nach Voltri zog das Feld auseinander, doch schon in Varazze, 20 km weiter, hatte sich eine Spitzengruppe von 50 Fahrern gebildet, die mit hohem Tempo die Riviera entlangbrauste.

Völlig überraschend gab dann der Franzose Walkowiak das Signal zum entscheidenden Vorstoß. Während die Asse ein scharfes Auge auf Coppi hatten, flitzten Minardi, Petrucci, Impamis, Defilippis, Robic und einige weitere an das Hinterrad des Ausreißers.

Von nun ab sorgten die berüchtigten *Capi* für klare Verhältnisse: Das Capo Mele passierte Impamis als Erster; auf dem Capo Cervo behauptete sich

Walkowiak an der Spitze; auf dem Capo Berta gab es mit den Belgiern Derycke und Impamis sowie Minardi (in dieser Reihenfolge) eine neue Spitzengruppe, der man einen entscheidenden Angriff hätte zutrauen können. Zudem Petrucci und Defilippis mit letzter Energie noch den Anschluß an diese Dreiergruppe fanden.

Die fünf an der Spitze glaubten sich bereits in Sicherheit, da tauchte, tief über den Lenker gebeugt, noch der Belgier Valére Ollivier auf. Der galt als guter Spurter und daher war man vom Eintreffen dieses gefährlichen Konkurrenten alles andere als begeistert. Um weitere Überraschungen zu verhindern, sorgten nun vor allem Petrucci und Minardi für ein flottes Tempo.

Von einer unübersehbaren Menschenmenge begeistert empfangen, schwenkten die sechs in San Remo auf die *Via Roma* ein. Im entscheidenden Moment übernahm Minardi die Spitze, aber Petrucci konnte das Hinterrad von Giuseppe halten, sich auf gleiche Höhe heranarbeiten, sekundenlang mit ihm Schulter an Schulter kämpfen, dann hatte er Minardis Widerstand gebrochen und mit deutlichem Vorsprung rollte der junge Mannschaftsgefährte von Coppi über die Ziellinie.

Loretto Petrucci hatte nach einer Fahrzeit von 6:59:20 std (40,349 km/std) den Rekord von Coppi aus dem Jahr 1949 (39,329 km/std) geschlagen, aber als Fausto eine Minute später im Alleingang als Neunter im Ziel eintraf, wurde er ebenso stürmisch wie der Sieger empfangen. Weitere Plazierungen: 10. Kübler, 11. Van Steenbergen, 17. Géminiani, 34. Bartali. Im geschlagenen Feld befanden sich auch Wim Van Est, Hugo Koblet und eine Reihe weiterer „Prominenter".

Eine Woche später traf sich ein Großteil der italienischen Fahrer in Neapel. Italiens Straßenmeisterschaft wurde 1953 wieder in fünf Rennen entschieden und als 1. Lauf stand der ***Giro della Campania*** über 247,8 km auf dem Programm. Favoriten waren - zumindest für das Publikum in und um Neapel herum - Bartali und Coppi, die sich am Abend vor dem Start immer wieder am Fenster ihrer Hotelzimmer zeigen mußten, um die Huldigungen ihrer Fans entgegenzunehmen. Auch am Start auf der *Piazza del Plebiscito,* dem Platz der Volksabstimmung, gehörten noch alle Sympathien den beiden Stars.

Aber Sieg oder zumindest gute Plätze im Vorderfeld schienen Gino und Fausto ziemlich einerlei zu sein. Mit einer Wurstigkeit, die an die Vorgänge bei der Weltmeisterschaft 1948 in Valkenburg erinnerte, hingen sie im Feld herum, immer darauf bedacht, am Hinterrad des anderen zu bleiben. Man hatte den Eindruck, daß beide sich ängstlich bemühten, nur nicht in die Entscheidung eingreifen zu müssen, nicht in die Niederungen des Kampfes hinabzusteigen; in vornehmer Zurückhaltung einzig daran interessiert, daß Coppi keine bessere Zeit als Bartali erzielt, und Gino möglichst vor Fausto über die Ziellinie rollt.

Insofern ging die Rechnung auf: Bartali feierte einen „grandiosen Sieg", er belegte den 20. Platz; Coppi mußte sich mit dem 26. Rang begnügen!

Natürlich gab es auch einen echten Sieger: Adolfo Grosso erreichte nach 7:10:07 std (34,567 km/std) im Alleingang das Ziel. 24 Sekunden später traf eine Verfolgergruppe ein, deren Spurt Petrucci vor Magni gewann.

In dieser Gruppe war es recht kunterbunt zugegangen. Einige der Fahrer, darunter auch Petrucci und Magni, hatten erst kurz vor dem Ziel auf der Arenaccia-Bahn zu den Verfolgern Anschluß gefunden. Es blieb ihnen keine Zeit mehr, sich über den Stand der Dinge zu informieren. Petrucci war felsenfest von seinem Sieg überzeugt, mußte sich aber zu seiner großen Verblüffung damit abfinden, daß Grosso vor ihm im Ziel war.

Am 22. März öffnete in Mailand die Vigorelli-Bahn wieder ihre Pforten und tröstete das italienische Publikum darüber hinweg, daß Italien noch immer keine Winterbahn besaß. Im Omnium beherrschten Coppi-Terruzzi ihre Gegner klar, auch das 50-km-Mannschaftsfahren sah die beiden erfolgreich. Lediglich Patterson-Bartali endeten als Zweite rundengleich mit den Siegern.

Petrucci hatte einen Abstecher nach Belgien hinter sich. Am Ostersonntag konnte er bei der ***Ronde van Vlaanderen*** (253 km, Sieger nach 7:19:00 std Wim Van Est), einen beachtlichen fünften Platz erzielen. Damit führte er im *Challenge Desgrange-Colombo* mit 31 Punkten. Coppi lag hier mit 7 Punkten auf Rang sechzehn.

Diese Reihenfolge änderte sich schnell, denn der Belgier Germain Derycke (in der Literatur oft mit seinem Landsmann und Zeitgenossen Isidoor De Rijck verwechselt) gewann ***Paris-Roubaix*** (245 km in 5:39:19 std) und setzte sich damit an die Spitze dieser begehrten Jahreswertung.

Bei der zweiten Veranstaltung in Mailand auf der Vigorelli-Bahn mußten sich Coppi-Terruzzi diesmal den Eidgenossen Koblet-von Büren beugen, die in der Gesamtwertung überlegen siegten.

Am 19. April wurde der 2. Lauf zur Italienischen Straßenmeisterschaft, der ***Giro del Piemonte*** ausgetragen. Wider Erwarten gab es auf dem *Motovelodrom* von Turin eine Massenankunft. Fiorenzo Magni (280 km in 7:14:00 std) gewann den Spurt der 46 Fahrer sicher vor Petrucci, Albani und Ferrari. Bartali landete auf dem 7. Platz, Coppi wurde zusammen mit einer Reihe weiterer Fahrer zeitgleich mit dem Sieger auf Rang sechzehn gesetzt. In der Meisterschaft führte nun Magni vor Petrucci und Grosso.

Das Rennen wurde längere Zeit von einem Außenseiter Trio beherrscht. Erst eine geschlossene Bahnschranke konnte Faccioli, Gabiano und Ambroso stoppen. Hierzu eine kleine Anekdote. 1905 war im Streckenplan der Lombardei-Rundfahrt ein gefährlicher Bahnübergang enthalten, der nur zu Fuß überquert werden konnte. Der Italiener Giovanni Gerbi, genannt *il diavolo rosso* - der rote Teufel - einer der ganz Großen jener Zeit, kannte die Stelle. Am Tag zuvor legte er an einer bestimmten Stelle ein Brett zwischen die Schienen. Tagsdarauf rauschte er mit vollem Tempo über das Gleis, links und rechts von ihm stürzten die Kollegen reihenweise. Gerbi gewann das Rennen - *il diavolo rosso*!

Zurück in das Jahr 1953. Wir schreiben inzwischen den 26. April. War das ein Sonntag für den italienischen Radsport! Fiorenzo Magni siegte bei ***Roma-Napoli-Roma***; Petrucci gewann ***Paris-Bruxelles*** und Coppi schlug in Mailand den amtierenden Weltmeister Patterson im „Verfolgungsmatch des Jahres“!

Hier soll nur von der großen Gala im Mailänder *Vigorelli* die Rede sein. Coppi hatte sich auf diesen Tag gewissenhaft vorbereitet. Noch auf der Fahrt nach Mailand hatte er unterwegs seinen Alfa Romeo gestoppt, ließ seinen Freund Giovannino De Chiesa ans Steuer und absolvierte ein scharfes Training „hinter Schrittmacher“. Im Stadion angekommen, zog er sich in die Kabine Nummer acht zurück, nahm auf einer Luftmatratze Platz und ließ sich von Biagio Cavanna die Muskeln lockern. Nun stand er am Start über die Distanz von fünf Kilometern und 18 117 Zuschauer hielten den Atem an...

Vor vier Jahren hatte Coppi gegen Toni Bevilacqua mit der ausgezeichneten Zeit von 6:16,0 Minuten den kürzeren gezogen. Entmutigt setzte er damals den Schlußpunkt hinter das kräftezehrende *inseguimento*. Jetzt, vier Jahre später, wollte er diesen Punkt ausradieren. Und wie er ihn ausradierte!

Coppi fegte mit der glänzenden Zeit von 6:15,4 Minuten (der zweitbesten Freiluft-Zeit seiner bisherigen Laufbahn) Patterson förmlich von der Bahn. Nicht weniger als 8,8 Sekunden Rückstand wurden für den unterlegenen Australier gestoppt. Der Jubel, der nach Fausto Coppis grandiosen Sieg losbrach, übertraf alles bisher dagewesene. Die *tifosi* wollten sich nicht beruhigen und feierten ihren Fausto in allen Tonarten.

Mailand hatte Grund zum Jubel für Coppi. In Bologna kannte die Begeisterung für Bartali keine Grenzen. Il *vecchio*, der „Alte“, hatte den ***Giro dell´Emilia*** vor dem jungen Astrua gewonnen. Damit hatte er sich bestens für die Italienrundfahrt empfohlen.

Dieser 36. *Giro d´Italia* soll am 12. Mai in Mailand beginnen (Die Veranstalter von *La Gazzetta dello Sport* hatten die Rundfahrt 1953 recht spät aus der Taufe gehoben. Man mußte den Termin der italienischen Parlamentswahlen abwarten. Die fanden vom 7. bis 8. Juni statt, also konnte der Giro inzwischen rollen.

Vorgesehen sind 22 Tage, davon zwei Ruhetage: der 20. Mai in Pisa (nach der 8. Etappe) und der 27. Mai in San Pellegrino (nach der 15. Etappe). Die Gesamtlänge der Girostrecke soll 3981 Kilometer betragen (es wurden 4035 km). Zwei Zeitfahretappen sind eingebaut: ein Einzelzeitfahren über 48,5 Kilometer und ein Mannschaftszeitfahren über 30 Kilometer. Die Hauptschwierigkeiten dieses Giro d´Italia liegen im letzten Teil der Rundfahrt, obwohl es zuvor mit dem Abetone und dem Appenin auch schon harte Nüsse zu knacken gibt. Aber die eigentliche Kletterei findet in den Dolomiten statt (Falzarego, Sella und Pordoi). War der Pordoi-Paß mit seinen 2239 m bisher das „Dach des Giro“ gewesen, so hatte man diesmal kühn das Stilfser-Joch (2758 m) eingeplant.

Bisher wurde der Giro von Markenteams bestritten. Diesmal kam es zu einem Kompromiß: Die italienischen Fahrer starteten weiterhin für ihre Firmen, die Ausländer wurden in Nationalmannschaften zusammengefaßt. (Im Berufsradsport schon immer eine umstrittene Angelegenheit. Soll ein Fahrer, wie zum Beispiel der Franzose Géminiani, der seine Brötchen das ganze Jahr über im BIANCHI-Rennstall von Fausto Coppi verdient, plötzlich gegen seinen Chef fahren? Schon komisch, was manchmal in den Köpfen von Funktionären vorgeht).

Jedenfalls waren 5 ausländische Mannschaften mit je sieben Mann am Start: Belgien u.a. mit Rik Van Steenbergen und Ockers (und dem italienischen (!) Altmeister Girardengo als Sportlichen Leiter); Frankreich mit Louison Bobet und Géminiani als Spitzenfahrer; Holland mit Wagtmans und Wim Van Est; Spanien mit Bernardo Ruiz, und die Schweiz mit Kübler, Koblet und Schär als aussichtsreichste Kandidaten.

Dieser ausländischen Phalanx standen 11 einheimische Mannschaften (mit ebenfalls je sieben Fahrern) gegenüber: **BIANCHI** mit Fausto Coppi, Carrea, Crippa, Gaggero, Gismondi, Milano und Piazza; **ARBOS** mit Monti; **ATALA** mit Astrua und Pezzi; **BARTALI** mit Gino höchstpersönlich und seinem treuen Helfer Corrieri; **BOTTECCHIA** mit Fornara und Conte; **FREJUS** mit Conterno und Rossello. Bei **GANNA** schwang Magni das Zepter. **LEGNANO** vertraute auf Albani, Defilippis und Minardi; **LEVRIERI** auf De Santi und Grosso. **TORPADO** ging mit Bevilacqua als Kapitän in das Rennen, und **WELTER** hatte mit Clerici und Martini aussichtsreiche Kandidaten zur Verfügung.

Beim Studium dieser Zeilen fallen zwei Dinge besonders auf: die Vielzahl der Fahrradfirmen (radsportfremde Werbung „am Mann" war zu dieser Zeit noch nicht üblich) und das Fehlen von Loretto Petrucci. Der hatte sich mit Coppi überworfen und hatte nun das Nachsehen.

Doch nun zurück zum 12. Mai 1953, an den Start zum ***36. Giro d'Italia***. Bereits bei der Ankunft der 112 Teilnehmer auf dem *Piazza del Duomo* schlugen die Wogen der Begeisterung hoch. Um 10.15 Uhr senkte der Präfekt von Mailand die Startflagge und vorbei an einer riesigen Menschenmenge setzte sich die Fahrerschlange und der Begleittroß in Bewegung. Zum ersten Mal in der Geschichte des Giro wurde das ganze Spektakel in einer Direktübertragung im Fernsehen gesendet.

Die 1. Etappe *Milano - Abano Terme* (263 km) war ein leichter Tagesabschnitt. Niemand erwartete etwas besonderes. Und trotzdem gab es eine ausgesprochene Sensation: Ferdy Kübler blieb auf der Strecke! Nach 140 km, zehn Kilometer vor Mantua, hatte der Schweizer einen Materialdefekt. Er holte zwar wieder auf, fiel aber später erneut zurück. Diesmal rund eine halbe Stunde, und in dieser Lage entschloß sich *Ferdy national* zur Aufgabe. Mit ihm sein junger Schützling Rolf Graf.

Es hieß offiziell, Küblers Ausscheiden sei auf diesen Materialdefekt zurückzuführen. Für was waren dann die Begleitwagen, die Mechaniker und die Ersatzräder da? Und warum bekam er eine Geldstrafe von *100 000 Lire* aufgebrummt? Was war denn da wieder los?

Los war folgendes: Weil Kübler und Croci-Torti 1953 bei FIORELLI einen Vertrag hatten, Koblet und die anderen Fahrer in der Schweizer Mannschaft aber für GUERRA fuhren, gab es schon bei der Vorbereitung zum Giro Unstimmigkeiten. Sollte Kübler loyal zu seinem Brotgeber Fiorelli oder dem Schweizer Teamchef Learco Guerra sein, der als Fahrradhersteller ja Konkurrent von Fiorelli war (Aha! Da haben wir die Bescherung). Dazu kam, daß die Schaltungen der beiden Fahrradmarken nicht übereinstimmten, was einen gegenseitigen Materialaustausch unmöglich machte. Zwar bauten die Mechaniker in der Nacht vor dem Girostart die Räder von Kübler und Graf noch um und montierten die GUERRA-Schaltung, aber schon am anderen Morgen klagte Ferdy auf dem Domplatz, etwas stimme mit dem Wechsel nicht. Dann nahm die Sache den bekannten Lauf.

Tatsache war aber auch, daß Kübler auf Grund der gegenwärtigen Verhältnisse so etwas wie Hugos Edeldomestik gewesen wäre (Koblet hatte die ***Tour de Romandie*** überlegen gewonnen, Kübler mußte sich mit dem ungewohnten 7. Rang zufriedengeben, und nun war Koblets Chef, Guerra, auch noch sein Teamleiter). Dafür war sich *Ferdy national* zu schade. Nur hätte ihm das früher einfallen können und nicht erst auf dem Weg nach Abano Terme.

Dort holte sich im Stadion der Stadt nach 6:37:10 std Wim Van Est den Etappensieg. Coppi belegte zusammen mit Bartali den 16. Rang.

Auch der erste Massensturz dieser Rundfahrt hatte nicht lange auf sich warten lassen. Vierzig Kilometer vor dem Ziel hatte ein Begleitmotorad beim passieren des Feldes den undisziplinierten Zuschauern nicht ausweichen können und dabei einige Fahrer gestreift. Maggini, Bevilacqua, Pezzi, Bof sowie die beiden Spanier Escolano und Vidal-Procar waren die Leidtragenden und trafen erst 15 Minuten später, arg verpflastert, im Ziel ein.

Die 2. Etappe *Abano Terme - Rimini* (278 km) stand im Zeichen von drei Fahrern: Aldo Zuliani, Pasquale Fornara und Guido De Santi. Zuliani machte sich nach 16 Kilometern auf und davon, wobei sein Hauptinteresse den Prämien galt. Er kurbelte dabei so emsig, daß sein Vorsprung allmählich auf über zehn Minuten anwuchs. Das war den anderen dann doch zu viel, und so kam eine flotte Verfolgung in Gang, bei der besonders Guido De Santi die Hauptarbeit besorgte. Er war natürlich als zweiter in der Gesamtwertung auf das Rosa Trikot scharf.

Zuliani wurde zur Strecke gebracht. Aber dann ging der Tanz erst richtig los. Denn mittlerweile war die Steigung hinauf nach San Marino erreicht und die Großen erwachten. Fornara, der klettertüchtige Vorjahressieger der *Tour de Suisse,* übernahm das Kommando und ließ das Feld hinter sich im

Staub verschwinden. Er holte sich die erste Bergwertung dieser Italienrundfahrt mit 1:30 min Vorsprung, dann überquerte Bartali den Gipfelpunkt der Zwergrepublik (750 m). Weitere 15 Sekunden zurück rollte Coppi heran, der den „Alten" hartnäckig verfolgt hatte.

Die Abfahrt war ein Vabanquespiel. Besonders Koblet riskierte Kopf und Kragen, brauste zu Tal und erreichte schließlich Bartali und Coppi. Zu dritt rollte man nun dahin, darauf bedacht, den Ausreißer Fornara einzufangen. Da ereignete sich der „Knallefekt" des Tages: Coppi platzte ein Reifen! Das war Musik in den Ohren von Gino und Hugo, die sofort den großen Gang einlegten und mit 50 Sachen davonstürmten. Doch im BIANCHI-Team war die „Erste Hilfe" gut organisiert. Coppi brauchte nicht lange warten, dann saß er wieder im Sattel, um nun seinerseits die „große Mühle" in Gang zu setzen.

Von hinten rollte inzwischen eine starke Dreiergruppe heran: Bobet, De Santi und Brasola, die alle das gleiche Interesse hatten, nämlich den Ausreißern die Suppe zu versalzen. Jäger und Gejagte rasten Richtung Rimini, und kurz vor dem Etappenziel war man vereint. Zumindest Coppi und Genossen, aber an der Spitze kämpfte Fornara noch immer alleine einen verzweifelten Kampf. Sein Vorsprung schmolz zusehend dahin, und als er auf die Zementbahn von Rimini einbog, war man ihm dicht auf den Fersen. *Pasqualino konnte* sich jedoch nach 7:48:00 std mit 10 Sekunden Vorsprung über das Zielband retten. Koblet gewann den Spurt der Verfolger vor Coppi, Bobet, Bartali, De Santi und Brasola. In der Gesamtwertung lag nun De Santi an der Spitze, Coppi 1:15 min zurück auf Platz sechs.

Die 3. Etappe *Rimini - San Benedetto del Tronto* (182 km) nahm einen etwas ruhigeren Verlauf, obwohl es nicht an kleineren Geplänkeln fehlte. Aber da sich die „Asse" nicht einmischten und ihre Helfer jedesmal - wie es im Fachjargon so treffend heißt - „die Löcher wieder zufuhren", gelang erst etwa 45 Kilometer vor dem Ziel, in der Gegend von Civitanova, einer Gruppe von sechs Fahrern die Flucht des Tages. Den Etappensieg errang nach 5:05:23 std der junge Italiener Albino Crespi, der sein tierärztliches Studium unterbrochen hatte, um einige Jahre als Radprofi zu arbeiten. Bei dieser Etappe offensichtlich mit Erfolg. Im Gesamtergebnis änderte sich nichts, Coppi lag an vierter Stelle, der junge Schweizer Croci-Torti aus der Mannschaft von Hugo Koblet in Gips. Er hatte sich bei einem Sturz das Schlüsselbein gebrochen und mußte das Rennen aufgeben.

Die 4. Etappe *S. Benedetto del Tronto - Roccaraso* (171 km) hätte beinahe eine Sensation gebracht. Der Italiener Rossello hatte mit etwa hundert Metern Vorsprung als Erster die Verpflegungskontrolle in Popoli erreicht, seinen Umhängbeutel geschnappt und war weitergerast. Koblet, an zweiter Position der Verfolgergruppe, stürzte plötzlich und schlug hart auf den rechten Straßenrand. Er zog sich dabei Prellungen und Hautabschürfungen zu. Obendrein war sein Rad „im Eimer" und er konnte erst nach vier Minuten weiterfahren. Aber inzwischen war etwas Bemerkenswertes geschehen: Am Ortsausgang von Popoli fuhren Coppi und Bobet kurz nebeneinander, ein Blick, ein paar Wortfetzen, und dann begann Faustos BIANCHI-Team und die *Equipe tricolore* von Louison Bobet eine wilde Jagd auf Rossello. Der hatte von dem Sturz Koblets und dem anschließenden Durcheinander profitiert und war außer Sichtweite. Nach fünf Kilometern hatte man ihn eingeholt. Diesmal war es nur Coppi, der mit Rossello kurz sprach. Dann geschah das Merkwürdige: Das gesamte Feld, vor allem Koblets schärfste Rivalen Bartali, Bobet und Coppi versuchten kein Kapital aus der heiklen Lage des Schweizers zu schlagen. In stiller Übereinkunft wurde gebummelt, bis Koblet mit seiner ohnehin stark dezimierten Mannschaft wieder aufschließen konnte.

Italiens Presse lamentierte: < *Perché Coppi non ha attaccato?* > (Warum hat Coppi nicht angegriffen?) Wie das doch in ähnlichen Fällen des öfteren geschehen ist: Coppi war auf Koblet losgegangen und umgekehrt. Doch diesmal lag die Sache etwas anders. Bei der Verpflegungskontrolle in Popoli lief ein Kind über die Straße, genau vor Koblets Rad. Der Schweizer konnte nicht mehr ausweichen, riß sein Velo aber zur Seite, um das Kind nicht zu verletzen und krachte zu Boden. Coppi & Co. hatten den Vorfall registriert und wollten zu keinem billigen Triumph über einen unverschuldet vom Sturzpech verfolgten Gegner kommen. Coppi hatte da andere Möglichkeiten...

Die entscheidende Phase dieser Etappe begann mit dem Anstieg zur Piano delle Cinquemiglia, einem Abruzzenübergang, auf dessen höchster Erhebung (1280 m) die zweite Wertung für den Großen Bergpreis abgenommen wurde. Wie in San Marino griff Fornara auch dieses Mal an. Er hatte es offensichtlich auf das Rosa Trikot abgesehen. De Santi wehrte sich verzweifelt, konnte ein gutes Dutzend Attacken abwehren, aber der nicht sehr steile, aber 20 km lange, regelmäßige Anstieg kam *Pasqualino* wie gerufen und De Santi wurde abgehängt. Mit ihm Bobet, Astrua, Ockers, Defilippis, Bartali und Coppi.

Aber der Vorsprung war zu gering. Auf dem 13 km langen Schlußteil der Strecke schlossen die Genannten und weitere Nachzügler wieder auf - nicht jedoch De Santi! -, so daß sich 26 Fahrer für den Endspurt in Roccaraso bereit machten. Donato Piazza, der Zweite von ***Paris-Roubaix***, zog für seinen Kapitän Coppi den Spurt an. So geschickt, daß Fausto nach 5:22:38 std alle Rivalen überraschen konnte und den Etappensieg vor so schnellen Leuten wie Albani, Bobet, Bartali und Ockers erringen konnte. Es folgten Koblet, Géminiani, Magni und Fornara. Erst 1:31 min später traf Guido De Santi ein. Damit war er sein Rosa Trikot los, das er an Fornara abgeben mußte. Coppi war auf Platz zwei vorgerückt (wie gesagt, er hatte andere Möglichkeiten).

Auf der 5. Etappe *Roccaraso-Napoli* (142 km) machte Koblet erneut mit der „Defekthexe" Bekanntschaft. Kurz nach dem Start stürzte er, später hatte er zweimal Reifenpanne. Daß auch diesmal kein Angriff auf den Schweizer erfolgte, war Glück im Unglück, denn von einer fairen Geste der Gegnerschaft konnte diesmal nicht die Rede sein. Wahrscheinlich hatte sich die Nachricht von Koblets Pannen nicht schnell genug herumgesprochen und Hugo konnte ohne besondere Anstrengung wieder Anschluß finden.

Im Anstieg zum einzigen nennenswerten Hindernis dieser Etappe, dem 787 m hohen Macerone, ging Fornara wie schon in den Tagen zuvor, wenn es bergauf ging, zum Angriff über. Mit 50 Meter Vorsprung vor Coppi und Bartali sicherte er sich weitere wertvolle Punkte für den Bergpreis, auf den er es offensichtlich abgesehen hatte.

In der Folge schloß sich das gesamte Feld wieder zusammen. Erst auf den letzten Kilometern kam eine kleine Ausreißergruppe weg, in der sich jedoch keiner der Favoriten befand. Nach 4:01:05 std siegte auf der Arenaccia-Bahn im Spurt Coppis Helfer Ettore Milano, der Conterno und den Niederländer Roks auf die Plätze verweisen konnte. Das Feld mit allen Großen hatte 2:42 Minuten Rückstand und daher gab es auch diesmal keine Änderung von Belang. Fornara behielt weiterhin das Rosa Trikot, Coppi den zweiten Platz.

Wahre Treibhaustemperaturen machten die 6. Etappe *Napoli-Roma* (285 km) zum Rennen der *gregari*, der „Wasserträger", die am bisher heißesten Tag seit Girobeginn damit beschäftigt waren, die Brunnen zu stürmen, die Trinkflaschen zu füllen und wieder Anschluß an das Feld zu finden. An diesem Tag war das nicht allzu schwierig, denn erstens war Sonntag (man konnte sich ja auch einmal etwas Ruhe gönnen), zweitens war im Olympiastadion von Rom, wo sich das Ziel befand, der Fußballänderkampf Italien-Ungarn im Gange und man wollte alles andere als stören, und drittens eben diese verfluchte Hitze. Kein Wunder, daß die Girokarawane ein ausgesprochenes Bummeltempo einschlug und die Marschtabelle um mehr als eine Stunde überschritt.

Auf dem Schlußteil der Strecke kam es wieder zur obligatorischen Flucht einer Gruppe. Diesmal waren es sieben Mann, die als Vorausabteilung ins neue Olympiastadion einbogen. Dort hatten hunderttausend Zuschauer, unter ihnen Staatspräsident Einaudi, in der Bruthitze ausgeharrt. Nicht gerade fröhlich gestimmt, denn die *azzurri* hatten gegen Puskas, Kocsis, Hidegkuti & Co. mit 0:3 eine saftige Niederlage bezogen.

Aber die (Sport)welt war wieder in Ordnung, als *Pipazza* Minardi, der Publikumsliebling der Römer - obwohl er aus Ravenna stammte - nach 8:14:18 Stunden den Spurt vor Maggini, Giudici, dem Schweizer Schär, Bevilacqua, Scudellaro und De Santi gewann.

Weniger Freude herrschte bei Fornara. Er kam 2:17 min später mit dem Hauptfeld an und büßte damit das Rosa Trikot ein. Coppi rutschte im Gesamtklassement auf Rang fünf zurück, einen Platz hinter Gino Bartali. Das war ärgerlich, aber am folgenden Tag läßt sich das bestimmt bereinigen...

Coppis Zuversicht war begründet. Die 7. Etappe gliederte sich nämlich in zwei Tagesabschnitte: am Vormittag in die Strecke *Roma-Grosseto* (178 km), und am Nachmittag stand das Einzelzeitfahren *Grosseto-Follonica* (48,5 km) auf dem anspruchsvollen Programm. Mit Recht konnte man also einen Umsturz in der Gesamtwertung erwarten.

Beim ersten Hahnenschrei holten die Betreuer ihre Schützlinge aus den Federn, denn bereits um 5.30 Uhr war die Einschreibkontrolle angesetzt (vor jedem Start müssen sich die Rennfahrer persönlich in die Startliste eintragen). Das bedeutete bei Sonnenaufgang Morgentoilette, Massage, Frühstück (Teigwaren, Steaks, Obst, Käse und andere, für Normalbürger - zumindest um diese Tageszeit - unbegreifliche Nahrungszufuhr), Anfahrt zum Start, Interviews, letzte Vorbereitungen. Kurzum eine ziemliche Hektik.

Um 6.30 Uhr erfolgte der Startschuß. Einen Vorteil hatte diese Etappe: die höchste Erhebung betrug nur 55 Meter.

Die Großen weilten in Gedanken bereits beim Rennen gegen die Uhr und ließen sich von gelegentlichen Ausreißern nicht aus der Ruhe bringen. Auch nicht De Santi, dessen Rosa Trikot ja ständig in Gefahr schwebte. Er zumindest hätte etwas aufmerksamer sein müssen.

Schließlich kam es wie es kommen mußte: eine Gruppe machte sich selbständig und erreichte das Ziel mit 7:11 Minuten Vorsprung. Bartalis treuer Helfer Corrieri gewann den Spurt vor Martini und Brasola und schlüpfte ins Trikot des Spitzenreiters!

Im Trubel der Vorbereitungen für das Zeitfahren ging der Wechsel des Rosa Trikots fast unbemerkt vonstatten. Die große Masse interessierte sich nur noch für das unmittelbare Kräftemessen Coppi-Koblet, das nun bevorstand. Der Ausgang war sensationell.

Coppi ging nicht in bester Verfassung in das Rennen. Außerdem hatte der *Campionissimo* den Nachteil, daß er unmittelbar vor Koblet starten mußte und so während der ganzen Fahrt ein prächtiges „Ziel" für den Schweizer abgab. Der konnte unterwegs Informationen sammeln, seine Taktik ganz auf den großen Rivalen abstellen und seine Kräfte entsprechend einteilen.

Fausto dagegen war sichtlich nervös. Sein Rhythmus überzeugte nicht, sein Pedaltritt hatte nicht die Leichtigkeit, die Gelöstheit von sonst, seine Schultern wirkten stark verkrampft. Oft sah er sich um. Das war nicht der Coppi von 1952.

Immer kleiner wurde der Abstand zwischen den beiden Assen. Koblet hatte nach der Hälfte des Rennens bereits eine Minute von Coppis Zwei-Minuten-Vorgabe aufgeholt und den Rivalen im Visier. Wie ein gehetztes Wild, dem der Jäger auf den Fersen ist, sah er Fausto vor sich herfahren. Coppis Niederlage stand fest, doch sie drohte zu einer Demütigung zu werden, falls Koblet den *Campionissimo* einholen und überrollen würde.

Coppi kämpfte verzweifelt. Vom Stachel des Stolzes angespornt, holte er alles aus sich heraus und hielt den Abstand einigermaßen in Grenzen. Man konnte sich allerdings nicht des Eindrucks erwehren, daß Koblet selbst ein wenig dazu beitrug. Erinnerte sich der Schweizer an die 4. Etappe?

Auch so triumphierte Koblet eindeutig. Nach 1:12:01 std (40,407 km/std) ließ er den zweitplazierten Fornara um 46 Sekunden hinter sich. Coppi verbuchte als Dritter einen Rückstand von 1:21 Minuten.

Im Gesamtklassement gab es den erwarteten Erdrutsch. Corrieri zog sein verschwitztes Rosa Trikot aus und gab es Koblet! De Santi rückte wieder auf Platz zwei vor (26 Sekunden zurück), gefolgt von Fornara (36) und Fausto Coppi (1:21 min). Astrua war bereits am Vormittag wegen einer Knieverletzung ausgeschieden, Bevilacqua war gar nicht erst am Start erschienen. Zwei prominente Giro-Namen mußten gestrichen werden.

Tags darauf stand nach den Strapazen des Vortags eine der leichtesten Etappen auf dem Programm, denn die 8. Etappe *Follonica-Pisa* (114 km) war relativ kurz und vor allem flach. Sie verlief auch ziemlich ereignislos und hätte mit Sicherheit zu einem Massenspurt geführt, wenn es nicht kurz vor Pisa zu einem Massensturz gekommen wäre. Ein Knäuel von Rädern und Fahrern lag auf der Straße. Von den nicht zu Fall Gekommenen machte sich sofort 25 Ausreißer aus dem Staub. Diese Gruppe schmolz allerdings beträchtlich zusammen; zuletzt waren es nur noch fünf Fahrer. Aber zu diesen gehörte Rik Van Steenbergen und damit stand der Sieger fest. Nach 2:59:51 std bescherte er dem Schweizer Schär, den Italienern Pezzi und Gestri sowie dem Niederländer Suykerbuyck im Spurt die vorhersehbare Niederlage. *Rik* hatte sich bisher nicht mit Ruhm bekleckert, aber „Insider" wußten zu berichten, daß der Belgier an einem bösen Furunkel laborierte, das ihn dazu bewegte, die meiste Zeit aus dem Sattel zu gehen...

Das Feld mit allen Favoriten traf nach rund eineinhalb Minuten Rückstand in Pisa ein. Damit blieb in der Gesamtwertung alles beim alten: Koblet in „Rosa", Coppi auf Platz vier.

Der Start zur 9. Etappe *Pisa-Modena* (189 km) erfolgte in der *Arena Garibaldi* (welche italienische Stadt, welches Dorf hat keinen Platz, keine Straße oder Gasse, die an diesen Volkshelden erinnert?) und führte über Lucca in die berühmte Essigmetropole Modena. Hauptschwierigkeit war der Abetone-Paß (1388 m) nach etwa der Hälfte des Rennens.

Dort machte sich Magni, um den es bisher sehr ruhig war, auf die Socken. Fiorenzo, dessen Stärke ja in den Abfahrten lag, wollte die „Startrampe" Richtung Modena als Erster erreichen. Er konnte nicht verhindern, daß sich einige Kollegen diesem Unternehmen anschlossen und daß ihm Padovan die Bergpunkte auf dem Abetone wegschnappte. Aber dann ließ es Magni rauschen. In der Abfahrt konnte ihm keiner folgen.

Allerdings war da nochmals ein Hindernis im Wege, der 13 Kilometer lange Anstieg nach Barigazzo (von 781 m auf 1217 m). Die Spitzengruppe hatte sich auf etwa zwanzig Fahrer ausgeweitet und Magni gab an seine *gregari* die Order aus: „Kampf auf Biegen und Brechen".

Die Zermürbungstaktik hatte Erfolg und nur noch sieben Fahrer sausten die 70 Kilometer bergab nach Modena. Eine interessante Gruppe: Magni, Giudici, Pedroni und Rossello (alle GANNA!), der spurtschnelle Giorgio Albani (LEGNANO), Padovan (ATALA) und Coletto (FREJUS). Coppis Truppe hatte die Attacke glatt verschlafen.

Auf der Piste des Autodroms von Modena zeigte der „Löwe von Flandern" seinen Gegnern die Zähne: Magni fertigte seine Mitstreiter im Spurt glatt ab. Giudici und Pedroni komplettierten den Erfolg für GANNA mit Rang zwei und drei.

Der Rückstand von Koblet und Coppi (31. Platz) hielt sich in Grenzen und ihre Plazierung im Gesamtklassement blieb wie bisher.

Die 10. Etappe brachte die mit Spannung erwartete zweite Zeitfahr-Etappe, die allerdings als Mannschaftszeitfahren ausgetragen wurde. Im Autodrom von Modena mußten die Teams 30,030 km zurücklegen, die Zeit des drittbesten Fahrers wurde gewertet.

Solche Rennen sind normalerweise ein großer Publikumserfolg. Vom sportlichen Standpunkt aus betrachtet ist allerdings anzumerken, daß bei einer Rundfahrt, die auf der Einzelwertung basiert, solche Zeitfahren mit Mannschaftswertung doch nicht das Wahre sind.

Als letzte Mannschaft startete BIANCHI. Unter stürmischer Anteilnahme der 50 000 Zuschauer drehte Coppi mit seinem Team Runde um Runden. Der weiß-blaue „Schnellzug" verlor dabei frühzeitig zwei seiner Leute, denn in einer Kurve ließ Crippa abreißen. An seinem Hinterrad befand sich der gute Carrea, der durch den Schwenker ebenfalls ins Hintertreffen geriet. Zum Glück verfügte Coppi aber mit dem italienischen Verfolgungsmeister Donato Piazza über einen idealen Schrittmacher. Piazza schuftete wie besessen und verrichtete im Anfangsstadium des Rennens den Hauptanteil der Führung. Dann übernahm Coppi selbst das Kommando und drückte mächtig auf das Tempo.

Das war auch nötig, denn mit einem „Wimpernschlag" Vorsprung - eine Sekunde! - rettete sich das BIANCHI-Team mit Coppi, Milano, Gaggero und Gismondi nach 37:45 Minuten (47,730 km/std) ins Ziel. Auf dem zweiten Platz folgte GANNA mit Magni an der Spitze. Im Gesamtklassement behauptete Koblet weiterhin den ersten Platz, doch Coppi rückte auf den zweiten Platz vor (Rückstand 55 Sekunden).

Ein schwerer Unfall überschattete die 11. Etappe *Modena-Genova* (278 km). Giuseppe Minardi, einer der hoffnungsvollen Nachwuchsfahrer und Sieger der 6. Etappe, stürzte kurz vor dem Ziel und mußte mit einem Beckenbruch in das Krankenhaus gebracht werden. Minardis Unfall war um so tragischer, als der Junge den Etappensieg so gut wie sicher in der Tasche hatte. Er war der Animator des Tagesabschnitts gewesen. Er hatte den Anstoß zur Attacke einer Vierergruppe mit Rossello, Bartalini und dem Spanier Trobat gegeben. Er hatte auf dem Passo di Bracco (613 m), etwa 45 km vor dem Ziel, zusammen mit Trobat die Nase vorne und nahm nun die Abfahrt hinunter zur Riviera in Angriff. Kurz zuvor war aus dem gewitterschwülen Himmel ein Wolkenbruch niedergegangen und der Regen hatte den Asphalt schlüpfrig gemacht. In einer Kurve bei Recco krachte Minardi zu Boden; mit ihm Trobat.

Nun war der Weg frei für eine achtköpfige Spitzengruppe, die auf das *Stadio della Shell* zurollte. Im Spurt versuchte Géminiani den ersten französischen Etappensieg zu erringen, doch Giorgio Albani fuhr an ihm vorbei und gewann nach 8:33:23 std vor dem Franzosen und Defilippis. Das Feld traf angeführt von Bartali 1:43 Minuten später ein. Coppi belegte dabei den 14. Rang. Auf den Spitzenplätzen änderte sich im Gesamtergebnis nichts.

Auf der 12. Etappe *Genova-Bordighera* (256 km) schienen die Fahrer einen Pakt geschlossen zu haben, sich die Pfingstruhe nicht nehmen zu lassen. Obendrein herrschte an diesem Sonntag tropische Hitze. So wundert es nicht, daß sich eine Touristikfahrt entwickelte und das Feld mit einem Stundenmittel von weniger als 30 Kilometer durch die Gegend bummelte. Zuerst geschlossen auf den Turchino Paß (diesmal die 532 Höhenmeter entgegen der Streckenführung beim Frühjahresklassiker Mailand - San Remo), dann geschlossen über Acqui, Dego, zum Colle di Cadibona (436 m). Geschlossen ging es auch hinunter zur Riviera und ebenso einträchtig ins Ziel nach Bordighera. Das einzig Aufregende an diesem Tag war der Massenspurt, wobei Rik Van Steenbergen alle Veranlassung hatte, sich über die Praktiken einiger Konkurrenten zu beschweren. Die kamen dem blonden Belgier so in die Quere, daß Oreste Conte vor ihm über die Ziellinie huschte. Im Gesamtergebnis gab es keine Veränderung.

Auch nicht nach der 13. Etappe *Bordighera-Torino* (242 km), die Giudici vor dem Schweizer Fritz Schär gewann. Hier rissen Pontet, Schär und der Coppi-Domestik Gismondi in der Steigung zum Colle San Bartolomeo (620 m) aus, überquerten - da sich im Feld niemand für die Verfolgung zuständig fühlte - den Colle di Nava (934 m) gemeinsam und hatten zeitweise einen solchen Vorsprung, daß Schär praktisch im Rosa Trikot fuhr. Aber nur auf dem Papier. Denn schließlich kam doch noch eine Jagd in Gang, und kurz vor dem Schlußspurt auf dem Motodrom wurden die Ausreißer gefaßt. Das Feld mit allen Favoriten hatte mehr als fünf Minuten Rückstand. Koblet führte weiterhin mit 55 Sekunden Vorsprung vor Coppi. Die Heimreise konnte Clerici antreten. Der Schweizer, im Dienst der italienischen Mannschaft WELTER, wurde von seinem Teamchef aus dem Rennen genommen. Er hatte seinen Landsmann Koblet unterstützt und vom „Rütli-Schwur" umnebelt vollkommen übersehen, daß der ja in einer anderen Mannschaft fuhr. (Merken sie sich die Stelle. 1954 werden sich die Folgen zeigen).

Als Nino Asirelli 12 Kilometer nach dem Start zur 14. Etappe *Torino - San Pellegrino* (232 km) alleine loszog, zuckte man die Schultern. Was soll's. Der gute Nino wird schon sehen, wie das Unternehmen enden wird. Noch dazu bei dieser „Affenhitze", die wieder über der Landschaft lag. Die jedoch schien den 28-jährigen Asirelli vom ARBOS-Team eher zu beflügeln. Er rollte unermüdlich dahin. Nach 40 Kilometern hatte er drei Minuten Vorsprung, nach 50 Kilometern vier Minuten, nach 60 Kilometern lag er sechs Minuten vor dem *peloton,* dem Hauptfeld. Die Sache wurde interessant. Nach 74 Kilometern, in Vercelli, stoppte man für den Mann aus Forli, der gerade einmal ein Jahr Profi war, mehr als zehn Minuten Vorsprung!

Im Feld zeigte man sich keineswegs beunruhigt. Der Bursche würde schon schlapp machen. Aber ein „Zahn“ mehr könnte nicht schaden. Man schlug eine flottere Gangart ein und die Erwartungen schienen sich zu bewahrheiten. Asirelli geriet in eine Krise. Aus den zehn Minuten wurden neun, acht, sieben. In der Gegend von Bergamo (210 km) schien sich das Schicksal des Ausreißers zu vollenden. Aber Nino bekam plötzlich den zweiten Atem, witterte Stall-Luft und kämpfte, wie er wohl nie zuvor gekämpft hatte. Die Zuschauer am Rande der Straße, die von seinem Husarenstück wußten, feuerten ihn an und Asirelli rettete sich nach 6:10:45 Stunden, nach einer Solofahrt über 220 Kilometer mit einem Durchschnitt von 37,546 km/std, ins Ziel. Ein echter „Gigant der Landstraße“! Nach 1:41 Minuten traf als erster Verfolger Barozzi ein, rund zwei Minuten später das Feld mit allen Assen, deren Spurt Magni gewann. Im Gesamtergebnis gab es keine Verschiebung von Belang.

Eine kurze Anmerkung zu dem im Radsport durchaus üblichen Begriff „Giganten der Landstraße“: 1928 erschien in Deutschland bei der Büchergilde Gutenberg die Übersetzung des französischen Rennfahrerromans *„Le tour de souffrance“*. Das Werk von André Reuze wurde unter dem deutschen Titel „Giganten der Landstraße“ schnell zum Bestseller in der Radsportliteratur. Noch heute hat die nur schwer zu beschaffende Originalausgabe des Buches nichts von ihrer Faszination verloren. Erinnern wir uns also getrost von Zeit zu Zeit an die Giganten der Landstraße.

Zurück zum Giro ´53. In San Pellegrino konnten sich die Teilnehmer zum letzten Mal ausruhen - ein Ruhetag war eingeplant - bevor der entscheidende dritte Abschnitt der Rundfahrt begann.

Bereits am nächsten Tag brachte die 15. Etappe *San Pellegrino - Riva del Garda* (279 km) einen Vorgeschmack auf das, was in den Dolomiten auf die Fahrer wartete. Da jedoch der Passo Tonale (1883 m) und der Anstieg über den Carlo Magno (1681 m) nach Madonna di Campiglio 120 bzw. 70 Kilometer vor dem Ziel lagen, kam es zu keinem entscheidenden Angriff.

Schwere Zeiten mußte der Schweizer Walter Diggelmann auf diesem Tagesabschnitt durchstehen. Der Senior im Team der Eidgenossen krachte bei Lovere (65 km) schwer zu Boden. Die Sache sah böse aus, denn Diggelmann war kurz bewußtlos. Zum Glück war Giroarzt Dr. Frattini schnell zur Stelle und betreute den Schweizer so wirksam, daß er nach knapp drei Minuten wieder im Sattel saß und mutterseelenallein die Weiterfahrt aufnahm (noch rund 200 km vor Augen!). Doch nun zeigte Diggelmann was in ihm steckte. Nach einer 26 Kilometer langen Aufholjagd, bei der ihm später der durch Reifenschaden zurückgefallene Franzose Buchonnet Gesellschaft leistete, kämpfte sich der 38-jährige Schweizer wieder an das Hauptfeld heran!

Dort hatte inzwischen die Kletterpartie auf den Tonale begonnen. Die „Kraxler“ blieben beisammen und veranstalteten einen veritablen Bergsprint, den der ewig junge Bartali knapp vor Louison Bobet (ihn gab es ja auch noch), Ockers und Fornara gewann. Fünf Sekunden zurück folgten Koblet und

Coppi. Im weiteren Verlauf bildete sich eine 26köpfige Spitzengruppe, die gemeinsam in Riva eintraf. Magni erspurtete sich hier nach 8:34:50 std seinen zweiten Etappensieg bei diesem Giro. Auf den Plätzen folgten Albani, Bartali, Benedetti, Ockers, Schär, Coppi und Koblet. Im Gesamtergebnis hatte sich wieder nichts verändert.

Bruno Monti, der Kapitän von ARBOS, hatte am Ziel der 14. Etappe seinem *gregario* Asirelli zum Sieg gratuliert und dachte wohl, was der kann, kann ich auch. Denn auf der 16. Etappe *Riva del Garda - Vicenza* (166 km) gab er den Ton an. Zumindest den Schlußton. Zuvor mußte Coppi eine heikle Situation überstehen. Nach der letzten Verpflegungskontrolle lagen Koblet, Magni und einige andere Fahrer plötzlich alleine an der Spitze. Coppi, Fornara, Bartali und De Santi hatten sich hier verzettelt und im Nu lagen einige hundert Meter zwischen dem Vortrupp und den Überraschten. Die verstauten eilends ihre Verpflegung und dann nichts wie hinterher! Coppi schuftete wie ein Berserker. Er wußte, diese gefährliche Situation mußte gemeistert werden, sonst waren die Folgen nicht abzusehen. Der *Campionissimo* fand noch einige Helfer, die ebenfalls lebhaft an einer Verfolgung interessiert waren und sich mächtig ins Zeug legten. Fausto rollte phantastisch; eine weitere Temposchärfung, ein letzter kraftvoller Antritt, dann war die Jagd vorüber, der Angriff abgeschlagen.

Wer nun glaubte, es würde Ruhe einkehren, sah sich getäuscht. Weitere Scharmützel folgten, aber erst 18 Kilometer vor dem Ziel gelang sieben Fahrern der Absprung; unter ihnen Van Steenbergen. Wieder einmal schien die Sache für *Rik* gelaufen zu sein, ein weiterer Etappensieg lag in Reichweite. Aber die letzten 400 Meter brachten eine beachtliche Steigung, und die war gar nicht nach dem Geschmack des Belgiers. Er bekam „schwere Beine“ und mußte zulassen, daß Monti vorstieß und nach 4:34:16 std die Etappe sicher vor Barozzi und Coletto gewann. Erster Gratulant war diesmal Asirelli. Im Gesamtergebnis gab es keine Veränderung.

Kaum jemand erwartete von der 17. Etappe *Vicenza-Auronzo* (186 km) besondere Ereignisse. Was sollte auch am Vortag der großen Dolomitenschlacht aufregendes geschehen. So dachten die meisten. Doch Koblet dachte anders. Der Schweizer machte bereits am Anfang der Etappe bei einem Ausreißversuch von De Santi mit, wurde aber später mit einigen anderen Fahrern in einen Sturz verwickelt. Weit davon entfernt, nun die Flinte ins Korn zu werfen und auf Nummer sicher zu gehen, griff er sofort wieder an. Im langen Anstieg nach Pieve di Cadore (848 m) sah man ihn noch gemeinsam mit Coppi. Aber dann, Regen hatte eingesetzt, fegte er auf glatten Asphaltkurven zusammen mit den anderen Hasardeuren Géminiani, Benedetti und Monti seinen Begleitern davon und rollte unwiderstehlich dem Etappenziel entgegen. Dort machte ihm jedoch auf der *Piazza Santa Giustina* ein Fahrer einen Strich durch die Rechnung. Monti hatte am Siegen solchen Spaß gefunden, daß er sich sagte: „Doppelt genäht hält besser!“ Nach

5:21:15 std schob er sein Vorderrad vor Benedetti, Koblet und Géminiani über den Zielstrich.

Monti hatte zwei Etappen hintereinander gewonnen, Koblet konnte seinen Vorsprung vor Coppi auf 1:59 Minuten vergrößern. Das war die Bilanz eines Girotages, von dem man nichts besonderes erwartet hatte.

Mit größter Spannung erwartete man dagegen die Auseinandersetzung zwischen Fausto Coppi und Hugo Koblet bei der 18. Etappe *Auronzo-Bolzano* (164 km). Würden die vier Pässe - Col S.Angelo (1756 m), Passo di Falzárego (2105 m), Passo Pordoi (2239 m) und Passo di Sella (2240 m) - die Entscheidung des Giro bringen? Würde Hugo dem zu erwartenden Ansturm Faustos widerstehen? Das war die Frage, die alle bewegte, die per Auto oder Motorrad auf die Paßhöhen gekommen waren. In der Nacht war ein Schneesturm, vermischt mit Regen, über die Dolomiten hinweggebraust. Stellenweise mußten Schneepflüge eingesetzt werden, um die Straßen zu säubern. Als der Kampf der Giganten begann, war jedoch bis auf die bittere Kälte und ein leichtes Schneetreiben alles klar.

Das große Duell ließ nicht lange auf sich warten. Zwar erreichte der alte Bergfuchs Volpi als Erster den Scheitelpunkt am Misurinasee und schob sich auch vor allen anderen über die Paßhöhe am Falzárego, doch dann stürzte sich Koblet mit einem Wahnsinnstempo in die Abfahrt, in die regennassen Kurven, und zog davon. Coppi fiel zurück, die anderen verloren ebenfalls den Anschluß; Volpi wurde überholt. Am Ende der Abfahrt, in Andraz (74,5 km), hatte Koblet 45 Sekunden Vorsprung, in Arabba (86 km) waren es bereits 2 Minuten. War dies die Entscheidung?

Keineswegs. Coppi gab sich nicht geschlagen. In seinem unnachahmlichen Stil kletterte er die Kehren des Pordoi hoch und hatte auf der Paßhöhe nur noch 1:20 Minuten Rückstand auf den Schweizer. Wieder ging es bergab, aber diesmal verlor er keinen Boden gegenüber Koblet. Und dann setzte Fausto im Anstieg zum letzten Berghindernis, dem Sella (genau an der Stelle, wo heute eine Marmortafel an den *Campionissimo* erinnert) zu einer unwiderstehlichen Attacke an. Etwa drei Kilometer unterhalb des Scheitels überholte er Koblet, der mehr mit dem Hunger als mit dem Berg kämpfte, und passiert das Joch mit einer Minute Vorsprung vor dem Schweizer.

Auf der Abfahrt war Koblet wieder ganz der alte. *Le pédaleur de charme* setzte alles auf eine Karte und fegte wie der Rächer der Enterbten durch die Sella-Kehren hinab nach Ortisei. Coppis Vorsprung verringerte sich zusehends und in Ponte Gardena (140 km) hatte Koblet seinen Gegner bereits im Visier. Ein 5-km-Verfolgungsrennen im klassischen Stil begann, dann kapitulierte Coppi und ließ sich einholen.

Gemeinsam trafen die beiden großen Rivalen im Stadion von Bozen ein. Zwei Bahnrunden waren noch zu absolvieren, aber Koblet schien am Ausgang des Spurts wenig Interesse zu haben. Coppi konnte daher nach 5:19:29 std mit mehreren Radlängen Vorsprung einen klaren Sieg herausfahren.

Angeblich hatte Coppi kurz vor Bozen zu Koblet gesagt: < *Tu vinci il giro, io la tappa.* > (Du gewinnst den Giro, ich die Etappe). Vielleicht ein Grund für Koblet, daß er die Beine hängen ließ. Aber es waren ja noch zwei Etappen zu fahren. Soll ihm Fausto den Girosieg auf einem silbernen Tablett servieren? Kann der „schöne Hugo“ den Giro in Hausschuhen zu Ende fahren? Wie leichtgläubig war der Schweizer eigentlich? Er sollte sich noch wundern...

Als Dritter traf Fornara in Bozen ein (3:56 min zur.), gefolgt von Zampini und Bartali (7:23 min). Doch das entscheidende dieser Etappe war daß Koblet seinen Spitzenplatz vor Coppi behaupten konnte!

Beim obligatorischen Rundfunkinterview sprach Coppi mit müder Stimme ins Mikrophon: „Koblet fährt unerhört stark. Er hat mich heute überrascht, denn eine solche Stärke hätte ich nicht in ihm vermutet. Hugo ist ein großer Champion, und es ist keine Schande für mich, hinter einem solchen Könner den zweiten Platz zu besetzen.“ Der Sprecher versuchte ihn aufzumuntern: „Aber morgen, Fausto, morgen wartet doch noch das Stilfser Joch.“ Coppis Antwort kam leise und schleppend: „Gewiß, doch ich glaube es ist zu spät.“

Über der 19. Etappe *Bolzano-Bormio* (125 km) lastete wie ein Alpdruck das Stilfser Joch! Die wenigsten Fahrer kannten das „Dach der Rundfahrt“ aus eigener Erfahrung. Ihnen konnte mit einigen Angaben geholfen werden: 25,5 km lang ist der eigentliche Anstieg von Prad (907 m) zur Paßhöhe (2758 m), 48 Kehren sind hochzuklettern, wobei ein Höhenunterschied von 1851 Meter zu bewältigen ist. Die Steigung beträgt 10 bis 12 %, ein kurzer Abschnitt sogar 15 %.

Der Passo dello Stelvio brachte auch den Veranstaltern Probleme. Noch nie zuvor hatte die Rundfahrtkolonne auf italienischem Boden eine solche Höhe erreicht. Schneestürme hatten die Paßstraße in tiefen Winter gehüllt und Schneepflüge und Räumkommandos mußten einen schmalen, oft nur 3 Meter breiten Korridor schaffen. Alles klappte, die Bahn für den letzten Entscheidungskampf war frei!

Coppis Pessimismus war verflogen. Der blinde „Magier“ Cavanna hatte mit seinen Händen Faustos Muskeln wieder geschmeidig gemacht, und mit seinen Worten neue Hoffnung in Coppi geweckt. Eine geschlagene Stunde redete *Biagio* auf Fausto ein, erinnerte ihn an ähnlich ausweglose Situationen, die sich dann doch noch zum Guten gewendet hatten. Er sprach seinem Schützling Mut zu und wußte, als er ihn verließ, Coppi würde am Stelvio kämpfen! Diese Meinung hatte auch Commendatore Zambrini, Direktor von BIANCHI, der ebenfalls mit Coppi eine Unterredung hatte. Er war immerhin Coppis Geldgeber...

Pinella De Grandi, Coppis Mechaniker, hatte sich die Nacht um die Ohren geschlagen und in der Garage des Hotels, das die BIANCHI-Mannschaft belegt hatte, die Räder seiner *squadra* präpariert. Besonders das von Fausto. Eine lange Diskussion mit dem *Campionissimo* führte zu folgendem Ergebnis: Laufräder mit 40 Speichen, 350 Gramm schwere Reifen, eine Übersetzung von 51-45 x 14-16-19-22-23.

Wenige Tage zuvor, am 29. Mai, gelang es dem neuseeländischen Bienenzüchter Edmund Hillary mit dem nepalesischen Sherpa Tensing Norgay als erster Mensch den 8840 Meter hohen Mount Everest zu besteigen. Die Triumphstimmung litt ein wenig unter dem Streit, wer als erster den Fuß auf den Gipfel gesetzt habe. Eine ähnliche Frage wurde am 1. Juni in Italien beim Duell Coppi-Koblet hinauf zum Stilfser Joch eindeutig geklärt.

Um 13 Uhr erfolgte in der *Corsa Italia* der Start. Zunächst waren alle noch bei guter Laune. Außer Koblet; der hatte offensichtlich wenig oder gar nicht geschlafen. Zu sehr spukte ihm die Etappe, der Streckenverlauf und die eventuellen Konsequenzen für ihn im Kopf herum.

Unter atemloser Spannung wurde die Etappe in Angriff genommen. Coppi, von der schlechten Kondition Koblets informiert, wartete nur auf die Gelegenheit, seinen *gregari* das Zeichen zum losschlagen zu geben. Bis Spondigna (75 km), am Fuß des Stilfser Jochs, ereignete sich nichts von Bedeutung. Er und seine Mannen von BIANCHI waren darauf bedacht, daß niemand sich einen Vorsprung sichert, von dem er in den Kehren des Passes hätte zehren können. Der *Campionissimo* wollte am Stilfser Joch ein Bergduell, klar und unverfälscht.

Die ersten 11 Kilometer des Anstiegs diktierte der brave Andrea Carrea. Dann löste Coppi seinen Domestiken ab und übernahm selbst die Spitze. Die große Attacke begann.

Die Folge war, daß sich die guten Kletterer am Hinterrad von Coppi formierten: Koblet, Fornara, Bartali, Defilippis und einige andere. Doch fast unmerklich begann sich der *Campionissimo* von seinen Gegnern zu lösen. Koblet gab sein Bestes, doch das reichte nicht. Er hatte die Tage zuvor seine Kräfte zu sehr strapaziert, nun steckte er in einer Krise. Coppi blickte sich um, sah es und legte sofort einen Zahn zu. Das „Aus" für Hugo?

Noch nicht. Noch konnte er mit Carrea, Fornara, Colettto, Ruiz und dem unverwüstlichen Bartali das Hinterrad von Coppi halten. Der fuhr zügig, immer im gleichen Rhythmus, bergauf. Nach 1200 Höhenmetern war die Baumgrenze erreicht, nach 1400 Meter begann der Schnee, der sich schnell links und rechts der Straße zu hohen Wällen auftürmte. Wie wird das erst in fast 3000 Meter Höhe ausschauen?

Defilippis wollte es genau wissen und riskierte einen Angriff. Coppi konterte sofort und übernahm seinerseits wieder die Führung. Begeisterte Menschenmassen säumten die schmale Fahrrinne, riefen lauthals: < *Coppi - Coppi!* > - < *Italia - Italia!* > - und stürzten vor lauter Begeisterung fast in den Abgrund...

Neun Kilometer vor der Paßhöhe griff Defilippis erneut an, aber wieder reagierte Coppi entschlossen. Mit dem Erfolg, daß seine Begleiter abbröckelten und zurückfielen - 10 Meter, 20 Meter, 50 Meter, 100 Meter. Über „Radio Tour" kam die Meldung: < *Coppi in testa, Koblet arranca, Bartali tiene bene.* > Auf deutsch: Coppi an der Spitze, Koblet hinkt hinterher, Bartali macht seine Sache gut.

Auf der Paßhöhe war alles klar. Coppi passierte sie als Erster. 2:17 Minuten später traf Fornara ein, an seinem Hinterrad der große alte Mann: Gino Bartali! Der Beifall für *Ginettaccio* war zumindest ebenso groß wie der für Coppi. Koblet kam nach 4:27 Minuten über den Paß. Doch diesmal war der „Sturzflug-Spezialist“ im Nachteil. Die Abfahrt nach Bormio war nur 22 Kilometer, und obwohl Coppi zwar kühn, aber beherrscht die Talfahrt absolvierte - er wollte nicht an einem lächerlichen Gesteinsbrocken, an einer vereisten Stelle oder einem Kieselsplitter scheitern - konnte der Schweizer das Blatt nicht mehr wenden.

Coppi zog als Triumphator am Ziel in der *Strada nazionale* in Bormio ein. Nun begannen die Uhrzeiger ihren dramatischen Lauf. Wer würde wann als nächster auftauchen? Als der Minutenzeiger seine zweite Umdrehung beendet hatte, brauste begeisterter Jubel auf: Coppi in maglia rosa! Sein Rückstand auf Koblet hatte 1:59 Minuten betragen, die waren um. Fast hätte man Fornara übersehen. Der tapfere *Pasqualino* rollte mit 2:16 Minuten Rückstand über die Linie. Kurz danach traf Bartali ein (2:48 min zur.) und der Jubel für den 39-jährigen Gino war unbeschreiblich.

Dann kam Koblet ins Ziel, Rückstand 3:28 Minuten. Tränen standen in seinen Augen.

Am selben Abend fand im Hotel der BIANCHI-Mannschaft ein großes Fest statt. Unter den Anwesenden war auch eine junge Frau mit einigen Freunden: Giulia Locatelli. Fausto war noch zu sehr mit seinen Gedanken beim Rennen, um die Leute in seiner Nähe wahrzunehmen, um ihren Scherzen und ihrem Gelächter folgen zu können. Erst zur fortgerückten Stunde bemerkte er Giulia, ihre elegante Erscheinung, ihre langen schwarzen Haare, die bis zu den Schultern reichten, ihre graublauen Augen. Fausto erinnerte sich, daß er die schöne Frau auf dem Stilfser Joch gesehen hatte, wie sie ihm enthusiastisch zugejubelt hatte, und er bat sie und ihre Begleiter an seinen Tisch. Der Champagner, den Biagio Cavanna vorsorglich schon auf dem Weg nach Bormio geordert hatte, wirkte, die Stimmung stieg. Es wurde viel gescherzt und gelacht und beim Auseinandergehen drückte Giulia dem überraschten Fausto einen Kuß auf die Wange: < *Arrivederci a Milano* >...

Mit 1:29 Minuten Vorsprung auf Koblet machte sich Fausto Coppi am nächsten Tag dorthin auf den Weg. Dick vermummt nahm er die 20. Etappe *Bormio-Milano* (220 km) in Angriff, denn um 11 Uhr, kurz vor dem Start zur Schlußetappe, hatte ein Schneesturm durch die Gegend getobt und alles in Weiß gehüllt. Der Schneefall ging später in Regen über und erst in der Po-Ebene besserte sich das Wetter.

„Der alte Brauch“ wurde auch diesmal nicht gebrochen. Es ging dabei um die beim Giro und der Tour respektierte Tradition, die Schlußetappe zur Triumphfahrt für den Gesamtsieger zu gestalten. Durch unübersehbare Menschenspaliere fuhr man Mailand entgegen. An der Spitze des Feldes rollte die BIANCHI-Mannschaft, um eventuellen Spielverderbern das Handwerk zu legen. Gemocht hätten schon viele, getraut hat sich keiner. So traf man geschlossen auf der Vigorelli-Bahn ein. Fiorenzo Magni kam hier nach 6:36:21 std zu seinem dritten Etappensieg und konnte anschließend den Gesamtsieger Coppi auf dessen Ehrenrunde bewundern.

Für Fausto Coppi bedeutete dieser fünfte Girosieg viel. Als 20-jähriger hatte er 1940 seine erste Italienrundfahrt gewonnen. Dann folgten bekanntlich die Siege 1947, 1949, und 1952. Nun kam 13 Jahre nach seinem ersten Triumph der fünfte Erfolg. Damit stellte er den Rekord von Alfredo Binda (1925, 1927, 1928, 1929 und 1933) ein.

Schlußklassement des ***36. Giro d'Italia:***

1. Fausto Coppi BIANCHI
   4035,5 km in 118:37:26 std (34,129 km/std)

2. Hugo Koblet	SCHWEIZ	1:29	min zur.
3. Pasquale Fornara	BOTTECCHIA	6:55	"
4. Gino Bartali	BARTALI	14:08	"
5. Angelo Conterno	FREJUS	20:51	"
6. Stan Ockers	BELGIEN	24:14	"
7. Giovanni Roma	BOTTECCHIA	24:35	"
8. Guido De Santi	BENOTTO	25:06	"
9. Fiorenzo Magni	GANNA	25:39	"
10. Vittorio Rossello	GANNA	26:21	"

Den *G.P. della Montagna* gewann Fornara vor Coppi und Bartali, die *Mannschaftswertung* ging an GANNA. Von 112 ursprünglich gestarteten Fahrern erreichten 72 das Ziel in Mailand.

Fausto Coppi ging auf die verdiente Ehrenrunde. Unter den zahlreichen Zuschauern war auch seine Ehefrau Bruna. Zu ihrer grenzenlosen Ver-blüffung überreichte Fausto sein Siegerbukett nicht ihr, sondern einer anderen - Giulia Locatelli.

Nun ist es an der Zeit, daß wir uns diese Dame näher betrachten. Die in Neapel geborene Giulia Occhini war um diese Zeit 30 Jahre alt und stammte aus gutbürgerlichem Haus. Im Frühjahr 1945 verbrachte die damals 22-jährige die letzten Kriegstage in der Nähe von Ancona bei einer Schwester ihrer Mutter. In den Reihen der Alliierten - Engländer, Kanadier, Amerikaner - kämpften auch Italiener. Unter ihnen der Militärarzt Dr. Enrico Locatelli, Chef einer Sanitätseinheit. Die beiden lernten sich kennen, verliebten sich Hals über Kopf, und bereits nach sechsundzwanzig Tagen fand, ziemlich unüberlegt, die Hochzeit statt. Nach Kriegsende zogen die beiden Jungvermählten für einige Monate nach Casale, dann nach Urgnano, etwa

40 km westlich von Mailand. Als etwas später die Stelle eines Amtsarztes in Varano Borghi, 20 km westlich von Varese, frei wurde, zog das Paar ein weiteres Mal um und wurde am Lago di Comabbio endgültig seßhaft. 1946 brachte Giulia ihr erstes Kind, ein Mädchen, zur Welt. Auf die kleine Loretta - *Lolli* - folgte 1951 ein Knabe, Maurizio. Das Glück der Familie schien vollkommen zu sein.

Dr. Locatelli, ein reifer, solider, auf seinem Gebiet kompetenter Arzt, hatte genügend Patienten, die ihm ein ausreichendes Einkommen sicherten. Privat galt sein Interesse neben der Familie dem Sport, im Besonderen dem Radsport und hier fast ausschließlich Fausto Coppi. Täglich studierte er die *Gazzetta dello Sport*: Coppis Starts, Coppis Plazierungen, Coppis Äußerungen in der Presse und im Rundfunk. Der Rest war ihm ziemlich egal.

Giulia wiederum hatte in dieser Richtung keinerlei Wissensdrang. Mehr aus Gefälligkeit begleitete sie im Sommer 1948 ihren Mann nach Varese. Dort fand am 8. August mit dem Straßenrennen ***Tre Valli Varesine*** ein Lauf zur Italienischen Straßenmeisterschaft statt, - und damit auch ein spektakuläres Duell Bartali-Coppi -, bei dem der gute Dottore Locatelli auf keinem Fall fehlen durfte. Er kam am Vortag rechtzeitig zur Einschreibkontrolle, zur Ausgabe der Rückennummern an die Fahrer. Die meisten kamen zu Fuß oder mit dem Rad. Plötzlich tauchte ein Auto auf, ein grauer *Aprilia,* der sofort von der wartenden Menge umlagert wurde. Nur mit Mühe konnte ihm ein junger Mann entsteigen: schlank, braun gebrannt, elegant gekleidet - Fausto Coppi.

Was ging in diesem Moment im Kopf von Giulia vor? Wir wissen es nicht, lernen aber die Folgen dieser ersten Begegnung noch kennen...

Bleiben wir noch kurz im Jahre 1948, beim Rennen in den drei Tälern von Varese: Mitte der ersten Runde stürzte Coppi und verlor fast fünf Minuten auf das davoneilende Feld. Fausto wollte aufgeben, aber Tragella, sein Sportleiter von BIANCHI, ließ das nicht zu. Mit markigen Zurufen peitschte er Coppi voran, trieb ihn zur höchster Anstrengung. Fausto gelang das schier Unmögliche. Er holte die vor ihm liegenden Fahrer ein und schaffte es, in der letzten Runde in eine Ausreißergruppe mit einzusteigen. Die zehn Fahrer näherten sich dem Ziel und Bartali eröffnete den Spurt. Giulia hörte den offiziellen Sprecher. Seine Stimme überschlug sich: „Bartali! Bartali!! Bartali!!!" Dann nach einer kurzen Pause: „Sieger Coppi!"

Nun wurde Giulia aktiv. Sie drang in Coppis Hotel bis zu seinem Zimmer vor und versuchte ein Foto mit Autogramm zu bekommen. Giovanni De Chiesa, Coppis Vertrauter, versuchte ihr den Wunsch auszureden: „Coppi ist verletzt. In diesem Moment liegt er im Bad. Dann wird er massiert. Ich darf niemand zu ihm lassen." Schließlich wurde er doch weich. Man vereinbarte eine halbe Stunde Wartezeit. Und wirklich erschien Coppi. Dr. Locatelli überließ seiner Frau den Vortritt.

„Könnte ich bitte ein Foto mit Unterschrift bekommen?"

Fausto blickte in zwei wunderschöne Augen.

„Für wen soll es sein?"

„Für Giulia."

Eine, wie sich später herausstellt, schicksalhafte Begegnung hatte stattgefunden. (Andere Autoren sprechen davon, die erste Begegnung Fausto Coppis mit Giulia Locatelli hätte 1950 stattgefunden. Der *Campionissimo* lag damals nach seinem Sturz bei der 9. Etappe *Vicenza-Bolzano* in Trient im *Ospedale Santa Chiara*, Zimmer 20. Dort hätte ihn Dr. Locatelli mit seiner Frau besucht. Die Sache klingt etwas unwahrscheinlich. Coppis Betreuer hätten kaum einen bis dato Unbekannten an sein Krankenlager vordringen lassen.)

Zurück in das Jahr 1953, zurück zum Radsport. Kurz nach dem Giro, kaum in die Schweiz zurückgekehrt, begann Koblet zu plaudern. Er hatte noch das < *Tu vinci il giro, io la tappa* > auf der Fahrt nach Bozen in den Ohren und fühlte sich von Coppi hintergangen. Im Zürcher *SPORT* wurden die „Machenschaften" der Italiener gegeißelt. Aus Angst, keine lukrativen Verträge zu erhalten, seien mit Ausnahme Bartalis alle *azzurri* für Coppi gefahren. Die absurden Behauptungen -Magni, Monti, Astrua, Fornara, Albani und vor allem De Santi waren ja wohl alles andere als Coppis Busenfreunde - gipfelten in dem Vorwurf: „Der Giro wollte gar keinen Sieger ermitteln, er wollte Coppi." Aber dieser Coppi war zumindest in Italien ein strahlender Sieger, auch wenn die Volksseele in der Schweiz kochte.

Der „schöne Hugo" konnte seinen Ärger anschließend bei der ***Tour de Suisse*** abreagieren. Zwar nicht an Coppi, denn der blieb dem Rennen fern. Aber an einem Teil der Radsportelite. Koblet beendete die 1762 km lange Rundfahrt nach 50:22:11 std als Sieger und verwies Fritz Schär (2.), Danilo/ITA (3.), Clerici/ITA (4.) und Fornara/ITA (5.) auf die Plätze. Ferdy Kübler war erst gar nicht am Start und ließ auch durchblicken, daß er nicht an der *Tour de France* teilnehmen werde.

In Italien zeigte sich Coppi am 8. Juni beim 3. Lauf zur Italienischen Straßenmeisterschaft ausgesprochen lustlos. Schon am Vorabend der Fahrt durch die Gegend zwischen dem Apenninkamm und der Adriaküste, dem ***Giro di Romagna***, erklärte Fausto, daß er die Rundfahrt lediglich als Training für die *Tour de France* betrachte. Der *Campionissimo* durfte so etwas ungestraft verbreiten. Jedem anderen hätten die Veranstalter, inklusive der italienisch Radsportverband, gehörig die Leviten gelesen. Denn wenn Fausto ein gemütliches Tempo einschlägt, besteht auch für Bartali kein Grund, sich ein Bein auszureißen.

Es kam zu einem Kampf der Kleinen, denn auch Fiorenzo Magni ließ sich von der tatsächlich praktizierten Lethargie der beiden anstecken und jeden Unternehmungsgeist vermissen. So versuchte zum einen das BIANCHI-Team Loretto Petrucci zu lancieren, zum andern wollte Giancarlo Astrua zeigen, was in ihm steckt. Er wußte, daß Italiens technischer Kommissar und Tour-Stratege, Alfredo Binda, auf der Suche nach starken Fahrern für das Team der *azzurri* ein besonderes Augenmerk auf ihn richten würde.

Astrua operierte geschickt. Er setzte sich vom Feld ab, und machte erfolgreich Jagd auf eine umfangreiche Ausreißergruppe. Dort angekommen, sorgte er mit einem entschlossenen Vorstoß für die Sprengung dieser Kopfgruppe, so daß er sich nach 287 Kilometern nur noch mit fünf Fahrern herumschlagen mußte. In Lugo machte er nach einer Fahrzeit von 7:23:00 std kurzen Prozeß und besiegte auf regennasser Straße im Spurt Benedetti, Barozzi und Zuliani. Coppi und seine Gesinnungsgenossen beendeten ihren Sonntagsausflug mit einem Rückstand von 11:15 Minuten. Das Publikum pfiff nicht einmal mehr. Man war ja dergleichen gewöhnt. In der Meisterschaft führte nun Magni punktgleich mit Petrucci (8 Pkt.) vor Grosso, Astrua und Benedetti (jeweils 5 Pkt.)

An dieser Stelle eine Anmerkung, die das manchmal unbegreifliche Verhalten Coppis bei Meisterschaftsläufen erklären soll. Die *Italienische Straßenmeisterschaft* wurde zur damaligen Zeit meist in mehreren Rennen nach einem Punktesystem ausgetragen. Der Start war obligatorisch, d. h. vom italienischen Radsportverband vorgeschrieben, die Fahrer für andere Veranstaltungen - oft besonders lukrative Rennen im Ausland - gesperrt. Coppi hatte dafür keinerlei Verständnis. Er wollte nach seinem Gutdünken Rennen fahren und als Profi gutes Geld verdienen. Sein Mißfallen tat er dann auch gelegentlich kund: er rührte keinen Finger. Besser gesagt: kein Bein.

Die *Tour de France* rückte immer näher und Coppi hatte zwei riesige Probleme. Das erste war eine reine Privatsache: Dr. Locatelli, wie bereits erwähnt, war ein großer Radsportfan, der viele Rennen besuchte und nun auch mehr und mehr seine Frau dafür begeistern konnte. Besonders für Fausto Coppi. Während sich das Interesse Locatellis auf die athletischen Eigenschaften des *Campionissimo* beschränkte, sah seine Frau in ihm den Helden, den Außergewöhnlichen, den Mann. Und Coppi war begeistert von der schönen, lebenslustigen und selbstsicheren Frau. Er verglich sie mit Bruna, die inzwischen nur noch ein Schatten von früher war: müde; leid, ihrem Mann die Rennfahrerei auszureden, die nach dem Tod ihres Schwagers Serse etwas unheilvolles darstellte; desinteressiert an den Erfolgen Faustos, und nun obendrein irritiert und verunsichert. Es war zu erwarten, daß Giulia als Siegerin aus diesem Konflikt hervorgehen würde, denn es bahnte sich eine konkrete Liebesbeziehung mit Giulia Locatelli an, die sich auf die Dauer schwer verheimlichen ließ.

Das zweite Problem war ein sportliches: Die Polemik zwischen Bartali und Coppi in Bezug auf einen gemeinsamen Start bei der Frankreichrundfahrt spitzte sich immer mehr zu. Fausto bestand einmal mehr darauf, nicht gemeinsam mit Gino in einer Mannschaft zu fahren. Er empfand den „Alten“ als Hemmschuh, als Bremse, wobei er sich gefallen lassen mußte, daß man ihn schlicht und einfach als Paranoiker bezeichnete. Eine gewisse Verwirrtheit mußte man Fausto, bei allem Verständnis für seine Lage, allerdings bescheinigen...

Hier die „Krankengeschichte“: Fausto traf sich am 15. Juni mit Gino, um die Sache zu besprechen. Resultat: keine Einigung. Am 16. Juni ein stundenlanges Telefonat zwischen Binda/Rodoni und Coppi/Cavanna. Ergebnis: negativ. Am 18. Juni kommt Binda nach Novi Ligure und spricht persönlich mit Coppi und Cavanna: kein Ergebnis. Am Abend findet in Pavia ein Bahnrennen statt. Coppi würdigt Bartali mit keinem Blick, Gino läßt ´den da´ links liegen. Zwei beleidigte Leberwürste. Nach dem Rennen erklärt Coppi Binda, daß er die Sache satt habe, er startet nicht bei der Tour! Nach diesem „Nein“ des *Campionissimo* eilt Binda zu Bartali, der im Hotel *Splendid* abgestiegen ist. Er verkündet ihm die Botschaft und fällt aus allen Wolken, als ihm nun Bartali erklärt, er gedenke nicht, ohne Coppi an der Tour teilzunehmen. < *Ammazzalo!* > Donnerwetter noch mal! Will man ihn, den Technischen Direktor, etwa verarschen? (ähnliche Gedanken gingen auch im Kopf von BIANCHI-Direktor Zambrini vor, als ihm Coppi seinen Entschluß mitteilte). Alfredo Binda setzte nun seine ganze Überredungskunst ein, sprach mit Engelszungen (was dem frommen Bartali scheinbar ins Ohr ging) und brachte Gino endlich so weit, daß wenigstens dieser einem Start zustimmte.

Tags darauf verkündete *Ginettaccio* lauthals, er wäre ja schließlich der amtierende Italienische Meister, und wenn schon einer daheim bleibt, dann auf keinen Fall er! Bartali wußte genau, das würde sein letzter Auftritt in Frankreich werden. Er war mittlerweile fast neununddreißig und in Gedanken mehr mit der Propaganda für sein neues Produkt *CHIANTI BARTALI* beschäftigt, als mit der Rennfahrerei.

Das hinderte ihn jedoch nicht, am 24. Juni den ***27. Giro della Toscana*** für sich zu entscheiden. Auf seiner Siegesfahrt nach Florenz grüßten ihn am Straßenrand unzählige Schilder, Plakate und Transparente mit der Bitte, mit der Forderung, an der Frankreichrundfahrt teilzunehmen: < *Vogliamo Bartali al Tour!* > Coppi sah die Parolen auch. Vielleicht waren sie ein Grund, daß sich sein Wohlbefinden verschlechterte. Im Anstieg von Popiglio (454 m) und über den Passo di Oppio (821 m) konnte er noch in Tuchfühlung zu Bartali bleiben. In der Nähe von San Baronto stieg Fausto plötzlich vom Rad. Offiziell wurde sein Ausscheiden mit Leibschmerzen begründet. Es hatte sich also doch auf den Magen geschlagen.

Nach Bartalis Triumph war nicht nur das Problem sondern auch Coppi vom Tisch. In Paris werden an den Start gehen: Giancarlo Astrua, Mario Baroni, Gino Bartali, Giovanni Corrieri, Umberto Drei, Adolfo Grosso, Livio Isotti, Fiorenzo Magni, Giuseppe Minardi und Vincenzo Rossello. Magni, immer im Schatten von Bartali und Coppi, erfuhr es aus der Zeitung.

Nun galt es, die Gegner zu orten. Louison Bobet und Géminiani trugen Frankreichs Hoffnungen; die Belgier Adriaensens und Impamis waren zu beachten; Luxemburg schickte seine stärksten Fahrer *Bim* Diederich, Charly Gaul und Jean Goldschmidt; die Niederlande vertrauten auf die alten Haudegen Wim Van Est und Wout Wagtmans sowie auf den jungen Jan Nolten.

Favorit war aber auf jeden Fall Hugo Koblet, der ja bei der ***Tour de Suisse*** wieder einmal Angst und Schrecken unter seinen Mitkonkurrenten verbreitet hatte. In seinem Gefolge Fritz Schär, ein prächtiger Kämpfer, aber auch ein Stammkunde in den Apotheken, was ihm den Beinamen „Pillen-Fritz“ einbrachte.

Die *Squadra azzurra* kannte also ihre Hauptgegner und ging am 3. Juli um 11.45 Uhr in Strasbourg hoffnungsfroh an den Start zur ***Tour de France***. Einer Jubiläumstour, denn die „Große Schleife“ feierte ihre 50. Auflage! In 22 Etappen waren 4479 Kilometer zu bewältigen; in Bordeaux und Monaco gab es jeweils einen Ruhetag. Das Profil der Alpen- und Pyrenäen-Etappen glich einer böse gezackten Säge: Col d´Aubisque (1704 m), Col du Tourmalet (2115 m), Col d´Aspin (1489 m), Col de Peyresourde (1563 m), Col de Vars (2111 m), Col d´Izoard (2360 m) und Col du Lautaret (2058 m). Ein ansehnlicher Klettergarten.

Am 13. Juli, während der 10. Etappe *Pau-Cauterets* (103 km), warf auf dem Aubisque ein fürchterlicher Sturz Koblet aus dem Rennen. Der Weg war frei für Louison Bobet.

Aus italienischer Sicht verlief die Rundfahrt so la la. Zu Buche standen drei Etappensiege: 7. Etappe *Le Mans - Nantes* (181 km, Livio Isotti); 9. Etappe *Bordeaux-Pau* (197 km, Fiorenzo Magni) und die 22. Etappe *Montluçon-Paris* (328 km, nochmals Magni). Zweite Plätze gab es bei der 17. Etappe *Monaco-Gap* (261 km, Bartali) und 22. Etappe (Baroni). Auf Platz drei kam Bartali bei der 2. Etappe *Metz-Liège* (227 km) und Astrua bei der 10. Etappe *Pau-Cauterets* (103 km).

Schlußklassement der ***40. Tour de France:***

1. Louison Bobet FRANCE
4479 km in 129:23:25 std (34,616 km/std)

2. Jean Mallejac	OUEST	14:18	min zur.
3. Giancarlo Astrua	ITALIEN	15:01	“
4. Alex Close	BELGIEN	17:35	“
5. Wout Wagtmans	HOLLAND	18:05	“
6. Fritz Schär	SCHWEIZ	18:44	“
7. Antonin Rolland	FRANCE	23:03	“
8. Nello Lauredi	FRANCE	26:03	“
9. Raphaél Géminiani	FRANCE	27:18	“
10. François Mahé	OUEST	28:26	“

Den *G.P. Montagne* gewann der Spanier Jesus Lorono vor L. Bobet und Joseph Mirando, die *Mannschaftswertung* ging an HOLLAND. Die zum ersten Mal ausgetragene *Punktwertung* um das *Classement par Points* gewann der Schweizer Fritz Schär.

Von 120 gestarteten Fahrern erreichten 76 das Ziel. Leider war Jean Robic nicht unter ihnen. Der schon immer leicht verrückte *farfadet breton* - der Irrwisch aus der Bretagne - hatte sich für Unterwegs etwas besonderes ausgedacht: Seine 57 kg Lebendgewicht waren ihm einfach zu wenig, um die Alpen- und Pyrenäenpässe (die er meist mit an der Spitze bewältigte) auch entsprechend hinunterzurasen. So kam er auf die Idee, vor der Abfahrt bis zu 10 kg Blei in seinem Trikot zu verstauen. So geschehen am Tourmalet! Ob das Gewicht der Grund für seinen schweren Sturz während der 13. Etappe *Albi-Béziers* in der Abfahrt vom Col du Fauredon war, bleibt dahingestellt. Robic handelte sich auf jeden Fall als 73. über 45 Minuten Rückstand ein und gab das Rennen auf.

Bartali belegte mit einem Rückstand von 32 Minuten den 11. Rang. Respekt! Trotzdem war er sauer, und zwar auf Coppi. Der hatte inzwischen bei den beliebten Veranstaltungen auf Straße und Bahn an den Zielorten teilgenommen. Viel Geld für wenig Arbeit. Man sprach davon, daß Coppis Gesamtvermögen zu diesem Zeitpunkt bereits über eine Milliarde Lire betrug (rund 7 Millionen Mark). Aber das war nicht der Grund für Ginos Ärger, denn Neid kannte er nicht. Etwas anderes steckte dahinter. Gehen wir der Sache auf den Grund.

Zumindest einige Tage war Coppi nicht am „Arbeitsplatz", das heißt, er ließ sich bei keinem Rennen in Frankreich sehen. So zum Beispiel am 15. Juli. Da ging er nämlich in Berlin an den Start. Fausto benutzte zur Anreise die Eisenbahn (seit dem Flugzeugabsturz im Jahre 1949, bei dem bekanntlich die Mannschaft von Torino ums Leben kam, mißtraute der *Campionissimo* vorerst jeder Reise durch die Luft). Aber an der Grenzstation Marienborn wurden ihm bei der Einreise in die Ostzone erhebliche Schwierigkeiten gemacht. Sein Reisepaß war angeblich nicht in Ordnung, und der Wortschatz des russischen Grenzoffiziers beschränkte sich auf ein unabänderliches *„njet"*. Mit Blaulicht wurde das fehlende Dokument in Karlshorst beschafft und in einer Rekordfahrt über die Autobahn zum Kontrollpunkt gebracht. Nach sechs Stunden Unterbrechung konnte Coppi seine Reise fortsetzen und nach 38-stündiger Fahrt erreichte er endlich mit einer Stunde Verspätung die Rennbahn in Berlin Neukölln. Er hatte bisher nur die Vorstellungsrunden seiner Gegner Patterson, Kübler, Ockers, Forlini und Heinz Müller versäumt. Dann begann es zu regnen. Bis die Bahn wieder etwas trocken war, hatte Coppi verständlicherweise jede Lust am Rennen verloren. Ziemlich nervös und aufgebracht fand er sich am Start ein und fuhr sein Pensum lustlos herunter: 1000 m Zeitfahren mit fliegendem Start in 1:14,3 Minuten (3. Platz); Ausscheidungsfahren (6. und damit letzter Platz); Punktefahren über 5000 Meter (4. Platz). Lediglich im Australischen Verfolgungsfahren über 5000 Meter ließ er sein Können aufblitzen und siegte in 6:43,8 Minuten vor dem Australier Sydney Patterson und Dominique Forlini aus Frankreich. Unterm Strich blieb ein vierter Rang im Gesamtergebnis.

Nach seiner Deutschlandreise kehrte Fausto wieder zurück zum Schauplatz der *Tour de France.* Die hatte inzwischen die Alpen erreicht und hier lag auch der Grund für Ginos Mißstimmung. In Frankreich hatte *L'Equipe* ein Foto gebracht, das die italienische Presse voll Begierde reproduzierte: Coppi, als Tourist, bewaffnet mit einer Rolleiflex-Kamera am Straßenrand, ein Lächeln im Gesicht. Im Grunde genommen nichts ungewöhnliches. Aber die Bildlegende war das Entscheidende: „Coppi lächelt mitleidig über einen abgeschlagenen Fahrer am Izoard.“ Und der war, unschwer zu erkennen, Bartali! Gino tobte. Was der „Alte“ nicht wissen konnte war folgendes: Das Foto war am Tag zuvor während der Etappe *Monaco-Gap* auf dem Col de la Sentinelle entstanden. Coppi - mit nacktem Oberkörper, in einer kurzen Hose und in Rennschuhen, flankiert von Milano und Carrea (sie waren alle drei mit dem Rad von Italien gekommen) - lächelte voll Bewunderung seinem Rivalen Bartali zu, der alleine an der Spitze lag! Am Tag darauf war er wieder in Freizeitkleidung (diesmal in Sandalen) auf dem Izoard, und die Reporter von *L'Equipe* fingen ihn erneut mit ihren Kameras ein. Aber Fausto fotografierte gerade die Startnummer 52 (und das war nun einmal der Niederländer Jan Nolten). Mutwillig oder aus Versehen hatte man die Bildunterschriften vertauscht bzw. einen unzutreffenden Text fabriziert.

Coppis Ausflug auf den Col de Izoard hatte aber noch andere Folgen. Er hatte ein Treffen mit Giulia arrangiert, die sich unter einem Vorwand einige Tage von Zuhause entfernen konnte. Beide hatten nun endgültig den Kopf verloren und benahmen sich wie zwei verliebte Jugendliche. Während sich Bartali und seine Mannschaftskameraden über die glühenden Landstraßen und (für Radfahrer) grausamen Alpenpässe quälten, betrachteten Fausto und Giulia als ganz normale Zuschauer das Tour-Spektakel. Argwöhnisch von der „Regenbogenpresse“ beobachtet, die süffisant berichten konnte, daß die beiden am 21. Juli 1953 in einem Hotel in Claviére zum ersten Mal eine Nacht zusammen verbracht hatten.

Coppi reagierte, wie dies seinem Charakter als schüchternem Menschen entsprach: ihm war das alles egal. Er war im siebten Himmel. Fausto konnte nicht glauben, daß sich eine Frau vom Format Giulias für ihn interessierte. Er war blind vor Liebe und glücklich wie nie zuvor in seinem Leben. Hand in Hand stand er an einer von Zuschauern weniger stark frequentierten Stelle am Col de Izoard und beobachtete seine Kollegen bei der Arbeit. Natürlich kam wieder ein Motorradfahrer vorbei, auf dem Rücksitz ein Fotograf, ein Blitzlicht flammte auf. Am nächsten Tag in einer französischen Zeitung das unübersehbare Produkt - ein Bild mit der Unterschrift: „Coppi und seine Signora in den Ferien. Als Touristen bei der Tour de France!“

Wie zu allen Zeiten gab es auch damals Leute, die nichts anderes zu tun hatten, als die Nase in Angelegenheiten ihrer Mitmenschen zu stecken und Nachrichten zu verbreiten. In diesem Fall an Dr. Locatelli und Coppis Frau Bruna. In beiden Familien herrschte daraufhin begreiflicherweise große Aufregung.

Die Liebschaft Coppis schreckte auch Papst Pius XII. auf. Der Heilige Vater, Eugenio Pacelli, ließ Coppi über den Präsidenten des *Centro Sportivo Italiano,* Bartolo Paschetta, seinen Unmut zukommen. Der Präsident drückte sich Coppi gegenüber sehr diplomatisch aus: „Lieber Fausto, gestern teilte mir der Heilige Vater seine Besorgnis über die Hinweise in der Presse mit."

Paschetta meinte damit bestimmt die Boulevardpresse. Denn die internationalen und nationalen Sportzeitschriften verhielten sich anders. Für sie zählte Leistung; sie hatte kein Interesse an privaten Auseinandersetzungen.

Italiens Elite traf sich nach der Tour de France zum ***Circuito di Varese***, einem Rundstreckenrennen über 119 Kilometer, das der Magni-Domestik Mario Baroni in 2:54:12 std vor Conterno und Coppi gewann.

Ähnlich wie das Rennen in Varese, stand ein Rundstreckenrennen über 270 km auf dem Grottarossa-Kurs in Rom ganz im Zeichen der kommenden Weltmeisterschaft in Lugano. Der Wettbewerb galt zwar nicht als eigentliches Qualifikationsrennen, aber sein Ergebnis sollte bei der Nominierung der *Squadra azzurra* stark ins Gewicht fallen. Entsprechend wurde von den Spitzenfahrern gehandelt. Sie versuchten, ihre Helfer gut zu plazieren, um sie mit in das Boot nach Lugano nehmen zu können.

Mit gewissen Einschränkungen ging die Rechnung auf. Nach 7:20:00 std siegte Giorgio Albani mit Reifenstärke vor Gismondi, Vincenzo Rossello, Defilippis, Baroni, Fornara, Astrua und Luciano Maggini. Fünf davon -Albani, Gismondi, Rossello, Defilippis und Fornara - wurden für das WM-Aufgebot nominiert; Baroni, Astrua und Maggini als Ersatzleute benannt. Ergänzt wurde das Aufgebot für die Weltmeisterschaft durch Fausto Coppi und Fiorenzo Magni, die mehr als sieben Minuten Rückstand hatten. (Coppi traf wegen eines Streiks in Frankreich erst kurz vor dem Start in Rom ein und hatte somit für seinen 26. Platz zumindest eine kleine Entschuldigung). Trotzdem eine eigenartige Entscheidung.

Alfredo Binda beschritt diesmal offensichtlich einen goldenen Mittelweg: Auf der einen Seite behielt er das Domestiken-Prinzip bei, Coppi **(BIANCHI)** hatte Gismondi und Petrucci zur Seite, Fiorenzo Magni **(GANNA)** den treuen Vincenzo Rossello, auf der anderen Seite gab er den unternehmungslustigen Einzelgängern Albani und Defilippis **(LEGNANO)** sowie Fornara **(BOTTECCHIA)** eine Chance.

Da die Anzahl der Plätze in jedem Team auf acht Fahrer beschränkt war, mußte notgedrungen auf einige verzichtet werden. Prominentestes Opfer: Gino Bartali. Binda erklärte klipp und klar, Bartali war bei der *Tour de France* an der Reihe, nun erhält Coppi eine Chance. Unterstrichen wurde Bindas Entscheidung durch die Erfahrung, daß Bartali auf Rundkursen keine glückliche Figur zu machen pflegte. Ihm lagen diese Rennen mit ihrer Tempobolzerei nicht. Aber es wäre vermutlich Ginos letzte Gelegenheit gewesen, das Regenbogentrikot zu erringen. Die war nun ein für allemal dahin.

Begeben wir uns in die Schweiz. Alles deutet darauf hin, daß der 30. August, der Tag der ***20. Straßenweltmeisterschaft*** in Lugano, ein Volksfest wird. Die Wahl, den italienisch sprechenden Teil des Landes, das radsportbegeisterte Tessin, zu küren, wird sich vor allem in finanzieller Hinsicht als Glücksgriff erweisen. Über 150 000 Zuschauer werden aus dem benachbarten Italien erwartet. In der ganzen Lombardei soll es keinen Autobus mehr geben, der zusätzlich für den Transport der Zuschauer über die Tag und Nacht geöffneten Grenzübergänge eingesetzt werden kann. An die *tifosi* ergeht die dringende Bitte, ihren Mundvorrat selbst mitzubringen, denn obwohl die Restaurationsbetriebe in der Nacht zum Sonntag geöffnet bleiben, wird die „Speisung der 300 000" Probleme ergeben.

Das Organisationskomitee in Lugano (70 Unterabteilungen mit rund 600 Funktionären) hatte Tag und Nacht gearbeitet und alles bis ins kleinste Detail vorbereitet: Um 10 Uhr wird das Startsignal gegeben. 18 Runden zu je 15,000 km (= 270 km) sind zu absolvieren. Auf einer Rundstrecke, die gegenüber dem Vorjahr in Luxemburg schon einige Schwierigkeiten mehr aufzuweisen hat: von 274,7 m Meereshöhe steigt der Kurs über die Rampe der *Crespera* (600 Meter mit 8 bis 10 %, 900 Meter mit 4,1 %) pro Runde zwischen den Kilometern 3 und 7,5 auf 390 Meter, was immerhin rund 103 Meter Höhendifferenz pro Runde ergibt. 1860 Gesamt-Höhenmeter! Das wird Konsequenzen haben...

Am Titelkampf wird alles teilnehmen, was Rang und Namen hat. Neben den genannten Italienern gehen die „gallischen Hähne", an ihrer Spitze Louison Bobet, ins Gefecht; Géminiani, Robic, Mahé und Mallejac sind weitere Anwärter auf den Sieg. Die Belgier vertrauen auf Schotte, Ockers, Derycke, Rik Van Steenbergen und ihre Gefolgsleute. Aus den Niederlanden kommen Van Est, Wagtmans und Nolten. Besonderes Interesse gilt dem neuen Schweizer Meister Fritz Schär (Koblet laboriert noch an seinen Sturzverletzungen bei der Tour und geht nicht an den Start) und Ferdy Kübler.

Apropos Ferdy: Der hatte Mitte August den Bieler ***Prix des As*** gewonnen. Zusammen mit Coppi, der Zweiter wurde, überrundete er das Feld. Nach dem Rennen lud Fausto den Schweizer zum Abendessen ein.

Beim Dessert kam Coppi zur Sache. Er hatte die Weltmeisterschaft auf der Straße noch nie gewonnen und schlug Ferdy einen „Nichtangriffspakt" vor. Kübler war nicht von gestern. Er hatte schon einmal gewonnen, und Weltmeister ist Weltmeister, ob man dies einmal wird oder öfters. Gewinnt Coppi, dann ist das gut für den Radsport, für den Markt. Das steigert das Interesse am Radsport. Müllers Sieg im Vorjahr war für die Radsportwerbung eine Katastrophe. Und vielleicht springt für den „Adler aus Adliswil" dabei auch noch etwas heraus. Ferdy und Fausto einigten sich beim Auseinandergehen darauf: „Wenn einer wegkommt, fährt der andere zumindest nicht gegen ihn."

Seit der Sport vom Selbst- zum Fremdzweck, vom reinen Spaß zum oft bitteren Ernst wurde, führte dieser Wandel mitten hinein in ein erfolgsorientiertes Handeln: ernstgemeinte Verhandlungen bzw. Absprachen sind seitdem - in fast allen Sportarten - gang und gäbe. So auch im Sommer des Jahres 1952...

Am Samstag, dem 29. August, hatte Italien den ersten Grund zum Jubeln. Nach 4:59:19 std hatte Riccardo Filippi die Amateurweltmeisterschaft über 12 Runden vor Nencini/ITA und Van Looy/BEL gewonnen. Filippi war Coppis Lieblingsschüler. Würde der Meister in seine Fußstapfen treten?

Das war die Frage, die sich nicht nur die angereisten *tifosi* stellten (über 1000 Reisebusse hatten den Gotthard überquert und am Sonntagmorgen um 7 Uhr hatte der Bischof von Lugano für die gottesfürchtigen unter ihnen eine Feldmesse zelebriert), sondern die auch die übrige Radsportwelt beschäftigte.

Um 10.00 Uhr wurde das Startzeichen gegeben, um 17.31 Uhr war alles klar. Italien hatte nach 21-jähriger Unterbrechung wieder einen Weltmeister bei den Berufs-Straßenfahrern und Coppi einen seiner größten, wenn nicht sogar den allergrößten Erfolg seiner sportlichen Karriere erzielt!

Lassen wir das Rennen Revue passieren. Coppi hatte sich äußerst sorgsam vorbereitet. Pinella De Grandi tat das seine dazu: Er hatte Laufräder mit 32 Speichen ausgewählt, 250 Gramm schwere Reifen aufgeklebt (Kostbarkeiten, die er lange genug abgelagert hatte, um die Lauffläche richtig aushärten zu lassen), und in Übereinstimmung mit Fausto Coppi eine Übersetzung von 50-47 x 14-15-17-19-21 montiert.

Am Start gab sich Coppi locker und humorvoll. Er verkündete den staunenden Journalisten, Biagio Cavanna hätte ihn eine Woche mit Strychnin vollgepumt (in der Tat ein um die Jahrhundertwende beliebtes, aber äußerst gefährliches Gift, welches das Zentralnervensystem erregt und Schwächezustände und Kreislaufstörungen behebt) und ihm vor dem Start noch eine gehörige Dosis Koffein verpaßt (ein ebenso beliebtes Dopingmittel aus der „Steinzeit" des Sports, das zwar anregend auf Herz und Gehirn wirkt, aber auch leicht zur Vergiftung mit schweren Lähmungserscheinungen führen kann).

Jedermann wußte, der Italiener würde das nie tun. Aber die Fahrweise des *Campionissimo* war in den folgenden Stunden so, daß man es fast glauben konnte...

70 Fahrer nehmen das Rennen auf. Die italienische Mannschaft besteht aus Astrua (er kam an Stelle Albanis in die Mannschaft), Fausto Coppi, Defilippis, Fornara, Gismondi, Magni, Petrucci und Rossello. In der *2. Runde* versuchen zwei Fahrer ihr Heil in der Flucht: Astrua und der Luxemburger Charly Gaul. Da beide zum engeren Kreis der Titelaspiranten gehören, wundert es schon, daß sie so früh agieren. Wagen sie eine lange Alleinfahrt oder bereiten sie den Weg für einen ihrer Landsleute vor? Als der Vorsprung auf mehr als 1:30 Minuten anwächst, reagiert das Feld. Eine Verfolgergruppe mit klingenden Namen bildet sich und bald ist es um die beiden Ausreißer geschehen.

Den Zusammenschluß nutzen zwei weitere Fahrer, um auszureißen: der Holländer Hein Van Breenen und der Belgier Karel De Baere. Sie bleiben die nächsten 75 Kilometer an der Spitze, und obwohl Van Breenen einmal stürzt, beträgt ihr Vorsprung zeitweise über drei Minuten. Aber nach 130 Kilometern kommt auch für sie das Ende ihres Ausflugs in Sicht. Sechs Fahrer schließen auf: Wagtmans/NED, Van Gneugden/BEL, Huber/SUI, Gismondi/ITA, Lauredi/FRA und Derycke/BEL. Nun reicht es De Baere, er scheidet aus. Sein Partner während der letzten beiden Stunden, Van Breenen, bekommt dagegen neue Zuversicht und der junge Niederländer mischt vorne mit. Ockers, der Schweizer Lafranchi und Defilippis finden Anschluß, später kommt noch der Holländer Roks, Fornara und Géminiani hinzu.

190 Kilometer haben die Fahrer nun in den Beinen. Es ist an der Zeit, daß sich allmählich eine Entscheidung anbahnt. Sie kommt schneller als vermutet. Coppi geht zum Angriff über. Nur Bobet und Kübler können folgen. Mit großer Mühe gelingt das auch noch den Franzosen Varnajo und Rolland. Dann machen Magni und Petrucci hinten den Laden dicht und lassen keinen mehr wegfahren.

Schnell hat die Gruppe mit Coppi die drei Minuten zur Spitze aufgeholt. Der *Campionissimo* fährt einfach durch das Häuflein hindurch und läßt es stehen. Bis auf einen Fahrer: den Belgier Derycke. Der heftet sich an Coppis Hinterrad und läßt sich nicht abschütteln. Kübler bleibt in der Gruppe „sitzen" und verhält sich, wie mit Fausto abgesprochen: passiv. Bobet erkennt die Gefahr und merkt auch, „daß da etwas faul ist". Kübler fährt offensichtlich für Coppi. Er beginnt dem Schweizer Vorwürfe zu machen und drängt ihn, auch einmal die Führung zu übernehmen. Ferdy greift sich daraufhin ans Knie und gibt zu verstehen, daß er nicht schneller fahren kann. Bobet spricht nicht mehr mit Kübler (auch die nächsten zwei Wochen nicht...)

Coppi fährt die *14., 15. und 16. Runde* an der Spitze. In seinem Windschatten Derycke, der keinen Meter führt. In der *17. - der vorletzten - Runde*, im Aufstieg zur *Crespera* tritt Coppi zum entscheidenden Vorstoß an (reiner Zufall, daß dort ein großes Plakat *CHIANTI BARTALI* steht!). Der total erschöpfte Derycke kann nicht mehr folgen, das Rennen ist gelaufen.

Fausto Coppi klettert die giftige Steigung mit 50 x 19 hoch und macht in seinem unvergleichlichen Stil Meter um Meter gut (Bobet und Géminiani hatten vor dem Start in der Box der *azzurri* vorsichtig angefragt, mit welcher Übersetzung *Fósto* die *Crespera* anzugehen gedenke. Das Schlitzohr De Grandi gab 22 oder 23 Zähne an. Die hatte Fausto - wie wir inzwischen wissen - gar nicht dabei).

Die 300 000 Zuschauer, davon etwa 70 % Italiener, sind aus dem Häuschen. Am Ende der *17. Runde* hat Coppi gegenüber Derycke schon 2:59 Minuten Vorsprung; auf die Verfolgergruppe sind es bereits 5:45 Minuten.

Der *Campionissimo* zieht nun alle Register seines Könnens. Auch die Gruppen und Grüppchen hinter ihm geben ihr Letztes, aber der Abstand wird immer größer. Die *18. Runde* wird zur Triumphfahrt Coppis. Nach 7:30:59 std (35,922 km/std) überquert er die Ziellinie als wahrer Weltmeister.

Coppi streift sich schon das Regenbogentrikot über, da erscheint erst der Zweite im Ziel: Derycke mit 6:22 Minuten Rückstand. Ludwig Hörmann aus München kommt auf den 14. Platz und ist damit bester Deutscher. 27 Fahrer beenden das Rennen, als Letzter kommt David Bedwell aus Großbritannien (29:01 Minuten zurück) ins Ziel.

Hier das Schlußklassement der ***Weltmeisterschaft:***

1. Fausto Coppi	ITALIEN	7:30:59 std
2. Germain Derycke	BELGIEN	6:22 min zur.
3. Stan Ockers	BELGIEN	7:29
4. Michele Gismondi	ITALIEN	7:40
5. Nino Defilippis	ITALIEN	9:17
6. Charly Gaul	LUXEMBURG	9:18
7. Ferdy Kübler	SCHWEIZ	13:03
8. Louison Bobet	FRANKEICH	"
9. Raphael Géminiani	FRANKREICH	"
10. Marcel Ernzer	LUXEMBURG	"
11. Martin Van Geneugden	BELGIEN	"
12. Pasquale Fornara	ITALIEN	"
13. Wout Wagtmans	HOLLAND	"
14. Ludwig Hörmann	DEUTSCHLAND	14:50
15. Antonin Rolland	FRANKREICH	"
16. Thijs Roks	HOLLAND	14:56
17. André Darrigade	FRANKREICH	19:45
18. Albéric *Briek* Schotte	BELGIEN	"
19. Andrès Trobat	SPANIEN	"
20. Gerrit Voorting	HOLLAND	19:55
21. Valentin Petry	DEUTSCHLAND	27:19
22. Francisco Massip	SPANIEN	"
23. Bernardo Ruiz	SPANIEN	"
24. Jesus Lorono	SPANIEN	"
25. Adolphe Deledda	FRANKREICH	"
26. Vincenzo Rossello	ITALIEN	"
27. David Bedwell	ENGLAND	29:01

Coppi ist ein strahlender Weltmeister. Auf der Ehrentribüne überreicht er sein Meisterschaftsbukett einer Dame in schwarzer Kleidung. Es ist Giulia Locatelli, von der Boulevardpresse später hartnäckig die „Dame in Weiß" genannt. Weiterer Ärger für die beiden ist vorprogrammiert.

Kübler hatte sein Versprechen gehalten und war nicht gegen Coppi gefahren. Das fiel ihm insofern leicht, als selbst sein alter Trainingskamerad, Kurt Zaugg, der das Rennen als Zuschauer gesehen hatte, überzeugt war, daß Kübler gegen den *Campionissimo* chancenlos gewesen wäre.

Coppi hielt sein Wort ebenfalls. Er hat sich bei Ferdy materiell bedankt. Über die Summe wurde nie gesprochen. Anders in Belgien (dem Land, das mehr auf der Seite von Bartali stand). Dort wurde behauptet, Coppi hätte Derycke in der Schlußphase des Rennens Geld angeboten, wenn er ihm den Sieg überlassen würde. Der mausetote Belgier sei vor Überraschung fast aus dem Sattel gekippt, hatte er doch größte Mühe, überhaupt noch das Hinterrad von Fausto zu halten. (Die Spekulationen über die Summe gehen auseinander. In Belgien sprach man von 100 000 Franken und davon, Derycke hätte sich am Tag darauf einen nagelneuen *Mercedes* der Luxusklasse zugelegt. Der holländische Journalist Jean Nelissen ist der Meinung, 17 000 Gulden hätten den Besitzer gewechselt).

Lassen wir den Betroffenen selbst zu Wort kommen. Coppi antwortete auf die Frage seines Freundes Gianni Brera, einem der bekanntesten Sportjournalisten Italiens:

< *É costato molto?* > Hat es viel gekostet?) ohne Umschweif:

< *A te, nessuno ´avrebbe venduto.* > (Zu dir gesagt, nichts wurde verkauft.)

Eine private Deutung von mir sei erlaubt: Es wäre durchaus möglich, daß sich Coppi durch die Zahlung einer „Prämie“ an Derycke davor schützen wollte, daß ihn der Belgier im Falle eines Defekts überholt und ihn um die Früchte seiner Anstrengung bringt. Coppi konnte nicht ahnen, daß sein Vorsprung in der letzten Runde gereicht hätte, das Ziel auf der Felge zu erreichen. Der Spanier Abraham Olano zeigte dies 1995 bei der WM in Kolumbien eindrucksvoll...

Wie dem auch sei, der Italiener wurde wieder einmal gezwungen, seine Unschuld nachzuweisen. Was ihm auch gelang. Niemand hatte Beweise gegen ihn zur Hand.

Es mutet wie eine Ironie des Schicksals an, daß Coppi ausgerechnet in Florenz, der Hochburg Bartalis, wieder heimischen Boden betrat. Der Grund war eine Bahnveranstaltung im *Motovelodromo delle Cascine.* Der sportliche Teil ging aber vollkommen im Trubel unter, der um Coppi gemacht wurde. Endlose Ovationen für den *Campionissimo*, der das vollbracht hatte, was Bartali in seiner langen Karriere versagt geblieben war. Gino war übrigens der erste, der Fausto zu seinem Triumph beglückwünschte, ihn umarmte, seine Hand drückte und ihm einen riesigen Blumenstrauß überreichte. Da das Publikum angesichts des einmaligen Vorgangs alle Absperrungen durchbrach und die Akteure im dichten Knäuel umstand, gab es eine mehr als halbstündige Unterbrechung. Der vorgesehene Mehrkampf der Straßenfahrer konnte daher nur teilweise durchgeführt werden. Im Punktefahren behielt Petrucci mit 18 Punkten die Oberhand über Coppi (12), Magni (11), Bartali

(8) und Bobet (6). Das 100-Runden-Einzelfahren sicherte sich ebenfalls Petrucci vor Maggini und Gismondi. Coppi schied hier in der 95. Runde nach einem Defekt aus.

Die italienische Zwergrepublik San Marino feierte ihren 1653. Geburtstag natürlich mit einem Radrennen. Man hatte alles verpflichtet, was in Italien Rang und Namen besaß. Dazu einige Prominente Ausländer, wie Bobet und Derycke. Coppi wurde auch hier begeistert begrüßt. Der *Campionissimo* bedankte sich für die Ovationen mit einem prächtigen Rennen. Nach 40 Runden (72 km) belegte er hinter dem Sieger Barozzi den zweiten Platz. Bartali wurde Siebter, Bobet hatte eine Panne und wurde überrundet, Germain Derycke gab unterwegs auf.

Aber Coppis Bäume sollten offenbar nicht in den Himmel wachsen. Um diese Zeit waren in Italien *tipo pista*-Rennen, d.h. Straßenrennen nach Art von Bahnwettbewerben im Schwang. Den Unfug, als solchen kann man ihn ohne Skrupel bezeichnen, hatte schon mancher Fahrer in Form von mehr oder minder schweren Stürzen bezahlen müssen, denn was auf guten, gepflegten Holz- oder Betonpisten eine selbstverständliche Routineangelegenheit war, wurde auf dem Straßenpflaster zur halsbrecherischen Artistik. Das mußte Coppi am 1. September in Monza am eigenen Leib schmerzvoll erfahren. Schauplatz war die *Piazza Trento e Trieste*, ein Platz mit vier fast rechtwinkeligen Kurven, die ein teils abschüssiges, teils ansteigendes Niveau aufwiesen. Auf dieser „Bahn" sollten Ablösungen nach Art von Mannschaftsrennen vollzogen werden. Bei einer solchen Ablösung geriet Coppis Partner Gismondi ins Schlittern. Fausto versuchte auszuweichen und stürzte dabei. Er zog sich eine Prellung des Ellenbogens, Hautabschürfungen am Oberschenkel und leichte Verletzungen im Gesicht zu. Er fuhr das ***Omnium der Asse*** zwar noch recht und schlecht zu Ende, konnte aber am ***G.P. Monza***, einem Punktefahren, nicht mehr teilnehmen. Das Omnium, das übrigens einen Steinwurf von Magnis Wohnhaus entfernt stattfand, wurde eine Beute von Albani-Magni (13 Punkte), vor Bartali-Corrieri (11) und Coppi-Gismondi (7). Das Hauptrennen gewann Magni vor Albani und Gismondi.

Dem ärztlichen Befund zufolge bestand keinerlei Grund zur Besorgnis und so konnte Fausto Coppi am 4. September nach Mailand reisen. An diesem Freitag abend waren die Mailänder Radsportkenner wieder einmal aus dem Häuschen. Fausto Coppi hatte auf der *pista magica* im Vigorelli-Velodrom den amtierenden Weltmeister im Verfolgungsfahren geschlagen! Vor 20 000 Zuschauern im restlos ausverkauften Stadion - 5000 weiteren Personen hatte die Polizei den Eintritt verwehrt, sie mußten auf der Via Arona den Ausgang des Rennens abwarten - ging Coppi sofort in Führung und besiegte nach 6:06,1 Minuten für die 5000 Meter seinen australischen Gegner klar (6:15,0 min). Das war die eine Sensation. Die andere war die fabelhafte Geschwindigkeit, mit der Patterson bezwungen wurde: Coppis Zeit, die einem Stundenmittel von 49,167 km entspricht, liegt um fast 10 Sekunden unter der

Zeit, die jemals vorher in einem Einer-Verfolgungsrennen - in Italien *Inseguimento* genannt - gefahren wurde (Exweltmeister Toni Bevilacqua hielt bisher, ebenfalls in Mailand aufgestellt, den Rekord mit 6:16,0 Minuten). Mit einem riesigen Strauß Gladiolen ging der *Campionissimo* auf die Ehrenrunde:

< *il re dei re* > - der König der Könige!

Auch hierzu eine kleine Anekdote, die Gianetto Cimurri, damals Coppis Masseur, in seinen Erinnerungen: *„Un uomo, un mondo, la bicicletta“* ausplaudert. Demzufolge machte er sich vor dem Start auf den Weg zu Coppis Kabine, um dem *Campionissimo* die obligatorische Massage zu verabreichen. Zu seiner großen Verblüffung hatte sich Coppi niedergelegt und ging mit Giulia Locatelli einer Tätigkeit nach, die man in Italien mit <*fare l´amore*> umschreibt. Cimurri traute seinen Augen nicht: Eine Million Lire (etwa 6700 Mark), ein wichtiger Sieg standen auf dem Spiel! Und nun das!!

Wie wir inzwischen wissen, hatte sich Cimurri umsonst gesorgt. Die Begebenheit zeigt aber auch den „anderen“ Coppi: Einen Mann, der scheinbar eine eigen Methode hatte, seine nervöse Spannung vor einem entscheidenden Rennen abzureagieren und der zur gegebenen Zeit allen Konventionen und Regeln die kalte Schulter zeigte.

Am Sonntag, dem 6. September, wurde der 4. Lauf zur Italienischen Straßenmeisterschaft ausgetragen. Der ***Giro del Veneto*** über 270 km, mit seiner schwierigen Streckenführung und seinen reichlichen Steigungen, machten einen Triumph des neuen Straßenweltmeisters wahrscheinlich. Doch Coppi war von den vielen Starts übermüdet, und hatte obendrein, wie schon erwähnt, keinerlei Lust auf die „Zwangsverpflichtung“. Er wußte, daß es bei dieser Meisterschaft nichts mehr zu holen gab, und begnügte sich damit, sein Regenbogentrikot spazierenzufahren. In keiner Phase des Rennens griff er in die Geschehnisse ein. Ein willkommener Grund für Bartali, an der Seite des *Campionissimo* zu bleiben.

So konzentrierte sich das Interesse auf das Duell Magni-Petrucci, die punktgleich an der Spitze der Meisterschaftstabelle lagen. Loretto Petrucci, der sich von Coppi getrennt hatte und nun für das Team von LYGIE fuhr, mußte bald erkennen, daß es besser war, mit der BIANCHI-Mannschaft zu fahren, als gegen sie. Obwohl sich Coppi & Co. ziemlich passiv verhielten, war es offensichtlich, daß ihre Sympathien mehr auf der Seite von Magni lagen, als auf jener des Abtrünnigen.

Petrucci griff an, fand aber wenig Unterstützung. Zudem ließ seine ungenügende Form nichts Gutes ahnen. Auf einer der zahlreichen Steigungen geriet er in eine Krise. Ein Wadenkrampf gab ihm den Rest. Magni, dem Meistertitel einen großen Schritt näher, unternahm sofort einen Gegenangriff und brachte ihn auch zu einem erfolgreichen Abschluß. Nachdem er sämtliche Rivalen bis auf Luciano Maggini abgeschüttelt hatte, triumphierte er im Spurt nach 8:16:44 Stunden über den Mann aus Florenz. Die Gruppe um Coppi und Bartali traf mit 5:40 Minuten Verspätung ein (*ex aequo* Platz 17).

Magnis Chancen auf den Meistertitel waren stark gestiegen. Er führte nun mit 13 Punkten vor Loretto Petrucci (8) und Luciano Maggini (7).

Sein Meisterstück lieferte Fiorenzo am 15. Oktober in Varese ab. Der fünfte und letzte Lauf zur ***Italienischen Straßenmeisterschaft***, das Rennen durch die drei Täler, ***Tre Valli Varesine***, brachte ihm den Meistertitel. Magni war dabei nicht auf einen spektakulären Sieg aus, vielmehr legte er sein Augenmerk auf die Kontrolle seiner beiden Hauptgegner Petrucci und Maggini. Mit Petrucci hatte er keine Mühe. Der neue Kapitän von LYGIE hatte Beschwerden im Knie und gab das Rennen vorzeitig auf. Er befand sich dabei in guter Gesellschaft (fast wäre man geneigt zu sagen schlechter), denn auch Coppi gab das Rennen in der sechsten Runde auf.

Fausto benahm sich an diesem Tag wieder einmal unmöglich. Unter dem Vorwand, einen verstimmten Magen zu haben, trödelte er im Regenbogentrikot so vor sich hin, scherzte mit seinen Domestiken und verhöhnte offensichtlich den Veranstalter und den italienischen Radsportverband. Denn es war mittlerweile ein offenes Geheimnis, daß Coppi nichts mehr haßte, als die in seinen Augen „Zwangsstarts" bei Meisterschaftsläufen.

Die anderen profitierten von seiner Einstellung: Nino Defilippis gewann das Rennen vor Pellegrini und Monti. Gino Bartali erreichte voll motiviert den 4. Rang. Magni kam im Hauptfeld an und schlüpfte in das Meisterschaftstrikot. Auch Fausto ging nicht leer aus: Er bekam eine Sperre für acht Tage.

Bartali hatte vor wenigen Wochen Fausto Coppi nach seinem WM-Sieg in Lugano vor dem Rennen in Florenz herzlich gratuliert und ihm einen großen Blumenstrauß überreicht. Nun konnte sich Fausto revanchieren. Aber der Anlaß war ein trauriger.

Ginettaccio war am 18. Oktober Beifahrer im Wagen des Ingenieurs Fenaroli, der selbst am Steuer saß. Man war auf der Fahrt zum Internationalen Zeitfahren von Lugano. Gegen 9.30 Uhr wurden sie auf der Kreuzung Milano-Como und Cermenate-Cantu von einem Fahrzeug aus Cermenate, das die Vorfahrt nicht beachtete, gerammt. Fenaroli verlor die Herrschaft über seinen Wagen und fuhr gegen mehrere Begrenzungssteine. Das Auto überschlug sich. Während Fenaroli, der Masseur Natalino Fossati und der junge Rennfahrer Erminio Leoni mit dem Schrecken davonkamen, schleuderte es Bartali, der auf dem Beifahrersitz eingeschlafen war, aus dem Auto. Gino wurde sofort in die Wohnung eines Arztes in Asnago gebracht, provisorisch versorgt und anschließend in die Klinik *San Camillo di Milano* überführt. Dort wurde ein Bruch des Knochenfortsatzes zwischen dem ersten und zweiten Lendenwirbel, eine lange Rißwunde am linken Bein und diverse Abschürfungen am ganzen Körper festgestellt *(frattura dell´apofisi traversa della prima eseconda vertebra lombare, una ferita lacerocontusa alla gamba sinistra ed escoriacioni varie)*.

Aufgeschreckt durch dieses ärztliche Bulletin erhielt Bartali noch am selben Abend den Besuch der Direktoren von *La Gazzetta dello Sport*: Giuseppe Ambrosini, Carlo Villa und Vincenzo Torriani. Der ehemalige italienische

Ministerpräsident de Gasperi, der sich gerade in Mailand aufhielt, schaute vorbei, Papst Pius XII. erkundigte sich telefonisch nach seinem Freund. Fausto Coppi eilte aus Novi Ligure herbei. Alle konnten sich davon überzeugen, daß sich der Zustand des alten Haudegens Gino nach einer halbstündigen Operation wesentlich verbessert hatte, und Bartali recht optimistisch verkündete: „Ich werde wieder starten!“

Der 39-jährige Bartali hatte seine Probleme, Coppi schuf sich welche. In einem Interview mit der französischen Zeitung *France Soir* hatte er auch in Italien wieder einmal für größtes Aufsehen gesorgt. In dem Artikel griff Coppi vier maßgebliche Faktoren des italienischen Radsports an: *1.) den Technischen Direktor Alfredo Binda, 2.) den italienischen Radsportverband UVI, 3.) Italiens führende Sportzeitschrift La Gazzetta dello Sport, die Veranstalterin der klassischen Straßenrennen auf italienischem Boden und 4.) seinen eigenen Rennstall, die Firma BIANCHI.* Das war ein starkes Stück!

Was Binda betraf, hatte der *Campionissimo* mit ihm mehrere Hühnchen zu rupfen. Das letzte datierte aus der Zeit, da die Zusammensetzung der Tour-Mannschaft zur Debatte stand. Coppi hatte früh genug seine Forderung gestellt: er wollte Bartali auf keinen Fall als Mannschaftsgefährten. Aus seinen Erfolgen leitete er damals das Recht ab, bei der Nominierung der Fahrer ein gewichtiges Wort mitsprechen zu dürfen. Dennoch wurde die Aufstellung Bartalis von verschiedenen Seiten lanciert und auch durchgesetzt. Coppi, in die Enge getrieben, zog seine eigene Kandidatur zurück und überließ das Feld seinem alten Rivalen. Coppi glaubte - ob zu Recht oder Unrecht - im Hintergrund die „graue Eminenz“ Alfredo Binda entdeckt zu haben. Die Rechnung dafür präsentiert er jetzt als amtierender Weltmeister in kategorischer Form: Er verlangte den Rücktritt Bindas als technischer Kommissar. Sollte *Don Alfredo* weiterhin die Führung des italienischen Tour-Aufgebots behalten, dann werde er (Coppi) künftig der Frankreichrundfahrt fernbleiben.

Faustos Wunsch nach größerer Selbständigkeit war der Grund für den Angriff auf den italienischen Radsportverband. Der *Campionissimo* wollte die ihm noch verbleibenden Jahre seiner Rennfahrerlaufbahn nach eigenem Gutdünken nutzen. Er lehnte es ab, sich von der *UVI* Vorschriften machen zu lassen, welche Rennen er bestreiten darf und welche nicht. Aus diesem Grund war er strikt gegen den bestehenden Startzwang für die fünf Läufe zur Italienischen Straßenmeisterschaft. Er war entschlossen, diesen Standpunkt durchzusetzen oder sich vom aktiven Radsport zurückzuziehen.

Auch die Gegnerschaft zur *La Gazzetta dello Sport* stammte aus der Zeit vor der Tour ‘53. Damals hatte Italiens führendes Fachblatt Partei gegen den *Campionissimo* ergriffen und der „Dickschädel“ Coppi wollte nun die Verantwortlichen damit treffen, daß er den von ihnen veranstalteten Rennen fernblieb.

Daß sich Coppi auch mit seiner Firma BIANCHI, für die er nun schon zehn Jahre fuhr, öffentlich anlegte, überraschte schon sehr. Aber auch hier war der

Wunsch nach größerer Freiheit die Triebfeder. Der *Campionissimo* wollte künftig nur noch in beschränkter Anzahl Rennen für BIANCHI fahren, hingegen den Rest des Terminkalenders nach eigenem Gutdünken gestalten. Selbst um den Preis finanzieller Einbußen wollte er über die Teilnahme an Rundstreckenrennen und Bahnveranstaltungen frei verfügen können.

Coppi machte seine Drohungen zumindest am 25. Oktober beim ***Giro di Lombardia*** wahr. Er ging nicht an den Start. Das soll aber den Erfolg von Bruno Landi nicht schmälern, der nach 222 Kilometern in 6:01:50 Stunden den Sieg über Pino Cerami/BEL und Pierre Molineris/FRA davontrug. Hauptgewinner der Veranstaltung war Loretto Petrucci, der nach dem Rennen mit 69 Punkten als Gesamtsieger in der Jahreswertung *Challenge Desgrange-Colombo* feststand. Auf den Plätzen folgten Louison Bobet (66 Pkt.), Ockers (53 Pkt.), Fornara (48 Pkt.), Ferdy Kübler (41 Pkt.), Defilippis (39 Pkt.), Derijcke (38 Pkt.) Wagtmans (37 Pkt.), Impamis (36 Pkt.) und Close (34 Pkt.)

Aber man konnte Fausto Coppi beim besten Willen nicht lange böse sein. Zumindest waren es seine Anhänger nicht. Denn immer wieder sorgte der *Campionissimo* für Aufsehen. So auch am 4. November bei der legendären ***Trofeo Baracchi***, dem Mannschaftszeitfahren über 108 Kilometer von Bergamo nach Mailand.

Das Rennen hatte eine Vorgeschichte. Als der junge Franzose Jacques Anquetil den ***G.P. des Nations*** in Paris und den ***G.P. Vannini*** in Lugano gewann, horchte die gesamte Radsportwelt auf. Am Können des 19-jährigen Normannen bestand kein Zweifel, aber zur Beurteilung seines wahren Leistungsvermögens fehlte ein wichtiger Faktor: das Zusammentreffen mit Fausto Coppi. Weder in Paris (Terminschwierigkeiten) noch in der Schweiz (Sperre durch den Verband) war Coppi am Start gewesen. Schon glaubte man, die Saison 1953 würde ohne den mit Spannung erwarteten Vergleich „Alt gegen Jung“ verstreichen.

Die beiden kannten sich übrigens inzwischen persönlich recht gut. Für Anquetil war Fausto Coppi der Superchampion schlechthin. Der Italiener war sein Idol. Zu gerne hätte er den *Campionissimo* privat besucht. Ein Redakteur der in Caen erscheinenden Zeitschrift *l'Etoile sportive*, M. Vadevato, ein guter Bekannter von Coppi, konnte den Wunsch erfüllen. Gemeinsam mit einem weiteren Journalisten und einem Photografen von *Paris Normandie* machte man sich am 31. Oktober im Kleinbus von Anquetil auf den Weg nach Novi Ligure. Dort wurden die Franzosen herzlich empfangen und nicht enttäuscht. Anquetil schwärmte nach seiner Heimkehr: „Fausto hat mich im Bademantel empfangen und sich in meiner Gegenwart von Biagio Cavanna massieren lassen. Ich konnte seine Muskulatur bewundern; ein Athlet in Bestform. Auch die Art, wie sich Fausto mit mir unterhielt. Welche Liebenswürdigkeit, welche Höflichkeit!“ Der Besuch hatte noch nachhaltige Folgen. Anquetil war nicht nur bewegt und ergriffen. In seinem Inneren, in seinem Wesen, bahnten sich Veränderungen an. Er wollte wie Coppi werden.

In Bergamo war *Maître Jacques* am Start. Ebenso Coppi, der sich den Amateurweltmeister Riccardo Filippi als Mannschaftskameraden erkoren hatte. Das bedurfte einer Sondergenehmigung beim italienischen Radsporverband *(UVI)* und dem Weltverband *(UCI)*. Aber der *Campionissimo* hatte erklärt: Filippi und kein anderer! Die Genehmigung wurde erteilt.

Das dichte Menschenspalier entlang der Strecke nach Mailand erlebte ein großartiges Schauspiel: Coppi-Filippi deklassierten die gesamte Konkurrenz. Nach einer Fahrzeit von 2:21:45,2 Stunden stellten die beiden nicht nur einen neuen Streckenrekord auf, sondern erzielten auch das für die damalige Zeit sehr hohe Stundenmittel von 45,713 Kilometern. Anquetil-Rolland belegten mit 5:44 Minuten Rückstand den zweiten Platz vor Astrua-Defilippis (6:05 min) und Magni-Aureggi (8:04 min).

Die abschließende Bahnkonkurrenz auf der Mailänder Vigorelli-Bahn brachte folgende Ergebnisse: Die Bahnrunde gegen die Uhr wurde von Gismondi-Favero gewonnen, der Sieg im Australischen Verfolgungsrennen fiel an Coppi-Filippi. Im Gesamtergebnis triumphierten die beiden Weltmeister überlegen vor Anquetil-Rolland. Italiens Publikum würdigte auch die Leistung der Franzosen.

Ein Mailänder ging soweit, daß er die reichlich gespickte Brieftasche des jungen Anquetil als „Souvenir" mitgehen ließ...

Aus Florenz kam die frohe Kunde, daß sich Gino Bartali auf dem Weg der Besserung befand. Am 11. November durfte er gegen Abend die Klinik verlassen. Mit seiner Mutter und seiner Frau besuchte er ein Restaurant und fuhr anschließend mit der Bahn heim nach Florenz.

Am 15. November konnte man in Paris wieder einmal die unverminderte Anziehungskraft des Namens Coppi feststellen. 20 000 Zuschauer füllten das *Vel d'Hiv* bis auf den letzten Platz. Im traditionellen Länderkampf Italien-Frankreich siegten zwar die Franzosen 3:1 - auf dem Papier eine klare Sache - doch in Wirklichkeit war der Ausgang sehr knapp.

Höhepunkt war das Mannschaftsverfolgungsrennen. Coppi hatte Magni, Piazza und Favero im Team, Frankreich wurde durch Anquetil, Hassenforder, Andrieux und Darrigade vertreten. Vom Start weg gingen die Franzosen in Führung. Bei den Italienern fiel als erster Verfolgungsmeister Piazza aus, dann strich Favero die Segel, und fünf Runden vor Schluß verließ Magni die Bahn. Coppi war alleine auf weiter Flur und sah sich einer vierfachen Übermacht gegenüber. Doch nun geschah etwas, das die 20 000 von den Sitzen riß: Coppi holte Meter um Meter gegen Frankreichs Quartett auf! Andrieux witterte rechtzeitig die Gefahr und kurbelte wie besessen eineinhalb Runden herunter. Damit verhalf er Anquetil und Darrigade zu einem „fliegenden Start" für den letzten Kilometer. Gegen die vereinten Kräfte dieses Duos war auch ein Coppi machtlos. Mit 20 Meter Rückstand mußte er sich geschlagen geben. Doch für die jubelnde Menge stand der moralische Sieger eindeutig fest: Fausto Coppi, der *Campionissimo!*

Coppi konnte bei diesem Omnium der Straßenfahrer im Rennen hinter Dernys einen sicheren Sieg feiern. Die beiden anderen Wettbewerbe, das 1000 Meter Zeitfahren und das Punktefahren, fielen jedoch an die Gastgeber, so daß unterm Strich ein Gesamtsieg für Frankreich zustande kam.

Am 22. November stand Coppi im Mittelpunkt eines Renntags in Dortmund. Am Vormittag hatte er den Klingenkurs in Solingen besucht, auf dem 1954 die Straßenweltmeisterschaft ausgetragen werden soll. Nach seinem fachmännischen Urteil: „Die Wegführung übertrifft mit ihrer Schwierigkeit den Kurs von Lugano und wird allen Ansprüchen gerecht." fiel allen Verantwortlichen ein Stein vom Herzen.

Nachmittags geschah dies auch beim sportlichen Leiter der Westfalenhalle, Otto Weckerling. Der Sieger der Deutschlandrundfahrt 1937 und Tour de France-Teilnehmer 1935 (42.), 1936 (aufgegeben), 1937 (41., 1 Etappensieg) und 1938 (21.) hatte Fausto Coppi groß angekündigt und sah nun zu seiner Freude 10 000 Zuschauer in der Halle. Sie sollten nicht enttäuscht werden.

Coppi stellte sich zum ersten Mal in Westdeutschland vor und bestritt mit dem jungen Belgier Joseph Schils, dem frischgebackenen Sieger von ***Paris-Tour***, ein Mannschafts-Omnium, das mit dem Sieg dieser erstklassigen Equipe endete:

Im *1000 Meter Zeitfahren* mit beliebiger Ablösung waren die beiden nicht zu schlagen. 1:04,0 Minuten wurden für Coppi-Schils gemessen, und damit waren sie die schnellsten und ließen Kilian-Bruneel (1:04,8 min) hinter sich. Preiskeit-Schürmann belegten den 3. Platz.

Das *Australische-Verfolgungsrennen* über 5000 Meter war dem ausgezeichneten Paar schon gar nicht zu nehmen. [Bei dieser Gelegenheit soll noch einmal die Eigenheit dieser Rennart erklärt werden: Je nach Vereinbarung werden auf der Bahn Einzelfahrer oder Zweier-Mannschaften verteilt, die vom Start weg versuchen, die vor ihnen liegenden Fahrer oder Paare einzuholen. Nach einer bestimmten Distanz ist das Rennen beendet. Die Abstände entscheiden über Sieg und Niederlage.] In Dortmund hatte das Kampfgericht mit der Ermittlung der Sieger wenig Probleme. Die Bahnlänge betrug 204 Meter, der Abstand der drei Mannschaften daher jeweils 68 Meter. Coppi-Schils holten ihre Gegner vor Ablauf der Distanz ein: erst Preiskeit-Schürmann und dann nach 3360 Meter Kilian-Bruneel, um letztlich das Rennen in 4:10,5 Minuten zu beenden.

Überraschend gut fuhr Coppi auch im *Punktefahren*, bei dem es ihm trotz der guten Spurter Bruneel und Preiskeit gelang, von zehn Wertungen drei zu gewinnen und drei zweite Plätze zu belegen.

Das außerhalb des Omniums ausgetragene *italienische Rekord-Jagdrennen* über 1000 Meter, bei dem jeder Fahrer etwa eine Runde führen muß und dann ausscheidet, wurde in der Besetzung Schürmann (er führte die Vorbereitungsrunde), Kilian, Schils, Bruneel, Preiskeit und Schlußmann Coppi gestartet. Für die 1000 m wurde die Hallenbestzeit von 1:03,4 Minuten gestoppt.

Man munkelte, daß Coppi für seinen Start vom Veranstalter 5000 Mark gefordert hatte und auch bekam (zum Vergleich: ein VW-Käfer kostet um diese Zeit etwa 4200 Mark). Coppi zeigte in Dortmund auf jeden Fall, daß er sein Geld wert war.

Sprechen wir zum Abschluß der Saison 1953 zuerst noch von den im Text unerwähnten Plazierungen Coppis und dann nochmals über Geld. Der *Campionissimo* beendete die folgenden Rundstreckenrennen (in Italien *Circuiti*, in Frankreich *Critérium* genannt) als Sieger: ***Modena*** (21.4.), ***Firminy*** (8.6.), ***Borgosesia*** (28.6.), ***Monédières*** (6.8.), ***Monferrato*** (6.9.), ***Pesaro*** (24.9.), ***Ferrara*** (25.9.), ***Napoli*** (26.9.), ***Castel San Giovanni*** (9.10.), ***Tortona*** (1.11.), ***Montagnana, Biella*** sowie den ***Circuito di Adria.*** Einen 4. Platz erreichte Coppi in *Lecco*; in *Civitavecchia* kam er auf den 9. Rang und in *Casale* mußte er sich mit dem 10. Platz begnügen. [Diese Aufzählung erhebt ebenso wie die in den bisher erwähnten Jahren und den noch folgenden Abschnitten gezeigten Zusammenstellungen keinen Anspruch auf Vollständigkeit. Leider gewährte man mir bei der *La Gazzetta dello Sport* keinen Einblick in das Archiv. Dies hätte zu einer bisher nicht vorliegenden Gesamtübersicht der Starts, Erfolge und Plazierungen Fausto Coppis geführt.]

Soweit der sportliche Teil. Nun zum Geld: Die Großverdiener im Radsport waren Coppi und Bartali. Fausto bekam in Italien für einen Start bis zu einer halben Million Lire (ca. 3500 Mark). Er schloß Verträge als „Pakete" ab, d.h. seine meist vier Domestiken - einmal Gismondi, Carrea, Milano und Giacchero, dann Gaggero, Crippa, De Rossi, und Piazza - waren in den Forderungen enthalten, so daß für den *Campionissimo* etwa *350 000 Lire* blieben. Da er nur in Ausnahmefällen schriftliche Verträge machte, ist eine genaue Recherche fast unmöglich. Spekulationen ist Tür und Tor geöffnet. Bartali mußte sich mit *250 000 Lire* (ca. 1750 Mark) begnügen, verlangte aber bei jedem Rennen eine Startgarantie für seinen Freund und Helfer Corrieri. Fiorenzo Magni tat's bereits für *150 000 Lire*, Petrucci für *80 000 Lire* und Astrua ging für *70 000 Lire* an den Start.

Wieder einmal zog der Winter ins Land. Die Straßenfahrer verschwanden von der Bühne des Radsports, auf der nun die Bahnspezialisten den Ton angaben.

Bartali und Coppi zählten nicht unbedingt dazu und gingen dem Gerangel auf den Holzlatten möglichst aus dem Weg. Gino hatte seinen Unfall gut überstanden. Er ließ sich seinen eigenen Chianti schmecken, paffte hin und wieder ein Zigarettchen und studierte die Verkaufszahlen seiner Rasierklingen *LAMA BARTALI.*

Das tat Fausto mit seiner Marke *LAMA FAUSTO COPPI*, die übrigens in Solingen hergestellt wurde. Obendrein wurde er wieder seßhaft. Er verbrachte Weihnachten bei Frau und Tochter. War das Abenteuer mit Giulia Locatelli vergeben und vergessen?

1954
Auch Rennfahrer brauchen ein Privatleben

Nach seinem schweren Sturz im Oktober des vorigen Jahres stand Bartali, mittlerweile fast vierzig Jahre alt und damit gewissermaßen im biblischen Alter für einen Berufsradrennsportler, vor der Frage, eine weitere Saison zu wagen. Zwei Gründe sprachen dafür: Zum einen die Hunderte von Briefen an ihn und die Tageszeitungen, die zum Weitermachen aufforderten, und zum anderen gab es ja noch immer Coppi, der zwar auch im September fünfunddreißig wird, aber mit keinem Gedanken daran denkt, das Rad an den Nagel zu hängen. Begreiflich, daß eine Riesenfreude herrschte, als bekannt wurde, daß Ginettaccio seine Hausschuhe auszog, sich wieder aufs Rad schwang und auf den Straßen seiner geliebten Toskana das Training aufnahm. Nebenbei mußte er sich um sein neues Geschäft für Nähmaschinen in Florenz kümmern und die Kontakte zu der Kaugummifirma BROOKLIN pflegen, deren Name nun zusätzlich auf den gelb/blauen Trikots des BARTALI-Teams stand. Gino ging damit den selben Weg wie Magni, der als Vorreiter den Weg beschritt, sich mit branchenfremden Firmen zu arrangieren, die bereit waren, in den Radsport Millionen zu investieren. Coppi ging diesen Weg erst zwei Jahre später, als er sich für 42 Millionen Lire entschloß, von BIANCHI zur Sportgruppe CARPANO-COPPI zu wechseln. Das war natürlich eine wesentlich höhere Summe als Bartali und Magni bekamen, aber Coppi war eben Coppi.

Bartali trainierte in der Toskana. Coppi tat das wie gewohnt an der Riviera, während Frau und Tochter ziemlich ratlos in der Villa in Novi Ligure herumsaßen. Nicht ohne Grund. Fausto und Giulia Locatelli hatten inzwischen ein Verhältnis. Noch stand Coppi zu seiner Frau Bruna, aber auch der um die Weihnachtszeit gemeinsam verbrachte Winterurlaub ließ die Frage offen: Wie lange wird das noch anhalten? Was Giulia betraf, so wußte ihr Mann - zusätzlich aufgescheucht durch anonyme Briefe - ebenfalls Bescheid und für dieses Paar war die Lage auf die Dauer genauso unhaltbar. Ein gefundenes Fressen für Italiens Skandalblätter.

Fausto äußerte sich dazu nicht. Er ließ aus seinem Trainingsquartier lediglich verlauten, daß er 1954 nur an wenigen, dafür aber bedeutenden Rennen teilnehmen werde. Scheinbar war der ***G.P. Gentleman*** in Cannes ein solches. Aber natürlich nur im Spaß, denn berühmte Rennfahrer fungierten hier bei einem Zweier-Mannschaftsfahren als „Schrittmacher“ für gut situierte, von radsportlichem Ehrgeiz besessene Hobbyfahrer. Alle Berufszweige waren vertreten: Hotel- und Kaffeehausbesitzer, Metzger, Schokoladefabrikanten, Musiker, Friseure usw.

Diesmal war die Besetzung besonders reizvoll. Auch Weltmeister Coppi und der junge Jacques Anquetil nahmen je einen Gentleman ins Schlepptau. Fausto hatte einen Schneidermeister am Hinterrad, der bald den „Faden“

verlor und sich mit einem dürftigen „Schnitt“ begnügen mußte. Es reichte nur für den 7. Rang.

Zu einem ersten Rang reichte es für Coppi am 13. Februar. In einem Mailänder Lokal wurde Coppi anläßlich eines Banketts die Medaille *Atleta del 1953* überreicht. Der Verband der Mailänder Sportjournalisten ehrte damit den Sportler des Jahres 1953.

Dann wurde beim ***Omnium der vier Nationen*** in Paris einigermaßen ernst. Auf der Bahn im *Vel d'Hiv* belegte Coppi mit seinem Partner Filippi hinter den Siegern Schulte-Peters, Ockers - Van Steenbergen und Bobet-Anquetil zwar nur den vierten Platz, aber er saß zumindest wieder auf dem Rennsattel.

So auch am 4. März bei der offiziellen Eröffnung der Straßensaison. Schauplatz war wie seit Jahren Sardinien, genau gesagt das 51 Kilometer lange Rundstreckenrennen ***Circuito di Cagliari***. Fausto machte sich in der 11. von 60 zu fahrenden Runden an einer kleinen Steigung aus dem Staub und beendete das Rennen nach 1:12:08 Stunden unter dem frenetischen Jubel der 10 000 Zuschauer als Sieger. Auf den zweiten Platz kam sein Teamkollege Michele Gismondi. Ein gutes Zeichen für die Fahrt in den Frühling, ***Paris-Nice?***

Man könnte fast ja sagen. Die Fünf-Etappenfahrt über 1038 Kilometer hatte eine gute Besetzung. Mit Coppi und Filippi waren schließlich die beiden Weltmeister von 1953 am Start. Die 1. Etappe *Paris-Névers* (252 km) gewann der Franzose Rémy vor Filippi. Die 2. Etappe *Névers - St-Etienne* wurde zu einem großen Erfolg für die Belgier, die in der Reihenfolge Impamis, Derycke und Couvreur am Ziel eintrafen. Coppi, Anquetil und Robic hatten sich gegenseitig so bewacht, daß sie mit einem ziemlichen Zeitverlust eintrafen. Die 3. Etappe *St-Etienne - Vergéze* (256 km) stand jedoch ganz im Zeichen von Fausto Coppi. Vier Kilometer vor dem Ziel trat der Franzose Lucien Teisseire vehement an, aber Coppi reagierte sofort, löste sich vom Feld und zog an Teisseire vorbei. Mit sieben Sekunden Vorsprung gewann er nach 7:34:00 Stunden die Etappe vor Impamis, Forlini und Derycke. Zu einer Unwetterfahrt, die sehr an den Kräften der Fahrer zehrte, wurde die 4. Etappe *Vergéze-Cannes*. Alle Vorstöße ertranken im Regen. Erst kurz vor dem Ziel gelang es dem Franzosen Mahé, dem Feld zu enteilen und mit knappem Vorsprung vor Filippi und Coppi den Tagessieg zu erringen.

Aber es gab da auch noch die 5. Etappe *Cannes-Nice* (51,5 km). Bei dieser Schlußetappe war Coppi wieder einmal von allen guten Geistern verlassen. Er brach seinen Kontrakt und ging nicht an den Start. Das vergraulte den Veranstalter sehr, und das war kein Geringerer als Monsieur Goddet, der Inhaber der „Firma“ Tour de France! Er warf Coppi vor, dem Zeitfahr-Duell mit Anquetil aus dem Weg gegangen zu sein (und das war ja nicht so ganz aus der Luft gegriffen). Aber zu Coppis Entschuldigung sei zumindest erwähnt, daß er sich am Vortag eine starke Erkältung eingefangen hatte. Lachender

Dritter war der Belgier Raymond Impamis, der das Rennen von der Seine-Metropole zum Mittelmeer in der Gesamtwertung für sich entscheiden konnte.

Auch der ehemalige Frühjahrsklassiker ***Sassari-Cagliari*** über 222 Kilometer verlief für Fausto enttäuschend. Nach einem Defekt gab er etwa nach der Hälfte des Rennens mutlos auf. Der Sieg ging an Hugo Koblet, auf den es also wieder zu achten galt.

Besondere Vorsicht war am 19. März angebracht. An diesem Tag vereinigte sich die gesamte Straßenelite zum noch heute ewig jungen Frühjahrsklassiker ***Milano-Sanremo***. 228 Fahrer, darunter über 100 Ausländer, gingen ins Rennen, das trotz Kälte und Regen wie üblich mit einer tollen Tempobolzerei begann. Die Coppi-Domestiken waren dabei oft an der Spitze vertreten, so daß man an einen besonderen Schlachtplan des *Campionissimo* glaubte. Jeder befürchtete, ungewollt den entscheidenden Vorstoß auszulösen und so hielten Koblet, Petrucci, Bobet, Magni und Bartali zwar die Ohren steif, aber keiner riskierte etwas.

Das Tempo blieb bis zum Turchino-Paß ausgesprochen flott, dann ließ es merkbar nach. Noch immer starrte alles wie gebannt auf Coppi. Was würde der Weltmeister tun? Er tat nichts. Auch dann nicht, als sich im Anrollen auf die drei *Capi* - Mele (73 m), Cervo (77 m) und Berta (130 m), die Schicksalssteigungen so vieler Mailand - San Remo-Rennen - eine zehnköpfige Spitzengruppe formierte. Die machte gewaltig Dampf, und nach und nach bröckelte das Häuflein der zehn kleinen Negerlein auseinander. Die Fahrer waren in der Tat bis zur Unkenntlichkeit dreckverschmiert, und nur noch drei Mann blieben übrig: der Franzose Raoul Rémy, Riccardo Filippi und der Belgier Stan Ockers.

Zumindest zwei von ihnen hatten klare Vorstellungen über den weiteren Verlauf des Rennens. Zum einen Filippi: Er bekam die Weisung, das Tempo nicht zu forcieren (bei BIANCHI glaubte man noch immer an einen Vorstoß von Coppi, der auch tatsächlich am Capo Berta angriff, aber wieder eingeholt wurde). Zum anderen Stan Ockers: Der wußte, daß er im Endspurt gegen den schnellen Exweltmeister der Amateure, den Coppi-Helfer Riccardo Filippi, ebenso wenig Chancen hatte wie gegen den gewitzten Rémy. Belgiens Hauptwaffe war nun einmal Rik Van Steenbergen, und der lag in der Gruppe der Verfolger. Das hatte auch Ockers mitbekommen und er baute darauf. Durch geschicktes verzögern und stören bei der Führungsarbeit erzwang er den Zusammenschluß; ganze zwei Kilometer vor dem Ziel! Damit war die Entscheidung praktisch gefallen.

Rik Van Steenbergen enttäuschte seinen Landsmann und seine Anhänger nicht. Nach 7:10:03 Stunden für die 282 Kilometer kam es zu einem Massenspurt. Vor vier Jahren hatte er sich an gleicher Stelle in einem ähnlichen Spurt den Sieg entgehen lassen. Diesmal schlug er zu und verwies den Franzosen Anastasi und den jungen Coppi-Domestik Favero auf die Plätze. Coppi kam zeitgleich auf Rang vier. Dann folgten Petrucci (5.), Ockers (6.), Keteleer (7.), Magni (8.), Milano (9.) und Messina (10.).

Koblet kam auf den 12. Platz. Coppis Befürchtung, ein wiedererstarkter Hugo könnte ihm in die Quere kommen, war zumindest diesmal unbegründet. Das galt auch für Kübler, Bobet und seinen alten „Freund“ Bartali, die alle im geschlagenen Feld endeten.

Die Bahnspezialisten trafen sich in Mailand im *Vigorelli* wieder. Auch hier konnte Coppi nur bedingt glänzen, u.a. im Australischen-Verfolgungsrennen, das er mit seinem Partner Terruzzi gewann.

Besser in Szene setzen konnte sich der *Campionissimo* am 28. März beim 1. Lauf zur Italienischen Straßenmeisterschaft. Die Bühne war eine Provinz in Süditalien, das Stück hieß ***Giro della Provincia di Reggio Calabria***. Nach 6:50:00 Stunden überquerte Giuseppe Minardi als Erster die Ziellinie in Reggio. Sicher, der LEGNANO-Kapitän, ein ernster und sachlicher Rennfahrer, war der Sieger. Aber im selben Atemzug muß man Fausto Coppi nennen. Kilometer für Kilometer bestätigte er bei diesem legendären Rennen seinen Weltmeistertitel.

Im Anstieg zum Monte Limina (888 m) begann er mit einem unwiderstehlichen Ansturm innerhalb von vierzig Kilometer einen Rückstand von fast acht Minuten auf eine Ausreißergruppe aufzuholen. Geschickt setzte er dabei seine Helfer ein: zuerst Gaggero und Gismondi, später Milano, Favero und Filippi. Damit durchkreuzte er die Gegenangriffe von Bartali, Magni und Petrucci. Als die Spitzengruppe eingeholt war, trat er zusammen mit Minardi und Monti eine Solofahrt über die restlichen 70 Kilometer an, die ohne Erholungspausen absolviert wurden. Der Anstieg von Sant ´Elia kurz vor dem Ziel brachte insofern eine Vorentscheidung, als Monti erschöpft die Segel strich und zurückfiel. Aber Minardi widerstand der Attacke von Coppi und siegte mit einer Radlänge Vorsprung.

Fausto verlor das Duell gegen Minardi im Stil eines Boxkampfes. Aber im Gegensatz zum Faustkampf, bei dem die Zuschauer das Ringgeschehen von A bis Z verfolgen können und sehr wohl in der Lage sind, die Leistung des Verlierers zu würdigen, zeigte sich wieder einmal die ganze Tragik des Straßenrennsports: Nur der Sieger zählt. Was sich unterwegs auf der Strecke abspielt, bleibt dem Zuschauer meist verborgen und ist ihm dadurch ziemlich egal. Doch davon hätten Monti (3. Platz mit 2:32 Minuten Rückstand), Albani (4./5:27 min), Landi, Gianneschi, Maggini (jeweils 6:55 min) und all die anderen eine Menge erzählen können.

So hörte man nur auf die beiden Ersten. Originalton Minardi: „Welch großer Champion ist Coppi. Aber heute habe ich ihn geschlagen. Heute bin ich Coppi!“ Und Fausto (etwas müde): „Ich mußte zwei Rennen fahren. Einmal gegen die Ausreißer, und dann gegen Bartali, Magni & Co. Das kostet Kraft.“ Sprach’s und verschwand in sein Hotel.

Die nötige Kraft für den Sieg hatte Coppi am 4. April beim ***Giro della Campania***, 258 Kilometer mit Start und Ziel in Neapel. Hier glückte Fausto die Revanche für den knapp verpaßten Erfolg bei der Kalabrien-Rundfahrt gründlich. Zwar fehlte sein damaliger Bezwinger Minardi, er fuhr die Flandern-Rundfahrt und belegte einen mageren 19. Platz , doch man war sich einig, daß er diesmal klar unterlegen wäre.

Bei der Campania-Rundfahrt rollte Coppi auf jeden Fall wie in seinen besten Tagen. Gute Mannschaftsarbeit sorgte im ersten Teil des Rennens für klare Verhältnisse, auch wenn der *Campionissimo* im Feld eingekeilt war. Aber dann, ähnlich wie sieben Tage zuvor bei der Rundfahrt durch Kalabrien, nahm er bei der schwierigsten Stelle die Zügel in die Hand. Diesmal war es der Anstieg zum Válico di Chiunzi (656 m), der auf dem Weg vom Golf von Salerno nach Neapel emporragt. Hier lag Coppi mehr als drei Minuten hinter der Spitze, aber der Rückstand schmolz wie Schnee in der Sonne. Nach und nach verloren so bekannte Kletterer wie Astrua, Bartali und der Franzose Robic das Hinterrad von Fausto. Lediglich sein treuer Helfer Gismondi, Monti und der prächtig aufgelegte Franzose Bernard Gauthier widerstanden Coppis Ansturm. Im Ziel waren sie jedoch so mitgenommen, daß sie dem Endspurt von Fausto nichts mehr entgegensetzen konnten. Nach 6:40:10 Stunden überquerte *Faustissimo* als strahlender Sieger den Zielstreifen auf der Arenaccia-Bahn in Neapel. Auf den Plätzen folgte der brave Gismondi (zwei Radlängen zurück), 3. Gauthier und 4. Monti. Renzo Arccordi traf nach 2:15 min ein, Astrua nach drei Minuten. Robic und Bartali endeten auf dem 9. bzw. 10. Platz (fünf Minuten zurück).

Den Siegerkuß bekam Coppi von einer Neapolitanischen Schönheit. Schnell hatte man den Namen ermittelt: Es war wieder diese Giulia Locatelli!

Die Frühjahrsform des *Campionissimo* war in der Tat verblüffend. Wenn man bedenkt, daß Coppi im allgemeinen seine Karten nicht vor dem Giro d´Italia und der Tour de France aufzudecken pflegte, so wird man unwillkürlich stutzig. Hatte er insgeheim beide Rennen abgeschrieben?

Insbesondere die Tour, bei der im Vorfeld zwischen Italien und Frankreich wieder der „kalte Krieg“ wegen der leidigen Reklametrikots ausgebrochen war. Italien wollte keine Werbung für französische Produkte bei seiner Rundfahrt, Frankreich hätte den Zuschauern bei der Tour am liebsten ganz verschwiegen, daß es BIANCHI, LEGNANO und ATALA gab...

Oder wollte sich Coppi ganz auf die Verteidigung seines Weltmeistertitels in Solingen konzentrieren? Fragen, die er erst im Verlauf der Saison beantwortete.

Belgiens grandiose Siegesserie wurde jedenfalls am 11. April fortgesetzt. Nach *Paris-Nice* (Impamis), *Milano-Sanremo* (Rik Van Steenbergen) und der *Ronde van Vlaanderen* (Impamis) gab es beim französischen Frühjahrsklassiker *Paris-Roubaix* erneut einen belgischen Erfolg. Kaum zu glauben, aber wiederum war es Impamis, der sich durchsetzen konnte. Raymond, auch nach seinem Geburtsort „der Bäcker von Berg“ genannt, war zu diesem Zeitpunkt dreißig Jahre alt. Er fuhr für die französische Firma MERCIER und hatte den alten Rennfuchs Antonin Magne zum Teamleiter. Magne - Weltmeister 1936 und Tourgewinner 1931 und 1934 - wußte um was es ging: Es ging immerhin um den *Challenge Desgrange-Colombo,* die Jahreswertung, und damit um *1 000 000 ffrs.* Und hier führte sein Schützling vorerst überlegen mit 40 Punkten.

Da die „Diplomaten“ des Weltverbandes *(UCI)* den leidigen Reklamekrieg zwischen Italien und Frankreich zunächst einmal auf die lange Bank schoben, wäre auch einem starken italienischen Aufgebot bei ***Paris-Roubaix*** nichts im Weg gestanden. Trotzdem verzichteten Bartali, Coppi und Magni auf einen Start bei diesem französischen Klassiker, was Monsieur Goddet, der noch immer böse auf Fausto war, zu der Bemerkung veranlaßte: „Keine Italiener bei der Tour de France!“

Abwarten. Wir schauen erst einmal nach Florenz, denn dort fand am 18. April der 2. Lauf zur Italienischen Straßenmeisterschaft statt.

Hier kam Fiorenzo Magnis Sieg beim ***Giro della Toscana*** für die Experten doch einigermaßen überraschend, denn die Form des amtierenden Meisters hatte in letzter Zeit zu wünschen übriggelassen. Hauptgrund war Magnis Verwicklung in den Reklamekrieg. Fiorenzo hatte die Marke gewechselt und fuhr nun für einen branchenfremden Rennstall, denn die Kosmetikfirma NIVEA hatte sich mit dem Fahrradhersteller FUCHS zusammengeschlossen, Fahrer angeworben und das Parkett des Radrennsports betreten. Als Magni nun in Frankreich an den Start zu *Paris-Roubaix* gehen wollte, ließ Monsieur Goddet das nicht zu (was ja dann auch zum Verzicht von Bartali und Coppi führte, die sich mit Magni verbündeten.)

Auch die Streckenführung der Toskana-Rundfahrt mit ihren schwierigen Steigungen war keineswegs nach Maß für Magni gemacht. Trotzdem hat der Mann aus Monza einen grandiosen Sieg errungen. In den Anstiegen setzte er sich verzweifelt zur Wehr, in den Abfahrten und in der Ebene erlebte man den Magni von ehedem. Auch das Glück stand ihm zur Seite. Als 50 Kilometer vor dem Ziel auf der Abfahrt von San Baronto (348 m) auf einem 4 Kilometer langen mit Kies und Geröll übersäten Teilstück das allgemeine Reifenknallen einsetzte (20 Fahrer wurden von Pannen ereilt!), blieben Magnis Reifen ebenso heil wie die von neun anderen. Diese zehn Fahrer spurteten in Florenz um den Sieg, den Fiorenzo nach 7:45:59 Stunden für sich entschied. Damit übernahm Magni die Führung in der Gesamtwertung der Meisterschaft mit 12 Punkten vor Landi (11), Minardi (10) und Coppi (9).

Coppis Taktik war bei diesem Rennen von einem Ereignis überschattet, das tags darauf in Mailand stattfinden wird. Im *Vigorelli-Velodrom* wartet nämlich Hugo Koblet, um mit dem *Campionissimo* ein Verfolgungsduell auszutragen. Fausto wußte, daß es dabei auf Biegen und Brechen gehen würde und so verbot sich jede übermäßige Kraftanstrengung von selbst. Trotzdem zettelte er im Aufstieg zum höchsten Punkt der Rundfahrt, dem Monte Oppio (821 m), ein Bergscharmützel an. Aber damit hatte sich die Sache und Fausto beschränkte sich damit, seinem Erzrivalen Bartali auf dessen Hausstrecke eine

„empfindliche“ Niederlage beizubringen. Das gelang ihm auch: Coppi kam auf Rang zwölf, Bartali auf Platz vierzehn...

Knapp 24 Stunden später standen sich Coppi und Koblet in Mailand auf der Vigorelli-Bahn im erwähnten Verfolgungsmatch über 5000 Meter gegenüber. Empfindliche Kühle und böige Winde machten den beiden Kontrahenten schwer zu schaffen. Auch die 20 000 Zuschauer froren, vergaßen aber schnell die widrigen Umstände, denn auf den Latten des Velodroms wurde wieder einmal Radsportgeschichte gemacht.

In der ersten Runde fuhr Coppi den winzigen Vorsprung von einer fünftel Sekunde heraus. Dann war es um den *Campionissimo* geschehen. Schon die zweite Runde brachte für den stilistisch einwandfrei fahrenden Schweizer einen Vorsprung von 1,2 Sekunden, in der dritten Runde kam eine weitere Sekunde hinzu! Die folgende Runde war für Fausto geradezu vernichtend, denn hier büßte er zwei weitere volle Sekunden ein. Schon in diesem Stadium war klar, daß er einer bitteren Niederlage entgegenrollte.

Koblet vergrößerte seinen Vorsprung von Runde zu Runde. Aber nach der Hälfte des Rennens begnügte sich der *Pédaleur de charme* damit, seinen Gegner unter Kontrolle zu halten. Entschied Coppi wirklich einmal eine Runde zu seinen Gunsten, dann legte der „schöne Hugo“ einen Zahn zu und stellte den alten Abstand wieder her.

Nach 5000 Meter war das Schauspiel zu Ende. Koblet bewältigte die Strecke in 6:16,4 Minuten (47,821 km/std), Coppi benötigte 6:20;0 Minuten (47,368 km/std).

Der Jubel von 20 000 brandete über Koblet zusammen. Coppi mußte ein Pfeifkonzert über sich ergehen lassen. Das galt nicht so sehr seiner enttäuschenden Leistung, als vielmehr der Art und Weise, wie dieses wichtige Treffen vorbereitet wurde. Man konnte einen Hugo Koblet nicht mit 268 schweren Kilometern in den Beinen bezwingen. Den Betreuern und Coppi selbst bleibt der Vorwurf nicht erspart, daß sie um materielle Vorteile einen schweren Prestigeverlust in Kauf genommen hatten, denn Coppis Schlappe erregte in der gesamten Radsportwelt Aufsehen.

Diese Schmach konnte er nicht auf sich sitzen lassen. Gelegenheit, die Scharte auszuwetzen, hatte er im Mai bei der Fernfahrt ***Roma-Napoli-Roma***. Der Reiz dieses Rennens lag ja bekanntlich darin, daß auf bestimmten Streckenabschnitten Schrittmacher eingesetzt wurden und Fausto kam diesmal mit den Gegebenheiten gut zurecht.

Auf der 1. Etappe *Roma-L´Aquila*, die wieder in die zwei Tagesabschnitte *Roma-Terni* und *Terni-L´Aquila* unterteilt war, kam Coppi mit 7/10 Sekunden Rückstand hinter Bruno Monti auf den zweiten Platz. Tags darauf mußte er sich auf der 2. Etappe L´*Aquila-Caserta,* wieder unterteilt in zwei Tagesabschnitte, erneut Monti und Magni beugen und mit einem dritten Rang vorliebnehmen. Auch die 3. Etappe *Caserta-Napoli* lief für Coppi nicht nach Wunsch; diesmal kam er hinter Hugo Koblet und weiteren sechs Fahrern nur auf den achten Platz. Aber sein Zeitrückstand war so gering, daß er sich noch Hoffnungen auf den Sieg machen konnte.

Gesagt, getan. Auf der Schlußetappe *Napoli-Roma* griff er im ersten Teilabschnitt *Napoli-Latina* (173 km, davon die letzten etwa 42 km hinter Motorrädern) beherzt an und beendete nach 4:44:25 Stunden die Halbetappe als Sieger. Er schob sich damit auf den zweiten Platz im Gesamtergebnis vor und nur noch 38 Sekunden trennten ihn vom Führenden, Bruno Monti. Im zweiten Teilabschnitt *Latina-Roma* (119,9 km, davon die letzten 40 km hinter Schrittmachern) kam dann der erwartete Großangriff von Coppi. Bei den Thermen des Caracalle gab es einen dramatischen Endspurt. 15 Runden waren hinter den Motorrädern zu absolvieren. In der sechsten Runde lag Coppi praktisch an der Spitze der Gesamtwertung, als er durch Reifenschaden 45 Sekunden verlor. Mit einem furiosen Endspurt machte er Jagd auf Monti, holte ihn ein und errang den Etappensieg. Aber bei der Endabrechnung fehlten Coppi neun Sekunden auf seinen jungen Landsmann. Fausto mußte sich mit dem zweiten Platz begnügen, aber sein Ruf war wieder gefestigt.

Die Fernfahrt war beendet und den Organisatoren des *Giro d'Italia* fiel bestimmt ein Stein vom Herzen, daß es bei dem „80 km/std-Karusell“ zu keinen schweren Stürzen kam. Die enge zeitliche Aufeinanderfolge der beiden Prüfungen war einfach dazu angetan, den Verantwortlichen Kopfschmerzen zu bereiten: Einesteils fürchteten die Veranstalter des Giro Ausfälle durch Verletzungen, zum anderen legten sich einige Größen bei *Rom-Neapel-Rom* eine gewisse Zurückhaltung auf.

Apropos Giro: Vincenzo Torriani hatte die Vorbereitungen abgeschlossen: in 400 Hotels 15 000 Betten gebucht; 160 Autos und 40 Motorräder besorgt, um die 700 Begleiter durch Italien zu kutschieren; dafür rund 100 000 Liter Benzin bestellt; 1800 Telefonleitungen für das In- und Ausland gebucht; einen Sonderzug mit 50 Waggons gemietet, keine Nacht ruhig geschlafen, eine Unmenge Zigaretten geraucht und unterm Strich über eine Milliarde Lire ausgegeben.

Da nahmen sich die Kosten für die BIANCHI-Mannschaft doch eher bescheiden aus. Pinella De Grandi, der Chefmechaniker, führte darüber Buch: 7 Rennräder *(360 000 Lire)*, 120 Reifen *(360 000 Lire)*, 120 Trinkflaschen, damals aus Aluminium, *(12 000 Lire)*, 288 Speichen *(3 000 Lire)*, 4 Paar Pedale *(4 000 Lire)*, 10 Felgen *(5 000 Lire)*, 20 Rennketten *(16 000 Lire)*, 40 Wolltrikots *(80 000 Lire)*, 40 Rennhosen *(80 000 Lire)* und verschiedene Kleinigkeiten *(5 000 Lire)* - summa summarum *925 000 Lire.* Immerhin rund 6000 Mark. Da mußte schon der Gesamtsieg her (Gewinnsumme *1 Million Lire*) oder Anteile aus dem Prämientopf, der *10 255 000 Lire* umfaßte, um das Loch in der Vereinskasse wieder zu füllen.

Diese Absicht hatten zehn italienische Mannschaften mit je sieben Fahrern: **BIANCHI** (mit Coppi, der als Vorjahressieger die Startnummer 1 trug, Gismondi, Filippi, Gaggero, Milano, Carrea und Favero); **BARTALI** (mit

Bartali, der nun im vierzigsten Lebensjahr stand und seine 14. Italienrundfahrt bestritt sowie Corrieri, Bresci, Zampini, Sartini, Baronti und Rivola), **DONISELLI-LANSETINA** (mit Soldani und Bini), **FREJUS** (mit Coletto und Conterno), **LEGNANO** (mit Minardi), **TORPADO** (mit Defilippis), **BOTTECCHIA** (mit Fornara), **NIVEA-FUCHS** (mit Magni), **ATALA** (mit Astrua und Petrucci) und **ARBOS** (mit Monti und Pezzi). Dieser einheimischen Streitmacht standen fünf ausländische Mannschaften, ebenfalls mit je sieben Fahrern, gegenüber: **DEUTSCHLAND** (mit Heinz Müller, Günter Otte, Matthias Pfannenmüller, Hans Preiskeit, Hubert Schwarzenberg, Rudi Theissen und Franz Reitz); **HOLLAND** (mit Van Est und Voorting); **BELGIEN** (mit Van Steenbergen, Ockers und Impamis); **SPANIEN** (mit Ruiz) und die **SCHWEIZ** (mit Koblet und Schär), um zumindest die bekanntesten der 105 Starter zu nennen.

Nur eine Radsportgroßmacht stand grollend abseits: Frankreich. Der Streit um die „fahrradfremde Reklame" war allen Versöhnungserklärungen zum Trotz noch nicht beendet. Die Gastgeber rächten sich damit, daß sie auf die mäßigen Leistungen der Gallier in den bisherigen Rennen des Jahres verwiesen. Die Herren der Organisation waren der Meinung, Spaniens in letzter Minute gemeldete Mannschaft sei weitaus interessanter. So unrecht hatten sie nicht.

Am 21. Mai setzte sich der Heerwurm auf Sizilien in Bewegung, der ***37. Giro d'Italia*** nahm seinen Anfang. Zuerst mit einem Mannschaftszeitfahren, denn die 1. Etappe *Palermo-Palermo* (36 km) führte mit diesem sportlich unbedeutenden Spektakel vom Hippodrom aus in die Umgebung der Stadt, d.h. zweimal um den Monte Pellegrino herum und dann wieder zurück auf die Favorita-Pferderennbahn in Palermo.

Um den Etappensieg kämpften vor allem Coppis BIANCHI-Mannschaft und die Schweizer mit Koblet als ihrem Spitzenfahrer. Mit 50:18 Minuten konnte BIANCHI das Rennen für sich entscheiden und in der Mannschaftswertung (Coppi, Gismondi und Filippi) mit 2:30:54 std die Eidgenossen Koblet, Schär und Clerici (2:35:11 std) klar distanzieren. Wie unschwer zu erkennen ist, wurde die Zeit der ersten drei Fahrer jeder Mannschaft addiert und so ein Ergebnis konstruiert, aus dem Coppi als erster Träger des Rosa Trikots ermittelt wurde. Trotzdem ist die Etappe denkwürdig: Zum ersten Mal in der Geschichte des Giro wurde im Fernsehen auch von unterwegs berichtet; der Zuschauer zu Hause saß von nun ab bei der Italienrundfahrt in der ersten Reihe. Prominentester unter ihnen war in den folgenden Tagen Loretto Petrucci. Er hatte sich vor kurzem einer Nasenoperation unterzogen und war entgegen dem ärztlichen Rat gestartet. Nach vier (!) Kilometern war die Rundfahrt für ihn zu Ende. Wegen Kopfweh und Atembeschwerden gab Loretto auf.

Für Aufsehen sorgte auch das offizielle Bulletin der Rundfahrt, dessen Redakteuren scheinbar der Schalk im Nacken saß: „Die Herren Careddu,

Della Pira, Arcidiacono und Normanno aus dem Begleittroß werden mit je 10 000 Lire Geldstrafe belegt, weil sie während des Rennens einigen Fahrern in verwerflicher Absicht Chianti verabreichten, der sich nicht als *CHIANTI BARTALI*, der Wein der ewigen Jugend, erwies."

Die 2. Etappe *Palermo-Taormina* (280 km) führte zum großen Teil an der Küste entlang, hatte aber gegen Ende zu mit der Portella Mandrazzi (1125 m) ein formidables Hindernis parat. Bereits um 6.30 Uhr rollte die Girokarawane in den sizilianischen Morgen hinaus. Es war, wie am Vortag, empfindlich kühl, aber die Rennleitung hatte vorgesorgt und die lange Etappe mit besonderen Ködern gespickt. Unterwegs waren vier der insgesamt 64 Spurtwertungen eingebaut, die für das Punkteklassement zählten. Hier konnten sich die Fahrer erwärmen. Besonders Rik Van Steenbergen war von diesen Einlagen angetan, er holte sich zwei der *traguardi volanti*, die dritte entschied Coppi für sich. Übrigens seine letzte Großtat an diesem Tag. Denn in den Kehren des Mandrazzi griff Minardi beherzt an, kletterte allen davon und holte sich nach einer Triumphfahrt in 8:08:19 Stunden den Etappensieg.

Unterwegs ereignete sich inzwischen ein Trauerspiel. Coppi bekam Magenschmerzen und geriet in eine arge Krise. Er bemühte sich verzweifelt, nicht zu viel an Boden einzubüßen, aber er war mit einem Rückstand von 11:29 Minuten und Rang 15 der große Verlierer des Tages. Minardi übernahm sein Rosa Trikot.

Sofort hatte man bei der Presse den in diesen Gegenden üblichen Verdacht zur Hand: Fischvergiftung! Die köstlichen, aber gefährlichen *frutti di mare* sollten der Grund gewesen sein. Aber Coppi vermied als Gesundheitsfanatiker Austern und Muscheln, das konnte also nicht zutreffen. Der Grund lag ganz einfach in seinem privaten Drama. Das schlug sich auf den Magen. Jeden Abend telefonierte er mit Giulia und bedauerte seine Abwesenheit. Zugegebenermaßen keine gute Basis für Erfolg bei einem schweren Etappenrennen.

Coppi hatte es sich auch, unverschuldet, gründlich mit den sizilianischen Fischern verdorben: „Unsere Ware ist einwandfrei!", entrüsteten sich die Jünger Petris von Palermo bis Messina. Und sie hatten natürlich sofort wieder einen Helfer für ihre Aktion gegen Coppi zur Hand: Bartali. Tags darauf prangte im Schaufenster einer Fischhandlung in Palermo ein riesiges Photo. *Ginettaccio* saß an einem mit Austern und Fischen reich gedeckten Tisch: „Ihm schmeckt's!", stand unübersehbar darunter. Rivalität ist schon etwas Schönes.

Auch das offizielle Bulletin gab wieder seinen Senf, pardon Käse, dazu: „Unverantwortliche Elemente haben zwischen Capo d´Orlando und Patti einige Fahrer mit Käse von der Rennstrecke gelockt. Vor ähnlichem Mißbrauch wird in Zukunft gewarnt, wenn nicht der berühmte Käse *EGIDIO GALBANO DI MELZO* verwendet wird. Nur sein Genuß rechtfertigt ein Abweichen vom Rennkurs." Wer wollte da behaupten, Offizielle hätten keinen Humor.

Zur 3. Etappe *Reggio di Calabria - Catanzaro* (172 km) wurde von Sizilien auf das Festland gewechselt. Die Strecke verlief fast eben und hatte lediglich drei kleinere Hügel im Profil, an denen zuerst der Italiener Gianneschi und der spanische Bergkönig Jesus Lorono ihre Gangschaltungen testeten, denn zu mehr waren die Erhebungen nicht geeignet (dafür hatten die Fahrer auf den insgesamt 445 Kilometern Steigungen des Giro, bei denen die effektiv zu bewältigende Höhe die stattliche Zahl von 28 000 Meter erreichte, noch genügend Gelegenheit).

Dann entwischten sechs Fahrer und der Sieger der Etappe schien bereits innerhalb der Ausreißergruppe festzustehen. Aber unmittelbar vor dem Ziel schloß Nino Defilippis nach einer grandiosen 30-km-Verfolgungsjagd zu den Spitzenreitern auf und besiegte das verblüffte Häuflein nach 5:20:04 std mit einem energischen Endspurt. Die Gruppe der Favoriten mit Coppi und Koblet erschien nach 6:13 Minuten. In der Gesamtwertung gab es nur geringfügige Veränderungen. Minardi konnte sein Rosa Trikot verteidigen, obwohl ihm die Jury 30 Sekunden Strafzeit aufgebrummt hatte, da er sich unterwegs von Mannschaftskameraden hatte anschieben lassen.

Die 4. Etappe *Catanzaro-Bari* (352 km) war die längste Etappe des ganzen Giro. Abgesehen von den fünf Spurtwertungen unterwegs, die besonders Rik Van Steenbergen auf den Plan riefen, verliefen die ersten 300 Kilometer der Mammut-Etappe recht ereignislos. Keine Überraschung, denn von jeher war bekannt, daß die Fahrer bei solchen Anlässen mit ihren Kräften sparen, um die Schlußattacken meistern zu können. Erst im Anstieg nach Gioia del Colle (360 m) kam Leben in die Kolonne. Eine Fünfergruppe, der später weitere fünf Fahrer folgten, machte sich auf den Weg. Das Feld reagierte nicht und so konnten die beiden Gruppen ihren Vorsprung behaupten. Den Tagessieg holte sich nach 11:30:07 std Angelo Conterno. Mit einem Rückstand von 1:31 Minuten traf die zweite Ausreißergruppe ein, nach 3:44 Minuten das Hauptfeld, wobei Corrieri den Spurt vor Koblet gewann.

Unterwegs und im Ziel verfolgten unzählige Zuschauer an der Strecke das Rennen. In den übrigen Regionen, in Mittel- und Norditalien saßen die Radsportanhänger vor den Fernsehern (die Nachfrage nach TV-Geräten war enorm!) oder standen in Gruppen vor den Auslagefenstern der Elektrogeschäfte, um alle halbe Stunde den Direktübertragungen zu folgen, den Worten des Starreporters Rosati zu lauschen, beim Anblick ihrer Idole Bartali, Coppi, Magni und Koblet ins Delirium zu fallen, und Abends ab 20.30 Uhr, wenn die tägliche Zusammenfassung < *senza freni* > - was so viel bedeutet wie „ohne Bremsen“ - ungebremst bis Mitternacht über das Rennen zu diskutieren. Ein neues Zuschauerzeitalter war angebrochen!

Gelegenheit zum Fernsehen hatten auch die Fahrer. In Bari stand nämlich ein Ruhetag an.

Dann ging es quer durch Süditalien, über den Apennin, denn die 5. Etappe *Bari-Napoli* (279 km) führte den Girotroß wieder an die Westseite Italiens.

Dabei rechnete man nach dem Erholungstag im schönen Bari mit einer beträchtlichen Unternehmungslust der Rennfahrer.

Daraus wurde nichts. Kilometer um Kilometer rollte das Feld im Touristentempo, mit dem Erfolg, daß die frühzeitig ausgerissenen Prämienjäger - Gismondi, Corrieri, Baronti, Voorting (und dem bei solchen Anlässen leider unvermeidlichen Van Steenbergen im Gefolge) - keine Mühe hatten, ihren Vorsprung ständig zu vergrößern. Als man ihnen hinterbrachte, daß ihr Abstand zum Feld inzwischen über eine Viertelstunde betrug, brach eitle Freude aus und die Gesellschaft war nicht mehr zu halten. Nun brauchte man auf die Großen, auf die Mannschaftskapitäne, keine Rücksicht mehr zu nehmen. Sogar Gismondi, der doch gegenüber Coppi eine eiserne Disziplin gewöhnt war, übernahm nun mehr und mehr Anteil an der Führungsarbeit und rollte an der Spitze der Gruppe. Nach dem Geschmack von Baroni und Corrieri zu schnell, denn sie verloren den Anschluß und fielen zurück.

Inzwischen brauste, stark beachtet, der Mannschaftswagen von BIANCHI nach vorne. Coppis Clan hatte sich offensichtlich mit der Situation abgefunden und versuchte nun die Trumpfkarte Gismondi zu spielen, mit ihm den Etappensieg zu erringen. Der Passo di Mirabella, mit seinen bescheidenen 405 Höhenmetern, genügte auch vorerst, Van Steenbergen und später Voorting, zu deren Stärken das Klettern bekanntermaßen nicht gehörte, abzuhängen. Vorerst, denn als Gismondis Vorsprung bereits mehr als zwei Minuten betrug, begann Rik Van Steenbergen mit einer tollen Verfolgungsjagd, wobei dem Belgier bestimmt auf den letzten 40 Kilometern, ab der Überschreitung des letzten Hindernisses in Gestalt des Monteforte Irpino (345 m), die lange Talfahrt zu Gute kam. Er holte Voorting ein und das holländisch-belgische „Tandem" brachte Gismondi in Neapel nach 7:45:29 std zur Strecke, wobei der Etappensieg von *Rik* reine Formsache war.

Dann begann das große Warten: nach 5:22 min kamen die abgehängten Baroni und Corrieri ins Ziel; dann folgte eine zweite Gruppe und nach 21:31 Minuten (!) kam das Feld mit sämtlichen Favoriten an. Ein gellendes Pfeifkonzert empfing die Großen. Sie hatten sich den unfreundlichen Empfang durchaus verdient.

In der Gesamtführung übernahm Gerrit Voorting mit einem Vorsprung von 15:04 Minuten vor Minardi die Spitze. Coppi lag an 11. Stelle und hatte einen Rückstand von 24:29 Minuten auf seinem Konto.

Die Veranstalter des Rennens versuchten den Assen die Leviten zu lesen. Doch die Moralpauke nützte wenig. Während der 6. Etappe *Napoli-L´Aquila* (252 km), durch die Ausläufer der Abruzzen, wiederholte sich die blamable Aufführung vom Vortag.

Als nach 30 Kilometern die Prämienjäger ihre Tätigkeit aufnahmen - diesmal ausnahmsweise ohne Rik Van Steenbergen, der es vorzog, nach den Strapazen vom Vortag eine Verschnaufpause einzulegen -, ließ man die Kleinen gewähren und bummelte durch die Gegend. Die Ausreißer hatten die

Gunst der Stunde schnell erkannt und rollten flott und zügig, sogar mit einem Vorsprung auf die Marschtabelle, vorbei am Monte Cassino, entlang dem Liri.

Im Feld tat man nach wie vor so, als ginge einem das alles nichts an. Zehn, fünfzehn, zwanzig Minuten lagen die Großen mit ihrem Anhang zurück, und kein Zuruf, kein Pfeifkonzert vermochte die Asse zu beirren. Coppi und seine Mitstreiter absolvierten seelenruhig ihre Spazierfahrt.

Dabei hätten sie allen Grund gehabt, aufzuschrecken. In der Vorausabteilung befand sich nämlich der Schweizer Clerici (um genau zu sein, der gebürtige Italiener war das erst seit zwei Monaten), aber er hatte mit dem Wechsel der Nationalität auch seine Freunde getauscht und war nun ein Busenfreund von Hugo Koblet. Besonders Coppi hätte sich an das Vorjahr erinnern müssen! (Der aufmerksame Leser wird das tun: Damals nahm man den zu dieser Zeit noch „Italiener" aus dem Rennen, weil er ganz offensichtlich dem Schweizer Koblet Beihilfe geleistet hatte).

Dieser Clerici packte die günstige Gelegenheit natürlich beim Schopf. Nicht jeden Tag werden einem beim Giro dreißig Minuten geschenkt. Nacheinander hängte er seine Fluchtgenossen ab: den Niederländer Thijs Roks, den Belgier Ward Peeters und den Schweizer Martin Metzger. Bei letztgenanntem war man sich nicht so sicher, ob er nicht einen eventuell nach vorne kommenden Koblet unterstützen sollte. Aber dazu kam es nicht. Nach 7:03:50 std behauptete sich Clerici gegen seinen letzten Fluchtgefährten Asirelli und gewann die Etappe.

Eine denkwürdige. Mit einem Rückstand von 11:24 Minuten rollte Peeters als Dritter ins Ziel. An vierter Stelle folgte Metzger (13:03 min zurück) vor Roks (15:28 min). Dann kam Nencini (24:17 min) vor seinem Landsmann Conterno und einigen anderen Fahrern, die dem bummelnden Feld entwischten und einige der buchstäblich auf der Straße liegenden Minuten einheimsten.

Nach 34:16 Minuten (!) war endlich die Hauptgruppe mit allen Favoriten (man muß allmählich mit diesem Begriff vorsichtig umgehen) zur Stelle und die Jury konnte mit dem Rechnen beginnen. In der Gesamtwertung gab es eine radikale Umwälzung. Clerici, am Vortag noch mit mehr als 14 Minuten im Rückstand, lag nun mit 13:43 Minuten vor dem Zweitplazierten, dem Italiener Asirelli. Hugo Koblet rangierte 34:24 Minuten zurück an 11. Stelle und Fausto Coppi nahm mit einem Rückstand von 39:06 Minuten (!) den 17. Platz ein.

Was war mit dem Weltmeister los? Willensschwach, gleichgültig, geradezu geistesabwesend spulte er sein Pensum herunter. Wollte er seine schärfsten Mitkonkurrenten in eine Falle locken und den gesamten Rückstand in den Dolomiten wettmachen? Wie auch immer, zu dieser Zeit sah der *Campionissimo* alt aus. Er hatte zwar eine Entschuldigung zur Hand: „Nach dem Zeitfahren hat man mich im offenen Wagen ins Hotel gebracht. Dabei habe ich mich erkältet." Glauben wir ihm das. Alt sah er trotzdem aus.

Auch für Bartali (aber der war es ja), und Koblet galt die Entschuldigung, daß sie ihre Mannschaftsgefährten unterstützt hatten. Magni, Minardi,

Soldani, Coletto, Fornara und alle anderen Häuptlinge gerieten ebenfalls in das Kreuzfeuer der Kritik von Presse, Rundfunk und Fernsehen. Ein Donnerwetter entlud sich über die Häupter der Großen; Journalisten und Kommentatoren lästerten was das Zeug hielt.

Auch die Pfeifkonzerte der letzten beiden Tage dröhnten den Assen noch böse in den Ohren. Man war sich einig, da mußte etwas geschehen, bevor Rundfahrtleiter Torriani aus der Haut fährt.

Möglichkeiten zur Wiedergutmachung gab es auf der 7. Etappe *L'Aquila-Roma* (150 km). Allerdings war infolge der relativ kurzen Distanz keine große Umwälzung im Gesamtergebnis zu erwarten. Aber man konnte sich wieder bei den Medien einschmeicheln und etwas für das angekratzte Image tun. Gesagt, getan; bereits nach 20 Kilometern eröffnete Bruno Monti die Feindseligkeiten und stiefelte davon. Fast sämtliche Großen hinterher. Lediglich Bartali, Minardi und das Rosa Trikot - Clerici - fehlten. Es entwickelte sich ein veritables Verfolgungsrennen zwischen der siebzehnköpfigen Spitzengruppe und dem Feld, in dem die genannten drei Fahrer die Hauptlast der Führungsarbeit übernahmen. Besonders Bartali rackerte wie ein Berserker, unterstützt von Clerici, der möglichst viel von seinem Vorsprung behalten wollte.

Wenige Kilometer vor dem Ziel betrug der Abstand nur noch 2:50 Minuten. Die Anstrengung hatte sich also gelohnt, nichts war angebrannt. Da Rik Van Steenbergen im Spitzenrudel rollte, rechnete man allgemein auch mit seinem zweiten Etappensieg. Auf der Aschenbahn im *Stadio Olimpico* galt aber noch immer die Redewendung des römischen Lustspieldichters Plautus (etwa 254 - 184 v. Chr.): < *abducet praedam, qui occurrit prior* >, was soviel bedeutet wie: „Die Beute nimmt, wer zuerst kommt." Und das war Giorgio Albani. Er sicherte sich bei der Einfahrt in das Stadion die wichtige Spitzenposition und holte sich nach 3:40:40 std den Etappensieg vor Koblet und Coppi. Mit einem Rückstand von 2:50 Minuten brauste das Feld mit mehr als 50 Fahrern auf die Piste. Hier hatte Benedetti die Nase vorne.

Clerici behielt natürlich sein Rosa Trikot. Nun lag jedoch wieder Voorting auf Rang zwei (11:47 Minuten zurück). Roks und Peeters hatten ihr Pulver offensichtlich am Vortag verschossen, beide gaben das Rennen auf. Coppi hatte zwar fast drei Minuten gutgemacht, lag aber immer noch 36:16 Minuten hinter dem Spitzenreiter.

Auf der 8. Etappe *Roma-Chianciano* (195 km) konnte sich zum ersten Mal ein deutscher Fahrer in Szene setzen, nachdem die Bilanz für unsere Berufsfahrer alles andere als berauschend war: 1. Etappe (letzter Platz beim Mannschaftszeitfahren), 2. Etappe (Franz Reitz als bester Deutscher auf Rang 17), 3. Etappe (Reitz auf Rang 21, Günter Otte wegen Zeitüberschreitung aus dem Rennen genommen), 4. Etappe (Pfannenmüller als Nachzügler im Zielraum schwer gestürzt), 5. Etappe (Pfannenmüller aufgegeben, Reitz als bester Deutscher auf Rang 27), 6. Etappe (Müller und Preiskeit wegen Zeitüberschreitung aus dem Rennen genommen), 7. Etappe

(Reitz immer noch bester Deutscher). Wer war nun dieser deutsche Fahrer, der das Interesse der Zuschauer auf sich lenken konnte?

Zurück zur 8. Etappe, die durch das ehemalige Reich der Etrusker führte. Aber für die geschichtsträchtigen Orte Sutri, Viterbo, Montefiascone, Orvieto und Ficulle hatten die Fahrer kein Auge, insbesondere der italienische Nachwuchsmann Giovanni Pettinati nicht, der frühzeitig einen Einzelvorstoß unternommen hatte und damit die Pläne der „Prämienhaie" gründlich durchkreuzte. Drei dieser Geldquellen konnte er erfolgreich anzapfen, als sich ein Verfolgerquartett aufmachte, um dem Soloritt ein Ende zu bereiten: der Niederländer Wagtmans, die Italiener Sartini und Serena sowie erfreulicherweise der Deutsche Rudi Theissen. Das Feld drückte ein Auge zu und ließ auch diese Gruppe ziehen. Aber Petenatti war entschieden dagegen, daß man ihm den schönen Tag vermiest und kurbelte entschlossen dem Ziel entgegen. Mit einer solchen Begeisterung, daß er es nach 5:56:18 std mit einem Vorsprung von 2:21 Minuten auf Wagtmans und 2:25 min auf die restlichen drei Verfolger erreichte. Dann tauchte zum ersten Mal der Name eines Deutschen unter den ersten Zehn im Tagesklassement auf: Rudi Theissen, Platz vier. Ein bescheidener, aber erwähnenswerter Erfolg. [Erinnern wir uns an dieser Stelle ganz kurz an alte Zeiten: 1932 konnte Kurt Stöpel auf diesem Terrain, bei der 10. Etappe Rom-Florenz, ebenfalls Platz vier erreichen; 1934 war es dann Karl Altenburger, der auf der 6. Etappe Rom-Neapel - wie kann es anders sei - den vierten Platz für sich buchen konnte].

Nach dieser kleinen Auswahl deutscher Erfolge beim Giro (es waren noch eine Menge mehr!) zurück in das Jahr 1954. Die 9. Etappe *Chianciano-Firenze* (180 km) endete in der Metropole der Toskana, in Bartalis Heimat. Zweifellos hätte das Florentiner Publikum einen Erfolg seines Idols *Ginettaccio* am liebsten gesehen. Aber ähnlich wie bei der Toskana-Rundfahrt, die ja bekanntlich kurz vor dem Giro stattgefunden hatte, war Coppi auch hier der Spielverderber. Um genau zu sein, er fiel vollkommen aus der Rolle. Ein Benehmen, das bei dem stillen und zurückhaltenden Coppi außergewöhnlich war. Zuerst hatte er unterwegs mit dem Schweizer Croci-Torti ein Wortgefecht, bei dem er nur mit Mühe von seinen Kollegen abgehalten werden konnte, handgreiflich zu werden. Dann hatte er es auf Bartali abgesehen. Mit Argusaugen bewachte er seinen Rivalen und erstickte mit Hilfe seiner Domestiken jeden Versuch Ginos, das Weite zu suchen. Immerhin gelang es Bartalis Adjutanten Corrieri eine Ausreißergruppe einzufangen und im Spurt seine Fähigkeiten auszuspielen. Von den Massen begeistert gefeiert, flitzte der Sizilianer nach 5:06:56 std über die Ziellinie. Bartali nahm auf seine Art Rache: Er kam auf Platz 27, Coppi nur auf den 34. Rang.

Nach dem Vorfall mit Croci-Torti wurde auch dem letzten Beobachter im Girotroß klar, daß mit dem *Campionissimo* etwas nicht stimmen konnte. Emilio De Martino, Chefredakteur von *Sport illustrato,* versuchte seinen Lesern zu erklären, daß Coppi in diesem Jahr aus physischen und psychischen

Gründen nicht in der Lage wäre, in einem langen und schweren Etappenrennen seine glorreichen Erfolge der letzten Jahre zu wiederholen (Man wird drei Tage später, am Ziel in Genua, endgültig erfahren warum).

Von der 10. Etappe *Firenze-Cesenatico* (211 km) wurde seit Tagen geredet. War sie doch die erste echte Bergetappe des Giro. Zwar konnte man sie nicht mit den Alpen und Dolomiten vergleichen, aber sie war eine harte Nuß. Coppi und die anderen Favoriten mußten endlich etwas unternehmen, um ihren „astronomischen" Rückstand zu verringern, wobei man von Koblet kaum den Anstoß dazu erwarten durfte. Der Schweizer wußte seinen Mannschaftsgefährten und Freund im Rosa Trikot und war bereit, ihm bei der Verteidigung zu helfen. Aber wenn Fausto angriff, konnte Hugo nicht beiseite stehen.

Den ersten Angriff startete Metzger. Das war doch einer der Ausreißer bei der denkwürdigen 6. Etappe? Was hatte der Eidgenosse diesmal vor? Fuhr er auf eigene Kappe oder war er die Vorhut für einen Angriff von Clerici und Koblet? Die Fragen erübrigten sich. Eine Reifenpanne machte das Manöver zunichte.

Nun übernahm De Santi alleine die Spitze. Doch bald nahte, inzwischen regnete es in Strömen, der Spanier Lorono. Der Bergkönig der vorjährigen Tour de France sah nach 30 Kilometern seine Chance für gekommen, denn der Aufstieg zum Passo di Consuma (1060 m) begann.

Auf der Paßhöhe lag er klar in Front. Auch nach 75 Kilometern, auf dem Passo di Mandrioli (1173 m) dominierte er unübersehbar, obwohl ihm unterwegs ein Schaltungsdefekt zu schaffen gemacht hatte. Der Anstieg hinauf nach Perticara (655 m) nach 130 Rennkilometern wurde Lorono jedoch zum Verhängnis. Der Regen hatte sich verzogen, nun hüllten Staubwolken die Fahrer ein. In den steilen Kehren (mit bis zu 17% Steigung) verlor der Spanier zusehends an Boden.

Bald hatte ihn sein unmittelbarer Verfolger, der Italiener Volpi, eingeholt und zog an ihm vorbei. Aber auch Volpi konnte sich nicht lange an der Führung freuen, denn Fornara, ein ausgezeichneter Kletterer, hatte an der Steigung seinen rechten Geschmack. Auf der Paßhöhe lag er nur noch wenige Sekunden hinter Volpi, dann war er heran und vorbei.

Nun war Fornara bereit, das Abenteuer auch zu Ende zu führen. In San Marino (465 m) trennten ihn bereits drei Minuten vom Feld und nun galt es nur noch die Abfahrt nach Rimini und den Rest nach Cesenatico herunterzuspulen. Die Rechnung schien aufzugehen.

Aber wie so oft wurde sie ohne den Wirt gemacht. Der erschien in Gestalt von Barozzi auf dem Plan. Nach der Spurtwertung in Rimini schoß er urplötzlich davon. Obwohl sich Giudici, ein Mannschaftsgefährte von Fornara, als „Polizist" an sein Hinterrad hängte und jede Führungsarbeit verweigerte, gewannen die beiden Verfolger ständig an Boden. Fornara ließ immer mehr nach. Verzweifelt versuchte ihn sein Mannschaftsleiter Cottur, selbst ehemaliger Berufsfahrer, aufzumuntern, aber *Pasqualino* glaubte nicht mehr an sich.

Zwei Kilometer vor Cesenatico wurde er eingeholt. Im Spurt triumphierte der frische Giudici nach 6:15:25 std vor Barozzi und Fornara. Übrigens mit hauchdünnem Vorsprung, denn schon nach 12 Sekunden brauste das Hauptfeld mit Coppi, Koblet und Clerici über den Zielstreifen. Im Gesamtergebnis hatte sich nichts verändert. Die angeblich so entscheidungsvolle erste Kletterpartie war ausgegangen wie das Hornberger Schießen. Diesmal verfeuerten die Verlierer nicht wie anno 1519 nutzlos einhundert Schuß, sondern waren nach 211 Kilometern genau so plaziert wie beim Start am Morgen.

Nicht alle. Der Deutsche Matthias Pfannenmüller erreichte das Ziel erst nach Kontrollschluß und wurde von der Rennleitung aus dem Wettbewerb genommen.

Der zweite Teil der Apennin-Kletterei in Gestalt der 11. Etappe *Cesenatico-Abetone* (230 km) führte über Imola, Bologna und Modena zum Abetone (1388 m). Das Etappenziel lag auf der Paßhöhe, nach einem anstrengenden, 80 Kilometer langen Anstieg, und hätte für die Großen eine günstige Gelegenheit für Attacken geboten.

Hätte; aber die Erwartungen platzten wie eine Seifenblase. Außer einigen unbedeutenden Geplänkel ereignete sich nichts von Bedeutung, sieht man einmal davon ab, daß sich die beiden letzten im Rennen verbliebenen Deutschen, Franz Reitz und Rudi Theissen vom Giro verabschiedeten. Sie traten nicht mehr zum Start an.

An ihnen lag es also nicht, daß nach 7:04:10 std der Italiener Mauro Gianneschi mit zwei Sekunden Vorsprung vor Grosso und Franchi die Etappe für sich entschied. Das hätten Coppi & Co. verhindern müssen. Aber Fausto traf als Fünfter ein (1:09 min zurück), Koblet als Achter (1:22 min), Bartali, Magni und Clerici rollten gemeinsam nach 2:10 Minuten über die Linie. Klar, das letzte Wort über den Ausgang der Italienrundfahrt muß nun in den Alpen und Dolomiten gesprochen werden.

Die Entscheidung der 12. Etappe *Abetone-Genova* (250 km) fiel frühzeitig und vor den Augen von Millionen von Zuschauern, denn das italienische Fernsehen übertrug zum ersten Mal eine ganze Etappe „live“. Bereits nach 30 Kilometern entwischte der junge Belgier Couvreur, in seinem Gefolge die Italiener Ciolli, Soldani und Ponzini. Alle lagen im Gesamtergebnis weit zurück, fast eine Garantie dafür, daß das Feld nicht nachsetzt und das Unternehmen zu einem guten Ende führt.

Genau so kam es. Die Spurtwertungen unterwegs, aber auch die Aussicht auf Verbesserung der Plazierungen im Gesamtergebnis, sorgten für eine flotte Fahrt des Quartetts und bald begann der Abstand zum Feld Ausmaße anzunehmen, die an die Bummelfahrten in Süditalien erinnerten. Bis zu 18 (!) Minuten lag die geschlossene Hauptmacht zurück und allmählich mußten sich die Großen Gedanken machen, was man dagegen tun könnte.

Sie mußten sich den Kopf nicht allzusehr zerbrechen, denn von vorne kam die Kunde, daß sich bei den Ausreißern Verschleißerscheinungen bemerkbar machen. Zwar lag die Vierergruppe nach 180 Kilometern auf dem Passo di Bracco (613 m) zusammen, doch wenig später fielen Ciolli und Soldani zurück. Für sie war der Ausflug zu Ende. Als dann noch Ponzini wegen eines Defektes an der Gangschaltung absteigen mußte und eine längere Reparaturpause einlegte, wagte Couvreur alleine die Flucht nach vorne. Der Belgier, der im Stil seinem berühmten Landsmann *Briek* Schotte ähnelte, bewies auf den restlichen 20 Kilometern bis ins Ziel, daß er durchaus in der Lage war, die Tradition der *Flandriens* fortzusetzen, der Männer aus Flandern, die durch die harte Radfahrerschule ihres Landes gegangen sind. In einer furiosen Alleinfahrt wehrte er sich gegen die Nachsetzversuche der Italiener und erreichte nach 6:54:15 std mit 4:59 min Vorsprung das Ziel. Clerici behielt sein Rosa Trikot, Coppi seine Zurückhaltung, aber nicht sein Gewicht.

Der *Campionissimo* hatte inzwischen 5 Kilo abgenommen und wog nun nur noch 69 Kilogramm. Vielleicht ein Grund dafür, daß der Weltmeister nicht die Leistung brachte, die man vom Träger des Regenbogentrikots erwartete. Aber wo lagen die Gründe für den abnormalen Gewichtsverlust? Bestimmt war dafür Coppis seelischer Zustand verantwortlich. Ein Coppi mit klarem Kopf hätte bei der Auseinandersetzung mit Koblet und den anderen Gegnern wohl einmal Federn gelassen, aber kein Gramm an Substanz verloren.

In Genua wartete der eigentliche Grund für Faustos Gemütszustand in Form von Giulia Locatelli. Sie teilte ihm mit, daß sie ihren Mann und ihre Kinder verlassen will. Ein Journalist schnappte die Neuigkeit auf. Die Mailänder Zeitung *Oggi* brachte die Story, garniert mit Fotos der beiden, und erinnerte an die Vorkommnisse im letzten Jahr. Der Skandal war perfekt!

Im Italien von 1954, in einer Zeit, in der sogar zweiteilige Badeanzüge verboten waren, männliche Statuen aus Marmor und Gips an bestimmten Stellen (selbst wenn sie nicht hervortraten) ein Feigenblatt zu tragen hatten, und Ballettänzerinnen bis zum Hals zugeknöpft ihre Pirouetten drehten, war Coppis Verhalten für die breite Masse der direkte Weg in die Hölle. Sie gaben dem *Campionissimo* entlang der Straßen des Giro durch wilde Pfeifkonzerte zu verstehen, was sie davon hielten, daß ein berühmter Radsport-Star einem angesehenen Professor die Frau wegnimmt und seine eigene, die brave Signora Bruna, zu Hause sitzen läßt.

Das drückte natürlich auch auf die Moral der italienischen Mannschaft. Dort hatte man inzwischen auch erkannt, daß etwas gegen die Schweizer geschehen müsse und so lag bei der 13. Etappe *Genova-Torino* (211 km) schon am Start eine gewisse Großkampfstimmung in der Luft.

Der Tagesabschnitt begann mit den üblichen Scharmützeln bei den Spurtwertungen. Kein Grund für die Eidgenossen, in Panik auszubrechen. Das änderte sich wenig später schlagartig. Coppi, Magni und andere traten zum Angriff an. Koblet und Schär erkannten den Ernst der Lage und konnten gerade noch auf den abfahrenden Schnellzug aufspringen, Clerici verpaßte die Gelegenheit.

Nun entwickelte sich ein formidables Verfolgungsduell. Die Ausreißer kurbelten, was die Beine hergaben. Besonders Coppi, Magni und ihr Landsmann Massocco legten sich mächtig ins Zeug. Koblet und Schär versuchten zwar, Sand ins Getriebe zu bringen, konnten aber nicht verhindern, daß der Vorsprung auf eine Minute wuchs, und nur noch 80 Kilometer zu fahren waren. Der erste große Schlag gegen das Rosa Trikot schien geglückt.

Clerici behielt in dieser heiklen Situation die Übersicht. Mit den restlichen Schweizer Fahrern organisierte er die Verfolgung, fand aber auch in Bartali und Defilippis Genossen, die bereit waren, Coppi die Suppe zu versalzen. Dem „Alten" schien es Genugtuung zu bereiten, Clerici zu unterstützen (allerdings stand seine Plazierung ja auch auf dem Spiel) und Defilippis war immer bereit, mit Coppi die Klinge zu kreuzen.

Es wurde eine grandiose Jagd. Zwanzig Kilometer; dann kam Clerici auch noch der Regen zu Hilfe. Der nasse Asphalt, das schlüpfrige Pflaster, weckten in Coppi die unangenehmen Erinnerungen an Turin und sein Tatendrang war vorbei. Damit war der eigentliche Motor abgestellt, Koblet und Schär brauchten nicht mehr so oft besorgt umzublicken. Clerici nahte und der ganze Spuk war vorbei.

Nun versuchten die Schweizer den *Campionissimo* aufs Glatteis - in diesem Fall auf das nasse Parkett - zu führen. Zweimal schien das Koblet und seinen Mannen zu gelingen, aber beide Male vereitelte Coppi die Absicht von *Hugo national*.

Weniger energisch war der Italiener beim Vorstoß einer Gruppe nicht so prominenter Fahrer. Aus dieser Achtergruppe kam auch der Etappengewinner: Nach 5:33:58 std rollte Wout Wagtmans als Sieger über den Zielstrich. Hinter dem ersten holländischen Etappensieger bei dieser Rundfahrt landeten Albani, Favero, der Spanier Botella, der Schweizer Metzger, Massip, Coletto und Barozzi. Damit hätten wir die acht Ausreißer. 36 Sekunden später traf Benedetti vor dem Schweizer Schär ein; dann das Hauptfeld, angeführt von Defilippis. Unschwer ist zu erkennen, daß sich im Gesamtergebnis nichts geändert hatte.

Die 14. Etappe *Torino-Brescia* (240 km), eben wie ein Brett, bot nur geringe Angriffsmöglichkeiten, und so schonten sich die Anwärter auf den Sieg. Um so heftiger rauften sich die im Gesamtergebnis weniger gut Plazierten unterwegs um die Spurtwertungen, inszenierten Jagden und brachten Leben in die Kolonne. Van Steenbergen, Albani, Corrieri, Serena und Van Est kassierten die Prämien, dann erhielt Gaggero im Hinblick auf den ruhigen Verlauf der Etappe von seinem Chef Coppi „Ausgang".

In Busto Arsizio (120 km) hatte er bereits zwei Prämien in der Tasche und 45 Sekunden Vorsprung. Dann gings nach Mailand, ohne daß der Giro in den Mauern der lombardischen Hauptstadt wie gewohnt Halt machte. Den machte einzig der unglückliche Gaggero. Ein Pedalschaden zwang ihn dazu.

Inzwischen rollten die Verfolger heran, passierten den Pechvogel und machten sich allmählich für den Endspurt bereit. Benedetti und Brasola galten als besonders aussichtsreich. Brasola machte auch nach 6:33:45 std als Etappensieger mit der obligatorischen Ehrendame Bekanntschaft, Benedetti mit dem rauhen Asphalt. Er stürzte kurz vor dem Ziel. Die Großen hatten sich wieder einmal eine Atempause gegönnt und trafen mit einem Rückstand von 12:45 Minuten ein! In der Gesamtwertung hatte sich nichts geändert. Clerici führte unangetastet mit 12:53 Minuten Vorsprung vor dem Holländer Gerrit Voorting; Koblet lag 28:31 Minuten zurück; Coppi hatte einen Rückstand von 35:17 Minuten.

Das war viel. Fausto hätte in Ruhe darüber nachdenken können, ob beim kommenden Zeitfahren oder in den Dolomiten und Alpen noch eine Möglichkeit bestand, das Blatt zu wenden, denn in Brescia war Ruhetag. Die letzte Ruhe vor dem Sturm.

Doch der begann für Coppi bereits am Gardasee. Seine Frau Bruna war aus Novi Ligure angereist und hatte ihn und Giulia beim gemeinsamen Abendessen beobachtet. Auch die Kunde von einer Bootsfahrt mit einem Fan kam ihr zu Ohren. Leider lautete die Kunde im Originalton: <*Fausto in barca con una misteriosa bella tifosa*>. Und eine <*bella tifosa*> ist nun einmal ein Fan weiblichen Geschlechts.

Neben Bruna wurden auch Reporter fündig. Fausto hatte sich mit seinem BIANCHI-Team im Hotel *Riva di Trento* einquartiert. Dort war in der dritten Etage auch ein Zimmer für einen anonymen Gast bestellt. Schnell war das Geheimnis gelüftet. Im Hof spielte ein reizendes Mädchen, etwa acht Jahre alt. Nach einiger Zeit wollte es zurück ins Haus: „Ich möchte zu meinem Onkel Fausto. Ich bin seine Nichte.“

Wer hätte das gedacht? Coppi hat eine Nichte? Natürlich nicht. Das Mädchen war die Tochter der Dame im dritten Stock: das Kind von Giulia Locatelli.

Fehlt nur noch Dr. Locatelli selbst. Der hatte vom Ausflug seiner Gattin Wind bekommen und war auf dem Weg zum Gardasee. Freunde von Coppi gaben sofort Alarm. Man war sich nicht sicher, ob der ehemalige Militärarzt bewaffnet war...

Unabhängig von Coppis Privatleben stand am Pfingstsonntag die 15. Etappe *Gardone - Riva del Garda* auf dem Programm. Sie brachte das mit Spannung erwartete Einzelzeitfahren über 42 Kilometer. Die „Affäre Coppi“ spielte aber auch hier eine Rolle. Ein großes Polizeiaufgebot kontrollierte die anrollenden Fahrzeugschlangen und erst als anzunehmen war, daß der unberechenbare Dr. Locatelli - wenn überhaupt - dann nur auf unwegsamen Gebirgspfaden die Rennstrecke mit Verspätung erreichen konnte, wurde das Rennen freigegeben. Zur Sicherheit früher als vorgesehen.

Im Abstand von zwei Minuten gingen die Fahrer auf die Strecke und von Anfang an war klar, daß die Entscheidung nur zwischen Coppi und Koblet fallen konnte. Der Schweizer begann verhalten, führte aber schon nach der Hälfte der Strecke mit 20 Sekunden Vorsprung vor Coppi. Koblet konnte auf dem zweiten Teil des Rennens seinen Vorsprung um weitere 7 Sekunden vergrößern, dabei seinen Landsmann Schär überholen und er hätte beinahe noch den zwei Minuten vor ihm gestarteten Magni eingeholt. Mit der phantastischen Endzeit von 55:10 Minuten (45,680 km/std) siegte er knapp, aber sicher vor Coppi (0:47 min zur.), Magni (1:58 min), Fornara (1:59 min) und Defilippis (2:08 min).

Sehr gut hielt sich Clerici. Der Schweizer Mannschaftsbetreuer, kein Geringerer als der ehemalige italienische Weltmeister Learco Guerra, hatte seinem Schützling geraten, nicht voll zu fahren und die Kräfte für die kommenden schweren Bergetappen zu schonen. Trotzdem belegte der junge Schweizer einen hervorragenden 7. Platz (2:32 min zur.)

Am Pfingstmontag stand eine relativ kurze Strecke auf dem Programm. Aber diese 16. Etappe *Riva del Garda - Abano Terme* (131 km) stellte den Fahrern mit dem Pian delle Fugazze (1162 m) ein beachtenswertes Hindernis in den Weg. Hier rechneten sich die Spanier offenbar eine Chance aus, denn nach der ersten Spurtwertung, die sich der Italiener Filippi sicherte, machte sich eine sechsköpfige Gruppe auf den Weg, angeführt von den Spaniern Botella und Lorono. Beim Aufstieg zum Fugazze hängten die beiden ihre Fluchtgefährten ab, und Botella stellte sich ganz in den Dienst seines Landsmannes. Er führte bis etwa zur halben Höhe des Passes, dann kletterte Lorono alleine davon.

Der Spanier überquerte als Erster die Paßhöhe, sicherte sich die zweite Spurtwertung am Ende der Abfahrt in Schio (67 km) und war auch noch bei der dritten Prämie in Vicenza (93 km) erfolgreich. Aber dann trat das ein, was die ausgesprochenen Kletterspezialisten nach ihren Höhenflügen wieder in die rauhe Wirklichkeit zurückversetzt: in der Ebene nahten die Jäger. Van Steenbergen organisierte die Verfolgung, an der sich neun weitere Fahrer beteiligten. Die beiden Spanier konnten dem hohen Tempo der *Rouleurs* nicht standhalten und wurden im flachen Schlußstück der Etappe eingeholt und überrollt. Den Tagessieg sicherte sich nach 3:40:51 std erwartungsgemäß Rik Van Steenbergen vor Soldani, Van Est und weiteren vierzehn Fahrern. Das Feld mit Clerici, Koblet und Coppi hatte einen Rückstand von 5:44 Minuten. In der Gesamtwertung gab es daher keine nennenswerten Veränderungen: 1. Clerici vor Voorting (14:18 min zur.), 3. Asirelli (20:23 min), 4. Koblet (25:59 min), 5. Magni (30:45 min). Coppi lag mit 33:12 Minuten Rückstand auf dem neunten Platz.

Die Veranstalter des Giro wollten auf der 17. Etappe *Abano Terme - Padova* (105 km) den kletterschwachen Fahrern noch einmal Gelegenheit geben, in der Ebene letzte Triumphe zu feiern, bevor die eigentlichen Bergetappen begannen.

Für die größte Aufregung an diesem Tag sorgte Guido de Santi. Er schenkte den Gesetzen der Fliehkraft wenig Aufmerksamkeit und verursachte eine Massenkarambolage. De Santi stürzte, und über ihn und um ihn herum purzelte das halbe Feld, überschlugen sich Fahrer, wirbelten Räder durch die Luft. Auch Fiorenzo Magni lag eingekeilt im Gewirr am Boden. Sein Rad war unbrauchbar. Mit lauter Stimme forderte der „Löwe von Flandern“ Ersatz. Einer seiner Domestiken verzichtete vorerst auf die Weiterfahrt und gab Magni sein Rad. Die Mannschaft scharte sich um Fiorenzo und mit fünfzig Sachen ging es hinter dem Feld her. Auch Asirelli, der Dritte im Gesamtklassement war in den Sturz verwickelt und nahm die Gelegenheit beim Schopf, in den „Schnellzug“ einzusteigen und den Anschluß wieder herzustellen. Das gelang der Gruppe auch. Nicht so viel Glück hatten De Santi, Nencini, Ciancola und viele andere. Mit großem Rückstand trafen sie am späten Nachmittag in Padua ein.

Dort hatte man sich bereits auf einen Massenspurt eingestellt. Der haushohe Favorit, Van Steenbergen, bezog mit seinem Helfer André Rosseel eine günstige Ausgangsposition an der Spitze des Feldes und wäre dennoch beinahe überrascht worden. Adolfo Grosso setzte alles auf eine Karte, spurtete beim Einschwenken auf die Bahn im *Velodromo G. Monti* urplötzlich davon, streifte aber dabei einen Betonpfeiler und wäre um ein Haar zu Sturz gekommen. Damit war der Weg frei für den großen *Rik*, der nach 2:40:18 std seinen dritten Etappensieg bei dieser Italienrundfahrt feiern konnte.

Auf der 18. Etappe *Padova-Grado* (177 km) griffen De Santi und Grosso (die beiden Pechvögel vom Vortag, aber auch Spezialisten für Langdistanz-Vorstöße) beherzt an. Im Feld schenkte man dem Angriff der beiden im Gesamtergebnis weit zurückliegenden und stark verpflasterten Fahrer keine besondere Aufmerksamkeit. Hier hatte man andere Sorgen bzw. Durst. Drückende Hitze machte die Etappe zu einer der beschwerlichsten und die Wasserholer waren ständig im Einsatz.

Trotz der Hitze rollten Grosso und De Santi flott dahin. Bald wurde klar, daß Grosso die größeren Kraftreserven hatte. Der zähe Venezianer hatte es ungeheuer eilig. Sein Heimatdorf lag an der Strecke und wie immer legte er Wert darauf, wenn dem schon so ist, daß er dann als Vorhut in seinem Dorf als Erster einzieht. Dabei war er bisher immer kurz abgestiegen, um seine am Straßenrand wartende Mutter zu begrüßen, sie zu umarmen und abzuküssen. Signora Grosso war daher ziemlich erstaunt, als ihr Adolfo, eingehüllt in eine Staubwolke, durch das Dorf rauschte, und kaum Zeit fand, ihr eine Kußhand zuzuwerfen. Diesmal war der Etappensieg sein Ziel!

In Grado spurtete Grosso seinem sichtlich abgekämpften Ausreißerkollegen auf und davon. Nach 4:38:20 std beendete er als Sieger den Tagesabschnitt. Mit einem Rückstand von 11:26 Minuten traf ein Verfolgerrudel ein, 12:16 Minuten zurück die Asse inmitten des Feldes.

Augenzeugen berichteten von einem Zwischenfall während des Rennens. Koblet hatte einen Reifenschaden. Sofort sprang Clerici, immerhin der Spitzenreiter und Träger des Rosa Trikots, aus dem Sattel und gab Hugo sein Rad! Großes Rätselraten über diese ungewöhnliche Aktion. Aber die

Erklärung war sehr einfach. Koblet hatte nur sieben Minuten Vorsprung auf Coppi, Clerici dagegen mehr als dreiunddreißig. Die eine oder andere verlorene Minute fiel für Clerici weit weniger ins Gewicht als für Koblet.

Übrigens verlor Clerici überhaupt nichts. Das Schweizer Team spannte sich vor den braven Carlo und bald schloß man wieder auf. Die Sache ging so schnell, daß die anderen Mannschaften gar keine Zeit zum Angreifen hatten. Damit blieb in der Gesamtwertung alles beim alten, Coppi saß nach wie vor mit 33:12 Minuten Rückstand auf dem neunten Platz.

Die große Girokarawane näherte sich immer mehr den Dolomiten. Auf der 19. Etappe *Grado - San Martino di Castrozza* (247 km) bekamen die Fahrer einen Vorgeschmack dessen, was sie auf den noch folgenden Etappen erwartete. Allerdings war es nur eine relativ kleine Kostprobe, denn der Schlußanstieg an diesem Tag führte nur bis zur halben Höhe des Rolle-Passes. Die andere, schwierigere Hälfte, stand am nächsten Tag auf dem Programm. Ein Grund dafür, daß niemand etwas riskieren wollte. Den Assen bot der 12 Kilometer lange Aufstieg in eine Höhe von 1467 Meter keine besonders günstige Angriffsmöglichkeit und das restliche Feld hatte viel zu viel Respekt vor den kommenden Bergfahrten, um etwas zu wagen.

Geschlossen rollte das Feld durch Udine (die Spurtwertung ging an Van Steenbergen) weiter nach Vittorio Veneto. In weiser Voraussicht war hier Fornara weit vor der Prämienabnahme ausgerissen, um diesmal gegen den Spurt des schnellen Belgiers gefeit zu sein. Das sorgte für Unruhe, denn einen Fornara mußte man unter Kontrolle halten. Aber *Pasqualino* wollte lediglich die *100 000 Lire* (etwa 660 Mark) ins Trockene bringen. Dies im wahrsten Sinne des Wortes, denn es begann nun in Strömen zu regnen. Der Asphalt wurde glatt und schlüpfrig. In einer Kurve stürzte Bartali. Der Schweizer Fritz Schär und zwei weitere Fahrer gingen mit zu Boden.

Ginettaccio schien außer Gefecht gesetzt zu sein. Er klagte über starke Schmerzen in der Hüfte. Der Krankenwagen jagte heran, die Türe wurde aufgerissen, doch Gino stieg nicht ein! Zusammen mit dem treuen Corrieri und Baronti machte er sich auf die Verfolgung der entschwundenen Meute. Rund fünf Minuten hatte der unfreiwillige Stop gekostet, aber Gino schaffte den Anschluß und ließ sich auch durch einen Reifenschaden, der ihn erneut um eine Minute zurückwarf, nicht aus der Ruhe bringen. Der stolze Florentiner tauchte nach wenigen Kilometern wieder an der Spitze auf:

< *Il campione che non tramonte* > - der Meister, der nicht untergeht!

Der Anstieg zum Rollepaß begann. Ein Grund für vier Fahrer, die Nase aus dem Fenster zu stecken. Der Holländer Wagtmans, der Spanier Vidaureta, Coppis Mannschaftsgefährte Milano und der alte Bergfuchs Primo Volpi flitzten davon und bald klaffte ein Loch zwischen den Ausreißern und der Hauptmacht. Der Spanier und Milano hatten ihr Pulver bald verschossen, aber Volpi, immerhin ein Altersgenosse von Bartali, fühlte dem Holländer mehrmals auf den Zahn, konnte ihn aber nicht abschütteln. Unter diesen

Umständen hielt es der Italiener für angebracht, die Entscheidung bis zum letzten Schlußanstieg in San Martino aufzuschieben. Aber die „Defekthexe" spielte ihm einen bösen Streich. 300 Meter vor dem Ziel hatte Volpi Kettenschaden und das Nachsehen. Der Weg war frei für Wagtmans, der nach 7:22:40 std den Etappensieg errang. Fausto Coppi traf als Achter mit einem Rückstand von 3:50 Minuten ein. In kurzen Abständen folgten die anderen Asse: eine Sekunde später Astrua, nach drei Sekunden Clerici und nach acht führte Koblet das restliche Feld über den Zielstrich. Coppi rückte zwar im Gesamtklassement neben Astrua auf den 7. Rang vor, aber sein Rückstand betrug nach wie vor über 33 Minuten auf Clerici.

Es läutete gerade Mittag, als sich die Fahrer auf den Weg zur 20. Etappe *San Martino di Castrozza - Bolzano* (152 km) machten. Wolken verhüllten die Berggipfel, ein kalter Wind pfiff durch die Trikots und Rennhosen der Fahrer, schnitt durch Mark und Bein, Regenschauer prasselten herab. Wettbewerbe vieler anderer Sportarten wären vertagt, abgebrochen oder zeitlich verschoben worden.

Nicht so im Radsport. Die Fahrerschlange wand sich den Paß hinauf, der zwar Rolle heißt, diesmal aber nicht die früherer Überquerungen spielte. Man hatte ihn durch die Streckenführung halbiert, amputiert, und damit einen Teil der Entscheidung vorweggenommen. Trotzdem bahnte sich eine kleine Sensation an: Koblet bekam Ärger mit seiner Gangschaltung, verlor 40 Sekunden und damit den Anschluß an das Feld.

Das erreichte ziemlich geschlossen die Paßhöhe (1970 m) und ließ sich ins Val Travignolo hinabtragen. Hugo hinterher. Aber der fegte durch die Kurven, wie es eben nur ein Koblet konnte, und war im Handumdrehen wieder bei seinen Kollegen.

Gemeinsam nahm man den Aufstieg zum Pordoi (2239 m) in Angriff. Coppis Edeldomestik Carrea erschien sofort an der Spitze und legte die Lunte, um das Feld zu sprengen. Obwohl er das menschenmögliche leistete, sich abrackerte, folgten ihm mindestens 20 Mann. Wenige Kilometer unterhalb des Gipfels schlug dann sein Chef persönlich los. Sofort lichteten sich die Reihen, auch Astrua und Fornara fielen zurück, ganz zuletzt Clerici.

Der schmale Bursche im Rosa Trikot kämpfte wirklich bewunderungswürdig. 200 Meter konnte er das Hinterrad des *Campionissimo* halten, dann mußte er kapitulieren. Auf dem Pordoi-Scheitel holte sich Coppi klar die Bergwertung vor Astrua und Clerici (20 Sekunden zurück), Coletto und Fornara (35 Sekunden) sowie Koblet (1:30 min).

Koblet hatte Rückenprobleme, die ihn aber nicht hinderten, sich nach einer tollkühnen Abfahrt wieder bei Coppi zurückzumelden. Clerici stand bei dieser Abfahrt das Glück des Tüchtigen zur Seite: In einer Kehre verlor er die Herrschaft über sein Rad. Der hoffnungsvolle Jüngling stürzte, überschlug sich und fiel ins Gras! (Coppi hätte sich bei seinem schon sprichwörtlichen Pech bestimmt Kies, Schotter oder einen Felsen ausgesucht). Unverletzt schloß er wieder zu Astrua und Koblet auf. Gemeinsam traf man wenige Zeit später auf Coppi. Ein Reifenschaden hatte die Flucht des *Campionissimo* gestoppt. Spätestens hier erkannten die Journalisten, Rundfunk- und Fernsehreporter, aber auch die italienischen Zuschauer an der Strecke nun klar: Coppi konnte diesen Giro nicht mehr gewinnen!

So fehlte der letzten Attacke auf dem Grödnerjoch (2121 m) die Dramatik einer wirklichen „Entscheidungsschlacht“, denn auch Coppi wußte, daß er der große Verlierer war. Aber Fausto wollte zumindest einen Prestigeerfolg erringen. Nach der Passage von Corvara setzte er in den Grödner-Kehren zum letzten Angriff an. Als Erster überquerte er auch den Scheitel. Hier lagen Astrua und Clerici 1:35 Minuten zurück, Koblet hatte einen Rückstand von 2:30 Minuten. Bei Hugo hatte man jedoch den Eindruck, daß er sich nicht voll einsetzte. Morgen war für ihn auch noch ein Tag und ein „Stilfser-Joch-Desaster“ wie im Vorjahr durfte sich nicht wiederholen.

Zehn Kilometer vor Bozen führte Coppi mit drei Minuten vor dem Verfolgertrio (Er hatte bei der Abfahrt zweimal Reifenschaden, aber Pinella De Grandi wechselte die Laufräder in der kaum glaublichen Zeit von 15 und 8 Sekunden!). Nun spannt sich Koblet vor das Rosa Trikot und prescht hinter Coppi her. Mit Erfolg, denn der *Campionissimo* wurde zwar nach 4:44:56 std Etappensieger, aber der Jubel um Fausto war noch nicht verklungen, da kamen bereits Astrua, Koblet und Clerici auf die Aschenbahn im Stadion und damit ans Ziel (1:52 Minuten zurück).

Die Dolomiten Entscheidung war gefallen. Coppi hatte trotz seinem Etappensieg eine Niederlage erlitten. Er konnte sich auf den vierten Platz verbessern, aber er hatte noch immer 31:17 Minuten Rückstand auf Clerici. Ein hoffnungsloser Fall.

In Tausenden von Briefen, in über 500 Telegrammen wurde Coppi gegen Ende des Giro beschworen, das Blatt noch zu wenden. Die vorletzte Gelegenheit wurde jedoch in den Dolomiten verspielt, die letzte während der 21. Etappe *Bolzano - St. Moritz* (222 km).

Vier Pässe machten die Etappe zu einer der schwierigsten überhaupt. Der Mendelpaß (1363 m), der Tonale (1883 m), der Aprica (1176 m) und der Bernina (2328 m) hätten einem amtierenden Weltmeister Fausto Coppi die Chance geboten, noch einmal eindrucksvoll auf sich aufmerksam zu machen, vielleicht das Wunder zu vollbringen, die vor ihm liegenden Fahrer Asirelli (5:45 Minuten vor Coppi) und Koblet (7:01 min) einzuholen, und zumindest am Lack von Clerici (31:17 min) zu kratzen. Aber Fausto und mit ihm natürlich das gesamte Fahrerfeld des Giro entschloß sich zu einem Gemeinschaftsbummel.

Lustlos überquerte man den Mendel- und Tonalepaß, hielt das Touristentempo ein. Das Stundenmittel betrug sage und schreibe 14 km/std! Nicht einmal der Bernina-Paß, die höchste Erhebung dieser Italienrundfahrt vermochte die Fahrer aus ihrer Passivität zu wecken. Die ganze Etappe glich dem Gemeinschaftsausflug eines Radwanderclubs. Nach der Abfahrt vom Bernina rollte Koblet unbehelligt davon und holte sich mit 1:46 Minuten Vorsprung nach 9:24:57 std den Etappensieg. In Geberlaune überließ das Feld Gino Bartali den zweiten Platz.

Das teilnahmslose Verhalten des gesamten Girofeldes rief natürlich die Rennleitung auf den Plan, eine Untersuchung wurde eingeleitet. Sie brachte kein Ergebnis.

Aber für Kenner der Szene lag die Begründung auf der Hand: Berufs-sport ist ein Geschäft. Berufsradrennsport ein hartes. Die Rundfahrt des Jahres 1954 erweckte infolge ihres merkwürdigen Verlaufes nicht annähernd den Widerhall wie üblich. Die Kassen füllten sich nicht in dem erhofften Maße, und deshalb sahen sich die Organisatoren gezwungen, einige unpopuläre Maßnahmen zu treffen. So gab es nach der Dolomitenetappe keine Gnade für Fahrer, die nach Kontrollschluß eintrafen. Sämtliche Nachzügler wurden von der Weiterfahrt ausgeschlossen und verloren dadurch die bescheidene Prämie für das Zu-Ende-Fahren des Giro. So mußte Magni am Vortag der Bernina-Etappe einige Helfer wegen Zeitüberschreitung einbüßen, Coppis Lieblingsschüler Filippi traf erst nach Kontrollschluß ein und wurde aus dem Rennen genommen.

Nun bekam es die Rennleitung auf der Etappe nach St. Moritz mit ausgebufften Profis zu tun. Bei einem Schnitt von 14 km/std überschreitet vermutlich kein Fahrer den Kontrollschluß. Die „Kleinen“ bleiben im Rennen, die „Großen“ behalten ihre Helfer.

Die Fahrer hatten schlicht und einfach, für jedermann sichtbar, gestreikt. Allerdings war man sich nicht ganz einig. So hat Fornara zum Beispiel später erklärt, er hätte wohl oder übel mitgemacht, um später nicht von den lukrativen Bahnverträgen ausgeschlossen zu werden (die von den Stars für sich und ihre Helfer mit den Veranstaltern pauschal abgeschlossen wurden).

Niemand durfte also auf der Fahrt durch die Schweiz ausbuchsen. Auch nicht Bartali, dessen Frau angereist war, um ihren Gino am Berg zu bewundern. Programmierter Sieger wurde, wie erwähnt, Koblet. Alle waren mit dem Sieg des blonden Hugo in dessen Heimat einverstanden.

Ganz im Gegensatz zur Rennleitung. Sofort waren Coppi und Magni wieder einmal die bösen Buben. Man vermutete in ihnen die Drahtzieher, die Verschwörer.

Scharf ging auch der Organisator der Tour de France, Jacques Goddet, mit den Rebellen zu Gericht. In einem Kommentar bezeichnete er Coppi als die Cholera des internationalen Radsports, Magni verglich er mit einer alternden Kokotte, deren Geldgier niemanden über den zunehmenden Verfall ihrer einstigen Vorzüge täuschen konnte.

Auch das Publikum reagierte sauer. Gnadenlos wurden die Giganten der Landstraße ausgepfiffen. Eine musikalische Darbietung, an die sich Coppi allerdings inzwischen gewöhnt hatte. Man kannte einfach die Hintergründe nicht, die dazu geführt hatten, ein solches Bummeltempo einzuschlagen.

In der Menge war auch Giulia. Sie trug einen weißen Mantel. Ein Journalist, Luigi Boccaccini, diktierte seinem Blatt eine bedeutsame Wortschöpfung ins Telefon: „Ich sah die ´weiße Dame´ von Coppi“.

Die „Dame in Weiß“, *La dama bianca*, war geboren, geisterte von nun an durch den Pressedschungel und Giulia Locatelli ist bis zu ihrem Tod im Jahre 1994 mit diesem Attribut behaftet gewesen, obwohl sie in der Öffentlichkeit nur noch selten weiß gekleidet war.

Giulia war von ihrem Mann nach St. Moritz geschickt worden, um die Beziehung zu Coppi abzubrechen. Offensichtlich hatte sich der Doktor nicht klar ausgedrückt, denn sie teilte Coppi unmißverständlich mit, daß sie nicht daran denke, wieder heimzukehren. Gemeinsam beschloß man, daß Giulia vorerst bei Coppis vertrautem Freund, Giovanni De Chiesa, in Tortona Zuflucht finden sollte.

Das Gespräch der beiden Verliebten dauerte ziemlich lange. „Ich weiß nicht, was mit Fausto los ist. Die ganze Nacht war er nicht im Hause...“ Verstört flüsterte Luigi Bernasconi, der Besitzer eines weltbekannten Sporthotels, die anscheinend unfaßbare Neuigkeit in das empfangsbereite Ohr eines deutschen Reporters.

Auch im trauten Kreis der Journalisten schürfte man weiter. Beppe Pegolotti, aus Florenz und nicht ganz zufällig *bartaliani*, grub am tiefsten und gab intime Details an die Redaktion von *Il Carlino della Nazione* weiter. Gemeinsam rang man sich zu der Erkenntnis durch, nicht die schwache Form trug Schuld daran, daß Coppi gereizt und mit den Nerven fertig war, sondern private Verhältnisse. Man befand sich auf der richtigen Spur. Das Drama „Fausto und Giulia“ wurde unvermeidlich. Auf den *Campionissimo* kamen Monate fast unerträglicher Schwierigkeiten zu.

Vorerst die 22. Etappe *St. Moritz - Milano* (222 km). Sie stand zunächst im Zeichen einiger Spurtwertungen, bei denen wie üblich Van Steenbergen den Rahm abschöpfte. Dann ging es über den berühmten Ghisallo-Anstieg (754 m). Hier entfesselte Coppi ein Scharmützel. Der *Campionissimo* versuchte zumindest, in letzter Sekunde den dritten Platz im Gesamtklassement zu erobern. Mit fünf Sekunden Vorsprung passierte er die Kapelle der *Madonna di Ghisallo*, den Scheitelpunkt des Anstiegs. Bei der Abfahrt formierte sich eine größere Kopfgruppe, in der Asirelli, der Dritte der Gesamtwertung, fehlte. Sollte die Rechnung Coppis aufgehen? Sie ging nicht auf. In einer wilden Verfolgungsjagd holte Asirelli zusammen mit seinem Teamgefährten Volpi und zwei Belgiern den Rückstand auf und traf mit der Spitzengruppe auf der Mailänder Vigorelli-Bahn ein. Dort sicherte sich Rik Van Steenbergen den Sieg und verwies Albani, Coppi, Koblet und 14 weitere Fahrer auf die Plätze.

Während Hendrik Constantia Maria Van Steenbergen, kurz genannt *Rik* oder *De grote,* zusammen mit den beiden im Gesamtergebnis vorne liegenden Schweizern Carlo Clerici und Hugo Koblet auf dem Oval der Vigorelli-Bahn auf die verdiente Ehrenrunde ging, verschwand Coppi fast unbemerkt in den

Katakomben des Stadions. Fast ebenso unerkannt ließ er sich später in sein Mailänder Stammhotel bringen.

Ein sensationeller, aber auch merkwürdiger Giro war zu Ende gegangen. Die sechste Etappe *Napoli-L´Aquila* hatte die gesamte Rundfahrt entschieden. Noch heute mutet es unbegreiflich an, wie Coppi, Magni und den anderen Italienern ein solcher Kapitalfehler unterlaufen konnte, dem nicht ganz unbekannten Clerici einen Vorsprung von 34 Minuten zu gewähren! Spätestens nach der 12. Etappe erkannten Coppi & Co. daß der anfangs unterschätzte Schweizer nicht zu Unrecht im Rosa Trikot fuhr. Aber da war es zu spät.

Schlußklassement des ***37. Giro d´Italia***:

1. Carlo Clerici SCHWEIZ
4337 km in 129:13:07 std (33,563 km/std)

2. Hugo Koblet	SCHWEIZ	24:16 min zur.
3. Nino Asirelli	ARBOS	26:28 "
4. Fausto Coppi	BIANCHI	31:17 "
5. Giancarlo Astrua	ATALA	33:09 "
6. Fiorenzo Magni	NIVEA FUCHS	34:01 "
7. Adrian Voorting	HOLLAND	35:02 "
8. Pasquale Fornara	BOTTECCHIA	36:21 "
9. Angelo Conterno	FREJUS	41:07 "
10. Fritz Schär	SCHWEIZ	42:30 "

Den *G.P. della Montagna* gewann Coppi vor Astrua und den punktegleichen Volpi, Gianneschi, Vincenzo Rossello und Conterno. Die *Mannschaftswertung* ging an das belgische Team GIRARDENGO-ELDORADO. Von 105 gestarteten Fahrern erreichten 67 das Ziel.

In der Folge zog die Fußballweltmeisterschaft die Öffentlichkeit in Italien - und nicht nur dort - in ihren Bann. Die *azzurri* schieden nach einem blamablen 4:1 gegen die Schweiz aus. Die Massen konnten sich daher wieder dem Drama Coppi widmen...

Den Anstoß hierzu gab Dr. Locatelli, der seine Frau bei der Polizei wegen mutwilligen Verlassens der Familie anzeigte, während Coppi trotz großer Sorgen im Herzen seine Verträge im In- und Ausland erfüllen mußte.

An Erfolge war unter dem seelischen Druck nicht zu denken. Bei einem Omnium in Mailand am 1. September belegte er lediglich den 5. Platz.

Als er von einem Rennen in Belgien zurückkehrte, erfuhr er, daß Giulia am 25. August nicht zu einem vereinbarten Gerichtstermin erschienen war, daraufhin verhaftet und in das Gefängnis von Alessandria eingeliefert worden war. Dort hatte sie einige Tage zusammen mit Prostituierten in einer Zelle verbringen müssen. Bei ihrer Entlassung wurde sie von einer geifernden Schar „anständiger“ Damen wütend beschimpft. Die lästigen Reporter waren natürlich wieder mit von der Partie.

Sie wußten auch zu berichten, daß die Debatte um Coppi ein Todesopfer gefordert hatte. In Bari gerieten zwei Studenten - Giovanni di Michele und Cristoforo Ussiti - darüber in Streit, ob man einen Mann bestrafen könne, weil er in den Mittelpunkt einer skandalösen Liebesaffäre geraten sei. Ussiti stellte seinen Freund zur Rede, genauer gesagt, er versetzte ihm einen Faustschlag. Der junge Mann stürzte unglücklich und starb auf der Stelle.

Giulia erhielt die gerichtliche Anweisung, sich unverzüglich nach Ancona in Marsch zu setzen, dort bei einer Tante unter Hausarrest zu wohnen und sich jeden Vormittag auf der Polizeistation zu melden. Fausto begleitete Giulia an die Adria. Etwa zehn Kilometer von ihr entfernt bezog er Quartier in einem Hotel in Portonovo. Es war Ende Sommer und man konnte ja immerhin noch baden.

Das Ganze war ein Jammerspiel, das seine Aufführung nur dem Umstand zu verdanken hatte, daß Coppi im Rampenlicht der Öffentlichkeit stand. Das engherzig fromme, scheinheilige und blindgläubige Italien zeigte sein wahres Gesicht.

Coppi war aufgewühlt und betroffen. Er wirkte zerstreut, geistesabwesend; er war mit seinen Gedanken woanders. Der *Campionissimo* verlor zusehends seine Selbstkontrolle. Das hat auch im Sport fatale Folgen.

Bei einer Trainingsfahrt am 7. Juli zusammen mit seinem Freund und Mannschaftskollegen Ettore Milano und zwei Amateurfahrern übersah er auf der Staatsstraße No. 35 in Certosa, unweit von Pavia, daß sich von einem vor ihm fahrenden Lastwagen das Ersatzrad löste. Er stürzte und kam nur schwer wieder auf die Beine. Im Auto des zufällig anwesenden Fotografen Farabola wurde Coppi zurück ins Hotel gebracht. Dort stellte der schnell herbeigeholte Dr. Frattini bei einer ersten Diagnose einen Schädelbruch fest, der sich nach einer 18-stündigen Beobachtung im Krankenhaus bestätigte.

Das vorläufige Aus für Coppi. An eine Teilnahme bei der *Tour de France* war nicht zu denken.

Doch die Würfel waren lange zuvor gefallen. Coppi hatte bereits während der Italienrundfahrt in St. Moritz unmißverständlich darauf hingewiesen, daß er bei dieser Tour nicht starten wird.

Außerdem hatte Jacques Goddet den *Campionissimo* nach dem *Giro d'Italia* schwer kritisiert, um nicht zu sagen gekränkt. Nun reagierte Coppi, und er erhielt unvermutet Schützenhilfe durch den italienischen Verbandspräsidenten Rodoni, der erklärte, die Franzosen wollen nur mittelmäßige Italiener am Start sehen, um sie später um so leichter schlagen zu können.

Fest stand aber auch, daß die Leitung der *Tour de France* in einer Sitzung am 25. Juni des Jahres sich gegen eine doppelte Werbung auf den Trikots

(Radsportindustrie und radsportfremde Firmen) ausgesprochen und damit die italienischen Profis, bei denen das gang und gäbe war, bereits ausgeklammert hatte.

Über die scheinbar von Frankreich gewünschten mittelmäßigen Fahrer verfügte Italien zur Genüge. In Windeseile wurde von privater Seite eine Mannschaft installiert, die allerdings keinen offiziellen Charakter haben sollte. Fünf italienische Marken beteiligten sich an dem Unternehmen: LEGNANO mit Giorgio Albani und Rino Benedetti; ATALA schickte Giancarlo Astrua und Adolfo Grosso ins Gefecht; BIANCHI entsendete Andrea Carrea und Fiorenzo Crippa; BOTTECCHIA versuchte es mit Pasquale Fornara und Guido De Santi und stellte mit Pietro Giudici auch den Ersatzmann. FREJUS setzte auf Angelo Coletto und Angelo Conterno. Als Leiter des Teams sollte nicht wie bisher Alfredo Binda fungieren, sondern Pierino Rimoldi. Als Rennarzt war Dr. Frattini vorgesehen.

Aber noch immer spukte die unselige Bernina-Etappe in den Köpfen der Verbandsgewaltigen. Obwohl die Namen der Fahrer für die Tour feststanden, man sich bei der Farbe der Trikots geeinigt hatte, die finanzielle Garantie für die Fahrer bestand, kam ein Verbot von Rodoni: „KEIN FAHRER, DER BEIM GIRO FUHR, DARF IN DEN NÄCHSTEN ZWEI MONATEN IM AUSLAND STARTEN!“ Die Frankreichrundfahrt lief also ohne Italiener!

Es wurde eine umkämpfte, temporeiche und faszinierende ***Tour de France***, die am 7. Juli gleich mit einem dramaturgischen Paukenschlag begann: Zum ersten Mal in der Geschichte des Rennens begann die „Große Schleife“ in Holland. Von den 110 gestarteten Fahrern zeigte sich auch ein Niederländer dafür besonders dankbar: Wout Wagtmans gewann die 1. Etappe *Amsterdam-Brasschaat* (206 km) und schlüpfte damit natürlich ins *maillot jaune*! Zwei Etappen später war er es wieder los: Louison Bobet eroberte das begehrte Trikot. Aber Wagtmans war hartnäckig. Fünf Etappen später gehörte es wieder ihm. Allerdings war es wieder nur geliehen. Am Ende war Louison Bobets zweiter Toursieg über jeden Zweifel erhaben. Er parierte im ersten Drittel des Rennens die Schweizer Offensiven, angezettelt durch Koblet, Kübler und Schär. Nach Koblets Sturz während der 10. Etappe, seinem „Einbruch“ auf der Pyrenäenetappe (Koblet verlor 26 Minuten) und die längst fällige Aufgabe des Schweizers bei der 13. Etappe, festigte Louison seine Position beträchtlich. Durch eigene, entschlossene Angriffe in den Cevennen schaffte sich Bobet die letzten Rivalen so weit vom Hals, um dann in den Alpen und beim Einzelzeitfahren seinen Sieg unter Dach und Fach zu bringen (und umgerechnet etwa 35 000 DM auf sein Konto). Der Franzose zeigte sich als großer Alleskönner. Er bewährte sich als Roller, überzeugte auf den Pässen und bestätigte beim Zeitfahren sein Können.

Neben Bobet war ohne Zweifel der Schweizer Ferdy Kübler eine zentrale Figur dieser Rundfahrt. *Ferdy national* büßte aber bereits auf der ersten Etappe nach einem Reifendefekt über acht Minuten ein. Dieser Zwischenfall trug übrigens sehr zum furiosen Aufgalopp der Rundfahrt bei. Auf jeden Fall war der zweite Platz im Schlußklassement und der Sieg im Punkteklassement ein grandioser Achtungserfolg für den immerhin 35-jährigen. Auch der dritte Platz fiel an einen Eidgenossen - Fritz Schär. Das Energiebündel im Westentaschenformat (Schär zählte nicht unbedingt zu den Hünen), war verschlossen, wenig mitteilsam, in sich gekehrt, und galt als nicht gerade beliebt im Tour-Troß. Aber dem Kämpfer Schär versagte niemand seine Hochachtung.

Unzufrieden war man im belgischen Lager. Stan Ockers erst an sechster Stelle, hinter den Regionalfranzosen Jean Dotto und Jean Mallejac, das trieb dem Mannschaftsleiter Sylvère Maes doch Zornesadern auf die Stirn.

Unterm Strich enttäuschend auch die Tour für die Holländer. Jan Nolten landete an 14. Stelle. Etappensiege durch Wagtmans (1. Etappe), Van Est (5.) und Faanhof (10.) machten das Kraut auch nicht gerade fett.

Die gemischte Mannschaft aus Luxemburg, Liechtenstein und Österreich spielte von Anfang an eine Aussenseiterrolle. Ausgenommen der begabte Charly Gaul, der allerdings während der 13. Etappe *Pau-Luchon* einem kranken Magen zum Opfer fiel.

Die Spanier gewannen den Bergpreis. Genauer gesagt Federico Bahamontes. Aber dieser schlanke, drahtige Bursche sah die Tour ausschließlich unter dem Aspekt der Berganstiege. Die Abfahrten interessierten ihn wenig. Auf den Höhen angekommen, stieg er ab, stillte seinen Durst, genehmigte sich ab und zu ein Eis, und rollte dann im Kreis seiner Kameraden zu Tal. Mit dieser originellen Kräfteeinteilung kam er gut über die Runden.

Schlußklassement der ***41. Tour de France:***

1. Louison Bobet FRANCE
4855 km in 140:06:05 std (34,653 km/std)

2. Ferdy Kübler	SCHWEIZ	15:49	min zur.
3. Fritz Schär	SCHWEIZ	21:46	"
4. Jean Dotto	SUD-EST	28:21	"
5. Jean Mallejac	OUEST	31:38	"
6. Stan Ockers	BELGIEN	36:02	"
7. Louis Bergaud	SUD-OUEST	37:55	"
8. Vincent Vitetta	SUD-EST	41:14	"
9. Jean Brankart	BELGIEN	42:08	"
10. Gilbert Bauvin	NORD-EST-CENTRE	42:21	"

Den *G.P. Montagne* gewann Federico Bahamontes vor L. Bobet und dem Belgier Richard Van Genechten, die *Mannschaftswertung* ging an die Schweiz und die *Punktwertung* an Ferdy Kübler. Von 120 gestarteten Fahrern erreichten 69 das Ziel.

In Italien wurde die Sperre für die Bernina-Sünder inzwischen vorübergehend aufgehoben. Ein Grund für Coppi, der sich schnell von den Folgen des Unfalls am 7. Juli erholt hatte, im August an der *Tour de Suisse* teilzunehmen. Er brauchte diesen Start, er mußte sich wieder in Szene setzen, denn inzwischen war die Appenninen-Rundfahrt, der ***Giro dell´Appennino***, gelaufen, den Giorgio Albani für sich entscheiden konnte. Coppi hatte in Begleitung von Filippi als Tourist seine Kollegen ein Stück begleitet und sich der Presse gegenüber positiv über seinen Formanstieg geäußert. Das aber war Alfredo Binda zu wenig. Er wollte allmählich Klarheit darüber bekommen, ob er Fausto für die Weltmeisterschaft nominieren konnte.

Es war kaum anzunehmen, daß der *Campionissimo* mit all seinen Sorgen in der Schweiz eine gute Figur machen würde. Aber lassen wir uns überraschen.

Die ***Tour de Suisse*** gehört zu den kleineren Landes-Rundfahrten und man hatte in den Nachkriegsjahren immer Mühe, zwischen *Giro* und *Tour de France* einen Termin zu finden. 1954 fiel der vorgesehene Monat Juni wegen der Fußballweltmeisterschaft aus. Nun mußte man die Rundfahrt mitten in der Fremdenverkehrssaison und nach der Frankreichrundfahrt vom 7. bis 14. August austragen, was zusätzliche Schwierigkeiten brachte. Die Tour-Fahrer Kübler, Schär und Clerici schützten vor, abgekämpft zu sein. Sie zogen aber vermutlich die lukrativen Revanchen auf französischem Boden bei Bahn- und Straßenveranstaltungen der schweren Rundfahrt durch die heimischen Berge vor. Kübler zum Beispiel war es leid, für ein Tagegeld von 85 Franken, das nicht einmal die Hotelkosten abdeckte, zu starten, wenn er in Frankreich bei einem Kriterium mühelos bis zu 1500 Franken (!) kassieren konnte. Koblet laborierte an einem Knochenriß am Oberschenkel, den er sich bei der Tour zugezogen hatte und blieb der Rundfahrt fern. Zugegeben, eine günstige Ausgangsposition für Coppi.

Aber es galt 69 Fahrer zu schlagen, darunter die italienische Spitzenklasse (mit Ausnahme von Bartali und Magni), die mit 20 Mann über die Grenze gekommen war.

Es begann eigentlich wie erwartet. Auf der 1. Etappe *Zürich-Winterthur* (221 km) landete Fausto Coppi hinter dem Sieger Bruno Monti zeitgleich mit dem Hauptfeld auf dem 16. Platz. Das tragische an der Sache war nur, daß der Rückstand auf den Spitzenreiter fast 12 Minuten betrug.

Normalerweise hätte Fausto sein Bündel schnüren und abreisen können. Aber es gab ja diesen bestimmten Grund, unbedingt weiterzumachen: Coppi wollte unter allen Umständen in das italienische Weltmeisterschaftsaufgebot!

Gelegenheit, sich zu profilieren, bot die 2. Etappe *Winterthur-Davos* (245 km). Coppi nutzte die Chance, die sich am Wolfgangpaß (1631 m) ergab. Etwa 2,5 Kilometer unterhalb der Paßhöhe ließ er seine letzten Begleiter stehen, holte sich den Bergpreis und erreichte das 6 Kilometer entfernte Etappenziel nach 6:49:45 std mit fast zwei Minuten Vorsprung vor Monti und Astrua. War Coppi wieder der alte?

Die Frage beantwortete sich auf der 3. Etappe *Davos-Lecco* (184 km). Vom Start weg ging es den Flüelapaß (2383 m) hoch und Coppi zeigte sich in seinem Element. Er überquerte die Paßhöhe als Erster. Dann sauste er die Kehren hinunter ins Tal der Susasca. Dort blies den Fahrern ein starker Wind entgegen, das Ober-Engadin zeigte sich von seiner unangenehmen Seite. Nebel und Regen verdüsterten die schöne Landschaft. Trotzdem wagte Donato Zampini eine Soloflucht. Man ließ den Mann aus dem Team von Gino Bartali gewähren, denn niemand dachte daran, daß er sie durchstehen würde.

Der ganze Troß überquerte gemeinsam den Malojapaß (1815 m) und stürzte sich waghalsig in die Abfahrt. Spitzenreiter Monti zu riskant: Er mußte abrupt aus dem Sattel und schlug der Länge nach auf den Asphalt. Zum Glück konnte er wieder aufschließen.

Auf der Straße entlang dem Comersee wurde Zampinis Vorsprung immer kleiner. Aber der Held des Tages rettete sich mit wenigen Sekunden Vorsprung ins Ziel. Coppi holte sich mit einem prächtigen Spurt den zweiten Platz.

Das war schon beachtlich. Aber die Journalisten, die Coppi noch vor kurzem in die Pfanne hauten, kein gutes Haar an ihm ließen, sollten eine weitere Gelegenheit bekommen, ihre Meinung zu revidieren. Die 4. Etappe *Lecco-Lugano* (98 km), ein Einzelzeitfahren, gab Coppi nämlich die Gelegenheit, in seinem Weltmeistertrikot dort als Etappensieger einzuziehen, wo er es vor einem Jahr in Empfang nahm.

Der *Campionissimo* fackelte nicht lange herum: er fuhr seine Konkurrenz schlicht und einfach in Grund und Boden. Auf dem mit unzähligen Kurven und zwei besonders bei Zeitfahren unangenehmen Steigungen, brachte er es auf ein Stundenmittel von fast 41 km/std; ein Tempo, das ein Sonntagsfahrer mit dem Auto nur schwer überbieten hätte können. Monti verlor sein „Goldtrikot", aber nicht an Coppi. Der lag zwar nur noch sechs Minuten hinter dem neuen Spitzenreiter Fornara, doch das war ein ernstzunehmender Anwärter auf den Gesamtsieg.

Nach einem wohlverdienten Ruhetag in Lugano stand die 5. Etappe *Lugano-Bern* (272 km) auf dem anspruchsvollen Programm. Diese schwerste und längste Etappe führte über den St. Gotthard (2108 m) und den Sustenpaß (2224 m). Als kurz nach dem Start die Schweizer Hans Hollenstein und Max Heidelberger sowie der Italiener Giudici davonzogen, ahnte kein Mensch, daß dies die entscheidende Flucht des Tages sein würde. Zumindest für Hollenstein. Der kleine blonde Schweizer ließ nach etwa 50 Kilometer, als die ersten Steigungen begannen, seine Begleiter stehen, fuhr 15 Minuten Vorsprung heraus, und holte sich den Bergpreis auf dem Gotthard-Paß. Als kurz darauf der Susten in Angriff genommen wurde, war Hollenstein noch immer vorne. Auch am Gipfel, den er fünf Minuten vor seinen Verfolgern Gianneschi und Giudici erreichte, denen sieben Minuten später das Hauptfeld mit Fornara, Astrua, Monti und Coppi folgte. Hollenstein hielt auch noch bis ins

100 Kilometer entfernte Ziel durch und hatte im Neufeld-Stadion in Bern immer noch 6:30 Minuten Vorsprung auf Monti (2. Platz), Gismondi (3.), Russenberger/SUI (4.), Coppi (5.) und Coletto (6.)

Am Tag darauf gab es bei der 6. Etappe *Bern-Freiburg* (228 km) wieder einen italienischen Erfolg. Es war ein schwerer Tagesabschnitt, der durch den Jura führte und am Ende noch einige giftige Steigungen aufwies. Das für einen Angriff günstige Gelände nutzte Volpi zum Wegfahren. Er erreichte Freiburg mit einer Minute Vorsprung vor dem Belgier Adriaensens und dem Holländer Jan Lambrichs.

Coppi versuchte am letzten Tag der Rundfahrt, auf der 7. Etappe *Freiburg-Zürich* (229 km), das Blatt noch einmal zu wenden. Sein BIANCHI-Team mit Carrea, Gismondi und Milano unterstützte ihn nach Kräften, aber das Feld erreichte geschlossen Zürich. Zumindest die Stadtgrenze. Hier entwischte der Einheimische Eugen Kamber im letzten Moment und erreichte als Erster vor Ward Peeters/BEL und Coppi das Ziel auf der Rennbahn in Oerlikon.

Schlußklassement der ***18. Tour de Suisse:***

1. Pasquale Fornara	ITALIEN		
1477 km in 41:28:37 std		(35,610 km/std)	
2. Agostino Coletto	ITALIEN	2:54	min zur.
3. Giancarlo Astrua	ITALIEN	3:36	"
4. Bruno Monti	ITALIEN	5:21	"
5. Fausto Coppi	ITALIEN	5:32	"
6. Marcel Huber	SCHWEIZ	7:40	"
7. Primo Volpi	ITALIEN	16:38	"
8. Gilbert Vermotte	BELGIEN	17:52	"
9. Armin Russenberger	SCHWEIZ	17:58	"
10. Walter Serena	ITALIEN	18:15	"

Den *Bergpreis* gewann Fausto Coppi mit 35 Punkten vor Astrua (33) und Hollenstein (30). Von den ursprünglich gestarteten 70 Fahrern erreichten 50 das Ziel.

Das gab in Italien ein mächtiges Hallo. Fünf *azzurri* an erster Stelle, sieben Italiener unter den ersten zehn! Und man konnte nicht umhin, Coppi die Absolution zu erteilen. Sein 5. Platz, vor allem wie er zustande kam, überzeugten auch Alfredo Binda: „Der Campionissimo fährt mit nach Solingen zur Weltmeisterschaft, um dort seinen Titel zu verteidigen. Nicht so Gino Bartali. Er bleibt daheim." Damit war die letzte Chance vorbei, daß *Ginettaccio* ein Regenbogentrikot in seine Sammlung aufnehmen konnte.

Am 22. August, dem Tag der ***21. Straßenweltmeisterschaft***, hatte der Himmel (wie leider sehr oft) kein Einsehen mit den Radfahrern. Er öffnete seine Schleusen und ließ vorerst die internationale Radsportjournalistik im Regen stehen. Schuld daran war eine Holztribüne. Sie senkte sich bereits am Vortag, während der Meisterschaft der Amateure bedenklich, als neben den Offiziellen (Organisatoren, Kampfrichtern, Ehrengästen und Journalisten) auch hunderte von ungebetenen Gästen unter das schützende Dach flüchteten und damit die Konstruktion in eine schwere Schlagseite brachten.

Zugegeben ein Skandal, der die bis dahin als mustergültig bekannte deutsche Organisation gewaltig in Mißkredit brachte. Die Baupolizei trat in Aktion und am Sonntag wurde genagelt und gezimmert; bis eine Stunde nach dem Start. Dann konnten die Journalisten ihre verdreckten Schuhe und Hosenbeine, ihre aufgeweichten Mäntel und Gemüter ins einigermaßen Trockene bringen und die nassen Programmseiten studieren: 76 Fahrer aus elf Nationen hatten das Rennen in Angriff genommen. Italien war mit Coppi und Carrea **(BIANCHI)**, Coletto **(FREJUS)**, Fornara **(BOTTECCHIA)**, Gismondi **(BIANCHI)**, Minardi**(LEGNANO)** und Monti **(ARBOS)** vertreten. Albani wurde im letzten Moment gegen Buratti **(DONISELLI)** ausgetauscht; der gute Giorgio lag mit Fieber im Bett.

Doch nun zum Renngeschehen. Vorerst wurden alle Ausreißversuche im Keim erstickt oder besser gesagt ertränkt, denn es regnete ununterbrochen. Die Zuschauer versuchten sich mit aller erdenklichen Erfindungsgabe gegen das Naß von oben zu schützen: geknüpfte Taschentücher, abenteuerliche Papierhüte, Dächer aus Zeltplanen und Pappe.

Ohne Schutz dagegen die Rennfahrer. Ihnen peitschte der Regen ins Gesicht, unterkühlte die Muskeln, verwandelte die Straße in eine heimtückische Rutschbahn. Die auf den Asphalt geschwemmte gute Erde des Bergischen Landes verklebte Haare, Augen, Mund und Nase. Der Weltmeisterschaftskurs war überflutet.

Anscheinend unbeeindruckt vom Unwetter agierten die Männer aus Holland. An Sturmfluten gewöhnt, schwammen sich in der *5. Runde* Nolten und Van Breenen frei, gefolgt von Bruno Monti. Bald betrug ihr Vorsprung 20 Sekunden. Kein großer Abstand, aber bei dieser Witterung waren sie fast außer Sichtweite der Gegner. Aus deren Reihen machten sich der Franzose Varnajo und Coppis Helfer Gismondi auf die regennassen Socken. Gismondi offensichtlich beauftragt, für seinen Meister die Lage zu peilen.

In der *7. Runde* erreichten sie die Spitze, aber nach 120 Kilometern konnte sich Gismondi noch keinen Reim auf die Verfassung des Spitzentrios machen.

Das Hauptfeld ließ die fünf Ausreißer ziehen und genehmigte sogar dem Luxemburger Gaul, sich selbständig zu machen. Allerdings erhielt er in Form von Coletto einen Aufpasser zur Seite, der seine Aktivitäten kontrollierte.

Der Vorsprung der ersten Fünf wuchs in der *8.* Runde auf 2:01 Minuten. Das vermochte Coppi, Kübler, Schär und Bobet nicht zu erschüttern. Aber ab jetzt begann das große Aufräumen im Feld. *Briek* Schotte, Schils, Van Looy und Buratti fielen der Temposteigerung zum Opfer, die dafür sorgte, daß das Feld wieder näher an die Spitzengruppe herankam.

In der *9. Runde* betrug der Abstand noch ganze 32 Sekunden, Gaul und Coletto waren bereits eingeholt.

Trotzdem es weiter in Strömen regnete, war die Stimmung an der Strecke ausgezeichnet. Besonders 40 000 (!) belgische Schlachtenbummler gingen begeistert mit, wohl in der Hoffnung, daß sie nach dem Sieg von Van Cauter bei den Amateuren einen weiteren Weltmeister feiern könnten.

Das Bemühen, den Anschluß des Hauptfeldes zu vermeiden, forderte in der Spitzengruppe Opfer. Van Breenen verließ das sinkende Schiff, Nolten strich die Segel, Coletto und Monti begaben sich ins Trockene. Übrig blieben Varnajo und Gismondi. In der *10. Runde* betrug der Abstand des Feldes zu diesen beiden 1:45 Minuten.

In der *11. Runde* erlitt Kübler einen Reifenschaden. Vom Materialwagen erhielt er ein fremdes Rad, auf dem er mit fast zwei Minuten Rückstand auf das Feld die (aussichtslose) Verfolgung begann. Erschwert wurde das Unternehmen von Ferdy dadurch, daß Coppi keine Gnade kannte und zum Angriff blies.

Im Verlauf der *12. Runde* machte sich eine Verfolgergruppe auf und davon, in der mit Bobet, Coppi, Forestier, Gaul, Schär, - und man höre und staune dem 20-jährigen Jacques Anquetil -, Fahrer vertreten waren, die bestimmt im Endkampf ein Wörtchen mitsprechen würden. Bei der Zielpassage lagen diese Titelanwärter 1:02 Minuten hinter der Spitze.

In der *13. Runde* schloß die Verfolgergruppe auf. Lediglich Forestier hatte sich übernommen und war zurückgefallen. Nun wurden die Karten neu gemischt. Das beste Blatt hatte offensichtlich Bobet. Ihm standen Anquetil und Varnajo zur Seite, Coppi konnte nur auf Gismondi zählen. Den schwersten Stand hatten ohne Zweifel Schär und Gaul. Aber auch von hinten drohte noch Gefahr. Weniger von Kübler, er hatte Mitte der 13. Runde aufgegeben, aber Robic fuhrwerkte herum, daß es eine Freude war. Er steckte damit Fred De Bruyne und den wieder erstarkten Forestier an, aber es gelang ihnen nicht, den Rückstand zu verringern. Im Gegenteil, Coppi sprengte die Spitzengruppe und hatte nur noch Bobet, Gaul, Schär und seinen Helfer Gismondi um sich. Eine Titelverteidigung rückte in greifbare Nähe.

In der *15. Runde* war der Traum zu Ende. Über die (nicht immer funktionierenden) Lautsprecher gab der offizielle Sprecher Sigmund Durst bekannt: „Die Startnummer 57 ist gestürzt", und Chefdolmetscher Vico Rigassi wiederholte: < *Il nummero cinquantasette è caduto* >. Die Nummer 57 war Coppi! In Flamerscheid, dort wo die Abfahrt zur Wupperbrücke bei Glüder beginnt, fuhr ihn ein unvorsichtiger Motorradfahrer an. Fausto stürzte. Gismondi blieb sofort bei seinem Kapitän, aber was nützte es. Bobet und Schär erkannten die Chance ihres Lebens. Sie nutzten sie.

Fausto Coppi gab sich noch nicht geschlagen. Er rappelte sich auf, prüfte sein Rad, und schwang sich in den Sattel. Auf der regennassen Straße schlug er ein Tempo an, das Gismondi nicht halten konnte. Der *Campionissimo* mußte versuchen, alleine wieder nach vorne zu kommen.

Bei der *vorletzten Zielpassage wurden* Louison Bobet und Fritz Schär stürmisch umjubelt, 31 Sekunden nach ihnen kam Gaul, 1:16 Minuten später der verzweifelt kämpfende Coppi.

Die *letzte Runde* wurde eingeläutet. Bobet und Schär kämpften verbissen. Plötzlich hatte Bobet Defekt. Enttäuscht wollte er sein Rad in den Straßengraben feuern, da entdeckte er im letzten Moment das Materiallager der Franzosen, das sich in unmittelbarer Nähe befand. Mechaniker eilten herbei und behoben in Kürze den Schaden. Louison Bobet jagte hinter dem Schweizer her und nahm ihm Sekunde um Sekunde ab. Er holte Fritz Schär ein und konnte ihn an der letzten Steigung sogar noch abhängen. Mit 12 Sekunden Vorsprung erreichte er nach einer Fahrtzeit von 7:24:36 std das Ziel und wurde Weltmeister! Unbeschreiblicher Jubel für den sympathischen Franzosen, den Toursieger von 1953 und 1954. Aber auch riesiger Beifall für den kleinen Fritz Schär. Dann aufgeregtes warten: aber nicht Coppi erschien, sondern Charly Gaul (2:12 min zurück). Dann trafen Michele Gismondi und Jacques Anquetil ein (3:03 min). Erst als Sechster erreichte Fausto Coppi vollkommen erschöpft das Ziel (3:20 min). Die verwegene Fahrt nach seinem Sturz hatte ihn ausgehöhlt, zermürbt.

Die Regenschlacht war zu Ende. Wasser war vermutlich auch in die Uhren der Kampfrichter gedrungen. Mehrmals kamen falsche Angaben von der Strecke. So auch die Meldung, Coppi sei fünf Minuten nach Anquetil ins Ziel gekommen. Es waren siebzehn Sekunden.

Für Fausto war die Niederlage bitter. Er hatte sich in optimaler Form befunden. Aber vergessen wir nicht, noch vor einem Monat lag er mit einem Schädeltrauma im Bett, das Damoklesschwert hing über ihm, das Ende seiner Laufbahn schien gekommen. Und nun war er einer der Protagonisten dieser Weltmeisterschaft gewesen. Am Ende war er aber nicht der große *Campionissimo*, sondern einfach Coppi.

Der einfache Coppi fuhr mit dem Auto zurück nach Novi Ligure. Dort kurierte er die Sturzverletzungen aus und bereitete sich auf den vierten Lauf zur Italienischen Straßenmeisterschaft vor. Ob die Prüfung ***Milano-Modena*** besonders dafür geeignet war, bleibt dahingestellt. Der außergewöhnliche Austragungsmodus aber war zumindest originell. Zuerst wurde die eigentliche Fernfahrt über 174 km abgestrampelt, ins *Velodromo Cavezzo* eingeschwenkt und dann, in Anlehnung an *Rom-Neapel-Rom,* hinter Schrittmachern (in diesem Fall leichten Motorrädern) die letzten 46,2 Kilometer absolviert.

Magni traf als Erster in Modena ein und fand auch als Erster Anschluß an seinen Schrittmacher. Aber schon nach Ablauf der ersten Runde (2,130 km) lag Monti nur 10 Sekunden zurück. In der Folge lieferten sich die beiden

Rivalen einen erbitterten Kampf. 10 Runden wurden in 21:40 Minuten zurückgelegt (58,984 km/std), 20 Runden in 42:30 min (60,141 km/std). Am Schluß des Spektakels stand Fiorenzo Magni mit 32 Sekunden Vorsprung als Sieger fest. Coppi gehörte zu den Verlierern. Aber auch das war kurios. Zeitweilig auf Platz 12 zurückgefallen, kämpfte er sich bis auf Rang 5 vor. Ein Mißverständnis in der vorletzten Runde warf ihn aus dem Rennen. Infolge eines Anzeigefehlers hielt Fausto das Rennen für beendet und fuhr von der Bahn, obwohl er noch eine Runde hätte zurücklegen müssen.

Coppi hatte, bedingt durch seinen Unfall, am 3. Lauf zur Italienischen Straßenmeisterschaft nicht teilgenommen. Den dafür ausgewählten ***Giro dell Emilia*** gewann am 27. Juni Nino Defilippis vor Rino Benedetti und Michel Gismondi. Nun stand am 12. September der 4. Lauf zur Meisterschaft, der *Giro del Lazio*, ins Haus. Coppi lag nach den vorhergegangenen Prüfungen mit 9 Punkten an sechster Stelle; zusammen mit Albani und Berducci. Er hatte noch alle Möglichkeiten, die führenden Magni und Minardi (jeweils 14 Punkte) vom Thron zu stoßen. Selbst wenn es dieses Mal nicht klappen sollte, gab es ja noch immer am 17. Oktober den fünften Lauf, die *Coppa Bernocchi*, und das war immerhin ein Zeitfahren über 108 Kilometer.

„Coppi muß gewinnen. Er braucht das Meisterschaftstrikot als Ersatz für das entgangene Regenbogentrikot." Das war die Volksmeinung. Aber der *Campionissimo* war weder körperlich noch seelisch in der Verfassung, ein langes und schweres Straßenrennen erfolgreich zu bestreiten. Das zeigte sich am 12. September beim ***Giro del Lazio*** mehr als deutlich. Nach 7:25:22 std für die 260,5 Kilometer stand Angelo Conterno als Sieger fest. Er bezwang im Endspurt Padovan und Astrua. Magni landete mit einem Rückstand von 2:46 Minuten als Spurtsieger des Feldes auf dem vierten Platz und baute seine Führung in der Meisterschaft weiter aus. Gut, aber was war mit Coppi? Der kam zwar als Erster in Rom an, aber nicht auf dem offiziellen Weg. Als das Rennen für ihn nicht mehr zu gewinnen war, stieg er 43 Kilometer vor dem Ziel, in Cecchina, kurzerhand ab. Was war diesmal im Kopf des *Campionissimo* vorgegangen?

Allerhand. Coppi versuchte zumindest in Novi Ligure und in seiner Familie für Ruhe zu sorgen. Am 23. September wurde er geschieden. Fausto überschrieb Bruna sein Haus in der Via de la Rimembranza - Wert *50 Millionen Lire* (zur damaligen Zeit der stolze Betrag von etwa 350 000 DM) - und hinterlegte weitere *50 Millionen Lire* für seine Tochter Marina.

Aber er sorgte zugleich für weiteren Zündstoff. Fausto erwarb nämlich ausgerechnet in Barbelotto, einem anderen Stadtteil von Novi Ligure, ein Gebäude mit zwei Stockwerken und einem prächtigen Park. Er ließ das Haus - die ehemalige *Villa Carla*, nun die neue *Villa Coppi* - renovieren und unter die Arbeiter mischte sich auch Giulia; offiziell nunmehr Coppis Sekretärin. Gewissermaßen Privatsekretärin. Denn als der aufgebrachte Dr. Locatelli eines Nachts in Begleitung von mehreren Carabinieri in Coppis Haus eindrang, traten ihm der *Campionissimo* im Pyjama und Giulia im Negligé gegenüber und versicherten, Fausto hätte im ersten, die Signora Locatelli im zweiten Stock geschlafen. < *Honny soit qui mal y pense!* > Der Dottore dachte dabei Böses und bestand darauf, die beiden beim Ehebruch erwischt zu haben. Ein Delikt, das im damaligen Italien nicht nur den gehörnten Ehemann, sondern auch Staat und Kirche auf die berühmte Palme und die beteiligte Dame für zwei Jahre hinter Gitter bringen konnte.

Freunde versuchten, Fausto den Kopf wieder zurechtzurücken. Aber sie begriffen nicht, daß Coppi drauf und dran war, ein neues, eigenes Leben zu führen.

Locatellis „Sturmangriff" auf Coppis Haus hatte auf jeden Fall zur Folge, daß die Staatsanwaltschaft in Alessandria Coppis Paß einzog, denn auch der dortige Präfekt schenkte dem Arbeitsverhältnis Fausto/Giulia keinen Glauben. Coppi ließ verlauten: „Ich bin erwachsen. Es reizt mich nicht, mich zu verstecken, nur weil das fehlende Reisedokument verhindert, daß ich meinen Wohnort wechsle. Aber ich habe Hoffnung. Ich bin noch nicht am Ende und ich werde weitersehen." Eines mußte Coppi allerdings in Kauf nehmen, was ihn hart traf: Der fehlende Paß machte Auslandsstarts, auf die er dringend angewiesen war, vorerst unmöglich.

Wäre Coppi aus Solingen mit dem Weltmeistertitel zurückgekehrt, hätte sich bestimmt kein Mensch um seine privaten Dinge gekümmert, hätte es kein Carabinieri gewagt, die Schwelle von Faustos Haus zu überschreiten. Dann hätte der Präfäkt in Alessandria überhaupt nicht begriffen, was da ein gewisser Locatelli von ihm wollte. Ja wenn...

Aber Coppi strotzte vor Optimismus und ließ sich auch den Mut nicht nehmen, als ein weiteres, dramatischeres Ereignis eintrat - Giulia war schwanger.

Auch vom italienischen Radsportverband kam nichts Gutes. Dort entwickelte sich der Herr Rodoni zu einem ausgesprochenen „Attentäter" des internationalen Radsports. Das war zumindest die Meinung in europäischen Fachkreisen. Kurz vor Beginn der Tour hatte er bekanntlich die italienischen Fahrer für Rennen im Ausland gesperrt und damit der Frankreichrundfahrt erheblichen Schaden zugefügt. Wenige Tage vor dem *G.P. des Nations* in Paris, dem bedeutendsten Zeitfahren auf dem Kontinent, holte er die Akte „Bernina-Etappe" wieder aus dem Keller und veranlaßte am 17. September eine Sperre für Coppi und die - aus seiner Sicht - anderen Sündenböcke. Der *Campionissimo* durfte zwei Monate nicht starten. Ihm hatte der Verband vorgeworfen: „...aktiv an einer Aktion zur Sabotage des Rennens teilgenommen zu haben." Die übrigen Gesperrten waren Hugo Koblet (20 Tage), der Spanier Jesus Lorono (10 Tage) sowie die Italiener Magni (20 Tage), Fornara (20 Tage), Gismondi (20 Tage), Conterno (10 Tage), Vincenzo Rossello (10 Tage), Martini (10 Tage) und Monti (10 Tage).

Ein Possenspiel. Die Franzosen sahen in der zeitlich genau abgestimmten Strafmaßnahme nicht zu Unrecht einen Seitenhieb gegen ihre Veranstalter.

Gaston Benac, einer der bekanntesten französischen Fachjournalisten von *Paris Soir* und Begründer des Rennens, sprach ganz offen auch von Sabotage, allerdings in einem anderen Zusammenhang: „Rodoni handelt wie ein Mann, der nachts Bomben legt und sorgsam darauf bedacht ist, sie fern von seinem Hause hochgehen zu lassen."

Trotzdem kamen sich die Herren Funktionäre zumindest in einem anderen Punkt etwas näher. Am 6. Oktober tagte unter dem Vorsitz von UCI-Präsident Joinard der leitende Ausschuß des Internationalen Radsportverbandes in Paris. Der wichtigste Beschluß betraf bezeichnenderweise einen Punkt, der gar nicht auf der Tagesordnung stand: die Frage der Zulassung radsportfremder Markenteams. Die *UCI* empfahl ihren Verbänden: „...sich künftig vor allem ausländischen Fahrern gegenüber großzügig zu zeigen. Eigenen Fahrern gegenüber behält jeder Verband die volle Entscheidungsfreiheit." Der Radsportkrieg Frankreich-Italien war damit beendet. Die totale Vermarktung der Werbefläche „Mensch" konnte im Berufsradrennsport ihren glorreichen Einzug halten.

Von der ganzen Sache unberührt zeigte sich der junge Jacques Anquetil. Der hatte zum ersten nach seinem sensationellen 5. Platz bei der WM ausschließlich für dieses Zeitfahren trainiert und lukrative Startangebote ausgeschlagen. Zum zweiten kümmerte er sich keineswegs um die Aufforderung, für zwei Jahre in die Kaserne in Rouen einzurücken, und den Dienst zu absolvieren, der angeblich so wichtig für das Vaterland ist (auf die Berufschancen der Heranwachsenden aber nur wenig Rücksicht nimmt).

Anquetil übertraf bei diesem ***G. P. des Nations*** alle Erwartungen. Er bewältigte die 140,3 Kilometer lange Strecke in 3:30:58,8 Stunden und pulverisierte damit Koblets Rekord aus dem Jahre 1951 (3:31:30 std). Koblet hatte das Rennen nach 85 Kilometern aufgegeben, Weltmeister Bobet war erst gar nicht am Start erschienen.

Kaum war das Rennen vorbei, hob Rodoni die Sperre auf, mit der Begründung, eine neue Untersuchung einzuleiten. Das Kasperltheater ging also weiter, aber einer Teilnahme der „Untersuchungshäftlinge" am ***Circuito di Cologno Monzese***, einem Kriterium über 100 Kilometer, stand nichts im Wege. Coppis Wiedererscheinen löste beim Publikum, das ja ständig zwischen „Hosianna" und „kreuzigt ihn" hin und her gerissen wurde, verhaltene Freude aus. Man begrüßte Fausto wohlwollend, und verabschiedete ihn später nach einer guten Leistung sogar im Sprechchor: < *Coppi, Coppi!* > Und das, obwohl der *Campionissimo* gar nicht gewonnen hatte. Das tat Giorgio Albani nach 2:20:00 Stunden vor Piazza, Monti, Bevilacqua und Coppi.

Trotzdem war die Presse in Italien einhellig der Meinung, daß Coppi nach all den Querelen nun endlich das Handtuch werfen würde. Weit gefehlt. Der *Campionissimo* gab sich kämpferisch und dachte nicht ans Aufhören. Im Gegenteil. Am 17. Oktober, beim letzten Lauf zur Italienischen Straßenmeisterschaft, der ***Coppa Bernocchi***, einem Einzelzeitfahren über 108 Kilometer, zeigte der 35-jährige, was noch in ihm steckte. In 2:40:30 Stunden (40,374 km/std) holte er sich überlegen den Sieg vor Astrua (2:16 min zur.) und Conterno (2:23 min). Magni lag zwar 6:08 Minuten hinter Coppi zurück und belegte damit nur Rang sieben, verteidigte aber mit seinen insgesamt erreichten 23 Punkten den Meistertitel aus dem Vorjahr erfolgreich. Hinter Magni landete Coppi auf dem 2. Platz (19 Pkt.) vor Minardi (18 Pkt.). Bestimmt dachte der *Campionissimo* wehmütig an sein unrühmliches Ausscheiden bei der Lazio-Rundfahrt.

Und Coppi legte noch eins drauf. Das „Rennen der fallenden Blätter", wie man den großen italienischen Herbstklassiker ***Giro di Lombardia*** nennt, machte seinem Namen alle Ehre. Bei herbstlicher Kühle und strömendem Regen rollte das Feld am 31. Oktober durch die von der Jahreszeit geprägte kahle Landschaft.

Beim Ghisallo-Anstieg begann die Auseinandersetzung. Entgegen den Erwartungen wagte sich der junge, erst vor kurzem ins Profilager hinübergewechselte Italiener Valerio Chiarlone an die Spitze einer sechsköpfigen Ausreißergruppe, der auch Robic und Coppi angehörten, und überquerte 100 Meter vor seinen Verfolgern als Erster den höchsten Punkt bei der Kapelle zur *Madonna di Ghisallo.*

Nach der Abfahrt benutzte Coppi eine kleine Erhebung zur Offensive. Aber er konnte die restlichen 60 Kilometer bis ins Ziel nicht alleine durchstehen. 22 Kilometer vor dem Vigorelli-Stadion wurde er von Aldo Moser und Chiarlone wieder eingeholt. Weitere sieben Fahrer konnten noch aufschließen. Darunter Albani, Magni und Volpi. Unter diesen drei vermutete man den Sieger. Aber Coppi zog einen unwiderstehlichen Langspurt an und besiegte nach 5:51:33 Stunden Magni, De Rossi und die restlichen Fahrer aus der Zehnergruppe. Der *Campionissimo* erntete für seinen fünften Sieg bei der Lombardei-Rundfahrt stürmischen Beifall. (Für den *Challenge Desgrange-Colombo* war das Ergebnis ohne Bedeutung. Hier stand bereits vor dem Rennen Ferdy Kübler mit 94 Punkten als Sieger fest. Coppi hatte 70 Punkte auf seinem Konto, wurde aber nicht gewertet, da er an den Rennen in Belgien nicht teilgenommen hatte).

Die Sportwelt mußte erneut über die Größe Fausto Coppis staunen. Selbst Jacques Goddet, Coppi nicht immer wohlgesonnen, kam nicht daran vorbei, dem *Campionissimo* seine Anerkennung auszusprechen: „Coppi kehrte an diesem Tag wieder zurück in die Reihe der Champions des Radsports. Er wollte diesen Sieg und er zeigte damit, seine Klasse ist grenzenlos." Man konnte dem nicht widersprechen.

Klasse zeigte auch ein junger italienischer Amateur aus Villanova di Forli, Ercole Baldini. Er stellte am 30. Oktober auf der Vigorelli-Bahn mit 44,869 km einen neuen Stundenweltrekord für Amateure auf.

Einen Tag später, am 1. November, war Coppi schon wieder in Lodi, in der Nähe von Mailand, bei einem italienisch-schweizerischen Straßen-Omnium im

Einsatz. Im Sprintrennen über 2,6 km belegte er hinter Koblet den 2. Platz. Das Mannschaftszeitfahren über 3,9 km sah die Eidgenossen siegreich und im Derny-Rennen über 26 km lautete die Reihenfolge: 1. Magni, 2. Albani, 3. Coppi, 4. Koblet, 5. Kübler und 6. Clerici. Damit standen auch die Teilnehmer fest, die sich noch in einem Punktefahren über 65 Kilometer messen wollten. Aber nach 33 Kilometer kam der Abbruch des Rennens. Es wurde zu dunkel.

Der Herbst war nun endgültig ins Land gezogen. In Mailand werkelten die Zimmerleute unter Anweisung des deutschen Rennbahnarchitekten Clemens Schürmann an der Fertigstellung der 200 Meter langen Winterbahn im *Palazzo dello Sport*. Die Einweihung erfolgte am 13. November mit dem Boxkampf zwischen dem Italiener Tiberio Mitri und dem Franzosen Charles Humez (K.o.-Sieger in der dritten Runde). Die Radfahrer mußten bis zum 18. November warten, dann stand ein Länderkampf Italien-Frankreich auf dem Programm.

Coppi bereitete sich auf dieses Treffen mit einem Sieg am 14. November im Rundstreckenrennen von Albano Laziale vor. Aus der Presse konnte er auch entnehmen, daß Frankreich einen Länderkampf in Paris gewonnen hatte. Im Mittelpunkt stand dabei ein Omnium der Straßenfahrer. Diesen Mehrkampf konnten Anquetil, Bobet, Darrigade und Hassenforder für sich entscheiden. Defilippis, Magni, De Rossi und Messina unterlagen. Italien mußte auf Coppi verzichten, der wegen der leidigen Paßangelegenheit nicht nach Paris kommen konnte.

Mit einer gehörigen Portion Wut im Bauch - nicht gegen Bobet, sondern gegen die engstirnigen Behörden - knöpfte sich der *Campionissimo* den Franzosen in Mailand vor. (Dessen Selbstvertrauen war erheblich angeknackst. Hatte er doch am 26. November auf der Vigorelli-Bahn einen Angriff auf Coppis Stundenrekord unternommen. Doch schon nach wenigen Runden zeigte sich, daß der Versuch zum Scheitern verurteilt war. Louison hatte sich eine Marschtabelle zurechtgelegt, aber es war ihm unmöglich, den Fahrplan einzuhalten. Er kämpfte verzweifelt bis zur 74. Runde, dann hatte er in 39:21,2 Minuten 29,419 Kilometer zurückgelegt, über einen Kilometer Rückstand auf Coppis Rekord und die Gewißheit, daß er sich zuviel vorgenommen hatte).

Nun hatte dieser Bobet in Mailand zwar in einem Match über drei Läufe das einleitende *Sprinterduell* gewonnen, doch im *Zeitfahren* über einen Kilometer zog er mit 1:06,2 Minuten gegenüber Coppi (1:06,0 min) den Kürzeren. Im *Verfolgungsduell* über 4000 Meter erwies sich Coppi dann wieder einmal als alter Könner in seiner Spezialdisziplin. Er jagte hinter Bobet her wie ein Schießhund, fraß die Kilometer, während der gehemmte Bobet als Nervenbündel um die Bahn kreiste. Bis auf 20 Meter kam Coppi heran, dann erlöste ihn das Ende des Rennens: Fausto hatte nach 4:53,8 Minuten (49,013 km/std) seine Ziellinie überfahren.

Bobet war mit 5:00,8 Minuten klar der Unterlegene. Wesentlich besser erging es dem Franzosen im abschließenden *50-Km-Mannschaftsfahren.* Mit seinem Partner Darrigade siegte er nach 1:02:29 std mit einer Runde Vorsprung vor Piazza-De Rossi und Ghella-Zucconelli. Fausto Coppi gab fünf Runden vor Schluß auf, nachdem sein Partner Maspes durch Sturz ausgeschieden war.

Während überall die Freiluftrennen wegen der kalten Witterung eingestellt wurden, konnte sich der sonnige Süden diese noch leisten. In Neapel traf sich die italienische Elite zu einer Wohltätigkeitsveranstaltung. Vor ausverkauftem Haus war Coppi das 18-km-Einzelrennen nicht zu nehmen, Bruno Monti kam auf den Ehrenplatz. Martini-Petrucci gewannen anschließend das Omnium der Asse.

Die Freiluftsaison wurde am 28. November endgültig mit der ***Trofeo Baracchi*** abgeschlossen. Noch niemals in der fünfjährigen Geschichte des Rennens war das Interesse des Publikums an diesem Mannschaftszeitfahren so groß. Die Besetzung stellte aber auch alles bisher Dagewesene in den Schatten: z.B. Bobet-Anquetil, Kübler-Koblet, Coppi-Filippi! Kein Wunder, daß die Straße von Bergamo nach Mailand von einem riesigen Zuschauerspalier gesäumt war. Coppis Sieg in der Lombardei-Rundfahrt hatte die Massen mobilisiert.

In Abständen von drei Minuten gingen die Mannschaften auf die Strecke. Coppi hatte die günstige Startnummer 6 erwischt (günstig, denn die ärgsten Widersacher Bobet-Anquetil lagen genau vor ihm). Der *Campionissimo* und sein junger Partner legten auch gleich ein solches Tempo vor, daß sie nach 54 Kilometern schon fast eine Minute auf die beiden Franzosen gut gemacht hatten. Bis zu diesem Punkt hatte Filippi die Hauptführungsarbeit geleistet. Dann legte Coppi los. Harmonisch und kraftvoll sein Stil, der die Zuschauer begeisterte. In seinem Windschatten Filippi, der sich mit zusammengebissenen Zähnen mühte, den Kontakt zu seiner „Zugmaschine“ nicht abreißen zu lassen. Als das Paar auf die Vigorelli-Bahn einschwenkte, war Filippi buchstäblich am Ende seiner Kräfte. Er hatte sich einen grausamen Ast eingefangen und völlig erschöpft ließ er bereits auf der Gegengeraden abreißen. Aber der Junge hatte es geschafft: Er hatte Coppi auf der tollen Rekordfahrt begleitet!

Die Zeit der beiden (2:20:26 std) entspricht einem Stundenmittel von 46,142 Kilometer! Mit 1:25 min Rückstand kamen Anquetil-Bobet auf Rang zwei. Dann folgten Magni-Piazza (2:56 min) und Koblet-Kübler (3:01 min). Ein streunender Hund beendete vorzeitig die Fahrt von Brankart-Impamis. Beide stürzten und gaben das Rennen auf.

Nach dem Straßenwettbewerb erfolgte traditionsgemäß der Wechsel auf die Bahn. Bei der *Runde gegen die Uhr* lagen Coppi-Filippi noch zeitgleich mit drei anderen Mannschaften auf dem ersten Platz. Beim abschließenden *Australischen Verfolgungsfahren* behaupteten sich dagegen die Franzosen. Moralischer Sieger war aber wieder Coppi. Als er sah, daß zwei Runden vor Schluß

Anquetil-Bobet zirka 30 Meter Vorsprung hatten, machte er sich alleine auf die Verfolgung, holte die Franzosen ein und passierte als Erster das Ziel. Da die Plazierung jedoch durch Addition der Zeiten beider Mannschaftsteilnehmer ermittelt wurde, mußte er sich gemeinsam mit Filippi mit dem zweiten Platz begnügen. In der Gesamtwertung triumphierten Coppi-Filippi sicher mit 6 Punkten vor Anquetil-Bobet und Koblet-Kübler. (Werfen wir an dieser Stelle auch noch schnell einen Blick auf die im Text nicht erwähnten Plazierungen Coppis: Siege bei den *Circuiti* in ***Stradella***/ITA, ***Casale Monferrato***/ITA, ***Broni***/ITA und in ***Cittá di Castello***/ITA sowie ein neunter Platz in *Belmonte Picenco*/ITA sind hier zu verbuchen.)

Anschließend zog sich Coppi erst einmal vom aktiven Radsport zurück. Dick vermummt unternahm er mit seinen Mannschaftskameraden Trainingsfahrten, schmiedete aber keine großen Pläne für die Wintersaison. Er hatte wieder Zeit für sein größtes Hobby, die Jagd. Als er einmal in Begleitung an der italienisch-schweizerischen Grenze auf die Pirsch ging, flog ein prächtiger Fasan auf und schwirrte in Richtung Schweiz davon. Coppi riß die Flinte hoch, zielte, schoß aber nicht. Sein Kommentar: „Auf Emigranten schießt man nicht.“ Sicherlich beneidete Coppi den freien Vogel. Der *Campionissimo* wartete nämlich noch immer auf seinen Paß.

Bartali, von dem lange nichts zu hören war, erntete Applaus bei verschiedenen Rundstreckenrennen, so in Belmonte Picenco (15. Rang), Rouen (6.), Verviers (8.), Paris (11.), Renaix (8.), Cologno Monzese (7.) und beim Bergfahren auf den Mont Faron (14.). Schon erstaunlich, was *Ginettaccio* da der Jugend noch vormachte. Besonders in Bologna. Dort fuhr er gegen ein Rennpferd und besiegt es natürlich. Am 28. November bestritt Bartali beim ***Circuito degli Assi*** in Cittá di Castello sein letztes Rennen in dieser Saison und belegte einen hervorragenden 3. Platz.

Gino war (und ist es immer noch) unheimlich populär. Irgendwann in diesem November ´54 hatte er in *Corniglio* eine Autopanne. Wie ein Lauffeuer sprach es sich herum: „Bartali ist da!“ Die Leute strömten herbei, die Dorfmusik wurde alarmiert und traf wenig später mit mächtigem Lärm vor dem Gasthof ein, in dem Bartali abgestiegen war. Bald kam das schönste Volksfest in Gang: Hühnchen brutzelten in den Pfannen, Spaghetti kochten in den Töpfen, Pizza wurde gebacken, der Wein floß in Strömen. Sogar der Pfarrer eilte herbei, im Gefolge der auf Dienstreise weilende Vikar aus Parma. Jubel, Trubel, Heiterkeit. Erst zur späten Abendstunde durfte Bartali sich verabschieden. Er gab bekannt, es sei nicht ausgeschlossen, daß er auch im nächsten Jahr an den Start geht. Aufhören will er erst 24 Stunden nachdem Coppi die Bühne des Radsports verlassen hat. Greifen wir voraus. Am 9. Februar 1955 wird zu lesen sein: *< Signori, Gino Bartali, l´uomo di ferro, non corre piu >*. Zu deutsch: Herrschaften, Gino Bartali, der Mann aus Eisen, fährt nicht mehr.

Frankreich feierte indessen seinen Weltmeister. Die Sportpresse verlieh Louison Bobet zum zweiten Mal den Titel „Meister der Meister“.

Am Nikolaustag heiratet Koblet in Zürich das Mannequin Sonja Bühl, das er anläßlich einer Modeschau kennen und lieben gelernt hatte. In der Frauenmünsterkirche tauschten sie die Trauringe.

Auch Giulia erhielt einen Ring. Weihnachten schenkte ihr Fausto ein mit Smaragden besetztes Kleinod.

Das Jahr ging zur Neige. Lassen wir Coppi seine Wünsche für 1955 ausdrücken, die er in *Sport illustrato* so formulierte: „Ich wünsche mir ein bißchen Frieden, um meinen Anhängern wieder etwas Freude bereiten zu können. Um das zu erreichen, werde ich nichts unversucht lassen. Ich hoffe dabei, daß mir das Glück nicht den Rücken kehrt, denn im Leben braucht man manchmal neben der Beständigkeit auch die Gunst des Schicksals. In einem Monat werde ich das Training aufnehmen und mich besonders auf die Rundfahrt in Sardinien vorbereiten."

Lassen wir uns überraschen...

1955
Bartali macht Schluß – Coppi zögert noch

Ab 1949 hatten die Rennsportjahre das besondere Merkmal, daß sie von einem einzigen, höchstens aber von zwei Fahrern deutlich beherrscht wurden. Mit Coppi begann um diese Zeit die Ära der einsamen Superchampions. Ein Jahr später, 1950, ging Hugo Koblets Stern auf, dem bereits im Spätsommer des Jahres der von Ferdy Kübler folgte. Nur kurze Zeit, denn 1951 war Koblets eigentliches Triumphjahr. Doch wieder warf Kübler mit seinem Weltmeisterschaftssieg in Varese einen Schatten auf Koblets unvergeßlichen Sieg in der *Tour de France*. Die beiden Schweizer „K" - Koblet, *Le pédaleur de charme* und Kübler, alias *Ferdy national* - verschafften ihrem Land jedenfalls die Genugtuung, die beiden ersten Jahre dieses Jahrzehnts glatt und eindeutig dominiert zu haben. Erst 1952 war Coppi wieder auferstanden und erwies sich auch 1953 noch als der Beste, wenngleich nun der junge Bobet auf der Bühne des Radsports erschien. Der Franzose beherrschte auch die *Tour de France* (in Abwesenheit des großen Fausto) und setzte sich 1954 endgültig durch: Toursieger und Weltmeister.

1955 ist der große Unbekannte der bevorstehenden Straßensaison Jacques Anquetil, der aber seinen Militärdienst ableisten muß und zumindest bei der *Tour de France* fehlen wird. Erwartungen werden auch in den Schweizer Clerici und den jungen Charly Gaul gesetzt, aber es spricht eine Menge dafür, daß es zum großen Duell Bobet-Coppi kommen wird. Beide haben eine ausgiebige Winterpause hinter sich. Bobet startete letztmals Ende November im Zürcher Hallenstadion und ruhte sich dann drei Monate beim Wintersport in gesunder Bergluft aus. Coppi schränkte seine Tätigkeit nach den Siegen in Mailand und Bergamo zwangshalber ein.

Allen war mittlerweile die Affäre zwischen dem *Campionissimo* und der „Dame in Weiß" bekannt. Aber nun begann sich die Sache zu dramatisieren. Wie berichtet, wurde Coppi im Herbst 1954 wie einem Verbrecher der Paß abgenommen. Damit war er praktisch ein Gefangener seiner Gemeinde. Man wollte verhindern, daß sich Coppi, den im März ein Prozeß wegen Ehebruchs erwartete, ins Ausland absetzt. Die amtliche Vorsicht war seltsam, grotesk wie das gesamte spätere Drum und Dran.

Für Außenstehende war Coppis Einkommen ungeheuerlich. Fausto erhielt für einen Start etwa *600 000 Lire* (damals ungefähr 4000 Mark), aber das Einkommen hing auch zum großen Teil von Starts im Ausland ab. Verschwand auf den Rennbahnen Europas die Attraktion „Fausto Coppi", dann waren die Einnahmen der Veranstalter bedeutungslos. Monsieur Mouton, der Direktor des *Vel d'Hiv* in Paris, fuhr fast aus der Haut, als ihm der Vorgang zu Ohren kam. Er hatte Coppi als Zugnummer für das am 3. März beginnende Sechstagerennen verpflichtet und konnte nun in die Röhre schauen. Er wollte, wie so viele, nicht verstehen, daß man den Weltrekordinhaber, den Ex-Weltmeister, einen der wenigen Spitzensportler, die im 2. Weltkrieg an der Front standen, 1955 in einem Italien, das sich aufmachte, in Europa eine Macht darzustellen, wegen einer Sache des Herzens den Paß entzogen hatte.

Aber das Leben ging weiter. Vorerst herrschte auf den Winterbahnen reger Betrieb. Die Mannschaftsfahrer, Sprinter, Verfolger und Steher umkreisten die Lattenovale und heimsten Erfolge ein bei den traditionellen Neujahrsrennen, Europakriterien und anderen „Großen Preisen" im Pariser *Vel d'Hiv*, in Zürich, Brüssel, Gent und Kopenhagen, aber auch in Dortmund und Berlin. Nur nicht in München, denn man hatte die renovierungsbedürftige Bahn an Basel verscherbelt. Die 166,66 Meter lange und 5,28 Meter breite Piste wurde dort Ende August 1954 in die Musterhalle 6 eingebaut und konnte 6700 Zuschauer fassen.

Fausto Coppi war kein ausgesprochener Winterbahnspezialist. Er hatte daher anderes im Sinn. Der *Campionissimo* gönnte sich Erholung, veranstaltete wie jedes Jahr nebenbei eine Neujahrsbescherung für die Armen in seinem Heimatort (also für fast alle) und ging seinem besonderen Hobby nach, der Jagd auf Hasen, Fasane und Rebhühner.

Die italienische Sportpresse verfolgte ihn auch hier auf Schritt und Tritt und konnte vermelden, daß Coppi, begleitet von seiner treuen Hündin Sandria, bereits seinen 100. Fasan und seinen 33. Hasen erlegt hatte. Kein Wunder, daß der Ex-Weltmeister als Jäger Nummer 1 unter den Rennfahrern bezeichnet wurde.

Durch die Rennpause bekam er aber auch Gewichtssorgen. Sein Betreuer Cavanna verordnete ihm daher eine Hometrainer-Abmagerungskur, an der sich Fausto jedoch nicht begeistern konnte. „Ich habe es mit Musikbegleitung versucht", gestand er, „aber ich finde die Sache gräßlich langweilig. Länger als eine Viertelstunde halte ich das nicht aus. Trotz Foxtrott, Samba und Mambo." Italiens Komponisten ließen sich das nicht zweimal sagen und arbeiteten sofort an spezieller Hometrainer-Musik.

Coppi war am 3. Februar zum ersten Mal mit seinem Rennrad in Mailand auf der Bahn im *Palazzo dello Sport* zu sehen und präsentierte sich mit seinem Partner Terruzzi in blendender Form bei einem Vorlauf zum ***Europa-Kriterium*** im Omnium-Fahren. Die beiden Italiener gewannen alle drei Wettbewerbe: das 1000-Meter-Zeitfahren, das 10-km-Punktefahren und das 4000-Meter-Verfolgungsrennen. Gegen die entfesselten Italiener stürmten sogar Schulte-Peters und Koblet - von Büren vergeblich an und mußten sich mit den Plätzen zufrieden geben. Im abschließenden 40-km-Mannschaftsrennen drehten die Winterbahnspezialisten Schulte-Peters allerdings den Spieß um und fuhren das Feld in Grund und Boden. Coppi-Terruzzi landeten mit zwei Runden Rückstand auf dem vierten Platz.

Am 6. Februar startete Coppi neben dem französischen Sprinter Louis Gérardin, dem englischen Weltmeister Reginald Harris und seinen Landsleuten Gino Bartali, Guido Messina, Gismondi, Bevilacqua und anderen bei der ***Settimana Siciliana Ciclista***, einer Freiluftveranstaltung in Sizilien. Dabei konnte er am Schlußtag in Palermo zusammen mit Messina einen Sieg im Mannschaftsfahren erringen. Wieder zu Hause, erreichte ihn ein Telegramm des Polizeipräfekten von Alessandria, in dem Fausto mitgeteilt wurde, daß er demnächst seinen Paß wieder zugestellt erhält, um endlich wieder im Ausland starten zu können.

Für Coppi ein Grund mehr, am 17. Februar in der *Viale Abruzzi*, dem Büro von BIANCHI-Chef Zambrini, für die neue Straßensaison bei seiner angestammten Firma einen neuen Vertrag abzuschließen. Coppi vereinbarte dabei ein geringeres Fixum als bisher, dafür jedoch wesentlich höhere Siegesprämien. Leute, die Faustos Geschäftssinn kannten, kamen zu dem naheliegenden Schluß: Der *Campionissimo* glaubt an sich! Bobet, Kübler und die anderen Großen der Zunft waren gewarnt.

Zusammen mit dem 35-jährigen Coppi unterschrieben bei BIANCHI für die Saison ´55 auch Andrea Carrea *(mittlerweile 31 Jahre alt)*, Ettore Milano *(29)*, Stafano Gaggero *(27)*, Michele Gismondi *(23)*, Riccardo Filippi *(24)* und Pino Favero *(22)*. Als Teamleiter fungierte Giovanni Tragella.

Bartali vernahm die Kunde, aber sie berührte ihn nicht. Er hatte am 9. Februar seinen Rücktritt vom aktiven Radrennsport bekanntgegeben! 184 Siege, 278 zweite Plätze, 211 dritte Plätze, 315 Mal unter den ersten Zehn bei Amateur- und Profirennen, das ist schon eine stolze Bilanz. Werfen wir noch einen speziellen Blick auf die Zeit als Berufsfahrer (1935 bis 1954), dann finden wir auch hier imposante Zahlen: Gino erzielte an 964 Renntagen 144 Siege, 75 zweite Plätze, 51 dritte Plätze und war 267 Mal unter den ersten Zehn. Er legte dabei rund 600 000 Kilometer zurück (fünf Mal um die Erde) und gab nur 28 Mal ein Rennen auf. Zwei grandiose Siege in der *Tour de France* (1938 und 1948), dreimal Gewinner des *Giro d'Italia* (1936, 1937 und 1946), zweimal Erster der *Tour de Suisse* (1946 und 1947), viermal *Italienischer Straßenmeister* (1935, 1937, 1940 und 1952) waren die bedeutendsten Erfolge Bartalis. Und Gino gab bekannt, daß er weiterhin im Radsport wirken werde. Also auch Coppi war für die nächste Zeit gewarnt.

Sofort machten sich die speziellen Statistiker ans Werk. Besonders der Vergleich Coppi-Bartali hatte es ihnen angetan. Gönnen wir uns einen Blick auf das Ergebnis:

Coppi	**Bartali**
69 Siege über Bartali	27 Siege über Coppi
171 mal vor Bartali im Ziel (einschließlich 10 Aufgaben von Bartali)	*159 mal vor Coppi im Ziel (einschließlich 20 Aufgaben von Coppi)*

größter Vorsprung auf Bartali
bei einem Rennen:
Giro 1940, 15. Etappe
Abbazia-Trieste 27:41 min

Größter Vorsprung auf Coppi
bei einem Rennen:
Tour de Suisse´47, 4. Etappe
Sitten-Biel 34:07 min

größter Vorsprung auf Bartali
im Gesamtergebnis
eines Etappenrennen:
Giro 1940, 45:09 min

Größter Vorsprung auf Coppi
im Gesamtergebnis
eines Etappenrennens:
Tour de Suisse,´47 40:06 min

Summe des Vorsprungs bei den 416 Rennen gegeneinander:

Coppi auf B.: 6:44:31 std

Bartali auf C.: 2:08:25 std

96 mal kamen beide Fahrer gemeinsam ins Ziel (ex aequo)
2 mal gaben beide Fahrer gemeinsam auf

[Anm. d.A.: Die Bilanz umfaßt Straßenrennen und Kriterien bis zum Ende der Laufbahn von Bartali am 10.10.54 beim ***Circuito di Cologno Monzese***]

Gino trat nun in den (Vor)ruhestand. Er schreibt, redet ununterbrochen, erzählt unzählige Geschichten, Anekdoten und Histörchen aus der guten alten Zeit, drückt jedermann Hand, gibt bereitwillig Autogramme (während einer Italienrundfahrt, die der rüstige *Ginettaccio* noch bis Anfang der 90er Jahre am Steuer seines Wagens im Auftrag von *RAI* begleitete, bestimmt an die Tausende) und er nimmt es in einem Punkt ganz genau: nie hatte er eine Affäre!

Übrigens wäre Gino nicht Gino gewesen, wenn er seinen Rücktritt nicht mit einem sensationellen Projekt verknüpft hätte! Er möchte Coppis Manager werden: „Fausto hat noch lange nicht das geleistet, was er leisten könnte." (Bartalis Plan und echter Wunsch ging Ende 1959 in Erfüllung. Allerdings mit einem unvorhersehbaren Ende). Doch davon später.

Coppi holte sich bald nach seinem neuen Vertrag bei BIANCHI die erste Siegesprämie ab. Er hatte das Kriterium von Cagliari auf Sizilien vor Defilippis und Albani gewonnen und dabei die 51 km in 1:07:00 std zurückgelegt. Faustos stärkster Gegner Hugo Koblet mußte seine Siegeshoffnungen nach einem Sturz begraben.

In Zürich hätte am 20. März der Endlauf zum *Europa-Kriterium* im Omnium-Fahren u.a. mit Coppi-Terruzzi stattfinden sollen, die sich die Berechtigung dafür in Mailand geholt hatten. Aber der Präfekt von Alessan-dria hatte sein Wort nicht gehalten und den Auslandspaß für Coppi verweigert. Damit blieb die Bewegungsfreiheit des *Campionissimo* stark eingeschränkt und er mußte sich nun ganz auf ***Sassari-Cagliari*** konzentrieren.

Kalendermäßig wurde die Straßensaison wie in den letzten Jahren an der Côte d´Azur mit einigen kleineren französischen Rennen eröffnet, die sich allerdings mit der Starbesetzung der sogenannten ***Settimana sarda***, der „Sardinischen Woche“ nicht messen konnten, und so bildete der Ausklang dieser Veranstaltung, die Fernfahrt ***Sassari-Cagliari*** am 27. Februar, das erste wirkliche Straßenrennen des Jahres.

Coppi, Magni, dazu die junge Garde der Italiener sowie Koblet, die Belgier Van Steenbergen, Ockers, Impamis und der Spanier Ruiz am Start. Wer hatte das um diese Jahreszeit schon zu bieten? Kein Wunder, daß die Erwartungen ziemlich hoch geschraubt waren.

Sie fielen buchstäblich ins Wasser. Die Jugend schlug sich zwar hervorragend, aber die Asse hatten bei Regen, Wind und Kälte bald die Nase voll und waren praktisch nach 15 Kilometern geschlagen! Ja wieso denn das? Ganz einfach: Nach 12 Kilometern besann sich der verhältnismäßig unbekannte Spanier Botella auf seine Kletterqualitäten und wollte sich an der ersten Steigung etwas Warmfahren. Sein Vorstoß stieß auf Begeisterung bei weiteren Fahrern und ein Rudel machte sich auf und davon. Darunter keiner der Großen.

Klatschnaß traf man nach 225 Kilometern auf der regennassen Bahn im *Velodromo Comunale* in Cagliari ein und nach einer Fahrzeit von 5:49:26 std brauste Piazza als Erster über das Ziel. Auf den Plätzen folgten weitere dreizehn dreckverschmierte Fahrer, die man auf den vorderen Plätzen als Zucconelli, Monti, Fabbri und Ciancola identifizieren konnte. Mit einem Rückstand von 1:50 min kam Fantini, den ein Reifenschaden um seine berechtigten Hoffnungen gebracht hatte. Dann beschäftigte das im Hundewetter ausharrende Volk nur noch die Frage, wann, wenn überhaupt, treffen die nächsten Fahrer ein. Die aufgeweichten Zuschauer mußten über acht Minuten warten, bis Koblet 10:37 Minuten nach dem Sieger den Überrest (mit Coppi auf Rang 26) ins Trockene brachte.

Sofort hatte Bartali seinen Kommentar bereit: „Alte Herren, sowohl bei den Funktionären als auch bei den Fahrern, sollen das Feld räumen. Ich habe ein Beispiel gegeben. Man soll der Jugend nicht ewig den Platz an der Sonne wegnehmen.“

Gino hätte zwar „Regen“ sagen müssen, aber es war klar, was und wen er damit meinte. In erster Linie Coppi, den er noch kürzlich beraten wollte.

Fausto hatte seine Antwort schnell zur Hand. Am 13. März belegte er bei ***Milano-Torino*** den vierten Platz.

Sein Start für diese 221 Kilometer lange Fernfahrt, die als Aufgalopp für *Mailand - San Remo* zählte, war zunächst ungewiß, da er wegen der bekannten Affäre mit Giulia Locatelli am 12. März in Alessandria vor Gericht gestellt wurde. Er war daher am Vortag des Rennens nicht vor dem Kontrollausschuß zur Prüfung und Abnahme seines Rennrades erschienen, holte aber am Sonntag kurz vor Beginn des Rennens die Formalitäten nach und ging an den Start.

Das Rennen war flott und hart umkämpft. Nach 50 Kilometern machten sich die erst vor kurzem ins Profilager übergewechselten Cleto Maule und Aldo Moser aus dem Staub und erreichten nach 5:38:52 Stunden das *Motodrom* von Turin. Dort triumphierte Maule über seinen Fluchtgefährten. Mit 57 Sekunden Rückstand belegte Albani den dritten Platz vor Coppi, der so schnelle Leute wie Luciano Maggini hinter sich ließ. Fausto hätte damit die Generalprobe für *Mailand - San Remo* als geglückt abhaken können. Gut, das war die sportliche Seite. Aber wie sah es in Coppis Privatleben aus?

Gut, der Radsport war noch immer sein Leben, und genau betrachtet war er auch noch kein Athlet, der am Ende seiner Laufbahn stand. Aber privat, außerhalb des Sports, hatte er große Probleme. Seine Moral war angeschlagen. Er konnte und wollte nicht verstehen, daß sich alles gegen ihn verbündete. Auf der Seite von Giulia nahm ihr Mann, Dr. Locatelli, seine Klage vor Gericht nicht zurück; auf Coppis Seite war Bruna ebenso daran interessiert, Fausto vor den Kadi zu bringen.

Was Giulia betraf, waren die Anklagepunkte ihres Mannes hart: er wollte nicht nachgeben. Ein Kompromiß erschien fast aussichtslos. (Dr. Locatelli forderte *9 Millionen Lire* Abfindung, damals rund 60 000 Mark. Zusätzlich verfaßte er ein äußerst formelles Schreiben, das er Giulia zur Unterzeichnung vorlegte. Darin waren die langen Jahre des Zusammenlebens mit seiner Frau beschrieben, seine Existenz und letztendlich die Liaison Giulias mit Fausto Coppi. Dieses Schreiben wolle er seinen beiden Kindern, Lolli und Maurizio, zu deren 18. Geburtstag vorlegen. Unterm Strich eine Akte, die für Giulia den Verzicht auf ihre Kinder bedeutete).

Der Preis war hoch. Aber nur unter diesen Bedingungen war Dr. Locatelli bereit, sich von seiner Frau zu trennen und ihr ihren Paß auszuhändigen. Fausto wollte die Unterschrift verhindern. Aber Giulia erwartete ein Kind, und es sollte auf jeden Fall, um jeden Preis, den Namen Coppi tragen, oder zumindest den Mädchennamen der Mutter: Occhini. Aus diesem Grund mußte das Kind im Ausland zur Welt kommen und hätte dort, ohne Paß, verbleiben müssen. Was blieb Giulia also anderes übrig, als zu unterschreiben.

Um beim Preis zu bleiben: Fausto hatte ja bereits 1954, wie berichtet, jeweils *50 Millionen Lire* an seine Frau Bruna und seine Tochter Marina ausbezahlt. Aber das war die Angelegenheit im Hause Coppi. Nun ging es um die Akte Locatelli. Der Prozeß wegen Ehebruch wurde am 12. März durchgeboxt.

Unter dem Motto: „Verlassen der ehelichen Wohnstätte und zuwiderhandeln gegen die Moral und die Gesetze der Familie“ standen Fausto Coppi und Giulia Locatelli an diesem Tag vor Gericht. Genau genommen nur der *Campionissimo,* der im eleganten Ledermantel, die Augen hinter einer dunklen Sonnenbrille verborgen, an der Seite seines Rechtsanwalts Pietro Ballestrero erschien. Giulia war nicht anwesend. Sie hatte ihr Fernbleiben schriftlich entschuldigt: sie war im siebten Monat schwanger.

Das Gericht unter dem Vorsitz von Enrico Buzio gab dem Antrag von Staatsanwalt Aragnetti statt und verurteilte Fausto Coppi zu zwei Monaten Gefängnis und Giulia Locatelli, seinen Worten nach: „...die Intrigantin, die nur den Luxus und das Ansehen genießt...“, zu drei Monaten. Das ganze jeweils auf Bewährung. Für die Justiz war damit die Welt wieder in Ordnung. Nicht so für Coppis Anwalt. Er verwies zu Recht auf die Tatsache, daß in Italien im Vorjahr etwa zehntausend Scheidungen durchgeführt wurden. Fausto hatte Bruna legal verlassen, ihr und der gemeinsamen Tochter ein akzeptables Vermögen hinterlassen, und wollte nun mit Giulia einen neuen Lebensabschnitt beginnen. Man wolle an ihm nur ein Exempel statuieren. Man hatte es.

Giulia, nun wieder im Besitz ihrer Reisedokumente, flog zusammen mit Lucia, der Frau von Coppis Mechaniker Pinella De Grandi, nach Argentinien und bereitete sich in Buenos Aires auf ihre Entbindung vor.

Zurück zum sportlichen Geschehen. 161 Fahrer, darunter 50 Ausländer, wurden am 19. März um 8.31 Uhr vom neuen italienischen Verbandspräsidenten Farina (er hatte mit 1340 Stimmen gegen den bisherigen Präsidenten Rodoni, der 1103 Stimmen erhielt, die Wahl gewonnen) auf die 282 Kilometer lange Strecke geschickt. Das erste klassische Rennen der Saison, ***Milano-Sanremo***, nahm damit seinen Anfang.

Es war kühl, der Himmel klar und man erwartete an der Riviera die traditionelle Sonnenfahrt in den Frühling (es zogen aber später Wolken auf und von der Sonne war nicht viel zu sehen).

Zu sehen waren schon kurz nach dem Start die bekannten Scharmützel. Diesmal machten vier Italiener und der Belgier Impamis den Anfang. Später folgten drei weitere Italiener und in Novi Ligure (Rennkilometer 96 km) hatte die Spitzengruppe fast drei Minuten Vorsprung. Hinter Ovada (119 km) machte ein starkes Quartett Jagd auf die Ausreißer und unter Führung des Siegers von *Sassari-Cagliari*, Piazza, wurden die Führenden kurz vor dem Anstieg zum 532 Meter hohen Turchino-Paß (130 km) eingeholt.

Rund zwei Minuten vor den Verfolgern erreichten die Fahrer an der Spitze die Paßhöhe und begannen die Abfahrt hinunter zur Riviera.

Man sagt, die *Classicissima* beginnt erst nach dem Turchino. Donato Piazza handelte entsprechend. Der ehemalige italienische Verfolgungsmeister ließ seine Mitstreiter einfach stehen und kurbelte wie wild bergab. In Voltri (155 km) hatte er eine Minute Vorsprung, in Varazze (174,5 km) zwei.

Coppi trat bis dahin nicht in Erscheinung. Aber was zu viel ist, ist zu viel. Und zwei Minuten war schon zu viel. Entschlossen machte er sich auf die Verfolgung, sorgte damit für den entsprechenden Wirbel und nach 191 Kilometern war der Traum für Piazza zu Ende.

Geschlossen rückte man den drei gefürchteten Steigungen entgegen, und genau da passierte es: Germain Derycke, Bernard Gauthier, Mauro Gianneschi und Vincenzo Zucconelli entwischten. Auf dem Capo Mele (243 km) hatten sie 250 Meter Vorsprung, am Capo Cervo (248 km) war es bereits ein Kilometer und am Capo Berta (256 km) schien die Entscheidung gefallen zu sein, denn hätte Gauthier weiter wie bisher seinen Anteil an der Führungsarbeit übernommen, dann wäre das Feld noch klarer distanziert worden. Doch der Grenobler erhielt von seinem Mannschaftsleiter die im Berufsradrennsport leider oft zu hörende Anweisung, verhalten zu fahren, um seinen Mannschaftsgefährten Jean Bobet, den Bruder von Louison Bobet, der sich inzwischen ebenfalls vom Felde gelöst hatte, den Anschluß zu ermöglichen.

Dieser Teil der Rennmathematik ging auf. In Imperia war Bobet heran und gemeinsam ging es dem Ziel entgegen. Dort stimmte die Rechnung der Franzosen jedoch nicht. Derycke konnte Gauthier (2.), Jean Bobet (3.) und Gianneschi (4.) klar schlagen und nach 7:03:46 Stunden das Rennen für sich entscheiden.

26 Sekunden zurück belegte Magni im Spurt den 5. Platz vor Van Steenbergen. Dann folgten Bauvin, Géminiani und Monti, dann das Feld mit den restlichen Assen. Außer Coppi. Der war am Stadtrand von San Remo zusammen mit Pasotti und Fornara gestürzt und traf erst 40 Sekunden später als dreiundsechzigster ein. Das ungerechte Publikum pfiff den *Campionissimo* gnadenlos aus.

Schon bei *Sassari-Cagliari* war aufgefallen, daß die Mannschaftsarbeit bei BIANCHI nicht gerade die Beste war. Eine Front trennte das Team: auf der einen Seite Coppi mit seinen Getreuen Carrea, Gismondi und Milano, auf der anderen Seite Favero, Filippi und Gaggero, also die Jungen, die ab und zu aufmuckten. Bei der *Primavera* zeigten sich ähnliche Tendenzen; etwas war faul im Staate BIANCHI. Ein Grund für Coppi, alle Betroffenen an den „Runden Tisch" zu bitten und den Zündstoff zu beseitigen. Der *Campionissimo* war jedenfalls entschlossen, seine Schäfchen schärfer an die Kandare zu nehmen.

Offensichtlich mit Erfolg. Denn wenige Tage später, am Sonntag, dem 3. April, stand Coppi wieder im Mittelpunkt begeisterter Ovationen der Zuschauer. Er hatte den 1. Lauf zur Italienischen Straßenmeisterschaft gewonnen. Der *Campionissimo* distanzierte beim ***Giro della Campania***, der Kampanien-Rundfahrt, alle Rivalen und triumphierte mit 4:46 Minuten Vorsprung überlegen vor Magni, Astrua und Minardi.

Coppi hatte sich auf der 280 Kilometer langen Mammut-Strecke viel vorgenommen. Man merkte es an der Aktivität seiner BIANCHI-Mannschaft, die alle Vorstöße im Keim erstickte und durch ein hohes Tempo dafür sorgte, daß die Konkurrenz am Fuße der Agérola-Steigung ihr Pulver verschossen hatte. Nicht so Coppi. In seinem unnachahmlichem Stil wiegte er sich die Kehren hinauf und nur Astrua, Monti, Minardi und Aldo Moser konnten vorerst folgen.

Mit einem Zwischenspurt schüttelte er auch diese kletterstarken Burschen ab und als Coppi auf dem Agerola-Scheitel (707 m) den beleuchteten Tunnel durchfuhr, lag er bereits 1:25 min vor den Nächstplazierten. Damit nicht genug. Mit einer exzellenten Kletterpartie des *Campionissimo* hatte man gerechnet, nicht aber mit der tollkühnen Abfahrt, die nun folgte. Coppi legte seine gewohnte Vorsicht ab, warf sogar seinen Sturzhelm weg (zur damaligen Zeit ein simpler Kopfschutz aus Metallgeflecht mit Lederüberzug, der vor allem für Bahnfahrer gedacht war), und raste zu Tal; allen Verfolgern auf und davon! Magni galt ja als verwegener Abfahrer, aber Fausto hatte ihm zusätzlich eine Minute abgenommen!

Auf der Autostraße von Pompeji nach Neapel krönte Coppi mit einer 40-km-Alleinfahrt sein Unternehmen: vierzig Kilometer gegen ein Verfolgerrudel mit so bekannten Tempobolzern wie Magni, Astrua und Minardi, zuletzt mit fast fünf Minuten Vorsprung. Die *Arenaccia-Bahn* in Neapel glich bei seiner Ankunft einem Irrenhaus. Wie in früheren Zeiten, ja noch begeisterter und stürmischer jubelten ihm die *tifosi* zu. Vergessen war aller Groll und nur eines zählte: Die wahrhaft phänomenale Leistung des begnadeten Könners Fausto Coppi, der damit den ersten Lauf zur Italienischen Meisterschaft nach 7:39:34 std für sich entschieden hatte und mit 10 Punkten die Führung vor Magni (8) und Astrua (7) übernehmen konnte.

In vielen Gruppen und Grüppchen zersplittert traf das arg gebeutelte Feld ein. Bekannte und gute Fahrer hatten Rückstände bis zu einer Viertelstunde und mehr. Dieser Tag war ein „Coppi-Festival" wie schon lange nicht mehr.

Auch im international gut besetzten ***Giro di Calabria***, der Kalabrien-Rundfahrt, konnte sich Coppi gut in Szene setzen, mußte sich allerdings im Spurt seinem Landsmann Benedetti beugen, der die 268 Kilometer in 7:51:00 Stunden bewältigte und Conterno, Astrua, ihn und Aldo Moser auf die Plätze verwies.

Der schon öfters zitierte Polizeipräfekt von Alessandria konnte diese Schlagzeilen in der *Gazzetta dello Sport* nicht übersehen, und allmählich blieb ihm nichts anderes übrig, als Coppi zumindest eine „Sondergenehmigung für Reisen ins Ausland aus Arbeitsgründen" auszustellen. Damit war die Teilnahme des Italieners an den klassischen Rennen der nächsten Wochen gesichert. Coppis Reisepaß behielt er noch unter Verschluß. Man konnte ja nie wissen, was Fausto für Pläne hatte, und verlieren wollte man den *Campionissimo* auf keinen Fall!

Coppi konnte also ungehindert nach Frankreich fahren. Dort stand am Ostersonntag (10.4.) die 53. Austragung des Radklassikers ***Paris-Roubaix*** über 249 Kilometer auf dem Programm.

Mit großer Spannung erwartete man den Wiederauftritt Faustos im Ausland. Der Triumph des *Campionissimo* acht Tage zuvor bei der Kampanien-Rundfahrt ließ keinen Zweifel an der Hochform des Ex-Weltmeisters aufkommen. Aber auch seine Gegnerschaft - allen voran Weltmeister Louison Bobet (er hatte unlängst die Flandern-Rundfahrt gewonnen), dazu Kübler und Koblet, Van Steenbergen, Derycke und

Gauthier - befanden sich offensichtlich in der Verfassung, daß man mit Recht auf der Strecke von St-Denis vor den Toren von Paris bis hinauf nach Roubaix in die „Hölle des Nordens", deren Kopfsteinpflaster schon vielen Fahrern zum Verhängnis wurde, einen spannenden Kampf erwarten konnte.

Einen Kampf am „Runden Tisch" hatte es schon zuvor gegeben. Jean Garnault, der Generalsekretär (und quasi Schatzmeister) des Rennens, hatte jede Firmenreklame auf den Trikots italienischer Fahrer verboten. Es sei denn, man berappe stolze *300 000 Lire* pro Mannschaft (etwa 2000 Mark; damals immerhin der Wert einer Wohnzimmereinrichtung). Wie sich später herausstellte, eine Retourkutsche. Die Ausländer hatten bei *Mailand - San Remo* ähnlich tief in die Taschen greifen müssen. So blieb u.a. BIANCHI nichts anderes übrig, als den Obolus zu entrichten.

Strömender Regen, Kälte und orkanartiger Sturm verschärften die Prüfung für die 159 Fahrer, die sich dem Starter zur Fernfahrt ***Paris-Roubaix*** gestellt hatten.

Den ersten bedeutenden Vorstoß inszenierte eine Gruppe um Koblet. Als Hugo an der Spitze mitmischte, konnten die anderen Asse nicht stillhalten. Langsam aber sicher schoben sich Coppi & Co. heran. Auf dem Anstieg von Doullens entwischten Bobet und Géminiani, aber die Attacke war zum Scheitern verurteilt, die Ausreißer wurden wieder gestellt.

Arras bildete traditionsgemäß den Ausgangspunkt für den entscheidenden Angriff. Zur allgemeinen Überraschung stieß dort der junge Franzose Jean Forestier vor. Auf den schmalen Wegen und Steigungen, dem verheerenden Pflaster, kam die Verfolgung nur zögernd in Gang. Reifen knallten, Fahrer fluchten, Begleiter versuchten zu helfen wo es ging, und nur Coppi, Bobet und dessen Landsmann Gilbert Scodeller rollten näher an Forestier heran. Die beiden Franzosen verhielten sich begreiflicherweise passiv und kurvten im Windschatten Faustos durch die unwirtliche Gegend. Der stand nun vor der entscheidenden Frage, entweder alleine die Last der Verfolgung zu tragen und damit einen Spurtsieg Bobets zu begünstigen, oder Forestier gewähren zu lassen.

Coppi entschied sich für die zweite Alternative. Zeitweise trennten nur etwa 100 Meter die Verfolger von Forestier, aber beinahe ängstlich hütete sich der *Campionissimo*, die Kluft zu überbrücken. So kam der für FOLLIS fahrende Franzose nach 6:06:42 Stunden zu einem Sieg, den man fast als Geschenk bezeichnen muß. Um so mehr war man auf das eigentliche Finale, den Spurt um den zweiten Platz zwischen Weltmeister Bobet und Coppi, gespannt.

Coppi hängte Bobet glatt ab. 15 Sekunden hinter Forestier belegte er damit den zweiten Platz. Hätte er geahnt, wie schlecht es um Louisons Reserven stand, dann hätte er bestimmt die Jagd auf Forestier riskiert. Wenn, aber, hätte..., die Reue kam zu spät. Coppi mußte sich sozusagen mit dem „moralischen Sieg" zufrieden geben.

Zwischendurch ließ sich Coppi auf seiner Hausbahn in Mailand sehen. Im *Vigorelli* traf er bei einem Bahnmeeting der Straßenfahrer auf den jungen Anquetil sowie Magni und Monti. Der Mehrkampf hinter leichten Schrittmachern (1000-m-Zeitfahren mit fliegendem Start, 10-km-Fahren und Australisches Verfolgungsfahren) endete für Coppi mit dem undankbaren vierten Platz, aber er wurde vom heimischen Publikum frenetisch gefeiert.

Fausto ließ sich dagegen nicht beim traditionellen ***Ardennen Weekend*** in Belgien blicken, obwohl bei der Veranstaltung für den Wettbewerb um den *Challenge Desgrange-Colombo* Punkte vergeben wurden. Coppi machte sich aber hier keine Hoffnungen und hatte diesen Preis bereits abgeschrieben. Trotzdem ist das Ergebnis bemerkenswert, denn sowohl der 220 Kilometer lange ***Flêche Wallonne*** als auch die 238 Kilometer lange Fernfahrt ***Liége-Bastogne-Liége*** wurden eine Beute des Belgiers Stan Ockers. Man durfte also den immerhin 35-jährigen Mann aus Antwerpen keinesfalls aus den Augen verlieren.

Hinter leichten Schrittmachern *(Derny)* ging Coppi in Paris auf einer Rundstrecke im Bois de Vincennes an den Start. Dieses ***Critérium des As*** um den Lac Daumesnil über 100 Kilometer endete nach 2:18:25 std mit dem Sieg des Franzosen Jean Anastasi vor Jean Bobet. Coppi plazierte sich mit 34 Sekunden Rückstand als Dreizehnter.

Und ein weiteres Mal ließ sich Coppi auf ein Rennen hinter Derny-Maschinen ein. Diesmal wieder in Mailand, wo er im *Vigorelli* über 10 Kilometer hinter Terruzzi und Koblet den dritten Platz belegte. Im anschließenden 50-km-Mannschaftsrennen landete er mit seinem Partner Hugo Koblet hinter den Siegern Gillen-Terruzzi ebenfalls auf Rang drei.

In Italien kam der 2. Lauf der Italienischen Straßenmeisterschaft, der ***Giro di Romagna***, zur Durchführung. Den ersten Lauf hatte bekanntlich Coppi vor Magni gewonnen. Diesmal war es umgekehrt. Aber viel fehlte nicht, und der *Campionissimo* hätte seinen Vorsprung in der Gesamtwertung weiter ausgebaut, denn er fuhr wiederum ein taktisch hervorragendes Rennen, kontrollierte den Rennverlauf und wurde im Grunde genommen nur von einem Fabelwesen gebremst: der unliebsamen „Defekthexe“.

Als sich der Trebbio-Paß (527 m), das Kernstück der Romagna-Rundfahrt näherte, machten sich einige gute Kletterer, darunter Fornara, auf die Reise. Das kam Coppi gelegen. Sofort stiefelte er den Ausreißern nach, darauf bedacht, seine ärgsten Widersacher Magni und Minardi abzuschütteln. Das gelang ihm wunschgemäß. Am Gipfel hatte er 1:22 Minuten Vorsprung auf die beiden.

Aber Coppis Konzept hatte Mängel. Erstens rechnete er nicht mit der halsbrecherischen Abfahrt Magnis und zweitens forderte er durch sein Vabanquespiel einen Zwischenfall förmlich heraus. Fausto hatte nämlich darauf verzichtet, sich von seinem Materialwagen begleiten zu lassen. Er beauftragte seine Betreuer damit, die Verfolger zu überwachen, darauf zu achten, daß sich Magni und die anderen Schlaumeier nicht im Windschutz von Begleitfahrzeugen heranpirschen konnten, und daß das verbotene, aber scheinbar unausrottbare Schieben und Anstoßen in den Kehren durch Zuschauer verhindert wird.

Die BIANCHI-Crew verhielt sich weisungsgerecht. Coppi fing sich dagegen einen „Platten" ein! Da Radwechsel nur vom Materialwagen aus möglich war, mußte Fausto seinen Reifen selbst wechseln. 50 Sekunden waren bestimmt im Eimer, den Rest des Coppi-Vorsprungs machte Magni mit seiner eingangs erwähnten mörderischen Abfahrt wett.

Sechs Fahrer spurteten schließlich in Lugo um den Sieg. Obwohl Coppi dort durch seinen Mannschaftskameraden Filippi, mit dem er zusammen den Anschluß zur Spitze wieder geschafft hatte, unterstützt wurde, siegte Magni mit einem meisterhaften Spurt und verwies Coppi nach 6:54:00 Stunden auf den zweiten Platz. In der Gesamtwertung der Meisterschaft führten nun Magni und Coppi mit jeweils 18 Punkten vor Minardi (11) und Astrua (8).

Magni hatte auch noch aus einem anderen Anlaß Grund zur Freude: Er hatte soeben in Monza eine der modernsten Autogaragen eröffnet und damit den Grundstein für seine Zukunft nach Beendigung der sportlichen Laufbahn gelegt.

Einen dritten Platz erreichte Coppi bei der Etappenfahrt ***Roma-Napoli-Roma***. Trotz eines Sieges in der abschließenden Halbetappe *Aprilia-Roma* konnte er am Gesamtsieg von Bruno Monti nichts ändern, der mit 3:04 Minuten vor Defilippis triumphierte.

Das Datum dieses Etappenrennens, 27. April bis 1. Mai, ist denkwürdig. Zum ersten Mal wurden in Italien Urinproben bei den Fahrern genommen, um das Doping-Unwesen in den Griff zu bekommen.

Coppi holte sich bei einer Bahnveranstaltung in Mailand noch schnell mit seinem Partner Oskar Plattner einen vierten Platz im 40-km-Mannschaftsfahren (Sieger Terruzzi-Gillen), dann war die Saison-Ouvertüre mit ihren Fernfahrten, Straßen-und Bahnrennen eigentlich zu Ende. Ab jetzt ging's zur Sache. Die Italienrundfahrt stand vor der Tür...

Mit *41 Millionen Lire* (nach der damaligen Umrechnung mehr als 630 000 Mark) ist die Rundfahrt bei ihrer 38. Ausführung glänzend dotiert. Der Sieger wird *2 Millionen Lire* erhalten (rund 14 000 Mark), der Zweite *1 Million Lire*. Besonderes Augenmerk legt man auf die Spurtwertungen unterwegs, mit denen man die vom Streckenprofil her etwas flaueren Etappen beleben will. Hierfür haben die Veranstalter von *La Gazzetta dello Sport* nicht weniger als *9 Millionen Lire* (rund 60 000 Mark) bereitgestellt. Es gibt also eine ganze Menge zu holen! Zum Vergleich: *l´auto per tutti*, gewissermaßen der italienische Volkswagen, der *FIAT 600* (Spitzengeschwindigkeit 100 km/std), kostet um diese Zeit *600 000 Lire* (rund 4000 Mark). Etwas tiefer muß man für einen *ALFA ROMEO Giulietta* in die Tasche greifen: *1 494 000 Lire* ; ein *MASERATI G.T. 2000* ist für *4 500 000 Lire* zu haben, und ein

FERRARI 410 Superamerica um *8 500 000 Lire* - die Kleinigkeit von vier Gesamtsiegen beim Giro d´Italia...

Leider blieben der Rundfahrt einige bekannte Stars fern. Van Steenbergen hatte schwere Beine und fühlte sich nicht in Form. Ockers konzentrierte sich auf die *Tour de France*, hatte aber auch nach seinen Siegen in den belgischen Klassikern *Pfeil von Wallonien* und *Lüttich-Bastogne-Lüttich* eine Pause nötig. Und Louison Bobet? Der amtierende Weltmeister wollte sein Regenbogentrikot entsprechend vermarkten und verlangte als Startgeld die stolze Summe von *sieben Millionen Lire* (immerhin rund 50 000 Mark). Aber aus Mailand blies ihm ein kühler Wind entgegen. Die Herren von *La Gazzetta dello Sport* lehnten dankend ab und begnügten sich mit einer französischen Nationalmannschaft, in der Raphael Géminiani das Kommando führte (und gar nicht schlecht, wie sich zeigen sollte)

Der ***38. Giro d´Italia*** begann am Samstag, dem 14. Mai, sofort mit einer Tempobolzerei. Vor allem Grosso, aber auch Defilippis und Astrua machten sich dabei auf der 1. Etappe *Milano-Torino* (163 km) besonders verdient. Grosso wollte es 40 Kilometer vor dem Ziel unbedingt wissen, aber alle Favoriten setzten entschlossen nach und so kam es kurz vor dem Etappenziel wieder zur Vereinigung. Erst wenige Kilometer vor dem Ziel machte sich Verfolgungsweltmeister Messina frei. Mit einem Schnitt von über 42 km/std fegte er durch Turin ins *Motodrom* und konnte mit 5 Sekunden Vorsprung vor dem jungen Niederländer De Groot die Ziellinie überqueren. Das Feld mit allen Prominenten traf bereits 13 Sekunden später ein. Ohne Cleto Maule. Der hatte ja bekanntlich im Frühjahr *Mailand-Turin* gewonnen und hätte zu gerne ein *double* veranstaltet. Daraus wurde nichts. Er traf mit über 7 Minuten Rückstand am Ziel ein.

Glücklichster Fahrer an diesem Tag war jedoch Fausto Coppi. Er hatte aus Buenos Aires ein Telegramm erhalten, in dem ihm mitgeteilt wurde, daß Giulia am 13. Mai einen Knaben zur Welt gebracht hatte, der den Namen Angelo Fausto Maurizio erhielt, von allen aber sofort *Faustino* genannt wurde, so wie Coppi in Castellania früher gerufen wurde. *< Papá, aspetto la prima maglia rosa >*, hieß es weiter im Text (Papa, ich warte auf das Rosa Trikot). Das war natürlich leicht gesagt.

Fausto wollte es zumindest versuchen. „Coppi ist bei bester Laune“, wußte die Presse zu berichten, „sein Mythos ist ungebrochen.“ Aber nicht nur der von Coppi. Auch der von Bartali war allgegenwärtig. Quasi als Zivilist begleitete *Ginettaccio* - wie ihn seine Anhänger liebevoll nannten - den *Giro d´Italia* in einem offenen gelben Sportwagen, auf dem in großen Buchstaben der Name seiner eigenen Fahrradfirma prangte: *GINO BARTALI.*

Sein Hauptaugenmerk galt besonders zwei jungen Fahrern. Zum einen dem schon mehrmals erwähnten 20-jährigen Aldo Moser aus der Mannschaft von TORPADO. Der älteste von elf Brüdern - der jüngste, Francesco, sollte einmal Stundenweltrekordmann werden - war sehr religiös und daher Gino besonders sympathisch. Mosers Freunde nannten ihn „den rasenden Priester“, aber auch der Zuname < *il rendicatore di Gino* >, (der Rächer Gino Bartalis), machte bald die Runde. Keine Frage, an wem sich Gino mit seinem verlängertem Arm, Aldo Moser, „rächen“ wollte. Und noch eine weitere Trumpfkarte hatte *Ginettaccio* im Ärmel: Gastone Nencini, Toskaner wie Bartali und stark wie ein Stier. „Schade daß er nicht den Kopf von Coppi hat.“ Bartali meinte mit diesem Kompliment an seinen antiken Rivalen Fausto nicht dessen markantes Profil, sondern das, was im Kopf steckt.

Die 2. Etappe *Torino-Cannes* (243 km) führte über den Col de Tende (1870 m), den Col de Brouis (879 m) und den Col de Braus (1002 m). Obendrein ließ der Abstecher auf französischen Boden eine besondere Aktivität der Franzosen erwarten. Aber Coppi und die anderen Italiener paßten höllisch auf Géminiani, Dotto und die anderen Gallier auf, mit dem Erfolg, daß Martino und Sartini als die ersten auf dem Tende ankamen und Buratti sich die Bergwertung auf dem Gipfel des Brouis schnappte.

Aber die Überraschungen konnten einfach nicht ausbleiben. Erstens gab der junge Belgier Schils auf, von dem sich besonders Coppi viel versprochen hatte. Dann kam der nächste Clou: Koblet hatte sich bis dahin gut gehalten, bei der Kletterpartie auf den Col de Braus aber machte er schlapp. Die frohe Kunde machte sofort die Runde und gab das Signal zum Losschlagen für alle anderen Großen. Vor allem Coppi und Magni stampften in die Pedale, machten erfolgreich Jagd auf die zu diesem Zeitpunkt führenden Monti und Wagtmans (die in dieser Reihenfolge mit 2 Minuten Vorsprung den Col de Braus passiert hatten), und rasten - Géminiani, den Vorjahressieger Clerici, den Niederländer Voorting sowie Moser und Monti im Schlepptau - die letzten 65 Kilometer Richtung Cannes. Die Rechnung ging auf: die Ausreißer wurden geschnappt und Koblet weiter distanziert.

Nach 7:05:09 std gewann Magni den Endspurt vor Coppi und Wagtmans. Koblet überquerte erst nach 8:36 Minuten die Ziellinie und war erst einmal weg vom Fenster. Ebenso der Sieger der ersten Etappe, Messina. Er handelte sich mehr als elf Minuten Rückstand ein. Klar, daß Magni (im Rosa Trikot) und Coppi (an zweiter Stelle) zufriedene Mienen zur Schau trugen.

Wer da glaubte, nach dem schwungvollen Auftakt gebe es nun eine Ruhepause, sah sich gründlich getäuscht. Auch auf der 3. Etappe *Cannes - San Remo* (123 km) wurde gebügelt was das Zeug hielt. Auf dem Weg von der französischen Rivierametropole zum Zentrum des italienischen Mittelmeers wurde trotz der gepfefferten Steigung hinauf zur berühmten la Turbie (480 m) der kaum zu glaubende Schnitt von 43,335 km/std erzielt.

Ein beträchtliches Verdienst an dem für die damalige Zeit unerhörten Tempo durfte sich der Franzose Lauredi zuschreiben. Er inszenierte einen entschlossenen Angriff, bei dem ihn vier weitere Fahrer begleiteten. Schnell war ein Vorsprung erreicht und die Entscheidung schien gefallen zu sein. Aber man hatte nicht mit Defilippis gerechnet.

Der kurbelte plötzlich wie wild, trat in den Kehren der Turbie so kraftvoll an, daß ihm niemand folgen konnte (oder wollte), erreichte kurz vor dem Scheitel die Gruppe um Lauredi und ließ die fünf einfach stehen. So sah es zumindest aus, als der Italiener das überraschte Häuflein passierte.

Im Feld war man inzwischen stutzig geworden, und Spitzenreiter Magni entfesselte eine Verfolgungsjagd mit dem Erfolg, daß sich Defilippis gerade noch ins Ziel retten konnte; 15 Sekunden nach ihm rauschte Magni über den Zielstrich. Im Gesamtergebnis gab es keine Änderung von Belang. Magni lag weiterhin an der Spitze vor zehn zeitgleichen Fahrern (darunter auch Fausto Coppi).

Die 4. Etappe *San Remo - Acqui Terme* (192 km) führte zwar über zwei berüchtigte Steigungen: den Colle San Bartolomeo (620 m) und den Colle di Nava (934 m). Beide lagen jedoch in der ersten Etappenhälfte und führten daher zu keiner Vorentscheidung. Fast geschlossen kletterte das Feld über die Hindernisse. Erst 36 Kilometer vor dem Ziel nahm sich Benedetti ein Herz und riß aus. Sofort klemmten sich Favero, Aureggi und Rossello an sein Hinterrad, zu denen wenig später noch Fantini und Coppis Mannschaftsgefährte Gismondi hinzukamen. Gemeinsam mit Benedetti schüttelten sie alle Verfolger ab, und zu dritt kämpfte man um den Sieg. Dabei ließ sich der spurtschnelle Benedetti von Fantini überraschen, der damit nach einer Fahrzeit von 5:11:22 std alle Prognosen über den Haufen warf. Das Hauptfeld traf nach 1:20 Minuten ein und Magni konnte sein Rosa Trikot weiterhin behalten.

Die 5. Etappe *Acqui Terme - Genova* (170 km) kann man als „Die Tragödie Boni" bezeichnen. Der 22-jährige Italiener war der unglückliche Held des Tages. 40 Kilometer vor dem Tagesziel riß er aus, und die Sache sah anfangs so aus, wie wenn er es gar nicht so ernst meinen würde. Erst hinauf zum Passo della Scoffera (674 m) faßte Boni den Entschluß, das Feld wirklich zu überrumpeln und in einer tollkühnen Alleinfahrt sein Glück zu versuchen. Den Colle Caprile (470 m), wo eine der zuvor angesprochenen Sprintwertung zu gewinnen war, passierte er mit zwei Minuten Vorsprung. In Recco, 17 Kilometer vor dem Ziel, lag er noch mit 1:10 min vor seinen Verfolgern. Kein Geringerer als Gino Bartali, der den Giro erstmals in seinem Leben als Schlachtenbummler und Kommentator begleitete, feuerte Boni an, und alles schien gelaufen zu sein. Doch die Kräfte des jungen Fahrers reichten nicht aus. Den Stadtrand von Genua erreichte er noch mit klarem Vorsprung, aber ein nicht sehr glücklicher Einfall der Veranstalter brachten Boni um seine Moral. Der Junge sah bereits das Zieltransparent, aber bevor er es passieren durfte, war noch eine Schleife von drei Kilometern zu absolvieren, und das ging über seine körperliche und seelische Widerstandskraft.

Unerbittlich nahten zwei Verfolger: Astrua und der Spanier Botella. Zu allem Überfluß stiftete ein Verkehrspolizist an einer Kreuzung noch Verwirrung, was dazu führte, daß die beiden Boni schnappten, der kurz danach auch noch Messina und Albani vorbeiziehen lassen mußte. In dieser Reihenfolge wurde dann auch nach 4:24:41 std das Ziel passiert. Der völlig erschöpfte Boni traf mit 25 Sekunden Rückstand ein, 31 Sekunden später spurtete Fantini an der Spitze des Feldes über die Ziellinie. Im Gesamtklassement änderte sich auch diesmal auf den vorderen Rängen nichts. Magni behauptete weiterhin das Rosa Trikot.

Fausto Coppi fuhr bisher sehr verhalten, um nicht zu sagen unauffällig. Das war insofern überraschend, als man ja die letzten Etappen im Piemont, der schönen Landschaft in Oberitalien, also quasi vor seiner Haustüre absolvierte. Aber Coppi war nie für eine billige *Show* zu haben. Er wußte, seine Zeit würde bestimmt in den Dolomiten kommen.

Etwas hätte er für seine zahlreichen Fans unter den 50 000 Zuschauern, die die Strecke der 6. Etappe in *Albaro*, einem Stadtteil von Genua, säumten, schon tun können. Aber die Vorstellung ging gründlich in die Hosen (in seine und die der anderen Mannschaftskollegen), denn am Lido von Albaro stand ein 18,4 Kilometer langes Mannschaftszeitfahren auf dem Programm und BIANCHI blamierte sich gehörig.

Zwar galt die NIVEA FUCHS-Mannschaft mit Fiorenzo Magni als Favorit, aber auch von Coppis Team erwartete man auf dem viermal zu durchfahrenden Rundkurs von 4,6 Kilometer Länge Wunderdinge.

Das Rennen endete jedoch mit einer Riesenüberraschung. Etappensieger wurde die junge italienische TORPADO-Mannschaft mit Defilippis, Zuliani und Aldo Moser in 1:11:06 std (das Ergebnis wurde durch Addition der Einzelzeiten der drei besten Fahrer errechnet).

Coppis *squadra* endete mit 1:13:52 std nur auf dem 10. Platz und geradezu sensationell war die Schlappe des *Campionissimo* in der Einzelwertung, denn mit einem Rückstand von 38 Sekunden auf den zeitschnellsten Defilippis (23:40) rangierte Fausto hier erst auf dem 28. Rang!

Allerdings war das Coppi-Team - im übrigen auch die mitfavorisierte Mannschaft von LEGNANO - dadurch behindert, daß gerade zum Zeitpunkt der Prüfung dieser beiden Mannschaften ein heftiger böiger Wind durch die Gassen Genuas pfiff. Außerdem war der sportliche Wert derartiger Einlage--wettbewerbe schon immer umstritten. Aber Niederlage war Niederlage. Magni überstand sie am besten, er blieb mit acht Sekunden Vorsprung weiterhin Spitzenreiter der Rundfahrt.

Der Verlauf der 7. Etappe *Genova-Viareggio* (164 km) kann getrost als ruhig bezeichnet werden. Man hatte den Start aus dem Stadtinneren an die Peripherie verlegt und damit die ursprünglich vorgesehene Strecke um sechs Kilometer reduziert. Die Fahrer taten nun das übrige dazu, daß keine Hektik aufkam. Zumindest nicht am Anfang. Geschlossen erkletterte man nach etwa 40 Kilometern den Anstieg bei Ruta (198 m) und ebenso einträchtig wurde die Verpflegung in La Spezia übernommen. Die Spurtwertung in Sarzana holte sich der junge Belgier Rik Van Looy (aus dem in den kommenden Jahren ein ganz Großer des Radsports werden sollte). Remo Bartalini und Adolfo Grosso versuchten auszureißen, Magni und seine Leute stoppten den Versuch und auch ein Vorstoß von Sartini und Boni scheiterte. Ein ruhiger Nachmittag?

Ja, obwohl es vorübergehend einige Aufregung gab, als Coppi und kurz darauf Clerici auf der Felge saßen. Zu größeren Angriffsaktionen kam es aber nicht und geschlossen brauste das Feld auf den Zielstrich zu.

Magnis Rosa Trikot leuchtete an der Spitze und er sah bereits wie der sichere Sieger aus, da flitzte Corrieri auf den letzten Metern an ihm vorbei. Nach 4:19:54 std errang Bartalis ehemaliger Edeldomestik den Etappensieg. Dichtauf folgten Albani, Koblet, Benedetti, Conterno und Coppi sowie das nahezu vollzählige Feld. Auch diesmal änderte sich nichts im Gesamtklassement. Magni behauptete weiterhin die Spitze vor dem Schweizer Clerici.

Nach einem Ruhetag in Viareggio, der Stadt am Ligurischen Meer, wurde der *Giro d'Italia* mit der 8. Etappe *Viareggio-Perugia* (260 km) fortgesetzt. Wie so oft bei langen Tagesabschnitten geschah in der ersten Hälfte des Rennens so gut wie nichts, sieht man von den Rangeleien bei den Zwischenspurts ab. So setzte sich zum Beispiel bei der dritten „fliegenden Etappe" Benedetti vor Albani durch. Dies aber nicht nur mit den Beinen, sondern auch mit den Ellbogen und Händen. Das war der Jury zuviel und die beiden wurden disqualifiziert; der Franzose Louis Caput und der Italiener Favero zum Ersten und Zweiten des Zwischenspurts erklärt.

Das momentane Durcheinander nutzte Grosso und entwischte. Ihm folgten acht weitere Fahrer. Die neun Ausreißer wurden nicht mehr eingeholt und machten das Ende unter sich aus. Obwohl die Etappenankunft auf einer leicht ansteigenden Strecke erfolgte, triumphierte der Flachstreckenspezialist Benedetti nach 7:20:47 std vor Zucconelli und Gismondi. Mit 44 Sekunden Rückstand belegte Bruno Monti den 10. Platz und schob sich mit nur sechs Sekunden Rückstand auf den zweiten Platz im Gesamtergebnis vor. Die weitere Plazierung nach acht Etappen: 3. Clerici (14 Sekunden zur.), 4. Géminiani (16 Sekunden), 5. Nencini und Fausto Coppi (31 Sekunden).

Die 9. Etappe *Perugia-Roma* (174 km) versprach viel, denn ein Etappensieg im Olympiastadion, in dem sich 25 000 Zuschauer versammelt hatten, war schon etwas besonderes. Das dachten sich zumindest vier Italiener: Martino, Bartalini, Fornara und Fabbri. Letzterer war nicht nur ein guter Spurter, sondern obendrein auch noch ein Römer! In der Gruppe lief es und der Vorsprung wuchs langsam aber sicher. Als das Spitzentrio - Bartalini hatte inzwischen das Handtuch geworfen - eineinhalb Minuten vor dem Feld lag, glaubte man an ein Gelingen der Flucht. Aber der Name Fornara wirkte auf die Großen wie ein rotes Tuch, obwohl *Pasqualino* im Gesamtergebnis nicht zur Spitzengruppe gehörte. Als auch Monti und Astrua zu entwischen versuchten, drückte Magni aufs Tempo. Mit Erfolg. Zwanzig Kilometer vor dem Ziel hatte man die Drei am Wickel.

Kaum war diese Tatsache registriert, herrschte neue Aufregung. Kein geringerer als Hugo Koblet überrumpelte das Feld mit einem rasanten

Vorstoß. Ein Etappensieg in Rom wäre das passende Trostpflaster für den schwarzen Tag in Cannes gewesen. Aber es gab andere Pflaster für den schönen Hugo...

Hinter Koblet, der bald 40 Sekunden Vorsprung hatte, hetzte Gervasoni her, hinter dem - als Vortrupp des Feldes - Nencini und der Spanier Botella. Koblet und Gervasoni wurden eingeholt, aber der Schweizer hatte als guter Spurter immer noch die Chance, den Tagessieg zu erringen. Da passierte das Malheur: Bei der Einfahrt ins Stadion stürzten Koblet und Gervasoni. Botella konnte gerade noch ausweichen, überstand aber die nächste Kurve nicht. So blieb Nencini als einziger bei diesem Ausscheidungsfahren übrig und kam nach 4:40:52 std zu einem klaren Etappensieg.

Coppi überstand sowohl die Einfahrt ins Stadion als auch die tückischen Sandkurven hervorragend und kam mit 13 Sekunden Rückstand auf den zweiten Platz vor Albani und Benedetti. Im Gesamtergebnis führte weiterhin Magni vor Monti, Géminiani, Nencini und Coppi (31 Sekunden zurück).

Die 10. Etappe, ein Rundkurs in *Frascati* (207 km), brachte die mit Spannung erwartete Generalprobe auf dem Kurs, der in diesem Jahr auch für die Straßenweltmeisterschaft vorgesehen war. Dabei zeigte sich, daß die Strecke allen Schwierigkeitsanforderungen gerecht wurde, und die abschließenden fünf Kilometer mit ihrem beachtlichen Anstieg - besonders bei mehrfacher Passage - ihre Wirkung nicht verfehlen werden.

Diesmal waren auf dem 20,7 Kilometer langen Rundkurs nur 10 Runden zu absolvieren. Der junge Niederländer De Groot wollte die Strecke vermutlich genau und ungestört studieren. Anders war sein von Anfang an zum Scheitern verurteiltes Unternehmen nicht zu erklären, denn rund 100 Kilometer rollte er alleine an der Spitze. Dann kamen weitere Fahrer dazu, die jedoch sechs Kilometer vor dem Ziel zur Strecke gebracht wurden. Die größten Reserven für den Endspurt hatte der Spanier Bernardo Ruiz, der nach 6:10:53 std vor Fornara die Ziellinie passierte. Coppi traf 1:34 min zurück mit dem Hauptfeld ein und konnte dem überglücklichen Monti gratulieren. Der Römer war neuer Träger des Rosa Trikots!

Nach der Generalprobe für die Weltmeisterschaft auf dem Rundkurs von Frascati legten die Fahrer eine Verschnaufpause ein, zumindest was die Großen betraf. Denn auf der 11. Etappe *Roma-Napoli* (242 km) war von ihnen nichts zu sehen. Um so mehr von Donato Piazza, Zucconelli, Favero und Fantini. Die *gregari* witterten ihre Chance und suchten das Weite. Hinter ihnen bildeten sich mehrere Verfolgergruppen, die sich aus durchwegs Leuten kleineren und mittleren Kalibers zusammensetzten, und von denen nur noch Falaschi und Grosso zur Spitze aufschließen konnten.

Unter den nunmehr sechs Konkurrenten, die schließlich auf der *Arenaccia-Bahn* in Neapel um den Etappensieg spurteten, erwies sich der Gironeuling Vincenzo Zucconelli als der eindeutig schnellste. Er belegte nach 7:28:22 std den ersten Platz vor Piazza und Fantini. Das Feld mit Coppi und den anderen

Favoriten ließ sich auf den letzten Kilometern Zeit. Erst nach 3:43 Minuten trudelte es am Ziel ein; Monti führte weiterhin mit 10 Sekunden Vorsprung vor Géminiani.

Der Träger des Rosa Trikots hatte einen besonders schönen Tag hinter sich gebracht. Fuhr man doch durch seinen Heimatort Albano, unweit der Sommerresidenz des Papstes, und die Kleinstadt stand Kopf: über und über mit Blumen geschmückt, ein unüberschaubares Menschenspalier, die komplette Verwandtschaft am Straßenrand. Überall Plakate mit dem < *W* > für < *evviva* >: „Hoch! Hoch Brunetto Monti!"

Montis Traum vom Girosieg sollte bald platzen. Vorerst aber galt es auf den an zweiter Stelle liegenden Franzosen Géminiani zu achten, war er doch ein gewiefter Kletterer und die zweite Bergetappe dieser Rundfahrt, die 12. Etappe *Napoli-Scanno* (216 km) führte in die Abruzzen, also sein Terrain.

Nervöse Spannung lag in der Luft, denn die Anstiege auf den Macerone-Paß (787 m), den Rionero Sannitico (1051 m) und nicht zuletzt die Hochebene von Scanno (1050 m) waren mit Schwierigkeiten gespickt. Man erwartete bedeutsame Veränderungen im Gesamtergebnis.

Im Mittelpunkt des Geschehens stand ein wagemutiger Vorstoß über 100 Kilometer von Astrua, Defilippis, Nencini und natürlich Géminiani! Im Hauptfeld trug inzwischen Bruno Monti sein Rosa Trikot voll Stolz zur Schau, wurde aber jäh unterbrochen, als ihn ein Defekt ereilte und sein Mannschaftswagen irgendwo zwischen den verschlafenen Abruzzendörfern herumgeisterte (Montis Stallgefährte Fantini hatte kurz vorher eine Panne und ATALA-Teamchef Sivocci war das Risiko eingegangen, Monti auf weiter Flur zu lassen).

Bis der Wagen eintraf war es längst zu spät. Mit Tränen in den Augen machte sich Monti zusammen mit Fantini und Pezzi zu einer verzweifelten Verfolgungsjagd auf den Weg, geriet aber, entmutigt und verbittert, immer mehr in Rückstand. Es konnte ihn auch nicht trösten, daß sich Koblet zu ihm gesellte (er geriet in den Kehren des Macerone in eine Krise) und später Clerici hinzukam (er hatte im Anstieg nach Rionero den Anschluß an Coppi, Magni und die anderen Asse verloren).

Die Kunde von Montis Defekt und vom Rückstand der beiden Schweizer löste eine wilde Jagd hinauf zum See von Scanno aus. Besonders das Spitzentrio war wie elektrisiert. Das wirkte sich im Endspurt aus, der zu einer reichlich turbulenten Angelegenheit wurde. Astrua flitzte als erster über die Linie, aber Géminiani hatte schon 50 Meter vor dem Ziel protestierend den Arm hochgerissen. Nencini und offizielle Augenzeugen bestätigten die Beschwerde des Franzosen: Astrua hatte sich am Trikot von Géminiani festgehalten, abgezogen und sich ins Ziel katapultiert. Das Kampfgericht konnte nicht anders und setzte Astrua auf Platz drei. Etappensieger wurde damit Nencini, der als Zweiter ins Ziel gekommen war. Mit einem Rückstand von 1:53 Minuten traf die Gruppe der Asse ein, fast acht Minuten später der arme Bruno Monti.

Géminiani streifte sich das begehrte Rosa Trikot über. Allerdings betrug sein Vorsprung auf den zweiten, Nencini, nur ganze zwei Sekunden!

Auf der 13. Etappe *Scanno-Ancona* (251 km) mußten diesmal die Franzosen die „Polizeiaufgaben" im Feld übernehmen und ihren Spitzenreiter Géminiani vor unliebsamen Ausreißern schützen. Als ein solcher Spielverderber entpuppte sich Grosso, ein unternehmungslustiger Spezialist für Langstrecken-Alleinausflüge, der schon kurz nach dem Start das Weite suchte. Augenblicklich flitzte Lauredi an sein Hinterrad, und da sich das Feld ausgesprochen desinteressiert zeigte, war bald ein beachtlicher Vorsprung herausgefahren (von Grosso, denn Lauredi beschränkte sich - taktisch gesehen durchaus verständlich - nur mit der Überwachung des Italieners und führte keinen Meter).

Als der Vorsprung über vier Minuten betrug und Lauredi immer noch nicht zu bewegen war, auch einmal die Nase in den Wind zu stecken, wurde es Grosso zu bunt. Er stieg kurzerhand ab und setzte sich an den Straßenrand. Lauredi hatte Order, Grosso zu überwachen, also tat er das gleiche. Zu zweit erwartete man das heranrollende Feld...

Erst nach der Verpflegungskontrolle trat die Etappe in die entscheidende Phase. 19 Fahrer entwischten 80 Kilometer vor dem Ziel, und da sich kein gefährlicher Konkurrent darunter befand, reagierte das Feld gelassen. So gelassen, daß sich Coppi und die anderen Favoriten einen Rückstand von 10:06 Minuten einhandelten, der sich im Gesamtergebnis aber weiter nicht auswirkte. Géminiani war weiter in Rosa, mit zwei Sekunden Vorsprung vor Nencini.

Diesen „Wimpernschlag" konnte Géminiani auch auf der 14. Etappe *Ancona - Cervia Pineta* (173 km) verteidigen. Aber es bedurfte schon eines gewissen Aufwands, denn Giuseppe Minardi machte zum ersten Mal bei dieser Rundfahrt von sich reden und riß zusammen mit Baffi, Zucconelli und Ferrando aus. Das ließ *le Grand Fusil*, den „langen Karabiner", wie Géminiani von seinen französischen Landsleuten genannt wurde, noch kalt. Als aber dann auch noch Nencini die Gunst der Stunde nutzen wollte, hatte er entschieden etwas dagegen. Mit Hilfe seiner Mannschaftskameraden entfesselte er eine Jagd, die sich sehen lassen konnte. Das sah auch Nencini ein und kapitulierte.

Nach diesem Intermezzo kehrte wieder Ruhe im Feld ein. Davon profitierten die Ausreißer, deren Vorsprung sich zusehends vergrößerte. Am Ziel in Cervia Pineta überrumpelte Minardi dann seine Fluchtgefährten mit einem gekonnten Langspurt und siegte nach 4:19:16 std vor Baffi und Zucconelli. Als Fünfter erreichte Pezzi nach 2:40 Minuten das Ziel als Vorhut des Feldes, das kurz danach ankam. Hier holte sich Koblet den Spurtsieg vor Louis Caput. Im Gesamtergebnis blieb alles wie gehabt.

Nun mußte man sich im Lager der Coppi-Anhänger doch allmählich fragen, wann, wo und wie sich ihr Idol wieder einmal ins rechte Licht zu setzen gedenkt. Die beste Gelegenheit wäre aus ihrer Sicht anläßlich der 15. Etappe *Cervia Pineta-Ancona* gewesen. Ein 50-km-Einzelzeitfahren, gerade Richtig für ihren Fausto.

Bis kurz vor dem Start hatte es geregnet, aber die drohende Unwetterfahrt blieb den Teilnehmern diesmal erspart und bei gutem Wetter, ausgezeichneten Straßen und fast völliger Windstille ging man im Abstand von zwei Minuten in umgekehrter Reihenfolge des Gesamtklassements auf den Parcours.

Natürlich gehörte Coppi zu den Favoriten. Er lag auch über drei Viertel der Strecke in Führung, holte den zwei Minuten vor ihm gestarteten Niederländer Wagtmans ein, und alles deutete auf einen knappen, aber relativ sicheren Sieg Coppis hin. Aber der *Campionissimo* hatte seit Tagen eine schwere Erkältung und bekam zunehmend Atembeschwerden. So entglitt ihm der Etappensieg, der an Fornara ging. Der war die 50 Kilometer in 1:07:49 std entlanggefegt und verwies Coppi mit einem Rückstand von 11 Sekunden auf den zweiten Platz. Das war zu verkraften. Da sah es bei *Gém* schon schlimmer aus. Der Franzose mußte sein Rosa Trikot an Nencini abgeben, der nun mit 42 Sekunden Vorsprung auf den jetzt zweitplazierten Géminiani das Gesamtergebnis anführte.

Auf der 16. Etappe *Ravenna - Lido di Jesolo* (245 km) machte sich schnell Feiertagsstimmung breit: Pfingstmontag. Viele Zuschauer, eine vollkommen ebene Strecke, die mehr zum promenieren geeignet war, als für Angriffsmöglichkeiten, ließ die Unternehmungslust der Rennfahrer auf ein Minimum schrumpfen.

So kam es, wie es kommen mußte. Nach einer geruhsamen Bummelei wurde die Etappe in einem Massenspurt entschieden. Dabei operierten Koblet und sein Landsmann Otto Meili so geschickt, daß ein Schweizer Etappensieg bereits klar schien. Aber im letzten Moment warf der exzellente Rino Benedetti seine ganze Kraft in die Waagschale und schob nach 6:45:37 std sein Vorderrad vor Corrieri über die Ziellinie. Nencini kam mit der gesamten Meute an und blieb weiterhin in Rosa. 41 Sekunden zurück folgte Géminiani, Magni lag an dritter Stelle (1:29 min zur.) und Coppi hatte mit seinem vierten Rang (1:42 zur.) noch alle Trümpfe im Ärmel.

Bartali, der in seinem Cabriolet die Rundfahrt auf Schritt und Tritt verfolgte, lamentierte täglich über die Taktik von Magni und Coppi, die gewissermaßen den *catenaccio*, den aus dem italienischen Fußball bekannten Abwehrriegel übernommen hatten und alle gegnerischen Aktivitäten im Keim erstickten. Auch Coppi meldete sich zu Wort und versuchte seinem alten Rivalen klarzumachen, daß sich wie in früheren Zeiten die Massen wieder in *bartaliani* (die Anhänger Bartalis und seiner Schützlinge Moser und Nencini) und die *coppiani*, Faustos Gefolgsleute, teilten, und eine gehörige Portion Polemik in Umlauf brachten.

Eines mußten die Anhänger Bartalis jedoch anerkennen: Coppi war von Gino noch immer fasziniert. Aber die Frostigkeit, Gleichgültigkeit und

Mißachtung gegenüber seiner Person war nicht geeignet, daß sich Coppi besonders zu *Ginettaccio* hingezogen gefühlt hätte. Trotzdem ließ er sich verleiten, am Start zur 17. Etappe bei Bartali vorbeizuschauen. Er hatte ein Foto von *Faustino* in der Hand, das ihm per Funk von Giulia aus Argentinien übermittelt wurde. < *Guarda Gino...* > („Schau Gino...") wollte Fausto mit strahlenden Augen ein kurzes Gespräch beginnen. Aber der Augenblick war von Coppi schlecht gewählt, denn Bartali studierte gerade den Plan der Etappe und schüttelte nur desinteressiert die Schultern. Coppi erkannte seinen Fehler und wollte sich enttäuscht abwenden, da erkannte Bartali, daß es sich um ein Foto handelt. Er entschuldigte sich bei Coppi, betrachtete das Bild, sprach Fausto - der seine Fassung wieder gewonnen hatte - sein Kompliment aus, und verkündete mit seiner rauhen Stimme so laut, daß es alle Umstehenden hören konnten: „Leute, das ist der Sohn von Fausto Coppi, logisch, das ist er!" Bartali sprachs, und in diesem Moment mußte die Welt einfach begreifen, das ist Coppis Sohn!

Coppi war also Vater eines Sohnes, der aber zu seinem Leidwesen nicht seinen Namen trug. Giulia war zur Entbindung nach Argentinien gereist, denn in Italien wäre das Kind unter dem Namen ihres Mannes, Locatelli, zur Welt gekommen. So trug es zumindest den Geburtsnamen der Mutter - Occhini - unter dem die Beamten in Buenos Aires den kleinen Angelo Fausto in das Register eingetragen hatten. *Faustino* erwarb damit auch automatisch die argentinische Staatsbürgerschaft.

Die Freude Coppis währte nicht lange. Das italienische Generalkonsulat reklamierte das Kind der Italienerin für Italien und meldete seine Geburt dem Standesamt in Varano Borghi, der Stadt, in der der Ehemann der Mutter wohnte. Dort wurde Coppis Sohn zunächst auch als Angelo Fausto Occhini registriert, später jedoch auf Betreiben der Staatsanwaltschaft in Locatelli umgeändert. Der betrogene Arzt legte keinen Widerspruch ein. Im Gegenteil; Coppi hatte ihm die Frau genommen, nun nahm er Coppi den Sohn. Als juristischer Vater war er damit auch Nutznießer des Vermögens, das der natürliche Vater seinem illegitimen Sohn einst schenken würde.

Diese Absurdität löste in Italien plötzlich eine Welle des Mitgefühls für Fausto und Giulia aus. Der Eheskandal schien ihnen verziehen zu sein. Bürgerliche Zeitungen prangerten das ganze Verfahren als eine Barbarei an. Man lief gegen das Gesetz Sturm, das nur in Ausnahmefällen eine Scheidung zuließ, und verlangte seine Änderung. (In Italien mußte sich Faustino auch später Locatelli nennen und unter diesem Namen seinen Militärdienst ableisten. Erst 1978 gelang es ihm, dank der noch immer bestehenden Beziehungen Coppis im In- und Ausland, den Namen seines Vaters zu erlangen. Eine Rolle spielte dabei auch die Tatsache, daß ab 1975 Dr. Locatelli die Macht über Faustino durch dessen Volljährigkeit verloren hatte).

Aber ein Teil der Bevölkerung hatte Coppi das Verlassen seiner Familie noch nicht verziehen. Auf den Straßen, die der *Giro d'Italia* passierte, standen in großen Buchstaben auf den Asphalt gepinselte Parolen. Die gemäßigten lauteten etwa: < *Va, ché la dama biancha t´aspetta!* > (Hau ab, die „Dame in Weiß" wartet auf Dich!). Es stand auch zu lesen: < *Viva Marina, abbasso Faustino!* > (Es lebe Marina, nieder mit Faustino!). Der gerade ein paar Wochen alte Sohn von Coppi konnte wirklich am wenigsten dafür.

Doch nun zur 17. Etappe *Lido di Jesolo - Trieste* (150 km). Offensichtlich waren die Favoriten wieder einmal fest entschlossen, das Rennen unter Kontrolle zu halten. Sie ließen nur unbedeutende Fahrer davonziehen, und selbst als Koblet sich den Ausreißern anschloß, nahm man das in Ruhe zur Kenntnis. Schließlich spurteten 20 Mann um den Etappensieg in den winkeligen Gassen von Triest. Die höchstens 30 Meter lange Zielgerade ließ nicht viel Zeit, den Schlußantritt vorzubereiten. Fantini erfaßte die Situation am besten, und errang nach 4:30:15 std seinen zweiten Etappensieg bei dieser Rundfahrt. Hinter ihm folgten Nascimbene, Conterno und die anderen Fluchtgefährten. 36 Sekunden später war das Hauptfeld zur Stelle. Dann ging es in die Quartiere; frohgestimmt, denn ein wohlverdienter Ruhetag stand an.

Ausschlafen, ausgiebige Körperpflege, Studium der Sportpresse, in Ruhe essen, Postkarten schreiben, ein kleiner Spaziergang in der Via Rossini, Mannschaftsbesprechung, früh zu Bett; schnell war der Tag um. Zu schnell für die Flachlandspezialisten, denn die 18. Etappe *Trieste - Cortina d´Ampezzo* (246 km) brachte den ersten, allerdings kleineren Dolomitenansturm. Die Steigungen hinauf zum Mauria (1298 m) und nach Pieve di Cadore (848 m) sowie der Schlußanstieg nach Cortina (1237 m) vermittelten aber einen Vorgeschmack auf das, was am nächsten Tag auf die Fahrer zukommen sollte.

Die ersten 150 Kilometer blieb das Feld nahezu geschlossen beisammen. Dann blies der Spanier Gelabert im Anrollen auf den Passo della Mauria zum Angriff und fand in Monti, Lauredi, Volpi und Nascimbene interessierte Mitstreiter. Eine besondere Energieleistung vollbrachte dabei Bruno Monti, der junge Römer, den sein ATALA-Teamchef während der 12. Etappe so schmählich im Stich gelassen hatte (was Monti bekanntlich das Rosa Trikot kostete): zwei Reifen knallten ihm weg, bei der Abfahrt vom Mauria stürzte er. Aber all dies konnte ihn nicht entmutigen, er kämpfte sich immer wieder an die Kopfgruppe heran.

Die erhielt 40 Kilometer vor dem Ziel Verstärkung. Boni, Chiarlone und Conterno hatten sich vom Feld gelöst und schlossen zu den fünf an der Spitze auf.

Auf den Mann aus Turin, Angelo Conterno, hätte man verzichten können. Der ließ sich nämlich nach einer Fahrzeit von 7:28:34 std den Etappensieg nicht entgehen und verwies Gelabert, Nascimbene und den Franzosen Lauredi auf die Plätze. Der Rückstand des Feldes betrug 3:41 Minuten und Nencini behauptete weiterhin die Spitze mit 43 Sekunden Vorsprung vor Géminiani.

Die 19. Etappe *Cortina d´Ampezzo - Trento* (227 km) hätte die Entscheidung bringen müssen. So lautete zumindest die Meinung der Experten. War sie doch mit Schwierigkeiten gespickt: Passo di Falzárego (2105 m), Passo Pordoi (2239 m), Passo di Rolle (1970 m) und der erstmals in die Giro-Strecke aufgenommene Passo del Brocon (1616 m). Die Etappe hatte nur einen Schönheitsfehler. Der letzte bedeutende Anstieg, der Brocon, war nahezu 80 Kilometer vom Etappenziel entfernt, so daß für alle in den Bergen Abgehängten ausgezeichnete Aufholmöglichkeiten bestanden. Das sollte sich zeigen.

Der Spanier Serra rollte als Erster unter dem Transparent der Bergwertung auf dem Falzárego hindurch, gefolgt von seinem Landsmann Gelabert. Mit 49 Sekunden Rückstand kam das Feld mit allen Favoriten über die Paßhöhe.

Auf den letzten Kilometern vor dem Scheitelpunkt des Pordoi stieß Serra abermals vor und sicherte sich mit 47 Sekunden Vorsprung auch diese Bergwertung, diesmal vor Astrua. Nur wenige Sekunden dahinter folgte eine zwölfköpfige Gruppe mit Coppi, Fornara, Aldo Moser, Magni, Koblet usw.

Bei der Abfahrt nach Moena ließ es besonders Magnis Domestik Baffi sausen. Bald hatte er über eine Minute Vorsprung, aber dann begann der Anstieg zum Rolle-Paß. Zunächst hetzten Gismondi, Dall´Agata, Lauredi und der prächtig aufgelegte Serra dem Ausreißer nach. Fünf Kilometer unterhalb des Gipfels setzte Coppi zu einem Zwischenspurt an. Nencini, Moser, Astrua, Fornara, Coletto sowie der Spanier Botella und Géminiani folgten augenblicklich. Zwei Kilometer später ein erneuter Antritt des *Campionissimo*; diesmal blieben Astrua, Fornara, Coletto und Géminiani zurück. Zwei Kilometer unterhalb der Paßhöhe waren Coppi, Moser, Botella und Nencini an Baffi dran und vorbei.

Coppi verschärfte noch mehrmals das Tempo, aber seine jungen Landsleute Moser und Nencini ließen sich nicht abschütteln. Im Gegenteil. Auf dem Rolle-Paß gewann Nencini vor Coppi den Bergsprint! In kurzen Abständen überquerten die anderen Favoriten die Höhe: 100 Meter zurück Coletto, Astrua, und Fornara; rund eine Minute später Géminiani, Lauredi und Conterno; nach 1:35 Minuten Magni. Schon jetzt zeigte sich, daß die eingangs erwähnte Befürchtung eintreten könnte und die groß angekündigte Dolomiten-Etappe ihren Zweck verfehlen würde.

Zwischen Rolle und Brocon wurde Géminiani von einer Panne ereilt. Bei der anschließenden Jagd auf die Spitzengruppe leistete ihm sein Landsmann Jean Dotto wertvolle Hilfe. Vorne wieder angekommen, stieß Dotto gleich selber vor. Als er merkte, daß die Großen nicht reagierten, setzte er seine Attacke entschlossen fort und hatte auf dem Scheitel des Brocon 3:15 Minuten Vorsprung auf die Verfolger. [Als 23-jähriger Zuschauer war ich in dem kleinen Dolomitendorf Castello Tesino Augenzeuge, wie die Fahrer auf regennasser Sandstraße hinunter ins Val Sugana rasten. Moser stürzte und verlor fast eine Minute, Nencini kam zu Fall, rappelte sich auf und setzte die Fahrt fort. Mein Idol, der große Fausto Coppi huschte vorbei. Ein Blick auf ihn war die Reise mit dem Rennrad nach Italien wert gewesen!]

Jean Dotto holte sich nach 7:34:19 std den Etappensieg in Trient. 3:36 Minuten später traf Magni als Spurtsieger der Verfolger ein und verwies Koblet,

Fornara, Lauredi, Géminiani, Nencini, Aldo Moser, Coppi, Coletto und Botella in dieser Reihenfolge auf die Plätze. Die gesamte Spitzengruppe im Gesamtklassement war geschlossen in Trient eingetroffen. Das war die einzige Überraschung des Tages.

Nur für mich gab es noch eine besondere. Von meinem spärlichen Taschengeld hatte ich mir rohe Eier und etwas Rotwein gekauft und daraus einen „Kraftcoktail“ für die Heimfahrt gemixt. Auf dem Weg nach Trient überholte mich im Chaos der heimstrebenden Zuschauer ein abgeschlagener Schweizer Rennfahrer: Schellenberg. Im vorbeisausen keuchte er:

„Hast du was zu trinken?“

„Rotwein mit Eidotter.“

„Mensch, du bist meine Rettung!“

Ich gab ihm meine Flasche. Der gute Mann leerte sie in einem Zug und dampfte davon. Lieber Max, ich hab es gern gemacht (und das reine Wasser hat mir auf der Weiterfahrt auch ganz gut geschmeckt).

Die Fahrt über die vier Dolomitenriesen hatte die Spitzengruppe im Gesamtklassement nicht verändert, geschweige denn gesprengt, und man glaubte nun vielfach, dieser Giro wäre gelaufen. Wer sollte Gastone Nencini den Sieg noch entreißen? Aber wieder einmal kam es ganz anders. Die Vorletzte Tagesstrecke wurde zur entscheidensten, dramatischten Etappe der ganzen Rundfahrt.

Diese 20. Etappe *Trento - San Pellegrino* (216 km) war dem Anschein nach harmlos und ohne Schwierigkeiten. Sie hatte zwar ihre Tücken, aber das wußten nur zwei Fahrer: Coppi und Magni. Man trug ihnen zu, daß unterwegs ein sehr schlechtes Straßenstück kommt, und die beiden alten Füchse legten noch in der Nacht vor dem Rennen 330 Gramm schwere, haltbarere Reifen auf (entgegen der damals üblichen 180 bis 300 Gramm schweren Bereifung).

Der Schachzug sollte sich lohnen. Aber es begann ohnehin schlecht für den „Mann in Rosa“. Nencini stürzte und blutete aus einer Wunde am Kopf. Unverzüglich schwang er sich wieder auf sein Rad und hetzte dem Feld hinterher. Als er vorne ankam, deutete alles auf einen relativ ruhigen Nachmittag hin. Man passierte gerade den 40. Rennkilometer, ein kurzer Anstieg führte hinauf nach Roncone (842 m), die Straße wurde schlecht. Da entwischte Fiorenzo Magni. Er hatte sofort etwa 100 Meter Vorsprung. Coppi und Nencini setzten augenblicklich nach. Das ging so schnell, daß die anderen gar nicht begriffen, was da gespielt wurde (vor allem Géminiani ärgerte sich später maßlos, daß die Post ohne ihn abgegangen war). Das Dreigestirn rollte in scharfem Tempo davon und hatte bald mehr als zwei Minuten Vorsprung. Nencini machte gegen die beiden „Alten“ durchaus eine gute Figur. Da knallte ihm plötzlich ein Reifen weg! Defekt in so einer heiklen Situation gegen Coppi und Magni, das konnte verhängnisvoll werden. Es wurde verhängnisvoll.

Nencini büßte nur wenig Zeit ein, dann saß er wieder im Sattel und nahm die Verfolgung auf. Aber Coppi und Magni waren entschlossen, aufs Ganze zu gehen. Im 50-km-Tempo rasten sie dahin (Magni gestand hinterher, daß er seit Jahren nicht mehr so geracker hatte, wie in diesen entscheidenden Minuten). Bei Nencini brach Panik aus. Der Traum vom Giro-Sieg verflüchtigte sich immer mehr. Auch mit Hilfe seiner Mannschaftskollegen und der zu Bundesgenossen gewordenen Franzosen - die ihren Géminiani im Schlepptau hatten - schaffte es der junge Italiener nicht mehr, an Coppi und Magni heranzukommen. Daß er sich im weiteren Verlauf noch zwei Reifenschäden einfing und nur mit Mühe den Kontakt zur Verfolgergruppe halten konnte, rundet das Bild dieses für Nencini so rabenschwarzen Tages ab.

Inzwischen düste das Tandem Coppi-Magni auf das Etappenziel zu. Wie bei einem Mannschaftsverfolgungsfahren lösten sie sich alle 200 m in der Führung ab. In Odol (nach 110 km) führten sie mit vier Minuten Vorsprung. In Bergamo, 25 Kilometer vor dem Ziel, waren es sechs! So sehr sich auch Nencini, Géminiani und der hinzugekommene Koblet bemühten, der Abstand war unüberbrückbar geworden.

In San Pellegrino zeigte sich Magni für die Hilfeleistung, die ihm Coppi bei der Eroberung des Rosa Trikots geleistet hatte, insofern erkenntlich, als er ihm den Etappensieg nach 5:43:06 std kampflos überließ. Eine Geste, die man sich auch in der heutigen Zeit manchmal wünschen würde...

Die beiden alten Haudegen, die wieder einmal ein taktisches Meisterstück abgeliefert hatten, nahmen längst ein Bad in der Menge, als nach 5:37 Minuten die abgekämpften Verfolger, an ihrer Spitze Fantini, am Ziel ankamen. Im Gesamtergebnis führte nun Fiorenzo Magni mit 13 Sekunden Vorsprung vor Coppi. Es folgten Nencini (4:08 min zur.), Géminiani (4:51), Agostini Colett (7:19) und Aldo Moser (8:01).

Wenn man sich den bisherigen „Rundfahrt-Film" vergegenwärtigt, dann ist es schon faszinierend, festzustellen, wie sich Coppi durch das Geschehen schlängelte. Unauffällig, oftmals wie desinteressiert, absolvierte er Etappe um Etappe, betrachtete sich das Gerangel um Etappensiege aus der „zweiten Reihe" und verzichtete auf spektakuläre Schaueinlagen. Aber wenn es darauf ankam, dann war der mittlerweile 35-jährige mit von der Partie.

Die 21. Etappe *San Pellegrino - Milano* (140 km) brachte keine Kämpfe mehr. Wie üblich zog die Girokarawane an unübersehbaren Zuschauerspalieren vorbei. Das Kriegsbeil war begraben, man hatte sich mit den Plazierungen abgefunden. Um ganz Sicher zu gehen, sorgten Magni und seine Domestiken für eine flotte Fahrt, um Ausreißergelüste im Keim zu ersticken. So kam es auf der Mailänder Vigorelli-Bahn zum Massenspurt, den nach 3:35:50 std kein Geringerer als Hugo Koblet vor Magni und Benedetti errang.

Im Gesamtergebnis hatte sich nichts mehr verändert. Magni hatte seinen dritten Giro-Sieg unter Dach und Fach, Coppi die Rundfahrt nach 3871 Kilometer um rund 170 Meter verloren. Aber bei aller Anerkennung für die Leistung der beiden war der junge Nencini in den Augen des Publikums der moralische Sieger!

Schlußklassement des ***38. Giro d´Italia:***

1. Fiorenzo Magni	NIVEA FUCHS		
3871 km in 108:56:13 std	(35,534 km/std)		
2. Fausto Coppi	BIANCHI	13 sec zur.	
3. Gastone Nencini	CHLORODONT	4:08 min	
4. Raphael Géminiani	FRANKREICH	4:51	"
5. Agostino Coletto	NIVEA FUCHS	7:19	"
6. Aldo Moser	TORPADO	8:01	"
7. Pasquale Fornara	BOTTECCHIA	9:16	"
8. Salvador Botella	SPANIEN	14:10	"
9. Wout Wagtmans	HOLLAND	16:03	"
10. Hugo Koblet	SCHWEIZ	20:16	"

Den Bergpreis *G.P. della Montagna* gewann Nencini vor dem Spanier Serra und den punktegleichen Monti und Gelabert. Die *Mannschaftswertung* ging an ATALA-PIRELLI. Von den 98 ursprünglich gestarteten Fahrern erreichten 86 das Ziel in Mailand. Darunter auch meine flüchtige Bekanntschaft Max Schellenberg: Platz 83 mit 2:29:34 std Rückstand.

Fausto Coppi kassierte *1 680 000 Lire* (rund 12 000 Mark) für seinen zweiten Platz und legte erst einmal eine kleine Rennpause ein. Hugo Koblet hingegen startete bei der ***Tour de Suisse*** und konnte die Rundfahrt auch vor Stan Ockers siegreich beenden. Louison Bobet mußte sich bei der französischen Straßenmeisterschaft André Darrigade beugen und in Italien liefen die Vorbereitungen zum dritten Lauf der Straßenmeisterschaft.

Diese Prüfung, der ***Giro del Piemonte***, die Piemont-Rundfahrt über 269 km mit Start und Ziel in Turin, fand am 26. Juni statt. Im Spurt einer Dreiergruppe gewann nach 7:29:00 std Giuseppe Minardi vor Conterno und Grosso. Coppi und Magni zeigten erstaunlicherweise keinerlei Interesse am Rennen und landeten im Hauptfeld; 14:02 Minuten zurück! Damit verschob sich auch die Rangliste für die Meisterschaft: Minardi führte jetzt mit 21 Punkten vor Magni (19) und Coppi (18).

Aber schon am folgenden Donnerstag, dem 30. Juni, ließ Coppi wieder aufhorchen. Er montierte eine Übersetzung von 24 x 7 Zähne (Blockkette) an seine Bahnmaschine und trat auf der Mailänder Vigorelli-Piste gegen den Luxemburger *Lull* Gillen zu einem Verfolgungsrennen über die übliche Distanz von 5000 m an. Bis zum letzten Kilometer führte Gillen, mußte sich dann aber dem gewaltigen Endspurt des Ex-Weltmeisters beugen, der mit 73 m Vorsprung gewann und mit 6:07 Minuten die zweitbeste - bis zu diesem Zeitpunkt bei einem Einzel-Verfolgungsrennen jemals im *Vigorelli* gefahrene - Zeit erzielte. Zwei Tage nach einem schweren 250-km-Rennen die 5000 Meter mit einem Durchschnitt von 49,046 km/std fahren, das war schon der Coppi früherer Zeiten!

Sofort nach dem Wettkampf, mitten in der Nacht, ohne Erholungspause, setzte sich Coppi ans Steuer seines Wagens und fuhr über Paris nach Reims. Dort traf er am Freitag mit Gismondi und Martino zusammen und trat mit ihnen zu einem Omnium gegen das französische Trio Jean Bobet, Louison Bobet und Rioland an. Dabei besiegte er quasi im Alleingang beim Mannschaftsverfolgungsrennen seine Gegner, da Gismondi und Martino bald die Lust an der Raserei und damit auch Faustos Hinterrad verloren.

Und wieder packte Coppi unmittelbar nach dem Rennen seine Siebensachen zusammen und fuhr mit dem Auto nach Belgien. Ein kurzes Nickerchen, und erneut saß er im Sattel. Diesmal im Velodrom von Brügge. Zwei Rennen an einem Tag, nur um das Publikum zu unterhalten?

Die Antwort kommt gleich. Verfolgen wir nur noch kurz Coppis Weg während dieser Woche. Er machte sich sofort nach dem Rennen in Brügge wieder auf den Weg nach Paris, um am Sonntag ein Match gegen Bobet zu bestreiten. Der Franzose war inzwischen in der Stadt an der Seine eingetroffen, ausgeruht und gut trainiert. Optimal vorbereitet auf das Omnium, das diesmal aus einem Sprinterkampf, einem Rennen hinter Derny-Motoren, einem 1000-m-Zeitfahren und natürlich einem Verfolgungsrennen bestand. Besonders das letztgenannte Rennen - dem *L'Equipe* die Titelseite widmete - stand im Mittelpunkt des Interesses, denn man wußte, daß die anderen Bewerbe nicht gerade nach dem Geschmack der beiden „Straßencracks" Bobet und Coppi waren.

Coppi traf am Sonntag, den 3. Juli, im letzten Moment im Pariser *Prinzenpark* ein. Er hatte wieder eine Nachtfahrt hinter sich, hatte sich obendrein verfahren, nur ein kleines Frühstück eingenommen (um seinen Magen nicht zu belasten) und stand nun dem ausgeruhten Weltmeister gegenüber.

Der gewann das Derny-Rennen und den Sprint, aber im Zeitfahren und dem Hauptereignis, der Einzelverfolgung (5000 m in 5:17,0 Minuten) behielt der *Campionissimo* mit sieben Sekunden Vorsprung die Oberhand.

Das faire französische Publikum feierte Coppi lange und lautstark. War er wieder nur gekommen, um die Leute zu unterhalten?

Nicht nur. Coppi brauchte Geld. Viel Geld. Giulia und Faustino waren mit dem Passagierschiff *Jules Cesár* aus Argentinien zurück nach Italien gekommen. Um genau zu sein, nach Frankreich, nach Cannes. Als Coppi seinen Sohn in Empfang nahm, konnte er die Tränen nicht zurückhalten. Nach einer langen Nachtfahrt mit dem Auto trafen die Drei in Novi Ligure, in Coppis Villa ein. Fausto war glücklich und dankbar. Am nächsten Tag stand für Giulia ein LANCIA AURELIA vor der Tür. Eine Sonderanfertigung, italienische Quellen munkeln von *40 Millionen Lire*! (Coppi fuhr übrigens zeitlebens Alfa Romeo und Lancia. Vergeblich versuchte ihn Fiat-Boß Agnelli davon abzubringen). Nimmt man nun noch die Reisekosten, die täglichen

Ausgaben, die Kosten für den Krankenhausaufenthalt und die Bürokratie in Argentinien hinzu, dann kommt man auf die enorme Summe von *200 Millionen Lire* (immerhin etwa 1,5 Millionen Mark!). Verständlich, warum Coppi einfach fahren mußte, und dabei als 35-jähriger gezwungen wurde, Leistungen zu bringen, die seine hohen Gagen rechtfertigten.

Sein Geld war Coppi im französischen Lorient auf jeden Fall wert. Bei einem internationalen Bahnrennen gewann er zusammen mit seinem Partner Koblet ein dreiteiliges Omnium gegen die Franzosen Carrara und Senfftleben, zwei ausgesprochene Bahnspezialisten! Das zusätzlich ausgetragene Einzelfahren über 80 Runden sah Koblet mit 29 Punkten in Front vor Coppi (26 Pkt.)

Das Hauptaugenmerk im Radsport richtete sich nun nach Frankreich. Am 7. Juli setzte sich eine gewaltige Karawane zur ***42. Tour de France*** in Gang: 12 Wagen für die Spezialausrüstung der technischen Leiter, für die Mannschaftsleiter selbst und für den Transport des notwendigen Gepäcks der Fahrer. Hinzu je zwei Wagen mit Pflegern, Verpflegung und Werkzeug sowie je ein Wagen mit Mechanikern und kleineren Ersatzteilen und last not least der „Besenwagen“ - der Schlußwagen - das *voiture balai* (meist ein Kombiwagen, mit einem Strohbesen geschmückt, der die dankbare Aufgabe hatte, hoffnungslos abgeschlagene Fahrer aufzulesen. Allerdings war damit das Schicksal des Rennfahrers besiegelt: Für ihn war das Rennen bzw. die Rundfahrt beendet!)

Der Rennleitung stand eine ähnliche Armada zur Verfügung: Je einen Wagen bekam der Rennleiter, sein Adjudant, der Wettfahrausschuß samt Zielrichter, die Zeitnehmer und der Generalkommisar. Zwei Wagen standen für die internationalen Kommissare zur Verfügung, einer für den Rennarzt und einer für die Kranken. Sechs Motorräder waren mit Helfern für die genannten Personen bestückt. Die Rennpolizei war mit 26 Motorrädern (BMW) dabei, begleitet von einem Werkstatt- und einem Radiowagen. Sechs Spezialfahrzeuge und ein Motorrad für den „Mann mit der Tafel“ standen dem Informationsdienst zur Verfügung.

Zur Organisation und dem Materialtransport dienten ein Radiowagen, ein Wagen mit der Zielkamera, einer für den Kolonnenchef, einer für das Rennsekretariat, einer für den Personentransport (VIPs), denen sich auch noch ein 7-Tonner für das Gepäck und drei Wagen für Ersatzmaterial hinzugesellte.

82 Motorfahrzeuge der verschiedensten Art standen im Dienst des Reklamewesens, und schließlich hatte auch die Presse einen umfangreichen Wagenpark zur Verfügung: 72 Autos, 58 Motorräder und 20 fahrbare Untersätze für die zahlreichen Zeitungshändler. So kam man auf die kaum vermutete Zahl von 340 Fahrzeugen!

Zum Troß der Tour gehörten 410 Funktionäre, 430 Journalisten, Fotografen, Telefonisten, Ordonnanzen und Fahrer. 280 Leute verteilten sich auf die Reklamewagen und über 400 nicht zu den Offiziellen zählenden

Personen verfolgten bei mehr oder weniger vielen Etappen den Rennverlauf aus nächster Nähe (darunter Madame Bertrand aus Chatellerault, ihres Zeichens Rentnerin und 104 Jahre alt! Sie gab zum Rennen gegen die Uhr - 21. Etappe von Chatellerault nach Tours - den Startschuß ab). Über anderthalbtausend Begleiter für 130 Radrennfahrer!

130 Fahrer, aufgeteilt in 13 Teams zu je 10 Mann, aber ohne Coppi, Magni und Koblet! Was war jetzt da wieder los? Eine Retourkutsche für das Fernbleiben von Bobet beim Giro? Nein, denn Coppi hatte schon lange zuvor signalisiert, daß er auf eine Teilnahme verzichten möchte und diesen Entschluß am 13. Juni definitiv Alfredo Binda mitgeteilt. Magni steckten die Anstrengungen vom *Giro* noch in den Knochen und ohne Coppi hatte er schon gar keine Lust; Koblet gab offiziell bekannt, daß er nach seinem Sieg in der *Tour de Suisse* (die unmittelbar nach der Italienrundfahrt ausgetragen wurde) und dem Gewinn der Schweizer Straßenmeisterschaft auf einem schweren 241 km langen Kurs im Wallis eine Ruhepause dringend nötig hätte.

Das führte natürlich sofort wieder dazu, daß die Großväter der heutigen „Sprayer" Pinseln und Farben aus den Kellern holten und Häuserwände, Mauern und Straßenbeläge beschrifteten: *VOGLIAMO COPPI E MAGNI AL TOUR!* - (WIR WOLLEN COPPI UND MAGNI BEI DER TOUR!)

Vergebliche Mühe. Bobet hatte sich also aus italienischer Sicht nur mit Astrua, Barozzi, Benedetti, Bertoglio, Coletto, Fantini, Fornara, Giudici, Monti und Pezzi herumzuschlagen (übrigens auch mit zwei deutschen Fahrern - Günter Pankoke und Ex Weltmeister Heinz Müller -, die in einer gemischten Mannschaft mit Luxemburgern und Engländern fuhren. Aber „herumschlagen" wäre hier zuviel gesagt. Beide spielten eine bescheidene Rolle: Pankoke kam als 37. ins Ziel, Müller gab unterwegs auf).

Louison Bobet gewann diese Tour. Aber er mußte seinen lupenreinen Hat-Trick nach den Siegen 1953 und 1954 schwer erkämpfen. Besonderen Widerstand leisteten zwei junge Fahrer: der Belgier Jean Brankart (2.) und der Luxemburger Charly Gaul (3.). Brankart, robust, hart und zäh rollte in der Ebene und kletterte in den Bergen wie die Spezialisten. Wenn man nicht Stan Ockers sondern den Jungen aus Lüttich von Anfang an zum Spitzenfahrer der Belgier gemacht hätte, wenn er nicht bei der 3. Etappe *Roubaix-Namur* zwei Reifenschäden und einen Sturz gehabt hätte, wenn er aus seiner Reserve herausgetreten wäre und das eine oder andere Mal ein Zweckbündnis mit den Italienern geschlossen hätte, ja dann wäre die Möglichkeit eines Sieges durchaus gegeben gewesen. So blieb es beim zweiten Platz und Siegen bei der 18. Et. *Saint Gaudens - Pau* und der 21. Et. *Châlellerault-Tours.*

Charly Gaul, der Junge mit dem „Engelsgesicht" wäre bestimmt mit einer stärkeren Mannschaft im Rücken an erster Stelle gelandet. So mußte er sich mit den Etappensiegen in den Alpen (8. Et. *Thonon-les-Bains - Briançon)* und den Pyrenäen (17. Et. *Toulouse - St-Gaudens)* begnügen und mit Rang drei Vorlieb nehmen.

Diese Feststellunge schmälern den Sieg des Weltmeisters in keiner Weise. Im Gegenteil: gerade weil Louison seinen Sieg nicht bei einer Spazierfahrt, sondern erst nach hartem Kampf errang (wobei er mehr als einmal in Gefahr geriet) und immerhin die 3. Et. *Roubaix-Namur* und die 11. Etappe *Marseille-Avignon* für sich entscheiden konnte, ist dieser Erfolg des Franzosen besonders hoch einzuschätzen.

Die *azzurri* schlugen sich tapfer und belegten folgende Plätze: Fornara (4.), Astrua (7.), Coletto (12.), Monti (23.), Fantini (25.), Pezzi (34.), Barozzi (40.) und Benedetti (42.); Bertoglio gab in der 6. Etappe auf. Mit nur einem Etappensieg durch Fantini (12. Et. *Avignon-Millau*) blieb das Team von Alfredo Binda jedoch weit hinter den Erwartungen zurück.

Monsieur Jacques Goddet konnte jedenfalls die Akten dieser *Tour de France* schließen:

Schlußklassement der ***42. Tour de France:***

1. Louison Bobet	FRANCE		
	4495 km in 130:29:26 std (34,447 km/std)		
2. Jean Brankart	BELGIEN	4:53	min zur.
3. Charly Gaul	LUXEMBOURG-MIXTE	11:30	"
4. Pasquale Fornara	ITALIEN	12:44	"
5. Antonin Rolland	FRANCE	13:18	"
6. Raphael Géminiani	FRANCE	15:01	"
7. Giancarlo Astrua	ITALIEN	18:13	"
8. Stan Ockers	BELGIEN	27:13	"
9. Alex Close	BELGIEN	31:10	"
10. François Mahé	FRANCE	36:27	"

Den *G.P. Montagne* gewann Charly Gaul vor L. Bobet und Brankart. Die *Mannschaftswertung* ging an die französische Nationalmannschaft, und der Belgier Stan Ockers siegte im *Punkteklassement*. Von den ursprünglich gestarteten 130 Fahrern kamen 69 ins Ziel.

Fausto Coppi wurde inzwischen beim Rundstreckenrennen in Essart vom jungen Jacques Anquetil um zwei Längen geschlagen (Koblet mußte sich mit dem elften Rang zufrieden geben, Derycke gab auf) und er hatte an mehreren Bahnveranstaltungen teilgenommen, die traditionsgemäß während der Tour immer dann veranstaltet werden, wenn die Etappe auf einer Rennbahn endet. So war er auch am Schlußtag der Frankreichrundfahrt im Pariser Prinzenparkstadion am Start und besiegte in einem Omnium mit seinem Partner Koblet die beiden Franzosen Anquetil und Le Ber.

Der *Campionissimo* sah sich den dritten Tour-Sieg von Bobet mit an und erklärte der Presse etwas wehmütig: „Ich habe einen Fehler gemacht. Ich hätte die Tour mitmachen sollen.“ Die Erkenntnis, daß er vielleicht seine letzte Tour-Chance verpaßt hatte, lastete auf Coppi. Dies um so mehr, als durchgesickert war, daß Bobet mehrmals am Rande des Zusammenbruchs stand, und nur durch allerlei Täuschungsmanöver die Konkurrenz überlisten konnte.

Fausto hatte am 20. Juli in aller Heimlichkeit ein Testament verfaßt, in dem er seinem Sohn Faustino die ehemalige *Villa Carla*, den Gutshof *Zucca* in Incisa Scapaccino und 10 Millionen in bar vermachte. Damit hatte er Faustino mit seiner Tochter Marina, der er ja bereits indirekt das Haus in der Via de la Rimembranza und direkt 50 Millionen Lire vermacht hatte, gleichgestellt. Aber er wollte, daß dieses Dokument erst nach seinem Tod veröffentlicht wird. Dann besuchte er zusammen mit Faustino und Giulia seine Mutter in Castellania. Hier schloß Oma Angiolina mit der „Dame in Weiß“ Friede und akzeptierte sie als neue Lebensgefährtin ihres Sohnes.

Ein weiterer der immer weniger werdenden glücklichen Momente in Faustos Privatleben. Denn die Dinge die mit ihm und um ihn herum geschahen, zum Teil engherzig, manchmal geradezu infam, trugen nicht dazu bei, Körper und Seele zu festigen. Trotzdem richtete Coppi seine ganze Aufmerksamkeit auf die Straßenweltmeisterschaft in Frascati. Er strebte diesen zweiten Titelgewinn mit dem ihm eigenen Zielbewußtsein an: eine genaue Tageseinteilung, lange Trainingsfahrten, eine bis zum letzten Bissen geregelte Ernährung (viel Obst und Fleisch) und vor allem möglichst viele Starts bei Rennen. Er wollte auf jeden Fall den „schwarzen Tag von Solingen“ im Vorjahr übertünchen, an dem er seinen Titel nicht verteidigen konnte. Auch damals hatten ihm seine außersportlichen Probleme die Leistungsfähigkeit geraubt, wenngleich ihn auch ein Sturz letztendlich um den Sieg gebracht hatte.

Bleiben wir bei den Rennen. Coppi startete in Frankreich bei mehr als einem Dutzend Bahn- und Straßenrennen und kassierte dabei erfahrungsgemäß jeweils den stolzen Betrag von *250 000* bis *300 000 ffrs.* als Startgeld (etwa 3000 bis 3500 Mark). Hier einige Ergebnisse: Koblet gewann in Séte ein Straßenrennen über 180 Kilometer vor drei weiteren Fahrern. Mit einem Abstand von sieben Sekunden folgte das Feld mit Fausto Coppi. Hugo Koblet entschied auch das Rennen in Ussel zu seinen Gunsten. Nach 161 Kilometern besiegte er Buchonnet, Poblet, Dupont, Coletto, Caput, Darrigade, Tonello, L. Lazaridès und Coppi. Bei einem Kriterium in Belfort triumphierte der Franzose Bauvin mit 56 Punkten vor Poblet (49 Pkt.), Hassenforder (47 Pkt.) und Coppi (45 Pkt.); Kübler erreichte den zehnten Rang. Einen knappen Spurtsieg errang Miguel Poblet gegen Charly Gaul bei einem Kriterium über 90 Kilometer in Bellegarde. Coppi kam *ex aequo* mit Kübler, Molineris und Deledda auf den zehnten Platz. In Spanien gewann Koblet bei den Eröffnungsrennen auf der neugebauten Bahn in San Sebastian mit seinem Partner Milo Carrara das Mannschaftsrennen über 100 Runden. Coppi landete mit Ettore Milano auf dem fünften Rang.

Wie die Jahre zuvor hatte Alfredo Binda die unangenehme Aufgabe, die italienische Mannschaft, die *Squadra azzurra,* für die Straßenweltmeisterschaft - noch dazu im eigenen Land - zu formieren. Da kam ihm am 14. August der ***Circuito dei Castelli Romani*** geradezu wie gerufen. Das 230,318 Kilometer lange Rennen (man nahm es bei der Streckenlänge offensichtlich sehr genau) mit Start und Ziel in Frascati wurde auf dem gleichen Rundkurs ausgetragen, der auch am 28. August für die Straßenweltmeisterschaft vorgesehen war. Mit einer Einschränkung: es waren diesmal nur elf Runden zu absolvieren, bei der WM werden es vierzehn sein. Nach 6:42:30 std stand zumindest der Sieger und damit ein Mitglied der Nationalmannschaft fest: Bruno Monti. Aber bei den restlichen Nominierungen ging es doch etwas holterdiepolter zu. Weder der zweitplazierte Lido Sartini oder Nello Fabbri (4. Platz), Gilberto Dall´Agata (5.) sowie Giorgio Albani (8.) fanden eine Berücksichtigung. Dafür kamen Angelo Coletto (zu Recht, er war auf Rang 3 gelandet), Coppi (6.) und Defilippis (7.) ins Aufgebot.

Bis dahin war die Sache in Ordnung. Bei Nencini (9.), Aldo Moser (10.) und Fornara (nicht unter den ersten zwölf) sah es schon etwas anders aus und bei Magni (er hatte unterwegs aufgegeben) drückte Binda bestimmt beide Augen zu. Nun es war seine Entscheidung, wir werden sehen...

Obwohl Fausto Coppi zusätzlich noch viel Trainingsschweiß im Glutofen der italienischen Landstraßen nach dem Motto des Volkshelden Giuseppe Garibaldi: „Je härter das Manöver, desto einfacher wird das Gefecht“, vergossen hatte, nahm die ***22. Straßenweltmeisterschaft*** wieder einmal eine andere Wendung als die von ihm geplante.

Der *Campionissimo* ging in Frascati mit der Startnummer 2 ins Rennen. Sein Mechaniker Pinella De Grandi hatte ihm 250 Gramm Reifen auf Felgen mit 36 Speichen aufgezogen. Als Übersetzung hatte er vorne zwei Kettenblätter mit 48 und 51 Zähnen montiert und hinten das Ritzel mit 14,16,18,20 und 21 Zähnen bestückt.

Mit Coppi standen an diesem 28. August die Italiener Coletto, Defilippis, Fornara, Magni, Monti, Aldo Moser und Nencini am Start. 65 Fahrer - darunter die Franzosen Louison Bobet, Géminiani, Anquetil, Darrigade; die Belgier Derycke, De Bruyne, Schotte und Ockers; die Niederländer de Groot und Nolten, um nur einige der Favoriten zu nennen - galt es auf heimischen Boden zu schlagen. Aber auch Ferdy Kübler und nicht zuletzt der Deutsche *Hennes* Junkermann waren zu beachten.

UCI-Präsident Joinard senkte um 10.04 Uhr die Startflagge, das Rennen begann. Die Sonne stand als glühende Fackel am Himmel (35 Grad!). 150 000 Zuschauer umsäumten den 20,938 km langen Rundkurs in Frascatti, der vierzehnmal zu durchfahren war.

Als erster bekam der junge Daan De Groot das Kribbeln in den Beinen. Er kannte ja den Parcours vom Giro her genau, und daß noch jede Menge Kilometer zu absolvieren waren, störte ihn genausowenig wie damals. Jacky Bovay aus der Schweiz fand Gefallen an dem Ausflug und schloß sich an. Es ging 80 Kilometer gut, dann hatte das italienische Publikum zumindest Fornara soweit angestachelt, daß er sich auf die Verfolgung machte und auch ohne besondere Mühe aufschloß. Kaum bei der Spitze angekommen, knallte ihm ein Reifen weg, aber *Pasquale* war so in Fahrt, daß er auch dieses Mißgeschick wegsteckte und erneut zu den Führenden aufschloß.

Gerade im falschen Moment. Denn die übereifrigen italienischen *tifosi* standen mit Kübeln, Feuerwehrschläuchen und Gießkannen am Straßenrand, um die Fahrer mit Wasser zu erfrischen. Einer dieser Eimerschwinger berührte Fornaras Rad. Der versuchte auszuweichen und brachte dadurch den Niederländer zu Fall. Nach 120 gefahrenen Kilometern nahm die Panscherei für De Groot ein böses Ende. An Armen und Beinen schwer verletzt mußte der Junge aufgeben.

Hinter dem neuen Spitzenduo formierte sich eine Zehnergruppe. Coppi, Magni, Kübler und Bobet saßen im Hauptfeld, und bereits jetzt zeigte sich, daß der *Campionissimo* wieder einmal eine eigenartige Renntaktik verfolgte. Denn bis zur *10. Runde* war der Rückstand des Feldes schon auf über acht Minuten angewachsen und Coppis einzige Aktivität bestand darin, keinen Zentimeter von Bobets Hinterrad zu weichen. Auch dann nicht, als sich in dieser Runde Bruno Monti aus dem Staub machte. Der junge Fahrer aus Rom ist nicht nur uns vom *Giro d'Italia* her bekannt, sondern auch der Belgier Stan Ockers kannte diesen aufmüpfigen Burschen. Zusammen mit dem Franzosen Molinéris hängte er sich an den Italiener. Für Coppi war dies die letzte Möglichkeit, in die Entscheidung einzugreifen. Aber er blieb im Feld sitzen. All die Trainingsplackerei, nur um einen weiteren Sieg Bobets zu verhindern?

Der kleine Belgier schaffte das schier unmögliche. Innerhalb von 50 Kilometern machte er fast elf Minuten gut und lag in der *12. Runde* nur noch eine Minute hinter der Spitzengruppe! Bobet vernahm die ungute Botschaft und strich, prosaisch ausgedrückt, die Segel. Die Wirklichkeit war rauher: Er stieg vom Rad, packte seinen Krempel zusammen und verschwand. Der Titelverteidiger war ausgeschieden.

Das veranlaßte Coppi in der *13. Runde* sich ebenfalls zurückzuziehen.

Die Zuschauer waren - vorsichtig ausgedrückt - verstimmt. Aber das konnte die Dramatik des Rennens nicht beeinflussen. Zumal Ockers in dieser Runde zur verblüfften Spitze aufschloß (Monti und Molineris hatte er hinter sich gelassen), und sofort das Kommando übernahm. In der *14. und damit letzten Runde* griff er nochmals beherzt an und pulverisierte die Spitzengruppe: Nach 8:43:33 Stunden überfuhr er mit 1:03 Minuten Vorsprung vor dem Luxemburger Jempi Schmitz das Ziel. Als dritter kam Germain Derycke an (1:15 Minuten zur.), 4. Gastone Nencini und 5. Marcel Janssens.

Beeinflußt durch das schlechte Abschneiden der *azzurri* im eigenen Land - 4. Nencini (1:15 min zur.), 7. Fornara (1:55) 10. Bruno Monti (12:52), 12. Agostino Coletto (16:32), 13. Nino Defilippis (17:25) und 17. Aldo Moser (20:22) sowie die Aufgabe Coppis - brach nach der Zielankunft der ersten Fahrer das befürchtete Chaos aus. Die Menge überflutete die Straße und machte es den Nachzüglern schwer, das Rennen zu beenden. Erstklassig plazierte Augenzeugen berichteten aber auch, das sich die belgischen Schlachtenbummler in ihrer Euphorie heftig an dem Durcheinander beteiligt hatten.

Durcheinander gab es auch bei der üblichen Schuldzuweisung für das italienische Debakel. Den „Schwarzen Peter" hatten wieder einmal Alfredo Binda, Coppi und Magni in Händen. „Mir fehlte die Möglichkeit, während des Rennens auf der Strecke laufend meine Anweisungen geben zu können", verteidigte sich Binda. Ein schwaches Argument, denn auch die anderen Mannschaftsleiter hatten diese Möglichkeit nicht.

Da waren Coppis Anmerkungen etwas stichhaltiger: „Hätte Nencini oder Fornara gewonnen, dann wäre ich der Held gewesen. Dann wäre das Beschatten von Bobet und Brankart die Voraussetzung für den Sieg gewesen." Fausto hatte nicht ganz unrecht. Magni machte für sein Ausscheiden den italienischen Verband verantwortlich: „Er tat alles für die Organisation, wenig für die Vorbereitung der Rennfahrer." Auch ein Standpunkt, aber für einen Profi unwürdig.

Alfredo Binda gab für seine Mannschaft auf dem Monte Porzio noch ein Abendessen. Coppi fehlte; er hatte bereits von Rom aus im Flugzeug die Heimreise angetreten.

Die Weltmeisterschaft war für Fausto schnell Schnee von gestern. Am 3. September zeigte er sich schon wieder in guter Form beim traditionellen ***Critérium des As*** in Paris. Das Rennen hinter Derny-Motoren hatte eine ausgezeichnete Besetzung. Anfangs legte Coppi ein enormes Tempo vor und fuhr mit 57,854 km/std die schnellste Runde. Doch Weltmeister Ockers, Louison Bobet, Van Steenbergen und Poblet machten erfolgreich Jagd auf den *Campionissimo* und holten ihn ein. Kurz vor dem Ziel wollte Coppi nochmals enteilen, aber die anderen konnten ihn auch diesmal stellen. Nach der neuen Rekordzeit von 1:51:32 std für die 100 Kilometer siegte Van Steenbergen vor Miguel Poblet, Ockers, Bobet und Coppi; 10. Kübler, 11. Géminiani; Fornara und Gaul gaben auf.

In Belgien konnte sich Fausto Coppi revanchieren. Beim ***Critérium Houdeng-Aimeries***, einem 76-km-Rundstreckenrennen, sicherte er sich nach 1:44:00 std den Sieg vor Impamis. Unter den Geschlagenen befanden sich auch Weltmeister Ockers und Van Steenbergen.

In Lyon landete Fausto bei einem Kriterium, das der Franzose Forestier gewann, auf dem neunten Platz; bei einer ähnlichen Veranstaltung im belgischen Brasschaat belegte er zusammen mit anderen Fahrern hinter dem Sieger Marcel Janssens *ex aequo* den 13. Platz.

Auch in seiner Heimat sorgte Coppi wieder für Schlagzeilen und konnte sich damit mit seinen Fans einigermaßen versöhnen: Den ***G.P. Titano*** in San Marino, einen *Circuito* über 50 Kilometer, entschied er nach einer Fahrzeit von 1:23:11 std mit über zwei Minuten Vorsprung auf Barozzi und Minardi zu seinen Gunsten. Bei der Fernfahrt ***Milano-Modena*** über 221 Kilometer, die im Schlußteil hinter Straßenmotorrädern ausgetragen wurde, belegte Coppi mit 5 Sekunden Rückstand auf Magni den zweiten Platz. Altmeister Fiorenzo Magni, der „Löwe von Flandern", ließ ja auch schon hie und da Rücktrittsabsichten durchsickern, brachte sich aber mit diesem Sieg nach 5:02:54 std wieder ins Rampenlicht.

Für Schlagzeilen sorgte auch der „schöne Hugo". Allerdings auf andere Weise. Koblet wurde am 6. September Opfer eines Verkehrsunfalls. Auf der Heimfahrt von einem Bahnrennen in Italien mußte der Wagen einem ohne Licht in die Hauptstraße einbiegenden Motorradfahrer brüsk ausweichen und stieß dabei mit einem entgegenkommenden Lastkraftwagen zusammen. Der schlafende Koblet, der nicht selbst am Steuer saß, wurde dabei aus dem Wagen in den Straßengraben geschleudert, erlitt aber glücklicherweise nur Prellungen. Sein Fahrer, der frühere Ringer und Bobweltmeister Fritz Stückli, kam ebenfalls mit geringen Verletzungen davon.

Trotz der relativ leichten Verletzungen mußte Koblet auf Anraten seines Arztes einem internationalen Omnium in den Straßen von Genf fernbleiben, das die einheimischen Plattner-Strehler vor der Zufallsmannschaft Coppi-Kübler gewannen.

Wie weit die Wachablösung im internationalen Radsport bereits gediehen war, zeigte sich am 25. September in Paris. Bei dem berühmten Einzelzeitfahren um den ***Grand Prix des Nations*** fehlten Coppi, Koblet und Kübler. Auch Louison Bobet zog es vor, dem Mann aus dem Weg zu gehen, der berufen war, ein ganz großer im Radsport zu werden: Jacques Anquetil. Bobet tat gut daran, denn der prächtig aufgelegte *Maître Jacques* fegte die 140,3 Kilometer lange Strecke in 3:29:16 std herunter und alle Konkurrenten unter den Tisch. Das neue Rekordstundenmittel von 40,226 km - wohl bemerkt bei einem Einzelzeitfahren! - hatte zur Folge, daß sich z.B. der bestimmt nicht langweilige Fornara mit einem Rückstand von 16:38 Minuten auf Platz elf wiederfand.

Coppi und Koblet, zwei der Genannten, die es vorzogen, der Demontage in Paris aus dem Wege zu gehen, trafen sich in Italien bei einem Bahnmeeting in Lanciano wieder. Coppi-Fantini schlugen dabei in einem Omnium die Paarung Koblet-Schmitz.

< *Il superbo volo del Campionissimo senza tramonto!* >, sinngemäß: „Der ungebrochene Höhenflug des Meisters aller Meister" - so und ähnlich lauteten die Schlagzeilen am Montag. Am Tag zuvor, am Sonntag den 18. September, hatte Fausto Coppi im überlegenen Stil den 4. Lauf zur Italienischen Straßenmeisterschaft, den ***Giro dell´Appennino,*** die Appenninen-Rund-

fahrt, gewonnen. Nach 6:12:40 std für die beschwerlichen 232 Kilometer überquerte er die Ziellinie in Pontedecimo, etwa 15 km nördlich von Genua.

Das Rennen, ausgerichtet von der *Unione Sportivo Pontedecimo* wurde pünktlich um 10 Uhr von Rennleiter Ambrosini gestartet. Die kühle Witterung der letzten Tage hatte einem warmen Herbsttag Platz gemacht, die Verdecks der Begleitwagen konnten geöffnet werden. Nach einer Reihe von Vorstößen machte Coppi etwa 60 Kilometer vor dem Ziel ernst. Nach der ersten Passage des späteren Zielortes Pontedecimo kam ihm zwar der Passo della Bocchetta (772 m) in die Quere, aber an diesem Tag gerade richtig, denn die letzten Begleiter Faustos - Moser, Coletto, Minardi und Defilippis - mußten spätestens hier einsehen, daß gegen diesen Coppi kein Kraut gewachsen war. (Fausto später im Ziel: „Ich wußte, wenn ich hier keine Selektion erreiche, ist das Rennen gelaufen.“)

Der *Campionissimo* hatte für das schöne kleine Tal entlang dem Lemme-Bach (was sinnigerweise mit „sachte“ oder „langsam“ zu übersetzen wäre) kein Auge, und tat genau das Gegenteil. Er raste vorbei an den kleinen Dörfern Voltaggio und Serravalle. Hier war er in seiner unmittelbaren Heimat; Novi Ligure lag ganze sechs Kilometer weiter. Dann ging es wieder südlich, über Busalla, den Passo di Giovi (472 m) Richtung Ziel. Coppi lag immer noch alleine in Front, verfolgt vom Duo Bruno Monti und Aldo Moser. Die beiden sahen Fausto erst wieder im Ziel, das der *Campionissimo* nach 6:12:40 std erreichte. Hier die Plazierung der anderen Meisterschaftsaspiranten: 2. Monti (2:02 Minuten zur.), 3. Moser (2:29 min), 4. Defilippis (4:25 min) und 5. Ciolli (4:43 min). Coppis Hauptrivale Magni kam erst nach 8:37 Minuten *ex aequo* als 16. ins Ziel, und hatte damit für den letzten Lauf der Italienischen Straßenmeisterschaft ausgesprochen schlechte Karten, denn Coppi führte nun im Gesamtergebnis mit 28 Punkten vor Minardi (21) und Magni (19).

Trotz dieses phantastischen Sieges von Coppi - wobei niemand ahnen konnte, daß er zum letzten Mal ein „klassisches“ Rennen im Alleingang, d.h. mit Vorsprung vor seinen Verfolgern, gewonnen hatte - sei im Nachhinein die Frage gestattet: „Fausto, warum bist Du nicht so in Frascati gefahren?“

So oder ähnlich fragte sich die halbe Nation. So fragten sich nämlich die Coppi-Anhänger. Und sie mußten es ein zweites Mal, als Coppi in unnachahmlichen Stil am 2. Oktober auch den letzten Lauf zur Italienischen Straßenmeisterschaft, die ***Tre Valli Varesine***, gewann. Und auch diesmal konnte kein Mensch wissen, daß es der letzte Sieg Coppis bei einem sogenannten „Klassiker“ war.

Das Rennen durch die drei Täler von Varese wurde diesmal als Einzelzeitfahren ausgetragen. Die 15 Bestplazierten der laufenden Italienischen Straßenmeisterschaft gingen in umgekehrter Reihenfolge im Abstand von zwei Minuten an den Start: Coppi genau um 14.58 Uhr. Zweieinhalb Stunden später war er zum vierten Mal **Italienischer Meister!** Meister in einem Land, in dem es von Talenten wimmelte; in dem die Industrie Milliarden (Lire) ausgab, um Erfolge einzuheimsen; in dem der Radsport einen unvorstellbaren Stellenwert hatte; in dem Millionen von Anhängern die Geschehnisse auf Straße und Bahn im Rundfunk, in der Presse, in den Filmtheatern und neuerdings im Fernsehen verfolgten, und damit, kräftig von der Werbung manipuliert, eine ungeheuere Potenz darstellten. Meister, und das mit 36 Jahren, denn Fausto hatte am 15. September Geburtstag gehabt.

Die Geschichte des Rennens ist schnell erzählt. 50 000 Zuschauer wurden Zeugen, wie Coppi mit der Präzision einer Schweizer Uhr die vier Runden (und damit exakt 100 Kilometer) absolvierte: 37:17 Minuten, 37:38 Minuten, 37:37 Minuten und 37:29 Minuten. Differenz zwischen der schnellsten und langsamsten Runde 21 Sekunden! Und das bei einem Durchschnitt von 39,996 km/std. Fausto hatte eine Übersetzung von 52 x 14 gewählt und legte damit pro Kurbelumdrehung 7,99 Meter zurück. Filmaufnahmen zeigen: jeweils drei kräftige Umdrehungen, 20 Meter Leerlauf, undsoweiter, undsoweiter. Nach genau 2:30:01 Stunden war Moser um 2:45 Minuten, Minardi um 5:22 Minuten und Defilippis um 6:37 Minuten geschlagen. Magni hatte es vorgezogen, gar nicht an den Start zu kommen!

Mancher Leser mag über die damals gefahrenen Zeiten oder die Durchschnittsgeschwindigkeiten lächeln. Aber wir sind in den fünfziger Jahren. Der Stundenweltrekord steht bei 45,848 km (1996 bei 55,291 km!). Die Sporternährung und die Trainingsmethoden sind nicht ausgereift. Die Rennräder sind schwer, alles andere als aerodynamisch, Defekte müssen von Hand behoben werden. Der Straßenzustand ist schlecht; oft wird noch auf Naturbelag gefahren. Die Bekleidung der Rennfahrer ist aus Wolle, um die Schultern baumeln Ersatzreifen, die Trikottaschen sind mit Proviant vollgestopft. Das ganze aus heutiger Sicht eine einzige Katastrophe. Wir befinden uns im Zeitalter der Bambusstangen im Stabhochsprung. Der italienische Meister 1955 überquerte damit 4,28 Meter...

Aber damals waren die Sportgazetten verständlicherweise voll des Lobes. Coppis gesamte Karriere wurde nachvollzogen, Vergleiche angestellt, immer neue Prädikate erfunden. Die Journalisten ließen sich auch nicht aus dem Konzept bringen, als Coppi am 9. Oktober in Mailand auf der Vigorelli-Bahn Weltmeister Guido Messina in einem Verfolgungsrennen unterlag. Im Gegenteil. Die Tatsache, daß Coppi noch am Vorabend in Antwerpen gestartet war und nach einer ziemlich bewegten Luftreise erst kurz vor dem Start in Mailand eintraf, die knappe Niederlage - 3,2 Sekunden! -, die Endzeit von 6:14 Minuten, die Durchschnittsgeschwindigkeit von 48,128 km -, das alles war erneut Wasser auf die Mühlen: Coppi ist der Größte!

Messina mußte es im *Vigorelli* spüren. Der Beifall für seinen Sieg war schwach. Die Zuschauer standen mit ihren Sympathien auf Coppis Seite. Sie wußten nicht, daß der *Campionissimo* zum letzten Mal bei einem Verfolgungsrennen gestartet war.

Indirekt blieb er auch Sieger über Anquetil. Der wollte in Mailand Coppis Stundenrekord verbessern, verfehlte ihn aber um 600 Meter. Doch wer den ehrgeizigen Normannen kannte, wußte auch, daß es bei diesem Versuch nicht bleiben würde.

Der Herbst zog ins Land, Zeit, das letzte große Straßenrennen der Saison, die Lombardei-Rundfahrt, in Angriff zu nehmen. Am 23. Oktober stand die „Fahrt der fallenden Blätter", der ***Giro di Lombardia***, auf dem Programm. 116 Fahrer starteten am frühen Vormittag in den milden Herbsttag, um auf dem Weg über *Mailand-Varese-Como-Erba-Ghisallo-Erba-Mailand* nach 222 Kilometern auf der Vigorelli-Bahn einzutreffen.

Sofort wurden verschiedenen Ausreißversuchen unternommen. Aber erst nach der Passage von Varese, im Anstieg nach Brinzo (510 m), konnte sich Cleto Maule absetzen. Er wurde von Gismondi verfolgt, der ihn einholen konnte und als Erster auf dem Brinzo ankam. Das Auftauchen des Coppi-Domestiken an der Spitze weckte natürlich den Argwohn des Feldes und man behielt Fausto im Auge. Nach einer tollkühnen Abfahrt führte Gismondi auch bei der zweiten Durchfahrt durch Varese mit 20 Sekunden Vorsprung, mußte aber zulassen, daß sich in Como (nach 114 km) Falaschi und Ponzini zu ihm gesellten.

Der nun folgende Anstieg auf den Ghisallo (754 m), der in früheren Jahren oft die Entscheidung des Rennens herbeigeführt hatte, war diesmal durch das undisziplinierte Verhalten der Zuschauer stark beeinträchtigt. Etwa 10 000 Menschen hatten den Berg bevölkert und stellenweise blieb nur ein schmaler Korridor für die Durchfahrt. Von allen Seiten wurden die Fahrer geschubst und geschoben, so daß die Kletterpartie von manchem im „Aufzug" absolviert wurde. Unter diesen Umständen legten sich die Großen nicht besonders ins Zeug. Umsomehr die sogenannten Kleinen: Conterno erreichte als Erster den Gipfel vor dem Franzosen Privat, Fornara und dem Belgier Fred De Bruyne. Weltmeister Ockers und die „Siamesischen Zwillinge" Coppi und Bobet hatten hier einen Rückstand von 1:01 Minuten. Im Grunde genommen keine Affäre, aber mit der Entscheidung hatten sie nichts mehr zu tun. Die machten neun Ausreißer, größtenteils junge Fahrer, unter sich aus. Alles tippte auf den schnellen De Bruyne. Aber mit einer Energieleistung gelang es Cleto Maule, den Belgier knapp zu schlagen. Nach 5:44:27 Stunden (neuer Streckenrekord) gehörte der Sieg dem Mann aus der TORPADO-Mannschaft. Coppi wurde als Elfter registriert. Aber die Ankunft der Fahrer nach der Spitzengruppe war irregulär. Um den Endspurt der ersten neun Fahrer nicht zu gefährden, versuchte Rennleiter Ambrosini das Feld bei der Einfahrt auf die Rennbahn zu stoppen. Das tat er gründlich, denn die Folge war ein Massensturz, der aber zum guten Glück für die meisten glimpflich verlief. Trotzdem ein unrühmlicher Abschluß.

Um so erfreulicher war der Tag für Stan Ockers. Der kleine Belgier hatte nach der Weltmeisterschaft nun auch den *Challenge Desgrange-Colombo* mit

91 Punkten vor Louison Bobet (80 Pkt.) und Brankart (78 Pkt.) gewonnen. Coppi und Magni, die es auf je 51 Punkte und damit auf Rang sechs gebracht hätten, wurden nicht gewertet, da sie an den Rennen in Belgien nicht teilgenommen hatten.

Die Straßenelite traf sich anschließend nochmals beim ***G.P. Pescara***, den Minardi vor Barozzi, Monti, Gismondi und Coppi gewann.

Fehlt noch die ***Trofeo Baracchi***, das spektakuläre Paarzeitfahren über 108 Kilometer auf der traditionellen Strecke von Bergamo nach Mailand. An diesem 4. November, einem sonnigen Herbsttag, legten Coppi-Filippi sich auf dem ersten Teil der Strecke Zurückhaltung auf. Der *Campionissimo* fühlte sich nicht in bester Verfassung, und war sich über seine eigene Form und Kondition im Unklaren. Zwar führten sie bei der Zeitkontrolle in Lecco (nach 35 km) mit 26 Sekunden vor Anquetil-Darrigade, aber die beiden Franzosen kamen immer näher. In Seregno (30 Kilometer vor dem Ziel) war der Abstand fast überbrückt, aber nun ging nochmals ein Ruck durch die beiden Italiener. Coppi war die treibende Kraft, Filippi konnte ihn wirksam unterstützen.

Bereits auf den nächsten 10 Kilometern sorgten sie für klare Verhältnisse und im Ziel auf der Vigorelli-Bahn wurde für die beiden *azzurri* ein Stundenmittel von 45,930 km errechnet. Für die 108 Kilometer hatten Coppi-Filippi 2:21:05 std gebraucht. 1:35 Minuten länger dauerte die Fahrt der am Schluß stark hervorgetretenen Belgier Brankart-Janssens. Das brachte ihnen den zweiten Platz vor Anquetil-Darrigade (2:13 min zurück) und Magni-Moser (2:22 min).

Gemäß der Ausschreibung mußten noch zwei Bahnprüfungen gefahren werden. Im *1000-m-Zeitfahren* siegte Darrigade, das *Mannschaftsverfolgungsrennen* gewannen Coppi-Filippi mit 30 Meter Vorsprung vor Anquetil-Darrigade. Mit diesem guten Abschneiden auf der Bahn rückten die beiden Franzosen auf den zweiten Platz vor. Der Gesamtsieg war den beiden Italienern aber nicht mehr zu nehmen. Coppi-Filippi gewannen damit die *Trophäe Baracchi* zum dritten Mal in ununterbrochener Folge.

Trotz der fortgeschrittenen Jahreszeit kam in der Nähe von Neapel noch ein Kriterium zur Austragung. Coppi siegte nach 1:24:20 std für die 60 Kilometer. Auf den nächsten Plätzen folgten Messina, Maule und Monti.

Inzwischen hatten die Winterbahnen ihre Pforten wieder geöffnet, und Fausto Coppi machte sich zum letzten Mal in diesem Jahr auf die Reise, um in Belgien, Frankreich und in seiner Heimat um die Ovale zu kreisen. In Brüssel gewann er das ***Criterium des As***, ein Stundenrennen hinter Derny-Motoren, in dem er 56,635 Kilometer zurücklegte. Eine Runde zurück belegte Ockers den zweiten Platz. In Gent erreichten Darrigade, De Bruyne und Coppi bei einem Omnium die gleiche Punktzahl, so daß die größere Anzahl der Einzelsiege die Gesamtwertung zugunsten des Franzosen vor dem Belgier und dem *Campionissimo* entschied. In Paris fand ein Hallenbahn-Länderkampf zwischen Italien und Frankreich statt. Den Höhepunkt der Veranstaltung bildete das Mannschafts-Verfolgungsfahren zwischen Anquetil-Vitre und Coppi-Messina. Leider präsentierte sich Weltmeister Messina in ungenügender Kondition, so daß Coppi von Haus aus auf verlorenem Posten stand. Die Italiener büßten ihren anfangs herausgefahrenen Vorsprung bald ein und unterlagen nach 6:16,4 Minuten den Franzosen um etwa 35 Meter. Anquetil hatte mit seinem Partner die 5000 Meter in 6:04,6 Minuten heruntergespult. Ebenfalls in Paris unterlagen Coppi-Defilippis bei einem Mannschafts-Omnium der Paarung Anquetil-Darrigade, gegen die scheinbar um diese Zeit nichts zu machen war. Erst auf heimischer Piste, in Mailand auf der Vigorelli-Bahn, konnte sich der *Campionissimo* wieder in Szene setzen. Wie anfangs des Jahres gewann er zusammen mit Terruzzi einen der Vorläufe zum *Europa-Kriterium* im Mannschaftsfahren.

Dann wurde es still um Coppi. Mit zwei Ausnahmen: erstens wurde nach wie vor in den Bars heftig diskutiert, wer nun letztlich der Bessere wäre - Coppi oder Bartali -, und dies, obwohl Gino schon zehn Monate von der sportlichen Bildfläche verschwunden war. Das zweite Gesprächsthema war der Unfall von Coppi. Der *Campionissimo* war mit seinem Wagen in der Nähe von Ovada auf regennasser Straße gegen eine Kilometerstein gerast. Er hatte aber Glück im Unglück. Er zog sich lediglich Quetschungen zu und konnte mit dem beschädigten Wagen weiterfahren. Natürlich um diese Jahreszeit zu einer Jagdpartie.

Noch einmal erschien der Name COPPI in der Zeitung. Diesmal in *L'Equipe*. COPPI hatte in Paris ein Rennen gewonnen und brachte eine Siegerquote von 609:10! Allerdings handelte es sich nicht um den *Campionissimo*, sondern um ein Rennpferd...

1956
Quo vadis, Fausto?

Coppi begann das neue Jahr mit einem Paukenschlag: Er gründete einen eigenen Rennstall - CARPANO-COPPI! - Der *Campionissimo* begab sich damit auf den Weg, den Bartali bereits 1949 eingeschlagen hatte. Aber vorerst blieb Coppi noch bei BIANCHI, wo er im Dezember 1955 einen Kontrakt bei seinem langjährigen Gönner und Freund Zambrini unterschrieben hatte. Er fungierte nur als Technischer Direktor der neuen Sportgruppe, die in Castellania da Fiorelli Fahrräder mit seinem Namenszug herstellen ließ und von der Aperitiv-Firma Carpano finanziell unterstützt wurde, die „...seit 1786 aus den Kräutern Piemonts in Turin einen edlen Wermut herstellt".

Kein Geringerer als der Schweizer Ferdy Kübler übernahm das Kommando als Mannschaftskapitän (!), behielt sich allerdings vor, in seiner Heimat das Trikot von TEBAG zu tragen. Im zweiten Glied standen Giuseppe Cainero, Luciano Ciancola, Stefano Gaggero, Gino Guerrini, Pietro Nascimbene, Alberto Negro und Tranquillo Scudellaro.

Fausto konnte wenige Wochen später bereits das erste Fahrrad Marke *COPPI* vorstellen, ein Kinderrennrad. Dachte er dabei an die Zukunft von Faustino? Zusammen mit Milano und Carrea fuhr er in das bei Genua liegende Cogoleto, um den Verkauf anzukurbeln.

Übrigens Faustino: Der Kleine hatte sein erstes Weihnachtsfest im Kreis seiner neuen Familie verbracht und von Dr. Locatelli ein besonderes Geschenk erhalten. Der hatte gerichtlich durchsetzen können, daß das Kind von ihm stammt und demzufolge den Namen Locatelli tragen muß. Aber selbst ein Sehbehinderter mit Brillengläsern aus Taschenlampenlinsen hätte Faustino als Sohn Coppis erkannt. Er war seinem Vater aus dem Gesicht geschnitten. Einem Gesicht, das man, wenn man es einmal gesehen hat, kaum wieder vergessen kann.

Coppi hatte in Cogoleto, am Golf von Genua, etwa 10 Kilometer vom Anstieg zum Turcchino-Paß entfernt, sein Trainingsquartier aufgeschlagen, das er nur kurz verließ, um am 25. Januar in Cannes am ***G.P. Gentleman*** teilzunehmen. Mit seinem Partner Lauredi belegte er hinter Pedrali-Mirando den zweiten Platz. Dann bereitete er sich weiter gründlich auf die neue Saison vor. Abends schmiedete er Pläne.

Magni tat dies im dritten Stock, Zimmer 308, im *Casa di salute per signore;* einer Klinik in Monza. Sein Blinddarm mußte entfernt werden. Kein großes Problem. Aber eine unangenehme Sache für einen 35-jährigen Radrennfahrer, der sich zu dieser Jahreszeit auf die (vielleicht letzte) Saison vorbereiten müßte.

Die Konkurrenz fand sich inzwischen ebenfalls zum Training an der Riviera ein und die örtliche Presse führte genau Buch: Am 30. Januar kam die

Mannschaft LEO-CHLORODONT (nach einem kurzen Skiurlaub in Moena) unter Anführung von Altmeister Gaetano Belloni mit Nencini, Minardi, Benedetti, Buratti, Serena usw. im Hotel *Genovese* in Varazze an; zwei Tage später machte ARBOS-BIF mit Fornara und Pezzi Quartier in Noli. Ebenfalls am 1. Februar traf IGNIS-VARESE in Varazze ein (vielbeachtet, denn bei dieser Mannschaft hatten sich Filippi und Gismondi eingefunden, die einstmaligen Edeldomestiken von Fausto. Wohl in der richtigen Annahme, daß Coppi bei BIANCHI die Zügel schleifen läßt). In der Trainings-Nobelherberge stieg auch Learco Guerra mit seinem neugeründeten FAEMA-Team ab (ein spanischer Kaffeemaschinenhersteller war der Sponsor), dem unter anderen Derycke, Schils, Van Looy, Kerkhove, Poblet, Bahamontes, Ruiz, Botella, Gaul, Kemp, Clerici und Schär angehörten. ATALA mit Astrua und Monti traf am 2. Februar in Loano ein, wo sich am selben Tag auch die Fahrer von LYGIE einfanden. Dazu gesellten sich noch der LEGNANO-Einzelgänger Albani und CARPANO-Kapitän Kübler.

Nun traf man sich auf den Treppen, im Salon, in der Garage, bei den Mahlzeiten, und nicht zuletzt auf der Landstraße. Die Creme de la Creme gab sich ein Stelldichein. Wo aber war Coppi?

Der lag inzwischen mit einem Typhusanfall in der Universitätsklinik von Genua. Wieder einmal hatte sich das heimtückische Fieber in seinen Körper eingeschlichen und ihn so geschwächt, daß ein vernünftiges Training oder gar die Teilnahme an einem Rennen unmöglich war.

Aber auch seine Kollegen im sonnigen Süden hatten Schwierigkeiten, allerdings nicht dieser Art. Schlechtes Wetter und Schneefall machte ihnen das Training schwer.

Der *Campionissimo* konnte nicht persönlich dabei sein, als man am Abend des 10. Februar auf dem Maskenball der *Associazione della Stampa Subalpina*, einem Presseball in Turin, das erste Fahrrad der Marke *COPPI* vorstellte.

Erst Ende Februar entließ man ihn aus der Klinik. Aber an eine Wiederaufnahme des Trainings war nicht zu denken. Magni indessen konnte wieder aufs Rad. Er ging den Schneeverwehungen an der Riviera aus dem Weg und bevorzugte Barbarano und die Gegend um den Gardasee für seine Trainingsfahrten.

Ende Februar hatten die meisten Fahrer etwa 2000 bis 3000 Trainingskilometer in den Beinen und konnten allmählich ihre Kräfte messen. So bei der 225 Kilometer langen Fernfahrt ***Sassari-Cagliari***, die als erste bedeutende Prüfung der neuen Straßensaison galt. Nach 5:24:20 std konnte der junge Römer Nello Fabbri seinen Fluchtgefährten Pintarelli vor 12 000 Zuschauern im Stadion von Cagliari im Spurt abfertigen. Monti, Van Steenbergen, Ockers und all die anderen Asse, die sich gewissenhaft vorbereitet hatten, waren vom Ausgang des Rennens begreiflicherweise überrascht. Allerdings hatten die meisten Teilnehmer eine lange Bahnfahrt und eine stürmische Seereise nach Sardinien hinter sich. So kamen zum Beispiel die Belgier erst um 8.45 Uhr ausgiebig Seekrank in Sassari an und mußten bereits drei Stunden später an den Start gehen.

Weniger Staunen gab es bei einem Rundstreckenrennen in Sassari über 50 Kilometer. Hier setzte sich der schnelle spanische Sprinter Miguel Poblet nach 1:22:40 std erwartungsgemäß durch und verwies Maggini, Schils, Van Looy und Monti auf die nächsten Plätze.

Anfangs März überraschte Jean Bobet, von seinen Landsleuten *le proffeseur* genannt - denn er hatte sein Studium abgebrochen, um Berufsradrennfahrer zu werden -, bei ***Genova-Nice*** nicht nur seinen älteren Bruder, Ex-Weltmeister Louison, sondern auch seine Mitstreiter. Im Spurt besiegte er seinen Landsmann Jean Landa. Dann mußte er 8:40 min warten, bis Louison endlich ins Ziel kam und ihm gratulieren konnte.

Coppi wurde inzwischen mehrmals in der Gegend von Novi Ligure beim Training gesichtet. Er gab sich zuversichtlich. Am 2. April wollte er wieder an den Start gehen. Auch bei einigen Amateurrennen sah man Fausto unter den Zuschauern. Großzügig stiftete er für die Sieger Räder aus seiner eigenen Fabrikation.

Am 11. März konnte er sich zu Hause zufrieden in seinen Sessel zurücklehnen. Ferdy Kübler hatte die 225 Kilometer lange Fernfahrt ***Milano-Torino*** zu seinen (und Coppis) Gunsten entschieden. Der Kapitän von CARPANO-COPPI rauschte nach 5:48:45 std vor dem FAEMA-Fahrer Derycke über das Ziel: zuerst der *Aperitivo CARPANO*, dann der *Espresso FAEMA*.

Hinter den beiden ein heilloses Durcheinander auf der Piste des Motodroms von Turin. Vier Fahrer wurden in einen Sturz verwickelt, etliche auf den Rasen des Innenraums abgedrängt.

Unter den Gestürzten auch Alessandro Fantini. Der Mann aus den Abruzzen, *tutto pepe* genannt, was darauf schließen läßt, daß er Feuer unter dem Hintern hatte, war ein ausgekochter Sprinter und damit Anwärter auf den Sieg. Es ist nicht sicher, ob er das Rennen gewonnen hätte. Aber wir können es annehmen.

Coppi wurde sofort verständigt. Anfangs wollte er nicht glauben, daß sein Team das erste bedeutende Frühjahrsrennen gewonnen hatte. Aber dann war er stolz und glücklich darüber: „Im Grunde genommen ist es besser, daß nicht ich der Sieger bin, sondern das Team CARPANO-COPPI.“ Fausto in der für ihn neuen Rolle eines Geschäftsmannes. Sie stand ihm gut.

Fred De Bruyne konnte die 5-Etappenfahrt ***Paris-Nice*** über 1104 Kilometer, die vom 13. bis 17. März lief, für sich entscheiden. Nach 30:23:23 std verwies er die Franzosen Barbotin und Mahé auf die Plätze. Mit diesem Sieg schlüpfte der 26-jährige Belgier ungewollt in die Favoritenrolle für die *Classicissima*.

Am 19. März, einem Montag, erlebte ***Milano-Sanremo*** die 47. Auflage. Um 9.45 Uhr schickte Rennleiter Giuseppe Ambrosini die Fahrer, mit Ausnahme von Fausto Coppi, auf die 281 Kilometer lange Reise in den Frühling.

Das klingt wie Hohn, denn bereits am Start herrschte eine Hundekälte. Später setzte Regen ein, am Turchino-Paß schneite es, ein eisiger Wind schnitt durch Mark und Bein. Kurzum eine ausgesprochene Winterfahrt, die von den Fahrern ein unerhörtes Maß an Kampfgeist und Ausdauer erforderte. Beides besaß Fred De Bruyne zur Genüge.

Vom Start weg wurde ein unerhört schnelles Tempo vorgelegt. Vor allem Van Steenbergen und Impamis fuhren sich in einer elfköpfigen Ausreißergruppe offensichtlich warm. Zwischen Pavia (Rennkilometer 46) und Tortona (77 km) kurbelte die Spitze einen Schnitt von nahezu 50 km/std, so daß hier die bestimmt nicht langsamen Verfolger viereinhalb Minuten zurücklagen. Dort gab die FAEMA-GUERRA-Mannschaft das Signal zum Gegenangriff. In Ovada (118 km) konnten Derycke, Van Looy, Couvreur, De Bruyne, Schils und die Italiener Baffi und Guerrini den Abstand zur Spitze auf rund zwei Minuten verkürzen.

Schon hier zeigte sich, daß die belgischen Naturburschen am besten mit den Wetterverhältnissen zurechtkamen. In den Kehren des Turchino-Passes, im munteren Flockenwirbel, legten die Verfolger - inzwischen hatte sich auch Magni mit seinen Hilfskräften dazugesellt - nochmals ein Brikett nach und am Scheitelpunkt des Berges (532 m), der die Lombardei von der Riviera trennt, war es mit dem Ausflug der Spitzenreiter vorbei.

Der Turchino gilt als Wetterscheide. Diesmal war davon nichts zu merken. Im Schneegestöber fuhr man zu Tal. Auch an der Küste fegte ein eisiger Wind durch die durchnäßten Trikots. Winterliche Kälte machte die Fahrt zur Tortur. Trotzdem unternahmen De Rossi, der Engländer Robinson und der Schweizer Strehler den Versuch, vor den anderen das lockende Ziel in San Remo zu erreichen. In Finale Ligure (209,5 km) wurde mit klammen Fingern die gereichte Verpflegung geschnappt und weiter gings bei strömendem Regen.

Zwischen Andora Marina (244 km) und Cervo (247 km) konnte sich am Capo Cervo, mit 77 Meter Höhe nicht gerade ein gewaltiges Hindernis, nach dieser Distanz aber eine böse Steigung, die zwangsläufig die Spreu vom Weizen sonderte, ein neues Sextett bilden: drei Italiener (Boni, Gianneschi und Minardi), zwei Belgier (De Bruyne und Van Looy) sowie ein Franzose (Darrigade).

Besonders Darrigade und De Bruyne waren gefährliche Kunden: André, weil er schon eine Menge Spurtsiege auf seinem Konto hatte, Fred, weil er trotz der Kälte das Eisen schmieden wollte, solange es zumindest noch lauwarm war (erinnern wir uns an seinen Sieg vor 48 Stunden!).

De Bruyne machte wenige Kilometer später wirklich ernst. Am Capo Berta (130 m) stürmte er davon. Nur Monti konnte kurz sein Hinterrad halten, dann mußte auch er kapitulieren. Fred De Bruyne legte die letzten 45 Kilometer in einer Solofahrt zurück, die sich gewaschen hatte. Wörtlich, denn mit klatschnassem Trikot traf der Belgier nach 6:57:10 std (40,416 km/std, neuer Rekord!) auf der Via Roma in San Remo ein. Auf den Plätzen landete der unverwüstliche Magni (2.), die beiden Belgier Planckaert (3.) und Vanitsen (4.) sowie Piazza (5.). Zu den großen Verlierern zählten Albani (9.), Anquetil (12.), Darrigade (16.), Van Steenbergen (30.), Clerici (31.) und Bobet (61.)

Fausto Coppi hatte sich am Tag vor dem Start mit Ferdy Kübler um die Mittagszeit in Mailand am Bahnhof getroffen. Kübler kam aus Zürich, wo er vor wenigen Tagen mit Koblet das Zürcher Sechstagerennen gefahren war und hinter Schulte-Nielsen den zweiten Platz belegen konnte. Zusammen fuhren Coppi und Kübler in das Albergo *Florida*, wo bereits die CARPANO-COPPI-Mannschaft, angeführt von Teamchef Giacotto, auf die beiden wartete.

Fausto kam sofort auf *„Ferdy"* zu sprechen. Er betonte, Kübler sei ein Champion, gewissenhaft und immer zur Stelle. Mit einem Fotografen wurde vereinbart, bei der Passage von Pozzolo Formigaro (Rennkilometer 92) Bilder zu schießen. Coppi verabschiedete sich mit dem Hinweis, er habe in San Remo eine wunderschöne Villa mit einem herrlichen Baumbestand gemietet, und er warte dort auf Kübler, um weitere Fotos zu machen. Das Foto wurde nie veröffentlicht. Es kam einfach nicht zustande. Fausto wartete vergeblich unter den Palmen. Kübler war unterwegs ausgestiegen. Früh, sehr früh. Er tauschte seinen Platz auf dem Rennsattel mit einem Sitz im Pressewagen von *bici* und fuhr zurück nach Mailand. Signal für die Mitglieder seines Teams, sich ebenfalls in alle Winde zu zerstreuen. Fausto wartete voll Wehmut auf den letzten Fahrer. Der kam in Gestalt des Belgiers André Rosseel als 85. ins Ziel. Dann fuhr er zurück nach Hause. Damit war auch für ihn Mailand - San Remo beendet.

Fausto Coppis Gesundheitszustand war inzwischen soweit hergestellt, daß er voller Zuversicht mit dem Wagen nach Sizilien fuhr, um am Sonntag, den 25. März, beim 1. Lauf zur Italienischen Straßenmeisterschaft, dem ***Giro Reggio Calabria*** an den Start zu gehen. Aber wieder einmal nahm das Vorhaben eine andere Wendung. Verfolgen wir die Geschehnisse einmal genau:

Donnerstag, 22. März: Fausto macht sich von Novi Ligure aus auf den Weg nach Reggio. Dort angekommen verkündet er: „Ich fühle mich gut. Ich habe zwar erst 900 Trainingskilometer in den Beinen, 1500 wären nötig, um bei der Rundfahrt eine gute Figur zu machen. Ich werde also sofort noch einige hinzufügen. Am Sonntag bin ich am Start. Nur Regen könnte mich davon abhalten. Aber Regen in Sizilien?"

Freitag, 23. März: Auf der Straße von Calabria nach Neapel spult Coppi sein Training herunter. Er trifft dabei Gino Palumbo, den Organisator der Rundfahrt. „Ich fühle mich wohl. Am Sonntag bin ich am Start." Er wendet und fährt bei bester Laune zurück nach Reggio di Calabria.

Samstag, 24. März: Coppi läßt im *Sporting Club*, wo sich das Rennbüro befindet, sein Rad prüfen und plombieren. Dann begibt er sich in sein Quartier. Dort trifft er auf Favero, Milano, Carrea und die anderen aus seinem Team. Fausto gibt Conterno die Anweisung, am Sonntag sein eigenes Rennen zu fahren, also „Grünes Licht". Milano soll bei ihm selbst bleiben damit er im

Notfall mit ihm zusammen das Rennen vorzeitig beenden kann. Man ißt gemeinsam zu Mittag im Zimmer von Giacotto. Neben Kübler, der für CARPANO-COPPI an den Start geht, sitzt noch Giuseppe Cainero, ein junger Unabhängiger, den Coppi kurzerhand in das Team aufgenommen hatte. Er sieht in dem jungen Italiener einen neuen Champion.

Sonntag, 25. März: 6:30 Uhr; Coppi blickt aus dem Fenster des Hotels. Es regnet in Strömen. Er geht auf den Korridor und fragt das Zimmermädchen, ein Kind vom Land, nach dessen Meinung über das Wetter. „Wir verstehen hier nichts mehr. Der Himmel spielt verrückt!“ Eine aufschlußreiche, aber wenig brauchbare Auskunft. Coppi läßt sich massieren, frühstückt ein wenig und bereitet sich auf das Rennen vor. Mit Milano, Carrea und Favero vereinbart er, die Entscheidung für oder gegen eine Teilnahme bis kurz vor den Start zu verschieben. Aber um 7:30 Uhr bricht die reine Sintflut los. Fausto riskiert einen Blick aus dem Fenster. Der Wind peitscht den Regen ins Zimmer. Nun steht fest, Coppi fährt nicht. In der Halle des Hotels gibt er seinen Entschluß den in Wasserpfützen wartenden Pressevertretern bekannt. Er steigt in den Wagen von CARPANO-Rennleiter Giacotto, der furchtlos an den Start geht und begleitet so das Rennen.

Coppi wird unterwegs oft erkannt und stürmisch begrüßt. Fast so herzlich wie Giuseppe Minardi. Der nämlich gewinnt die Unwetterfahrt in 7:45:35 std nach einem Endspurt gegen Maule, Zamboni, Baffi und sechs weiteren Fahrern, darunter Nencini. Das Feld trifft unter Führung von Padovan 46 Sekunden später ein.

Fausto verläßt nach dem Rennen Reggio mit der Bahn. Im Schlafwagen fährt er nach Neapel, wo sich im *Grande Albergo Londra* das Quartier von BIANCHI und CARPANO-COPPI befindet.

Montag, 26. März: Das Wetter in Neapel ist ungewiß. Coppi schläft lange. Dann trainiert er einige Kilometer, kehrt bald zurück und legt sich sofort wieder ins Bett. Er fühlt sich müde und abgespannt.

Dienstag, 27. März: Coppi fährt nach Sorrento. Dort besucht er Freunde. Fausto ist wieder wohlauf und legt auch einige Kilometer mit dem Rad zurück. Er fährt „seinen“ Agerola hoch, den Berg, an dem er vor Jahresfrist zum großen Schlag ausgeholt und den *Giro di Campania* gewonnen hatte. Abends geht er ins Kino: < *L´amore e una cosa meravigliosa* > (Die Liebe ist eine wunderschöne Sache). Bestimmt dachte er dabei an Giulia.

Mittwoch, 28. März: Begleitet von einigen seiner Mannschaftskameraden trainiert Coppi auf der Straße nach Rom. Gegen Abend begibt er sich zu den *Preliminari di partenza* im *Palestra Partenope*, dem früher üblichen Auftrieb vor einem Rennen (ein Publikumsspektakel, das leider mehr und mehr in Vergessenheit gerät). Die Formalitäten wurden erledigt, die Räder plombiert. „Coppi wird im ´Giro di Campania´ siegen!“ so die Meinung des Volkes. Um 18.30 Uhr fährt Fausto zurück ins Hotel. Er fühlt sich unwohl, friert. Beim Abendessen mit seinen Kameraden ist er still, in sich gekehrt. Um 21 Uhr bekommt er hohes Fieber. Aguggini, der sportliche Leiter von BIANCHI kommt und man beschließt, daß der *Campionissimo* nur an den Start gehen soll, wenn er sich optimal wohlfühlt.

Donnerstag, 29. März: Aguggini, Pinella De Grandi und Milano kommen am Morgen in Coppis Zimmer. Fausto liegt mit glänzenden, rötlich entzündeten Augen im Bett. 38,3 Grad Fieber; nichts zu machen. Er geht nicht an den Start, wartet aber das Ergebnis des Rennens im Hotel ab. Aus dem Radio erfährt er vom Sieg Conternos, seinem Mann. Er macht sich reisefertig. Mit der Bahn fährt Coppi nach Novi Ligure. Um 21 Uhr trifft er dort ein. Einige Freunde begrüßen ihn. Fausto ist hager, abgezehrt. Seine Wangen sind blaß und eingefallen. Auf Fragen gibt er ausweichende Antworten. Der unselige Ausflug in die Campania ist damit zu Ende.

Der *Campionissimo* ist krank. Wieder kommen mehrere Wochen Pause auf ihn zu.

Coppi ist sich dessen bewußt. Nun tat er einen ungewöhnlichen Schritt. Er wollte kein Gehalt beziehen, ohne dafür Rennen zu fahren. Wie schon zuvor, im Winter 55/56, verhandelte er mit Zambrini über eine Freigabe aus dem Vertrag mit BIANCHI. Vorerst blieb aber alles unverändert.

In Italien sprach man bereits von einem „neuen Geist auf unseren Straßen". Gemeint war damit die Erfolgsserie weniger bedeutender Fahrer, die sich nun auch beim ***Giro di Campania*** über 246 Kilometer fortgesetzt hatte. Diesmal war nach 7:14:53 std *la penna biancha*, „Die weiße Feder", derjenige, der sein Vorderrad als erster über dem Zielstreifen brachte. Es handelte sich dabei um keinen Indianer, sondern um den 31-jährigen BIANCHI-Fahrer Angelo Conterno aus Turin, den eine weiße Strähne im Haar zierte. Er siegte vor seinen Landsleuten Astrua, Nencini und Bartolozzi. Gaggero brachte Faustos CARPANO-COPPI-Farben nach 7:12 Minuten als Vierzehnter ins Ziel, sein Teamchef Kübler landete mit einem Rückstand von 11:43 Minuten an 36. Stelle.

Coppi mußte sich im April vom Krankenlager aus den Gesamtsieg Ockers bei ***Roma-Napoli Roma*** ansehen, miterleben wie Fornara vom 10. bis 13. Mai die Vier-Etappenfahrt ***Tour de Romandie*** vor den beiden Schweizern Clerici und Strehler gewann, und mit einem lachenden und einem weinenden Auge den Erfolg von Conterno bei der ***Vuelta*** registrieren. Besonders bei dieser Spanienrundfahrt wäre Fausto liebend gerne gestartet.

Schwamm darüber. Nun wurde von Vincenzo Torriani, seines Zeichens *Direttore dell´organizzazione*, mit viel Tamtam der *39. Giro d'Italia* angekündigt und Coppi mußte etwas tun. Fausto hatte keine große Handlungsfreiheit. Er konnte sich keine Bedenkzeit erbitten, abwarten, sich die Sache zweimal überlegen. Sicher, er hatte Frau und Kind zu ernähren, einen aufwendigen Haushalt zu finanzieren, aber Geld war nicht das eigentliche Dilemma. Davon hatte er inzwischen genug. Coppi stand sportlich am Scheideweg. Sollte er weitermachen oder nicht?

Hinzu kamen Probleme mit Giulia, die nervlich fertig war. Sie hatte erfahren, daß ihre beiden Kinder, die bei ihrem Mann geblieben waren, in ein Krankenhaus eingeliefert worden waren. Nichts schlimmes, aber Giulia regte sich so auf, daß sie sich in Coppis Villa einer Schlafkur unterziehen mußte.

Fausto kämpfte unterdessen mit Hilfe seiner Anwälte um das Recht für Giulia, ihre Kinder besuchen zu dürfen. Die breite Öffentlichkeit, von Gehässigkeit, Feindseligkeit und Mißgunst geprägt, bereitete den beiden, deren „Verbrechen“ darin bestand, sich zu lieben, wieder einmal eine fast unerträgliche Zeit. Fausto reagierte sensibel auf jede Kleinigkeit. So erzählte er niedergeschlagen einem Freund, daß Leute vom Fernsehen bei ihm gewesen wären und ihn stundenlang mit seinem kleinen Sohn aufgenommen haben. „Und was war später am Bildschirm zu sehen? Alle Einstellungen, die meinen kleinen Faustino zeigten, waren herausgeschnitten. Verstehst du? Das Fernsehen schämt sich, den Zuschauern meinen Sohn zu zeigen!“

Dieses Problem hatte Bartali nicht. *Ginettaccio* war zum dritten Mal Vater geworden und das Fernsehen hatte keinen Grund, Gino mit seinem Töchterlein Bianca-Maria nicht zu zeigen. Und ein weiteres Ereignis rückte Bartali ins Rampenlicht. Mitte April wurde die Sportgruppe SAN PELLEGRINO gegründet und Gino als *Direttore sportivo* - als Technischer Direktor - der Radsportabteilung angestellt. Vorerst war dies eine Amateurmannschaft. In das Profigeschäft wollten die verantwortlichen Herren der ergiebigen Mineralwasserquelle erst 1957 einsteigen und damit ihr Produkt auch im letzten Winkel Italiens bekanntmachen. Denn dafür war der Rad-sport nach wie vor bestens geeignet.

Der „Technische Direktor Coppi“ konnte registrieren, daß sein Schützling Giuseppe Cainero in Carrara den 2. Lauf zur Meisterschaft der Unabhängigen gewann, und in der ***Meisterschaft von Zürich*** hinter Clerici einen hervorragenden 2. Platz belegt hatte.

Aber es waren Pyrrhussiege. Die Organisationsleitung des Giro d´Italia war nämlich der Meinung, daß man den *Campionissimo* nicht bevorzugen sollte. Und dies wäre der Fall, wenn Coppi weiterhin bei BIANCHI fährt, die Fahrer von CARPANO-COPPI aber zugleich seiner Regie unterstehen. Diese Anhäufung von Domestiken war dann doch etwas zuviel. Kurz entschlossen verweigerte man der Mannschaft den Start. Zumindest vorerst.

Die großen Taten des *Campionissimo* aus vergangenen Tagen verdrängten indessen die momentanen Sorgen. Als er nach seiner krankheitsbedingten Ruhepause wieder am Start erschien, feierten ihn seine Anhänger so stürmisch, daß er für alles Unheil entschädigt wurde.

Vorerst am 16. Mai beim Start zum ***Giro del Piemonte***. Aber nach 191 Kilometer gab er das Rennen auf. Bis zu diesem Zeitpunkt rollte er mit im Feld, das immerhin einen Schnitt von über 38 km/std fuhr. Eine geglückte Generalprobe? Am Ziel in Turin wurde er von Reportern bestürmt. Coppi kurz und bündig: „Ich höre auf. Ich startet nicht beim Giro.“ Fausto sprachs und verschwand in seinem Privatwagen. Doch er hatte dabei ein gewisses Lächeln gezeigt.

Drei Tage später, am 19. Mai, rollte der ***Giro d'Italia*** in Mailand an. Während dem traditionellen Defilee vom *Piazza Duomo* aus durch die Straßen der Stadt wurden besonders zwei Fahrer von begeisterten Ovationen begleitet: Magni und Fausto Coppi! Der *Campionissimo* hatte sich in letzter Minute entschlossen, doch an den Start zu gehen. Was war geschehen?

Coppi hatte kurzfristig seinen Vertrag mit BIANCHI gekündigt und entgegen ärztlichem Rat - wie berichtet - die *Piemont-Rundfahrt* in Angriff genommen. Zusammen mit seiner Mannschaft CARPANO-COPPI! Damit hatte er allen Spekulationen den Boden entzogen. Der *Campionissimo* und immerhin amtierende Italienische Meister wird nicht mit, sondern gegen BIANCHI fahren. Kein Grund also, die Wermut-Firma vom Wettbewerb auszuschließen. Die Herren von der Giroleitung sahen das auch ein.

Fausto Coppi hatte eine beachtenswerte Tat vollbracht. Er löste den zehn Jahre langen Vertrag mit BIANCHI, um seinen Freunden den Start am Giro zu ermöglichen und damit ihren Verdienst zu sichern: Bruni, Buratti, Carrea, Conterno, Defilippis, Oriani, Pettinati und Ronchini.

Bartali war einer der wenigen, der die Tragweite dieses Entschlusses begriff. Vor dem Start hatte er Coppi als Erster willkommen geheißen und sich mit ihm unterhalten. Fotos und Fernsehaufnahmen von den beiden, dem < *Campione che non tramonta* > und dem < *Campionissimo* > weckten natürlich auch immer wieder Emotionen beim Publikum. Aber Coppi sah nicht glücklich aus. Er litt im Inneren schwer unter der Bürde des *maglia tricolore*; das Meisterschaftstrikot aus dem Vorjahr drückte schwer auf seinen Schultern. So erschien er nicht, wie es üblich ist, im Meistertrikot, sondern im weißen Trikot von CARPANO-COPPI. Sofort war die Öffentlichkeit indigniert, Neider mit der Begründung schnell bei der Hand: „Er macht es nur wegen dem Geld! CARPANO zahlt mehr!“ Das stimmt nicht. Coppi war sich im Klaren, daß er sich außer Form befand. Er wollte nicht, daß das *maglia tricolore* auf den Schultern eines Mannes ruhte, der sich keinesfalls in meisterlicher Verfassung am Start einfand.

Das Zeichen dafür gab der Präfekt von Mailand, Dott. Liuti, am Stadtrand der Metropole. 104 Teilnehmer nahmen das Rennen über 3526 Kilometer in Angriff.

Auf der 1. Etappe *Milano-Alessandria* (210 km) bekam Coppi sofort das harte Gesetz der Rundfahrt zu spüren. Ein mechanischer Schaden an seinem Rad zwang ihn zum absteigen. Es folgte eine außerplanmäßige Verfolgungsfahrt auf einem fremden Rad. Erneuter Wechsel auf sein eigenes Rad. Wieder eine lange Solofahrt. Dann ein verzweifelter Kampf, noch in die Wertung zu kommen, nicht wegen Zeitüberschreitung aus dem Rennen genommen zu werden. Er schaffte es. Unter Aufbietung aller Kräfte quälte er sich über die Steigung von Valmadonna (195 m) und kam endlich mit einem Rückstand von 15 Minuten auf den Sieger ins Ziel. Das war Baffi, der nach 5:30:34 std im Spurt gegen Ferlenghi triumphierte und ins Rosa Trikot schlüpfen konnte.

Baffi konnte das Spitzenreitertrikot auch auf der 2. Etappe *Alessandria-Genova* (96 km) behaupten. Eigentlich war das eine Halbetappe, denn am Nachmittag fand am Lido d´Albaro in Genua noch ein 12-km-Mannschaftszeitfahren statt.

Bleiben wir vorerst beim ersten Teilabschnitt. Auf der Steigung von Voltaggio (342 m) griff der Holländer Wagtmans an. Als Ranucci, Fornara, der Spanier Bahamontes sowie Clerici und Defilippis folgten, reagierte das Feld energisch. Es bildete sich eine Spitzengruppe von 30 Fahrern, darunter auch Coppi und Magni. 20 Kilometer vor dem Ziel riskierten Fantini und einige andere einen erfolgreichen Vorstoß, den der schnelle Italiener mit dem Etappensieg krönen konnte. Nach den Ausreißern trudelten einige Verfolger ins Ziel, bis nach 1:38 min der Spanier Poblet das Feld über die Ziellinie führte. Coppi konnte mit dem Erreichten zufrieden sein.

Noch mehr Wohlbehagen machte sich bei Fausto und seiner CARPANO-COPPI-Mannschaft am Nachmittag breit, hatte man doch bei der 3. Etappe, dem *Circuito Lido d´ Albaro* (12 km) hinter den siegenden Mannen von LEO-CHLORODONT mit einem Rückstand von nur 37 Sekunden einen beachtlichen 7. Rang erreicht. Immerhin vor so starken Mannschaften wie TORPADO (38 Sekunden zur.), ARBOS-BIF (1:35 min), BIANCHI (1:27 min), HOLLAND (1:48 min) und FRANKREICH (2:03 min). Keinen Grund zur Freude hatte Pierino Baffi. Er verlor sein Rosa Trikot an den jungen Vincenzo Zucconelli.

Fausto Coppi strahlte auch gegenüber der Presse Zufriedenheit und Zuversicht aus: „Es stimmt also nicht, daß ich beim Giro an den Start ging, um anschließend sofort aufzugeben. Es ist klar, daß ich die Rundfahrt nicht gewinnen kann, aber ich möchte eine gute Figur abgeben. Die 2. Etappe beendete ich im Kreis der Besten, für mich der erste Erfolg.“

Die 4. Etappe *Genova - Salice Terme* (152 km) nahm jedoch einen sensationellen Verlauf. Auf dieser ersten Appenin-Etappe waren u.a. die schweren Steigungen des Passo della Scoffera (674 m) und des Monte Penice (1460 m) zu bewältigen, bevor es in den kleinen Etappenort an der Staffora ging. Luftlinie ganze 14 Kilometer von Coppis Geburtsort Castellania entfernt.

Den Scoffera passierte Massocco als erster vor dem Schweizer Hollenstein und Bahamontes. Am Penice holte sich Astrua die Bergprämie vor Clerici und Fornara. Dichter Nebel bedeckte die Berghänge und machte die Abfahrten zu riskanten Unternehmen. Wie Phantome jagten die Fahrer durch die Waschküche, riskierten Kopf und Kragen. Den Etappensieg errang abermals Alessandro Fantini (4:12:46 std) vor Fornara, Clerici und Aldo Moser. Fantini übernahm damit auch als neuer Spitzenreiter das Rosa Trikot.

Die eigentliche Sensation aber war die schwere Niederlage von Magni und Coppi. Fiorenzo erreichte das Ziel erst mit einem Rückstand von 5:44 Minuten. Fausto, der an beiden Steigungen in Schwierigkeiten geraten war, kam erst nach 6:58 Minuten an. Was sich unterwegs abspielte, veranlaßte den bekannten Schweizer Sportjournalisten Walter Grimm dazu, im Zürcher Fachblatt *SPORT* von einem „Drama Coppi“ zu sprechen. Er schreibt: „Inmitten dieser unerbittlichen ´Schlacht am Berg´, wo die mit der Steigung ringenden Athleten im milchigen Grau einem wie gespensterhafte Figuren vorkamen, spielte sich ein kleines Drama ab, in dessen Mittelpunkt der wohl größte Radrennfahrer aller Zeiten stand. Man weiß unter welchen Umständen Coppi zu diesem Giro angetreten ist. Nach einer krankheitsbedingten dreimonatigen Pause absolut ungenügend vorbereitet, wollte der Campionissimo doch das Unmögliche versuchen, in dieser Rundfahrt an seine früheren Leistungen anzuknüpfen. Coppi machte sich keine großen Illusionen und wußte, daß er seine Form erst wieder erarbeiten muß. Nach seiner Montagsetappe fragt man sich aber mit Recht, ob *Genua - Salice Terme* nicht der Schwanengesang des ehemals großen Meisters gewesen sei. Man ist nicht gewohnt, einen solchen Coppi zu sehen, wie er - abgeschlagen und im Hintertreffen - den Passo del Penice erklommen hat. Es schmerzt einen beim Anblick des leidenden und mühsam kämpfenden Athleten, der wohl noch den Willen, jedoch keine Kraft mehr besaß, um wie einst gleich einer Gemse an einem solchen Hindernis seinen Konkurrenten davonzueilen. Wir warteten drei Kilometer unterhalb der Paßhöhe fünf Minuten nach der Durchfahrt der Spitze auf Coppi, der von seinen Teamgefährten umgeben war. ´Courage, Fausto, nur noch drei Kilometer!´ riefen wir Coppi zu. Der italienische Straßenmeister, der sein weißes Markentrikot fuhr, beantwortete diese Aufmunterung mit einem Lachen *[sic!]*, mit dem er wohl sagen wollte: ´Und selbst wenn die Steigung noch fünf Kilometer dauern würde, müßt ihr nicht erwarten, daß ich noch Terrain gutmachen werde.´ Im Gegenteil, Coppi büßte bis zum Höhepunkt weiter Boden ein. Und in der nach Tausenden zählenden, fanatisch mitgehenden Menschenmenge dominierten immer noch die Plakate und Bänder mit den Aufschriften < *Viva Coppi!* >, < *Forza Fausto!* >, < *Coppi sei grande* > usw. Und wenige Minuten, bevor die sieben Spitzenfahrer den Endspurt in Salice Terme bestritten, setzte das erwartungsfrohe Zuschauervolk zum Sprechchor an und rief < *Co-ppi, Co-ppi, Co-ppi!* > Das Idol der Tifosi aber traf erst sieben Minuten nach den ersten Fahrern ein...“

Deutlich war zu sehen, daß seine Kondition für ein so schweres Rennen gegen eine junge, starke und ehrgeizige Konkurrenz nicht mehr ausreichte. < *Quo vadis, Fausto?* >

Vorerst ging er am nächsten Tag zum Start nach Voghera, sieben Kilometer von Salice Terme entfernt. Diese 5. Etappe *Voghera-Mantova* (198 km) wurde zum Teil eine ausgesprochene Unwetterfahrt. Bereits am Start regnete es, und auch später war der Himmel grau in grau. Trotzdem blieb das Stundenmittel bemerkenswert hoch. Der Grund dafür war ein Ausreißversuch der beiden Spanier Botella und Poblet, denen sich der Holländer Van den Brekel, der

Franzose Stanislas Bober und De Santi anschlossen. Vier Ausländer gegen einen Italiener. Eine dramatische Sache, die sich noch zuspitzte, als zwei geschlossene Bahnschranken den Verfolgern eine ungewollte Zwangspause auferlegten. Davon profitierten die Ausreißer. Auf dem letzten Teil der Strecke prasselte ein Wolkenbruch auf die Girokarawane herab, aber einig und entschlossen sorgten die fünf Fahrer an der Spitze, daß sie unangefochten Mantua erreichten. Dort siegte nach 4:43:17 std der schnelle Miguel Poblet. 1:02 Minuten später folgte das Feld. Im Gesamtergebnis gab es auf den vorderen Rängen keine Veränderung.

Die tags darauf ausgetragene 6. Etappe gliederte sich in zwei Abschnitte. Zunächst stand die Halbetappe *Mantova-Rimini* (228 km) auf dem Programm.

Das Rennen begann wie so oft bei solchen Anlässen sehr langsam. Vormittags eine relativ lange Etappe, dann eine Ruhepause, anschließend ein Zeitfahren. Das war nicht nach dem Geschmack der meisten Fahrer. Das Feld bummelte und wurde bereits in Ferrara (88 km) von den sogenannten Fachleuten, die den Rennfahrern zumuten, ständig am Limit zu fahren, gehörig ausgepfiffen.

12 Kilometer später trödelt man in aller Gemütsruhe durch Gaibana. Plötzlich stürzt Donato Piazza. Über ihn hinweg Baffi, De Groot, Cainero und - Coppi! Fausto schlug einen Salto, sein Rad wirbelte durch die Luft und traf ihn am Rücken. Er selbst landete auf dem Lenker einer herrenlosen Rennmaschine.

Ohne Bewußtsein lag er auf dem Asphalt, kam aber bald wieder zu sich. Die Rückenschmerzen waren erträglich, aber sein linkes Bein war am Innenknöchel verletzt. Trotzdem setzte er die Fahrt fort, konnte zum Feld aufschließen und Rimini mit der Hauptgruppe erreichen.

Rennarzt Frattini fertigte in aller Eile eine Spezialbandage an und stellte die Diagnose: „Verrenkung des linken Fußknöchels mit Verdacht auf Bruch." Fausto stieg noch einmal aufs Rad, fuhr einige Meter, aber eine halbe Stunde vor Beginn der zweiten Halbetappe stand unabänderlich fest, daß er nicht mehr starten konnte. Das Schicksal, das ihm während seiner bisherigen Laufbahn bereits sieben mehr oder weniger schwere Stürze beschert hatte, spielte dem *Campionissimo* einen neuen Streich, nachdem es ihn bereits zu Beginn der Saison zweimal auf das Krankenlager gebannt hatte. Trotzdem mußte man sich darüber im Klaren sein, nicht nur der Sturz war die Ursache für die Aufgabe Coppis, vielmehr war es die allgemeine körperliche und seelische Verfassung, die Fausto bewog, das Rennen vorzeitig zu beenden. Es war einfach die logische Fortsetzung des schweren Weges, den der *Campionissimo* in diesem Jahr gehen mußte.

Der Pechvogel kehrte sofort zurück nach Novi Ligure. Die Verletzungen waren schwerer, als anfangs vermutet. Fausto bezahlte die Zeche mit zwei Monaten Pause und einem orthopädischen Korsett. In seiner Villa dachte er niedergeschlagen nach; über seine Zukunft, über die neuen Zeiten, über die Menschen.

Ein Spezialgestell mußte angefertigt werden, um das in Mitleidenschaft gezogene Rückgrat zu entlasten und den Heilprozeß zu beschleunigen.

Die neuerliche Heimsuchung war indessen nicht so schwer, um nicht bereits wieder Pläne für die Zukunft schmieden zu können. In Frankreich war man daran interessiert, *Fostó* an den Start der *Dauphiné Libéré*, einer unbedeutenden Rundfahrt zu bringen, die von einer Grenobler Zeitung organisiert wurde. CARPANO war andererseits der Meinung, der *Campionissimo* soll Mitte Juni die *Tour de Suisse* bestreiten. Paris wiederum wollte Coppi bei der *Tour de France* haben. Fausto fand diese Idee zumindest reizvoll und setzte sich mit Signore Farina, dem Präsident des italienischen Radsportverbandes *(U.V.I.)* , in Verbindung: < *D´accordo, ma Coppi deve meritare la selezione per il Tour.* > Übersetzt verliert der Satz viel von der Anmut, die einfach einmal der italienischen Sprache anhaftet. Der Ex-Weltmeister mußte sich schlicht und einfach die Teilnahme verdienen. Nun war Fausto zwar noch immer ein Fahrer der ersten Garnitur, aber eben nicht mehr der Coppi zwischen 1949 und 1952. In seiner derzeitigen Lage war die Frankreichrundfahrt also kein Thema.

Zurück an die Adria. Dort hatte sich bei der 6. Etappe in Rimini Giuseppe Minardi den *Halbetappensieg* nach 6:30:06 std vor seinen Landsleuten Albani und Monti geholt.

Die *zweite Halbetappe* brachte ein ebenso originelles wie sportlich fragwürdiges Stafetten-Rennen (ein 6,5 km langer Rundkurs in der Zwergrepublik San Marino mußte zweimal durchfahren werden, wobei sich die Fahrer, ähnlich wie bei Mannschaftsrennen, ablösen durften). Kein Mensch blickte durch, weder Rennfahrer noch Publikum. Am wenigsten die Jury. Das ganze glich einem sich ständig drehenden Karussell, bei dem niemand wußte, wo der Anfang und das Ende war. Salomonisch wurde der Holländer Nolten mit zwei Sekunden Vorsprung vor Bahamontes zum Sieger erklärt; Fantini behielt sein Rosa Trikot.

In der Folge wurde dieser Giro zur Triumphfahrt eines Fahrers: Charly Gaul. Dem 23-jährigen Federgewichtler mit dem „Engelsgesicht", ehemaligem Metzgergesellen aus Luxemburg, glückte das, was ihm bei der Tour 1955 versagt blieb. Nach beispielhaftem Ringen gegen die Bergriesen und Naturkatastrophen (von ihnen wird noch die Rede sein) blieb er nach 3524 Kilometern grandioser Sieger.

Gaul fuhr die 22 Etappen mit einer verblüffenden taktischen Reife. Auf den ersten Tagesabschnitten, als seine Kondition noch zu wünschen übrig ließ, ging Charly auf Tauchstation. In den Abruzzen deckte er zum ersten Mal mit einem Sieg seine Karten auf (9. Etappe, *Pescara-Campobasso* 205 km). Die meisten glaubten damals an eine Eintagsfliege. Die 19. Etappe, *Sondrio-Merano* (163 km) über das Stilfser Joch, gab den Zweiflern scheinbar recht. Charly bot zwar eine ansprechende Kletterleistung, spielte aber auf dem Schlußteil der Strecke keine bedeutende Rolle. Sein Hinweis, die lange Abfahrt und der weite Weg ins Ziel bot kein geeignetes Terrain für Bergspezialisten, wurde damals kaum beachtet. Gaul fand überhaupt keine Beachtung mehr. Seine 16 Minuten Rückstand auf den zu diesem Zeitpunkt führenden Fornara schienen unüberbrückbar. Aber die 20. Etappe *Merano -Trento/Monte Bondone* (242 km) führte zu einem radikalen Umschwung, womit wir bei den erwähnten Naturkatastrophen wären...

Bereits am Start regnete es Bindfäden. Das Thermometer sank immer tiefer. Auf den Pässen herrschte eine Temperatur von einigen Grad unter dem Gefrierpunkt. Eisiger Schneesturm peitschte den Fahrern entgegen, Hagel prasselte auf sie hernieder. Die entfesselten Elemente versuchten, dem Giro den Garaus zu machen. Der Schweizer Fritz Schär enteilte im Anstieg zum Costalunga-Paß und fuhr mehr als vier Minuten Vorsprung heraus. Aber schon auf der Paßhöhe (1753 m) hatten Gaul und Bahamontes die Führung übernommen. Auf dem Rolle-Paß (1970 m) lag Gaul alleine in Front. Der Luxemburger riskierte aber bei der Abfahrt nichts und wurde daher von einer kleinen Gruppe eingeholt.

Das Unwetter hatte sich, wenn überhaupt noch eine Steigerung möglich war, zu einer Heftigkeit und Wildheit entwickelt, die das Rennen zur härtesten Bergzerreißprobe der neueren Radsportgeschichte machte. Mit klammen Fingern krallten sich die Fahrer an den Lenkern fest. Die Beine, völlig gefühllos wie Fremdkörper, gehorchten dem Geist nur noch mechanisch. Die völlig durchnäßten und vereisten Trikots waren an den Körpern festgefroren, der schneidende Wind in den Abfahrten verursachte auf der gepeinigten Haut unerträgliche Schmerzen. Die Bergspezialisten, die sonst wie die leibhaftigen Teufel zu Tal sausten, schlichen diesmal die Kehren hinunter, griffen gierig nach Kognak-, Rum- und Grappa-Flaschen. Wie von einem gewaltigen Südtiroler Bergschnitter wurden die Giganten der Landstraße dahingemäht. Träger berühmter Namen verschwanden in Begleitautos, Gaststätten und warmen Bauernstuben: Clerici, Schär, Bahamontes, Astrua, Minardi, Nencini usw.! 45 Fahrer blieben auf der Strecke, keiner mußte sich dessen schämen.

Daß immerhin noch 43 Unentwegte die Expedition durch die winterlichen Dolomiten fortsetzten, war schier ein Wunder. Nach der Abfahrt vom Rolle übernahm der kleine Padovan vorübergehend die Führung. Plötzlich fiel er vom Rad. Die Kälte hatte ihn k.o. geschlagen, und der Rennarzt mußte sich nachhaltig bemühen, den armen Kerl wieder flott zu bekommen. Gemeinsam quälte man sich über den Passo di Góbbera (988 m) und den Passo del Brocon (1616 m). Doch das dicke Ende, die schlimmste Prüfung stand noch bevor: der Anstieg zum Monte Bondone (1300 m)! Nach der Durchfahrt durch Trient griff Charly Gaul den intakt gebliebenen Rest der Kolonne an. Niemand vermochte dem Luxemburger in den Kehren zu folgen. Zu allem Überfluß begann es heftig zu schneien, auf den Begleitwagen bildete sich eine Schneeschicht bis zu 15 cm Höhe. Hinter Gaul tat sich ein Abgrund auf.

Lediglich Bruno Monti kämpfte verzweifelt um seine Chance auf das Rosa Trikot. Fornara, der bisherige Träger, zählte nicht mehr. Gemeinsam mit einigen anderen schlitterte er rund 20 Minuten hinter Charly irgendwo auf den verwehten Straßen dahin.Die acht Kilometer lange, gewundene Bergstraße war vom Schnee nicht mehr zu säubern. Unbeschreibliche Szenen spielten sich vor den Zuschauern ab (unter ihnen auch Fausto Coppi). Wer in den steilen Rampen vom Rad mußte, kam ohne fremde Hilfe nicht mehr in Schwung. Auch Gaul geriet in eine schwere Krise. Die Strecke, die er sonst in 25 Minuten geschafft hätte, nötigte ihm 42 Minuten ab. „Es war die Hölle", meinte Monti hinterher. Am Fuße des Bondone lag er knapp fünf Minuten hinter Gaul zurück. Im Ziel waren es mehr als 18 Minuten! Den dritten Platz belegte, begeistert gefeiert, der alte Haudegen Fiorenzo Magni.

In der Gesamtwertung gab es einen Erdrutsch. Gaul eroberte das Rosa Trikot. Zweiter war nun Magni (3:27 min zur.) und 3. Coletto (6:53 min). Bis Mailand änderte sich an dieser Reihenfolge nichts mehr. Der kleine Luxemburger wurde stürmisch gefeiert, aber auch die restlichen Überlebenden wurden mit Ovationen überhäuft. Viele waren es nicht mehr. Nur 43 Fahrer erreichten das Ziel. Darunter als Elfter und damit bester CARPANO-COPPI-Fahrer Gaggero, der mit Scudellaro (20.), Nascimbene (33.), Cainero (37.) und Guerrini (39.) den 4. Rang im Mannschaftsklassement erreichen konnte.

Schlußklassement des ***39. Giro d'Italia:***

1. Charly Gaul LUXEMBURG
   3524 km in 101:39:46 std (34,664 km/std)

2. Fiorenzo Magni	NIVEA-FUCHS	3:27	min zur.
3. Angelo Coletto	FREJUS	6:53	"
4. Cleto Maule	TORPADO	7:25	"
5. Aldo Moser	TORPADO	7:30	"
6. Alessandro Fantini	ATALA	8:46	"
7. Jean Brankart	BELGIEN	9:21	"
8. Bruno Monti	ATALA	10:54	"
9. Valdemaro Bartolozzi	LEGNANO	18:14	"
10. Hilaire Couvreur	BELGIEN	18:41	"

Den *G.P. della Montagna* gewann Charly Gaul vor Bruno Monti und den Punktegleichen Padovan, Fantini und Coletto. ATALA konnte wie im Vorjahr die *Mannschaftswertung* für sich entscheiden. Von den 105 ursprünglich gestarteten Fahrern erreichten nur 43 das Ziel. Immerhin noch dreiundvierzig... [1914 waren es am Ende nur noch acht! Betrachtet man die damalige Streckenführung - 3170 Kilometer - in acht Etappen: *Milano-Cuneo* (420 km), *Cuneo-Lucca* (340 km), *Lucca-Roma* (430 km), *Roma-Avellino* (365 km),

Avellino-Bari (328 km), *Bari-L´Aquila* (428 km), *L´Aquila-Lugo* (429 km) sowie *Lugo-Milano* (429 km) auf Sandstraßen, ohne Schaltung - hinauf nach Sestriere zu Fuß, da der Anstieg vom Schnee verweht war -, dann mutet es wie ein Wunder an, daß damals überhaupt jemand ins Ziel kam].

Ein Wunder war auch, daß Magni 1956 Mailand erreichte. Während der 12. Etappe *Grosseto-Livorno* stürzte er schwer und konnte nur mit Hilfe seiner Mannen von NIVEA-FUCHS ins Ziel gelangen. In Livorno wurde er sofort geröntgt. Das Ergebnis war niederschmetternd: Schulterbruch! Die Ärzte zu Magni: „Eine Weiterfahrt wäre Wahnsinn!“ Seine Freunde beschworen ihn: „Laß es sein. Es gibt noch viele Rennen, aber nur eine Gesundheit!“

Man sprach in den Wind. Mit einem abenteuerlich anmutenden Verband (ein Schlauchreifen war über den Rücken gekreuzt und mit Bandagen umwickelt) sowie einer Mullbinde - am Lenker befestigt und mit den Zähnen (!) festgehalten - überstand Fiorenzo auch das schwere Zeitfahren *Livorno-Lucca* (54 km) am folgenden Tag. Über eine Stunde mit argen Schmerzen, gegen Wind, Hitze und Durst; Magni kam ins Ziel!

Auch nach der 14. Etappe. Auf dem Weg von Lucca nach Bologna hatte er sich zwar in den Rampen hinauf zum Passo di Collina di Poretta (932 m) über 5 Minuten Rückstand eingehandelt, aber in Bologna traf er mit einer Gruppe ein, in der sich Fornara, Moser, Astrua, Fallarini, Monti und Fantini befanden

Und nun war er Zweiter im Schlußklassement der Rundfahrt. Wie hatten die Ärzte in Livorno gesagt: „Eine Weiterfahrt ist Wahnsinn!“
Der „Löwe von Flandern“ ist weitergefahren.

Zurück zum aktuellen Geschehen. Eine ungewohnte Rolle spielte Fausto Coppi in der Schweiz. Gesundheitlich wieder einigermaßen auf den Beinen ging er an den Start der ***Tour de Suisse.*** Als technischer Direktor seiner Mannschaft CARPANO-COPPI. An der Seite seiner jungen Fahrer begleitet er die Rundfahrt vom 16. bis 23 Juni. Wieder einmal zeigte sich, daß der Radsport für den *Campionissimo* nicht nur Beruf und Geschäft bedeutete. Er hatte sich ihm mit Leib und Seele verschrieben. Im *Tour de Suisse*-Begleittroß war der Italiener eine volkstümliche Erscheinung. In seinem schnittigen Lancia blieb er den aufmerksamen Zuschauern an der Strecke nicht verborgen. Fausto steuerte den Wagen selbst. Keine leichte Sache, denn er war seit seinem Sturz beim Giro gezwungen, ein zwei Pfund schweres Stahlkorsett zu tragen.

Natürlich heftete sich auch die Presse an seine Fersen. Bereitwillig gab er über seine weiteren Pläne Auskunft. Nach der Rundfahrt wird er sofort das Training aufnehmen. Dann, mit etwa 1500 Kilometern in den Beinen, möchte er, wenn diese es zulassen, wieder am Renngeschehen teilnehmen. Zumindest will er versuchen, bei den noch ausstehenden drei Läufen zur Italienischen Meisterschaft sein *maglia tricolore* so gut wie möglich zu verteidigen.

Die ***Tour de Suisse*** wurde eine Beute des Schweizers Rolf Graf, der die 1654 km, aufgeteilt in acht Etappen, nach 47:05:02 std als Sieger beendete. Faustos junge Garde schlug sich beachtlich: Nascimbene kam als Bester auf den 8. Platz, im Mannschaftsklassement belegte CARPANO-COPPI den hervorragenden zweiten Rang.

Das war die gute Nachricht für Coppi. Die schlechte kam aus Mailand. Dort hatte der neue Stern am französischen Radsporthimmel, Jacques Anquetil, sich und der Welt bewiesen, was in ihm steckt: Am 29. Juni, 13.58 Uhr, war er im Besitz des Stundenweltrekordes, den Coppi seit 1942 besaß. Auf einer 6,450 kg schweren Bahnmaschine aus der Werkstatt des italienischen Meisterkonstrukteurs Masi, ausgestattet mit 170 Millimeter langen Kurbeln, legte er auf der mit 397,37 Metern neu vermessenen Vigorelli-Bahn die Runden mit einem Rhythmus von 31,2 Sekunden zurück und kam damit auf eine Endleistung von 46,159 Kilometer; 288 Meter mehr, als Coppi bei seinem Rekord vierzehn Jahre zuvor. Der Franzose hatte 120 Gramm schwere Reifen aufgelegt und benutzte eine Übersetzung von 52 x 15 Zähnen (7,40 m/Umdrehung.)

Coppi gratulierte Anquetil, mit dem ihn später eine kollegiale Freundschaft verband, aufrichtig. Wahrscheinlich konnte nur er die Leistung des jungen Franzosen echt beurteilen.

Mit dem Gefühl, sich erholt zu haben, aber auch mit dem Respekt vor dem, was ihm inzwischen widerfahren war, begann Fausto, wie versprochen, ab dem 25. Juni mit dem Training auf der Straße. Vorerst mit einem Speziallenker (ein hochtrabender Ausdruck dafür, das man einfach den Rennlenker nach oben gestellt und damit eine bequeme Stellung auf dem Rad bekommen hatte). Coppi konnte so täglich bis zu 100 Kilometer zurücklegen und langsam daran denken, wieder in die Geschehnisse einzugreifen.

Der *Campionissimo* gilt bestimmt als der größte Sturz-Pechvogel des internationalen Straßenrennsports. Aber ein Mann stand ihm fast nicht nach: der Franzose Jean Robic. Der kleine Bretone, ob seiner Qualitäten als Kletterer auch *Biquet* - das „Geißlein" - genannt, begann seine Karriere als „Parterreakrobat" 1944 mit einem Schädelbruch. 1946 zog er sich eine schwere Gehirnerschütterung und einen Bruch des Handgelenks zu. Im Jahre 1950 folgte eine Augenverletzung und eine erneute Gehirnerschütterung. Verhältnismäßig glimpflich kam der zähe Bretone 1951 davon: Prellungen am linken Arm und ein Muskelriß am linken Bein. Zum Ausgleich brach er sich 1952 gleich zweimal die linke Schulter. 1953 stellten die Ärzte bei Robic Verletzungen an drei Wirbeln und einen Bruch des linken Vorderarmes fest. Dem folgte 1954 logischerweise ein Schlüsselbeinbruch, denn der Knochen, der Brustbein und Schulterblatt verbindet, war bisher verschont geblieben.

Nun lag er wieder im Bett. Beim Straßentraining hatte ihn ein Kraftfahrer zur Strecke gebracht. Der medizinische Befund lautete diesmal: Gehirnerschütterung, gebrochene Hand, Wadenbeinbruch und schwere Kopfverletzungen. Eines war klar, an Altersschwäche würde dieser Mann nicht sterben. Greifen wir voraus. Robic trat 1961 vom aktiven Radsport zurück. Am 3.10.1980 krachte er mit seinem Wagen in Villeparisis, etwa 25 Kilometer östlich von Paris, auf einen Lkw und kam in dem völlig zertrümmerten Auto ums

Leben. Der Tour de France-Sieger von 1947, am 10.6.1921 in Condé-lès-Vouziers geboren, starb im Alter von 59 Jahren.

Wie bereits erwähnt, hatte Coppi das Training wieder aufgenommen, aber am 2. Lauf zur Italienischen Straßenmeisterschaft konnte er noch nicht teilnehmen. Der für die Meisterschaft ausgewählte ***Giro del Veneto*** über 267,2 Kilometer wurde am 1. Juli, einem regnerischen Sonntag, mit Start und Ziel in Padua ausgetragen. Nach einer Schwerarbeit von 7:42:12 Stunden konnte Giorgio Albani, der Kapitän von LEGNANO, seine neun Begleiter auf der Zielgeraden des *Velodrom Monti* im Spurt besiegen. Ausgesprochen hartnäckig war dabei Cleto Maule, der sich nur um eine halbe Radlänge geschlagen gab. Die Anstrengung trug ihre Früchte, Maule lag nun in der Meisterschaft mit 16 Punkten vor Zamboni (13) und Albani (11).

Die Schinderei hatte auch noch einen anderen Aspekt. Alfredo Binda war in seiner gewohnten Eigenschaft als Technischer Direktor der italienischen Tour de France-Mannschaft bereits auf der Suche nach einer schlagkräftigen *squadra*. Ein Grund, sich ins rechte Rampenlicht zu rücken.

Für Coppis CARPANO-Mannschaft gab es in Padua nichts zu holen. Erfreulicher war die Bilanz beim ***Giro del Ticino***. Dazu mußte man in die Schweiz fahren und die Eidgenossen, vor allem den frischgebackenen Schweizer Meister Rolf Graf, auf eigenem Boden schlagen. Nach 206 Kilometer, die in 5:27:13 Std. zurückgelegt wurden, gelang dies dem Italiener Valerio Chiarlone. Der war allerdings Angestellter bei IGNIS. Aber auf Platz zwei kam Gino Guerrini ein, und Rang drei belegte Giuseppe Cainero, beide von CARPANO-COPPI. Unterwegs hatte auch ihr Teamgefährte Gaggero Aufmerksamkeit erregt. 130 Kilometer war er zusammen mit Giuseppe Buratti alleine auf der Flucht gewesen. Dann bekam der CHLORODONT-Fahrer kalte Füße und gab auf. Gaggero hatte sich so an seine Begleitung gewohnt, daß er ihn auch dabei nicht im Stich ließ.

Alfredo Binda hatte sich wieder Notizen gemacht und gab die Mannschaft für die ***Tour de France*** bekannt, die „Große Schleife“, die sich vom 5. bis 28 Juli durch Frankreich ziehen wird: Pierino Baffi **(NIVEA-FUCHS)**, Pasquale Fornara und Pietro Giudici **(ARBOS-BIF)**, Agostino Coletto **(FREJUS)**, Angelo Conterno und Nino Defilippis **(BIANCHI)**, den Dreierblock Alessandro Fantini, Bruno Monti und Arrigo Padovan **(ATALA)** sowie Gastone Nencini **(LEO-CHLORODONT)**. Wieder einmal Leute aus den unterschiedlichsten, das ganze Jahr über konkurrierenden Firmenmannschaften. Na dann Gute Nacht...

Gaston Benac, mehrmals zitierter französischer Journalist, traf den Nagel auf den Kopf: „Italien geht in Reims mit fünf Rekruten und ebenso vielen Kapitänen an den Start, die allesamt nicht in optimaler Verfassung sind.“ Das war eben der *codice Binda*, Bindas Gesetzbuch, an dem es nichts zu rütteln gab. Ein Programm, ohne Aussicht auf besondere Erfolge, aber immerhin ein Programm. Es ging in die Hose.

Darüber darf auch die nicht ganz üble Bilanz hinwegtäuschen: sechs Etappensiege (ebensoviel wie die Regionalmannschaft Westfrankreich), der fünfte Platz von Defilippis im Gesamtklassement, und die Tatsache, daß Italien als einzige Mannschaft alle Fahrer nach Paris brachte (aber von 120 gestarteten kamen sowieso 88 ins Ziel). Das kann sich sehen lassen. Einen Fahrer vom Format eines Coppi, Bartali oder selbst Magni hatten die *azzurri* allerdings vorläufig nicht. Aber gerade das hatte man in der Heimat erwartet.

Aus dem Heer der Unbekannten hatte kühn ein „kleiner Mann" nach der Krone gegriffen: der 29-jährige Franzose Roger Walkowiak. Er hatte in seiner Laufbahn schon manch gutes Rennen gefahren (*Tour de l'Ouest* 1952/2., *Paris-Nice* 1953/2., *Critérium du Dauphine* 1955/2.). Aber bei der Frankreichrundfahrt fuhr er bisher mehr als bescheiden: 1951/57. und 1953/47.; 1955 hatte er aufgegeben.

Walko, aus der französischen Regionalmannschaft NORD-EST-CENTRE, verdankte seinen sensationellen Erfolg nicht zuletzt dem Umstand, daß er keinen Namen hatte, und infolgedessen von niemandem besonders aufs Korn genommen wurde. Das soll seinen Sieg nicht schmälern, gibt ihm jedoch einen etwas faden Beigeschmack. Ein Gaul (vom Giro her geschwächt, obendrein von der Streckenführung mit ihren wenigen Kletterprüfungen her benachteiligt), ein Ockers oder Adriaensens aus dem belgischen Lager, ein Darrigade, Bauvin, Lauredi oder Privat vom französischen Nationalteam, ein Bahamontes usw. konnten keinen Ausreißversuch starten, ohne nicht sofort die Meute am Hinterrad zu haben. Damit soll nur gesagt sein, daß *Walko* als kleiner Unbekannter so den Grundstein zu seinem Erfolg gelegt hat. Auf dieser Basis hat er aber mit großartiger Kraft und beachtlichem Können das solide Werk errichtet, das im Pariser Prinzenpark seine Krönung erfuhr.

Schlußklassement der ***43. Tour de France:***

1. Roger Walkowiak	NORD-EST-CENTRE		
4498 km in 124:01:16 std	(36,268 km/std)		
2. Gilbert Bauvin	FRANCE	1:25	min zur.
3. Jan Adriaensens	BELGIEN	3:44	"
4. Federico Bahamontes	SPANIEN	10:14	"
5. Nino Defilippis	ITALIEN	10:25	"
6. Wout Wagtmans	HOLLAND	10:59	"
7. Nello Lauredi	SUD-EST	14:01	"
8. Stan Ockers	BELGIEN	16:52	"
9. René Privat	FRANCE	22:59	"
10. Antonio Barbosa	SPANIEN	26:03	"
13. Charly Gaul	LUXEMBURG	32:14	"

Den *G.P. Montagne* gewann wie im Vorjahr Charly Gaul vor Bahamontes und dem Regionalfranzosen Valentin Huot. Die *Mannschaftswertung* ging an BELGIEN und die *Punktwertung* konnte sich wie im Vorjahr Stan Ockers holen. Von den ursprünglich gestarteten 120 Fahrern kamen 88 ins Ziel.

Coppi wurde vor dem Rennen um seine Meinung gefragt. „Es gibt an die 20 Fahrer, die für den Sieg in Frage kommen. Ich möchte mir den Mund mit einer Voraussage nicht verbrennen." Ein Rat, den man manchem Sportreporter der Neuzeit geben möchte.

Man wußte, warum Fausto Coppi nicht an der Tour teilnehmen konnte. Wo aber war Louison Bobet geblieben? Der Anwärter auf den vierten Sieg in Serie? Der Franzose hatte sich einer Operation unterziehen müssen und die Rundfahrt als Journalist für *Le Temps de Paris* begleitet. Jean Robic, auf dem Weg zur Besserung, schrieb für *France Soir*. Sie konnten u.a. darüber berichten, daß die Tour in diesem Jahr die enorme Summe von *100 Millionen ffrs* verschlungen hatte, 1200 Personen im Einsatz waren und 200 Fahrzeuge die Rundfahrt begleiteten.

Die italienische Sportpresse hatte am 22. Juli ihre Schlagzeile:

WIEDERAUFERSTEHUNG! Ort: Intra, Zeit: 17 Uhr, Person: Coppi!

Der *Campionissimo* kehrte nach seinem fatalen Sturz beim Giro glücklich und beschwingt „...wie ein Kind bei Antritt der Ferien" in den Schoß der Radsportfamilie zurück. Dieser Sonntag war ein Festtag. Viele Asse eilten herbei: Magni, Moser, Maule, Albani, Fallarini, Astrua - um nur einige davon zu nennen -, um sich auf der Piste von *Verbania* mit Fausto zu messen. Er enttäuschte seine Anhänger nicht. Ob mit der gütigen Unterstützung seiner Kollegen oder nicht - das bleibt nebensächlich - gewann er mit seinem Partner Milano das Omnium.

Anschließend gab er bereitwillig Auskunft über seinen Gesundheitszustand und seine Pläne: „Das Korsett trage ich nur noch am Abend, denn die Muskeln, die das Genick und den Rücken stützen, ermüden und ich bekomme Schmerzen. Aber in wenigen Tagen wird das vorbei sein. Ich war einige Tage in Limone, habe aber keine Rennen gefahren. Ich werde anschließend nach Turin reisen und mir dort die Ankunft der Tour ansehen (Anm. d. A.: was er sah, war der Etappensieg seines Schülers Defilippis!), dann nehme ich auf gut Glück an Rennen wie heute Teil, zum Beispiel in Cavezzo, Forte dei Marmi und anderen Orten. Das erste echte Rennen wird für mich am 5. August bei den ´Tre Valli Varesine´ stattfinden. Dann werden sie sehen, daß Coppi wieder Coppi ist. Nach diesem Rennen fahre ich am 7. und 8. in Frankreich bei einem Kriterium und auf der Bahn, dann in Maggiora und am 12. August bei ´Milano-Vignola´. Auch im ´ferragosto´, den Augustferien für normale Italiener, werde ich arbeiten. So zum Beispiel vom 17. bis 21. in Belgien auf der Straße und auf der Bahn. Dann ist Schluß."

„Und Kopenhagen? Die Weltmeisterschaft?"

< *magari* > (womöglich).

Alfredo Binda hatte nach der Tour auch schon eine Vorstellung für die Zusammensetzung der Mannschaft bei der WM. Zumindest eine vage. Denn nur ein Name war dem C.T. *(Commissario Tecnico)* zu entlocken: Nino Defilippis. Zu Coppi befragt sagte er nichts. Aber Fausto hatte ja noch zwei Chancen. Die *Tre Valli Varesine* und *Milano-Vignola.*

Der 5. August und damit die ***Tre Valli Varesine***, die Rundfahrt durch die drei Täler von Varese, kam schnell. Vielleicht zu früh für Fausto. Trotzdem war es ein vielversprechender Test für den *Campionissimo.*

Nencini, zu dieser Zeit einer der stärksten Fahrer (er hatte u.a. die Schlußetappe der Tour gewonnen), beendete nach einer Solofahrt das Rennen als Sieger. Auf den Plätzen landeten Albani, Minardi, Padovan, Coletto und der Belgier Roger Decock. Coppi, lange in der Spitzengruppe, erlitt Defekt, führte aber die Verfolgergruppe als Sieger ins Stadion *Franco Ossola.* Das brachte ihm zwar nur den 23. Platz. Entscheidend war jedoch, wie er ihn errang.

Binda hatte nun zwei weitere Kandidaten in seinem Notizbuch: Nencini und Albani, aber zum Thema Coppi noch immer keine Meinung. Offensichtlich hatte er die minutenlangen Sprechchöre < *Coppi! Coppi!* > im Stadion nicht gehört und die vielen Schilder *Coppi ai mondiali*, (Coppi zur Weltmeisterschaft), unterwegs an der Strecke übersehen.

Zum ersten Erfolg auf der Straße seit der Wiederaufnahme seiner Renntätigkeit kam Fausto bei einem Abstecher nach Belgien. Im Nachtkriterium von Namur hinter Derny-Motoren ließ er die Belgier Jean Brankart, Marcel Janssens und Maurice Depauw sowie seinen französischen Freund Géminiani klar hinter sich. Beim Straßenkriterium in Seilles mußte er sich dagegen mit einem vierten Rang hinter den Einheimischen Close, Adriaensens und Corbusier begnügen.

Dann kam am 12. August der 4. Lauf zur Italienischen Straßenmeisterschaft. Als Nachfolgerin der legendären Fernfahrt *Milano-Modena* (seit 1906 ausgetragen) stand diesmal ***Milano-Vignola*** über 250,5 km auf dem Programm. Nach 6:11:21 std überquerte Pierino Baffi als Sieger vor Cainero und Modena das Ziel. Aber Coppi war bereits nach 2:04 Minuten mit den Verfolgern zur Stelle. Hier siegte Albani vor Ferrari, Filippi, Magni, Petrucci, Michelon und Coppi. Der Schlüssel zu Baffis Sieg lag darin, daß der Fahrer von NIVEA-FUCHS durch seinen Mannschaftskapitän Magni abgeschirmt wurde, während es Cainero (CARPANO-COPPI) nicht gelang, Baffi entscheidend zu bremsen, um seinen Kapitän Coppi den Anschluß zu ermöglichen. Die Vorstellung von Fiorenzo und Faustos 10. Rang genügte jedoch, um Binda zu überzeugen: Fiorenzo Magni und Fausto Coppi wurden in das Aufgebot der *azzurri* für die Weltmeisterschaft aufgenommen!

In der italienischen Meisterschaft hatte nun Albani mit 17 Punkten die Führung vor Baffi und Maule (jeweils 16 Pkt.), Zamboni (13) und Minardi (10) übernommen. Auf den weiteren Plätzen folgten Cainero (8), Boni und

Modena (7), De Santi (6), Bertoglio und Ferrari (5), Bartolozzi, Defilippis, Filippi und Magni (4) sowie Fallarini und Nencini (3). Aus diesem „Material" mußte Alfredo Binda nun eine schlagkräftige *squadra* formen. Keine leichte Aufgabe für den mittlerweile gut situierten Geschäftsmann aus Varese, der sich nicht unbedingt über diese Sache den Kopf zerbrechen hätte müssen. Aber er tat es mit Leidenschaft und kam zu folgendem Ergebnis: „Italien startet in Kopenhagen mit Albani, Baffi, Coppi, Defilippis, Fantini, Magni, Maule, und Nencini."

Eine stolze Truppe. Aber es gab nicht wenige, die von ihr nichts hielten. Für sie galt auf dem flachen Kurs der Weltmeister von 1949, Rik Van Steenbergen, als Favorit. Sie sollten Recht behalten.

71 Rennfahrer kommen ziemlich mürrisch an den Start zur ***23. Straßenweltmeisterschaft***. Wieder einmal ist das Wetter zum Heulen. An diesem 26. August, einem Sonntag, regnet es meistens und ein eiskalter Wind dringt durch die Trikots und Rennhosen, aber er fegt auch durch die Zuschauertribüne, durch Mäntel und Jacken. Kein Wunder, daß verhältnismäßig wenig Zuschauer den flachen, 12,960 Kilometer langen Rundkurs in Ballerup bei Kopenhagen umsäumen, den die Fahrer 22 Mal absolvieren müssen. Das ergibt insgesamt 285,120 Kilometer.

Um 10 Uhr wird die Startflagge gesenkt. Die lange Reise beginnt. Den ersten nennenswerten Defekt fängt sich Bahamontes ein: seine Schaltung streikt. Der Spanier behebt den Schaden, schwingt sich, zitternd vor Kälte, wieder auf den Sattel und erreicht nach einer 25 km langen Verfolgungsfahrt wieder Anschluß. Nach kleineren Scharmützeln kommt in der *7. Runde* Leben in die Bude. Es bilden sich drei Gruppen. In der ersten rollen die Belgier Van Looy, Van Steenbergen, Ockers, Derycke, Luyten, Adriaensens und De Bruyne; die Franzosen Bobet, Darrigade, Dupont und Forestier; die Niederländer Van Est, der unverwüstliche Schulte, die Gebrüder Adri und Gerrit Voorting, Rusman und De Groot; die Schweizer Koblet, Hollenstein und Schellenberg sowie als einziger Italiener Fausto Coppi.

In der *8. Runde* kann die zweite Gruppe aufschließen. 50 Fahrer kämpfen nun gegen Wind und Regen. Die Schweizer Schär und Schellenberg geben das Rennen auf, der Luxemburger Kemp folgt ihnen in das Trockene.

Der *Campionissimo* fühlt sich stark, man ist angenehm von seinem Tatendrang überrascht. Dann kommt die *12. Runde*. Am Materiallager 1, wo die Verpflegung übernommen wird, stoppen plötzlich einige Materialwagen. Mehrere Fahrer stürzen. Unter ihnen der Deutsche Hennes Junkermann, Gerrit Schulte und natürlich wieder einmal Fausto Coppi! Sollte das bereits das Ende sein?

Gott sei Dank ist Pinella De Grandi, Faustos Mechaniker, sofort zur Stelle. Pinella, auch *La pinza d´oro, „die goldene Zange"* genannt, (wobei die Schreibweise zwischen *Pinela* und *Pinella* in den verschiedenen Quellen schwankt), macht seinem Namen wieder einmal alle Ehre und behebt den Schaden an

Coppis Rad in 52 Sekunden. Fausto nimmt zusammen mit Gerrit Schulte die Verfolgung auf und die beiden Radsport-Veteranen schaffen auch den Anschluß.

An der Spitze halten die Belgier das Tempo hoch. Sehr hoch; ein Entkommen ist fast unmöglich. Rusman, Forestier, Stolker und Nencini liegen nach Defekten aussichtslos im Rennen.

Eine Spitzengruppe mit 17 Fahrer nimmt die *16. Runde* in Angriff. Unter ihnen sechs Belgier, fünf Niederländer, drei Franzosen sowie Coppi, Magni und Koblet. Einige hundert Meter zurück folgt eine Gruppe mit Bobet, die 80 km vor Ende des Rennens aufschließen kann.

Immer noch stürmt es heftig, die Fahnen an den Masten stehen waagrecht im Wind und es regnet in Strömen. Viele geben auf. Unter ihnen Koblet und der Spanier Miguel Poblet.

Die *20. Runde* sieht 13 Fahrer an der Spitze, unter ihnen als einziger Italiener Fiorenzo Magni. 45 Sekunden zurück folgt die Gruppe mit Coppi, über vier Minuten dahinter ein drittes Häuflein Versprengter, das von Kilometer zu Kilometer an Belegschaft verliert. Das Tempo, das die Spitzengruppe vorlegt, ist für sie einfach zu hoch. Coppi rackert unermüdlich, aber er hat nicht mehr die Kraft wie früher. Die Spitzengruppe bleibt außer Sichtweite. Verwunderlich bleibt übrigens, daß sich Darrigade und Gauthier heftig an der Verfolgungsjagd Coppis beteiligen, obwohl mit Louison Bobet und Jacques Dupont zwei Franzosen in der Spitzengruppe vertreten sind. Da läuft die Sache bei den Belgiern etwas besser, obwohl sie das Problem haben, wer fährt für *Rik I.* (Rik Van Steenbergen) und wer für *Rik II.?* (die Unterscheidung wurde notwendig, weil in Belgien ein potentieller Kronprinz heranwuchs: Rik Van Looy!).

Die Antwort erfolgt in der *letzten Runde*. Angeführt von Gerrit Schulte kommt die Spitzengruppe auf die Zielgerade. Ockers und De Bruyne spannen sich vor Van Steenbergen (aha!), ziehen ihm den Spurt an und mit ihrer Hilfe gewinnt *Rik I.* seinen zweiten Weltmeistertitel. Einige Meter zurück landete *Rik II.* standesgemäß auf dem zweiten Platz. Dicht dahinter kommt die eigentliche Überraschung des Rennens, der 41 Jahre alten „radelnden Narr" aus Holland, Gerrit Schulte, als Dritter ins Ziel. Mit der Zeit des Siegers (7:26:15 std) folgt die belgische Streitmacht mit Ockers (4.), De Bruyne (5.) und Derycke (6.). Dann kommen, ebenfalls mit der Siegerzeit, der Holländer Gerrit Voorting (7.), Louison Bobet (8.), sein Landsmann Jacques Dupont (9.) und der Holländer Daan de Groot (10.)

Aus der zweiten Reihe mußten sich der Belgier André Vlaeyen (11. mit einem Rückstand von 12 Sekunden) und Magni, der sich noch einen Reifenschaden eingefangen hatte (12. mit 30 Sekunden Rückstand) den Zieleinlauf ansehen.

Mit dem Zusehen war es beim Franzosen Darrigade vorbei. Er brachte erst nach 2:35 Minuten als 13. seine Gruppe nach Hause. Dicht gefolgt von dem

Irländer Elliot (14.), Coppi (15.), Gauthier (16.), Baffi (17.) und Adriaensens (18.). Als Letzter kam Alessandro Fantini mit 15 Minuten Rückstand ins Ziel. Er hatte in der vorletzten Runde nach einem Defekt den Anschluß verloren und mußte sich in der Schlußrunde einen Weg durch die Menschenmenge bahnen, die bereits die Absperrungen ignorierte und die Rennstrecke verließ. Lauthals schaffte er sich Platz: „Coppi ist ins Ziel gekommen, ich werde das auch schaffen! Ich habe seine Hartnäckigkeit gelernt."

Nur 28 Fahrer beendeten das vorher als leicht eingestufte Rennen. Auch hierzu eine Anmerkung: 1937 waren es (ebenfalls in Kopenhagen, damals über 297,5 Kilometer) nur acht „Überlebende"; 1938 überstanden auch nur acht Fahrer die 273 Kilometer lange Unwetterfahrt in Valkenburg.

Der *Campionissimo* selbst hatte sich bravourös geschlagen, als zweitbester Italiener seine Nominierung voll gerechtfertigt und dem Nachwuchs bewiesen, daß mit ihm immer noch zu rechnen ist.

Seine Einberufung in die *Squadra azzurra* zur Weltmeisterschaft hatte natürlich wieder heftige Diskussionen ausgelöst. Aber Coppi hatte nach seinem Sturz, seiner Aufholjagd, die in die Phase des belgischen Angriffs fiel, gezeigt aus welchem Holz er geschnitzt war. Sein Kampf gegen die Übermacht der Mannen aus Flandern und Wallonien (anfangs noch von Baffi und Nencini unterstützt, später alleine ausgefochten), verdiente höchste Anerkennung. Er hatte nicht wie früher in der Manier blasierter Profistars das Rennen vorzeitig beendet, sondern mit einer echt amateurhaften Einstellung die Farben seines Landes ins Ziel gebracht. Italiens Presse wußte es zu schätzen, seine Fans waren wieder einmal aus dem Häuschen.

Presse und Fans waren sich auch am 9. September darüber einig, daß Coppi wieder auf dem besten Weg war, Bestleistungen zu bringen. Dieser Weg führte in 266 Kilometer um Prato herum. Bei diesem Radrennen, das sich schlicht und einfach ***Gran Premio dell´Industria e Commmercio di Prato*** nannte und als 4. Lauf zur Italienischen Straßenmeisterschaft gewertet wurde. Den Fahrern kamen dabei mit dem San Baronto (348 m) und dem Passo Oppio (821 m) formidable Hindernisse in die Quere. Aber fast unüberwindbar war die Barriere am Gipfel des Passo di Collina Poretta (932 m). Tausende von begeisterten Zuschauern blockierten die Straße, parkende Autos verstopften die Fahrbahn. Ein Durchkommen für die Fahrer war fast unmöglich, für die Begleitfahrzeuge aussichtslos.

Zu diesem Zeitpunkt führte der unbekannte Italiener Zampieri. Ein *indipendente*, also ein Fahrer ohne Firmenzugehörigkeit, nach einer Soloflucht mit geringem Vorsprung. Hinter ihm quälten sich lauthals fluchend die Verfolger durch das enge Spalier der Radsportfans, die auch heute noch bei Giro und Tour durch ihren Fanatismus in den Pässen der Alpen, Pyrenäen und Dolomiten Bergankünfte zu einem Alptraum der Rennfahrer machen. Unter den Verfolgern Boni, Aldo Moser, Defilippis, Monti, Cassano und Cainero. Der war bemüht, das Tempo zu drosseln, denn kurz hinter dieser Gruppe bahnte sich sein Kapitän Coppi, gefolgt von Magni und Nencini, einen Weg durch das Chaos.

Bei der Abfahrt, etwa 30 km vor dem Ziel, wurde Zampieri eingeholt. Den Moment der Neuorientierung nutzte Barozzi und machte sich auf und davon. Nach 7:09:00 std erreichte er mit 31 Sekunden Vorsprung das Ziel. Der 29-jährige ATALA-Fahrer Danilo Barozzi stammte aus der Gegend, hatte hier auch schon Rennen gewonnen, aber noch nie einen solchen Triumph feiern können. Auf den Plätzen endeten Albani (2.), Magni (3.), Maule (4.), Ferrari (5.) und Fausto Coppi (6.).

In der Gesamtwertung der Meisterschaft lag nun vor dem Abschlußrennen am 30. September in Legnano Giorgio Albani mit 25 Punkten vor Maule (22) und Baffi (19) in Front. Coppi hielt gemeinsam mit Defilippis, Bertoglio und Filippi den 14. Platz (5 Punkte).

Für Fausto Coppi, den das Schicksal in dieser Saison gewaltig gebeutelt hatte, ein beachtenswertes Resultat. Vor allem ein wichtiges. Denn damit war er unter den ersten Fünfzehn der Meisterschaft und durfte am letzten Lauf Ende September in Legnano teilnehmen.

Coppi sorgte auch wieder für Schlagzeilen. Aber diesmal konnte er nichts dafür. Denn daß es ausgerechnet einem Amateur gelingen würde, für Italien den Stundenweltrekord zurückzuholen, und dieser Junge damit versprach, ein zweiter Fausto Coppi zu werden, damit hatten wohl die kühnsten Optimisten nicht gerechnet. Ercole Baldini brachte das fertig, was Fausto am Beginn seiner Karriere gelang, nämlich den Stundenrekord am 7.11.42 mit einer Leistung von 45,848 km so erheblich zu verbessern, daß andere mehr als 13 Jahre vergeblich versuchten, diese Marke zu überbieten (Bekanntlich gelang dies erst Jacques Anquetil am 29. Juni in Mailand, aber zu gerne hätte der Franzose in Kopenhagen auch den Weltmeistertitel im Einer-Verfolgungsfahren in seinen Besitz gebracht. Das verhinderte der Däne Kaj Werner Nielsen, der ihm im Halbfinale so zusetzte, daß Anquetil im Finale gegen den Italiener Messina unterlag. Der 23-jährige Baldini wählte den umgekehrten Weg. Er sicherte sich zuerst in Kopenhagen gegen seinen Landsmann Faggin den WM-Titel, dann schraubte er die Welthöchstleistung auf 46,394 Kilometer in der Stunde).

Hierzu ein kurzer Bericht über die Rekordfahrt des Italieners: 15 000 enthusiastische Zuschauer leisteten auf der Mailänder Vigorelli-Bahn die moralische Unterstützung, die nötig war, den von seinem Trainer Proietti entworfenen Marschplan zu verwirklichen. Dazu gehörte u.a. der Tagesablauf: 7 Uhr Wecken und Massage, Frühstück; 12.30 Uhr Mittagessen (Spaghetti, gegrilltes Fleisch, Obst); 16.30 Uhr Radkontrolle durch die Kommissäre - Baldini verwendete u.a. wie seine Vorgänger eine Übersetzung von 7,38 m/Umdr. und Reifen mit einem Gewicht von 110 Gramm. Im Gegensatz zu seinen Vorgängern Coppi und Anquetil (170 mm) ließ er Kurbeln mit einer Länge von 175 mm montieren. Um 17.47 Uhr ging der Modellathlet

(1,78 m/77 kg, linke Beinlänge 59 cm, rechte 57 cm) an den Start. Für anthropometrisch interessierte Leser: Die Beine des 23-jährigen Fausto Coppi wurden vor seinem Rekordversuch ebenfalls vermessen: links 57 cm, rechts 56 cm.

Um 17.57 Uhr fiel der Startschuß. Um 18.57 Uhr legt Baldini die Abschlußrunde in 29,8 Sekunden zurück und erzielt nach 116 Runden und 299 Metern einen neuen Stundenweltrekord. Damit überbot er Jacques Anquetil um 235 Meter, Coppi um 546 Meter.

Für Fausto war das keine allzu große Überraschung. Er hatte dem am 26. Januar 1933 in Villanova di Forli geborenen Ercole bereits nach dessen Amateur-Stundenweltrekord am 30.10.1954 in Mailand (44,870 km) eine große Zukunft prophezeit.

Die Medien waren schnell mit einem neuen Coppi zur Hand. Aber Baldini war ebensowenig < *il nuovo Coppi* > wie Guido Carlesi, dem man das Prädikat unterjubeln wollte, weil er Fausto im Aussehen zum Verwechseln ähnlich sah. Am nächsten kam der Vorstellung, ein neuer Coppi sei aufgetaucht, Eddy Merckx. Aber bei ihm war das soziale, politische und sportliche Umfeld ein ganz anderes. Lassen wir es dabei: Coppi gab es eben nur einmal.

Der „echte" *Campionissimo* gab sich zu diesem Zeitpunkt bescheiden. Er war schon über einen 6. Platz beim Rundstreckenrennen in San Marino froh, bei dem er 37 Sekunden hinter dem Sieger Nello Fabbri ins Ziel kam.

Ganz anders war hingegen seine Stimmung am 30. September. Auf dem Programm stand der 5. und letzte Lauf zur Italienischen Straßenmeisterschaft. Schauplatz war Legnano, das Stück hieß ***Coppa Bernocchi***, ein Einzelzeitfahren über 108,8 km (vier Runden zu je 27,200 km) unter Regie der *Unione Sportiva Legnanese*. Etwa 100 000 Zuschauer säumten die Strecke! Fast alle waren gekommen, um den *Campionissimo*, der noch immer als Zeitfahrspezialist galt, siegen zu sehen. Sie wurden zwar in dieser Hinsicht enttäuscht, erlebten aber trotzdem einen „Super-Coppi".

Fausto (er hat die Übersetzung von 53 x 14-15-16-17-18 gewählt), begann die *1. Runde* verhalten, wenn man es so bezeichnen kann. Mit 36:31,2 min und einem Rückstand von nur 31 Sekunden (3. Pl.) auf Guido Boni, der das Rennen anging wie von der Tarantel gestochen, ist das vielleicht nicht die richtige Bezeichnung. Aber Fausto ließ sich in seinem Konzept dadurch nicht stören und beendete die *2. Runde* in 1:13,45 std (Rundenzeit 37:13,3 min; 2. Platz). Unter dem ohrenbetäubenden Jubel der Zuschauer übernahm Coppi in der *3. Runde* nach 1:51,53 std (Rundenzeit 38:08,2 min) sogar die Führung vor Boni (55,3 Sekunden zur.)! Aber von hinten stampfte ein ziemlich unbekannter Neuprofi aus der Mannschaft ARBOS-BIF heran, der als Berufsfahrer bisher lediglich einen dritten Platz bei *Milano-Vignola* verbuchen konnte, als Amateur aber ein halbes Dutzend Zeitfahren gewonnen hatte. Es war also Gefahr im Verzug.

Coppi konnte den Ansturm des 27-jährigen Jungen aus Mori bei Roveretto nicht bremsen. Velasco *Vasco* Modena, so der Name des schnellen Burschen, überquerte nach einer Fahrzeit von 2:31:55 std als Bester die Ziellinie. Fausto Coppi erreichte mit 42 Sekunden Rückstand einen sensationellen zweiten Platz vor Baffi (1:51,2 min Rückstand). Es folgten: 4. Albani (2:46,2 min) und 5. Maule (2:49,1 min). Boni hatte das Rennen unterwegs erschöpft aufgegeben. Magni und Defilippis hatten ebenfalls keine Lust mehr, die erneute Wiederauferstehung des *Campionissimo* als Statisten zu begleiten. Velasco Modena war übrigens nur zwei Jahre Profi, der Sieg in der *Coppa Bernocchi* sein einziger. Aber der war über Coppi!

Giorgio Albani hatte mit seinem 4. Platz und 31 Gesamtpunkte die Italienische Meisterschaft gewonnen. Auf den Plätzen folgten: 2. Maule (27 Punkte) und 3. Baffi (26). Coppi konnte mit 13 Punkten immerhin noch einen beachtlichen 7. Rang erreichen

Nun könnte man der Meinung sein, die Freiluftsaison in Italien wäre zu Ende gewesen. Weit gefehlt. Noch stand ja die Lombardei-Rundfahrt und die „Trophäe Baracchi“ an. Im klimatisch weniger günstigen Belgien wurde dagegen die Hallensaison eröffnet. Sie hatte tragische Folgen.

Am 29. September fanden im Sportpalast von Antwerpen Bahnrennen statt. Während eines Punktefahrens stürzte Stan Ockers. Er wurde bewußtlos von der Bahn getragen und sofort in das Krankenhaus *St-Barthalomeus* in Merksem, einem Vorort von Antwerpen, gebracht. Am 1. Oktober starb der kleine Mann mit dem großen Kämpferherz an den Folgen eines Schädelbruchs. Er hinterließ seine Frau Rose und den sechsjährigen Eddy.

An seinem Leichnam, im Sportpalast aufgebahrt, zogen die Sportsfreunde Belgiens und viele aus dem Ausland gekommene Freunde, Kollegen und Vertraute vorüber. Eine Nation und darüber hinaus ganz Sporteuropa nahm Abschied von diesem wackeren, untadeligen Radrennfahrer, der anfangs nicht immer nur Freunde im Lager seiner Rivalen hatte. Zu oft war man über sein Hinterradfahren verärgert, sein geradezu unheimliches Vermögen, mit dem geringsten Aufwand an Kraft und Einsatz den größtmöglichen Erfolg herauszuholen. Je älter Ockers wurde, desto mehr verstummten seine Kritiker, desto lauter wurden seine Bewunderer. Man erkannte, daß es Ockers nicht an Kampfgeist, Mut, Ehrgeiz und Temperament mangelte, sondern daß der „Mathematiker des Radsports“ der Stimme seines Instinktes, seiner Intelligenz gehorchte, wenn er unsinnige Kräftevergeudungen und aussichtslose Jagden ablehnte. Seine Erfolge verblüfften. Mit 35 Jahren erklomm er 1955 in Frascati den höchsten Gipfel seiner Laufbahn und wurde Straßenweltmeister der Berufsfahrer. Aber auch als 36-jähriger repräsentierte er noch erfolgreich die alte Garde der Nachkriegszeit. Stan Ockers wurde im Friedhof seiner Geburtsstadt Borgerhout beigesetzt. Das belgische Königshaus nahm ihn posthum in den Orden Leopold II. auf. Am 28. April 1957 wurde ihm zu Ehren auf dem Hügel von Les-Forges in Gomzée-Andoumont ein Denkmal errichtet. Hier begann er 1953 den entscheidenden Vorstoß, der zu seinem Sieg im *Pfeil von Wallonien* führte.

Coppi gewann am 14. Oktober in Lugano den ***G. P. Campari***. Das letzte Einzelzeitfahren der Saison sah bei wunderschönem Herbstwetter zehn der weltbesten Zeitfahrer am Start. Vasco Modena, der Sieger der *Coppa Bernocchi*, zog es vor, zu Hause zu bleiben und auf seinen frischen Lorbeeren auszuruhen. Anquetil, der Sieger von 1953 und 1954 fehlte ebenfalls. Das soll jedoch Coppis Erfolg nicht schmälern.

30 000 Zuschauer ehrten vor dem Start den tödlich verunglückten Ockers, der für Lugano gemeldet war, mit einer Minute des Schweigens. Dann mußten 76,5 Kilometer, aufgeteilt in fünf Runden, um den Monte San Salvatore zurückgelegt werden. Der 23-jährige Schweizer Rolf Graf, Rekordsieger des Vorjahres, schuf bereits in der ersten Runde einen neuen Rundenrekord und distanzierte Coppi um 22 Sekunden. Der *Campionissimo* kam aber immer besser in Schwung, und lag nach der dritten Runde nur noch 6 Sekunden (etwa 37 Meter) hinter Graf. Nach der vierten Runde zog Coppi mit 4 Sekunden in Front und konnte seinen Vorsprung in der Schlußrunde weiter ausbauen. Das Endergebnis spricht für sich. Der 37-jährige Italiener hatte die wesentlich jüngeren Fahrer gründlich vorgeführt: 2. Rolf Graf (18 Sekunden zurück), 3. Bouvet (1:50 min), 4. Charly Gaul (4:22 min), 5. André Vlaeyen 5:56 min), 6. Aldo Moser (5:59 min), 7. Brankart (6:08 min), 8. Carlesi (6:47 min) und 9. Planckaert (8:14 min).

Die Gleichmäßigkeit, mit der Coppi generell seine Zeitfahren absolvierte, zeigte sich auch in den Rundenzeiten von Lugano wieder: 22:25,0 min; 22:37,4 min; 22:33,1 min; 22:00,5 min und 22:30,4 min. Mit einer Gesamtfahrzeit von 1:52:06,4 Stunden (40,943 km/std) war er schneller als bei seinen Siegen 1951 (39,830 km/std) und 1952 (40,498 km/std).

Fausto ließ seinen Gefühlen freien Lauf: „Endlich! Nach allem Malheur in diesem Jahr eine riesige Freude. Dieser Sieg war nötig. Aber für jeden schlägt einmal die Stunde.“ Coppi meldete damit auch nachdrücklich seine Ambitionen für die eine Woche später stattfindende Lombardei-Rundfahrt an.

Der 21. Oktober, ein Sonntag, zeigt sich grau in grau. Die 50. Auflage des ***Giro di Lombardia*** hätte besseres verdient. Auch Fausto Coppi, ohne jede Einschränkung der große Animator dieser Rundfahrt.

Rund hundert der 238 Rennkilometer wurden von strömendem Regen begleitet. Eine Gruppe von fünf Italienern, darunter Coppis Schützling Giuseppe Cainero, stieß zunächst vor. Sie führte lange Zeit mit über zwei Minuten und die Sache schien für die anderen bedrohlich zu werden, als auch der starke Tempobolzer Donato Piazza zur Spitze aufschloß. Als gar noch Aldo Moser, mit den Belgiern Fred De Bruyne und Van Looy am Hinterrad, versuchte, vom Feld wegzukommen, war die Geduld der Asse zu Ende. Die Ausreißer wurden von der Meute erbarmungslos gehetzt. Kurz vor der Verpflegungskontrolle in Como waren praktisch alle wieder beisammen.

Hinter Como entwischten die Italiener Aureggi, Monti und der Franzose Bouvet. Der sah sich, moralisch gestärkt durch seinen kürzlich errungenen

Sieg bei *Paris-Tours*, durchaus in der Lage, seinen Gegnern Mores zu lehren. Beim Anstieg zum traditionsreichen Ghisallo löste er sich von seinen Begleitern und stampfte die Kehren empor. Zu diesem Zeitpunkt trat ein bisher wenig bekannter italienischer BIANCHI-Fahrer ins Rampenlicht - Diego Ronchini. Mit einem eindrucksvollen Bergspurt schob er sich an Bouvet heran, holte ihn ein und ließ ihn stehen. Seine Aktivität löste natürlich nicht nur die Bewunderung der Großen aus, sondern veranlaßte sie auch, aus ihren Reserven herauszutreten.

Am besten gelang dies Fausto Coppi. Er hielt seine Stunde für gekommen. Im Stil früherer Jahre kletterte er die Serpentinen hoch, distanzierte seine ärgsten Widersacher Bobet, Fornara und den Belgier Couvreur, und schob sich an Bouvet vorbei. Dann eröffnete er die Jagd auf Ronchini. Ganz erreichte er seinen jungen Landsmann nicht mehr. Mit knapp 10 Meter Vorsprung konnte sich der über den Scheitelpunkt des Ghisallos retten. Aber was sind zehn Meter gegen einen Coppi, der nun aufs Ganze ging.

Das merkten auch Couvreur (15 Sekunden zurück), Fornara (30 Sekunden) und eine von Magni geführte Gruppe (1 Minute). Aber erkennen und sofort erfolgreich reagieren sind zwei verschiedene Sachen. Im Fall Coppi fast aussichtslos. Der jagte mit Ronchini am Hinterrad durch die Kurven hinunter ins Tal, daß den Journalisten, angeführt von Emilio De Martino, der das Rennen in einem nagelneuen *Appia Lancia* begleitete, die Haare zu Berge standen. Der Vorsprung der Ausreißer vergrößerte sich zusehends. In Erba, 50 km vor Mailand, lagen die beiden 45 Sekunden vor den unmittelbaren Verfolgern. Doch nun zeigten sich bei dem jungen Diego Ronchini die ersten Ermüdungserscheinungen.

War es wirklich nur Erschöpfung? Am Scheitelpunkt des Ghisallo hatte sich auch Pinella De Grandi unter die Wartenden gemischt. Der einstige Mechaniker von Coppi bei BIANCHI, nun Rennleiter bei der Traditionsfirma, gab seinem Mann - Ronchini - die klare Anweisung, Coppi nicht zu unterstützen.

Fausto mußte nun fast ausschließlich alleine die schwere Führungsarbeit leisten. Schon im ersten Teil des Rennens war er nach einem Defekt mit über „50 Sachen" hinter dem Feld hergeprescht, nun raste er mit ähnlicher Geschwindigkeit Mailand entgegen. Hinter ihm hatte sich ein starkes Verfolgerrudel gebildet: Bobet, Van Looy, Moser, Magni und der frischgebackenen italienische Meister Albani. Im Schlepptau hatten sie André Darrigade, den spurtschnellen Franzosen, der von der Führungsarbeit aber auch schon gar nichts wissen wollte...

20 Kilometer vor Mailand lagen Coppi und Ronchini noch in Führung. 6 Kilometer vor der Vigorelli-Bahn, bereits im Herzen der Großstadt, waren die Verfolger heran.

Coppi hatte am Start zu verstehen gegeben, daß er die „Rundfahrt der fallenden Blätter" gewissermaßen als Abschluß seiner Straßenkarriere betrachtet. Der Traum des *Campionissimo* von einem glanzvollen Sieg zum

Abschluß war spätestens zu diesem Zeitpunkt so gut wie ausgeträumt. Dennoch hätte Fausto das schier Unmögliche auf den Holzlatten der Bahn beinahe noch geschafft. Zusammen mit Magni war er an Van Looy, der den Spurt angezogen hatte, bereits vorbei und strebte mit einer Radlänge Vorsprung als scheinbar sicherer Sieger dem Ziel entgegen. Mit einem veritablen „Panthersprung“ schob sich jedoch der spurtstarke, noch ziemlich frische (s.o.!) Darrigade auf den letzten Metern an Coppi vorbei und siegte mit einer halben Vorderradlänge.

Fausto war am Boden zerstört. Er weinte bittere Tränen (diesmal ist es keine Vermutung, sondern durch Fotos und Filmaufnahmen hinreichend belegt) und lamentierte später im Hotel: „Wenn ich zehn Jahre jünger wäre, hätte es kein Problem gegeben. Ich habe Ronchini gesagt, er soll an meinem Hinterrad bleiben und sich für den Endkampf schonen. Aber seine Kräfte reichten auch so nicht aus. Ich mußte gegen zehn Sprinter kämpfen: Magni, Van Looy, Albani, Monti und wie sie alle heißen. Ich habe sie alle besiegt. Und dann kommt Darrigade. Ich habe ihn während des Rennens nie gesehen.“

Coppi kennen noch viele. Wer erinnert sich an Darrigade? Vielleicht hätte der schnelle André, der mit seiner Jugend noch am Anfang seiner Laufbahn stand, einen Schritt in Richtung Unsterblichkeit getan, wenn er dem alten *Campionissimo* den Sieg geschenkt hätte (formulieren wir es etwas vorsichtiger - erleichtert hätte). Eines stand jedoch fest: Es gab keine Allianz zwischen CARPANO-COPPI und BIANCHI. Darrigade siegte genau in dem Trikot, für die Firma, für die Coppi zehn Jahre lang gekämpft hatte! Pinella De Grandi war ebenfalls den Tränen nahe: „Ich habe Fausto schon immer in mein Herz geschlossen. Ich verehre ihn als Rennfahrer und als Mann. Ich weiß, er hat heute vielleicht seine letzte Patrone verschossen. Aber heute war ich sein Widersacher und mußte Darrigade unterstützen.“

Hinzu kommt noch eine etwas undurchsichtige Sache. In Erba hatten die Ausreißer, wie erwähnt, 45 Sekunden Vorsprung. Am Ortseingang von Seregno waren es noch 43 Sekunden. Coppi und Ronchini hatten also 2 Sekunden verloren, aber wohlgemerkt innerhalb von 11 Kilometern! Klar, daß sie auf den restlichen 14 Kilometern ihren Vorsprung, wenn auch geringer, hätten halten können. Zugegeben, Ronchini baute zusehends ab und hatte Schmerzen im Knie. Aber Coppi fegte mit unverminderter Geschwindigkeit, mit zusammengebissenen Zähnen, durch Mailands Vororte. Wie war es dann möglich, daß die Verfolger herankamen?

Hinter den Ausreißern folgten in einer langen Karawane die Begleitautos, besetzt mit Offiziellen, Presseleuten, Rundfunk- und Bildreportern. Das ist bei jedem Rennen so. Aber wenn der Abstand zur Spitze schmilzt, wird von einer verantwortungsbewußten Rennleitung die sogenannte *barrage* angewendet. Der französische Begriff (verhindern, unterbinden) ist im Radsport-Reglement verankert und besagt, daß sich die Begleitfahrzeuge - sollte der Abstand zwischen den Ausreißern und den Verfolgern zu gering werden (in der Regel unter einer Minute) - **hinter** der Verfolgergruppe einordnen müssen!

Das war nicht der Fall. Im Windschatten der Autos hatte sich die wilde Rotte um Darrigade herangepirscht und dabei auch den Wagen von Giulia passiert, die sich unter die Begleitfahrzeuge gemischt hatte und den Verfolger bissige Bemerkungen zurief, die besonders Magni zusätzlich anstachelten. [Das ist keine Unterstellung des Autors, der zugegebenermaßen ein Bewunderer des Italieners ist und manchmal ins Schwärmen gerät. Das Ganze ist in *sport illustrato, anno 45, nummero 43, pag. 2f, ottobre 1956* nachzulesen].

Mit Sicherheit hatte auch Coppi einige Tage später von der Sache Wind bekommen. Nun heulte er vermutlich aus Wut.

Trotz des Desasters war Italiens Presse voll des Lobes über Fausto: < *Grandissimo Coppi!* > Fast schon nebensächlich das Ergebnis: 1. André Darrigade, 240 km in 6:14:20 std (38,468 km/std), 2. Coppi, 3. Magni, 4. Van Looy, 5. Albani, 6. Monti, 7. Roger Decock, 8. Louison Bobet, 9. Ronchini, 10. De Bruyne. 32 Fahrer beendeten das Rennen.

Mit der Lombardei-Rundfahrt fand auch die Jahres-Wertung um den *Challenge Desgrange-Colombo* ihren Abschluß. Nach dem Vorjahressieger Stan Ockers gewann diesmal abermals ein Belgier: Alfred De Bruyne! Er kam auf 84 Punkte. In dieser inoffiziellen Weltmeisterschaft konnte Ockers trotz seines tödlichen Unfalls vor den beiden letzten Rennen mit 62 Punkten den Ehrenplatz vor dem Franzosen Jean Forestier (61) erringen.

Zum Abschluß kam auch die größte Amateurveranstaltung in Italien. Altmeister Gino Bartali hatte in Zusammenarbeit mit Generaldirektor Granelli von der bedeutendsten italienischen Mineralwasserfabrik SAN PELLEGRINO in 30 Gegenden Italiens Tagesrennen veranstaltet. Die ersten fünf jeder Region wurden zu einem abschließenden 5-Etappenrennen über 769 Kilometer zugelassen, das mit dem Sieg von Dino Bruni endete.

Sinn dieser Veranstaltung war, für den BARTALI-SAN PELLEGRINO-Rennstall, der 1957 ins Profigeschäft einsteigen wollte, eine schlagkräftige Truppe zu finden. Da aber Bruni genau wie der bei der Lombardei-Rundfahrt groß hervorgetretene Ronchini bereits von BIANCHI unter Vertrag genommen waren, wählte Bartali wohl oder übel andere Fahrer aus, die den Kern der neuen Profitruppe bilden sollten: Brandolini, Pambianco, Romagnoli, Restelli, Piscaglia, Caponcelli, Dante und andere sogenannte Hoffnungsträger. Namen, von denen man bestimmt noch hören würde. Die Mannschaft wurde auf 10 Mann vervollständigt und sollte alle italienischen Meisterschaftsrennen, den Giro und einige ausländische Rennen bestreiten, wobei in erster Linie an die *Tour de Suisse* gedacht wurde.

Zu einer interessanten Revanche für die Lombardei-Rundfahrt kam es in Paris, wenn auch auf anderem Terrain. Im *Vel d'Hiv* trafen Coppi und Darrigade bei einem Kilometer-Zeitfahren aufeinander. Aber auch diesmal behielt der Franzose mit 1:07,2 min über den Italiener (1:07,6 min) knapp die

Oberhand. Das tat der Bewunderung der Pariser Fans für ihren *Fostó* aber keinen Abbruch. Weitere französische Siege gab es im 5-km-Mannschafts-Verfolgungsrennen durch Louison Bobet-Gauthier-Hassenforder-Brun gegen Albani-Piazza-Messina-Favero sowie im 10-km-Rennen hinter Derny durch Bobet und im 25-km-Rennen. Dagegen blieben die *azzurri* in der 5-km-Paarverfolgung durch Messina-Piazza gegen Brun-Hassenforder erfolgreich.

Eine weitere Niederlage gegen Darrigade fing sich Coppi am 4. November in Mailand ein. Mit dem Rennen um die ***Trofeo Barracchi*** wurde traditionsgemäß die internationale Straßensaison beendet. Wie in den Jahren zuvor gliederte sich der Wettbewerb in zwei Teile: in ein Zeitfahren für Zweiermannschaften über 108 km von Bergamo nach Mailand, und in eine aus zwei Konkurrenzen bestehende Bahnprüfung im Vigorelli-Stadion. Das Team Coppi-Filippi, das in den vergangenen drei Jahren gewonnen hatte, galt auch diesmal als Favorit, obwohl Insider munkelten, daß es um die Form Filippis nicht allzu gut bestellt sei. In der Tat erwies sich bald, daß Coppi nicht wie früher auf eine wirksame Unterstützung durch seinen Mannschaftsgefährten zählen konnte. Auf halber Strecke, bei der 65-km-Kontrolle, führten die beiden zwar dank einer großen Leistung des *Campionissimo* noch mit einer winzigen Sekunde Vorsprung vor Albani-Piazza, aber von hinten kam, nur 39 Sekunden zurück, die französisch-schweizerische Mannschaft Darrigade-Graf heran. Den Franzosen hatte Coppi in schlechter Erinnerung; Graf brannte auf eine Revanche für Lugano!

Im Schlußteil der Strecke wurde Filippi immer schwächer. Auf den letzten, entscheidenden 15 Kilometer, war Coppi gezwungen, die gesamte Führungsarbeit alleine zu verrichten. Sein Partner war nicht in der Lage, eine vernünftige Ablösung zu bringen. Die Zeche bezahlte Coppi: mit 30 Sekunden Rückstand mußte er sich seinen Widersachern beugen, die fast zweieinhalb Stunden einen Durchschnitt von 46,628 km/std kurbeln mußten, um den *Campionissimo* in die Knie zu zwingen. Mit 34 Sekunden Rückstand endeten Albani-Piazza auf dem 3. Platz. Ausgesprochenes Pech hatte *Desgrange-Colombo*-Sieger De Bruyne, der zusammen mit dem jungen italienischen Nachwuchsfahrer De Gasperi für CARPANO-COPPI startete. Nachdem er noch auf halber Strecke den 4. Platz eingenommen hatte, fiel De Gasperi später aus und der Belgier mußte das Rennen allein weiterfahren. Acht Minuten Rückstand und der letzte Platz waren das Ergebnis.

Im Vigorelli-Velodrom gewannen anschließend Darrigade-Graf auch das Zeitfahren über eine Bahnlänge mit der Gesamtzeit von 53,0 Sekunden. Darrigade erzielte dabei mit 26,0 Sekunden die beste Zeit vor Coppi (26,6). Fausto hatte auch hier unter der Indisposition seines Partners zu leiden: Das Rennen wurde mit fliegendem Start gefahren, Filippi deutete ein Zeichen des Rennleiters falsch, mußte seine Fahrt daraufhin unterbrechen und erzielte mit 32 Sekunden nur die schlechteste Zeit aller Teilnehmer. Damit war die Entscheidung im Gesamtklassement praktisch gefallen. Darüber konnte auch der Erfolg von Coppi-Filippi im abschließenden Mannschafts-Verfolgungsfahren nicht hinwegtrösten. Gewinner der *Trofeo Barracchi* wurde die Mannschaft Darrigade-Graf mit 84 Punkten vor Coppi-Filippi (68) und Albani-Piazza (62).

Der *Campionissimo* zeigte sich anschließend bei einem stark besetzten Omnium in Gent, wo er hinter Rik Van Steenbergen den zweiten Platz belegte. De Bruyne landete auf Platz drei.

Im Brüssler Sportpalast fuhr der junge Belgier Willy Lauwers beim ***Kriterium der Asse*** über 100 km hinter Derny-Schrittmachern einen neuen Rekord: er legte in der Stunde 56,870 Kilometer zurück! Dabei überrundete der hoffnungsvolle Jüngling seine großen Vorbilder Van Steenbergen, Van Est, Impamis und Verschueren. Coppi nahm er sogar zwei Runden ab.

In Mailand mußte sich Coppi bei der italienischen Winterbahn-Meisterschaft, die im bis zum letzten Platz besetzten *Palazzo dello Sport* ausgetragen wurde, im Omnium dem Bahnspezialisten Guido Messina beugen, der alle vier Wettbewerbe gewann (40 Punkte). Coppi belegte mit 29 Punkten Rang zwei vor Piazza und Albani.

Für Fausto ging das Trauma „Darrigade“ weiter. Er ließ sich im *Vel d'Hiv* auf ein Match mit dem Franzosen ein. Diesmal über 7,5 Kilometer hinter *Dernys*. Und wieder mußte er mit dem undankbaren zweiten Platz vorlieb nehmen. Immerhin vor Guido Messina, dem französischen Meister Jacques Bellenger und Morettini, also ausgesprochenen Bahnspezialisten!

Auf der anderen Hälfte der Erdkugel fand inzwischen das Spektakel statt, das als Markenzeichen die fünf Ringe führt. Bei den Olympischen Spielen in Melbourne drückte dabei im Straßenrennen Ercole Baldini dem mörderischen Rennen seinen Stempel auf. Auf einem etwas über 17 km langen Rundkurs in Broad Meadows, im Norden Melbournes, mußten 11 Runden zurückgelegt werden, was einer Gesamtdistanz von 187,731 Kilometern entsprach. Von internationalen Fachleuten war schon vor Monaten auf die viel zu geringe Breite der Rennstrecke hingewiesen worden, die fünf Steigungen mit einem Höhenunterschied von 250 m besaß und stellenweise nur drei (!) Meter Breite betrug. Start und Ziel sowie die Materialdepots wurden ständig belagert, so daß die Akteure keine einwandfreie Durchfahrtsmöglichkeit besaßen und teilweise bei Defekt nicht einmal einen Radwechsel vornehmen konnten. Es war nur gut, daß das Interesse des Publikums nicht allzu groß war. Aber selbst die relativ wenigen Zuschauer benahmen sich auf dem Rundkurs so, wie wenn weit und breit kein Rennen um olympische Ehren stattfinden würde. Dazu kam eine fast unerträgliche schwüle Hitze, die sogar den „Backofen von Frascati“ 1955 übertroffen haben soll.

Baldini kam mit diesen Gegebenheiten am besten zurecht. 34 Kilometer vor dem Ziel trat der Weltmeister und Stundenrekordinhaber plötzlich an (wobei ihm ein das Feld überholender Wagen mit Fotoreportern wertvolle Schrittmacherdienste geleistet haben soll). Aber ohne sein eigenes Können wäre es selbstverständlich nie zu dem Vorsprung gekommen, den er in den beiden letzten Runden gegen die Weltelite der Amateure herauszufahren vermochte. Als ausgesprochener Spezialist in Rennen „gegen die Uhr“ demonstrierte er seine Klasse und holte sich nach 5:21:17 std den Sieg und damit die Goldmedaille vor Arnoud Geyre/FRA (1:59 min zur.) und Alain Jackson/GBR. Auf dem undankbaren 4. Platz endete der Deutsche Horst Tüller. Fünfter wurde Gustav-Adolf Schur aus Heyrothsberge bei Magdeburg.

Zurück nach Europa: Fausto Coppi besuchte anläßlich eines Starts in Antwerpen, wo er das *Ockers-Gedächtnisrennen* über eine Stunde hinter Derny-Motoren bestritt, die Witwe des Belgiers, um ihr persönlich sein tiefes Mitgefühl auszudrücken. Coppi hatte im Oktober nicht persönlich am Begräbnis teilnehmen können, ließ aber damals einen großen Kranz niederlegen.

Coppi ging Ende des Jahres noch einmal in Paris an den Start eines 100-km-Mannschaftsrennens. Sein Partner war dabei - man höre und staune - Darrigade! Die Schweizer Hugo Koblet - Armin von Büren entschieden das Rennen nach 2:05:36 std für sich. Coppi-Darrigade mußten sich mit Platz vier begnügen.

Coppis bedeutende Erfolge zum Abschluß der Straßenrenn-Saison - *G.P. Campari* (1. Platz), *Giro di Lombardia* (2.), *Coppa Bernocchi* (2.) und *Trofeo Baracchi* (2.) -, aber auch gute Plazierungen beim *G.P. d´Asti* (4.), bei den Rundstreckenrennen in Lavis (4.), Maria Vez (4.) und San Marino (6.), einem guten 4. Platz beim Mannschaftsrennen hinter Derny-Führung beim *Critérium Roue d´Or* in Paris (zusammen mit Milano), einem 10. Platz bei *Milano-Vignola* sowie der 7. Rang in der *Italienischen Meisterschaft* veranlaßten Fausto, neue Pläne für das Jahr 1957 zu schmieden.

Der 37-jährige Coppi dachte noch nicht daran, sein Rad an den Nagel zu hängen. Offen blieb aber die Frage, wohin führt sein Weg:

< *Quo vadis - Fausto?* >

1957
Erneuter Sturz, aber die Fans halten zu ihm

Wohin Coppis weiterer Weg führen würde, wußte niemand. Am wenigsten Fausto selbst. Der *Campionissimo* gab sich zwar optimistisch wie immer und legte seine Pläne, zumindest für den ersten Teil der neuen Saison, auf den Tisch:

2. Februar:	Bahnrennen im Mailänder Sportpalast;
17. Februar:	Bahnrennen im *Vel d'Hiv*/Paris;
24. Februar:	Bahnrennen im Zürcher Hallenstadion;
26. Februar bis 3. März:	Beginn der Straßensaison mit der Teilnahme an der *Sardinischen Woche;*
10. März:	***Milano-Torino***;
11. März bis 17. März:	***Paris-Nice***;
23. März:	***Het Volk***/Belgien;
24. März:	***Gent-Wevelgem***/Belgien;
31. März:	***Ronde van Vlaanderen***/Belgien;
7. April:	***Paris-Roubaix***;
14. April:	***Giro di Campania*** (1. Lauf zur Italienischen Straßenmeisterschaft)
21. April:	***G.P. Europa*** (Mannschafts-Zeitfahren mit Baldini und Ronchini in Ravenna);
22. April:	Bahnrennen im Mailänder Vigorelli; vielleicht das Bergrennen auf den Mont Faron; Kriterien in Dumesnil/Frankreich und Zürich;
5. Mai bis 9. Mai:	***Meisterschaft von Zürich***;
18. Mai bis 9. Juni:	***Giro d'Italia.***

Fausto ließ auch durchblicken, daß er am 19. März an einer Teilnahme beim Frühjahrsklassiker ***Milano-Sanremo*** interessiert wäre. Kein Fehler, denn CARPANO signalisierte im Falle eines weiteren Erfolges eine Prämie von *zwei Millionen Lire* (13 400 Mark). Apropos Geld: legt man für einen Start Coppis bei einem Rennen die mittlerweile realistische Summe von 5000 Mark zu Grunde, so ergibt alleine das Startgeld für oben genannte Rennen die stolze Summe von etwa 75 000 Mark. Wir werden noch darauf zu sprechen kommen.

Das war Coppis Planung für die ersten fünf Monate des Jahres. Später wollte er weitersehen. Er tat gut daran, es bei diesem Zeitraum zu belassen. Denn wieder einmal nahm das Schicksal eine unvorhergesehene Wendung.

Der 37-jährige *Campionissimo* ging die Vorbereitung auf das angestrebte Rennprogramm mit der ihm eigenen Konsequenz an. Bereits im Januar machte er mit seinem Freund Ettore Milano, der inzwischen BIANCHI verlassen hatte und sich nun bei CARPANO-COPPI wieder ganz auf Fausto konzentrierte, lange Trainingsfahrten. Auf den Feldern und Wiesen lag noch Schnee, ein kalter Wind pfiff durch die Gegend um Novi Ligure. Coppi machte keine Gewalttouren. Dick vermummt ließ er locker die Beine kreisen, atmete die damals noch klarere Luft Piemonts ein, kletterte beschwingt die Kehren der Hügel empor; die Ausläufer des Ligurischen Apennin, der sich genau bis Tortona nach Norden erstreckt. 50 bis 70 Kilometer, täglich, später sollten es 150 bis 170 werden. Bis zur *Primavera* am 19. März wollte er 8000 Kilometer zurückgelegt haben.

8000 Kilometer? Viel, aber nicht für Coppi. Journalisten gegenüber äußerte er: „Können sie sich vorstellen, was ich auf Anweisungen meines Lehrmeisters Cavanna am Anfang meiner Karriere veranstaltete? Wecksignal 5 Uhr; erstes Frühstück um 6 Uhr; um 7.30 Uhr nach Tortona oder Novi Ligure. Um 9 Uhr zurück in Castellania. Ausnahme Mittwoch und Freitag, wo Ausfahrten zwischen 180 und 220 Kilometer anstanden. Von 14 bis 16 Uhr Bettruhe. Dann Tee und einige Kekse. Anschließend erneut nach Tortona oder Novi. Um 19 Uhr Abendbrot. Spätestens um 22 Uhr ins Bett."

Im übrigen hielt sich Coppi an die Worte von Vittorio Pozzo, dem Technischen Direktor der italienischen Fußballnationalmannschaft: „Ein Fußballer ist ständig auf den Beinen, ein Radfahrer immer im Sattel."

Ganz so strikt befolgte der *Campionissimo* die strengen Regeln von Cavanna nicht mehr (mittlerweile hatte er auch ein komfortables Bad). Doch sein Lebensstil war noch immer gesundheitsbewußt, seine Trainingsdisziplin ungebrochen. *Il ragazzino terribile* - der schreckliche Junge des italienischen Radsports (inzwischen ging er allerdings auf die 38 zu) - quälte sich also auch im Frühjahr ´57 über vereiste Straßen.

Was hatte der *Campionissimo* eigentlich vom Leben? Einen spartanischen Jahresablauf: schlafen, trainieren, Massagen, rennen, reisen, wohnen in Hotelzimmern, schlafen, und so weiter und so fort. Eine streng überwachte, ziemlich eintönige Ernährung; kein Alkohol, bis auf das kleine Bierchen am Abend. Stürze, Krankenhausaufenthalte, ständig Hautabschürfungen, Erkältungen, Sonnenbrand. Niederlagen, Defekte (vom Reifenschaden bis zur kaputten Schaltung), Enttäuschungen, Tränen. Und was war der schönste Lohn für diese Lebensweise? Der Augenblick des Sieges. Das Gefühl der Überlegenheit. Die Anerkennung seiner *gregari*, der Dank seiner *tifosi*. Aber auch die Genugtuung, seine meist jüngeren Gegner besiegt zu haben. Originalton Coppi: „Als Erster über die Ziellinie zu fahren!"

Dieses Vergnügen hatte Coppi Ende Januar in Cannes. Mehr zum Spaß ging Coppi wieder einmal an den Start zum ***G.P Gentleman***. Bei diesem Mannschaftszeitfahren war wie in den Jahren davor jeweils ein Profi mit einem Hobbyfahrer oder Veteranen gekoppelt. In zwei Läufen über jeweils 29 km wurden die Sieger ermittelt. Coppi hatte im ersten Lauf den Mechaniker Fenaroli am Hinterrad, im zweiten Souchon. Mit dem hervorragenden Schnitt von 43,600 km/std beendete er als Erster das Rennen. Anquetil wurde, nebenbei bemerkt, mit Vicuenault Vierter. Wie gesagt, alles nur Spaß, aber für Coppis Moral eine gute Sache. Daß Fausto wirklich Freude daran hatte, zeigte sich wieder in Marseille. Prompt erschien er wieder am Start einer weiteren Veranstaltung dieser Art. Aber diesmal hielt sich die Freude in Grenzen. Sein erfolgreicher Partner von Cannes, Souchon, stürzte. Da der ehrgeizige Herr nur auf einen Sieg scharf war und obendrein sein Rad zu Schrott fuhr, war für ihn die Veranstaltung zu Ende. Coppis Ersatzmann Fenaroli hatte eine andere Mentalität. Er war froh, überhaupt mit dem *Cam-pionissimo* starten zu dürfen, auch wenn sich die neue Paarung am Ende mit Rang zehn zufrieden geben mußte.

Coppi hatte nun, Anfang Februar, 2000 Trainingskilometer zurückgelegt. Ab jetzt wurde es ernst. Vom 10. Februar an war jedes Wochenende bis Ende Oktober mit Rennterminen verplant. Doch hierzu ein italienisches Sprichwort:

< *Tra il dire e il fare - c'è di mezzo il mare.* >

(Zwischen Sagen und Tun - dazwischen liegt das Meer.)

Coppi kannte es wohl, aber warum sollte er es ausgerechnet auf sich beziehen? Vorläufig belegte er am 10. Februar beim traditionellen Länderkampf Italien-Frankreich auf der Bahn des *Palazzo dello Sport* in Mailand im Mannschafts-Verfolgungsfahren über 5000 Meter den 2. Platz. In der Besetzung Coppi-Messina-Albani unterlagen die *azzurri* ihren französischen Kollegen ebenso wie im 1-km-Mannschafts-Zeitfahren mit stehendem Start. Im Sprint (6 Teilnehmer) gab es insofern eine positive Überraschung, als Coppi hinter Darrigade den zweiten Platz erreichte (3. Albani, 4. Robert Andrieux, 5. Guido Messina, 6. Roger Hassenforder). Letztgenannter revanchierte sich gründlich, indem er das Punkte-Einzelfahren über 40 Runden überlegen vor Darrigade gewann, der wiederum im abschließenden Steherrennen hinter *VESPA*-Rollern seinen Gegnern keine Chance ließ.

Am 17. Februar machte Coppi schnell einen Abstecher nach Paris, um seinen Startverpflichtungen nachzukommen. Er handelte sich dabei im *Vel d'Hiv* im Mannschafts-Omnium mit seinem Partner Messina eine Niederlage gegen Anquetil-Darrigade ein. Dann ging es aber sofort wieder zurück an die frische Luft der Riviera. Coppi hatte sich in Alassio im Hotel *Bel Soggiorno* einquartiert und machte jeden Tag seine Trainingsfahrten. Östlich nach Savona, Celle oder Varazze (dort war der harte Kern seines Teams einquartiert), westlich nach Diano Marina (natürlich nicht die stark befahrene Küstenstraße entlang, sondern schön durch die dahinterliegenden Berge der Seealpen, so daß am Abend ca. 180 Kilometer zu Buche standen (Coppi raste jeden Abend, nach dem gemeinsamen Training mit seiner Mannschaft, im Windschatten von Etore Milano die 60 Kilometer heim nach Alassio. Er benötigte dazu knapp eine Stunde. Allerdings kurvte der gute Milano auf einem *Derny* vor seinem Meister her...)

Ab und zu erhielt Coppi Besuch von seiner Mutter und seinem Sohn Faustino. Die Besitzerin des Hotels machte sich dann immer einen Spaß mit Journalisten und Anhängern von Coppi, die den *Campionissimo* zu sehen wünschten: „Ah, sie möchten Coppi sehen? Er ist im Salon." Man war dann sehr erstaunt, einen zweijährigen Knaben auf dem Dreirad vorzufinden.

Ein wenig erstaunt war man auch über den Rücktritt von Fiorenzo Magni. Der „Löwe von Flandern", so genannt wegen seiner drei Siege bei der Flandern-Rundfahrt, hatte nach 15 Profijahren aufgehört zu brüllen. Nun war er in Monza stolzer Besitzer einer Großgarage mit Auto- und Ersatzteilhandlung. Dem Radsport blieb Magni erhalten. Als neuer *Direttore sportivo* der CHLORODONT-Mannschaft konnte er sein umfangreiches Wissen an die junge Garde weitergeben. Die „Nachwuchslöwen" Aldo Moser, Bruno Tognaccini, Giuseppe Pintarelli, Giuseppe Minardi, Alfredo Martini, Mario Baroni, Gastone Nencini und Luciano Pezzi warteten ungeduldig in ihrem Bau am Gardasee auf die erste Gelegenheit, fette Beute zu machen.

Coppi ging in Sache Nachwuchsförderung einen anderen Weg. Die jungen CARPANO-COPPI-Fahrer wurden jeden Tag vom Mannschaftsarzt Dr. Attilo Curati auf Herz und Nieren geprüft, die Daten dem *Campionissimo* in Alassio täglich vorgelegt. Mannschaftsleiter Vincenzo Giacotto wollte ursprünglich in Garibalda - einem kleinen Ort unweit von Tortona - eine Art Radfahrerschule, ein *collegio ciclistico* ins Leben rufen. Aber Coppi bestand auf Novi Ligure. Er wollte seine Schäfchen um sich haben und bestand auf diesem Standort. Dort könne er die jungen Himmelsstürmer, mittlerweile respektvoll ob ihrer weißen Trikots die *bianchi* genannt, besser kontrollieren. Vorgesehen war eine strenge Klausur, nur von gelegentlichen Besuchen bei Verwandten unterbrochen.

Der Meister selbst ließ ab und zu durchsickern, daß dieses Jahr sein letztes als Radrennfahrer sein könnte. Mit einer Einschränkung: Bahnrennen und kleine Rundstreckenrennen im In- und Ausland könnten ja noch drin sein. Ansonsten wolle er sich auf Südamerika konzentrieren - wo er seit der Geburt seines Sohnes gute Kontakte hatte -, dort helfen, den Radsport zu organisieren, und er denke dabei auch an eine Tournee nach Argentinien, Brasilien und Uruguay.

Vorerst war er bei bester Gesundheit, hatte sich in zwei Monaten eine beneidenswerte Form erarbeitet, strotzte vor Zuversicht und hatte mit seinem CARPANO-COPPI-Team eine schlagkräftige Truppe beisammen: Milano, Coletto, Cainero, Nascimbene, De Gasperi, Filippi, Gismondi, den Österreicher Adolf Christian und die Belgier Fred De Bruyne, Jan Adriaensens und Van Avermaet. So fuhr er nach Sardinien, um an der „Sardinischen Woche", der ***Settimana sarda*** teilzunehmen. Das sportliche Spektakel umfaßte einige Rundstreckenrennen, u.a. in Sassari und Nuoro. Krönender Abschluß war wie immer die Fernfahrt ***Sassari-Cagliari*** über 225 Kilometer.

Coppi ging am Freitag, den 1. März, beim Rundstreckenrennen in Nuoro an den Start. Alles lief wie geschmiert. Coppi war immer im Bild, spurtete erfolgreich um Punkte, und war drauf und dran, das Rennen zu gewinnen. Die Zeitmessung zeigte 16.27 Uhr: Die zehnte Runde und damit die zehnte Wertung stand an...

Coppi versucht für den Sprint eine gute Ausgangsposition zu erreichen und steuert mit voller Fahrt in die Zielkurve. Da rutscht ihm das Rad weg (Unachtsamkeit wegen Übermüdung sagten die einen, Nachlassen des Reifendrucks im Hinterrad sagten die anderen) und er stürzt, bleibt liegen. Augenblicklich bildet sich eine Menschentraube um ihn. Man will ihm aufhelfen. „Mein Bein ist gebrochen.“ stöhnt Coppi.

Sofort ist ein Arzt, Doktor Lincei, zur Stelle und ordnet an, Coppi keinen Zentimeter zu bewegen. „Nichts ist gebrochen, keine Panik, glaub mir.“ Coppi glaubt ihm nicht. Er weiß es besser: „So ein Pech. Erst einige Kilometer Rennen gefahren und schon wieder ein gebrochenes Bein.“ Man hilft ihm auf, und Coppis Masseur Pirisino erkennt ebenfalls sofort den Bruch. Er versucht das Bein zu stabilisieren und hilft, Coppi in den inzwischen eingetroffenen Krankenwagen zu verfrachten. Mit Blaulicht geht es ins Krankenhaus von Nuoro. Dort bestätigt Professor Padula nach der Röntgenuntersuchung die schlimmsten Befürchtungen: „Coppi hat einen Bruch des Oberschenkels. Er wird drei Monate pausieren müssen.“ Aus drei werden fünf.

Bleibt noch die Chronistenpflicht: Das Rundstreckenrennen beendete der Belgier Van Looy als Sieger. Am Sonntag darauf drang in Coppis Krankenzimmer, einem düsteren Raum im Hospital *Maria Verkündung* in Nuoro, ein Sonnenstrahl: Seine Farben, sein Trikot, sein Mannschaftsgefährte Fred De Bruyne hatte nach 5:29:10 std mit einem Fotofinish die Fernfahrt ***Sassari-Cagliari*** gegen Rik Van Looy gewonnen. Fred nach seinem Erfolg: „Ich widme Fausto diesen Sieg. Er soll ihm helfen, seine Moral zu festigen und ihm die baldige Rückkehr zum Rennsport erleichtern.“

Nun ist es Giulia (immer noch mit dem Gericht in Varese um ihre Kinder kämpfend), die Fausto bittet, aufzuhören. Unterstützt wird ihr Verlangen von der Kunde, daß auch Magni vom aktiven Radsport zurückgetreten war. „Weißt du“, ist Faustos bittere Antwort, „daß ich an einem Renntag mehr verdiene, als ein Arbeiter in einem ganzen Jahr? Ich will, daß es unserem Sohn an nichts fehlen soll. Ich muß weitermachen.“

Man kann sich wahrscheinlich nur schwer vorstellen, was dieser Sturz für Coppi bedeutete. Die gesamte Vorbereitungszeit war wieder einmal buchstäblich umsonst. Die ganze Schinderei, das enthaltsame Leben, die Einsamkeit. Dann der Verdienstausfall, der bei einem Spitzenathleten wie Coppi in die Hunderttausende ging. Und dann die traurige Rolle als Zuschauer; ohnmächtig die Konkurrenz bei ihren Triumphen erleben. *Mannaggia* - Verflucht!

Durch die lange Pause wurde er nervös. Er mußte viel nachdenken. Seine Gedanken kreisten auch um seine Tochter Marina, die trotz vieler, oft unsinniger Geschenke, ihren Vater sehr vermißte. Er verbrachte die langen

Tage im Park seiner Villa, auf eine Spezialliege gebettet. Ab und zu huschte ein Lächeln über sein hageres Gesicht, wenn ihm der kleine Faustino auf dem Dreirad begegnete oder wenn er zusah, wie sein Sohn mit der mächtigen Dogge spielte, oder das kleine weiße Lämmchen streichelte, das Coppi dem Kind zu Ostern geschenkt hatte.

Währenddessen hatten seine Rivalen folgende Rennen gewonnen: Jacques Anquetil das Etappenrennen ***Paris-Nice***; Miguel Poblet in neuer Rekordzeit ***Milano-Sanremo*** (282 km in 6:55:51 std), Van Kerkhove ***Wevelgem-Gent*** (in diesem Jahr am 23. März in umgekehrter Richtung), und Fred De Bruyne die ***Ronde van Vlaanderen***, die Flandern-Rundfahrt, die von Gent nach Wetteren führte. Der Klassiker *Paris-Roubaix* (7. April) wurde ebenfalls eine Beute des spurtschnellen Belgiers, der damit seinem Chef Coppi natürlich eine große Freude bereitete.

Fausto mußte sich das alles im Radio anhören oder im Fernsehen anschauen. Dazwischen vertrieb er sich die Zeit auch damit, daß er im Garten seiner Villa einen Schießstand hatte einrichten lassen, auf dem er mit dem Kleinkalibergewehr vom Rollstuhl aus auf die Scheiben ballerte. Stunden verbrachte der *Campionissimo* am Telefon, um mit Organisatoren, Presseleuten und Firmendirektoren aus der ganzen Welt zu sprechen. Waschkorbweise trafen täglich Telegramme, Briefe und Postkarten in Novi Ligure ein. Alle mit dem Wunsch, der Bitte, ja der Forderung, Coppi möge auf die Bühne des Radrennsports zurückkehren: „Gib nicht auf. Das Schicksal hat dich wieder geschlagen. Wie so oft. Aber du wirst zurückkehren. Auch wenn du nicht mehr der Jüngste bist."

Giorgio Albani begann am 14. April beim 1. Lauf zur Italienischen Straßenmeisterschaft dort, wo er 1956 aufgehört hatte. Der amtierende Meister gewann in Neapel nach 6:57:30 std den ***Giro della Campania*** (246 km) vor Coppis Schützling Gismondi.

Am 22. April, einem Ostermontag, fand vor einer gewaltigen Zuschauerkulisse (man sprach von ungefähr drei Millionen Leuten an der Strecke) die Fernfahrt ***Paris-Bruxelles*** statt. Der Sieg ging nach einer Fahrzeit von 8:00:55 std an den Einheimischen Léon Van Daele, der seinem Landsmann Adriaensens (CARPANO-COPPI) nach 295 km im Spurt keine Chance ließ.

Waren das für Coppis Rennstall auch nur zweite Plätze, so trugen sie doch zum Wohlbefinden des *Campionissimo* bei. Das ärztliche Bulletin, unterzeichnet von Dr. Robba, Dr. Campi und Dr. Lincei, besagte, daß Coppi in ein paar Wochen der Gips abgenommen wird. Dann soll ein Monat Rekonvaleszenz (was immer das auch bei einem Profisportler bedeuten mag) folgen, und dann kann das Training wieder beginnen. Fausto würde also frühestens im Juli wieder auf den Sattel steigen können. Immerhin.

Vom Krankenlager aus konnte Coppi seine im Frühjahr gefaßte Idee verwirklichen. 200 Meter von seiner Villa entfernt wurde das *Collegio CARPANO-COPPI* eingerichtet. Fausto dachte bei der Schaffung dieser

Radfahrerschule an seine eigene Jugendzeit, in der sein Entdecker, Biagio Cavanna, für die *Gruppo Sportivo Siof di Pozzolo Formigaro* im Hinterhof seines Anwesens eine ähnliche Einrichtung geschaffen hatte, um in kollegialer Weise Trainingspläne, Renntaktik, sportliche Lebensweise usw. zu erörtern. Aber *Cieco*, „der Blinde", wollte auch seine Schutzbefohlenen unter Kontrolle haben. Ähnliches wollte Coppi. Das Anwesen war bestens geeignet: Ein Duschraum, ein Ruheraum mit Liegen, ein gemütlicher Aufenthaltsraum. Im Sommer sollte das *collegio* mit Leben erfüllt werden.

Wie ernst Coppi seine Funktion als Mannschaftskapitän von CARPANO-COPPI nahm, geht aus der Tatsache hervor, daß er vom Krankenbett aus sowohl das Training als auch den Einsatz der Mannschaft leitete. Dazu hatte er seine Teamkameraden, außer Fred De Bruyne, in einer Villa bei Novi Ligure untergebracht und den Belgier Desiré Keteleer als Stellvertreter eingesetzt. Er mußte jedoch mit ansehen, wie der Sieg im Straßenrennen ***Roma-Napoli-Roma*** (24. April bis 1. Mai) an den Niederländer Wout Wagtmans ging.

Trotzdem machten ihm seine Fahrer Freude. Stefano Gaggero konnte nach einer Alleinfahrt die 3. Etappe *Salerno-Campobasso* gewinnen, und richtig in Szene setzte sich ein weiterer CARPANO-COPPI Fahrer bei der 4. Etappe *Campobasso-Roccaraso* über 97 km: Michele Gismondi. Der Tagesabschnitt war relativ kurz, dafür eine ausgesprochene Kletterpartie. Man erwartete daher einen Vorstoß der guten Bergfahrer, vor allem des bisher wenig in Erscheinung getretenen Luxemburgers Charly Gaul. In der Tat griff der Bergkönig der vorjährigen *Tour de France* an, doch der junge Italiener war ihm zuvorgekommen und sicherte sich mit 1:02 Minuten Vorsprung den Etappensieg.

In der Schweiz ließ der Deutsche Hennes Junkermann aufhorchen. Er gewann in 5:35:46 Stunden am 5. Mai die ***Meisterschaft von Zürich*** über 218 km. Auf den folgenden Plätzen landeten Filippi (CARPANO-COPPI) und der Belgier Van der Elst.

Beim Ardennen-Wochenende sprach man in erster Linie über das Wetter und dann über Germain Derycke. Warum? Das ist schnell erzählt. Der am Samstag (4. Mai) gefahrene ***Waalse Pijl***, der „Pfeil von Wallonien", von Charleroi nach Lüttich (226 km) war schon eine Unwetterfahrt, die unwillkürlich an die legendäre Dolomitenetappe des Vorjahres erinnerte. Trotzdem war sie scheinbar ganz nach dem Geschmack des glänzend disponierten Belgiers Raymond Impamis. Im Auf und Ab der zahlreichen Hügel schaffte er es, das ihm am Ende nur noch der Franzose René Privat folgen konnte. Beim letzten Anstieg, vier Kilometer vor dem Ziel, schüttelte er auch diesen hartnäckigen Begleiter ab und erreichte nach 6:01:49 std das Ziel mit 47 Sekunden Vorsprung. War das Wetter am Samstag noch einigermaßen erträglich, so feierte der Winter am Sonntag bei ***Liége-Bastogne-Liége***, der 255-km-Fernfahrt von Lüttich nach Bastogne und wieder zurück nach Lüttich, ein Comeback. Schnee wirbelte vom Himmel, die Kälte war fast unerträglich und Hagelschauer prasselten auf die dick vermummten Fahrer. Die Bäume bogen sich unter der Last des Schnees, der streckenweise bis zu 10 cm hoch auf der Straße lag. Inmitten dieses Unwetters quälten sich die Fahrer vorwärts. Viele Teilnehmer des Vortags waren erst gar nicht an den Start gekommen, zahlreiche weitere gaben erschöpft auf. Erprobte Kämpfer wurden von Nervenkrisen übermannt. Um nur einige prominente Opfer zu nennen: Fred De Bruyne stieg tränenverschmiert vom Rad, der Franzose Dupont folgte ihm ebenso wie Albani und Baldini in den Schutz der Begleitautos. Der Schnee schmolz nicht, aber das Feld der Teilnehmer zusehends. An der Spitze formierte sich ein Häuflein der Unentwegten, das allen Unbilden des Wetters trotzte: Derycke, Bobet, Plankaert, Schoubben und der Italiener Ranucci waren hier die Bekanntesten, die das Feld eindeutig abhängten. Eine herabgelassene Bahnschranke nahm den Verfolgern die letzte, ohnehin nur geringe Chance, nochmals in das Renngeschehen einzugreifen. In einem dramatischen Anstieg etwa 35 km vor dem Ziel löste sich der unermüdliche Kämpfer Derycke von seinen Begleitern und stampfte, von Schnee und Eis unbeirrt, gen Lüttich. Das erreichte er, um einige Franken aber auch Frostbeulen reicher, nach genau 6:24:57 Stunden. Zweiter wurde sein Landsmann Schoubben im Spurt vor einem weiteren Mann aus Belgien, Marcel Buysse.

Aber die Sache hatte ein Nachspiel. Derycke war unterwegs als einziger über die geschlossene Bahnschranke geklettert und wurde darum vom Renngericht *ex aequo* mit Schoubben zwar auf den ersten Platz gesetzt, aber der Sieger hieß offiziell Frans Schoubben, der damit auch die Gesamtwertung dieses denkwürdigen Ardennen-Wochenendes gewann.

Bei herrlichem Sommerwetter rollte am Samstag, den 18. Mai, der ***40. Giro d'Italia*** an. Eine riesige Menschenmenge nahm an den Eröffnungsfeierlichkeiten auf der Piazza del Duomo teil und bejubelte anschließend die 119 gestarteten Fahrer auf ihrem Defilee durch die Straßen Mailands. Fausto Coppi, immer noch an den Folgen seiner Sturzverletzung vom 1. März leidend, konnte an der Jubiläumsrundfahrt natürlich nicht teilnehmen. Er gab aber bereitwillig seinen Tip für die Hauptfavoriten der Rundfahrt aus seiner Sicht ab: 1. Charly Gaul, 2. Louison Bobet, 3. Gastone Nencini. Die Voraussage des *Campionissimo* wurde mit Interesse zur Kenntnis genommen, dann begann das Rennen über 21 Etappen. Von nun an war Coppi und mit ihm hunderttausende Radsportfans darauf angewiesen, was 200 Techniker der *RAI* (Radiotelevisione Italia) aus den Bildern machte, die 30 TV-Kameras unterwegs einfingen.

Hier eine Kurzfassung: 1. Etappe *Milano-Verona* (191 km): wie könnte es auch anders gewesen sein, Spurtsieger Rik Van Steenbergen vor dem Spanier Miguel Poblet.

Die 2. Etappe *Verona - Bosco-Chiesanuova* (28,5 km) brachte eine Neuerung in Form eines „Bergspurts“ von 75 m.ü.M. auf 1061 m. Das Einzelzeitfahren gewann - auch hier keine Sensation - der Luxemburger Charly Gaul. Bobet schlüpfte unerwartet früh ins Rosa Trikot.

Die 3. Etappe *Verona-Ferrara* (192 km) zeigte den Franzosen deutlich, daß das Spitzenreitertrikot zwar eine angenehme Last war - sie brachte täglich *100 000 Lire* ein (etwa 660 Mark) -, aber sie blieb eine Last, die es ständig zu verteidigen galt. Der Spanier Poblet konnte sich für die Niederlage bei der ersten Etappe revanchieren. Er drehte den Spieß um und verwies Van Steenbergen auf den 2. Platz.

Während der 4. Etappe *Ferrara-Cattólica* (190 km) überwachten sich die Franzosen (Bobet auf Platz eins) und die Spanier (Poblet auf Platz zwei) gründlich. Wie in den meisten Fällen gab es auch hier einen lachenden Dritten. Sein Name war André Vlayen und er kam aus Belgien. Mit einem Langspurt radelte er seine Gegner nieder.

Die 5. Etappe *Cattólica-Loreto* (235 km) begann bei strömendem Regen. Sofort traten die Unterwasserspezialisten in Aktion, aber der schnelle Flitzer Alessandro Fantini machte ihnen einen Strich durch die Rechnung und erreichte als Erster das Ziel am Wallfahrtsort nahe der Adria. Bobet trug weiterhin das Rosa Trikot.

Nach den kämpferischen ersten Tagen erwartete man allgemein auf der 6. Etappe *Loreto-Terni* (175 km) einen etwas ruhigeren Rennverlauf. Aber der Kampfgeist der „Giganten“ war ungebrochen. Besonders der Passo di Somma (646 m), fünfzehn Kilometer vor dem Ziel, bot ein ideales Angriffsterrain. Mit einer riskanten Talfahrt auf schlechten Straßen sicherte sich Wagtmans den Etappensieg.

Auf der 7. Etappe *Terni-Pescara* (221 km) ging es in die Abruzzen. Auf der Sella di Corno (1000 m) brachte sich Géminiani in gute Erinnerung, auf dem Passo Campanelle (1299 m) erschien Poblet an der Spitze. In Pescara schwenkte dann zwar der Italiener Coletto als Erster auf die Aschenbahn ein, aber mit klarem Vorsprung erspurtete Antonin Rolland den ersten französischen Etappensieg. Bobet behauptete noch immer die Spitzenposition.

Die 8. Etappe *Pescara-Napoli* (250 km) stand wieder im Zeichen der gut organisierten französischen Abwehrtaktik, die immer darauf ausgerichtet war, daß Bobet das Rosa Trikot behält. Die erste Bergwertung auf dem Piano delle Cinquemiglia (1280 m) endete mit dem Erfolg von Géminiani. Auf dem Rionero Sannitico (1051 m) tauchte Carlesi vor dem Franzosen auf und die Punkte für die Bergwertung holte sich anschließend Carlesi auch auf dem Macerone (787 m). Géminiani hatte hier wieder das Nachsehen. Damit war rund 100 Kilometer vor dem Ziel der Auftritt der Kletterspezialisten zu Ende. Nun traten die „Roller“ in Aktion. An ihrer Spitze Nencini, der nur 49 Sekunden hinter Bobet lag. Sein Tatendrang konnte von den Franzosen gestoppt werden. Aber im letzten Augenblick erlebte Bobet doch noch seine unangenehme Überraschung. Kurz vor dem Etappenziel entwischte Defilippis (der mit nur acht Sekunden hinter ihm lag). Im Schlepptau zog er Gismondi und Favero mit. Favero hatte die größten Kraftreserven und siegte im Spurt. Defilippis schlüpfte ins Rosa Trikot. War das die Wende?

Coppi hatte man inzwischen den Gips abgenommen. Mit diesem Mineral machte Koblets Frau unangenehme Bekanntschaft. Sie hatte sich beim Skilaufen beide Beine gebrochen und wollte ihren schönen Hugo lieber am heimischen Kamin haben als auf Italiens Straßen. Ein Grund dafür, daß Koblet nicht am Giro teilnahm und ihm somit die Strapazen seiner Kollegen erspart blieben.

Für diese machten sich auf der 9. Etappe *Napoli-Frascati* (220 km) zum ersten Mal die Auswirkungen der bisher so flott ausgetragenen Rundfahrt bemerkbar. Das führte zu einer Bummelfahrt und demzufolge zu einem Massenspurt. 50 Fahrer kämpften um den Etappensieg, den sich der schnelle Miguel Poblet vor Van Steenbergen sicherte. Defilippis führte weiterhin mit 13 Sekunden vor Bobet.

Die 10. Etappe *Roma-Siena* (227 km) zwang Charly Gaul seine Karten zumindest teilweise aufzudecken, denn er wurde zur Zielscheibe einer gefährlichen französischen Attacke. Das kam so: Die Verpflegungskontrolle befand sich nach 136 km in Centeno. Gaul hatte sich, wie es seine Gewohnheit war, ans Ende des Feldes zurückfallen lassen, um hier in aller Ruhe seinen Beutel mit Lebensmittel aufzunehmen. Mit der Ruhe war es schnell vorbei. Bobet, Géminiani & Co. rasten an der Kontrolle vorbei, ließen Verpflegung Verpflegung sein und jagten davon. Gaul wurde überrumpelt. Zeit und Ort waren gut gewählt. Vier Kilometer weiter begann der Aufstieg zum Passo di Radicófani (896 m), einer nicht besonders schweren Steigung, bei der Charlys Kletterkünste nicht zur Geltung kommen würden. So dachten die Franzosen.

Am Fuße des Anstiegs lag Gaul mehr als eine Minute zurück. Doch auf den fünfzehn Kilometern bis zum Scheitelpunkt, mit einem Höhenunterschied von 464 Metern, zeigte der kleine Luxemburger seine ganze Meisterschaft. Nach vier Kilometern war er wieder an den Hinterrädern der Kletterelite des Giro und ließ sich nicht mehr abhängen! Den Franzosen blieb die Spucke weg. Bis ins Ziel rätselten sie über das Scheitern ihres Plans und zeigten auch keine Gegenwehr, als sich Poblet aus der 21-köpfigen Spitzengruppe aufmachte, seinen dritten Etappensieg einzufahren. Fantini und Fabbri versuchten zumindest, dem Spanier die Freude zu verderben, mußten sich aber dem schnellen IGNIS-Mann beugen. Im Gesamtergebnis gab es keine Änderung.

Die 11. Etappe *Siena-Montecatini* (220 km), bei strömendem Regen ausgetragen, sah im Ziel das komplette Feld vereinigt. Die Zielgerade befand sich in einem erbärmlichen Zustand. Poblet verzichtete diesmal, sich in einer Schlammschlacht mit Van Steenbergen zu messen. Erstaunlicherweise tat dies Giorgio Albani. Der große *Rik* mußte sich gewaltig anstrengen, um seinen zweiten Etappensieg ins Trockene zu bringen.

Am 29. Mai war in Forte dei Marmi Ruhetag. Fausto Coppi traf am Vorabend der 12. Etappe in der Hafenstadt am Mittelmeer ein. Sein Interesse galt dem auf einem leicht welligen Rundkurs stattfindenden Einzelzeitfahren über 58,8 Kilometer. Erstens wollte er seine Schützlinge Cainero, Cassano, Coletto, Filippi, Gaggero, Gismondi und Nascimbene unter Führung seines Freundes Ettore Milano im Einsatz sehen und zweitens galt sein besonderer Augenmerk Ercole Baldini, über den er sich äußerte: „Der Sieg Baldinis im Zeitfahren steht für mich außer Frage. Was hingegen Charly Gaul betrifft, so wird er jeden Tag deutlicher zum Girofavoriten Nummer eins. Er wird beim Zeitfahren ungefähr zwei Minuten auf Ercole verlieren, jedoch ganz bestimmt unter den ersten zehn zu finden sein. Ich schätze er wird Platz sieben belegen."

Die Voraussagen des *Campionissimo* trafen mit mathematischer Präzision ein. Vor den Augen des Rekonvaleszenten, der auf zwei Aluminiumkrücken gestützt das Rennen aufmerksam verfolgte, gewann Baldini das Rennen nach 1:18:46 std mit acht Sekunden Vorsprung vor Cleto Maule. Charly Gaul verlor 2:16 Minuten und landete auf Platz sieben! Genauer hätte Coppi das Ergebnis nicht prophezeien können. Ein Beweis für das sichere Urteil des Italieners, der seine Gegner schon immer mit Treffsicherheit einzuschätzen wußte. Im Gesamtergebnis eroberte Bobet das Rosa Trikot zurück, doch konnte der Franzose in seiner Spezialdisziplin, dem Zeitfahren, Charly Gaul nur 26 Sekunden abnehmen. Den zweiten Platz belegte nun Ercole Baldini mit zwei Sekunden Rückstand auf Bobet.

Der dreifache Tour-Sieger Louison Bobet hatte auf der 13. Etappe *Forte dei Marmi - Genova* (163 km) Glück im Unglück. Er stürzte wenige Kilometer nach dem Start und verletzte sich an Knie und Ellenbogen. Seine Konkurrenten betrachteten das als Freifahrtschein und legten sofort los. Die mannschaftliche Zusammenarbeit bei den Franzosen klappte jedoch vorzüglich. Géminiani gab Bobet sofort sein Rad, Antonin Rolland fungierte als Zuglokomotive für seinen Kapitän bei der Aufholjagd. Die *equipe tricolore* schaffte nach einer zähen Verfolgung den Anschluß und legte offenbar Wert darauf, zu zeigen, daß die Fitneß von Louison unvermindert vorhanden war. Deshalb gingen die Franzosen sofort zum Gegenangriff über, ohne freilich diese Demonstration allzu lange aufrechtzuerhalten. Nach diesen Überraschungen für die Girokarawane hatte Bruno Monti seine noch parat. Er wagte einen Solovorstoß, der von Erfolg gekrönt war. Zumindest den zweiten Platz wollte Poblet für sich. Das gelang ihm. Mit einem Rückstand von 1:33 Minuten auf den Sieger traf er auf der Nafta-Bahn in Genua ein und verwies Fantini auf den dritten Platz.

Die 14. Etappe *Genova - St. Vincent* brachte den Flachstreckenspezialisten die letzte Chance zum Angriff auf die „Kletterer" und Fausto Coppi abermals die Gelegenheit, den Giro hautnah zu erleben. Die Möglichkeit bot sich vor seiner Haustür, denn das Rennen führte nach ca. 50 Kilometer durch Novi Ligure. *Il grande convalescente* machte von der Gelegenheit, die sich ihm bot, Gebrauch. Er humpelte an die Rennstrecke und feuerte seine Kollegen an.

Doch die Roller waren bei ihrem Versuch wenig erfolgreich, zwischen sich und den Kletteren - besonders Charly Gaul - ein kleines Zeitpolster anzulegen. Gianni Ferlenghi, ein Junge aus der Mannschaft von G.S. BIF versuchte es zumindest, aber nach einer langen, viel zu langen Alleinfahrt, wurde er genau einen Kilometer vor dem Ziel eingeholt. 21 Fahrer spurteten um den Tagessieg, den sich Mario Baroni holte. Ferlenghi war nicht dabei. Abgeschlagen taumelte er mit 1:23 Minuten Rückstand ins Ziel. Aber die Zuschauer an der Strecke kannten das Schicksal des tapferen Ausreißers und feierten ihn wie den Sieger.

Weniger euphorisch war die Lage im Quartier der Rennleitung und in den Hotels der Fahrer. Der Grund lag darin, daß die nächste Etappe arg in Gefahr war. Auf dem Großen St. Bernhard waren fünf Lawinen niedergegangen, eine weitere hing bedrohlich über der Paßstraße.

Man ging zu Bett. Nicht so die Räumkommandos, die Mannschaft der motorisierten Schneepflüge. Die kämpften sich durch den Schnee und säuberten die Straße so, daß die 15. Etappe *St. Vincent - Sion* (133 km) durchgeführt werden konnte. Auf den ersten 25 Kilometern, die zum Anstieg des Bergriesen führten, versuchten die Franzosen Bobet, Géminiani und Rolland das Versäumte vom Vortag wettzumachen. Mit einem Vorsprung von 45 Sekunden nahmen sie die ersten Kehren in Angriff. Aber von hinten kam Charly Gaul und damit war Gefahr im Anmarsch. Der Luxemburger dachte bestimmt an seinen Erfolg im Vorjahr, als er den winterlichen Monte Bondone bezwang. In einer ähnlichen Polarlandschaft kletterte das Leichtgewicht wie eine Gemse den Berg hinan.

Nach wenigen Kilometern hatte er die Ausreißer am Wickel und gemeinsam kämpfte man sich durch die stellenweise nur drei Meter breite Fahrrinne, die von bis zu acht Meter hohen Schneewänden eingesäumt war! Charly erreichte die 2469 Meter über dem Meeresspiegel gelegene Paßhöhe mit einem Vorsprung von 1:15 Minuten auf Bobet. Doch diesmal waren die Voraussetzungen für eine ähnliche Triumphfahrt wie im Vorjahr nicht gegeben. Die lange Talfahrt und die 73 km bis ins Ziel schienen Gaul nicht geeignet, aufs Ganze zu gehen. Er beließ es bei der Kletterdemonstration und wartete auf das, was kam. Das waren zum einen von hinten die Franzosen Bobet und Géminiani, zum anderen ein Reifendefekt. Damit war zumindest der Ausgang des Abfahrtsduells geklärt. Später traf auch noch Nencini bei der Spitze ein, die nach 3:39:58 std in dem Schweizer Ort Sion ihren Winterausflug beendete. Géminiani zog für seinen Kapitän Bobet den Spurt an, und Louison rollte auch als Erster über das Ziel, gefolgt von Nencini, Gaul und Géminiani. Den 5. Platz eroberte der überraschend gut gefahrene Baldini. Bobet eroberte das Rosa Trikot zurück, allerdings spürte er den Atem von Nencini (15 Sekunden zurück) und Gaul (55 Sekunden) im Nacken.

Übrigens wurde Coppi auch auf dem St. Bernhard gesichtet. Noch einmal wollte er den „Duft des Giro“ schnuppern, an die Stelle seines Triumphes im

Jahr 1952 zurückkehren und seinen Kameraden Beifall spenden. Dann ging es zurück nach Novi Ligure. Italiens Sportpresse war sich einig: < *Arrivedere il presto, caro Fausto. Il ciclismo italiano, fors'anche il Giro, il tuo Giro, hanno ancora bisogno di te!* > (Aufwiedersehen in Kürze, lieber Fausto. Italiens Radsport, aber vielleicht auch der Giro, dein Giro, brauchen dich wieder!).

Mit großer Spannung sah man der 16. Etappe *Sion -Campo dei Fiori* (229 km) entgegen. An diesem Tag konnte die Vorentscheidung fallen, denn auf dem 12 km langen Anstieg von Varese hinauf zum Campo dei Fiore (1100 m) erwartete man Gauls große Bergattacke. Die taktische Situation für Charly war jedoch weniger günstig, als dies auf den ersten Blick anzunehmen war. Zwischen dem auf dieser Etappe ebenfalls zu bezwingenden Simplonpaß (2005 m) und dem Ziel lagen rund 100 Kilometer, ein ideales Gelände, um Gaul am Ende zuvorzukommen. Man hätte können, aber man tat es nicht. Bei strömendem Regen kamen die Großen gemeinsam über den Simplon, 12 Minuten nach einem Ausreißer namens Bottecchia, einem entfernten Verwandten des berühmten italienischen „Giganten" aus den zwanziger Jahren. Der Regen verstärkte sich, prasselte auf die Fahrerschlange nieder. Nebelschwaden wallten im Val Divedro, im Val Dossola und entlang dem Lago Maggiore. Die umliegenden Höhenzüge lagen in dichte Wolken gehüllt. Es wurde empfindlich kalt. Man kehrte zurück auf italienischen Boden, durchquerte Varese. Charly Gaul ließ die Italiener Tosato, Sabbadin, Maule und Uliana ziehen, denen sich der Schweizer Schellenberg und der Holländer Van Est angeschlossen hatten. Ruhig wartete er auf seine Chance.

Sie kam fünf Kilometer unterhalb des Etappenziels. Noch 700 Höhenmeter waren zu bewältigen, ein ideales Gelände für den Luxemburger. Der „Junge mit dem Engelsgesicht" flog förmlich davon. Nencini versuchte mitzufliegen, gab das Unternehmen aber nach zwei Kilometern mit lahmen Flügeln erschöpft auf. Charly rollte an allen Ausreißern vorüber. Bis auf einen: Der junge Sabbadin konnte sich gerade noch ins Ziel retten (wenige Kilometer vor der Linie hatte er noch acht Minuten Vorsprung gehabt, nun waren es noch 52 Sekunden!). Im Kielwasser von Gaul trieb der Rest des Feldes wie ein Haufen Strandgut. Der erste gefährliche Rivale für Charly Gaul kam an neunter Stelle mit einem Rückstand von 2:07 min ins Ziel, Bobet war nach 3:03 min zur Stelle. Damit war Louison das Rosa Trikot los, das nun auf den schmalen Schultern des Luxemburgers ruhen sollte.

So auf der 17. Etappe, die sich in zwei Abschnitte gliederte. Zunächst in die Halbetappe *Varese-Como* (82,5 km). Hier überraschte das Schlitzohr Fantini die beiden Edelsprinter Poblet und Van Steenbergen und schob sein Rad vor Albani, Maule und dem großen *Rik* über den Zielstrich.

Nach einer Pause von 20 Minuten begann in Como ein Rundstrecken-Rennen über 34 Kilometer. Die beiden Alleinunterhalter bei solchen Anlässen, Poblet und Van Steenbergen, wurden ihrem Ruf gerecht. Mit einem Langspurt errang der Straßenweltmeister einen weiteren stark beachteten

Triumph gegen den schnellen Spanier. Charly Gaul konnte sein Rosa Trikot verteidigen und den Vorsprung sogar erweitern, da mehr als ein Dutzend Fahrer von der Jury Zeitstrafen aufgebrummt erhielten. Sie hatten sich bei der Kletterpartie am Vortag zum Campo dei Fiori von Zuschauern anschieben lassen. Neben Nencini wurden u.a. Fornara und Baldini mit 20 Strafsekunden bedacht; Géminiani fing sich zehn ein.

Giroexperten waren sich darüber einig, daß die 18. Etappe *Como-Trento* (242 km) die Spitzenposition von Charly Gaul festigen und die endgültige Entscheidung der Rundfahrt bringen würde.

Es fehlte aber auch nicht an Warnern. Sie wiesen darauf hin, daß Gauls Gegner auf der über 200 Kilometer langen Flachstrecke bis an den Fuß des Monte Bondone - auf dem Charly im Vorjahr bei Schneesturm und Hagelschlag seinen Sieg nach Hause gefahren hatte - alles versuchen würden, den Bergkönig abzuschütteln...

Charly brachte die ersten hundert Kilometer gut hinter sich. Sein Mannschaftsleiter, der alte Fuchs Learco Guerra (der die Rundfahrt 1934 gewonnen hatte), atmete auf. Alles verlief bisher programmgemäß, die Gegner schienen sich in ihr Schicksal ergeben zu haben. Gaul ließ sich an das Ende des Feldes zurückfallen und verrichtete ein kleines menschliches Bedürfnis: er machte Pipi.

Ach du grüne Neun! Er hatte nicht mit den Luchsaugen seiner Rivalen gerechnet. Pintarelli bemerkte Gauls Verschwinden. Ein Wink an Nencini, ein blitzschnelles Palaver mit den Franzosen, mit Baldini und Poblet, und ab ging die Post! Guerra fuchtelte vom Auto aus wild in der Luft herum, brüllte sich heiser, alles vergebens. Bis Gaul wieder im Sattel saß, waren die Ausreißer einige hundert Meter weg.

Zusammen mit seiner Mannschaft, allen voran der Schweizer Schellenberg und der Italiener Attilo Moresi, machte sich Gaul auf die Verfolgung. Bis auf 40 Meter kämpfte man sich an die Ausreißergruppe heran. Aber 40 Meter sind viel, wenn sich vorne „Schnellzug-Lokomotiven" wie Bobet, Van Steenbergen, Poblet, Baldini und Nencini - um nur einige der stärksten Fahrer zu nennen - einig waren, dem Luxemburger den Giro zu vermasseln.

Die 50-köpfige Spitzengruppe bolzte ständig einen Schnitt von 50 km/std, die Ablösungen klappten vorzüglich. Der Vorsprung vergrößerte sich. Aus den 40 Metern wurde schnell eine Minute Rückstand, dann zwei Minuten, dann drei. In Salò lag Gaul bereits 3:20 Minuten zurück.

Entlang der *Gardesana*, der einst so wunderschönen Uferstraße am Gardasee, verloren die Mannen um Charly ständig an Boden. In Riva del Garda signalisierte man dem Träger des Rosa Trikot einen Rückstand von 4:20 Minuten! In dieser fast aussichtslosen Situation entschloß sich Gaul zu einer Verzweiflungsaktion. Er veranstaltete eine Art Harakiri, um einen Ausweg aus dem für ihn zur Ehrensache gewordenen Prestigerennen zu finden. Er löste sich mit seinen italienischen Mannschaftsgefährten Ciampi und Moresi aus dem 30-köpfigen Verfolgerrudel und begann eine Jagd auf Biegen und Brechen. Der Versuch kam dem sportlichen Selbstmord sehr nahe.

Bobet und seine „Spießgesellen“ hatten mit ihren Verfolgern im Grunde genommen nur Katz und Maus gespielt. Als sie merkten, daß die Verfolger näher kamen, verschärfte man das Tempo nochmals, und damit waren die Würfel gefallen. Am Fuße des Bondone lag Gaul, aussichtslos geschlagen, mit fünf Minuten Rückstand zurück. Seine Kraftreserven waren erschöpft, seine Kampfmoral gebrochen.

Waidwund schleppte sich der entthronte Bergkönig die Kehren hinauf, durch das Spalier der italienischen Zuschauer, die über das gute Abschneiden ihrer Fahrer aus dem Häuschen waren. Von einem italienischen Sieg auf dieser denkwürdigen Etappe konnte jedoch keine Rede sein. Unter den Strahlen der sengenden Sonne machte sich Poblet aus dem Staub und erreichte als Erster das Ziel. Nach 1:26 min traf Baldini ein, der Bobet und Nencini auf die weiteren Plätze verwies. Gastone Nencini zeigte sich den Fotografen bereits als neuer „Mann in Rosa“, als Charly Gaul als Dreißigster (!) mit einem Rückstand von 10:02 Minuten im Ziel ankam. Der junge Kletterchampion hatte eine vernichtende Niederlage erlitten. Noch mehr traf ihn das Gespött der Zeitgenossen, die schnell einen Spitznamen für ihn parat hatten: *Monsieur pi-pi.*

Die 19. Etappe *Trento - Levico Terme* (193 km) führte erneut in die Dolomiten. Für Fausto Coppi ein Grund, sich von Ettore Milano im Mannschaftswagen von CARPANO-COPPI durch die Gegend seiner einstigen großen Erfolge kutschieren zu lassen. Und dem aufmerksamen Beobachter wurde Gutes geboten. Nach etwa 40 km, im Anstieg zum Passo di S. Lugano (1101 m), bildete sich eine Sechsergruppe mit Bobet, Barbotin, Géminiani, Gaul, Nencini und Impamis. Den Bergspurt holte sich Géminiani, der damit immer mehr zum Favoriten für den Großen Bergpreis wurde. Auf dem Hochplateau zwischen dem S. Lugano und dem Passo Rolle (1970 m) kämpften sich Baldini und Defilippis an die Ausreißer heran. Acht Mann nahmen nun den Rolle-Paß in Angriff, und Charly Gaul verzichtete auch hier auf eine Attacke. Den Grund gab er später in einem Rundfunkinterview bekannt: „Ich wollte nicht den Franzosen helfen. Mit einer Attacke hätte ich zweifellos Bobet geholfen, einen entscheidenden Schlag gegen Nencini zu führen. Louison hat mich angegriffen, als ich einmal kurz austreten mußte. Das widerspricht den ungeschriebenen Gesetzen der Fairneß. Das werde ich nicht vergessen, und alles tun, daß er diesen Giro nicht gewinnt. Ich hoffe, daß mir das damit gelingt, in dem ich Nencini unterstütze.“ Der war zwar auch bei dem Streich maßgeblich beteiligt, aber Charly sah in Louison Bobet den Rädelsführer. Ihn galt es zu bekämpfen, zu strafen.

Géminiani sicherte sich auch die Punkte auf dem Rolle-Paß. Dann gings abwärts. Hier schien die große Chance der Franzosen zu kommen; Nencini hatte Reifendefekt! Sofort griffen Bobet und *Gém* an. Kaum saß Nencini wieder im Sattel, knallte ihm erneut ein Reifen weg, und wenig später schlug die Defekthexe zum dritten Mal zu. Drei Reifenschäden innerhalb von wenigen Kilometern. Sollte das die Entscheidung sein? Bobet lag bereits zwei Minuten vor dem Italiener, der jedoch unverhofft einen Bundesgenossen fand; eben den kleinen Luxemburger. Als er Nencini vom Rad steigen sah, ließ er sich ebenfalls zurückfallen. Zu zweit nahmen sie die Verfolgung auf. An der Spitze wähnte sich Bobet bereits als Girosieger. Doch Gaul und Nencini entfesselten eine eindrucksvolle Jagd. Dabei kam ihnen der Passo di Góbbera (988 m) und vor allem der Passo del Brocon (1616 m) gelegen. Denn hier durchkreuzten sie endgültig die Hoffnungen von Bobet. Mit bleichem, wutverzerrten Gesicht sah Louison die beiden Widersacher neben sich auftauchen. Gaul besaß sogar die „Frechheit", vor ihm den Bergspurt zu gewinnen. Es kam noch schlimmer. Charly, der eher mäßige Sprinter im flachen Gelände, trat 500 Meter vor dem Ziel vehement an und ließ Géminiani (2.) und Bobet (3.) keine Chance. Nencini konnte sein Rosa Trikot mit 19 Sekunden Vorsprung auf Bobet verteidigen, Charly Gaul seine Vergeltung genießen.

Auch auf der 20. Etappe *Levico Terme - Abano Terme* (157 km) gelang den Franzosen kein Anschlag auf den Spitzenreiter. Selbst der Passo di Vezzena (1402 m), die letzte größere Geländeschwierigkeit der Rundfahrt, wurde nicht genutzt. Im Spurt um den Etappensieg bog Fantini ungünstig auf die Aschenbahn von Abano Terme ein, und vergab damit seine Chance, Rik Van Steenbergen den Sieg zu vermasseln. So gewann der Weltmeister sicher vor Padovan und dem Belgier Sorgeloos. Nencini blieb im Rosa Trikot.

Wie immer herrschte auf der letzten, der 21. Etappe *Abano Terme - Milano* (250 km) Waffenruhe. Über sieben Stunden zog sich die Parade der „Giganten" hin, vorbei an dichten Menschenspalieren. Als Mailand in Sicht kam, wußte Nencini endgültig, daß er die Italienrundfahrt gewonnen hatte. Der Jubel um den Etappensieger Van Steenbergen, der Poblet wieder einmal geschlagen hatte und damit zu seinem fünften Tagessieg kam, ging in der Begeisterung der Zuschauer unter, die ihren Landsmann lauthals feierten.

Schlußklassement des ***40. Giro d'Italia***:

1. Gastone Nencini	CHLORODONT		
	3926,7 km in 104:45:06 std (37,486 km/std)		
2. Louison Bobet	FRANKREICH	0:19	min zur.
3. Ercole Baldini	LEGNANO	5:59	"
4. Charly Gaul	LUXEMBURG	7:31	"
5. Raphael Géminiani	FRANKREICH	17:28	"
6. Miguel Poblet	SPANIEN	19:49	"
7. Raymond Impamis	BELGIEN	21:06	"

8. Pasquale Fornara	BIF-WELTER	24:16	"
9. Wout Wagtmans	HOLLAND	24:29	"
10. Antonin Rolland	FRANKREICH	27:29	"

Raphael Géminiani gewann den *G.P. della Montagna* vor Gaul und Bobet. Die *Mannschaftswertung* ging an LEGNANO. Von 120 gestarteten Fahrern erreichten 70 das Ziel.

Das CARPANO-COPPI Team brachte nur Pietro Nascimbene (60. Platz mit 1:54:30 std Rückstand) und Colombo Cassano (69. Platz mit 2:16:57 std) nach Mailand. Der Rest ging ziemlich sang- und klanglos unter. Umsomehr sehnte man Coppi herbei. Der humpelte indessen immer noch auf Krücken.

Das Radsport-Karussell drehte sich dagegen lustig weiter. Am 23. Juni fand der 2. Lauf zur Italienischen Straßenmeisterschaft statt. Der 285 Kilometer lange ***Giro della Toscana*** war auch geeignet, die italienische Mannschaft für die *Tour de France* zu selektieren. Nach 6:56:20 std stand zumindest das Ergebnis des Rennens fest: 1. Alfredo Sabbadin, 2. Emilio Bottecchia, 3. Giorgio Albani. In der Meisterschaft führte nun der Titelverteidiger Albani mit 17 Punkten vor Baldini (12) und Sabbadin (10,5).

Auf der Mailänder Vigorelli-Bahn fand ein sportliches Spektakel anderer Art statt. In einem der damals noch immer ungemein beliebten Verfolgungsrennen trafen der amtierende Weltmeister Guido Messina und der Stundenweltrekordler Ercole Baldini aufeinander.

Den Startschuß gab kein Geringerer als Fausto Coppi ab. Das Rennen ging über die damals für Berufsfahrer obligatorische Strecke von 5000 Meter; auf der *pista magica* waren das 12 Runden. Nach 6:05 Minuten hatte Messina das Rennen gewonnen. Mit einem Stundenmittel von 49,315 km war er um etwas mehr als drei Sekunden schneller als Baldini um die Holzbahn gekurvt.

Pasquale Fornara war zwischen dem 12. und 19. Juni für seinen Sieg etwas länger unterwegs. Der 32jährige hatte nach 44:32:16 Stunden zum dritten Mal die ***Tour de Suisse*** gewonnen, und dabei Sorgeloos (1:21 min zurück), Moresi (1:42 min) und die beiden Deutschen *Hennes* Junkermann (2:14 min) und Lothar Friedrich (2:45 min) auf die Plätze verwiesen.

Mit *Hennes* Junkermann hatte die BRD erstmals nach dem Zweiten Weltkrieg wieder einen Etappenfahrer von internationalem Format in ihren Reihen. Hans, aber von allen nur *Hennes* genannt, startete zwischen 1956 und 1970 zehnmal bei der Rundfahrt durch die Schweiz und zehnmal fuhr er sie auch zu Ende. Damit stellte er in dieser Beziehung einen Rekord auf. Junkermann zählt auch zum Kreis der Fahrer, welche die *Tour de Suisse* mehr als einmal gewinnen konnten (1959 und 1962).

Im Juni zeigte sich auch bei Coppi wieder ein Lächeln. Es war das Lächeln eines Champions, der 110 dunkle Tage hinter sich hatte, und nun begann, auf einem Hometrainer die ersten Versuche zu unternehmen, seine Beine wieder dahin zu bringen, daß sie sich dem ungebeugten Siegeswillen unterordnen.

Das Interesse der Sportöffentlichkeit galt indessen einem anderen Ereignis. Wieder einmal war es soweit: Das größte und traditionsreichste Straßenrennen der Welt, die *Tour de France*, zog vom 27. Juni bis zum 20. Juli nicht nur die französischen Radsportfans in ihren Bann. Die „Große Schleife" machte diesmal ihrem Namen alle Ehre. Vom Start in Nantes bis zum Endziel, wie üblich im Pariser Prinzenpark, waren 4686 Kilometer zurückzulegen, die auch belgisches, schweizerisches und spanisches Gebiet berührten. Barcelona war sogar Etappenstadt und Austragungsort eines Mannschafts-Zeitfahrens auf dem bekannten Montjuich-Rundkurs.

Die Rundfahrt wurde von den Veranstaltern so weit wie möglich entschärft. Wichtige Tour-Berge wie z.B. der Izoard, Mont Ventoux, Iseran, Aspin und Peyresourde fielen dem Rotstift zum Opfer. Fast noch entscheidender war der Einbau langer Flachstrecken nach den verbliebenen Hochgebirgspässen, die nicht so kletterstarken Fahrern das Aufholen erleichterten. Damit sind wir beim Grund für die Maßnahmen angelangt. Es war keineswegs die pure Menschenfreundlichkeit von Monsieur Goddet, den Giganten der Landstraße unnötige Mühen zu ersparen. Vielmehr - so sahen es mit Recht die ausländischen Beobachter - war es eine Maßnahme gegen den kletterstarken Charly Gaul. Auf einer ähnlichen Strecke siegte im Vorjahr bekanntlich der krasse Außenseiter Walkowiak. Diesmal hatte die Tourleitung einen anderen Mann im Visier, der den Sieg und den Hauptanteil der ausgeschütteten Gelder im Lande behalten sollte, die sich wie folgt lesen: *2 Millionen ffrs* für den Gesamtsieg (zum damaligen Umrechnungskurs etwa 22 400 Mark); *3 Millionen ffrs* für die siegreiche Mannschaft (33 600 Mark), *100 000 ffrs* für einen Etappensieg während der ersten zehn Tage (1120 Mark), *50 000 ffrs* auf den folgenden Tagesabschnitten. Der Bergpreis stand mit *500 000 ffrs* zu Buche (5600 Mark); bei den einzelnen Gipfelankünften wurden zwischen *100 000 ffrs* (1. Kategorie) und *30 000 ffrs* (3. Kategorie) ausgeschüttet. Dazu kam noch das Punkteklassement mit *1 Million ffrs* und eine Unmenge kleinerer Preise und Prämien. Der auserlesene Mann, der den Hauptanteil schnappen sollte war der Franzose Jacques Anquetil!

Dagegen hatten naturgemäß die anderen etwas. An ihrer Spitze Charly Gaul. Dann die starken Belgier De Bruyne, Jan Adriaensens (wird in der Literatur ständig mit seinem Namensvetter René Adriaenssens verwechselt, der sich jedoch zwischen 1942 und 1955 vorzugsweise auf der Bahn seine Erfolge holte), dann die unverwüstlichen Holländer Wim Van Est und Wagtmans sowie die Spanier Poblet und Bahamontes. Natürlich waren auch die *azzurri* daran interessiert, das Konzept von Goddet und Frankreichs Nationalmannschaftschef Marcel Bidot zu durchkreuzen. Dazu hatte ihr italienischer Gegenspieler, der nicht mehr ganz junge Alfredo Binda folgende Asse im Ärmel: Astrua, Baffi, Baroni, Defilippis, Ferlenghi, Nencini, Padovan, Pintarelli, Tognaccini und Tosato. Die auffallende Konzentration von CHLO-

RODONT-Fahrern - Barone, Pintarelli und Tognaccini - ließ einen Schluß zu, welche Karte am Ende stechen sollte, denn auch der gute Gastone Nencini fuhr ja bekanntlich für die Kosmetikfirma. Aufsehen erregte das Fehlen von Baldini, Fantini und dem in letzter Zeit erfolgreichen Bottecchia. Binda wollte seine junge Garde ganz einfach noch schonen.

Nun zur ***44. Tour de France***. Widmen wir dieser Frankreichrundfahrt etwas mehr Zeit, denn zwei Fahrer ließen aufhorchen: der Coppi-Schützling Adolf Christian aus Wien und der Deutsche Lothar Friedrich aus Völklingen.

Am 27. Juni wurde in Nantes um 11.40 Uhr von Monsieur Max Lejeune die Startfahne gesenkt. Er war rein zufällig französischer Sonderminister für die Sahara und konnte beim besten Willen für den Verlauf der 1. Etappe *Nantes-Granville* (200 km) nichts dafür. Denn in der Tat hatten alle 120 Fahrer nur einen gemeinsamen Gegner, die Sonnenglut, die mit ihrer brütenden Hitze über der Bretagne lag. Darrigade machte das Beste daraus und holte sich nach 4:56:18 std den Etappensieg vor Poblet und seinem Landsmann Joseph Thomin.

Die 2. Etappe *Granville-Caen* (226 km) brachte die erste Sensation. Wieder wölbte sich der Himmel bleischwer über Nordfrankreich. Am Start sah man viele Fahrer, die sich zur Kühlung unter die Rennmützen Kohl- oder Rhabarberablätter gelegt hatten. Diese, von Robic einst kreierte Hutmode nützte indessen wenig. Die Fahrer schwitzten aus allen Poren und hatten kein Auge für die landschaftliche Schönheit. Der Asphalt begann in der Mittagshitze zu schmelzen, die Tragödie „Gaul“ nahm ihren Anfang. Besorgt blickten seine Mannschaftskameraden, unter ihnen der einzige deutsche Teilnehmer - Lothar Friedrich aus Völklingen - auf den Kapitän der gemischten Luxemburgischen Mannschaft, in der sich neben Gaul und Friedrich noch die Portugiesen Barbosa und Da Silva, die Luxemburger Bolzan, Ernzer, Kemp, Schmitz und Morn sowie der Engländer Robinson befanden. Sie sahen das schweißbedeckte, wachsweiße Gesicht des 24-jährigen, die sonst strahlend blauen Augen stumpf auf die flimmernde Straße gerichtet. Ein Sonnenstich hatte ihn kraft- und willenlos gemacht. Die gesamte Mannschaft wurde in den Strudel der Tragödie hineingezogen. Hoffnungslos abgeschlagen begleitete sie ihren Kapitän auf seinem Leidensweg. Als Charly 20 Kilometer hinter Bayeux rund eine halbe Stunde zurücklag, gab er auf! Mit ihm verschwanden Ernzer und Kemp im *voiture balai*, dem „Besenwagen“. Der mörderische Tag hatte noch weitere Opfer gefordert: zehn gaben auf, einer wurde wegen Zeitüberschreitung aus dem Rennen genommen. Friedrich war es nicht. Er kam mit rund 38 Minuten Rückstand auf dem 88. Platz ein. Es war nicht seine Schuld.

Wie immer gab es neben den Verlierern auch einen Sieger. Diesmal war es nach 6:09:22 std der von seinen Freunden *la chataigne* genannte Franzose René Privat. Woher der Name „Kastanie“ stammt, wird ewig das Geheimnis der Leute bleiben, die solche Spitznamen vergeben. Auf jeden Fall ging Privat mit diesem Erfolg auch als neuer Spitzenreiter zur 3. Etappe *Caen-Rouen* an den Start. Zunächst wurde auf dem „Prairie-Rundkurs“ in Caen ein 15-km-Mannschaftszeitfahren ausgetragen, das die französische Nationalmannschaft in 19:18 min gewann. Überraschenderweise kam die italienische Mannschaft erst an neunter Stelle ins Ziel (die *azzurri* hatten unterwegs Pech gehabt. Vier Fahrer - Astrua, Defilippis, Padovan und Ferlenghi - wurden in einen Sturz verwickelt. Das brachte die Mannschaft aus dem Rhythmus und viel Boden ging verloren).

Am Nachmittag wurde die zweite Halbetappe *Caen-Rouen* (134 km) absolviert. Bei 40 Grad im Schatten wollte Anquetil in seiner näheren Heimat unbedingt gewinnen. 200 Meter vor dem Ziel setzte er zum Spurt an und überquerte die Linie auch tatsächlich als Erster vor seinem Landsmann Gay und Nencini. Spätestens hier wurde man auf einen Mann aus Österreich aufmerksam, der als Siebter, zusammen mit der Kopfgruppe, in Rouen eintraf: Adolf Christian. Er war in den Tagen zuvor immer unter den ersten gewesen, nun lag er an zweiter Stelle im Gesamtklassement. Für alle war dies eine Überraschung. Nicht für Coppi. Der hatte im Frühjahr den 23-jährigen österreichischen Amateurmeister als Neuprofi in seinen Rennstall geholt. Er wußte schon warum.

Auch die 4. Etappe *Rouen-Roubaix* (232 km) stand im Zeichen der brütenden Sommerhitze. Im Verlauf des Tages brach das Feld unter der Sonnenglut völlig auseinander. In kleine Gruppen zersplittert rollte die Tour-Karawane dem gefürchteten Kopfsteinpflaster entgegen. An diesem Tag kam das Aus für einen weiteren der Großen: Miguel Poblet geriet in eine schwere Krise. Auf Weisung des spanischen Mannschaftsleiters Puig blieb Trobat bei seinem Kapitän zurück, um ihm Hilfe zu leisten. Doch es nützte nichts. Er wurde ebenfalls ein Opfer der Sonnenhölle. Schließlich gaben beide das Rennen auf. Bedenkliche Schwächeanfälle hatten zwei weitere Anwärter auf den Gesamtsieg: der Belgier De Bruyne und der Spanier Bahamontes. Beide konnten jedoch die Etappe beenden, die nach einer Zeit von 6:23:34 std eine Beute des Belgiers Marcel Janssens wurde. René Privat blieb weiterhin im Gelben Trikot.

Bahamontes glaubte nach der Ankunft in Roubaix auch zu wissen, warum die Rundfahrt diesmal von einer so afrikanischen Hitze heimgesucht wurde: „Wenn die Tour von einem Saharaminister gestartet wird, muß es ja solche Temperaturen geben“, kommentierte der Spanier, der nach seinem Schwächeanfall immerhin noch auf Platz vier lag (6:42 Minuten zurück).

Zu einer äußerst harten Prüfung für die noch 89 im Rennen verbliebenen Fahrer wurde auch die 5. Etappe *Roubaix-Charleroi* (170 km). Zum einen sorgten die vielen Abschnitte auf dem berüchtigten *pavé* dafür, daß vielen das Frühstück wieder hochkam, zum anderen brannte die Sonne wieder erbarmungslos vom Himmel. Erst auf dem Schlußteil der Strecke öffnete Petrus wohltätig seine Schleusen. Nach 4:25:26 std kam der Franzose Gilbert Bauvin mit dem tückischen Kopfsteinpflaster in Charleroi am besten zurecht und besiegte im Spurt eine fünfköpfige Spitzengruppe, in der sich auch Jacques Anquetil befand (4. Platz). 1:46 Minuten zurück folgte eine kleine Verfolgergruppe. Dann erwartete man mit Spannung das Hauptfeld. Sonst eher ein belangloses Ereignis, wenn die Hauptmacht geschlagen und lustlos ankommt. Aber diesmal war es anders. In der Hauptgruppe befand sich nämlich René Privat. Falls er mehr als zehn Minuten gegen Anquetil verlieren sollte, würde das Gelbe Trikot an *Maître Jacques* übergehen. Alles blickte gespannt auf Stopp-, Armband- und Taschenuhren. Als die Zeiger die ominöse 10-Minuten-Marke überschritten hatten, brach ein Beifallssturm los, die Marseillaise erklang: Frankreichs Radsportidol Jacques Anquetil hatte das *mailot jeune* erobert. Der arme René traf erst mit einem Rückstand von mehr als 12 Minuten ein. Am Radau der Menge konnte er unschwer erkennen, daß er der große Verlierer war. Schwer erwischt hatte es auch Friedrich. Auf dem Kopfsteinpflaster in Charleroi hatte der junge Deutsche einen böse aussehenden Sturz. Er konnte jedoch weiterfahren und das Ziel mit dem Hauptfeld passieren

Die 6. Etappe *Charleroi-Metz* (248 km) brachte zwar umfangreiche Scharmützel, aber im Grunde genommen herrschte zwischen den Großen eine Art Waffenstillstand. So konnte eine Gruppe ausreißen und dem Hauptfeld mit allen Favoriten vierzehn Minuten abnehmen, an Anquetils Vormachtstellung aber nicht rütteln. Eine besondere Energieleistung vollbrachte Lothar Friedrich. Nach seinem schweren Sturz am Vortag erschien er allen Unkenrufen zum Trotz verpflastert und bandagiert am Start und quälte sich mit dem Hauptfeld ins Ziel. Da es bei der „Tour der Leiden" von jeher darum ging, die größere Ausdauer im Ertragen der enormen Strapazen zu beweisen, verdiente der Deutsche ein Sonderlob. In der Gesamtwertung lag er mit etwas mehr als einer Stunde auf dem 67. Platz.

Auf der Tourkarawane lastete auch während der 7. Etappe *Metz-Colmar* (248 km) eine drückende Hitze. Die Strecke führte durch die Heimat von Roger Hassenforder, und es war daher anzunehmen, daß der immer zu Späßen aufgelegte Elsässer einen *Gag* auf Lager hatte. Vorerst holte sich nach 173 km der Franzose Bergaud auf dem Gipfel des Col de la Schlucht (1130 m) den Bergpreis. Auch der Collet du Linge (983) wurde seine Beute. Aber auf der Abfahrt nach Colmar bildete sich eine 10-köpfige Spitzengruppe und unter dem Jubel seiner engeren Landsleute siegte Roger Hassenforder! Trotz dem Erfolg von Bergaud im Großen Bergpreis endete der Tag für die französische Nationalmannschaft mit einem Debakel. In der Kopfgruppe befand sich nämlich Nicolas Barone von der französischen Regionalmannschaft ILE-DE-FRANCE, der - sehr überrascht - in das Gelbe Trikot schlüpfen durfte.

Es war stark anzunehmen, daß die französischen Nationalfahrer auf der 8. Etappe *Colmar-Besançon* (192 km) versuchen würden, das *mailot jeune* zurückzuerobern. Daher war es kein Wunder, daß den ganzen Tag über Jagden tobten, sich Gruppen und Grüppchen bildeten, die sich wieder zusammenschlossen, um erneut auseinanderzubrechen. Im Hauptfeld mußte der Träger des Gelben Trikots, Barone, den bitteren Kelch der Niederlage bis zur Neige leeren. Der Rückstand auf zwei Ausreißergruppen vergrößerte sich immer mehr. Zehn Kilometer vor dem Ziel betrug er schon über 20 Minuten. Dort holte sich inzwischen Baffi den ersten italienischen Tagessieg dieser Tour. Für das Feld mit dem unglücklichen Barone wurde ein Rückstand von 29:19 Minuten gestoppt. Im Gesamtergebnis gab es sensationelle Veränderungen: Der Nationalfranzose Jean Forestier übernahm mit einem Vorsprung von 5:04 Minuten das Gelbe Trikot vor Picot und Wim Van Est. Anquetil lag nun an vierter Stelle und hatte schon einen Rückstand von 14:07 Minuten!

Lothar Friedrich hatte sich trotz seiner Blessuren erstaunlich gut gehalten und lag inzwischen auf dem 59. Platz. Während der 9. Etappe *Besançon - Thonon-les-Bains* (188 km) konnte er vorübergehend sogar die Hochachtung der französischen Zuschauer erringen. Das kam so: Eine solche Gluthitze wie bei dieser Tour de France 1957 hat es in der langen Geschichte der Rundfahrt nicht oft gegeben. Die Sonne brannte vom Himmel und nicht einmal der erste kühle Hauch der nahen Juraberge verschaffte etwas Linderung. Nach 80 Kilometer erwischte es sogar den hitzegewohnten Spanier Bahamontes. Apathisch stieg er vom Rad und ließ sich in eine Wiese fallen. Der „Adler von Toledo“ erklärte seinem Mannschaftsleiter Puig: „Ich habe genug, ich kann nicht mehr weiter.“ Friedrich dagegen spürte scheinbar doch etwas vom kühlen Juralüftchen. Im Anrollen auf die Berge - den St-Laurent (910 m), die Anhöhe les Rousses (1150 m) und den Col de la Faucille (1323 m) - waren Jean Bobet, der jüngere Bruder von Louison, der Regionalfranzose Jean Bourles und der Spanier Aizpuru ausgerissen. Später schlossen noch die Franzosen Hassenforder und Pipelin sowie Friedrich auf. Als sich auch noch Mahé, Lampre, Schellenberg und Piet Van Est (der um elf Jahre jüngere Bruder von Wim) der Kopfgruppe anschlossen, machte die Zehnergruppe gehörig Dampf und begann mit beträchtlichem Vorsprung den Anstieg nach les Rousses. Hier bestätigte Lothar Friedrich seine bereits bei der *Tour de Suisse* bewiesene Kletterfähigkeit und seinen 5. Rang in der Gesamtwertung eindrucksvoll. Mit einem kräftigen Spurt nahm er einem so starken Fahrer wie Mahé 25 Sekunden ab und überquerte als Erster den Scheitelpunkt des Berges. Durch die Reihen der zahlreichen Zuschauer, die den Saarländer bisher nur vom Hörensagen kannten, ging ein staunendes: < *Oh la la!* > Das steigerte sich orkanartig, als nach rund zwei Minuten Anquetil erschien, an dessen Hinterrad der starke Belgier Planckaert hing.

Leider wurde der gute Lothar anschließend bei der völlig harmlosen Steigung hinauf zum Faucille-Paß von der „Defekthexe“ gestoppt. Diese Panne bedeutete das Ende der Hoffnung, mit der Kopfgruppe das Etappenziel zu erreichen. Er tat das einzig Vernünftige und ließ sich zurückfallen. Nach 2:45 Minuten war das Feld da und zusammen rollte man in die Schweiz. Vorne hatte das Duo Anquetil-Plankaert die Spitze erreicht und der Franzose ließ sich den Sieg in der Stadt am Genfersee nicht nehmen. Nach 5:04:38 std überfuhr er in Thonon-les-Bains die Ziellinie. Piet Van Est hingegen einen im Wege stehenden Polizisten...

Im Gesamtergebnis führte weiterhin Forestier, doch Anquetil hatte sich wieder auf den zweiten Platz vorgeschoben (2:39 min zurück). Nun konnte man sich auf die nächste Etappe vorbereiten; in Thonon war den Fahrern ein Ruhetag gegönnt.

Er war nötig, denn der 7. Juli brachte die 10. Etappe *Thonon-les-Bains - Briançon* (247 km) und damit die erste Hochgebirgsetappe über den Col du Télégraphe (1590 m), den berüchtigten Galibier (2556 m) und den Col du Lautaret (2057 m).

Im Anrollen auf die Berge umgab die Tour-Karawane eine Landschaft voll wilder Romantik, aber auch trostloser Verwüstung. Wenige Wochen zuvor hatte die Gegend unter Wasser gestanden und überall sah man noch die Spuren der Fluten. Fortgeschwemmte Brücken waren in aller Eile durch notdürftige Stege ersetzt worden, um der Tour die Weiterfahrt zu ermöglichen. Die Hitze der letzten Tage hatten Schlamm und Schlick ausgetrocknet und eine Unzahl von Mücken, Fliegen und anderen Plagegeistern quälten die Fahrer und Begleiter.

Auf den unbeschreiblich schlechten Straßen des Télégraphe zeigten bereits zwei der besten Kletterer dieser Tour ihr Können: der Italiener Nencini und überraschenderweise der Belgier Marcel Janssens. In dieser Reihenfolge überquerten sie den Paß, 1:15 min zurück folgte der erste Verfolger, Bauvin. Dann kam mit 3:55 Minuten Verspätung eine Gruppe, in der sich Mahé und Anquetil befanden.

Nach der gefährlichen Straße des Télégraphe wirkte der Anstieg auf glattem Asphalt zum Galibier trotz seiner giftigen Steigung beinahe wie eine Erlösung. Beim Gipfelspurt drehte Janssens den Spieß um und überquerte vor Nencini die weiße Linie auf der Straße. Mit Abständen von drei Minuten und mehr trafen Anquetil, Schellenberg, Bauvin usw. ein, Forestier hatte hier bereits fast sechs Minuten eingebüßt. Auf dem Lautaret und den restlichen 25 Kilometern konnte Anquetil und seine Begleiter zwar noch Boden gut machen, den Sieg von Nencini und den zweiten Platz von Janssens aber nicht gefährden. Der große Verlierer des Tages war Forestier. Er mußte das Gelbe Trikot wieder an seinen Mannschaftskapitän Anquetil abgeben, der nun mit 4:02 min Vorsprung das Rennen anführte.

Die 11. Etappe *Briançon-Cannes* (267 km) brachte den zweiten Tag in den Alpen und das Aus für Clerici und Astrua. Obwohl die Strecke durch den Fortfall des traditionsreichen Col de Vars - er war durch das Unwetter vor wenigen Wochen unpassierbar geworden - wesentlich entschärft wurde, hatten die beiden die Nase voll.

Für die im Rennen Verbliebenen stellte sich als einziger Hochgebirgspaß der Col d´Allos (2240 m) in den Weg. Die Kletterpartie begann nach

96 Kilometern. Bis dahin war das Feld dicht beisammen geblieben, und auch beim Anstieg auf den Zweitausender änderte sich daran nichts. Man konnte von den Bergspezialisten einfach nicht erwarten, daß sie 100 Kilometer vor dem Ziel eine besondere Initiative ergreifen. Ohne übermäßige Eile ging es die Kehren hinauf. Erst kurz vor dem Transparent der Bergwertung kam es zum Spurt: Bergaud holte sich die Punkte vor Nencini und Anquetil. Auf dem zweiten Paß des Tages bot sich das gleiche Bild. Nahezu geschlossen erreichte man den Gipfel des Col de Luens (1054 m) und Bergaud siegte erneut vor Nencini. Die dritte Erhebung brachte insofern eine Abwechslung, als auf dem St-Cézaire (500 m) der Belgier Janssens sein Rad vorne hatte. In Cannes holte sich dann der Franzose René Privat den Etappensieg. Auf den vorderen Plätzen des Gesamtergebnisses änderte sich nichts.

Die 12. Etappe *Cannes-Marseille* (239 km) begann mit einem Vorstoß des jungen Regionalfranzosen Henry Anglade. Die französische Nationalmannschaft schickte ihm als Bewacher vom Dienst Jean Stablinski nach. Da beide Fahrer in der Gesamtwertung weit zurücklagen, drückte man im Feld beide Augen zu und ließ die beiden ziehen. Die nahmen das Geschenk freudig an und vergrößerten ihren Vorsprung immer mehr. Nach rund 70 Kilometern gab es in Beauvallon, dem Geburtsort des Begründers der *Tour de France,* Henri Desgrange, eine Sonderprämie, die sich Stablinski holte. Hier zeigten die Uhren einen Vorsprung von mehr als 16 Minuten. Die beiden Ausreißer konnten also beruhigt den Anstieg zum Mont Faron (665 m) angehen, den Schauplatz des bekannten Riviera-Bergrennens im Frühjahr. Stablinski war auch hier als Erster auf dem Gipfel.

Das Feld ging die Sache noch gemütlicher an, denn inzwischen zeigten die Uhren einen Rückstand von 17:30 Minuten an. Das war dann doch etwas zuviel. Die Favoriten mobilisierten ihre Helfer und bliesen zum Angriff. Erstes Opfer wurde der völlig erschöpfte Anglade, den man einholte und förmlich stehen ließ.

Vorne quälte sich bei brütender Hitze Stablinski über die zweite nennenswerte Erhebung des Tages, den Col de l´Espigoulier (725 m). Wie stark der Sohn polnischer Eltern war, zeigte sich auf dem Scheitelpunkt des Berges. Er führte immer noch mit 11:30 Minuten Vorsprung vor zwei Verfolgern, Bergaud und Friedrich! Das Hauptfeld lag hier sogar 18 Minuten hinter dem Spitzenreiter zurück. Höchstwahrscheinlich hätten Bergaud und der Saarländer den Abstand zu Stablinski noch bedeutend verringern können. Aber Bergaud war ein Mannschaftskamerad von Jean und legte eine gewisse Zurückhaltung an den Tag. So lag die Bürde der Führungsarbeit auf dem Deutschen und das mächtig loslegende Feld nahte bedrohlich.

Aber die Würfel waren gefallen. Stablinski erreichte als strahlender Sieger Marseille. Nach 12:01 Minuten tauchten Bergaud und Friedrich auf und zur allgemeinen Überraschung behauptete sich der Deutsche klar vor dem Franzosen. Friedrich konnte sich damit vom 53. Platz über 18 Ränge auf den

35. Platz vorschieben. Das Hauptfeld traf mit einem Rückstand von 13:52 Minuten ein und damit blieb an der Spitze alles unverändert.

Einen Tag nach seinem prächtigen Erfolg nahm die *Tour de France* für Lothar Friedrich ein jähes Ende. Bereits auf dem neutralisierten Weg zum Startplatz der 13. Etappe *Marseille-Alés* (159 km) wurde der Deutsche in einen Massensturz verwickelt. Das Tour-Spektakel war mehrere Minuten unterbrochen und bei der Bestandsaufnahme stellte man fest, daß es den Regionalfranzosen Trochut und Friedrich am übelsten erwischt hatte. Dennoch nahmen beide das Rennen wieder auf.

Zehn Kilometer später kam für Friedrich das bittere Ende. Er stürzte abermals und das Häufchen Elend wurde in den Begleitwagen gehoben. Seine Benommenheit, die eine Gehirnerschütterung befürchten ließ sowie eine arge Verletzung am Oberschenkel veranlaßten Tourarzt Dr. Dumas, den Deutschen aus dem Rennen zu nehmen.

Friedrich weinte. Zu gerne wäre er weitergefahren. Nur mit Mühe konnte man ihn von der Notwendigkeit der Aufgabe überzeugen. Als kleines Trostpflaster erhielt er die Prämie für den „größten Pechvogel der Etappe“. Frankreichs Presse würdigte seine bisherigen Leistungen und wünschte ihm ein: < *au revoir* > für nächstes Jahr.

Wie weiter oben erwähnt, sollte unser Interesse Christian und Friedrich gelten. Nun, der Saarländer war ausgeschieden. Verfolgen wir in Kürze den weiteren Weg des Österreichers. Er beendete die Etappe hinter dem Tagessieger Defilippis im Hauptfeld und lag mit einem Rückstand von 9:44 Minuten auf dem 4. Platz im Gesamtklassement.

Am Tag darauf wurde die Tour-Karawane bei der 14. Etappe *Alés-Perpignan* (246 km) von einem kräftigen Mistral geschoben und erreichte das Ziel weitaus früher als vorgesehen. Hassenforder segelte als erster über den Zielstreifen. Er war auch in diesem Jahr das *enfant terrible* der Tour. Als ihn einige Tage zuvor ein Rennkommisar aufforderte, seine Rückennummer so zu befestigen, daß man die Zahlen deutlich lesen könne, meinte der pfiffige Elsässer: „Das ist ganz überflüssig, Monsieur. Ich fahre so schnell, daß ohnehin kein Mensch meine Nummer erkennen kann.“ Man hatte sie erkannt. Es war die 97.

Die 15. Etappe *Perpignan-Barcelona* (197 km) führte nach 1949 zum zweiten Mal in der Geschichte der *Tour de France* über die Grenze nach Spanien. Im Lauf des Tages formierte sich eine 8-köpfige Spitzengruppe: der Spanier Ruiz, der Italiener Defilippis sowie sechs Franzosen. Diese fürchteten weniger, daß der Mann aus Alicante in seiner Heimat auftrumpfen würde, vielmehr hatten sie einen Heidenrespekt vor dem Italiener. Der galt als Spezialist für Ankünfte auf Aschenbahnen und das Ziel in Barcelona lag in einem solchen unangenehmen Gelände. Deshalb pumpte die *equipe tricolore* den Italiener durch abwechselnd vorgetragene Angriffe so aus, daß er im Weichbild Barcelonas die Waffen strecken und René Privat, der gerade eine

Attacke ritt, ziehen lassen mußte. Im Alleingang rollte der Franzose ins Ziel. Hinter ihm belegte Darrigade den zweiten Platz. Defilippis kam als letzter der Gruppe an und war auf die Spielverderber mächtig sauer. Ganz anders Ruiz. Der freute sich über seinen 4. Platz und mit ihm fast die ganze Stadt.

Eigentlich wäre in Barcelona ein Ruhetag gewesen. Um die spanischen Gastgeber aber auf ihre Kosten kommen zu lassen, wurde ein 10-km-Einzelzeitfahren auf dem Montjuich-Rundkurs ausgetragen. Die Fahrer hatten keine rechte Lust, das Publikumsinteresse war komischerweise auch nicht besonders groß. So verlief das Rennen, für das Gesamtergebnis sowieso ohne Bedeutung, ziemlich lahm. Sieger wurde erwartungsgemäß der Zeitfahrspezialist Jacques Anquetil, der Forestier um 12 Sekunden und den Spanier Lorono um 15 Sekunden distanzierte. Christian endete, um 47 Sekunden geschlagen, auf einem hervorragenden 8. Platz.

Am Tag darauf ging es bei der 16. Etappe *Barcelona - Ax-les-Thermes* (220 km) hinein in die Pyrenäen. Die französische Nationalmannschaft kontrollierte das Geschehen und ließ erst 25 km vor dem Ziel im Anstieg zum letzten Hindernis, dem bereits wieder auf französischem Boden liegenden Col de Puymorens (1915 m), ihren Landsmann Bourles ziehen, der dann auch die Etappe gewinnen konnte.

Bei der Talfahrt vom Puymorens herrschten dichter Nebel, Regen und Hagelschauer. Dies sollte tragische Folgen haben. Nicht so sehr für die Radrennfahrer, die viele Stürze hatten, aber alle glimpflich verliefen. Leider nicht der Unfall des französischen Rundfunkreporters von Radio-Luxemburg, Alex Virot, und seines Motorradfahrers Wagner. Beide stürzten mit ihrer BMW in ein 10 Meter tiefer gelegenes Bachbett und waren auf der Stelle tot.

[Damit erhöhte sich die Zahl der Todesopfer in der bis zu diesem Zeitpunkt 54-jährigen Geschichte der *Tour de France* auf vier. Den ersten Toten gab es 1910 zu beklagen: Der Franzose Adolphe Hélière nahm am Ruhetag in Nizza ein Bad im Meer und ertrank. Fünfundzwanzig Jahre später, 1935, stürzte der Spanier Francisco Cepeda auf der 9. Etappe *Grenoble-Gap* in Bourg d´Oisans so unglücklich, daß er einen Schädelbasisbruch erlitt. Er wurde sofort in das Krankenhaus von Grenoble gebracht. Dort starb Cepeda wenige Stunden später. Im weiteren Verlauf der *Tour de France* fällt 1967 der Engländer Tommy Simpson während der 13. Etappe *Marseille-Carpentras* zwei Kilometer vor dem Gipfel des Mont Ventoux bewußtlos vom Rad. Tourarzt Pierre Dumas versucht, das Leben von Simpson durch Mund-zu-Mund-Beatmung zu retten. Ohne Erfolg. Der amtierende Straßenweltmeister wird mit dem Hubschrauber in das Krankenhaus St-Marthe in Avignon gebracht. Dort wird um 17.40 Uhr der Tod offiziell festgestellt. Simpson ist 29 Jahre alt geworden. Er starb an den Folgen einer Überdosis Amphetamine. Anders liegt der Fall bei dem Italiener Fabio Casartelli, Olympiasieger 1992 im Straßenfahren. Der 25-jährige stürzt 1996 während der 15. Etappe *St-Girons - Cauterets* in der Abfahrt vom 1069 m hohen Col de Portet d´Aspet. Er prallt mit dem Kopf auf einen 40 Zentimeter hohen Begrenzungsstein. Mit schweren Schädelverletzungen wird er mit dem Rettungshubschrauber ins Krankenhaus nach Tarbes gebracht. Dort kann nur noch sein Tod festgestellt werden.]

Kehren wir zurück in das Jahr 1957. Die 17. Etappe *Ax-les-Thermes - St-Gaudens* (236 km) führte weiter durch die Pyrenäen. Hauptschwierigkeiten waren die drei Pässe Col de Port (1249 m), Col de Portet d´Aspet (1069 m) und Col du Portillon (1293 m). Wie zu erwarten, sonderte die letzte Steigung die Spreu vom Weizen. Nahezu alle Fahrer, die noch einigermaßen günstig im Gesamtergebnis lagen, rückten zur Spitze auf. So bildete sich ein 18-köpfiges Rudel, das Defilippis im Spurt glatt abfertigte. Auf den Plätzen landeten Forestier und ein weiterer Italiener, Pierino Baffi. Da alle Favoriten dabei waren, als die Post abging, blieb im Gesamtergebnis alles wie bisher. Der Pechvogel an diesem Tag war Nencini, der kurz vor dem Ziel stürzte und sich schmerzhafte Hautabschürfungen zuzog. Ein Handicap für die dritte und schwerste Pyrenäenetappe?

Vor dieser 18. Etappe *St-Gaudens - Pau* (207 km) gab man sich im Lager der französischen Nationalmannschaft auffallend wortkarg. Der Grund sickerte langsam durch: Die meisten Trikolore-Fahrer litten an Magen- und Darmbeschwerden. Ausgerechnet bei der schweren Etappe über den Col du Tourmalet (2115 m) und den Col d´Aubisque (1709 m) mußte der Spitzenreiter Anquetil auf die Unterstützung durch seine Mannschaft zum großen Teil verzichten.

Aber der junge Zeitfahrspezialist bewies auch in dieser schwierigen Situation seine absolute Klasse. Als er den Aubisque, die letzte große Bergprüfung dieser Tour erreicht hatte und nur 4:35 Minuten hinter Jean Dotto lag, ahnte man, daß die Entscheidung gefallen war. Den Etappensieg holte sich Nencini. Eine prächtige Leistung, denn nur dank einer schmerzstillenden Spritze konnte der Italiener überhaupt an den Start gehen. Mit einem Rückstand von 2:38 Minuten trafen die Verfolger mit Anquetil und Christian ein. Jacques Anquetil führte nun mit 9:14 Minuten Vorsprung vor Janssens und Christian. Für den Rest der französischen Nationalmannschaft endete der Tag katastrophal. Walkowiak gab auf, Mahé, Bauvin, Bergaud, Stablinski und Privat handelten sich Rückstände zwischen 25 und 42 Minuten ein!

Nach dem rabenschwarzen Tag der französischen Nationalmannschaft erwartete man, daß die Gegner der *equipe trikolore* auf der 19. Etappe *Pau-Bordeaux* (194 km) die müde gewordenen Mannen um Anquetil endgültig zur Strecke bringen würden.

In der Tat fühlten Belgier, Italiener und Holländer den Franzosen auf den Zahn. Als man aber merkte, daß Marcel Bidots Männer wieder auf dem Posten waren, verzichtete man auf weitere Angriffe. Nicht nur das. Zum Entsetzen von Tourchef Jacques Goddet begann eine Bummelfahrt, die an die „Arbeitsverweigerung" beim Giro 1954 erinnerte. Lediglich Baffi nutzte die Stunde und machte sich alleine auf den Weg.

Für das Feld wurden im weiteren Verlauf grandiose Rückstände auf den Spitzenreiter gemessen: 10 Minuten, 15 Minuten, 20 Minuten. Schließlich sogar 25 Minuten! Goddet ging allmählich der Hut hoch, in seinem Fall der berühmte Tropenhelm, den der Feldherr der Tour zu tragen pflegte. Erst auf dem Schlußteil der Strecke bequemte sich das Feld zu einer Tempoerhöhung, was dazu führte, daß Baffi „nur" mit 21:48 Minuten vor dem Feld auf der Zementbahn in Bordeaux eintraf!

Die Italiener wollten ihren Triumph vollenden und Darrigade, den Hausherrn der Weinstadt, um den Ehrenplatz bringen. Baroni zog für Padovan den Spurt an, wobei er Darrigade zu nahe an die Wäsche kam. Ein gellendes Pfeifkonzert hub an, unnötig, denn der schnelle André wurde auch so mit den beiden *azzurri* fertig. Doch die Menge fand Spaß an dem Radau und pfiff auch den noch arg verpflasterten Nencini aus, der an dem Vorfall gar nicht beteiligt war. Man beruhigte sich erst, als feststand, daß sich im Gesamtergebnis nichts geändert hatte: Anquetil führte weiter vor Janssens und Christian.

Die 20. Etappe, das Zeitfahren *Bordeaux-Libourne* (66 km) wurde leider durch den Wettergott ziemlich verfälscht. Da die Fahrer im Abstand von drei Minuten an den Start gingen, und es während des Rennens zu einem krassen Wetterumschwung kam - zuerst Regen, dann Sonnenschein -, fanden die später gestarteten Konkurrenten wesentlich bessere Verhältnisse vor. Das soll den Sieg von Jacques Anquetil nicht schmälern, der mit einer Zeit von 1:32:17 std den schwierigen, kurvenreichen, teilweise über schlechte Straßen führenden Kurs mit einem Stundenmittel von 42,911 km bewältigte. Auf den Plätzen endeten Defilippis (2:11 min zurück) und Wim Van Est (2:56 min). Christian schlug sich wacker und behielt im Gesamtergebnis den 3. Rang.

Der vorletzte Tagesabschnitt, die 21. Etappe *Libourne-Tours* (317 km), war der längste der ganzen Rundfahrt. Mit einer penetranten Hartnäckigkeit hielt die Tourleitung an solchen Mammut-Etappen fest, wohl wissend, daß sie sich, den Zuschauern und nicht zuletzt den Fahrern damit keinen Gefallen tat. Denn erfahrungsgemäß riß man sich bei einer solchen Fernfahrt kein Bein aus. Dazu kam, allerdings ohne Schuld der Rennleitung, ein ausgesprochenes Sauwetter.

Bereits am Start fegte ein orkanartiger Sturm über die Tour-Karawane. Während die Begleiter, so gut es ging, in den Wagen Schutz suchten (viele Mannschaften benutzten offene Autos!), legten die Fahrer ihre Regenpelerinen an und nahmen um 7.30 Uhr die Marathon Etappe in Angriff. Die böse Ahnung der Experten bestätigte sich. Rund 200 Kilometer rollte das Feld geschlossen dahin. Nicht einmal eine Reifenpanne von Anquetil schreckte die Rivalen auf. Auch nicht ein Massensturz, in den der spanische Meister Antonio Ferraz so verwickelt wurde, daß er anschließend aufgab. Auch Forestier war beteiligt, wechselte aber in Ruhe sein Rad und konnte ohne besonderen Kraftaufwand wieder aufschließen. Erst nach 220 Kilometer wagten einige Fahrer den „Blick aus dem Fenster" und machten sich davon. Unter ihnen Darrigade, der nach 9:56:53 std den schweren Arbeitstag als Sieger beendete.

Die 22. Etappe *Tours-Paris* (227 km) verlief , der Tradition entsprechend, ohne kämpferische Auseinandersetzungen. Der strömende Regen trug dazu bei, daß nicht ganz soviel Zuschauer die Strecke säumten. Dennoch waren die Radsportenthusiasten zahlreich an der Strecke und bejubelten Anquetil. Aber auch die anderen gut plazierten Fahrer, darunter Christian, erhielten ihren Anteil an den Ovationen. Im berühmten Chevreuse-Tal vor Paris, wo bei *Bordeaux-Paris* oftmals die Entscheidungen zu fallen pflegten, erhoffte man einen letzten dramatischen Höhepunkt, zumindest einen Angriff des Franzosen Forestier auf den nur etwas über eine Minute vor ihm liegenden Christian.

Andererseits war zu befürchten, daß eine Attacke auf den Österreicher Auseinandersetzungen vom Zaun brechen könnte, deren Konsequenz sich sogar gegen Anquetil hätte richten können. Also ließ man die Sache schleifen. Bis einen Kilometer vor dem Ziel. Der Angreifer war aber nicht Forestier, sondern Defilippis. Kurz vor dem Eingang zum Prinzenpark hatte man ihn wieder eingeholt. Im Massenspurt um den letzten Ettappensieg triumphierte wieder einmal André Darrigade vor Padovan, Forestier und Wim Van Est. (Defilippis war kurz vor dem Ziel gestürzt und hatte sich schmerzhafte Verletzungen zugezogen.)

In der Gesamtwertung änderte sich nichts mehr. Jacques Anquetil hatte seine erste *Tour de France* gewonnen. Vier weitere werden folgen (1961, 1962, 1963 und 1964).

Schlußklassement der ***44. Tour de France:***

1.	Jacques Anquetil	FRANCE	
	4686 km in 135:44:42 std	(34,521 km/std)	
2.	Marcel Janssens	BELGIEN	14:56 min zur.
3.	Adolf Christian	SCHWEIZ	17:26 "
4.	Jean Forestier	FRANCE	18:02 "
5.	Jésus Lorono	SPANIEN	20:17 "
6.	Gastone Nencini	ITALIEN	26:03 "
7.	Nino Defilippis	ITALIEN	27:57 "
8.	Wim Van Est	HOLLAND	28:10 "
9.	Jean Adriaensens	BELGIEN	34:07 "
10.	Jean Dotto	SUD-EST	36:31 "

Nencini gewann den *G.P. Montagne* vor Bergaud und Janssens. Die *Mannschaftswertung* ging an die französische Nationalmannschaft FRANCE und das *Punktklassement* gewann der Franzose Forestier. Von 120 gestarteten Fahrern erreichten 56 das Ziel. Der letzte Fahrer hieß sinnigerweise Guy Million (er hatte aber nur 4:41:11 std Rückstand...

Der 23-jährige Jacques Anquetil hatte - wie Coppi bei seinem ersten Tourstart - die Rundfahrt auf Anhieb gewonnen. Eine große Zukunft stand ihm bevor. Doch was war aus dem *Campionissimo* inzwischen geworden?

Wer sich im August des Jahres 1957 in den Ferien auf die Insel Elba verirrte, konnte mit etwas Glück ein Schauspiel erleben, das sich täglich wiederholte. Im *ferragosto*, der Zeit, in der südlich der Alpen das Alltagsleben wie ausgestorben erscheint, setzte sich jeden Morgen Punkt halb acht in dem kleinen Ort Procchio eine bunte Radfahrerkolonne in Bewegung. Vorneweg ein hagerer Mann mit einem auffallenden Profil, dahinter die Dorfjugend, die sich auf allen möglichen Fahrrädern wie Kletten an sein Hinterrad hängten. Etwa zwei Stunden später kehrte der Mann alleine zurück; keiner der jungen Burschen konnte auf den staubigen und holprigen Straßen der Insel mit ihm mithalten. Dieser Mann war Italiens *Campionissimo* Fausto Coppi.

Man sagte scherzhaft, Coppi sei der einzige Mensch, der in dieser mörderischen Hitze noch etwas tat. *Sgobbare*, büffeln, nannten italienische Radsportexperten zutreffend die verbissenen Versuche ihres Idols, seine Form wiederzufinden. Würde er jemals wieder gesund in den Rennsattel steigen können? Auf den steilen Bergriesen Gegner um Gegner abhängen? Kann er den verloren gegangenen roten Faden wieder finden oder war dieser endgültig gerissen?

Coppi wollte das frühestens im Oktober beim *Gran Premio Campari* feststellen, zuvor aber zumindest einige Rundstrecken- und Bahnrennen bestreiten. „Ich fühle mich wieder ausgezeichnet und bin zu einem vollen - vielleicht letzten - Comeback entschlossen. Übrigens nicht das erste, das im Laufe der Geschichte von Elba aus gestartet wird. Ein gewisser Napoleon versuchte es auch, aber es ging schief." Fausto konnte ein Lächeln nicht unterdrücken und fuhr fort: „Nun, wir werden sehen. Ich denke, daß man bald wieder mit mir rechnen muß. Selbstverständlich werde ich auch am 4. November an der 'Trofeo Baracchi' teilnehmen, und zwar zusammen mit Fred De Bruyne."

Auf die Bemerkung, daß von einem Gespann Baldini-Coppi die Rede sei, reagierte der *Campionissimo* ausgesprochen sauer: < *Ciò non va preso in discussione...* > (Kommt gar nicht in Frage! Sollten wir gewinnen, würde alle Welt sagen: 'Baldini hat gewonnen'. Wenn wir aber verlieren, wäre unweigerlich ich der Sündenbock!)

Am 4. August konnten sich Bartali und Coppi demonstrativ die Hände reichen. Gino vom Wagen der PELLEGRINO-Mannschaft, Fausto vom Auto der CARPANO-COPPI-Mannschaft aus. Beide verfolgten als Rennleiter ihre Schützlinge beim ***Giro di Romagna*** (275 km), dem 3. Lauf zur Italienischen Straßenmeisterschaft.

Am Start in Lugo waren 177 Fahrer erschienen. Von den Favoriten für die Meisterschaft fehlten der kranke Minardi; Fabbri, der an einem Bruch laborierte sowie Ronchini, den das Militär an der Ausübung seines Berufs hinderte.

Der aus Forli stammende Ercole Baldini fühlte sich in seiner näheren Heimat natürlich ausgesprochen wohl und diktierte das Rennen. Er ließ sich von verschiedenen Ausreißergruppen nicht aus der Ruhe bringen. Auch nicht durch einen Rückstand von über vier Minuten in San Marino. Seine Stunde kam hinter Forminpopoli im Anstieg zum Rocca delle Caminate (380 m), den er als Erster vor Moser und Sabbadin überquerte. In der Abfahrt schlossen 16 Fahrer zu ihm auf, die ihn jedoch nicht hindern konnten, nach 7:15:22 std die Ziellinie als Sieger vor Boni und Conterno zu überqueren. Baldini hatte sein erstes klassisches Straßenrennen als Profi gewonnen und damit in der Meisterschaft mit 22 Punkten die Führung vor Albani und Sabbadin übernommen.

Coppi und Bartali hatten bei dieser Veranstaltung keinen Grund zur Freude. Ihre Männer kamen unter ferner liefen ins Ziel. Anders beim ***Giro del Ticino***. Hier heimsten in Lugano nach 5:48:22 std für die 210 km Bartalis Klienten Alfredo Sabbadin und Germano Barale die beiden ersten Plätze ein. Coppi landete mit seinen Schülern Adriaensens (3.), Keteleer (4.) und Christian (5.) zwar nur in der zweiten Reihe, hatte aber trotzdem sein Erfolgserlebnis, denn das Rennen war alles andere als ein Spaziergang. Baldini konnte z.B. nur mit einem Rückstand von fast neun Minuten den zehnten Platz belegen.

Dann warf die Straßenweltmeisterschaft, neben der *Tour de France* unumstritten der Höhepunkt jeder Radsportsaison, ihre Schatten voraus. Als letzter Test, aber auch als Basis für die Nominierung der Nationalmannschaft, war die Rundfahrt ***Tre Valli Varesine*** von jeher ein willkommener Anlaß.

Am Abend des 7. August stand erstens mit dem Belgier Germain Derycke der Sieger des Rennens fest; er hatte nach 6:05:21 std Baldini, Conterno, Bobet und Cassano auf die Plätze verwiesen (der Deutsche Hennes Junkermann kam auf einen hervorragenden 7. Platz); zweitens konnte Alfredo Binda der ungeduldig wartenden Presse das italienische Aufgebot für die Straßenweltmeisterschaft in alphabetischer Reihenfolge mitteilen: Pierino Baffi **(BIF),** Ercole Baldini **(LEGNANO),** Guido Boni **(BOTTECCHIA-GRIPO),** Nino Defilippis **(BIANCHI),** Aldo Moser **(CHLORODONT),** Gastone Nencini **(CHLORODONT),** Arrigo Padova **(ATALA)** und Alfredo Sabbadin **(SAN PELLEGRINO).** Als Ersatzmann wurde Alessandro Fantini **(ATALA)** nominiert.

Man hätte sich die Reise nach Belgien zur ***24. Weltmeisterschaft*** sparen können. Zum einen war der 23,8 km lange Rundkurs in Waregem, etwa 75 km westlich von Brüssel, flach wie eine Flunder. Lediglich nach der Hälfte jeder Runde - bei den Berufsfahrern mußten deren 12 (= 285,6 km) gefahren werden - „türmte" sich der Tiegemberg auf, ein 90 Meter hoher Hügel. Das ist zwar auch etwas, aber die starken Bergfahrer konnten darüber nur lächeln. Sie hätten sich einen Alpen- oder Pyrenäenriesen gewünscht, um es ordentlich krachen lassen zu können. Ihrer Ansicht nach war eine Weltmeisterschaft auf einem Billardtisch eben keine. Zum andern war da Rik Van Steenbergen. Ihm war die Strecke und damit das Regenbogentrikot auf den Leib geschneidert...

Schon in den frühen Morgenstunden pilgerten Tausende von Zuschauern an die markanten Stellen des Kurses. In der Schlußphase des Rennens waren es bestimmt über 200 000, die trotz zeitweiligem Regen ausharrten, denn spannend war die Geschichte allemal.

70 Fahrer nahmen das Rennen in Angriff und sofort wurden Ausreißversuche inszeniert, bei denen auch Junkermann zu finden war. Den Zuschauern im Stadion von Waregem, das kurioserweise jede Runde passiert werden mußte, bot sich fast bei jeder Durchfahrt ein anderes Bild. Die letzte Runde nahm der Holländer Wout Wagtmans mit ein paar hundert Meter Vorsprung in Angriff. Aber am Tiegemberg holten ihn Van Looy und Janssens ein. Anquetil, Sabbadin und Van Daele folgten dicht dahinter und unmittelbar darauf waren auch Van Steenbergen, Bobet, De Bruyne und Darrigade zur Stelle. Die Weltelite rüstete zum Endspurt.

Der lange *Rik* übertraf sich im Finale wieder einmal mehr. Allerdings mit nicht ganz einwandfreien Mitteln. Auf der Zielgeraden zog Bobet den Spurt an und lag etwa 60 Meter vor dem „Lappen" auch noch in Front. Dann rauschte Van Steenbergen heran, drückte den Franzosen von der rechten Straßenseite auf die linke, so daß Louison für einen Augenblick aus dem Tritt kam. Ebenso Darrigade. Der hatte auf Van Looy gesetzt und lag mit ihm im Clinch, konnte aber nur noch entsetzt feststellen, daß er auf den falschen Mann getippt hatte. Denn vorne war *De grote* nicht mehr zu halten und errang nach 7:43:10 std unter den Augen von König Baudouin seinen dritten Weltmeistertitel. Bobet (2.) und Darrigade (3.) folgten auf den Plätzen. Zu den Geschlagenen zählten ferner: Van Looy (4.), De Bruyne (5.), Anquetil (6.), Derycke (8.), Nencini (13.), Baldini (18.), Gaul (27.), Junkermann (31.) und Christian (39.). Einundvierzig Fahrer beendeten das Rennen.

Bei den italienischen Radsportfans wurde das schlechte Abschneiden in Waregem von einem Ereignis überstrahlt, das in den Gazetten *Un nuovo miracolo,* (Ein neues Wunder) betitelt wurde. Aber weder Assisi, Loreto, Padua, Montserrat, Fátima, Lisiux, Lourdes - und schon gar nicht Altötting - waren Schauplatz des Wunders, sondern die Hafenstadt Piombino, gegenüber von Elba. Aha! selbst einem eingefleischten Bartali-Anhänger dämmert´s: Coppi war wiederauferstanden!

In der Tat. Der von der Sonne nicht besonders gebräunte, dafür aber gertenschlanke *Campionissimo*, hatte sich in Portoferráio eingeschifft und war auf das Festland gekommen. Er nahm in Piombino an einer Nachtveranstaltung teil und konnte dabei auf der Zementpiste bei einem Rennen über 40 Runden immerhin Guido Messina mit 28 Punkten bezwingen. Mit oder ohne dessen Hilfe - der Verfolgungsweltmeister des Vorjahres brachte es auf 20 Punkte - war es auf jeden Fall ein Sieg, der Coppi überglücklich machte. Auch in dem kleinen Nest Avezzano feierte er einen überraschenden Sieg über Baroni, der im Ziel zwar verbissen die Zähne fletschte, aber Coppi offensichtlich die Schau nicht vermasseln wollte. An einem Coppi, der fünf Monate nach seinem fatalen Sturz am 1. März in Nuoro versuchte, noch einmal in das Renngeschehen einzugreifen, fuhr man im Endspurt einfach nicht vorbei...

Bei der Italienischen Straßenmeisterschaft galten da schon andere Gesetze. Zwar nicht für Coppi (der stand als Zuschauer am Straßenrand), aber für die Leute mit Ambitionen gab es am 1. September eine böse Überraschung. Beim 4. Lauf, dem ***Giro dell´Appennino*** von Pontedecimo zurück nach Pontedecimo (allerdings auf einem Umweg von 232 km!), schlug der junge LYGIE-Fahrer Aurelio Cestari seiner mächtigen Konkurrenz ein Schnippchen. Unbekümmert pedalierte der Profineuling über den Passo della Scoffera (674 m) und den Passo della Bocchetta (772 m). Hier hatte Coppi 1955 seine Siegesfahrt angetreten. Diesmal stand er in einer Kehre und konnte beobachten, wie Cestari in der bis zu 14 %igen Steigung des Passes zu den bis dahin führenden Fahrern aufschloß. Anschließend ließ er auf der letzten Steigung des Tages Leute wie Astrua, Monti und den amtierenden Meister Albani einfach stehen. Mit 1:27 min Vorsprung erreichte er vor Astrua, Costalunga und Monti das Ziel. Für den Ausgang der Meisterschaft war das jedoch unerheblich. Hier führte weiterhin Baldini mit 23 Punkten vor Albani (22) und Sabbadin (15 1/2).

Zuhause in Novi Ligure gab Coppi am 4. September in seinem *Collegio della Carpano* eine Pressekonferenz, ein Mittagessen und ein Plauderstündchen (Austausch von Erinnerungen sowie einen Blick in die Zukunft). Die meist gestellte Frage der Journalisten lautete: „Welches Straßenrennen steht demnächst auf dem Programm?" Die zaghafte Antwort des *Campionissimo*: „Der ´Giro dell´Emilia´ am 4. Oktober." Weitere Frage: „Und die Erwartung?" Coppi leise: „Mit den Besten ankommen."

Vorerst feierte er am Freitag, den 6. September, in Mailand ein Wiedersehen mit seinem Vigorelli-Stadion. Zusammen mit Terruzzi nahm er an einem Omnium teil. Das volle Haus fiel vor Freude in eine Art Delirium, als Fausto in einem Sprint-Wettbewerb den Spezialisten Piazza mit einer Radlänge schlug.

Mitte September landete Coppi bei einem Rundstreckenrennen über 100 km in Collecchio auf dem 5. Platz. Sieger wurde sein Teamgefährte Colombo Cassano. Fausto war mit diesem weiteren Start auf der Straße mehr als zufrieden, denn er wurde nur im Endspurt geschlagen.

Seinen 38. Geburtstag feierte der *Campionissimo* - wie konnte es auch anders sein - bei einem Rundstreckenrennen in Sospiro, unweit von Cremona. Zwar nicht mit einem Sieg (die Spielverderber ließen diesmal nur einen 7. Platz zu), aber in guter Kondition und prächtiger Laune. Dazu trug auch die Tatsache bei, daß er von der Menge wie eh und je stürmisch gefeiert wurde.

Am 18. September, drei Tage nach seinem Geburtstag, war Fausto Coppi wieder in Mailand, im ausverkauften Vigorelli-Stadion. Doch diesmal, elegant gekleidet, als Zuschauer bei einem Ereignis, das in der Radsportgeschichte denkwürdig bleibt: In den späten Nachmittagsstunden stellte der 21-jährige französische Verfolgungsweltmeister Roger Rivière mit 46,923 km einen neuen, phänomenalen Stundenweltrekord auf. Im Zeitalter eines Indurain, Rominger oder Boardman mag diese Marke belächelt werden. Aber 1957 war sie sensationell. Zum ersten Mal näherte sich ein Mensch auf dem Fahrrad der bis zu diesem Zeitpunkt ominösen 47-km-Grenze!

Spätsommerliche Wärme lag über dem *Vigo*, als Rivière (1,76 cm, 70,5 kg, Lungenkapazität 6,4 Liter, 44-48 Schläge Ruhepuls) um 16:57 Uhr seine Fahrt aufnahm. Schon nach den ersten Runden blieb den Zuschauern die Sprache weg. Roger legte ein Tempo vor, das alle Erwartungen übertraf. Besorgt gab sein Betreuer, Daniel Dousset, mit dem Megaphon Anweisung, nicht zu übertreiben. Aber der Franzose jagte mit einem wundervoll ausgefeilten, ästhetisch herrlichen Stil über die Latten des Ovals und verbesserte mit 12:31,4 min den Weltrekord über 10 Kilometer, und mit 25:15 min den über 20 Kilometer.

Das objektive Mailänder Publikum, schon immer Fachleute im Radsport, unterstützten nun den Franzosen lauthals, der immerhin drauf und dran war, Baldinis Rekord zu brechen. Coppi stand am Bahnrand und spendete begeistert Beifall. Nach einer Stunde hatte es der Franzose geschafft, der Weltrekord gehörte ihm.

Eine Analyse der Rekordfahrt ergab, daß Rivière ein Rad mit einem Gewicht von 6,850 kg, Laufräder mit 28 Speichen, 110-Gramm-Reifen und Kurbeln mit einer Länge von 170 mm benutzt hatte, und dieselbe Übersetzung wie Baldini fuhr (52 x 15). Aber im Gegensatz zum Italiener konnte er 106 Umdrehungen pro Minute „drücken“ (Baldini zwischen 104 und 105). Es war einfach vorauszusehen, daß über kurz oder lang ein Fahrer auftauchen würde, der 53 x 15 auflegt, ebenfalls 106 Umdrehungen/Minute kurbelt und dadurch vielleicht über 47 km/std fährt. Damals war die Frage: „Wird es Anquetil, Baldini oder ein neuer Stern am Radsporthimmel sein?“ Wie sagte Fausto Coppi: „Die Jungen machen mir Freude.“ Wer wollte ihm da widersprechen.

Italienischer Straßenmeister wurde am 29. September nach Abschluß des fünften Wettbewerbs Ercole Baldini. Er gewann den ***Giro del Lazio***, die Lazio-Rundfahrt, ausgetragen als Einzelzeitfahren am Lido von Ostia über 116 km in 2:47:47 Stunden. Damit konnte sich der Olympiasieger gleich im ersten Profijahr mit einem nicht zu unterschätzenden Erfolg schmücken. Der Titelgewinn des ehemaligen Stundenweltrekordinhabers wog um so schwerer, als alle italienischen Asse, insbesondere Nencini und Sabbadin, ihre ganze Energie daransetzten, das Meistertrikot zu erringen. Das Endergebnis lautete: 1. (und so neuer italienischer Meister) Ercole Baldini, 2. Sabbadin, 3. Albani, 4. Boni und 5. Nencini.

Anfang Oktober fand der ***Giro dell´Emilia*** über 236 km mit Start und Ziel in Bologna statt. Das Rennen hatte bei herrlichem, fast frühlingshaftem

Wetter kaum begonnen, da ging etwa bei Kilometer achtzehn ein Raunen durch die Begleitkarawane: < *Coppi che fugge!* > (Coppi ist abgehauen!). Sollte das ein Witz sein?

Absolut nicht. Fausto hatte mit vier Begleitern - Coletto, Fini, Mori und Sabbadin - das Weite gesucht und kurbelte im Verein mit seinen jungen Begleitern ein flottes 44iger Tempo. Achtzig Kilometer weit. Dann kam mit der Steigung von Monfestino (822 m) die erste Schwierigkeit immer näher. Coppi hatte am Start eine gewisse Vorahnung: „Dort war schon immer mein wunder Punkt. Ich habe Angst, daß ich da Federn lassen muß."

Aber noch ging alles gut. Als man bei Maranello die *pianura modenese*, die Ebene von Modena verließ, begann der 18 Kilometer lange Anstieg. Coppi führte weiterhin das Kommando in der Gruppe und trug mit seinem Spektakel dazu bei, daß die Menge am Straßenrand außer Rand und Band geriet. Unter seiner Führung baute sich der Vorsprung auf fast fünf Minuten aus. Das Feld hatte es hauptsächlich dem verteufelt stark fahrenden Boni zu verdanken, daß in der langen Steigung der Abstand allmählich auf drei Minuten schmolz. Dann kam der Anstieg hinauf nach Séstola (1020 m).

Hier schlug die Jugend zu. Aber es war nicht der elegant fahrende, frischgebackene Meister der Unabhängigen, Giacomo Fini, der die Lunte legte, sondern Sabbadin, Mori und Coletto eröffneten die Feindseligkeiten. Coppi fuhr zwar stark, konnte aber auf die Dauer den ununterbrochenen Attacken seiner Gegner nicht standhalten. Am Scheitelpunkt hatte er einen Rückstand von 2:30 Minuten. Nun kam von hinten das Feld unter Führung von Boni, Cestari, Fallarini und Bruno Monti heran und auf der letzten Steigung in Masera (775 m), etwa nach 150 Rennkilometern, hatte man Coppi eingeholt. Aber vorläufig nur ihn.

In der 10 Kilometer langen Abfahrt hinunter nach Silla begann daher eine gnadenlose Jagd auf die Spitze. Die restlichen 60 Kilometer nach Bologna genügten einer 21-köpfigen Verfolgergruppe, die Ausreißer einzufangen. Auf dem roten Belag der *Pista Comunale di Bologna* siegte letztendlich Bruno Monti nach 6:13:20 std vor Pippo Fallarini. Fausto Coppi landete mit nur 2:05 min Rückstand im Feld. Man zollte ihm für seine Leistung hohen Respekt: < *Fini il più bravo, Monti il più pronto, ma é sempre Coppi, che stacena il finimondo!* > (Fini war am tüchtigsten, Monti immer zur Stelle, aber Coppi entfesselte das Durcheinander.) Man kann „finimondo" auch mit „Weltuntergang" übersetzen, aber so schlimm war es in der Tat nicht. Immerhin hatte der *Campionissimo* wieder einmal bewiesen, daß er ein Ausnahmeathlet war.

Coppis Mannschaftsgefährte Fred De Bruyne, einer der Favoriten, hatte zusammen mit Nencini das Rennen vorzeitig aufgegeben. Auf dem kürzesten Weg waren sie nach Bologna gefahren, um dort den Simplon-Orient-Expreß nach Paris zu erreichen. Sie wollten am Herbstklassiker ***Paris-Tours*** teilnehmen, der immerhin die Entscheidung für die Jahreswertung *Challenge Desgrange-Colombo* bringen mußte.

Das vorletzte klassische Rennen der Saison mit einer Länge von 251 Kilometer nahm ein überaus spannendes Ende. Am Fuße der Alouette-Steigung kurz vor Tours riskierte der Franzose Rohrbach einen Vorstoß. Über mehr als 25 km rackerte er sich ab. Nie hatte er mehr als 150 Meter Vorsprung auf seine Verfolger. Das war einfach zu wenig. Am Stadtrand wurde er eingefangen. Auf den allerletzten Kilometern machten sich drei bisher wenig in Erscheinung getretene Fahrer aus dem Staub: Dolhats, Letendre und Ruby. Einen Kilometer vor dem Ziel lagen die drei noch ca. 50 Meter vor dem Feld. 100 Meter vor dem Zielstrich war der Vorsprung auf wenige Radlängen zusammengeschmolzen und Louison Bobet, der unermüdlichste der Verfolger, zog an den drei vorbei und schien den Sieg in der Tasche zu haben. Doch irgendwie gelang es Fred De Bruyne, sein Vorderrad um Zentimeter vor dem von Bobet über den Zielstreifen zu reißen und damit nach 5:51:31 std den Klassiker zu gewinnen. Mit diesem Erfolg sicherte er sich zugleich den Sieg im *Challenge Desgrange-Colombo,* dem Preis für den besten Straßenfahrer der Saison. Coppi vernahms mit großer Genugtuung. Sein Markenstall CARPANO-COPPI war in aller Munde. Die Reise mit dem Orient-Expreß hatte sich gelohnt!

Am Abend des 13. Oktober war der *Campionissimo* wieder einmal *mirabilia,* (bewunderungswürdig). Zwar fehlten beim ***Gran Premio Campari*** in Lugano, dem Einzelzeitfahren über 76,5 km, die beiden französischen Spezialisten Anquetil und Rivière, aber die restliche Elite auf diesem Gebiet war angereist. Unter ihnen Baldini und Aldo Moser. Zwischen diesen beiden fiel auch die Entscheidung.

Der Rundkurs von 15,3 Kilometer mußte fünfmal durchfahren werden. Etwa 30 000 Zuschauer umsäumten die herrliche Strecke am Fuße des San Salvatore. In der *1. Runde* führte Moser vor dem mit leichtem Fieber an den Start gegangenen Baldini. Coppi lag mit 13,2 Sekunden Rückstand auf Rang drei.

In der *2. Runde* mußte Moser seinem Anfangstempo Tribut zollen, sein Magen rebellierte. Er gab die Führung an Baldini ab. Coppi verlor in dieser Runde nur 6,6 Sekunden auf Baldini. Das war natürlich ein Knüller! Die Zuschauermenge, ohnehin mit einer Menge Transparenten versehen, auf denen die Bewunderung für Fausto ausgedrückt war, geriet in Aufregung.

Es tat der Begeisterung keinen Abbruch, als in der *3. Runde* der Franzose Alcide Vaucher auf dem dritten Platz auftauchte, und Coppi mit 26 Sekunden Rückstand auf Baldini nur Rang vier einnahm. Im Gegenteil. Das brachte das Blut der *tifosi* erst so richtig in Wallung.

Ihre Anfeuerungsrufe trieben Coppi auch in der *4. Runde* voran, aber erste Anzeichen der Ermüdung machten sich beim *Campionissimo* bemerkbar.

Um so erstaunlicher, daß Coppi in der *5. Runde* den dritten Platz zurückeroberte und ihn mit sechs Sekunden Vorsprung bis zum Ende des Rennens vor dem Franzosen halten konnte.

Der Sieg fiel an den ehemaligen Stundenrekordler aus Forli, Ercole Baldini, der nach 1:50:51,3 std mit 2:08,1 min Vorsprung seinen unmittelbaren Gegner Aldo Moser bezwang. Die eigentliche Sensation aber war der 38jährige Fausto Coppi. Mit 3:17,2 min Rückstand auf den Sieger belegte er einen hervorragenden 3. Platz. Das war im Grunde genommen wirklich ein sensationelles Ergebnis. Man konnte daraus ermessen, was Coppi während der Saison leisten hätte können, wenn der verteufelte Unfall im Frühjahr nicht passiert wäre. Ja wenn...

Unter keinem guten Stern stand am 20. Oktober die 51. Lombardei-Rundfahrt. Der ***Giro di Lombardia***, die „Rundfahrt der fallenden Blätter" litt erstens unter dem Fernbleiben verschiedener Mannschaften. Wieder einmal gab es Differenzen zwischen dem Veranstalter und den sogenannten „außersportlichen Gruppen", besser gesagt den Rennställen, die nicht Fahrradhersteller repräsentierten. Zum Beispiel blieben die kompletten Mannschaften von CARPANO-COPPI und FAEMA dem Rennen fern. Natürlich mit ihnen auch Fausto Coppi. So gingen von den ursprünglich 142 gemeldeten Fahrern nur 69 an den Start.

Die hatten, und das ist der zweite Grund, daß die Rundfahrt buchstäblich ins Wasser fiel, unter dem kalten, unfreundlichen Herbstwetter zu leiden; dem starken Regen, der die Radfahrer von Anfang bis ins Ziel begleitete.

Bereits nach 25 km hatte Weltmeister Rik Van Steenbergen die verschnupfte Nase voll. Er kam gerade aus Berlin, wo er zusammen mit Emile Severeyns das Sechstagerennen gewonnen hatte und wollte die Zeit bis zum anschließenden Start bei den Sixdays in Dortmund bei einem ge-mütlichen Ausflug in der herbstlichen Lombardei verbringen. Das ging gründlich in die regennasse (Renn-)Hose.

Der zweite Star des Ensemble, Louison Bobet, griff sich mehrmals - gut sichtbar für Rundfunk- und Filmreporter - an die Brust und gab von Hustenanfällen gepeinigt auf.

In der Schlußphase verschwand auch der dritte prominente Ausländer, Jacques Anquetil, im Begleitwagen seiner BIANCHI-Mannschaft, für die der Franzose das Rennen in Angriff genommen hatte.

Lediglich André Darrigade, ebenfalls für BIANCHI unterwegs, leistete den zahlenmäßig überlegenen Italienern noch Widerstand. Im Stillen hoffte er natürlich, seinen Triumph von 1956 zu wiederholen. Wenn es sein mußte, wieder mit gütiger Unterstützung von „Schrittmachern". Daraus wurde nichts. Bei strömendem Regen und einer schneidenden Kälte zogen auf der Ghisallo-Steigung Monti, Ronchini, Cestari und Conterno davon. Conterno hatte bei der Abfahrt eine Reifenpanne und fiel zurück. Die nunmehr dreiköpfige Spitzengruppe erreichte Mailand und Diego Ronchini konnte sich im Spurt vor Bruno Monti und Aurelio Cestari behaupten.

Am 27. Oktober füllten genau 12 551 zahlende Zuschauer das Zürcher Hallenstadion. Sie hatten sich zum Abschiedsrennen von Ferdy Kübler eingefunden. Mit über 38 Jahren beendete er seine Laufbahn mit einem Mannschaftsrennen. Wunschgemäß hatte er den amtierenden Weltmeister Van Steenbergen zum Partner erhalten und das Publikum erwartete natürlich einen Sieg der beiden gegen die hohen Favoriten Koblet - von Büren. „Was tun?“ fragte Oscar von Büren seinen Partner Hugo Koblet vor dem Rennen: „Kommen wir dem Wunsch der Zuschauer und der Organisatoren nach und bedrängen Ferdy bei seinem Abschiedsrennen nicht allzu hart?“ Der immer noch schöne Hugo antwortete: *„Ohne mich. Wänn de Ferdy wot günne, mues er scho sälber günne.“* Kübler konnte mit seinem Partner nicht gewinnen. Koblet - von Büren siegten souverän.

Als sich Ferdy verabschiedete, erzitterte die Halle unter einem Beifallssturm. Ein weiterer Großer des Radsports hatte die Bühne verlassen.

Der Herbst zog ins Land. Eine Jahreszeit, in der Coppi schon immer sein Süppchen auf Sparflamme kochte. Es war aber auch eine Zeit, in der von den Machern des Radsports verzweifelt versucht wurde, bei den Fans weiter das Interesse zu fördern. Zum Beispiel versuchte man in jenen Tagen eine Rivalität zwischen Baldini und Nencini aufzubauen, die an die glorreiche Zeit Bartali-Coppi erinnern sollte, in der die beiden (angeblich) wie Hund und Katze zueinander waren.

Aber die heranwachsenden jungen Fahrer besaßen nicht die erfolgreiche Gleichmäßigkeit, nicht die Gabe zu Meisterstreichen, nicht die Genialität von Gino und Fausto. Und sie besaßen vor allem nicht deren Ausstrahlung.

Coppi und Bartali verzauberten hingegen noch immer die Menge. Und das, obwohl *Ginettaccio* schon längst - zumindest als aktiver Fahrer - von der sportlichen Bühne abgetreten war. Die Leute schauten zwar den Jungen zu, aber von Herzen begeistert war man nur, wenn sich Coppi sehen ließ, oder die zwei „Alten“ - immer aus der Sicht des Leistungssports - gemeinsam auftraten. Die Menge war fasziniert von der neuen, sich anbahnenden Freundschaft der beiden.

Die Popularität der beiden ehemaligen Rivalen machte es möglich, daß sie Ende Oktober 1957 an einer Fernseh-Wohltätigkeitsveranstaltung teilnahmen. *Telematch*, unter der Leitung von Enzo Tortora, hatte den amüsanten Inhalt, ein Paar zu präsentieren, bei dem sich „Geist“ und „Körper“ ergänzen sollten. Erstgenannter mußte Quiz-Fragen beantworten, sein Partner eine physische Leistung vollbringen, wenn sie falsch beantwortet wurden.

Bartali, nie um Worte verlegen, schlüpfte in die Rolle des „Gehirns“ und mußte allgemeines Wissen demonstrieren. Der jüngere Coppi hingegen verrichtet die „Arbeit“, d.h. er mußte auf der Vigorelli-Bahn bei Bedarf jeweils eine Runde hinter einem *Derny*-Schrittmacher absolvieren.

So kam das Publikum in den Genuß, die Redegewandtheit von Gino und den runden Tritt von Fausto zu bewundern. Das Spektakel dauerte mehrere Wochen und das Interesse war sehr groß. In der zweiten Woche mußte Gino sogar Fragen über das Leben Coppis beantworten. Er begeisterte die

Zuschauer mit dem historischen Satz: „Ich habe acht Freunde. Mit Fausto sogar neun.“ Vollkommen klar, daß eine ganze Nation sich nun in den Armen lag...

Die Sendereihe hatten einen solchen Erfolg, das Bartali und Coppi wenig später in der Musiksendung *musichiere* von Mario Riva auftraten, sich als Sänger präsentieren und auf den Arm nehmen mußten. Zum Gaudium von Millionen taten sie das im Duett zur Melodie von < *C'eravamo tanto amati* >, zu deutsch: „Wir haben uns sehr geliebt.“

Einen Sieg erzielte Fausto Coppi über Bartali nach Abschluß einer Jagdpartie im Reservat von Zerbagna. Coppi schoß 5 Hasen und 4 Fasane (die Übungen am heimatlichen Schießstand während seiner Verletzungspause hatten sich also gelohnt). Bartali brachte dagegen nur zwei Hasen zur Strecke. Gino meinte dazu: „Ich werde mich mit meiner Mannschaft in den Straßenrennen des Sommers 1958 dafür revanchieren.“

Am 4. November wurde die Straßensaison wie üblich mit dem Paarzeitfahren um die ***Trofeo Baracchi*** abgeschlossen. Entgegen seiner Stellungnahme dazumal auf der Insel Elba gab Coppi dem Druck der Öffentlichkeit nach und ging in Bergamo mit Baldini als Partner an den Start. „Das Phänomen von gestern“ und „Der Champion von heute“ in einer Mannschaft, das war der Wunsch des Volkes, vor allem aber der von Mino Baracchi. Nun mußte nur noch gesiegt werden.

Das war kein Problem. Coppi kam zwar schwer in Schwung und Baldini mußte anfangs die Hauptführungsarbeit leisten. Aber dann war der 38-jährige plötzlich da. Dank der großen Erfahrung, seinem Zeit- und Tempogefühl, gab es am Ende sogar einen neuen Streckenrekord. In 2:19:09 std waren die 108 km nach Mailand abgespult und die Konkurrenz geschlagen: der Schweizer Graf mit seinem französischen Partner Vaucher denkbar knapp, denn nur 5,4 Sekunden lagen die beiden im Ziel zurück. Bei Aldo Moser - Oreste Magni sah die Sache schon etwas klarer aus. Ihr Rückstand betrug genau eine Minute [Oreste Magni, mit Fiorenzo nicht verwandt, war übrigens von 1957 bis 1965 Profi. 1966 kam er zusammen mit seiner Frau durch einen defekten Gasbadeofen ums Leben]. Anquetil-Darrigade büßten auf den italienischen Expreß weitere zwanzig Sekunden ein und lagen am Ende 1:20 min zurück. Dann folgten Poblet-Massip (3:16,4 min zur.), Bobet-Bouvet (4:30 min), Ronchini-Bruni (4:32 min), Cestari-Taddeucci (6:30 min) und Impamis-Vlaeyen (7:30 min).

Vierzig Lire mußte der Sportfan für die Sondernummer der *sport illustrato* damals hinlegen. Dann konnte er nachlesen, daß Baldini nach 88 Kilometern in Desio, also etwa 18 km vor dem Ziel, Defekt hatte und 23 Sekunden auf Coppi verlor. Der war - um seinen Rhythmus nicht zu verlieren und in Anbetracht der Stärke von Baldini - weitergefahren. Richtigerweise, denn nach drei Kilometern Verfolgungsfahrt war Ercole wieder bei Fausto und beide nahmen den Schlußteil in Angriff. Hier unterstützte Coppi seinen jungen Partner exzellent. Baldini später: „Er gab mir Anschauungsunterricht, wie man ein Zeitfahren gewinnt."

Der Leser erfuhr auch, daß Baldini-Coppi einen neuen Streckenrekord aufgestellt hatten (46,568 km/std) und die beiden auch den abschließenden Bahnwettbewerb gewonnen hatten. Spätestens hier mußte auch der größte Dickkopf einsehen: < *Coppi, il Campionissimo che non tramonta* > (Coppi, der Champion der nie untergeht) war ein Phänomen.

Sofort waren wieder die Statistiker am Werk. Sie konnten beweisen, daß Coppi, obwohl er nur an zwei der fünf wertvollsten Zeitfahren in diesem Jahr teilgenommen hatte, mit 18 Punkten hinter Baldini, Moser, Anquetil, Vaucher und Bouvet den 6. Platz einnahm. Wieder stellte sich die Frage von zuvor, und wieder lautete die Antwort: „Ja wenn..."

Was jedoch niemand dabei ahnen konnte war die Tatsache, daß der *Campionissimo* zum letzten Male bei einem echten Straßenrennen gesiegt hatte.

Anfang Dezember besuchte Fausto Coppi in Mailand die *35. Mostra Internazionale del Ciclo e Motociclo* (Fahrrad-und Motorradausstellung). Sieben Firmen buhlten dort um seine Gunst (denn man munkelte, daß Coppi CARPANO zum Jahresende verlassen wird). IGNIS bot *18 Millionen Lire* (120 000 Mark) Jahresgehalt, eine Summe, über die Fausto wahrscheinlich nur lächeln konnte. Seine Vorstellungen begannen bei *25 Millionen Lire* (als Anhaltspunkt für diese Summe die damaligen Preise für einige Autotypen: Der kleine Mann von der Straße mußte für einen *FIAT 500* etwa *490 000 Lire* hinblättern; für einen *1200 Gran Luce* waren es bereits *1 250 000 Lire*. Die Nobelautos von *LANCIA* (*Flaminia: 2 940 000 Lire), ALFA ROMEO (G.T. 1900 Super Sprint: 3 150 000 Lire*) und FERRARI *(Superamerica: 8 500 000 Lire)* stellten da schon etwas höhere Anforderungen an den Geldbeutel. Und wagte man einen Blick über die Grenzen, dann stand der *VW* mit *1 275 000 Lire*, der *BMW 507* mit *6 5000 000 Lire* und ein *MERCEDES 300 S.L.* mit *6 200 000 Lire* zum Verkauf. Wem gar ein ROLLS ROYCE in den Sinn kam, mußte sich Gedanken machen, woher er *9 Millionen und 796 000 Lire* nahm.) Gehen wir also davon aus, Coppi wollte ein Jahresgehalt im Gegenwert von mindestens zwei dieser Nobelschlitten.

Um die Vorstellungen des *Campionissimo* zu erfüllen, standen, wie gesagt, sieben Firmen an. Hier die restliche sechs: Zuvorderst BOTTECCHIA-GRIPO (Der Fahrradfabrikant hatte sich mit einem Waschmaschinenhersteller zusammengetan und bereits so bekannte Fahrer wie Benedetti, Carlesi, Favero, Boni und Piazza unter Vertrag. Allerdings nur ein Jahr, dann war die Firma pleite). Des weiteren buhlten die Mineralwasserhersteller von RECOARO um die Gunst Coppis. ERG, SAROM und AGIP wollten ihr Benzin mit dem Aushängeschild Fausto Coppi besser verkaufen. Die Firma MOTTA hatte das mit ihren Süßigkeiten vor. Unwahrscheinlich, wie gefragt der alte Mann des Radsports noch immer war.

Gefragt war der *Campionissimo* auch bei den Langfingern. Aus seiner Villa wurden zahlreiche Wertgegenstände, Silbertrophäen und Bargeld (etwa 2,5 Mil. Lire) gestohlen. Von den Dieben fehlte, wie so oft, jede Spur.

In Mailand gab Coppi den Einkäufern der vorher genannten Firmen insofern recht, als er ihnen bewies, daß man noch immer mit ihm rechnen mußte. Mit seinem Partner, dem jungen Tonino Domenicali, gewann er im *Palazzo dello sport* das Omnium. Hervorragend war dabei seine Leistung im Mannschafts-Verfolgungsrennen. Pellegrini-Maule wurden kurzerhand eingeholt.

Nicht so gut lief es in Antwerpen. Aber Coppi legte eine bemerkenswerte Geste an den Tag. Nach dem ***G. P. Stan Ockers***, einem Rennen zur Erinnerung an den verunglückten belgischen Weltmeister, erklärte er der Antwerpener Sportpalast-Direktion gegenüber: „Geben sie meine Gage den Waisenkindern. Ich fuhr so schlecht, daß ich die mir zugesagte Summe nicht in Empfang nehmen möchte. Drücken sie mir meine Fahrspesen in die Hand. Schluß." Am 15. Dezember startete Coppi bei einem Omnium in Paris, das zwei ehemalige und den derzeitigen Stundenweltrekordinhaber auf der Piste des Vel d´Hiv vereinigte: Coppi *(45,871 km)*, Anquetil *(46,159 km)* und Rivière *(46,923 km)*. Dabei gab es einen vielumjubelten Gesamtsieg von Roger Rivière, der in drei von vier Wettbewerben dominierte. Er holte sich den Sieg im Fliegerrennen (vor Anquetil und Coppi), das 1000-m-Zeitfahren in 1:06,5 min vor Anquetil (1:08,5 min) und Coppi (1:11,5 min) sowie das Punktefahren vor Anquetil und Coppi. Anquetil behielt lediglich im Rennen hinter Derny-Motoren das bessere Ende für sich, das Coppi auf dem zweiten Platz sah.

Man hatte aber auch an diesem Abend zwei Radsportgenerationen erlebt: Auf der einen Seite den 38-jährigen Coppi, auf der anderen Seite den 24-jährigen Baldini und den 21-jährigen Rivière.

Damit war die Rennsaison für den *Campionissimo* endgültig zu Ende. Bedingt durch seine dreimonatliche Zwangspause nach dem Sturz in Sassari hielten sich die Erfolge in Grenzen. Die Bilanz wird auch nicht wesentlich besser, wenn wir an dieser Stelle noch die im Text nicht erwähnten Plazierungen anführen, denn es handelt sich lediglich um Resultate bei sogenannten *Circuiti.* Hier sind zu nennen: in Santhiá ein erster Platz, in Vigevano ein zweiter; in Alessandria und Nuoro landete Coppi jeweils auf dem dritten Rang.

Vier ganze Seiten widmete die Mailänder Sportzeitung (!) *il Campione* einem Besuch der Familie Coppi im Zirkus Togni. Fausto, seine Mutter Angiolina, Giulia und der kleine Faustino folgten aufmerksam dem Geschehen in der Manege. Das restliche Publikum hatte vermutlich mehr die Augen auf Coppis Loge gerichtet...

Dann bestieg Coppi am 17. Dezember um 12.54 Uhr auf dem Mailänder Flughafen *Malpensa* eine Maschine nach Buenos Aires.

In Argentinien war er hoch willkommen und noch immer der unantastbare Champion (denken wir auch an seine Freundschaft mit Jorge Batiz und an die Geburt von Faustino). Auf den Rennbahnen hatte er leichtes Spiel mit den dortigen Neulingen. Bei den Rundstreckenrennen konnte er auch die zweitklassigen Europäer schlagen, die schnell noch einige Pesos verdienen wollten. Aber Rennen fahren war fast eine Nebenbeschäftigung. Hauptsächlich knüpfte Coppi Kontakte zur Industrie. Er plante für die Zeit nach seiner Laufbahn als Rennfahrer. In Argentinien wollte er gerne eine Fahrradfabrik, die *S.p.A. FAUSTO COPPI-BICICLETTE*, aufbauen.

Gedacht war auch an eine Zusammenarbeit mit Automobilweltmeister Fangio. Der Hintergrund war dabei, ein nützliches Zweirad zu konstruieren und in Südamerika auf den Markt zu bringen.

Für die Presse in Übersee war Coppi ein gefundenes Fressen. Auf Schritt und tritt wurde der *Campionissimo* verfolgt und aller möglicher Unsinn verbreitet. So auch die Meldung, Coppi würde nicht mehr nach Italien zurückkehren. Fausto mußte sofort in Novi Ligure anrufen und Giulia beruhigen. Natürlich war daran nichts wahr.

Auf Wahrheit beruhte die Meldung, daß Coppi seinen Vertrag mit CARPANO gelöst hatte. Nun hatten die Topfgucker wieder Hochkonjunktur: „Wie wird es 1958 weitergehen?“

1958
Coppi fährt weiter, aber die Erfolge bleiben aus

Fausto Coppi war Anfang 1958 noch immer in Südamerika; weit weg von seiner italienischen Heimat. Aber dort verging kaum ein Tag, an dem nicht von ihm die Rede war. Das Hauptthema: Für welche Firma wird der *Campionissimo* in diesem Jahr an den Start gehen? Die besten Chancen hatte BIANCHI. Direktor Zambrini, noch immer ein großer Verehrer von Fausto, hatte bereits einen saftigen Köder ausgelegt. Er produzierte Rennräder mit dem Namenszug *Coppi* und überwies für jedes Rad, das die Fabrik in Turin verließ, einen ansehnlichen Betrag auf das Konto von Fausto. Bei einer angedachten Stückzahl von 10 000 wird sich da allerhand zusammenläppern.

Ende Februar kam Fausto Coppi von seiner Tournee nach Europa zurück. Er gab nach der Landung in Paris ein kurzes Interview - übermüdet, denn er hatte wegen Schneegestöber einen 30-stündigen Flugaufenthalt in New York in Kauf nehmen müssen - und legte dabei in groben Zügen sein diesjähriges Programm vor, das er mit der *Sardinien-Rundfahrt* beginnen wollte. Dann sollten *Mailand-Turin*, *Paris-Nizza* und *Mailand -San Remo* folgen.

Dann fuhr er weiter nach Italien, nach Novi Ligure. Glücklich traf er zu Hause ein. Er besaß nun ein Dokument, in dem die argentinische Regierung die Existenz eines Faustino Coppi bestätigte. Ein Grund für ihn, auch sein Verhältnis zu Giulia zu legalisieren. Von einem befreundeten Mönch wurde er in einem Kloster in der Nähe von Novi Ligure symbolisch getraut. Während ihm der Vatikan störrisch die Scheidung verweigerte, war es Coppi in Mexiko gelungen, eine offizielle Heiratsurkunde zu erhalten.

Alle diese Aktivitäten Coppis wurden an die Presse weitergeleitet und von dieser in entsprechender Aufmachung hinausposaunt. Der *Campionissimo* war noch immer für Schlagzeilen gut.

Endlich konnten die Radsportfans auch die lange erwartete Nachricht lesen: Coppi kehrt zu BIANCHI zurück! Nach seiner Verwandtschaft - seiner Mutter, seinen Geschwistern, seinen Onkeln, Tanten, Vettern und Basen -, nach seiner eigenen Familie - nun Giulia und Faustino - seine dritte, feste Bindung: Die Mannschaft! Hier stand an erster Stelle Aldo Zambrini (der *gran marca nazionali*); ein schlauer, listiger, scharfsinniger, humorvoller, vor allem aber ein sehr diplomatischer älterer Herr. Verträge schloß er, meist von einem guten Witz begleitet, per Handschlag ab. Aber das galt mehr als alle schriftlichen Abmachungen. Damit war er das glatte Gegenteil von Giovanni Tragella, dem sportlichen Leiter des BIANCHI-Teams. Der Griesgram, barsch und mürrisch, „Panzerkommandant" genannt, hatte indessen Coppi jahrelang in diversen Kämpfen (Gottlob nur auf der Landstraße) begleitet. Dann gab es noch den schon öfters erwähnten Mechaniker Pinella de Grandi, auch respektvoller *pinza d´oro* genannt, was soviel wie „goldene Zange" bedeutet. Er schaffte alle technischen Probleme seiner *biancocelesti* aus der Welt und der Tausendsassa war angeblich in der Lage, selbst unter einem Wasserfall Reifen zu wechseln, Schaltungen einzustellen und andere Defekte in Windeseile zu beheben. Dazu gesellte sich der Toskaner Faliero Masi, ein exzellenter Mechaniker, von dem Coppi sagte: < *In sella ad una Bici Faliero non sento la fatica, sono in poltrona.* > (Im Sattel auf einem Rad von Faliero spürst du keine Qualen. Du sitzt wie in einem Lehnstuhl.) Coppi hatte noch einen Spruch auf Lager: < *Chi ha una BIANCHI, ha un tesoro!* > (Hast du ein *BIANCHI*-Rad, hast du einen Schatz.) Eines der Räder, von denen auch Pablo Picasso schwärmte: „Mit die schönste Skulptur in der Geschichte der Kunst."

Commendatore Zambrini empfing den verlorenen Sohn mit offenen Armen. Vermutlich auch mit einem weit geöffneten Tresor. Denn Coppi wurde in Paris an der *Wall Street* des Radsports, in der *Rue de Grenelle* , noch immer am höchsten gehandelt. Der französische Manager Daniel Dousset, ein ehemaliger Radrennfahrer, vertrat dort die Interessen der großen Radsportstars - ganz gleich, ob es sich um Starts bei Straßen- oder Bahnrennen in Brüssel, Antwerpen, Paris, Mailand oder Berlin handelte. An seiner Börse wurden 1958 folgende Kurse für Startgelder gehandelt: Miguel Poblet, Hugo Koblet, Raphael Géminiani und Jean Forestier je *100 000 ffrs* (ca. 1000 Mark), Fred De Bruyne, Roger Hassenforder, Gastone Nencini und Charly Gaul ca. 1200 Mark, Roger Rivière und Ercole Baldini ca. 1500 Mark, Jacques Anquetil, Louison Bobet und Rik Van Steenbergen 2000 Mark.

Und Coppi? *500 000 Lire* - 3350 Mark! (Offiziell; unter dem Tisch haben vermutlich weit höhere Beträge die Besitzer gewechselt...)

Der Geschäftsmann Coppi hatte noch ein weiteres Eisen im Feuer. Zusammen mit dem Industriellen Ghigi gründete er ähnlich wie 1956 eine eigene Mannschaft - GHIGI-COPPI - in der er seine alten Kumpel Ricardo Filippi, Michele Gismondi und Stefano Gaggero unterbrachte, aber auch jungen oder erfahrenen Leuten wie Idrio Bui, Colombo Cassano , Gilberto Dall´Agata, Quinto Furloni, Paolo Guazzini, Mamante Mora, Ezio Pizzoglio und Ezio Salza eine Chance gab. Hatte er 1957 mit Adolf Christian und Fred De Bruyne einen guten Griff getan, so lag diesmal seine Hoffnung in dem Belgier Willy Vannitsen. Der 23-jährige Junge aus Limburg hatte bisher keine besonderen Erfolge aufzuweisen, aber Coppis Instinkt für Talente war ja hinreichend bekannt. Das Schicksal der neuen Mannschaft lag in den Händen des sportlichen Leiters Giuseppe Quaglia, als technischer Direktor der in weiß-gelb-rot gekleideten *squadra* fungierte Carletto Cori.

In einem Interview für die Zeitschrift *Corriere di Informazione* erklärte Fausto: „Mein Sonnenuntergang wird heiter. Ich werde heuer noch Rennen fahren, aber im Herbst mein Rad an den Nagel hängen. Ich werde mich anschließend nicht als technischer Direktor einer Mannschaft installieren oder gar Journalist oder Reporter werden. Vielleicht werde ich eine Werbefirma in Mailand eröffnen. Ursprünglich wollte ich eine große Autowerkstatt in Genua kaufen, aber ich fand heraus, daß sich diese Tätigkeit zu sehr von meinen Lebensgewohnheiten unterscheiden würde. Es ist einfach zu langweilig."

Vorerst hatte Coppi keine Langeweile. Die Saison begann, nun wurde es ernst. Genaugenommen am 23. Februar bei der 1. Etappe *Roma-Civitaveccia* (140 km) des ***Giro di Sardegna.*** Am Start zu dieser Sardinien-Rundfahrt natürlich auch die BIANCHI-Mannschaft mit Fausto Coppi. Den ersten Teil der Strecke benutzten die Fahrer, um sich nach der langen Winterpause erst einmal zu beschnuppern. Dann folgten mehrere kleinere Scharmützel und erst 30 km vor dem Ziel fühlten sich Géminiani, Keteleer und Antonin Rolland so stark, daß sie einen Fluchtversuch unternahmen. Das Feld reagierte nicht, mußte dann aber feststellen, daß die Situation bedrohlich wurde. Lediglich Van Looy, der nach einer heftigen Kontroverse mit Van Steenbergen und einigen anderen Assen während des Antwerpner Sechstagerennens darauf brannte, sich durch eine ansprechende Leistung zu rehabilitieren, machte Jagd auf die Spitzengruppe. Fast in Reichweite des Erfolges machte ihm das Zielband einen Strich durch die Rechnung, denn die drei Ausreißer konnten sich gerade noch vor ihm in der Reihenfolge Géminiani, Keteleer und Roland ins Ziel retten. Van Looy kam immerhin auf den vierten Rang und konnte damit Louison Bobet hinter sich lassen. Coppi und Poblet mußten gar 2:15 Minuten Rückstand auf die Spitze hinnehmen. Trotzdem hinterließ der *Campionissimo* einen starken Eindruck (auch wenn er am Ziel über seine „schweren Beine" jammerte).

Die 2. Etappe *Olbia-Nuoro* (130 km) wurde eine Beute des CARPANO-Fahrers Nino Defilippis, der Baffi und Sabbadin im Spurt bezwang, und Bruno Monti konnte sich bei der 3. Etappe *Nuoro-Cagliari* (198 km), die in die Berge führte, durchsetzen.

Die 4. Etappe *Cagliari-Oristano* (150 km) rief wieder einmal die berüchtigte Bondone-Fahrt in Erinnerung. Eine empfindliche Kälte, dazu Schneegestöber und ein eisiger Wind machte das Rennen zu einer Tortur für Mensch und Material. Der härteste Bursche war - wie fast immer bei solchen Wetterbedingungen - ein Belgier: diesmal Derycke. Er siegte über seine drei Fluchtgenossen Fantini, Messina und Fini.

Am nächsten Tag hätte man keinen Hund aus der Hütte getrieben. Das Wetter war katastrophal und der erneut einsetzende Schneesturm machte die 5. Etappe einfach unmöglich. Die Rennleitung hatte mit den Fahrern ein Einsehen und annullierte den Tagesabschnitt. Der ganze Troß siedelte um nach Alghero.

Das Wetter besserte sich und so konnte am anderen Morgen von dort aus die Rundfahrt mit der 6. Etappe *Alghero-Sassari* (214 km) abgeschlossen werden. Als Erster kam diesmal der Spanier Bover ins Ziel, aber auch er konnte nicht verhindern, daß der Gesamtsieg an den 34-jährigen Franzosen Antonin Rolland fiel, der die beiden Belgier Keteleer und Van Looy auf die

Plätze zwei und drei verwies. Coppi landete gemeinsam mit Nencini auf Rang 24, ließ aber immerhin so bekannte Fahrer wie Astrua (30.), Monti (31.), Géminiani (34.), Jean Bobet (35.) und Fantini (37.) hinter sich.

Am 8. März brachte die damals traditionelle Generalprobe für *Mailand - San Remo*, die Fernfahrt ***Milano-Torino***, prächtige Kämpfe und angesichts des Saisonbeginns auch überraschend gute Leistungen, die ihre Krönung in einem neuen Streckenrekord fand. Nach wechselvollen Positionskämpfen bahnte sich etwa 50 km vor dem Ziel die Entscheidung an. Agostino Coletto und der Belgier Vannitsen machten sich auf und davon. In der Steigung hinauf nach Berzano di San Pietro (424 m) gelang es Coletto, den Belgier abzuschütteln, und einer sich bildenden Verfolgergruppe, in der u.a. Poblet und Derycke kräftig mitmischten, Paroli zu bieten. Mit respektablen 1:34 Minuten Vorsprung erreichte Coletto stürmisch umjubelt das Ziel im Motodrom von Turin. Miguel Poblet bezwang in Spurt um den zweiten Platz Pellegrini, Domenicali, Albani und Monti. Coletto hatte die 173 km in 4:10:00 std zurückgelegt und dadurch mit 41,520 km/std einen neuen Streckenrekord aufgestellt.

Coppi endete im geschlagenen Hauptfeld. Er hatte seinen Anteil an der schnellen Fahrt geleistet und war Initiator bei einigen Attacken gewesen. Anfangs hatte er auch keine Mühe, bei Gegenangriffen auf Ausreißer mitzumachen, mußte dann aber eine ruhigere Fahrweise an den Tag legen.

Als Fausto das *Motovelodrom* verließ, traf er auf Bartali. Er versuchte zu lächeln, aber es fiel ihm nach den Anstrengungen schwer. Gino erkundigte sich: „Wie ist es dir gegangen?“ Fausto hatte nichts zu verheimlichen: „Es ist schon schlimm, wenn die anderen wie der Blitz zuschlagen und meine Beine bleischwer werden.“ Gino versuchte seinen Rivalen aus vergangenen Tagen zu trösten: „Davon ist aber nichts zu merken.“ Sicher meinte er damit, Coppi sei ein Meister darin, seine Müdigkeit nach außen hin zu verbergen. Denn erschöpft war der 38-jährige *Campionissimo* bestimmt.

Ginettaccio hingegen strotzte vor Gesundheit und Lust am Leben. Er hatte Ende Februar sein Buch *La mia storia* auf den Markt gebracht, das im Grunde genommen ein Nachdruck seiner Lebensgeschichte war, die er bereits 1956 mit Hilfe des Journalisten Mario Pancera in zwanzig Fortsetzungen in *Lo sport Illustrato* veröffentlicht hatte. Aber das Buch war eine gefragte Lektüre (und Quelle der Erbauung) für die alten *coppiani* und *bartaliani*, die sich auf ein weiteres Zusammentreffen ihrer Idole beim *Giro d'Italia* freuen konnten: Bartali als Teamchef im Wagen von SAN PELLEGRINO und Coppi als Rennfahrer im weiß-blauen Trikot von BIANCHI.

In Sardinien hatte sich der Winter ja noch einmal von seiner schlechten Seite gezeigt. Nun hoffte man auf den Frühling. Besonders die Veranstalter der Radfernfahrt ***Paris-Nice***.

Von Paris nach Nizza! Dieses Rennen bezeichnete die französische Presse - vor allem die Herren des *Ce Soir*, der Zeitung die das Rennen organisierte -

von jeher (das heißt seit der ersten Austragung 1933, organisiert von *Le Petit Niçois*) mit grimmigem Humor standhaft als „Sonnenfahrt“. So auch 1958, obwohl die Landschaft in einen weißen Mantel gehüllt war und der Winter weiterhin regierte. Jean Leulliot, der verdienstvolle französische Radsportorganisator - (u.a. war er der erste *ardoisier* bei der Tour de France, d.h. der „Mann mit der Tafel“, der vom Motorrad aus das Rennen verfolgt und gegebenenfalls den Vorsprung bzw. die Rückstände an die Rennfahrer meldet) - also besagter Leulliot hatte bestimmt in den letzten Nächten vor dem Start schlecht geschlafen. Denn neben den Hiobsbotschaften des Wetterdienstes flatterte ihm der eisige Polarwind weitere wenig erfreuliche Nachrichten ins Haus: Straßenweltmeister Rik Van Steenbergen sagte ab, und der alte Haudegen Bernard Gauthier hatte sich bei einem Bahnrennen im *Vel d'Hiv* das Schlüsselbein gebrochen.

Am 10. März setzten sich nichtsdestoweniger 97 Fahrer zur 1. Etappe *Paris-Auxerre* (204 km) in Bewegung. Das Ganze glich dem Aufbruch einer Polarexpedition. In dicke Wolltrikots, Ärmlinge und Beinkleider gehüllt, mit Kopf- und Ohrenschützern ausgestattet, ging es in den Frühling. Coppi war unter den Vermummten kaum zu erkennen, Anquetil glich einem Bankräuber auf der Flucht ins ewige Eis.

Um der schneidenden Kälte entgegenzuwirken, legte das Feld ein flottes Tempo vor. Aber die Schneewolken entluden ihre Fracht und erstickten den Aufwärmgalopp. Auf den letzten 30 Kilometern versuchte Derycke mehrmals, vor den anderen das Ziel und eine warme Bude zu erreichen; er wurde aber immer wieder eingeholt. Mehr Erfolg hatte Nascimbene. Nach dem fünfeinhalbstündigen Frost-Test erreichte er mit drei Sekunden Vorsprung vor seinem Landsmann Ferlinghi das Ziel. Den dritten Platz erspurtete sich Vannitsen. Da schau her! Das war doch die Coppi-Entdeckung! Der Meister selbst kam erst nach 10:35 Minuten in den Genuß des Auftauens. Mit ihm Anquetil, Defilippis, Darrigade..., womit bereits eine wichtige Vorentscheidung gefallen war.

Schnee und grimmige Kälte prägten auch die 2. Etappe *Auxerre-Vichy* (224 km). Nascimbene trug das Spitzenreiter Trikot - sinnigerweise war es weiß! - und mußte es auch schon bald ernsthaft verteidigen, denn Darrigade war wild entschlossen, etwas vom Rückstand des Vortages wettzumachen. Für die Fahrer galt nun die Devise, in die wilde Jagd oder in den relativ bequemen Schlußwagen einzusteigen. 18 Mann, unter ihnen Géminiani, De Bruyne und Hassenforder machten von der ersten Möglichkeit Gebrauch, Laisne und Gonzales schlugen völlig durchfroren den zweiten Weg ein.

Auf halber Strecke erhielt das Kopfrudel abermals Verstärkung. Neun Mann hatten sich durch den Schnee nach vorne gekämpft. Darunter Anquetil, Forestier, Derycke und Vannitsen. Mit dem Auftauchen des schnellen Belgiers, mittlerweile von den Experten wegen seiner Spurtschnelligkeit bereits als „neuer Van Steenbergen“ apostrophiert, lief es der Konkurrenz nochmals um einige Grade kälter über den Rücken, denn praktisch war die Sache gelaufen.

Man hatte sich nicht getäuscht. Der Flame flitzte nach 5:29:59 std als Sieger über das Ziel. Den zweiten und dritten Platz belegten seine Landsleute Germain Derycke und Fred De Bruyne.

Wie im Vorjahr De Bruyne und Christian unter der Lenkung von Coppi gewaltige Fortschritte zu verzeichnen hatten, wirkte sich jetzt bei Vannitsen die Betreuung durch den *Campionissimo* vorteilhaft aus. „Ich bin ein anderer Mensch, seitdem ich nach Coppis Richtlinien fahre.“, gab der Belgier unumwunden zu.

Die Durchführung der 3. Etappe *Vichy - St-Etienne* blieb bis zuletzt ungewiß. In der Nacht war abermals Schnee gefallen und in den Vormittagsstunden schneite es munter weiter. Gegen Mittag klärte es auf, so daß man die Etappe wagen konnte. Allerdings verlegte man den Start in den Vorort Cusset, um dem Verkehr in der Innenstadt aus dem Weg zu gehen.

Bei grimmiger Kälte blieb das Feld auf den verbliebenen 149 Kilometern fast stets geschlossen. Die Fahrer froren erbärmlich. Coppi war nach rund 40 km drauf und dran, auszusteigen. Eine kurze Massage gab ihm die Lebensgeister zurück. Heißer Tee war das begehrteste Getränk, es wurde in Unmengen geschlürft.

Wie zu erwarten war, gab es schließlich einen Massenspurt. Rund 60 Fahrer balgten sich um den Sieg. Und wieder hatte Vannitsen die (blaugefrorene) Nase vorne. Auf den Plätzen landeten mit Van Aerde und Derycke zwei weitere Belgier. Die flämischen Naturburschen kamen mit den katastrophalen Wetterbedingungen am besten zurecht. Nicht so Anquetil (im Gesamtergebnis 10 Minuten zurück) und Coppi (15 min).

Zur 4. Etappe *St-Etienne - Uzés* (190 km) kam endlich die sehnlich erwartete Sonne durch. Sogleich machte sich eine Kampfstimmung breit. Besonders der Spanier Poblet verkündete unter der Wirkung der warmen Sonnenstrahlen mehrfach, diese Tagesstrecke müsse eine „Poblet-Etappe“ werden. Er hielt Wort.

Ein verwirrender Wechsel von Angriffen und Gegenangriffen, dramatischen Verfolgungsjagden und Einzelvorstößen hub an. Achtmal schien sich die endgültige Entscheidung anzubahnen und jedesmal war der Spanier dabei. Fünfundzwanzig Kilometer vor dem Ziel gelang es Bouvet, Groussard und Planckaert endlich, wirklich vom Feld loszukommen. Poblet erkannte sofort die günstige Gelegenheit und jagte hinter den Ausreißern her. Sieben weitere Fahrer, darunter Defilippis, Dupont und Stablinski erwischten gleichfalls die abgehende Post und schlossen zu den Spitzenreitern auf.

200 Meter vor dem Ziel setzte Defilippis zum Spurt an, aber Poblet reagierte sofort und damit konnte kein Zweifel über den Ausgang des Duells bestehen. Da passierte es: der schnelle Spanier fiel zurück. Er fuchtelte wild in der Gegend herum und zeigte immer wieder auf sein Rad. Im entscheidenden

Moment hatte ihn ein Defekt um alle Chancen gebracht; Defilippis rollte ungehindert über die Ziellinie. In der Gesamtwertung änderte sich nichts, Nascimbene führte weiterhin mit 20 Sekunden Vorsprung vor Vannitsen und Derycke

Die 5. Etappe *Uzés-Montpellier* gliederte sich in zwei Teilstrecken. Zunächst in ein 56 km Einzelzeitfahren, das erwartungsgemäß Jacques Anquetil überlegen in 1:13:33 std (45,683 km/std) gewann. Überraschend belegte Fred De Bruyne den zweiten Platz und schlüpfte dadurch in das Trikot des Spitzenreiters.

Auch die zweite Halbetappe verlief wie erwartet, nämlich ruhig. Den Fahrern steckten die Kilometer vom Vormittag noch in den Gliedern. Fast geschlossen absolvierte das Feld die restlichen 62 km nach Montpellier. Hier konnte sich Poblet revanchieren. Zwar nicht an Defilippis, dafür an Elliot, Van Aerde, Mahé und Nascimbene, die er in dieser Reihenfolge abfertigte. De Bruyne führte in der Gesamtwertung weiterhin mit 52 Sekunden Vorsprung vor Fornara und Nascimbene (1:42 Minuten zurück).

Fausto Coppi war kurz vor dem Ziel gestürzt und hatte sich Abschürfungen zugezogen. In Begleitung von zwei Mannschaftskameraden beendete er zwar das Rennen, im Kreise der Begleitkarawane rechnete man aber mit seinem baldigen Ausscheiden.

Daher war unklar, ob der *Campionissimo* überhaupt am Start zur 6. Etappe *Montpellier-Manosque* (229 km) erscheinen würde. Er kam zwar, gab aber nach wenigen Kilometern das Rennen auf. Mit ihm schied zur allgemeinen Überraschung auch sein Teamkollege aus: der im Gesamtergebnis an vierter Stelle liegende Vannitsen!

Das fanden die französischen Veranstalter aber gar nicht lustig. Hatte Coppi schon im bisherigen Verlauf der Rundfahrt nur wenig gezeigt und bereits auf der ersten Etappe viel an Boden verloren und damit angedeutet, daß er *Paris-Nizza* nur als Vorbereitung für *Mailand-San Remo* betrachte, so schlug er nun dem Faß den Boden aus. Denn schnell hatte man in Erfahrung gebracht, daß der *Campionissimo* seine Meldung für die am kommenden Sonntag, den 16. März, stattfindende Toskana-Rundfahrt abgegeben hatte und auf dem Luftweg zusammen mit Vannitsen noch rechtzeitig in Florenz eintreffen wollte. Coppis Aufgabe hatte keinen Einfluß mehr auf das Gesamtergebnis von *Paris-Nizza*, aber der französische Rundfahrtchef Jean Leulliot war stinksauer. Erstens auf die beiden Arbeitsverweigerer Coppi und Vannitsen, zweitens auf den Belgier Fred De Bruyne, der seinen Sieg von 1956 wiederholen konnte und Fornara (2.) und Derycke (3.) auf die Plätze verwies, drittens auf Anquetil, der sich mit dem siebten Platz begnügen mußte, und viertens auf das CARPANO-Team, das die Mannschaftswertung überlegen gewonnen hatte. Leulliot sann auf Rache.

Der kreative Franzose, der viel frisches Blut in den internationalen Radsport brachte (u.a. machte er das Querfeldein-Fahren populär, organisierte das erste *Paris-London,* führte bei *Paris-Nizza* zum ersten Mal einen Transfer von Etappenort zu Etappenort per Flugzeug durch, und organisierte 1953 die erste *Europa-Tour*, die sechs Ländergrenzen überschritt), erhob umgehend Einspruch gegen die Teilnahme von Coppi und Vannitsen an der Toskana-Rundfahrt. Auch forderte er die Ausrichter von *Mailand - San Remo* auf, beide nicht starten zu lassen. Wie wir sehen, hatte der nachtragende Herr zumindest im ersten Fall keinen Erfolg, denn am 16. März gewann Vannitsen den ***Giro della Toscana*** vor Carlesi, Albani und Bruni. Coppi landete auf dem 43. Platz.

Der *Campionissimo* und sein belgischer Mannschaftsgefährte schlüpften der Disqualifikation durch die *Fédération Française de Cyclisme* (dem französischer Radsport-Verband) diesmal noch durch die Maschen, denn es gab bei *Paris-Nizza* allerhand Zwischenfälle, die das Ausscheiden von Vannitsen geradezu herausforderten (Coppi hatte ja zu seiner Entschuldigung einige Blessuren vorzuweisen).

So hatten die Organisatoren z.B. bei ihrer Ausschreibung jedem Etappensieger *100 000 ffrs* und dem Gesamtsieger *300 000 ffrs* (rund 3000 Mark) zugesichert. Als die Fahrer dann aber in Paris zum Start eintrafen, räumte man den Etappensiegern noch ganze *30 000 ffrs* und dem Gewinner des Rennens nur noch *100 000 ffrs* ein! Das gab lange, hitzige Debatten, aber die Rennfahrer waren nun einmal da und starteten (womit sie die neue Lage anerkannten). Nun besagte das französische Reglement: „...Fahrer, die eine Etappenfahrt unterbrochen haben, dürfen nicht an anderen Rennen teilnehmen, sofern die Rundfahrt noch läuft.“ Das war bei der Toskana-Rundfahrt der Fall, die am Schlußtag von *Paris-Nizza* stattfand. Auf dem Papier hatten die Veranstalter demzufolge das Recht auf ihrer Seite.

Nicht aber den italienischen Verbandspräsidenten Rodoni, der die beiden „Sünder“ in der Toskana starten ließ, und sich vorerst nicht um seine Kollegen im Verband scherte.

Vorerst nicht, aber bald darauf. Vor *Milano-Sanremo* gab es nämlich ein gewaltiges Tauziehen hinter den Kulissen um die Teilnahme bzw. den Ausschluß von Coppi und Vannitsen bei der *Classicissima*. Dabei hatte man Rodoni, immerhin inzwischen auch Präsident der *UCI*, zu verstehen gegeben, sein internationales Prestige nicht durch eine der Lage nach ungerechtfertigte Intervention aufs Spiel zu setzen. Rodoni liebte seinen Posten zu sehr, um den Wink nicht zu verstehen. Er blieb übrigens bis 1981 im Amt und war damit am längsten Präsident des Radsport-Weltverbandes. Auch wenn ihn in den letzten Jahren seines Wirkens mehr und mehr sein Sekretär Guiliano Pacciarelli bei Sitzungen einen leichten Stoß geben mußte, weil der alte Herr eingeschlummert war.

So mußten Coppi und Vannitsen zusehen. Für beide eine traurige Sache, denn Vannitsen galt zu dieser Zeit als schnellster Straßensprinter und er wäre durchaus zu einem Sieg fähig gewesen. Für den *Campionissimo* hingegen wäre es der unwiderruflich letzte Start bei diesem Klassiker gewesen.

Das Rennen selbst hatte zwei klar erkennbare Abschnitte. Schon kurz nach dem Start - ganze vier Kilometer waren abgeradelt - machte sich der Franzose René Privat auf und davon. Acht Fahrer hängten sich mit an und auf das Konto dieser neunköpfigen Spitzengruppe, die über 200 Kilometer prächtig kämpfte, ist der später erzielte neue Streckenrekord von 42,179 km/std zu verbuchen.

In dieser Kopfgruppe befanden sich neben Privat dessen Landsmann Graczyk, die Belgier Louis Proost und Jozef Planckaert sowie die Italiener Giuseppe Cainero, Antonino Catalano, Giuseppe Dante, Armando Guglielmoni und Tino Oriani.

Das Tor zur Riviera, den legendären Turchino-Tunnel, durchfuhr Cainero als erster. Das Feld lag hier mehr als fünf Minuten zurück. Nach der Abfahrt vom Paß wurden gar 6:10 Minuten Rückstand gemeldet. Doch eine der alten Weisheiten dieses Rennens sagt: „Auf den Uferstraßen der Riviera werden die Karten neu gemischt.“

Erwartungsgemäß begannen die Verfolger auch aufzuholen, zumal der Pulk der Ausreißer durch Krisen und Pannen immer mehr zusammenschmolz. Übrig blieben Planckaert und Privat.

Im Anrollen auf die bei *Mailand - San Remo* berüchtigten Riviera-Kaps - *Capo Cervo, Capo Mele* und *Capo Berta* - begann das große Duell der beiden. Auf dem letzten Hügel zermürbte der Franzose seinen Begleiter mit einem energischen Zwischenspurt und ließ ihn zurück.

Jetzt begann der zweite, dramatische Abschnitt des Rennens: die verzweifelte Flucht Privats vor der Meute der Verfolger! Nur noch eine Minute trennten 25 Kilometer vor dem Ziel Hase und Jäger. Eine Minute Vorsprung auf die Weltelite war nicht viel, aber immerhin genug, dem Ausreißer eine Chance zu lassen. Privat vergab sie. Er verlor bei der Meldung vom ständigen Aufholen des Feldes die Nerven. Verzagt gab der einsame Kämpfer entmutigt nach, und sechs Kilometer vor dem Ziel, am Stadtrand von San Remo, waren die Verfolger heran. 68 Fahrer rüsteten für den Endspurt. Mit einem rasanten Antritt setzte sich Rik Van Looy an die Spitze und überquerte nach 6:41:09 std vor Poblet, Darrigade, Conterno, Albani und De Bruyne die Ziellinie.

In Paris hatte man sich inzwischen am „Grünen Tisch“ über die Strafen für Coppi und Vannitsen geeinigt. Sie fielen mild aus. Das Verbot für die Renntätigkeit wurde auf 10 Tage begrenzt und endete am 26. März. Der Italiener und der Belgier mußten eine Buße von je *200 000 ffrs* (ca. 1900 Mark) bezahlen.

Fausto Coppi setzte sich daraufhin bei einem Kriterium in S. Daniele Po sofort ins rechte Licht und beendete das Rennen als Fünfter. Damit war das kleine Defizit in seiner Haushaltskasse bestimmt behoben.

Coppi setzte sich auch am 6. April beim 1. Lauf zur Italienischen Straßenmeisterschaft in Szene, denn beim ***Giro della Provincia di Reggio Calabria*** konnte er sogar vorübergehend ins Rampenlicht rücken. Allerdings nur nach einem Sturz, den er - oh Wunder - ohne Konsequenzen überstand. Doch die Aufholjagd zur Spitze war eindrucksvoll. Nencini sagte später: „Dieser Dämon. Plötzlich war er wieder da!“ Coppi kehrte in der Tat zur Kopfgruppe zurück, mußte sich aber am Ende zeitgleich hinter dem Sieger Angelo Conterno mit einem neunten Platz begnügen.

Etwas gemütlicher machte sich Coppi das Leben vier Tage später, am 10. April, beim ***Giro della Campania***. Nach 6:50:10 std belegte er hinter dem Sieger Alfredo Sabbadin in der zweiten Verfolgergruppe, die von Ciampi angeführt wurde, *ex aequo* einen 21. Platz. Immerhin befanden sich in dieser Gruppe Leute wie Anquetil, Aldo Moser und Vannitsen.

Das war vorerst der letzte Auftritt des *Campionissimo* in Europa. Am 15. April machte er sich mit einer Maschine der KLM auf den Luftweg nach Südamerika. Neben rein kommerziellen Besprechungen - Coppi steckte voller Ideen für eine engere wirtschaftliche Verknüpfung zwischen den beiden Großstädten Mailand und Buenos Aires (dabei hatte er bestimmt primär den Ausbau des Vertriebs für seine *COPPI*-Räder im Sinn) - war er auch entschlossen, sich sportlich zu betätigen. Hier wurde als Schwerpunkt das Sechstagerennen in Buenos Aires angepeilt, das er mit seinem argentinischen Freund Jorge Batiz bestreiten wollte. Dann waren noch Rennen in Montevideo, in Caracas und in Venezuela vorgesehen. Am 18. Mai hatte Coppi vor, zum Start der 41. Italienrundfahrt wieder zurück in der Heimat zu sein. Also: < *arrivederci al Giro!* >

Die Frage ist natürlich erlaubt (und auch in Leserbriefen an *sport illustrato* aufgetaucht), ob der Abstecher nach Südamerika die richtige Vorbereitung für Coppis - mit größter Wahrscheinlichkeit - letzte Italienrundfahrt sei. Fausto beantwortete die Anfragen auf seine Art. „Ich habe keine Angst vor diesem Giro. Ich werde dann meine letzte Karte in einem großen Etappenrennen auf den Tisch legen. In Südamerika kann ich mich optimal vorbereiten und ich werde meinen Anhängern keine Enttäuschung bereiten.“

Vorerst hatten seine Fans große Freude an der Nachricht, daß er in Buenos Aires mit seinem jungen argentinischen Partner Jorge Batiz die *Six-days* vor der spanischen Mannschaft Saura-Esmatges gewonnen hatte. Dieser Sieg bedeutete für Coppi den Gewinn seines ersten Sechstagerennens. Für einen Straßenchampion kein unbedingt notwendiger Erfolg, für den *Campionissimo* aber ein Sieg, mit dem er schon lange geliebäugelt hatte.

Wie versprochen kehrte er nach Italien zurück und fand sich am 18. Mai pünktlich in Mailand vor dem *Castello Sforzesco* ein. Dort wurden bei strahlendem Sonnenschein die letzten Vorbereitungen für den Start zum ***Giro d´Italia*** getroffen. 120 Fahrer, aufgeteilt in 15 Firmenmannschaften stellten sich auf. Unter ihnen **BIANCHI** mit Germano Barale *(Startnummer 57)*, Guido Boni *(59)*, Fernando Brandolini *(60)*, Noé Conti *(61)*, Fausto Coppi *(62)*, Gianni Ferlenghi *(63)* und Diego Ronchini *(64)*. Die Startnummer *58* war für Coppis argentinischen Freund Batiz vorgesehen, den Fausto wegen seiner enormen Spurtqualität gerne im Team gehabt hätte. Batiz hatte jedoch den Klimawechsel schlecht verdaut und bekam am Vorabend hohes Fieber. In aller Eile wurde von Mannschaftsleiter Franco Aggugini Coppis Kampfgefährte aus früheren Tagen, Luciano Pezzi, mobilisiert und in die Mannschaft aufgenommen.

Werfen wir auch ein Auge auf Coppis Filiale: **GHIGI**. Dort gingen unter der Leitung von Giuseppe Quaglia die Italiener Colombo Cassano *(Startnummer 81)*, Gilberto Dall´Agata *(82)*, Riccardo Filippi *(83)*, Stefano Gaggero *(84)*, Michele Gismondi *(85)*, Paolo Guazzini *(86)*, Quinto Furloni *(87)* sowie der Belgier Willy Vannitsen *(88)* an den Start. Faustos „Fünfte Kolonne" wird bestimmt unterwegs - wenn auch streng verboten - den einen oder anderen Hilfsdienst für ihn nicht gerade verweigern...

Kommen wir auch noch kurz zu den Favoriten und den starken Ausländern. Da wären zu nennen: Baldini, Albani und Pambianco **(LEGNANO);** der Belgier Brankart und Géminiani **(ST-RAPHAEL);** Nencini **(CHLORODONT);** Jean und Louison Bobet **(MERCIER B.P.);** Bahamontes und Gaul **(FAEMA);** Astrua und Fantini **(ATALA);** die starke **CARPANO**-Mannschaft mit Coletto, Conterno, Defilippis sowie den starken Belgiern Adriaensens, De Bruyne, Derycke, Keteleer und Planckaert; Fornara und der Spanier Poblet **(IGNIS)** sowie last but not least der traditionelle Wurstfabrikant **MOLTENI** (für den später ein Rudi Altig und Eddy Merckx fuhren) mit Schär und den beiden Deutschen Heinz Müller sowie Hennes Junkermann. Schon die Aufzählung dieser wenigen Fahrer zeigt, welche Armada da unterwegs sein wird. „Unterwegs sein" bedeutet vom 18. Mai bis 8. Juni 3341 Kilometer in 20 Etappen zurückzulegen. Gute Reise!

Der offizielle Start zum ***41. Giro d´Italia*** erfolgte an der Peripherie der Stadt, in *San Giuliano Milanese*. Auf dem Weg dorthin war für den 24-jährigen Emilio Bottecchia die Rundfahrt zu Ende. Er stürzte unglücklich und mußte das Rennen aufgeben.

Die 1. Etappe *Milano-Varese* (181 km) sah am Ziel die zwei schnellsten Fahrer der Girokarawane in Front: Poblet und Vannitsen. Der Belgier setzte sich mit einem Langspurt durch und holte sich nach 4:11:21 std den Sieg und das Rosa Trikot. Coppi landete mit dem Hauptfeld zeitgleich an 11. Stelle, wurde aber mit Rang 32 eingestuft. Die Ermittlung dieser genauen Reihenfolge war nötig, denn die 2. Etappe *Varese-Comerio* wurde als Einzelzeitfahren über 26 Kilometer ausgetragen und die Rangliste war zugleich (in umgekehrter Reihenfolge) die Startliste. Erwartungsgemäß setzte sich Ercole Baldini mit einem Stundenmittel von 44,913 km gegen den überraschend starken Spanier Poblet durch. Baldini erfüllte damit die Erwartungen, die man in ihn gesetzt hatte, denn der Italiener hatte vor kurzem in Forli bei einem Zeitfahren über 90 km (!) Anquetil über fünf Minuten abgenommen und bei den Experten einen nachhaltigen Eindruck hinterlassen. Vannitsen verlor auf Baldini 3:21 Minuten und mußte sein Rosa Trikot an den Italiener abgeben.

Hervorragend schlug sich Coppi: Sein Rückstand auf Baldini betrug lediglich 1:50 Minuten.

Auf der 3. Etappe *Varese - St. Vincent* (187 km) konnte der Spanier Botella an einem Anstieg zwei Kilometer vor dem Ziel seine Kletterfähigkeiten ausspielen und den Tagesabschnitt für sich entscheiden. Der junge Arnaldo Pambianco kam 39 Sekunden später ins Ziel und wurde dadurch neuer Spitzenreiter.

Aber der Junge aus Bertinoro (Achtung Radtouristen: dort ist in einer Bar das *maglia rosa* für seinen Giro-Sieg 1961 zu bestaunen) konnte das begehrte Trikot auf der 4. Etappe *St. Vincent - Torino* (132 km) nicht verteidigen. Das Etappenziel befand sich auf der Anhöhe von Superga und das FAEMA-Team schickte nach dem Plan von Mannschaftsleiter Guerra seine drei Kletterasse - Bahamontes, Gaul und Lorono - zu einem gemeinsamen Angriff nach vorne. Keiner war der Attacke des Trios gewachsen. Nachdem die Konkurrenz abgeschüttelt war, begann die interne „FAEMA-Meisterschaft“: Spaniens Bergkönig Bahamontes hängte Gaul und seinen Landsmann Lorono ab und sicherte sich den Etappensieg. Im Gesamtklassement wurde der Spanier Botella etwas voreilig als neuer Spitzenreiter ausgegeben. Aber der alte Rennfuchs Costante Girardengo konnte besser Kopfrechnen und intervenierte. Erfolgreich, denn mit einer Sekunde Vorsprung lag sein Schützling Aldo Moser vor Botella und durfte zu Recht als neuer Gesamtleader zur 5. Etappe *Torino-Mondovi* (193 km) an den Start gehen.

Fausto Coppi hielt sich im bisherigen Verlauf der Rundfahrt beachtlich. In den jeweiligen Etappenzielen wurde er stürmisch gefeiert (oft enthusiastischer als der eigentliche Sieger) und überall prangten Schilder am Straßenrand: *Forza Coppi!, Campione senza tramonto!, Sei ancora grande!* (Vorwärts Coppi!), (Ewiger Meister!), (Du bist nochmals der Größte!) Aber auch die für den *Campionissimo* unerfüllbare Forderung war zu lesen: „Wir wollen dich in Mailand in ´Rosa´ sehen!“

Die Transparente beflügelten Coppi. Er war Initiator eines Ausreißversuches, kam dabei aber in Schwierigkeiten und mußte sich mit einem Platz im Hauptfeld (4:34 Minuten zurück) begnügen. Den Etappensieg holte sich der Italiener Sabbadin. Diesmal gab es bei der Vergabe des Rosa Trikots keine Unklarheiten. Botella hatte es endlich geschafft, in das begehrte Wäschestück zu schlüpfen.

Die 6. Etappe *Mondovi-Chiavari* (253 km) war die Längste der Rundfahrt. Haupthindernis war etwa 35 km vor dem Ziel der Passo della Scoffera (674 m). Hier sahen die Einheimischen Ciampi, Ranucci, Pettinati sowie Aldo Moser eine Gelegenheit, die es am Schopf zu packen galt. Sie machten sich in den Kehren auf und davon. Auf der Paßhöhe betrug ihr Vorsprung bereits 2:30 Minuten.

Wer nun geglaubt hatte, daß auf der verbleibenden Flachstrecke die Verfolger aufholen könnten, sah sich arg getäuscht. Im Gegenteil: Die vier an der Spitze bauten ihren Vorsprung auf mehr als sieben Minuten aus und erreichten nach 7:14:35 std in der oben genannten Reihenfolge das Ziel. Hatte das Spitzenreitertrikot bisher jeden Tag seinen Besitzer gewechselt, so wurde dieser Brauch auch diesmal beibehalten. Pettinati konnte es in Empfang nehmen und der Mann schwor sich, es nicht so schnell aus der Hand zu geben.

Zumindest auf der 7. Etappe *Chiavari - Forte dei Marmi* konnte er seinen Plan verwirklichen. Dabei kam ihm zu Hilfe, daß die Strecke wesentlich abgekürzt wurde, um den Fahrern Gelegenheit zu geben, tags darauf ihr Wahlrecht bei den italienischen Parlamentswahlen auszuüben. Die ursprünglich vorgesehenen 204 Kilometer wurden daher auf 115 zusammengestrichen. Keiner hatte etwas dagegen. Am wenigsten Coppi, der unter Magenschmerzen leidende Nencini sowie Aldo Moser, dem scheinbar die Anstrengungen vom Vortag noch in den Beinen steckte.

Prompt gerieten die drei auch in eine Krise, als nach 20 Kilometern die Kletterpartie auf den Passo di Bracco (613 m) begann. Bahamontes schüttelte mit einigen Zwischenspurts seine Kollegen ab und rollte mit 40 Sekunden Vorsprung auf den Zweiten, Brankart, über die Paßhöhe. Bei der Abfahrt konnte das weit auseinandergezogene Feld wieder zusammenschließen. Alle Nachzügler fanden sich ein. Auch die Notgemeinschaft Coppi-Moser-Nencini.

Mit dem Etappensieg hatten sie nichts zu tun. Den holte sich im Alleingang Coppis Mannschaftsgefährte Guido Boni, der zusammen mit Carlesi das Feld überrumpelte, einen Vorsprung von 3:37 Minuten herausfuhr und seinen Landsmann im Spurt abfertigte. Pettinati konnte sein Rosa Trikot getrost in die Wäsche geben. Es gehörte weiterhin ihm. Das gute Stück konnte auch schön in der Sonne trocknen, denn tags darauf stand ein Ruhetag auf dem Programm.

Nach der Rennpause ging es bei der 8. Etappe wieder voll zur Sache, denn ein Einzelzeitfahren über 61 Kilometer mußte auf einem Rundkurs im benachbarten Viareggio absolviert werden. Wie erwartet kein Problem für den Spezialisten Baldini, der mit einem Stundenmittel von 47,491 km (!) die gesamte Konkurrenz in Grund und Boden fuhr. Der an zweiter Stelle plazierte Brankart fing sich bereits 2:55 Minute Rückstand ein.

Die größte Sensation lieferte aber Giovanni Pettinati. Der 32-jährige Italiener, seit acht Jahren Profi und als *gregario* bei BENOTTO (1951 bis 1953), TORPADO (1954 und 1955), BIANCHI (1956), FREJUS (1957) und jetzt bei ATALA stets Hilfsarbeiter der Großen, hatte bisher ein Schattendasein geführt, aus dem er nun - beflügelt durch das Spitzenreitertrikot - eindrucksvoll heraustrat! Als er das Ziel erreichte, zeigten die Stoppuhren für ihn nur einen Rückstand von 5:06 Minuten. Damit hatte er den Zweiten im Gesamtklassement, Aldo Moser, um 13 Sekunden unterboten, und sein Rosa Trikot grandios verteidigt. Coppi kam mit einem Rückstand von 6:07 Minuten auf den 20. Platz. Damit schlug er sich achtbar, um nicht zu sagen bravourös. Denn 15 Fahrer wurden wegen Zeitüberschreitung aus dem Rennen genommen. Unter ihnen so namhafte Leute wie Giorgio Albani und der Deutsche Heinz Müller.

Auf der 9. Etappe *Firenze-Viterbo* (215 km) machten sich die Nachwirkungen des Zeitfahrens böse bemerkbar. Nur noch 92 Fahrer traten den beschwerlichen Weg durch den Apennin an. Der im Gesamtklassement ungefährliche Italiener Menini riskierte eine Solofahrt, die ihm zeitweise über fünf Minuten Vorsprung einbrachte. Aber die Defekthexe machte den Träumen des jungen Fahrers (übrigens einem Schützling Bartalis) ein jähes Ende. Menini mußte vom Rad. Als er wieder aufsitzen konnte, waren nahezu vier Minuten vergangen. Entmutigt steckte er auf und wurde von den Verfolgern, an ihrer Spitze der wild kurbelnde Géminiani, eingeholt. *Le Grand Fusil,* - der „Lange Karabiner" -, ausgestattet mit einer guten Nase für erfolgversprechende Situationen, hatte sich rechtzeitig mit vier Weggenossen vom Feld auf französisch verabschiedet. Die Früchte für die Anstrengung erntete er nicht. Etappensieger wurde nach 6:07:16 std Nino Defilippis im Spurt vor dem Spanier Iturat sowie Géminiani, Azzini und Coletto. Das Feld war 1:50 Minute später zur Stelle. Wieder hatte der „Mann mit dem Hammer" zugeschlagen; acht Fahrer waren in der Gewitterschwüle dieser Etappe den Strapazen nicht mehr gewachsen und gaben auf: Conterno, Piazza und Buratti sowie die halbe Mannschaft von GHIGI: Cassano, Filippi, Gaggero, Furloni und Vannitsen!

Apropos „Der Mann mit dem Hammer": Dieser anschauliche Begriff - ein Unwesen, meist in Gestalt eines Bergriesen, verpaßt dem armen Radrennfahrer mit einem gewaltigen Hammer ein Ding, das diesen zur Strecke bringt - wurde Anfang der 30er-Jahre von dem französischen Karikaturisten *Pellos* kreiert. Der am 22. Januar 1900 geborene *Pellos* (eigentlich René Pellarin), begleitete 13 Mal die *Tour de France.* Seine trefflichen Zeichnungen brachten ihm den Ehrentitel *Roi des dessinateurs sportifs* (König der Sportzeichner) ein. Sein *L'homme au marteau* wurde zur gängigen Redensart im Radsport. Schicken wir *[1998]* dem immer noch rüstigen 98-jährigen einen herzlichen Gruß in seinen Wohnort an der Côte d'Azur!

Nach diesem kleinen Abstecher zurück zur Italienrundfahrt. Die 10. Etappe *Viterbo-Roma* (155 km) war vom Start bis ins Ziel hart umkämpft. Mehrere Gruppen machten sich davon, aber 20 Kilometer vor dem Ziel kam es zur allgemeinen Wiedervereinigung, und man glaubte bereits an einen Massenspurt in der Ewigen Stadt. Doch Nencini warf alle Spekulationen über den Haufen und machte sich dünn. Im Alleingang erreichte er das Ziel. Das Kampfgericht konnte hin und her rechnen: Pettinati war noch immer Spitzenreiter!

Wieder hatte es drei Fahrer erwischt, die aufgeben mußten. Um so erstaunlicher, wie sich der „alte Herr", Fausto Coppi, durch die Gegend mogelte. Wann immer am Ziel das Feld zur Stelle war: der *Campionissimo* war dabei.

Vor Beginn des Rennens hatte er realistisch geäußert, daß er auf den Flachstrecken versuchen wird, eine gute Figur zu machen und sich wünscht, gut über die Berge zu kommen. Bisher war ihm das gelungen. Dreiunddreißig Fahrer hatten im Verlauf der Rundfahrt die Waffen gestreckt, Coppi war nicht darunter!

Die 11. Etappe *Roma-Scanno* (225 km) wurde zu einer der anstrengensten der ganzen Rundfahrt. Es ging in die Abruzzen und mit dem Monte Bove (1210 m), der Forca Caruso (1107 m) und dem Schlußanstieg hinauf nach Scanno (1050 m) wurden den Fahrern formidable Brocken in den Weg gelegt. Nino Defilippis, am Vortag noch in einer schweren Krise und nahe an der Aufgabe, hatte sich prächtig erholt. Nach 6:29:12 std konnte er seinen zweiten Etappensieg feiern. Das Hauptinteresse aller Beteiligten galt indessen der Frage, ob es Pettinati wieder einmal geschafft hatte, sein Trikot zu verteidigen. Er hatte es. Zwar kam Moser achtzehn Sekunden vor ihm ins Ziel, aber das waren sieben zu wenig. Nun mußten weitere Informationen über den Außenseiter her: Er war am 6. März in Cartosio unweit von Alessandria geboren, 1,73 Meter groß, 68 Kilo schwer und hatte bisher 11 Siege erzielt; u.a. gewann er 1954 beim Giro die 8. Etappe *Roma-Chianciano.* Wie lange würde er das Rosa Trikot noch behalten?

Am Tag darauf, bei der 12. Etappe *Scanno - San Benedetto del Tronto* (211 km) war er es los. Gleich nach dem Start, der 25 km von Scanno entfernt erfolgte, machten sich *Hennes* Junkermann mit Pellegrini auf die Socken. Die beiden wurden zwar wieder geschluckt, aber im Anstieg nach Roccaraso (1236 m) war *Hennes* wieder mit von der Partie. Im Kreise der erlauchten Bergspezialisten Gaul, Bahamontes, Planckaert und Fornara erreichte der Krefelder die Höhe. Als anschließend die Post abging, mischte sich Junkermann unter die Ausreißer. Die Bestandsaufnahme ergab eine Neunergruppe mit den Italienern Baffi, Barale, Boni, La Cioppa, Fantini, Mancini, Coletto, Dall´Agata und dem *tedesco* Junkermann. Pettinati machte hier den Fehler, den am besten Plazierten der Gruppe (Coletto mit zehn Minuten Rückstand), nicht für einen ernsthaften Anwärter auf sein Trikot zu halten. Aber „die Gruppe lief" und sie gewann ständig an Boden. 12:26 Minuten waren es im Ziel. Das erreichte Baffi als Erster vor Fantini, Boni und Junkermann. Agostino Coletto hielt sich im Spurt vornehm zurück: er hatte das begehrte Rosa Trikot erobert!

Nach der dramatischen Abruzzen-Etappe hatte die 13. Etappe *San Benedetto del Tronto - Cattolica* (192 km) erwartungsgemäß einen etwas ruhigeren Verlauf. Nur noch 79 Fahrer gingen an den Start, d.h. bereits ein Drittel des Girofeldes hatte es vorgezogen, zu Heim und Herd zurückzukehren. Der Rest versuchte zwar, mit einigen Scharmützeln Leben in die Kolonne zu bringen und damit Rennleiter Torriani aufzuheitern, doch Coletto und seine Helfer von CARPANO stoppten alle Angriffe. Erst 30 Kilometer vor dem Ziel konnte Carlesi entwischen, auf den abschließenden 21-km-Rundkurs einbiegen und die Etappe mit 25 Sekunden Vorsprung gewinnen. Coletto hatte nichts anbrennen lassen und behielt die Spitzenposition vor Pettinati und Aldo Moser.

Mit besonderer Spannung wurde die 14. Etappe, ein Berg- Einzelzeitfahren hinauf zur Zwergrepublik *San Marino* (645 m) erwartet. Der Monte Titano wimmelte nur so von Menschen. Man schätzte, daß mehr als 100 000 Zuschauer, darunter auch viele deutsche Feriengäste, dem Radsportereignis beigewohnt haben.

Pünktlich um 14.30 Uhr ging mit dem Franzosen Coste der erste Fahrer auf die Strecke. Die war 12 Kilometer lang und hatte auf den letzten zwei Kilometern einen effektiven Höhenunterschied von 200 Metern.

Dann ging es Schlag auf Schlag: Um 15.27 Uhr war Defilippis dran, um 15.57 Uhr Nencini, dann folgten Louison Bobet, Gaul, Poblet, Moser - um nur einige der Favoriten zu nennen - und schließlich um 16.27 Uhr als Letzter der 72 im Rennen verbliebenen Fahrer, Agostino Coletto, der Träger des Rosa Trikots. Er konnte es mit Ach und Krach verteidigen. Denkbar knapp, denn Baldini rückte bis auf vier Sekunden an ihn heran!

Zum ersten Mal waren die „Kraxler", die Bergspezialisten, bei dieser Rundfahrt gezwungen, ihre Karten aufzudecken. Sie bemühten sich redlich. Lange Zeit lag Bahamontes mit hervorragenden 24:38 Minuten in Führung. Doch dann wurde der Spanier noch von drei Fahrern übertroffen: Gaul siegte in 23:46 Minuten vor Jean Brankart (18 Sekunden zurück) und dem am Berg überraschend starken Ercole Baldini (34 Sekunden).

Fausto Coppi hatte, ohne pathetisch zu werden, einen seiner glorreichen Tage. Der 38-jährige einstige „Adler der Berge", dem Spötter bereits spitzzüngig lahme Flügel nachsagten, zeigte noch einmal sein Können, die Harmonie zwischen Mensch und Maschine, seinen unvergleichlichen Stil. Zeitgleich mit Nencini (2:21 Minuten zurück) belegte er den 16. Rang vor Leuten wie Aldo Moser, Géminiani, Coletto und dem spanischen Bergspezialisten Botella. Er ließ so exzellente Fahrer wie Pambianco, Adriaensens, Barale, Baffi, Boni, Keteleer, Carlesi und den bestimmt am Berg starken Junkermann hinter sich, dem er immerhin 39 Sekunden abnahm! Diese Namen und Zahlen sprechen für sich. Der *Campionissimo* war noch immer ein Klassefahrer.

Auch die 15. Etappe *Cesena - Bosco Chiesanuova* (249 km) brachte eine 25 km lange, schwierige Kletterprüfung hinauf zum Ziel in 1250 Meter Höhe. Wie erwartet waren die Kletterer darauf bedacht, keinen wegzulassen und die Entscheidung, wie von den Veranstaltern beabsichtigt, für den Schlußteil zu vertagen. Das gelang Bahamontes & Co. insofern leicht, da alle bei der brütenden Hitze damit beschäftigt waren, Trinkbares zu ergattern und den brennenden Durst zu löschen. Doch Verona, dann zehn Kilometer später Grezzana, nahten, und damit begann der gefürchtete Anstieg.

Charly Gaul setzte sofort zum Angriff an. Baldini lag auf der Lauer und setzte energisch nach; an seinem Hinterrad Louison Bobet und Brankart.

Einige Kilometer dauerte die Verfolgungsjagd, dann war der Luxemburger eingeholt. Die Sensation für das dichtgedrängte Zuschauerspalier stand jedoch noch bevor.

Auf halber Höhe ging plötzlich Baldini, der Flachstrecken-Spezialist, zum Angriff über. Das gab Charly den Rest. Ausgepumpt und erschöpft vermochte das schmächtige Kerlchen dem Italiener nicht mehr zu folgen. Im Gegensatz zu ihm griffen Brankart, Bahamontes und der junge, sehr begabte, von Bartali entdeckte La Cioppa, den Fehdehandschuh auf und stiefelten Baldini nach. Nicht lange. Der Mann aus Forli wollte sich nicht auf ein Quartett einlassen. Kraftvoll zog er alleine davon. Selbst der mit allen (Gebirgs-)Wassern gewaschene spanische Bergkönig Bahamontes, der „Adler von Toledo“, konnte Baldini nicht mehr folgen. Mit 38 Sekunden Vorsprung erreichte der Olympiasieger von Melbourne und ehemalige Stundenweltrekordler das Etappenziel vor Brankart (32 Sekunden zurück). Dritter wurde, sehr zur Freude von Bartali, dessen Schützling Silvestro La Cioppa vor Bahamontes (38 Sek.) und Gaul (46 Sek.)

Junkermann hatte das einzig Richtige gemacht und nicht in die Auseinandersetzung zwischen Baldini und dessen Verfolger eingegriffen. Er hielt sich in der ebenfalls vorzüglichen Gesellschaft von Bobet, Nencini und Géminiani auf. Als das Schlitzohr Géminiani den Moment zum Absprung für gekommen hielt, mischte *Hennes* kräftig mit und belegte so hinter dem Franzosen einen hervorragenden achten Platz (2:02 min zurück).

Die italienischen Experten waren des Lobes voll über die Leistung Junkermanns. Hatte er doch diesmal Fausto Coppi um mehr als zwei Minuten abgehängt. Im Mittelpunkt der Aufmerksamkeit stand allerdings das Bravourstück Baldinis, der durch seinen Husarenritt neuer Spitzenreiter in der Gesamtwertung wurde!

Ercole ging also in „Rosa“ an den Start zur 16. Etappe *Verona - Levico Terme* (200 km). Er ahnte wahrscheinlich, daß dieser Tag gewaltig Arbeit bringen würde, denn der Abschnitt stand ganz im Schatten der unmittelbar bevorstehenden Dolomiten-Etappen und die Flachlandspezialisten und Spurtkanonen witterten ihre letzte Chance, noch einmal zum Erfolg zu kommen.

Baldini lag mit seiner Befürchtung richtig. Rund zwanzig ernstzunehmende Vorstöße, überfallartige Angriffe und wütende Attacken wurden von den aufmerksamen Reportern registriert. Baldini und sein LEGNANO-Team organisierten stets die Verfolgung und fingen die Ausreißer regelmäßig wieder ein. Unterstützung erhielten sie dabei von Brankart und seinen Mannen von ST-RAPHAEL, denn der nunmehr Zweitplazierte im Gesamtklassement hatte ein verständliches Interesse daran, daß der *status quo* erhalten blieb. Das restliche Feld schaute mehr oder weniger tatenlos zu, wie sich die Koalition Baldini-Brankart abrackerte. So gab es letztendlich in Levico Terme einen Massenspurt. Da Vannitsen nicht mehr im Rennen war, hatte Poblet leichtes Spiel. Nicht ganz, denn Planckaert hielt mächtig dagegen, zog aber mit einigen

Radlängen Rückstand den Kürzeren. Im Gesamtergebnis hatte sich nichts verändert.

Baldini war auch auf der 17. Etappe *Levico Terme - Bolzano* (199 km) nicht zu schlagen. Die zweifellos schwierigste Tagesstrecke der ganzen Rundfahrt führte über den Passo Pordoi (2239 m), den Passo di Campolongo (1875 m) und den Passo Gardena (2121 m). Damals noch immer Naturstraßen!

Am ersten Paß versuchte Brankart, der sich in den Bergen immer wohler fühlte, anzugreifen, aber Baldini reagierte sofort und erreichte zusammen mit dem Belgier, Bahamontes, Gaul, Defilippis und Junkermann (!) den Scheitel des Pordoi. Erst 1:35 min später folgten Bobet und Poblet. Dann, rund drei Minuten später, kam das lang auseinandergezogene Feld vorbei.

Nach Überwindung des Passo Pordoi ging es neun Kilometer hinunter nach Arabba auf 1602 Meter ü.M. und dann wieder vier Kilometer empor zum Campolongo. In den Kehren griff Brankart erneut an, aber auch diesmal folgten Baldini und seine Begleiter mühelos.

Von hinten hatte sich Charly Gaul herangemacht und alles wartete nun auf seinen Angriff, denn es war klar, daß er am Passo Gardena (deutschen Urlaubern besser unter dem Namen Grödner Joch bekannt) seine letzte Trumpfkarte ausspielen mußte, wenn er Baldini noch ernsthaft gefährden wollte. Tatsächlich griff der Luxemburger auf dem sieben Kilometer langen Anstieg, der einen Höhenunterschied von 500 Meter aufweist, auch an, aber gegen Baldini war an diesem Tag kein Kraut gewachsen. Auf der Paßhöhe hatte Gaul zwar die Genugtuung, den Bergspurt zu gewinnen, das war aber die einzige Freude für den Bergkönig, denn dicht dahinter rollte Baldini über den Scheitelpunkt. Damit war eine wichtige Vorentscheidung bei dieser Etappe und wohl auch für die ganze Rundfahrt gefallen.

Auf der halsbrecherischen Talfahrt formierte sich eine Spitzengruppe mit Baldini, Brankart, Gaul, Planckaert, Lorono und Defilippis. Zwei Minuten dahinter folgten Junkermann, den zwei Pannen aufgehalten hatten (!), Bobet, Géminiani, Poblet, Adriaensens, Nencini und Ranucci.

Wieder in der Ebene kamen die guten Roller-Eigenschaften von Bobet, Nencini und Junkermann zur Geltung, die mit einer gewaltigen Energieleistung noch den Anschluß an die Kopfgruppe schafften.

Die Neunergruppe bog in das vollbesetzte Stadion von Bozen ein. Auf der Aschenbahn waren eindreiviertel Bahnlängen zurückzulegen. Bobet, der offensichtlich den Streckenplan nicht mehr ganz im Kopf hatte, legte mächtig los und sah sich bereits als Sieger. Zu spät erkannte er, daß noch eine Runde zu fahren war und wurde kurzer Hand von Baldini überspurtet. Hinter den beiden lautete die weitere Reihenfolge: 3. Defilippis, 4. Nencini, 5. Planckaert, 6. Junkermann, 7. Brankart, 8. Lorono und 9. Gaul. *Hennes* rückte damit im Gesamtklassement auf den 18. Platz vor. Wichtiger als die Plazierung war jedoch, daß der Deutsche im Kreis der Asse als Gleicher unter Gleichen akzeptiert wurde: „Junkermann ist für mich Weltklasse“, erklärte Bobet.

Brankart äußerte sich ähnlich und Baldini meinte: „Ausdauer, Kampfkraft und Klettervermögen des Deutschen haben mir sehr imponiert. Deutschland besitzt in Junkermann einen Straßenfahrer von internationaler Klasse." Einträgliche Kontrakte in Italien waren angesagt.

Mit einem Rückstand von 2:56 Minuten belegte Poblet den zehnten Platz vor Géminiani. Dann folgten Fallarini, Fornara, Adriaensens und Ranucci (4:27 min zurück). Der ehemalige Spitzenreiter Coletto lag nahezu 10 Minuten zurück und noch immer folgten Gruppen und Grüppchen. Unter ihnen auch Coppi. Der hatte diese Bergsturm-Etappe zwar überstanden, aber sein geheimer Wunsch, noch einmal an der Stätte seiner großen Erfolge aufzutrumpfen, blieb ein Traum. Zurück blieb die Erinnerung an 1952, als Coppi in „Rosa" am Pordoi angriff. Keiner konnte ihm damals folgen: 2:27 min Vorsprung auf der Paßhöhe, 4:28 min auf dem Sella-Paß, 5:20 min Vorsprung auf Bartali in Bozen. Es war einmal...

Die 18. Etappe *Bolzano-Trento* (193 km) brachte keine größeren Kletterauseinandersetzungen mehr, obschon der Passo di Mendola - der Mendelpass - (1363 m) und der Anstieg zum Campo Carlo Magno (1681 m) kurz vor Madonna di Campiglio im Wege standen. Aber wie so oft verspürten die Kletterer in Anbetracht der Tatsache, daß das Etappenziel dann noch in weiter Ferne lag (rund 130 Kilometer) keinen Drang, ihr Pulver zu verschießen. Lediglich Bahamontes leistete sich den Luxus, am Carlo Magno einen Vorstoß zu wagen, wurde aber in der Abfahrt von einer großen Gruppe, angeführt von Baldini, wieder eingefangen. Den Etappensieg sicherte sich diesmal Gastone Nencini vor Favero, Bobet und Géminiani. In der Gesamtwertung führte weiterhin Baldini mit einem Vorsprung von 4:17 Minuten vor Brankart.

Von der 19. und damit vorletzten Etappe *Trento -Gardone Riviera* (166 km) waren keine großen Veränderungen mehr zu erwarten. Nach Überwindung eines Anstiegs kurz nach dem Start hinauf nach Vezzano (385 m) war der Rest der Strecke fast vollkommen eben. Bei strömendem Regen, erschöpft von den Bergstrapazen der letzten Tage, hatte niemand Lust, sich besonders hervorzutun. So rollte das Feld nahezu geschlossen auf den 16-Kilometer-Rundkurs am Gardasee zu, wo die abschließenden 43 Kilometer auf der Strecke *Cunettone-Tormini-Saló* und Ziel in *Gardone* absolviert wurden.

Erst auf den letzten Kilometern, begünstigt durch einen leichten Anstieg zum Ziel, setzte der Spanier Poblet zu einer Attacke an. Er konnte alle Verfolger distanzieren und seinen zweiten Etappensieg vor Derycke, Nencini und Fantini sowie dem restlichen Feld erspurten. Im Gesamtergebnis hatte sich nichts verändert, Baldini führte weiterhin unangefochten vor Brankart.

Auch die 20. Etappe *Saló-Milano* (177 km) verlief monoton, da sich die Fahrer offensichtlich mit den Plazierungen abgefunden hatten. Geschlossen erreichten die 77 noch im Rennen verbliebenen Fahrer Mailand und auf der Vigorelli-Bahn konnte Poblet seinen dritten Etappensieg verbuchen.

Gesamtsieger des Giro wurde, wie nicht anders zu erwarten war, Ercole Baldini. Fausto Coppi hatte die Rundfahrt gut überstanden und belegte am Ende einen beachtenswerten 32. Platz; sein Rückstand auf Baldini betrug 58:14 Minuten. Offiziell bekam er für seine Plazierung *10 000 Lire* - sage und schreibe 67 Mark...

Schlußklassement des ***41. Giro d´Italia:***

1. Ercole Baldini LEGNANO

3341 km in 92:09:30 std (36,253 km/std)

2. Jean Brankart	BELGIEN	4:17	min zur.
3. Charly Gaul	LUXEMBURG	6:07	"
4. Louison Bobet	FRANKREICH	9:27	"
5. Gastone Nencini	CHLORODONT	10:36	"
6. Miguel Poblet	SPANIEN	11:07	"
7. Arteaga Lorono	SPANIEN	12:12	"
8. Raphael Géminiani	FRANKREICH	13:12	"
9. Pasquale Fornara	IGNIS	14:13	"
10. Aldo Moser	GIRARDENGO	15:00	"
.			
.			
32. Fausto Coppi	BIANCHI	58:14	"

Der Belgier Jean Brankart gewann den *G.P. della Montagna*, die *Mannschaftswertung* ging an CARPANO. Von 120 gestarteten Fahrern erreichten 77 das Ziel.

Der *Campionissimo* machte sich keine Illusionen. Es war sein letzter Giro gewesen. Oft hatte man den nun 38-jährigen BIANCHI-Kapitän auf den Straßen seiner ehemaligen Erfolge erlebt, wie er an Brunnen vom Rad stieg, und sich - zum ersten Mal in seiner langen Laufbahn - eigenhändig die Trinkflasche füllte, sich über die Bergpässe quälte und abgeschlagen ins Ziel kam.

Französische Journalisten hatten beobachtet, wie das Feld während der 6. Etappe im Wiegetritt eine harmlose Steigung in Angriff nahm, und kein Mensch Grund zum hadern mit dem Schicksal hatte. Plötzlich ein heiserer Schrei: „Langsamer! Bitte etwas langsamer!!" Zur allgemeinen Verblüffung war es Coppi, der hinter den jungen Fahrern hermaulte: „Vor fünf Jahren hätte kein Mensch gewagt, mich anzugreifen!"

Aber überall schlug ihm eine Welle der Sympathie entgegen, zollte ihm die Menge Hochachtung und Respekt. Eine Ehrerbietung an den Meister, dessen Erfolge beim *Giro d´Italia* unvergleichlich und unvergessen bleiben:

1940	**´46**	**´47**	**´48**	**´49**	**´50**	**´51**	**´52**	**´53**	**´54**	**´55**	**´56**	**´57**	**1958**
1.	2.	1.	0	1.	0	4.	1.	1.	4.	2.	0	-	32.

0 = *aufgegeben* - = *nicht teilgenommen*

[Coppi gewann beim Giro d´Italia insgesamt 25 Etappen, davon zwei Mannschaftszeitfahren zusammen mit seinem BIANCHI-Team. An 31 Tagen trug er das Rosa Trikot. In den zehn Rundfahrten, an denen er teilgenommen hatte, legte der Campionissimo rund 44 950 Kilometer zurück. Dabei saß er ungefähr 1325 Stunden im Sattel. Damit können wir die Italienrundfahrt in Coppis Laufbahn abschließen, denn es hat sich gezeigt: Es war wirklich seine letzte Teilnahme.]

Fausto gönnte sich keine größere Pause. Am 22. Juni war er bereits wieder am Start zum ***Giro del Piemonte*** über 243 Kilometer. Die Rundfahrt zählte als 2. Lauf zur Italienischen Straßenmeisterschaft. Nach 5:56:00 Stunden überquerte Defilippis siegreich das Ziel in Turin. Es folgte Fantini und eine Gruppe mit 20 Fahrern, in der sich Coppi auf Platz vierzehn behaupten konnte.

Die bestimmt bemerkenswerten Leistungen des 38-jährigen *Campionissimo* reichten natürlich nicht aus, nochmals an der Tour de France teilzunehmen. Das hatte er vor sechs Jahren zum letzten Mal getan, und inzwischen mehrmals darauf hingewiesen, daß er nun bei so schweren Rennen das Feld für die Jugend freimachen wird.

Erinnern wir uns deshalb am Vorabend dieser 45. Frankreichrundfahrt auch an die Leistungen Coppis beim härtesten Straßenrennen der Welt:

Der Italiener nahm dreimal an der Tour de France teil (1949, 1951 und 1952). Er legte dabei 14 094 Kilometer zurück und saß dafür rund 445 Stunden im Sattel.

Fausto Coppi gewann die Tour 1949 und 1952, und belegte 1951 den 10. Platz.

Er gewann 9 Etappen und trug an 19 Tagen das Gelbe Trikot. 1949 und 1952 gewann er auch den Bergpreis. Eine stolze Bilanz.

Doch nun war die von Coppi angesprochene italienische Jugend an der Reihe. Sie präsentierte sich am 26. Juni in Brüssel - dem Startort der ***Tour de France*** - in folgender Besetzung: Pierino Baffi, Gastone Nencini und Emilio Bottecchia **(CLORODONT);** Rizzardo Brenioli, Arrigo Padovan und Vito Favero **(ATALA),** Giuseppe Fallarini **(FREJUS-ASBORNO),** Pietro Nascimbene **(CARPANO),** Gilberto Dall´Agata **(GHIGI),** Gianni Ferlenghi **(BIANCHI)** sowie Antonino Catalano und Giuseppe Pintarelli **(GIRARDENGO).** Technischer Direktor war wie seit Jahren Alfredo Binda, der voll auf Gastone Nencini setzte und den 28-jährigen zum Mannschaftskapitän bestimmte.

Die Rundfahrt forderte wie in jedem Jahr viel; sie gab aber auch viel. Im Zürcher *Sport* gab es hierzu interessante Angaben in *französischer Währung* (*1000 ffrs* entsprechen dem damaligen Wechselkurs von 10 Mark): Etappensieg *200 000*; Gesamtsieger *2 000 000*; Mannschaftsklassement *3 000 000*; Punkteklassement *1 000 000*; Bergpreis *500 000*; Prämie für den Spitzenreiter (*100 000* für die ersten zwölf Etappen, *50 000* für die restlichen) usw. Unterm Strich stand ein Gesamtbetrag von fast *49 Millionen ffrs* - (rund 500 000 Mark!)

Das Geld lag also für die 120 Starter buchstäblich auf der Straße. Aber man mußte etwas dafür tun. Man tat es so gehörig, daß diese Rundfahrt als eine der spannendsten, interessantesten und sportlich wertvollsten in die Annalen der Radsportgeschichte einging.

Die Ereignisse im Endstadium des Rennens überstürzten sich förmlich. Auf der 19. Etappe *Carpentras-Gap* (178 km) mit den Paßfahrten über den Col de Perty (1303 m), den Col de Foreyssasse (1040 m) und den Col de la Sentinelle (981 m) wurde Charly Gaul vom Tagessieger Gastone Nencini um 11 Minuten abgehängt, Géminiani - diesmal nur in einem Regionalteam - schlüpfte ins Gelbe Trikot.

Die Hochgebirgsfahrt auf der 20. Etappe *Gap-Briançon* (165 km) über den Col de Vars (2111 m) und den Col de l´Izoard (2361 m) endete mit einem Patt, denn Bahamontes, der die Geburtstage in seiner Familie auf seine Art zu feiern wußte (seinen eigenen feierte er auf der 129 Kilometer langen 14. Etappe *Pau-Luchon* mit einem Etappensieg), erinnerte sich an das Wiegenfest seines Bruders und schlug erneut zu.

Man ließ ihn feiern, und so blieb alles beim alten Stand. Aber am Tag darauf, bei der 21. Etappe *Briançon - Aix-les-Bains* (216 km) kam die große Stunde des kleinen Charly Gaul.

Man hatte den Luxemburger bereits abgeschrieben. Von ihm drohte keine Gefahr mehr. So dachte man im französischen Lager und Géminiani ließ voreilig den Champagner kaltstellen. Doch die Lage änderte sich grundlegend.

Am 16. Juli zeigte sich der Himmel von seiner düstersten Seite, schwarzes Gewölk zog auf, die Berge streiften Nebelkaputzen über. Ein kalter Wind pfiff durch die Straßen von Briançon, Regen klatschte gegen die Fensterläden. Als die Fahrer am frühen Morgen die Gardinen auseinanderzogen und die Bescherung sahen, war man sich einig: „Das ist ein Charly Gaul-Wetter. Da kann man sich auf einiges gefaßt machen.“

Die bösen Vorahnungen waren mehr als berechtigt. Fünf Paßfahrten standen auf dem Programm. Das Streckenprofil zeigte Zacken, die nichts Gutes ahnen ließen: den Col du Lautaret (2057 m), den Col du Luitel Chamrousse (1720 m), den Col de Porte (1326 m), den Col du Cucheron (1139 m) und den Col du Granier (1164 m). Das konnte heiter werden...

Zunächst blieb alles zusammen. Der Lautaret wurde gemeinsam erklettert und ausgerechnet der Niederländer Piet Van Est holte sich am Gipfel die

100 000-ffrs-Prämie zum Gedenken an den Gründer der Tour de France - Henry Desgrange.

Gemeinsam nahm das Feld auch die sehr steilen, mit Kies und Geröll bedeckten Kehren des Luitel in Angriff. Wer nun glaubte, das würde so weitergehen, hatte nur kurze Freude an seinem Optimismus.

Der Franzose Jean-Claude Annaert und der Italiener Gianni Ferlenghi vertrauten zu diesem Zeitpunkt noch auf einen guten Ausgang der Dinge und machten sich davon. Schnell waren sie außer Sichtweite. Sollte sich da gar eine Überraschung anbahnen?

Plötzlich riß Charly Gaul aus. Im Handumdrehen hatte er Anquetil, Bahamontes, Bobet und Géminiani vom Hinterrad. In wenigen Kletterkilometern nahm er ihnen mehr als zwei Minuten ab! Bei der Abfahrt riskierten die genannten Herren zwar Kopf und Kragen, kamen auch wieder etwas näher heran, doch im Anstieg zum nächsten „Aussichtspunkt“, dem Col de Porte, sorgte der Luxemburger für Klarheit.

Er hatte inzwischen Annaert und Ferlenghi überholt und diktierte nun das Renngeschehen, wie es eben nur einem Ausnahmeathleten möglich ist. Es zeigte sich, daß Gaul der unumstritten stärkste Fahrer des Feldes war, der ohne seine rätselhafte Launenhaftigkeit keinen Gegner hätte fürchten müssen. Die Abstände vergrößerten sich ständig. Auf dem vierten Gipfel, dem Cucheron, lag er bereits fünf Minuten vor dem an zweiter Stelle folgenden Belgier Adriaensens.

Im peitschenden Regen trieb die französische Mannschaft wie Treibgut in der Sturmflut. Sie konnte das Rennen beim besten Willen nicht mehr kontrollieren.

Vollends Schiffbruch erlitt die *equipe tricolore* im Aufstieg zum letzten Hindernis des Tages, dem Granier. Anquetil verlor hier bei einem Höhenunterschied von „nur“ wenigen hundert Metern rund sechs Minuten gegen Gaul. Auf der Paßhöhe lag er 17 Minuten hinter dem Luxemburger. Bobet hatte sogar noch eine Minute mehr Rückstand. Lediglich Géminiani kämpfte mit dem Mut der Verzweiflung um sein Gelbes Trikot.

Seine Mannschaftsgefährten unterstützten ihn so gut es ging, aber auch ihn trennten auf der Paßhöhe 12 Minuten von Gaul.

Der „Engel der Berge“ - Charly Gaul - setzte unbeirrt seine grandiose Alleinfahrt fort. Mit einem Vorsprung von 7:50 Minuten auf Adriaensens erreichte er nach 6:59:11 std das Ziel in Aix les Bains. Dritter wurde der erstaunlich starke Italiener Vito Favero, der als Lohn für die Schinderei zur allgemeinen Überraschung ins Gelbe Trikot schlüpfen durfte.

Er behielt es nur einen Tag, denn auf der 23. Etappe, einem 74 Kilometer langen Zeitfahren zwischen *Besançon* und *Dijon*, machte Charly Gaul alles klar. Eigentlich war das Leichtgewicht aus Luxemburg kein ausgesprochener Zeitfahrspezialist. Auch die sommerliche Wärme war nicht nach seinem Geschmack. Aber an diesem Tag kurbelte Charly Gaul mit imponierender

Gleichmäßigkeit dem Etappensieg und dem Gesamtsieg bei dieser Tour entgegen. Nach einer Fahrzeit von 1:40:27 std (44,201 km/std) holte er sich das Gelbe Trikot, das er auch auf der letzten, der 23. Etappe *Dijon-Paris* (320 km) nicht mehr abgab.

Gaul hatte die drei Zeitfahr-Etappen dieser Tour gewonnen: (die 8. Etappe, ein Rundkurs in *Chateaulin* über 46 km; die 18. Etappe, ein 21,5-km-Bergzeitfahren auf den *Mont Ventoux,* und die 23. Etappe *Besançon-Dijon* über 74 km); er hatte die schwere 21. Etappe *Briançon - Aix les Bains* über 219 km für sich entschieden und nun, nach 116:59:05 std die Tour siegreich beendet. Kein Radsportexperte zögerte mehr, ihm das Prädikat *coureur complet* zuzuerkennen. Alle weiteren standen auf der Pariser Prinzenpark-Bahn in seinem Schatten.

Schlußklassement der ***45. Tour de France:***

1. Charly Gaul LUXEMBURG

4319 km in 116:59:05 std (36,919 km/std)

2. Vito Favero	ITALIEN	3:10	min zur.
3. Raphael Géminiani	CENTRE-MIDI	3:41	"
4. Jan Adriaensens	BELGIEN	7:16	"
5. Gastone Nencini	ITALIEN	13:33	"
6. Jozef Planckaert	BELGIEN	28:09	"
7. Louison Bobet	FRANCE	31:39	"
8. Federico Bahamontes	SPANIEN	40:44	"
9. Louis Bergaud	FRANCE	48:33	"
10. Jos Hovenaers	BELGIEN	58:26	"

Den *G.P. Montagne* gewann Federico Bahamontes. Die *Mannschaftswertung* ging an BELGIEN. Die *Punktwertung* gewann der Franzosen Jean *Popoff* Graczyk. Von 192 gestarteten Fahrern erreichten 78 das Ziel.

Hier noch die weiteren Plazierungen italienischer Fahrer: 24. Ferlenghi, 34. Nascimbene, 38. Bottecchia, 43. Brenioli, 45. Padovan, 50. Dall´Agata, 63. Baffi und 65. Pintarelli. Von den deutschen Fahrern kamen drei ins Ziel: Lothar Friedrich erreichte einen hervorragenden 12. Rang, Franz Reitz kam auf Platz 36 und Horst Tüller landete noch auf Rang 58 (er hatte die Startnummer 111 und nach dem schweren Zeitfahren auf den Mont Ventoux im Gesamtklassement exakt 1:11:11 std Rückstand!). Günter Debusmann, Mathias Löder und Winfried Ommer hatten das Rennen vorzeitig aufgegeben.

Leider forderte die Rundfahrt wieder ein Todesopfer. Bei der Zielankunft im *Parc des Princes* lag André Darrigade in idealer Position, um die begehrte letzte Etappe zu gewinnen. Der Platzwart des Stadions wollte die Fotografen, die seiner Meinung nach zu weit auf der Bahn standen, zurückdrängen und geriet dabei selbst auf die Piste. Da raste Darrigade ganz innen heran. Der Zusammenprall war furchtbar. André zog sich schwere Kopfverletzungen zu, der um die Sicherheit bedachte Stadionangestellte kam ums Lebens.

Es fällt mir schwer, den Faden wieder aufzugreifen.

Coppi hatte inzwischen verschiedene Rennen bestritten, (u.a. siegte er am 27. Juli beim ***Circuito di Aosta*** und kam zusammen mit seinem Partner Batiz beim ***Critérium de Versailles*** auf den 1. Rang. Zweite Plätze gab es beim *Circuito di Mantua*, beim *Circuito di Capri,* beim *Critérium d´Annecy* und beim *G.P. Cademotori.* Zusammen mit Baldini ging er an den Start zu einem Länderkampf gegen Belgien, das durch Rik Van Looy und Van Daele vertreten war. Die italienische Mannschaft mußte sich geschlagen geben, nachdem sie das Sprinterrennen und das 1000-Meter-Zeitfahren verloren, dagegen im Mannschafts-Verfolgungsfahren ihre Gegner bezwungen hatten. Denn im abschließenden Rennen hinter *Vespa*-Führung war Coppi drauf und dran, durch einen Sieg den Gleichstand herzustellen, als er zwei Runden vor Schluß Defekt erlitt und so auch dieser Lauf an die Belgier fiel.

Einen hervorragenden dritten Platz holte sich Coppi in Lecco bei einem Straßenrennen hinter Pierino Baffi und Guido Boni. Dem *Campionissimo* war deutlich anzumerken, daß er es darauf abgesehen hatte, noch einmal in das italienische Aufgebot für die Straßenweltmeisterschaft in Reims zu kommen. Hierfür gab es noch eine spezielle Selektion beim Rennen *Tre Valli Varesine* durch die drei Täler von Varese. Wird Coppi diese Hürde schaffen?

Zuvor, quasi als Aufgalopp für diesen 3. Lauf zur Italienischen Straßenmeisterschaft, fand noch anfangs August der ***Giro di Romagna*** mit Start und Ziel in Lugo statt. Coppi hielt sich auch hier respektabel, kam aber über einen 25. Platz nicht hinaus. Immerhin legte der *Campionissimo* die 247 Kilometer ohne Probleme zurück und kam mit einer größeren Gruppe 6:57 Minuten nach dem Überraschungssieger Carlo Zorzoli ins Ziel. Alfredo Binda, wie gewohnt der Verantwortliche für die Nationalmannschaft, gab vorsichtig zu verstehen: „Ich halte Coppi für würdig, das ´maglia azzurra´ zu tragen, obwohl mir mein Verstand sagt, ein fast 39-jähriger ist nicht gerade für einen Platz im Aufgebot für Reims prädestiniert.“ Nun, das heißt soviel wie geschaffen oder vorbestimmt. Geschaffen für die Aufgabe war Coppi bestimmt, denn noch immer war er ein Publikumsmagnet *par excellence.* Vorbestimmt? Hier war das letzte Wort eben noch nicht gesprochen.

Die ***Tre Valli Varesine*** über 244 Kilometer wurden eine Beute des unbekannten Carlo Nicolo. Aber die Zuschauer, die Presse, mein Gott - halb Italien -, war sich einig: Dieser Coppi war wie in seinen besten Tagen gefahren!

Im Rennbericht sind aufschlußreiche Angaben zu lesen (Coppi wird dabei selten erwähnt, aber wenn, dann immer als sehr kampfesfreudig, ausdauernd und stark): „Es mußten fünf Runden zu je 48,8 Kilometer zurückgelegt werden; 109 Fahrer waren am Start; um 11.15 Uhr erfolgte der Startschuß; es war sehr, sehr heiß“, und weiter: „In der ersten Runde machten sich sechs Fahrer aus dem Staub, die aber vom Feld unter Anführung von Fabbri und Pambianco wieder gestellt wurden. Dann versuchte es eine siebenköpfige Gruppe unter der Leitung von Sabbadin, eine frühe Entscheidung herbeizuführen. Auch sie wurden zur Strecke gebracht, wobei sich Coppi zum ersten Mal bei den Verfolgern in Szene setzen konnte.“ In der Folge lösten sich munter Attacken und Gegenangriffe ab. Immerhin begleitete Binda das Rennen und machte sich ständig Notizen.

Es entging ihm nicht, daß der *Campionissimo* in der Schlußrunde zur Stelle war. Hinter dem Tandem Carlo Nicolo -Aldo Moser, das die beiden ersten Plätze unter sich ausmachte, und Giorgio Tinazzi, der 1:40 Minuten später als Solist eintrudelte, rauschte eine Fünfergruppe ins Stadion von Varese, in der sich Coppi den 7. Platz erkämpfte! Damit war er in der laufenden Meisterschaft auf den 8. Rang vorgerückt, die nun folgenden Stand hatte: 1. Defilippis (33 Punkte), 2. Baldini (32 Pkt.), 3. Conterno (29 Pkt.), 4. Tinazzi (23 Pkt.); Moser und Monti (je 22 Pkt.) sowie Coppi, Fantini und Nencini (je 17 Punkte).

Für die Weltmeisterschaft waren acht Plätze offen. Binda bekam Handschweiß und eine schwere Zunge: < *Male amici. Le cose si sono complicate.* > Er hatte nicht unrecht, die Sache war mehr als kompliziert. Vorläufig trug er streng geheim einen Zettel mit sich herum: *Mit Sicherheit Baldini, Defilippis, Moser, Sabbadin und Favero; eventuell Nencini, Pambianco, Albani, Conterno, La Cioppa, Nicolo und...Fausto Coppi.* Aber das waren zwölf und er hatte nur acht freie Plätze. *Ammazzalo* - Verflixt!

Zunächst beschäftigte sich der italienische Stratege mit dem Streckenprofil. Was die französischen Streckenpfadfinder aus der gar nicht so hügelig aussehenden Umgebung der Champagne in der Nähe von Reims herausgeholt hatten, war zwar erstaunlich, kam aber nicht überraschend: Man griff zurück auf den Auto-Rennkurs bei Gueux, der schon 1947 Schauplatz der Radweltmeisterschaften war, inzwischen aber verlängert wurde und einen frischen Asphaltbelag aufwies. Die Berufsfahrer mußten 14 Runden zu je 19,771 km absolvieren. Davon waren nur 4,671 Kilometer flach oder wellig. Dem standen 7 Kilometer Steigungen mit bis zu 12 % und 8,1 km Gefälle gegenüber.

Das war schon eine harte Nuß. Aber vorerst galt es noch eine andere zu knacken: die Mannschaftsaufstellung. Als Binda sie endlich bekanntgab, lagen „Hosianna“ und „kreuzigt ihn!“ wieder einmal dicht beisammen. Alfredo war´s gewohnt: „Die Mannschaft ist die beste“, so Binda „die ich nach den Ergebnissen des *Giro del Ticino* und des *Giro di Romagna* sowie der *Tre Valli Varesine* aufbieten kann.“

Wo aber bitte waren Zorzoli und Nicolo, die Sieger der beiden letztgenannten Rennen? Wo waren Conterno, Tinazzi und Monti, die alle in der laufenden Meisterschaft vor Coppi lagen? In der nunmehr offiziellen Nennung tauchten sie nicht auf. Hier standen schwarz auf weiß: Baldini, Coppi, Defilippis, Favero, Moser, Nencini, Pambianco und Sabbadin.

Der *Campionissimo* hatte es also nochmals geschafft, an die Stätte seiner einstigen Weltmeisterschaftsteilnahme vor elf Jahren zurückzukehren. Nun war er achtunddreißig, aber hatte nicht Bartali mit neununddreißig Jahren noch einmal die italienische Meisterschaft gewonnen? Na also! „Binda wird es nicht bereuen." war Coppis Antwort auf die zudringlichen Fragen der Journalisten.

Am 31. August, dem Tag der ***25. Straßenweltmeisterschaft,*** war der Himmel wolkenverhangen, aber es war nicht kalt. Gerade richtige Bedingungen für die Sprinter im Feld: Vannitsen, Poblet, Darrigade. Aber da waren auch die starken Belgier *Rik I.* und *Rik II.,* Van Steenbergen und Van Looy sowie De Bruyne, Adriaensens, Planckaert und Schils; die Franzosen Anquetil, Louison Bobet, Géminiani, Forestier und Graczyk. Auch der Ire Elliot, Toursieger Charly Gaul, der Brite Robinson waren neben den starken Holländern Piet und Wim Van Est sowie Van Den Borgh ernstzunehmende Kunden. Natürlich hoffte man in Deutschland wieder auf einen Überraschungscoup, ähnlich wie 1952, und hatte dafür Hans Junkermann, Lothar Friedrich, Mathias Löder, Emil Reinecke, Franz Reitz, Reinhold Pommer, Günther Debusmann und den amtierenden Deutschen Meister Klaus Bugdahl in petto.

Das 67 Fahrer starke Feld kurbelte gerade einmal 10 Kilometer, da gab es den ersten Vorstoß einer Fünfergruppe, die aus Robinson, Favero, Hollenstein/SUI, Marigil/ESP und dem Österreicher Maresch bestand. Als Mitte der *2. Runde* diese Spitzengruppe wieder eingefangen war, konnte keiner der rund 200 000 Zuschauer ahnen, daß sich die Vorentscheidung anbahnen würde.

Sie wurde von Voorting, Nencini, Bobet und dem Girosieger Ercole Baldini eröffnet, die an der Steigung von Méry-Prémecy angriffen. Kein anderer Fahrer sollte im Verlauf des Rennens auch nur einmal die frische Luft an der Spitze schnuppern dürfen.

Auf den Tribünen herrschte Ratlosigkeit. Was soll das bedeuten? Von den 276,79 Kilometern des Rennens waren knapp 50 absolviert, und schon lagen vier Favoriten an der Spitze. Obendrein zeigten die Belgier keine Lust zu reagieren, den Ausreißern nachzustiefeln.

Mit 1:40 Minuten Vorsprung ging das Quartett in die *3. Runde*. Im Feld verspürte keiner den Drang, etwas zu tun. Niemand wollte sich freiwillig melden, sich bequemen, die Verfolgung aufzunehmen. Die Holländer, Franzosen und Italiener hatten dazu keinen Grund: ihre Leute lagen vorne. Aber zum Kuckuck, was war mit den Belgiern los? Altmeister Guerra, Van Steenbergens Fabrikchef, gab seinem Topstar noch in der *4. Runde* reelle Chancen. Nach Beendigung der *5. Runde* war auch seine Zuversicht dahin: die Uhren zeigten einen Rückstand von 5:15 Minuten.

Zwar erwachten Van Steenbergen und seine Begleiter allmählich aus ihrem Dornröschenschlaf, spannten sich vor das Feld und kurbelten etwas heftiger. Vorerst jedoch nur mit dem Erfolg, daß Anquetil aus der Hauptgruppe fiel (!) und wenig später in der *6. Runde* aufgab. Der Rückstand betrug nun schon 6:03 Minuten.

Das war äußerst bedenklich. Also legte der flämische Expreß einige Kohlen nach und konnte dadurch den Rückstand bis zur *9. Runde* auf 4:12 Minuten verringern. Die nächsten Opfer dieser schnellen Fahrt waren der Schweizer Hollenstein, Coppis Freund Batiz und die beiden Spanier Escolar und Utset.

Die Belgier taten noch ein weiteres: Planckaert, Van Looy und Aerenhoudts setzten sich vom Feld ab. Im Schlepptau hatten sie Robinson sowie Forestier und Pambianco, die sich natürlich weigerten, Führungsarbeit zu verrichten. Trotzdem schaffte es das flämische Trio, am Ende der Runde bis auf 3:20 Minuten an die Spitze heranzukommen.

Nun witterten Baldini und Nencini Gefahr, und legten ihrerseits einen Zahn zu. Am Ende der *10. Runde* hatten sie wieder ein Guthaben von 4:58 Minuten. Bobet konnte dem Duo folgen, Voorting nicht. Das Tempo ging über seine Kräfte.

Auch den Verfolgern ging die Puste aus. Vor allem die ständigen Störversuche von Pambianco und Forestier gingen Van Looy so auf die Nerven, daß er das Unternehmen abbrach. Bald war das Hauptfeld zur Stelle, das auch kurze Zeit später Voorting wieder in seine Mitte nahm.

Die *11. Runde* wurde in Angriff genommen und Bobet geriet in Gefahr, von Baldini und Nencini abgehängt zu werden, die ihn ständig in die Zange nahmen und abwechselnd attackierten. Noch konnte der Franzose dagegen halten. Der Ofen war aber inzwischen für den Deutschen Debusmann aus (zwei Reifenschäden), der Pommer und Reinecke unter die Dusche folgte, die bereits in der 8. bzw. 9. Runde die Segel gestrichen hatten.

Rund 60 km vor Schluß hatte Baldini erreicht, was er wollte. Bobet vermochte seinen wiederholten Angriffen kein Paroli mehr zu bieten. Nencini war schon zuvor abgefallen, nun passierte es dem 33-jährigen Louison. Am Ende der *12. Runde* wurden für Baldini, der nun ein Rennen gegen die Uhr fuhr, 1:13 Minuten Vorsprung auf Bobet gestoppt. Der Italiener hatte es fertiggebracht, mit 30:46 Minuten und einem Stundenmittel von 38,557 km/std die schnellste Runde auf dem Kurs zurückzulegen.[Die Amateure hatten am Tag zuvor mit 30:50 Minuten die schnellste Rundenzeit erzielt. Hier siegte übrigens einer der Großen im deutschen Radsport: Gustav-Adolf Schur aus Heyrothsberge bei Magdeburg (Straßenweltmeister 1958 und 1959; DDR-Meister 1954, 57, 58, 59, 60 und 61; Sieger der DDR-Rundfahrt 1953, 54, 59 und 61 sowie Sieger der Friedensfahrt 1955 und 1959)]

Bobet kämpfte verzweifelt. Seine Landsleute feuerten ihn stürmisch an; umsonst. In der *13. Runde* wurde für ihn ein Rückstand von 1:44 Minuten gemessen, dann folgten Darrigade und Elliot (3:49 Minuten zurück). Favero, Huot, Forestier, Van Looy - und zur freudigen Überraschung der deutschen Schlachtenbummler *Hennes* Junkermann - lagen mit 4:44 Minuten zurück. Dann folgten mit 5:18 Minuten Rückstand 16 Fahrer, unter ihnen Coppi, Géminiani und Bugdahl.

So ging es in die letzte Runde. Nun gab sich auch Van Looy geschlagen und stieg aus (Van Steenbergen hatte das bereits vorher getan).

Baldini passierte nach 7:29:32 std (36,945 km/std) als überlegener Sieger die Ziellinie. Bobet verteidigte mit 2:09 min Rückstand seinen zweiten Platz. Erwartungsgemäß schlug Darrigade nach 3:47 min seine Begleiter im Spurt und sicherte sich damit den 3. Platz; 4. Favero, 5. Forestier, 6. Huot und 7. Junkermann. Nach 4:25 min kam Van Den Borgh ins Ziel. Dann trafen als 9. Aerenhoudts (erster Belgier!) und als 10. Bugdahl ein (4:40 min).

Nach 4:45 Minuten kam eine elfköpfige Gruppe. Poblet war der schnellste und sicherte sich Platz elf. Coppi kam auf Rang siebzehn. Es war seine letzte Weltmeisterschaft.

Betrachten wir an dieser Stelle auch die Gesamtbilanz Coppis bei den Radweltmeisterschaften im Einerstraßenfahren:

1940	**´46**	**´47**	**´48**	**´49**	**´50**	**´51**	**´52**	**´53**	**´54**	**´55**	**´56**	**´57**	**1958**
-	0	0	0	3.	-	-	-	**1.**	6.	0	15.	-	17.

0 = *aufgegeben* - = *nicht teilgenommen*

[Das Ergebnis ist nicht überwältigend. Aber wir kennen inzwischen die Gründe. Besonders die Nichtteilnahme während der besten Jahre des Campionissimo -1950 Beckenbruch beim Giro, 1951 fiebrige Erkrankung, 1952 Sturz kurz vor der WM in Perpignan - lassen den Schluß zu: Hätte Fausto Coppi in dieser Zeit etwas mehr Glück gehabt, könnte die Sache auch anders aussehen.]

Am 7. September wurde ohne ihn der vorletzte Lauf zur Italienischen Straßenmeisterschaft ausgetragen. Bei diesem ***Giro del Veneto*** mußte der frischgebackene Straßenweltmeister Baldini erkennen, daß auch seine Bäume nicht in den Himmel wuchsen. Nach 267 Kilometern hatte nämlich Adriano Zamboni die Nase vorn und Baldini mit 6:12 Minuten Rückstand das Nachsehen. Aber trotz seinem siebten Platz bei dieser Rundfahrt konnte er mit 41 Punkten den Spitzenplatz in der Meisterschaft behaupten und dem abschließenden ***G.P. Commercio*** in Prato beruhigt entgegensehen: es war ein Zeitfahren über 100 Kilometer!

Coppi feierte im kleinen Kreis seinen 39. Geburtstag. Dabei wurde auch über den Rücktritt von Alfredo Binda als technischer Kommissar des italienischen Radsportverbandes gesprochen. In Fachkreisen diskutierte man bereits heftig über einen Nachfolger. Gino Bartali hatte dankend abgewunken.

Er möchte auf die *drei Millionen Lire* (rund 20 000 Mark), die er monatlich als Rennleiter bei SAN PELLEGRINO verdient, ungern verzichten. Fausto Coppi meinte dagegen: „Ich glaube zwar noch nicht so recht an Bindas Rücktritt, aber wenn es einmal so weit ist, dann werde ich für den Posten kandidieren." Die Aufgabe des *Campionissimo* wäre dann auch, die italienische Mannschaft für die *Tour de France,* den *Giro d'Italia* und die *Weltmeisterschaft* zu nominieren und zu betreuen. Ein Wirkungskreis, für den er wie geschaffen war. Hatte er doch alle diese Rennen mindestens einmal als Sieger beendet.

Mitte September kam Coppi nach Deutschland. Dort wurde ein Rundstreckenrennen in Bielefeld, das am Sonntag, den 21. September, stattfand, zu einem überragenden Publikumserfolg. 2500 Zuschauer umsäumten den schwierigen, 1,5 Kilometer langen Bergkurs in der Innenstadt. Held bei diesem ***Seidensticker-Toplin-Preis*** über 90 km war ohne Zweifel der Krefelder *Hennes* Junkermann, aber das Hauptinteresse konzentrierte sich auf Fausto Coppi. Der *Campionissimo* lieferte auch ein großes Rennen, wurde jedoch von Junkermann glatt ausgestochen, der an diesem Tag unwahrscheinlich fuhr.

Vom Start weg übernahm *Hennes* die Spitze, sicherte sich die erste Prämie und machte sich zur Überrundung des Feldes auf. Nach der Hälfte der Strecke lag er alleine mit Rundenvorsprung an der Spitze. In der 37. Runde (nach 55 Kilometer) verlor Coppi durch einen Hinterraddefekt wertvolle Zeit. Er mußte auf das Rad seines argentinischen Freundes Batiz umsteigen, der das Rennen aufgab, und verlor dadurch zwei Runden. Der *Campionissimo* kam natürlich für den Sieg nicht mehr in Frage, setzte sich aber nochmals groß in Szene: Die Reihen hatten sich schon erheblich gelichtet, als der junge Holländer Peter Post (später mit 65 Siegen einer der erfolgreichsten Sechstagefahrer) angelockt durch die 200 Mark Prämie für eine weitere Überrundung, sein Heil in der Flucht suchte. Nun war es Coppi, der zusammen mit Junkermann die Verfolgung aufnahm, und die Schlußphase des Rennens zu einer einzigen Jagd machte. Als vier Runden vor Schluß der Ausreißer eingefangen war, stand der Endsieg von Junkermann nach 2:38:40 std fest.

Die Lautsprecheransagen waren nicht immer klar gewesen. Das zeigte sich auch am Ende der Veranstaltung, als das Publikum, noch ganz im Banne der Leistung von Coppi, stürmisch eine Ehrenrunde für dessen vermeintlichen 2. Platz forderte. Man hatte vollkommen übersehen, daß der dem Holländer Post zustand, und Coppi mit drei Runden Rückstand auf dem neunten Rang ankam. Doch die Ehrenrunde hatte sich der Italiener auch ohne diesen Schönheitsfehler verdient und er absolvierte sie unter großem Beifall der Zuschauer.

Am 23. September machte der 22-jährige französische Verfolgungsweltmeister Roger Rivière in Mailand sein Versprechen wahr, den eigenen Stundenweltrekord aus dem Jahre 1957 zu verbessern. Einen Tag vor seinem Rekordversuch trainierte der Franzose vormittags noch 50 Runden auf der Vigorelli-Bahn, nachmittags 40 Kilometer auf der Straße. Mit dieser Methode hatte er sich schon in den Wochen zuvor eine tolle Form erarbeitet.

Um 18.05 Uhr ging Rivière im gutbesuchten Mailänder Velodrom an den Start. Er benutzte ein 6,7 Kg schweres Rad, hatte Kurbeln mit einer Länge von 17,5 cm montiert und eine Übersetzung von 53 x 15 aufgelegt (7,54 Meter pro Kurbelumdrehung). Schon in der dritten Runde gab es einen gewaltigen Knall. Einer der mit Helium Gas gefüllten Reifen war geplatzt, der Versuch mußte unterbrochen werden. Nach einem neuen Start ging Rivière die Fahrt mit einem Tempo an, das man bis dato in das Reich der Fabeln verwiesen hätte. 5 Kilometer - also die klassische Distanz für die Einer-Verfolgungsrennen - legte er in 6:24 Minuten zurück, einer Zeit, die nur Spezialisten eben über diese Strecke fahren konnten (z.B. benötigte Gerrit Schulte bei seinem WM-Erfolg 1948 in Amsterdam über Coppi noch 6:24,9 Minuten; Guido Messina 1955 in Mailand gegen den Schweizer René Strehler 6:25,8 Minuten, und Rivière 1957 in Rocourt gegen Albert Bouvet noch 6:21,3 Minuten). Und das immerhin bei Finalläufen um die Weltmeisterschaft und über die absehbare Distanz von etwa 15 bis 18 Runden (je nach Bahnlänge, um die 5000 Meter zu erreichen). Nun rauschte dieser Junge - Baldini nannte ihn *l´insuperabile* -(den Unübertrefflichen) - in diesem Tempo über die Holzlatten der ehrwürdigen Vigorelli-Bahn, obwohl an die 119 Runden zu fahren waren. Das konnte doch nicht gutgehen.

Aber man unterschätzte Rivière. Den 10 km Rekord (bisher 12:21,8 min) unterbot er um 10 Sekunden; den 20 km Rekord (25:15,0 min) um 24,4 Sekunden. Alles schien in Butter, da knallte es in der 97 Runde erneut! Reifenschaden!!

Nun gab es kein Zurück. Pinella De Grandi, Coppis sagenumwobener Mechaniker war sofort zur Stelle, in 21 Sekunden der Schaden behoben und Rivière aus dem Stand wieder ins Rennen geschickt. Aber durch den Zeitverlust waren rund 270 Meter im Eimer. Noch blieben dem Franzosen etwa 12 Minuten, den Schaden wieder wettzumachen.

Rivière schaffte es. Nach genau einer Stunde hatte er 119 Runden und 59,86 Meter = 46,923 Kilometer zurückgelegt. *423 Meter* mehr als vor einem Jahr; *955 Meter* mehr als Baldini (1957) und *1197 Meter* mehr als Anquetil (1956). Bis dahin ist der Vergleich statthaft. Bei Coppi hinkt er (wir kennen die Gründe: Fausto ging einfach unter anderen Bedingungen an den Start. Aber immerhin waren es bei ihm *1548 Meter* bzw. fast vier Runden). Nun meldete sich auch Guerra zu Wort: *< Rivière, l´uomo nato per corre in bicicletta nell´epoca dei cinquanta orari. >* Auf deutsch: „Der Junge ist geboren, fünfzig Kilometer in der Stunde zu fahren." Der Weltmeister von 1931 und fünffache Italienische Meister, in seiner Glanzzeit die „menschliche Lokomotive" genannt, hätte vermutlich recht behalten, wenn nicht...Doch davon später.

An Guerra, Binda, Bartali und Coppi erinnerte indessen der 4. Lauf zur Italienischen Straßenmeisterschaft in Prato. Baldini hatte in drei Jahren fast alles erreicht, was erreichbar war: Olympiasieg, Stundenrekord, Giro-Sieg und Straßenweltmeisterschaft sowie den Titel des Italienischen Meisters. Nun war er drauf und dran, die letztgenannte Meisterschaft zum zweiten Mal zu erringen.

Es war vorauszusehen. Keiner konnte Baldini daran hindern, am 28. September den ***G.P. Commercio***, ein Einzelzeitfahren über 100 Kilometer, in 2:17:04 std zu gewinnen (43,774 km/std) und mit 61 Punkten den Meistertitel einzuheimsen. Das eigentliche Phänomen aber war Coppi. Hinter Moser und Defilippis belegte der alte Champion mit jugendlichem Ungestüm, einer blendenden Technik und einem unerschütterlichen Willen einen sensationellen vierten Platz (8:38 Minuten zurück). Die Zeitdifferenz auf den Sieger, Ercole Baldini, scheint gewaltig zu sein. Coppi hatte jedoch die gesamte italienische Elite geschlagen und sich nur einem grandiosen Meister und zwei weiteren (jugendlichen) Ausnahmekönnern beugen müssen. In der Meisterschaft belegte er hinter Baldini, Defilippis (2.), Moser (3.), Sabbadin und Zamboni (4.) zusammen mit Tinazzi den 6. Platz (30 Punkte) und ließ auch hier die anderen alt aussehen.

Am 6. Oktober holte sich der *Campionissimo* den Sieg beim ***Circuito di Calvisano***, einem Rundstreckenrennen etwa 25 Kilometer südlich von Brescia. Wenig Tatendrang zeigte Fausto Coppi dagegen beim ***Giro dell ´Emilia***. Nach 225 Kilometer trudelte er gemeinsam mit Ercole Baldini hinter dem Sieger Ronchini, aber auch hinter dem Hauptfeld, auf der breiten Bahn im *Stadio Comunale* in Bologna ein. Offensichtlich hatten die beiden mehr Spaß an den Ovationen der Zuschauer, als an einer guten Plazierung.

Der Herbst zog wieder einmal ins Land und mit ihm kam die Zeit für den ***Giro di Lombardia***. Das Rennen über 243 Kilometer wurde bei herrlichem Wetter von Nino Defilippis dominiert, der die alte Regel bestätigte: *Primo al Ghisallo, primo a Milano.* Er kam als erster an der Kapelle der *Madonna di Ghisallo* vorbei und traf als Erster nach 6:07:12 std in Mailand ein. Dort fertigte er überraschend den schnellen Spanier Poblet im Spurt ab und ließ so starke Fahrer wie Schils, Baldini und Conterno glatt hinter sich. Coppi war nicht am Start erschienen.

Die Lombardei-Rundfahrt war auch der letzte Wettbewerb für die Jahreswertung *Challenge Desgrange-Colombo,* die der Belgier Fred De Bruyne zum dritten Mal gewinnen konnte.

Der *Campionissimo* mußte sich bescheidener geben. Ein dritter Platz beim *Circuito di Valeggio*, zwei vierte Plätze beim *Circuito di Vigevano* und *Circuito di Trieste* waren neben Plazierungen bei den *circuiti*, den Rundstreckenrennen, in Cirie (5. Platz) und Callechio (ebenfalls 5. Platz) die nennenswerten Erfolge Coppis.

Seine jüngeren Kollegen hätten ihm gerne noch den einen oder anderen Erfolg gegönnt, aber fast immer kam etwas dazwischen. Einmal ließen sie ihn bei *Paris-Nizza* unbehelligt ziehen: einige hundert Meter vor dem Ziel hatte er Reifenschaden! Man erinnerte sich bei diesen Gesten an frühere Zeiten. Da kam es schon einmal vor, daß während der *Tour de France* ein unbedeutender

Fahrer zu Coppi kam und ihm umständlich erklärte, man käme morgen in seine Heimatstadt und ob Coppi da nicht...und so weiter. Der *Campionissimo* überlegte meist nicht zweimal. Er brachte bei solchen Anlässen Freund und Feind mit Angriffen und Gegenattacken so durcheinander, daß sich am Ende keiner mehr auskannte. Dann schickte er den Bittsteller auf die Reise...

Der konnte dann am Ziel, als umjubelter Etappensieger, meist nur noch stammeln: < *Merci bien a Fósto!* > Und das vor laufenden Kameras, in offene Mikrofone. Ganz Frankreich wußte wieder einmal Bescheid: < *Merci Fósto!* >

So ist zum Beispiel ein Fall aus dem Jahre 1952 bekannt geworden. Während der 20. Etappe der *Tour de France* fuhr Coppi neben den Franzosen Jacques Vivier, der schon öfters vergeblich attackiert hatte und rief ihm zu: „Du fährst gut, aber warte, bis ich dir ein Zeichen gebe." Zehn Kilometer vor dem Ziel gab er Vivier einen mächtigen Schubs: < *Via e vinci!* > „Hau ab und gewinne!" Es wurde der schönste Sieg für den Franzosen, der die Rundfahrt am Schluß als 49. mit 3:15:21 std Rückstand auf Coppi beendete.

Neben Coppi wurde es auch um eine anderen Großen im Radsport still: Hugo Koblet. Der Schweizer beendete seine Karriere und versuchte, sich in Venezuela ein neues Berufsleben als Autovertreter für *Alfa Romeo* aufzubauen. Das Experiment mißlang, Koblet kehrte 1961 zurück in die Schweiz. Auch weitere Ansätze, im Berufsleben Fuß zu fassen, waren in der Regel von kurzer Dauer und endeten wenig erfolgreich. Zeitweilig war er Schweizer Nationaltrainer, Rundfunkreporter und schließlich Mitarbeiter bei einem Mineralöl-Konzern. Am 2. November 1964 raste er mit seinem Wagen bei Egg - unweit von Zürich - gegen einen Baum. Vier Tage später starb er an den Folgen des Unfalls. Man ist sich einig: *Le pédaleur de charme,* der blonde Hugo, hatte sich das Leben genommen. Behalten wir Koblet als Radchampion in Erinnerung: 296 Siege *(davon 100 bei Straßenrennen);* 145 zweite Plätze *(52)* und 91 dritte Plätze *(45).* 1950 Girosieger, 1951 Sieger der *Tour de France* und 1955 Schweizer Meister waren die Höhepunkte in seiner zwölfjährigen Profilaufbahn.

Im aktuellen Renngeschehen zeigten die Franzosen Rivière, Darrigade und Gaignard ihre Überlegenheit im Kampf gegen Italiens Vertreter Coppi-Ogna-Faggin auf der Bahn von St-Etienne. Rivière gewann das Zeitfahren (992 m in 1:04,6 min) gegen Ogna (1:04,1 min), Gaignard (1:06,1 min), Darrigade (1:06,3 min), Fausto Coppi (1:08,2 min) und Faggin (1:09,2 min). Im Sprint drehten die Italiener den Spieß um, denn hier siegte Ogna gegen Gaignard. Im Mannschafts-Verfolgungsfahren waren wieder die Franzosen Rivière-Darrigade tonangebend, die Coppi-Faggin nach 1,450 km einholten. Im Australischen-Verfolgungsrennen holten Rivière-Darrigade-Gaignard ihre Gegner Coppi-Ogna-Faggin nach 4,900 km ein, und das Einzelpunktefahren sah Rivière (21 Punkte) vor Coppi (14 Pkt.), Faggin (7 Pkt.), Ogna (5 Pkt.), Gaignard (4 Pkt.) und Darrigade (3 Pkt.) in Front. Damit lautete der Endstand: 1. Frankreich (3 Punkte), 2. Italien (2 Punkte).

Ähnlich erging es den *azzurri* in Paris. Über 12 000 Zuschauer erlebten dort, wie Frankreich über Italien siegte. Im einem Omnium schlugen die französischen Straßenfahrer Rivière, Anquetil, Darrigade und Gauthier ihre italienischen Kollegen Coppi, Baldini, Defilippis und Favero mit 3:0 Siegen. Bei den Sprintern sicherten sich die Franzosen Rousseau, Gaignard, Bellenger und Gerard mit 5:4 Siegen den besseren Abgang gegen Maspes, Sacchi, Morettini und Ghella, und abschließend erwies sich Darrigade in einem 15-km-Einzelfahren Baldini überlegen. Die Italiener verbuchten ihre Siege durch Faggin, der in der Einerverfolgung Bouvet nach 3,6 km zur Strecke brachte, und durch Pizzali, der in zwei Steherläufen Godeau abfertigen konnte. Auf jeden Fall erlebte der abbruchreife Pariser Sportpalast, das *Vel d'Hiv*, wieder einen dieser unvergeßlichen Renntage, wie sie nur zu dieser Zeit möglich waren.

Mit der ***Trofeo Baracchi*** wurde auch in diesem Jahr offiziell die Straßensaison beendet. Coppi war nicht am Start, bekam aber sehr schnell mit, daß das Duo Baldini-Moser die 110 km lange Strecke in der Rekordzeit von 2:20:41 std (46,914 km/std) durchrast hatten, und damit seinen Rekord -1957 fuhr er mit Baldini 46,568 km/std - brechen konnten.

Coppi startete dagegen zusammen mit dem Luxemburger Gillen und dem Argentinier Batiz beim Pariser Sechstagerennen, das diesmal für Dreiermannschaften ausgeschrieben war. Bereits nach zwei Stunden ereignete sich ein folgenschwere Sturz, bei dem Coppi ausnahmsweise einmal nicht beteiligt war. Es erwischte Frankreichs Star Roger Rivière!

Anquetil, Terruzzi und Rivière waren zusammengeprallt und flogen von ihren Rennrädern. Terruzzi konnte sich sofort wieder erheben, er blieb unverletzt. Anquetil hielt sich den Arm fest, er hatte Gelenkverletzungen. Einer blieb liegen: Rivière. Er schrie vor Schmerz, als Pfleger und Sanitäter versuchten, ihn aufzuheben. Auf einer Trage wurde er in den Sanitätsraum gebracht. Nach einer kurzen Untersuchung veranlaßten die Ärzte sofort eine Überführung ins Krankenhaus. Die Situation war zu ernst.

Sie behielten recht. Röntgenaufnahmen zeigten einen komplizierten Beckenbruch. Als die Zuschauer im *Vel d'Hiv* die Nachricht erfuhren, war fürs erste die Stimmung dahin. Man wagte es nicht zu sagen, aber die Gefahr bestand, daß der erst 22-jährige Verfolgungsweltmeister und Stundenrekord-Inhaber unter Umständen seine Laufbahn beenden mußte.

[Er konnte seine Karriere fortsetzen, wurde dann aber 1960 doch vom Rennfahrerschicksal schwer getroffen. Während der *Tour de France* stürzte er auf der 14. Etappe *Millau-Avignon* bei der Abfahrt vom Perjuret 20 Meter tief in eine Schlucht. Man fand ihn bewußtlos mit einem Wibelsäulenbruch und Verletzungen des Rückenmarks. Rivière war querschnittgelähmt und damit seine sportliche Laufbahn beendet.

Später besserte sich sein Zustand, er konnte wieder gehen, aber seine Zukunft war zerstört. Alle Unternehmen mißglückten: ein Café in Saint-

Etienne, eine Garage in Veauche, ein Ferienpark in Loriol waren Fehlversuche. Rivière bekam Kontakt zu Drogen. Lange genug hatte man ihn während seiner Krankheit mit Morphium vollgestopft. Schließlich verstarb er, nur vierzig Jahre alt, am 1. April 1976 im Pariser Krankenhaus *St-Antoine*.]

Das Sechstage-Karussell auf der Pariser Winterbahn drehte sich ohne Rivière weiter. Nach dem ersten Tag führten Plattner - Van Daele - Bellenger, am zweiten Tag Anquetil-Darrigade-Terruzzi, am dritten Roth - von Büren - Pfenninger. Letztendlich gewannen Anquetil-Darrigade-Terruzzi das Rennen mit 397 Punkten vor Carrara-Senfftleben-Rossi (368), Brun-Forlini-Forestier (342), Roth - von Büren - Pfenninger (325) und Poblet-Bover-Timoner. Coppi-Batiz-Gillen kamen auf Rang sechs.

Damit war für Fausto Coppi die Saison gelaufen. Er konnte als 39-jähriger eine relativ gute Bilanz ziehen: Rang 95 in der Weltrangliste der Berufsfahrer mit folgenden - zum Teil bereits im Text erwähnten - Plazierungen:

3 Siege:	***Circuito di Aosta*** ***Circuito di Calvisano*** ***Critérium Versailles*** (mit Batiz)
4 zweite Plätze:	*Circuito di Mantua* *Circuito di Capri* *Critérium de Annecy* *G.P. Cademotori*
2 dritte Plätze:	*Circuito di Lecco* *Circuito di Valeggio*
3 vierte Plätze:	*Circuito di Vigevano* *Circuito di Trieste* *G.P. Commercio/Prato*
3 fünfte Plätze:	*Circuito di San Daniele Po* *Circuito di Cirie* *Circuito di Callechio*

Immerhin genug, daß der italienische Radsportverband den *Campionissimo* weiterhin in der Klasse der Eliteprofis führte und ihm BIANCHI für 1959 erneut einen Vertrag anbot!

1959
Geht nun auch Coppis sportliche Laufbahn zu Ende?

Bartali, Koblet, Magni, Kübler - um nur einige der damaligen großen „Alten" des Radsports zu nennen - hatten ihre Laufbahn beendet und sich ins Privatleben zurückgezogen. Freilich konnten sie auch dort nicht ganz auf das verzichten, was jahrzehntelang den Hauptinhalt ihres Lebens ausgemacht hatte. Bartali betätigte sich als Rennleiter, Journalist und Fernsehkommentator und fehlte bei keinem großen Rennen. Koblet blieb auch in seiner neuen Heimat Venezuela, später wieder in der Schweiz, bis zu seinem Tod dem Radsport verbunden. Magni mischte bei CHLORODONT mit und Kübler war sowieso überall zur Stelle, wo Rad gefahren wurde.

Nun wäre es an der Zeit gewesen, daß auch Italiens unübertroffener *Campionissimo,* Fausto Coppi, Abschied nimmt. Wie es der „größte Pechvogel" der Landstraße, so genannt ob seiner Verletzungen und dadurch bedingten Rennpausen, bisher immer wieder geschafft hatte, jedesmal von neuem in den Sattel zu steigen, seinen Motor wieder anzukurbeln und langsam aber sicher wieder auf volle Touren zu kommen, erweckte bei Freund und Feind Bewunderung. Einen Coppi, der vorzeitig aufgesteckt hätte, gab es so gut wie nicht. Aber inzwischen heilten zwar die Verletzungen aus, aber Fausto konnte nichts mehr zusetzen. Eine Enttäuschung folgte der anderen. „Ich kann nicht leugnen, daß ich 1958 mit einigen Erwartungen in den Giro d´Italia und auf den Weltmeisterschaftskurs gegangen war", erklärte Coppi, „aber plötzlich klappt es nicht mehr so wie früher. Ich kenne den Grund und gebe kein Geheimnis preis, wenn ich ihn beim Namen nenne: Ich bin jetzt neununddreißig, und da hört ein vernünftiger Mann eben auf, Radrennen zu fahren. Man wird mich im nächsten Jahr nicht mehr als aktiven Teilnehmer an Straßenrennen sehen. Der Nachwuchs hat mich eingeholt, ich räume ihm das Feld."

Aber vorerst war sein Enthusiasmus noch intakt. Nach einigen Bahnrennen - u.a. einem Omnium im *Palazzo dello Sport* in Mailand mit Terruzzi als Partner - begann Coppis letzte Straßensaison diesmal in Spanien. Am 5. März beendete er in Consuegra, etwa 60 Kilometer südwestlich von Toledo, ein Rundstreckenrennen als Sieger. Ein guter Auftakt für die *Vuelta a Levante*?

Bestimmt. Fausto verfügte mittlerweile über einen eigenen Rennstall (er hatte sich wieder einmal von BIANCHI getrennt und war mit der Kosmetikfirma TRICOFILINA, die sich auf die Herstellung von Brillantine spezialisiert hatte, ein Bündnis eingegangen. Die Rede war von *15 Millionen Lire* - rund 100 000 Mark -, die bei dieser Gelegenheit den Besitzer gewechselt hätten. Für einen alternden Star damals ein beachtenswertes Jahressalär.

Die neue Formation TRICOFILINA-COPPI, ausgerüstet mit Rädern aus Coppis eigener Fertigung, konnte sich auf so bewährte Leute wie Faustos ehemaligen Edeldomestiken Ettore Milano, den der *Campionissimo* zum sportlichen Leiter ernannte, und seinen treuen Masseur Cavanna verlassen. Als Teamgefährten und Helfer bei den Rennen standen Coppi neben seinen Landsleuten Guido Boni, Colombo Cassano, Angelo Coletto, Riccardo Filippi, Cesare Girardini, Michele Gismondi, Gino Guerrini, Addo Kazianka, Silvano Lunardi, Giuliano Michelon und Ezio Salza, noch der Belgier Van Vaeremberg sowie der Spanier Bahamontes zur Seite. Der Franzose Hassenforder, der Argentinier Batiz und die beiden Spanier Berrendero und San Emeterio, die ebenfalls auf der Gehaltsliste von Coppi standen , warteten auf Abruf zu ihrem Einsatz bei einigen Rennen. Eine ganz schöne Armada.

Sie hatte Erfolg. Coppi-Gismondi-Bahamontes starteten am 8. März bei der ***Vuelta a Levante*** und gewannen die 1. Etappe in *Santa Barbera*, ein Mannschaftszeitfahren über 10,7 km, in 43:48 min vor FAEMA. Zumindest galt das italienisch-spanische Dreigestirn kurze Zeit als Sieger. Doch dann bemerkte die Jury einen Fehler der Zeitmessung und stufte die *squadra* von TRICOFILINA-COPPI mit vier Sekunden Rückstand auf den zweiten Platz hinter FAEMA ein.

Schon am darauffolgenden Tag genügte bei der 2. Etappe *Denia-Alcoy* nach 22 Kilometern in der Nähe von Sueca ein Baustellenabschnitt und Coppi hatte auf dem groben Schotter seinen obligatorischen Sturz. Er quetschte sich die Schulter und verletzte sich an der linken Hand. Im Grunde genommen keine große Affäre für einen Menschen wie Coppi, der das Sturzpech scheinbar gepachtet hatte. Aber die Rundfahrt war für ihn zu Ende; er mußte das Rennen aufgeben.

Zurück in Italien widmete er sich vorerst Giulia und seinem Sohn Faustino, der sich immer mehr zu einem prächtigen Kerlchen entwickelte. Coppis Ruhe hielt nicht lange an. Mailand - San Remo stand ja auf dem Programm und verbissen begann er wieder zu trainieren. So auch am Vormittag des 14. März. Hinter dem Derny von Ettore Milano brauste er durch die heimatliche Gegend, durch seine Provinz Alessandria, wo er jede Straße, jede Kurve, ja fast jeden Stein auf dem Asphalt kannte.

Den Traktor, der bei Spinetta Marengo langsam aus einer Scheune auf die Straße kam, konnte er nicht kennen. Auch Ettore Milano war überrascht, kam gerade noch links vorbei und hörte es schon hinter sich krachen. Fausto war in das Hindernis gerast.

Mit Blaulicht ging es nach Alessandria ins Krankenhaus. Hier war Coppi kein Unbekannter. Radiologie, Orthopädie und Chirurgie schienen auf ihn nur gewartet zu haben. Wieder hatte er sich (Gott sei Dank „nur“) die Hand angebrochen und einige Verletzungen im Gesicht davongetragen. Viel schlimmer war der Zwangsaufenthalt zur Beobachtung im Krankenhaus und danach das Herumliegen zu Hause. Coppi konnte auch keine Zeitung aufschlagen, in der nicht zumindest ein häßliche Artikel über ihn zu lesen war; verfaßt vom Klerus oder weltlichen Journalisten (vermutlich alles Bartali-Anhänger - von Geburt an oder später dazu geworden...)

Es war der letzte Sturz des *Campionissimo*. Lassen wir an dieser Stelle die anderen „Fälle“ noch einmal Revue passieren:

1939:	Coppi stürzt in Castellania; Bruch des Schienbeins.
25. Juni 1942:	Sturz auf der Vigorelli-Bahn; Bruch des rechten Schlüsselbeins.
2. Juni 1950:	Sturz beim Giro d´Italia; Beckenbruch und Hüftquetschungen.
11. März 1951:	Sturz bei der Einfahrt ins Motovelodrom von Turin; Bruch des rechten Schlüsselbeins.
6. August 1952:	Sturz auf der Rennbahn von Perpignan; Bruch des Schulterblatts.
1. September 1953:	Sturz in Monza; keine ernsthaften Verletzungen
7. Juli 1954:	Trainingsunfall durch einen auf die Straße gefallenen LKW-Reifen; Schädelbruch, Verletzungen am linken Knie.
22. August 1954:	Sturz bei der Weltmeisterschaft in Solingen; Blutgeschwulst an der linken Schulter und Verstauchung der Wirbelsäule.
Frühjahr 1956:	Typhus mit schwerem Rückfall.
23. Mai 1956:	Sturz in Gaibana/Ferrara; schwere Verletzung der Wirbelsäule, die das Tragen eines Stahlkorsetts verlangt.
1. März 1957:	Sturz bei einem Rundstreckenrennen in Sassari; Bruch des linken Oberschenkels.
9. März 1959:	Sturz bei der Vuelta a Levante; Schulterquetschung.
14. März 1959:	Zusammenstoß mit einem Traktor; Quetschungen am ganzen Körper, Rißwunden an der Kopfhaut, Schock.

Viele dieser Unfälle führten zu langen Rennpausen. Zugegeben, Coppi hatte mehr Stürze als die anderen. Fausto hierzu: < *É vero che cado piu degli altri. Ma é perché corro piu di tutti.* > - Das stimmt, aber er fuhr auch mehr Rennen als die meisten seiner Gegner.

Der Spanier Poblet hatte inzwischen ***Milano-Sanremo*** gewonnen, Coppi hingegen mußte sich allmählich ernsthaft mit dem Gedanken an seinen Rücktritt vom aktiven Rennsport beschäftigen. In kleiner Runde resümierte er zuweilen: „Der Nachwuchs überflügelt mich, ich werde ihm Platz machen." Aber Coppi machte sich auch Gedanken über diesen Nachwuchs: „Viele unserer jungen Talente scheitern heute daran, daß sie als Amateure um jeden Preis möglichst viele Rennen gewinnen wollen. Dabei sind sie sportlich in der Mehrzahl unterentwickelt. Sie wissen nicht, wie man ein Rennen einteilt, wie man die Gegner kontrolliert, was man während des Rennens ißt und trinkt, wie man mit minimalem Aufwand maximale Klettererfolge erzielt. Es fehlt ihnen oft an den elementarsten Voraussetzungen. Ohne dieses Wissen um das Wo, Wann und Wie kann es ein Fahrer aber nie zu außergewöhnlichen Leistungen bringen. Es ist daher heute vielfach leider so, daß Amateure, sobald sie nach einigen teuer bezahlten Siegen ins Profilager wechseln, ihre neue Karriere in ausgebranntem Zustand beginnen und keine Steigerung mehr erreichen. An dieser Misere sind nicht alleine die Aktiven schuld. Es fehlt an Betreuern, die bereit sind, sich der viel zu rasch und daher ungesund wachsenden Talente mit dem nötigen Verantwortungsbewußtsein anzunehmen." Man glaubte dem *Campionissimo* aufs Wort. Besonders Rino Negri, ein exzellenter Sportreporter und begnadeter Journalist, der zu Coppis engsten Freunden zählte und der viele Gespräche mit Fausto 1971 in einer kleinen Broschüre - *Parla Coppi* - veröffentlichte.

Coppi wollte auf jeden Fall noch die laufende Saison und den kommenden Winter abwarten, und die alte Rennfahrerweisheit befolgen, die da lautet: „Es wird sehr darauf ankommen, was du im Winter tust. Über den Erfolg oder Mißerfolg eines Sommers wird bereits im Winter davor entschieden!"

Vorerst war Frühling und der gesundheitlich wieder hergestellte Coppi präsentierte sich am 5. April erstaunlich frisch am Start zum ***Giro della Campania***, einem der vier Qualifikationsrennen zur Teilnahme an der italienischen Straßenmeisterschaft, die am 27. September mit 50 Startern in einem Lauf ausgetragen werden sollte.

Fausto stand das schwere Rennen nicht durch; er gab am Fuße des Agerola-Passes auf. Übrigens in prominenter Gesellschaft, denn auch Straßenweltmeister Ercole Baldini strich die Segel und ersparte sich den 707 Meter hohen, schwierigen Anstieg.

Coppi war in Gedanken vielleicht schon beim Klassiker ***Paris-Roubaix*** und wollte sich schonen. Leider umsonst. Denn am 12. April fand er sich nach schweren 262,5 Kilometern mit 7:39 Minuten Rückstand auf dem 44. Rang wieder.

Diese „belgische Meisterschaft“ auf französischem Boden - unter den ersten elf Plazierten waren zehn Belgier! - gewann der 27-jährige Noel Forê, ein Flame aus dem berühmten Rennstall GROENE LEEUW („Grüne Löwen“). Er besiegte im Spurt seinen Landsmann Gilbert Desmet. Coppi blieb zum einen der Trost, daß er das Rennen durchgefahren war, und zum anderen, daß er so bekannten Fahrern wie Rivière (48. Platz), Darrigade (58.), Nencini (59.) und Anglade (65.) das Nachsehen gegeben hatte.

So stand es in der *Gazzetta dello Sport* schwarz auf Rosa. Coppi konnte aber auch lesen, daß er seit 1955 kein Klassisches Rennen mehr gewonnen hatte und nach Ansicht der Redaktion allmählich in der Masse der Namenlosen verschwand. Das wußte der *Campionissimo* selbst, aber es durfte ihm keiner sagen! Zum Glück fand er auch eine gute Notiz: Sein Schützling Bahamontes (TRICOFILINA-COPPI) hatte in Barcelona die spanische Bergmeisterschaft gewonnen.

Coppi reiste umgehend nach Spanien, um auf diesem ergiebigen Pflaster selbst sein Glück bei der ***Vuelta*** zu riskieren. Vorerst mit einem persönlichen Erfolg, denn allzu schnell war bei dieser Spanienrundfahrt die Mannschaft um Fausto gesprengt. Teils durch Stürze und Defekte, teils durch Disqualifikationen schrumpfte das Team von Tag zu Tag. Übrig blieben vorerst der „alte“ Coppi und zwei „Fohlen“: Boni und Gismondi. Vorerst, denn nach der 14. Etappe war auch für Fausto der Ofen aus; erschöpft gab er in Vitoria das Rennen auf. Seine beiden letzten Begleiter kamen bis ins Ziel nach Bilbao. Boni landete mit 49:06 min Rückstand auf den spanischen Gesamtsieger Antonio Suarez auf dem 17. Platz; über Gismondis Plazierung schwieg sich die Berichterstattung aus.

Der ***Giro d'Italia*** begann am 16. Mai in Mailand. Ohne Coppi. Der konnte sich getrost auf seinen bisherigen Erfolgen bei der Italienrundfahrt ausruhen und genüßlich in den Annalen blättern. Dort waren fein säuberlich, sogar nach Regionen unterteilt, die bisherigen Sieger aufgezählt. *Piemonte:* Girardengo (1919 und 1923), Brunero (1921, 1922 und 1926), Enrici (1924), Marchisio (1930), Camusso (1931), Valetti (1938 und 1939) und Coppi (1940, 1947, 1949, 1952 und 1953); *Lombardia:* (Ganna (1909), Galetti (1910 und 1911), Oriani (1913), Belloni (1920), Binda (1925, 1927, 1928, 1929 und 1933), Pesenti (1932), Guerra (1934), Bergamaschi (1935); *Toskana:* Bartali (1936, 1937 und 1946), Magni (1948, 1951 und 1955), Nencini (1957); *Emilia:* Calzolari (1914), Baldini (1958). Dazu kamen drei *Ausländer:* die Schweizer Koblet (1950) und Clerici (1954) sowie der Luxemburger Charly Gaul (1958).

Aber ganz ohne Aufregung kam Coppi nicht davon. Kurz vor dem Start in Mailand hatte sich nämlich herausgestellt, daß die Trumpfkarte von TRICOFILINA-COPPI, der „Adler von Toledo“ - Federico Bahamontes - zu Hause mit matten Flügeln im Bett lag. Moretti, der Konsulent und kaufmännische Leiter des Unternehmens fuhr schier aus der Haut, als er die

Absage vernahm und setzte sich schnurstracks ins Flugzeug, um den Patienten in Augenschein zu nehmen. Er hätte sich die Reise sparen können, wenn er dem Bulletin von Dottore Del Gado, dem Arzt der *Federazione spagnola*, geglaubt hätte, der ja schließlich nicht umsonst studiert hatte. Bahamontes lag wirklich danieder, hatte hohes Fieber und war außerstande, in Italien an den Start zu gehen. Kurzerhand wurden Verträge mit den beiden jungen Schweizern Gimmi und Rüegg ausgehandelt, die beim *Giro di Romandia* angenehm aufgefallen waren (Gimmi Gesamtsieger, Rüegg auf Platz drei) und so konnte Coppis Mannschaft doch noch in folgender Besetzung an den Start gehen: Boni, Cassano, Coletto, Gimmi, Gismondi, Guerrini, Kazianka, Lunardi, Michelon und Rüegg.

Mit TRICOFILINA-COPPI nahmen weitere zwölf Mannschaften die Rundfahrt in Angriff: ATALA, BIANCHI, CARPANO, EMI, FAEMA, GHIGI, HELYETT-LEROUX, IGNIS, LEGNANO, MOLTENI, S.PELLEGRINO und TORPADO. Unterm Strich 130 Fahrer.

Nach 22 Etappen konnte sich der Luxemburger Charly Gaul ein weiteres Mal in die Siegerliste eintragen. Auf der vorletzten Tagesstrecke, einem strapaziösen Alpenritt von Aosta nach Courmayeur über 296 km, nahm er dem führenden Jacques Anquetil das Rosa Trikot ab und verteidigte es erfolgreich bis nach Mailand.

Schlußklassement des ***42. Giro d´Italia:***

1. Charly Gaul LUXEMBURG

3657 km in 101:50:26 std (35,909 km/std)

2.	Jacques Anquetil	FRANKREICH	6:12 min zur.
3.	Diego Ronchini	BIANCHI	6:16 "
4.	Rik Van Looy	BELGIEN	7:17 "
5.	Imerio Massignan	LEGNANO	7:31 "
6.	Miguel Poblet	SPANIEN	10:21 "
7.	Graziano Battistini	LEGNANO	10:47 "
8.	Guido Carlesi	MOLTENI	13:36 "
9.	Ernesto Bono	SAN PELLEGRINO	13:38 "
10.	Gastone Nencini	CARPANO	13:49 "

Den *G.P. della Montagna* gewann Charly Gaul vor Massignan und dem Deutschen *Hennes* Junkermann, der im Gesamtergebnis den 11. Rang einnahm (18:12 min zur.). Die *Mannschaftswertung* ging an ATALA. Von 130 gestarteten Fahrern erreichten 86 das Ziel.

Für Coppis Mannen reichte es zu keinem Etappensieg. Auch die Endplazierung gab keinen Anlaß zu überschwenglicher Freude: 16. Gismondi, 22. Boni, 35. Coletto, 44. Kazianka, 64. Rüegg, 73. Cassano, 76. Michelon und 85. Guerrini. Immerhin hatte man acht Mann nach Mailand gebracht und im Mannschaftsklassement TORPADO und S. PELLEGRINO (Bartalis Schützlinge!) hinter sich gelassen.

Für Schlagzeilen mußte der *Campionissimo* selbst sorgen. Er rüttelte seine (beinahe eingeschlafenen) Bewunderer ebenso wach wie seine Kritiker: Bei der ***Trofeo Tendicollo Universaal*** in Forli, einem Einzelzeitfahren über 90,5 km, belegte er hinter Baldini (1:57:25 std), Anquetil, Bono und Rivière mit nur 2:57 min Rückstand einen sensationellen 5. Platz und hatte für jeden, der ihn nach seinen Rücktrittsgedanken fragte, nur ein mildes Lächeln übrig. Coppi gehörte noch einmal in seinem Leben zur *crème de la crème* des Radsports.

Dieser Eindruck blieb auch nach dem ***Giro della Toscana*** erhalten, den Coppi nach 259 km mit einem hervorragenden 11. Platz und mit nur 2:10 min Rückstand hinter dem Sieger Zamboni beendete.

Bei diesem 2. Qualifikationsrennen zur Italienischen Straßenmeisterschaft hatte sich eine Vierergruppe abgesetzt, die in der Reihenfolge Zamboni, Conterno, Boni und Benedetti das Ende unter sich ausmachten. Dann kam eine 19-köpfige Verfolgergruppe, die Baffi im Spurt abfertigte. Hinter Falaschi, Defilippis, Mazzacurati, Nencini und Carlesi kam Coppi - der Neununddreißigjährige - mitten unter den Spitzenfahrern der damaligen Zeit als Elfter ins Ziel! Wieder war die Rede vom *Campionissimo che non tramonto* - (...der nie untergehen wird!)

Diesen Coppi wollte man auch noch kurz vor Torschluß in England sehen und Fausto ließ sich nicht lange bitten. Zusammen mit Boni, Cassano und Kazianka nahm er auf der Insel Man an der ***Tourist Trophy*** teil. Diese 100 Meilen gewann zwar der Irländer Samuel Elliot in 4:47:56 Stunden, aber die *azzurri* erreichten respektable Plätze: 6. Boni, 8. Coppi, 14. Cassano und 17. Kazianka.

Dann stand wieder einmal die ***Tour de France*** vor der Tür. Diesmal gliederte sich die „Große Schleife" in 22 Etappen mit einer Gesamtstreckenlänge von 4354 km. Die Vorbereitungen waren von dem leidigen Streit zwischen den Tour-Veranstaltern und den italienischen Sportgruppen überschattet. Die branchenfremden italienischen Arbeitgeber, zum Teil von ihren französischen Kollegen unterstützt, verlangten bereits für diese Tour eine radikale Umstellung der damals gültigen Formel - (die da lautete: Nationalmannschaften und französische Regionalmannschaften) -, auf international gemischte Markenmannschaften. Man drohte sogar mit einem Boykott des Rennens. Monsieur Goddet versprach, die Frage des künftigen Austragungsmodus auf einer Sitzung im Herbst klären zu lassen. Daraufhin siegte zumindest die sportliche Vernunft und die italienischen Sportgruppen machten bei der Ächtung der Tour einen Rückzieher.

Daß die althergebrachte Formel der Nationalmannschaften bei Rundfahrten und Weltmeisterschaften ein Unding ist, wurde bereits erläutert. An dieser Stelle müßte der Hinweis genügen, daß z.B. der Belgier Rik Van Looy und der Deutsche *Hennes* Junkermann - damals einträchtig das ganze Jahr über bei FAEMA gut im Futter - auf Grund der Regelung während der Tour die ehrenvolle Aufgabe erhielten, sich gegenseitig die Suppe zu versalzen (und anschließend wieder gemeinsam Rennen zu bestreiten). Wer annahm, daß das vier Wochen so laufen würde, mußte von einer gehörigen Portion Naivität beseelt gewesen sein.

Natürlich war im italienischen Aufgebot für die *Tour de France* kein Platz für Coppi und so kam es, daß Teamchef Alfredo Binda mit folgenden Fahrern in Paris an den Start ging (und auf Grund der Zugehörigkeit der Fahrer zu verschiedenen Rennställen ähnliche Probleme auf sich zukommen sah): Pierino Baffi, Ercole Baldini, Valdemaro Bartolozzi, Dino Bruni, Roberto Falaschi und Giuseppe Fallarini **(IGNIS)**; Aurelio Cestari, Vito Favero und Arrigo Padovan **(ATALA)**; Ernesto Bono **(S.PELLEGRINO)**; Nello Fabbri **(BIANCHI)** sowie Michele Gismondi **(TRICOFILINA-COPPI)**.

Coppi war also nicht unter den Teilnehmern. Aber er hatte in diese *Tour de France* einen „Virus" eingeschmuggelt, von dem vorerst keiner eine Ahnung hatte. Dieser kam aus Spanien und nannte sich Federico Martin Bahamontes. In dem am 9. Juli 1928 in Santo Domingo-Candilla geborenen Knaben reifte vermutlich der Gedanke, sich als Radrennfahrer sein Geld zu verdienen, als er fünfzehnjährig für seine Eltern - bescheidene Bauern - schwere Kartoffelsäcke mit dem Drahtesel transportieren mußte. Nun war der hagere Caballero (1,75 m, 70 kg) aus Toledo Profi, ein exzellenter Kletterer in den Alpen und Pyrenäen, nur mit der Renntaktik stand er auf Kriegsfuß. Da er wußte, daß er ein äußerst schwacher Bergabfahrer war, hatte er sich folgende Manie zugelegt: Wenn er mit großem Vorsprung (was üblich war) auf einer Paßhöhe ankam, kaufte er sich zum Erstaunen der Zuschauer eine große Portion Eis, einige Ansichtskarten und zog sich auf ein schattiges Plätzchen zurück. Dort erledigte er seine Korrespondenz, schleckte hingebungsvoll sein Gefrorenes und wartete auf die Verfolger. Zusammen mit ihnen machte er sich dann an die Abfahrt und beide Teile waren froh. Die Verfolger, daß Federico wieder in ihrer Mitte war, und dieser, daß die Talfahrt meist human verlief.

Diese Idylle zerstörte Coppi. Er erkannte das Talent „Bahamontes", nahm sich den Spanier erst zur Brust, dann unter Vertrag und versprach ihm jede Menge Eis und Postkarten - aber erst am Ziel in Paris! Federico hörte auf den Rat des Meisters und zum allgemeinen Schrecken griff er bei der 15. Etappe *(einem Zeitfahren auf den Puy de Dôme)* gewaltig an - Etappensieg! Dann heftete er sich auf der *17. Etappe -St-Etienne - Grenoble* an die Fersen von Kletterkönig Charly Gaul, belegte den zweiten Platz hinter dem Luxemburger und schlüpfte ins Gelbe Trikot! Damit war die Tour gelaufen, denn Bahamontes blieb wachsam und zog in Paris als Sieger ein. Obendrein gewann er den Bergpreis und man munkelt, den Tag darauf hätte er nur noch Eis gelutscht und Postkarten mit der Erfolgsmeldung in alle Welt verschickt.

Doch nun im Ernst: Der prächtige Erfolg des Spaniers darf nicht darüber hinwegtäuschen, daß die Tour 1959 eine Entäuschung war.

Das hatte mehrere Gründe. Zum einen blieben die Auseinandersetzungen in den Bergen aus; die Pyrenäen wurden aus Respekt vor Bahamontes und Gaul zum Familienausflug des Tour-Feldes. In den Alpen war es nicht viel besser. Zum zweiten war die Zusammensetzung der französischen Nationalmannschaft alles andere als glücklich. Man glaubte, die *equipe tricolore* besonders stark zu machen, indem man sie mit Assen vollstopfte. Aber das Gegenteil war der Fall. Anquetil und Rivière trugen ihre ganz natürliche Rivalität auf dem Rücken ihrer Mannschaftskameraden aus, kräftig unterstützt von Louison Bobet und dem alten Fuchs Raphael Géminiani. Ein weiterer Grund für die Tour-Enttäuschung beruht auf dem Mißgriff der Veranstalter, möglichst viele Zeitfahren auszutragen (um damit die französischen Spezialisten Jacques Anquetil und Roger Rivière zu begünstigen). Aber auch das war ein Trugschluß, denn wie Géminiani richtig bemerkte - immerhin hatte er das Vergnügen gehabt, zum 13. Mal an der Tour de France teilzunehmen - bedeutete ein Rennen gegen die Uhr während der vorangehenden und der folgenden 48 Stunden quasi eine Neutralisation des Favoritenkreises. Zuerst bereiteten sich alle auf die Prüfung vor, dann mußten die Nachwirkungen verdaut werden. Inzwischen passiert Nullkommanichts.

Das größte Übel aber waren (und bleiben) die Nationalmannschaften. In der Praxis zeigte sich immer wieder, daß die Bindung zwischen Angehörigen der Markenmannschaften stärker war, als die Solidarität innerhalb der Nationalmannschaften. Diese Fronten verlaufen auch heute noch kreuz und quer durcheinander, und niemand braucht sich zu wundern, wenn bei Weltmeisterschaften - die immer noch nach diesem Modus ausgetragen werden - kuriose Dinge geschehen.

Coppi kannte die Probleme zur Genüge aus seiner Zeit mit Bartali. Er freute sich daher um so mehr über den Erfolg seines Schützlings und über den 30. Platz von Gismondi. Unterwegs hatte er der Tour während der 19. Etappe *Saint-Vincent d´Aosta - Annecy* am Zielort einen Besuch abgestattet. Er war gut gelaunt und genoß die Popularität, die ihm noch immer in Frankreich entgegengebracht wurde. Unvermeidlich geriet er in die Fänge italienischer Journalisten: „Im Vertrauen, auf welchem Rang würdest du dich befinden, wenn du an den Start gegangen wärst?“ Coppi dachte kurz nach und antwortete: „Nach meiner Rechnung hätte ich auf jeder Etappe fünf Minuten verloren.“ Auch diesmal glaubte man dem *Campionissimo* aufs Wort.

Auf den 9. Platz kam Gérard Saint aus Renouard. Man nannte den 23-jährigen *la araignée,* die Spinne, denn der 1,92 m große Junge wog nur 72 kg. Aber er war die größte Hoffnung im französischen Radsport, talentierter als Anquetil! 1960 starb er bei einem Autounfall.

Schlußklassement der ***46. Tour de France:***

1. Federico Bahamontes SPANIEN

4363 km in 123:46:45 std (35,248 km/std)

2.	Henry Anglade	CENTRE-MIDI	4:01 min zur.
3.	Jacques Anquetil	FRANCE	5:05 "
4.	Roger Rivière	FRANCE	5:17 "
5.	François Mahé	OUEST-SUD-OUEST	8:22 "
6.	Ercole Baldini	ITALIEN	10:18 "
6.	Jan Adriaensens	BELGIEN *(ex aequo)*	10:18 "
8.	Jos Hovenaers	BELGIEN	11:02 "
9.	Gérard Saint	OUEST-SUD-OUEST	17:40 "
10.	Jean Brankart	BELGIEN	20:38 "

El águila de Toledo - Federico Bahamontes - gewann auch den *G.P. Montagne* vor Gaul und Saint. Die *Mannschaftswertung* ging wie im Vorjahr an BELGIEN, im der *Punktwertung* siegte der schnelle André Darrigade. Von 192 gestarteten Fahrern erreichten 65 das Ziel. Unter ihnen die Deutschen Lothar Friedrich (18. Platz/1:11:51 std zurück) und Franz Reitz (49. Platz/ 2:22:22 std). Otto Altweck, Mathias Löder und Winfried Ommer hatten unterwegs aufgegeben.

Weniger Freude hatte Coppi bei ***Milano-Vignola***, das als Selektionsrennen für die Weltmeisterschaft in Zandvoort gedacht war. Ein Reifenschaden zwang ihn zur Aufgabe.

Bei der ***Coppa Bernocchi***, einem Straßenrennen über 255 km mit Start und Ziel in Legnano und zugleich 3. Lauf für die Qualifikation zur Teilnahme an der Italienischen Straßenmeisterschaft, konnte Coppi dieses Mißgeschick nicht passieren. Er war gar nicht am Start. So konnte er nur feststellen, daß Noê Conti, erst seit zwei Jahren Profi bei BIANCHI, das Rennen in neuer Rekordzeit (43,220 km/std) gewonnen hatte und sein Lieblingsschüler Gismondi auf dem 2. Platz gelandet war. Der Zwischenstand in der Meisterschaft lautete nun: 1. Benedetti (41 Punkte) 2. Baffi (35) und Zamboni (32). Coppi lag mit 10 Punkten an 29. Stelle.

Die Weltmeisterschaft stand vor der Tür, und sozusagen am Vorabend fand noch schnell ein letzter Form-Test statt. Er hätte beinahe eine Überraschung gebracht, denn beim ***Gran Premio FAEMA***, auf dem Rundkurs von Chignolo Po, machten sich Baldini, Oreste Magni, Gismondi, Kazianka und Aldo Moser aus dem Staub. Hinter ihnen fuhr einsam ein Fahrer ein spektakuläres Verfolgungsrennen: Fausto Coppi! Aber wieder einmal hatte es die „Defekthexe“ auf ihn abgesehen und er gab entnervt auf.

Die italienische Mannschaft für die ***26. Weltmeisterschaft*** im holländischen Zandvoort stand auf jeden Fall fest: Baldini, Benedetti, Bruni, Defilippis, Gismondi, Conterno, Pellegrini und Ronchini. Fast eine reine Sprintertruppe. Aber der flache Rundkurs westlich von Amsterdam ließ für Alfredo Binda keine andere Möglichkeit offen. Zu 99 Prozent wird der neue Weltmeister aus dem Lager der schnellen Leute kommen.

7:30:43 Stunden hatte Binda Zeit, über seine Prognose nachzudenken. Dann hatte er Recht bekommen. Der französische Supersprinter André Darrigade überquerte nach 292,033 km als Erster den Zielstrich auf dem bekannten Autorennkurs.

Was war während dieser Zeit geschehen? Etwa 100 000 Zuschauer erlebten Punkt 11 Uhr den Start der 69 Fahrer, die 16 Nationen vertraten. Bis zur *sechsten* der insgesamt *28 Runden* waren nur Scharmützel zu verzeichnen. Dafür waren der starke Wind von der See her und die Sonne, die es fast zu gut meinte, verantwortlich.

Dann versuchten Gismondi, Darrigade sowie der Däne Bengt Retvig einen Vorstoß, und siehe da, sie gewannen an Boden. Ende der *7. Runde* hatten sie 300 Meter Vorsprung. Das war nicht viel, aber die drei waren sich einig, führten abwechselnd und hatten nach *8 Runden* bereits eine Minute Vorsprung.

Angespornt durch seinen Landsmann Retvig machte sich auch Arne Jonsson auf den Weg, gefolgt vom Engländer Tom Simpson. In der *10. Runde* schafften sie den Anschluß an die Spitze.

Auf das Hauptfeld wurde ein Zeitrückstand von 1:53 min gemessen, aber dazwischen werkelte unermüdlich der Holländer Albertus *Ab* Geldermans, der auch tatsächlich in der *11. Runde* den Anschluß an die Spitze vollzog, die damit auf sechs Fahrer anwuchs.

Jonsson fiel in der *14. Runde* dem Tempo und dem Wind zum Opfer und mußte seine Kollegen ziehen lassen. Beinahe wäre Darrigade das Gleiche passiert. Er mußte in der *15. Runde* das Rad wechseln, konnte aber schnell wieder aufschließen. Retvig mußte in der *17. Runde* wegen Beinkrämpfe aufgeben.

Hinten formierte sich eine Verfolgergruppe, aus der in der *19. Runde* der Deutsche Fischerkeller, der Kanadier Murphy, die Franzosen Anglade und Forê sowie der Niederländer Niesten den Anschluß an die Darrigade-Gruppe vollziehen konnten.

Im Feld begann nun das große Sterben: Die Schweizer Traxel und Graf stiegen aus; die Deutschen Brinkmann und Altweck hörten auf; die Spanier Poblet, Bover, Segu und Chacon gingen unter die Dusche; der Franzose Graczyk kam schwer zu Fall und mußte weggetragen werden. Der Deutsche Ommer war in den Sturz verwickelt, verlor einen Rennschuh und viel Zeit; auch er gab auf.

In der *23. Runde* hatte in der Spitzengruppe der Kanadier Murphy genug vom Rennen und stieg aus. Anglade folgte ihm eine Runde später.

Inzwischen befanden sich etwa 170 000 Zuschauer an der Rennstrecke und verfolgten den Endkampf. Die achtköpfige Spitzengruppe blieb bis zum Schluß beisammen. Gismondi zog den Spurt an, aber Darrigade flog an ihm vorbei und wurde Weltmeister.

Dieses Kunststück vollbrachte bei den Amateuren Täve Schur. Und das nun schon zum zweiten Mal in seiner Laufbahn. Vor genau einem Jahr blieb Schur im Endspurt Sieger. Diesmal war er nach 189,233 Kilometer wiederum der schnellste Mann. Und noch ein deutscher Fahrer ließ aufhorchen: Der sechsfache Deutsche Meister Rudi Altig holte sich den Titel der Verfolgungsfahrer.

Coppi begnügte sich mit kleineren Brötchen. Er startete in Berlin beim ***Großen Goggomobil-Preis***, einem 100-km-Kriterium in der Avus-Nordkurve. Der Sieg ging an den Sprinterweltmeister des Jahres 1952, den Schweizer Oskar Plattner. Coppi fuhr nach einem Reifendefekt so gemächlich durch die Gegend, daß er sich mehrere Runden Rückstand einhandelte und im geschlagenen Feld *ex aequo* auf Platz neun landete. Das Berliner Publikum war der Ansicht, der *Campionissimo* hätte sich für die hohe Gage (man munkelte, daß sie vierstellig war) doch etwas mehr beeilen können.

Das tat er zwar am 29. August in München, aber trotzdem reichte es nicht zum Sieg. Den holte sich vor etwa 5000 Zuschauern, die den 600-Meter-Rundkurs am Marsplatz umsäumten, der Münchner Otto Altweck. Staatssekretär Dr. Lippert hatte den Startschuß abgegeben und sofort begann es im Feld zu rumoren. Nach verschiedenen Einzelaktionen wurde es in der *29. Runde* ernst. Der Holländer Wagtmans und die Deutschen Löder, Donike (genau der, den man heute im Zusammenhang mit der Aufklärung von Dopingfällen kennt, und der im Sommer 1995 im Alter von 62 Jahren überraschend starb) sowie Heinz Vopel machten sich auf und davon. Altweck erkannte die Situation und stampfte hinterher. Auch der luxemburgische Publikumsliebling *Lull* Gillen sowie Ommer, Junkermann und Bugdahl schafften den Anschluß, zu denen noch Coppi und der Luxemburger Ernzer hinzukamen. Als die Elfergruppe in der *62. Runde* die Gewinnrunde vollzogen hatte, dauerte es nur sieben Runden mehr, bis das starke Trio Vergossen/NED, Jaroscewicz und Fischerkeller ebenfalls die Überrundung vollzog und die Kopfgruppe damit auf 14 Fahrer anwachsen ließ. Wagtmans mußte kurz vor Schluß wegen Radschaden aufgeben, und so kam es, daß dreizehn Fahrer den Sieg unter sich ausmachten. Otto Altweck behielt die Oberhand und gewann nach 90 km mit 28 Punkten vor Gillen (22), Ernzer (18), Donike (12) und Coppi (9).

Der Italiener wurde anschließend von der Münchner Polizei mit Blaulicht zum Flughafen Riem gebracht, wo Coppis Maschine zum Flug nach England brav auf den *Campionissimo* wartete. Besonderer Dank gebührt in diesem Zusammenhang auch Herrn Stadtrat a.D. Jakob Baumann, der mit der Verpflichtung Fausto Coppis zu diesem Rennen nicht nur sich, sondern auch mir und vielen Radsportanhängern ein unvergeßliches Erlebnis bereitete. Leider weilt er nicht mehr unter den Lebenden.

Hierzu noch eine kleine Geschichte. Am Vorabend des Kriteriums fanden auf der Münchner *Amorbahn* Radrennen statt. Coppi war als Besucher angekündigt. Unter den 8000 Zuschauern befand sich ein 27-jähriger Radsportfan, dessen Herz bis zum Hals schlug. Dafür gab es Gründe. Erstens: ein Coppi Foto, auf dem ein Autogramm fehlte! Zweitens: Ein ausgesprochen ungünstiger Platz auf der Gegengeraden, Coppi wird auf der Zielgeraden vorgestellt werden!! Drittens: Ein Polizeiaufgebot im Innenraum, das jede Annäherung an den *Campionissimo* verhüten sollte!!! Der Italiener traf pünktlich ein. Nun gab es für den Fan keinen Halt mehr. Ein gewagter Sprung über die Barriere, ein Hindernislauf gegen verblüffte Ordnungshüter, begleitet vom wilden Pfeifkonzert der Sympathisanten, die dem Wagemutigen den Durchbruch wünschten. Der schaffte es und stand vor Coppi, blickte in die blaugrauen melancholischen Augen des Champions und stammelte: *„Prego uno autografo.“* Ob grammatikalisch richtig oder falsch, Coppi - im eleganten grauen Zweireiher, dunkelblauen Hemd - zog den Stift und setzte seinen Namenszug auf das Foto. Es ist mein größter Schatz...

In Italien fand inzwischen der 4. Lauf und damit das letzte Rennen zur Qualifikation für die italienische Straßenmeisterschaft statt. Dieser ***Giro del Piemonte*** wurde eine Beute des schnellen Silvano Ciampi, der nach 270 km Aldo Moser und Arrigo Padovan im Spurt abfertigte. Coppi war nicht am Start, aber er hatte ja die Qualifikation in der Tasche.

Zugegeben, es wurde immer stiller um Coppi. Auch die Rundfahrt durch die drei Täler von Varese, die ***Tre Valli Varesine***, einst Schauplatz grandioser Gefechte zwischen Coppi und dem Rest der Welt, fand ohne ihn statt (Sieger Bruni, 252,9 km in 6:14:10 Stunden). Beim traditionellen Zeitfahren in Genf kreuzten Anquetil als Sieger und der neue französische Star Gérard Saint (2.), Aldo Moser (3.) und *Hennes* Junkermann (8.) die Klingen; ebenfalls ohne Coppi.

Und in Paris ging das größte Zeitfahrspektakel, der ***G.P. des Nations***, ohne Fausto über die Bühne (Sieger Aldo Moser, 100 km in 2:23:18 Stunden).

Aber am 27. September war Fausto Coppi am Start zur Italienischen Straßenmeisterschaft. Voller Ehrgeiz. Doch dieser ***Giro del Lazio***, die letzte Rundfahrt in seinem Leben, nahm wieder kein gutes Ende. Fausto fuhr *bravissimo ma igenuo* (gut aber harmlos), so *Sport Illustrato*, N.40 vom 1.10.59. In Velletri, 60 km vor dem Ziel in Rom, war Coppi noch in einer zwölfköpfigen Verfolgergruppe zu finden, knapp eine Minute hinter der Spitze des Rennens. Dann fiel er zurück. „Ich konnte nicht mehr“, erklärte Fausto unverhüllt den Reportern in einem der Begleitwagen, „aber das richtig darzustellen ist schwierig. Ich möchte es so sagen: Beim schweren Pratone-Anstieg ging vorne die Post ab, wurde die Schlacht entschieden. Ich fuhr hinterher. Nun hab ich die Bescherung: meinen Rückstand auf die Spitzengruppe. Das demoralisiert gewaltig. Ich wollte unbedingt unter die ersten Zehn kommen. Nun gebe ich auf. Es geht mir nicht gut, ich muß es zugeben.“

Armer Fausto. Das Meistertrikot nahm der BIANCHI-Fahrer Diego Ronchini in Empfang. Er war nach 252 km als erster durchs Ziel gefahren.

Am 2. Oktober ging Fausto Coppi beim Critérium in Cenon an den Start. Es war sein letztes Rennen in Frankreich.

Aber das Mirakel „Fausto Coppi" trat am 25. Oktober noch einmal ins grelle Scheinwerferlicht. Diesmal war die Bühne Lugano und das Stück hieß ***G.P. Campari***, ein Zeitfahren über 76,5 Kilometer. Vor rund 30 000 Zuschauern, unter denen sich auch UCI-Präsident Rodoni befand, verbesserte Jacques Anquetil den bestehenden Streckenrekord von Ercole Baldini um annähernd eineinhalb Minuten! Dann kam Baldini (17 Sekunden zurück), dann der Schweizer Vaucher (3:02 min) und dann der als Letzter um 14.50 Uhr gestartete große alte Mann aus Castellania: Fausto Coppi (4:23 min zurück)! Dabei ist nicht nur die hervorragende Zeit beachtenswert, sondern wer alles hinter Coppi landete: der junge italienische Zeitfahrspezialist Aldo Moser; Frankreichs Hoffnung Gérard Saint; der starke Belgier Proost; Italiens Meister Ronchini (!) sowie Anglade, Bahamontes und der Schweizer Attilio Moresi.

Coppi war stolz. Es hätte seine Abschiedsvorstellung werden sollen, so aber trainierte er wie besessen weiter, denn noch stand am 4. November das Paarzeitfahren um die ***Trofeo Baracchi*** von Bergamo nach Brescia auf dem Programm. Zusammen mit seinem französischen Freund und Rennfahrerkollegen Louison Bobet trat Coppi zwar 116,6 Kilometer in die Pedale was das Zeug hielt, aber am Ende - trotz einer furiosen Schlußattacke - kam nur der fünfte Platz hinter Baldini-Moser, Ronchini-Gismondi, Anquetil-Darrigade und Simpson-De Haan heraus.

Ercole Baldini feierte den Sieg auf besondere Art. Zwei Tage später heiratete er Signorina Wanda Beccari, die 22-jährige Tochter eines Wurstfabrikanten. Er suchte sich für die Trauung eine besondere Kirche aus: die schon mehrfach zitierte Kapelle der *Madonna di Ghisallo* am Comersee.

Mit dem Baracchi-Zeitfahren war die Saison 1959 offiziell abgeschlossen. Ein Blick auf die im Text nicht erwähnten Plazierungen Coppis zeigt, daß die Bilanz nicht berauschend war: ***Circuito di Lanciano*** (1. Platz); Circuito di Cirie (2.); dritte Plätze bei den *circuiti* in Mondovi, Galiate und Gonzaga sowie beim G.P. Verbania. In der Jahreswertung der Zeitschrift *Sport Illustrato* lag er zusammen mit einer Gruppe Namenloser an 132. Stelle! Ein Coppi, von dem Curzio Malaparte (*Die Haut*, *Kaputt*) einmal sinngemäß sagte: „Coppi fürchtet sich nicht vor der Hölle, aber vor dem zweiten Platz. Er weiß, daß Bartali vor ihm als erster in den Himmel kommt, aber das kümmert ihn wenig. Er will der Erste auf Erden sein."

Nun trat ein Ereignis ein, das keiner für möglich gehalten hätte. In einer Gastwirtschaft in Pavia klangen zwei Weingläser gegeneinander, gefüllt mit Chianti Marke *BARTALI*. Damit wurde ein sensationelles Ereignis begossen: Fausto Coppi und Gino Bartali, die Erzrivalen von einst, hatten soeben einen

Pakt der Freundschaft und Zusammenarbeit abgeschlossen. Bartali bleibt weiterhin Rennleiter der von einer Mineralwasserfirma finanzierten SAN PELLEGRINO-Mannschaft und Coppi fährt von nun an unter seiner Leitung! Mit großem diplomatischem Geschick wurde die Aufteilung der Befugnisse ausgeklügelt. Als Chef fungiert Direktor Della Torre. Bartali gibt vom Begleitwagen aus seine Anweisungen.

Coppi kann jedoch, sollte Bartali nicht zur Stelle sein, in eigener Verantwortung und aus der Situation heraus seinen jungen Teamkameraden die jeweilige Marschroute geben. Denn die SAN PELLEGRINO-Mannschaft besteht mit Ausnahme von Coppi nur aus talentierten Nachwuchsfahrern, die Italiens Zukunftshoffnungen verkörpern!

Natürlich überschlug sich die italienische Fachwelt vor Begeisterung bei der Vorstellung, daß Coppi und Bartali gemeinsam die Zukunft Radsport-Italiens aufbauen!

Es war schon eine merkwürdige Fügung des Schicksals, daß sich die beiden Gegner von einst nun unter der Schirmherrschaft von Della Torre wiederfanden. Denn unter seiner Führung hatten sie schon einmal zusammengearbeitet: 1940, als Coppi seinen ersten *Giro d'Italia* als Domestik von Bartali bestritt. Gino hatte damals einen schweren Sturz und mußte seine Hoffnungen begraben, stellte aber seine ganze Erfahrung in den Dienst seines jungen Teamkameraden und ermöglichte Fausto dadurch, daß dieser das schwere Rennen auf Anhieb gewinnen konnte.

Ein Jahrzehnt überschattete die ewige Fehde Bartali-Coppi das Radsportgeschehen in Italien. Die Gegnerschaft nahm bisweilen groteske Formen an. Sie fuhren Rennen, nicht um zu gewinnen, sondern um den Sieg des anderen zu verhindern. Höhepunkt dieses „Stellungskrieges" war die Weltmeisterschaft 1948 in Valkenburg, die zum bekannten Eklat führte. Als Bartali 1954 seine aktive Rennzeit beendete, tat er das in der Überzeugung, daß ihn Coppi, was die sportliche Langlebigkeit betrifft, niemals überbieten würde (Bartali war von 1935 bis 1954 Profi). Aber er hatte sich auch diesmal in Coppi getäuscht, denn Fausto versuchte hartnäckig, trotz schwerer Sturzverletzungen, sein Vorhaben wahr zu machen, Bartali möglichst lange zu überleben. Nun stand er nach ebenfalls 19 Profijahren kurz davor, und es entbehrt nicht einer gewissen Pikanterie, daß dies gerade unter der Leitung seines Ex-Rivalen geschehen sollte.

Nicht ohne Ironie meinte Coppi bei der obligatorischen Pressekonferenz: „Endlich habe ich mein Lebensziel erreicht, Gino Bartalis Renntaktik an der Quelle studieren zu können." Und Bartali meinte humorvoll: „Bei SAN PELLEGRINO wollen wir junge Talente entdecken. Wenn ich mir Fausto so betrachte, ist er immer noch einer der jüngsten." Coppi lächelte verlegen.

Der Kontrakt wurde mit einem Jagdausflug nach Lodi gebührend gefeiert. Coppi war wie immer ein diskreter Jäger, aber er schoß gut: Er schlug Bartali mit 3:2...(Geflügel)

Der *Campionissimo* hatte im September das vierzigste Lebensjahr erreicht. Er stand zwar am Ende seiner Sportlaufbahn, aber erst am Anfang seines zweiten Lebensabschnitts. Als Mann in den besten Jahren, wohlhabend, angesehen, voller Hoffnungen. Das Schicksal gab dem Leben Faustos jedoch eine schlimme Wendung.

Nach außen hin schien Coppis neue Familienidylle harmonisch zu verlaufen. Aber der Schein trügte. Fausto und Giulia waren auf dem besten Weg, sich auseinanderzuleben.

Das hatte verschiedene Ursachen. Der Hauptgrund lag aber bestimmt darin, daß Fausto nicht um alles in der Welt auf die Ausübung seines Berufes verzichten wollte. Das war nun einmal der Radsport, der, verbunden mit den bei Coppi unausbleiblichen Stürzen und Verletzungen, ständig die Gefahr eines ernsthaften Schadens in sich barg. Zum anderen war Faustos ständige Abwesenheit auch nicht gerade das, was sich eine Frau von ihrem Partner und ein heranwachsender Knabe von seinem Vater versprachen.

Auch der Brief, den Coppi im Sommer 1953 von Professor Bartolo Paschetta, dem Verbindungsmann des Papstes zum Sport, erhalten hatte, sorgte noch immer für Unruhe in seinem Haus. Bekanntlich hatte der Heilige Vater seinen Unmut über Coppis Verhalten geäußert und ihm die Vorbildfunktion für die Jugend abgesprochen. Paschetta hatte sich in dem Schreiben bemüht, dem *Campionissimo* das möglichst schonend zu verdeutlichen. Coppi hatte dafür - ebenso bekannt - keinerlei Verständnis, und so waren nun seit geraumer Zeit auf Initiative von Vincenzo Torriani der Rechtsanwalt Titta Sardo und Don Piero Carnelli, ein Priester, dem man eine gewisse Dynamik nachsagte, damit beschäftigt, einen Ausweg aus der verfahrenen Situation Coppis zu finden. Eine „skandalöse" Situation, die nicht nur Seine Heiligkeit in Rom beunruhigte, sondern die auch in und um Novi Ligure herum für ständige Aufregung sorgte.

Die Arbeit der beiden schien Früchte zu tragen, denn Coppi signalisierte bereits die Absicht, sich von Giulia zu trennen. Seine *Villa Coppi* glich einem Minenfeld, das nur auf den unbedachten Tritt eines Unvorsichtigen lauerte.

Fausto tat den Schritt. Gegenüber befreundeten Kollegen und Journalisten (u.a. Rino Negri) äußerte er die Absicht, auch an Rennen teilzunehmen, die nur geringe Gagen bringen werden, nur um von Zuhause wegzukommen, denn Streit gehörte nun zu seinem Tagesablauf. Er setzte dem ganzen die Krone auf, als er bekanntgab, 1960 weiterzumachen und für SAN PELLEGRINO zu fahren. Giulia Occhini war darüber äußerst wütend.

Noch wütender wurde sie bei der Ankündigung Faustos, einen Jagdausflug nach Obervolta anzutreten.

Wie kam es zu dieser Reise? Die westafrikanische Republik feierte den ersten Jahrestag ihrer Unabhängigkeit von Frankreich und wollte dieses Fest mit einer Reihe von Veranstaltungen garnieren. Unter anderem war an ein Radrennen und an eine Safari gedacht. Louison Bobet wurde von der

Regierung Obervoltas eingeladen, hatte aber keine Lust auf das Abschießen von wilden Tieren und wollte sich auch nicht in seiner Winterruhe stören lassen. Daraufhin hatte Géminiani den Gedanken aufgegriffen und in Frankreich eine Gruppe leidenschaftlicher Jäger zusammengetrommelt, unter ihnen seine Rennfahrerkollegen Anglade, Anquetil, Rivière und Hassenforder. Ursprünglich sollte auch Alain Delon an der Reise teilnehmen, aber die Vorbereitungen zu seinem neuen Film *Rocco et ses fréres* - (Rocco und seine Brüder) - ließen das nicht zu. So hängte sich Géminiani ans Telefon und rief seinen alten Freund Coppi an. Das Gespräch war kurz. Er rannte bei Fausto, dessen Wunsch schon immer die Teilnahme an einer Großwildjagd war, gewissermaßen die Tür ein.

Wie gesagt, Giulia war über Coppis Entschluß wütend, aber unter ihren Zorn mischte sich auch echte Besorgnis. Ihr Hinweis auf die schlechte Jahreszeit, die Temperaturstürze, die Gefahr ansteckender Krankheiten wurden jedoch von Fausto in den Wind geschlagen. Auch ihre berechtigte Angst vor der tückischen Malaria stießen bei Fausto auf taube Ohren. War es Trotz, Unvernunft, ein Spiel mit der Gefahr?

Kurz vor der Abreise Coppis konnte Rino Negri, Journalist und langjähriger Freund von Fausto, mit dem *Campionissimo* ein Interview führen. Auf die Frage Negris, ob sich Coppi in Afrika auch wirklich amüsieren würde, antwortete dieser: „Wenn das nicht der Fall wäre, hätte ich die Einladung gar nicht erst angenommen.“ Negri fragte weiter, ob er gleich nach seiner Rückkehr mit Rennen beginnen werde, worauf Coppi antwortete: „Ich kann nicht sofort an den Start gehen. Erst muß ich mich wieder akklimatisieren, werde aber kurz nach Heilig Drei König mit dem Training beginnen. Das Fahrrad ist noch immer eine gute Medizin und schlecht ist der beraten, der davon noch immer nicht überzeugt ist.“ Auf die Frage, wie er sich die künftige Zusammenarbeit mit Bartali vorstellt, antwortete Coppi, und er konnte dabei ein Lächeln nicht unterdrücken: „Wenn wir zusammen auf der Jagd sind, haben wir natürlich keine Probleme.“ Aber dann ernsthafter: „Inzwischen sind wir gute Freunde geworden und PELLEGRINO wird in Kürze ein Foto veröffentlichen, das uns beide beim Vertragsabschluß zeigt und unsere Freundschaft belegt.“ Negri weiter: „Die Leute sagen, du wärst nur zu PELLEGRINO gegangen, um einen Haufen Geld zu verdienen.“ Coppi, nun bedeutend ernster: „Das Volk redet viel, ohne die Wahrheit zu kennen. Fest steht, daß ich meinen guten Ruf verteidigen muß, nachdem ich eine kritische Situation überstanden habe. Ich muß sehr vorsichtig agieren.“ Negri bohrte weiter: „Glaubst du, daß die Allianz mit Gino von Dauer sein wird?“ Darauf Coppi: „Sagen wir so, Geschäft ist Geschäft. Sowohl für ihn als auch für mich. Aber der Bartali, der mich als Mannschaftsleiter im Wagen begleiten wird, ist sicherlich ein anderer Bartali als vor und nach dem Rennen.“

Negri fragte Coppi auch nach Giulia. Er konnte sich das leisten, denn die Freundschaft zwischen ihm und Coppi währte bereits über zwanzig Jahre.

Coppis Gesichtsausdruck nach dieser Frage sagte mehr als tausend Worte. „Sie will, daß ich die Einladung nach Obervolta ausschlage, aber ich bin wild entschlossen, zu fahren. Ich habe das Bedürfnis, aus dem Gefängnis auszubrechen. Um sie zu besänftigen, habe ich ihr versprochen, so oft wie möglich anzurufen.“

Coppi hatte es einfach satt, ständig dem Druck von allen Seiten, auch dem von Giulia, ausgesetzt zu sein. Seine Fan-Gemeinschaft, die Journalisten sowie die breite Öffentlichkeit waren von ihm enttäuscht und ließen ihn das auch spüren. Das belastete ihn stark. Besonders seine Beziehung zu Giulia litt darunter. War er vormals von der attraktiven Schönheit bezaubert, so kühlte dieses Gefühl immer mehr ab.

Nun zur Reise. Giulia brachte Fausto im Auto nach Turin. Am Bahnhof *Porta Nuova* angekommen, unternahm Giulia einen letzten verzweifelten Versuch, Fausto von seinem Ausflug abzuhalten, ihn unter Hinweis auf die Gefahr von Malaria von seinem Vorhaben abzubringen. Vergebens. Coppi hatte anderes im Kopf als Typhus, gelbes Fieber und Malaria.

Er fuhr ab und erreichte Paris am 10. Dezember. Dort traf Coppi auf die anderen Teilnehmer. Zusammen ging es hinaus zum Flughafen *Orly*. Die Maschine nach Quagadougou erhob sich in die Luft. Um ein Haar ohne den „Reiseleiter“ Géminiani. Der hatte mit dem Journalisten René de Latour gemütlich in einem Café in der Innenstadt gefrühstückt und den Start beinahe verpaßt. In einem Taxi kam er angebraust und erreichte im letzten Moment, die Propeller waren bereits angeworfen, doch noch das Flugzeug.

Nach einem angenehmen Nachtflug traf die Reisegesellschaft in der Hauptstadt Quagadougou ein. Tropische Hitze empfing sie und machte bereits die Fahrt in die Innenstadt zur Tortur, wo Coppi zusammen mit dem Vizepräsidenten des Fußballclubs Torino - Luigi Cillario - und Adriano Lajolo, einem Studenten aus Genua, Quartier in einem italienisch geführten Hotel bezog.

Am 13. Dezember fand das als *Großer Preis* ausgeschriebene Kriterium über 70 km statt, an dem neben den eingeladenen Fahrern aus Europa und den einheimischen Rennfahrern auch einige Leute von der Elfenbeinküste mit so wohlklingenden Namen wie Kouakou, Kouamé, Sibiri und Sanou Moussa teilnahmen. Das Rennen hatte über 20 000 Zuschauer angelockt, denn die Namen der europäischen Fahrer standen in zwei Meter hohen Buchstaben an den Anschlagsäulen. Hinter dem Namen Coppi war zu lesen:

DER GRÖSSTE RADRENNFAHRER ALLER ZEITEN!

Für Coppi war die eher harmlose sportliche Angelegenheit sehr strapaziös. Nicht wegen des Rennens unter der glühend heißen Sonne Afrikas, das er im Spurt hinter Anquetil auf dem zweiten Platz beendete, und bei dem er gefeiert wurde wie einst bei seinen Siegen im *Giro* und bei der *Tour de France,* sondern wegen der vorhergegangenen Empfänge, Einladungen und Stehpartys. Vor allem aber wegen der Moskitos...

Am selben Abend fand im Kasino des Aero-Clubs ein Ball statt. Ein Großteil der ansässigen Europäer, die afrikanischen Honoratioren, kurzum alles, was Rang und Namen hatte, war vertreten. Fausto Coppi wurde dem Präsidenten der jungen Republik - Maurice Yaméogo - und dem französischen Hochkommissar vorgestellt und im perfekten Französisch erklärte er seinen Gastgebern, daß sich nun sein Jugendtraum, einmal mehr von Afrika kennenzulernen, erfüllen würde.

Fröhlich und ausgelassen wurde gefeiert. Nur Coppi blieb auffallend ernst. Er wirkte erschöpft. Im Widerschein der Lampions war sein Gesicht blaß, waren seine Wangen eingefallen. Eine große Müdigkeit schien auf ihm zu lasten. Man führte dies auf den Klimawechsel und die damit zusammenhängende größere Anstrengung beim vorausgegangenen Radrennen zurück. Ein wenig Ruhe, ein langer Schlaf und alles würde wieder in Ordnung kommen.

Der Präsident gab zu vorgerückter Stunde noch bekannt, daß er für den nächsten Morgen zwei Flugzeuge bereitstellen ließe, um die geladenen Gäste zu einem Jagdausflug nach Fada n´Gourma, einem Jagdparadies etwa 200 km östlich der Hauptstadt, bringen zu lassen. Von dort aus würde es einen Tag später etwa 100 km nach Borga weitergehen, einem weiteren Jagdreservat nahe der Grenze zu Dahome.

Coppi ging schlafen. Diesmal in der komfortablen Villa eines wohlhabenden Bauunternehmers, der sich alle Mühe gab, seinem Gast den Aufenthalt so angenehm wie möglich zu machen. Aber wieder kamen die Moskitos.

Am Morgen des nächsten Tages, dem 14. Dezember, erschien Coppi heiter zum Frühstück. Er umarmte Géminiani herzlich mit den Worten: „Es ist vorbei, ich bin wieder wohlauf."

In Fada n´Gourma angekommen, übertrug sich Coppis Freude auf den lebenslustigen Raphael, der den Tag daraufhin auf seine Weise genoß, zu tief ins Glas schaute und sich dabei einen großartigen Rausch einhandelte.

Die beiden Freunde schliefen, genauer gesagt verbrachten, die Nacht im gleichen Zimmer. Wieder ohne Moskitonetz. Wie nicht anders zu erwarten war, kamen die Plaggeister in Massen. *Gém* wehrte sich eine Zeitlang, dann übermannte ihn der Schlaf. Coppi führte dagegen den aussichtslosen Kampf bis zum anderen Morgen. Natürlich begann er den Tag unausgeschlafen und ziemlich gereizt.

Trotzdem nahm er am 15. Dezember an der angekündigten Großwildjagd teil, auf die er sich besonders gefreut hatte. Coppi am Abend: „Ich sah eine Löwin mit ihren Jungen. Ich konnte nicht schießen, das friedliche Schauspiel war einfach zu schön."

Den nächsten Tag verbrachte er abseits der Reisegesellschaft. Er machte erneut einen müden, abgespannten Eindruck und konnte sich nur mit Mühe auf den Beinen halten. Er blieb daher auch dem Wildbret-Essen fern, das Rivière am Abend bei Lagerfeuerromantik veranstaltete.

Man traf sich am 17. Dezember wieder an der Elfenbeinküste. Am Flughafen in Abidjan wurde der weitere Verlauf der Reise besprochen. Fausto gab bekannt, daß er auf der Stelle heimreisen würde. Sein italienischer Landsmann und Freund Cillario sowie Géminiani, der sich ebenfalls nicht wohl fühlte, schlossen sich sofort an. Der Rest der Gruppe wollte noch einige Tage bleiben.

Beim Einsteigen ins Flugzeug war Coppi leichenblaß. Seine Freunde, die zum Abschied gekommen waren, hatten den Eindruck, ein Schwerkranker verläßt sie. Géminiani konnte seinen Gesundheitszustand verbergen. Aber auch er fühlte sich Hundeelend.

Beim Flug über Sierra Leone und Dakar nach Paris schmiedeten Fausto und Raphael bereits wieder Pläne für das Ende des Jahres. Über Tunis, Casablanca, Rio de Janeiro sollte es nach Australien gehen. Für Coppi war es dabei schön, sich mit Géminiani auf französisch zu unterhalten. Nicht in hektischen Wortfetzen, wie dies während der Rennen geschehen ist, sondern in angenehmer Atmosphäre, stilvoll und geistreich. Von Zeit zu Zeit wurde ein Witz eingestreut und die beiden konnten trotz ihrer üblen Verfassung lachen wie kleine Jungen.

Am 18. Dezember traf die ganze Reisegruppe wieder am Flughafen in Paris Orly ein. Beim Abschied verriet Coppi seinem Freund: „An einem der nächsten Tage reise ich nach Nizza und treffe dort einen Namensvetter von dir - einen gewissen Oswaldo Géminiani -, mit dem ich 1961 die Sportgruppe *COPPI - OSWALDO GEMINIANI - EXPRESSMATIK* gründen möchte. Ich rufe dich bald zu Hause an. < *Chiau.* >

Die beiden gingen auseinander. Géminiani fuhr heim nach Clermont-Ferrand. Coppi wollte mit dem Flugzeug nach Turin, landete aber wegen Nebel in Mailand. Dort wollte er im Albergo *Andreola* übernachten, seinem Stammquartier bei Besuchen in der lombardischen Hauptstadt.

Der Zufall ergab, daß er auf Romeo Venturelli traf, einen sehr talentierten Amateurfahrer, den er bereits für seinen Rennstall SAN PELLEGRINO im Auge hatte. Er bat den überraschten Jungen, ihn nach Novi Ligure zu bringen und erklärte ihm auch, kreideweiß im Gesicht, warum. Giulia hatte sich geweigert, ihn in Mailand abzuholen. Sie war erbost, um nicht zu sagen ausgesprochen sauer, da sie vergeblich auf die versprochenen Anrufe gewartet hatte.

Coppi bestieg Venturellis *FIAT 1100*. Mit 120 bis 130 km/std ging es über die Landstraße. Coppi bat *Meo* mehrmals das Tempo zu verringern, denn es herrschte Nebel und die Straßen waren naß. Es wurde wenig gesprochen. Venturelli versuchte den Meister in ein Gespräch über die Planung der nächsten Wochen zu verwickeln, aber Coppi gab zur Antwort, daß er nicht in der Lage sei, momentan über solche Dinge zu sprechen. Venturelli sollte bei ihm übernachten und am nächsten Tag würde er mit ihm die Lage erörtern.

Meo war - seiner Erinnerung nach - bei der Ankunft sehr erstaunt, als Fausto von Giulia mit spitzer Zunge empfangen wurde: < *Sei qui? Non potevi stare ancora in Africa?* > (Du hier? Du bist nicht mehr in Afrika?).

Das Abendessen verlief in gespannter Atmosphäre. Venturelli war müde von der Fahrt und achtete nicht auf das Gespräch zwischen Giulia und Fausto. Am meisten faszinierte ihn noch, daß der Kammerdiener in weißen Handschuhen servierte. Er wurde jäh aus seinem Phlegma gerissen, als die beiden immer lauter wurden und sich gegenseitig beschimpften. Giulia wurde dabei immer heftiger und schrie Fausto an, daß sie ihn verlassen würde. Nun explodierte der und gab ihr zu verstehen, sie könne das sofort in die Wirklichkeit umsetzen.

Spätestens nun erkannte Venturelli, daß er fehl am Platze war. Er wurde in seiner Annahme bestärkt, als ihm Giulia unmißverständlich nahelegte, er solle sich „verdrücken". Coppi verabschiedete Venturelli wortlos, aber in seinen Augen stand die Entschuldigung für das Vorgefallene. Romeo Venturelli sah Coppi nie wieder.

Noch am 15. Dezember hatte Coppi in Afrika erklärt, die schönste Zeit seines Lebens sei angebrochen. Wenige Tage später war er gründlich ernüchtert. Zu den persönlichen Querelen kam sein Gesundheitszustand hinzu, der immer schlechter wurde. Er telefonierte mit Géminiani. Auch der klagte über Fieber, Leibschmerzen und allgemeines Unwohlsein. Beide suchten die Ursache mit einer Art Influenza zu erklären, wie sie in Südeuropa um diese Jahreszeit des öfteren kursierte.

Coppi unterschätzte offensichtlich seine Krankheit. Am 20. Dezember besuchte er in Genua das Auswärtsspiel seiner Fußball-Lieblingsmannschaft Alessandria gegen den Tabellenletzten und mußte dabei allerdings mit ansehen, wie der Genuese Abbadie in der 76. Minute das entscheidende 1:0 vollstreckte. Am Tag darauf fuhr der unruhige Coppi in sein Jagdreservat Incisa Scapaccino, etwa 35 km westlich von Novi Ligure, um dort, wie man in Italien sagt: < *quatro fucilate distensive* > - zu deutsch „einige Patronen zu verpulvern".

Fausto kam müde und zerschlagen zurück. Aber schon öfters war dies nach seinen ausgedehnten Fußmärschen während der Jagd der Fall und auch dieses Mal spielte er seinen desolaten Zustand herunter. Die Schmerzen nahmen jedoch zu. Fieber und Schüttelfrost stellten sich ein. Man rief den Hausarzt, Dr. Ettore Allegri. Der kam, saß lange am Bett von Fausto und rang sich zu dem Entschluß durch: „Es ist eine Grippe, wie sie in diesem Jahr in ganz Italien herrscht. Die Symptome sind klar." Was er vergaß, war erstens, daß Coppi aus Afrika zurückkam und zweitens, daß er Coppi Blut abnehmen hätte sollen und es zur Untersuchung weiterleiten hätte müssen. Jeder Student würde so gehandelt haben!

Fausto verließ noch einmal Novi Ligure. Am 23. Dezember nahm er, mittlerweile sichtlich krank, in Mailand an einer Sitzung der Berufsfahrer-Organisation Italiens teil.

Am Weihnachtstag konnte Coppi das Bett für kurze Zeit verlassen. Ettore Milano spielte für den kleinen Faustino den Weihnachtsmann. Fausto fotografierte, unterhielt sich mit seiner Mutter und half seinem Sohn beim Aufbau der elektrischen Eisenbahn. Auch mit Giulia konnte er wieder normal zusammenleben. Sie hatte offensichtlich den Ernst der Lage erkannt und sich wieder beruhigt. Abends bekam Fausto Fieber. Vorzeitig ging er schlafen.

Für den 26. Dezember war mit seinem Edeldomestik und Freund Ettore Milano einen Jagdausflug geplant, denn das Wort „verzichten" gab es bei Coppi nicht. Weder im Sport noch im Privatleben. Die Sache fiel ins Wasser, da sich ein weiterer Teilnehmer an diesem Morgen nicht wohl fühlte. Coppi verließ zwar das Haus, kehrte aber schon gegen 10 Uhr zurück und legte sich sofort ins Bett. Diesmal zog man Professor Astaldi aus Serravalle hinzu, einen weiteren „Spezialisten". Ebenso hätte man Dr. Locatelli, Ex-Ehemann von Giulia, nun erklärten Feind von Coppi, in den Kreis der erlauchten Medizinmänner einbeziehen können. Denn auch Astaldi glaubte eine Angina zu erkennen. Er verordnete strenge Bettruhe und: *Penizillin!* Damit unterschrieb er, wie sich später zeigen wird, Fausto Coppis Todesurteil.

In ganz Italien war inzwischen die Presse, der Rundfunk und das Fernsehen alarmiert. Unnötig, wie Dr. Allegri verkündete, denn Coppis Zustand hätte sich, wenn auch nicht verbessert, so zumindest stabilisiert. Es wäre zu erwarten, daß der *Campionissimo* die Krankheit gut überstehe.

Silvester verließ Fausto kurze Zeit das Bett. Er aß ein wenig, spielte mit seinem Sohn und trank um Mitternacht mit Giulia und Faustino ein Glas Sekt:

< *Buon anno, Fausto!* > - < *Buon anno papa!* >

< *Buon anno* >

1960
Die letzten Stunden Fausto Coppis

Fausto Coppi hatte für den 1. Januar ein Zusammentreffen mit seinen Mannschaftsgefährten der *Tour de France* 1949 geplant. Er wollte ihnen dabei ein Ölgemälde zeigen, das er von französischen Freunden erhalten hatte. Fausto war wieder voller Zuversicht, denn noch am 30. Dezember hatte Dr. Allegri verkündet, der Zustand des *Campionissimo* sei nicht besorgniserregend. 48 Stunden später hatte Coppi eine Körpertemperatur von 35 Grad (!) und klagte über starke Leibschmerzen. Nun entschloß sich Dr. Allegri, seinen Kollegen Professor Giovanni Astaldi - der Coppi bereits 1956 erfolgreich gegen Typhus behandelt hatte - endgültig mit einzubeziehen. Bisher hatte sich in der Laufbahn des *Campionissimo* besonders zwei Ärzte um ihn gekümmert, professionell, verläßlich: erst Dr. Camillo Campi, dann Dr. Francesco Coda. Beides hervorragende Sportmediziner. Fatalerweise trennte sich Dr. Coda - nebenbei auch Spezialist für Tropenkrankheiten - später aus persönlichen Gründen von Coppi.

Professor Astaldi traf am Vormittag des 1. Januar in Novi Ligure ein. Unschwer konnte er erkennen, daß der Zustand des Erkrankten inzwischen lebensgefährlich war. Als gegen 14 Uhr auch noch Professor Aminta Fieschi, der Direktor des Pathologischen Instituts der Universität von Genua, hinzugezogen wurde, war man der Ansicht - endlich! - den Patienten sofort in eine Klinik zu bringen. In Begleitung von Professor Astaldi schaffte man Coppi im Wagen des *Croce Rossa di Serravalle Scrivia* nicht, wie naheliegend, in die Universitätsklinik nach Genua oder das gut ausgestattete Hospital in Pavia, sondern in das abbruchreife Krankenhaus von Tortona, wo Astaldi praktizierte. Offenkundig wollte er den publikationsträchtigen *Campionissimo* nicht aus der Hand geben.

Man brachte Coppi über einen langen von blauen Lampen schwach beleuchteten Gang in das Röntgenzimmer. Aber der Apparat war defekt und so unterblieb die ohnehin sinnlose Prozedur. Man legte den Patienten im Zimmer Nummer 4 ins Bett. Es wurde sein Todeslager, denn der „Spezialist" Professor Astaldi behandelte seinen Patienten weiter mit Cortison und Penizillin. Aber das waren, wie bereits erwähnt, in diesem Fall tödliche Antibiotika, die das eigene körperliche Abwehrsystem schwächten, zum Erliegen brachten. Denn Coppi hatte Malaria!

Die norditalienischen Dilettanten hatten sich inzwischen sogar durchgerungen, Coppi ein wenig Blut abzuzapfen und es nach Genua geschickt. Vermutlich mit der Postkutsche, denn die Behandlung Coppis wies allmählich groteske Züge auf und ließ bei manchen den unausgesprochenen Gedanken an einen Komplott aufkeimen...

In Frankreich mußte sich Raphael Géminiani zu Hause, in Clermont-Ferrand, in den letzten Dezembertagen ständig erbrechen. Der „Lange

Karabiner“ hatte 41,5 Grad Fieber und war noch hagerer als sonst. Schließlich brach er zusammen. Sofort erschien sein Arzt Dr. Mora, der zusammen mit seinem Kollegen Brugière, Spezialist für Tropenkrankheiten - schließlich kam der Patient aus Afrika zurück! - eine vorläufige Diagnose stellte: „Akute Erkrankung der Leber, Verdacht auf Gelbsucht bzw. Typhus; alles Erscheinungen einer tropischen Infektionskrankheit. Lebensgefahr!“ Ein Polizeiauto raste mit der Blutprobe nach Paris. Im *Institut Pasteur* untersuchte Professor Schneider, eine Kapazität für Tropenkrankheiten, das Blut. Seine Diagnose war niederschmetternd: < *Plasmodium falciparum!* > Eine Art der Malaria, die die roten Blutkörperchen angreift und sie in etwa acht Tagen zerstört. In den meisten Fällen verläuft die Krankheit tödlich!

Géminiani wurde mit starken Dosen Chinin behandelt, einem Alkaloid der Chinarinde - und hier liegt das eigentliche Drama um Coppi - das in Italien in jeder Apotheke, Drogerie, ja selbst in Tabakläden ohne Rezept unter dem Namen *Chinino dello Stato* erhältlich gewesen wäre! Schließlich hatte man zwischen 1935 und 1936 im Abbesinien-Feldzug so seine Erfahrungen gesammelt. Die hatten sich aber allem Anschein nicht bis nach Tortona herumgesprochen.

Dort verschlechterte sich der Zustand Coppis sichtlich. Aus allen Teilen des Landes waren inzwischen die Reporter eingetroffen und die Leitung des Krankenhauses sah sich am Neujahrstag gegen 23 Uhr gezwungen, eine improvisierte Pressekonferenz einzuberufen.

Den Journalisten wurde erklärt: „...daß Coppi seit etwa zwölf Tagen über Leibschmerzen klagt. Die Ursache dafür ist in einer Infektionskrankheit zu suchen, die er sich vermutlich bei seinem Aufenthalt in Afrika zugezogen hat. Da sich die Schmerzen verstärkt hatten, wurde der Transport ins Krankenhaus veranlaßt.“ Auf die Frage eines Journalisten nach der Krankheitsart, gab Professor Astaldi, für viele überraschend, bekannt: < *Broncho pneumonie hémorragique á virus.* >

Auf die Frage, ob es sich vielleicht um Malaria handeln könnte, schüttelte der Arzt energisch den Kopf.

Ein Pfleger Coppis wußte es besser. Er gab der Presse hinter vorgehaltener Hand den Rat, die erste Seite ihrer Blätter für den schlimmsten Fall freizuhalten.

Der war noch nicht absehbar. In Genua rätselte man nämlich noch immer an der Blutprobe Coppis herum und Professor Fieschi gab deshalb bekannt, der *Campionissimo* wäre zu retten, wenn bis 10 Uhr des folgenden Tages die Ursache der Krankheit geklärt wäre und eine gezielte Behandlung einsetzen könnte.

Kriminelle Züge erhalten die letzten Stunden Coppis. Aus Frankreich versuchte Géminianis Frau Anne-Marie vergeblich, die Ärzte in Tortona davon zu überzeugen, daß Coppi eine lebensgefährliche Malaria hat. Lapidar wurde sie abgeschmettert:

< *Madame, il est fort possibile que votre mari souffre du mal dont vous parlez, mais Fausto Coppi, lui, est atteint d´une affection pulmonaire et nous le soignons en conséquence.* >
(Sinngemäß: Behandeln sie ihren Mann wie sie wollen, wir behandeln Coppi auf unsere Art).

Das Französisch der Ärzte war scheinbar besser als ihre medizinischen Kenntnisse. Wie gesagt - einige Teelöffel Chinin...

In den ersten Morgenstunden des darauffolgenden Tages begannen die Antibiotika zu wirken. Eine momentane Besserung trat ein. Aber es war das letzte Aufbäumen. Der letzte Kampf des *Campionissimo* begann. Es war ein Kampf gegen den Tod.

Aus Varazze war inzwischen Coppis legitime Ehefrau Bruna mit der gemeinsamen Tochter eingetroffen. Sie wollte von den Presseleuten nicht erkannt werden und benutzte einen Nebeneingang. Ohne Marina; die zwölfjährige war zusammengebrochen und mußte zu Bekannten gebracht werden. Auch Bruna war am Ende ihrer Kräfte. Sie wurde von Weinkrämpfen geschüttelt und zwei Ärzte mußten sie vorerst versorgen. Dann betrat sie Coppis Zimmer. Es war das Sterbezimmer.

Später wurde berichtet, Fausto hätte für kurze Zeit die Augen aufgeschlagen, sie aber nicht erkannt und Unverständliches gemurmelt. Bruna hätte mit erstickter Stimme auf ihn eingeredet und ihm gesagt, sie verzeihe ihm, aber nicht der Locatelli.

Die war kurz vor Mitternacht in Faustos Zimmer gewesen. Auch sie hatte hemmungslos geweint, sich auf den Sterbenden geworfen. Alle Anwesenden verließen bedrückt den Raum. Als Giulia kurze Zeit darauf herauskam, glaubten alle einen Geist zu sehen. Die Ärzte mußten sich auch um sie kümmern und der Priester des Krankenhauses, Don Lorenzo Ferrarazzo, gleichzeitiger Herausgeber der katholischen Zeitung *Il popolo* in Tortona, spendete ihr - der oftmals als gottlos Angeprangerten - vorerst Trost.

Vorerst, denn weniger tröstlich verliefen die nächsten Minuten. Der Geistliche nahm der verzweifelten Giulia das Versprechen ab, sich von Coppi zu trennen. Nur so könne er seinem langjährigen Freund Fausto die Sterbesakramente der katholischen Kirche geben. Giulia willigte ein. Anschließend brachte man sie bewußtlos in ein Nebenzimmer.

Um drei Uhr morgens gab der Geistliche Coppi die letzte Ölung. Fausto war zu schwach, um der Zeremonie folgen zu können. Das Fieber war auf 40 Grad angestiegen. Sein Herz, das normalerweise mit 40 Schlägen pulsierte, schlug 180 Mal in der Minute.

Mit der Erteilung des Sterbesakraments erwies sich das lange kursierende Gerücht, der *Campionissimo* sei von der Kirche suspendiert worden, als falsch. In der Tat sah es 1949 lange so aus, als ob Coppi, der Sieger der Tour de France, ein Opfer der durch den Vatikan ausgesprochenen Exkommunizierung der Kommunistenfreunde werden hätte können. Der *Avanti*, das Blatt der

„Geeinigten Sozialisten“ hatte zumindest diese Behauptung ausgesprochen. Begründet wurde die Meldung mit der Tatsache, daß Coppi während der Rundfahrt verschiedenen linksorientierten Blättern, so der Pariser *Humanité* sowie den römischen kommunistischen Zeitungen *Unita* und *Oggi* Interviews gegeben hatte! Beruhigt konnte man im Vatikan jedoch feststellen, daß Coppi seine Erklärungen nicht selbst redigiert hatte, und obendrein ein guter katholischer Gläubiger sein mußte, denn er hatte nach seinem Sieg ein Ergebenheitstelegramm der italienischen Mannschaft an den Heiligen Vater mitunterzeichnet...

Das Drama nahm indessen seinen weiteren Verlauf. Der Morgen graute, ein naßkalter, nebliger Tag begann: der 2. Januar 1960, ein Samstag. Vor dem Portal des Krankenhauses hatte sich eine kleine Menschenmenge eingefunden, fröstelnd, unausgeschlafen. Unter ihnen Professor Astaldi, aschgrau im Gesicht. Immer wieder kam der Ruf aus der Menge: „Warum könnt ihr Coppi nicht retten?“ Ein Journalist wurde präziser: „Ich frage sie höflich. Seit dem Krieg in Äthiopien weiß man in unserem Land um die Gefährlichkeit der Tropenkrankheiten, insbesondere der Malaria. Warum hat man Fausto Coppi nicht dahingehend untersucht? Man wußte doch, daß er aus Afrika kam!“ Astaldi blieb die Antwort schuldig.

Von einer nahegelegenen Kirche hörte man die Glocken sechs Mal schlagen. Um diese Zeit war Ettore Milano mit Giulia unterwegs nach Novi Ligure, um Coppis letzte Kleidung zu besorgen. Um sieben Uhr kamen die beiden zurück. Mit Tränen in den Augen teilten ihnen die Pfleger mit, daß es für Fausto keine Hoffnung gab. Eine viertel Stunde später hieß es, Grund bestehe zu der Annahme, die Krise sei vorüber. Das war sie auch: der *Campionissimo* starb.

Coppi lag ruhig. Von der Rastlosigkeit eines Kampfes war nichts zu bemerken. Die nächsten Angehörigen und Freunde waren um sein Bett versammelt: seine 68-jährige Mutter Angiolina, sein Bruder Livio und dessen 19-jähriger Sohn Franco; sein Onkel Giuseppe; seine Freunde Giovanni De Chiesa und Ettore Milano. Im Hintergrund warteten Professor Astaldi, Doktor Poggi und Monsignore Lorenzo Ferrarazzo auf das Unausbleibliche. Zwei oder drei lange, ruhige Atemzüge. Dann trat das ein, was Orio Vergani am nächsten Tag im *Corriere della Sera* human umschrieb:

< *Il grande airone ha ciuso le ali.* >
Der „Reiher“ hatte seine Flügel geschlossen.

Fausto Angelo Coppi war tot, sein Mythos geboren.

Wie so vieles ist auch die genaue Todeszeit umstritten. Man spricht von 7.45 Uhr. Um 8:45 Uhr verkündete ein Arzt der wartenden Menge mit belegter Stimme die Nachricht, die keiner wahrnehmen wollte: „Fausto Coppi ist tot.“

Mamma Angiolina verlangte, daß der Leichnam ihres Sohnes von Tortona nach Castellania, in sein Geburtshaus, überführt würde. Der offizielle Amtsarzt von Tortona widersprach dem Wunsch aus Sicherheitsgründen energisch und schritt zur Tat: Der Körper Coppis wurde in weiße Tücher gehüllt und mit Desinfektionsmittel besprüht. Die Gefahr, daß es sich um eine ansteckenden Infektionskrankheit handelte, war zumindest ihm klar. Professor Astaldi, dem man zu diesem Zeitpunkt nicht einmal mehr das Leben einer Katze anvertrauen hätte dürfen, gab inzwischen die „offizielle" Todesursache bekannt: *Broncopolmonite.* Beim heiligen Äskulap! Er tat noch immer so, als wäre es eine Lungenentzündung gewesen...

Fausto Coppi wurde angekleidet und in der Totenkammer aufgebahrt. Er hatte den Anzug an, den er des öfteren bei Ehrungen und Auszeichnungen getragen hatte. Seine Hände waren vor der Brust gekreuzt; sie umschlossen einen Rosenkranz. Das war keine theatralische Geste. Coppi war in seinem innersten Wesen ein gläubiger Christ gewesen, aber er machte im Gegensatz zu Bartali kein Aufsehen um die Tatsache, daß auch er unter Geistlichen, bis hinauf zu hohen kirchlichen Würdenträgern, gute Freunde hatte.

Coppi wurde am 2. Januar im Lauf des Tages in einen Sarg aus Nußholz gebettet, der mit weißer Seide ausgeschlagen war und auf der Oberseite ein Glasfenster hatte, durch das man das Antlitz des Verstorbenen sehen konnte. Nochmals nahmen die beiden Frauen, die in seinem Leben eine Rolle spielten, Abschied. Bruna gefaßt; Giulia wieder hemmungslos weinend. Immer wieder drückte sie ihr Gesicht auf das Glas, das sie von Fausto trennte. Auch diesmal mußten sie die Ärzte behutsam von ihrem Lebensgefährten trennen. Es war der endgültige Abschied.

Am späten Samstagabend wurde die sterbliche Hülle Faustos nach Castellania in einen Raum des *Velo Club Serse Coppi* übergeführt. Vor der Abfahrt hatte der Bürgermeister von Tortona, Signor Pilotti, dem *Campionissimo*, dem „Meister aller Meister" am Ausgang des Krankenhauses nach einer kurzen religiösen Andacht die letzte Ehrerbietung entgegengebracht. Einfache und ergreifende Worte:

"Wir werden uns an dich erinnern, Fausto, wie du die Gipfel der Bergriesen erstürmt hast, wie du in Lugano das Regenbogentrikot erobert hast. Wir werden dich in Erinnerung behalten, als einen Jungen, der seiner Heimat Ehre gemacht hat."

Dann setzte sich die Autokolonne in Bewegung. Dreißig Minuten später war Fausto Angelo Coppi wieder zu Hause in seinem Heimatdorf.

Carabinieri mußten am Sonntag, den 3. Januar, den ganzen Tag über den Andrang Tausender regeln, die von ihrem geliebten *Campionissimo* Abschied nehmen wollten. In kurzer Zeit war kein Platz mehr für die vielen Blumen.

In den Vormittagsstunden traf Gino Bartali ein. Erschüttert stand er vor den sterblichen Überresten seines langjährigen Rivalen, seinem einstigen Gegner in den Alpen und Pyrenäen, seinem inzwischen liebgewonnenen

Freund. Er konnte sich kaum auf den Beinen halten. Tränen gruben sich in sein von Wind und Wetter zerfurchtes Gesicht. Freunde brachten ihn in ein Nebenzimmer. Er wollte mit seinem Schmerz alleine sein.

Im engsten Familienkreis (wobei man nicht umhin kam, Giulia mit einzubeziehen), gab es eine heftige Diskussion um die Frage, wer die offizielle Todesanzeige verfassen soll. Professor Sparpaglione, der langjährig Beichtvater von Coppi schlug vor, die Namen der beiden Frauen unerwähnt zu lassen. Giulia protestierte energisch, aber man machte ihr sofort klar, daß sie ja nicht die legitime Ehefrau von Coppi sei. Schließlich einigte man sich, konnte aber nicht verhindern, daß etwas später an den Mauern der Häuser Plakate klebten:

La signora GIULIA ed il piccolo Fausto annunciano con profondo dolore l´improvvisa scomparsa dell´amato FAUSTO

Bezeichnenderweise für die ganze Konfusion trug die Verlautbarung, daß Frau Giulia und der kleine Fausto mit tiefer Trauer das plötzliche Hinscheiden des geliebten Fausto bekanntgeben, das Datum vom 2. Januar 1959.

Um 14 Uhr wurde der Raum, in dem Coppi aufgebahrt war, für die Öffentlichkeit geschlossen. Die Beisetzung war für den 4. Januar vorgesehen und Coppi sollte die Nacht in seinem Geburtshaus verbringen. Nun lag er im Schlafzimmer seiner Mutter. In dem Zimmer, in dem er am 15. September 1919 zur Welt kam; in dem Raum, wo 1951 auch sein Bruder Serse aufgebahrt war.

Am Montag, den 4. Januar, setzte sich um 10 Uhr Vormittags ein schier endloser Trauerzug in Bewegung: An der Spitze zwei Carabinieri, denen als offizieller Vertreter der Kirche Don Ugo Perfumo folgte. Dahinter eine Gruppe Amateurfahrer mit ihren Rädern, die ihrem Idol das letzte Geleit gaben. Dann zwei Jugendliche, die ein überlebensgroßes Bild des *Campionissimo* trugen, das ihn im Regenbogentrikot des Weltmeisters zeigte. Dann kamen Männer, die paarweise fünfundvierzig riesige Kränzen trugen. Ihnen folgten die Leichenträger. Hinter dem über und über mit Blumen beladenen Sarg kamen die engsten Familienmitglieder, unter ihnen, gestützt von einem Priester - dem Vetter Faustos - Bruna. Marina, Coppis Tochter, fehlte im Trauerzug. Man schob eine Erkrankung vor, aber die Heranwachsende hatte sich bereits zu diesem Zeitpunkt von ihrem Vater abgewandt. Sie verzieh ihm die Trennung von ihrer Mutter nie. Auch Giulia fehlte. Sie war mit ihrem Sohn nach Castellania gekommen, aber das Ganze ging über ihre Kräfte. Sie erlitt erneut einen Ohnmachtsanfall und wurde bewußtlos zurück nach Novi Ligure gebracht. Dort saß der viereinhalbjährige Faustino nun vor dem Bild seines Vaters. Begriffen hat er das ganze Drama nicht.

Im Anschluß an die Familienmitglieder kamen Faustos einstige Rivalen und Freunde: Baffi, Baldini, Carrea, Coletto, Conterno, Defilippis, Magni, Pezzi und der untröstliche Ettore Milano. Aus Frankreich waren Anquetil, Bobet, Darrigade, Hassenforder und Rivière herbeigeeilt; aus der Schweiz Ferdy Kübler, aus Luxemburg Charly Gaul. Mit Alfredo Binda (57 Jahre), Gino Bartali (45 Jahre) und Ercole Baldini (26 Jahre) waren gewissermaßen die gesamten lebenden Radsport Generationen Italiens vertreten. Coppis ehemaliger Sportlicher Direktor, Eberardo Pavesi sowie sein blinder Masseur und Betreuer Biagio Cavanna schlossen den Kreis der Männer um den *Campionissimo.*

Dann kamen Vertreter der Kirche und der Kommune. Letztendlich das Volk - Arbeiter, Bauern, kleine Angestellte, Handwerker; die echten *tifosi*, die Sportfanatiker.

Alle hatten einen langen Weg vor sich. Es ging hinaus in die Hügellandschaft, hinauf zum kleinen Friedhof San Biaggio.

Der kleine Kirchhof konnte die Menge nicht aufnehmen. Nur wenige Zuhörer vernahmen die Worte von Don Luigi Antomettri, der die Grabrede hielt. Es war ein salbungsvoller Abschied. Dann wurde Fausto Coppi der Erde übergeben. Anquetil, Bobet, Darrigade und Kübler hielten die Totenwache.

[Der Tod von Fausto Coppi löste sofort eine heftige Diskussion aus. Auch unter den Ärzten. Niemand wollte die gestellte Diagnose von der Lungenentzündung glauben, akzeptieren und bestätigen. Insbesondere deshalb nicht, weil inzwischen durchgesickert war, daß in Frankreich Géminiani, der unter den selben Symptomen litt - dort aber anders behandelt worden ist - die Krankheit offensichtlich überstanden hatte. (Géminianis Frau hatte alle Zeitungen versteckt, um Raphael den Tod seines Freundes zu verheimlichen). Keiner konnte verstehen, daß Coppi nicht auf eine Tropenkrankheit untersucht wurde, da doch bekannt war, daß er bereits während des Krieges in englischer Gefangenschaft unter Malaria zu leiden hatte. Darüber ist viel geschrieben worden und man war sich lange nicht darüber im Klaren, ob der Italiener auf Grund dieser Krankheit überhaupt noch einmal würde Rennen fahren können. Verdammt noch mal: Man wußte Bescheid!]

Unter dem Druck von Fernsehen und Presse wurde der italienische Gesundheitsminister gezwungen, eine Untersuchung einzuleiten. Am 7. Januar gab Professor Alfredo Romanzi vom Mikrobiologischen Institut der Universität in Genua seine Ermittlungen bekannt: Im Blut von Coppi befanden sich Malaria Erreger von der gleichen Art, wie sie auch bei Géminiani gefunden worden sind. Romanzi konnte, als er von „Mikrobiologie" sprach, seine Enttäuschung kaum verbergen. Besonders was die Blutuntersuchung von Coppi anbelangte, mußte er eingestehen, daß die Ausbildung an Italiens Universitäten oft sehr mangelhaft ausfiel. Auch die Frage blieb im Raum stehen, warum hatte man Coppi vor seiner Abreise nach Obervolta nicht vorsorglich geimpft. Natürlich alles Stoff für weitere Polemik.

Schon am nächsten Tag brachte die gesamte italienische Presse die Anklage Giulias, die zu Recht behauptete, Fausto hätte gerettet werden können, wenn man rechtzeitig eine Blutanalyse vorgenommen hätte.Nun war Professor Astaldi an der Reihe, der - unterstützt von seinem Glaubensgenossen - meist unverständliches Latein von sich gab, und ständig von extrem komplexen Symptomen sowie einem erschöpften, überanstrengten Körper - prädiponiert für ansteckende Krankheiten - schwafelte. Man kann sich bei der Beurteilung von Romanzi, Astaldi und anderen „Koryphäen" leicht um Kopf und Kragen reden.

Die traurige Tatsache bleibt: Fausto Coppi mußte mit knapp vierzig Jahren aus dem Leben scheiden. Er hatte bis zu diesem Zeitpunkt 666 Rennen bestritten, 118 Siege bei Straßenrennen erzielt und ist dabei 3041 Kilometer als Solist gefahren. Das heißt, er brachte 58 Ausreißversuche zu einem siegreichen Abschluß! Er gewann drei Weltmeistertitel: 1953 auf der Straße, 1947 und 1949 in der Einer-Verfolgung auf der Bahn. Er beendete den *Giro d'Italia* fünf Mal als Erster, gewann dabei 23 Etappen und fuhr an 31 Tagen im Rosa Trikot. Coppi gewann zwei Mal die *Tour de France*, holte sich neun Etappensiege und trug 19 Tage das Gelbe Trikot. Insgesamt legte er rund 119 000 Rennkilometer zurück.

Louison Bobet sprach am Grab von Coppi „Vom besten Rennfahrer aller Zeiten, der nie mehr übertroffen wird". Im Zeitalter von Moser, Merckx, Hinault, Rominger und Indurain mag diese Aussage falsch sein. Aber Bobet irrte grundsätzlich: Es gibt keinen „Besten" - wohl aber einen „Erfolgreichsten". Das ist und bleibt vermutlich Eddy Merckx.

Vergleichbar sind nur die Athleten einer exakt meßbaren Sportart (Höhe, Weite, Geschwindigkeit, Leistung in kg usw.); bei anderen Sportarten die Wettkämpfer einer Generation. Spricht man im Radsport jedoch von „den Besten", dann ist Coppi bestimmt dabei!

Trafen zu Lebzeiten des *Campionissimo* in der *Villa Coppi,* wo Fausto zusammen mit Giulia und seinem Sohn lebte, täglich eine Unmenge Briefe und Postkarten ein, so wurde es nun still um das Haus. Bei der Diskussion um den Tod von Coppi kam auch immer wieder zur Sprache, daß er wahrscheinlich keine Zeit mehr hatte, beziehungsweise nicht darauf vorbereitet war, rechtzeitig ein Testament zu verfassen. Das war eine der Ungereimtheiten jener Tage. Aber er hatte Vorsorge getroffen. Zumindest für seinen Sohn. Seine letzte Verfügung lautete wörtlich:

Ich hinterlasse meinem Sohn Angelo Fausto Occhini, geboren am 13. Mai 1955 in Buenos Aires, die 'Villa Coppi' in Novi Ligure, Via Serravalle, mit dem sie umgebenden Grundstück und sämtlichen Inhalt. Ich hinterlasse meinem Sohn ebenfalls mein Eigentum in der Kommune Incisa Scapaccino, genannt 'La Zucca' [Anm.: ein Gutshof mit etwa 130 ha], mit allem Grund und Boden sowie lebendem und totem Inventar. Ich hinterlasse ebenso meinem Sohn die Summe von 10 Millionen Lire [1960 = DM 67 000]. Unterschrieben in Novi Ligure.

Und was war mit Giulia, seiner großen Liebe?

Nachher

Coppis Erfolge, seine Siege und Plazierungen, waren immer mühsam, von unmenschlichen Anstrengungen geprägt. Seine Haut war von der sengenden Sonne verbrannt, tief gebräunt, von tausend kleinen Falten zerfurcht, die das Salz des Schweißes eingegraben hatte. 25 000 Rennkilometer Jahr für Jahr. Aber die Schinderei war einträglich gewesen.

Nun begann die Öffentlichkeit, begannen die Erben, die Advokaten, zu rechnen und sie schätzten das von Coppi hinterlassene Vermögen zwischen *1 200 000 000* und *1 750 000 000 Lire*; imposante Zahlen: *1,2 bis 1,8 Milliarden.*

Immerhin acht bis zwölf Millionen Mark! (bleiben wir zum besseren Verständnis bei der uns geläufigen Währung). Die Berechnung war leicht. In den zehn Jahren zwischen 1949 und 1959 verdiente Coppi im Durchschnitt pro Jahr mindestens 480 000 Mark:

Etwa 70 Straßen- und Bahnrennen; durchschnittlich bis zu 2000 Mark Startgeld: ergibt 140 000 Mark.

[Coppi hatte während seiner Laufbahn bis auf wenige Ausnahmen nie schriftliche Verträge abgeschlossen. Ab und zu sickerten jedoch Zahlen durch. So soll er aus der Hand von Mouton, dem Direktor des *Vel d'Hiv* in Paris, für einen Start auf der Winterbahn bis zu 4000 Mark erhalten haben. Bei seinem legendären Verfolgungsmatch gegen den australischen Weltmeister Patterson 1953 in Mailand war die Rede von über 13 000 Mark. Allerdings verschlangen die Versicherungssummen davon einen stattlichen Teil. Aber Coppi war nicht nur ob seiner Stürze bei den *assicurazioni* ein bekannter Mann. Jedes Jahr war eine hohe Versicherungssumme gegen Jagdunfälle zu bezahlen, nachdem bekannt geworden war, daß der leidenschaftliche Jäger Coppi einmal aus Versehen in den Fußboden seiner Villa geschossen hatte.]

Bis zu 100 000 Mark Jahresgehalt bei seinen verschiedenen Rennställen.

Etwa 140 000 Mark an Prämien für Siege und Plazierungen bzw. Anteile aus Erfolgen seiner Mannschaft.

Rund 100 000 Mark Gewinnbeteiligung an verschiedenen Projekten sowie Zinserträge.

Der Millionenregen der „Goldene Jahre“ wäre die Basis für eine glückliche, sorgenfreie Zukunft gewesen. Dem standen allerdings gehörige Ausgaben gegenüber:

1949 kaufte Coppi das Landgut *La Zucca* in der Nähe von Incisa Scapaccino für 235 000 Mark, das aber mit allen Umbauten und dem Erwerb eines weiteren kleinen Landhauses, *La Garibalda*, etwa um die 870 000 Mark verschlang.

Hinzu kam die Villa in Novi Ligure, Via de la Rimembranza, zweistöckig, mit einem herrlichen Garten, die er nach der Trennung seiner Frau Bruna überließ.

Anschließend kaufte er die *Villa Carla* am Ortsausgang von Novi Ligure. Nicht so groß wie sein erstes Haus, aber wunderschön, elegant, auf einem herrlichen Grundstück. Dieses Projekt kostete rund 100 000 Mark. Hier hatte Coppi nach allen Mühen der Vergangenheit versucht, mit Giulia ein großzügiges Leben zu führen. Aber fünf Bedienstete, die pro Monat über 1400 Mark kosteten und drei Autos in der Garage (um jedoch bei der Wahrheit zu bleiben, nur ein bescheidener *FIAT 600* und zwei *APPIA*, Mittelklassewagen von *LANCIA*), trugen dazu bei, daß der Lebensunterhalt sehr kostspielig wurde. Man sprach von 370 000 Mark pro Jahr.

Seine Finanzen gerieten öfters ins Schlingern. Zum Beispiel Ärger mit der Vermietung seiner Appartements: eines in Quinto, fünf in Pegli, einige in Mailand. Echten Schiffbruch erlitt er mit einer Hemdenfabrik in Mailand. Die Geschäftsleitung empfahl sich mit 270 000 Mark Schulden. Coppi wurde mit einem Ballen Hemden abgespeist, die er wohl oder übel in einem Kellerabteil seiner *Villa Coppi* einlagerte. Dann gab er seinen guten Namen (und Geld) für die Herstellung von Rasierklingen aus. Diesmal waren es nur 67 000 Mark Defizit. Zu den Hemden im Keller gesellten sich zehn Kartons *Lamette da barba*. Nach seinem Tod flossen immerhin noch die Tantiemen aus seiner Beteiligung an den Rädern Marke *COPPI* (etwa 10 Mark pro verkauftem Stück), Beteiligung an der Herstellung von Fahrradsättel Marke *COPPI*, die nicht gerade glücklich verlief, und einer Bonbonfabrik in Acqui Terme, die ziemlich unbeachtet ihre Süßigkeiten herstellte.

Neben der Öffentlichkeit, den Advokaten und den Erben begann auch der Staat zu rechnen. Der Fiskus, beeindruckt vom Lebenswandel Coppis in seinen letzten aktiven Rennjahren, forderte 1961 von Giulia Occhini 469 000 Mark Steuernachzahlung, von seinen Kindern 187 600 Mark.

Der *Campionissimo* hatte wenige Wochen vor seinem Tod einem Freund gegenüber geäußert: „Sag nicht auch du, ich soll Giulia verlassen. Ich habe nicht den Mut, das zu tun. Nebenbei bemerkt würden eine Lawine finanzieller Probleme auf mich zukommen." Was Coppi aber vorhatte, war über kurz oder lang seine Villa in Novi Ligure zu verkaufen. Er wollte dafür 135 000 Mark, es wurden vorerst jedoch nur 94 000 Mark geboten. Coppi plante, nach Mailand zu ziehen. Einmal war er mit Vincenzo Torriani durch die Stadt gefahren;

vorbei am *Duomo*, an der *Scala,* am mächtigen *Castello Sforzesco*, vorbei an den Palästen aus Marmor. Plötzlich ließ Coppi anhalten: „Genau, hier werde ich etwas kaufen. Hier möchte ich wohnen. Im Zentrum von Mailand. An einem Platz für mich alleine."

Das stimmt nachdenklich. Da war wieder Coppis wirkliche Einsamkeit zu spüren. Die Einsamkeit, die sein Arzt Dr. Campi einmal so in Worte faßte: „Er ist ein einsamer Mensch. Das ist bewiesen. Seine zwei Schwestern sind gestorben. Sein Bruder Serse ist tot. Als Mario Ferretti 1949 anläßlich der denkwürdigen 17. Etappe *Cuneo-Pinerolo* im Radio verkündete: *'Un uomo solo al comando'* hatte das leider auch eine zusätzliche Bedeutung. Coppi ist wirklich ein einsamer Mensch. Sehr einsam."

Am 21 Dezember 1961, 7.05 Uhr, starb Biagio Cavanna im Krankenhaus von Novi Ligure; *il cieco* wurde 69 Jahre alt.

Im selben Jahr schloß Faustos Mutter Angiolina für immer die Augen. Doktor Locatelli, Ehemann von Giulia, wurde ab 1975 nicht mehr in der Öffentlichkeit gesehen; 1976 erlag er einem Herzinfarkt. Ihm folgte 1979 Bruna Coppi. Sie starb, geistig umnachtet, im Alter von nur 58 Jahren. 1981 verlor Giulia ihre Tochter Loretta. Die bildhübsche Frau mußte mit nur 32 Jahren an den Folgen eines Tumors aus dem Leben scheiden.

Die „Dame in Weiß" fand 1981 in Stefano Azzaretti, einem Geschäftsmann, einen neuen Lebensgefährten. Am 3. August 1991 war sie mit ihrem Chauffeur auf der Heimfahrt. Beim Einbiegen in die *Villa Coppi* wurde ihr Wagen von einem *VW Golf* gerammt, in dem zwei Jugendliche aus Novi Ligure saßen. Ein gewaltiger Zusammenstoß mit verheerenden Folgen für Giulia: Gehirnerschütterung, Verletzung der Schädeldecke, Oberschenkelbruch, Verletzung der Wirbelsäule, nicht rückgängig zu machendes Koma. So die Auskunft der Ärzte im Krankenhaus von Novara. Am 25. Juni 1992 wurde Giulia in das *San Giacomo Hospital* in Novi Ligure verlegt, nach wie vor bewußtlos, bewegungsunfähig, unansprechbar. Ihr Todeskampf dauerte lange; siebzehn Monate. Am Mittwoch, den 6. Januar1993, 8.15 Uhr, war ihr Leiden zu Ende. Sie überlebte Fausto fast genau um 32 Jahre. Ihre letzte Ruhestätte ist an der Seite ihrer geliebten Tochter Lolli im Friedhof von Serravalle Scrivia.

Faustos Tochter Marina lebt in Novi Ligure. Sie ist verheiratet, hat zwei Kinder und arbeitet als Lehrerin. Faustino Coppi lebt zurückgezogen in der *Villa Coppi* am Ortsausgang von Novi Ligure. Er ist bei einer Straßenbaufirma beschäftigt und hat keine Beziehung zum Radrennsport. Im Juni 1993 starb Coppis älterer Bruder Livio. Er war der letzte seiner Familie.

In Castellania blieb die Zeit stehen. Der kleine Ort hat sich seit 1960 kaum verändert. Nur noch wenige Menschen leben hier. An Coppis Geburtshaus hängen die Fensterläden schief, die Beschläge rosten vor sich hin, hinter blinden Scheiben erkennt man verstaubte Möbel. Auf dem kleinen Hinterhof wächst nur noch Unkraut. Am Ortsausgang steht eine kleine Kapelle. Daneben ruhen in zwei Steinsärgen Serse und Fausto. Oft weilen Besucher aus aller Welt an diesem Ort. Sie bringen Blumen und denken an einen der größten Radrennfahrer aller Zeiten. Sie erinnern sich an den *Campionissimo:*

an

Fausto Coppi

Legende für die Straßenrennen:

* = Einzelzeitfahren
M* = Mannschaftszeitfahren
? = keine näheren Angaben vorhanden

Fausto Coppis Siege bei Straßen- und Bahnrennen

Datum	Rennen Klassiker/Rundfahrten ***fett/kursiv*** dargestellt	Vorsprung in sec bzw. min oder *Anzahl der Fahrer bei Spurt-Entscheidungen*
1938 Amateur/Dilettante (Dopolavoro Tortona)		
Juli	Castelletto d´Orba	?
?	Alessandria	?
1939 Amateur/Dilettante (Dopolavoro Tortona) Unabhängiger/Indipendente		
28.05.	Coppa Cittá di Pavia	5:02
11.06.	Coppa Canepa	3:30
Juli	Giro del Penice	8:00
08.08.	Giro del Casentino	5:45
14.08.	*Tre Valli Varesine*	6:42
18.09.	Circuito di Susa	4:02
1940 Berufsfahrer **(LEGNANO)**		
29.05.	*Firenze-Modena* (Giro, 11. Et.)	3:45
09.06.	***Giro d´Italia*** (Gesamtwertung)	2:40
1941 Berufsfahrer **(LEGNANO)**		
06.04.	***Giro di Toscana***	3:01
20.04.	***Giro del Veneto***	1:15
10.08.	***Giro dell´Emilia***	0:10
31.08.	***Tre Valli Varesine***	3:07
10.11.	Giro Provincia Milano M* (mit Mario Ricci)	2:19
1942 Berufsfahrer **(LEGNANO)**		
21.06.	Italienischer Straßenmeister (Rom)	2

1943 und 1944 auf Grund der Kriegsereignisse keine Teilnahme an Rennen

1945 Berufsfahrer
(einige Zeit für **NULLI**, sonst ohne festen Vertrag)

08.06.	Coppa Salvioni (Rom)		*2*
29.06.	Coppa Candelotti (Lazio)		0:26
08.07.	Circuito degli Assi (Milano)		1:45
30.09.	Circuito di Lugano (SUI)		0:34
18.11.	Circuito di Ospedaletti		1:05

1946 Berufsfahrer **(BIANCHI)**

19.03.	***Milano-Sanremo***	14:00	
12.05.	***Giro della Romagna***		*2*
19.06.	*Prato-Bologna*	(Giro, 5. Et.)	*5*
02.07.	*Udine-Auronzo*	(Giro, 13. Et.)	*2*
03.07.	*Auronzo-Bassano*	(Giro, 14. Et.)	1:12
07.07.	*Mantova-Milano*	(Giro, 20. Et.)	0:40
12.09.	Circuit du Trocadéro (FRA)		2:14
15.09.	Grand Prix des Nations (FRA, *)		1:50
06.10.	Circuito di Lugano (SUI)		*7*
27.10.	***Giro di Lombardia***		0:40

1947 Berufsfahrer **(BIANCHI)**

11.05.	***Giro della Romagna***		*4*
27.05	*Reggio Emilia - Prato*	(Giro, 4. Et.)	*3*
01.06.	*Roma-Napoli*	(Giro, 9. Et.)	*10*
12.06.	*Pieve di Cadore - Trento*	(Giro, 17. Et.)	4:24
15.06.	***Giro d´Italia***	(Gesamtwertung)	1:43
21.08.	*Lausanne-Genf*	(TdS, 5. Et., *)	6:22
31.08.	***Giro del Veneto***		8:00
21.09.	Grand Prix des Nations (FRA, *)		8:14
28.09.	Quer durch Lausanne (SUI)		0:22
04.10.	***Giro dell´Emilia***		10:45
26.10.	***Giro di Lombardia***		5:24

Italienischer Straßenmeister mit 22 Punkten

1948 Berufsfahrer **(BIANCHI)**

19.03	***Milano-Sanremo***		5:17
03.06.	*Auronzo-Cortina*	(Giro, 16. Et., *)	3:12
04.06.	*Cortina-Trento*	(Giro, 17. Et.)	2:51
08.08.	***Tre Valli Varesine***		*9*
10.10.	***Giro dell´Emilia***		0:40
24.10.	***Giro di Lombardia***		4:40

1949 Berufsfahrer **(BIANCHI)**

19.03.	***Milano-Sanremo***		4:17
06.05.	***Giro di Romagna***		3:50
24.05.	*Cosenza-Salerno*	(Giro, 4. Et.)	0:*21*
02.06.	*Bassano-Bolzano*	(Giro, 11. Et.)	6:58
10.06.	*Cuneo-Pinerolo*	(Giro, 17. Et.)	11:52
12.06.	***Giro d´Italia***	(Gesamtwertung)	23:47
07.07.	*Les Sables - La Rochelle*	(TdF, 7. Et., *)	1:32
10.07.	*Briançon-Aosta*	(TdF, 17. Et.)	4:55
23.07.	*Colmar-Nancy*	(TdF, 20. Et., *)	7:02
24.07.	***Tour de France***	(Gesamtwertung)	10:55
11.09.	***Giro del Veneto***		4:20
23.10.	***Giro di Lombardia***		2:52
?	Circuit de la Louviére (BEL)		?

Italienischer Straßenmeister mit 28 Punkten

1950 Berufsfahrer **(BIANCHI)**

19.03.	Circuito di Genova (hinter Derny)	1:18
02.04.	Giro Provincia Reggio Calabria	4:40
09.04.	***Paris-Roubaix***	2:45
22.04.	*Napoli-Latina* (Roma-Napoli-Roma)	0:11
30.04.	***Fléche Wallonne*** (BEL)	6:05

(Auf Grund des Sturzes in Primolano Aufgabe beim Giro und keine Teilnahme an der Tour und der Weltmeisterschaft)

1951 Berufsfahrer **(BIANCHI)**

25.05.	*Perugia-Terni*	(Giro, 6. Et., *)	1:07
08.06.	*Cortina-Bolzano*	(Giro, 18. Et.)	*8*
25.07.	*Gap-Briançon*	(TdF, 20. Et.)	3:49
10.10.	G.P. Vannini a Lugano (SUI, *)		2:00
?	G.P. Brasschaat (BEL)		?
?	Critérium des Sables-d´Olonne (FRA)		?

1952 Berufsfahrer **(BIANCHI)**

22.05.	*Roma - Rocca di Papa*	(Giro, 5. Et., *)	0:32
29.05.	*Venezia-Bolzano*	(Giro, 11. Et.)	5:20
01.06.	*rba-Como*	(Giro, 14. Et., *)	0:15
08.06.	***Giro d´Italia***	(Gesamtwertung)	9:18
01.07.	*Metz-Nancy*	(TdF, 7. Et.,*)	0:34
04.07.	*Lausanne - l´Alpe d´Huez*	(TdF, 10. Et.)	1:20
06.07.	*Le Bourg d´Oisans-Sestriere*	(TdF, 11. Et.)	7:20

14.07.	*Bagnéres de Bigorre - Pau*	(TdF, 18. Et.)	0:04
17.07.	*Limoges - Puy de Dôme*	(TdF, 21. Et.)	0:10
19.07.	***Tour de France***	(Gesamtwertung)	28:27
06.08.	Critérium de Tarascon	(FRA)	2:20
19.10.	G.P. Vannini a Lugano	(SUI, *)	3:47
08.11.	*Napoli-Foggia*	(G.P. Mediterraneo, 1. Et.)	*6*
09.11.	*Foggia-Bari*	(2. Et.,*)	2:00
13.11.	*Catania-Siracusa*	(7. Et.,*)	2:02
?	G.P. Mediterraneo	(Gesamtwertung)	?
?	Critérium d´Auch (FRA)		?
?	Critérium de Vallorbe (SUI)		?

1953 Berufsfahrer **(BIANCHI)**

15.05.	*S. Benedetto/T - Roccaraso*	(Giro, 4. Et.)	*30*
22.05.	*Mannschaftszeitfahren in Modena*	(10. Et.)	0:01
31.05.	*Auronzo-Bolzano*	(18. Et.)	*2*
01.06.	*Bolzano-Bormio*	(19. Et.)	2:18
02.06.	***Giro d´Italia***	(Gesamtwertung)	1:29
30.08.	***Straßenweltmeister***		6:22
04.11.	Trofeo Baracchi (mit Ricardo Filippi)		5:44
?	Bol d´Or des Monédiéres (FRA)		?
?	G.P. Firminy (FRA)		?
?	Circuito di Modena		?
?	Circuito di Borgosesia		?
?	Circuito di Monferrato		?
?	Circuito di Pesaro		?
?	Circuito di Ferrara		?
?	Circuito di Napoli		?
?	Circuito di Castell San Giovanni		?
?	Circuito di Tortona		?
?	Circuito di Adria		?
?	Circuito di Montagnana		?
?	Circuito di Biella		?

1954 Berufsfahrer **(BIANCHI)**

04.03.	Circuito di Cagliari		0:48
04.04.	***Giro di Campania***		*4*
02.05.	*Napoli-Latina*	(Roma-Napoli-Roma, 4a. Et.)	1:09
02.05	*Latina-Roma*	(Roma-Napoli-Roma, 4b. Et.)	0:29
12.05.	*St-Etienne - Vergéze*	(Paris-Nizza, 3. Et.*)	0:07
21.05.	*Palermo-Palermo*	(Giro, 1. Et., M*)	1:25
11.06.	*San Martino/C - Bolzano*	(20. Et.)	1:52
08.08.	*Winterthur-Davos*	(TdS, 2. Et.)	0:36

10.08.	*Lecco-Lugano*	(4. Et., *)	4:35
17.10.	Coppa Bernocchi *		2:14
31.10.	***Giro di Lombardia***		*10*
04.11.	Trofeo Baracchi M* (mit Ricardo Filippi)		5:44

1955 Berufsfahrer **(BIANCHI)**

03.04.	***Giro di Campania***		4:46
01.05.	*Aprilia-Roma* (Roma-Napoli-Roma, Schluß-Et.)		0:07
04.06.	*Trento-San Pellegrino*	(Giro, 20. Et.)	*2*
14.09.	Circuito di San Marino		2:01
18.09.	***Giro dell´Appennino***		2:03
02.10.	***Tre Valli Varesine*** *		2:45
04.11.	Trofeo Baracchi M* (mit Ricardo Filippi)		1:35

Italienischer Straßenmeister
(Am 2.10. beim Rennen *Tre Valli Varesine* ermittelt.)

1956 Berufsfahrer **(CARPANO-COPPI)**

14.10.	G.P. Campari a Lugano (SUI)	0:18
?	Critérium de Namur (BEL)	?

1957 Berufsfahrer **(CARPANO-COPPI)**

04.11.	Trofeo Baracchi M* (mit Ercole Baldini)	0:05
?	Circuito di Santhia	?

Coppi war auch ein hervorragender Bahnfahrer. Besonders seine Erfolge im Einer-Verfolgungsfahren sind unübertroffen. Eine Darstellung ist daher angebracht. Die Auflistung seiner weiteren Siege und Plazierungen auf Sommer- und Winterbahnen in unterschiedlichsten Wettbewerben ist aus Platzmangel unterblieben.

Datum	Ort	angesetzte Distanz Ergebnis	Gegner Coppis Zeit / km/std
1939			
21.10.	Torino	3973 m = 12 Runden 130 m Vorsprung	Magni, Fiorenzo 5:22,2 min 44,391
1940			
25.06.	Milano	4771 m = 12 Runden 150 m Vorsprung	Interozzi, Augusto 6:03,4 min 47,264

26.06.	Milano	4771 m = 12 Runden 160 m Vorsprung	Leoni, Aldo 5:59,0 min	 47,843
30.06.	Milano	4771 m = 12 Runden 30 m Vorsprung *F. Coppi Italienischer Meister*	Bizzi, Olimpio 6:01,2 min	 47,551
08.09.	Milano	3976 m = 10 Runden 25 m Vorsprung	Bizzi, Olimpio 5:03,0 min	 47,240
29.09.	Milano	4771 m = 12 Runden nach 4146 m eingeholt	Wengler, Heinz 5:14,0 min	 47,534
28.10.	Torino	4800 m 53 m Vorsprung	Bizzi, Olimpio 6:17,8 min	 45,738
27.11.	Berlin	5000 m nach 2670 m eingeholt	Wengler, Heinz 3:19,0 min	 48,302
08.12.	Zürich	5000 m nach 3750 m eingeholt	Kübler, Ferdy 4:27,0 min	 50,562

1941

01.02.	Zürich	5000 m nach 2500 m eingeholt	Bartali, Gino 3:08,0 min	 47,872
14.06.	Milano	5000 m 135 m Vorsprung	Magni, Fiorenzo 6:19,2 min	 47,468
14.06.	Milano	5000 m 30 m Vorsprung	Bizzi, Olimpio 6:20,8 min	 47,269
15.06.	Milano	5000 m 190 m Vorsprung *F. Coppi zum 2. Mal Italienischer Meister*	Saponetti, 6:14,2 min	 48,103
03.08.	Milano	3578 m = 9 Runden 150 m Vorsprung	Bizzi, Olimpio 4:27,0 min	 48,243
05.10.	Milano	3976 m = 10 Runden 30 m Vorsprung	Bizzi, Olimpio 5:01,0 min	 47,553
12.10.	Milano	5000 m nach 3240 m eingeholt	Wesemberg, Herbert 4:20,0 min	 44,862

1942

26.04.	Milano	5000 m nach 3033 m eingeholt	Kübler, Ferdy 3:46,0 min	 48,313
24.05.	Elberfeld	5000 m nach 4675 m eingeholt	Wesemberg, Herbert 6:10,0 min	 45,486
28.06.	Milano	4771 m = 12 Runden 125 m Vorsprung	Bevilacqua, Toni 6:03,8 min	 47,212
28.06.	Milano	4771 m = 12 Runden 75 m Vorsprung	Bizzi, Olimpio 6:04,0 min	 47,186
04.10.	Milano	4771 m = 12 Runden nach 4160 m eingeholt *F. Coppi zum 3. Mal Italienischer Meister*	Cinelli, Cino 5:10,0 min	 48,310

1943 und 1944 auf Grund der Kriegsereignisse keine Teilnahme an Rennen

---

1945

Rennen um die Italienische Meisterschaft:

23.09.	Torino	5000 m nach 4073 m eingeholt	Conte, Oreste 5:27,4 min	 44,786
23.09.	Torino	5000 m 45 m Vorsprung	Canavesi, Severino 6:51,2 min	 43,774

(Coppi unterliegt im Endlauf Vito Ortelli nach 6:27,4 min mit 5 Meter Rückstand)

1946

Rennen um die Italienische Meisterschaft:

10.08	Milano	5000 m nach 2645 m eingeholt	Ronconi, Aldo 3:20,0 min	 47,610
11.08.	Milano	5000 m 50 m Vorsprung	Bizzi, Olimpio 6:45,8 min	 44,357

(Coppi unterliegt im Endlauf Vito Ortelli nach 6:30,8 min mit 70 Meter Rückstand)

weitere Rennen:

19.09.	Milano	5000 m 25 m Vorsprung	Peters, Gerard 6:19,4 min	 47,443

08.12.	Paris	5000 m 70 m Vorsprung	Pedersen, 6:32,0 min	 45,918
08.12.	Paris	5000 m 75 m Vorsprung	Ortelli, Vito 6:24,0 min	 46,875
29.12.	Paris	5000 m nach 4700 m eingeholt	Blanchet, André 6:23,0 min	 44,178
1947				
05.01.	Paris	4000 m 80 m Vorsprung	Kübler, Ferdy 5:19,0 min	 45,141
19.01.	St-Etienne	4000 m nach 3200 m eingeholt	Blanchet, André 4:09,0 min	 46,265
26.01.	Paris	4000 m 40 m Vorsprung	Van Steenbergen, Rik 5:17,0 min	 45,426
26.01.	Paris	2650 m 40 m Vorsprung	Prat, Adolphe 3:35,0 min	 44,372
21.06.	Milano	5000 m 80 m Vorsprung	Maggini, Luciano 6:27,8 min	 46,308
22.06.	Milano	5000 m 3 m Vorsprung	Bevilacqua, Toni 6:24,8 min	 46,778
22.06.	Milano	5000 m 35 m Vorsprung *F. Coppi zum 4. Mal Italienischer Meister*	Ortelli, Vito 6:16,2 min	 47,847
Rennen um die Weltmeisterschaft:				
29.07.	Paris	5000 m 125 m Vorsprung	Lang, Robert 6:38,2 min	 45,203
29.07.	Paris	5000 m 105 m Vorsprung	Rioland, Roger 6:28,6 min	 46,320
30.07.	Paris	5000 m 65 m Vorsprung	Schulte, Gerrit 6:19,6 min	 47,418
30.07.	Paris	5000 m 105 m Vorsprung *F. Coppi Verfolgungsweltmeister!*	Bevilacqua, Toni 6:16,2 min	 47,847

weitere Rennen:

06.09.	Zürich	5000 m 70 m Vorsprung	Koblet, Hugo 6:23,4 min	 46,948
29.11.	Antwerpen	5000 m 80 m Vorsprung	Middelkamp, Theo 6:41,8 min	 44,798
29.11.	Antwerpen	5000 m nach 2370 m eingeholt	Van Steenbergen, Rik 2:54,8 min	 48,810
30.11.	Brüssel	4000 m 80 m Vorsprung	Impamis, Raymond 5:16,0 min	 45,570
30.11.	Brüssel	4000 m nach 2820 m eingeholt	Peters, Gerard 3:25,0 min	 49,522
14.12.	Gent	5000 m nach 2930 m eingeholt	Van Steenbergen, Rik 3:42,8 min	 47,343
19.12.	Paris	10000 m nach 3955 m eingeholt	Blanchet, André 5:00,8 min	 47,334

1948

04.01.	Paris	5000 m nach 1720 m eingeholt	Peters, Gerard 2:10,0 min	 47,631
04.01.	Paris	5000 m nach 2330 m eingeholt	Van Steenbergen, Rik 2:56,2 min	 47,605
11.01.	Gent	5000 m 70 m Vorsprung	Bevilacqua, Toni 6:57,4 min	 43,124
17.01.	Brüssel	5000 m nach 1525 m eingeholt	Middelkamp, Theo 1:50,0 min	 49,909
17.01.	Brüssel	5000 m nach 3760 m eingeholt	Blanchet, André 4:33,4 min	 49,510
18.01.	Nizza	3750 m 70 m Vorsprung	Piel, Roger 4:57,0 min	 45,455
24.01.	Antwerpen	5000 m nach 3860 m eingeholt	Kaers, Karel 4:58,0 min	 46,631

24.01.	Antwerpen	5000 m 100 m Vorsprung	Blanchet, André 6:24,4 min	 46,826
25.01.	Gent	5000 m nach 3385 m eingeholt	Blanchet, André 4:14,2 min	 47,939
25.01.	Gent	5000 m nach 2420 m eingeholt	Spelte, 3:07,0 min	 46,588
25.01.	Gent	5000 m nach 1980 m eingeholt	Debacker, 2:31,0 min	 47,205
01.02.	Brüssel	5000 m 70 m Vorsprung	Blanchet, André 6:12,4 min	 48,335
01.02.	Brüssel	5000 m nach 2950 m eingeholt	Van Steenbergen, Rik 3:32,2 min	 50,047
08.02.	Paris	5000 m 100 m Vorsprung	Pedersen, 6:12,0 min	 48,387
08.02.	Paris	5000 m nach 3460 m eingeholt	Koblet, Hugo 4:22,0 min	 47,542
16.06	Rom	5000 m 150 m Vorsprung	Monari, Gildo 7:05,0 min	 42,353
17.06.	Rom	5000 m nach 3000 m eingeholt	Magni, Fiorenzo 3:59,8 min	 45,038
17.06.	Rom	5000 m 95 m Vorsprung	Bevilacqua, Toni 6:53,0 min	 43,584
07.07.	Milano	5000 m 45 m Vorsprung	Piel, Roger 6:22,8 min	 47,022
07.07.	Milano	5000 m 35 m Vorsprung	Koblet, Hugo 6:22,0 min	 47,120

Rennen um die Weltmeisterschaft:

24.08.	Amsterdam	5000 m 90 m Vorsprung	Adriaenssens, René 6:41,2 min	 44,865
24.08.	Amsterdam	5000 m 85 m Vorsprung	Gillen, Lucien 6:28,0 min	 46,392

25.08.	Amsterdam	5000 m in der 3. Runde eingeholt	Bevilacqua, Toni	
26.08.	Amsterdam	5000 m	Schulte, Gerrit	

(Coppi unterliegt im Endlauf zur Weltmeisterschaft Gerrit Schulte nach 6:25,0 min mit 2 Meter Rückstand)

weitere Rennen:

12.12.	Paris	5000 m 70 m Vorsprung	Rioland, Roger 6:19,8 min	47,393
?	Livorno	5000 m 40 m Vorsprung	Maggini, Luciano ?	?

<u>1949</u>

12.01.	Paris	5000 m 95 m Vorsprung	Schulte, Gerrit 6:22,8 min	47,022
10.04.	Milano	5000 m 8 m Vorsprung	Schulte, Gerrit 6:20,0 min	47,368

Rennen um die Weltmeisterschaft:

03.08.	Kopenhagen	5000 m nach 2500 m eingeholt	Ponehtal, 3:10,0 min	49,368
23.08.	Kopenhagen	5000 m	Piel, Roger	

Sieg kampflos wegen zweier Defekte von Roger Piel an Coppi

24.08.	Kopenhagen	5000 m 100 m Vorsprung	Pedersen, 6:30,8 min	46,059
24.08.	Kopenhagen	5000 m 160 m Vorsprung	Gillen, Lucien 6:30,0 min	46,154

F. Coppi zum 2. Mal Verfolgungsweltmeister

weitere Rennen:

02.09.	Milano	5000 m 160 m Vorsprung	Biagioni, Serafino 6:28,7 min	46,512
22.09.	Milano	5000 m 80 m Vorsprung	Benfenati, Arnaldo 6:24,4 min	46,826
22.09.	Milano	5000 m 100 m Vorsprung	Bevilacqua, Toni 6:16,0 min	47,872

F. Coppi zum 5. Mal Italienischer Meister

1950, 1951 und 1952 keine Teilnahme an Verfolgungsrennen

1953

25.04.	Milano	5000 m	Patterson, Sydney	
		8,8 sec Vorsprung	6:15,0 min	48,000
04.09.	Milano	5000 m	Patterson, Sydney	
		8,9 sec Vorsprung	6:06,0 min	49,180

1954

27.11.	Milano	4000 m	Bobet, Louison	
	holt Bobet fast ein (20 m Abstand)		4:53,0 min	49,147

1955

30.06.	Milano	5000 m	Gillen, Lucien	
		73 m Vorsprung	6:07,0 min	49,046
03.07.	Paris	4000 m	Bobet, Louison	
		7 sec Vorsprung	5:17,0 min	48,426

[Anmerkung: Fausto Coppi ging am 9. Oktober in Mailand zum letzten Mal an den Start eines Verfolgungsrennens. Sein Gegner Guido Messina besiegte ihn dabei nach 5000 Meter mit einer Endzeit von 6:14,0 Minuten (48,128 km/h) und einem Vorsprung von 3,2 Sekunden].

Personenregister

Anmerkungen:
In *eckigen Klammern/kursiv* sind die besonders in Frankreich beliebten Spitznamen angeführt.
In runden Klammern findet der Leser zeitgenössische Hinweise zu Personen die nicht zum Kreis der Radrennfahrer gehören, oder deren Vornamen dem Autor nicht bekannt sind. ***B*** . . weist auf Seiten im Bildteil hin.
Fausto Coppi, der fast auf jeder Seite genannt wird, ist im Register nicht verzeichnet.

G

H

Qu

R

S

T

U

V

W

X, Y, Z

Am Radsporthimmel geht ein neuer Stern auf:
Der 20-jährige Fausto Coppi gewinnt 1940 den Giro d'Italia

links oben: Coppis Eltern

darunter:
Coppi mit Ehefrau Bruna

rechts oben: Coppi mit seinem blinden Masseur und Betreuer Biagio Cavanna

rechts unten: Coppi nach seinem Sieg bei der Straßenweltmeisterschaft mit seiner Lebensgefährtin Giulia und UCI-Präsident Rodoni

Rechte Seite:
oben: Fausto Coppi (r.) gratuliert seinem Bruder Serse zum Sieg bei Paris – Roubaix 1940

unten: Coppi mit seinen Edeldomestiken Andrea Carrea (l.) und Ettore Milano (r.)

BIANCHI
URSUS
BIANCHI
URSUS

BIANCHI
BIANCHI
URSUS
BIANCHI
BIANCHI

Auf Bahn und Straße eine Klasse für sich
Herausragende Erfolge:

Verfolgungsweltmeister 1947 und 1949
Ital. Meister 1940–41–42–47–48
Stundenweltrekord 45,871 km

Straßenweltmeister 1953
Ital. Meister 1942–47–49–55
Giro di Lombardia
1946–47–48–49–54
Milan-Sanremo 1946–48–49
Paris–Roubaix 1950
Waalse Pijl 1950

Giro d'Italia 1940–47–49–52–53
31 Tage im Rosa Trikot

Tour de France 1949 und 1952
19 Tage im Gelben Trikot

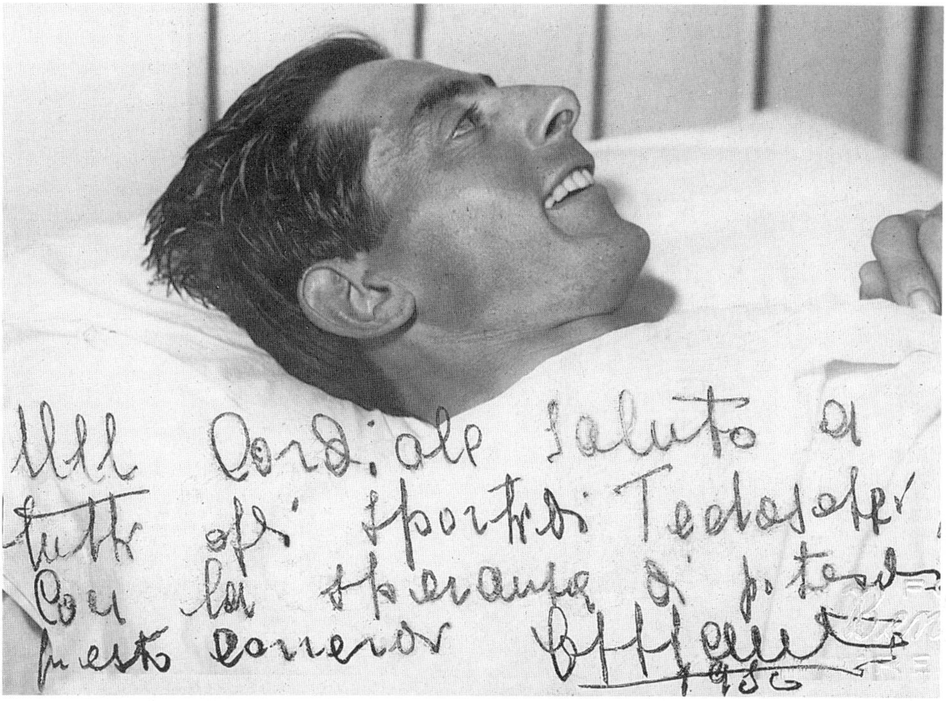

Schwere Stürze und lange Rekonvaleszenz prägten Coppis sportliche Laufbahn

Coppis große Gegner
und ihre Highlights:

Gino Bartali [Ginettaccio]

Tour de France 1939 und 1949
Giro d'Italia 1936–37–46
Tour de Suisse 1946 und 1947
Milano–Sanremo 1939–40–47–50
Giro di Lombardia 1936–39–40
Ital. Straßenmeister
1935–37–40–52
Tour de Romandie 1949
Giro della Toscana
1939–40–48–50–53
Giro del Piemonte 1937–39–51
Giro di Campania 1940 und 1945

Fiorenzo Magni [il leone delle Fiandre]

Giro d'Italia 1948–51–55
Ital. Straßenmeister 1951–53–54
Ronde van Vlaanderen 1949–50–51
Roma–Napoli–Roma 1952 und 1953
Giro del Piemonte 1942–53–56
Giro della Toscana 1949 und 1954
Giro del Lazio 1951 und 1956
Giro di Romagna 1951 und 1955
Giro del Veneto 1953
Bol d'Or 1950 (24 Std/867 km)

Ferdy Kübler
[Der Adler von Adliswil]

Straßenweltmeister 1951
Schweizer Straßenmeister 1948–49–50–51–54
Tour de France 1950
Liége–Bastogne–Liége 1951 und 1952
Waalse Pijl 1951 und 1952
Bordeaux-Paris 1953
Tour de Suisse 1948 und 1951
Tour de Romandie 1948 und 1951
Roma–Napoli–Roma 1951

Hugo Koblet
[le pédaleur de charme]

Tour de France 1951
Giro d'Italia 1950
Tour de Suisse 1950–53–55
Tour de Romandie 1953

Rik van Steenbergen [Rik I.]
Straßenweltmeister 1949–56–57

Rik van Looy [Rik II.]
Straßenweltmeister 1960 und 1961

Constant [Stan] Ockers
Straßenweltmeister 1955

Albérik [Briek] Schotte
Straßenweltmeister 1948 und 1950

Jean Robic [Biquet]
Toursieger 1947

Raphael Géminiani [Grand Fusil]

Louison Bobet [le Boulanger de St-Méen]
Straßenweltmeister 1954
Toursieger 1953–54–55

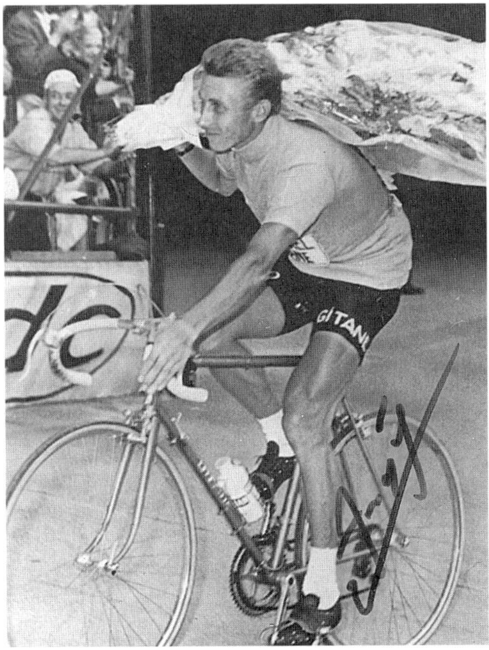

Jacques Anquetil [Maître Jacques]
Toursieger 1957–61–62–63–64

Heinz Müller, Straßenweltmeister 1952

Lothar Friedrich, Tourteilnehmer 1957 und 1960

Hans [Hennes] Junkermann,
Deutscher Meister 1959–60–61
Tourteilnehmer
1960–61–62–63–64–65–67–72
Giroteilnehmer 1958–59–60–61

Rudi Altig (l.), Straßenweltmeister 1966,
mit Roger Riviere, Verfolgungsweltmeister 1957–58–59
und Stundenrekordler (47,3469 km)

Federico Bahamontes
[el águila de Toledo]
Toursieger 1959

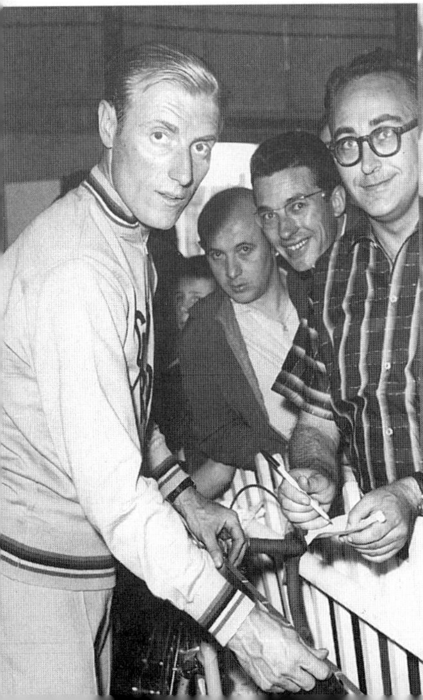

F. Coppis letzter Sieg bei einem Straßenrennen (Trofeo Barracchi 1957), zusammen mit Ercole Baldini, Straßenweltmeister und Girosieger 1958, Stundenrekordler (46,393 km)

André Darrigade,
Straßenweltmeister 1959

Weltmeister und Toursieger
links oben:
Hans Knecht, Straßenweltmeister 1946
rechts oben:
Charly Gaul [l'ange de la montagne]
Toursieger 1958
links unten:
Théo Middelkamp, Straßenweltmeister 1947
rechts unten:
Roger Walkowiak, Toursieger 1956

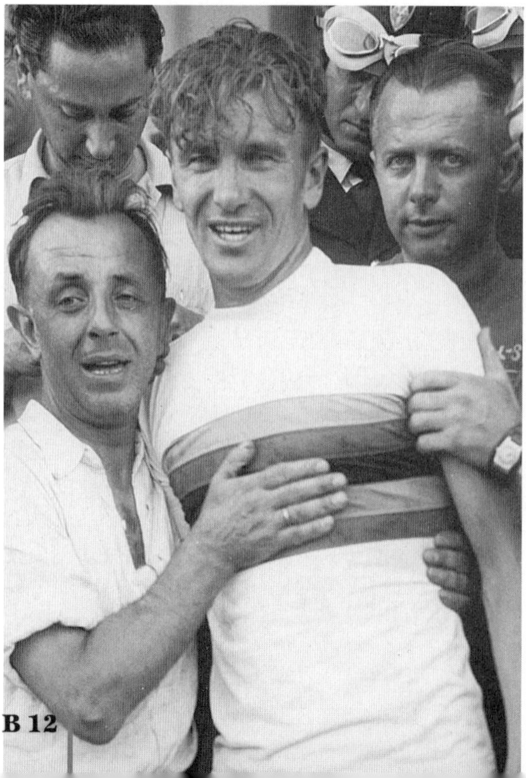

Zwei Strategen des Radsports
oben: Alfredo Binda, Straßenweltmeister 1927–30–32 und Girosieger 1925–27–28–29–33
unten: Henri Desgrange, der „Vater der Tour“ mit Bartali (l.) und Camusso
am Start zur 8. Etappe der Tour de France 1937

F. Coppis Geburtshaus in Castellania

Velodromo Vigorelli in Mailand [la pista magica]

La Madonna di Ghisallo am Comer See

1988 am Grab der Gebrüder F. und S. Coppi.

W. Lemke (l) mit Livio Coppi (r), dem Bruder der beiden

Gegner, aber auch Helfer und letztendlich Freunde und Partner...

oben:
Bartali überreicht seinem Rivalen 1952 auf der 11. Etappe der Tour de France von Le Bourg d'Oisans nach Sestriere (182 km) eine Mineralwasserflasche

unten:
Fausto Coppi wechselt im Herbst 1959 zu SAN PELLEGRINO. Sein neuer Sportlicher Leiter ist – Gino Bartali!

< il grande airone ha chiuso le ali >
Der große Reiher hat seine Flügel geschlossen.

Fausto Coppi – il Campionissimo – ist tot. Aber sein Mythos lebt.
Unvergessen bleiben seine Solofahrten über die Alpen- und Pyrenäenpässe
(im Bild die legendäre Fahrt über das Stilfser Joch während der 19. Etappe des Giro d'Italia 1953).

Sein Name steht für unabänderliche Größe im Radsport.

Sachregister

Anmerkungen:
Ortschaften mit Höhenangaben in Metern bedeuten Anstiege mit zum Teil (für damalige Verhältnisse) erheblichen Schwierigkeiten.
Höhenangaben bei Bergübergängen entsprechen den damaligen Vermessungen.
Zur besseren Übersicht sind die Rundfahrten und Eintagesrennen wie z.B. die ***Tour de France***, ***Milan - Sanremo*** oder der ***Circuito di Bordighera*** ***kursiv/halbfett*** dargestellt.
Etappen bei Rundfahrten, z.B. *Marseille-Avignon* sowie Abkürzungen erscheinen nur *kursiv*.
Eigennamen von Hotels, Schiffen, Radrennbahnen usw. sind *kursiv* gesetzt.
Zur besseren Unterscheidung sind Zeitschriften entgegen der gebräuchlichen Praxis zwar *kursiv*, jedoch in Anführungszeichen gesetzt. Zum Beispiel: *„L'Equipe"*.
Von Fall zu Fall sind in runden Klammern Hinweise angefügt.
B . . verweist auf Seiten im Bildteil.

D

Z

Bibliographie

Sprachschlüssel:

B	= flämisch	F	= französisch
D	= deutsch	I	= italienisch
E	= englisch	S	= spanisch

Bücher/Broschüren:

A

Ackle, Max	*Radsportgeschichte beider Basel*	(Basel, 93)	D
Altig, Rudi	*Die goldenen Speichen*	(München, 67)	D
Ambrosini, Giuseppe	*Ciclismo*	(Milano, 81)	I
Amels, Wim	*De geschiedenis van de T.d.F. 1903-1985*	(Thorn, 86)	B
Andric, Dragoslav	*Das Fahrrad*	(Stuttgat, 91)	D
Archipow, E.	*Das Training des Straßenfahrers*	(Berlin, 59)	D
Arend, Willy	*Fliegerrennen*	(Leipzig 1907)	D
Augendre, Jacques	*Histoires de...*cyclisme	(Paris, 66)	F

B

Bartali, Gino	*La mia storia*	(Milano, ?)	I
	Tutto sbagliato, tutto da rifare	(Milano, 79)	I
Bartleet, H.W.	*Barleet´s Bicycle Book*	(London, 83)	E
Bastide, Roger	*4 du Tour*	(Paris, 73)	F
	Doping: Les surhommes du vélo	(? , 70)	F
	Petit-Breton	(Paris, 85)	F
Batemann, Robert	*Wirbelnde Pedale*	(Rosenheim, 73)	D
Baudry de Saunier, L.	*Les mémoires de Terront*	(Paris, 80)	F
Beeley, Serena	*Fahrräder*	(Stuttgart, 94)	D
Bertellini, Nello	*Da Coppi a Merckx*	(Legnano, 77)	I
Bertrand, Alain	*La grande Boucle*	(Ottignies/Bel, 96)	F
Bezzi, Pier Giorgio	*Corridori di Romagna*	(Ravenna, 93)	I
Bierlinger, Ludwig	*Münchner Radsport-G´schichten Amor-Bahn*	-	D
	Münchner Radsport-G´schichten Münchner Winterbahn i. d. Ausstellungshalle	-	D
	Münchner Radsport-G´schichten Eine Dokumentation i. Bildern 1940-95	-	D
Blancke, Andre	*Ijzeren Briek*	(Gent, 87)	B
Blickensdörfer, Hans	*Das goldene Buch der Tour de France*	(? , 87)	D
	Tour de France	(Stuttgart, 63)	D
	Tour de France	(Sigloch Edition, 79)	D
	Salz im Kaffe	(München, 82)	D
Blondin, Antoine	*Sur le Tour de France*	(Paris, 96)	F
Bobet, Jean	*La course en tête*	(Paris, 66)	F
	Le cyclisme	(Paris, 60)	F
Boccaccini, Luciano	*Tutto il Ciclismo*	(Faenza, 94)	I
Boelsen, Helmer	*Eddy Merckx*	(München, ?)	D
	Tour de France	(Frankfurt, 69)	D
	Unvergeßliche Rennen	(München, 97)	D
Born, Hanspeter	*Das waren noch Zeiten*	(Zürich, 90)	D
Bouhs, Ernst	*Meister des Pedals/Rad-WM 1954*	(Köln, 54)	D

Branzke,Lothar	*Grundschule des Radsports*	(DDR, 64)	D
Brera, Gianni	*Coppi e il Diavolo*	(Milano, 81)	I
Brunel, Philippe	*Le Tour de France intime*	(Calmann-Lévy, 95)	F
Budzinski, Fredy	*Biographien berühmter Fahrer*	(Berlin, ?)	D
	- Arend, Willy		
	- Contenet, Henri		
	- Demke, Bruno		
	- Dickentman, Piet		
	- Ellegaard, Thorwald		
	- Günther, Peter		
	- Guignard, Paul		
	- Huber, Anton		
	- Poulain, Gabriel		
	- Robl, Thaddäus Thaddy		
	- Rosenlöcher, Kurt		
	- Salzmann, Bruno		
	- Schmitter, Willy		
	- Stol, John		
	- Theile, Fritz		
	- Waltour, Robert		
	Das Berliner Sechstagerennen	(Berlin, 1909)	D
	Die Berliner Sechstagerennen	(Berlin, 1909)	D
	Meister des Pedals	(Hannover, 1912)	D
	Taschen-Radwelt	(Berlin, 1908)	D
Buzzati, Dino	*De Ronde van Italie*	(Amsterdam, 82)	B

C

Caidin, Martin	*Bicycles in war*	(New York, 74)	E
Callens, Bernard	*Merckx overtrof ze allemaal*	(? , 82)	B
Cartier, Raymond	*Der zweite Weltkrieg*	(München, Zürich, 77)	D
Cerri, Gianni	*Coppi/Tour de France 1949*	(Roma, 78)	I
	Le avventure di Alfredo Binda	(Roma, 80)	I
Chany, Pierre	*L'année du cyclisme 1974*	(Paris, 74)	F
	La fabuleuse histoire		
	- du cyclisme	(Paris, 74)	F
	- du cyclisme	(Paris, 82)	F
	- du Tour de France	(Paris, 83)	F
	- Classiques et Champ. d. monde	(Paris, 79)	F
	Les rendez-vous du cyclisme	(Paris, 60)	F
	La Légende du Tour de France	(Genf, 95)	F
Chapatte, Robert	*Cyclisme*	(Paris, 64)	F
Chierici, Luigi	*Bartali/Tour de France 1948*	(Roma, 78)	I
Cogliati, Natale	*I mondiali di ciclismo*	(Varese, 71)	I
Conti, Beppe	*I Campioni di Castelli*	(Legnano, 87)	I
	La Bibbia del Grande Ciclismo	(Roma, 95)	I
Cornand, Jan	*Tour '77*	(Gent, 77)	B
	Van onze reporter ter plaatse	(Gent, 77)	B
Costa, Guido	*Correre in pista*	(Milano, 60)	I
Coudel, Noel	*Tour de France - La Féte de Juillet*	(? , 83)	F
Crosti, Giulio	*Bartali/Tour de France 1938*	(Roma, 78)	I
	Bottecchia/Tour de France 1924/25	(Roma, 78)	I
Crowley, T.E.	*Discovering old Bicycles*	(? , 73)	E

D

Dazat, Olivier	*Seigneurs et Forçats du vélo*	(Barcelona, 87)	F
Dauven, Jean (Hrsg.)	*Encyclopédie des sports*	(Paris, ?)	F
De Maertelaere, Roger	*Zesdaagsen - Sechstagerennen*	(Gent, 91)	B
De Mondenard, J.P.	*Consulation medicale du cycliste*	(Paris, 79)	F
De Vries, Leonard	*De dolle entree...en velocipee*	(Bussum, 73)	B

De Zan, Adriano	*Il mio Coppi*	(Rodano, 84)	I
Deruyk, René	*Paris-Roubaix*	(Lille, 90)	F
De Suter, M. (Hrsg.)	*De flandriens...*	(Eeklo/Belgien, 94)	B
Duker, Peter	*Coppi*	(Great Britain, 82)	E
	Coppi	(Kaarst, 82)	B
Durry, Jean	*Le vélo*	(Poitiers, 76)	F
	Géants de la route	(Schweiz, 73)	F
Durst, Sigmund	*Rudi Altig*	(Frankfurt/a.M.,60)	D
Dusika, Franz	*Der erfolgreiche Radrennfahrer*	(Wien, 59)	D
Duval, Yves	*Heldenepos van de T.d.F.*	(Belgien, 73)	B

E

Ebeling, Hermann	*Der Freiherr von Drais*	(Karlsruhe, 85)	D
Ebner, Josef	*rad.fah.ren*	(München, 86)	D

F

Facchinetti, Paolo	*L'Italia di Coppi e Bartali*	(Roma, ?)	I
	Un certo Coppi: Giro 1940	(Roma, ?)	I
Ferretti, Claudio	*Quella maglia bianco celeste*	(Torino, 87)	I
	Tutto il ciclismo	(Torino, 79)	I
Fossati, Mario	*Coppi/Tour de France 1952*	(Roma, 78)	I
	F. Moser: La mia ora d'oro	(Milano, 84)	I
	*La storia del Ciclismo **2** - Il duello Bartali-Coppi*	(Firenze, 88)	I
	*La storia del Ciclismo **3** - Le gambe e la testa* (s.h. auch Marchesini und Zavoli)	(Firenze, 88)	I
Francke, Peter	*Lob des Fahrrads*	(Zürich, 74)	D
Franke, Jutta	*Illustrierte Fahrrad-Geschichte*	(Berlin, 87)	D
Franz, Renate	*Der vergessene Weltmeister*	(Köln, 98)	D
Friedrich, Karl	*Drais von Sauerbronn*	(Karlsruhe, 85)	D

G

Gaboriau, Philippe	*Le Tour de France et le Vélo*	(Paris, 95)	F
Galante, Andrea	*Manuale del ciclista*	(Milano, 1894)	I
Galbiati, Fermo	*La bicicletta*	(Milano, 89)	I
Garzanti, Aldo	*Il libro del ciclismo*	(Milano, 74)	I
Gatellier, Jean-Luc	*Le Livre d'or du Ciclisme* 1996	(Paris, 96)	F
Géminiani, Raphael	*Mes quatre cents coups*	(Paris, 63)	F
Gentile, Antonio	*Edoardo Bianchi*	(Vimodrone/Milano, 92)	I
Ghiuglione, Armando	*Girardengo/Il vero Campionissimo*	(Milano, 52)	I
Goodman, Linda	*Astrologie - sonnenklar*	(Bern, 69)	D
Gorey, Edward	*Die weiche Speiche*	(Zürich, 78)	D
Graßmuck, D.	*Heinrich Mylius*	(DDR, 80)	D
Graunke, Kurt (Hrsg.) Lemke W./Rupprecht W.	*Giganten von einst bis heute*	(München, 93)	D
Gronen,W./Lemke W.	*DIE GESCHICHTE DES RADSPORTS*	(Miesbach, 87)	D
Guimard, Cyrille	*Das große Buch vom Fahrradsport*	(München, 84)	D

H

Hamann, Walter	*Neue Länder - neue Wunder*	(München, ?)	D
Harre, Dietrich	*Trainingslehre*	(DDR, 71)	D
Henderson, N.G.	*Continental Cycle Racing*	(London, 70)	E

Herzog, Ulrich	*Fahrradpatente*	Kiel, 84)	D
Hillier, Lacy	*The Badminton Library: Cycling*	(London, 1901)	E
Hinault, Bernard	*Eine Radsport-Karriere*	Aachen, 89)	D
Hochmuth, Andreas	*Kommt Zeit - kommt Rad*	(Wien, 81)	D
Hoefnagels, Victor	*Een hele Toer*	(? , 85)	B
Höfer, R.	*20 Jahre Deutscher Radrennsport - 1881 bis 1901*	(Berlin, 1901)	D
Hurne, Ralph	*Das Gelbe Trikot*	(Zürich, 73)	D
I			
Ichah, Robert	Les grands du cyclisme	(Paris, 76)	F
Israel, Siegfried	Probleme der Langzeitdauer im Sport	(DDR, 72)	D
J			
Jacobs, René	*Dosier Records*	(Belgien, 84)	B
	Velo Gotha	(Brussel, 84)	B
	Eddy Merckx: Mes 50 Victoires	(Belgien, 73)	F
Jameux, Dominique	*Fausto Coppi - Lé chappée belle*	(Paris, 96)	F
Janssens, Robert	*Vreugde en verdriet in de Tour*	(Kapellen, 85)	B
Jendral, Hans-Jürgen	*Giganten der Landstraße*	(München, 77)	D
Jeuniau, Marc	*Face à face avec Eddy Merckx*	(Brussel, 71)	F
Junker, D./Israel S.	*Gut in Form durch Radfahren*	(Berlin. 89)	D
Junker, Dietmar	*Radsport*	(DDR, 78)	D
K			
Klimanschewsky, Adolf	*Täve: - das Lebensbild*	(DDR, 55)	D
Kluge, Volker	*Die Olympischen Spiele - von 1896 bis 1968*	(DDR, 68)	D
Kluge, Julius (Hrsg.)	*Radsport und Fahrradindustrie*	(Berlin, 34)	D
Konopka, Peter	*Radsport*	(München, 81)	D
Krämer, Harald	*Das Tour de France Buch*	(Hamburg, 98)	D
Kroll, Ekkehard	*Radsport-Lexikon*	(Stuttgart, 93)	D
Kron, Karl	*Ten thousand miles on a bicycle*	(New York, 1887)	E
Krumm, G. A.	*Das Fahrrad - Bau, Instandhaltung und Rep.*	(Leipzig, 24)	D
Kübler, Ferdinand	*Training - Kämpfe - Große Siege*	(München, 61)	D
Kummer, Andrea	*Essen wie die Champions*	(Berlin, 98)	D
Kutschbach, Willy	*Coppi - der größte Rennfahrer...*	(Berlin, 54)	D
L			
Laget, Françoise	*Le Ciclisme*	(Courlay. 78)	F
Laitem,Herman	*100 Jaar Wielrennen Limburg*	(Antwerpen, 94)	B
Lazzerini, Marcello	*La legenda di Bartali*	(Firenze, 92)	I
Lebeck, Robert	*Das Zweirad* (Postkartensammlg.)	(Dortmund, 81)	D
Leducq, André	*Une fleurau guidon*	(Paris, 78)	F
Le Goulven, Francis	*Les grandes heures du T.d.F.*	(Paris, 76)	F
Lehnert, G.	*Radfahren - ill. Taschenbücher für die Jugend*	(? ,?)	D
Lemond, Greg	*Handbuch des Radsports*	(Frankfurt, 87)	D
Lessing, Hans-Erhard	*Fahrradkultur*	(Hamburg, 82)	D
	Radfahren in der Stadt	(Hamburg, 81)	D
	Ich fahr so gerne Rad	(München, 95)	D
Link, Karl	*Radrennsport*	(Böblingen, 84)	D
M			
Maertens, Freddy	*Niet vaan horen zeggen*	(Antwerpen, 88)	B
Maes, Jochen	*Fahrradsucht*	(Köln, 89)	D
Maierhof, Gudrun	*Sie radeln wie ein Mann, Madame*	(Dortmd., 92)	D
Maioli, Giorgio	*Un uomo un mondo; La bicicletta*	(Bologna, 82)	I
Marchand, Jacques	*Le Cyclisme*	(Paris, 63)	F

Marchesini, Gianni	*La storia del Ciclismo* **4** - *Il grande dizionario*	(Firenze, 88)	I
Marcuola, Jean-Pierre	*Histoire du Circuit des Mines*	(Metz, 96)	F
Marillier, Richard	*Le Vélo s'y prête*	(Frankreich, 95)	F
Mathy, Theo	*25 ans de cyclisme*	(Brussel, 72)	F
	Les geants du cyclisme Belge	(Brussel, 74)	F
Matthijs, Georges	*De Galerij der Wielerkampioenen* (6 Bd.)	(?)	B
Mathys, F. K.	*Die Frau im Sport*	(Sins, 69)	D
Mauri, Giulio	*Il Ghisallo, il santuario*	(Albese/Como, 89)	I
McWhirter, Norris	*Guinness Book of Olympic Records*	(N.Y., 67)	E
Meiffret, José	*Breviaire du Champion Cicliste*	(? , 57)	F
Mellinghoff, F.	*Aufbruch in das mobile Jhdt*	(Dortmund, 81)	D
Merckx, Eddy	*Mes carnets de route 1971*	(Belgien, 71)	F
	Mes 50 victoires en 1973	(Belgien, 73)	F
Messenger, Chas	*Cycling crazy*	(London, 70)	E
Meyer, Hugo	Jahrbuch Radfahrer-Rennsport - *bis 1888*	(Leipzig, 1888)	D
Meyer, Gaston (Hrsg.)	*Cyclisme Magazine '59*	(Paris, 59)	F
	Cyclisme Magazine '63	(Paris, 63)	F
Michael, Jan	*Ein Buch vom Fahrrad*	(Amsterdam, 80)	D
Michea, Abel	*100 ans de cyclisme*	(Paris, 69)	F
Michea, Abel/*PELLOS*	*Tour de France: Histoires Drôles*	(Paris, 70)	F
Montegard, Julie	*Guide du vélo*	(Frankreich, 79)	F
Moyset, René	*Initiatio au cyclisme*	(? , 70)	F

N

Negri, Rino	*Ciclismo nel mondo*	(Milano, 57)	I
	Ciclismo nel mondo	(Milano, 70)	I
	Guida del ciclismo	(Milano, 50)	I
	I folli delle sei giorni	(Legnano, 81)	I
	L'ora di Merckx	(Roma, 80)	I
	La maglia ciclamino	(Legnano, 81)	I
	Parla Coppi	(Ronzone, 71)	I
	Conoscere il ciclismo (2 Bd.)	(Milano, 89)	I
Nelissen, Jean	*De vedetten van de weg*	(Baarn, 72)	B
	Himmel en Hel op en stukje leer	(Baarn, 73)	B
Neri, Sergio	*Coppi vivo*	(Roma, 79)	I
Nordheim, Elfie	*Sport international*	(München, 70)	D
Nucera, Louis	*Le roi René*	(Lonrai/Orne, 96)	F

O

Ollivier, Jean-Paul	*Fausto Coppi: La Tragédie de la gloire*	(Paris, 79)	F
	Fausto Coppi	(Grenoble, 90)	F
	Jacques Anquetil	(Condé-sur-Noireau, 90)	F
	Gino Bartali	„	
	Louison Bobet	„	
	Charly Gaul	„	
	Raphael Géminiani	„	
	Hugo Koblet	(Condé-sur-Noireau, 90)	F

	Raimond Poulidor	"	
	Roger Riviére	"	
	Jean Robic	"	
	Roger Walkowiak	"	
Opschondek, Roland	*Im Banne der Motoren*	(München, 95)	D
Ormezzano, Gian Paolo	*La storia del ciclismo*	(Milano, 77)	I
Oubron, Robert	*Cyclist 100 %*	(Paris, 67)	F
P			
Paturi, Felix R.	*Die Geschichte des Fahrrads*	(Aarau, 88)	D
Pazelt, Otto	*Triumph des Rades*	(DDR, 79)	D
Pellarin, René	*PELLOS Ski Riez*	(Thonon-les-Bains, 68)	F
Pförringer, W.(Hrsg.)	*Sporttraumatologie*	(Erlangen, 82)	D
Pigois, Rémy	*Les petites reines du T.d.F.*	(Limoges, 86)	F
Piontek, Hans	*Radfahren als Sport*	(München, 85)	D
Poulidor, Raymond	*Mon age d´or*	(Paris, 72)	F
Pratviel, Bernard	*Nids d´Aigles*	(Port-sur-Garonne, 93)	F
R			
Rabenstein, Rüdiger	*Radsport und Gesellschaft*	(Hildesheim, 91)	D
Rapaaud, Didier	*Les bons mots vélocipediques*	(Frankreich, 95)	F
Rapp, Jean-Paul	*Le doping des sportifs*	(Paris, 77)	F
Raschi, Bruno	*Ronda di notte*	(Legnano, 84)	I
Rauck, Michael	*Mit dem Rad durch zwei Jahrhunderte*	(Aarau, 79)	D
Rauck, Michael	*Karl Freiherr von Drais*	(Wiesbaden, 83)	D
Renggli/Nötzli	*Joseph Voegeli*	(Schweiz, 93)	D
Rensmann, Gerd	*Allein ist man nichts...*	(? , 78)	D
	6 Tage Rennen	(Mühlheim, 84)	D
Reuze, André	*Giganten der Landstraße*	(Berlin, 28)	D
Righi, Lamberto	*Almanacco del ciclismo*	(Roma, 81)	I
Ritchie, Andrew	*King of the road*	(London, 75)	E
Roberts, Derek	*Vom Drahtesel zur Rennmaschine*	(Köln, 76)	D
Robl, Thaddäus	*Der Radrennsport*	(Hannover, 1905)	D
Rosati, Augusto	*Il libro del ciclismo*	(Italien, 74)	I
Rottiers, Walter	*Die großen Radsport-Stars*	(München, 91)	D
S			
Salvisberg, Paul	*Der Radfahrsport in Bild und Wort*	(München, 1897)	D
Santini, Giacomo	*I giorni Rosa di Moser*	(Trento, 84)	I
Saunders, David	*Cycling in the sixties*	(London, 71)	E
Schäfer, Peter	*Radspo(r)t*	(Oberhaching, 86)	D
Scharch, Werner	*Bahnradrennsport*	(Teningen, 77)	D
	Der Radfahrende Athlet	(Teningen, 74)	D
Scherer, Karl Adolf	*Runden, Regeln und Rekorde*	(Berlin, 70)	D
Schmitt, Heinz	*Karl Friederich von Drais*	(Karlsruhe, 85)	D
Schrange, Christian	*Rad-Weltmeisterschaft ´78 München-Köln-Nürburgring*	(? , 78)	D
Schubert, Horst	*Friedensfahrt*	(Berlin, 62)	D
Schwarz, Hubert	*In 80 Tagen um die Welt*	(Frankfurt/a.M., 96)	D
	Race Across America	(Bad Wörishofen, 94)	D
Seray, Jacques	*Deux roues*	(Millau, 88)	F
Sergent, Pascal	*La Glorie dans les Labours*	(Eeklo, 96)	B
	100 jaar Paris-Roubaix 1896-1996	(Eeklo, 96)	B
	Illustrée des coureurs Français	(Eeklo, 99)	F

Sevin, Benoit	*Anquetil*		
	Jusqu´au-bout du courage	(Paris, 87)	F
Spilauer, Franz	*Gerädert RAAM ´87*	(Wien, 87)	D
	Spilauer2: Sieg im RAAM ´88	(Wien, 89)	D
Stevens, Thomas	*20 000 Meilen*		
	Mit dem Hochrad um die Welt	(Stuttgart, ?)	D
Stöpel, Kurt	*Tour de France (1932)*	(Berlin, 52)	D
Sudres, Claude	*Dictionnaire du cyclisme*	(Paris, 84)	F
Summer, Philip	*Early Bicycles*	(London, 66)	E
T			
Tarr, Lászlo	*Karren, Kutschen, Karossen*	(Budapest,78)	D
Terbeen, François	*Les confessions du Maillot Jaune*	(Paris, 79)	F
	Les geants du cyclisme	(Biaritz, 63)	F
Teske, Günter	*Das Gelbe Trikot*	(DDR, 81)	D
Thonon, Pierre	*Eddy Merckx*	(Strombeek-Bever, 70)	F
Thurau, Didi	*Radsport-Tips für Jedermann*	(Vaduz, 77)	D
Timm, Uwe	*Der Mann auf dem Hochrad*	(Köln, 84)	D
Trence, Salvatore	*Fausto Coppi*	(Yorkshire, ?)	E
U			
Ullrich, Klaus	*Fahrt der Millionen*	(DDR, 67)	D
	Friedensfahrt-Anekdoten	(Berlin, 62)	D
	In der Spitzengruppe	(Berlin, 62)	D
	Jedesmal im Mai	(DDR, 86)	D
	Klaus Ampler	(Berlin, 63)	D
	Unser Weltmeister	(DDR, 59)	D
Ulreich, Walter	*Rad - Gestern, Heute, Morgen*	(Hinterbrühl, 94)	D
	Wien - Berlin 1893	(Hinterbrühl, 93)	D
	Das Steyr-Waffenrad	(Graz, 95)	D
V			
Van den Bergh, Joris	*Te midden der kampionen*	(Baarn, 81)	B
Van der Wal, Reina	*Tour de France*	(Amsterdam, 89)	B
Van Eyle, Wim	*De Klassiekers*	(Baarn, 83)	B
	Een eeuw Nederlandse Wielersport	(? , 80)	B
	Wereldkampioen! 1927 - 1984	(Baarn, 85)	B
Van Stuijvenberg, W.	*Sport en Doping*	(Brussel, 86)	B
Vergani, Guido	*L´Uomo a due Ruote*	(Milano, 87)	I
Vergani, Orio	*La leggenda di Fausto Coppi*	(Milano, 60)	I
Versnick, A.	*Paris-Brest-Paris*	(Brugge, 31)	B
Vespini, Jean-Paul	*Le grand roman de l´Alpe d´Huez*	(Paris, 95)	F
Vilim, Rolf	*SRB Radsport-Motorsport - Handbuch 1972*	(Zürich, 72)	*D*
Voegeli, Josef	*50 Jahre Tour de Suisse*	(Zürich, ?)	D
Von Bentheim, Georg	*Jagdfieber in München*	(Krailling/München, 87)	D
W			
Watson, Roderick	*The penguin book of the bicycle*	(? , 78)	E
Wehrle, Arnold	*40 x Tour de Suisse*	(Zürich, 76)	D
	50 Jahre Tour de Suisse	(Zürich, 83)	D
Widmann, Willy	*Vom Radeln*	(Stuttgart, ant.)	D
Wietzer, Rolf	*Fahrrad Liebe*	(Berlin, 87)	D
Wilkinson-Latham, R.	*Cycles in colour*	(? , 77)	E
Wolf, Wilhelm	*Fahrrad und Radfahren*	(Dortmind, 79)	D
Woodforde, John	*The story of the bicycle*	(London, 70)	E

X, Y, Z

Zangl, Erwin (Hrsg.)	*Die Acht im Rad*	(Kiel, 90)	D
Zavoli, Sergio	*La storia del Ciclismo* ***1*** *- Uomini nella leggenda*	(Firenze, 88)	I
Zomer, Jan	*Het 1. Wielerwoordden Boek*	(Zwanenburg,84)	B
Zorn, Henk	*Radsport*	(Hamburg, 84)	D

ohne Autoren

BDR	*70 Jahre Bund Deutscher Radfahrer*	(? , 53)	D
	Radsport u. Fahrradindustrie	(Berlin, 34)	D
Braun & Schneider	*O diese Radler*	(München, ant.)	D
Estrellas del Deporte	*Héroes de la Ruta*	(Spanien, 96)	S
F.I.V.E. Bianchi	*Quel Magico Celeste*	(Genova, 95)	I
L´Equipe	*Cyclisme magazine*	(Paris, 59)	F
	Cyclisme magazine	(Paris, 63)	F
Mailand-München	*Startbuch 1894*	(? , 1894)	D
Sportalbum d. Radwelt	*1905, 1906, 1907, 1910, 1911, 1912, 1913, 1916, 1917, 1918, 1919, 1920, 1922*	(Berlin)	D
Velo	*Jahrbücher 1966 bis heute*	(Belgien)	B
Wien - Berlin	*Rückblick auf die Fernfahrt*	(Berlin, 1896)	D

Zeitschriften:

BICISPORT	*La Leggenda di Fausto Coppi*	(Roma, ?)	I
Il Campione	*Jhrg. 1957*	(Milano, 57)	I
Illustrierter Radrennsport	*Jhrg. 1932*	(Berlin, 32)	D
Illustr. Radsport-Express	*Jhrg. 1947 - 1951*	(Berlin)	D
La Gazzetta dello Sport	*Coppi ha 20 anni*	(Milano, 80)	I
	Coppi una leggenda senza confini	(„ , 89)	I
L´Equipe	*50 Ans De Sport* (2 Bd.)	(Paris, 95)	F
Lo Sport Illustrato	*Jhrg. 1949 - 1962*	(Milano)	I
	CAMPIONE INOBLIABILE	(Milano, 60)	I
lo SPORT	*Il romanzo di Coppi*	(Milano, 53)	I
Miroir du Cyclisme	*Jhrg. 1960 - 1993*	(Paris)	F
Miroir Sprint	*Fausto Coppi: Sa vie - sa carriere*	(Paris, 60)	F
Radsport	*Jhrg. 1952, 1954*	(Köln)	D

Video-Kasetten:

(190 min)	*Un Uomo solo é al Comando*	*(LOGOS TV/Torino)*	*I*
(60 min)	*Coppi racconta Coppi*	„	
(60 min)	*Coppi - Bartali*	„	
(60 min)	*Il grande Coppi*	„	
(60 min)	*Fausto Coppi: Un uomo, una leggenda*	„	
(60 min)	*Il Campionissimo e la Dama Bianca*	„	
(85 min)	*Gino Bartali - l´Uomo di Ferro*	„	

Bildnachweis

Die Abbildungen stammen aus dem Bildarchiv W. Gronen/Lemke, ferner aus dem Privatbesitz von Wolfgang Rupprecht.

Danksagung

In diesem Buch über Fausto Coppi stecken fast 20 Jahre Arbeit. Die Idee dazu entstand bereits 1960, kurz nach dem Tod des *Campionissimo.* Aber erst nach Fertigstellung der „Geschichte des Radsports + des Fahrrades", die ich mit meinem Mitautor Wolfgang Gronen 1978 schaffte, begannen die eigentlichen Recherchen und die Gestaltung des Textes.

Wolfgang Gronen weilt nicht mehr unter uns. Trotzdem gebührt ihm an erster Stelle mein Dank für Hinweise, Überlassung von Bildmaterial und Dokumenten sowie dem väterlichen Zuspruch in Phasen der Mutlosigkeit. Ohne meinen Freund Volker Schuster wäre das Buch früher erschienen, bestimmt aber nicht in dieser Qualität. Er beschäftigte sich mit dem Text und bremste mich des öfteren, wenn ich über Fausto allzusehr ins Schwärmen geriet. Walter Scaldaferro, unschwer als gebürtiger Italiener zu erkennen, half mir bei der Bearbeitung italienischer Quellen. Diesem treuen Freund ein herzliches <*grazie*>. Klaus Langrock, mit dem ich bereits einen langen beruflichen Weg hinter mir habe, besorgte die Korrektur und half mir, mich an den Klippen der deutschen Rechtschreibung vorbeizumanöverieren.

An dieser Stelle auch ein Dankeschön an meine beiden Kinder, Claudia und Walter, für die Unterstützung bei Erstellung der Register und Hilfe bei den unausbleiblichen Computerpannen.
Bleiben noch die vielen Gesprächspartner im In- und Ausland, die mir zweckdienliche Hinweise gaben und mit dazu beitrugen, daß Fausto Coppi in unserer Erinnerung bleibt. Allen mein herzlicher Dank.

Das entscheidende Verdienst gebührt dem Verleger, Herrn Erich Fuchs, dessen offenes Herz für den Radsport dieses Buch letztendlich ermöglichte.

München, Herbst 1999

Vom selben Autor sind erschienen:

Die Geschichte des Radsports

Die ausführliche Dokumentation der Radsportgeschichte und der Entwicklung des Fahrrades in Wort und Bild von den Anfängen bis 1939 – die Zeit **vor** Fausto Coppi!

Zu beziehen über: Fuchs Druck + Verlag, Riezlerstr. 12, D–83714 Miesbach/Obb.

Unveränderter Preis DM 34,– / € 17,38

Versandkosten DM 5,50 / € 2,81

Giganten von einst bis heute

Die Geschichte der deutschen Profi-Straßenradrennfahrer

(Herausgeber: Kurt Graunke, Co-Autor: Wolfgang Rupprecht)

Zu beziehen über: Edition SEDINA, Wilhelm-Mayr-Straße 15, D–80689 München.

ISBN 3–9803273-0-2

Preis: DM 49,80 / € 25,46

Versandkosten DM 7,50 / € 3,84